DRUGI ROK ŻYCIA DZIECKA

Wśród poradników dla rodziców
ukazały się następujące tytuły z tej serii:

W OCZEKIWANIU NA CIĄŻĘ
DIETA PRZYSZŁEJ MATKI
W OCZEKIWANIU NA DZIECKO
W OCZEKIWANIU NA DZIECKO – DZIENNIK
PIERWSZY ROK ŻYCIA DZIECKA
DRUGI I TRZECI ROK ŻYCIA DZIECKA

Heidi Murkoff
z Sharon Mazel

DRUGI ROK ŻYCIA DZIECKA

Przełożyła
Monika Rozwarzewska

REBIS

DOM WYDAWNICZY REBIS

Tytuł oryginału
What to Expect the Second Year (1st Edition)

Projekt książki
Rae Ann Spitzenberger & Lisa Hollander

Ilustracje
Karen Kuchar

Redaktor
Elżbieta Bandel

Redaktor merytoryczny
lek. med. Anna Karczewska

Opracowanie graficzne serii i projekt okładki
Piotr Majewski

Fotografia na okładce
© Corbis/Profimedia

Uwaga:
Ponieważ każde dziecko jest inne, niniejsza książka nie może zastąpić porad ani pediatry, ani innego lekarza, z którymi należy się kontaktować w sprawach dotyczących zdrowia małych dzieci, szczególnie gdy pojawią się objawy choroby lub nietypowe zachowania.

Wydanie I
Poznań 2016

ISBN 978-83-7510-776-0 (opr. brosz.)
ISBN 978-83-7818-854-4 (opr. twarda)

Dom Wydawniczy REBIS Sp. z o.o.
ul. Żmigrodzka 41/49, 60-171 Poznań
tel. 61-867-47-08, 61-867-81-40; fax 61-867-37-74
e-mail: rebis@rebis.com.pl
www.rebis.com.pl
DTP: *Akapit*, Poznań, tel. 61-879-38-88

Erikowi, który jest dla mnie wszystkim
Emmie, Wyattowi i Russellowi, których oczekiwałam najbardziej
Arlene, z wyrazami miłości. Na zawsze
Mojej rodzinie wydawniczej serii What To Expect –
oraz wszystkim mamom, ojcom i dzieciom

SPIS TREŚCI

WYRAZY WDZIĘCZNOŚCI

DZIĘKUJĘ (ALBO: „TA-TA")

Potrzebuję pomocy. Uff… udało mi się to powiedzieć. Tak, bardzo potrzebuję pomocy. Na szczęście mnóstwo jej otrzymuję, w dodatku najlepszej, o jakiej mogłabym zamarzyć. Jak zawsze zacznę od mężczyzny, przy którego boku mam szczęście budzić się od dwudziestu dziewięciu lat – mojego partnera w miłości, życiu, biznesie i przyjemnościach, mojego Drogiego Męża i Najlepszego Przyjaciela Na Zawsze, Erika (choć od czasu do czasu istotą tą bywa trzykilogramowy chihuahua wabiący się Harry, któremu niekiedy udaje się wcisnąć między mnie i Erika – dokładnie tak, jak to robiła Emma, gdy była malutką dziewczynką, z tą jednak różnicą, że ona nie liniała…).

Ale źródeł pomocy jest więcej, o wiele więcej. Seria książek WTE (What To Expect) powiększyła się, w czym pomogła liczniejsza grupa wspaniałych, utalentowanych, oddanych członków Rodziny WTE. Niektórzy z nich przyszli, pomogli i… poszli dalej (staram się nie traktować takich decyzji osobiście), inni są ze mną od narodzin pierwszej książki. Dziękuję bardzo, albo – jak mówią maluchy – „ta-ta":

Arlene Eisenberg, mojej pierwszej – i najważniejszej – partnerce przy tworzeniu książek z serii WTE. Twoja troska i empatia są wieczne; zawsze będziemy Cię kochać i o Tobie pamiętać.

Sharon Mazel, która jest wiatrem dla moich żagli, odpowiedzią na moje pytania, czekoladą na maśle orzechowym oraz yin do mojego yang. Jak mogłabym żyć (albo pracować) bez Ciebie? Wyrazy miłości do Ciebie, Twojego nieskończenie cierpliwego męża Jaya, lekarza, oraz Waszych czterech dziewczyn, które jakoś wychowały się same (i to zupełnie dobrze): Danielli, Arianne, Sophii i Kiry.

Suzanne Rafer, prawdziwej przyjaciółce, wyjątkowej redaktorce, znakomitej doradczyni pisarza, której krytyczne uwagi są zawsze równie ostre jak jej ołówki (swoje przestałam już nawet ostrzyć!). Nic dziwnego, że po tylu latach wspólnej pracy obie nosimy okulary!

Peterowi Workmanowi za jego oddanie, pasję i zaangażowanie, a także za stworzenie domu wydawniczego, który stał się domem serii WTE.

Dziękuję wszystkim innym pracownikom wydawnictwa Workman, którzy pomogli przy narodzinach najmłodszego dziecka (to chyba czyni Was moimi doulami): Bobowi Millerowi, nowemu nieustraszonemu szefowi, za finezję w doprowadzaniu spraw do końca i doskonałość w usprawnianiu; Davidowi Mattowi za wspieranie mnie przez cały czas i dzielenie się ze mną swą artystyczną wizją, która – powiedzmy to sobie szczerze – nie przychodzi łatwo; Lisie Hollander i Rae-Ann Spitzenberger, moim dwóm ulubionym projektantkom, za talent i cierpliwość; geniuszowi pędzla Timowi O'Brienowi za stworzenie Gigi – najsłodszego maluszka na świecie (oraz Gigi za to, że jej widok zawsze wywołuje uśmiech na mojej twarzy), a także Anne Kerman za znalezienie Gigi; Lynn Parmentier za szaloną, lecz piękną pikowaną narzutę; Karen Kuchar za doskonałe uchwycenie tej typowej dla maluchów urokliwości (oraz za zdumiewający wdzięk, mimo że terminy goniły); Peggy Gannon za to, że zawsze jest na fali i sprawiła, że fala się nie zatrzymuje; wreszcie wszystkim pozostałym naszym fantastycznym przyjaciołom w wydawnictwie Workman, a są to: Suz2 (Suzie Bolotin), Erin Klabunde, Walter Weintz, Page Edmunds, Jenny Mandel, James Wehrle, Joe Ginis, Steven Pace, Marilyn Barnett, Jodi Weiss, Emily Krasner, Beth Wareham, Barbara Peragine oraz pracownicy działu sprzedaży i marketingu.

Doktorowi Markowi Widome'owi za obszerną wiedzę medyczną, wielką mądrość i nieskończoną cierpliwość, pasję oraz poczucie humoru. A także za to, że potrafi napisać znakomity wstęp do książki! Nie wiem, Mark, kto ma więcej szczęścia: Twoi studenci, dzieci, którymi się opiekujesz, rodzice, którym doradzasz, czy ja (cieszę się, że na wszystko starcza Ci czasu!).

Stevenowi Petrowowi (MG), Vince'owi Erricowi (Dimples), Mike'owi Keriakosowi, Benowi Wolinowi, Jimowi Curtisowi (CSOB), Sarah Hutter oraz wszystkim moim wspaniałym przyjaciołom i partnerom w Everyday Health za urealnienie moich wizji dotyczących strony internetowej WhatToExpect.com. Dziękuję także niezwykłej społeczności mam zgromadzonych wokół WTE – nie tylko za uczynienie naszej strony internetowej szczególnym miejscem, jakim obecnie jest, lecz za dzielenie się ze mną każdego dnia zarówno problemami własnej ciąży, jak i radością obcowania z niemowlętami. Szczególnie dziękuję (ślę całusy) członkom mojej Rodziny z portali społecznościowych Facebook i Twitter – za to, kochani, że zawsze jesteście.

Dziękuję jeszcze dwóm mężczyznom, obok których się co prawda nie budzę, lecz bez których nie mogłabym przetrwać jednego dnia: Marcowi Chamlinowi za czujne i przyjazne porady prawne, zmysł do interesu, niesłabnącą przyjaźń i stałe wsparcie, oraz Alanowi Nevinsowi za mistrzowskie zarządzanie i fenomenalną finezję, niewyczerpaną cierpliwość, wytrwałość oraz trzymanie za rękę. Wyrazy wdzięczności przekazuję najmłodszemu członkowi zespołu WTE, osobie o pięknym imieniu i niezwykłej umiejętności porozumiewania się: Heidi Schaeffer – za przekazywanie wiadomości!

Mamom mojego drugiego dziecka, fundacji What To Expect, Lisie Bernstein (która jest także mamą Zoe i „tego" Teddy'ego) i Ruth Turoff (mamie ślicznej Bluebell) za matczyną pomoc świadczoną tym, którzy jej potrzebują najbardziej.

Emmie (dziecku, od którego wszystko się zaczęło), Wyattowi (drugiemu maluszkowi) i mojemu najmłodszemu synowi, Russellowi – uczyniliście mnie szczęśliwą matką. Bardzo Was kocham.

A skoro mowa o rodzinie, którą uwielbiam, to dziękuję mojej słodkiej siostrze i przyjaciółce Sandee Hathaway, kochanemu ojcu Howardowi Eisenbergowi oraz nieocenionym teściom Abby i Normanowi Murkoffom. Dziękuję Victorowi Shargaiowi za miłość, wsparcie i DNA.

Dziękuję Amerykańskiej Akademii Pediatrii (American Academy of Pediatrics – AAP) za pomoc, którą niestrudzenie niesie dzieciom i ich rodzicom. Dziękuję również rzeszom lekarzy, którzy codziennie dbają o to, by wszystkie małe istoty były coraz szczęśliwsze, zdrowsze oraz bezpieczniejsze.

Najserdeczniej zaś dziękuję wszystkim mamom, tatom i maluchom. Ściskam Was mocno!

Heidi

WPROWADZENIE

MAPA DROGOWA

Co się dzieje rano w dzień pierwszych urodzin małej istoty ludzkiej? Czy wczorajsze niemowlę nagle zamienia się w małe dziecko? Czy rozwój dziecka następuje zgodnie z kalendarzem gregoriańskim? I co ważniejsze – czy wreszcie rodzice mogą tego dnia zapomnieć już o tym, jak pielęgnować niemowlę, i otworzyć skrzynkę z zupełnie nowymi narzędziami do „obsługi" malucha?

Oczywiście odpowiedź brzmi „nie", gdyż z biologicznego punktu widzenia pierwsze urodziny nie są żadnym wydarzeniem. Ten dzień oraz dni następujące po nim nie są zauważalnie inne od tych wcześniejszych. Gdyby brać pod uwagę wzrost i rozwój dziecka – rozwój fizyczny, intelektualny i emocjonalny – to równie dobrze można by wyprawić maluchowi przyjęcie urodzinowe pod koniec jedenastego bądź trzynastego miesiąca jego życia. Ważne wydarzenia, te kamienie milowe, następują według indywidualnego, mocno zróżnicowanego harmonogramu, nic sobie nie robiąc z kalendarza. Rozwój twojego dziecka będzie odbywać się tak, jak odbywa się dotąd, czyli zrywami. Jeśli przyjrzeć mu się z perspektywy nie dni, lecz miesięcy, to przebiega on gładko i zazwyczaj we właściwym kierunku.

A jednak są pewne biologiczne i rozwojowe powody, by traktować drugi rok życia dziecka jako osobny etap. Przez pierwszy rok życia dziecko zwiększyło swoją masę urodzeniową mniej więcej trzykrotnie, a wzrost – o połowę. Krzywa wzrostu będzie od teraz uzależniona w dużym stopniu od kombinacji czynników genetycznych i środowiskowych, w mniejszym natomiast od skutków ciąży i porodu. Dzieci urodzone jako wcześniaki albo małe z innych przyczyn już zazwyczaj do tej pory dogoniły swych rówieśników. Te natomiast, które w chwili urodzenia były duże, zaczęły się już rozwijać zgodnie z wzorcem genetycznym i rodzinnym. Większość rocznych dzieci zrobiła już swoje pierwsze kroki lub jest tego bardzo, bardzo bliska, a tym, które jeszcze muszą przytrzymywać się mebli bądź czyjejś dłoni, brakuje raczej śmiałości niż wyczucia równowagi.

Około pierwszych urodzin objawia się u większości dzieci jeden z najbardziej zdumiewających kamieni milowych: umiejętność rozumienia symboli i posługiwania się nimi. Symbole o utrwalonym znaczeniu umożliwiają znacznie skuteczniejszą niż dotychczas komunikację i pozornie gwałtowny rozwój zdolności poznawczych dziecka w drugim roku jego życia. Pierwszym dowodem jest wskazywanie przez dziecko różnych rzeczy. Wskazywanie palcem to kod, który można interpretować dwojako: albo dziecko pokazuje coś, co chce dostać, albo zwraca uwagę na coś, co je interesuje. Ów gest nie zmienia znaczenia niezależnie od tego, czy wykonuje go malec, rodzice czy rodzeństwo.

Symbolami są także słowa. Roczniaki wchodzą w wiek dziecięcy z pierwszym słownictwem, skromnym początkowo, złożonym zaledwie z dwóch lub trzech wyrazów, które jednak mają określone i stałe znaczenie. „Mama" i „tata" – oto konkretne słowa nazywające konkretne osoby, a określenia na psa, rodzeństwo, butelkę albo smoczek zawsze mają te same desygnaty – zarówno dla ciebie, jak i dla twojego dziecka. Niesamowite, prawda?

Jeżeli chodzi o rozwój społeczny dziecka, to około pierwszych urodzin istotka ludzka zaczyna być faktycznie oddzielną osobą – sobą. Maluch wreszcie widzi siebie jako byt oddzielny od mamy i taty, a nie jako przedłużenie czy „wyrostek" swoich rodziców. Taką świeżo uświadomioną niezależność manifestuje oczywiście w sposób zarówno pożądany, jak i niepożądany. Pierwsze dzielne kroki dziecko wykonuje nie ku rodzicom, lecz od nich. Słowo „nie" nabiera silnego, często zdecydowanie aroganckiego wydźwięku: „Patrzcie, mam własne poglądy!". Lada chwila zaczną się napady złości i ogólnie będzie można odnieść wrażenie, jakby do domu wprowadził się mały nastolatek.

Mniej miejsca poświęcimy temu, czym ten drugi rok się skończy – dziecko pójdzie do przedszkola*. Wystarczy powiedzieć, że przez pierwsze dwa lata jego życie stanie się złożone, pełne emocji i wyobraźni. Zyska narzędzia i umiejętności potrzebne do porozumiewania się, a wkrótce zacznie mówić zdaniami, co pozwoli mu prowadzić rozmowy. Wyobraźnia i kreatywność dziecka, uzupełniane przez mocno już rozwinięte zdolności motoryczne, nie pozwolą rodzicom na chwilę odpoczynku. Nawiązywanie przez dziecko przyjaźni, rozwijanie empatii oraz przejawianie pragnienia przypodobania się innym to znamiona rozwojowe i cechy charakterystyczne etapu wychodzącego już poza zakres tej książki.

Drugi rok życia dziecka to kolejna książka z cieszącej się niesłabnącym powodzeniem serii „What To Expect", która wyraźnie świadczy o tym, jak bardzo korzystamy z tych map drogowych, prowadzących nas przez ciążę i wychowywanie dziecka. Stworzenie mapy wydaje się proste. Ale pomyślcie, proszę, jak trudno zrobić taką mapę, gdy wiadomo, że jej użytkownicy będą podróżować nieco innymi drogami, aby dotrzeć do tego samego celu: dorosłości. Zastanówcie się, jakie dać wskazówki podróżnikom, którzy mają różne potrzeby, różne mocne i słabe strony, różną wiedzę i borykają się z różnymi trudnościami. Spróbujcie, w skomplikowanych okolicznościach, przekonać kierowcę (rodzica), że trasy są przejezdne, że jego ocena sytuacji jest zazwyczaj dobra, że powinien słuchać własnej intuicji, wreszcie – że nic złego się nie stanie, gdy czasem wykona zły manewr. Czy udałoby się wam to, i to tak, aby zachować entuzjazm i radość rodziców oraz ich uznanie – najlepszą nagrodę za wasze wysiłki? A jednak ta książka radzi sobie z tym trudnym wyzwaniem.

Znajdziemy w niej wszystko, co charakterystyczne dla dzieł Heidi Murkoff. Po pierwsze, uspokajający, optymistyczny styl, którym autorka przypomina nam, że drobne odchylenia od oczekiwanego sposobu czy stylu zachowania dziecka, jego wzrostu, odżywiania lub rozwoju zwykle mają niewielkie konsekwencje. Zakres tego, co prawidłowe, jest bardzo szeroki, i wszystko zwykle dobrze się kończy. Autorka pozwala nam być niedoskonałymi, bo zawsze jest miejsce na korekty wybranej trasy. Jest jednocześnie naszą trenerką i cheerleaderką.

Tam, gdzie jest to konieczne, książka nabiera stylu bardziej autorytatywnego i – jak jej poprzedniczki – w dużym stopniu opiera się na poradach i zaleceniach, szczególnie w takich dziedzinach, jak szczepienia, odżywianie oraz postępowanie w wypadku częstych chorób. Nawet dość skomplikowane wskazówki – jak choćby dotyczące resuscytacji krążeniowo-

* Zgodnie z amerykańskim systemem edukacyjnym, *preschool* to etap przed rozpoczęciem obowiązkowej edukacji, zwykle dla dzieci w wieku od zera do trzech lub pięciu lat (przyp. tłum.).

-oddechowej (CPR) – podawane są w sposób zrozumiały i zwięzły. Heidi wie także, kiedy może zaryzykować: na przykład niektóre jej sugestie dotyczące probiotyków, ziół i innych suplementów diety na pewno zainteresują czytelników, nawet jeśli wśród ekspertów nie ma pełnej zgodności co do ich stosowania. W takich sytuacjach powołuje się ona na pojawiające się wyniki badań i własne przemyślenia. Treści te są w książce wyraźnie oznaczone – autorka wyznaje zasadę „całkowitej jednoznaczności".

Heidi przemawia znajomym głosem; nie jest to może głos twojej matki ani najlepszej koleżanki czy ulubionego nauczyciela ze szkoły, lecz nie jest to bynajmniej głos osoby obcej. Autorka rozumie i zna frustracje rodziców, wie, co spędza im sen z powiek. Ale wie też, że są takie dni, w których małe dziecko powie lub zrobi coś takiego, co cię zupełnie zaskoczy, i to zaskoczy przyjemnie. W takie dni świat wydaje się lepszy.

Niniejsza książka o drugim roku życia dziecka zawiera wiele spostrzeżeń – często czynionych z uśmiechem. Przypomina nam, że do dwulatków nie można przykładać jednej miarki oraz że obowiązuje względem nich zasada: „Małe ciało w ruchu pozostaje w ruchu". Heidi wielokrotnie napomina rodziców, by zachowali spokój i trzymali się rutyny. Radzi: wyznaczaj granice, ale czasem daj się ponieść bieżącym wydarzeniom; w sytuacji impasu zmień temat; gdy całkowicie zabraknie ci już rodzicielskiej energii, zrób sobie przerwę, poczytaj książkę dla dorosłych, idź na siłownię i nigdy nie rezygnuj z pomocy, kiedy ktoś ci ją oferuje, a ty jej potrzebujesz.

Studenci medycyny uczą się na początku zasady: *primum non nocere*, czyli przede wszystkim nie szkodzić. Staje się ona mantrą dla tych, którzy wybiorą pediatrię. To, co może się czasem wydawać czytelnikowi tej książki przesadną ostrożnością, wcale nią nie jest. Ostrożny ton wyczuwa się tu przy omawianiu toksyn w środowisku, przy zaleceniach reagowania na gorączkę dziecka oraz postępowania w wypadku skaleczeń. Autorka sugeruje: czytaj etykiety, leków używaj tylko wówczas, gdy są niezbędne, uczyń dom bezpiecznym dla dziecka. Chroń dziecko bez względu na to, czy potencjalnym zagrożeniem jest zatrucie, promienie słoneczne czy głęboka woda. Jeśli nie masz pewności, czy twój maluszek dobrze się czuje, jeśli wydaje ci się, że coś jest nie w porządku, albo gdy po prostu coś cię niepokoi, idź do lekarza.

Autorka opiera się na opiniach specjalistów, polega też na doświadczeniu i zdrowym rozsądku, przedkładając praktykę nad teorię oraz wyważony środek nad ekstremalne rozwiązania. Omawiając na przykład problem dyscypliny, Heidi podkreśla, iż nadmierna pobłażliwość sprawia, że dzieci często stają się „aroganckie, samolubne, kłótliwe i nieposłuszne". Poza tym – jak twierdzi – dyscypliną przygotowujemy dzieci do życia w prawdziwym świecie, „w którym rządzą reguły". Autorka przypomina, że nie ma jednego, optymalnego sposobu na utrzymanie dyscypliny, przede wszystkim więc należy być wobec dziecka uczciwym, unikać skrajności, jak najczęściej uczyć przez konsekwencje – zwłaszcza naturalne i związane ze sprawą. Nade wszystko jednak trzeba dyscyplinować dziecko w sposób pełny miłości.

Praktyczne podejście stosowane jest także przy omawianiu kwestii odżywiania dziecka (karm rozsądnie), zachęcania do wczesnej nauki (nie wychowuj małego komputerowca), leczenia chorób (podawaj leki, ale tylko wtedy, gdy są konieczne) oraz wielu innych spraw. Takie podejście sprawia, że dzięki tej książce większość rodziców czuje się po prostu dobrze.

Mark D. Widome,
doktor medycyny,
specjalista w dziedzinie zdrowia publicznego
profesor pediatrii
Pennsylvania State University

WSTĘP

ŻEGNAJ, NIEMOWLĘ; WITAJ, MAŁE DZIECKO

Każda mama oczywiście sama widzi, że przez zaledwie dwanaście miesięcy dziecko przeszło bardzo długą drogę i wczorajsze słodkie zawiniątko stało się istotką kipiącą energią, która teraz szarpie ją za ramię, gdy ją przytula. Kiedyś maleństwo tak chętnie gruchało, wtulało się i leżało spokojnie; tak łatwo było je zadowolić i było takie... „przenośne". No, ale to było w zeszłym roku.

Żegnaj, niemowlę; witaj, małe dziecko! I witaj, mamo, w drugim roku życia twojego dziecka. Będzie to dwanaście miesięcy pełnych tych wspaniałych „pierwszych": kroków, słów i... napadów złości, dwanaście miesięcy szybkiego rozwoju, błyskawicznego uczenia się oraz niekończącego się badania otoczenia i odkryć dokonywanych pod wpływem bezbrzeżnej ciekawości.

Nie trzeba też dodawać, że będzie to okres pełen wielkich wyzwań – dla malucha („Co zrobić, by klocki się nie przewracały?", „Jak poskładać te puzzle, żeby pasowały do siebie?", „Jak dobrać się do laptopa mamy?") oraz dla ciebie („Co zrobić, żeby moje dziecko jadło / spało / ładnie się bawiło / chciało pójść do żłobka / włożyło kurtkę / raczyło opuścić plac zabaw bez kłótni albo nie zastygło jak zamrożone w dziale z lodami supermarketu?").

Małe dzieci, podobnie jak niemowlęta, nie mają dołączonej instrukcji obsługi, a są równie trudne do „rozgryzienia" i... bezpiecznej „obsługi". Na szczęście jest pomoc. Książka *Drugi rok życia dziecka*, której akcja zaczyna się w miejscu, w którym kończy się *Pierwszy rok życia dziecka* (a akcji będzie od teraz sporo!), to szczegółowy opis tego, co, jak, gdzie i kiedy, dotyczący wypierzającego się właśnie małego dziecka w wieku od 12 do 24 miesiąca.

Poradnik zawiera mnóstwo łatwo dostępnych i ułożonych tematycznie informacji; znajdziesz tu wszystko, co musisz wiedzieć, by zrozumieć swoje dziecko, by radzić sobie z nim i by w pełni cieszyć się tą fascynującą, skomplikowaną, czasem doprowadzającą do szału, ale zawsze kochaną małą istotą, którą nagle stało się wczorajsze niemowlę. Znajdziesz w tej książce teksty – w tym praktyczne rozwiązania, strategie i porady – dotyczące karmienia, m.in. wczesnego wyrabiania w dziecku zdrowych nawyków żywieniowych bez niepotrzebnych walk z wybrednym smakoszem; spania (jak sprawić, by malec bez protestów zasnął w porze przewidzianej na drzemkę i na odpoczynek nocny); zabawy i nawiązywania przyjaźni (jak zachęcać dziecko do dzielenia się i zamieniania rolami, co zrobić, by wspólne zabawy obywały się bez wyrywania sobie przedmiotów); tego, co zrobić, by dziecko zaczęło mówić (a także słuchać!); rozwijania kreatywności, ciekawości i pielęgnowania naturalnego zamiłowania do nauki przez wykonywanie różnych czynności; ataków złości dziecka (w domu i w miejscach publicznych) i radzenia sobie z pierwszymi przejawami zachowań „strasznego dwulatka"; rozumienia każdego zauważalnego (i niezauważalnego) zachowania malucha, od tych przewidywalnych po pozornie przypadkowe; uczenia dziecka rozróżniania tego, co dobre, a co złe; wyznaczania odpowiednich do wieku dziecka granic i wymogów dyscypliny; wreszcie dbania o bezpieczeństwo i zdrowie dziecka, które wkracza „w świat", choćby światem tym był tylko pobliski park.

Ciekawi cię, jak twoje dziecko wypada pod względem tempa rośnięcia? Odpowiedź znajdziesz w książce. A pod względem rozwoju? Spójrz na zestawienie dotyczące etapów rozwoju, a także na odpowiednie treści zamieszczone w ramkach rozsianych w całej książce. Zastanawiasz się, czy można pojechać z małym dzieckiem w podróż? Jest tu rozdział na ten temat. Potrzebujesz krzepiących wskazówek, co mogą rodzice dwulatków (i czego nie mogą)? Znajdziesz ich w tej książce wiele.

Oto kolejny krok w wychowywaniu dziecka – i w twojej z nim przygodzie. Weź głęboki oddech, zawiąż wygodne sportowe buty i cokolwiek robisz, miej oczy szeroko otwarte: masz przed sobą rok pełen cudownych wydarzeń, więc życzę ci wspaniałego, szczęśliwego drugiego roku!

Heidi

Rozwój małego dziecka

RZUT OKA NA DRUGI ROK ŻYCIA DZIECKA

Twoje dziecko – jak każde dziecko – jest jedyne w swoim rodzaju, niepodobne do żadnego innego. Innymi słowy, jest nieporównywalne. Ale to zapewnienie przypuszczalnie nie powstrzyma cię przed konfrontowaniem rozwoju twojego malucha z rozwojem jego rówieśników. Albo przed sprawdzaniem wykresów rozwoju, jak choćby zestawienia zamieszczonego na następnych stronach.

Czasem takie porównania pomagają, wręcz uspokajają – na przykład gdy przeglądasz listę umiejętności uważanych za typowe dla danego wieku i upewniasz się, że rozwój twojego dziecka przebiega prawidłowo, albo gdy sprawdzasz, czy tempo rozwoju w jednym miesiącu w porównaniu z poprzednim przebiega stabilnie, czy też nieco zwalnia, a może przyspiesza. Nie będziesz jedyną osobą dokonującą takich porównań. Lekarz twojego dziecka także będzie śledzić ważne etapy jego rozwoju – kamienie milowe – podczas każdej wizyty, kontrolując, czy rozwój odpowiada (bardzo) szerokiemu zakresowi tego, co prawidłowe dla danego wieku. Czasem jednak przyrównywanie do „przeciętnego" tempa rozwoju bywa zwodnicze, gdyż niewiele jest dzieci „przeciętnych", czyli takich, których rozwój przebiega w równomiernym tempie albo w tym samym tempie we wszystkich obszarach. Niektóre roczniaki drepczą raźno na placu zabaw, inne natomiast nie postawiły jeszcze pierwszych kroków. Są dzieci, które znacznie wyprzedzają rówieśników w umiejętnościach werbalnych. Jedne szybko rozwijają się niemal pod każdym względem, inne początkowo są troszkę opóźnione, by potem dogonić, a nawet wyprzedzić pozostałe. Wreszcie niektóre maluchy rozwijają się w równomiernym tempie, a inne skokami. Choroby czy poważne zakłócenia bądź zmiany w życiu dziecka (na przykład nowa sytuacja związana z opieką nad nim, choroba lub wyjazd jednego z rodziców, pojawienie się rodzeństwa, przeprowadzka, a nawet dłuższe wakacje) mogą tymczasowo wybić dziecko z rozwojowego rytmu. Z powyższych powodów porównywanie dziecka z jego rówieśnikami zazwyczaj nie jest szczególnie pomocne, a do sprawdzania etapów rozwoju na wykresie należy podchodzić ze sporą dozą rozsądku.

Twoje jedyne w swoim rodzaju dziecko może przez kilka miesięcy lub przez cały rok mieścić się w kategorii „przeciętne dla tego wieku", ale może też być tak, że jego rozwój ogólny nigdy nie będzie przebiegał według przewidywalnego schematu - wolny w jednym miesiącu, szybki w drugim. Większości dzieci zdarzają się - frustrujące i niepokojące - okresy bez żadnych widocznych postępów: tygodnie, podczas których nie zdobywają one ani jednej nowej umiejętności. Zwykle oznacza to, że jakiś wielki krok - na przykład kilka pierwszych kroczków dziecka - jest tuż-tuż... Najpierw nic, a potem nagle twój brzdąc chodzi lub mówi jak nakręcony.

Pamiętaj: niemal każde tempo rozwoju jest prawidłowe, jeśli dziecko osiąga w odpowiednim momencie większość „kamieni milowych" - czyli możesz odetchnąć swobodnie i cieszyć się jego umiejętnościami, zamiast je analizować. Gdybyś jednak zauważyła, że twój malec jest pod pewnymi względami regularnie opóźniony, albo wydaje się, że nagle przestał się rozwijać, lub gdy po prostu masz przeczucie, że coś jest nie tak - zasięgnij porady lekarza. Najprawdopodobniej nie dzieje się nic złego (niektóre dzieci po prostu wolniej zdobywają kolejne umiejętności) i uzyskasz uspokajające zapewnienia. Gdyby się jednak okazało, że dziecko faktycznie pozostaje w tyle, uzyska ono pomoc w maksymalnym wykorzystaniu swojego potencjału rozwojowego.

Jest jeszcze jedna rzecz, o której powinnaś pamiętać: wykazy etapów rozwoju stanowią szybki i prosty sposób na to, by od czasu do czasu kontrolować postępy dziecka, ale nie można na ich podstawie wyciągać wniosków co do jego przyszłości. To, że malec jeszcze nie mówi, nie przekreśla jego szans na karierę prawnika. Brak koordynacji ruchowej nie oznacza, że twoja pociecha nie będzie kiedyś przewodzić na kortach tenisowych czy boiskach do koszykówki. Sprawdzanie wykresów nie jest obowiązkowe. Jeżeli chcesz pozwolić dziecku rozwijać się w jego indywidualnym tempie i nie martwić się, czy tempo to jest zgodne ze średnią - to dobrze. Nie zawracaj sobie głowy śledzeniem wykresów, wykazów, zestawień i pozwól dziecku rozwijać się po swojemu, a kontrolę pozostaw lekarzowi.

Ważne etapy rozwoju w drugim roku życia dziecka

Od 12 do 13 miesiąca

Większość dzieci prawdopodobnie będzie umiała...

- ▲ podciągnąć się do pozycji stojącej
- ▲ usiąść
- ▲ przesuwać się z miejsca na miejsce, trzymając się czegoś
- ▲ klasnąć w rączki (zabawy z klaskaniem)
- ▲ stojąc (i trzymając się czegoś), podnieść przedmiot z podłogi
- ▲ informować o swoich potrzebach innymi sposobami niż płacz (przynajmniej czasami)
- ▲ powiedzieć jedno słowo

Połowa dzieci będzie umiała...

- ▲ stać bez pomocy
- ▲ zrobić samodzielnie kilka kroków
- ▲ pić z kubeczka
- ▲ włożyć przedmiot do pojemnika
- ▲ wymówić dwa słowa
- ▲ wskazać pożądany przedmiot

To się kumuluje

W każdym miesiącu dzieci zdobywają wiele nowych umiejętności, lecz zazwyczaj zatrzymują te z poprzedniego miesiąca (a także miesiąca wcześniejszego i tak dalej). Załóżmy zatem, że zestaw zdolności twojego malucha zawierać będzie czynności określone jako „prawdopodobnie będzie umieć" z zeszłego miesiąca, prócz tych nowo zdobytych w tym miesiącu. Musisz jednak pamiętać, że gdy dziecko „wyrośnie" z danej umiejętności, wyrzuci ją ze swojego repertuaru – co oczywiste, bo przecież czy warto nadal dreptać, trzymając się czegoś, gdy już się umie swobodnie chodzić?

Niektóre dzieci będą umiały...

- ▲ dobrze chodzić
- ▲ bazgrać
- ▲ wyciągnąć rękę lub nogę, by pomóc w ubieraniu
- ▲ bawić się w takie zabawy jak „a kuku!"
- ▲ spojrzeć we właściwą stronę w odpowiedzi na pytanie o zlokalizowanie kogoś lub czegoś („Gdzie jest mamusia?" albo „Gdzie jest światełko?")

Niewiele dzieci będzie umiało...

- ▲ potoczyć piłkę do przodu i do tyłu
- ▲ próbować podnosić cięższe przedmioty
- ▲ używać od czasu do czasu widelca bądź łyżki do jedzenia
- ▲ rozebrać się
- ▲ wskazać odpowiednią część ciała, gdy się je o nią zapyta

Od 13 do 14 miesiąca

Większość dzieci prawdopodobnie będzie umiała... (patrz ramka obok)

- ▲ samodzielnie stać
- ▲ przemieszczać się, przytrzymując się czegoś
- ▲ chodzić, korzystając z pomocy
- ▲ zrobić kilka kroków bez pomocy
- ▲ pomachać na pożegnanie
- ▲ włożyć przedmiot do pojemnika (i wyciągnąć go z niego)
- ▲ jeść palcami
- ▲ powiedzieć z rozmysłem „mama" i „tata"
- ▲ wykonać jedno polecenie („podnieś lalkę")

- nAśladować inne osoby (na przykład klasnąć, gdy ktoś inny klaszcze)

Połowa dzieci będzie umiała...

- dobrze chodzić
- idąc, pchać zabawkę na kółkach
- stojąc, podnieść przedmiot leżący na podłodze (bez podtrzymywania się)
- wskazać odpowiednią część ciała, gdy się je o nią zapyta

Niektóre dzieci będą umiały...

- idąc, ciągnąć zabawkę
- naśladować czynność, korzystając z przedmiotu (używać telefonu do niby-rozmowy, gąbki do niby-mycia)
- używać od czasu do czasu łyżki bądź widelca do jedzenia
- samodzielnie pić z kubeczka
- wymówić trzy słowa

Niewiele dzieci będzie umiało...

- biegać
- wchodzić po schodach
- zbudować wieżę z dwóch sześcianów
- dobierać przedmioty kształtami
- wymówić sześć lub więcej wyrazów
- wykonać dwuczęściowe polecenie („Podnieś gumową kaczuszkę i podaj mi ją")

Od 14 do 15 miesiąca

Większość dzieci prawdopodobnie będzie umiała...

- zrobić samodzielnie kilka kroków
- wskazać pożądany przedmiot
- wymówić przynajmniej jedno słowo

Połowa dzieci będzie umiała...

- dobrze chodzić
- stojąc, schylić się i podnieść przedmiot
- bawić się piłką
- bazgrać kredką
- samodzielnie pić z kubeczka
- wymówić przynajmniej dwa słowa
- śmiać się z czegoś zabawnego
- rozpoznawać przeznaczenie przedmiotów (szczotki do włosów, kapelusza, miotły)

Niektóre dzieci będą umiały...

- biegać
- tak ustawić dwa sześciany, by stworzyć wieżę
- wskazać kilka części ciała, gdy się je o nie zapyta
- przewracać papierowe kartki w książeczce
- wskazać obrazek w książce, gdy się je o to poprosi
- wymówić przynajmniej trzy słowa
- często mówić „nie"

Niewiele dzieci będzie umiało...

- chodzić do tyłu
- wchodzić po schodach (ale jeszcze nie schodzić)
- wymówić pięć słów lub więcej
- rysować kredką linie
- śpiewać

Od 15 do 16 miesiąca

Większość dzieci prawdopodobnie będzie umiała...

- wspinać się (na przedmioty), wychodzić z wózka spacerowego itp.

- dobrze chodzić
- naśladować czynności
- bazgrać
- przewracać papierowe kartki w książeczce
- nosić przedmioty w każdej dłoni
- rozumieć proste polecenia („nie", „popatrz", „podejdź", „daj mi to")

POŁOWA DZIECI BĘDZIE UMIAŁA...

- ustawić trzy klocki
- naśladować czynność, korzystając z przedmiotu (używać telefonu do niby-rozmowy, gąbki do niby-mycia)
- posługiwać się łyżką lub widelcem
- rzucić piłkę
- wymówić trzy słowa
- rozpoznać siebie w lustrze lub na zdjęciu

NIEKTÓRE DZIECI BĘDĄ UMIAŁY...

- biegać
- chodzić do tyłu
- tańczyć do muzyki
- wymówić sześć słów

NIEWIELE DZIECI BĘDZIE UMIAŁO...

- kopnąć piłkę do przodu
- z pomocą innej osoby myć zęby
- bez pomocy zdjąć z siebie jedną sztukę odzieży
- wymówić piętnaście lub więcej wyrazów

OD 16 DO 17 MIESIĄCA

WIĘKSZOŚĆ DZIECI PRAWDOPODOBNIE BĘDZIE UMIAŁA...

- bawić się zabawkami do jeżdżenia
- pić z kubeczka
- wymówić dwa do trzech słów
- chętnie mówić „nie"
- wskazać pożądany przedmiot

POŁOWA DZIECI BĘDZIE UMIAŁA...

- biegać
- rzucić piłkę od dołu
- wskazać części ciała, gdy się je o nie zapyta
- regularnie wymawiać sześć do dziesięciu słów
- bawić się w zabawy z udawaniem

NIEKTÓRE DZIECI BĘDĄ UMIAŁY...

- wchodzić po schodach
- kopnąć piłkę
- bez pomocy zdjąć z siebie jedną sztukę odzieży
- sortować zabawki według kształtów lub kolorów
- postępować zgodnie z dwuczęściowym poleceniem słownym (bez gestów)
- regularnie wymawiać dziesięć do dwudziestu słów

NIEWIELE DZIECI BĘDZIE UMIAŁO...

- rzucić piłkę znad głowy
- zbudować wieżę z czterech klocków
- zidentyfikować dwa przedmioty na obrazku, wskazując je
- rozpoznać jeden obrazek, używając nazwy (np. „pies", „kot" itp.)
- łączyć słowa
- mówić i być rozumianym w połowie przypadków
- wymówić ponad pięćdziesiąt słów

Od 17 do 18 miesiąca

Większość dzieci prawdopodobnie będzie umiała...

- ▲ biegać
- ▲ pić z kubeczka
- ▲ wskazać pożądany przedmiot
- ▲ ściągnąć rękawiczki, czapeczkę, skarpetki
- ▲ samodzielnie przeglądać książeczki o twardych stronach
- ▲ bawić się paluszkami (np. „idzie kominiarz po drabinie")
- ▲ wymówić dziesięć słów
- ▲ samodzielnie bawić się na podłodze
- ▲ rozpoznać siebie w lustrze lub na zdjęciu
- ▲ śmiać się z czegoś zabawnego

Połowa dzieci będzie umiała...

- ▲ tańczyć do muzyki
- ▲ ciągnąć przedmioty za sobą
- ▲ schodzić raczkiem po schodach
- ▲ z pomocą innej osoby myć zęby
- ▲ pić przez słomkę
- ▲ wykazywać preferencję jednej dłoni nad drugą
- ▲ ustawić cztery klocki
- ▲ wymówić ponad dwadzieścia słów
- ▲ połączyć dwa słowa w jeden zwrot
- ▲ poprosić o coś, wymieniając tego nazwę

Niektóre dzieci będą umiały...

- ▲ podskoczyć
- ▲ rzucić piłkę znad głowy
- ▲ rozpoznać dwa obrazki, nazywając je
- ▲ łączyć słowa
- ▲ mówić i mniej więcej w połowie przypadków być zrozumianym
- ▲ śpiewać
- ▲ pamiętać, gdzie jest miejsce przedmiotów
- ▲ zwrócić na siebie uwagę lub powtarzać dźwięki (bądź czynności), rozbawiając inne osoby
- ▲ rozpoznać emocje / okazać empatię (na przykład przytulić kogoś, kto jest smutny)

Niewiele dzieci będzie umiało...

- ▲ rozłożyć zabawkę na części i złożyć ją z powrotem
- ▲ pomóc w sprzątaniu zabawek
- ▲ nawlekać duże drewniane koraliki
- ▲ dmuchać bańki
- ▲ zdjąć ubranie
- ▲ rysować kółka

Od 18 do 20 miesiąca

Większość dzieci prawdopodobnie będzie umiała...

- ▲ biegać
- ▲ pochylić się, by podnieść zabawkę, i nie przewrócić się przy tym
- ▲ wspinać się
- ▲ bawić się w zabawy z udawaniem
- ▲ naśladować zachowania (na przykład „karmić" lalkę)
- ▲ jeść łyżeczką i widelcem
- ▲ wymówić dziesięć do dwudziestu słów

Połowa dzieci będzie umiała...

- ▲ wchodzić po schodach
- ▲ kopnąć piłkę

- zdjąć ubranie bez pomocy innej osoby
- narysować linię prostą
- z pomocą innej osoby myć zęby
- wymówić dwadzieścia do pięćdziesięciu słów
- łączyć słowa
- rozpoznać dwa obrazki, nazywając je

NIEKTÓRE DZIECI BĘDĄ UMIAŁY...

- trzymając się, balansować na jednej stopie
- zdjąć ubranie
- nazwać sześć części ciała
- rozpoznać cztery obrazki, nazywając je
- wymówić ponad pięćdziesiąt słów
- sformułować proste zdanie
- zadawać pytania „dlaczego" i „co to jest"

NIEWIELE DZIECI BĘDZIE UMIAŁO...

- trzymając się, zejść po schodach
- umyć i wytrzeć dłonie
- zbudować wieżę z sześciu klocków
- okazać pewne oznaki gotowości siadania na nocnik (na przykład poinformować, że chcą zrobić kupkę)
- mówić pełnymi zdaniami

OD 20 DO 22 MIESIĄCA

WIĘKSZOŚĆ DZIECI PRAWDOPODOBNIE BĘDZIE UMIAŁA...

- dobrze biegać
- wykonać przysiad
- bawić się gliną, instrumentami muzycznymi i innymi zabawkami manipulacyjnymi
- rzucić piłkę od dołu
- zdjąć daną sztukę ubrania
- postępować zgodnie z dwustopniowym poleceniem
- wymówić dziesięć do dwudziestu słów
- wytyczyć sobie proste cele (jak nalanie wody do wiaderka i zabranie jej do piaskownicy, by wylać ją na piasek)

POŁOWA DZIECI BĘDZIE UMIAŁA...

- otworzyć drzwi
- z pomocą innej osoby zejść po schodach
- bawić się prostymi puzzlami
- zrozumieć (ale nie używać) nawet dwieście słów czy prawie wszystko, co się do nich mówi
- wymówić ponad pięćdziesiąt słów
- rozpoznać, gdy coś zostanie nieprawidłowo nazwane (na przykład gdy „kotek" zostanie nazwany „autkiem")

NIEKTÓRE DZIECI BĘDĄ UMIAŁY...

- umyć i wytrzeć dłonie
- rozumieć przeciwieństwa (np. zimne–gorące)
- nazwać członków rodziny (lub inne znane sobie osoby) na zdjęciach
- rozpoznać, kiedy książeczka z obrazkami jest odwrócona do góry nogami
- wymówić pięćdziesiąt do stu słów
- postępować zgodnie z trzystopniowym poleceniem

NIEWIELE DZIECI BĘDZIE UMIAŁO...

- bawić się w berka
- włożyć daną sztukę ubrania
- włożyć butki (choć niekoniecznie na właściwą stopę)
- złożyć kartkę, naśladując inną osobę

Od 22 do 24 miesiąca

Większość dzieci prawdopodobnie będzie umiała...

- kopnąć piłkę
- chodzić do tyłu
- zdjąć daną część ubrania
- zbudować wieżę z czterech klocków
- naśladować zachowanie osób dorosłych (zamiatać, „nakarmić" lalkę, rozmawiać przez telefon itd.)
- zidentyfikować dwa przedmioty na obrazku, nazywając je
- łączyć słowa
- wymówić niemal pięćdziesiąt słów
- okazać świadomość zadowolenia lub niezadowolenia rodziców

Połowa dzieci będzie umiała...

- trzymając się, balansować na jednej stopie
- włożyć daną sztukę ubrania
- szczotkować włosy, wytrzeć nosek lub wykonać inne proste zabiegi higieniczne przy pomocy innej osoby
- okazać oznaki gotowości do korzystania z nocnika
- mówić i mniej więcej w połowie przypadków być zrozumianym
- wymówić pięćdziesiąt do siedemdziesięciu słów
- zadać pytania „dlaczego" i „co to jest"
- mówić o sobie („chcę mleko", „Jacuś idzie na huśtawkę")
- zaśpiewać proste piosenki
- okazać zainteresowanie zabawą z innymi dziećmi

Niektóre dzieci będą umiały...

- zbudować wieżę z ośmiu klocków
- używać przyimków („na", „pod", „obok")
- rozmawiać, używając dwóch do trzech zdań
- wymówić ponad sto słów

Niewiele dzieci będzie umiało...

- jechać na rowerku trójkołowym
- ułożyć przedmioty kategoriami (piłki, lalki, zwierzątka)
- rozumieć znaczenie przymiotników (kleiste, zabawne, miękkie)
- robić coś na zmianę
- wymówić dwieście słów
- używać przymiotników
- odpowiedzieć na pytanie: „Jak masz na imię?"

Rozdział 1

TWOJE DZIECKO ROŚNIE

Jak duże jest twoje dziecko? Taaakie duże! I nadal rośnie i rośnie... Zdawałoby się, że rośnie z każdym dniem. A czy pamiętasz jeszcze, jak było noworodkiem wtulonym w twoje ramiona? Spróbuj teraz położyć sobie na rękach to spore – i wiercące się – roczne dziecko! Mimo to masz być może pewne obawy co do jego wzrostu, zwłaszcza jeśli przebiega on nierównomiernie i niezupełnie zgodnie z formalnymi tabelami. Niektóre dzieci rosną w stałym tempie (średnim, nieco wolniejszym lub troszkę szybszym), inne „skokami" i z przerwami. Jednak w przypadku większości maluchów prawidłowy wzrost to taki, jaki ono właśnie wykazuje, i nie ma sensu porównywać własnego dziecka z tym na sąsiedniej huśtawce. Oczywiście to stwierdzenie nie zaspokoi twojej ciekawości ani nie uspokoi ewentualnych obaw. Czy mój syn nie jest za niski? Czy nie jest aby zbyt pulchny? Za chudy? Czy to normalne, że szybciej przybywa mu centymetrów niż kilogramów? Albo odwrotnie? Przypuszczalna odpowiedź brzmi: wszystko jest w porządku.

Co może cię niepokoić

Siatki centylowe

Moje dziecko ma 15 centyli na wykresach masy ciała i wzrostu. Co to oznacza?

Oznacza to, że twój synek jest dość mały jak na swój wiek, ale mieści się w prawidłowym zakresie. A to dobra wiadomość, ponieważ właśnie o to chodzi, by jego wzrost był prawidłowy (duży prawidłowy, mały prawidłowy czy średni prawidłowy).

Porównując wyniki mierzenia i ważenia dziecka podczas każdej wizyty w poradni dla dzieci zdrowych (a do ukończenia drugiego roku życia dziecka także wynik pomiaru obwodu głowy), lekarz jest w stanie określić, jak dany malec wypada na siatce centylowej w porównaniu z innymi dziećmi w tym samym wieku i tej samej płci. Jeżeli twój syn ma wynik 15 centyli na wykresie wzrostu i masy ciała, oznacza to, że 85 procent chłopców w jego wieku jest wyższego wzrostu i waży więcej, a 15 procent chłopców ma niższy wzrost i mniejszą masę ciała.

Ale takie porównywanie dziecka z całą populacją dzieci w tym samym wieku to tylko część zagadnienia. Ważniejsze jest porównywanie danego dziecka z... nim samym. I właśnie dlatego pediatra koncentruje się raczej na tempie wzrostu twojego brzdąca, a nie na tym, ile w danej chwili ma centyli. Jeśli twój syn przez większą część dotychczasowego życia ma mniej więcej 15 centyli, oznacza to, że albo będzie on raczej małym chłopcem, albo czeka go nagły „skok" w późniejszym okresie dzieciństwa. Natomiast jeżeli dziecko zwykle ma 60 centyli, po czym wynik nagle spada do 15 centyli, to taka nagła zmiana w tempie wzrostu może skłonić do zadania sobie pytań, czy dziecko chorowało, czy jest pod wpływem stresu, czy istnieje inna medyczna przyczyna spowolnienia wzrostu. A może po prostu po wczesnym szybkim starcie zaczyna się realizować genetycznie zaprogramowany scenariusz, wedle którego ma być niski? I podobnie: należy uważniej przyjrzeć się dziecku, którego wynik na siatce centylowej od urodzenia wynosił 45, a potem nagle, po kilku miesiącach, zmienił się na 90. Może dziecko przyjmuje za dużo kalorii? Może ma za mało aktywności fizycznej? Czy może po nieco wolniejszym wcześniejszym wzroście teraz nadrabia to, co mu w genach pisane?

Dokonanie oceny wzrostu dziecka nie jest tylko prostym porównaniem liczb. Aby mieć w tym względzie naprawdę pełny obraz, lekarz będzie się zastanawiał nad niezmiernie ważnym związkiem pomiędzy masą ciała a długością dziecka. Centyle wzrostu i masy ciała umieszczone na oddzielnych siatkach nie muszą idealnie sobie odpowiadać (całkowicie prawidłowy jest wynik 40 centyli dla wzrostu i 50 centyli dla masy ciała czy odpowiednio 80 i 85 centyli), nie powinna ich jednak dzielić wartość większa niż 10 do 20 procent. Jeśli wzrost dziecka wynosi 30 centyli, a masa – 85 centyli, oznacza to, iż maluch ma nadwagę. Z kolei wynik odwrotny oznacza niedowagę. Lekarze zwykle oceniają związek pomiędzy wzrostem i masą ciała intuicyjnie, czasem jednak sięgają po kolejne narzędzie, jakim jest odpowiedni wykres wartości masy ciała i wzrostu. Na wykresie tym sprawdzany jest stosunek masy ciała do wzrostu (podobnie jak BMI, wskaźnik masy ciała), który pomaga lekarzowi stwierdzić, czy dziecko jest niedożywione czy też przekarmione.

Zanim jednak zaczniesz wyciągać jakiekolwiek wnioski na temat wzrostu swojego

BLIŹNIĘTA

Każde dziecko rośnie inaczej

Masz dwoje (lub więcej) dzieci i zastanawiasz się, jak będą rosły w porównaniu z innymi dziećmi lub w porównaniu ze sobą nawzajem? Jeżeli są to bliźnięta jednojajowe, to przypuszczalnie – choć nie zawsze – rosnąć będą w tym samym tempie, z występującymi jednocześnie okresami szybszego wzrostu przeplatanymi zastojami, zwłaszcza kiedy będą nieco starsze. U bliźniąt dwujajowych mogą się zdarzać różnice, począwszy od nieznacznych po naprawdę istotne. A jeśli bliźnięta dwujajowe są różnej płci, to często chłopiec rośnie szybciej i jest wyższy niż dziewczynka (identycznie jak – przeciętnie biorąc – w przypadku jedynaków). Oczywiście twoje bliźnięta mogą się okazać wyjątkami. W drugim roku życia ich wzrost w dużym stopniu będzie zależeć od urodzeniowej masy ciała. Czy jak na swój wiek ciążowy były raczej małe? Czy urodziły się przedwcześnie? Czy jedno z bliźniąt było znacznie większe od drugiego? To tylko kilka czynników, które należy wziąć pod uwagę przy szacowaniu możliwej krzywej wzrostu. Pocieszającą wiadomością niech będzie dla ciebie to, że dzieci z ciąży wielopłodowej, jeśli nawet urodziły się przed terminem lub miały niską masę urodzeniową, nadrobią zaległości wobec swych rówieśników do czasu osiągnięcia wieku szkolnego. Wszystkie organizmy rosną!

Mierzenie małego wija

Jak to możliwe, że choć dziecko wygląda na większe niż podczas poprzedniej wizyty u lekarza, to z bieżącego pomiaru wynika, iż gdzieś zgubiło kilka centymetrów? Otóż mierzenie małych dzieci jest operacją bardzo nieścisłą, gdyż niezwykle trudno uzyskać dokładny odczyt przy wijącym się i kręcącym ciałku – nawet jeśli ktoś zajmuje się takimi pomiarami zawodowo. Dopiero gdy będzie można zmierzyć dziecko stojące (spokojnie) w pozycji wyprostowanej, wynik stanie się wiarygodny.

dziecka, warto się przyjrzeć innym członkom rodziny. Czy mama, ojciec lub rodzeństwo rośli w podobnym stylu, tzn. czy także byli na przykład wysocy i masywnej postury albo niscy i szczupli? Czy jako dzieci byli raczej pulchni, ale potem zeszczupleli? Czy we wczesnym dzieciństwie byli drobni i niscy, lecz później wystrzelili w górę? Odpowiedź twierdząca na takie pytania może wyjaśnić, dlaczego twoje dziecko rośnie w takim a nie innym stylu. Nawet gdyby było naprawdę małe (tylko 5 centyli w zakresie wzrostu i masy ciała), to nie ma się czym martwić, jeżeli po prostu idzie rodzinnym śladem.

Jeśli chcesz sama sprawdzić, jaki wynik ma twój syn na siatce centylowej, skorzystaj z wykresów zamieszczonych na stronach od 16 do 19.

Pulchne dziecko

Według mnie pulchne nóżki mojej córeczki są przecudne, ale moja matka uważa, że dziecko jest za grube. Czy w tym wieku można już mówić o otyłości?

Charakterystyczne dla maluchów okrągłe policzki, tak słodkie, że chciałoby się je schrupać, wypukły brzuszek do głaskania oraz wyposażone w dołeczki łokcie i kolanka – tylko je całować! – na pewno przydają dziecku wyjątkowo słodkiego wyglądu, lecz niekoniecznie świadczą o nadwadze. Czasem przyjemnie zaokrąglone roczne dziecko zaczyna szczupleć pod koniec drugiego roku życia, gdy tempo przyrostu kolejnych centymetrów staje się szybsze od tempa przyrostu masy ciała. A może przyczyną jego krągłości jest nieumiejętność chodzenia i wynikający z tego niski poziom aktywności, więc gdy zacznie chodzić, biegać i wspinać się na meble, wyszczupleje. Czasem jednak pucułowate policzki oraz tłuściutkie uda faktycznie są objawem nadwagi. Jeśli podejrzewasz, że dziecko jest nie tyle troszkę zaokrąglone, co zwyczajnie grube, podczas następnej wizyty porozmawiaj z pediatrą o swoich obawach. Gdyby się okazało, że ma przeciętny wynik centyli zarówno pod względem wzrostu, jak i masy ciała, to możesz na razie odłożyć swe troski na bok – zaokrąglone małe ciałko z czasem wysmukleje i nabierze odpowiedniejszych proporcji. Natomiast jeżeli dziecko naprawdę ma nadwagę (ma wynik przynajmniej 85 centyli dla swojego wieku i płci), to ważne jest, by już teraz zadbać o jego nawyki żywieniowe i aktywność ruchową. Specjaliści są bowiem zdania, że to właśnie pierwsze dwa lata życia dziecka są najważniejszym okresem zapobiegania otyłości dziecięcej. Z myślą o przyszłym zdrowiu dziecka należy już teraz zadbać o jego masę ciała. Nie chodzi tu o żadną dietę odchudzającą, lecz o takie ustalenie kaloryczności posiłków, by spowolnić tempo przybierania na wadze, aby nie było ono szybsze od tempa przybierania centymetrów. Oto co powinnaś zrobić:

- ▲ Porozmawiaj z lekarzem. Zanim podejmiesz jakiekolwiek działania w kierunku kontrolowania masy ciała twojego dziecka, koniecznie zwróć się do pediatry o poradę i poproś o sensowny program żywieniowy, który nie będzie miał negatywnego wpływu na wzrost i rozwój malca (to nie może być „dieta" – małe dzieci potrzebują dużej różnorodności składników pokarmowych oraz odpowiedniej liczby kalorii).

- Zdrowo odżywiaj dziecko. Warto już teraz zadbać o to, by maluch przyzwyczaił się do spożywania pokarmów pełnoziarnistych, owoców, warzyw oraz niskotłuszczowych źródeł białka – a tylko od czasu do czasu jadł coś słodkiego – gdyż dzięki temu uniknie w przyszłości nadwagi (i wielu problemów zdrowotnych). A ponieważ tłuszcz zawarty w żywności jest zwykle głównym winowajcą nadmiaru tkanki tłuszczowej w organizmie człowieka, warto zminimalizować udział tego składnika w diecie dziecka, szczególnie tłuszczu niezdrowego, na przykład nasyconego znajdującego się we frytkach. Najodpowiedniejszym jednak słowem jest „limit". Małemu dziecku nie należy nadmiernie ograniczać ilości przyjmowanego tłuszczu ani cholesterolu, chyba że takie będzie zalecenie lekarskie ze względu na choroby serca i/lub wysokie stężenie cholesterolu stwierdzone u krewnych.
- Dbaj o odpowiednie napoje. Wiele dzieci wypija mnóstwo niepotrzebnych kalorii, zwłaszcza jeśli jeszcze piją z butelki lub wszędzie chodzą ze specjalnym kubeczkiem (z dzióbkiem) w dłoni. Zwykle płynnym winowajcą jest soczek jabłkowy (który, nawiasem mówiąc, zapewnia niewiele składników odżywczych w stosunku do liczby kalorii). Możesz bezpiecznie ograniczyć dziecku liczbę przyjmowanych kalorii, przestawiając je na picie ze zwykłego kubka (jeśli jeszcze tego nie zrobiłaś) i rozcieńczając soki wodą – szczególnie jabłkowe oraz przygotowane na bazie tego soku.
- Rozsądnie dobieraj przekąski. Małe brzuszki i ruchliwe ciałka nie wytrzymają cztero- czy pięciogodzinnych przerw pomiędzy posiłkami, ale za częste podjadanie powoduje z reguły za szybkie przybieranie na wadze – szczególnie gdy do buzi trafiają wysokokaloryczne kąski. Dlatego dawaj dziecku wartościową przekąskę między śniadaniem i obiadem, kolejną między obiadem i kolacją, a potem małe co nieco przed pójściem spać, ale nic więcej – przegryzanie przez cały dzień (oraz nieograniczony dostęp do szafek i lodówki) może spowodować szybki przyrost masy ciała dziecka.
- Pozwól dziecku przejąć kontrolę. Dzieci, które są nadal karmione (łyżeczką), często jedzą więcej, niż chcą czy potrzebują. Daj swemu dziecku jak najwięcej okazji do samodzielnego jedzenia. Kiedy jedzenie przestanie je interesować, zakończ posiłek, a nie zmuszaj, by go dokończyło. To nie jest klub czystych talerzyków.
- Karm dziecko z właściwego powodu. Jest tylko jeden dobry powód, by jeść: zaspokojenie głodu. Gdy dziecko wcześnie nauczy się tej ważnej lekcji, rzadko ma później problemy z nadwagą. Nie dawaj więc ciasteczka na otarcie łez, gdy się uderzy, nie kupuj cukierków, by mieć święty spokój podczas zakupów, ani nie sadzaj dziecka w samochodzie z łakociami w rączkach, żeby było spokojne. Zamiast tego pocałuj obolałe miejsce, w sklepie wymyśl jakąś zabawę, a w samochodzie pośpiewajcie razem piosenkę. Jeśli nie będziesz dziecka karmić z niewłaściwego powodu (w nagrodę, w formie łapówki, żeby mieć spokój, żeby je uspokoić czy dać mu coś do buzi, gdy się nudzi), ono nie będzie z niewłaściwych powodów sięgać po jedzenie.
- Sama bądź wzorem zdrowych nawyków żywieniowych. Choć dziecko może się z tym nie zdradzać, to cały czas uważnie cię obserwuje, także wtedy, gdy jesz. Jeżeli więc ciągle skubiesz chipsy czy pochłaniasz lody, ono pójdzie za twoim przykładem (do szafki ze słodyczami). Staraj się zatem, by widziało cię, jak jesz sałatki, a przekąszasz owoce.

KAMIEŃ MILOWY

Wzrost i masa ciała

W drugim roku życia tempo wzrostu ciała spada i do czasu kolejnego przyspieszenia (który przypada zwykle na wiek kilkunastu lat) możesz się spodziewać, że dziecko będzie rosło powoli i równomiernie. Oto jak zwykle przebiega wzrost dziecka w drugim roku życia (pamiętaj jednak, że większość maluchów będzie trochę poniżej lub powyżej wymienionych wartości):

Od 12 do 15 miesiąca. Przeciętna dziewczynka w wieku 15 miesięcy waży średnio 10,5 kg i ma ok. 77,5 cm wzrostu; chłopiec w tym wieku waży 11 kg i ma 78,7 cm wzrostu.

Od 15 do 18 miesiąca. Przeciętna dziewczynka w wieku 18 miesięcy waży 11 kg i ma ok. 80 cm wzrostu; chłopiec w tym wieku waży 11,8 kg i ma ok. 81,3 cm wzrostu.

Od 18 do 24 miesiąca. Przeciętna dziewczynka w wieku 24 miesięcy waży 12,2 kg i ma 86,5 cm wzrostu; przeciętny chłopiec w tym wieku waży 12,7 kg i ma 87,2 cm wzrostu.

Oto na co musisz zwrócić uwagę: jeśli masa ciała dziecka skoczy o ponad 30 centyli między wizytami lekarskimi (na przykład z 40 do 70 centyli), jeśli masa ciała dziecka jest o ponad 20 centyli większa niż jego wzrost (na przykład 30 centyli dla wzrostu i 80 centyli dla masy ciała) albo jeśli dziecko ma mniej niż 3 centyle (zakres normy jest bardzo szeroki i zamyka się między 3 a 97 centylem) dla masy ciała i z każdą kolejną wizytą coraz mniej, porozmawiaj z lekarzem o ewentualnych przyczynach takiej sytuacji.

- Ruszaj się wraz z dzieckiem. Gdy dziecko ma mało ruchu, a spory apetyt, nietrudno o problemy z nadwagą. Dawaj więc malcowi wiele okazji do ruchu – nie musi to być dziecięcy aerobik, ale niech jak najwięcej biega, wspina się, skacze i chodzi. I koniecznie przyłącz się do niego. Jeśli bowiem członkowie rodziny razem zażywają ruchu, to też są zdrowi i w dobrej formie.
- Oglądaniu telewizji powiedz stanowcze nie. O ile ćwiczenia – co dowiedziono – pomagają walczyć z otyłością, o tyle oglądanie telewizji jest jej przyczyną. Jeżeli twój malec spędza za dużo czasu przed telewizorem, zacznij z tym nawykiem walczyć już teraz, zanim urośnie do rangi problemu (wraz z masą ciała dziecka). Ogranicz też dziecku czas spędzany przed komputerem, jeśli już zaraziło się tym nałogiem.
- Uważaj na etykietki. Nie tylko na te na produktach spożywczych, lecz także na te, które „przypinasz" dziecku. Nie mów na przykład: „Nie możesz zjeść ciasteczka, bo jesteś za gruba". Mimo że pojęcie to na razie jest poza zasięgiem pojmowania twojej córeczki, to zagnieździ się ono w jej umyśle i z czasem spowoduje jej negatywne wyobrażenie o sobie. Lepiej powiedz coś o zdrowym odżywianiu: „Zjedzmy po brzoskwince, bo od tego będziemy duzi i silni!".

Niezwykle istotna kwestia, o której musisz pamiętać: nieważne, jak bardzo martwisz się tym, ile dziecko waży, nigdy nie wprowadzaj mu diety odchudzającej, gdyż nie jest ona odpowiednia dla rosnącego organizmu. Twoim celem, przypomnijmy, ma być spowolnienie tempa przybierania przez dziecko na wadze przy zachowaniu jego zdrowego wzrostu. Więcej na temat zdrowego odżywiania znajdziesz w rozdziale 4.

Chude dziecko

Mój syn jest tak chudy, że nie ma na nim ani odrobiny dziecięcych krągłości. Czy ma niedowagę?

Patrzysz na dziecko i widzisz skórę i kości, ale pamiętaj, że niedowaga – podobnie jak nadwaga – to często tylko kwestia percepcji, zwykle tej rodzicielskiej. To, co w twoich oczach jest chudością, może być zupełnie prawidłowym stanem twojego dziecka. Nie warto więc zawierzać wzrokowi, lepiej zapytać lekarza, jak wypadają liczby na siatce centylowej. Wprawdzie maluchy słyną z posiadania słodkich dołeczków, jednak nie wszystkie je mają. Zdarzają się dzieci szczupłe z natury – z powodu wzrostu, z uwagi na dużą aktywność fizyczną czy po prostu predyspozycje genetyczne. Naczelna zasada: jeśli lekarz jest spokojny i zadowolony z tego, jak twoje dziecko rośnie, i z jego stanu zdrowia, ty też powinnaś być. Gdyby się jednak okazało, że chłopiec faktycznie ma niedowagę, powinniście wspólnie z pediatrą zastanowić się, dlaczego tak jest i jak temu zaradzić. Na szczęście większość przyczyn niedowagi można z łatwością wyeliminować. Oto kilka możliwych przyczyn nadmiernej chudości:

- Za dużo płynów. Możliwe, że dziecko wypija za dużo napojów i ma w żołądku za mało miejsca na pokarmy stałe. Odstaw brzdąca od butelki i ogranicz mu dostęp do kubeczka z dzióbkiem (ze zwykłego kubka nie sączy się tak łatwo), a być może dostanie lepszego apetytu i zacznie więcej jeść.
- Za mało kalorii. Istnieje też możliwość, że twój ruchliwy brzdąc spala więcej kalorii, niż przyjmuje, albo posiłki, które mu przyrządzasz, są zbyt niskokaloryczne (tak czasem zupełnie nieświadomie robią rodzice, którzy dbają o zdrowe odżywianie) lub dostarczają za mało substancji odżywczych w stosunku do zapotrzebowania rosnącego organizmu. Zastanów się, czy w diecie twego dziecka jest miejsce na dodatkowe kalorie w zdrowej formie (innymi słowy, nie w postaci ciastek).
- Za dużo nakłaniania. Twoim zadaniem jest dostarczyć dziecku zdrowej żywności, a jego – jeść tyle, by zaspokoić apetyt. Ale zmuszanie dziecka do jedzenia powoduje tylko jego opór i upór („Nie będę jeść i koniec!").
- Stres bądź choroba. Czasem się zdarza, że dziecko je mało z powodu stresu. Jeżeli istnieje jakieś wyraźne źródło stresu w życiu twojego dziecka (albo twoim – pamiętaj, że maluchy są bardzo wyczulone na napięcia rodziców), postaraj się je wyeliminować albo złagodzić, oferując maluchowi jak najwięcej uwagi i czułości. Gdy dziecko mało je i ogólnie sprawia wrażenie, że coś mu dolega, poproś lekarza o zbadanie go i, jeśli to konieczne, wdrożenie leczenia.

Okrągły brzuszek

Nasza córeczka waży tyle, ile powinna w stosunku do swojego wzrostu, ale ma mocno zaokrąglony brzuszek. Czy to jest prawidłowe?

U małego dziecka okrągły brzuszek jest zarówno normalny, jak i uroczy. Dopiero w wieku trzech, czterech lat mięśnie brzucha stają się na tyle rozwinięte i silne, by nadać

Okrągły brzuszek jest charakterystyczny dla małego dziecka.

dziecku bardziej wysportowany wygląd. I tak się dzieje z reguły, chyba że malec będzie jadł za dużo śmieciowego jedzenia i zażywał za mało ruchu. Do tego jednak czasu nie musisz skłaniać dziecka do ćwiczeń mięśni brzucha ani do wciągania brzuszka. Nigdy też nie dokuczaj mu komentarzami na ten temat, bo będzie miało w przyszłości niską samoocenę. Teraz wystarczy tylko zdrowe odżywianie i jak najwięcej okazji do aktywnej zabawy. Jeżeli jednak masz wrażenie, że brzuszek dziecka jest wzdęty, a towarzyszy temu jego dyskomfort lub zaparcia i/lub luźne wypróżnienia, porozmawiaj o tym z lekarzem.

WSZYSTKO O...

SIATKI CENTYLOWE

Czy twoje dziecko rozwija się prawidłowo? Sprawdź to na zamieszczonych tutaj wykresach. Pierwsze z nich (na stronach 16 i 17) pozwalają śledzić oddzielnie wzrost i masę ciała. Kolejne wykresy (na stronach 18 i 19) pomagają obliczyć związek pomiędzy wzrostem i masą ciała. Jak zauważysz, istnieją osobne wykresy dla chłopców i dziewczynek, ponieważ już w tak wczesnym wieku chłopcy zwykle są wyżsi, ciężsi i rosną szybciej od dziewczynek.

Do 36 miesiąca życia – chłopcy

Siatki centylowe wysokości i masy ciała w zależności od wieku

IMIĘ I NAZWISKO ....

NR ZAPISU ....

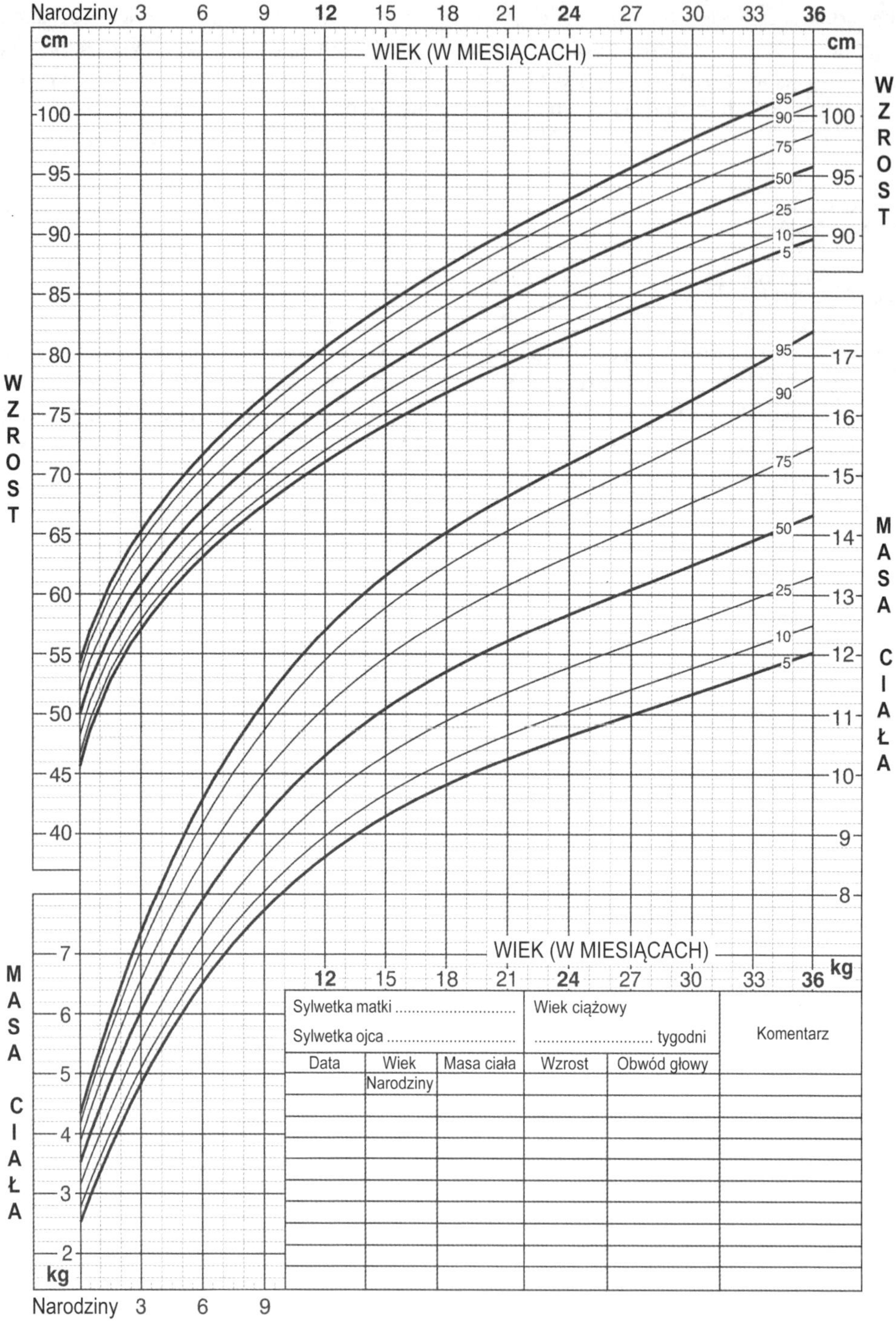

Sylwetka matki .... Sylwetka ojca			Wiek ciążowy .... tygodni		Komentarz
Data	Wiek	Masa ciała	Wzrost	Obwód głowy	
	Narodziny				

Opracowane przez National Center for Health Statistics przy współpracy z National Center for Chronic Disease Prevention and Health Promotion (2000).

Do 36 miesiąca życia – dziewczynki

Siatki centylowe wysokości i masy ciała w zależności od wieku

IMIĘ I NAZWISKO ....

NR ZAPISU ....

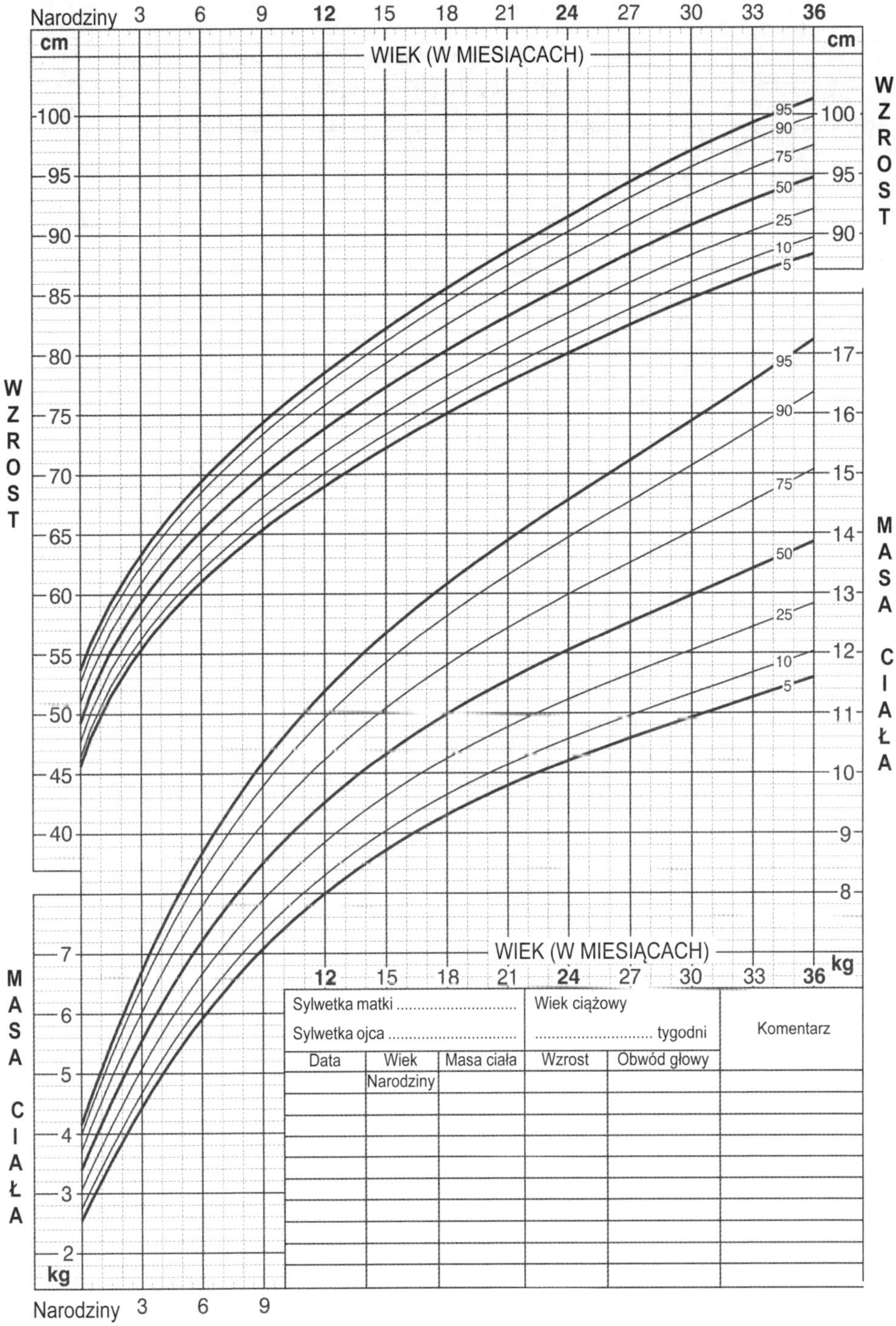

Sylwetka matki .... Sylwetka ojca			Wiek ciążowy .... tygodni		Komentarz
Data	Wiek	Masa ciała	Wzrost	Obwód głowy	
	Narodziny				

Opracowane przez National Center for Health Statistics przy współpracy z National Center for Chronic Disease Prevention and Health Promotion (2000).

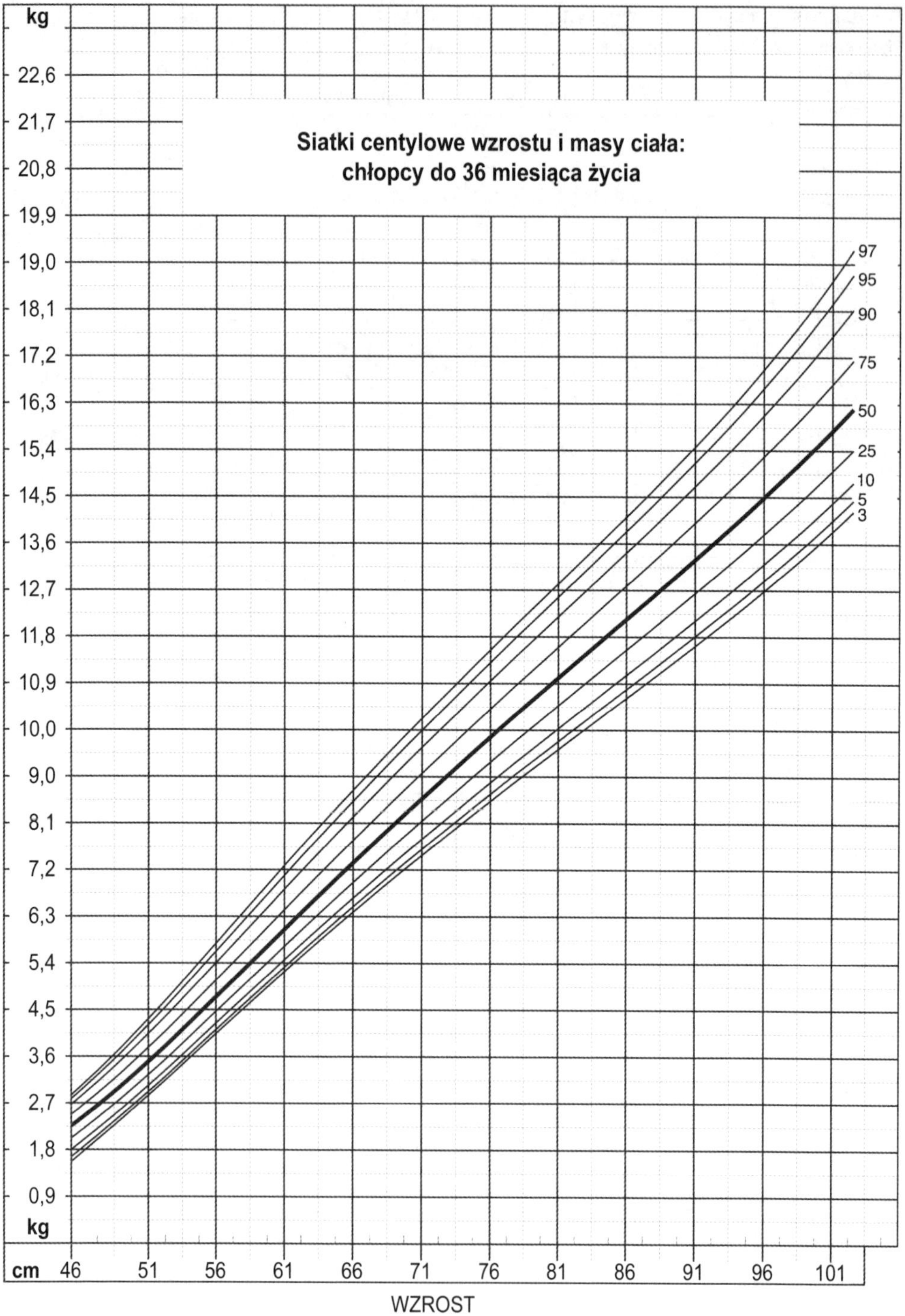

Opracowane przez National Center for Health Statistics przy współpracy z National Center for Chronic Disease Prevention and Health Promotion (2000).

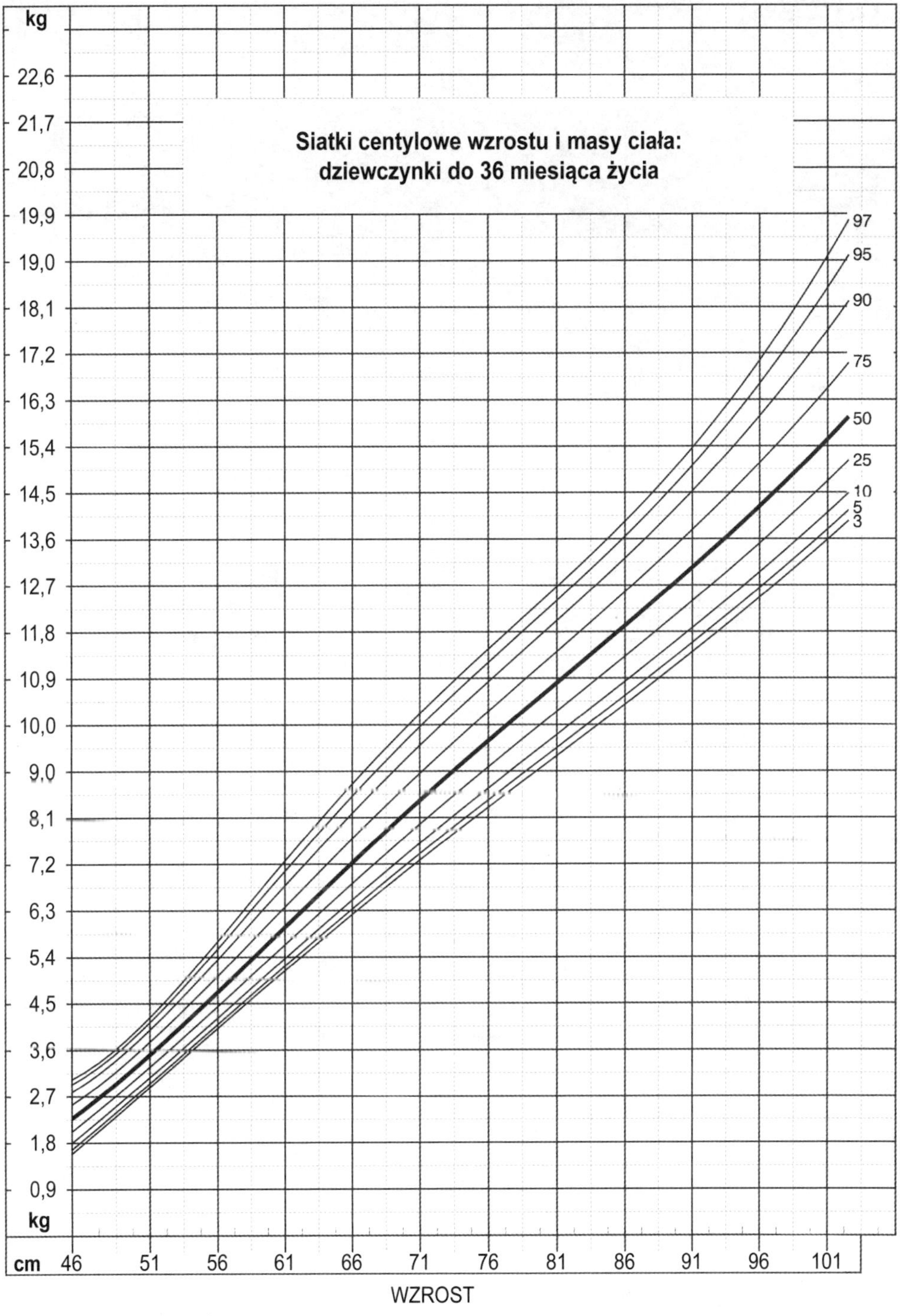

Opracowane przez National Center for Health Statistics przy współpracy z National Center for Chronic Disease Prevention and Health Promotion (2000).

Rozdział 2

TWOJE DZIECKO OD STÓP DO GŁÓW

Wydaje się, że to było zaledwie wczoraj… przyniosłaś do domu słodkie, bezcenne zawiniątko, patrzyłaś na maciupeńkie stopy, zmieniałaś pierwszą pieluchę, smarowałaś balsamem jedwabistą skórę noworodka, patrzyłaś, jak wyrzyna się pierwszy ząbek, i ze zdumieniem obserwowałaś coraz większe liczby na wadze u lekarza. Minął rok (ależ ten czas leci!), maleńkie stopy sporo urosły, czasem nawet dość zabawnie wyglądają (o co chodzi z tym chodzeniem na paluszkach?) i trzeba obuć je w pierwsze buciki do chodzenia. Bezzębny uśmiech stał się uśmiechem buzi pełnej ząbków, o które trzeba już dbać. Jedwabista skóra – część ruchliwego ciała – narażona jest na całe mnóstwo niszczących ją żywiołów. Zawartość pieluchy bywa czasem naprawdę zaskakująca (dlaczego kupka ma niebieskie zabarwienie?), a zmiana pieluch to niekiedy wręcz wyzwanie. Twój malec sporo już urósł (i to jak szybko!), ale nadal musi jeszcze dużo, dużo urosnąć, a twoja lista problemów z tym związanych zawiera pytania o wszystko, od głowy po palce u stóp – i o całą resztę pomiędzy nimi.

Włosy

Pielęgnacja włosów

Włosy każdego dziecka wymagają codziennej dbałości, bez względu na to, czy mają postać gęstych kędziorków, czy ledwie puszku – choćby dlatego, że trzeba usunąć z nich resztki obiadu. Oto ważne wskazówki:

▲ Używaj szamponu tylko wtedy, gdy jest to niezbędne. Ponieważ gruczoły łojowe na głowie – jak i na całej reszcie ciała –

nie funkcjonują w pełni aż do osiągnięcia okresu dojrzewania, nie trzeba codziennie stosować szamponu, chyba że we włosach znajdzie się jedzenie, piasek czy brud albo jeśli mocno się przetłuszczają. Wiele małych dzieciaków, szczególnie pochodzenia afrykańskiego i te z bardzo suchą skórą głowy, nie wymaga mycia głowy szamponem częściej niż raz w tygodniu, a od czasu do czasu dobrze jest wetrzeć w nią trochę oliwki. Innym trzeba myć włosy szamponem co drugi lub co trzeci dzień, zwykle częściej w gorące dni, kiedy włosy bardziej się pocą i kleją. Pamiętaj, by starannie spłukać szampon, gdyż do jego resztek przylepia się kurz.

- ▲ Wybierz odpowiednie przybory. Kupując szczotki i grzebienie, kieruj się tym, by były jak najbardziej delikatne. Szczotka powinna być płaska, a nie zakrzywiona i mieć włosie o okrągłym zakończeniu. Jeśli dziecko ma gęste, kręcone włosy, włosie szczotki powinno być długie, dość sztywne oraz rzadkie. Grzebień, przydatny do rozczesywania kołtunów i obowiązkowy dla dzieci o szczególnie gęstych, kędzierzawych włosach, powinien mieć duże przerwy między łagodnie zakończonymi zębami.
- ▲ Szczotkuj włosy dziecka. Podczas szczotkowania naturalna wydzielina łojowa wydobywa się na powierzchnię skóry głowy, co jest szczególnie ważne w przypadku suchych włosów. Szczotką można też usunąć całkiem sporo resztek jedzenia i brudu. Uważaj, by szczotkować lub czesać włosy dziecka bardzo delikatnie, nie ciągnąc ich i nie szarpiąc. Dokładniejsze porady znajdziesz w następnym pytaniu.
- ▲ Grzebienia nie wolno pożyczać. W przypadku pielęgnacji włosów dzielenie się nie jest cnotą. Każdy członek rodziny powinien mieć własny grzebień lub szczotkę, aby uniknąć przekazania wszy czy innych problemów. Przybory te należy od czasu do czasu umyć w ciepłej wodzie z odrobiną szamponu.

LEPKI PROBLEM

Umyłaś dziecku włosy szamponem ledwie wczoraj wieczorem, a już znalazła się w nich kulka z owsianki; albo nie ma czasu na porządne mycie szamponem, tymczasem twój mały wielbiciel makaronu z sosem serowym ma we włosach nitki sera. Co robić? W takich sytuacjach najlepiej zastosować sprej do rozczesywania włosów i starannie wyczesać te resztki śniadania, obiadu lub kolacji grzebieniem z szeroko rozstawionymi zębami.

SZALONE ZABAWY PRZY ROZCZESYWANIU

Gdy próbuję rozczesać córce włosy, mała zawsze się awanturuje, ale jeśli tego nie robię, ma coraz więcej kołtunów.

Dziecko ucieka na widok grzebienia? Cóż, niewiele maluchów chce siedzieć spokojnie przy układaniu lub choćby tylko pobieżnym rozczesywaniu włosów, a wiele z nich wrzeszczy wniebogłosy, gdy tylko zauważą szczotkę.

Roczne dzieci najczęściej nie mają jeszcze gęstych, długich włosów, które wymagałyby wielu zabiegów pielęgnacyjnych. Te, które już rosną na ich główkach, są zwykle cienkie, delikatne, a czasem łamliwe, przez co ich pielęgnacja staje się jeszcze trudniejsza. Im więcej tych włosów, tym większe problemy.

Oto kilka sposobów na w miarę bezproblemowe (dla was obojga) rozczesywanie włosów:

Otwórz salon fryzjerski. Posadź dziecko na krzesełku lub wysokim stołku przed lustrem i zabaw się w salon fryzjerski. Gdy będziesz zajęta swoim małym klientem, daj mu podobne zajęcie: niech poczesze ulubioną długowłosą lalkę lub pluszowe zwierzątko.

Czas na strzyżenie?

Dla ciebie wizyty w salonie fryzjerskim mogą być samą przyjemnością (już choćby z powodu masażu głowy przy myciu włosów), ale maluchy nie są ich takimi fanami. Oto przypuszczalny scenariusz: Dziecko zaczyna się wiercić bądź krzyczeć, w chwili gdy fryzjerka (osoba zupełnie dla niego obca) zbliża się z nożyczkami w dłoni (czyli narzędziem, o którym już przypuszczalnie wie od ciebie, że jest niebezpieczne) i butelką z dyfuzorem (a to do czego?). Jeśli tak o tym pomyśleć, to czy niepokój dziecka nie staje się całkiem uzasadniony? Czy to takie dziwne, że malec zamienia się w „ruchomy cel"?

Niemniej jednak kiedyś musi przyjść czas na strzyżenie włosów – nawet tych rzadkich. Oto kilka porad na te trudne chwile:

- Wybierz taki salon, w którym dba się o komfort małych dzieci. Dużym plusem będą: kolorowe fartuchy, krzesła o zabawnych kształtach, baloniki, zabawki i ekran z filmami dla dzieci, które odwrócą ich uwagę od tego, co się dzieje z ich włosami. Najważniejszy jest jednak sam fryzjer – cierpliwy, doświadczony w radzeniu sobie z wiercącymi się brzdącami i potrafiący zabawiać je podczas strzyżenia.
- Starannie dobieraj słowa. Prawdopodobnie lepiej używać określeń „skracanie" lub „układanie" niż „ścinanie". Przecież dziecko bierze wszystko dosłownie, a słowo „cięcie" kojarzy mu się z bólem, krwawieniem i płaczem.
- Pomiń używanie szamponu. Kilkakrotne spryskanie włosków wodą wystarczy, by fryzjer mógł je dobrze obciąć – bez dodawania dziecku traumy w postaci piany na głowie.
- Bądź krzesełkiem dla swego dziecka. Jeśli twoja pociecha nie chce siedzieć sama na wysokim fotelu, spytaj, czy możesz posadzić ją sobie na kolanach. Taka sytuacja pewnie nie będzie zbyt komfortowa ani dla ciebie, ani dla fryzjera, ale sprawi, że pierwsza wizyta w salonie będzie bardziej znośnym doświadczeniem dla małego klienta. Podczas strzyżenia włosów z przodu trzymaj dziecko twarzą do lustra, po czym odwróć je twarzą do siebie, gdy fryzjer zacznie strzyc tył (poproś o pelerynkę ochronną dla siebie).
- Wypróbuj różne sztuczki. Kiedy będziecie już w salonie, naklej dziecku na buciki kolorowe naklejki, by miało na co patrzeć, gdy fryzjer każe mu pochylić głowę, a gdy będzie patrzyło prosto przed siebie – zrób kilka śmiesznych min do lustra. A jeśli mimo to dziecko zacznie protestować? Zaproponuj wtedy zabawę w „posągi" (wypróbuj ją wcześniej) – oboje serdecznie się uśmiejecie, patrząc na swoje „zamrożone" odbicie w lustrze – i oczywiście nie zapomnij zabrać zabawki, szczególnie jeśli twoja pociecha lubi ją przytulać.
- Po strzyżeniu – nagroda. Nie zapomnij, że pójście do fryzjera było twoim pomysłem, więc żeby każda strona czuła się usatysfakcjonowana, „po wszystkim" zabierz dziecko w jego ulubione miejsce. Albo zaproponuj szczególne zajęcie: „Dzisiaj pójdziemy do sali zabaw w hipermarkecie, ale po drodze wstąpimy jeszcze do fryzjera". Może dzięki takiemu podejściu malec będzie zbyt zajęty myśleniem o czekającej go przyjemności, by bać się strzyżenia. A jeśli jednak w salonie zacznie się wahać, przypomnij: „Nie marnujmy tutaj czasu, musimy przecież dotrzeć do sali zabaw, zanim ją zamkną!".

Oboje weźcie się do rozczesywania. Dziecko będzie się mniej bronić przed czesaniem włosów, jeśli samo będzie w tej czynności uczestniczyło. Kiedy zatem znudzi się czesaniem lalki, niech poczesze siebie. Ty zajmiesz się włosami po lewej stronie głowy, a dziecko po prawej, po czym zamienicie się stronami, żebyś mogła poprawić. Innym sposobem jest zamienianie się rolami („Teraz moja kolej na szczotkowanie"). Pamiętaj tylko, by wykończenie dzieła należało zawsze do ciebie. Jeżeli nie brak ci odwagi, możesz nawet pozwolić dziecku czesać twoje włosy grzebieniem lub szczotką (tylko nastaw się na to, że po takiej zabawie będziesz miała mocno splątane włosy!).

Bądź bardzo delikatna podczas rozczesywania splątanych włosów. Skóra na głowie dziecka – jak i zresztą na całym jego ciele – jest wrażliwa, szczególnie jeśli nie chroni jej bujna czupryna. Postępuj z nią zatem bardzo ostrożnie. Używaj grzebienia o szeroko rozstawionych zębach (te o zębach drobnych

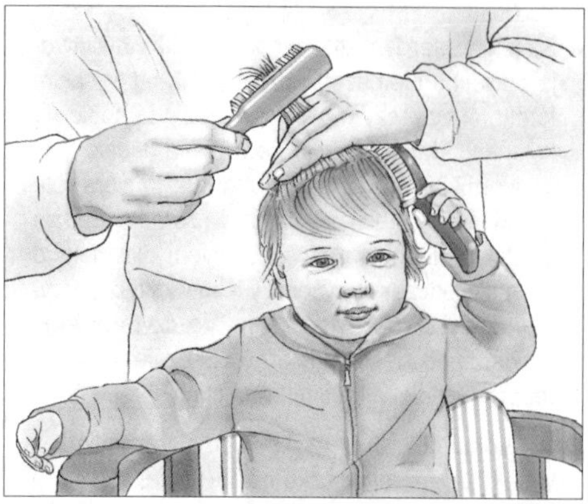

Jest szansa, że ułatwisz sobie zadanie rozczesywania kołtunów, jeśli pozwolisz, by dziecko samo czesało się szczotką.

i gęstych bardziej ciągną) lub szczotki z włosiem o zaokrąglonych końcach. To pasmo włosów, których końce rozczesujesz, chwyć u nasady, gdyż dzięki temu nie będziesz ich ciągnąć i sprawiać dziecku bólu. Dłuższe włosy spryskuj płynem ułatwiającym rozczesywanie.

Ogranicz możliwość powstawania kołtunów. Czasem najlepszym sposobem radzenia sobie z problemami jest unikanie ich. Jeśli dziecko ma raczej długie włosy, zastanów się nad obcięciem ich na krótko. Rozczesywanie takiej fryzurki trwa chwilę. Innym rozwiązaniem - oczywiście w przypadku dziewczynki - jest zaplatanie warkoczyków (byle nie za ciasnych, bo może to spowodować wypadanie włosów) lub związywanie kucyków. Rozpuszczone włosy nie tylko łatwo się plączą, lecz także przylepiają się do nich resztki jedzenia, błota, farbek i wielu innych rzeczy, które po zaschnięciu utrudniają rozczesywanie.

Bez względu na to, jaką dziecko ma fryzurę, łatwiej ci będzie rozczesać włosy po ich umyciu, jeśli zrobisz to także przed myciem oraz jeśli będziesz nakładać szampon delikatnymi ruchami wzdłuż włosów, bez czochrania ich celem uzyskania piany. Używaj ułatwiającej rozczesywanie odżywki dla niemowląt i dzieci (lub szamponu z odżywką typu „dwa w jednym").

Kokardki i spinki na zakończenie dzieła. W nagrodę za grzeczne siedzenie podczas rozczesywania włosów ozdób główkę dziewczynki kokardkami i innymi ładnymi akcesoriami (pozwól jej je wybrać). Pamiętaj, by nagrodzić także małego „klienta"! Musisz jednak uważać na jedną ważną rzecz: maluch nie może sam ściągać z włosków małych ozdób (stwarzają potencjalne ryzyko zakrztuszenia się). Dla bezpieczeństwa dziecka zdejmuj mu wszelkie ozdobne drobiazgi, zanim położysz je do łóżka, i przechowuj je poza jego zasięgiem.

WALKA O SZAMPON

Walka to zbyt delikatne słowo na określenie tego, co dzieje się podczas mycia włosów naszego syna. Czy jest jakiś sposób na pokonanie tego problemu?

Mycie włosów dziecku czasem jeży włos na głowie rodzicom. Istnieją jednak sposoby na przetrwanie tych trudnych chwil. Oto kilka z nich:

- Zachowaj spokój. Jeśli myślisz o czekających cię trudnościach, na pewno cię one spotkają, więc lepiej podejdź do sprawy na spokojnie. Takie podejście nie gwarantuje gładkiego przebiegu mycia włosów, ale zachowanie niewzruszonej postawy na pewno znacznie pomoże. I tobie, i dziecku.
- Usprawnij procedurę. Najpierw wszystko przygotuj: woda w idealnej temperaturze, szampon i ręcznik pod ręką. Dzięki temu mycie głowy nie będzie trwało dłużej niż to konieczne. Żeby ograniczyć liczbę czynności, używaj szamponu połączonego z odżywką lub po spłukaniu szamponu

Chemia w szamponie?

Tak, szampon zawiera substancje chemiczne, podobnie jak wszystko inne – powietrze, żywność, produkty, których dotykamy. Część tych substancji jest szkodliwa, większość – łagodna, a inne budzą kontrowersje lub są przedmiotem badań. Do tej ostatniej kategorii należy ftalan, który jest składnikiem miękkich plastików (takich jak na przykład opakowania żywności i folia kuchenna), ale także szamponów, balsamów do ciała i pudrów. Składnik ten rodzi wiele pytań o bezpieczeństwo, na które na razie nie umiemy odpowiedzieć. Z jednego z badań wynika, że ftalany wchłaniane przez skórę mogą mieć skutki uboczne dla układu endokrynnego i rozrodczego niemowląt oraz małych dzieci. Inni naukowcy nie mają co do tego przekonania – są oni zdania, że taka ilość ftalanu, na jakiej działanie narażone są dzieci, nie jest szkodliwa. Podsumowując: wyrok jeszcze nie zapadł.

Czy powinnaś więc zrezygnować z szamponu dla swojego maluszka i nigdy nie smarować kremem jego spierzchniętych policzków? Raczej nie ma potrzeby posuwać się do aż tak radykalnych rozwiązań, przynajmniej do czasu ogłoszenia oficjalnego stanowiska świata nauki w kwestii ftalanu, a ponieważ rośnie zapotrzebowanie na produkty wolne od tego składnika, przeto powiększa się ich asortyment, co oznacza, że coraz łatwiej ograniczyć udział tej substancji w życiu dziecka. Jeśli masz taką możliwość, kupuj to, co oznaczono jako „niezawierające ftalanu", a w związku z tym, że często za zapach kosmetyków odpowiada właśnie substancja zawierająca ftalan, wybieraj te bezzapachowe lub o zapachu naturalnym. Niestety, trzeba mieć na uwadze to, że zwykle im produkt bardziej naturalny, tym wyższa jest jego cena. Nie zamartwiaj się jednak, jeśli nie możesz sobie na taki luksus pozwolić; nie wahaj się też stosować produktów zawierających ftalan, jeśli wymaga tego zdrowie twojego dziecka.

spryskaj włosy dziecka sprejem ułatwiającym rozczesywanie.

- Im krócej, tym lepiej. Krótkie włosy to krótszy czas mycia. Jeżeli dziecko ma dłuższą lub trudną w utrzymaniu fryzurkę, pomyśl nad jej skróceniem – to ułatwi wam życie.
- Delikatnie! Zawsze wybieraj taki szampon, który nie podrażnia skóry ani oczu (preparaty dla niemowląt i dzieci zwykle takie właśnie są, lecz różna jest wrażliwość na nie samych dzieci).
- Zadbaj o dobrą zabawę. Im więcej zabawy, tym mniej szarpaniny. Kupuj szampon o przyjemnym, naturalnym zapachu (zawsze dawaj dziecku powąchać!) lub z ulubionymi bohaterami na butelce. Dzięki temu odwrócisz uwagę malca od samego aktu mycia.
- Koniec ze splątanymi włosami. Zamiast energicznie spieniać szampon na mokrych włosach dziecka, lekko „przygładzaj" je nim, a wcześniej, przed myciem, rozczesz splątane kędziorki, wtedy łatwiej ci będzie uczesać włoski po całym zabiegu.
- Chroń oczy dziecka. Nawet specjalny szampon nieszczypiący w oczy, czy wręcz czysta woda, może spowodować łzawienie, jeśli dostanie się bezpośrednio do oczu. Poproś dziecko, by zasłoniło buzię ręczniczkiem. Możesz też mu założyć specjalny daszek lub dopasowane okularki do pływania.
- Ostrożnie przy spłukiwaniu. Trzymaj prysznic w dłoni – będziesz miała więk-

Podczas spłukiwania szamponu trzymaj główkę dziecka odchyloną do tyłu, by mydliny nie dostały mu się do oczu.

szą kontrolę nad strumieniem wody i łatwiej unikniesz skierowania go w złą stronę. Jeśli nie masz takiego, spłukuj dziecku główkę małą plastikową konewką albo nawet zwykłym kubeczkiem. Po umyciu włosów dziecko będzie mogło pobawić się taką zabawką podczas dalszej kąpieli.

- Zabawcie się w zamianę ról. Dziecko nie będzie się czuło jedyną ofiarą mycia włosów, jeśli będzie mogło umyć szamponem wodoodporną lalkę lub inną zabawkę kąpielową.
- Pozwól maluszkowi popatrzeć. Jeśli umieścisz przy wannie nietłukące się lustro, dziecko będzie mogło obserwować całą operację. Korzystając z lustra, zabaw się z maluchem w robienie „rzeźb" z piany na jego główce.

Oczy

Dbanie o oczy dziecka

Oczy dziecka są przez cały czas zajęte patrzeniem na świat i uczeniem się go – od chwili, gdy otwierają się rano (jak zwykle za wcześnie), do momentu, gdy wreszcie niechętnie zamykają się wieczorem. Aby dobrze służyły dziecku przez całe życie, już teraz zacznij o nie dbać. Oto co jest istotne w tym zakresie:

- Regularne badania kontrolne. Bardzo ważne jest wczesne wychwycenie problemów ze wzrokiem lub oczami, czemu służą regularne kontrole wzroku. Nie wahaj się skontaktować z lekarzem, gdy będziesz miała jakieś wątpliwości (Czy dziecko nie zezuje? Czy rozpoznawanie małych przedmiotów w pokoju nie sprawia mu przypadkiem trudności?). Jeśli lekarz stwierdzi jakąś nieprawidłowość, skieruje dziecko do specjalisty. Wcześniaki są zwykle bardziej podatne na problemy ze wzrokiem, mogą zatem potrzebować częstych kontroli oczu. Porozmawiaj na ten temat z lekarzem.
- Ochrona przed słońcem. Nawet po nałożeniu na delikatną skórę dziecka kremu z filtrem przeciwsłonecznym nie jest ono jeszcze gotowe do wyjścia na słońce, gdyż jego oczy też wymagają ochrony. Przyzwyczaj dziecko, by nosiło czapeczkę lub kapelusik z szerokim rondem. Dobrym rozwiązaniem są także okulary przeciwsłoneczne, a nawyk ich noszenia warto w dziecku wyrobić jak najwcześniej, choć – jak się zapewne przekonasz – nie jest to wcale proste… chyba że sama nosisz okulary (maluchy uwielbiają naśladować swoich rodziców!). Kupując okulary, sprawdź, czy ich soczewki blokują 99 procent promieni UVA i UVB. Okulary kiepskiej jakości czy zabawkowe na pewno będą tańsze, ale zwykle są gorszym rozwiązaniem niż nienoszenie okularów w ogóle, gdyż dają fałszywe poczucie ochrony. Aby okulary przeciwsłoneczne trzymały się na nosie dziecka podczas zabawy, używaj specjalnej elastycznej opaski (patrz ilustracja na str. 30).
- Ochrona przed urazami. Dzieci są oczywiście zawsze narażone na siniaki i zadrapania, ale urazom mogą ulec również ich oczy. Nigdy nie zezwalaj dziecku bawić się zabawkami o ostrych krawędziach, prętami, gałęziami, ołówkami i długopisami, chyba że robi to pod bardzo, bardzo czujną opieką (nigdy nie dawaj takich przedmiotów dziecku podczas jazdy samochodem); osłoń ostre krawędzie mebli (zwłaszcza stołów, których blat znajduje się na wysokości oczu dziecka); naucz dziecko, że nie wolno biegać z zabawką w ręku; przechowuj wszyst-

JAK ROZPOZNAĆ PROBLEMY ZE WZROKIEM

Ponieważ maluchy nie mogą się pożalić, że źle widzą, i nie potrafią stwierdzić, czy ich wzrok jest prawidłowy, więc ich problemy ze wzrokiem przeoczone podczas rutynowych badań kontrolnych często pozostają nierozpoznane. Dlatego to ty musisz być wyczulona na problemy ze wzrokiem u twojego malca, szczególnie jeśli występują one u innych członków rodziny. Ale nawet jeśli nie występują, powinnaś znać objawy czy typowe zachowania świadczące o tym, że należy skontrolować wzrok dziecka. Skontaktuj się z lekarzem, jeżeli zauważysz którykolwiek z poniższych objawów:

- Częste mrużenie oczu niezwiązane z ostrym działaniem słońca bądź wykrzywianie buzi podczas próby wykonania zadania wymagającego zaangażowania wzroku (i jedno, i drugie zachowanie może być jednak tylko tymczasowym nawykiem niezwiązanym z widzeniem, wiele maluchów przechodzi taki okres).
- Częste przechylanie głowy w jedną stronę, jakby dziecko starało się lepiej widzieć.
- Oczopląs (oczy wydają się „skakać" szybko i rytmicznie) lub wytrzeszcz oczu.
- Wyraźna nadwrażliwość na światło (dziecko mruży oczy z niechęcią, gdy w mrocznym pomieszczeniu włączone zostanie światło lub gdy wyjdzie na dwór w słoneczny dzień) bądź częste wpatrywanie się w źródło światła.
- Rzucający się w oczy brak ostrego widzenia: dziecko często się potyka lub jest wyjątkowo niezdarne (bardziej niż typowy maluch; patrz str. 71) albo zdaje się nie zauważać bądź nie rozpoznawać przedmiotów i osób, czy to z bliska, czy z daleka.
- Sztywno wyprostowane lub nachylone pod kątem ciało przy próbach patrzenia na przedmioty znajdujące się w większej odległości.
- Powtarzające się zasłanianie albo zamykanie jednego oka z powodu wyraźnego dyskomfortu (w odróżnieniu od zamykania i otwierania oka od czasu do czasu, kiedy dziecko chce zobaczyć, jak wygląda świat, gdy jedno oko jest zamknięte, a drugie otwarte – jest to często obserwowany objaw dziecięcej ciekawości).
- Trzymanie książek, zabawek i innych przedmiotów blisko oczu, aby widzieć lepiej, albo też ciągłe siedzenie czy stanie bardzo blisko telewizora (choć to także może być objawem dziecięcej fascynacji światem dostrzeganym z innej perspektywy i nie musi mieć związku z problemami z widzeniem).
- Unikanie czynności wymagających ostrego widzenia (na przykład oglądania książeczek), choć należy pamiętać, że niektóre dzieci po prostu nie są w stanie spokojnie wysiedzieć przy takich zajęciach).
- Zezowanie lub brak koordynacji ruchów gałek ocznych.
- Źrenice, które czasami lub zawsze są różnej wielkości (obie powinny reagować identycznie i równocześnie: powiększać się w półmroku, zmniejszać w ostrzejszym świetle) lub wydają się białe zamiast czarne.

kie substancje toksyczne (środki czystości, łącznie z płynem do mycia naczyń, bądź nawozy ogrodowe, które mogą uszkodzić oko) poza zasięgiem dziecka; pod żadnym pozorem nie pozwól mu przebywać w pobliżu pracującej kosiarki lub dmuchawy do usuwania śniegu czy liści.

▲ Ochrona przed ekranem telewizora. Mimo że – wbrew temu, co mówi twoja mama – żadna ilość czasu spędzanego przed telewizorem nie zepsuje dziecku wzroku, to jednak oglądanie telewizji przez długi czas może spowodować chwilowe przeciążenie jego oczu. Jeżeli w ogóle pozwalasz maluchowi oglądać telewizję, to nie dłużej niż przez pół godziny dziennie, żeby nie męczyć jego ślicznych, z reguły niebieskich oczu. Na str. 267 poznasz przyczyny, dla których warto pozbawić dziecko tej „rozrywki" bądź jeszcze bardziej ją skrócić.

Informacje na temat urazów i chorób oczu znajdziesz na str. 438.

Mruganie

Moje dziecko ostatnio bardzo często mruga i choć odnoszę wrażenie, że nie ma ono żadnych problemów z oczami, to czy powinnam sprawdzić jego wzrok?

Większość maluchów na pewnym etapie życia przechodzi krótki okres szybkiego mrugania, co często wynika z odkrycia, że takie zachowanie wywołuje ciekawe iluzje wzrokowe. Niekiedy bywa to – jak wiele innych nawyków – naśladowaniem czyjegoś zachowania, na przykład rodzeństwa lub innych dzieci ze żłobka. Jeśli mruganiu nie towarzyszą inne objawy, nie jest ono powodem do zmartwień – takie zachowanie trwa zwykle miesiąc lub dwa, po czym przestaje być dla dziecka interesujące. Karcenie malucha za mruganie czy zwracanie uwagi na ten nawyk przyniesie skutek odwrotny do zamierzonego.

Gdyby jednak mruganie było ciągłe i zdawało się denerwować dziecko albo jeśli towarzyszyłoby mu tarcie oczu niezwiązane z uczuciem senności, porozmawiaj z lekarzem. Czasem mruganie świadczy o tikach – często spotykanych u dzieci powtarzających się skurczach mięśni. Zwykle nie są one groźne, ale warto to sprawdzić. Jeśli sądzisz, że dziecko mruga, bo coś złego dzieje się z jego okiem, przeczytaj informacje w ramce na str. 27.

Problemy ze wzrokiem

Problemy ze wzrokiem, podobnie jak kolor i kształt oczu, często są przekazywane dzieciom przez rodziców, więc jeśli sama nosisz okulary bądź soczewki kontaktowe, powinnaś dokładnie obserwować, czy twoja pociecha dobrze widzi (na str. 27 dowiesz się, co może wskazywać, że jest inaczej). Mimo iż na ogół niełatwo się zorientować, że małe dziecko ma kłopoty ze wzrokiem (nie tylko nie potrafi się poskarżyć, lecz przede wszystkim w ogóle nie wie, że nie widzi prawidłowo), to wczesne rozpoznanie i leczenie sprawią, że problem nie będzie się pogłębiał. Najczęściej występujące u maluchów problemy ze wzrokiem to:

Krótkowzroczność (miopia). Miopia występuje częściej u dzieci, których rodzice też są krótkowidzami. Jest to niezdolność wyraźnego widzenia przedmiotów znajdujących się w większej odległości od patrzącego. Choć niektóre dzieci stają się krótkowidzami w drugim bądź trzecim roku życia, to zazwyczaj stan ten pojawia się w późniejszym okresie. Objawami krótkowzroczności są: mrużenie powiek, trzymanie książek i innych przedmiotów bardzo blisko oczu, a także trudność z rozpoznawaniem rzeczy czy osób znajdujących się w oddali. Jeśli dziecko jest krótkowidzem, musi nosić okulary (patrz str. 30).

Dalekowzroczność (hipermetropia). Wszystkie niemowlęta i niektóre małe dzieci mają tendencję do pewnej dalekowzroczności (niemożności wyraźnego widzenia przedmiotów bliskich), jednak u większości wada ta sama koryguje się do piątego roku życia. Dzieci, które pozostają dalekowidzami, mają zwykle w rodzinie osoby cierpiące na dalekowzroczność. Objawy trudno zauważyć u małych dzieci, gdyż z reguły wszystkie mają problemy z widzeniem z bliska. Szkła korygujące nie są potrzebne, chyba że wada jest bardzo poważna, przeszkadzająca dziecku w zabawie i innych rodzajach aktywności.

Astygmatyzm. Astygmatyzm powoduje, że dziecko widzi obraz nieostry lub pofalowany; przedmioty mogą dla niego wyglądać tak, jakby były odbite w krzywym zwierciadle. Przypadłość ta często występuje u dzieci, które są krótko- lub dalekowidzami, i zwykle obecna jest od urodzenia. Objawy astygmatyzmu są podobne do objawów krótkowzroczności: mrużenie oczu, trzymanie książek i innych

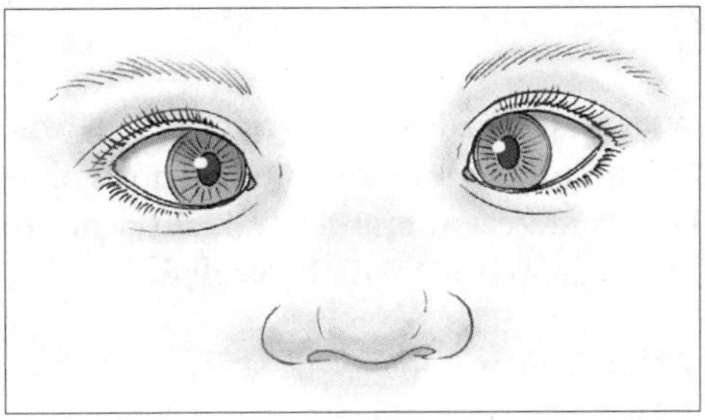

Zez zbieżny: jedno oko (lub oboje oczu) wędruje w kierunku nosa. Czasem zauważa się to tylko na fotografiach.

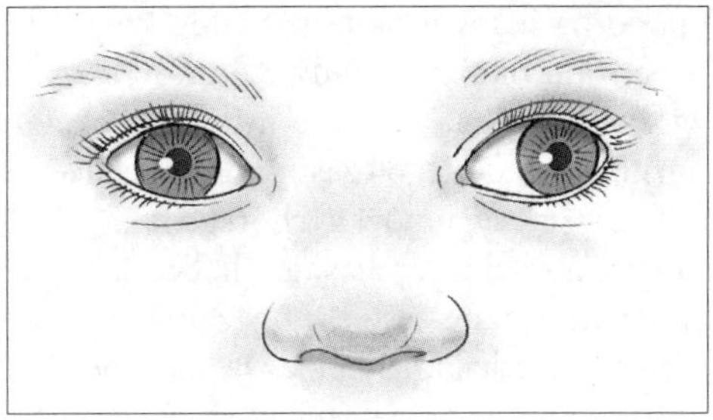

Zez rozbieżny: jedno oko (lub oboje oczu) wędruje w kierunku skroni.

przedmiotów blisko twarzy, siadanie blisko telewizora. Do korygowania astygmatyzmu stosuje się zwykle okulary lecznicze.

Zez. Jest to odchylenie gałek ocznych od prawidłowego regularnego ustawienia. Na tę wadę podatne są dzieci, w których rodzinie były przypadki zeza, często występuje on także przy dalekowzroczności. Oczy niemowląt zdają się zbiegać zwykle przez pierwsze kilka miesięcy życia z wielu powodów, czasem wydaje się też, że poruszają się niezależnie od siebie, jednak od połowy pierwszego roku życia oczy twojego dziecka powinny już poruszać się równocześnie w prawo i w lewo, w górę i w dół, oraz się skupiać. Jednak u około 4 procent dzieci brak koordynacji oczu utrzymuje się w dalszym ciągu. Wędrujące oko (lub oczy) może się kierować do wewnątrz ku nosowi (zez zbieżny) lub na zewnątrz (zez rozbieżny), w górę albo w dół. Ta niewspółosiowość może występować zawsze lub tylko okresowo. Stan bywa niekiedy na tyle nieznaczny, że zauważa się go dopiero na zdjęciach. Jeżeli dziecko często pociera lub zasłania słabsze oko, przechyla głowę, próbując skorygować widzenie, albo odmawia udziału w zabawach wymagających oceny odległości (takich jak łapanie toczącej się piłki), powiedz o tym lekarzowi. Leczenie może polegać na podawaniu kropli do silniejszego oka, aby widzenie stało się słabsze, lub na zakrywaniu go opaską w ciągu dnia (codziennie na krótki czas), aby zmusić dziecko do używania oka słabszego. Stosuje się też okulary korygujące, a czasem zaleca się ćwiczenia wzmacniające mięśnie oka.

Leniwe oko (amblyopia). Jest to osłabienie zdolności widzenia w jednym oku, na skutek tego, że jest ono stale za mało używane lub nadużywane. Jest to najczęstsza przyczyna niedowidzenia u dzieci i bywa niezauważana zarówno przez rodziców, jak i przez samo dziecko. Może do niego dojść na trzy różne sposoby:

- Zez. W tym przypadku oczy dziecka nie poruszają się lub nie skupiają jednocześnie z powodu nieznacznej nierównowagi mięśniowej. Dziecko zaczyna podświadomie używać tylko jednego oka, by nie widzieć podwójnie. Mózg w końcu traci zdolność rozpoznawania obrazów z leniwego oka i zaczyna posługiwać się wyłącznie okiem lepiej widzącym.
- Dalekowzroczność (lub astygmatyzm) w jednym z oczu. Dziecko używa tylko tego oka, z którego obraz jest ostrzejszy. Mózg z czasem przestaje uwzględniać sygnały z oka nieużywanego.
- Stan powodujący zasłonięcie pola widzenia (jak opadanie powieki; patrz dalej) w jednym z oczu.

Bez względu na to, co powoduje defekt leniwego oka, jest on w tym wieku niemal zawsze wyleczalny, zwykle poprzez noszenie opaski na jednym oku, używanie kropli do oczu i/lub okularów. Gdy dziecko osiągnie wiek szkolny, na leczenie może już być za późno, gdyż do tego czasu mózg zwykle nie odbiera już sygnałów z chorego oka i jest to stan utrwalony. Właśnie dlatego tak niezmiernie ważne jest sprawdzanie wzroku małego dziecka, kiedy pojawia się choć cień podejrzenia, że coś jest nie w porządku.

Opadanie powieki (ptoza). Niektóre dzieci rodzą się z tą wadą (która często jest dziedziczona), natomiast u innych może się ona rozwijać później. Do objawów należą: powiększona, ciężka lub opadająca powieka, a czasem obie. Niekiedy powieka całkowicie zakrywa oko, uniemożliwiając widzenie, lub zniekształca rogówkę, powodując astygmatyzm. Stan ten wymaga specjalistycznego leczenia, aby nie doszło do leniwego oka (przy którym dziecko oraz jego mózg zaczynają polegać tylko na jednym oku, tym o prawidłowej powiece, a ignorować obrazy przekazywane z oka przysłoniętego). Kiedy problemem są słabe mięśnie powiek, wówczas zalecana jest operacja (wykonywana zwykle w trzecim lub czwartym roku życia dziecka), która może je wzmocnić i nadać powiekom normalny wygląd.

Okulary

Właśnie dowiedzieliśmy się, że nasze dwudziestomiesięczne dziecko musi nosić okulary, tymczasem ono jest tak aktywne, że nie wiem, jak by to miało wyglądać.

Choć trudno sobie wyobrazić, by te śliczne niebieskie, brązowe czy zielone oczka miały się schować za okularami i jak miałyby się one utrzymać na nosku malca, który ani chwili nie usiedzi spokojnie, pamiętaj, że szkła korekcyjne znacznie zmienią sposób, w jaki dziecko widzi świat, i mogą istotnie wpłynąć na wszystkie elementy rozwoju twojej pociechy. Problem logistyczny jest o wiele mniejszy, niż ci się wydaje; dziecko w tym wieku o wiele szybciej przyzwyczaja się do okularów aniżeli w wieku późniejszym.

Skoro malec jest zawsze w ruchu i o kolizję nietrudno, najlepiej wybierz soczewki plastikowe bądź z poliwęglanu (lekkie, mocne, nietłukące się tworzywa sztuczne, zmniejszające ryzyko przypadkowego urazu oka). Istotne są nie tylko soczewki, ale także sposób przytrzymywania ich na miejscu. Zwykle u niemowląt i małych dzieci lepiej sprawdza się elastyczna taśma zamiast zauszników, gdyż dzięki niej okulary nie będą się przesuwać,

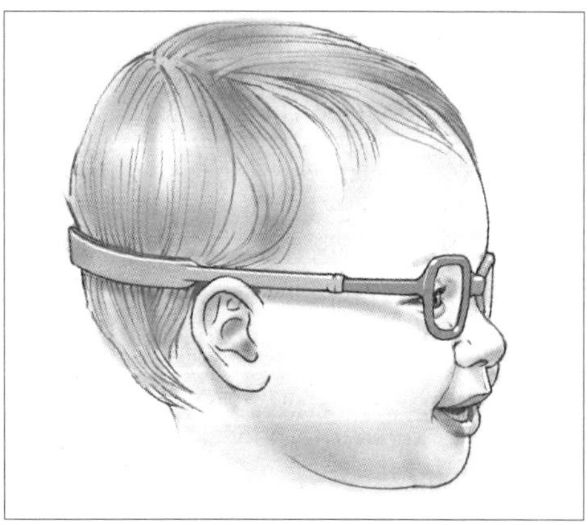
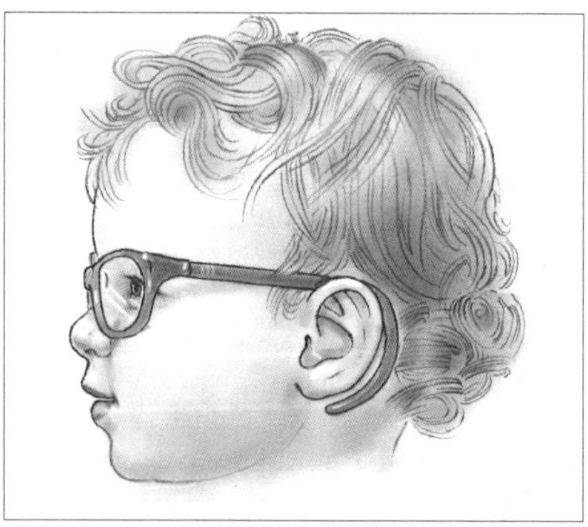

U niemowląt i małych dzieci okulary są najczęściej przytrzymywane na miejscu za pomocą elastycznej taśmy (lewa strona) zastępującej zwykłe zauszniki. Niektórym dzieciom wystarczą specjalne zauszniki, które owija się wokół uszu (prawa strona).

kiedy dziecko np. położy się na boku lub zacznie się turlać i w ogóle zachowywać tak, jak to robią maluchy. Dobrym rozwiązaniem są także specjalne elastyczne zauszniki, które można owinąć wokół uszu, dzięki czemu nie naciskają na głowę (zobacz ilustrację na str. 30), lub elastyczne zawiasy, które są mniej podatne na uszkodzenia (a o nie przecież nietrudno).

Ucząc dziecko noszenia okularów, bądź cierpliwa, ale stanowcza. Jeśli malec natychmiast zerwie je z twarzy, spróbuj założyć mu je ponownie trochę później, ale nie zezwalaj mu na trwały opór – dziecko musi zrozumieć, że na temat noszenia okularów nie można negocjować. To absolutna konieczność. I choć przypuszczalnie musi minąć jeszcze kilka lat, zanim będziesz mogła liczyć na to, że pociecha zacznie z odpowiedzialnością dbać o szkła, to nigdy nie jest za wcześnie na naukę. Ucz, jak zdejmować okulary obiema rączkami bez dotykania szkieł, a także pokazuj i powtarzaj, że jeśli nie są na nosku, powinny znajdować się w specjalnym futerale.

Uszy

Troska o uszy

Dzieci rodzą się z uszkami o różnym kształcie i wielkości (ale zawsze przesłodkimi); podobnie jak oczy, muszą im one służyć przez całe życie. Chociaż czynniki genetyczne i inne odgrywają pewną rolę, to jednak przyszłe funkcjonowanie narządów słuchu zależy w dużym stopniu od ich pielęgnacji w dzieciństwie. Oto co powinnaś robić:

- ▲ Bądź wyczulona na wszelkie oznaki utraty słuchu (patrz ramka na str. 32) i jeśli je zauważysz, bezzwłocznie poinformuj o tym lekarza. Najprawdopodobniej po narodzinach przeprowadzono badanie słuchu, lecz wiele problemów ujawnia się i rozwija dopiero z czasem, dlatego więc obserwacja ze strony rodziców ma ogromne znaczenie, gdyż często pozwala wykryć niezdiagnozowany dotąd deficyt słuchu. Formalne badanie słuchu zazwyczaj przeprowadzane jest dopiero od czwartego roku życia, chyba że wcześniej podejrzewa się jego wadę*.
- ▲ W czasie kąpieli czyść zewnętrzne zagłębienia uszu dziecka wilgotną, miękką myjką lub bawełnianymi wacikami. Dokładnie sprawdzaj, czy w uszach nie ma ciał obcych (małe dzieci słyną z wciskania sobie do uszu różnych przedmiotów). Wnętrza ucha dziecka nie badaj palcem, patyczkiem ani – jak głosi stare porzekadło – niczym mniejszym od łokcia. W trakcie takiego zabiegu można przebić błonę bębenkową i/lub wcisnąć woskowinę w głąb przewodu słuchowego, co sprzyja chorobom uszu oraz osłabia słuch.
- ▲ Choć woskowina nie wygląda zbyt pięknie, zwykle nie powinna być usuwana. Ta lepka wydzielina pełni bardzo ważną rolę: pomaga chronić wrażliwe przewody słuchowe przed gromadzeniem się w nich potencjalnie szkodliwego kurzu i innych elementów, które mogłyby się tam dostać, oraz usuwa je na zewnątrz. Zdarza się jednak, że nadmiar woskowiny gromadzi się w przewodzie słuchowym zewnętrznym. Jeżeli zauważysz nagromadzoną woskowinę, skontaktuj się z lekarzem, który ją usunie, przepisze krople pomocne w jej rozpuszczeniu albo też stwierdzi, że sprawę można zignorować. Nigdy nie próbuj usuwać woskowiny samodzielnie, nawet

* W Polsce prowadzone są badania przesiewowe wszystkich noworodków w drugiej dobie życia. Jeśli wynik badania jest nieprawidłowy lub wywiad ze strony matki ujawnia czynniki ryzyka rozwoju wad słuchu, dziecko jest kierowane do dalszej diagnostyki i ewentualnego leczenia do referencyjnych oddziałów audiologicznych (przyp. red. meryt.)

Objawy kłopotów ze słuchem

Może się wydawać, że wiele małych dzieci nie słyszy przynajmniej połowy tego, co mówią rodzice, ale w większości przypadków jest to tylko wynik słuchania selektywnego bądź braku uwagi. U dziecka, które naprawdę źle słyszy, zwykle można zaobserwować jeden lub więcej z podanych poniżej objawów utraty słuchu (chociaż niektóre z nich mogą także występować u dzieci dobrze słyszących):

- Wyraźna, występująca zawsze bądź okresowo niemożność usłyszenia tego, co mówią inni.
- Kłopoty z usłyszeniem dźwięków docierających z boku lub z tyłu albo gdy dziecko nie jest zwrócone bezpośrednio twarzą do mówiącego. Wiele dzieci z uszkodzonym słuchem instynktownie opanowało podstawy czytania z ruchu warg i dzięki temu więcej rozumie, jeśli widzi twarz rozmówcy.
- Konsekwentne niereagowanie na cichą mowę.
- Konsekwentne niezwracanie uwagi na jakiekolwiek formy werbalne czy inne sygnały dźwiękowe.
- Wyraźny brak umiejętności wypełniania poleceń (większy niż można by to wytłumaczyć wiekiem).
- Ograniczone jak na wiek dziecka słownictwo, zarówno bierne (słowa rozumiane), jak i czynne (słowa wypowiadane).
- Brak reakcji na muzykę – dziecko nie klaszcze, nie śpiewa, nie porusza się rytmicznie w takt muzyki, nie rozpoznaje często słuchanych melodii, nawet tych przeznaczonych dla najmłodszych słuchaczy.
- Brak reakcji na niuanse językowe (dziecko nie jest w stanie stwierdzić na podstawie tonu twojego głosu, czy jesteś rozzłoszczona, smutna, rozemocjonowana itp.).
- Brak reakcji na odgłosy otoczenia (dzwonek telefonu lub dzwonek do drzwi sygnalizujący powrót do domu mamy czy taty, brzęczenie minutnika, stukanie deszczu o dach, wycie wiatru).
- Skłonność do preferowania jednego ucha objawiająca się zwracaniem głowy w kierunku dobiegającego dźwięku.

Jeżeli istnieje choćby cień podejrzenia, że twoje dziecko ma problemy ze słuchem, zgłoś się do lekarza – nawet gdy rutynowe badanie przeprowadzone zaraz po urodzeniu dało prawidłowy wynik. Niekiedy niedosłyszenie, które pojawia się w drugim roku życia, jest wynikiem utrzymującego się w uszach płynu (na skutek nawracających chorób). Odpowiednie leczenie rozwiąże ten problem; patrz str. 369. W innych przypadkach przyczyną bywają różne zakażenia czy zespoły chorobowe, uraz, leki bądź wcześniej nierozpoznana wada wrodzona. Na str. 382 znajdziesz więcej informacji o wadach słuchu.

patyczkiem do czyszczenia uszu. Nie tylko możesz nieumyślnie wcisnąć ją w głąb przewodu słuchowego, lecz także istnieje bardzo realne ryzyko przebicia błony bębenkowej – tak, tak, zwykłym patyczkiem z wacikiem. Woskowinę, która znajdzie się na zewnątrz ucha, delikatnie ścieraj wilgotną myjką.

▲ Jeśli podejrzewasz, że dziecko ma infekcję ucha (patrz str. 368), skontaktuj się z lekarzem.

Przekłuwanie uszu

Chciałabym przekłuć córce uszy, ale nie jestem pewna, czy nie jest na to jeszcze za mała.

Z technicznego punktu widzenia dziewczynka nigdy nie jest za młoda – ani za stara – by dołączyć do klubu zakolczykowanych. Motywacje rodziców mogą być różne: przyczyny kulturowe, tradycja rodzinna, moda bądź chęć podkreślenia przynależności do płci („widzicie, jestem dziewczynką!"), ale jest kilka rzeczy, nad którymi warto się zastanowić, zanim podejmie się ostateczną decyzję:

▲ Możliwość wywiązania się zakażenia. W ciągu pierwszych kilku miesięcy po przekłuciu ucha często dochodzi do zakażenia (u osób w każdym wieku), a ponieważ dziecko jeszcze raczej nie umie powiedzieć, że coś je swędzi, boli lub jest tkliwe, zakażenie może szybko wymknąć się spod kontroli – zanim jeszcze je zauważysz.

W OBRONIE PRZED HAŁASEM

Małe uszka tolerują większość codziennych odgłosów, lecz częste narażanie ich na dźwięki o dużym natężeniu może spowodować ubytek słuchu. Warto więc pilnować, by środowisko dziecka było wolne od hałasu. Oto rady:

- Wystrzegaj się zabawek, które wydają głośne dźwięki (takie, przy których nie można mówić normalnym głosem).
- Ścisz telewizor i muzykę włączaną w domu czy w samochodzie. Maksymalna głośność nigdy nie powinna przekraczać poziomu normalnego mówienia; jeśli nie możesz przy tych dźwiękach swobodnie rozmawiać, to znaczy, że są za głośne.
- Chroń dziecko przed sytuacjami wiążącymi się z hałasem, kiedy musisz krzyczeć, by malec cię słyszał (pokazy fajerwerków lub duże imprezy sportowe, praca wiertarki, kosiarki do trawy, dmuchawy odśnieżającej itp.). Jeżeli jednak nie można takiej sytuacji uniknąć, chroń uszy dziecka specjalnymi nausznikami.
- Gdy kupujesz nowe urządzenia lub narzędzia, wybieraj te, które pracują ciszej.
- Naucz dziecko zakrywać uszy dłońmi, gdy słyszy głośne dźwięki, na przykład wycie przejeżdżającego w pobliżu wozu strażackiego z włączoną syreną. Aby było zabawniej, sama też zasłoń uszy i nazwij dłonie „nausznikami".
- Poinstruuj malca, że nigdy nie wolno krzyczeć komuś do ucha ani pozwalać, by ktoś jemu tak robił. Sama też postępuj według tych zaleceń: nie krzycz, a przynajmniej nie w uszy dziecka ani w ich pobliżu.

Jeśli podejrzewasz, że dziecko ma objawy niedosłyszenia, zapoznaj się z tekstem ramki na str. 32 i skonsultuj się z lekarzem.

- ▲ Niebezpieczeństwo związane z małymi elementami. Dziecko może zdjąć kolczyki, by się nimi pobawić (jaka śliczna zabawka!), mogą też przypadkowo wypaść i wylądować w jego dłoniach. Czym to się może skończyć? Dziecko może się ukłuć, połknąć jakiś element albo cały kolczyk lub zakrztusić się nim.
- ▲ Możliwość wystąpienia reakcji alergicznej. Niektóre osoby są uczulone na metal, choć zwykle można temu zaradzić, używając tylko kolczyków wykonanych z czternastokaratowego złota albo ze stali chirurgicznej.
- ▲ U niektórych dzieci mogą się tworzyć blizny. Jeśli skóra ma skłonność do tworzenia wypukłych blizn (tzw. bliznowców), mogą się one również pojawić po przekłuciu uszu.

Z tych powodów większość lekarzy zaleca przełożyć zabieg do czasu, aż dziecko skończy przynajmniej cztery lata, a najlepiej osiem, kiedy będzie już w stanie samo dbać o przekłute uszy. Procedura jest wszakże całkowicie bezpieczna nawet dla małych dzieci, jeśli przeprowadzana jest w sterylnych warunkach przez odpowiednio wykwalifikowaną osobę (na przykład przez pediatrę w jego gabinecie) i jeśli jesteś w stanie skłonić córkę, by siedziała spokojnie, co może okazać się w tym wszystkim najtrudniejsze. Musisz też pamiętać, że przekłucie uszu boli – przypomnij sobie, jak to było, gdy sama przez to przechodziłaś!

Decydując się na założenie córeczce kolczyków już teraz, musisz szczególnie starannie przestrzegać procedury postępowania po zabiegu: czyść codziennie jej małżowiny uszne wacikiem nasączonym czystym alkoholem lub preparatem, który dostaniesz od osoby przekłuwającej, obracaj kolczyki codziennie rano i wieczorem (aby dziurki nie zasklepiły się) i zawsze miej czyste dłonie, gdy dotykasz uszu dziecka. Jeśli zauważysz jakiekolwiek objawy zakażenia (zaczerwienienie, obrzęk, ropę czy strup, tkliwość lub krwawienie), natychmiast idź z dzieckiem do lekarza.

I jeszcze jedna istotna uwaga: długie, wiszące kolczyki zachowaj na czas, gdy dziecko będzie starsze – inne dzieci mogą za nie ciągnąć (lub nawet ono samo), co grozi rozerwaniem płatka usznego. Jeśli maluch zacznie próbować wyjmować kolczyki lub bawić się nimi, przestań mu je zakładać i pozwól, by dziurki zarosły. Zawsze możesz pójść z córeczką do ponownego przekłucia uszu, gdy będzie trochę starsza i bardziej odpowiedzialna.

ZĘBY

PIELĘGNACJA ZĘBÓW

Drugi rok życia dziecka to okres bardzo pracowity dla jego jamy ustnej. Większość dwu- oraz dwuipółletnich maluchów ma już pełny zestaw dwudziestu zębów mlecznych. Choć zęby te kiedyś wypadną, muszą służyć jeszcze przez pięć do dziesięciu lat, ostatnie z nich zostaną zastąpione przez zęby stałe między dwunastym a trzynastym rokiem życia. A ponieważ każdy ząb od chwili przebicia się przez dziąsło jest narażony na próchnicę (która zwykle wywiązuje się w ciągu pierwszych sześciu miesięcy od chwili wyjścia zęba), koniecznie należy wcześnie zacząć przyzwyczajać dziecko do dbania o higienę jamy ustnej.

Wyrób więc w dziecku nawyk szczotkowania zębów (jeśli jeszcze tego nie zrobiłaś) i konsekwentnie ucz tego, że należy je czyścić regularnie, codziennie: rano (po śniadaniu) i wieczorem (po przekąsce). Oto jak to zrobić:

▲ Wybierz specjalną szczoteczkę dla najmłodszych dzieci: taką, która ma małą główkę i miękkie, zaokrąglone włókna. Poszukaj szczoteczki, która spodoba się dziecku: może być ozdobiona ulubionymi postaciami lub mieć mrugające światełka albo muzykę odtwarzaną przez dwie minuty (tyle, ile powinno trwać mycie zębów). Pamiętaj jednak, że ani dzwonki, ani gwizdki, ani też wysoka cena nie przesądzają o jakości szczoteczki – sekretem czystych zębów jest technika, a nie narzędzie.

▲ To ty szczotkuj zęby dziecku. Do chwili, gdy twoja pociecha będzie w stanie sama sprostać wyzwaniu, jakim jest staranne szczotkowanie (czyli między piątym a dziesiątym rokiem życia), ty masz władzę nad szczoteczką. Myj każdy ząbek dziecka osobno delikatnymi ruchami do przodu i do tyłu po powierzchni żującej i wewnętrznej (najpierw skończ szczotkować jedną stronę, a potem przejdź do drugiej). Następnie ruchem kolistym szczotkuj boki ząbka i linię dziąsła, ustawiając włókna szczoteczki pod kątem czterdziestu pięciu stopni. Delikatnie szczotkuj dziąsła, z których jeszcze nie wyrżnęły się ząbki, albo przecieraj je gazikiem, specjalną miękką szczoteczką nakładaną na palec lub myjką. Nie zapomnij o przetarciu języka, na którym rezyduje sporo bakterii. Jeśli dziecko broni się przed czyszczeniem zębów lub nie chce

PROBLEMY Z ZĘBAMI SĄ JAK JABŁKA, KTÓRE NIE PADAJĄ DALEKO OD JABŁONI

Jakie masz zęby: silne i zdrowe czy wielokrotnie plombowane? Higiena jamy ustnej, sposób odżywiania i ogólnie stan zdrowia mają wielkie znaczenie dla zębów twojego dziecka, ale nie można też zlekceważyć czynników genetycznych. Jeśli wielu członków waszej rodziny miało problemy z zębami, szczególnie poważnie podchodź do higieny malutkiej buzi. Poinformuj również dentystę o problemach z zębami występujących w rodzinie, aby zapewnił dziecku jak najlepszą prewencję. Jedną z metod zapobiegania ubytkom w małych zębach jest nakładanie na nie raz do roku warstwy fluoru. Zabieg ten wykonuje stomatolog.

twojej pomocy (a większość tak właśnie robi), patrz następne pytanie.

▲ Zacznij uczyć dziecko płukać buzię po szczotkowaniu – sztukę płukania i wypluwania opanowuje ono zwykle około drugiego roku życia. Oczywiście najłatwiej uczyć na przykładzie: pokaż dziecku, jak pochylasz się nad zlewem, płuczesz usta i wypluwasz wodę. Płukanie ust jest bardzo ważne, gdyż nie tylko zapobiega połknięciu pasty, lecz także eliminuje cząstki rozdrobnionego pokarmu, które inaczej osiadłyby ponownie na zębach.

▲ Zastanów się, czy nie poczekać z używaniem pasty do zębów do chwili, gdy dziecko będzie miało już dobrze opanowaną sztukę płukania ust i wypluwania wody. Choć dzięki niej mycie zębów staje się zdecydowanie przyjemniejsze (a to duży plus), to niekoniecznie przynosi lepsze efekty. Jeżeli jednak chcesz wcześniej zacząć stosować pastę, wybierz specjalny preparat dla najmłodszych, bez fluoru, aby zapobiec jego nadmiarowi w organizmie (nadmiar fluoru może doprowadzić do powstania trwałych plam na zębach). Gdy dziecko będzie już dobrze umiało płukać buzię, zacznij nakładać na szczoteczkę niewielką ilość (mniej więcej wielkości ziarna groszku lub jeszcze mniej) pasty z fluorem, ale obserwuj bacznie, czy dziecko jej nie zjada. Niektóre dzieci wręcz pożerają ją za plecami rodziców.

▲ Gdy tylko dziecku urosną dwa zęby obok siebie, nawet jeżeli nie będą się stykały, czas na nitkowanie. Tak, tak, nitkowanie! To niezmiernie ważny zabieg dla zdrowia jamy ustnej, podobnie jak szczotkowanie i płukanie, a także zwyczaj, który dziecko musi sobie wpoić. Nitkowanie, podobnie jak szczotkowanie, będzie twoim obowiązkiem do chwili, gdy dziecko będzie miało przynajmniej siedem, osiem lat. Oczywiście łatwiej to powiedzieć niż zrobić, zarówno dlatego, że dorosłej osobie trudno manewrować dużymi dłońmi w maleńkiej buzi, jak i dlatego, że większość maluchów nie potrafi usiedzieć spokojnie przez cały zabieg. Realistycznie podchodząc do sprawy, to jeżeli twoje dziecko nie jest wyjątkowo skłonne do współpracy, przypuszczalnie nie uda ci się każdego dnia oczyścić nitką wszystkich jego zębów. I nic w tym złego. Bardziej chodzi o utrwalenie nawyku niż o superdokładne wyczyszczenie zębów. Zacznij od zębów trzonowych – jeśli już się pojawiły – a potem przechodź po kolei do zębów przednich. I rób to bardzo, bardzo delikatnie.

▲ Co zrobić, gdy nie masz w zasięgu szczoteczki do zębów, a twoje dziecko właśnie spałaszowało ciastko albo inne łakocie? Przetrzyj jego ząbki chusteczką z ksylitolem (dostępne w aptekach i przez Internet, bez problemu mieszczą się w torebce); w ten sposób usuniesz płytkę nazębną i bakterie, które powodują ubytki.

▲ Pamiętaj, żeby wszystko dziecku tłumaczyć. To prawda, że nie zawsze je tym zmotywujesz, ale i tak warto opowiadać o korzyściach płynących z właściwej higieny jamy ustnej. Gdy szczotkujesz i nitkujesz jego ząbki, przypominaj mu często o tym, że dzięki temu będą one silne, zdrowe i nie będą go bolały. Powiedz mu, że dzięki silnym ząbkom będzie mogło jeść różne pyszności, a kiedy malec będzie pić mleko albo jeść ser lub jogurt, nie zapomnij zaznaczyć, że zdrowa żywność to także zdrowe zęby!

Spory o mycie zębów

Gdy próbuję umyć mojemu synowi zęby, zaciska wargi, więc chyba już przestanę próbować.

Zmagania związane z myciem zębów to tylko kolejna potyczka w walce dziecka o autonomię, w tym wypadku dotyczącą jamy ustnej (co, jak twój syn już odkrył, jest banalnie proste do wyegzekwowania). A ponieważ nie możesz liczyć na to, że dziecko samo się podda, a tobie poddać się nie wolno – przecież nawet zęby mleczne należy chronić przed próchnicą! – musisz znaleźć jakiś twórczy kompromis.

Szczotkowanie w wielkim stylu. Pozwól malcowi samemu wybrać w sklepie dwie lub trzy kolorowe szczoteczki do zębów dla małych dzieci (zwróć uwagę na włókna – powinny być miękkie i dobrej jakości). Gdy przyjdzie pora na mycie zębów, niech sam zdecyduje, której szczoteczki użyjecie. W ten sposób dziecko będzie miało pewną kontrolę nad sytuacją (choć nie może podjąć decyzji, czy ma mieć czyszczone zęby czy nie, to przynajmniej wybierze „narzędzie"), co odwróci jego uwagę na tyle, że zapomni protestować.

Jeśli staniesz za dzieckiem i przechylisz jego główkę lekko do tyłu, będziesz miała najlepszy widok i możliwość manewrowania podczas szczotkowania dziecięcych ząbków. Możesz też usiąść na podłodze, posadzić sobie dziecko na kolanach i oprzeć je o siebie.

Czy już czas na pastę do zębów z fluorem?

Oczywiście chcesz chronić te maleńkie perłowe ząbki przed próchnicą, zwłaszcza jeśli sama masz sporo ubytków, ale jeszcze nie czas na stosowanie fluoryzowanej pasty do zębów. Wprawdzie niewielka ilość fluoru wzmacnia zęby i zmniejsza ryzyko próchnicy, to jednak jego nadmiar może powodować trwałe przebarwienia szkliwa – stan ten nazywa się fluorozą. Z tego powodu zaleca się, by w przypadku dzieci poniżej drugiego roku życia nie stosować pasty do zębów zawierającej fluor. Odpowiedniej ilości fluoru może maluchom dostarczyć fluoryzowana woda albo odpowiedni preparat uzupełniający. Zapytaj lekarza lub dentystę, czy twoje dziecko powinno taki preparat przyjmować, a jeśli tak, to w jakiej dawce. Odpowiedź uzależniona będzie od zawartości fluoru w wodzie z kranu, od tego, jak dużo tej wody dziecko pije (zakładając, że w ogóle ją pije i spożywa posiłki na niej przygotowane).

Zresztą to nie pasta do zębów decyduje o czystości jamy ustnej, lecz odpowiednia technika czyszczenia. Większość dentystów jest zgodna co do tego, że równie dobra, jeśli nie lepsza, jest sama woda. Inna sprawa, że smak pasty do zębów bywa zachętą dla dzieci, które dość opornie podchodzą do szczotkowania ząbków. Jeśli twoja pociecha do nich należy, nakładaj niewielką ilość pasty do zębów bez fluoru na jej szczoteczkę, wciskając ją równomiernie we włókna, aby dziecko nie mogło jej zlizać. Wyjaśnij, że pasta jest do czyszczenia, a nie do jedzenia, i pamiętaj o nauczeniu dziecka trudnej sztuki płukania ust i wypluwania wody.

Przybierz odpowiednią pozycję. Łatwiej ci będzie manewrować w buzi dziecka, jeśli dobrze się do tego zabiegu ustawisz. Ułóż głowę dziecka na jednej ręce, a drugą szczotkuj jego ząbki, a jeśli chcesz mieć jeszcze większą kontrolę (dobrze widzieć, co robisz), połóż dziecko na podłodze z głową na twoich kolanach. Albo spróbuj usiąść, posadzić malca na kolanach i oprzeć jego głowę o siebie (patrz ilustracja obok).

Pozwól dziecku zrobić to samemu. Choć ty jesteś szefem od szczoteczki do zębów, dziecko będzie bardziej skore do współpracy, jeśli uczynisz je członkiem dwuosobowej ekipy. Zacznij od wręczenia mu szczoteczki, żeby wykonało „czyszczenie wstępne". A jeśli uważasz, że efekt będzie lepszy, gdy obiecasz mu nagrodę, to odwróć kolejność: ty zaczynasz, ono kończy. Nie martw się jego techniką ani stanem szczoteczki (której włókna szybko się zniekształcą na skutek obgryzania) – pozwól dziecku zrobić to najlepiej jak potrafi. Chwal za postępy, nawet jeśli szczoteczka wykonała niewielką pracę. Gdy pociecha nabierze większych umiejętności, niech zupełnie sama przeprowadza poranne mycie zębów, a ty przyłączysz się do mycia wieczornego. Minie jednak jeszcze kilka lat, nim dziecko naprawdę będzie w stanie porządnie czyścić zęby.

Jeśli pozwolisz, żeby dziecko „czyściło zęby" pluszowemu zwierzaczkowi lub lalce (szczoteczką przeznaczoną tylko do zabawy), a nawet tobie, to być może ono chętniej pozwoli, by czyszczono jego uzębienie.

Następnie ty zrób to sama. Pochwal dziecko za świetną robotę, ale potem zabierz się sama do dzieła inną szczoteczką. Pozwól mu trzymać ją razem z tobą, by czuło, że ma pewną kontrolę nad całym zabiegiem, oraz instruuj, co się po kolei dzieje („Te dwa ząbki wyglądają ładnie i czysto, więc teraz wyszczotkujemy dwa następne"). Jeśli wprowadzisz element beztroskiej zabawy, może dziecko trochę się wyluzuje. Możesz na przykład udawać, że chcesz szczotkować inną część ciała: „Czas wyczyścić ten mały brzuszek!". Albo wypróbować inną starą sztuczkę: „Widzę tu żyrafę (lub słonia bądź żółwia), przekonajmy się, czy uda mi się wyciągnąć ją tą szczoteczką!".

Wzajemna kontrola. Po zakończeniu mycia zębów czas skontrolować, jak poszło i dziecku, i tobie. Poproś, by jak najszerzej otworzyło buzię i pozwoliło ci sprawdzić, czy nie zostały w niej resztki jedzenia (starsze dzieci zwykle chętnie robią to też same, zerkając do lusterka). A potem, gdy ty wyczyścisz swoje zęby, daj dziecku sposobność przeprowadzenia inspekcji twojej jamy ustnej – albo innego członka rodziny. Nadaj wtedy maluchowi tytuł oficjalnego kontrolera czystości zębów.

ZĄBKOWANIE, RUNDA DRUGA

Naszemu piętnastomiesięcznemu dziecku chyba zaczęły wychodzić zęby trzonowe. Mały czuje się znacznie gorzej niż przy wyrzynaniu się innych zębów.

Twój syn ma prawo być zbolały: pojawiające się zwykle między 13 a 19 miesiącem pierwsze zęby trzonowe są większe i mają podwójną powierzchnię, więc przynajmniej dwa razy trudniej jest im przebić się przez dziąsła, co dla wielu dzieci oznacza przynajmniej dwukrotnie większy ból.

Aby załagodzić ten ból, stosuj takie same sposoby jak w przypadku wcześniejszego ząb-

ZĘBY A SŁODYCZE

Najlepszą ochroną przed próchnicą jest szczotkowanie i nitkowanie zębów oraz właściwa ilość fluoru (pochodzącego z wody lub preparatów uzupełniających), ale jeżeli nie zamierzasz chodzić wszędzie za dzieckiem ze szczoteczką i szpulką nici dentystycznej, powinnaś stosować jeszcze inne środki zaradcze. Po pierwsze, koniec z napojami zawierającymi cukier, a stuprocentowe soki owocowe ogranicz do nie więcej niż 110–180 ml dziennie i zawsze rozcieńczaj je wodą. Po drugie, wybieraj głównie produkty zawierające węglowodany złożone, a nie rafinowane (występujące w pieczywie, krakersach czy ciasteczkach z białej mąki), gdyż te szybko zamieniają się w cukier na małych ząbkach i stanowią dla nich dokładnie takie samo zagrożenie jak słodycze. I najważniejsze: nigdy nie pozwól dziecku zasypiać z butelką lub kubeczkiem, które są wypełnione innym napojem niż zwykła woda (nawet rozcieńczone soki mogą stać się przyczyną próchnicy).

KAMIEŃ MILOWY

Kalendarz ząbkowania

Ząbkowanie przebiega w bardzo różnym tempie u poszczególnych dzieci – czasem zaczyna się bardzo wcześnie, niekiedy stosunkowo późno. Oto czego przeciętnie można się spodziewać:

Od 12 do 15 miesiąca. Większość dzieci już ma w buzi kilka ząbków, w tym górne i dolne siekacze przyśrodkowe (tak zwane jedynki.) Jeśli drugie siekacze żuchwy i szczęki nie pojawiły się w pierwszym roku życia dziecka, mogą to zrobić właśnie teraz. Natomiast pierwsze zęby trzonowe zaczynają się wyrzynać na początku drugiego roku życia, ale u dzieci, które zaczęły ząbkować później, stanie się to mniej więcej w połowie roku trzeciego.

Od 15 do 18 miesiąca. Dziecko zmienia się w małego Drakulę, gdyż pojawiają się kły: górne zwykle kilka miesięcy wcześniej niż dolne.

Od 18 do 24 miesiąca. Drugie (tylne) zęby trzonowe mogą przebić się przez dziąsła pod koniec drugiego roku życia, ale u wielu dzieci zaczynają one rosnąć dopiero po tym, jak wgryzą się w swój drugi tort urodzinowy.

Miej się na baczności: Jeżeli dziecko ukończyło 16, 17 czy 18 miesięcy i nadal ma bezzębną buzię, powinno się porozmawiać o tym z pediatrą lub dentystą. Należy również zwrócić ich uwagę na wszelkie ewentualne przebarwienia, ubytki czy zmiany na zębach dziecka.

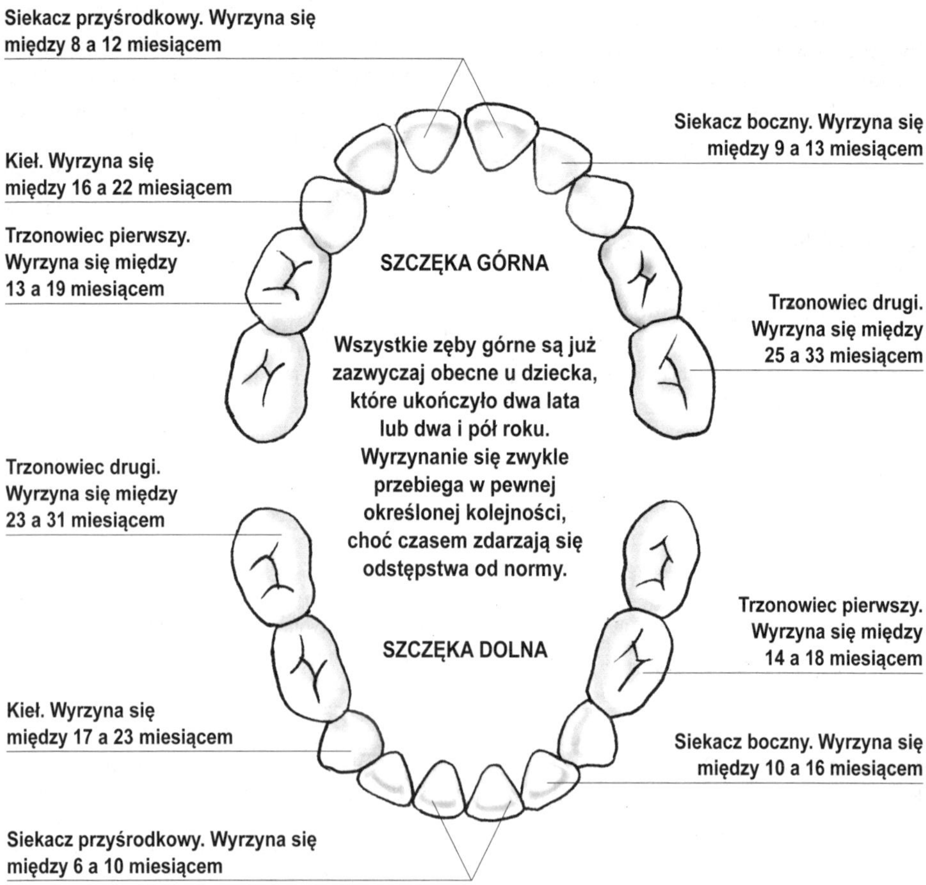

kowania: pocieraj dziąsła dziecka czystym palcem lub dawaj malcowi schłodzony w lodówce specjalny krążek do gryzienia. Możesz mu też podać mocno schłodzony mus jabłkowy lub zamrożonego banana czy kubeczek z lodowatą wodą – ale bez kawałków lodu. Inne stare sposoby nie są już bezpieczne teraz, gdy dziecko ma siekacze (na przykład mrożona marchewka, gdyż jest w stanie odgryźć spory kawałek i zakrztusić się nim, ani ciasteczka na ząbkowanie, gdyż jeśli będą przeżuwane przez cały dzień, zawarte w nich węglowodany mogą się stać przyczyną próchnicy). Stosowana miejscowo maść na ząbkowanie szybko znieczula dziąsła (zwykle na mniej więcej pół godziny), lecz ponieważ nie należy stosować jej częściej niż cztery razy dziennie, nie zapewni trwałej ochrony przed bólem. Na chwile największego cierpienia (występujące z reguły późnym wieczorem) oraz jeśli ból utrudnia jedzenie i spanie, lekarz może zalecić podawanie dziecku ibuprofenu lub paracetamolu.

A skoro mowa o spaniu: często wraz z wyrzynaniem się zębów trzonowych rozpoczyna się nocne wybudzanie. Pamiętaj, że dziecko może się do tego przyzwyczaić i robić to nadal, nawet kiedy ból towarzyszący ząbkowaniu ustąpi. Nie dawaj więc dziecku pretekstu do tego i jak najrzadziej chodź do niego, aby je uspokoić.

Chociaż wiele dzieci w okresie ząbkowania marudzi, ma słaby apetyt i niekiedy nawet podwyższoną temperaturę, zgłoś lekarzowi wszelkie niepokojące objawy, gdyż mogą one nie mieć związku z ząbkowaniem i wymagać leczenia.

PRZERWY MIĘDZY ZĘBAMI

Moja córka ma duże przerwy między zębami i zastanawiam się, czy nie powinna nosić stałego aparatu ortodontycznego.

Często się zdarza, że między pierwszymi zębami mlecznymi są spore szpary, lecz to dobrze, przynajmniej gdy chodzi o piękny uśmiech w przyszłości. Po prostu zęby stałe są większe i potrzebują więcej miejsca. Zresz-

PRZYGOTOWANIE DO WIZYTY U DENTYSTY

Gdy po raz pierwszy zabierasz dziecko do dentysty, warto je do tej wizyty przygotować, by przebiegła ona możliwie „gładko" i bez takich „atrakcji", jak atak lęku czy złości. Zacznij od czytania lub oglądania obrazków w książeczkach opowiadających o gabinecie dentystycznym; wyjaśnij, że dentysta to lekarz od zębów, a jego zadaniem jest pilnowanie, by ząbki były piękne i zdrowe. Zaznacz, że wszyscy chodzimy do dentysty, łącznie z tobą, i pobawcie się w udawanie wizyty, dzięki czemu dziecku będzie łatwiej wszystko zrozumieć. Najpierw ty będziesz dentystą, a potem twój syn czy córka – w rolę pacjenta wcielisz się wtedy albo ty, albo lalka czy pluszowy zwierzaczek. Szczególnie warto poćwiczyć polecenie: „Otwórz buzię szeroko – jak lew!". Zadzwoń wcześniej do gabinetu i zapytaj, czy po wizycie dzieci dostają jakieś drobne nagrody, takie jak zabawki, naklejki lub szczoteczki do zębów. W ten sposób będzie wiedziało, co je czeka na zakończenie dentystycznej przygody.

Przed pierwszą wizytą postaraj się zdobyć jak najwięcej informacji. Czy będzie to raczej spotkanie zapoznawcze z przyjacielską rozmową, pokazaniem gabinetu i szybką kontrolą, czy też przeprowadzone będzie czyszczenie zębów lub inny zabieg (na przykład fluorowanie)? Czy dentysta pozwoli ci zostać w gabinecie? Część dentystów uważa, że dzieci są bardziej skłonne do współpracy i mniej się boją, gdy nie ma przy nich rodziców, ale wielu zgadza się na obecność mamy czy taty, zwłaszcza gdy mają do czynienia z rocznym dzieckiem.

Boisz się, że w gabinecie może dojść do jakiejś nieoczekiwanej sceny? Staraj się nie myśleć o tym, że dziecko wpadnie w panikę, ale bądź na to przygotowana (w końcu takie przypadki się zdarzają). Zapewnij dziecku jak największą pomoc i wsparcie (porady, jak zminimalizować strach dziecka przed wizytą u pediatry, podobnym doświadczeniem, na str. 327), a pierwszy pobyt malucha w gabinecie dentystycznym stanie się bardziej znośny. I każde kolejne, przez całe życie.

tą przednie mleczaki zejdą się nieco, kiedy pojawią się pozostałe zęby mleczne. Nie ma powodu do obaw: nie istnieje bezpośredni związek między rzadkimi zębami mlecznymi a rzadko rozstawionymi zębami stałymi.

Wizyta u dentysty

Czy powinnam wziąć moje roczne dziecko do dentysty? Nie wyobrażam sobie, by było w stanie wysiedzieć na fotelu.

Nie trzeba mieć pełnego garnituru zębów, by chodzić do dentysty. Zaleca się, by pierwsza kontrola stomatologiczna odbyła się, gdy dziecko skończy roczek, a nawet wcześniej, jeśli podejrzewasz próchnicę lub inne problemy. Na pewno więc warto wcześnie zacząć zapewniać dziecku opiekę dentystyczną. Jednak realistycznie podchodząc do sprawy, pierwsza kontrola ząbków dziecka wcale nie musi się odbyć w takim gabinecie. Po pierwsze dlatego, że nie wszyscy dentyści – nawet dziecięcy – przyjmują roczne dzieci i może ci być trudno znaleźć w swojej okolicy takiego, który zgodzi się na tak młodego pacjenta. Po drugie, co prawda wszystkie dzieci, które ukończyły pierwszy rok życia, powinny przejść kontrolę jamy ustnej, ale nie zawsze musi być ona przeprowadzana przez dentystę. Jeżeli nie widzisz ubytków ani innych problemów, podstawowe badanie jamy ustnej może także przeprowadzić pediatra lub lekarz rodzinny i przypuszczalnie już je wykonuje podczas twoich regularnych wizyt kontrolnych w poradni dla dzieci zdrowych. Z pewnością sprawdza, czy potrzebna jest wizyta u specjalisty, oraz radzi ci, jak dbać o ząbki twojej pociechy.

Dlaczego tak ważne jest sprawdzanie stanu zębów przez dentystę bądź pediatrę już na wczesnym etapie życia dziecka? Ponieważ nie tylko szybko wyrobi w dziecku zbawienny nawyk dbania o higienę jamy ustnej, lecz także pozwoli wykryć próchnicę (która może się stać przyczyną przedwczesnej utraty mleczaków) lub jej zapobiegać oraz w porę rozpoznać ewentualne nieprawidłowości budowy jamy ustnej, mogące przeszkodzić w rozwoju mowy. Dentysta lub lekarz będą też twoim wsparciem w przekonywaniu dziecka, że należy myć zęby, odstawić butelkę, smoczek lub przestać ssać kciuk. Specjaliści udzielą ci wyczerpujących odpowiedzi na pytania dotyczące ząbkowania, szczotkowania i nitkowania zębów dziecka (możesz nawet poprosić o demonstrację), przyjmowania fluoru czy nawyku ssania.

Jeżeli na razie nie wybierasz się do stomatologa, to pamiętaj, by zrobić to nie później niż do chwili ukończenia przez dziecko trzeciego roku życia. Ale raczej wcześniej – im bowiem wcześniej wprowadzisz zwyczaj chodzenia do dentysty, tym lepiej. Zwykle pierwsza wizyta ma charakter bardzo ogólny, jest jakby wprowadzeniem, przełamaniem lodów, a nie rzeczywistą kontrolą uzębienia czy zabiegiem. Dentysta przeliczy mleczaki, sprawdzi szczękę i żuchwę, zgryz i dziąsła dziecka oraz delikatnie wyczyści jego ząbki.

Na str. 39 znajdziesz ramkę z poradami, jak przygotować swojego maluszka do tej pierwszej wizyty.

Skóra

Dbanie o skórę

Dbanie o to, by skóra niemowlęcia była miękka i dobrze chroniona, to dziecinnie proste zadanie – wystarczy odrobina emulsji po kąpieli oraz troska o obszar pieluszkowany. Natomiast dbanie o skórę małego dziecka już nie jest takie łatwe. Maluchy są wiecznie w ruchu, w domu i na dworze, są zatem bardziej narażone na czynniki nieprzyjazne dla skóry. Poza tym mają one wyjątkowy talent do brudzenia się, a brud i środki do usuwania go mogą podrażniać delikatną skórę, która przeżywa teraz swoje ciężkie czasy. Ponieważ gruczoły łojowe chroniące i nawilżające skórę zaczynają funkcjonować dopiero w wyniku działania hormonów, tuż przed rozpoczęciem okresu dojrzewania, więc skóra małego dziecka jest szczególnie narażona na wysychanie i podrażnienia.

Aby skóra ruchliwego malucha była czysta, miękka i tak miła w dotyku jak skóra niemowlęcia, trzeba o nią bardzo dbać. Kupuj delikatne środki myjące, uprzednio zapoznawszy się z informacjami na etykiecie. Muszą to być preparaty przeznaczone do pielęgnacji wrażliwej skóry dziecka. Nigdy nie myj malca swoją emulsją do kąpieli, nie używaj płynów do kąpieli ani mydeł, chyba że są naprawdę bardzo delikatne. Unikaj także mydeł antybakteryjnych, które nie tylko nie są potrzebne, ale często podrażniają skórę. Nawet najdelikatniejsze mydełka stosuj jak najrzadziej – tam, gdzie skóra jest naprawdę brudna, i do mycia okolicy pieluszkowanej. I jeszcze jedna zasada: im mniej kosmetyków,

KAMIEŃ MILOWY

Ucz dziecko dbać o czystość

Martwisz się, bo całe zainteresowanie twojego dziecka sprawami higieny polega na unikaniu ich? To normalne. Maluchy słyną z tego, że nie są fanatykami czystości. A nawet jeśli wykazują pozytywne zainteresowanie, to brak im umiejętności. Dlatego więc sprawy higieny i dbania o wygląd dziecka są w twoich rękach – od kąpania i szczotkowania włosów po mycie zębów i rączek. Niemniej jednak właśnie teraz najlepiej zacząć uczyć malucha podstawowych czynności, by pewnego dnia mógł z dumą powiedzieć: „Umyłem się zupełnie sam!". Dziecko najlepiej uczy się na twoim przykładzie, więc staraj się, by widziało, jak np. myjesz ręce. Ale pamiętaj, że słowami zachęty (gdy na przykład córeczka rozczesuje sama włosy, choćby robiła to złą stroną szczotki), pochwałami (gdy widzisz, jak dziecko samo idzie do umywalki, by umyć brudne rączki) i cierpliwością (gdy grzebień zaplącze się w loczkach lub podłoga wygląda tak, jakby taplały się na niej kaczki) na pewno przyczynisz się do tego, że malec szybciej nauczy się dbać o higienę. Po prostu trzeba ćwiczyć, ćwiczyć i jeszcze raz ćwiczyć. Dalej dowiesz się, czego można oczekiwać na higienicznym froncie działań:

Od 12 do 15 miesiąca. Dziecko musi jeszcze sporo popracować nad swoją koordynacją i zręcznością, nim będzie mogło samo dbać o własną higienę. Ale pierwsze małe kroki już zostały poczynione! Na początku drugiego roku życia maluchy zaczynają rozróżniać przybory służące do mycia i ich zastosowanie: szczotka rozczesuje włosy, ręcznikiem wyciera się mokre rączki, a mydełko usuwa brud. Wraz z tą świadomością pojawia się przemożna chęć naśladowania tego, co robią dorośli – dziecko sięga po szczotkę i wykonuje ruchy szczotkowania włosów albo pokazuje na mydło, gdy rączki są brudne.

Od 15 do 18 miesiąca. W połowie drugiego roku życia większość maluchów przejawia silne dążenie do niezależności. Postępując zgodnie z zasadą „zrób to sam", pociecha będzie chwytać za grzebień lub szczotkę i odtrącać twoją pomocną dłoń. Chwal ją za te starania, a jej dzieło dokończ wtedy, gdy ona będzie czymś zajęta

Od 18 do 24 miesiąca. Dwulatek lepiej sobie radzi z dbaniem o higienę osobistą, ale większość czynności wymagać będzie nadzoru rodziców do chwili, gdy skończy ono przynajmniej cztery, a w zasadzie sześć lat. Teraz powinien umieć czesać włosy i wytrzeć nosek chusteczką, jednak nadal potrzebuje twojej pomocy w rozczesaniu splątanych włosów, usunięciu zaschniętego kataru itp. Łatwiej namówić dziecko do wykonywania zabiegów higienicznych, proponując współpracę: „Ja zacznę, ty skończysz" (albo odwrotnie) lub dzieląc się zadaniami: „Ty umyjesz moje ręce, a ja twoje". Zaproponuj też, żeby dbało o higienę lalki lub misia (twój nadzór nad czynnościami dziecka może tu wiele zdziałać).

Bądź czujna! Jeśli pod koniec drugiego roku życia dziecko nie wykazuje najmniejszego zainteresowania wykonywaniem samodzielnie żadnej czynności, powiedz o tym pediatrze podczas następnej wizyty.

tym lepiej. Nie trzeba oblewać skóry dziecka balsamami i innymi emulsjami, (chyba że jest wyjątkowo sucha; patrz str. 44).

Niechęć do kąpieli

Mój synek zawsze uwielbiał kąpiele i wcale nie boi się wody. Nie potrafię zrozumieć, dlaczego nagle zaczął odmawiać wchodzenia do wanny.

Prawdopodobnie zdążyłaś już zauważyć, że w drugim roku życia dziecko odmawia – i to stanowczo – wielu rzeczy: jedzenia, włożenia kurtki, wyjścia na dwór, powrotu do domu. Robi to dla samego odmawiania, bez żadnej wyraźnej przyczyny. Dziecko ma jednak ważny powód, aby się tak zachowywać – jest to jego walka o niezależność. Poniższe wskazówki mogą pomóc w zachęceniu dziecka do korzystania z wanny czy w znalezieniu innych sposobów zmiany jego zachowania:

Przynieś do łazienki zabawki. Na przykład flotę plastikowych łódeczek albo lejek i kubeczek, książeczki z plastikowymi stronami, kolorowe mydełka czy wreszcie wszelkie inne wodoodporne „odwracacze uwagi". Postaraj się, by czas spędzony w wannie polegał przede wszystkim na zabawie, więc zamiast mówić: „Czas na kąpiel", powiedz: „Popatrz, iloma łódeczkami możesz się w wannie pobawić!" lub: „Weźmiemy te mydełka i wymalujemy ci nimi na ciele paski jak u tygryska!".

Zmień czas kąpieli. Jeśli będziesz kąpać malca o różnych porach, zaskoczysz go i być może złagodzisz jego opór. Taka zmiana może jednak oznaczać, że twoja pociecha nie zawsze będzie umyta z najgorszego brudu (jeśli na przykład kąpiel zostanie przełożona z wieczora na późny ranek), co na krótszą metę jest i tak lepsze niż brak kąpieli. Zanim malec stanie się skory do współpracy i będziesz mogła go kąpać w sensowniejszej porze, wytarcie mokrym ręczniczkiem tych najbardziej widocznych brudnych miejsc przed włożeniem piżamki będzie musiało wystarczyć.

Spróbuj dotrzymać dziecku towarzystwa. Codzienna kąpiel jest na pewno przyjemniejsza, gdy w wannie znajdzie się więcej niż jedna osoba. Mama lub tata to znakomici współtowarzysze zabaw w wannie, a jeżeli twoja nagość cię krępuje, włóż strój kąpielowy. Dobrym kompanem takich zabaw może być siostra lub brat albo kolega czy koleżanka (najpierw zapytaj ich rodziców o zgodę), a ostatecznie nawet wodoodporna lalka, którą dziecko będzie myło, kąpiąc się.

Brudna robota

Uwaga wszyscy rodzice obsesyjnie traktujący sprawy czystości i porządku: lepiej zweryfikujcie swoje oczekiwania co do tych spraw, skoro macie w domu roczne dziecko (o wiecznie ubrudzonych rączkach). W końcu „brudasek" to synonim dziecka w tym wieku, które musi koniecznie dotknąć piasku i ziemi, ślizgać się po podłogach w supermarkecie, rozsmarować jedzenie na własnym ubranku i ciele i pobawić się kłębuszkami kurzu. Oczekiwania, że twój maluch będzie czysty, są równie nierealne jak te, że będzie siedzieć spokojnie: nic z tych rzeczy, to nie dla niego! I jedno, i drugie pozbawiłoby go bowiem szansy odkrywania i doświadczania, czyli tego, co obowiązkowo musi robić. Im więcej będziesz marudzić na temat brudu, tym gorzej dla ciebie, więc zrelaksuj się nieco. Dbaj tylko o podstawową higienę: mycie rączek przed jedzeniem, po skorzystaniu z toalety lub gdy będą naprawdę bardzo brudne, poza tym toaleta wieczorna (powyżej znajdziesz porady, co robić, gdy malec odmawia wejścia do wanny); oraz pilnuj, by dziecko nie dotykało niczego, w czym roi się od bakterii, na przykład kałuż lub odchodów zwierząt. Wszystko inne jest dopuszczalne.

Weź malucha pod prysznic. Jeżeli dziecko zdecydowanie buntuje się przeciw kąpieli w wannie, pozwól, by towarzyszyło ci pod prysznicem. Możesz pomóc mu przełamać strach, ustawiając bardzo łagodny strumień wody lub trzymając je na rękach, aż poczuje się na tyle pewnie, aby samodzielnie stanąć pod prysznicem. Zabawa będzie przedniejsza, jeśli zaśpiewacie razem jakąś deszczową piosenkę. Podobnie jak w przypadku kąpieli w wannie, woda powinna być ciepła, ale nie gorąca.

Krótko i przyjemnie. Ponieważ to nadal ty rządzisz i musisz dopilnować, by dziecko od czasu do czasu było naprawdę czyste (czy mu się to podoba czy nie), wykorzystaj swoją władzę. Choć kąpiel może nadal wywoływać sprzeciw twojego dziecka, to jeśli zadbasz o to, by trwała krótko i była przyjemna, a także zaproponujesz jakieś miłe zajęcie zaraz po myciu, dziecko będzie i czyste, i zadowolone. Zachowuj więc spokój, gdy twoja mała rybka będzie protestować. I pamiętaj: to minie.

NIECHĘĆ DO MYCIA RĄK

Po porannej zabawie dziecko ma niewiarygodnie brudne rączki, ale gdy chcemy je umyć przed jedzeniem, nie pozwala nam na to.

Bez względu na porę roku dzieci mają siniaki na kolanach, ręce umazane po łokcie, lepiące się buzie i brud pod paznokciami.

Podczas gdy z myciem całego ciała można spokojnie poczekać do wieczornej kąpieli, to brudne ręce trzeba myć przed każdym posiłkiem – zwłaszcza że prawdopodobnie dziecko będzie się nimi posługiwało przy jedzeniu. Staranne mycie rączek przed jedzeniem nie tylko ochroni żywność (i buzię) przed bakteriami, lecz również wyrobi zdrowy nawyk.

Stwierdzisz pewnie, że łatwiej to powiedzieć, niż zrobić? Będzie łatwiej zrobić, jeśli skorzystasz z poniższych rad:

Pozwól dziecku wziąć sprawy w swoje ręce. Im bardziej pozwolimy dzieciom na samodzielność w czynnościach, które ich dotyczą, tym większe prawdopodobieństwo, że ich nie oprotestują. Jeśli zostawisz malca samemu sobie z mydłem i wodą, opór przypuszczalnie znacznie zmaleje. Nie dąsaj się z powodu zachlapanej podłogi, można ją szybko wytrzeć. Pamiętaj natomiast o tym, by woda miała odpowiednią temperaturę i nie oparzyła dziecka (na wszelki wypadek ustaw temperaturę wody tak, by nie przekraczała 50 stopni Celsjusza). Gdy córka lub syn skończą myć ręce, skontroluj efekty – jeśli ich wygląd niewiele się różni od stanu wyjściowego, powinny być umyte jeszcze raz. Możesz też zaproponować, by teraz dziecko umyło twoje ręce, a ty umyjesz rączki malucha.

Spraw, żeby dziecko dobrze się bawiło. Dwusekundowe mycie nie usunie z rączek brudu i zarazków, trzeba na to przynajmniej dwudziestu sekund porządnego szorowania. Dla malca to cała wieczność, chyba że zadbasz, by było zabawnie. Na przykład pośpiewajcie coś razem w trakcie mycia, daj dziecku kolorowe mydełko, które je zaintryguje, lub takie, które ma przyjemny naturalny zapach (na przykład kokosowy lub lawendowy). Po myciu poproś dziecko, by powąchało czyste rączki.

Zadbaj o łatwy dostęp do umywalki. Jedną z najbardziej dokuczliwych stron mycia rąk jest dla dziecka sięganie do umywalki. Jeśli będzie miało do niej łatwiejszy dostęp (na przykład dzięki małemu stołkowi), a ręcznik i mydło znajdą się w zasięgu jego ręki, da mu to poczucie większej kontroli nad sytuacją.

Daj dziecku mydło w płynie. Mydło w kostce nie tylko się wyślizguje i trudno je obracać w małych rączkach, ale osadza się na nim prawie tyle samo brudu co na dłoniach maluszka. Lepiej stosujcie więc mydło w płynie lub piance.

Używajcie wilgotnych chusteczek jednorazowych. Poza domem najprostszym i najbardziej higienicznym sposobem na szybkie wyczyszczenie rąk są wilgotne chusteczki. Zachęcaj dziecko, by jak najbardziej „ubrudziło" chusteczkę (jedną lub kilka), wycierając swoje rączki.

Jeżeli będąc poza domem, używasz antybakteryjnego żelu do rąk (na przykład po głaskaniu zwierzątek w małym zoo lub dotykaniu uchwytu koszyka sklepowego), weź pod uwagę, że taki preparat bardzo dobrze usuwa bakterie, ale nie brud. Lepiej więc najpierw oczyść rączki malucha z zabrudzeń, a potem sięgnij po specjalny żel antybakteryjny dla dzieci (bez alkoholu i innych silnych substancji chemicznych).

Sucha skóra

Moje dziecko zawsze ma suchą skórę. Co mogę robić, by ją chronić?

Wiele dzieci przechodzi etapy, kiedy ich skóra jest sucha. Czasem nawet stan ten trwa przez całe wczesne dzieciństwo i jest spowodowany ruchliwym trybem życia, jaki prowadzą małe dzieci. Na szczęście są sposoby na nawilżenie wysuszonej skóry.

- Stosuj odpowiednie mydła. Jeśli dziecko ma szczególnie suchą, wrażliwą czy skłonną do wysypek skórę, używaj mydła bezzapachowego, a nawet preparatów zastępujących mydło.
- Ograniczaj czas trwania kąpieli. Choć trzydziestominutowa kąpiel jest zwykle marzeniem każdego dziecka (tyle czasu na chlapanie!), to jednak tak długie moczenie skóry pozbawia ją nie tylko brudu, lecz także naturalnego natłuszczenia. Dziesięć minut w wannie to wystarczająco dużo czasu, by się pobawić w wodzie bez przykrych konsekwencji w postaci nadmiernego wysuszenia skóry.
- Nie trzyj skóry. Delikatnie myj ją i spłukuj – nie pocieraj jej myjką ani ręcznikiem. Po kąpieli osuszaj ciało malucha, przykładając delikatnie ręcznik.
- Stosuj środki nawilżające. Po każdej kąpieli (gdy skóra jest jeszcze nieco wilgotna) szczodrze smaruj ciało malca emulsją nawilżającą. W szczególnie chłodne dni albo jeśli skóra dziecka jest mocno spierzchnięta, nakładaj emulsję wielokrotnie, w zależności od potrzeby. Najlepsze środki nawilżające dla dzieci zawierają zarówno wodę (żeby uzupełnić jej zawartość w skórze), jak i olejek (który tę wodę zatrzyma). Jeżeli skóra dziecka jest szczególnie wrażliwa lub bardzo sucha, najlepiej stosuj emulsję bezzapachową, o jak najmniejszej zawartości substancji chemicznych. Pediatrzy i dermatolodzy polecają zwykle Eucerin, Neutrogenę, Cetaphil, Emolium, Oilatum i Allerco. Najważniejsze jednak jest to, jak na dany specyfik reaguje skóra twojego dziecka. Czasem nawet produkty opatrzone na etykietach zapewnieniami „dla niemowląt i dzieci", „hipoalergiczne" lub „w 100 procentach naturalne" wywołują podrażnienia czy wysypkę i trzeba je zmienić na preparaty o innym składzie.
- Podawaj dziecku do picia dużo płynów. Niedobór płynów w organizmie może doprowadzić do wysuszenia skóry (której nawilżenie następuje także od wewnątrz), więc pilnuj, by dziecko piło dostatecznie dużo napojów. Zwróć na to szczególną uwagę, jeśli niedawno odstawiłaś je od piersi, a ono jeszcze nie opanowało do perfekcji sztuki picia z kubeczka, jeśli na dworze jest wyjątkowo gorąco lub jeśli dziecko jest chore.
- Karm dziecko produktami zawierającymi zdrowe tłuszcze. O nawilżenie skóry od wewnątrz dbają również odpowiedniego rodzaju tłuszcze, znajdujące się na przykład w awokado, oleju rzepakowym,

lnianym i oliwie z oliwek, a także w maśle migdałowym czy orzechowym (jeśli maluch nie ma alergii na orzechy). Zdrowa dieta sprzyja zdrowej skórze!

- Unikaj przegrzewania dziecka. Kiedy słupek rtęci w termometrze spada, zwykle kusi nas, by podwyższyć temperaturę w pomieszczeniu. Ale suche, przegrzane powietrze często prowadzi do przesuszenia skóry, szczególnie u dzieci. Staraj się więc, by temperatura w domu była przyjemna, ale nie za wysoka. Aby dziecku nie było zimno, ubieraj je w ciepłe dresowe spodnie i sweterek w ciągu dnia, a w ciepłe śpiochy na noc.

Spierzchnięte policzki

Co mogę zrobić, aby policzki mojego synka nie były takie zaczerwienione i spierzchnięte?

Każdego dnia na twarz dziecka trafiają różnorakie substancje (od śliny i śluzu po galaretkę i sos pomidorowy), które malec rozsmarowuje po policzkach, przez co skóra może się stać zaczerwieniona i podrażniona – szczególnie zimą, gdy jest bardziej wysuszona. Częste mycie buzi (by usunąć te zabrudzenia) zwykle tylko pogarsza sytuację.

Jeśli policzki twojego dziecka są czerwone, począwszy od pierwszych mrozów aż do czasu, gdy zaczynają kwitnąć tulipany, to znaczy, że trzeba poświęcić im więcej uwagi. Oto kilka porad, jak ograniczyć do minimum pierzchnięcie skóry twarzy:

- Delikatnie przemywaj buzię dziecka bezpośrednio po posiłkach, aby usunąć z niej wszelkie pozostałości jedzenia, po czym szybko osusz ją, delikatnie przykładając ręcznik do skóry. Jeżeli zauważysz, że jakieś pokarmy lub napoje wywołują podrażnienie (często winowajcami bywają produkty kwaśne, takie jak soki i owoce cytrusowe, truskawki, pomidory i sosy pomidorowe), nie podawaj ich dziecku do czasu, aż skóra się zagoi.
- Nie trzyj buzi dziecka. Nie używaj drapiących myjek, szorstkiego papieru toaletowego ani serwetek.
- Nie myj buzi dziecka mydłem. Jeśli sama woda zdecydowanie nie wystarcza, sięgnij po żel myjący bez dodatku mydła.
- Jeśli dziecko się ślini, osuszaj mu buzię, przykładając do skóry miękką ściereczkę, i staraj się to robić, zanim malec rozetrze ślinę po policzkach. Ostrożnie też wycieraj mu nosek.
- Używaj delikatnego środka nawilżającego do łagodzenia spierzchniętej skóry. Przed wyjściem na dwór przy niskich temperaturach, zwłaszcza gdy dziecko się ślini bądź ma katar, smaruj odpowiednim preparatem policzki, brodę i nosek dziecka. Jeżeli sytuacja jest poważna, sięgnij po maść (na przykład Bepanthen, Alantan lub wazelinę), która nie tylko nawilża skórę, lecz także ją chroni.

Atopowe zapalenie skóry (egzema)

Zauważyłam w zagięciu łokcia córki czerwoną wysypkę, którą mała mocno drapie. Czy to reakcja alergiczna, na przykład na mydło, czy egzema?

Może to być i jedno, i drugie. Egzema to słowo, którym często określa się dwa najpopularniejsze problemy skórne dzieci: atopowe zapalenie skóry i kontaktowe zapalenie skóry. I jedno, i drugie wywołuje wysypkę oraz może być spowodowane alergią, jednak zmiany w atopowym zapaleniu skóry zazwyczaj są przewlekłe, natomiast kontaktowe pojawiają się i przemijają. Na początku trudno je od siebie odróżnić (lekarz może ci w tym pomóc), a zatem przeczytaj, jakie są przyczyny, objawy i leczenie obu rodzajów egzemy:

Atopowe zapalenie skóry. Większość osób (także lekarzy) mówiąc o egzemie, ma właśnie na myśli ten rodzaj schorzenia. Najczęściej występuje ono u dzieci z rodzin, w których występowały egzema, katar sienny lub astma, i trafnie określane jest jako „swędząca wysypka". Nasilony świąd zmusza malca do drapania i pocierania skóry, a to zaostrza tylko przebieg choroby. U małego dziecka wysypka ma zwykle postać małych, czerwonych wyprysków, grudek lub pęcherzyków wypełnionych surowiczą treścią; drapanie powoduje tworzenie się strupów. Wysypka zazwyczaj pojawia się najpierw na twarzy, potem przechodzi na tułów, nadgarstki, przedramiona i zgięcia łokciowe oraz fałdy skórne (np. na pachwiny). Tego rodzaju egzema często (choć nie zawsze) przemija w drugim lub trzecim roku życia.

Co wywołuje świąd? W przypadku większości dzieci są to: suchość skóry, wystawienie na zimno lub gorąco, pocenie się, ubrania z wełny i/lub włókien syntetycznych, tarcie, mydła, detergenty oraz płyny zmiękczające tkaniny (które mogą wywołać również kontaktowe zapalenie skóry; patrz obok), a także pewne pokarmy, najczęściej jaja, białko mleka krowiego, pszenica, orzeszki ziemne, soja, ryby i skorupiaki.

Leczenie z reguły polega na smarowaniu kremami lub maściami steroidowymi (np. z hydrokortyzonem) miejsc objętych zapaleniem oraz podawaniu dziecku doustnie preparatów antyhistaminowych, zwłaszcza wieczorem, by mogło spokojnie spać. Pediatra przepisze lub zaleci odpowiednie leczenie. Ty ze swej strony możesz:

- ▲ Przyciąć dziecku paznokcie, by nie mogło się drapać.
- ▲ Ograniczyć czas trwania kąpieli do maksymalnie 10–15 minut i stosować niewielkie ilości szczególnie delikatnych emolientów, które doskonale nawilżają skórę (Oilatum, Emolium).
- ▲ Uważać, aby dziecko nie zanurzało się w wodzie chlorowanej oraz słonej.
- ▲ Po kąpieli smarować wilgotną jeszcze skórę malca dużą ilością hipoalergicznego balsamu nawilżającego.
- ▲ Uważać, by dziecko nie było narażone na bardzo wysokie lub bardzo niskie temperatury zarówno w domu, jak i poza nim.
- ▲ Używać nawilżacza, aby powietrze w domu nie było suche. (Ale nie przesadź z nawilżaniem, gdyż nadmiar wilgoci w powietrzu sprzyja rozwojowi pleśni, która jest częstą przyczyną alergii i astmy).
- ▲ Ubierać dziecko w ubrania bawełniane, a nie wełniane czy z włókien syntetycznych ani szorstkie, które „drapią" skórę.

Kontaktowe zapalenie skóry. Wywołuje je wielokrotny kontakt skóry z substancją drażniącą. Mogą ją zawierać cytrusy, płyny do kąpieli, mydła, detergenty, żywność, leki, a nawet ślina czy mocz dziecka – jak w pieluszkowym zapaleniu skóry. Wysypka ma postać łagodnego zaczerwienienia i/lub niewielkich wyprysków (którym czasem towarzyszy obrzęk). Występuje znacznie częściej niż atopowe zapalenie skóry i zazwyczaj znika po zlikwidowaniu źródła podrażnienia (jeśli nie zniknie, może to być rzeczywiście atopowe zapalenie skóry), a jej leczenie polega na miejscowym stosowaniu kremów bądź maści z hydrokortyzonem. Czasem pojawia się na skutek kontaktu skóry z alergenem (na przykład z niklowaną biżuterią lub zatrzaskami w ubrankach, barwnikami w tkaninach, roślinami takimi jak trujący bluszcz bądź z niektórymi lekami).

Inne wysypki skórne

Skóra naszego dziecka jest bardzo podatna na wysypki – gdy tylko poradzimy już sobie z pieluszkowym zapaleniem skóry, jakaś nowa wysypka pojawia się w innym miejscu. Po czym rozpoznaje się rodzaje wysypek i jak je leczyć?

Wysypki na ciele małych dzieci pojawiają się i znikają, jednak są maluchy, u których występują one naprawdę często. Zwykle takie suche plamy czy wypryski na skórze malca - co prawda bardzo niepokojące - wywoływane są substancjami chemicznymi zawartymi w mydle lub szamponie; bywa jednak, że rzeczywiście wskazują na coś, czemu trzeba baczniej się przyjrzeć. Jeśli zauważysz, że skóra dziecka łuszczy się, swędzi, jest pokryta pęcherzami lub grudkami wysiękowymi, zapytaj lekarza, co mogło wywołać ten stan i jak mu zaradzić. Oto najczęściej występujące wysypki u maluchów:

Grzybica skóry. To lekko zakaźne grzybicze zakażenie skóry objawia się okrągłymi, czerwonymi, wypukłymi, swędzącymi i łuszczącymi się wykwitami, które mogą być małe jak dziesięciogroszówka lub duże, o średnicy nawet kilku centymetrów. Grzybica przenosi się przez bezpośredni kontakt (jedno drapiące się dziecko dotyka drugiego), wspólne używanie ręczników, szczotek i grzebieni, noszenie ubrań zakażonej osoby i wszystkiego, co ma kontakt z jej skórą, a także przez powierzchnie w ciepłych pomieszczeniach, w których panuje wilgoć, na przykład na pływalni. Dziecko może także zarazić się grzybicą od zwierzęcia (jej objawy u zwierząt to: płaty pozbawionej sierści, łuszczącej się skóry, częste drapanie się, wypadanie sierści). Grzybica może występować na każdej części ciała, nawet na twarzy i owłosionej skórze głowy (wówczas bywa mylona z ciemieniuchą), a jej przenoszeniu się na kolejne obszary skóry sprzyja drapanie. Niekiedy brana jest za inne wysypki, w tym za atopowe lub łojotokowe zapalenie skóry, dlatego bardzo ważne jest poprawne rozpoznanie na podstawie badania mykologicznego. Grzybicę można łatwo leczyć kremem przeciwgrzybiczym, ale jeśli obejmuje ona skórę głowy, niezbędne może być podanie doustnych leków przeciwgrzybiczych oraz stosowanie specjalnego szamponu.

Pieluszkowe zapalenie skóry. Jak sama nazwa wskazuje, jest to wysypka lub podrażnienie ciała w miejscach stykających się z pieluchą. Więcej informacji na ten temat znajdziesz na str. 57.

Liszajec zakaźny. Jest to bardzo zakaźna bakteryjna choroba skóry, która wywiązuje się na skutek przedostania się bakterii (paciorkowców i/lub gronkowców) pod skórę w miejscach jej zadrapania, ugryzienia czy podrażnienia. Typowo występuje na twarzy (głównie w okolicy ust) i na kończynach. Występuje także na skórze objętej egzemą. Podstawowym objawem jest rumień zakażonej okolicy z pęcherzykami, które pękają, a ich wydzielina zasycha w żółtomiodowe strupy. Liszajec szybko przenosi się na inne obszary ciała i w większości przypadków wymaga pomocy lekarskiej (miejscowe

SPRAWDZANIE STANU SKÓRY

Choć skóra jest bez wątpienia największym narządem człowieka, zazwyczaj nie poświęca się jej należytej uwagi i podczas gdy choroba oka lub ucha będzie najprawdopodobniej natychmiast leczona, to problemy skórne często są nawet niezauważane – w końcu całkiem spora jej powierzchnia jest przez większość czasu zakryta. Lekarze zalecają rutynowe badanie skóry po to, by rodzice zapoznali się ze stanem skóry dziecka i potrafili zauważać wszelkie zmiany. Wprowadź zwyczaj kontrolowania skóry malu-cha w porze kąpieli; obserwuj uważnie wszelkie zmiany zachodzące w pieprzykach czy znamionach wrodzonych oraz zwracaj uwagę na nowe skazy bądź zmiany, których dotychczas nie zauważyłaś. Jeśli pieprzyk lub znamię powiększyło się, zamiast blednąć, zmieniło zabarwienie, jeśli swędzi, sączy się z niego wydzielina lub krew, tworzy się na nim strup, łuszczy się lub staje się tkliwe, powiedz o tym lekarzowi dziecka. Zgłaszaj mu również rany, których gojenie trwa dłużej niż dwa tygodnie, wysypki, które wzbudzają twój niepokój, i wszelkie inne odbiegające od normy objawy. Taki przegląd skóry przed kąpielą to przy okazji dobry sposób na znajdowanie na ciele dziecka kleszczy, jeśli dziecko było na dworze w sezonie ich występowania (na str. 434 znajdziesz porady, jak usuwać kleszcze).

Ochrona przed słońcem

Nam na pewno przyjemniej jest przebywać na dworze, gdy świeci słońce, niż gdy pada deszcz czy śnieg, ale nasza skóra może być odmiennego zdania. Promienie ultrafioletowe A (UVA) powodują opalanie, starzenie się skóry, raka skóry, a promienie ultrafioletowe B (UVB) – poparzenia słoneczne i raka skóry. Dlatego właśnie wszystkie dzieci, nawet te o smagłej cerze, wymagają ochrony przed słońcem, szczególnie zaś dzieci najbardziej na jego działanie wrażliwe (o jasnych lub rudych włosach i bladej skórze, o niebieskich, zielonych lub szarych oczach, a także pochodzące z rodzin, w których zdarzały się przypadki raka skóry, mające liczne pieprzyki czy piegi). Badania naukowe wykazują, że poważne oparzenie słoneczne powstałe w dzieciństwie może się w większym stopniu przyczynić do rozwoju czerniaka złośliwego (odmiany raka skóry) niż wystawianie się na działanie promieni słonecznych przez całą resztę życia. Aby zapobiec uszkodzeniom skóry spowodowanym działaniem słońca, stosuj się do poniższych rad, zawsze gdy wychodzisz na dwór z dzieckiem:

Zdobądź jak najwięcej informacji o preparatach chroniących przed słońcem. Kupując je, kieruj się następującymi ich cechami:

- Oznaczenie „szerokie spektrum". Oznacza to, że produkt chroni przed promieniami ultrafioletowymi B (UVB) oraz A (UVA).
- Łatwy w aplikacji. Środki o konsystencji kremu nie wysychają zbyt łatwo i dłużej chronią skórę. Aerozoli natomiast łatwiej się używa i czynnik ten może mieć decydujące znaczenie podczas zakupu. Ale aerozole szybko wysychają, a preparat może chronić skórę dziecka tylko wtedy, gdy na niej się znajduje.
- Niepodrażniający skóry. Preparaty ochronne dla dzieci zwykle mają wesołe opakowanie i są dość proste w używaniu, lecz niekoniecznie cechują się też łagodnością czy hipoalergicznością. Nim wybierzesz się z malcem na plac zabaw lub plażę, sprawdź, czy nie jest on uczulony na produkt, którego zamierzasz użyć. Zrób próbę: posmaruj mały fragment skóry dziecka, a jeśli pojawi się na niej zaczerwienienie lub wysypka, wybierz się do sklepu po nowy preparat o innym składzie.
- Wysoka wartość SPF (czynnika chroniącego przed słońcem). Im wyższy SPF, tym lepszą ochronę zapewnia specyfik. Wybierz produkt z SPF przynajmniej 30, bo teoretycznie (jeżeli jest prawidłowo nakładany co kilka godzin) pozwala on pozostawać na słońcu 30 razy dłużej (nim dojdzie do poparzenia), niż byłoby to możliwe bez żadnej osłony. Ponieważ nie sposób sprawdzić, ile faktycznie czasu potrzebuje skóra dziecka, by doszło do oparzenia, ani jak intensywnie świeci słońce danego dnia, lepiej zachować większą ostrożność i wybrać taki preparat, który ma najwyższy SPF. Oczywiście nawet oblane od stóp do głów emulsją przeciwsłoneczną dziecko nie powinno być na dworze dłużej niż godzinę w czasie, gdy promienie słoneczne operują najsilniej (na pewno nie zechcesz sprawdzać, jak długo działa czynnik SPF). Nie zakładaj, że możesz spokojnie zaczekać z zabraniem malucha do cienia do czasu, aż jego policzki nabiorą koloru – opalającego działania słońca zwykle nie widać od razu. W większości przypadków zaczerwienienie z powodu oparzenia słonecznego staje się najbardziej widoczne dopiero od 6 do 24 godzin po ekspozycji na słońce.

Smaruj obficie. Gdy dziecko wychodzi na dwór, obowiązkowo musi być posmarowane preparatem przeciwsłonecznym. Stosowanie go musi być taką samą rutynową czynnością jak ubieranie dziecka i tak samo niepodlegającą dyskusji jak wożenie dziecka samochodem w specjalnym foteliku. Dzięki temu w przyszłości dziecko nie będzie protestowało.

Jeśli jest taka możliwość, staraj się posmarować skórę malca od 15 do 30 minut przed wyjściem na słońce, gdyż tyle czasu potrzeba, by specyfik dobrze się wchłonął, a jeżeli ci się to nie uda, pamiętaj, że nałożenie preparatu tuż przed wyjściem – czy wręcz

antybiotyki i delikatne przemywanie w bardzo łagodnych przypadkach lub antybiotyki doustne w poważniejszych zakażeniach) – o rodzaju leczenia zadecyduje lekarz po zbadaniu dziecka. Dokładne przemywanie ran wodą lub środkami dezynfekującymi i stosowanie maści zawierającej antybiotyk pozwalają zapobiegać tej dolegliwości.

Potówki. Są na nie narażone głównie niemowlęta, ale zdarzają się one również u młodszych i starszych dzieci, a nawet u dorosłych.

na dworze – jest lepsze niż nic. Smaruj dziecko szczodrze (większość osób używa za mało emulsji) i uważaj, by nie zapomnieć o żadnym fragmencie skóry, na przykład na karku, uszach czy stopach (są to trzy najczęściej pomijane części ciała). Smarując buzię dziecka, uważaj, by preparat nie dostał się do oczu. Wiatr i woda są wrogami preparatów przeciwsłonecznych, więc w wietrzne dni, gdy dziecko mocno się poci, pluska się w basenie lub biega pod zraszaczem, nakładaj je często – najlepiej co godzinę, lecz nie rzadziej niż co dwie godziny. Produkt wodoodporny można nakładać nieco rzadziej, co dwie–trzy godziny (sprawdź zalecenia na etykiecie). Pamiętaj jednak, że łatwo go zetrzeć ręcznikiem, więc po wytarciu dziecka warto posmarować je ponownie.

Ochrony przed słońcem potrzebują również wargi; nakładanie na nie pomadki ochronnej dla dzieci (odpornej na zlizywanie) powinno być taką samą rutynową czynnością przed wyjściem na dwór jak stosowanie emulsji chroniącej przed promieniami słonecznymi. Tego rodzaju pomadka zapewnia również ochronę przed wiatrem i mrozem w zimie, dzięki czemu wargi malca nie będą spierzchnięte.

Chroń skórę dziecka przez cały rok. Mimo że oparzenia słoneczne kojarzą się nam z okresem letnim, to zdarzają się one także zimą, zwłaszcza gdy leży śnieg i odbite od niego promienie słoneczne mogą działać równie intensywnie jak w środku lata. I chociaż zimą dociera do Ziemi mniej promieni UVB, to promieniowanie UVA, które również jest szkodliwe, występuje przez cały rok bez względu na pogodę. Nie rezygnuj z nakładania preparatu chroniącego przed słońcem nawet przy mgle, zwłaszcza gdy jesteście na plaży, bo większość światła ultrafioletowego – szczególnie UVA – przebija się przez warstwę chmur.

Mądrze zaplanuj czas przebywania poza domem. Jeśli to możliwe, staraj się ograniczyć czas przebywania dziecka na słońcu – nawet jeśli jest przed nim dobrze chronione – w godzinach najintensywniejszego działania promieni słonecznych, czyli od godziny 10.00 do godziny 15.00 (a w miesiącach letnich do godziny 16.00) lub w porze, gdy twój cień jest krótszy niż twój wzrost.

Zachęcaj do zabawy w cieniu. Szukaj takich placów zabaw, które są zacienione, a jeśli możesz przygotować dziecku kącik na własnym podwórku, wybierz miejsce, w którym cień panuje przez cały dzień lub przynajmniej przez część dnia.

Wystrzegaj się odbitego światła. Na plaży osłonisz siebie i dziecko przed promieniami słonecznymi plażowym parasolem bądź namiotem (który zapewnia jeszcze skuteczniejszą ochronę niż parasol), ale nie poprzestawaj na tym: obowiązkowo zabezpieczaj skórę przed odbiciem promieni słonecznych od piasku, smarując ją odpowiednim preparatem. Uważaj też na promienie odbijające się od śniegu, betonu, a także wody (dziecko pluskające się w baseniku jest bardziej narażone na oparzenie słoneczne niż to, które bawi się obok).

Osłaniaj dziecko. Przebywając z dzieckiem na powietrzu w godzinach, w których słońce świeci najmocniej, zasłaniaj malca przed jego promieniami parasolką lub daszkiem przy spacerówce, zakładaj mu kapelusik z szerokim rondem, wygodne ubrania zapewniające osłonę, skarpetki i buciki (bose stopy szybko ulegają oparzeniom) oraz oczywiście stosuj preparat ochronny na odsłonięte części ciała. Pamiętaj, że promienie ultrafioletowe mogą przenikać przez przewiewne, luźno tkane i jasne materiały: przeciętna koszulka z krótkim rękawkiem ma SPF na poziomie jedynie 7 lub 8, a zatem zabierając dziecko (nawet to o ciemnej karnacji) na dłuższy pobyt na świeżym powietrzu, posmaruj jego skórę także pod cienkimi ubrankami. Sprawdzaj tkaninę, trzymając ją pod słońce – im mniej przepuszcza promieni słonecznych, tym lepiej przed nimi chroni. Jeśli dziecko zażywa jakieś lekarstwa lub stan jego zdrowia sprawia, że wystawienie go na działanie promieni słonecznych byłoby szczególnie ryzykowne, zastanów się nad ubieraniem malucha w specjalne dziecięce ubranka zabezpieczające przed słońcem.

Rozwijają się na skutek zablokowania ujść gruczołów potowych i mają postać niewielkich, różowych wyprysków na zaczerwienionej skórze, które mogą przechodzić w pęcherze, a następnie wysychać. Zwykle pojawiają się na szyi i ramionach, ale mogą też wystąpić na plecach i twarzy oraz wszędzie tam, gdzie skóra pociera o skórę lub o zbyt ciasną odzież. Ponieważ przyczyną tej wysypki jest przegrzewanie i zbyt ciepłe ubranie, dbaj, by w pomieszczeniu powietrze było przyjemnie chłodne, a dziecko nie było zbyt ciepło ubrane.

Protesty podczas smarowania preparatem przeciwsłonecznym

Wiem, że powinnam smarować dziecko kremem chroniącym przed słońcem, ale łatwiej to powiedzieć, niż zrobić. Za każdym razem mała się awanturuje.

Jak już wiesz, małe dzieci protestują przeciwko wielu rzeczom, które są dla nich korzystne (na przykład jedzenie warzyw) czy wręcz niezbędne (fotelik samochodowy, wizyta u lekarza i krem ochronny). Najlepiej sprawdza się wtedy taktyka odwracania uwagi. Gdy przyjdzie pora na smarowanie, wyciągnij ulubioną zabawkę i daj ją małej albo zacznij śpiewać śmieszną piosenkę, specjalnie na tę okazję. Możesz też powiedzieć: „Szybciutko smarujemy się kremem, żeby pójść się pobawić na dworze!", i pamiętaj, że nie ma to jak dobry humor i pozytywne nastawienie (szykując się na zmagania, na pewno się z nimi spotkasz). Pomocne może się też okazać odegranie roli modelki – najpierw posmaruj siebie, a potem córkę. Z czasem można będzie dziecku już zacząć tłumaczyć, że taki krem zabezpiecza skórę przed oparzeniem słonecznym. Przede wszystkim jednak postaw sprawę jasno: nie ma żadnych dyskusji (tak jak w przypadku fotelika samochodowego czy wizyt u lekarza) – bez kremu ochronnego nie będzie wyjścia z domu. Im więcej dasz dziecku sposobności do wykręcania się od smarowania ciałka (bo zrobiło się późno, bo mała ma napad złości), tym więcej kłopotów będziesz z tym miała w przyszłości.

Paznokcie

Pielęgnacja paznokci

Żeby się dowiedzieć, co dziecko robiło przez cały dzień, wystarczy spojrzeć na jego paznokcie. Znajdziesz tam między innymi błoto (po poranku spędzonym na kopaniu w parku), plastelinę (pamiątka po zabawie z innym maluchem), klej (który był potrzebny do zrobienia kolażu), resztki śniadania, lunchu i obiadu, a czasem znacznie mniej przyjemne substancje.

Jedynym sposobem, by dziecko miało czyste paznokcie przez cały czas, jest używanie przez nie rękawiczek (powodzenia przy ich wkładaniu!), a ponieważ brudne paznokcie to znakomite miejsce do namnażania się bakterii, powinnaś przestrzegać poniższych zaleceń:

- Im krótsze, tym lepiej. Pod krótkimi paznokciami gromadzi się mniej brudu. Zasada ta dotyczy również paznokci u stóp, które, nieprzycinane, mogą się zaginać i wrastać w skórę. Dalej znajdziesz porady, jak je przycinać.
- Codzienne czyszczenie. Czyszczenie paznokci powinno być częścią codziennej wieczornej toalety. Zazwyczaj regularne mycie rąk w zupełności wystarcza. A jeśli nie, to pomóż dziecku używać małej szczoteczki do czyszczenia paznokci podczas kąpieli w wannie albo podczas mycia rączek przed pójściem do łóżeczka. Uporczywe zabrudzenia usuń drewnianą wykałaczką o zaokrąglonym końcu.

Awantury o przycinanie paznokci

Paznokcie u dłoni i stóp mojej córeczki rosną bardzo szybko i są brudne, ale gdy próbuję je obciąć, mała gwałtownie się sprzeciwia.

Spróbuj spojrzeć na ten zabieg z perspektywy dziecka, a zrozumiesz, skąd ten bunt. Po pierwsze, jakaś część ciała twojej córeczki jest odcinana nożyczkami (choćby nawet trzymanymi przez przyjazne dłonie mamy).

Małe dziecko nie potrafi jeszcze zrozumieć, że obcinanie paznokci nie boli i że one odrosną. Po drugie, ze względu na bezpieczeństwo, przy tym zabiegu dziecko nie może się ruszać, a ono z natury rzeczy tego nie lubi, a co dopiero, gdy się je zmusza! Nie tylko musi siedzieć w bezruchu (w jakiejś przerażającej pozie), ale jeszcze jego rączki i paluszki są unieruchomione w kleszczach dorosłych dłoni! Po trzecie wreszcie, co w tym zabiegu jest dla dziecka atrakcyjnego?

Paznokcie jednak muszą być przycinane, gdyż gromadzi się pod nimi brud (paskudztwo!) i zarazki (jeszcze większe paskudztwo!), nawet gdy same dłonie są czyste. Co więcej, długimi, ostrymi paznokciami dziecko może zrobić sobie krzywdę (celowo bądź przypadkowo) - poprzez zadrapanie, szczypnięcie lub kopnięcie bosą stópką - a jeśli maluch ma swędzącą wysypkę, na przykład egzemę, rozdrapywanie skóry długimi paznokciami tylko pogorszy stan. Choć kwestia obcinania paznokci może jeszcze przez kilka lat być przedmiotem zaciekłych sporów (po czym problem zostanie zastąpiony obgryzaniem paznokci czy skubaniem skórek), poniższe rady powinny ci pomóc opanować bunt przynajmniej na tyle, by uwieńczyć dzieło sukcesem:

- ▲ Używaj przyborów o tępych zakończeniach. Do przycinania paznokci maluszka najodpowiedniejsze są dziecięce nożyczki z zaokrąglonymi końcami lub małe cążki. Nie zmieniaj ich na ostro zakończone aż do chwili, gdy będziesz mogła polegać na dziecku, to znaczy, gdy będziesz już pewna, że usiedzi spokojnie.
- ▲ Zacznij od obcięcia swoich paznokci. Pokaż dziecku, jak skracasz paznokcie sobie i ewentualnie innej osobie z rodziny, starając się stworzyć przy tym atmosferę zabawy - być może wtedy samo wyciągnie rączkę.
- ▲ Obcinaj paznokcie, gdy są jeszcze mokre po kąpieli. Ciepła woda działa uspokajająco na dzieci, a rozmiękczająco na paznokcie; połączenie tych dwóch czynników sprawi, że przycinanie stanie się łatwiejsze. Wykonuj więc manicure zaraz po wyciągnięciu dziecka z wody (nie obcinaj jednak paznokci w wodzie, gdyż rączka może ci się wyślizgnąć).
- ▲ Zrób z tego dobrą zabawę. Specjalnie zmodyfikowana na tę intencję wersja pioseneczki może rozproszyć uwagę dziecka i sprawić, że krzyki zamienią się w chichot. W trakcie obcinania paznokci opowiedz dziecku jakąś bajeczkę, na przykład: „Mała świnka idzie w gości i chce ładnie wyglądać".

A może kusi cię, by skracać paznokcie, gdy dziecko śpi? Na pewno wtedy jest bardziej skłonne do współpracy, lecz uważaj: taki podstęp może czasem mieć przykre konsekwencje, na przykład gdy mała obudzi się w połowie ścinania i nagle szarpnie dłonią, wówczas nietrudno o nieumyślne draśnięcie. Jeśli zwykle śpi głębokim snem, możesz spróbować. Lecz lepiej nie próbuj tej znanej od pokoleń sztuczki na dziecku, które - jak wiele maluchów - śpi niespokojnie.

Nie powinnaś nigdy obgryzać paznokci dziecka własnymi zębami, bo w ten sposób nie tylko możesz uszkodzić skórkę przy płytce paznokcia, ale także dajesz zły przykład - pokazujesz swojemu dziecku, że jest to dopuszczalne zachowanie.

Stopy

Pielęgnacja stóp

Niezależnie od tego, czy dziecko już stoi na własnych nogach, czy lada moment stanie, na pewno jego maleńkie stópki sporo się w nadchodzących miesiącach i latach napracują. Jednak w porównaniu z innymi częściami dziecięcego ciała stopy zazwyczaj nie potrzebują wielu zabiegów pielęgnacyjnych. Wręcz im mniej, tym lepiej. Musisz tylko wkładać na nie odpowiednie skarpetki i buciki, myć je i pieścić… no i oczywiście pilnie obserwować, dokąd niosą twoje dziecko. I zawsze udawać się ich śladem.

Śmieszne stópki

Moja córeczka czasem lubi chodzić na palcach, a gdy kładzie stopy płasko, wygląda, jakby miała płaskostopie. Czy to jest normalne?

To, co dzieje się z tłuściutkimi nóżkami, kolankami i stópkami, w miarę jak dziecko rośnie, może przyprawiać rodziców o niemałe zdumienie. Oto zupełnie normalne, acz niekiedy dość dziwaczne postawy, jakie maluch może przyjmować:

Kierowanie palców na zewnątrz. Czy twoje dziecko chodzi trochę jak kaczka, stawiając stopy paluszkami na zewnątrz? U malca, który dopiero zaczął chodzić, jest to całkowicie prawidłowe, a nawet konieczne, gdyż pomaga utrzymać równowagę. Stopniowo jednak stopy ustawiają się bardziej ku przodowi, by osiągnąć zupełnie proste ułożenie w okolicach piątego, szóstego roku życia. Niewielki odsetek dzieci będzie nadal stawiać je palcami na zewnątrz, co zwykle nie stanowi problemu.

Stawianie stóp palcami do wewnątrz (chód gołębi). A może malec mniej przypomina sposobem chodzenia kaczkę, a bardziej gołębia? Ustawianie stóp palcami do środka na początku drugiego roku życia zazwyczaj związane jest z lekkim skręceniem kości piszczelowej, które samo się koryguje, ale nawet jeżeli utrzyma się do osiągnięcia wieku dorosłego – a tak dzieje się u kilku procent dzie-

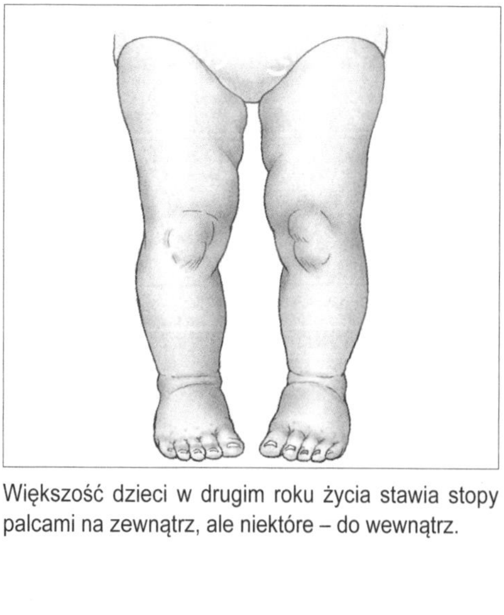

Większość dzieci w drugim roku życia stawia stopy palcami na zewnątrz, ale niektóre – do wewnątrz.

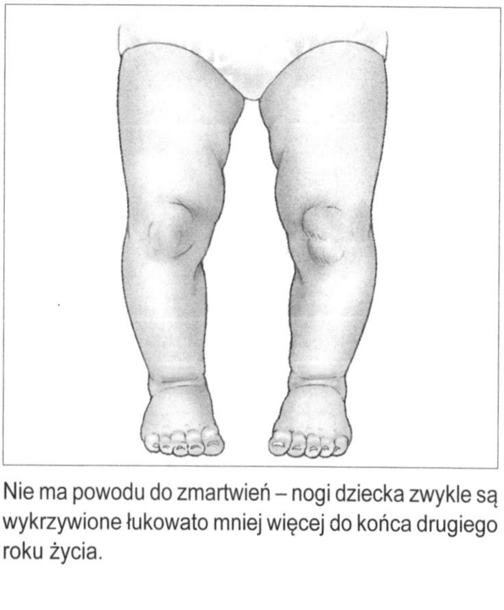

Nie ma powodu do zmartwień – nogi dziecka zwykle są wykrzywione łukowato mniej więcej do końca drugiego roku życia.

ci – nie uważa się tego za problem, chyba że defekt ma bardzo zaawansowaną postać. Aby zapewnić sobie spokój, warto podczas wizyty kontrolnej powiedzieć lekarzowi o tym, że dziecko tak ustawia stopy.

Szpotawe kolana. Kolana nie stykają się ze sobą u niemal każdego malca, przy czym odstęp pomiędzy nimi bywa różny i bardziej też jest zauważalny u dziecka szczupłego niż pulchnego. Przyczyną tego jest zakrzywienie kości piszczelowych, czyli pozostałość po życiu płodowym, w którym nóżki dziecka były zgięte. Mali odkrywcy często też chodzą na lekko ugiętych kolanach, by łatwiej im było utrzymać równowagę, a to wzmaga wrażenie łukowatości nóg. W miarę jak nóżki będą rosły, utrzymywały coraz większą masę ciała i coraz pewniej stawiały kroki – co zwykle następuje około drugich urodzin dziecka – staną się mocniejsze. Szpotawość kolan zanika, a często następuje po nich koślawość, która często pozostaje do końca życia, choć u dorosłych jest mniej widoczna. Na razie dbaj o to, by dziecko otrzymywało dostateczną ilość witaminy D z mleka lub przepisanego przez pediatrę preparatu, gdyż niedobór tego składnika może prowadzić do krzywicy i trwałego wykrzywienia nóg. Jeśli wydaje ci się, że szpotawość kolan u twojego dziecka się pogłębia, zwróć się do pediatry.

Płaskostopie. Malutkie stopy to płaskie stopy – tak przynajmniej wyglądają. Dlaczego? Bo ich kości i ścięgna są nadal bardzo elastyczne, a mięśnie nie w pełni rozwinięte. Dziecko swoją masą ciała przyciska je do podłoża, przez co łukowate wygięcie (jakie wygięcie?) jest niewidoczne. Częste stawianie stóp palcami na zewnątrz przy chodzeniu jeszcze bardziej obciąża wewnętrzną część stopy, dodatkowo ją spłaszczając. Innym powodem takiego wyglądu stóp jest warstwa tłuszczu, która otacza łuk stopy, skutecznie kamuflując każde wygięcie. Gdy jednak dziecko pomaszeruje do pierwszej klasy, będzie dumnym posiadaczem dwóch dobrze wysklepionych łuków stóp. Jeżeli jednak okaże się, że rzeczywiście ma płaskostopie, nie ma powodu do zmartwienia.

W poszukiwaniu zaginionego łuku

Jeśli chcesz zobaczyć pozornie brakujące łukowate wygięcie spodniej strony stóp dziecka, przyjrzyj im się wtedy, gdy pozornie płaskie stópki luźno zwisają z krzesła. Kiedy nie muszą one utrzymywać żadnego ciężaru, pewnie już wyginają się w łuk.

Chodzenie na paluszkach. Wiele maluchów – także tych, które nigdy nie trafią do baletu – uwielbia chodzić na palcach, gdyż dla kogoś, kto właśnie zaczął chodzić, jest to prawdziwa przygoda, całkowicie nowa perspektywa, a także odpoczynek dla pozostałej części stopy. Ale nawyk ten nie pozostanie maluchom na zawsze. Większość całkowicie zaprzestaje takiego chodzenia mniej więcej w połowie drugiego roku życia i zaczyna stawiać stopę od pięty. Jeśli jednak twoje dziecko cały czas chodzi na palcach i nie wyzbywa się tego nawyku w drugim czy trzecim roku, wspomnij o tym lekarzowi.

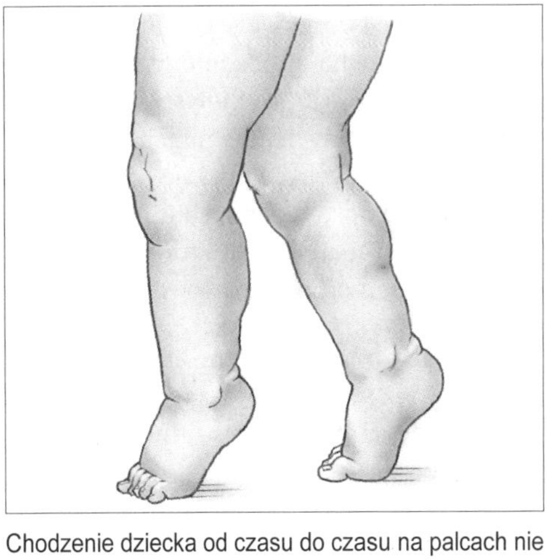

Chodzenie dziecka od czasu do czasu na palcach nie stanowi powodu do obaw.

Dobór butów

Jakie buty powinno nosić teraz moje dziecko, które już bardzo dużo chodzi?

Najlepsze buty dla małego spacerowicza to… żadne buty. Ale chodzenie boso zawsze i wszędzie jest niemożliwe, na przykład w sklepie pełnym ludzi, którzy mogą podeptać małe paluszki, lub na placu zabaw, gdzie łatwo wdepnąć w coś paskudnego lub jeszcze gorzej – nadepnąć na coś ostrego. A zatem gdy już trzeba włożyć dziecku butki (lub skarpetki z gumowanymi podeszwami), warto wybrać takie, które jak najbardziej przypominają chodzenie boso. Oto na co powinnaś zwrócić uwagę:

Odpowiednie dopasowanie. Stopy dokładnie pasują do twojego dziecka, a but powinien pasować do stóp. W zbyt dużych bucikach dziecko będzie się ślizgać, potykać, a nawet przewracać, za małe natomiast będą cisnąć i ograniczać rozwój stopy (w ramce na str. 55 znajdziesz porady dotyczące dopasowania butów).

Lekkość. Samo stawianie kroków jest już dla dziecka sporym wyzwaniem, a ciężkie buty dodatkowo to zadanie utrudniają. Staraj się kupować jak najlżejsze buty – płócienne lub z leciutkiej skóry.

Oddychające tworzywa w górnej części butów. Dla malucha chodzenie to prawdziwy wysiłek fizyczny, a gdy but wykonany jest z tworzyw sztucznych lub imitacji skóry, skóra nie może oddychać i poci się. Oto kolejny dobry powód do kupowania butów z naturalnych, lekkich materiałów, które zapewniają dostęp powietrza i odparowywanie wilgoci.

Elastyczne podeszwy. Skoro stopy się wyginają, buty też powinny – wygięcie palców do góry (ok. 40 stopni) nie powinno nastręczać trudności.

Podeszwy antypoślizgowe. Potraktuj sprawę podobnie jak przy wybieraniu opon samochodowych: porządne opony sprawiają, że samochód dobrze trzyma się nawierzchni, a w dobrych butach dziecko dobrze się trzyma na nogach. Antypoślizgowe gumowe podeszwy z rzeźbieniami będą chronić malca przed upadaniem w czasie chodzenia, a przy tym nie będą przywierać do podłoża tak mocno, by dziecku trudno było oderwać od niego stopę. Gdy kupisz obuwie o gładkich podeszwach, spróbuj zmatowić podeszwy przez potarcie ich papierem ściernym.

Sztywny, miękko wyściełany zapiętek. Zapiętek powinien sztywno trzymać piętę, ale jednocześnie musi być wyściełany, aby jej nie obcierał.

Płaska podeszwa. Nie daj się skusić obcasikami dla przyszłej modnisi. Nawet niewielki obcas może wykrzywić sylwetkę dziecka i utrudniać mu utrzymanie równowagi.

Wystarczająco długie sznurówki. Sznurówki powinny być zawsze na tyle długie, by można je było zawiązać na dwie kokardki. I tak właśnie je wiąż, by malec nie potknął się o niezawiązane sznurowadła. Rozsądnym rozwią

Czas na nowe buty?

Dziecko szybko wyrasta z butów – średnio co trzy, cztery miesiące potrzebna mu jest nowa para. Ale nierówne tempo wzrostu małych stóp sprawia, że czasem trzeba dziecku kupić nową parę butów już po miesiącu, a czasem dopiero po pięciu miesiącach.

Skąd wiadomo, kiedy czas na nowe obuwie? Przynajmniej raz w miesiącu przeprowadzaj kontrolę: jeśli w palcach jest mniej miejsca niż pół szerokości kciuka, weź dziecko do sklepu.

Chciałabyś zaoszczędzić kilka złotych i dać młodszemu dziecku buty po starszym rodzeństwie? Nie jest to najlepszy pomysł, jeśli stać cię na nowe. But przystosowuje się do kształtu pierwszej stopy, która w nim chodziła, więc do następnej pasuje gorzej i na pewno nie nadaje się do codziennego dreptania.

JAK DOBRAĆ ODPOWIEDNI ROZMIAR BUTA

Przymierzanie butów wiercącemu się dziecku nie należy do łatwych zadań, a przecież tylko w dobrze dopasowanym obuwiu będzie się maluchowi dobrze chodziło. Następujące wskazówki na pewno ci pomogą:

Zacznij od dobrych skarpetek. Przymierzaj dziecku buciki w takich skarpetkach, w jakich zwykle chodzi, dopilnuj, by były one właściwe dla małych wędrowców. Najlepsze są rozciągliwe skarpetki, które nie ograniczają stopy i nie marszczą się. Gdy zaczną pozostawiać ślady na skórze stóp, czas je zmienić.

Mierz buty na obu stopach. Zdarza się, że stopy nie są równej wielkości i gdy prawy but leży dobrze, lewy może być za ciasny lub zbyt luźny. Dopilnuj, by zmierzyć obie stópki i przymierzyć oba buciki.

Nie mierz butów, gdy dziecko siedzi. Musi ono stać, aby cały ciężar ciała spoczywał na dwóch nogach. Sprawdzając dopasowanie butów, zobacz, czy dziecko nie podwinęło paluszków – maluchy często tak robią, zwłaszcza jeśli nie są jeszcze przyzwyczajone do noszenia obuwia. Podrap lekko łydkę dziecka na całej długości, to sprawi, że mięśnie się rozluźnią, a paluszki rozprostują.

Sprawdzaj szerokość butów. Przyszczypnij bok buta w najszerszym miejscu – jeśli uda ci się uchwycić niewielki kawałek między palcami, to znaczy, że but ma odpowiednią szerokość. Jeśli chwycisz sporą jego część, but jest za szeroki, a jeśli w ogóle ci się to nie uda, but jest za wąski. Kolejny test: przesuń palcem wzdłuż boku buta. Czy wyczuwasz mały palec stopy dziecka albo zewnętrzną kość stopy? W takim razie but jest za wąski.

Sprawdzaj długość butów. Naciśnij kciukiem miejsce tuż za końcem dużego palca stopy dziecka. Jeżeli wolne miejsce w czubku buta jest mniej więcej równe szerokości twojego kciuka (trochę mniej niż centymetr), długość buta jest odpowiednia. Naciśnij z góry czubek buta, aby się upewnić, że jego wysokość umożliwia dziecku ruszanie paluszkami.

Sprawdź dopasowanie zapiętka. Wsuń mały palec między piętę dziecka a tył buta – powinien się tam bez problemu zmieścić. Jeśli w ogóle nie ma tam dla niego miejsca albo jest bardzo ciasno, but jest za mały. Natomiast jeśli możesz poruszać swobodnie małym palcem albo są spore luzy wokół kostki, to but jest za duży.

Zanim kupisz – wypróbuj. Najlepszy sposób na sprawdzenie, czy buty dobrze pasują, to zobaczyć je w akcji. Jeśli twoje dziecko jeszcze samodzielnie nie chodzi, pomóż mu wykonać kilka kroków, pilnując, by nie szurało czubkami palców, a pięta nie przesuwała się w górę i w dół przy każdym kroku.

Obejrzyj stopy po mierzeniu. Zanim pójdziesz z bucikami do kasy, zobacz, czy nie zostawiły żadnych czerwonych śladów na małych stopach – jeśli tak, to znaczy, że nie pasują na nie.

Nie kupuj na wyrost. Ponieważ dzieci szybko wyrastają z butów, kupowanie ich na wyrost może być kuszącą perspektywą, ale za duże buty – podobnie jak za małe – mogą spowodować podrażnienia i pęcherze, niepotrzebne upadki oraz dodatkowo utrudnić chodzenie malcowi, który dopiero się tego uczy.

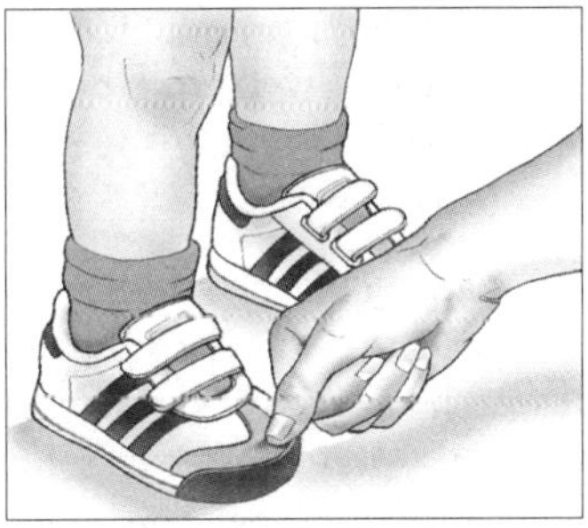

Sprawdź za pomocą kciuka, czy buciki dobrze pasują.

zaniem są rzepy, ale pamiętaj, że nie tylko łatwo się je zapina, lecz również łatwo rozpina, i gdy dziecko opanuje tę sztukę, trudno będzie utrzymać jego stopy obute, a do tego dojdzie ból głowy od dźwięku rozpinających się rzepów... Dobrym rozwiązaniem są też buty zapinane na klamerki.

Rozsądna cena. Buty mają służyć dobrze, ale nie wiecznie, bo przecież dziecko wyrośnie z nich za jakieś trzy miesiące. Warto jednak kupić dwie pary za jednym razem, gdyż małe stópki mocno się pocą i wkładanie bucików na zmianę pozwoli obuwiu dobrze przeschnąć.

Narządy płciowe dziewczynek i chłopców

Pielęgnacja narządów płciowych dziewczynki

Intymne części ciała zazwyczaj nie wymagają skomplikowanych zabiegów higienicznych. Trzeba tylko bezwzględnie dbać o to, by okolica pochwy była sucha, czysta i niepodrażniona, gdyż chroni to przed zakażeniem. Oto jak to zrobić:

- Zmieniaj pieluszki, gdy tylko będą mokre lub zabrudzone.
- Podczas zmiany pieluszki zawsze podcieraj dziecko w kierunku od przodu do tyłu. Pokazuj córeczce, jak to robisz, by kiedy przyjdzie czas, była już zaznajomiona z podstawami higieny.
- Podczas zmiany zabrudzonej pieluszki obejrzyj wargi sromowe i ewentualnie wytrzyj delikatnie resztki stolca, które mogły zebrać się w ich zagłębieniach. Nie trzeba tego robić, jeżeli skóra jest czysta lub gdy zmieniasz tylko mokrą pieluszkę.
- Kiedy dziewczynka przestanie nosić pieluchy, wkładaj jej wyłącznie bawełniane majteczki, gdyż są przewiewne i skóra się w nich nie poci.
- Unikaj płynów i olejków do kąpieli, substancji zapachowych, ostrych mydeł lub nawilżonych chusteczek, które zawierają alkohol i/lub perfumy, gdyż mogą one wywołać reakcje alergiczne, podrażnić lub spowodować pieczenie sromu. Po kąpieli trzeba spłukać pupę czystą wodą, bo ta, w której mała siedziała w wanience, jest prawdziwym koktajlem brudu z mydłem. Spłukuj okolice pochwy prysznicem, kubeczkiem lub ociekającą myjką, a potem wyciągnij córeczkę z wanny, by znów nie usiadła w brudnej wodzie.
- Myj włosy dziecka pod koniec kąpieli, by nie siedziało ono w potencjalnie drażniącej pianie z szamponu. Spłukuj córeczce głowę na stojąco – prysznicem lub kubeczkiem.

Zaczerwienienie ujścia pochwy i ból przy oddawaniu moczu mogą być objawem zapalenia pochwy lub sromu. Przyczyną jest najczęściej podrażnienie (wodą z kąpieli, mokrą pieluchą, silnym detergentem w proszku do prania czy mydle, niedostateczną higieną itp.). Podrażnienie można łagodzić kremem bądź maścią przeciwko pieluszkowemu zapaleniu skóry oraz utrzymywaniem okolic intymnych w suchości. Powyższe porady powinny pomóc w zapobieganiu nawrotom. Jeśli podejrzewasz, że dziecko ma zakażenie dróg moczowych (do objawów należą gorączka i/lub pieczenie *podczas* oddawania moczu, a nie po nim), przeczytaj tekst na str. 368.

Pielęgnacja narządów płciowych chłopca

Pielęgnacja intymnych części ciała chłopca jest łatwiejsze niż higiena miejsc intymnych dziewczynek (chłopcy nie mają tylu fałdek i ukrytych pod nimi zagłębień). Oto co należy robić:

Prącie obrzezane. Obrzezane prącie wymaga jedynie rutynowego mycia wodą z mydłem.

Prącie nieobrzezane. Takie prącie też nie wymaga specjalnych zabiegów. Napletek u małych chłopców zwykle trudno jest ściągnąć i nie należy tego robić na siłę, zwłaszcza że nie ma jeszcze takiej potrzeby. Nie martw się zbierającą się pod napletkiem serowatą substancją; to zupełnie normalne pozostałości komórek, które się odrywają, kiedy napletek i żołądź prącia zaczynają się od siebie oddzielać. Komórki te będą się stopniowo wydostawać przez ujście napletka, a ich odrywanie się trwać będzie przez całe życie. Wszelkie zrosty (tkanka przytwierdzająca napletek do penisa) powinny się poluźnić w piątym roku życia chłopca.

W przypadku narządów płciowych chłopca należy zwrócić uwagę na kilka rzeczy. Po pierwsze, niezstąpienie jądra (czyli wnętrostwo), które polega na tym, że jedno jądro (rzadziej dwa) nie zstąpiło do moszny (innymi słowy, nie można go w niej wyczuć) do końca pierwszego roku życia chłopca. Ponieważ jest mało prawdopodobne, by teraz zstąpiło ono samo, potrzebny jest zabieg chirurgiczny (najczęściej wykonywany laparoskopowo) celem przesunięcia jądra do moszny. Procedurę tę przeprowadza się zwykle po piętnastym miesiącu życia. Wędrujące jądro to z kolei jądro, które schodzi do moszny i się cofa (na skutek niskiej temperatury bądź innej stymulacji), ale najczęściej nie wymaga żadnej interwencji i ostatecznie stabilizuje się w mosznie w okresie dojrzewania.

Inną rzeczą, na którą należy zwrócić uwagę, jest blokowany wypływ moczu; chłopiec siusia wąskim strumieniem lub kroplami, z trudnością. Taki stan jest spowodowany zablokowaniem lub zwężeniem, które wystąpiło w dowolnym miejscu układu moczowego – od pęcherza moczowego po cewkę moczową. Poinformuj lekarza, jeśli zauważysz, że u syna występuje jakikolwiek problem z oddawaniem moczu – badanie będzie przypuszczalnie polegało na obserwacji tej czynności fizjologicznej. Mocz powinien wypływać silnym strumieniem (jakby chłopiec chciał gasić nim ogień), a jeżeli tak się nie dzieje, należy koniecznie sprawdzić tego przyczynę.

Pośladki

Pielęgnacja pośladków

Pupka niemowlaka jest śliczna i słodka, nie można jednak powiedzieć tego samego o tym, co z niej wychodzi. W konsekwencji pośladki małego dziecka wymagają mycia i troskliwej dbałości o to, by były świeże, miękkie i wolne od pieluszkowych wysypek. Dlatego pupa dziecka musi być jak najmniej narażona na kontakt z wilgocią i odchodami (oba te czynniki podrażniają delikatną skórę). Oto podstawowe zasady pielęgnacji pośladków małego dziecka:

- Zmieniaj pieluszkę dziecka, natychmiast gdy zauważysz, że jest mokra.
- Zawsze dokładnie osuszaj skórę pośladków po myciu i przed nałożeniem kremu bądź maści.
- Substancje zapachowe i alkohol w mydle, pachnące wilgotne chusteczki czy inne produkty, które mają kontakt z dolną częścią ciała dziecka, mogą podrażniać skórę, więc myj ją samą wodą albo wybieraj produkty bezalkoholowe i nieperfumowane, jeśli dziecko ma skłonność do wysypek.
- Jak najczęściej pozwalaj dziecku chodzić po domu z odsłoniętą pupą – powietrze świetnie zapobiega pieluszkowemu zapaleniu skóry oraz je leczy.
- Niekiedy silnie wchłaniające pieluchy tak skutecznie zatrzymują wilgoć, że wywołują więcej wysypek. Spróbuj poeksperymentować z różnymi rodzajami pieluszek jednorazowych i wybierz te, które pomagają zapobiegać wysypkom.

Jeśli pieluszkowe zapalenie skóry nie ustąpi samo w ciągu kilku dni właściwej pielęgnacji, potrzebne mogą być środki farmaceutyczne, więc wybierz się do pediatry. W przypadku łojotokowego zapalenia skóry (intensywnie czerwona wysypka i żółte, złuszczające się płaty skóry) oraz odparzeń (zaczerwienienia skóry wywołane ocieraniem się dwóch powierzchni skóry o siebie, mogące powodować sączenie się żółtawej substancji) konieczne może być zastosowanie kremu ze steroidami; na liszajec (duże pęcherze lub strupy, które odpadają, potem z tego miejsca sączy się żółtawy płyn i znów tworzą się strupy) - antybiotyki doustne; na grzybicę natomiast (zakażenie grzybicze, które sprawia, że skóra staje się jasnoczerwona, i które niekiedy pojawia się po leczeniu antybiotykami) - stosowany miejscowo krem lub maść przeciwgrzybicza.

Dziwne stolce

Spodziewałam się, że gdy mój synek będzie już miał ząbki, zacznie dokładniej gryźć to, co zjada, tymczasem w jego stolcach nadal widuję nierozdrobnione kawałki jedzenia.

Zawartość pieluchy dziecka jeszcze długo będzie cię co pewien czas zadziwiać (czy to naprawdę są jagody?), gdyż pierwsze zęby, których pojawienie się było takim wielkim wydarzeniem, nie są zbyt przydatne do przeżuwania pokarmów. Ich rolą jest raczej tylko gryzienie, odgryzanie (i śliczny wygląd). Zanim dziecko będzie miało pełen garnitur zębów trzonowych (górnych i dolnych), zadanie rozdrabniania jedzenia przed jego połknięciem spoczywa na dziąsłach i będzie ono na razie słabo wypełniane. Ponieważ układ trawienny malucha jest dość krótki, to, co trafi do przełyku, szybko przechodzi przez żołądek i jelita, nic więc dziwnego w tym, że czasem wydalane jest w mało zmienionej postaci - jagoda połknięta, jagoda wydalona. W stolcu malucha możesz wypatrzyć także inne ciekawostki: cały zielony groszek, małe kawałki gotowanej marchwi, ciemnoczerwone paseczki skórki z pomidora oraz złote ziarna kukurydzy.

Gdy pojawią się zęby trzonowe i dziecko będzie w stanie żuć to, co odgryzie, a jedzenie będzie przechodzić przez układ trawienny w wolniejszym tempie, posiłki będą dokładniej trawione i wypróżnienia tym samym przybiorą inną postać (brązową i zawsze wyglądającą mniej więcej tak samo, niezależnie od tego, co było na obiad). Tymczasem zwracaj uwagę na to, by jedzenie, które dziecku podajesz, było na tyle miękkie, aby mogło zostać rozdrobnione dziąsłami (sprawdzisz to, próbując rozgnieść taki pokarm w ustach bez używania zębów) oraz drobno pokrojone (im mniejsze są kawałeczki na początku, tym mniejsze na końcu). Jeśli twoje dziecko, podobnie jak wielu jego rówieśników, niezbyt dba o rozdrabnianie pożywienia dziąsłami i preferuje metodę szybkiego łykania, staraj się zachęcać je do starannego przeżuwania przed połknięciem. Gdy ugryzie kęs, zrób to samo i pokaż maluchowi, jak należy dalej postąpić („Zobacz, robię w buzi papkę z jedzenia. A ty tak umiesz?").

Zmiana liczby stolców

Co ciekawe, w miarę jak dziecko zaczyna przyjmować coraz więcej pokarmów stałych, rzadziej się wypróżnia: przeciętnie od 4 do 20 razy tygodniowo w zależności od diety, ilości wypijanych płynów oraz czynników indywidualnych (każdy układ trawienny jest inny).

A jeśli dziecko robi kupkę częściej? Lub rzadziej? Gdy chodzi o zdrowe wypróżnienia, ważniejsza jest konsystencja niż częstotliwość. Jeżeli stolce są miękkie i łatwe w wydalaniu, wszystko jest w porządku. Natomiast stolce małe, twarde i takie, których wydalenie sprawia dziecku trudność, mogą być objawem zaparć (patrz str. 371), z kolei częste (kilkakrotnie w ciągu dnia) wydalanie wodnistych, rzadkich stolców może być objawem biegunki (patrz str. 361).

Wojny pieluchowe

Moja córeczka nigdy nie leży spokojnie podczas zmiany pieluchy, lecz cały czas walczy ze mną.

Ach, te bitwy o pieluchy... Ty walczysz, aby założyć czystą pieluchę, a twoje dziecko robi wszystko, by ci to uniemożliwić. Jemu brak cierpliwości, by spokojnie leżeć, tobie – by znosić to wierzganie i turlanie się, przez które każda zmiana pieluchy przypomina zapasy. Ale gdy trzeba to zrobić, nie ma dyskusji. Oto kilka porad, które mogą sprawę ułatwić:

Sprawdź, czy nie ma podrażnień. Być może przyczyną oporu małego buntownika jest rumień pieluszkowy, który sprawia dziecku ból, gdy ma założoną pieluszkę, więc próbuje na wszelkie sposoby pozostać nagie od pasa w dół. Jeśli uważasz, że tak właśnie może być w przypadku twojego dziecka, to wdrożenie prostego leczenia (i delikatny dotyk) powinno pomóc.

Bądź dobrze przygotowana. Jeśli przed zdjęciem zabrudzonej pieluchy wszystko przygotujesz – wilgotne chusteczki, maść i czystą pieluchę – przewijanie przebiegnie szybciej i sprawniej, a dziecko nawet nie zdąży wyrazić swojego sprzeciwu.

Zadbaj o rozrywkę. Przygotuj zabawki przeznaczone specjalnie na porę zmiany pieluchy – im więcej rzeczy, które odwrócą uwagę dziecka, tym lepiej. Książeczka, która wydaje dźwięki zwierzątek, na pewno cię rozprasza (i właśnie dlatego schowałaś ją przed dzieckiem tydzień temu), ale weź pod uwagę, że różne „muuu" i „beeeee" rozproszą także twoją małą, i to na wystarczająco długi czas, byś mogła ją przewinąć bez zbędnych bojów. Podobnie sprawy się mają z płytą z prostymi piosenkami do wspólnego śpiewania, mówiącym zwierzaczkiem, zabawkowym telefonem komórkowym, a nawet z pękiem kluczy, który z reguły starasz się trzymać poza zasięgiem jej rączek. Spróbuj też zabawy w „pokaż mi swój brzuszek... pokaż mi swój nosek...", przy której będziesz całować czy łaskotać wymieniane części ciała. Możesz także mianować dziecko „pieluszkowym pomocnikiem", który podaje potrzebne przybory. Odrobina humoru zawsze przynosi świetne rezultaty, więc udrapuj sobie czystą pieluchę na głowie lub udawaj, że zamierzasz ją założyć sobie... albo psu.

Przejdź do ofensywy. Skoro przewijak zamienił się w pole bitwy, może lepiej wycofać się na neutralne terytorium? Każda powierzchnia przykryta ręcznikiem lub wodoodporną matą może się stać terenem działań, więc spróbuj przewinąć dziecko w pokoju na podłodze, na dużym fotelu, w łóżeczku dziecięcym, na swoim łóżku lub na macie kąpielowej.

„Zaatakuj" w pozycji stojącej. Dziecko może uważać, że skoro drepcze już na nóżkach, zmuszanie go do przebywania w pozycji leżącej jest zwyczajnym zamachem na jego godność. Często więc mniej się buntuje, jeśli jest przewijane na stojąco. Pamiętaj, żeby dziecko stało na wodoodpornej powierzchni (nie próbuj tego robić na niezabezpieczonej niczym sofie czy dywanie). Podejdź do dziecka od tyłu i zadbaj, by zabawki były pod ręką.

Nie działaj przez zaskoczenie. Maluchy nie lubią niespodzianek, wolą być uprzedzone, że czas na zmianę pieluchy. Jeżeli dziecko jest w połowie jakiejś zabawy, poczekaj, aż ją skończy, lub zabierz zabawkę na przewijak. Rób to spokojnie i z uśmiechem – gdy oczekujesz walki, na pewno się z nią spotkasz.

KIEDY SKOŃCZYĆ Z PIELUCHAMI?

Ty pewnie nie możesz się już doczekać, by dziecko przestało używać pieluch i nauczyło się korzystania z toalety, ale na to jest jeszcze trochę za wcześnie. Większość dzieci umie załatwiać się do nocnika lub toalety dopiero w okolicach drugich urodzin – co nie znaczy, że nie można już teraz rozpocząć nauki tej umiejętności – przeczytaj o tym na str. 61.

Spróbuj zmienić dowódcę. Jeżeli mama z pieluchą kojarzy się dziecku z potrzebą stawiania oporu, to może należałoby wprowadzić zmiany personalne? Przekaż ten obowiązek tacie albo innej osobie, jeśli się na to zgodzi.

Przejmij kontrolę. Jeżeli żadna z powyższych taktyk się nie sprawdza, przytrzymaj dziecko mocno w parterze (a najlepiej poproś o to inną osobę) i przewiń je jak najszybciej. Bądź stanowcza, ale przyjacielska – krzyki czy groźby tylko podsycą dziecięcą furię. Pamiętaj też, że dziecku jest łatwiej odpowiadać atakiem na atak.

Zabawa zawartością pieluszki

Mój synek znalazł sobie świetną zabawę: ściąga brudną pieluchę i bawi się jej zawartością. Nietrudno się domyślić, że ja nie jestem tą zabawą zachwycona.

Maluchy bawią się wszystkim, co znajdzie się w zasięgu ich rączek (niektóre wkładają też wszystko do buzi). Jeżeli jest to coś, co można ugniatać, rozgniatać, rozmazywać, a przy tym jest to rzecz zabroniona – tym lepiej. Gdy malec odkryje rozkosze grzebania w pieluszce i zabawy jej zawartością, trudno będzie go przed nimi powstrzymać. Nim sam straci zainteresowanie tą zabawą (co może nastąpić już po kilku dniach albo dopiero po kilku miesiącach), poniższe wskazówki pomogą ci zminimalizować problem:

Ogranicz dziecku dostęp. Dziecko nie wybrudzi sobie rączek kałem, jeśli nie będzie w stanie włożyć ich do pieluchy. Pilnuj więc, aby nie była ona zbyt luźna (ale też nie tak ciasna, żeby pozostawiała na ciele czerwone ślady), i ubieraj go w takie ubranka, które uniemożliwiają dostęp do pieluchy – na przykład w ogrodniczki, body, które w kroku mają guziczki, a nie rzepy, w spodenki zapinane na guziki i trudne do ściągnięcia czy wreszcie w ubrania jednoczęściowe. Gdy będziesz bardzo zdesperowana, załóż pieluchę tyłem na przód, żeby dziecku było trudno zdjąć ją samemu, albo zabezpiecz jej rzepy mocną taśmą klejącą.

Uprzedzaj dziecko, czyli bądź szybsza niż ono. Wiele dzieci wypróżnia się dość regularnie (jedno po każdym posiłku, inne raz dziennie po śniadaniu, a jeszcze inne budzą się rano z brudną pieluchą itd.). Gdy uda ci się rozpracować ten wzorzec, staraj się przyłapywać dziecko „na gorącym uczynku" (lub tuż po wypróżnieniu). Dzięki temu zdążysz dotrzeć do jego pieluchy przed nim.

Zapewniaj maluchowi coś w zamian. Zgniatanie, ściskanie i rozmazywanie czegoś jest dla malucha zajęciem, któremu nie potrafi się oprzeć. Daj mu jak najwięcej okazji do tego rodzaju zabawy, a być może przestanie szukać „zabawki" w swojej pielusze. Zapewnij mu elastyczne zabawki (sprawdź, czy są odpowiednie dla dzieci w jego wieku) i pozwalaj na malowanie paluszkami; zabieraj dziecko do piaskownicy (piasek staje się szczególnie atrakcyjny, gdy zmiesza się go z wodą) oraz bawcie się plasteliną (większość tych zajęć powinna odbywać się pod nadzorem osoby dorosłej).

Nie rób szumu wokół całej sprawy. Niestety, prawdopodobieństwo, że pomimo wszystkich twoich starań dziecko nadal będzie miało chęć na grzebanie w pieluszce i że znajdzie na to sposób, jest spore, szczególnie gdy będziesz zwracać uwagę (w formie pozytywnej czy negatywnej) na tę brudną zabawę. Powstrzymuj się więc zarówno od uśmiechów, jak i od krzyków, nie rób wielkiej sprawy z „brudnej" sprawy; pogardliwe wyrażanie się na temat wypróżnień może być w przyszłości przyczyną problemów z tą czynnością. Lepiej spokojnie, lecz stanowczo daj do zrozumienia, że takie zachowanie jest nie do przyjęcia („Nie wolno dotykać kupy, jest brudna!").

Pokaż dziecku, co się z „tym" robi. Kiedy masz małe dziecko, każde miejsce i każda chwila są okazją do nauki – nawet wtedy, gdy jego małe rączki upaprane są kupą. Choć zainteresowanie malca kałem nie oznacza jego gotowości do korzystania z nocnika czy toalety, to stwarza ono idealną okazję do zaprezentowania mu jej i pokazania, gdzie powinna trafić zawartość pieluchy. Zabierz więc dziecko do ubikacji, wrzuć zawartość zabrudzonej pieluchy do muszli i wyjaśnij: „Kupka musi iść do ustępu". Możesz nawet pozwolić mu spuścić wodę, jeżeli hałas go nie wystraszy. Na zakończenie lekcji posprzątaj łazienkę i oczywiście starannie umyj ręce (kolejna rzecz, którą warto przypomnieć: „Zawsze myjemy rączki po dotknięciu kupki, bo kupka jest bardzo brudna").

Jeżeli dziecko oblizało brudną rączkę, zaproponuj przekąskę. Nie panikuj, gdy malec skosztował zawartości pieluchy, tylko stanowczym głosem powiedz: „Kupa nie jest do jedzenia. Do jedzenia jest coś innego. Teraz posprzątamy, a potem coś zjemy".

WSZYSTKO O...

ROZWAŻANIA O NAUCE KORZYSTANIA Z NOCNIKA

Kiedy jest właściwy moment, aby zrezygnować z pieluch i zacząć siadać na nocniku? Cóż, nie ma takiej konkretnej chwili. Podobnie jak w przypadku wszystkich innych etapów wzrostu, dzieci uczą się korzystać z nocnika we własnym tempie i bez żadnej korelacji z innymi etapami rozwoju, takimi jak chodzenie, mówienie lub ząbkowanie. Przeciętnie dziecko opanowuje sztukę załatwiania się do nocnika między dwudziestym czwartym a czterdziestym drugim miesiącem życia. Średnia dla dziewczynek to trzydziesty piąty miesiąc, dla chłopców trzydziesty dziewiąty, a wszystkie dzieci zwykle najpierw siadają na nocniku po to, by zrobić siusiu, a dopiero potem kupkę.

Badania wykazują, że wczesne rozpoczęcie nauki załatwiania się do nocnika nie przynosi wcześniejszych rezultatów, a z reguły, w przypadku dzieci, które nie ukończyły jeszcze dwóch lat, trwa to dłużej, niż gdyby poczekać na początek trzeciego roku życia dziecka i wówczas zacząć trening czystości. Co stwierdziwszy, należy jednak dodać, że nie ma powodu zwlekać z tą nauką, jeśli dziecko jest chętne i gotowe do siadania na nocniku – trudno przecież o lepszy sygnał, że nadszedł właściwy czas! Ponieważ kluczem do sukcesu w pożegnaniu się z pieluchą jest współpraca (na pewno nie należy tu dziecka do niczego zmuszać), bardzo ważna jest właśnie chęć dziecka i jego gotowość – tak fizyczna, jak i psychiczna. Większość dzieci przejawia tę gotowość między dwudziestym a trzydziestym miesiącem życia, choć niektóre trochę wcześniej, a inne nieco później. By posłużyć się mało naukowym sformułowaniem (bo nauka korzystania z toalety na pewno nauką ścisłą nie jest), stwierdźmy, że dziecko wtedy jest gotowe, gdy... jest gotowe. Niech to dziecko nadaje tempo, gdyż w przeciwnym wypadku nawet najlepsza strategia spełznie na niczym.

OZNAKI GOTOWOŚCI DO KORZYSTANIA Z NOCNIKA

Oto kilka objawów, które wskazują, że dziecko chce siadać na nocnik:

- Rzadsze zmienianie pieluchy. Przed ukończeniem przez dziecko dwudziestu miesięcy jego pęcherz opróżnia się tak często, że panowanie nad nim jest zbyt trudne.

KAMIEŃ MILOWY

Gotowość do korzystania z nocnika

Chciałabyś już skończyć z pieluchami, lecz nie masz pewności, jak dziecko zniesie taką dużą zmianę? Oto garść informacji na temat dzieci w drugim roku życia:

Od 12 do 15 miesiąca. Większość dzieci na początku drugiego roku życia nie wykazuje żadnych przejawów gotowości do załatwiania się na nocnik, choć niewielka grupa może już taką gotowość wykazywać. Niektóre dzieci mające piętnaście miesięcy zaczynają sygnalizować, że „czują zbliżającą się potrzebę".

Od 15 do 18 miesiąca. W miarę jak umiejętności werbalne dziecka będą rosły, może ono zacząć używać pewnych słów na opisanie tego, co dzieje się w rejonie zasłoniętym pieluchą. Maluchy często lubią obserwować, jak starsi (ty, twój mąż, rodzeństwo, kuzyni lub przyjaciele) korzystają z toalety, a ponieważ obserwacja może wiele dziecku wyjaśnić, zastanów się nad wprowadzeniem „polityki otwartych drzwi". Oczywiście jeśli cię to nie krępuje.

Od 18 do 24 miesiąca. W tym wieku sygnały wskazujące, że dziecko chce siadać na nocnik, powinny być już dość wyraźne: na przykład siadanie na nocniku zabawce (z założoną pieluchą), sięganie po książeczkę z obrazkami na ten temat czy nawet udawanie, że lalka idzie do toalety. Może to być odpowiedni wiek na rozpoczęcie nauki korzystania z nocnika, ale najpierw poczekaj na te sygnały.

Dziecko, które w ciągu dnia ma sucho przez godzinę lub dwie i czasem budzi się z drzemki z suchą pieluszką, może już być fizycznie gotowe do postawienia kolejnego kroku.

- Świadomość, że „to się wkrótce stanie". Niektóre dzieci radośnie informują o tym, że zaraz zrobią kupkę („robię kupę!"), inne stosują mniej oczywiste znaki, na przykład idą do kącika lub wydają dziwne pomruki. Tak czy inaczej, malec wie, co zaraz nastąpi, i próbuje ci to zakomunikować.
- Niechęć do brudnych pieluch. Jeżeli dziecko chce jak najszybciej pozbyć się mokrej lub zabrudzonej pieluchy, może to być kolejnym sygnałem, że czas sadzać je na nocnik.
- Dziecko potrafi zdjąć ubranie, by usiąść na nocniku. Mały będzie pożytek z tego przedmiotu, jeśli w chwili, gdy natura da o sobie znać, dziecko nie będzie w stanie szybko zsunąć spodenek i bielizny.
- Posługiwanie się terminologią „łazienkową", niezależnie od tego, czy będzie to dziecięcy żargon („kupka", „siusiu"), czy bardziej dorosłe określenia, takie jak „wypróżnianie się" i „oddawanie moczu" – ważne, by dziecko rozumiało je i potrafiło ich używać, a także nazwać części ciała, które biorą w tym udział. Do nauki potrzebna jest bowiem komunikacja.

Oznaki gotowości do korzystania z nocnika

Same wskazówki dotyczące „gotowości" do korzystania z nocnika to jeszcze nie wszystko – dziecko musi też być w stanie załatwiać się inaczej niż do pieluchy, czyli przejść z powodzeniem trudny dziesięcioetapowy proces:

1. Poczuć zbliżającą się potrzebę.
2. Zatrzymać ją.
3. Dotrzeć do nocnika.
4. Zdjąć majtki.
5. Usiąść na nocniku.
6. Załatwić się.
7. Wytrzeć pupę (z czyjąś pomocą).
8. Wstać z nocnika.
9. Wciągnąć majtki.
10. Spłukać (choć ten etap nie jest najważniejszy).

DLA RODZICÓW

ALE CZY TY JESTEŚ JUŻ GOTOWA?

Możliwe, że sama perspektywa zaprzestania zmieniania pieluszek – także w środku nocy – przyprawia cię o szał radości, a w myślach wydajesz już (bądź wpłacasz na konto) pieniądze, których nie trzeba będzie przeznaczać na pieluchy. Wyobrażasz sobie, ile miejsca zrobi się w pokoju dziecka, gdy znikną stosy opakowań pieluch i przewijak.

A może boisz się, jak to będzie z tą nauką korzystania z nocnika, bo masz za mało czasu, żeby dopilnować dziecka? Może zbliżają się święta i nie chcesz ścierać moczu z podłogi, jednocześnie zajmując się domem pełnym gości, lub też martwisz się o nowy dywan w salonie?

Czynnikiem decydującym o rozpoczęciu nauki korzystania z nocnika jest oczywiście gotowość dziecka, ale twoja gotowość także ma duże znaczenie, podobnie jak różne okoliczności w domu i w pracy. Trening czystości wymaga zapału, chęci i współpracy ze strony dziecka, a z twojej strony ogromu czasu, uwagi, poświęcenia, konsekwencji oraz mnóstwa, mnóstwa cierpliwości (nie wspominając już o stosach prania). Gdy jesteś bardzo zapracowana lub zestresowana (bo opiekunka zrezygnowała, pies choruje, a pralka odmówiła posłuszeństwa), nie podejmuj się uczenia dziecka sztuki załatwiania się do nocnika, bo tylko przysporzysz sobie kłopotów. Poczekaj z tym także, jeżeli wkrótce ma w waszym życiu nastąpić jakaś poważna zmiana, taka jak wakacje lub wyjazd jednego z rodziców w podróż służbową.

Innymi słowy, nawet jeśli widzisz, że dziecko już wyraźnie chce zacząć siadać na nocniku, to nie znaczy, że będzie to robiło. Czasem musi minąć kilka miesięcy, zanim wykona to wszystko bez twojej pomocy. Wskazówek udzieli ci ekspert, czyli twoje dziecko.

PRZYGOTOWANIA

Choć nie można oczekiwać, by dziecko w drugim roku życia całkowicie przestało korzystać z pieluch, nigdy nie jest za wcześnie na przygotowywanie podwalin pod przyszłe samodzielne korzystanie z toalety. Oczywiście nie należy zmuszać maluszka, który wyraźnie nie jest jeszcze zainteresowany ani gotowy do korzystania z toalety (może to przynieść skutki odwrotne do zamierzonych i misja zakończy się znacznie później), ale jeśli widzisz już sygnały gotowości, zacznij naukę. Oto co możesz zrobić:

Przygotuj sprzęt. Wybierz mały nocnik (mocny, trwały i stabilny, który nie przewróci się, gdy dziecko będzie wstawać, żeby sprawdzić, co zrobiło) lub nakładkę na zwykły sedes. Potem przypomnij, do czego te sprzęty służą: „Gdy będziesz potrzebować, możesz użyć nocnika zamiast pieluszki, żeby zrobić do niego siusiu lub kupkę". Kup też dziecku zabawną bieliznę i od czasu do czasu powiedz: „Kiedyś będziesz nosić prawdziwe majtki, jak mamusia i tatuś!".

Widzisz, że dziecko chce zrobić siusiu lub kupkę? Powiedz, gdzie ma to zrobić. Kiedy zauważysz, że malec zaraz się załatwi (wiele dzieci w sposób dość oczywisty objawia zbliżającą się „grubszą potrzebę", a mniej więcej połowa jest w stanie zasygnalizować potrzebę oddania moczu), zasugeruj, by zrobił to nie w pieluszkę, lecz do nocnika. Jeśli spotkasz się z wyraźnym sprzeciwem, nie nalegaj.

Zademonstruj, jak to się robi. Możesz oczywiście powiedzieć dziecku, jak ma przykucnąć, załatwić się, podetrzeć i spłukać ustęp, ale o wiele skuteczniej i prościej jest zabrać małego ucznia do toalety, by czynności te zademonstrować. Nie wszyscy rodzice są oczywiście skłonni załatwiać się przy widzu, więc możesz tę lekcję pominąć. Najlepiej, by prezentacji dokonywało to z rodziców, które jest tej samej płci co dziecko.

KIEDY NA NOCNIK?

Istnieje powód, dla którego można kupić coraz większe pieluchy – dzieci noszą je coraz dłużej. W ciągu ostatnich lat średni wiek, w którym dziecko rozpoczyna trening czystości, stale rósł i wynosi obecnie około trzech lat. Badania naukowe raczej popierają ten trend, gdyż wynika z nich, że choć na pewno można uczyć już malutkie dziecko (takie, które nie ukończyło jeszcze osiemnastu miesięcy), to zwykle trwa to dłużej, niż gdy rozpocznie się naukę używania nocnika najwcześniej w dwudziestym czwartym miesiącu. Dlaczego? Ponieważ dzieci poniżej drugiego roku życia zwykle nie są jeszcze zainteresowane opanowaniem sztuki załatwiania się do nocnika.

Niemniej jednak słyszałaś prawdopodobnie o metodzie „informowania o załatwianiu się", przeznaczonej dla bardzo młodych uczniów (nawet niemowląt) i o ich gorliwych rodzicach, albo nawet widziałaś jedno z takich „prymusiątek" bez pieluchy na placu zabaw i zastanawiałaś się, jak to się robi. Najogólniej biorąc, sposób ów polega na tym, że rodzice sadzają dziecko na nocniku zgodnie z harmonogramem lub gdy tylko zauważą objawy, które wskazują, że dziecko zaczyna się załatwiać. Można tu dyskutować, kto jest lepiej wyszkolony: malec czy jego rodzice, ale jeśli metoda ta się sprawdza, to pozwala zrezygnować z używania pieluch już na początku drugiego roku życia dziecka czy nawet pod koniec pierwszego roku. Wymaga jednak ogromnego wysiłku (ze strony rodziców), bardzo elastycznego czasu ich pracy i doskonałego refleksu.

Chcesz spróbować jak najwcześniej oduczyć dziecko noszenia pieluch? Pamiętaj, że to zadanie może być bardzo czasochłonne. A może wcale ci się nie spieszy? Też dobrze. Po prostu poczekaj, aż ty i dziecko będziecie gotowi. Jedno nie ulega wątpliwości: kiedyś twoje dziecko nauczy się korzystać z nocnika i z ustępu. Zapewniamy!

Podkreślaj pozytywne aspekty korzystania z nocnika. Na długo zanim spróbujesz puścić dziecko bez pieluszki, powiedz mu o zaletach jej nieużywania, na przykład: „Wiesz, jak fajnie jest nosić majteczki?" albo: „Już niedługo będziesz się załatwiać do ustępu, jak mamusia i tatuś!". Nigdy jednak nie mów, że pieluchy czy nawyki twojego maluszka to dziecinada albo że zawartość pieluchy śmierdzi, bo może to wywołać negatywne nastawienie do nauki i wzbudzić prawdziwy opór u malca („Chcesz zobaczyć, co jest dziecinne? Proszę bardzo!").

Czytaj wszystko na temat nocnikowych przygód dzieci. Poszukaj książeczek dla małych dzieci na ten temat – rozpoznasz je po tytułach – i czytajcie je razem. Nie chodzi tu jednak o wbijanie dziecku do głowy mądrości ani o porównywanie swojego dziecka z bohaterami opowiastek. Kiedy maluch się dowie, że inne dzieci korzystają z nocnika lub ustępu, i będzie oglądał obrazki, które je przedstawiają, sam chętnie będzie je naśladować.

Zbuduj most pomiędzy pieluchą i nocnikiem. Jeśli to możliwe, zacznij przewijać dziecko w tym samym pomieszczeniu, w którym stoi nocniczek (przypuszczalnie będzie to łazienka), co wywoła odpowiednie skojarzenie. Gdy dziecko wypróżni się do pieluchy, pokaż mu, jak spłukujesz jej zawartość w toalecie, albo spłuczcie ją razem. Możecie nawet powiedzieć „pa, pa, kupko" i pomachać rączką. Dzieciaki to lubią. Jeżeli jednak malec boi się szumu wody w spłuczce, to tylko posprzątaj z nim, a spłukanie zostaw na później.

Niech uczeń będzie nauczycielem. Kup lub pożycz od kogoś specjalną lalkę, która potrafi siusiać, i zachęć dziecko, by uczyło lalkę używać nocniczka. To powinno pomóc mu lepiej zrozumieć cały ten proces, zapewni mu też praktykę oraz uczucie większej kontroli nad tym dość zniechęcającym zadaniem.

Ubieraj dziecko w nieskomplikowaną odzież. Nabierz zwyczaju wkładania dziecku takich rzeczy, które łatwo jest ubrać i zdjąć – na przykład spodenki, które zsuwa się i wciąga bez żadnego rozpinania guziczków, zatrzasków i zamków. Następnie zacznijcie ćwiczyć następującą – jakże potrzebną – umiejętność: proś malca, by sam ściągał spodenki do przewinięcia pieluchy, po czym wkładał je z powrotem. Zorganizuj mały konkurs; powiedz: „Zobaczmy, czy zsuniesz spodenki, nim policzę do trzech!" lub: „Ciekawe, kto potrafi szybciej zsunąć spodenki!". Pamiętaj: gdy natura wzywa, każda chwila jest na wagę złota, więc im więcej takich ćwiczeń, tym lepiej!

Co za dużo, to niezdrowo. Jeżeli całe to mówienie o nocniku i załatwianiu się do niego wywołuje u dziecka niepożądane reakcje, pojawia się nuda lub wyraźnie widać, że nie nadszedł jeszcze odpowiedni czas – poczekaj. Zmuszanie rzadko kiedy działa.

Do startu... gotowi... hop!

Wszystko gotowe: dziecko, ty i nocnik? Są różne podejścia, od postępowania według bardzo ścisłego harmonogramu po działania zupełnie luźne, wszystkie jednak opierają się na pięciu podstawowych zasadach. Oto one:

1. Zamień pieluszki na pieluchomajtki, bokserki lub nawet na kombinację tradycyjnych majtek bawełnianych z jednorazowymi (miej mop pod ręką). Ta pierwsza opcja ułatwi ci na pewno utrzymanie porządku w domu (nie trzeba sprzątać kałuż moczu), ale będzie najdłuższym etapem przejściowym, gdyż pieluchomajtki – podobnie jak pieluchy jednorazowe – wchłaniają wilgoć i dziecko nie zauważa, że się zmoczyło, albo nie przejmuje się tym. Brak mu też motywacji, by w porę usiąść na nocniku. Choć niektóre pieluchomajtki mają przyjazne dla maluchów cechy, na przykład zmieniają kolor lub temperaturę, informując dziecko o tym, że „ma mokro", co znacznie zwiększa jego zainteresowanie całą sprawą. Przestawienie się z pieluch bezpośrednio na bokserki czy prawdziwe majtki na pewno wiązać się będzie z bałaganem („wypadki" zdarzają się każdemu dziecku), ale powinno skrócić czas nauki. I jeszcze jedna zaleta ubierania dziecka w majteczki: taka odzież jest dla „dużych dziewczynek i chłopczyków", czyli dla kogoś, kim każdy maluch chce być. Najlepszym połączeniem może się okazać stosowanie pieluchomajtek wtedy, gdy „wypadki" są najmniej wskazane, i zwykłych majteczek bawełnianych w domu, do nauki.

2. Powtarzaj dziecku wielokrotnie w ciągu dnia, żeby poszło na nocniczek, gdy poczuje, że chce siusiu lub kupkę: „Piotrusiu, pamiętaj, że jeśli zachce ci się siusiu, zrób je do nocnika, tak jak prawdziwy duży chłopiec". Nauka nie powinna kończyć się jednak na samych słowach: w regularnych odstępach czasu zabieraj dziecko do ubikacji i sadzaj je na ustępie (nigdy nie wiadomo, a nuż się uda?). Spróbuj sprowokować je do oddania moczu, puszczając wtedy wodę z kranu – to stara, sprawdzona sztuczka. Wyczul się na takie objawy, jak pojękiwanie, kręcenie się, chowanie się w kącie pokoju; jeżeli będziesz zwracać na dziecko uwagę, szybko wyczujesz, kiedy powinnaś posadzić je na nocniku. A gdybyś się spóźniła i było już po fakcie, to i tak każ dziecku usiąść na nocniku, by zapamiętało związek. Oczywiście, jeśli „grubsza potrzeba" pojawia się o przewidywalnej porze (na przykład rano tuż po przebudzeniu czy po obiedzie), to prowadź wtedy dziecko do toalety.

3. Pomóż dziecku nauczyć się rozpoznawać sygnały wysyłane przez jego organizm. W tym celu pozwalaj mu chodzić rozebranym od pasa w dół (po waszym ogródku lub w pokoju z łatwo zmywalną podłogą). Przy braku pieluchy trudno dziecku zignorować mocz. Trzymaj nocniczek w takim miejscu, by dziecko miało do niego blisko, gdy poczuje potrzebę (albo pierwsze krople moczu spływające mu po nóżkach).

4. Pochwały i nagrody potrafią wiele zdziałać. Nie szczędź pochwał za każdy postęp i wszystkie starania – nawet te, które nie zakończyły się sukcesem. Z reguły szczególnie motywujące okazuje się mówienie o „dużym dziecku" („Zrobiłaś siusiu do nocniczka, taka duża z ciebie dziewczynka!"), uważaj jednak na słowa, gdy coś się nie uda; nie mów na przykład: „Tylko maluchy siusiają w majtki!". Pozytywne podejście – a szczególnie poparte nagrodą – zwykle bardzo pomaga, toteż po każdej udanej wizycie w toalecie nagradzaj dziecko naklejką, przytuleniem, gwiazdką na tablicy specjalnie przygotowanej na cele nauki i tak dalej. Nie dawaj jednak w nagrodę cenniejszych rzeczy (dziecko zacznie ich oczekiwać) ani jedzenia (to nigdy nie jest dobry pomysł).

5. Pozwól dziecku wyznaczać tempo i przypominaj mu o tym o różnych porach – zbyt częste napominanie może tylko sprowokować niechęć i opór, podobnie jak zmuszanie. Nigdy nie każ dziecku siedzieć na nocniku, jeśli ono chce wstać, choćbyś nawet wiedziała, że wkrótce zrobi kupkę. Sprzeczki nad nocnikiem tylko przedłużą naukę. Jeżeli spotkasz się ze zdecydowanym sprzeciwem, lepiej poddaj się na jakiś czas.

Nie widzisz postępów? A może dziecko traktuje nocnik z niechęcią czy wręcz otwarcie się buntuje? Zastanów się, czy nie jesteś zbyt wymagająca. Może dziecko nie jest jeszcze gotowe? Nie martw się falstartem, tylko przynieś opakowanie pieluch, odstaw nocnik i poczekaj, aż nadejdzie odpowiednia chwila.

Rozdział 3

TWOJE DZIECKO W RUCHU

Nawet jeżeli twój mały odkrywca nie porusza się jeszcze swobodnie na dwóch nóżkach (ale dreptanie i wspinanie się idzie mu już zupełnie dobrze), to co do jednej rzeczy nie można mieć cienia wątpliwości: dziecko żyje szybko, a czasem wręcz… na krawędzi. W dodatku wszystko robi w mgnieniu oka – czasem strach mrugnąć, bo berbeć zdąży się znaleźć na drugim końcu chodnika! Dziecko ledwie co postawiło pierwsze kroki, a już zaczyna skakać i przechodzić do trudniejszych czynności motorycznych, takich jak bieganie, wspinanie się, kopanie. Takie szybkie opanowywanie dużej motoryki uzmysławia, że skończyły się dni, gdy wystarczyło spokojnie stać za dzieckiem; teraz trzeba wszędzie za nim biegać. Oczywiście będzie ono musiało dużo ćwiczyć, zanim skoordynuje swoje ruchy na tyle, by płynnie wykonywać bardziej zaawansowane czynności (one wcale nie są takie łatwe, jak by się mogło wydawać…). Lecz przy twojej pomocy opanuje je szybciej, niż się spodziewasz!

Co może cię niepokoić

Chodzenie

Kiedy mój trzynastomiesięczny syn zacznie chodzić?

Niewiele chwil jest równie uroczych (i wartych zarejestrowania) jak te pierwsze chwiejne kroki – jedyne, co może się z nimi równać, to chyba tylko pierwszy uśmiech, pierwsze klaśnięcie, pierwsze raczkowanie… Ale nie wszystkie maluchy są gotowe, by stanąć na nóżkach (przed uzbrojonymi w kamerę rodzicami) w chwili ukończenia pierwszego roku życia, i wcale nie jest powiedziane, że ten moment wkrótce nastanie. To prawda, że niektóre sprawne maluchy opanowują sztukę poruszania się w pozycji pionowej jeszcze przed swymi pierwszymi urodzinami. Ale prawdą jest też to, że inne nie postawią nawet jednego kroku, zanim skończą piętnaście miesięcy, a jeszcze inne nie zrobią tego nawet do osiemnastego miesiąca życia.

Zakres tego, co prawidłowe, jest szeroki. Nawet jeśli twoje słodkie maleństwo nie pała chęcią stawiania samodzielnych kroków, na pewno wkrótce zacznie. Często się zdarza, że dzieci, które zwlekały z rozpoczęciem chodzenia, już kilka tygodni po opanowaniu tej sztuki zaczynają biegać.

Istnieje wiele czynników, które decydują o tym, że dziecko zaczyna chodzić: geny (dzieci często idą w ślady rodziców, którzy późno zdobyli tę umiejętność), temperament (energiczne maluchy zwykle uczą się chodzić wcześniej niż te o spokojnym usposobieniu), sylwetka (szczupłe dzieci mają tu przewagę nad bardziej pulchnymi) czy stopień pewności siebie (ostrożne dzieci zwykle wolą poczekać do chwili, gdy będą stabilnie stać na dwóch nóżkach, natomiast mali śmiałkowie rwą się do chodzenia, nie zrażając się potknięciami i upadkami). Harmonogram umiejętności chodzenia ma jedną zasadniczą

KAMIEŃ MILOWY

WSTAŃ I W DROGĘ

Czy twoje dziecko nadal raczkuje, czy też może ten mały maratończyk już przeszedł w sprint? Czy owo niespełna roczne maleństwo zdobywa sprawność małego alpinisty (przynajmniej jeśli chodzi o schody i sterty poduszek), czy mając prawie dwa lata, nadal stawia każdy krok z takim trudem, jakby wspinało się na Mount Everest? Opanowanie dużej motoryki (czyli takich umiejętności, jak chodzenie, bieganie, wspinanie się) następuje w bardzo różnym czasie, najczęściej jednak przypada w takich kategoriach wiekowych:

Od 12 do 15 miesiąca. Niektóre dwunastomiesięczne dzieci potrafią samodzielnie chodzić – bywa, że już od jakiegoś czasu – inne natomiast zaczynają podciągać się do pozycji wyprostowanej dopiero w drugim roku życia i czasem wystarcza im to na wiele miesięcy; wcale nie czują potrzeby stawiania pierwszych kroków bez czyjejś pomocy. Do piętnastego miesiąca życia znakomita większość maluchów, które nie chodzą samodzielnie, będzie stawiać ostrożne kroczki, przytrzymując się mebli, ręki opiekuna lub zabawki do popychania.

Od 15 do 18 miesiąca. Te dzieci, które wcześnie zaczęły chodzić, w wieku piętnastu miesięcy zwykle świetnie sobie radzą z dreptaniem, choć nie robią tego z wdziękiem. Sztukę utrzymywania równowagi na nieco jeszcze drżących nóżkach powoli opanowują te, które chodzą od niedawna, stawiając niepewne, chwiejne kroczki. Z czasem jednak ich mięśnie nóżek się rozwijają, a kroki stają się stabilne i pewne, pozwalając młodym badaczom na dokonywanie odkryć. Większość małych dzieci (nawet tych, które nie czują się jeszcze pewnie na nogach) zaczyna pchać zabawki z dyszlem, na których ćwicząc chodzenie, mogą się bezpiecznie oprzeć. Gdy poczują się pewniej, zaczną te same zabawki ciągnąć za sobą.

Od 18 do 24 miesiąca. W drugiej połowie drugiego roku życia większość dzieci potrafi wykonywać szczególny rodzaj przysiadów. Te, które później zaczynały chodzić, raczej już dogoniły swych bardziej sprawnych kolegów, zdobywając nową umiejętność: wspinaczkę (a to po schodach, a to na krzesło czy meble kuchenne). A ponieważ mali odkrywcy nie znają granic, więc pamiętaj, by zabezpieczyć przed nimi dom; patrz str. 386). Jako że następnym etapem będzie bieganie (przy czym niektóre wytrwałe maluchy już świetnie sobie z tym radzą), sprawdź, czy masz wygodne trampki. Uwierz, przydadzą ci się!

Bądź czujna! Jeśli dwunastomiesięczne dziecko nie próbuje stawać albo jeżeli w wieku piętnastu miesięcy nie jest zainteresowane chodzeniem ze wspomaganiem lub nie postawiło samodzielnie kroku w ostatnich miesiącach drugiego roku życia, to na wszelki wypadek porozmawiaj z pediatrą. Przypuszczalnie przyczyną jest fakt, że dziecko koncentruje się na opanowywaniu innych umiejętności. Czasem jednak powodem jest opóźnienie fizyczne lub rozwojowe bądź słabe mięśnie i wtedy warto rozpocząć fizjoterapię albo ćwiczenie w domu.

zaletę: po prostu nie istnieje. To, czy dziecko zacznie chodzić w wieku dziewięciu czy szesnastu miesięcy, nie będzie miało żadnego przełożenia na jego potencjał rozwojowy.

Chodzenie pojawia się wtedy, kiedy ma się pojawić. A tymczasem podawaj dziecku swoją pomocną dłoń (i parę dłoni bijących brawo w uznaniu jego starań) i skupiaj się nie na tym, gdzie leży linia mety, lecz na tym, jak przebiega podróż, czyli na tych wszystkich potknięciach, upadkach, małych kroczkach i falstartach. W końcu kiedyś zakończy się ona sukcesem, a zwycięstwo będzie miało bardzo słodki smak.

Zachęcanie do chodzenia

Czy mogę coś zrobić, by zachęcić moją córeczkę do chodzenia? Ma już piętnaście miesięcy, lecz zupełnie wystarcza jej siedzenie w jednym miejscu. A kiedy chce przejść w inne, robi to na czworaka.

Choć masz już dosyć siedzenia i patrzenia, jak twoja mała siedzi, nie naciskaj i nie poganiaj jej. Skoro nie jest jeszcze gotowa do samodzielnego stawiania kroków, to nawet twoje najusilniejsze namowy nie zmotywują jej do osiągnięcia tego etapu rozwoju szybciej, a wręcz mogą go opóźnić. Musisz tylko zapewnić jak najwięcej miejsca i okazji do ćwiczenia umiejętności wprowadzających tę małą istotę w tajniki chodzenia oraz zachęcać ją w przyjazny sposób – bardziej jak cheerleaderka, mniej jak sierżant prowadzący musztrę. Zadbaj też o to, by nic nie „podcinało" dziecku nóżek, gdy będzie stawiać swoje pierwsze chwiejne kroczki.

Zacznijcie od małego wózka sklepowego, małej kosiarki do trawników czy dowolnej zabawki do pchania, która będzie dziecku podporą przy ćwiczeniu nóżek, opanowywaniu równowagi oraz pozyskiwaniu wiary we własne możliwości. Zwróć uwagę, by te przedmioty miały uchwyt, na którym mała może się oprzeć, i by były na tyle ciężkie, żeby się nie przewróciły i nie pociągnęły w dół nie tylko dziecka, ale i jego pewności siebie. Zachęcaj córeczkę do pchania zabawki do miejsca, w którym czeka nagroda: ty z szerokim uśmiechem na twarzy i otwartymi ramionami, gotowymi do uścisku.

Jeżeli dziecko sprawia wrażenie, że chodzenie wcale go nie interesuje, warto zastanowić się nad jego ubiorem. Śliskie skarpetki i grube ubranka mogą stwarzać problemy, dlatego bez względu na porę roku ubieraj malucha wygodnie, szczególnie wtedy, gdy włączy mu się „tryb łazika". Jednak nie może to być nic ciasnego, co ogranicza ruchy, ani nic powiewnego, i tak luźnego, by mógł się zaplątać. Sprawdź, czy jego buciki są odpowiednie do chodzenia (patrz str. 54), ale też jak najczęściej zostawiaj je bez bucików i skarpetek, gdyż bose stopy malucha najlepiej trzymają się powierzchni, pomagają mu rozwinąć wyczucie równowagi i nabrać lepszej koordynacji. Dobre są także specjalne skarpetki z gumowanymi podeszwami, tzw. „abeeski".

Ostatnia porada: nie używaj chodzika (który może spowolnić rozwój motoryczny dziecka lub – co gorsze – przewrócić się na schodach i narazić dziecko na poturbowanie) i odstaw pulpit z zabawkami (choć ten nie niesie ze sobą fizycznego zagrożenia, to nie przyspiesza rozwoju umiejętności, a niekiedy nawet go spowalnia).

Małego dreptusia czeka jeszcze wiele potknięć i upadków.

BLIŹNIĘTA

DWA RÓŻNE TEMPA CHODZENIA

Czasem bliźnięta zaczynają biegać (a wcześniej raczkować, dreptać, chodzić) mniej więcej w tym samym czasie, a czasem jedno pozostawia drugie daleko w tyle bądź zdobywają kolejne etapy rozwoju na zmianę. Prawda jest taka, że każde dziecko rozwija się w sobie właściwym tempie, a w przypadku bliźniąt tempo to bywa albo takie samo, albo zupełnie inne. Choć bliźnięta przebywały razem w łonie matki i urodziły się tego samego dnia, są przecież zupełnie odrębnymi małymi istotami ludzkimi. I każda z nich ma własną osobowość, własne zainteresowania, talenty i zaprogramowane plany zdobywania wszystkich umiejętności, w tym i tych z zakresu dużej motoryki. Wzorzec rozwoju bywa niemal taki sam u bliźniąt jednojajowych (czy wręcz identyczny: rodzeństwo tego samego dnia staje na nóżkach i tego samego dnia stawia pierwsze kroki), ale u bliźniąt dwujajowych może się różnić, gdyż dzieci te pod względem genetycznym nie są wcale bardziej podobne do siebie niż każde inne rodzeństwo, przy czym jednak w ich przypadku osiągnięcia jednego brzdąca często motywują tego drugiego. Jeśli tylko oba maluchy zdobywają kolejne etapy rozwoju w szerokim zakresie tego, co prawidłowe (z poprawką na wiek, jeżeli są wcześniakami), to można uznać, że wszystko przebiega prawidłowo, choćby nawet kolejne umiejętności nie pojawiały się u nich jednocześnie.

Nie porównuj swoich bliźniaków ze sobą pod względem tempa rozwoju. Oczywiście trudno nie ulec pokusie takiego porównywania dzieci – czy jedno do drugiego lub do innego brzdąca w żłobku – zwłaszcza gdy każdego dnia patrzy się na różnice pomiędzy nimi. Ale na pewno sama czujesz, że jest to wobec nich bardzo nie fair. Staraj się traktować każde z bliźniąt jak osobnego człowieka, ciesząc się ich niezwykłymi indywidualnymi osiągnięciami, niezależnie od tego, kiedy następują. Pamiętaj też, że niewiele dzieci rozwija się w tym samym tempie. Czasem malec, który jeszcze nie zaczął chodzić, wyprzedza innych w rozwoju umiejętności werbalnych lub skupia się na doskonaleniu małej motoryki („popatrz, umiem już jeść widelczykiem!"), a nie na stawianiu jednej stópki przed drugą („to sobie zostawię na później"). Pamiętaj również, by koniecznie nagrodzić chodzenie drugiego malucha tak samo entuzjastycznie, jak zrobiłaś to w przypadku pierwszego.

Gdybyś jednak zauważyła, że jedno z bliźniąt (lub oboje) regularnie opuszcza kolejne „kamienie milowe" w swoim rozwoju, jest pod pewnymi względami opóźnione, albo gdybyś po prostu miała przeczucie, że coś jest nie tak, jak być powinno, powiedz o tym pediatrze.

OPÓŹNIONE CHODZENIE

Nasz osiemnastomiesięczny syn jest jedynym dzieckiem w swojej grupie, które jeszcze nie chodzi samodzielnie. Czy powinniśmy się tym martwić?

Co prawda większość dzieci stawia już samodzielnie kroki w wieku osiemnastu miesięcy, jednak czasem zdarzy się brzdąc, który nie chce jeszcze dreptać. Niekiedy powstrzymuje go przed tym strach wynikający z wcześniejszych upadków albo biegłość w raczkowaniu (malec wie, że szybciej pokona daną odległość na czworaka niż na stopach), a czasem wynika to z jego wewnętrznego harmonogramu opanowywania umiejętności z zakresu dużej motoryki. Bywa jednak, że przyczyną jest problem natury medycznej, który wymaga fachowej porady.

Aby się dowiedzieć, dlaczego twój syn nie stawia jeszcze pierwszych kroków, ty powinnaś skierować swoje kroki do lekarza. Przypuszczalnie usłyszysz tam to, czego oczekujesz, czyli zapewnienie, że wszystko jest w porządku. Gdyby było inaczej, pamiętaj, że wczesne rozpoczęcie terapii pomoże twemu dziecku nadrobić straty w stosunku do rówieśników.

POWRÓT DO RACZKOWANIA

Nasza córeczka zaczęła chodzić tydzień temu, lecz nagle powróciła do raczkowania. Czy coś jest nie w porządku?

Naukę chodzenia najlepiej można opisać w następujący sposób: jeden krok do przodu, jeden krok do tyłu. Trudno spodziewać się po dziecku, by opanowało sztukę poruszania się na nogach w jeden dzień i już nigdy nie wracało do spacerów na czterech kończynach – pamiętajmy, że maluchowi na tym etapie rozwoju znacznie łatwiej jest (i szybciej) pokonać odległość z punktu A do punktu B za pomocą raczkowania. Takie przeskakiwanie z nowo nabytej umiejętności (chodzenia) do poprzedniej – i być może ulubionej – formy poruszania się (raczkowania) jest czymś zupełnie normalnym.

Oto kilka możliwych przyczyn powrotu do raczkowania:

- Frustracja. Do perfekcyjnego opanowania sztuki chodzenia potrzebna jest cierpliwość, a wielu dzieciom tej cnoty brakuje. Frustracja wywołana licznymi upadkami, wolnym tempem chodzenia, wpadaniem na ścianę podczas próby pokonania zakrętu może sprawić, że dziecko rezygnuje z pozycji pionowej i wraca do poprzedniego sposobu poruszania się aż do czasu, gdy jego nóżki i stopy staną się mocniejsze.
- Przykry upadek. Po wyjątkowo bolesnym upadku niektóre ostrożne z natury maluchy wolą dwa razy się zastanowić, zanim znów staną na nóżki, i ostatecznie decydują się na powrót do raczkowania. Do czasu – bo uraz przecież minie.
- Nowe osiągnięcie. Czasem nie do końca opanowana umiejętność chodzenia może zostać tymczasowo zarzucona, ponieważ malec właśnie skupił całą uwagę na innej frapującej sztuce, na przykład na mówieniu.
- Wykluwające się przeziębienie lub inna choroba. Kilka dni przed pojawieniem się objawów przeziębienia, grypy czy innej choroby wirusowej – oraz oczywiście w czasie choroby – dzieci często są apatyczne i nie mają energii do działania. W takim przypadku stawianie czoła wyzwaniu, jakim jest dla nich chodzenie, może zostać zarzucone na korzyść lepiej znanego i mniej stresującego raczkowania. Podobny wpływ może wywierać ząbkowanie.
- Zły dzień. Wszyscy takie dni miewamy, a niektórym dzieciom zdarzają się one całkiem często. Rozdrażnienie lub zmęczenie mogą tymczasowo przygasić dziecięcą energię i entuzjazm do zdobywania nowych umiejętności, w tym także chodzenia.

Jeżeli twoje dziecko jest szczególnie poirytowane, kuśtyka lub nie potrafi utrzymać pozycji pionowej, to oczywiście musisz poprosić lekarza, by sprawdził, czy przyczyną nie jest problem natury fizycznej – na przykład jakiś uraz bądź choroba. Konsultacji z lekarzem wymaga też dziecko, które chodziło już od kilku miesięcy i nagle przestaje to robić.

Koordynacja… a raczej jej brak

Mój syn wiecznie obija się o przedmioty lub upada. Czy problemem jest brak koordynacji? A może jego wzrok?

Roczne dziecko oraz kolizje i upadki to częste połączenie, a powodów, dla których tak się dzieje, jest mnóstwo i wszystkie są stosowne do wieku. Oto one:

Chodzenie jest dla dziecka czymś nowym. To żadna sztuka stawiać kroki, prawda? Owszem, ale nie dla małej istotki, która dopiero zaczyna się poruszać na dwóch nogach, nie wspominając już o jej pierwszych próbach stawiania jednej stopy przed drugą. Wiele czasu musi upłynąć, zanim dziecko nabierze doświadczenia i stabilności, a więc zanim przestanie zderzać się ze ścianą i upadać.

Dziecku brak równowagi i koordynacji. Zachowywanie równowagi i koordynacja ruchów wymagają praktyki, szczególnie gdy pragnie się je połączyć. Czy już jako osoba dorosła próbowałaś snowboardingu, surfowania albo jeżdżenia na nartach wodnych? Jeśli tak, to masz pewne pojęcie o tym, co właśnie przeżywa twoje dziecko i dlaczego często wpada na ścianę, potyka się o meble lub o ludzi oraz ma trudności z ustaniem na nogach (za to zbyt łatwo siada z impetem na pulchnej na szczęście pupie).

Dziecko nie patrzy w stronę, w którą idzie. Malec, całkowicie zajęty trudami ujarzmiania zasad mechaniki chodzenia, zwykle bardziej skupia się na swoich stopach niż na tym, dokąd go one niosą, albo też na osobie czy przedmiocie, do którego chce dotrzeć: na tacie, ukochanej żyrafce, pilocie, którego wypatrzył na sofie. Mniej natomiast uwagi poświęca temu, o co właśnie zaraz się potknie lub na co wpadnie. Nawet jeżeli w ostatnim momencie zauważy przeszkodę na swojej drodze, nie potrafi jej zręcznie wyminąć ani się w porę zatrzymać, zwłaszcza jeśli zdążył się już rozpędzić. Dopiero później nauczy się w miarę precyzyjnie uruchamiać hamulce.

Dziecko ma ograniczoną zdolność skupiania uwagi. Małe dziecko łatwo się rozprasza – jest to oczywiste stwierdzenie. Idąc w stronę „garażu" z autkami, nagle zauważa pluszowego pieska i upada, próbując zmienić kierunek marszu.

Wcześniaki

Zastanawiasz się, jak pod względem rozwoju będzie się teraz prezentować twoje przedterminowo urodzone dziecko przy swych rówieśnikach? Choć faktem jest, że wcześniaki mogą osiągać kolejne etapy rozwoju nieco później (zwłaszcza w pierwszym roku życia), to jednak różnica ta zazwyczaj maleje i całkowicie znika około drugich urodzin. Do tego czasu więc przy analizowaniu etapów rozwoju swojego wcześniaka bierz poprawkę na jego wiek.

Albo drepce do kuchni i nagle słyszy dzwonek u drzwi. Odwraca się, patrzy, potyka i bęc!

Wzrok dziecka nie jest jeszcze doskonały. Kolejnym czynnikiem odpowiedzialnym za upadki małego niezdary jest jego dalekowzroczność. Choć oczy rocznego dziecka są znacznie sprawniejsze niż oczy niemowlęcia, nadal mają one ograniczoną percepcję głębi, co z kolei utrudnia maluchowi ocenę odległości – mimo że ty sądzisz, iż wie on dobrze, dokąd zmierza. Do drugiego roku życia dziecka jego wzrok poprawia się do ok. 20/60 oraz do 20/40 do końca roku trzeciego, a docelowe 20/20 osiąga ono mniej więcej w chwili dojścia do wieku szkolnego – oczywiście jeśli nie musi nosić szkieł korekcyjnych.

Dziecko nie kieruje się jeszcze rozsądkiem. Na tym etapie dziecko funkcjonuje trochę na zasadzie automatycznego pilota: w miarę opanowało fizyczną stronę chodzenia, lecz brak mu na razie zdolności analitycznego myślenia, które trzymałoby je z daleka od kłopotów. W miarę upływu czasu zacznie koordynować nie tylko swoje stopy, lecz również niezmiernie ważną komunikację pomiędzy nimi a mózgiem („Uwaga! Przed tobą leży autko!").

Ups... kolejne potknięcie... Na szczęście koordynacja, równowaga, koncentracja i wzrok wyostrzają się z upływem czasu, podobnie jak zdolność bezpieczniejszego i stabilniejszego „nawigowania" pomiędzy różnymi przeszkodami. Nie powinnaś jednak oczekiwać, że twój malec wygra konkurs na koordynację ruchów przed ukończeniem ósmego lub dziewiątego roku życia. Na razie więc chroń go przed potykaniem się i upadaniem, czyniąc jego świat miejscem jak najbezpieczniejszym.

Wspinanie się

Moja osiemnastomiesięczna córeczka uwielbia wspinać się na wszystko. Czy powinnam ją przed tym powstrzymywać?

Aby upadki były mniej bolesne

Kochać swoją małą ciamajdkę to żaden problem. Ale ochronić ją przed upadkami i potknięciami oraz wynikającymi z nich urazami nie jest już tak łatwo. Mamy jednak kilka wskazówek:

- Pomyśl o podłodze. Oczywiście wykładzina sięgająca od ściany do ściany aż się prosi o plamy, gdy w domu jest małe dziecko, ale jest ona także najbardziej przyjazną dla maluszka powierzchnią, która amortyzuje upadki. Dywaniki są natomiast przyczyną potknięć i poślizgów nawet najbardziej wytrawnych chodziarzy (pewnie sama coś o tym wiesz?). Jeśli są w twoim mieszkaniu, dopilnuj, by leżały płasko i miały antypoślizgową powierzchnię. Natomiast jeżeli twoje podłogi są wykonane z płytek kamiennych bądź ceramicznych, kamieni, cegły, drewna czy innego śliskiego, twardego tworzywa, a ty nie chcesz zmieniać wystroju wnętrza, powinnaś wykazywać szczególną czujność do chwili, gdy twoje dziecko nabierze wprawy w chodzeniu (przeczytaj poniższe porady).
- Jak najczęściej pozwalaj dziecku chodzić boso. Słodkie małe stópki są najlepszym przyjacielem malucha stawiającego pierwsze kroki, gdyż zapewniają mu największą przyczepność i wygodę, amortyzację oraz elastyczność. Gdy chodzenie boso nie jest możliwe, drugą w kolejności opcją są skarpety, najlepiej takie, które dobrze pasują do stópek, nie zsuwają się oraz mają tzw. abeeski, czyli są antypoślizgowe. A jeśli trzeba dziecku włożyć buty, to powinny one jak najbardziej przypominać stopy, muszą więc być wygodne, elastyczne, dobrze dopasowane i o dużej przyczepności. Więcej informacji na temat butów dla dziecka znajdziesz na str. 55.
- Pilnuj, by szuflady i drzwi były zamknięte. Uwaga ta dotyczy garderoby, szafek i szuflad kuchennych, drzwi do pomieszczeń i drzwiczek różnych urządzeń – ogólnie wszystkiego, na co dziecko mogłoby wpaść. Ty także oszczędzisz sobie siniaków (ile razy w tym tygodniu uderzyłaś się o otwartą klapę zmywarki do naczyń?).
- Ostrożnie z kablami! Oto dwa dodatkowe powody, dla których potencjalnie niebezpieczne przewody elektryczne powinny być schowane lub zwinięte: malec może się udusić, może też ściągnąć na siebie ciężki przedmiot, taki jak komputer czy lampa.
- Zrób przegląd pomieszczeń pod kątem lekkich mebli, na które dziecko mogłoby wpaść. Na razie przenieś je wszystkie tam, gdzie malec nie ma dostępu. Pamiętaj: dziecko nie potrafi jeszcze utrzymywać równowagi, a zatem każdy mebel, którego będzie się chwytało, by sobie pomóc, powinien być absolutnie stabilny.
- Blokuj dostęp do schodów, by maluszka nie korciła samodzielna wspinaczka oraz żeby z nich nie spadł (patrz str. 387).
- Ubieraj dziecko z myślą o czekających je danego dnia przygodach. Długie spodnie stanowią osłonę dla kolanek, ale jeśli będą za długie – bądź opadające – malec będzie się potykał o nogawki.
- Przeczytaj wskazówki na temat zabezpieczania dziecka przed urazami – początek na str. 386.

Gdy już zrobisz wszystko, co w twojej mocy, by ochronić swoje maleństwo przed upadkiem, odpręż się. Ciało dziecka jest tak zbudowane, aby dobrze znosić różne wypadki. Zazwyczaj jest dobrze wyścielone warstewką tłuszczu, zwykle jeszcze dodatkowo osłonięte pieluchą zapewniającą dodatkową amortyzację, a jego odległość od ziemi jest niewielka. Stosunkowo elastyczna czaszka, której kości nie zrastają się całkowicie do osiemnastego miesiąca życia, pozwala przetrwać większość drobnych uderzeń w głowę, wywołujących co najwyżej kilka łez. Obserwuj uważnie poczynania swojej pociechy, lecz nie bądź nadopiekuńcza i nie reaguj przesadnie na niegroźne wypadki.

Kto lubi się wspinać, ale nie lubi schodzić w dół? Odpowiedź: większość maluchów, gdy tylko mają ku temu okazję. Po opanowaniu „życia" blisko podłogi chcą zazwyczaj odkrywać swój świat pionowo – wchodząc na krzesła, łóżka i stoły, wspinając się po schodach oraz wdrapując na każdy przedmiot, który pozwoli im sięgać wyżej i wyżej. Najbardziej nieustraszeni odkrywcy mogą nawet nauczyć się ustawiać przedmioty w sterty, aby zdobywać całkowicie nowe poziomy. („Hmmm… jeśli postawię stołek na łóżku, to sięgnę do lampy?").

Mali cyrkowcy potrafią przyprawić swoich rodziców o palpitacje, a częsty okrzyk: „Zejdź stąd!" zaczyna zastępować: „Nie do-

W górę, jeszcze wyżej! Większość maluchów jest bardzo zdeterminowana i pomysłowa, jeśli chodzi o dotarcie na szczyt.

tykaj tego!", stając się najczęściej używanym zwrotem – chociaż jeśli się dobrze zastanowić, można używać ich zamiennie... Mimo wszystko nie powinno się całkowicie zniechęcać dziecka do wspinania się – przecież jest to kolejny sposób poznawania otoczenia, doświadczania go z całkowicie innej perspektywy. Dla kogoś, kto ma siedemdziesiąt centymetrów wzrostu, jest to niezwykłe przeżycie. Poza tym umiejętność tę dziecko musi kiedyś opanować, bo nawet jeśli nie zostanie alpinistą, to przecież będzie musiało wchodzić po schodach. Wspinanie się wreszcie dodaje dziecku pewności siebie, poprawia koordynację, rozwija ducha niezależności i uczy stawiania czoła wyzwaniom, jakie niesie świat.

Nie zmienia to jednak faktu, że chwila nieuwagi może oznaczać dla malucha spore kłopoty. Obserwuj zatem swoje dziecko nieustannie. A poza tym postaraj się:

- ▲ Zapewnić odpowiednie przedmioty do bezpiecznej wspinaczki. Pozwól córeczce wspinać się do woli po małej plastikowej ślizgawce lub przyborach gimnastycznych odpowiednich dla jej wieku; kup także stabilne krzesełko-stopień, na którym będzie mogła stanąć, by sięgać po zabawki i książeczki, wtedy nie będzie ustawiała własnych, zazwyczaj niestabilnych konstrukcji ani wspinała się na regał po półkach. Urządzenia na placach zabaw – zarówno te na świeżym powietrzu, jak i w pomieszczeniach, gdy pogoda nie sprzyja – dają twojej małej alpinistce lepszą i bezpieczniejszą możliwość ćwiczenia umiejętności akrobatycznych.
- ▲ Zadbać o bezpieczne otoczenie. Jeśli jeszcze nie przejrzałaś całego domu z myślą o wspinaczkach dziecka, najwyższy już czas to zrobić. Schowaj kołyszące się krzesła, regały czy stoliki oraz przymocuj do ściany meblościanki, garderoby i większe regały (nawet jeśli sądzisz, że są za ciężkie, by mogły się przewrócić). Nigdy nie pozostawiaj drabin lub stołków bez nadzoru ani krzeseł w pobliżu blatu kuchennego bądź stołu; nie zostawiaj też kuszących przedmiotów – takich jak pilot – wysoko, ale na widoku dziecka, gdyż wspinając się po nie, może spaść. Gdy będziesz montować bramki bezpieczeństwa na schodach, ustaw tę dolną nad trzecim stopniem. W ten sposób dziecko będzie miało gdzie ćwiczyć i nie zrobi sobie krzywdy przy ewentualnej nieudanej próbie. A skoro mowa o upadaniu – pamiętaj, by pod ulubione „szczyty" (twoje łóżko, sofę) podłożyć coś miękkiego, co będzie chronić dziecko przed twardym lądowaniem. Na str. 386 znajdziesz więcej porad na temat zabezpieczania domu z myślą o maluchu.
- ▲ Ustalić granice bezpieczeństwa i mieć dziecko stale na oku. Konsekwentnie przestrzegaj jasno wytyczonych zasad, na co mały poszukiwacz przygód może, a na co nie może się wspinać. Pamiętaj, że nawet najlepsze zabezpieczenia nie zastąpią nadzorowania dziecka. Obserwuj je i w domu, i na dworze. Bądź zawsze

w pobliżu, bez względu na to, gdzie i na co dziecko będzie wchodzić, gdyż nigdy nie wiadomo, co mu przyjdzie do głowy.

Wychodzenie z łóżeczka

Nasz syn jest bardzo wysoki jak na swój wiek i znakomicie się wspina. Boimy się, że kiedyś wyjdzie z łóżeczka w środku nocy. Jak możemy temu zapobiec?

Jeśli twoja pociecha ma już 90 cm wzrostu (czyli tyle, ile zwykle wystarczy, by wyjść z łóżeczka) lub szybko zbliża się do tej granicy, może faktycznie podjąć taką próbę. To samo dotyczy wyjątkowo sprawnego „alpinisty", bez względu na jego wzrost. Coraz niższa poręcz łóżeczka może grozić dziecku poważnym upadkiem na głowę (albo czymś jeszcze gorszym), więc na pewno rozsądnie jest zacząć myśleć o środkach zaradczych z pewnym wyprzedzeniem. Oto kilka podstawowych zasad:

- Materac w łóżeczku powinien być maksymalnie opuszczony.
- Duże pluszaki, poduszki oraz kocyki powinny nadal nocować poza łóżeczkiem, ale teraz z zupełnie nowego powodu: aby nie posłużyły dziecku jako stopnie do upragnionej wolności i... niebezpiecznego upadku.
- Wyściel podłogę przy łóżeczku czymś miękkim, na przykład poduszkami, kocem czy starą narzutą, co zapewni malcowi miękkie lądowanie, w razie gdyby udało mu się przedostać na drugą stronę poręczy łóżeczka.

Gdyby dziecku udało się jednak wyjść lub jeśli przyłapiesz je w czasie takiej próby, powiedz spokojnie, ale stanowczo, że wychodzenie z łóżeczka jest niebezpieczne („możesz upaść i zrobić sobie krzywdę") i dlatego nie wolno tego robić. Jeśli przestroga nie podziała zniechęcająco, najlepszym rozwiązaniem może się okazać zmiana łóżeczka na zwykłe łóżko. Wprawdzie specjaliści zalecają, by zmiany tej dokonać między trzydziestym a trzydziestym szóstym miesiącem życia dziecka (gdyż dla większości malców bezpieczniej jest przebywać w łóżeczku), to w przypadku dziecka młodszego, ale usilnie starającego się wydostać z łóżeczka, jest to dobry pomysł. Nie spieszcie się jednak z wprowadzaniem zmian, jeżeli dziecko wspinało się na szczebelki tylko raz lub dwa razy – być może jedynie sprawdzało, co potrafi, po czym (zwłaszcza jeśli ta próba zakończyła się boleśnie) przeszło do innych ćwiczeń. Na pewno też nie trzeba niczego zmieniać, jeżeli dziecko – nawet wysokie lub bardzo zwinne – spokojnie leży w swoim łóżeczku.

Dziecko bardzo aktywne

Nasza córeczka ani na chwilę nie przestaje się ruszać – od kiedy się obudzi aż do zaśnięcia. Rozumiem, że maluchy powinny być aktywne, ale żeby aż tak?

Gdyby było jakieś prawo fizyki dotyczące maluszków, brzmiałoby tak: „Małe ciało w ruchu pozostaje w ruchu". Od momentu, gdy dziecko zacznie podskakiwać rano, chcąc się wydostać z łóżeczka, aż do zaśnięcia, jest ono w nieustannym ruchu, a jego energia wydaje się niewyczerpana, ku rozpaczy zmęczonych rodziców.

Innymi słowy, to, co cię martwi, jest zupełnie naturalne w tym wieku. Faktem jest natomiast, iż niektóre maluchy są bardziej aktywne od rówieśników i plasują się na szczycie skali aktywności. Zdaje się, że takim właśnie dzieckiem jest wasza córeczka. Mimo że przyjdzie ci żyć z nią w takim tempie jeszcze przez jakiś czas, to może niżej podanymi sposobami uda ci się to tempo nieco spowolnić. Choć troszeczkę, choć od czasu do czasu.

- Przestrzegaj rutynowych zajęć. Ustalenie stałej pory posiłków, przekąsek, drzemek, wyjść z domu i pory zabaw wprowadzi nieco ładu w chaotyczny świat dziecka. Na str. 172–173 znajdziesz więcej informacji na temat rutyny.
- Relaksujcie się razem. Twoja mała ani przez moment nie usiedzi spokojnie? Stopniowo i przy dużej rodzicielskiej wytrwałości – oraz za pomocą różnych kuszących zajęć – zdołasz ją przekonać, by robiła sobie od czasu do czasu (choćby krótkie) przerwy w akcji. Postaraj się, by były to ciekawe chwile: książki, układanki, budowanie zamku z klocków, zabawy paluszkami, rysowanie czy lepienie z plasteliny. Spróbuj też zabawić się z córką w nicnierobienie – nazwij to „cichą grą". Powiedz tak: „Zobaczymy, czy uda się nam wysiedzieć w ciszy, aż zadzwoni budzik" lub: „...aż skończy się piosenka". Jeszcze lepiej będzie rzucić dziecku wyzwanie: „Przekonamy się, kto dłużej się nie odezwie".
- Przyłap dziecko na spokojnej zabawie. Na pewno nie zdarzy się to często ani nie będzie trwało długo, staraj się jednak zauważyć moment, w którym córeczka jest wyciszona lub bawi się spokojnie, i pochwal ją za to. Nawet jeśli była to tylko chwileczka ciszy.
- Skieruj niespożytą energię małej na coś konstruktywnego (patrz ramka na str. 81).
- Minimalizuj frustracje. Niekiedy to właśnie one kryją się za szczególnie energicznymi działaniami. Aby ich uniknąć, pomóż dziecku w wielu trudnych zadaniach, którym stawia czoło każdego dnia: a to usiłując tak poustawiać klocki, by się nie rozsypywały, a to próbując ci powiedzieć, co chce na obiad, lub skopiować kółko, które narysowałaś kredką.
- Dbaj o to, by dziecko się wysypiało. Czasem dziecko bardzo aktywne to dziecko bardzo niewyspane. Jeżeli mała zrezygnowała z jednej lub obu drzemek, zwróć uwagę, by spała odpowiednio długo w nocy, albo wprowadź na nowo drzemkę w ciągu dnia lub choćby chwilę odpoczynku, jeśli masz wrażenie, że go potrzebuje. Poświęcaj dużo czasu na wyciszenie dziecka przed położeniem go do łóżeczka – czy to na drzemkę, czy na nocny spoczynek. Więcej istotnych treści o problemach związanych ze snem znajdziesz w rozdziale 5.
- Zwróć uwagę na dietę dziecka. Niektóre dzieci, choć nie wszystkie, stają się bardziej ruchliwe na skutek spożywania dużych ilości pewnych pokarmów, na przykład tych zawierających sporo cukru i/lub substancji smakowych oraz barwników. Jeśli zauważysz wzrost aktywności dziecka po słodkiej lub intensywnie kolorowej uczcie, sprawdź, czy ograniczenie takich produktów w diecie spowoduje pozytywną zmianę. Oczywiście uważaj, by twój mały kłębek energii nie jadł ani nie pił niczego, co ma dowolną formę kofeiny w składzie (w tym dużych ilości czekolady).

Z czasem dziecko nabędzie większej samokontroli, a czas jego koncentracji wydłuży się, co spowoduje nieznaczne obniżenie aktywności – oczywiście nie na tyle, by dziecko stało się nagle wyjątkowo spokojne (a należy pamiętać, że dla jego zdrowia lepiej jest, by było ruchliwe niż ospałe); po prostu przestanie przez cały dzień biegać. Czekając z upragnieniem na tę chwilę, bądź tolerancyjna wobec twojej skaczącej pociechy; jej zachowanie jest całkowicie naturalne dla dzieci w tym wieku, a dla niej w szczególności. Miej realistyczne oczekiwania. Nie spodziewaj się na przykład, że mała wysiedzi spokojnie na trwającym długo obiedzie, a podczas podróży zatrzymujcie się często, by mogła się wybiegać. Zachowaj też wzmożoną czujność: aktywne maluchy z łatwością pakują się w najróżniejsze tarapaty, zarówno w domu, jak i poza nim.

KAMIEŃ MILOWY

Pobawmy się piłką

Dzieci kochają piłki. I to bez dwóch zdań. Na razie nie są jeszcze w stanie strzelić mistrzowskiego gola (a łapanie idzie im dość nieporadnie), co jednak nie znaczy, że nie można wymyślić jakiejś odpowiedniej dla nich zabawy piłką. Takie zabawy znakomicie rozwijają dużą motorykę dziecka, wpływają na koordynację ręki i oka oraz ogólnie poprawiają wiarę malucha w siebie. Dawaj dziecku różne piłki do zabawy – od miękkich, obszytych bawełną piłeczek, po lekkie piłki z otworami, dzięki którym małym rączkom łatwiej prawidłowo je trzymać; od dużych, odbijających się piłek (jeśli są nadmuchiwane, nie pompuj ich do końca, by dziecku łatwiej było je uchwycić), po woreczki z groszkiem. Dodaj też wiaderko lub koszyk, do którego w przyszłości dziecko będzie celować piłkami. Oto czego można się spodziewać po dziecku w tym zakresie:

Od 12 do 15 miesiąca. Dziecko zaczyna bawić się piłką – najpierw toczy ten intrygujący okrągły przedmiot, który mu dałaś (pokaż, jak ma rozstawić nóżki, by piłka potoczyła się w łatwe do jej złapania miejsce), a potem próbuje nią rzucać, lecz częściej upuszcza ją i obserwuje z zachwytem, jak kręci się po podłodze.

Od 15 do 18 miesiąca. Twój mały sportowiec ćwiczy umiejętność rzucania, odrzucając piłkę od siebie i ciskając w kogoś albo w coś. Drugą umiejętnością, którą zdobywa, jest odbijanie piłki – rzuca nią o podłogę i patrzy, jak się od niej odbija.

Od 18 do 24 miesiąca. Gdy twój początkujący piłkarz zbliża się do drugich urodzin, pojawia się nowa umiejętność: kopanie piłki. Ten pierwszy piłkarski trening może być wynikiem przypadku: stopa styka się z piłką, piłka się toczy, ale fajnie! Gdy jednak przyczyna i skutek stają się dla dziecka oczywiste, mały Beckham zaczyna kopać piłkę jak najbardziej celowo. Gooool!

Bądź czujna! Obserwuj te nowe umiejętności i jeśli zauważysz jakieś opóźnienia (na przykład gdy mimo ukończenia dwudziestu miesięcy dziecko nie podejmuje próby kopnięcia piłki), wspomnij o nich pediatrze.

I na koniec dobra wiadomość dla każdej mamy zmęczonej bieganiem za małym maratończykiem: z badań naukowych wynika, że szczególnie aktywne dzieci, szukające stymulacji, ciekawskie, zazwyczaj lepiej od innych wypadają na testach inteligencji, a w szkole wykazują się ponadprzeciętną umiejętnością czytania, oczywiście kiedy już nauczą się skupiać na książce.

Dziecko mało aktywne

Sądziłam, że maluchy powinny być ruchliwe, tymczasem moje dziecko siedzi i bawi się spokojnie, podczas kiedy inne dzieciaki biegają, skaczą czy wspinają się.

Dzieci, podobnie jak ludzie w każdym wieku, różnią się między sobą i choć zbiorczo uważane są za grupę o podwyższonej aktywności, bywają wśród nich i istoty spokojne, czyli takie jak twoja. To prawda, że większość przypomina króliczki Energizera – a nawet je przebija – lecz są i takie dzieciaki, które wolą siedzieć i obserwować świat kręcący się wokół nich.

Staraj się wszelkimi sposobami – ale bez przesadnego naciskania – namawiać dziecko do bardziej aktywnych zabaw, na przykład nastaw skoczną muzykę i zachęcaj do tańca albo próbuj zainteresować je toczeniem piłki, ciągnięciem wagonika lub wspólną zabawą w skakanie. Uważaj przy tym, by nie forsować zajęć sportowych, gdyż w taki sposób tylko je dziecku obrzydzisz. Zabieraj malucha częściej na plac zabaw, ale jeśli tam będzie wolał stać i obserwować, jak inne dzieci się bawią, pozwól mu na to. A gdy podczas spaceru w parku dziecko będzie się zatrzymywać i obserwować kamyczki na ścieżce, zamiast po niej biegać, to też dobrze.

Ciesz się tym, że twoje dziecko jest wyjątkowe, a także tym, że nie musisz ciągle za nim biegać. Chwal je za jego gryzmołki, za to, że uważnie układa trzy klocki, za to, że lubi oglądać książeczki, i korzystaj z tego, że potrafi spokojnie siedzieć, słuchając bajki, w odróżnieniu od swych wiecznie rozbieganych rówieśników. Chwal je także, gdy dołączy do grona skaczących dzieciaków lub samo troszeczkę poskacze.

Ale jeżeli dziecko zdecydowanie zawsze odmawia wszelkich form ruchu, zabierz je do lekarza, który sprawdzi, czy za jego nadmiernie spokojną naturą nie kryje się jakiś problem zdrowotny.

WSZYSTKO O...

AKTYWNOŚĆ FIZYCZNA

Pewnie się zastanawiasz, po co ktoś miałby dodatkowo zachęcać małe dziecko do aktywności fizycznej. Czyż ono nie jest wystarczająco ruchliwe?! Można się zmęczyć samym patrzeniem, jak biega i skacze, nie mówiąc już o nadążaniu za nim. Nikt nie musi cię przekonywać, że maluchy z natury są kłębkami energii, którym nie trzeba żadnej zachęty, by były wiecznie w ruchu. Nawet te najspokojniejsze muszą się każdego dnia wyszaleć, tyle że robią to w nieco bardziej stonowany sposób. Całe to raczkowanie, dreptanie, wspinanie się, rzucanie przedmiotami, bieganie to bez wątpienia prawidłowe formy aktywności w tym wieku, ale chodzi w nich o coś więcej niż tylko o ruch... o znacznie więcej. Oto kilka cech, które dotyczą aktywnych dzieci:

Lepiej śpią. To powinno cię ucieszyć: dziecko, które ma dużo ruchu w ciągu dnia, łatwiej zasypia wieczorem (jest bardziej zmęczone), ma głębszy sen i lepiej wypoczywa niż dziecko, które spędza większość czasu na siedząco (przypięte do fotelika samochodowego, w spacerówce, przed telewizorem). Pamiętaj tylko, by pod koniec dnia dać maluchowi czas na wyciszenie. Jeśli będzie miał za dużo ruchu tuż przed pójściem na spoczynek, jego wewnętrzny silniczek nie zdoła dostatecznie szybko zwolnić obrotów i nie pozwoli mu zasnąć.

Są szczęśliwsze. Aktywność fizyczna poprawia nastrój, stymulując mózg do wydzielania endorfin, substancji chemicznych odpowiedzialnych za dobry nastrój, dzięki czemu dzieci są radośniejsze i paradoksalnie bardziej zrelaksowane (a szczęśliwsze i zrelaksowane dziecko oznacza szczęśliwszych i zrelaksowanych rodziców).

Zużytkowują energię w bardziej pozytywny sposób. Rozpierająca maluszka energia musi znaleźć jakieś ujście – aktywne dziecko ma więcej okazji do bardziej konstruktywnego jej spalania (toczenie piłki, tańczenie do muzyki, pędzenie autkiem, bieganie za motylkami w parku) niż poprzez napady złości. Poza tym ruch pomaga dziecku rozładować frustracje, a tych każdy malec ma pod dostatkiem. To właśnie one wywołują te zachowania, które z kolei frustrują ciebie – jak choćby właśnie te wspomniane napady złości.

Są zdrowsze. Od dawna wiadomo, że aktywność fizyczna wzmacnia układ odpornościowy osób dorosłych. To samo dotyczy dzieci. Maluchy, które mają dużo ruchu, rzadziej chorują.

Mają lepszy apetyt. Choć trudno czasem posadzić aktywne dziecko przy stole, będzie ono miało dobry apetyt, bo przecież im więcej się rusza, tym więcej potrzebuje paliwa, by biegać... i biegać... i biegać.

Są szczuplejsze. Ponieważ ruch jest najlepszym sposobem na kontrolowanie przyrostu

Jak pomóc dziecku rozładować nadmiar energii

Każdy malec od czasu do czasu musi upuścić trochę pary – jeden częściej, drugi rzadziej. Jeżeli twoje dziecko jest szczególnie aktywne (nawet jak na swój wiek) lub po prostu ma wyjątkowo frustrujący dzień (a takich w życiu dwulatków nie brakuje), warto zapewnić mu jakieś „wentyle bezpieczeństwa", by nie doszło do „wybuchu". Gdy zauważysz, że zbliża się punkt wrzenia, zaproponuj następujące zajęcia:

- bębnienie w garnki
- uderzanie w kulę z plasteliny
- pluskanie się w wannie lub brodziku ogrodowym
- wyrywanie chwastów w ogródku (zajęcie tylko dla tych dzieci, które nie będą chciały skosztować tego, co wyrwą)
- walka na poduszki (w bezpiecznym otoczeniu)
- boksowanie poduszki.

Gdy dziecko się uspokoi, spróbuj ustalić, czy jego bardziej dzikie niż zwykle zachowanie miało konkretną przyczynę (silna frustracja, brak drzemki, zjedzenie całej babeczki czekoladowej), by w przyszłości temu zaradzić.

tkanki tłuszczowej, aktywne dzieci są mniej zagrożone otyłością – zarówno tą dziecięcą, jak i w późniejszym wieku. Szczupłe dziecko z kolei rzadziej jest zagrożone cukrzycą typu 2, nadciśnieniem tętniczym, podwyższonym stężeniem cholesterolu, a nawet nowotworami w wieku dorosłym. Ma więc zdrowszy start w zdrową przyszłość.

Częściej stają się w przyszłości aktywnymi dorosłymi. Nawyki lubią się utrwalać, a im wcześniej się ich nabiera, tym większe prawdopodobieństwo, że pozostaną na całe życie. Dotyczy to i tych dobrych nawyków (zdrowe odżywianie, regularne wykonywanie ćwiczeń fizycznych), jak i złych (słabość do fast foodów, kanapowy styl życia). To daje ci kolejny powód do dbania o ruch dla dziecka.

Co jednak masz zrobić, gdy, choć jesteś głęboko przekonana o korzyściach, jakie daje aktywność fizyczna dziecka, nie masz pomysłu, jak ją sprowokować (albo nie wiesz, ile czasu lub pieniędzy trzeba w nią zainwestować)? Ponieważ dzieci cenią sobie w życiu prostotę, nie będzie cię to wiele kosztować. Innymi słowy, można dziecko zapisać na zajęcia dla maluszków lub chodzić z nim do specjalnych sal z zabawkami, ale nie jest to konieczne. Oto co wystarczy zrobić:

- ▲ Wyłączyć telewizor. Dzieci, które oglądają telewizję (podobnie jak dorośli), rzadko mają dostatecznie dużo ruchu. Trudno wręcz o zajęcie pochłaniające równie mało energii, bo nawet jeśli dziecko siedzi i nic nie robi, spala jej więcej.
- ▲ Ograniczyć czas spędzany w foteliku lub spacerówce. Dziecko chodzące na pewno wymaga uważnej obserwacji, co czasem bywa trudne – jak choćby podczas zakupów czy załatwiania spraw w banku lub na poczcie, ale z kolei przypięte do spacerówki, wózka sklepowego czy nosidełka nie ma okazji do ćwiczenia mięśni. Dodatkowa korzyść z pozostawiania wózka dziecięcego w domu – przynajmniej od czasu do czasu – to porcja ruchu dla ciebie, kiedy będziesz gonić swoją pociechę.
- ▲ Ćwiczyć razem. Nie ma lepszego sposobu na zachęcenie dziecka do ruchu niż dobry przykład. Może to być poranny spacer, popołudniowa potańcówka, ćwiczenie jogi w salonie czy zabawa piłką plażową w ogrodzie. Jeśli będziecie razem ćwiczyć, razem cieszyć się będziecie zdrowiem.
- ▲ Wyjść na dwór. Świeże powietrze oraz światło słoneczne zwiększają korzyści płynące z ruchu, zwłaszcza w kwestii zdrowego snu i nastroju. Korzystaj zatem z dobrej pogody i staraj się dać dziecku choć raz dziennie okazję do pobytu na dworze.

NA BASENIE

Twój maluszek uwielbia pluskać się w wodzie, nie chce opuszczać wanny, piszczy ze szczęścia na widok basenu i gdy tylko może, przymierza rękawki do pływania. Innymi słowy, wszystko wskazuje na to, że być może nadszedł czas zapisać go na naukę pływania.

Są dowody wskazujące na to, że dzieci w wieku powyżej roku (czyli nie niemowlęta!) są mniej zagrożone utonięciem, jeśli miały zajęcia w szkole pływania. Oczywiście opanowanie stylów pływackich jest raczej jeszcze poza zasięgiem dziecka w tym wieku, lecz nawet roczny brzdąc może się nauczyć kilku podstawowych ruchów, wystarczających do pływania np. pieskiem. Według Amerykańskiej Akademii Pediatrii (AAP, American Academy of Pediatrics) szkoła pływania na pewno nie jest czymś obowiązkowym dla tak małych dzieci – ani nie jest odpowiednia dla wszystkich malców. Jeśli jednak zależy ci na tym, by twoja pociecha zaczęła pływać, nie ma powodu do odwlekania rozpoczęcia nauki. Musisz tylko pamiętać, że w tym przypadku wiek dziecka o niczym jeszcze nie świadczy: niektóre dzieci są gotowe do tego zadania wcześniej, inne później.

Skąd zatem będziesz wiedzieć, czy już możesz włożyć twoją małą rybkę do wody? Zastanów się: czy dziecko często ma kontakt z wodą i wiążącymi się z nią niebezpieczeństwami (na przykład czy masz basen w domu, domek przy plaży, czy często jeździcie na wakacje do kurortów z basenem)? Czy jest na takim etapie rozwoju, by chodzić na zajęcia (czy rozumie polecenia i będzie je wykonywać)? Czy jest fizycznie gotowe (czy będzie umiało ruszać nóżkami i przebierać rączkami, czy potrafi skoordynować te ruchy)? Czy jest gotowe emocjonalnie (czy nie boi się wody i nie musi stopniowo się z nią oswajać)? Jeśli uważasz, że nie ma żadnych przeciwwskazań, śmiało zapisz malca na zajęcia przygotowujące do pływania (typowa nauka pływania jeszcze nie jest dla niego). Co masz jednak zrobić, gdy dziecko nie jest jeszcze gotowe albo gdy ty nie czujesz się gotowa? Po prostu poczekaj na stosowny czas.

Najważniejsza uwaga związana ze szkołami pływania: należy pamiętać, iż zdobyte w nich umiejętności nie chronią dzieci przed utonięciem i nigdy nie zastępują nadzoru dorosłych nad dziećmi w wodzie. Dotyczy to również nadmuchiwanych zabawek, kół czy rękawków do pływania – są świetne, ale tylko wtedy, gdy ty jesteś tuż obok swego malca przez cały czas, nie można jednak polegać na nich, gdy chodzi o jego bezpieczeństwo. AAP zaleca, by stosować „nadzór na wyciągnięcie ręki", czyli być stale na tyle blisko dziecka, by móc w każdej chwili do niego sięgnąć. Zwracaj także uwagę, by dziecko zanurzało się w wodzie na krótko i nie połykało jej za dużo – niektóre mają do tego silną skłonność, a zwyczaj ten może zaszkodzić ich zdrowiu.

Więcej na temat bezpieczeństwa dziecka w wodzie i jej pobliżu znajdziesz na str. 409.

- Spędzać więcej czasu na prostych, nieskomplikowanych zabawach, uwielbianych przez wszystkie dzieci. Należą do nich:
  - taniec przy skocznej muzyce
  - gimnastyka i turlanie się (na dużej macie lub dywanie, z dala od ostrych krawędzi i innych niebezpieczeństw)
  - skakanie na wypchany, miękki fotelik
  - dziecięca akrobatyka (pokaż dziecku zabawy w dotykanie paluszków u nóg, zabawę w „głowa, ramiona, kolana, pięty", robienie pajacyków)
  - rzucanie woreczkiem z groszkiem (tam, gdzie dziecko nie strąci nim lampy ani innego cennego przedmiotu)
  - żwawe zabawy w kółeczku przy piosenkach, np. „Chodzi lisek koło drogi", „Figury, zmieniajcie się"
  - zabawa w chowanego, w berka, „róbcie wszystko to co ja"
  - pchanie zabawek na kółkach, ciągnięcie wagonika, jeżdżenie autkiem
  - ćwiczenie wchodzenia po schodach (pod twoim nadzorem)
  - zabawy na placu zabaw: huśtawki, zjeżdżalnie, labirynty, „małpie gaje"
  - zabawy piłką: toczenie, odbijanie, rzucanie, kopanie
  - łapanie baniek mydlanych.

Sposoby na wyciszenie dziecka

Czasem dziecko ma tak dużo energii, że rozładowanie jej w konstruktywny sposób (lub przygotowanie malucha do nocnego odpoczynku) przestaje być wykonalne. Gdy tak się dzieje, lepiej jak najszybciej rozpocząć proces wyciszania, na przykład poprzez:

- przytulanie, głaskanie, masaż (i szeptanie przy tym „szszszsz...")
- spokojną muzykę, ze śpiewem lub bez
- czytanie uspokajającej opowiastki
- ciepłą kąpiel
- układanie prostej układanki (ale tylko jeśli dziecko się przy tym nie denerwuje)
- bazgranie, malowanie pędzlem lub paluszkami, rysowanie kredkami lub kredą
- zabawy plasteliną
- zabawy w wodzie
- obserwowanie rybek w akwarium
- położenie się na trawie i obserwowanie chmurek
- głaskanie pluszowego zwierzaczka.

Rozdział 4

ODŻYWIANIE

Jaki jest największy problem z karmieniem twego dziecka? Marudzenie nad talerzem? Wybrzydzanie? Przywiązanie do beżowych produktów – szczególnie tych, których nie da się połączyć – czy podejrzliwość wobec wszystkiego, co ma naturalny zielony kolor? A może nietolerowanie nowych konsystencji? Zamiłowanie do słodyczy lub smażonych potraw? Wszystkie te problemy razem wzięte? Jeżeli tak, to nie ma w tym nic zaskakującego. Nawet dzieci, które kiedyś otwierały szeroko buzię bez względu na to, co było na łyżeczce, w drugim roku życia zaczynają mieć na temat posiłków własne zdanie, zazwyczaj sprzeczne ze zdaniem rodziców. Czy oznacza to, że należy się poddać i zapomnieć o pragnieniu zapewnienia swemu dziecku zdrowej, zróżnicowanej i zrównoważonej diety? Albo o tym, by jego dietę można było określić choć jednym z tych trzech przymiotników? Zdecydowanie nie, co zaraz uzasadnimy. Choć może ci się wydawać, że twoje dziecko stało się wybredne, to w rzeczywistości jest teraz najbardziej podatne na wpływy – nie mówiąc o tym, że roczne dziecko nie może przecież jeszcze sięgnąć po pudełko lodów czy skoczyć do Burger Kinga. Jeśli teraz będziesz oferować malcowi zdrową żywność, chętniej będzie po nią sięgać w przyszłości. Pamiętaj, by żywność służyła słusznej sprawie, czyli zwalczała głód, a nie na przykład nudę, i by była spożywana w odpowiednim miejscu, czyli przy stole, a nie na wersalce przed telewizorem. Staraj się czasem wprowadzić do jadłospisu dziecka coś zaskakującego: obok makaronu z serem podaj kalafior z curry albo dodaj plaster świeżego mango do paluszków z kurczaka. Dzięki takim prostym zabiegom dziecko rozszerzy swoje zainteresowania smakowe znacznie poza wybór pomiędzy jedzeniem nijakim i bardziej nijakim, słodkim i słodszym albo słonym i bardziej słonym.

Dieta w drugim roku życia

Nawyki żywieniowe twojego dziecka właśnie się kształtują, nawet jeśli czasem trudno to dostrzec (na przykład gdy już tydzień z rzędu je tylko i wyłącznie płatki zbożowe). Po prostu nawyki te nie są jeszcze do końca wykształcone, a to oznacza, że masz życiową szansę, by pomóc dziecku nabrać zwyczaju zdrowego odżywiania się, czyli takiego, dzięki któremu będzie ono żyć dłużej i będzie cieszyć się lepszym zdrowiem (nowe odkrycia naukowe potwierdzają starą mądrość: jesteś tym, co jesz). Teraz zatem musisz wpoić dziecku, co powinno jeść.

Wprowadzamy... zdrowe nawyki

Aby twoje dziecko nabrało dobrych nawyków żywieniowych, zacznij od podstaw:

Każdy kęs się liczy (ale nie musi być liczony). Z powodu malutkich brzuszków, zmiennych apetytów oraz przypuszczalnie ograniczonych gustów małe dzieci nie jedzą dużo. Często wystarczy im zaskakująco mało kęsów i nie ma w tym żadnej nieprawidłowości. Dlatego tak ważne jest to, by jeśli to możliwe, skupiać się na jakości, a nie na ilości. Podawaj dziecku jak najbardziej wartościową żywność, nawet jeśli miałoby jej być mało: pełnoziarniste pieczywo zamiast białego, gofry z mąki pełnoziarnistej zamiast ciasteczek, pieczone plasterki patatów zamiast frytek. Niech jak najmniej kęsów będzie zmarnowanych na to, co nie jest zbyt pożywne (czyli na śmieciowe jedzenie).

Ty kupujesz, a dziecko wybiera z tego, co kupisz. Bądźmy szczerzy: gdyby to od dzieci zależało, wszystkie posiłki byłyby polane lukrem, a brokuły nigdy nie znalazłyby się w twoim koszyku z zakupami. Na szczęście to nie dzieci tu rządzą, a przynajmniej nie powinny. Nawet gdy dziecko domaga się głośno lodów lub babeczek, pamiętaj, że to ty masz decydujące zdanie w kwestii jedzenia. To ty robisz zakupy i to od ciebie zależy, co przyniesiesz do domu, a czego nie oraz jaka żywność jest odpowiednia (marchewki na parze i hummus przed obiadem), a jaka nie (ciastka na śniadanie). Dziecko natomiast może wybrać spośród zdrowej żywności to,

Dodatki się sumują

Jeśli twoje dziecko uwielbia płatki w kolorach tęczy, lody z kolorowymi kuleczkami czy wszystko, co zostawia niebieski kolor na języczku, powinnaś się dobrze zastanowić nad tym, czy warto, by taka żywność (pełna barwników oraz zawierająca inne dodatki) stanowiła część jego diety. Dlaczego? Po pierwsze, dlatego że niewiele jeszcze wiemy na temat skutków skumulowanego działania różnych dodatków, ale na pewno gromadzą się one w organizmie i mogą zaszkodzić dziecku, które jest jeszcze małe i ciągle rośnie. Po drugie, wyniki badań sugerują nadwrażliwość niektórych dzieci na sztuczne barwniki, aromaty i konserwanty zawarte w żywności przetworzonej. Nadwrażliwość może się objawiać problemami z zachowaniem i koncentracją. Ostatni powód powinien ci całkowicie wystarczyć: żywność zawierająca dodatki chemiczne zazwyczaj jest po prostu niezdrowa dla twojego maluszka i ma mnóstwo innych szkodliwych składników, takich jak cukier, sód i tłuszcz.

Aby wyeliminować niezdrowe dodatki, wystarczy ograniczyć w diecie ilość żywności przetworzonej. Powinnaś zatem jak najczęściej podawać produkty świeże, nieprzetworzone wcale lub przetworzone tylko minimalnie; czytać uważnie etykiety, nie kupować niczego, co zawiera sztuczne barwniki (np. żółcień chinolinową – E104, czerwień koszenilową – E124 czy błękit brylantowy FCF – E133), nabywać tylko żywność z dodatkiem barwników naturalnych (takich jak np. ekstrakt z annatto, beta-karoten, proszek z buraków, soki owocowe i warzywne, papryka, szafran lub kurkuma) oraz omijać szerokim łukiem sztucznie barwione napoje czy mleko (czy wiesz, że w mleku truskawkowym może nie być ani jednej truskawki?).

na co ma ochotę. I wiedz, że znacznie łatwiej odmawiać dziecku czekoladowych pianek do mleka, kiedy nie ma ich w szafce.

Apetyt decyduje. Jeśli chodzi o wzorzec odżywiania się małego dziecka... No cóż, powiedzmy tak: nie ma czegoś takiego. Jednego dnia pochłonie ono dwie miseczki płatków, banana i jogurt na śniadanie, po czym wzgardzi przekąską, a na obiad i kolację ledwie coś skubnie. Następnego dnia jednak zbojkotuje śniadanie, niechętnie spojrzy na obiad, na kolację natomiast będzie objadać się makaronem z serem. Trzeciego dnia najważniejsze będą przekąski, główne posiłki natomiast spotkają się ze znikomym zainteresowaniem.

Jaką strategię masz przybrać, skoro jesteś tą osobą, która karmi? Kieruj się apetytem dziecka. Podawaj trzy posiłki, uzupełniane w odpowiednich porach przekąskami, ale pozwól malcowi jeść tyle, ile chce (albo nie chce). Nie naciskaj, że ma zjeść więcej, nie mów, że jest niejadkiem, nie gań za zostawienie niedojedzonego dania ani za niezjedzenie jakiegoś posiłku. Pamiętaj: zdrowe dzieci jedzą tyle, ile potrzebują. I patrz na dietę swego dziecka z szerszej perspektywy (na przykład tygodnia), a wtedy zapewne przekonasz się, że dni lepszego i gorszego apetytu się równoważą.

Przekąski to podstawa. Maleńki zbiornik nie pomieści dużo paliwa, a to oznacza, że należy go często uzupełniać. Temu celowi właśnie służą przekąski, które działają jak regularne dostawy tak potrzebnego ruchliwemu dziecku źródła energii i substancji odżywczych, a często także jako uzupełnienie tego, czego nie uzyskało z ledwo tkniętych posiłków. Jeśli są to zdrowe przekąski, to stanowią kolejny element prawidłowej diety – staraj się traktować je jako miniposiłki: zminiaturyzowane, wartościowe odżywczo trzy posiłki główne.

Płyny zajmują miejsce pokarmów stałych. Jeszcze niedawno całe pożywienie maluszka miało płynną konsystencję, nic zatem dziwnego, że nadal jest jej wielkim zwolennikiem. Niestety te wartościowe płyny (na przykład soki) oraz to, że metoda ich podawania czyni je łatwo dostępnymi, gotowymi do spożycia (butelka, kubeczek), sprawiają, iż często zaspokajają one apetyt dziecka na pożywienie. Jednak aby dziecko zdrowo się odżywiało, nie powinno za dużo pić: wystarczą mu dwa kubeczki (250 ml) mleka i nie więcej niż ½ do ¾ kubka soku.

Złożony problem węglowodanów. Bajgle, chleb, krakersy, spaghetti, płatki śniadaniowe – nawet najbardziej grymaśne dziecko lubi zazwyczaj przynajmniej jeden produkt należący do rodziny węglowodanów, a niektóre wręcz nie chcą nic innego jeść. Nie wszystkie węglowodany mają jednak tę samą wartość odżywczą, dlatego należy wybierać głównie węglowodany złożone. Są one źródłem wielu naturalnie występujących substancji odżywczych, które są usuwane podczas procesu oczyszczania (czyli produkcji białej mąki), a które pełnią ważną rolę w procesie wzrostu i rozwoju małego dziecięcego organizmu. Pełne ziarna i inne węglowodany złożone (na str. 90 znajdziesz ich przykłady) są także wolniej trawione niż te rafinowane, a zatem dostarczają dziecku energii przez dłuższy czas i zapobiegają spadkom stężenia glukozy we krwi, które mogą sprawić, że słoneczny nastrój szybko przesłaniają burzowe chmury. I jeszcze jedna ważna informacja: dieta, w której preferowane są węglowodany złożone, a nie proste – zwłaszcza jeśli wprowadza się ją we wczesnym okresie życia dziecka, kiedy kubki smakowe dopiero się rozwijają – chroni przed otyłością i cukrzycą typu 2, ponieważ ten typ węglowodanów znakomicie reguluje stężenie glukozy we krwi i ogranicza proces przemiany cukru w tkankę tłuszczową.

Zdrowa żywność jest kolorowa. Twoje dziecko może jeszcze nie wiedzieć, co to czerwone, a co niebieskie, co zielone, a co pomarańczowe, ale jest coś, co ty powinnaś już wiedzieć

Urozmaicamy posiłki

Roczne dzieci nie są zbyt skłonne do odważnych eksperymentów w kwestii posiłków i dla wielu z nich różnorodność oznacza to, że jednego dnia kanapka z dżemem może być pokrojona w trójkąciki, a drugiego w kwadraciki.

Ale przecież te same pokarmy dostarczają wciąż tych samych składników, więc warto zadbać o ich urozmaicenie, co będzie chronić przed monotonią i poszerzy repertuar smaków malca (kiedyś... oby...). Zdobądź się więc na pomysłowość!

- Podawaj na zmianę owsiane kółeczka i zbożowe płatki, owsiankę na przemian z kaszą manną.
- Jednego dnia dodawaj do płatków banana, drugiego truskawki.
- Jednego dnia daj dziecku purée z kabaczka, następnego z cukinii, kolejnego zaś z groszku.
- Uzupełniaj posiłki na zmianę komosą ryżową, soczewicą, fasolą i ciecierzycą.
- Składniki kanapek podawaj w picie albo zawijaj je w tortilli.
- Podawaj ser cheddar pokrojony w kosteczkę, sznurki serowe i plasterki sera szwajcarskiego.
- Przygotowuj łososia w burgerach, burrito lub teriyaki.
- Sama przygotowuj pieczone paluszki z kurczaka, makaron z kurczakiem lub quesadillę drobiową.
- Dodawaj tofu do dań podsmażanych na małej ilości tłuszczu i lasagne lub podawaj je chrupiące, obsmażane.
- Gotuj klopsiki z różnych rodzajów mięsa.
- Proponuj dziecku pokrojone w kosteczkę różne owoce: nie tylko jabłko i gruszkę, lecz także papaję czy mango.
- Do posiłku podawaj dziecku do picia raz sok owocowy, a raz warzywny.
- Makaron z sosem serowym uzupełniaj raz groszkiem, a raz kalafiorem.
- Proponuj dziecku różne dipy: sos serowy, sos pomidorowy, jogurty, guacamole, sos majonezowy, mus jabłkowy, musztardę. Spróbuj także poeksperymentować z przyprawami: a to szczypta curry, a to odrobina czosnku... Bo czy możesz być pewna, że twoje wybredne maleństwo nie polubi pesto?

Sądzisz, że takie urozmaicanie nie przejdzie w przypadku twego dziecka? Cóż, brak zainteresowania nowymi smakami to typowe w tym wieku, ale na pewno można coś z tym zrobić – jeśli będziesz urozmaicać znane dziecku dania, może cię spotkać miła niespodzianka!

o kolorach: mogą być wskazówką co do wartości odżywczej produktu. Jeśli żywność jest w naturalny sposób intensywnie zabarwiona (czerwone truskawki zamiast batoników o smaku truskawkowym), to znaczy, że ma dużo wartościowych dla rosnącego organizmu substancji pokarmowych. Podczas zakupów myśl o wszystkich naturalnych kolorach tęczy: czerwonych pomidorach i truskawkach, pomarańczowych marchewkach i melonie, ciemnoniebieskich jagodach (a także o innych naturalnie niebieskich warzywach – jeśli takie znajdziesz – na przykład o specjalnej odmianie ziemniaków), żółtej kukurydzy i mango, zielonych kiwi i brokułach. Kwestia koloru nie dotyczy tylko działu z owocami i warzywami. Ciemniejsze odcienie pieczywa, ryżu czy płatków śniadaniowych także świadczą o ich przewadze nad białym chlebem oraz jasnymi płatkami lub makaronami.

Nie taki cukier słodki. Maluchy oczywiście przepadają za słodkim smakiem, zwykle już od pierwszego polizania polewy na cieście czy kawałka ciastka, ale jak dobrze wiesz, cukier to tylko mnóstwo kalorii i zero substancji odżywczych. Żywność obfitująca w cukier ostatecznie może od czasu do czasu służyć dziecku za przekąskę, natomiast na pewno nie może być podstawą jego diety. A ponieważ zajmuje ona cenne miejsce w żołądku (którego u malucha jest niewiele), nie wystarczy go już – ani apetytu – na zdrową żywność dostarczającą składników potrzebnych organizmowi do rozwoju. Mało tego: słodkości powodują próchnicę zębów i otyłość (dziecięcą i późniejszą) oraz wiele innych problemów zdrowotnych, na przykład choroby serca. Gdy dziecko raz zasmakuje w łakociach, trudno je będzie od tego odzwyczaić – pewnie wiesz coś na temat zmagań z apetytem na słodycze z własnego doświadczenia? Jaka jest zatem najlepsza strategia dotycząca cukru? Od początku ograniczaj jego udział w dziecięcej diecie. Rozwijaj apetyt na to, co naturalnie słodkie, a nie słodzone, czyli na owoce, pataty lub marchewki oraz na takie produkty, które jednocześnie zapoznają dziecko z innymi smakami, jak kwaskowe jogurty, czosnkowy hummus, kremowe awokado, ostra salsa.

Wszechobecna sól. Jeśli mielibyśmy wskazać składnik, który jest równie powszechny w amerykańskiej diecie jak cukier, byłaby to właśnie sól. Czytaj uważnie etykiety na paczkowanej żywności, a sól znajdziesz (zwykle ukrywa się pod nazwą „sód") zarówno tam, gdzie można się jej spodziewać (w chipsach o słonym smaku), jak i tam, gdzie nigdy byś się jej nie spodziewała (na przykład w słodkich płatkach zbożowych). Nadmiar soli – podobnie jak cukru – to gotowy przepis na problemy zdrowotne w przyszłości, gdyż dietę obfitującą w sód łączymy z nadciśnieniem tętniczym (które prowadzi do chorób serca) i otyłością (ponieważ słone produkty spożywcze zwykle są tuczące). Drugie podobieństwo soli do cukru jest takie, że jeśli raz nabierze się zamiłowania do jej smaku, to trudno go zwalczyć (prawdopodobnie właśnie dlatego nie wyobrażasz sobie życia bez niej). Daje ci to więc kolejny powód do ograniczenia udziału soli w jadłospisie twego dziecka. Czy wiesz, że większość dzieci spożywa dwa razy więcej sodu, niż wynosi zapotrzebowanie organizmu?

Dobre jedzenie pamięta, skąd pochodzi. Im mniej przetworzona żywność, tym więcej w niej naturalnie występujących wartości i składników odżywczych. To dlatego chleb pełnoziarnisty jest lepszy niż białe pieczywo, świeżo wyciśnięty sok z owoców przebija „napój owocowy", prawdziwy biały ser (twaróg) góruje nad wysoko przetworzonym „serkiem", a pełen aromatów i barwników jogurt jagodowy przegrywa z przygotowanym przez ciebie jogurtem naturalnym z prawdziwymi jagodami. Gdy tylko możesz, wybieraj świeżą żywność wyprodukowaną lokalnie: świeże owoce i warzywa w sezonie (a nie mrożonki), pieczywo pełnoziarniste z miejscowej piekarni, nieprzetworzone mięso. Przygotowuj te zdrowe produkty w jak najzdrowszy sposób – warzywa na parze lub pieczone, aby zachowały witaminy i inne składniki odżywcze, kurczaka na ruszcie zamiast smażonego na tłuszczu.

Zdrowe nawyki żywieniowe zaczynają się w domu. Gdzie wyrobiłaś sobie swoje nawyki żywieniowe? Na pewno częściowo u koleżanek (zwłaszcza jeśli zostawałaś u nich na noc), w szkolnej stołówce, w cukierniach, barach przekąskowych w kinie, być może na obozach i koloniach oraz w przyuczelnianych jadłodajniach. Ale jeśli dobrze się zastanowisz, pewnie dojdziesz do wniosku, że większość tych nawyków wywodzi się z domu rodzinnego. Dlatego postaraj się, aby twój dom był miejscem, w którym panują prawidłowe zasady żywienia i z którego twoje dziecko wyniesie zdrowe nawyki na całe życie. Sama też na tym wiele skorzystasz, gdyż rodzina, która razem zdrowo się odżywia, razem cieszy się lepszym zdrowiem.

„Codzienna dwunastka" dwulatka

Gdyby próbować zapisywać to, co maluch zjada, pewnie wyglądałoby to mniej więcej tak: dwa i pół kęsa tosta, trzy jagody i łyżeczka jogurtu... pół pałeczki serowej i plasterek banana... ćwierć kubka płatków Cheerios, licząc te, które wysypały się w samochodzie... spora porcja klopsików, dziesięć kolanek makaronu oraz ćwierć kubka sosu pomidorowego, którego większość posłużyła do umorusania twarzy. Innymi słowy, nie jest to na pewno zadanie proste. Ale na szczęście nie musisz tego wszystkiego zapisywać.

Odłóż zatem na bok karty wyników, kalkulator, łyżeczki i kubeczki z miarką; prze-

Napoje witaminowe

Są słodkie, łatwe do przełykania, dzieci uwielbiają ich smak. A do tego zawierają mnóstwo składników odżywczych, niezbędnych każdemu brzdącowi – od białka po wapń i DHA. Czy tymi odżywczymi produktami powinnaś uzupełniać jadłospis twojego niejadka? Raczej nie. Powodów jest kilka: po pierwsze, zwykle mają mnóstwo cukru i dodatków, takich jak substancje smakowe i barwniki. Po drugie, są bardzo sycące, nie pozostawiają zatem w małym żołądku miejsca na wartościowe pokarmy stałe. Po trzecie i najważniejsze, nie mogą stanowić substytutu prawdziwego jedzenia: takiego, jakie malec powinien dostawać, by nabierać nawyku prawidłowego, zdrowego odżywiania się. Nawet jeśli wypełnią one pewne luki w odżywianiu, to stworzą też wiele nowych (nawet te napoje, które zawierają błonnik, nie dorównują kromce pełnego pieczywa); sprawiają też, że dziecko często staje się jeszcze bardziej wybredne – na przykład zaczyna się domagać tylko napojów czekoladowych, truskawkowych albo waniliowych. Pamiętaj, że znakomita większość maluszków karmionych pełnowartościowymi, zdrowymi produktami będzie jeść tyle, ile im potrzeba, by rosnąć. Żadne słodkie suplementy nie są potrzebne. Jeśli nadal się martwisz, że twoje dziecko ma słaby apetyt, porozmawiaj o tym z lekarzem.

stań też wysilać się nad dodawaniem tych wszystkich „gryzów", liźnięć, okruchów i pozostawionych resztek. Przedstawiona tu „codzienna dwunastka" jest bowiem nie tyle zbiorem zasad, których trzeba ściśle przestrzegać, ile raczej zestawieniem ogólnych wskazówek dotyczących rodzajów pożywienia (oraz grup pokarmowych), które powinny wchodzić w skład diety twego dziecka. Nie wprowadzaj nerwowej atmosfery przy posiłkach, nie stosuj przekupstw, pochlebstw ani kar, by nakłonić dziecko do jedzenia odpowiadającego tym wytycznym. Raczej staraj się oferować mu różnorodność zdrowej żywności, z której samo wybierze to, co chce zjeść, a czego nie chce, kierując się przy tym własnym apetytem. Miej też na uwadze to, że dzieci roczne i dwuletnie muszą jeść znacznie mniej, niż sądzą ich rodzice, a zatem słaby apetyt nie stanowi problemu.

Kalorie. Amerykańska Akademia Pediatrii zaleca, by dzieci roczne i dwuletnie przyjmowały około 1000 kalorii dziennie. A skoro już to wiesz, zapomnij o tym, gdyż to nie liczenie kalorii powie ci, czy twoje dziecko otrzymuje ich tyle, ile potrzebuje, czy za dużo. Dowiesz się tego podczas ważenia malca w trakcie wizyt kontrolnych u lekarza. Jeśli krzywa jego wzrostu będzie rysować się prawidłowo (z możliwością odchyleń w górę czy w dół, gdy chude dziecko dogania rówieśników, a pulchne nieco chudnie), to znaczy, że w kwestii kalorii nie ma się czym martwić. Zresztą zdrowe dzieci, którym ani nie ogranicza się jedzenia, ani się go nie wmusza, same zupełnie dobrze regulują liczbę przyjmowanych kalorii. Po prostu jedzą tyle, ile im potrzeba.

Białko. Mały organizm potrzebuje białka do tego, by urosnąć, ale wystarczą mu zaskakująco niewielkie ilości tego składnika. Jeden kubek mleka dostarcza tyle białka, ile dziecku w tym wieku potrzeba (ok. 16 gramów). Cała reszta: łyżeczka jogurtu, pół paluszka rybnego lub trzy kęsy sera to tylko bonus. Niemniej jednak warto oczywiście od samego początku podawać różnorodne pokarmy o dużej zawartości białka, i to nie tylko ze względu na ich wartość odżywczą (każdy zawiera inne ważne składniki), ale także po to, by eksperymentować ze smakami. Dawaj dziecku nabiał (mleko, ale także jogurt i sery, w tym ricottę oraz twaróg), jajka, ryby, drób, chude mięso czerwone, fasolę, edamame, tofu i produkty pełnoziarniste (zwłaszcza obfitą w białko komosę ryżową). Dobre jest także masło z orzeszków ziemnych czy migdałów, ale powinno być ono kremowe (bez chrupiących kawałeczków) i cienko smarowane. Unikaj ich jednak, jeśli masz obawy o alergie.

Wapń. Organizm twego wiecznie zajętego czymś dziecka też jest zajęty – chociaż w sposób

Ostrożnie z sokami!

Choć soki są świetnym źródłem witaminy C (i coraz częściej także innych składników, takich jak wapń), gaszą pragnienie i cieszą się wielką popularnością wśród użytkowników kubeczków z dzióbkiem, to ich nadmiar – o który nietrudno – może prowadzić do licznych problemów zdrowotnych, od otyłości (z nadmiaru pustych kalorii) do niedożywienia (puste kalorie zajmujące miejsce tych wartościowych) poprzez przewlekłe biegunki. Zawsze podawaj dziecku soki rozcieńczone pół na pół z wodą i ograniczaj ich ilość do maksymalnie ½–¾ kubka dziennie. A jeśli twój malec nie jest wielbicielem soków, nie podawaj mu ich wcale. Sprawdzaj zawsze na etykietach, czy to, co nalewasz do kubeczka, jest na pewno stuprocentowym sokiem owocowym, a nie jedynie „napojem owocowym".

niewidoczny dla ciebie – budowaniem silnych i zdrowych kości, mięśni oraz zębów, a do tego potrzebuje całkiem sporych ilości wapnia. W drugim roku życia zapotrzebowanie na wapń wynosi około 500 mg dziennie, czyli sprostanie temu zapotrzebowaniu to rzecz prosta dla małych wielbicieli mleka (każda szklanka białego napoju to 300 mg wapnia), choć i dla ich rówieśników stroniących od mleka to także nie jest szczególnie trudne wyzwanie: inne produkty mleczne, takie jak jogurty i sery, także dostarczają budulca dla kości (jogurt zawiera dokładnie tyle samo wapnia co identyczna ilość mleka, podobnie jak 30 g sera). Nie tylko nabiał dostarcza wapnia – jego źródłem są także wzbogacane tym składnikiem soki, tofu i wiele produktów sojowych, a nawet ciemnozielone warzywa (których wprowadzenie do menu dziecka nastąpi pewnie dopiero za jakiś czas, choć nigdy nic nie wiadomo).

Produkty zawierające witaminę C. Ta niezmiernie ważna witamina wspomaga układ odpornościowy, przyspiesza gojenie oraz wzmacnia mięśnie i naczynia krwionośne, co daje jej wysoką pozycję na liście obowiązkowych składników diety dziecka. Ponieważ organizm nie potrafi magazynować witaminy C, należy mu ją codziennie dostarczać (wczorajsza uczta jagodowa dziś już się nie liczy). Na szczęście zwykle maluchów nie trzeba namawiać do spożywania produktów z tym spełniającym wiele zadań składnikiem, gdyż znaleźć go można w lubianych przez dzieci owocach i warzywach, takich jak cytrusy (oraz standardowy sok pomarańczowy), jagody, melony, mango, kiwi, brokuły, warzywa liściaste, papryka, pomidory, sok i sos pomidorowy, a także pataty. Jedna czy dwie dawki tych produktów wypełniają dzienne zapotrzebowanie małego organizmu.

Warzywa żółte i zielone liściaste oraz żółte owoce. Te zawierające witaminę A produkty poszczycić się mogą licznymi zaletami, cennymi dla rosnącego organizmu: są ważne m.in. dla wzroku, rozwoju kości i zębów, dobrze funkcjonującego układu odpornościowego, zdrowej skóry i włosów. Należy pamiętać, że witamina A jest rozpuszczalna w tłuszczach i lepiej się wchłania w ich towarzystwie i brać to pod uwagę podczas komponowania posiłków. Jeśli twoje dziecko ma awersję do zielonego koloru (czyli do brokułów lub gotowanej zieleniny), znajdzie się dla niego sporo bogatych w witaminę A warzyw i owoców o kolorze żółtym czy pomarańczowym: morele, melon kantalupa, mango, papaja, żółte brzoskwinie, marchew, kabaczek, pataty, dynia, pomidory i sos pomidorowy, czerwona papryka. Staraj się, by dziecko zjadło jedną lub dwie dawki tych produktów dziennie. Wiele warzyw i owoców będących dobrym źródłem witaminy A zawiera także sporo witaminy C.

Inne owoce i warzywa. Uzupełnij dietę dziecka jedną lub dwoma dawkami następujących owoców i warzyw, które dostarczają witamin, soli mineralnych, przeciwutleniaczy i błonnika: jabłka, gruszki, banany, wiśnie, jagody, winogrona (przekrojone na pół), ananas, gotowane rodzynki, awokado, fasolka szparagowa, buraki, bakłażany, rzepa, grzyby, cukinia, okra, groszek, kukurydza.

Produkty pełnoziarniste i inne węglowodany złożone. Większość dzieci uwielbia pokarmy obfitujące w węglowodany, ale nie wszystkie te substancje są równie wartościowe. Unikaj węglowodanów prostych (białe pieczywo, biały ryż i rafinowane płatki śniadaniowe nie zawierają potrzebnych dziecku naturalnie występujących składników ani błonnika), a wybieraj produkty pełnoziarniste. Tych dziecko powinno otrzymać dziennie od 4 do 6 dawek. Uważasz, że to dużo? Bez obaw – jedna kromka pełnoziarnistego chleba to 4 dawki! Źródłem wartościowych węglowodanów są następujące produkty: pełnoziarniste pieczywo, pełnoziarnista pita i tortille, pełnoziarniste babeczki i krakersy; brązowy ryż, komosa ryżowa, jęczmień i bulgur; makarony z pełnoziarnistej mąki pszennej; pełnoziarniste płatki zbożowe, naleśniki i wafle; soczewica, ciecierzyca, fasole: pinto, czerwona, biała i inne. Pamiętaj też, że nie tylko produkty pszenne mogą być pełnoziarniste; poszukaj także tych kukurydzianych, owsianych, żytnich, jęczmiennych czy innych. Skąd wiadomo, że dany produkt na pewno jest pełnoziarnisty? Przeczytaj etykietę. Jeśli napisano na niej „pełnoziarnisty" lub „z pełnego ziarna", to tak jest.

Pokarmy bogate w żelazo. Wiele dzieci nie otrzymuje odpowiedniej ilości żelaza, zwłaszcza gdy przestają być karmione wzbogacanymi preparatami i płatkami dla niemowląt. Ponieważ ten składnik pokarmowy jest niezbędny do powstawania krwinek czerwonych, które z kolei transportują tlen do wszystkich tkanek, należy pilnować, by w diecie była dostateczna ilość żelaza. Dieta ta powinna więc zawierać produkty, które są dobrymi jego źródłami, m.in.: chudą wołowinę, wieprzowinę, drób, mięso łososia, jajka, fasolę, tofu, suszone śliwki, gotowane rodzynki, zielone warzywa liściaste, owsiankę oraz pełnoziarniste pieczywo, makarony i płatki zbożowe. Jeśli nie wiesz, czy twoje dziecko otrzymuje odpowiednią ilość żelaza, porozmawiaj na ten temat z lekarzem.

Produkty bogate w tłuszcze. Na razie nie trzeba obawiać się tego składnika – nawet jeśli mądrze starasz się zapobiegać otyłości dziecka w późniejszym życiu – należy tylko rozsądnie wybierać jego źródła. Małe dzieci potrzebują odpowiedniej ilości wartościowych tłuszczów do prawidłowego rozwoju mózgu i ogólnie całego układu nerwowego. Większość zapotrzebowania pokryje pełnotłuste mleko podawane do końca drugiego roku życia, chyba że lekarz zaleci inaczej. Co do innych produktów zawierających tłuszcz, kieruj się sercem (w naszej karmionej fast foodem cywilizacji już u małych dzieci mogą się tworzyć zmiany miażdżycowe w tętnicach*): oliwa z oliwek

CZAS NA MLEKO

Zaczął się drugi rok życia twego dziecka, co oznacza wprowadzenie do jego jadłospisu preparatów tzw. mleka następnego, a także mleka krowiego (nie ma potrzeby zastępowania tego ostatniego mieszankami dla małych dzieci). Większość maluszków od samego początku chętnie pije mleko krowie, jednak czasem zdarzy się taki brzdąc, który zdecydowanie woli mieszanki. Wówczas jednym ze sposobów na przyzwyczajanie pociechy do mleka krowiego jest rozcieńczanie mieszanki mlecznej niewielką jego ilością, po czym stopniowe (tydzień po tygodniu) zwiększanie ilości podawanego mleka aż do całkowitego wyeliminowania mieszanek. Nawet jeśli malec nie pił jeszcze tzw. mleka następnego, a ty zamierzasz nadal karmić go piersią, powinnaś wprowadzić mleko krowie, nie tylko po to, by dziecko poznało jego smak, lecz także dlatego, że zawiera ono więcej witaminy D niż twój pokarm (a tej witaminy rosnący organizm dziecięcy potrzebuje odpowiednią ilość). Poza tym nie ma to jak mleko krowie do płatków śniadaniowych, koktajli czy do moczenia ciasteczek!

Które mleko krowie powinnaś kupować dla dziecka? Najprawdopodobniej pełnotłuste, gdyż tłuszcz potrzebny jest mu teraz do rozwoju mózgu. Ale na ten temat porozmawiaj jeszcze z lekarzem.

* Miażdżyca rozwijająca się w dzieciństwie dotyczy głównie osób z homozygotyczną postacią hipercholeste-

i olej rzepakowy, awokado, cienko smarowane masło orzechowe o kremowej konsystencji (jeśli nie ma ryzyka reakcji alergicznych). Wystrzegaj się natomiast tłuszczów nasyconych, zwłaszcza kwasów tłuszczowych typu trans, które najczęściej znaleźć można w fast foodach, śmieciowym jedzeniu i żywności wysoko przetworzonej.

Płyny. Zapotrzebowanie dziecka wynosi nie więcej niż 4 do 6 kubków dziennie (ok. 2 kubków mleka, 0,5 do 0,75 kubka soku i od 2 do 3 kubków wody), ale nie musisz tego bardzo precyzyjnie zliczać, biorąc pod uwagę to, co się wylało, lub to, co dziecko zostawiło. Ponieważ wypijane płyny są wydalane, obserwuj zawartość pieluszek: jeśli mocz dziecka jest obfity i przejrzysty, to znaczy, że wszystko jest w porządku, natomiast mała ilość ciemnego moczu świadczy o niedoborze płynów. Podawaj ich dziecku więcej w gorące dni, by zapobiegać odwodnieniu, a także wówczas, gdy maluszek choruje – ma gorączkę, biegunkę lub wymiotuje. Najbardziej oczywistym źródłem płynów jest woda i warto, by dziecko w niej zasmakowało. Pamiętaj, że zawierają ją także owoce i warzywa (woda jest ich głównym składnikiem), mleko, zupy i soki.

Kwasy tłuszczowe omega-3. Należące do rodziny kwasów tłuszczowych kwasy omega-3 (takie jak DHA, EPA i ALA) powinny być obowiązkowo częścią diety całej twojej rodziny. Twemu dziecku są one niezbędne do prawidłowego wzrostu i rozwoju, korzystnie bowiem wpływają na wzrok, rozwój i funkcjonowanie mózgu, stabilizują nastroje i zachowanie malucha oraz są dobre dla jego serca. Znajdziesz je w orzechach włoskich, siemieniu lnianym (zmielone można przemycić w owsiance), tofu, edamame i oleju rzepakowym, a także w tłustych rybach, zwłaszcza w łososiu. Jeśli nadal karmisz piersią, pamiętaj, że twój pokarm jest znakomitym źródłem kwasów tłuszczowych omega-3, które zawarte są także we wzbogaconych DHA jogurtach, płatkach zbożowych, jajach, maśle orzechowym, a nawet w lodach.

Preparaty witaminowe. Co się dzieje, gdy śniadanie malucha (owsianka z gruszkami) wyląduje na podłodze, lunch (jogurt i pokrojone owoce) zostanie przez dziecko wtarty we włoski, a obiad (dobrze zbilansowane danie, czyli makaron z sosem serowym, w którym przemyciłaś łososia i purée z kalafiora) pozostanie na talerzu nietknięty? Otóż wtedy organizm dziecka nie otrzymuje swego dziennego zapotrzebowania na substancje odżywcze. Sytuację tę można określić jako typową, gdyż maluchy to znani ekscentrycy o zmiennych gustach w kwestiach odżywiania się i nie ma się tu czym martwić. Przypuszczalnie niedobór z jednego dnia zostanie wyrównany z zapasów nagromadzonych w organizmie. Są jednak pewne składniki, takie jak na przykład witamina C, których organizm nie potrafi magazynować, więc musi je otrzymywać codziennie, a inne, jak choćby witamina D, występują w żywności w niewielkich ilościach. Jeśli do tego dodamy jeszcze klasyczne obawy rodziców o to, czy ich dziecko nie jest niedożywione… Co więc robić? Rozwiązaniem są preparaty witaminowe – coś w rodzaju ubezpieczenia odżywczego, które zapewni ci spokój. Ponieważ jednak nie zaleca się podawania dzieciom tych preparatów codziennie (AAP nie zajmuje oficjalnego stanowiska w tej sprawie), musisz sama, w porozumieniu z lekarzem, zadecydować, czy „ubezpieczenie" to kupisz. Jeśli tak, zapytaj pediatrę, którą markę poleca, i kup preparat uzupełniający w postaci płynnej, a gdy dziecku wyrżną się zęby trzono-

---

rolemii rodzinnej, a więc dzieci z rodzin, w których u wielu krewnych występowały zawały serca lub udary mózgu w młodym wieku. Wówczas należy u dziecka oznaczyć lipidogram, czyli określić stężenie cholesterolu całkowitego i jego frakcji po 2 roku życia. Badanie należy wykonać również u dzieci z innych grup ryzyka, m.in. z cukrzycą, przewlekłą chorobą nerek, po przeszczepieniu serca, z przewlekłymi chorobami zapalnym, po leczeniu przeciwnowotworowym (przyp. red. meryt.).

WIELKOŚĆ PORCJI MA DUŻE ZNACZENIE

Jeśli twoje dziecko zjada niewiele z tego, co nakładasz mu na talerzyk, to przypuszczalnie dajesz mu po prostu za dużo jedzenia. Większość rodziców wykazuje taką skłonność, sądząc, że maluchy muszą dużo jeść, a to nie jest całkowicie zgodne z prawdą. Skutkiem właśnie takiego błędnego myślenia są nie tylko pozostawiane przez dziecko resztki posiłków, lecz także nadwaga. Wmuszanie dziecku nadmiaru jedzenia może szybko prowadzić do otyłości, szczególnie jeśli malec nabierze zwyczaju pałaszowania wszystkiego, co mu się poda. A skoro mowa o przesadzonych porcjach, to dodajmy, że wiele dzieci (zresztą dorosłych także) regularnie spożywa dwa i trzy razy więcej niż powinno. Nie ma jednak powodu, by mierzyć posiłki dziecka suwmiarką i menzurką (ani czymkolwiek innym), najlepiej pozwolić mu jeść tyle, na ile ma apetyt. Ale – żeby nie przytłaczać naszego dwulatka zbyt kopiastymi porcjami – warto wiedzieć, jaka ma być wielkość jednej porcji konkretnego produktu przewidziana dla danego wieku. Z podanej obok listy zorientujesz się, że wielkość ta powinna wynosić mniej więcej jedną czwartą porcji zalecanej dla dorosłych.

- Świeże owoce: ¼ kubka
- Gotowane owoce: 2 łyżki stołowe
- Gotowane warzywa: 1–2 łyżki stołowe
- Mięso czerwone, ryby i drób: 30 g
- Chleb: ¼ kromki
- Krakersy: 2 małe
- Płatki zbożowe suche: ¼ kubka
- Owsianka: 2 łyżki stołowe
- Gotowany makaron, ryż i inne ziarna: 2 łyżki stołowe
- Fasola: 2 łyżki stołowe
- Biały ser: 30 g
- Jajka: ½
- Jogurt: ¼ kubka
- Ser: 14 g lub 2 łyżki stołowe startego sera

Nim więc zaczniesz się martwić tym, że twoje dziecko za mało je, pamiętaj, jak niewielkie jest jego zapotrzebowanie. Gdy będziesz mu podawać odpowiednie porcje, zauważysz, że będzie je ładnie zjadać.

we, wprowadź tabletki do ssania. Preparaty należy przechowywać w miejscu całkowicie niedostępnym dla dziecka i nigdy nie wolno ich nazywać „cukiereczkami". Ich kolory i kształty, zapachy i smaki mogą być bardzo nęcące, co jest dobre, gdyż dzięki temu są przyjemne dla małego podniebienia, ale i złe, ponieważ mogą stanowić nieodpartą pokusę. I najważniejsze: nigdy nie można traktować preparatów witaminowych jako zastępstwa wartościowych pokarmów. Organizm wchłania bowiem substancje odżywcze z pokarmów znacznie lepiej niż z preparatów. Jeżeli regularnie traktujesz multiwitaminę jako sposób na zdrowe odżywianie dziecka przepadającego za chipsami lub jako zamiennik warzyw i owoców, których malec nie chce nawet tknąć, to powinnaś jeszcze raz przemyśleć swoją strategię.

CO MOŻE CIĘ NIEPOKOIĆ

KIEDY ODSTAWIĆ DZIECKO OD PIERSI

Nadal karmię moją córkę piersią i żadna z nas nie jest gotowa z tym skończyć. Czy są jakieś powody do odstawienia dziecka od piersi?

Jeżeli obie jesteście zadowolone z takiego karmienia, nie ma żadnego powodu, by je skończyć. AAP zajmuje w tej sprawie oficjalne stanowisko: dziecko powinno być karmione piersią przynajmniej przez rok, a potem tak długo, jak długo chcą tego dziecko i matka. Jednym rok (czy nawet krótszy okres) wystarcza, inni natomiast kontynuują karmienie przez cały drugi rok, a nawet dłużej. Wybierz zatem taki moment na odstawienie od piersi, który będzie odpowiedni dla was obu. O sytuacji, w której dziecko jest gotowe, ale matka jeszcze nie, przeczytasz w następnym pytaniu. Zwracaj jednak uwagę na to, ile twoja mała przyjmuje pokarmów stałych, gdyż dziecko, które skończyło pierwszy

Jak odstawiać dziecko od piersi

Czy zbliża się już moment odstawienia dziecka od piersi? Jeżeli tak, warto robić to powoli. Stopniowe odstawianie jest zwykle najlepsze dla obu stron, daje bowiem zarówno tobie, twemu organizmowi, jak i dziecku wystarczająco dużo czasu na przygotowanie się do tej wielkiej zmiany w życiu. Spędzajcie ze sobą więcej czasu, to pomaga wypełnić emocjonalną i fizyczną pustkę, która powstaje podczas odstawiania od piersi (wiele z tych porad dotyczy także odstawiania od butelki, patrz str. 94–95). Odstawienie od piersi może być całkiem łatwe (jeśli obie strony są na to gotowe) lub bardzo trudne (jeżeli jedno z was lub oboje nadal jesteście do tego sposobu karmienia przywiązani); w obu przypadkach najlepiej sprawdza się program składający się z kilku kroków. Oto one:

- Krok 1: Jeśli jeszcze nie zaczęłaś podawać dziecku picia w kubeczku, zacznij robić to teraz (patrz str. 96–99), aby miało na co się przestawić (prócz butelki, która powinna już należeć do przeszłości).
- Krok 2: Wybierz odpowiedni moment. Choć nie ma przewidywalnego, idealnego czasu – bo przecież w wychowywaniu dziecka nic nie jest przewidywalne ani idealne – postaraj się nie zaczynać odstawiania od piersi wtedy, gdy malec ma inne stresy, w jego życiu zaszły jakieś zmiany lub gdy przystosowuje się do innych nowych sytuacji. Poczekaj, aż zapanuje względny spokój.
- Krok 3: Zachowaj karmienie piersią na koniec. Najpierw podawaj dziecku przekąskę lub posiłek z kubkiem mleka, a dopiero potem możesz przystawić je do piersi. Wtedy będzie już na tyle najedzone, że wypije mniej pokarmu. Stopniowo ilość wypijanego mleka będzie malała, co sprawi, że zmniejszy się jego wydzielanie, więc gdy już całkowicie odstawisz dziecko, twoje piersi nie będą zbyt obolałe.
- Krok 4: Wprowadź zmiany w usypianiu dziecka. Chodzi o to, by zerwać ze zwyczajem, że dziecko zasypia przy piersi, który sprawia, że malec nie umie sobie wyobrazić wieczoru bez piersi mamy. Jeśli karmisz na koniec dnia, wybierz na to jakąś inną chwilę niż usypianie: na przykład po wieczornej kąpieli czy przekąsce, ale przed innymi uspokajającymi czynnościami (czytaniem książeczki, przytulaniem). A już koniecznie przed myciem zębów dziecka.
- Krok 5: Stopniowo ograniczaj liczbę karmień. Na pierwszy ogień powinny pójść te sesje przy piersi, bez których malec może się obyć, zazwyczaj jest to karmienie w środku dnia. W ciągu kilku tygodni zejdź do nie więcej niż dwóch karmień (zwykle najtrudniej zrezygnować z wieczornego). W tym czasie zapewniaj dziecku sporo zajęć, a jego organizmowi – odpowiednie stężenie glukozy w postaci regularnych zdrowych przekąsek popijanych mlekiem. Obdarzaj go czułością i uwagą, unikając jednak wszystkiego, co wiąże się z fizyczną bliskością z piersią (nie chodź bez stanika ani w ubraniu z dużym dekoltem). A skoro już o piersiach mowa: jeśli będą tkliwe i nabrzmiałe, ściągnij odrobinę pokarmu, ale niezbyt wiele, by nie stymulować ich do jego wytwarzania.
- Krok 6: Zrezygnuj z ostatniego karmienia. Gdy będziecie gotowi na całkowite odstawienie, opuść także to ostatnie karmienie. Ale jeżeli nadal jesteście do niego bardzo przywiązani, możecie kontynuować je tak długo, aż skończy ci się pokarm... lub zainteresowanie po obu stronach. Ten najtrudniejszy, ostatni krok będzie dla was emocjonalnie łatwiejszy, jeśli wieczorem będziesz znikać dziecku z widoku. Zostaw je z tatusiem lub ulubioną opiekunką i wybierz się na zakupy, do kina lub na kolację z koleżankami, a jeśli nie masz ochoty wychodzić wieczorami z domu, po prostu nie pokazuj się dziecku o tej porze.

rok życia, potrzebuje więcej białka i innych składników, niż może otrzymać z mleka matki, oraz na jej apetyt, który bywa w dużej mierze zaspokajany przy piersi i brakuje go potem na inne pokarmy. Jeśli tak jest w waszym przypadku, przystawiaj dziecko do piersi raczej po posiłku, a nie przed nim. Uzupełniaj też dietę córeczki mlekiem krowim, nawet jeśli nadal karmisz piersią, gdyż dostarcza ono cennej witaminy D*. Myj dziecku ząbki po wieczornym karmieniu i zastanów się nad zrezygnowaniem z karmienia w środku nocy – wielu dentystów uważa, że może być ono przyczyną próchnicy, choć faktycz-

* Nie zostały opracowane polskie wytyczne, kiedy należy wprowadzać mleko krowie do diety dziecka, ale część lekarzy uważa, że powinno się to zrobić, gdy dziecko ukończy 2 lata (przyp. red. meryt.).

nie próchnica zdarza się znacznie rzadziej u dzieci karmionych piersią niż tych, które piją z butelki lub kubeczka z dzióbkiem.

Mój synek chciałby już przestać pić z piersi – gdy go przystawiam, szarpie się i odpycha ją, ale ja nie jestem jeszcze gotowa do rezygnacji z takiego karmienia.

Karmienie piersią może być jednym z najbardziej satysfakcjonujących doświadczeń w życiu, pod warunkiem że obie strony będą chętne. Zanim jednak definitywnie uznasz, że twój synek już nie chce ssać piersi, zastanów się, czy przyczyną jego oporu nie jest katar zatykający nosek, ból ucha albo bolesne ząbkowanie. Gdy nie będzie cienia wątpliwości, że chłopiec nie chce już pić z piersi i jest równie szczęśliwy (jeśli nie szczęśliwszy) z kubkiem mleka i normalnym posiłkiem, to znaczy, że nadszedł czas na zmianę. Choć będzie ona znacznie trudniejsza dla ciebie, powinnaś postąpić zgodnie z wolą dziecka. Jeżeli możesz przekonać synka do ssania na tyle długo, by zmniejszyć bolesność piersi, odstawiaj go stopniowo, a jeśli nie, dodaj twój dyskomfort do długiej – choć z pewnością godnej podziwu – listy poświęceń związanych z macierzyństwem.

Jak odstawiać dziecko od butelki

Gdy przyjdzie czas pożegnać się z butelką, wybierz takie sposoby, które najbardziej odpowiadają tobie i dziecku (nie ma jednej metody dla wszystkich), i przygotuj się na odstawianie. Dopilnuj, by wszyscy dorośli w życiu twojego dziecka (w tym opiekunka) wiedzieli o planie.

Szybkie zerwanie. Wobec dziecka, które jest raczej pogodne, nie panikuje w obliczu zmian, dość gładko je przechodzi, a do tego nie jest mocno przywiązane do butelki oraz chętnie pije z kubeczka, można spróbować odstawić butelkę „jednym cięciem". Podane tu porady, po pewnej modyfikacji, mogą się też przydać w stopniowym odstawianiu od butelki (patrz niżej).

- Zaznacz w kalendarzu odpowiedni dzień – taki, w którym nie ma żadnych innych przykrych momentów i w którym możesz poświęcić dużo czasu na realizację planu. Miej jednak pod ręką korektor: jeżeli dziecko (albo ty) wstanie tego dnia lewą nogą lub przydarzy się coś nieoczekiwanego, czym koniecznie musisz się zająć (na przykład zatkana toaleta, ból brzuszka), poczekaj z odstawianiem butelki.
- Zadbaj o radosną atmosferę. Zrób dużo szumu wokół odstawiania butelki: „Jesteś od dzisiaj dużym chłopcem / dużą dziewczynką! Jak mamusia i tatuś! Jak kuzyn Alek! Hurra!". Wyjaśnij, że dziecko może już pić nie z butelki, lecz z kubeczka, tak jak wszystkie duże dzieci. Rano wznieś triumfalnie z tej okazji kubki z mlekiem i nie zapomnij o toaście!
- Pomyśl o uroczystych zakupach. Jeśli twoje dziecko, podobnie jak większość maluszków, uwielbia nowe rzeczy, wybierz się z nim z tej szczególnej okazji na zakupy po „kubeczek dla naszego dużego dziecka".
- Urządź ceremonię pożegnalną. Jest kilka sposobów pożegnania się z butelką: poproszenie dziecka, by wyrzuciło ją do kontenera na plastik, włożenie jej do pudełka „dla malutkich dzieci" lub zostawienie jej dla „butelkowej wróżki", która w zamian przyniesie jakiś drobny prezent: książeczkę, naklejkę albo zabaweczkę. Malec może zostawić ją sobie także do zabawy – do karmienia misiów czy lalek. Ale jeśli uważasz, że im mniej czasu i hałasu z butelką, tym dla dziecka lepiej, to podaruj sobie te wszystkie fanfary i sama ją wyrzuć.
- Zadbaj o bogaty program dnia. Zaplanuj dziecku jego ulubione zajęcia: malowanie paluszkami, wyjście na plac zabaw, odwiedziny u dziadków (czy innych lubianych osób, które nie piją z butelki). Jeśli to możliwe, trzymaj się z daleka od stresujących miejsc (czy ktoś coś wspominał o supermarkecie?). Wśród tych wszystkich czynności nie powinno jednak zabraknąć czasu na drzemkę i spokojne posiłki, gdyż odstawienie butelki jest dla dziecka wystarczająco trudne, by jeszcze dokładać mu zmęczenie i obniżenie stężenia glukozy we krwi.
- Wykaż mnóstwo cierpliwości. W zależności od siły więzi pomiędzy twoim dzieckiem i butelką możesz w dniu jej odstawienia – oraz w następnych dniach – oczekiwać trudnych chwil, w których potrzebny bę-

Przede wszystkim jednak nie traktuj odtrącania przez dziecko piersi jako odtrącania ciebie, bo tak nie jest. To tylko okazywanie samodzielności, czyli typowe dla rozwoju zachowanie, które jedne maluchy okazują wcześniej, inne później, ale każde dziecko przez to przechodzi. Przypuszczalnie twój synek odmawia też siedzenia godzinami na twoich kolanach, gdyż woli biegać.

Przytulaj go jak najczęściej, choć teraz to raczej on będzie o tym decydował, i pozwalaj mu siedzieć na twoich kolanach, ale tego nie żądaj. Pamiętaj, że jest mnóstwo innych sposobów na odczuwanie bliskości z dzieckiem (teraz i w późniejszych latach), takich, które nie zagrażają jego nowo odkrytej autonomii.

KIEDY ODSTAWIĆ DZIECKO OD BUTELKI

Wiem, że skoro syn skończył już rok, czas odzwyczaić go od picia z butelki, ale on – moim zdaniem – nie jest jeszcze na to gotowy.

Czas to nie wszystko, gdy chodzi o odstawianie butelki. Ale znaczy on bardzo dużo. To właśnie teraz jest najlepsza chwila na odzwyczajenie dziecka od picia z butelki, i to z wielu przyczyn. Oto kilka z nich:

---

dzie cały ogrom czułości, spokoju i cierpliwości z twojej strony. Pustkę po butelce może dziecku wypełnić relaksujący bardziej niż zwykle rytuał usypiania: spokojna muzyka, przytłumione światło, mała przekąska, przytulanie. Gdyby akcja „duże dziecko" zakończyła się fiaskiem, odłóż tę sprawę na jakiś czas. W trudnym okresie przejściowym malec może potrzebować więcej uwagi i różnych sposobów na uspokojenie się, takich jak ssanie palca lub przytulanie kocyka.

- Bądź elastyczna. Jeżeli się okaże, że zrezygnowanie z butelki jest emocjonalnie lub fizycznie niewykonalne dla któregoś z was lub dla was obojga w ciągu jednego, a nawet dwóch lub trzech dni, to przerzuć się na program stopniowego odstawiania albo przez jakiś czas podawaj dziecku w butelce tylko i wyłącznie wodę.

Stopniowe odstawianie. Jeżeli twoje dziecko nie jest gotowe na odstawienie butelki „jednym cięciem" – albo gdy wolisz wszystko robić stopniowo – można zastosować metodę wolniejszego odzwyczajania, krok po kroku. Kroki te można uzupełniać przedstawionymi wcześniej sposobami.

- Krok 1: ustal pewne ograniczenia. Pozwalaj dziecku pić z butelki tylko wtedy, gdy siedzi u ciebie na kolanach albo na określonym krześle, ale nie pozwalaj mu chodzić z butelką. Spokojnie, acz stanowczo kończ butelkową sesję, kiedy dziecku znudzi się siedzenie.
- Krok 2: proponuj picie z kubeczka. Podawaj dziecku kubek z mlekiem i jakąś przekąskę czy posiłek przed zwyczajowymi porami picia z butelki, a już na pewno zanim zacznie się jej domagać. Chodzi o to, by dziecko miało pełny brzuszek i nie czuło pragnienia; wówczas, jeśli odwrócisz uwagę dziecka i okażesz mu wiele uczucia, łatwiej zapomni o butelce. A gdyby nawet tak nie było, to dziecko syte przypuszczalnie wypije z butelki znacznie mniej i z czasem przestanie się jej domagać.
- Krok 3: zacznij odstawiać stopniowo. Przez kilka tygodni systematycznie zmniejszaj liczbę karmień butelką. Zacznij od pory, w której dziecko wydaje się najmniej zainteresowane piciem z butelki, a tę ulubioną porę zostaw na koniec odzwyczajania. Możesz również podawać w butelce coraz mniej mleka lub soku, a częściej nalewać te płyny do kubka. Kolejnym sposobem będzie napełnianie butelki tylko i wyłącznie wodą – to korzystniejsze dla zębów dziecka, a mniej dla niego interesujące (czyli dwie korzyści w jednym). Jest jeszcze jedna, nieco bardziej podstępna, ale czasem skuteczna metoda: zakładaj na butelkę smoczek z malutką dziurką, a dziecko może się zniechęcić tym, że musi bardziej się napracować, by coś wypić.
- Krok 4: całkowite odstawienie. Gdy zostanie już tylko jedna butelka dziennie, a moment wyda się odpowiedni (przynajmniej na tyle, na ile to możliwe), pożegnajcie się z nią ostatecznie, bardziej lub mniej uroczyście. Pamiętaj jednak, by okazywać maluchowi wsparcie. Tak długo, jak długo twoje („duże"!) dziecko tego potrzebuje, pocieszaj je i staraj się odwracać jego uwagę od butelki.

- Elastyczność. Fakt, że dość względna, ale jednak. Teraz dziecko nie jest już nieporadnym zawiniątkiem w twoich objęciach, jakim było sześć miesięcy temu, ale też nie jest jeszcze walczącym o niezależność buntownikiem, którym za sześć miesięcy lub za rok się stanie. Kiedy krzyki i tupania zaczną się na dobre (bo pokojowe demonstracje są maluchom raczej nieznane), wtedy namówienie dziecka do współpracy choćby przy włożeniu bucików będzie wielką sztuką, a co dopiero przy poważnych życiowych zmianach, takich jak pożegnanie się z butelką.
- Mleko. Czas mieszanek mlecznych się skończył, przyszła więc pora na nowy napój, a czy może być lepszy moment na zaprzestanie podawania go w stary sposób, czyli w butelce?
- Pokarmy stałe. W starych dobrych niemowlęcych czasach jedzenie sprowadzało się wyłącznie do picia (mleka matki, mieszanki albo i jednego, i drugiego). Teraz tym, czym kiedyś były napoje, stały się pokarmy stałe, znacznie ważniejsze dla zaspokajania zapotrzebowania organizmu na substancje odżywcze. Dzieci pijące z butelki otrzymują często za dużo kalorii z mleka lub soku i nie mają zbyt wielkiego apetytu na potrzebne im do wzrostu oraz poznawania nowych smaków pożywienie o stałej konsystencji. Jeżeli jednak znajdzie się w brzuszku miejsce dla kalorii i płynnego, i stałego pochodzenia, to często prowadzą one do otyłości. To kolejny ważny powód, aby już teraz skończyć z butelką.
- Ząbki. Próchnica okresu wczesnodziecięcego (wywołana piciem z butelki) może przydarzyć się każdemu dziecku, które ma ząbki, ale im zębów więcej, tym większe potencjalne zagrożenie próchnicą, którą wywołuje nie tylko sam płyn (chyba że jest nim czysta woda), lecz również mechanizm picia z butelki. Pijąc z kubeczka, dziecko przełyka to, co trafia do jego buzi, natomiast w przypadku picia z butelki (a do pewnego stopnia także w przypadku picia z kubeczka z dzióbkiem) płyn zbiera się w jamie ustnej. Jeśli cukry zawarte w płynie (laktoza w mleku i fruktoza w sokach) nie zostaną szybko usunięte przez szczotkowanie, są rozkładane przez znajdujące się w jamie ustnej bakterie, czemu towarzyszy tworzenie się kwasów atakujących chroniące zęby szkliwo. I tak się zaczyna próchnica.
- Zdrowie. Dzieci sączące pokarm z butelki, szczególnie w pozycji leżącej, są bardziej zagrożone chorobą ucha.
- Argumenty specjalistów. Zarówno AAP, jak i AAPD zalecają odzwyczajanie dziecka od butelki po dwunastym miesiącu życia.

Te argumenty, choć jest ich tak wiele, mogą jednak nie mieć znaczenia przy innych problemach, jakim stawiasz czoło – na przykład jakaś duża zmiana bądź stres w życiu dziecka (nowe mieszkanie, nowa opiekunka) lub twoim (nowa praca, szukanie pracy, chorzy rodzice, problemy finansowe). Zawsze najlepsza jest ta chwila, która odpowiada i tobie, i dziecku. Bez względu na to, w którym momencie drugiego roku życia maluszka odstawicie butelkę, utnij wszelkie dyskusje w tej kwestii stwierdzeniem: „Lepiej późno niż wcale!".

Spory o kubek

Wiem, że przyszedł czas nauczyć córkę pić z kubeczka, ale gdy podaję jej kubeczek, odtrąca go i wskazuje na butelkę. A ja ulegam.

Trudności ze skłonieniem dziecka, by dołączyło do grona pijących z kubeczka, mogą oznaczać, że ono wcale nie chce do niego należeć. Maluchy chętnie próbują nowych rzeczy, ale z reguły takich, które nie są im podtykane przez innych (zwłaszcza rodziców). Wyrywanie zielonej trawy i wtykanie jej sobie do buzi? Owszem, bardzo chętnie. Łyżeczka zielonych brokułów? O nie! Tylko nie to! Sięganie po filiżankę kawy tatusia, który tego nie widzi? Jasne! Picie z kubeczka podanego przez tatusia? Mowy nie ma!

Oczywiście przyjdzie kiedyś taki dzień, że twoja córeczka będzie pić z kubka. Chodzi jednak o to, by nastąpiło to wcześniej, a nie później. Oto co możesz zrobić:

- Przestań podsuwać kubek. Przez kilka dni nawet go nie wyciągaj, dzięki czemu całą akcję będzie można rozpocząć od samego początku. Trzymaj kubki, które wcześniej proponowałaś, poza zasięgiem jej wzroku, by dawne konflikty poszły w zapomnienie.
- Podsuwaj szklaneczkę. Jeśli mała będzie wyciągać rączki po twoją szklankę z sokiem lub butelkę z wodą, koniecznie pozwól jej pod twoim nadzorem się napić. To, że nie chce pić tego, co stawia przed nią tatuś, nie oznacza, iż nie chciałaby być taka jak tatuś. Niektóre dzieci wolą ominąć etap picia w dziecięcy sposób i od razu przejść do naczyń używanych przez dorosłych (korzystanie z tych tłukących się czy łatwo prowadzących do rozlewania wymaga waszego nadzoru).
- Idźcie razem na zakupy. Na pewno nie trzeba ci mówić, że na zakupy z dzieckiem w tym wieku idzie się tylko wtedy, gdy naprawdę jest to konieczne. I tak właśnie jest teraz: jeśli pozwolisz córce wybrać nowy kubeczek (albo dwa), dasz jej poczucie tak upragnionej kontroli nad sytuacją. Pokaż dwa kubeczki i pozwól wybrać ten, który bardziej się jej podoba (jeśli jest taka możliwość, niech będą one w różnych stylach, na przykład jeden z uchwytami, a drugi bez, jeden ze słomką, drugi z dzióbkiem). Pamiętaj też, jak wielką siłę przekonywania mają wesołe obrazki bądź magiczne właściwości, na przykład zmienianie przez naczynia kolorów.
- Zabawy z kubeczkiem. Dziecko prędzej polubi kubeczek – a przynajmniej spróbuje się z niego napić – jeśli dobrze się z nim zapozna. Pokaż, jak może z niego napoić lalki lub podać ci w nim „herbatkę". Widok mamy pijącej z dziecięcego naczynia może sprowokować typową u malca reakcję odebrania mu prawa własności i ani się spostrzeżesz, jak zacznie krzyczeć, że chce pić ze „swojego kubka"!
- Niech kubek będzie dostępny, ale nie wmuszany. Pamiętaj, że twoja córeczka chętniej napije się z kubeczka, jeśli sama będzie tego chciała. Zamiast zmuszać czy namawiać ją do wzięcia łyczka z kubka przed przystawieniem jej do piersi lub podaniem butelki (powodzenia przy realizacji tak karkołomnego planu!), po prostu stawiaj go w jej zasięgu podczas posiłku. Im mniej zamieszania wokół kubka, tym większe prawdopodobieństwo, że córka sama go weźmie i zaskoczy cię piciem z niego.

Dobroczynna słomka

Przypuszczalnie napoje ze słomką kojarzą ci się z niezdrowym pożywieniem (takim jak frytki), gdy tymczasem picie przez słomkę jest dla dziecka dobre, a na pewno znacznie lepsze od picia z butelki lub kubeczka z dzióbkiem. Przyczyny są naprawdę ważne: po pierwsze, ssanie napoju przez słomkę wymaga od malca wykonywania złożonych ruchów mięśni szczęki i jamy ustnej; mięśnie te zmuszane są w ten sposób do pracy, która jest niezbędna do ich rozwoju (i w efekcie do wydawania różnorodnych dźwięków, składających się na słowa i zdania).

Po drugie, napój pity przez słomkę nie zbiera się w buzi, gdzie mógłby doprowadzić do próchnicy (szczególnie jeżeli zawiera cukier, dotyczy to także mleka), lecz jest od razu kierowany do przełyku, małe zęby są więc omijane i tym samym chronione. Nie trzeba przy tym wspominać, iż dzieci uwielbiają pić przez słomkę, zwłaszcza jeśli jest ona giętka lub o zmieniających się kolorach.

WSZYSTKO O KUBKU Z DZIÓBKIEM

Jak można nie przepadać za kubeczkami z dzióbkiem? Są praktycznie niezniszczalne, nic się z nich nie wylewa i można je wszędzie ze sobą zabrać. W przeciwieństwie do innych kubków lub szklaneczek dziecko może z nimi chodzić, a co najlepsze, pozwalają początkującym samodzielnie pić.

Ale eksperci są do kubeczków z dzióbkiem mniej przekonani niż rodzice i dzieci. Możesz uważać to za nagonkę mediów, za szum w środowisku naukowym albo za jedno i drugie po trochu, ale coraz więcej badań naukowych wskazuje na potencjalne problemy wynikające ze stosowania tych naczyń. Po pierwsze: próchnica. Ponieważ płyn z dzióbka wypływa z reguły równie wolno jak z butelki, więc dłużej utrzymuje się w jamie ustnej. To nie problem, gdy płynem tym jest woda, natomiast gotowy przepis na próchnicę w przypadku mleka lub soku. Sposobem na przeciwdziałanie temu jest mycie ząbków po piciu, jednak jest to sposób mało realny, gdy dziecko popija z takiego kubka przez cały dzień.

Kolejny argument to bakterie. Jako że kubeczki z dzióbkiem – podobnie jak butelki – często towarzyszą dziecku na każdym kroku, stają się rajem dla bakterii. Im dłużej są w użyciu albo im więcej razy są ponownie napełniane bez mycia, tym więcej na nich zarazków. Jeśli to nie wystarcza, by cię zemdliło, pomyśl, ile razy kubeczek lądował na stercie zabawek, by trzy dni później trafić w rączki dziecka (a jego zawartość do jego buzi).

I jeszcze jeden problem zdrowotny: gdy dziecko, które lubi przez cały dzień popijać z kubeczka, dostaje w nim soczek, łatwo może się nabawić przewlekłej biegunki, zaspokoić apetyt i wzbraniać się przed pokarmami stałymi bądź przytyć z nadmiaru pochłanianych płynnych kalorii.

To jeszcze nie wszystko. Naukowcy sugerują, że picie wyłącznie z kubeczka z dzióbkiem może spowolnić rozwój mowy, gdyż mięśnie jamy ustnej nie pracują tak intensywnie, jak powinny. I choć problem ten jest tymczasowy, warto się nad nim zastanowić.

Jeśli chodzi o zalety kubeczka z dzióbkiem… cóż, te już znasz. To naczynko świetnie się sprawdza w okresie przechodzenia od piersi czy butelki do zwykłego kubeczka, mniej dzięki niemu bałaganu, więcej wygody. Ale te same zalety ma kubeczek ze słomką, a jest pozbawiony wad tradycyjnych kubeczków z dzióbkiem (patrz ramka na str. 97). Oto co można zrobić, by pozostając przy dzióbku, korzystać z jego plusów, minimalizując minusy:

Porównuj kubeczki. Niektóre szczycą się na etykietkach tym, że są lepsze dla rozwoju zębów i jamy ustnej. Sprawdź, jakie są aktualne zalecenia, i upewnij się, że kubeczek nie zawiera BPA; patrz str. 125).

Łyczek tak, łyczek inaczej. Zamiast podawać dziecku tylko kubeczek z dzióbkiem, spróbuj nauczyć je najpierw sztuki picia ze zwykłego kubka. Uległe dziecko można zachęcać do picia raz tak, a raz inaczej lub nauczyć je pić przez słomkę.

Wyznacz granice. Ustal, że kubeczek z dzióbkiem może być używany tylko podczas posiłków i przekąsek, aby chronić szkliwo małych zębów, unikać przedawkowania soku i gromadzenia się bakterii, a także zapobiegać sytuacjom, w których używanie takiego kubka stanie się nadużywaniem. Albo wprowadź zasadę, że jeśli dziecko chce wszędzie nosić kubeczek z dzióbkiem, to może on zawierać tylko i wyłącznie wodę.

Pamiętaj, dlaczego dziecko sączy z kubeczka. Picie z piersi, butelki i kubeczka nie tylko było (bądź nadal jest) dla dziecka sposobem pobierania pokarmu, ale dawało mu również przyjemność ssania. Picie z kubeczka (każdego) ma wyłącznie zaspokajać pragnienie dziecka. I kropka. Jeśli używacie kubeczka z dzióbkiem po to, by uspokoić dziecko w chwilach stresu, by chronić je przed nudą w trakcie jazdy wózkiem lub podróży samochodem albo by zająć czymś jego rączki i buzię, to znaczy, że go nadużywacie. Dziecko może zaspokajać kubeczkiem swoje pragnienie komfortu ssania lub trzymania czegoś, tylko jeśli dostaje w nim czystą wodę, a naczynie jest często myte.

Trzeba wiedzieć, kiedy przestać. Odstaw kubek z dzióbkiem, gdy dziecko potrafi już trzymać szklankę lub zwykły kubek.

- Stosuj zmiany. Jeżeli kubeczek zwykle zawiera mleko, wprowadź zmianę na rozcieńczony wodą sok bądź na coś zupełnie nowego, coś, czego dziecko raczej nigdy nie piło z butelki, na przykład mleko z sokiem.
- Zacznij proces odzwyczajania. Teraz zachęcasz dziecko, by spróbowało pić z kubka, ale docelowo chodzi o to, by przestało pić z butelki. Nie wprowadzaj jednak małej w swoje plany. Gdy bardziej oswoi

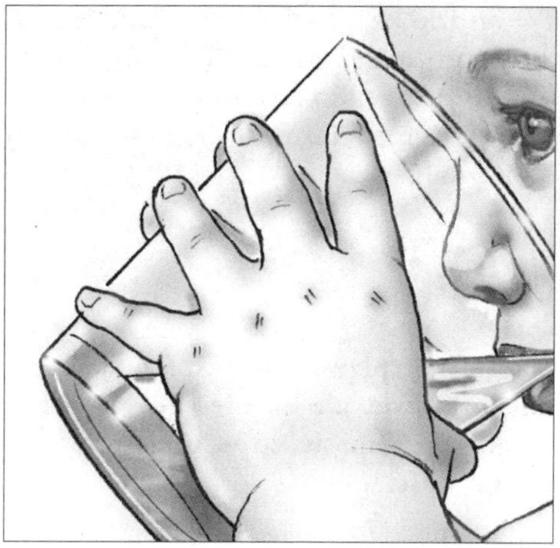

Picie bez rozlewania płynu wymaga wielu ćwiczeń. Łatwiej zachować czystość, jeśli na początku dziecko jest ubrane tylko w pieluchę.

się z kubkiem, stopniowo ograniczaj jej ilość mleka lub soku w butelce, zważając przy tym, by zaspokajała swoje dzienne zapotrzebowanie na płyny. Bez względu na stosowaną metodę uważaj, by córeczka nie skojarzyła sobie członkostwa w klubie kubeczka z zerwaniem członkostwa w klubie butelki, ponieważ skłonna będzie zrezygnować z tego pierwszego na rzecz drugiego.

▲ Przygotuj się na każdą sytuację. Gdy dziecko nabierze większej wprawy w piciu z kubeczka, zacznie to robić znacznie schludniej (chyba że korzystacie wyłącznie z wyposażonego w dzióbek kubka-nickapka, co nie jest zalecane, gdyż nie pozwala dziecku nabrać doświadczenia). Nastaw się na spory bałagan i zachowaj spokój… Bo bałaganu z pewnością nie unikniesz.

PÓŹNE ODZWYCZAJANIE OD BUTELKI

Do tej pory nie odzwyczaiłam jeszcze mojej córeczki od butelki. Ponieważ tak ją lubi, ciągle odkładałam to i odkładałam, a teraz mała ma już prawie dwa lata i jest tak uparta w każdej kwestii, że po prostu nie wiem, czy kiedykolwiek mi się to uda.

Odstawienie dziecka od butelki w każdym wieku jest sprawą trudną, a próby uczynienia tego w okresie szczególnie nasilonego oporu, tzn. w wieku dwóch lat, są, jak się domyśliłaś, niewyobrażalnie trudne. Można to jednak osiągnąć przy dużej dozie cierpliwości, determinacji i przyjacielskiej perswazji oraz minimalnej presji. Oto co możesz zrobić:

▲ Wypróbuj wskazówki ze str. 94–95. Mogą okazać się równie skuteczne dla dzieci starszych, jak i młodszych.

▲ Podawaj w butelce tylko wodę. Taka zasada niemal na pewno uczyni butelkę znacznie mniej interesującą, a przy tym chronić będzie ząbki córki w trakcie zrywania z butelkowym nawykiem.

▲ Dawaj dziecku wybór. Jak z pewnością przekonałaś się w ciągu ostatniego roku, maluchy w tym wieku mają bzika na punkcie kontrolowania wszystkiego. Nie zmuszaj córki do niczego (bo wiesz, czym to się skończy), lecz gdy następnym razem zażąda butelki, daj jej wybór… dosłownie. Weź butelkę z wodą w jedną rękę i kubek z ulubionym napojem dziecka w drugą. Gdy mała zda sobie sprawę, że nie zdoła utrzymać obu naczyń jednocześnie (przypuszczalnie podejmie taką próbę), może dojść do wniosku, że ulubiony soczek jest więcej wart od ulubionego naczynia. Nawet jeśli nie sięgnie po kubek za pierwszym czy drugim razem, nie rezygnuj – kiedyś w końcu to zrobi. Oczywiście sukces tej metody, jak większości sposobów na małe dzieci, zależy od twojej nieustępliwości. Nieugięcie upieraj się przy tym, że w butelce może być tylko woda, choćby córka domagała się w niej mleka lub soku.

▲ Dawaj dziecku bodźce. Oto dobra strona opóźnionego odstawiania od butelki:

starsze dzieci lepiej rozumieją pojęcie nagrody (jeśli coś robię, coś za to otrzymam). Bodźce świetnie się sprawdzają w przypadku osiągnięć rozwojowych, choć łatwo doprowadzić do ich nadużywania, nagradzając dziecko za wszystko. Po prostu daj córce do zrozumienia, że jeśli zrezygnuje z butelki, spotka ją za to coś miłego: dostanie nową książeczkę, zabawkę, pójdzie do zoo – nic przesadnie wielkiego, ale wystarczająco nęcącego, by skłoniło ją do zerwania z nawykiem.

▲ Podkreślaj zalety. Twoja córeczka zna zalety picia z butelki, teraz trzeba jej pokazać korzyści z odstawienia tego naczynia: przede wszystkim to, że jest dużą dziewczynką, a z tym wiążą się różne przywileje, takie jak siedzenie przy posiłkach na zwykłym krześle (a nie na jej dziecięcym krzesełku), używanie zwykłej łyżki itd.

▲ Mów o dbaniu o ząbki. Wyjaśnij, że przez picie z butelki mogą ją boleć ząbki, ale jeśli będzie używać kubeczka, jej ząbki będą silne, zdrowe i szczęśliwe.

▲ Odwołaj się do autorytetów. Możliwe, że twoja córeczka jest już na tyle duża, by być pod wrażeniem (a nawet pod wpływem) osób ważnych, „mających władzę", ale nie tę rodzicielską. Do grupy tej na pewno należą lekarze i dentyści, więc umów się na wizytę i poproś o wyjaśnienie dziecku, dlaczego picie z butelki jest niedobre dla zębów.

▲ Nie skąp pochwał. Zrywanie z nawykiem nie jest łatwe, może wiesz coś na ten temat z własnego doświadczenia. Co może być tu utrudnieniem? Wszystko, co wywołuje stres (na przykład naciski ze strony rodziców, które oczywiście stają się zarzewiem buntu). Co może całą sprawę ułatwić? Szczodre pochwały. Staraj się więc sprowadzić stres do minimum (a już na pewno nie krzycz ani nie umniejszaj starań swej małej, bo nie jest jej teraz łatwo), dawaj dziecku jak największe wsparcie, okazuj zrozumienie i poświęcaj dużo uwagi. Gdy uda się córeczce zdobyć ten milowy kamień rozwoju, nie skąp jej zasłużonych nagród i pochwał.

ODMOWA PICIA MLEKA

Staramy się przestawić naszego synka na mleko krowie, ale on nie chce go nawet tknąć. Obawiam się, że nie otrzyma dostatecznej ilości wapnia.

Mleko jest najpopularniejszym źródłem wapnia w zdrowej diecie – zwłaszcza dla małych dzieci – ale na pewno nie jedynym. Szklanka mleka zawiera ok. 300 miligramów wapnia, czyli tyle samo co ok. 30 gramów żółtego sera lub 1 kubek jogurtu; wybieraj przy tym pełnotłusty nabiał, gdyż ten dostarcza odpowiedniej ilości tłuszczu (chyba że lekarz zaleci inaczej). Są też w sprzedaży soki wzbogacane wapniem, lecz ponieważ należy stosować rozsądne granice picia soków, nie można wyłącznie nimi zaspokoić całego dziennego zapotrzebowania na ten składnik.

Czasem trzeba trochę poczekać, by dziecko polubiło mleko. Nie rezygnuj więc i zachęcaj (bez zmuszania!) do picia tego napoju. Jeżeli jeszcze nie próbowałaś metody mieszania mleka pół na pół z mieszanką, czyli mlekiem następnym lub twoim pokarmem, to możesz tak zrobić, po czym stopniowo, w miarę jak malec będzie się przyzwyczajał do nowego smaku, przechodzić na samo mleko. Możesz wreszcie przemycać je w koktajlach owocowych, zupie i z płatkami zbożowymi, przygotowując je na bazie mleka zamiast wody.

To dobrze, że troszczysz się o to, czy dziecko otrzymuje wapń, ale pamiętaj, że mleko zawiera jeszcze jeden bardzo ważny dla rozwoju kości składnik: witaminę D. Zapytaj lekarza, czy w związku z awersją syna do mleka nie należałoby podawać mu suplementu z tą witaminą.

Uczulenie na mleko

Niedawno odstawiłam córeczkę od piersi i wprowadziłam mleko krowie. Nagle pojawiły się objawy: luźne kupki, trochę kataru, świszczący oddech. Zastanawiam się, czy nie jest uczulona na krowie mleko.

Mleko i małe dzieci zwykle stanowią doborową parę. Ale nie zawsze tak jest: 2 procent maluszków jest na mleko uczulonych. Do objawów alergii, prócz wymienionych przez ciebie (biegunka, świszczący oddech, katar), należą także: kaszel, egzema, zaparcia, bóle brzucha, wzdęcia, obecność śluzu lub nawet krwi w stolcu, słaby apetyt, zmęczenie lub rozdrażnienie. Zwykle pojawiają się zaraz po wprowadzeniu mleka (w pierwszym roku, gdy dziecko otrzyma preparaty z mlekiem krowim albo po tym, jak karmione piersią czy preparatem na mleku sojowym roczne dziecko weźmie pierwsze łyki pełnego mleka). Abyś miała pewność, poproś lekarza o oficjalne rozpoznanie.

Na szczęście alergie na mleko często mijają i wiele dzieci może wrócić do picia mleka pod koniec trzeciego roku życia. Do tego czasu przypuszczalnie trzeba będzie podawać mniej konwencjonalne, acz niemal równie wartościowe mleko sojowe, jeżeli nie wystąpi alergia na soję; mleko migdałowe i kokosowe nie dorównują wartością mleku krowiemu, a mleko kozie także może wywołać reakcję alergiczną*. Trzeba też będzie skreślić z listy produktów dla dziecka sery na bazie mleka, jogurt, lody i inne artykuły nabiałowe, do czasu aż uczulenie ustąpi, przy czym one także mają swoje sojowe odpowiedniki. Porozmawiaj z lekarzem, jak uzupełnić menu dziecka w składniki, których nie otrzymuje wraz z mlekiem, chodzi zwłaszcza o wapń i witaminę D. Spytaj także o spożycie tłuszczów i białka, ponieważ maluchy w dużym stopniu zaspokajają swoje zapotrzebowanie na te składniki, właśnie pijąc mleko.

* U dziecka ze zdiagnozowaną w niemowlęctwie alergią na białko mleka krowiego po ukończeniu pierwszego roku życia należy wykonać test prowokacji i w zależności od wyniku albo powrócić do podawania hydrolizatów, albo rozważyć wprowadzenie mleka sojowego, ale obecnie nie jest ono zalecane. U dziecka z rozpoznaną alergią decyzja o rozszerzaniu diety powinna być podejmowana po konsultacji z lekarzem (przyp. red. meryt.).

Odmierzanie porcji mleka

Jak poradzić sobie z mleczną matematyką po odstawieniu dziecka od butelki z podziałką? Oto sposób na kontrolowanie ilości spożycia mleka i pilnowanie, by wynosiło ono 2 kubki dziennie. Każdego dnia rano odmierz tę ilość mleka i wlej do naczynia z przykryciem, po czym wstaw je do lodówki. Niech to będzie mleko przeznaczone tylko dla dziecka. Nalewaj mu je małymi porcyjkami, by wypijało wszystko do końca i nie utrudniało obliczeń. Pod koniec dnia będziesz mieć całkiem dobry obraz tego, ile faktycznie białego napoju dziecko otrzymało. Jeżeli dziecko regularnie nie wypija dziennej porcji, pilnuj, by w jego diecie znalazły się inne źródła wapnia i witaminy D.

Spadek apetytu

Jako niemowlę nasza córeczka jadła najładniej na świecie, a teraz ledwie coś tknie. Co się dzieje?

Nie ma nic specjalnie dziwnego ani też niezwykłego w tym, że mały dzióbek jest nie szeroko otwarty, lecz mocno zaciśnięty. Oto dlaczego:

- Kryzys tożsamości – mała właśnie zdała sobie sprawę z tego, że ma tożsamość. To nie przypadek, że małe dzieci mniej więcej w tym samym czasie zaczynają protestować (w porze posiłku, porze spania,

Alergie pokarmowe

Martwisz się tym, czy twoje dziecko ma alergie pokarmowe, albo wiesz, że je ma, i nie wiesz, jak postępować? Przeczytaj informacje na str. 373.

w sumie o każdej porze) i stawać na nóżkach. Zamknięcie „tunelu" (buzi) przed „pociągiem" (łyżeczką) z płatkami to dla córeczki jeden ze sposobów okazywania własnej autonomii.

- Absolutnie prawidłowy spadek tempa przyrostu masy ciała. Przez pierwszy rok mała rosła jak na drożdżach, potrajając swoją masę urodzeniową. Tylko że... gdyby nadal rosła tak szybko, to w dniu drugich urodzin ważyłaby tyle co dziecko w piątej klasie. Na szczęście jej organizm sam ogranicza apetyt, spowalniając tempo wzrostu, by nie została olbrzymką.
- Aktywny styl życia. Małe dzieci są pochłonięte tak wieloma czynnościami, że niechętnie tracą czas na posiłki: trzeba przecież poćwiczyć chodzenie, wspinanie, pakowanie się w różne tarapaty. Zresztą do jedzenia trzeba usiąść (przynajmniej tak twierdzą rodzice), a to nie jest kuszące dla kogoś, kto właśnie nauczył się chodzić.
- Lepsza pamięć. Niemowlę je tak, jakby nie było jutra, a w każdym razie kolejnego karmienia. Roczne dziecko myśli tak: „Karmią mnie kilka razy dziennie. Jeśli nie zjem teraz, zrobię to później". Gdy jest czymś zajęte, może nie widzieć potrzeby robienia sobie przerwy na jedzenie.

Tak więc spadek apetytu w tym wieku jest czymś wręcz książkowym – wasza córeczka słucha tego, co jej podpowiada Matka Natura (a nie jej własna matka czy ojciec). Nadal nie czujesz się w pełni uspokojona? Powinnaś zatem wiedzieć, że liczne badania potwierdzają, iż zdrowe dzieci, których nie zmusza się do jedzenia, same regulują sobie ilość pokarmu potrzebną do prawidłowego wzrostu i rozwoju, a co więcej, rzadziej mają w przyszłości problemy z jedzeniem i nadwagą.

Jeśli nawet to cię nie przekonuje, pamiętaj, że małe dzieci muszą jeść znacznie mniej, niż ich rodzice zwykle myślą. Mówiąc obrazowo, porcja patata odpowiednia dla malucha w tym wieku to tylko jedna, dwie, może trzy kostki o boku ok. 2,5 cm (patrz ramka na str. 92). Postaraj się nabrać zwyczaju myślenia nie kubkami, lecz łyżeczkami. Kopiaste porcje mogą łatwo zniechęcić malucha. Jeśli pod koniec posiłku dziecko nadal będzie głodne, może poprosić o dokładkę.

Potrzebujesz więcej uspokajających słów? Porozmawiaj z lekarzem, zwłaszcza jeśli spadkowi apetytu córeczki towarzyszą jakieś objawy chorobowe.

A jeżeli mała jest też bardzo wybredna, na str. 106 znajdziesz wskazówki, jak postępować.

Zmiany apetytu

Jednego dnia mój synek mógłby jeść bez przerwy, drugiego nic nie przełknie. Czy to jest prawidłowe?

Gdy pozwolimy typowemu maluchowi kierować się wyłącznie apetytem – a najlepiej tak zrobić, jeśli dziecko rozwija się prawidłowo – ilość przyjmowanego jedzenia będzie się różnić z posiłku na posiłek, z dnia na dzień, z tygodnia na tydzień, z miesiąca na miesiąc. Być może maluch będzie zawsze spożywać jeden obfity posiłek, a przy pozostałych ledwie podjadać, a może będzie jadł po trochu, ale przez cały dzień, albo też jednego dnia zje tylko kilka kęsów, by następnego zamienić się w małego żarłoka. Apetyt zwykle też rośnie, gdy dziecko przechodzi jeden ze „skoków" wzrostu, a słabnie podczas ząbkowania lub jeśli jest nie w sosie z jakiegoś innego powodu. Przyglądając się pojedynczo każdemu spożytemu przez dziecko posiłkowi, albo nawet posiłkom z całego dnia, na pewno zauważysz nierównowagę odżywczą, ale jeśli spojrzysz z szerszej perspektywy, niemal na pewno zmienisz zdanie.

Zamiast próbować przymuszać dziecko do zmiany nawyków żywieniowych (a szanse na zwycięstwo masz niewielkie), lepiej pozwól mu być panem własnego apetytu. Podawaj

KAMIEŃ MILOWY

SAMODZIELNE JEDZENIE

Karmienie dziecka łyżeczką masz już za sobą albo wkrótce się skończy. Czas przekazać sztućce kolejnemu pokoleniu! Pozwolenie dziecku na to, by jadło samo, na pewno nie jest najschludniejszym przedsięwzięciem, ale taka umiejętność to bardzo ważny etap dziecięcego rozwoju i nie nabywa się jej w jeden dzień. Oto czego można oczekiwać, gdy dziecko uczy się samodzielnego jedzenia:

Od 12 do 15 miesiąca. Dziecko w tym wieku najprawdopodobniej potrafi sięgać paluszkami po jedzenie i wkładać je do buzi, a ponieważ żywność, którą można jeść rączką, bardzo dziecku służy, podawaj mu ją. Na początku drugiego roku życia (jeśli nie wcześniej) malec zacznie okazywać zainteresowanie łyżeczką. Warto je pielęgnować. Wciąż rozwijająca się motoryka i koordynacja oko–ręka mogą jeszcze nie nadążać za tym zainteresowaniem, ale praktyka czyni mistrza, więc stwarzaj dziecku jak najwięcej okazji do posługiwania się łyżeczką. Co do kubeczka, to trzymanie go nie powinno być dla dziecka większym problemem, przynajmniej trzymanie dwoma rączkami. Wprawdzie maluszkowi łatwiej jest korzystać z kubeczków z dzióbkiem (nie wspominając o tym, że mniej przy nich bałaganu), ale lepiej podawać je na zmianę z kubeczkami zwykłymi i ze słomką. Picie ze zwykłego kubka, do którego włożysz słomkę, będzie dla dziecka bardzo zabawne.

Od 15 do 18 miesiąca. Większość maluchów w tym wieku zna już związek pomiędzy łyżeczką (lub widelcem), miseczką (albo talerzem) i buzią. Inna sprawa, jak wygląda ów związek w praktyce. Najpierw przecież dziecko musi jakoś nałożyć jedzenie na sztuciec, potem podnieść je na wysokość buzi, nie upuszczając go przy tym na stół czy podłogę, a w końcu wmanewrować smaczny kąsek do buzi. I cały zabieg trzeba powtórzyć raz, drugi, trzeci... Sporo przy tym nieuniknionego bałaganienia, które będzie trwało aż do czasu, gdy czynność zostanie w pełni opanowana (nie spodziewaj się jednak, że to nastąpi wcześniej niż przed czwartymi urodzinami).

Od 18 do 24 miesiąca. Dziecku w tym wieku trudno wyrwać łyżeczkę czy widelczyk z rączki. I lepiej nie próbować. „Piotruś sam!" – mówi mały Piotruś co chwilę, zwłaszcza w porze posiłku (ale i w każdej innej sytuacji). Nie można się spodziewać po dziecku, że będzie jadło schludniej, ale powinno bardziej przestrzegać zasad (np. „Jeśli zrzucisz makaron na podłogę, koniec obiadu"). Do każdego posiłku należy dawać maluchowi zwykły kubeczek i ogólnie warto zacząć wkrótce odzwyczajać go od picia z kubeczka z dzióbkiem. Przypuszczalnie też uwielbia już pić przez słomkę – to dobrze, gdyż pobudza to pracę mięśni jamy ustnej oraz chroni zęby przed próchnicą.

Bądź czujna! Jeżeli w piętnastym miesiącu życia dziecko nadal nie je paluszkami, w połowie drugiego roku nie próbuje używać łyżeczki, często dławi się podczas jedzenia, ma trudności z przeżuwaniem pokarmu lub nadal wyraźnie preferuje rozcierane pokarmy, wspomnij o tym lekarzowi.

Samodzielne jedzenie to nieporządne jedzenie.

małe porcje zdrowej żywności w regularnych odstępach czasu, a potem niech samo decyduje, czy jest głodne czy nie, bez względu na to, ile wcześniej zjadło (lub nie zjadło) i czy właśnie pałaszuje drugą dokładkę, czy ledwie zjadło pół dania. Takie postępowanie ma dwie zalety: po pierwsze, nie będziesz doprowadzać siebie (ani dziecka) do szaleństwa przy każdym posiłku, licząc niezjedzone groszki lub wciskając w małą buzię „jeszcze jedną łyżeczkę". Po drugie – i ważniejsze – wychowasz dziecko na dorosłą osobę, która będzie miała zdrowe podejście do jedzenia („jem, kiedy czuję głód, przestaję jeść, gdy się najem").

Bałagan przy jedzeniu

Co prawda nie oczekiwałam od dziecka w tym wieku wielkiego porządku przy jedzeniu, ale mój synek więcej rozrzuca lub rozsmarowuje, niż faktycznie zjada.

Dla małego dziecka radość jedzenia polega na rozgniataniu posiłku, rozmazywaniu go na stole czy paćkaniu nim wszystkiego (taki dziecięcy odpowiednik pracy kipera, który wino wącha, obraca nim w kieliszku... a gdyby tak dobrze się zastanowić, znajdziemy jeszcze jedno podobieństwo: plucie). Na pewno nie chcesz odebrać dziecku całej zabawy i oczywiście słyszałaś, że dzieci uczą się świata przez dotyk, czyli między innymi przez ugniatanie żywności w rączkach. Ale czy zawsze musisz na to pozwalać, nawet jeśli dziecko dobrze się bawi przy stole? Czy zawsze ma ono rzucać jedzeniem, rozsmarowywać je i pluć nim? Niekoniecznie. Spróbuj zastosować poniższe wskazówki, by choć w pewnym stopniu opanować sytuację.

- ▲ Porcjowanie. Jeśli dasz dziecku dużo jedzenia, na pewno zrobi z niego duży bałagan, dlatego lepiej podsuwaj mu małe porcje, na kilka kęsów. Gdy zostaną zjedzone, dołóż kilka kolejnych.
- ▲ Daj dziecku zajęcie. Zajmij jego rączki rekwizytami, dosłownie, na przykład łyżeczką, a przekonasz się, że dziecko będzie zachwycone, grając główną rolę w programie kulinarnym, stawiając czoło wyzwaniu, jakim jest włożenie jedzenia do buzi za pomocą nowego gadżetu. To może odwrócić jego uwagę od zamiaru wylania płatków z mlekiem na głowę kota. Podobnie może zadziałać pogawędka przy stole, która jednocześnie rozwija umiejętności społeczne, a jeśli rozmowa nie będzie się kleić, zaproponuj sprzeciwiającemu się malcowi odpowiednią do sytuacji zabawę: „Jeśli ty weźmiesz do buzi kawałek serka, to ja zjem trochę mojego".
- ▲ Przyssawki. Zapomnij na razie o kromce chleba: zrzucona ze stolika, wyląduje stroną posmarowaną dżemem na podłodze. Dla rodziców małych dzieci nie ma wspanialszego wynalazku niż miska przyczepiana do stolika lub blatu wysokiego krzesełka za pomocą przyssawek. Nie zagwarantują one co prawda idealnego porządku, ale sprawią, że miska z makaronem w sosie serowym nie przeleci przez kuchnię niczym plastikowy dysk.
- ▲ Kleista konsystencja. Staraj się serwować dziecku dania, które nieco przywierają do miseczki: purée z ziemniaków czy patatów, biały ser, mus jabłkowy z kawałeczkami owoców, rozgniecione brzoskwinie, lekko rozgnieciony banan, owsiankę lub pastę jajeczną.
- ▲ Ochrona. Większą czystość zapewnią nie tylko oczywiste środki ochronne, czyli papierowe i zwykłe ręczniki oraz serwetki, ale także plastikowa mata (czy choćby gazeta) rozłożona pod krzesełkiem. Sadzaj dziecko jak najdalej od mebli, których nie da się wyczyścić wilgotną ściereczką. Zalecana odzież dla malucha w porze posiłku to osłaniający ramionka śliniaczek lub sama pielucha.
- ▲ Zachęty. Gdy mały bałaganiarz mniej niż zwykle nabałagani podczas jedzenia, pochwal go i nagródź na przykład dodatkową porcją musu jabłkowego. Z drugiej strony, gdy zrzuci tost ze stoliczka albo wyleje mleko na koszulkę, udaj, że tego wcale nie widziałaś. Im większą uwagę będziesz zwracać na nieporządek, tym więcej go dostaniesz.
- ▲ Wprowadź zasadę „trzy pacnięcia jedzeniem i koniec posiłku". Albo dwa lub cztery, zależnie od tego, ile jesteś w stanie wytrzymać. Daj dziecku wyraźnie i spokojnie do zrozumienia, że kiedy przez jego zabawy posiłek zmienia się w piekło, kończycie jedzenie. Ostrzeż kilkakrotnie, że „nie bawimy się jedzeniem", po czym konsekwentnie zabierz dziecku talerz.

Samodzielne jedzenie i nieporządek

Wiem, że powinnam pozwolić swojej córeczce na samodzielne jedzenie, ale nie mogę znieść bałaganu, jaki temu towarzyszy, i zawsze wszystko kończy się tym, że zabieram jej łyżeczkę.

Jeśli małe dziecko z łyżeczką w garści można uznać za dziecko uzbrojone i niebezpieczne, to czeka cię rok życia w tym niebezpieczeństwie. „Rozbrojenie" małej i przejęcie narzędzia zbrodni na pewno wprowadzi więcej porządku, ale też odbierze jej sposobność zdobycia umiejętności samodzielnego jedzenia. A przecież córka musi tę umiejętność posiąść, chyba że zamierzasz biegać za nią z widelcem i nożem przez kolejne dwadzieścia lat. Poza tym samodzielne jedzenie „karmi" jej niezależność, umiejętności społeczne i zdrowe podejście do żywności (ona sama nigdy nie będzie się zmuszać do jedzenia, gdy nie jest głodna, natomiast ty ją – tak).

Na razie twoja córeczka nie będzie mistrzynią dobrych manier i specjalistką od zachowania się przy stole, a ty jeszcze jakiś czas spędzisz na szukaniu doskonale chłonnych papierowych ręczników oraz ubranek, które dobrze się piorą. Nie ma jednak lepszego sposobu na wyrobienie w dziecku zdrowych nawyków żywieniowych na przyszłość niż pogodzenie się z nieporządkiem przy posiłkach teraz. A więc maleństwo, bierz łyżeczkę w garść!

Prychanie jedzeniem

Mój synek zaczął zabawy w prychanie jedzeniem. Jest to komiczne, ale też irytujące, bo powoduje nieporządek. Najgorsze, że nie mogę się powstrzymać i wybucham śmiechem.

Nic tak nie podsyca najgorszego zachowania dziecka jak widownia – co często kończy się tym, że całe otoczenie jest upaćkane owsianką, marchewkami czy jogurtem. Przypuszczalnie w wieku sześciu, siedmiu miesięcy twój synek nauczył się wydawać żartobliwe dźwięki (możliwe, że od ciebie, gdy prychałaś na jego świeżo wykąpany brzuszek). Na początku wydawało się to bardzo zabawne, a dziecko szybko skojarzyło, że takie śmieszne dźwięki w połączeniu z papkowatym bądź płynnym jedzeniem tworzą prawdziwy show. Oczywiście sprzyjały temu twoje reakcje: chichoty, odskakiwanie (by uchronić świeżo ułożoną fryzurę i odebraną właśnie z pralni garsonkę przed gęstą owsianką), a nawet złość (negatywna uwaga jest dla malca lepsza niż żadna). Ale nadszedł czas na zmianę programu:

Daj mu nowe rekwizyty. Jak pewnie twój synek zauważył, jednymi pokarmami prycha się i pluje lepiej niż innymi. Pobij go jego własną bronią i gdy to tylko możliwe, dawaj mu kawałeczki melona czy pokrojonego w kostkę ugotowanego patata zamiast przetartych owoców i warzyw. Myśl o tym, co jest delikatne dla dziąsełek, ale co nie wytryśnie z małej buzi: pokrojony w kwadraciki tost, makaron, kosteczki sera, paluszki rybne.

Nie pozwól się wyprowadzić z równowagi. Tak, to trudne, ale spróbuj zachować kamienną twarz, nie śmiej się ani nie denerwuj, gdy mały pluje, niezależnie od tego, co tym razem wybrał sobie jako cel. Nie ma reakcji, nie ma satysfakcji. Sam się znudzi, jeśli nie będzie miał widowni.

Zakończ przedstawienie. Dziecko musi wiedzieć, że jeśli nie skończy, ty skończysz. Z pokerową twarzą daj mu stanowcze ostrzeżenie: „Nie wolno tak robić. To służy do jedzenia, a nie do zabawy". Jeśli nie przestanie, powtórz i dodaj, że jeśli nadal będzie prychać jedzeniem, zabierzesz mu je. Za trzecim razem (bądź konsekwentna: to może być drugie albo czwarte ostrzeżenie, ale zawsze musi ich być tyle samo) szybko zabierz mu talerzyk. Nawet jeśli za pierwszym razem nie zrozumie, co się stało, szybko powiąże te fakty.

Fetysze

Ratunku, moje dziecko nie tknie jedzenia, które dotknęło jedzenia innego rodzaju.

Oczywiście, że nie tknie! Jest przecież maluchem, upoważnionym przez swój wiek do różnych fiksacji dotyczących pokarmów. W tym konkretnym przypadku najprościej poradzisz sobie, używając naczyń kilkukomorowych (do każdej części możesz włożyć coś innego) albo serwując danie na kilku talerzykach. Nie bój się, że popierasz dziecięce dziwactwa. W rzeczywistości wiele dzieci ma podobne i z czasem z nich wyrasta. To właśnie twoje utyskiwania, docinki czy przewracanie oczami mogą tylko pogorszyć sytuację.

Moja córka nie chce zjeść nadkruszonego krakersa lub ciasteczka. O co jej chodzi?

Większość dzieci woli, gdy wszystko jest takie, jakie być powinno. Całe ciasteczko daje małej poczucie spokoju, tak samo jak świadomość, że rano dostanie zawsze płatki w niebieskiej miseczce, a po kąpieli zostanie owinięta ręcznikiem w króliczki. Nawet jeśli sprawia to wrażenie manii natręctw, tak naprawdę jest dla malucha sposobem kontrolowania swego otoczenia.

Gdy córka wkroczy w wiek logicznego rozumowania (mniej więcej po trzecich urodzinach), zrozumie, iż krakersy czasem się kruszą, ale smakują nadal tak samo. Na razie ustępuj jej, kiedy możesz (czyli jeśli masz całe ciasteczko pod ręką), a jeśli nie możesz, zaproponuj zmierzenie się z rzeczywistością. Powiedz na przykład: „Zobacz, wszystkie ciasteczka w tej paczce są nadkruszone, więc wybierzmy takie, które ci się najbardziej spodoba". A kiedy sama przełamie swoje ciastko, potraktuj to jako chwilę ważnej dla niej nauki, że czynności mają swoje konsekwencje, czyli: złamała ciastko, przeżyła to jakoś, a nawet je zjadła!

Wybredne dziecko

Moja córka jest niesamowicie wybredna. Nigdy nie chce skosztować niczego nowego, tylko je na okrągło te same pokarmy. Albo nawet tych nie je. Już nie wiem, co robić!

Masz małą wybrednisię? Nie różni się szczególnie pod tym względem od swych rówieśników, których wybredność jest przewidywalna (tylko płatki jednej konkretnej marki, plasterki bananów i makaron bez żadnego sosu) albo nieprzewidywalna (kalafior jest jednego dnia przebojem, drugiego nie ma mowy o jego skosztowaniu). Czynnikiem wywołującym takie zachowanie z pewnością może być chęć kontroli („nie będziesz mną rządzić"), co bardzo typowe dla dzieci w tym wieku, podobnie jak potrzeba stałości, niezmienności, bez żadnych przykrych niespodzianek (takich jak odkrycie, że w miseczce z płatkami znalazły się dodatkowo jagody,

Nie ustawaj w próbach

Proponowałaś papaję – nie ma mowy. Podałaś szpinak – tylko nie to! Kusiłaś rybą – taaa, i co jeszcze? Pewnie masz już dość sprzeciwów dziecka i gotowa jesteś zrezygnować z wprowadzania nowej żywności (w końcu po co?). Ale nie tak szybko! Badania wykazują, że potrzeba około piętnastu prób, by dziecko w ogóle przyzwyczaiło się do nowego jedzenia, a co dopiero je polubiło. Naczelna zasada: miej wielką cierpliwość do niewielkiego zainteresowania dziecka nowymi smakami i konsystencjami. W przypadku sprzeciwu po prostu spróbuj jeszcze raz.

Nie idź też w ślady wielu rodziców, którzy z góry zakładają, że ich mały wielbiciel nuggetów drobiowych lub grzanek na pewno nie zechce czegoś zjeść, bo to „coś" jest pikantne, dobrze przyprawione i nie jest beżowe. Daj dziecku skosztować swojej sałatki pomidorowej, zaproponuj „gryzka" burrito, łyczek zupy z soczewicy. Czasem bardzo wybrednemu dziecku zdarzy się pokochać smak, o którego preferencję najmniej można by je było podejrzewać (więc lepiej mieć trochę fasolki na ostro w lodówce!).

a nie oczekiwane plasterki banana). Inny powód, dla którego maluchy nie są szczególnie ciekawe nowości, ma podłoże fizjologiczne, nie psychologiczne: jest nim nadwrażliwość kubków smakowych na nowe smaki, zwłaszcza te intensywne. Gdy więc dziecko kręci noskiem na widok brokułów, przypuszczalnie mają one dla niego zwyczajnie przykry smak. Często też ciężko mu przełknąć – dosłownie – coś o nieznanej dotychczas konsystencji.

Co zatem mają zrobić rodzice tadków-niejadków? Zmuszać do przestrzegania różnorodnej diety? Czy może zgodzić się na monotonne menu? Ani tak, ani tak. Zamiast tego:

Zacznij od czegoś małego. Czasem wielkość ma znaczenie. Kopiasta porcja może onieśmielić malucha i sprawić, że zrejteruje, zanim w ogóle spróbuje. Niewielkie porcje (patrz ramka na str. 92) łatwiej negocjować. Jeśli dziecko wyliże talerzyk do czysta, można zaproponować dokładkę.

Podawaj nowe na przystawkę. Dziecko oczywiście będzie chciało to co zawsze – i niech to ma. Ale nie zwalnia cię to od zaproponowania czegoś nowego, nieoczekiwanego (na osobnym talerzyku, by nie zmieszało się z makaronem): na przykład plasterka awokado, łyżeczki sosu pomidorowego, kosteczki mango. Albo stwórz most pomiędzy znanym i nowym: polej ulubionym sosem serowym różyczkę ugotowanego na parze brokułu lub kalafiora, małego klopsika czy kilka małych kawałeczków ryby (na osobnym talerzyku, by nie było marudzenia, że miesza się z ukochanym makaronem).

Spożywajcie posiłki rodzinnie. Spotykanie się przy stole całą rodziną ma wiele krótko- i długoterminowych korzyści, na przykład taką, iż czasem wybredne dziecko przełamuje się, zgodnie z zasadą „chcę zjeść to, co je mama". Postaw na stole miskę makaronu z warzywami i pesto lub talerz z łososiem i brązowym ryżem, a kto wie, być może spotka cię miła niespodzianka! Jeżeli nie możecie jeść razem, staraj się spożywać ze swoją małą zdrowe posiłki. Nie zapominaj o dzieleniu się!

PRECZ Z BEŻOWĄ MONOTONIĄ

Jeżeli dziecko najchętniej byłoby na beżowej diecie (czyli tylko pokarmy o beżowym kolorze i żadne inne), przypuszczalnie intuicyjnie unika wszystkiego, co ma intensywny smak – nawet nam beż kojarzy się z raczej mdłymi produktami. Różnorodność kolorów oznacza oczywiście różnorodne składniki odżywcze, ale zdziwisz się zapewne, jak wartościowy może być nawet beż, jeśli mądrze się go zaserwuje. Taki kolor mają dojrzałe banany, pełnoziarniste pieczywo i płatki zbożowe (zwłaszcza owsianka), makarony z mąki pełnoziarnistej, brązowy ryż, komosa ryżowa (bogate w białko ziarno, które ma znakomity smak) oraz rozgnieciona fasola i ciecierzyca. Lekko beżowy kolor ma kalafior (polej go białym sosem serowym), hummus (dip z ciecierzycy, zwykle uwielbiany przez dzieci), tahini (dip sezamowy) czy tofu. Tofu zmieszane z podprażonym tartym białym pieczywem pszennym można piec jak paluszki drobiowe, dodając jeszcze panierkę z tartego pieczywa pełnopszennego (jak w paluszkach rybnych).

Dodawaj akcenty kolorystyczne (jagodowy uśmiech na beżowym toście), ale niech nie będzie to od razu pełna tęcza. To beżowe szaleństwo zwykle nie trwa długo i samo przemija.

Zatrudnij małego szefa kuchni. Nieco starsze maluchy uwielbiają kucharzyć, a badania naukowe wykazują, iż jeśli dzieci towarzyszą w gotowaniu posiłków, bardziej entuzjastycznie podchodzą do kosztowania owoców (i warzyw) podczas swej „pracy". Zacznijcie od wspólnych zakupów. Pozwól córce wybrać taki kształt makaronu, jaki jej się najbardziej podoba, sięgnąć po pomidora, włożyć fasolkę szparagową do woreczka. A potem marsz do kuchni! Tak, tak, do kuchni! Nawet jeśli twoim pierwszym odruchem jest przepędzanie dziecka z tego pomieszczenia (bo rozgrzany piekarnik, bo ostre noże, bo chcesz mieć spokój przy gotowaniu). Zaproszenie do „poma-

Kłopoty na zamówienie

Czy czujesz się czasem, jakbyś prowadziła w swojej kuchni małą jadłodajnię, przez cały dzień przyjmującą zamówienia od małego klienta („jajko w środku, chleb bez skórki, na deser jabłko w plasterkach")? Oczywiście wiele usprawiedliwia wybredne, małe podniebienie – maluchy mają swoje słuszne powody, jak choćby wrażliwe kubki smakowe, przyzwyczajenie do dobrze znanej konsystencji, potrzeba kontrolowania sytuacji, a poza tym czy ciebie ktoś zmusza do jedzenia czegoś, czego nie lubisz?

Mimo to jest wyraźna granica pomiędzy byciem uczynną a wykorzystywaną, między przyznaniem dziecku pewnej władzy nad menu a godzeniem się na wszystkie jego zachcianki. Jeśli nie chcesz kłopotów, to:

- **Wprowadź ograniczenie: jedno zamówienie klienta na posiłek.** Dziecko zamówiło tosta, przygotowałaś go i podałaś, a teraz ono decyduje, że chce zmienić zamówienie na płatki zbożowe? Nie! Chciało tosta i dostało tosta, ma zatem zjeść tosta. Jeżeli się poddasz, to będziesz biegać do kuchni i z powrotem, a malec nie nauczy się niczego na temat podejmowania decyzji.
- **Ustalaj menu.** Daj dziecku dwa, najwyżej trzy zdrowe dania do wyboru, nie więcej, bo nadmiar możliwości przytłacza malucha, poza tym pozostawienie mu absolutnej swobody wybierania menu to proszenie się o kłopoty (oraz o to, że na śniadanie zamówi ciasteczka, na obiad – lody albo makaron z sosem serowym właśnie wtedy, gdy skończył ci się jego zapas).
- **Umów się z dzieckiem, że każdej przystawce towarzyszy to, co jedzą wszyscy.** Naczelna zasada w rodzinie: dziecko może dostawać preferowaną przystawkę, ale razem z choćby odrobiną tego, co jedzą pozostali domownicy.

Nie chcesz wzmacniać nawyków dziecka? Wielu rodziców uważa, że wypełnianie zamówień maluszka nie wchodzi w grę, i trzymają się tradycyjnej zasady: masz zjeść to, co ci dałam. Inni rodzice natomiast przykładają wielką wagę do tego, by dziecko miało jak najwięcej żywieniowych doświadczeń (choć mogą się przekonać, że bez względu na upodobania całej rodziny, na razie nic nie jest w stanie skłonić ich potomstwa do zapoznania się ze smakiem curry i kolendry). Jak zwykle należy przede wszystkim kierować się zasadą, że najlepsze jest to, co sprawdza się w twojej rodzinie.

gania" może okazać się niezłym sposobem na niejadka. Pozwól posypać makaron serem, zamieszać ciasto na naleśniki, wrzucić jagódki do owsianki albo osuszyć sałatę papierowym ręcznikiem. Nawet jeśli rola małego szefa kuchni nie od razu otworzy córeczkę na różne kulinarne doświadczenia, to przypuszczalnie mała chętniej sprawdzi, jaki smak ma to, co pomogła przygotować.

Pamiętaj, że dziecko nie jest jeńcem. Czasem to nie jedzenie wywołuje niechęć dziecka, lecz fakt, że jest ono do posiłku przykute (na przykład w wysokim krzesełku). Na str. 114 znajdziesz porady dotyczące innych możliwości. Pozwalaj dziecku także na samodzielne jedzenie.

Bawcie się w nazywanie. Do twojej wyobraźni może bardziej przemawiać „mieszanka młodych warzyw z musztardowym winegretem" niż po prostu „domowa sałatka", ale dziecko chętniej zje: sałatkę z jajka, która nazywa się „jajkowy piasek" z krakersową „łopatką"; kanapkę z dżemem i masłem orzechowym o nazwie „ka-de-em-o"; smażone jajko wtopione w środek tosta i nazwane „jajkiem w dziupli"; małego klopsika określonego jako „mięsna mufinka". Więcej sposobów na zabawne dania znajdziesz na str. 111.

Nie wywołuj napiętej atmosfery przy posiłku. Daj sobie spokój z wmuszaniem, zmuszaniem, nakłanianiem, przekupstwami, a nawet ze starą zabawą w pociąg (widelczyk, łyżeczka) zmierzający do tunelu (buzi dziecka). Niech maluch je tyle, ile chce, ile podpowiada mu jego apetyt, a gdy się naje, pozwól mu przerwać i zakończyć posiłek. W ten sposób nabierze zdrowych nawyków żywieniowych, zamiast kojarzyć jedzenie ze stresem i przykrościami. Zresztą, przypomnij sobie, kiedy ostatni raz zdołałaś zmusić dziecko do czegoś, czego nie chciało?

Niech je tak, jak chce – do pewnych granic. Jeśli tylko w grę wchodzi zdrowe jedzenie, może wybrzydzać do woli. Zachęcaj dziecko, by kosztowało tego, co jedzą inni, ale nie nalegaj. Każ natomiast jeść to, co wybrało – nie możesz ulegać temu, że właśnie się rozmyśliło w kwestii tego, co chce na obiad; skoro zamówiło grillowany ser, to ma go zjeść. Gdy sytuacja nie pozwala na wybieranie, bo na przykład jesteście w gościnie i podano wam omlety, zakończ wszelkie dyskusje. Powiedz, że może zjeść nieco omleta i trochę chleba albo odejść od stołu i pobawić się. W prawdziwym świecie nie zawsze mamy przecież możliwość grymaszenia.

Niech je powoli – do pewnych granic. Małe dzieci często jedzą bardzo powoli, szczególnie gdy właśnie zaczęły to robić samodzielnie. Każdy groszek, każda nitka spaghetti trafiają do buzi pojedynczo. Daj dziecku tyle czasu, ile potrzebuje na zjedzenie posiłku, nawet jeśli trzeba siąść do śniadania dziesięć minut wcześniej, by zdążyć odwieźć je do żłobka. Jeżeli jednak jedzenie zacznie się zamieniać w zabawę (groszek trafia celowo do soku pomarańczowego, a nie do buzi, nitki spaghetti zwisają niczym girlandy ze stolika), natychmiast zakończ posiłek. Aby dziecko się nie rozpraszało, wyłączaj telewizor na czas jedzenia, a jeśli chce ono wziąć zabawkę do stolika, powiedz, że zgadzasz się, ale „miś będzie patrzył, jak ładnie jesz".

Karm dziecko wówczas, gdy jest głodne. Nie ma wątpliwości, że dzieci, które nie czują głodu, nie będą dużo jeść. Niektóre maluchy budzą się rano z uczuciem ssania w brzuszku i są gotowe zanurzyć łyżeczkę w misce z płatkami, inne potrzebują więcej czasu, by poczuć apetyt; jedne chętnie poczekają na późny obiad z całą rodziną, inne do tej pory stracą już chęć do jedzenia. Poznaj preferencje swego dziecka pod tym względem i podawaj posiłki tuż przed tym, jak czuje się głodne. Gdy ustalisz najlepsze pory jedzenia, trzymaj się tego harmonogramu; większość dzieci woli regularne, przewidywalne posiłki podawane w tym samym miejscu i o tej samej porze. Nadmiar przekąsek lub przekąski bardzo sycące albo podawane zbyt blisko pory posiłku często tłumią apetyt dziecka. Tak samo jest z sycącymi napojami.

Niechęć do warzyw

Mój synek nie zje niczego, co przypomina warzywa, zwłaszcza o zielonym kolorze. Wiem, że to typowe w tym wieku, ale jak ma zaspokoić swoje zapotrzebowanie na składniki odżywcze?

Ciężka sprawa z zielonym – zwłaszcza z tym leżącym na talerzyku dziecka. Można je odsuwać na bok, ciskać w kąt pokoju, podawać psu, ale jeść? Prawdopodobnie nie. Ten stereotyp dotyczy niemal wszystkich małych dzieci, szczególnie w drugim roku ich życia. I trudno się temu dziwić. Większość zielonych warzyw ma wyrazisty smak, zwykle nieprzyjemny dla kubków smakowych, dziwną konsystencję i zapach, a niektóre mają wszystkie te trzy cechy naraz. Na szczęście nie wszystkie warzywa są zielone i żadne nie ma monopolu na jakiś składnik odżywczy. Oto jak nakłonić dziecko do jedzenia warzyw, a przynajmniej ich odpowiednika pod względem pożywności:

Stosuj podstępy (ale bez przesady). Warzywa są wartościową żywnością także wtedy, gdy ich nie widać, można więc przemycać je w ulubionej potrawie dziecka. Dodawaj posiekane lub roztarte warzywa do makaronu z sosem serowym (w tym jasnym daniu szczególnie dobrze chowa się kalafior). Schowaj małe kawałeczki ugotowanego kalafiora lub czerwonej papryki w sosie do spaghetti. Wrzuć trochę startej marchwi do ciasta na babeczki, do klopsów i burgerów. Upiecz chleb dyniowy. Podawaj sok V-8 (warzywno-owo-

Smaczne i zdrowe przekąski

Mały żołądek potrzebuje częstego zasilania małymi porcjami. Oto co możesz dziecku dawać na zdrową przekąskę obok tak popularnych ciastek owsianych i krakersów:

- minibabeczki z dyni lub marchewki
- ser żółty (pałeczki, sześciany, plasterki, wiórki)
- gotowane w kuchence mikrofalowej plasterki jabłka, brzoskwini lub gruszki, posypane cynamonem i polane jogurtem
- owoce liofilizowane (bez cukru), pokrojone na kawałki wielkości jednego kęsa
- hummus, tahini lub dip z czarnej fasoli do krakersów, pity bądź warzyw ugotowanych na miękko
- świeże owoce (małe kawałki lub cienkie plasterki obranego jabłka bądź gruszki, moreli, banana, kiwi, brzoskwini, nektarynki, mango, melona itd.) z jogurtem jako dipem
- krem z orzechów lub masło orzechowe (jeśli nie ma obaw o reakcję alergiczną), cienko rozsmarowane na połowie kromki pełnoziarnistego chleba lub na cienkich plastrach obranego jabłka
- mały kubek zupy
- pieczone kawałeczki patata
- roladki z indyka z serem
- sałatka jajeczna z krakersem lub gotowanymi warzywami
- minipizza (sos pomidorowy i ser roztopiony na krakersach).

cowy z ośmioma witaminami), wiele dzieci przepada za jego smakiem. Nie powinnaś jednak przemycać wszystkich warzyw, które podajesz lub próbujesz podawać. Dlaczego? Po pierwsze, jest granica takiego postępowania: chyba nie chcesz ciągle „chować" warzyw przed dzieckiem, które chodzi już do gimnazjum? Po drugie, sztuczka nie będzie działać wiecznie i dziecko kiedyś odkryje, że dostało to, czego się nie spodziewało. Po trzecie, i najważniejsze, twoim celem powinno być nauczenie dziecka, jak się zdrowo odżywiać, czyli chętnie sięgać po brokuły, szparagi i pieczarki, a nie oszukiwanie go, by zdrowo jadło.

Zadbaj o różnorodność warzyw. Proponujesz dziecku brokuły i wciąż spotykasz się z odmową. Ale nie załamuj się, bo nigdy nie wiadomo, kiedy to wartościowe warzywo stanie się hitem sezonu – tylko urozmaić ofertę o kawałki ugotowanej na miękko dyni, kabaczka, buraczków, kalafiora, brukselki, rzepy oraz czerwonej, zielonej lub żółtej papryki. Nie zakładaj też z góry, że skoro dziecko nie chciało jednego warzywa, to nie skosztuje innego ani że malec nie będzie lubić tego czy owego, bo ty tego nie lubisz.

Dodaj sosu. Zdarza się, że malec, który nie chce zjeść warzyw sauté, diametralnie zmienia stanowisko na widok sosu. Spróbuj, jak zareaguje na kalafiora w łagodnym sosie kokosowym z curry, na brokuły w wersji podsmażanej, na mieszankę warzyw w gulaszu czy zupie (najlepiej warzywnej) lub choćby na pokrojoną w plasterki marchew dodaną do rosołu. Warzywa plus dip równa się zabawa dla małych paluszków. A gdy zostaną po posiłku resztki żółtego sera, można roztopić je na dowolnych warzywach i tak stworzyć kuszącą przekąskę.

Świeć przykładem. Dzieci przejmują zwyczaje rodziców – także te podpatrzone przy stole – więc gdy widzą, jak mama entuzjastycznie zanurza sztućce w misce z marchewką i groszkiem lub nakłada sobie drugą porcję sałatki, przypuszczalnie zechcą ją naśladować.

Kuś produktami z własnego ogródka. Trudno o lepszy sposób na zainteresowanie małego dziecka warzywami niż wspólne ich hodowanie. Drugą w kolejności atrakcją będzie wizyta u kogoś, kto to robi – na przykład robienie zakupów u rolnika. A gdy sezon się skończy lub mieszkacie w miejscu, gdzie trudno o takie atrakcje, zabierz dziecko do działu z owocami i warzywami w dużym sklepie, pokaż mu całą ich różnorodność, a po powrocie do domu spróbujcie coś wspólnie przygotować z zakupionych produktów.

Zamieniaj barwy. Jeśli dziecko nadal nie chce grać w zielone, trudno, to nie jest obowiązkowe. Te same substancje odżywcze znaleźć można także w bardziej przyjaznych dla maluchów kolorach: pomarańczowym i żółtym (pomyśl o marchewkach, patatach i kabaczkach). Mało tego – zapotrzebowanie dziecka na substancje odżywcze pokrywają również owoce, szczególnie te o intensywnych barwach: mango, papaja, kantalupa, brzoskwinie, morele i jagody. Dodawaj owoce do jogurtu, płatków śniadaniowych oraz do koktajli mlecznych, które mogą być też pysznymi dipami.

Przyjemności związane z jedzeniem

Dla maluszków jedzenie bywa przykrością, zwłaszcza gdy muszą siedzieć przy stole, ale sytuacja diametralnie się odmienia, gdy rodzice zadbają o odrobinę zabawy. Wypróbuj następujące rady:

Uczta dla oczu. Za pomocą noża lub foremek do ciastek pokrój kanapki, tosty, a nawet rozbite na płasko kawałeczki kurczaka w intrygujące kształty: kółeczka, romby, trójkąciki, zwierzątka, serduszka czy gwiazdki. Smaruj naleśniki, lekko rozpłaszczone kromki chleba czy pełnoziarniste tortille dżemem, masłem orzechowym, kremowym serkiem, sałatką z tuńczyka lub innym ulubionym „smarowidłem", a następnie zwijaj je w ruloniki, które można jeszcze pokroić w ślimaczki. Formuj ciasto naleśnikowe w kształty twarzy, literek, misiaczków czy serduszek albo wycinaj z już usmażonych naleśników kształty foremkami do ciastek, i ozdabiaj je ugotowanymi rodzynkami, plasterkami banana, jagodami czy innymi owocami (świeżymi bądź liofilizowanymi). Szukaj makaronu o zabawnych kształtach: mogą to być koła od roweru, muszelki, świderki, literki alfabetu (które mają także funkcję dydaktyczną).

Artyści w kuchni. Uwolnij swoją artystyczną duszę i zaraź tym dziecko, tworząc dzieła sztuki, które aż się proszą, by je zjeść: wieża z miniklocków z żółtego sera, krajobraz z drzewami z ugotowanych brokułów i kalafiorów przyprószonych śniegiem ze startego sera, „mrówki na gałązce" (¼ wydrążonego i wypełnionego jogurtem banana, posypanego połówkami jagód), czy niebo z chmurkami z ziemniaków i deszczykiem z groszku lub słoneczkiem z upieczonego plasterka patata.

Małe rozmiary. Jeden kęs to idealna wielkość dla małych rąk, buzi i apetytu, dlatego kanapki i tosty krój w kwadraciki, kotlety drobiowe – w małe kostki czy paluszki, naleśniki – w ćwiarteczki, ugotowane na miękko marchewki – w krążki. Piecz w najmniejszych foremkach minibabeczki, miniciasteczka marchewkowe, gotuj miniklopsiki. Staraj się kupować młode marchewki, pomidorki, cukinię, kabaczki, kukurydze, buraczki i inne miniwarzywa, po czym podawaj je ugotowane na parze lub podduszone do miękkości.

Sosy i dipy. Jedne dzieci lubią samo jedzenie, bez dodatków, inne najchętniej topią wszystko w sosach i dipach (szczególnie w tych ostatnich), gdyż daje to poczucie kontroli nad przygotowywaniem posiłku). Często też przywiązują się do jednego, konkretnego sosu lub dipu – sosu pomidorowego, keczupu, sosu serowego – i chcą, by wszystko było nim polane. Nic nie stoi na przeszkodzie, by bawić się w tę grę, choćby wiązało się to z tak zaskakującymi rozwiązaniami, jak mus jabłkowy do kurczaka, sos pomidorowy do wafli lub ziemniaków, wafle z sosem serowym czy tost umoczony w jogurcie.

Używaj tarki. Zaserwuj kopczyk (możesz go też nazwać górą lub wzgórzem) startej marchewki albo przygotuj smaczną, odżywczą surówkę colesław z marchewki, kapusty, jabłka i jogurtu waniliowego. Dzieci zwykle przepadają za przekąską w postaci stosiku startego sera, zwłaszcza gdy towarzyszy mu stosik startego jabłka.

Co zrobić, gdy nie masz czasu, cierpliwości lub artystycznych inklinacji do zabawy jedzeniem? Albo jeżeli stanowczo obstajesz przy tym, że jedzenie to jedzenie i nie wymaga żadnej oprawy? Twoja kuchnia, twoja decyzja. Gdy dziecko będzie głodne, zje to, co mu podasz.

Niechęć do ulubionego jedzenia

Ni z tego, ni z owego, moja córeczka zaczęła odmawiać jedzenia swoich ulubionych potraw. Co się dzieje?

Jeszcze niedawno mała jadła coś, aż jej się uszka trzęsły, a dzisiaj to „coś" trafia na czarną listę? Typowe: ledwie pomyślałaś, że wreszcie trafiłaś w jej kulinarny gust, a już spotykasz się z odmową. Niekiedy przyczyną jest tak charakterystyczna dla dziecka negatywna postawa, która ma mu zapewnić poczucie władzy („Nie zmusisz mnie do jedzenia mojego ulubionego dania!"); czasem to tylko kaprys, ząbkowanie, rozpoczynające się przeziębienie albo też zwykła nuda. Choć przyczyny mogą być różne, powinnaś mieć na uwadze poniższe zalecenia:

Nie stresuj się. Córeczka na pewno się nie zagłodzi, tylko po prostu zacznie jeść coś innego. Zdrowe maluchy, które nie są zmuszane do jedzenia, zawsze sięgają po to, czego potrzebuje ich organizm. Jeśli będziesz robić wielkie halo wokół jej niechęci, tylko utwierdzisz ją w tym, co pewnie i tak już zaczęła podejrzewać: że najlepszym sposobem na rozdrażnienie ciebie jest odsuwanie tego, co stawiasz przed nią na stole. Lepiej więc zachować spokój, gdy dziecko nieoczekiwanie odmawia skosztowania uwielbianych dotąd gofrów.

Pozwól dziecku odpocząć. Zabierz dany produkt i nie podawaj go (ani nawet nie wyciągaj z szafki czy lodówki) przynajmniej przez tydzień, chyba że zostaniesz wyraźnie o niego poproszona. Proponuj natomiast dziecku podobnie odżywcze produkty: jeśli mała obraziła się na gofry, serwuj naleśniki; jeśli wrogiem stał się jogurt, podaj biały ser, a jeśli jabłka – zastąp je bananami. W końcu nawet w tym wieku można się znudzić jednostajnością.

Podawaj to samo, ale inaczej. Przywracając ulubioną żywność do menu dziecka, zadbaj o podanie jej w inny sposób: płatki na lunch zamiast na śniadanie, chleb z masłem orzechowym i dżemem zrolowany i pokrojony w ślimaczki zamiast w standardowe trójkąciki. A jeśli chcesz wprowadzić większą zmianę, to zastąp chleb pełnoziarnistą tortillą lub dżem bananem. Melon nie musi być zawsze pokrojony w kostkę, może być uformowany w kuleczki. Spróbuj podać kurczaka pokrojonego w paseczki z sosem pomidorowym i serem zamiast w postaci kosteczek. Grilluj różne rodzaje sera i zaproponuj do tego dip, którego córka jeszcze nie zna, na przykład marinara.

Korzystaj z okazji. Jeśli się dobrze zastanowić, to odrzucenie przez dziecko ulubionego jedzenia jest doskonałą chwilą na wprowadzenie czegoś nowego. Wykorzystaj tę sposobność i spróbuj poszerzyć i urozmaicić menu swego maluszka!

Spróbuj sama. Maluchy mają niezmiernie silną potrzebę posiadania, więc jeśli ty sięgniesz po to, co twoje dziecko właśnie odtrąciło, może skłonisz je do zmiany stanowiska.

Nie skreślaj odtrącanych produktów z menu. To, co dzisiaj spotyka się z niechęcią dziecka, jutro może być przyjęte zupełnie inaczej. Nie poddawaj się więc (jeszcze) i nie wyrzucaj na przykład sześciu opakowań mrożonych gofrów. Jeżeli przyczyną niechęci do danego produktu jest ząbkowanie lub przeziębienie, to może się ona skończyć wraz z ustąpieniem tych przejściowych dolegliwości.

Posiłki w ruchu

Nasz synek nie usiedzi spokojnie przy stole. Próbuje wstawać, wierci się i kręci w swoim krzesełku – zwykle też chce je opuścić, mimo iż prawie nic nie zjadł.

W pierwszym okresie życia poznawanie świata odbywało się głównie poprzez jamę ustną, a jedzenie było ciekawym doświadczeniem. Teraz jednak małe dziecko woli poznawać świat na własnych nogach, przez co posiłki uważa za ogromną stratę czasu, w każdym razie wtedy, gdy musi spożywać je na siedząco (wiercąc się i kręcąc). Ale przecież te przerwy na zjedzenie posiłku są mu niezbędne, by miał siłę na inne czynności, więc żeby pomóc mu ją zdobyć, skorzystaj z następujących porad:

- Pomyśl o innym rozwiązaniu logistycznym. W tym wieku dziecko nie jest wielkim zwolennikiem sytuacji, które ograniczają je ruchowo. Być może chętniej zje posiłek, siedząc przy dużym stole, w foteliku samochodowym albo przy niskim stoliku dziecięcym.
- Przestań karmić dziecko. Pozwól synkowi jeść samodzielnie. To na pewno da mu zajęcie, szczególnie jeśli jest to dla niego nowe wyzwanie (daj kubeczek ze słomką, łyżeczkę, postaw sos, w którym może maczać jedzenie).
- Dotrzymuj dziecku towarzystwa. Nawet jeśli nie spożywacie posiłków o tej samej porze, usiądź z synkiem do stołu. Nie chodzi o to, by robić przy obiedzie całe przedstawienie; wystarczy rozmowa, która odpędzi nudę – oczywiście nie powinna się ona toczyć wokół tego, jak mało chłopczyk zjadł lub jak bardzo się wierci.
- Jedzenie to nie chodzenie. Sadzaj dziecko nawet do przekąski, bo jeśli mały smakosz podjada podczas zabawy, to nie widzi sensu, by siadać do posiłku.
- Sama jedz na siedząco. Dziecko śledzi każdy twój ruch i kopiuje twoje zwyczaje. Jeśli często jesz w drodze lub stojąc przy lodówce czy kuchennym blacie, uczysz malca tego samego. To jest kolejny powód do wprowadzenia na stałe zwyczaju spożywania posiłku przez całą rodzinę przy stole i siadania nawet do małej przekąski.
- Myśl kategoriami małego dziecka. Istnieje granica tego, ile jest ono w stanie wysiedzieć, a poznaje się ją po tym, że malec więcej się kręci, niż je. Zwróć mu upragnioną wolność i nie rób z tego problemu, nawet jeśli jeszcze sporo zostało na dziecięcym talerzu. Przecież za jakiś czas będzie kolejny posiłek (lub przekąska) – jeśli oczywiście dziecko do niego usiądzie.

Zabawianie przy posiłkach

Od pewnego czasu pory posiłków stały się czymś strasznym: nasza mała nie chce nic zjeść, jeśli nie towarzyszy temu rozrywka, przez co czasem czujemy się z mężem jak klauni w cyrku. Co mamy zrobić?

Zakończyć ten cyrk, i to szybko! Dziecko przyzwyczajane do tego, że do jedzenia rodzice namawiają je śpiewem i tańcem, żartami, sztuczkami magicznymi i innymi (rozpaczliwymi) występami, szybko uznaje, że posiłkom zawsze powinna towarzyszyć taka rozrywka. I chyba już wiesz, co się dzieje, gdy jej nie zapewnisz?

A twój cel nie polega na zmuszaniu dziecka do jedzenia, lecz na pozwoleniu, by jadło tyle, ile wymaga jego apetyt, gdyż taka jest jego naturalna funkcja, dzięki której organizm sam reguluje ilość przyjmowanych pokarmów. Nie powinnaś tej funkcji zakłócać, zabawiając dziecko tylko po to, by zjadło jeszcze kilka kęsów. Wpojenie małemu człowiekowi zdrowych nawyków żywieniowych wymaga powiązania jedzenia z zaspokajaniem głodu („burczy mi w brzuszku, czas coś zjeść”), a nie z zabawą („tatuś znów staje na głowie, więc chyba pora na mój posiłek”).

Jak nietrudno się domyślić, wyeliminowanie obiadowych przedstawień nie będzie początkowo łatwe, lecz nie daj się ponieść pokusie włożenia butów do stepowania czy czapki z dzwoneczkami na ostatni show. Zachowaj spokój i pewną nonszalancję, tak jakby posiłek (jedzony czy niejedzony) zupełnie cię nie obchodził (bo i nie powinien, jeśli tylko dziecko rośnie prawidłowo). Gdy córeczka zgłodnieje, sama zje, i to bez żadnego programu artystycznego. A skoro już mowa o programie – nie daj się złapać w pułapkę karmienia małej przy oglądaniu telewizji. Posiłek trwa wtedy dłużej i wyrabia się niedobry nawyk bezmyślnego jedzenia.

O wiele lepszą formą uprzyjemniania dziecku pory obiadowej, taką, która rozwija umiejętności społeczne i czyni spożywanie posiłków znacznie bardziej interesującym zajęciem, jest rozmowa z maluchem.

Rezygnacja z wysokiego krzesełka

Kiedy powinnam przesadzić naszego synka z wysokiego krzesełka do siedzenia przykręcanego do stołu?

Wybór najodpowiedniejszego siedzenia zależy od dziecka, które ma na nim siedzieć. Niektóre świetnie się czują na wysokim krzesełku do czasu, aż przestają się w nim mieścić, inne w pewnym momencie zaczynają się wiercić i kręcić, co jest wyraźnym sygnałem, że czują się skrępowane, a zatem gotowe – i chętne – do jak najszybszej zmiany.

Większość dzieci gotowa jest zamienić wysokie krzesełko na mniej krępujące siedzenie już około połowy drugiego roku życia.

Jeżeli wasze dziecko więcej czasu przy stole spędza na wierceniu się w swoim krzesełku, niż je, czas posadzić je w krzesełku przykręcanym do blatu stołu lub na zwykłym krześle. Ale gdyby nawet synek nie miał nic przeciwko swemu dziecięcemu krzesełku z własnym blatem, warto zaprosić go do rodzinnego stołu, gdyż nabierze umiejętności społecznych i (kiedyś) kulturalnego jedzenia.

Zawsze sprawdzaj, czy siedzenie jest dobrze przymocowane do krzesła i czy paski są prawidłowo zapięte. Pod siedzisko przykręcane do blatu stołu nie wsuwajcie nigdy krzesła, gdyż dziecko może się łatwo o nie zaprzeć, a wówczas mocowanie może się obluzować i malec spadnie. I jeszcze jedna zasada bezpieczeństwa: gdy małe dziecko siada z dorosłymi przy stole, trzeba zachowywać szczególną czujność. Przestrzeń w jego zasięgu (zaskakująco spora) musi być wolna od naczyń, które łatwo stłuc, gorących płynów i niebezpiecznych przedmiotów, takich jak noże, ostre widelce czy żywność, którą można się zadławić.

Wiele dzieci uwielbia siedzieć na krzesełku przy stole o odpowiedniej dla nich wysokości. Meble te świetnie się też sprawdzają przy takich artystycznych zajęciach, jak choćby rysowanie. Miej wszakże na uwadze to, że dziecko, które zawsze siedzi osobno, ma mniej szans na zdobywanie umiejętności społecznych niż to, które zjada posiłki z resztą rodziny przy normalnym stole.

Dieta wegetariańska lub wegańska

Chcemy wychować nasze dziecko na wegetarianina takiego jak my. Czy jednak taka dieta zaspokoi w pełni jego zapotrzebowanie na substancje odżywcze?

Całkiem sporo dzieci to wegetarianie lub prawie wegetarianie z własnego wyboru – chętniej przecież spożywają węglowodany niż mięso czerwone, drób czy ryby. Na szczęście dzieci mogą zdrowo rosnąć na diecie wegetariańskiej lub wegańskiej. Niezależnie od tego, czy brak mięsa w menu jest filozofią rodziny, czy też przejściową fazą u dziecka, nie jest to powód do martwienia się, że będzie ono chodzić głodne lub niedożywione. Musisz jednak pamiętać o kilku sprawach:

Kontroluj spożycie białka. Dzieci jedzące nabiał, w tym jajka, bez trudu pokrywają swoje dzienne zapotrzebowanie na białko (często jeszcze przed obiadem), ale u dzieci na diecie wegańskiej, czyli wykluczającej wszelkie produkty pochodzenia zwierzęcego, mogą nastąpić niedobory białka, niezbędnego do prawidłowego rozwoju, który jest teraz ich głównym zadaniem. Aby wypełnić swemu dziecku tę lukę, oferuj mu bogate w białko pokarmy stanowiące źródło węglowodanów złożonych, takie jak: komosa ryżowa i makaron z dużą zawartością białka (czyli pełnoziarnisty), oraz dodawaj produkty sojowe (mleko, ser, tofu, edamame oraz starannie wybrane zamienniki mięsa, takie jak burgery sojowe, uważając jednak na to, czy nie zawierają za dużo sodu). Nie zapomnij o fasoli – znakomitym źródle i białka, i innych ważnych składników. Niewielką ilość białka dostarczysz dziecku również, smarując mu pieczywo cienko masłem orzechowym (jeśli nie jest uczulone).

Pamiętaj o B_{12}. Witamina B_{12} znajduje się na liście niezbędnych składników odżywczych i jest absolutnie konieczna do prawidłowego wzrostu i rozwoju. Najlepszym jej źródłem jest mięso, ale wszystkie inne produkty pochodzenia zwierzęcego dostarczają pewną jej ilość. Jeżeli twoje dziecko uwielbia nabiał, w tym jajka, o tę jedną rzecz nie musisz się martwić. Lecz jeżeli żaden produkt pochodzenia zwierzęcego nie trafia na wasz stół, to musisz dopilnować, by dziecko otrzymywało żywność wzbogaconą tą witaminą. Często są to płatki śniadaniowe, ale kupić można także mleko sojowe z witaminą B_{12} (sprawdzaj to na etykiecie). Porozmawiaj z pediatrą, czy warto podawać witaminę B_{12} w postaci preparatu uzupełniającego – nie wszystkie multiwitaminy dla dzieci mają ją w składzie.

Zapewniaj dostateczną ilość żelaza i witaminy C. Ponieważ dzieci wegetariańskie jedzą sporo warzyw, owoców i ziaren, z reguły nie występuje u nich niedobór żelaza. Jedyny problem w tym, że gdy ten biopierwiastek ma roślinny rodowód (żelazo niehemowe), nie jest tak łatwo przyswajany przez organizm jak ten pochodzenia zwierzęcego (forma hemowa). Aby żelazo pochodzenia roślinnego wchłaniało się jak najlepiej, powinna mu towarzyszyć witamina C, serwuj ją zatem do każdego posiłku, podając na przykład kiwi z pełnoziarnistymi waflami, truskawki do owsianki, sos pomidorowy do makaronu.

Dolej białka. Maluchy, które piją mleko (a także jedzą jogurty i sery), nie mają problemu z zapewnieniem organizmowi budulca kości, jakim jest białko, a dzieciom na diecie wegańskiej nieco białka dostarczają wzbogacone mleko sojowe (czytaj jednak jego etykiety, nie każde bowiem mleko sojowe zawiera ten składnik) i inne produkty sojowe, a także wzbogacony sok.

Zwracaj baczną uwagę na witaminę D. Jest niezbędna do prawidłowego rozwoju kości, a jej niedobór u małych dzieci może być przyczyną krzywicy. Jeśli twoje maleństwo pije mleko, jego zapotrzebowanie na witaminę D jest zaspokajane, lecz dostarczenie dzieciom wegańskim odpowiedniej jej ilości jest trudne, chyba że piją one mleko sojowe wzbogacone witaminą D. Aby uzyskać pewność, że wegańska dieta zaspokaja zapotrzebowanie małego dziecka na witaminę D, porozmawiaj z pediatrą i zapytaj, czy nie powinnaś podawać maluchowi odpowiedniego preparatu uzupełniającego.

Nie zapominaj o tłuszczu. Dzieci w drugim roku życia nadal potrzebują dużo zdrowego tłuszczu do rozwoju mózgu; zwykle otrzymują ten składnik odżywczy z pełnego mleka i innych pełnotłustych produktów mlecznych. Mleko sojowe nie dostarcza małym weganom wystarczającej ilości tłuszczu, gdyż z natury jest ono uboższe w ten składnik niż pełne mleko krowie; podając nawet pełnotłuste mleko sojowe (czyli właśnie takie, jakie należy dawać dziecku, gdyż odmiany chude czy odtłuszczone są mniej wartościowe), możesz nie zaspokoić potrzeb organizmu dziecka. I tu jest miejsce dla innych zdrowych źródeł tłuszczu, takich jak awokado, olej rzepakowy i lniany oraz mielone ziarna i orzechy (jeśli nie ma obaw o reakcje alergiczne) – część z tych produktów zapewnia także kwasy tłuszczowe omega-3, tak ważne w diecie wegańskiej.

Dostarczaj więcej porcji. Mali weganie muszą jeść znacznie więcej produktów pochodzenia roślinnego, aby wypełnić lukę po mięsie (a potrzeba niemal kubka fasoli i ryżu, by wyrównać ilość białka dostarczaną przez kilka kęsów kurczaka). Może to być trudne do wykonania, gdyż mały żołądek nie jest w stanie przyjąć takiej ilości pokarmu. Tym bardziej więc nie może trafiać do niego bezwartościowe jedzenie, natomiast warto podawać dziecku zdrowe przekąski między posiłkami.

Stołowanie się poza domem z małym dzieckiem

Chcielibyśmy częściej jadać poza domem, ale nasza córeczka jest raczej niejadkiem i nie można powiedzieć zbyt wiele dobrego o jej manierach przy stole. Więc zwykle zostajemy w domu.

Pozbądźcie się obiekcji przed wychodzeniem na obiad z dzieckiem, gdyż wyposaża to małą w cenne umiejętności społeczne. A zresztą komu chciałoby się gotować każdego dnia? Zanim jednak zarezerwujesz stolik na trzy osoby lub dwa krzesła plus krzesełko dla dziecka, rozważ poniższe kwestie:

Rodzaj kuchni. Wy możecie mieć ochotę na krewetki, ale wasze dziecko przypuszczalnie woli makaron (tylko bez sera i bez tego zielonego!) oraz paluszki z kurczaka (sos obok). W imię spokoju przy stole przy wyborze restauracji kieruj się preferencjami dziecka. Dobrze, jeśli w menu są dania dla dzieci, przy czym w wielu lokalach można poprosić o przygotowanie czegoś specjalnie dla najmłodszych. Należy zaznaczyć, że czasem nowe miejsce zachęci dziecko do spróbowania nowego smaku – na przykład zainspirowane atmosferą azjatyckiej restauracji skosztuje dań z woka, których nie zna z domu. Jeśli wzgardzi potrawą, zawsze może zjeść ryż z rozgniecionymi kawałeczkami ananasa. Raz na jakiś czas spróbuj szczęścia i zabierz małą na nieznane terytorium kulinarne, a być może ze zdumieniem stwierdzisz, że się na nie otworzy.

Udogodnienia. Sprawdź z wyprzedzeniem, czy lokal dysponuje udogodnieniami dla małych dzieci, takimi jak odpowiednie krzesełko, a jeśli nie, weź własne. Restauracje, w których są kredki i specjalne maty na stół lub które mają wydzielony kącik do zabawy, otrzymują dodatkowe punkty. Gdyby jednak restauracja, do której chcecie pójść, do takich nie należała, nie wychodź z domu z pustymi rękami, gdyż potrzebne ci będą akcesoria do zabawiania małej. Spakuj książeczki, kredki, papier i kilka małych, niewydających dźwięków zabawek. Warto też wziąć na wszelki wypadek parę krakersów, odrobinę płatków śniadaniowych na sucho lub kosteczek serowych – zwłaszcza że na danie trzeba będzie

Ryzyko zadławienia

Koniec z roztartymi na papkę pokarmami dla niemowląt, czas na bardziej „dorosłą" konsystencję. Ząbki pozwalają dziecku wkroczyć w zupełnie nowy świat doznań związanych z jedzeniem. Ale mimo poszerzających się przed dzieckiem kulinarnych horyzontów pewnych pokarmów nadal nie wolno maluchowi podawać ze względu na ryzyko zadławienia.

Oczywiście zakrztusić się jedzeniem można bez względu na wiek, jednak pewne czynniki sprawiają, że maluchy i dzieci w wieku przedszkolnym są na to szczególnie narażone. Nawet gdy mają już wszystkie zęby (czyli mniej więcej w połowie trzeciego roku życia), ich umiejętność gryzienia i połykania nie jest jeszcze w pełni wykształcona; mają tendencję do brania do ust więcej, niż są w stanie przeżuć i przełknąć, do napychania buzi dla zabawy lub dla okazania zniecierpliwienia, do przełykania niepogryzionego jedzenia, by szybciej skończyć posiłek i wracać do zabawy, a jeśli tylko okoliczności będą sprzyjać (choć nie powinny) – do jedzenia w biegu i do biegania z jedzeniem.

Aby zminimalizować ryzyko zadławienia, wymienione pokarmy (prócz zaznaczonych wyjątków) nie powinny się znaleźć w diecie dziecka:

- Orzechy i ziarna, z wyjątkiem mielonych
- Twarde cukierki, pianki, ciągutki i inne klejące się słodycze czy przekąski owocowe lub gumy do żucia
- Hot dogi (na wszelki wypadek najpierw przekrawaj je wzdłuż, a potem na plasterki)
- Kawałki mięsa
- Winogrona (chyba że obrane, jeśli trzeba – także pozbawione pestek i przekrojone)
- Surowe wiśnie i czereśnie (chyba że obrane, wydrylowane i przekrojone na pół lub na ćwiartki)
- Surowy seler naciowy
- Całe surowe marchewki (malutkie marchewki są dobre dla dzieci, które mają już wszystkie ząbki, a tartą marchew mogą dostawać wszystkie maluchy)
- Masło orzechowe wyjadane łyżeczką bądź paluszkami (może być rozsmarowane cienko na pieczywie lub owocach, lecz w żadnym wieku nie powinno być jedzone w zbyt dużych ilościach)
- Popcorn
- Suszone owoce (chyba że są ugotowane i rozgniecione). Lepsze są niewielkie owoce liofilizowane, jeśli natychmiast rozpuszczają się w ustach i nie trzeba ich rozgryzać (sprawdź to najpierw sama).

Ryzyko zakrztuszenia można dodatkowo zmniejszyć, stosując następujące środki:

- Dopilnuj, by dziecko jadło tylko w pozycji siedzącej. Jedzenie w biegu, podczas chodzenia, zabawy, w pozycji leżącej bądź półleżącej stwarza ryzyko zadławienia.
- Ucz dziecko, by nie napychało sobie buzi jedzeniem, dając mu jednorazowo małe porcje.
- Powtarzaj, że nie należy rozmawiać ani śmiać się z pełnymi ustami (tę zasadę łatwiej będzie wprowadzić, jeśli wszyscy przy stole też będą jej przestrzegać).
- Zachowaj szczególną ostrożność wobec przekąsek w samochodzie. Przy nagłym hamowaniu kawałek jedzenia może wpaść do tchawicy dziecka.

chwilę poczekać – tylko nie przekarm dziecka przed posiłkiem! Pamiętaj też o zabraniu kubeczka z dzióbkiem, aby napój nie rozlał się córeczce przy stole (co zwykle jest sytuacją dość krępującą).

Postawa. Jak zareagują w restauracji na małego klienta? Jeżeli masz wątpliwości, spytaj wprost, czy można przyjść z małym dzieckiem. Z odpowiedzi – nawet dość skąpej – wszystkiego się dowiesz.

Hałas. Hałas panujący w lokalu może skłaniać do rozmów, ale u dziecka często wywołuje zły nastrój, który rozładowuje ono waleniem widelcem w stół. Skoczna muzyka może natomiast przykuć jego uwagę i uchronić uszy osób siedzących przy innych stolikach – wszak czego nie usłyszą, to nie będzie ich denerwować.

Pora obiadowa. Jeśli to możliwe, przyjdźcie do restauracji, zanim zacznie tam panować największy ruch, kiedy jest stosunkowo niewielu klientów, a pracownicy nie są (jeszcze) podenerwowani.

Czas oczekiwania na miejsce. Tu nie warto zdawać się na los – postaraj się znaleźć taki lokal, w którym można wcześniej zarezerwować stolik lub w którym stolik na pewno znajdziesz. Gdyby jednak przyszło wam czekać na miejsce przy stole, pozwól dziecku upuścić część jego energii na zewnątrz (pod twoim czujnym okiem). Siedzenie i czekanie zwykle nie służy maluchom, które potem – już przy stole – znów muszą siedzieć i czekać na posiłek, a potem nadal siedzieć i czekać, aż wszyscy skończą jeść.

Miejsce. Spróbuj zarezerwować jak najlepszy dla was stolik. Wszyscy (zarówno ty, jak obsługa oraz inne osoby w lokalu) będą zadowoleni, jeśli usiądziecie z dzieckiem nieco na uboczu, na tyle daleko od innych gości, by piski małego klienta nie irytowały ich, a także z dala od drzwi kuchennych czy stanowiska kelnerów, aby nagłe poruszenie się malca nie doprowadziło do katastrofy. Plusem będzie miejsce przy oknie, zwłaszcza jeśli widać przez nie pieszych i przejeżdżające samochody, które odwrócą uwagę dziecka; ale można też zastanowić się nad stolikiem blisko wyjścia – na wszelki wypadek, gdyby trzeba było zrobić przerwę w długim posiłku.

Po przyjściu do restauracji:

Postaw na szybkość. Jest rzeczą oczywistą, że spożywany w leniwym tempie obiad to prawdziwa przyjemność, ale tylko wówczas, gdy zostawiłaś dziecko w domu z opiekunką. Natomiast jeśli siedzi ono obok ciebie w restauracji, stukając w stół w oczekiwaniu na jedzenie, wspinając się na oparcie krzesełka i brzęcząc sztućcami, to czas ma wielkie znaczenie. Twoim celem jest wejść, zjeść i wyjść tak szybko, jak to możliwe. Warto więc wybrać się do lokalu specjalizującego się w szybkiej obsłudze (jeśli nie są to lokale typu fast food, specjalizujące się w daniach o dużej zawartości tłuszczu). Czasem w miejscach dostarczających na wynos (na przykład w pizzeriach) można złożyć zamówienie telefonicznie i otrzymać posiłek tuż po zajęciu miejsca przy stole. Jeżeli nie ma takiej możliwości, można zaoszczędzić czas, zamawiając wszystko od razu po przyjściu, bo jeśli zaczniesz od tego, że najpierw poprosisz o napoje, to będziesz czekać co najmniej dziesięć minut dłużej. Skrócisz też czas oczekiwania, jeśli przejrzysz menu restauracji na jej stronie internetowej i jeszcze przed przybyciem do lokalu będziesz wiedzieć, co chcesz zamówić. Zastanawiasz się może, czy nie lepiej najpierw zamówić coś dla dziecka, by szybko mogło zacząć jeść? Brzmi nieźle, dopóki nie uświadomisz sobie, że w takiej sytuacji dziecko skończy jeść – i zechce wstać – zanim wy dostaniecie wasze dania. Jeśli więc wasze dziecko nie ma zwyczaju jeść szczególnie długo, poproś, by wszyscy otrzymali swoje zamówienie jednocześnie. A co z sałatką, od której planowałaś zacząć posiłek? Lepiej poproś o podanie jej do dania głównego. Jest jeszcze jeden sposób, by czas stał się waszym sprzymierzeńcem: wybieranie dań, których przygotowanie nie zajmuje dużo czasu (zapytaj o nie kelnera).

Oczyść teren. Nic, co się tłucze, łamie, o co można się uderzyć, nie powinno znajdować się w zasięgu dziecka – nie wspominając już nawet o ostrych przedmiotach (noże i widelce) czy kwiatach (prawdziwych i sztucznych), bo nie chcesz przecież, by twoja pociecha zaczęła je skubać.

Pamiętaj, by porcje były małe, a potrawy znajome. Zamawiaj to, co wypróbowane, sprawdzone i przyjazne dla małego dziecka (kosztowanie nowych potraw czy produktów może się odbywać z twojego talerza).

A ponieważ duża porcja może maluszka onieśmielić, poproś o dodatkowy talerz, na który będziesz mu nakładać małe porcje. Gdyby w karcie nie przewidziano porcji dla dzieci, zapytaj, czy można dostać połowę. Jeśli żadne z dań głównych nie wygląda znajomo, połącz dwie przystawki, na przykład trochę gotowanych ziemniaków i gotowanej marchewki z groszkiem albo ryż i plasterek sera. Mając dziecko purystę, warto poprosić, by kucharz wstrzymał się z garnirowaniem dania – jego artystyczna wizja ułożenia marchewki czy szczypiorku może wywołać gwałtowny sprzeciw dziecka i konieczność zwrócenia talerza do kuchni.

Wyznacz granice. Na pewno nie należy oczekiwać od dziecka, że będzie ono przez cały posiłek siedzieć cichutko jak myszka. Ale narażanie innych gości lokalu na dziecięce szaleństwa także byłoby nie fair – pomyśl, że być może osoby siedzące przy sąsiednim stoliku właśnie zapłaciły dużo pieniędzy opiekunce, by spędzić czas bez małych dzieci. Musisz wyegzekwować od swojej pociechy kilka prostych zasad (nie wolno stukać, brzęczeć sztućcami, krzyczeć) i dołożyć wszelkich starań, by zachowywała się ona w miarę spokojnie podczas posiłku. A kiedy poczujesz na sobie złe spojrzenia gości, powinnaś wyprowadzić dziecko z lokalu na jakiś czas. Jeżeli jest was dwoje, jedno może na chwilę wyjść z dzieckiem na zewnątrz, a drugie cieszyć się kilkoma minutami jedzenia w samotności. Tylko nie zabieraj małego klienta do domu przed zakończeniem posiłku, bo nauczysz go, że swoim zachowaniem może zmienić twoje plany związane z posiłkiem poza domem. I jeszcze jedna zasada dotycząca restauracji: dziecko nie może samo odejść od stołu. Maluchy błąkające się bez opieki po lokalu mogą wpaść na kogoś niosącego tacę z gorącymi potrawami czy napojami i spowodować prawdziwe nieszczęście, a także zrobić sobie krzywdę.

Dobry napiwek. Specjalne wymagania, makaron na podłodze, sos pomidorowy na obrusie, rozlane napoje, przewrócony talerz – to kilka słusznych powodów, by każdy, kto obsługuje rodzinę z małym dzieckiem, dostał coś ekstra za swoje starania. Bądź hojna, szczególnie jeśli zamierzasz jeszcze kiedyś odwiedzić daną restaurację.

WSZYSTKO O...

BEZPIECZEŃSTWO ŻYWNOŚCI

Pełne ziarna w dużych ilościach? Są. Świeże owoce? Są. Różnorodność warzyw? Jest. Ryby bogate w omega-3? Są. Bakterie, pestycydy i inne chemikalia? Warto sprawdzić, czy też są... Dobre odżywianie dziecka nie polega wyłącznie na podawaniu mu zdrowej żywności (czy wymyślaniu sposobów, by skłonić je do jej zjadania). Polega też na sprawdzaniu, czy to, co kupujesz, przygotowujesz i serwujesz, jest bezpieczne. Na szczęście wystarczy kierować się kilkoma zasadami i zdrowym rozsądkiem, aby takie właśnie było.

PRODUKTY ROLNE

Owoce i warzywa cieszą się opinią zdrowej żywności, szczególnie korzystnej dla szybko rosnących dzieciaków. Choć opinie na temat warzyw są wśród konsumentów w wysokich krzesełkach podzielone, to które dziecko nie zje ze smakiem soczystego kawałka melona bądź mango, słodkiego plasterka jabłka lub gruszki albo uśmiechniętej buzi z banana i borówek na naleśniku? Gdy dajesz swemu wielbicielowi owoców coś pysznego

Chemia nie jest dla dzieci

Tobie może się wydawać, że twoje dziecko prawie nic nie je, ale mamy dla ciebie zaskakującą ciekawostkę: małe dzieci – proporcjonalnie do swojej masy ciała – więcej jedzą i piją więcej wody niż osoby dorosłe. Spożywają także stosunkowo więcej pewnych produktów (takich jak owoce), a dzięki swej wybredności mają skłonność do jedzenia na okrągło pewnych pokarmów (jabłko w plasterkach, potem mus jabłkowy, a potem jeszcze jabłkowy soczek). Co to dla nich oznacza? Potencjalnie większe narażenie na pestycydy i inne substancje chemiczne, które są zawarte w łańcuchu pokarmowym i wodzie, a na których działanie dzieci w tym wieku są szczególnie podatne. Dzieje się tak nie tylko dlatego, że ich organizm nadal się rozwija, lecz także dlatego, że otrzymuje więcej (w stosunku do masy ciała) chemikaliów z żywności oraz łatwiej je przyswaja.

Oto powód, dla którego należy być szczególnie wyczulonym na zawartość substancji chemicznych w diecie malucha.

do jedzenia, musisz pamiętać, że choć wszystkie są zdrowe, nie wszystkie są bezpieczne (w każdym razie nie prosto ze sklepowej półki). Niektóre mogą być skażone bakteriami (z gleby, wody lub nieumytych dłoni zbieraczy), inne natomiast mają na sobie warstwę pestycydów. Aby owoce i warzywa sprzyjały zdrowiu dziecka i nie były źródłem dolegliwości czy chorób, kieruj się przy wybieraniu tych produktów poniższymi wskazówkami:

- Kupuj produkty, które rosły jak najbliżej waszego miejsca zamieszkania. Po pierwsze, żywność lokalna zwykle jest świeższa niż ta importowana, a zatem zawiera więcej substancji odżywczych, tak potrzebnych małemu dziecku. Po drugie, nie wymaga użycia pestycydów po zbiorach celem przedłużenia przydatności do spożycia po długiej podróży przez cały kraj (a często wiele krajów). Z tej samej przyczyny staraj się kupować sezonowe warzywa i owoce, a poza sezonem – mrożone lub liofilizowane.
- Ekologiczne jest lepsze. Kupuj produkty ekologiczne, jeśli tylko są dostępne, mają odpowiedni wygląd i cenę na twoją kieszeń. Choć nie ma gwarancji, że będą mniej zakażone bakteriami, to przynajmniej nie będą zawierać pestycydów. Przeczytaj w poniższej ramce, które owoce i warzywa warto kupować z upraw ekologicznych.

Brudna dwunastka... i drużyna czystości

Jeżeli zastanawiasz się, czy warto zapłacić wyższą cenę za produkty ekologiczne, powinnaś wiedzieć, że dla własnego dziecka z reguły warto, szczególnie w pewnych przypadkach. Certyfikowana żywność ekologiczna ma gwarancję, że jest wolna od toksycznych pestycydów, nawozów sztucznych, hormonów, antybiotyków i nie jest genetycznie modyfikowana. Choć nie obiecuje się większej świeżości czy wartości odżywczej (zalety te będzie miała żywność uprawiana lokalnie), dla dziecka będzie oznaczać mniejsze narażenie na działanie potencjalnie szkodliwych chemikaliów, a to wielka zaleta.

Oczywiście kupowanie tylko tego, co ekologiczne, nie jest tanie, więc jeśli musisz wybierać, pamiętaj, że niektóre owoce i warzywa (nazywane potocznie „brudną dwunastką") uważane są za najczęściej zawierające pestycydy w przypadku upraw konwencjonalnych. Dlatego jeśli tylko możesz, kupuj ekologiczne: jabłka, paprykę, seler, wiśnie, importowane winogrona, nektarynki, brzoskwinie, gruszki, ziemniaki, maliny, szpinak i truskawki. Niedawno przeprowadzone badania do grona produktów podejrzanych włączyły również jagody, a więc sugeruje się, by dopisać je do powyższej listy. Zastanawiasz się teraz, jak zdołasz pogodzić swój budżet z powyższymi informacjami? Oto pięć owoców, które najrzadziej zawierają pestycydy przy konwencjonalnej uprawie: awokado, banany, kiwi, mango i ananasy. Natomiast jeśli chodzi o warzywa, będą to: szparagi, brokuły, kapusta, kukurydza cukrowa, bakłażan, cebula i groszek cukrowy.

- Raz to, raz tamto. Sięganie po różne owoce i warzywa oznacza nie tylko większą różnorodność składników odżywczych, lecz także większe bezpieczeństwo, ponieważ do różnych typów płodów rolnych stosowane są różne substancje chemiczne. Dbając o zróżnicowanie diety swego dziecka, sprawisz, że nie otrzyma ono zbyt dużo jednego rodzaju chemikaliów.

- Bądź równie wybredna jak twoje dziecko. Nim zaserwujesz dziecku owoce czy warzywa, dobrze im się przyjrzyj i powąchaj je. Odciśnięte miejsca to żaden wielki problem (choć niektóre dzieci są innego zdania), odrzuć jednak te, które mają choćby śladowe ilości pleśni lub dziwny zapach.

- Zawsze sprawdzaj świeżość produktów. Nie kupuj (ani nie podawaj dziecku) wstępnie pakowanych płodów rolnych, których okres przydatności do spożycia wkrótce się kończy, ani takich, które nie wyglądają na świeże bądź nie były przechowywane w lodówce.

- Dbaj o sterylną czystość. Myj wszystkie owoce i warzywa - ekologiczne i zwykłe - nawet te, które będziesz potem obierać (ponieważ w przeciwnym razie zarazki mogą osiąść na używanym do obierania nożu lub obieraczce i przeniknąć do tych części, które zamierzasz zjeść). Nie mocz jednak zbyt długo owoców i warzyw (bo wraz z wodą wylejesz mnóstwo witamin) ani nie używaj detergentów do ich mycia (najlepszy jest specjalny środek do mycia produktów rolnych). W razie konieczności zmyj brud lub nalot małą szczotką.

- Pilnuj, by podawać dziecku tylko pasteryzowane soki. Te niepasteryzowane - na przykład pochodzące ze sklepu ze zdrową żywnością lub prosto z gospodarstwa rolnego - mogą zawierać szkodliwe bakterie, na przykład *E. coli*, od których dziecko może się poważnie rozchorować.

Czy już jest gotowe?

Skąd masz mieć pewność, że obiad, który chcesz podać dziecku, jest dobrze wypieczony czy wysmażony, a zatem nie zawiera drobnoustrojów chorobotwórczych? Otóż sprawdzając jego temperaturę (odpowiednio wysoka oznacza, że nie podasz wraz z mięsem z rusztu czy rybą dodatkowej porcji bakterii). Wymienioną poniżej żywność można uznać za bezpieczną do spożycia, gdy osiągnie następujące wewnętrzne temperatury:

Wołowina, cielęcina, jagnięcina lub wieprzowina z rusztu, w postaci kotletów bądź steków: średnio wysmażone: 70°C, dobrze wysmażone: 77°C

Mielona wołowina, jagnięcina, cielęcina i wieprzowina: 70°C

Ugotowana wcześniej szynka: 60°C

Kurczak lub indyk w całości: 80°C

Mielone mięso kurczaka lub indyka: 74°C

Pierś z kurczaka: 77°C

Farsz (wewnątrz drobiu lub osobno): 74°C

Ryby: 63°C

Dania z jaj i zapiekanki: 70°C

Co powinnaś zrobić, gdy nie masz termometru pod ręką lub jesteś zdana na łaskę kuchni w restauracji? Zwróć uwagę na barwę mięsa: można je uznać za dobre do spożycia, gdy jest szare lub brązowe, przy czym test kolorystyczny może nie sprawdzać się w przypadku mięsa, które wcześniej było mrożone, szczególnie w restauracjach typu fast food. Drób nie powinien być ani odrobinę różowy, a wypływający z niego sok powinien być klarowny, mięso ryby natomiast powinno łatwo dzielić się na płatki i nie może być szkliste.

Mięso, drób i ryby

Rosnący organizm potrzebuje dużo białka, a trudno o lepsze jego źródło (nie wspominając o innych ważnych składnikach odżywczych, takich jak choćby witamina B_{12} i żelazo) niż chude czerwone mięso, drób i ryby. Niestety produkty te mogą być poważnie skażone bakteriami (a czasem także che-

Ryba, rybka... czy bezrybie?

Gdy wybierasz się na łowy po zdrowy posiłek dla swego dziecka, pamiętaj, że mięso ryb ma niewielką zawartość tłuszczów nasyconych, za to sporo białka i jest dobrym źródłem witaminy D oraz witamin z grupy B. A ponadto tłuste ryby, takie jak łosoś, dostarczają sporo niezbędnych kwasów tłuszczowych omega-3, które wspomagają pracę mózgu.

Ale nawet przy tych ich zdumiewających właściwościach należy wybierać ryby bardzo ostrożnie. Wiele ryb i skorupiaków może być skażonych rtęcią i PCB (dwufenylami polichlorowanymi), przy czym jedne gatunki gromadzą tych skażeń mniej, inne więcej. Niemowlęta i małe dzieci (podobnie jak kobiety ciężarne) są szczególnie narażone na działanie tych chemikaliów, dlatego ograniczenia spożywania ryb są w ich przypadku ostrzejsze.

Co zatem należy całkowicie z menu wykluczyć? Zgodnie z zaleceniami Urzędu ds. Żywności i Leków (FDA) oraz Agencji Ochrony Środowiska (EPA) nigdy nie należy podawać dziecku mięsa następujących gatunków ryb:

- rekin
- miecznik
- płytecznik
- makrela królewska.

Jakie zatem ryby są uważane za bezpieczne dla maluchów? Na szczęście te, które powinny im smakować:

- mintaj (czyli ryba, z której zwykle robi się paluszki rybne)
- łupacz
- morszczuk
- okoń oceaniczny
- pstrąg
- dorszowate
- biały łosoś (także z puszki)
- tilapia
- flądra
- sola
- krewetki i przegrzebki (nim jednak je podasz, porozmawiaj z pediatrą, jeśli w waszej rodzinie były przypadki alergii).

Gdy zamierzasz przygotować sałatkę z tuńczyka na obiad lub zapiekankę z makaronu i tuńczyka na kolację, weź lekkiego tuńczyka z puszki, gdyż zawiera stosunkowo mniej rtęci niż albakora (biały tuńczyk) i nie podawaj dziecku więcej niż 28 g na 5500 g masy ciała dziecka tygodniowo. A co z łososiem? Pamiętaj, że mięso ryb hodowlanych może mieć wysoką zawartość PCB, dlatego – jeśli możesz wybierać – kupuj dzikiego łososia.

Jeżeli twoja rodzina chodzi na ryby albo macie znajomych wędkarzy, sprawdź w miejscowym wydziale zdrowia lub rybołówstwa, czy można bezpiecznie podawać małym dzieciom ryby złowione w danym miejscu połowów.

Ale sama ryba to nie wszystko; duże znaczenie ma także sposób jej przyrządzenia. Na przykład substancje, którymi ryba może być skażona, zbierają się głównie w jej skórze i tłuszczu, dlatego należy je odrzucać przed gotowaniem, aby pozbyć się wielu toksyn. Ponieważ smażenie skutecznie zatrzymuje toksyny w mięsie, lepiej stosować takie metody przyrządzania, jak grillowanie, pieczenie na ruszcie, pieczenie w piekarniku lub gotowanie, gdyż dzięki nim niebezpieczne dla waszego zdrowia substancje zostają usunięte.

Staraj się podawać różne ryby dwa do trzech razy w tygodniu, jeśli tylko twoje dziecko nie będzie miało nic przeciwko temu, i pamiętaj, iż dawka dla dziecka to mniej więcej jedna czwarta „normalnej" porcji ryby, czyli około 30 g lub kostka wielkości pudełka zapałek. Smacznego!

mikaliami), dlatego należy zachować pewne środki ostrożności. Oto co możesz zrobić, by twoje dziecko otrzymywało białko bez bakterii i substancji chemicznych:

▲ Gotuj lub smaż dostatecznie długo. Surowe lub niedosmażone mięso może zawierać mikroorganizmy (takie jak *Salmonella*, bakterie *E. coli* lub *Campylobacter*, które mogą się stać przyczyną groźnych chorób, zwłaszcza u dzieci) oraz pasożyty. Aby nic takiego nie trafiło na talerzyk twego dziecka, kładź na nim wyłącznie dokładnie ugotowane i upieczone mięso (odpowiednie temperatury znajdziesz w ramce na str. 121).

- Ostrożnie z rybami. Niektóre ryby pływają w wodzie skażonej substancjami chemicznymi, takimi jak rtęć czy PCB (w ramce na str. 122 znajdziesz więcej informacji na ten temat). Nie podawaj dziecku sashimi - małe dzieci nie powinny jeść surowych owoców morza.
- Szukaj mięsa ekologicznego. W miarę możliwości (dostępności w sklepach i zasobności portfela) staraj się kupować mięso wołowe, cielęce, jagnięce i drobiowe, które nosi symbol żywności ekologicznej. To najlepszy sposób upewnienia się, że do klopsa czy paluszków drobiowych nie serwujesz chemicznej przystawki. Jeśli mięso ekologiczne nie jest dostępne, szukaj mięsa zwierząt hodowanych bez hormonów i antybiotyków (czyli tak, jak w przypadku chowu ekologicznego). Gdy mięso oznaczone jest jako „wybiegowe" czy „zwierząt wypasanych" (zwykle tak właśnie jest w przypadku ekologicznego), to ma pewną dodatkową korzyść dla zdrowia: będzie chudsze i z większą zawartością kwasów omega-3 niż mięso z hodowli tradycyjnej.
- Wybieraj chude mięso, gdyż nie tylko ma mniejszą zawartość niezdrowych tłuszczów nasyconych, lecz również jest mniej skażone chemicznie, nawet jeśli nie będzie ekologiczne. Wytłumaczenie jest następujące: spożywane przez zwierzęta substancje chemiczne odkładają się w tkance tłuszczowej, a także w skórze i narządach wewnętrznych, więc bierz jak najchudsze kawałki (na przykład wołowinę ekstra), unikaj podrobów i nabierz zwyczaju odcinania tłuszczu i skóry przed przyrządzaniem mięsa. Ważny jest także sposób przyrządzania: tłuszcz powinien wypływać, ale potem nie powinien trafić na talerzyk dziecka, czyli musi zostać odsączony od potrawy.

Spleśniały problem

Gdzieś w głębi lodówki ukrywa się pojemnik z białym serem oraz opakowanie truskawek, czekając na chwilę, by stać się zdrowym posiłkiem dla twego dziecka. Niestety, gdy sobie o nich przypomniałaś i chciałaś zrobić z nich zdrowe śniadanie, na wierzchu serka pojawił się niebieski nalot, natomiast na truskawkach nalot zielony. Co robisz? Usuwasz pleśń i podajesz czy wyrzucasz? Oto co należy zrobić, gdy żywność zaczyna pleśnieć:

- Jeśli pleśń pojawia się na małych owocach (takich jak winogrona, jagody, truskawki) – wyrzuć je. Jeżeli pleśnią pokryte są tylko owoce na górze pojemnika, usuń je, a pozostałe możesz zjeść, ale najpierw dokładnie je obejrzyj i umyj.
- Jeśli niewielki obszar pleśni pojawi się na twardych owocach lub warzywach (takich jak np. jabłka, ziemniaki, brokuły, cebule) lub na twardym serze, wystarczy odciąć to miejsce (z dwucentymetrowym marginesem bezpieczeństwa) i zjeść resztę. Spleśniałe miękkie owoce (brzoskwinie, śliwki, melony, pomidory) należy w całości wyrzucić.
- Produkty mleczne (twarożki, jogurty, śmietana, masło), które zaczęły pleśnieć, należy wyrzucić, nawet jeśli pleśń jest tylko na wierzchu. To samo dotyczy spleśniałych mięs i resztek posiłków.
- Spleśniały chleb, ziarna, masło orzechowe, orzechy, sosy i dżemy należy wyrzucić, nawet jeśli pleśń jest tylko na niewielkiej części produktu.

I zawsze pamiętaj: jeśli masz wątpliwości co do żywności, wyrzuć ją.

Nabiał

Maluchy zwykle uwielbiają nabiał - i to dobrze. Nie ma prostszego sposobu, by zaspokoić zapotrzebowanie organizmu dziecka na białko i wapń. Gdy chcesz mieć pewność, że produkty mleczne, które dajesz swemu dziecku - od mleka, przez jogurt, po sery - są równie bezpieczne jak odżywcze, stosuj poniższe zasady:

- Wybieraj tylko produkty pasteryzowane. Nigdy nie dawaj dziecku surowego (niepasteryzowanego) mleka, gdyż może zawierać bakterie chorobotwórcze. To jedyny przypadek, że żywność przetworzona – poddana pasteryzacji, czyli procesowi, podczas którego giną bakterie – jest lepsza.
- Starannie wybieraj sery. Ser dla twojego dziecka też musi być przygotowany z pasteryzowanego mleka (jeśli etykieta milczy na ten temat, nie kupuj go). Zasada ta dotyczy przede wszystkim surowych serów, które niepoddane pasteryzacji mogą być skażone listerią (rodzaj bakterii).
- Stosuj zasady właściwego przechowywania żywności. Wszystkie produkty mleczne powinny być przechowywane w lodówce (nawet te pasteryzowane mogą ulec skażeniu już po procesie pasteryzacji). Nigdy nie używaj ich po dacie przydatności do spożycia, a jeśli sprawiają wrażenie (wzrokowo czy węchowo) zepsutych albo masz co do nich jakieś wątpliwości, wyrzuć je.
- Staraj się kupować nabiał ekologiczny, jeśli tylko jest dostępny i jeśli możesz sobie na to pozwolić. Powyższa rada odnosi się szczególnie do pełnego mleka (pitego przecież przez większość małych dzieci), gdyż ewentualne substancje chemiczne znajdują się głównie w tłuszczu, a pełne mleko zawiera go więcej niż mleko chude lub odtłuszczone. Produkty ekologiczne także powinny być pasteryzowane.

Jajka

Większość maluchów uwielbia jajka w takiej czy innej postaci – może to być jajko na twardo, jajecznica nałożona na kromkę chleba, jajko sadzone bądź jajko rozkłócone, w którym obtacza się tosty albo z którego smaży się naleśniki. Problem jednak w tym, że jajka mogą być skażone salmonellą, bakterią bardzo niebezpieczną, przed którą wszakże możemy się ustrzec. Jest kilka sposobów na to, by wszystkie jajka, jakie znajdą się na twoim stole, były bezpieczne dla zdrowia. Oto kilka porad:

- Kupuj tylko jajka przechowywane w lodówce. Po przyniesieniu ich do domu też przechowuj je w lodówce; zachowają świeżość przez trzy tygodnie (zakładając, że nie zostanie przekroczona data przydatności do spożycia). A ponieważ skażeniu ulec mogą nawet jajka ugotowane na twardo, nie pozostawiaj ich w temperaturze pokojowej dłużej niż 2 godziny.
- Sprawdzaj, czy nie ma pęknięć na skorupce. Nie używaj jaj, które miały pękniętą skorupkę w chwili, gdy je kupiłaś, lub które pękły podczas transportowania ich do domu, ponieważ szkodliwe mikroorganizmy mogły z łatwością się przedostać do wnętrza.
- Gotuj jaja na twardo. Białko musi być całkowicie ścięte, a żółtko zgęstniałe. Jeśli jajko jest półsurowe, może nadal zawierać bakterie.
- Nie serwuj dań zawierających surowe jajka. Dotyczy to także domowych sosów holenderskich i majonezu, pianek oraz tak chętnie wylizywanego przez dzieci z misy ciasta na wypieki. Do użytku domowego można kupić pasteryzowane jajka (i białka jajek) – takich można bezpiecznie używać w surowej postaci do przyrządzania żywności oraz podawać dziecku nieścięte, na przykład w postaci jajecznicy.

Woda pitna

Woda z kranu. Z reguły woda z kranu jest całkowicie bezpieczna dla małych dzieci (jak również dla dorosłych) i nadaje się do picia. Niemniej jednak stopień jej bezpieczeństwa bywa różny w różnych miejscach. Jeśli chcesz się dowiedzieć, czy twój malec może pić wodę płynącą z kranu, sprawdź to u lokalnego dostawcy wody bądź w miejscowym wydziale zdrowia. Możesz także sprawdzić:

- ▲ Czy woda jest chlorowana czy filtrowana. Filtrowanie to najbezpieczniejszy sposób uzdatniania wody do picia, natomiast chlorowanie stwarza możliwość przedostania się do systemu zbyt wysokiej dawki chemikaliów. Jednakże z reguły tam, gdzie woda poddawana jest chlorowaniu, nie ma takiego zagrożenia. Jeżeli woda z kranu ma zapach lub smak chloru, przegotuj ją lub odstaw na 24 godziny przed spożyciem, co sprawi, że znaczna ilość tej substancji chemicznej odparuje. Albo po prostu zainstaluj filtr zatrzymujący związki chloru.
- ▲ Czy do rezerwuarów lub źródeł wody spływają ścieki z gospodarstw rolnych lub zakładów przemysłowych bądź też czy mogą istnieć wycieki z podziemnych zbiorników na gaz. Może to podnieść stężenie niebezpiecznych substancji chemicznych w wodzie, przy czym odpowiedni sposób filtrowania powinien poradzić sobie z każdym rodzajem zanieczyszczeń.
- ▲ Czy dochodzi do przenikania ołowiu bądź innych metali z rur do wody. Może to dziać się w twoim domu, jeśli do lutowania rur doprowadzających wodę użyto ołowiu, a narażenie organizmu na działanie tego metalu prowadzić może do poważnych problemów zdrowotnych. Jeśli podejrzewasz obecność ołowiu w wodzie lub badania wykazują wysokie jego stężenie, najlepszym rozwiązaniem byłaby wymiana rur. Ponieważ nie zawsze jest to możliwe, warto zastanowić się nad zainstalowaniem odpowiednich filtrów. Należy pamiętać, że nie wszystkie zatrzymują ołów, dlatego warto zainwestować w te najlepsze. Tańszym sposobem obniżenia zawartości ołowiu w wodzie pitnej jest używanie wyłącznie zimnej wody do picia i gotowania (więcej ołowiu przenika do wody o wyższej temperaturze) oraz odkręcanie kurka zimnej wody co rano (oraz za każdym razem, gdy woda nie płynęła przezeń przynajmniej przez sześć godzin) na pięć minut i spuszczenie jej, nim zaczerpniesz wodę do spożycia. Poznasz, że płynąca z twojego kranu woda z wodociągów stała się wolna od ołowiu, gdy z zimnej stanie się cieplejsza, a potem znów zimna.

BPA W OPAKOWANIACH ŻYWNOŚCI

Bisfenol A – czyli BPA, dian, 2,2-bis(p-hydroksyfenylo)propan – to substancja chemiczna o toksycznym oddziaływaniu na organizm człowieka, znajdująca się w licznych poliwęglanowych produktach plastikowych, w tym w niektórych butelkach dla dzieci i kubeczkach z dzióbkiem. FDA wyraziła obawy, że BPA potencjalnie może mieć szkodliwy wpływ na mózg, zachowanie oraz funkcjonowanie gruczołu krokowego płodu, niemowląt oraz małych dzieci. Ponieważ organizm dziecka bardziej wchłania substancje chemiczne, które potem trafiają do różnych jego układów, a także ponieważ wciąż rośnie i rozwija się oraz często otrzymuje napoje i przekąski, które były opakowane w plastik, jest bardziej narażony na działanie BPA. W wyniku tej opinii liczni producenci sami rezygnują z używania tej substancji w swych produktach, a w wielu stanach USA odzywają się głosy, by jej w ogóle zakazać. FDA bada jeszcze sprawę, natomiast większość specjalistów zgadza się co do tego, że rozsądnie jest unikać kupowania i używania produktów zawierających BPA do czasu, gdy będziemy dysponować większą wiedzą na ich temat. Skąd jednak będziesz wiedzieć, czy butelka, kubeczek z dzióbkiem albo plastikowe opakowanie zawiera BPA? Wystarczy spojrzeć na numer w trójkącie na spodniej jego części – jeśli jest to 7, produkt przypuszczalnie zawiera ten związek. Możesz także szukać opakowań z oznaczeniem „wolne od BPA".

Woda ze studni. Jeżeli używasz wody ze studni, przynajmniej raz na dwa lata badaj ją pod kątem zawartości substancji chemicznych i bakterii. Wydział Ochrony Środowiska udzieli ci informacji, jak najlepiej sprawdzać wodę w twoim regionie.

Woda butelkowana. Przejście na wodę butelkowaną z powodu obaw o bezpieczeństwo picia wody z wodociągu (albo dla wygody lub dla smaku) często nie jest właściwym rozwiązaniem, gdyż ta, którą kupujesz w butelce, wcale nie musi być lepsza dla zdrowia niż zwykła, pochodząca prosto z kranu (a trzeba wiedzieć, że czasem nalewa się do butelek właśnie wodę z krany). Kupując butelkowaną wodę, zwróć uwagę na to, czy ma ona odpowiednią ilość fluoru (zapytaj lekarza lub dentystę, ile powinna mieć), gdyż często go nie zawiera, a zatem ząbki twojego dziecka nie otrzymują żadnej potrzebnej im ochrony. Bezwzględnie unikaj wody destylowanej, z której usunięto także cenne składniki mineralne, takie jak właśnie związki fluoru.

Rozdział 5

SEN

Co do jednego nie ma wątpliwości: po spędzeniu długiego dnia z dzieckiem marzysz o tym, by paść na łóżko albo przynajmniej nieco odpocząć w gronie samych dorosłych (czyli w strefie wolnej od dziecięcych napadów złości). A co na to twoje dziecko? Cóż, zwykle jest innego zdania... Niewiele maluchów cieszy się na myśl o wieczornym spoczynku. Większość z nich uparcie walczy z koniecznością położenia się spać, jak zresztą ze wszystkim, co dla nich dobre. Jak zatem przekonać je do zaniechania tych codziennych zmagań? Jak namówić na jakże ważne drzemki? Trzeba do tego nieco wytrwałości i ogromu determinacji... a potem jeszcze jednej bajki... jeszcze jednej butelki z wodą... jeszcze jednego całusa...

Co może cię niepokoić

Buntownik wieczorową porą

Pora kładzenia się spać to w naszym domu czas bitwy, gdyż nasza córeczka nie chce iść do łóżka, a gdy już w nim jest, za żadną cenę nie chce w nim pozostać. Mijają wieki, nim się uspokoi.

Wcale niełatwo wyhamować z pełnego biegu do zera, a gdyby się tak dobrze zastanowić, tego właśnie wymagamy od naszych dzieci każdego dnia wieczorem, czyli przejścia z tuptania, wspinania się, skakania i zabawy do kładzenia się do łóżka i leżenia w bezruchu, a przy tym pozostawienia zabawek, rodziny oraz wszystkiego, co dzień powszedni uprzyjemnia. To właśnie jest główną przyczyną, dla której twoja mała nie chce kłaść się spać. Drugą jest typowa dla tego etapu rozwoju niechęć do przejść, a przejście ze stanu pobudzenia do stanu snu jest jednym z najtrudniejszych stanów przejściowych. Teraz dodajmy jeszcze strach przed ciemnością i samotnością oraz jakże

KAMIEŃ MILOWY

Pory snu

Czy pamiętasz jeszcze te czasy, gdy twoje maleństwo spało przez niemal trzy czwarte doby? Tymczasem, choć ty możesz odczuwać permanentny deficyt snu, ono potrzebuje go już znacznie mniej niż w czasach niemowlęcych, z którymi się pożegnało. W miarę jak liczba godzin snu się zmniejsza, pory spania stają się bardziej dojrzałe, przypominają cykl dorosłego człowieka – z kilkoma wrzuconymi tu i tam drzemkami. Wiele maluchów śpi jednak za mało, a fakty przemawiają same za siebie... wystarczy sobie przypomnieć, co się działo poprzedniego dnia. Dzieci, które się nie wysypiają, są bardziej rozdrażnione, częściej zdarzają się im ataki złości, gorzej się uczą i mają trudności ze skupieniem uwagi. Natomiast te, które uczciwie wykorzystują czas przeznaczony na dzienną drzemkę i nocny spoczynek, są spokojniejsze, bardziej zainteresowane zabawą i poznawaniem nowych rzeczy oraz po prostu szczęśliwsze (tak jak ich rodzice). Oto ogólne zalecenia odnośnie do tego, ile snu potrzeba przeciętnemu dziecku; pamiętaj jednak, że zapotrzebowanie na sen u jednych dzieci może być większe, a u innych mniejsze.

Od 12 do 15 miesiąca. Roczne dziecko potrzebuje w ciągu doby około 14 godzin snu, z których 11 (lub 11,5) powinno być przeznaczonych na nocny spoczynek, a pozostałe 3 godziny rozdzielone na dwie drzemki w ciągu dnia.

Od 15 do 18 miesiąca. Nie ma szczególnych zmian pod względem spania do połowy drugiego roku życia: norma to 11 godzin w nocy i około 2 (do 2,5) w ciągu dnia w postaci jednej lub dwóch drzemek.

Od 18 do 24 miesiąca. Przez resztę drugiego roku życia dziecko powinno przesypiać od 12 do 13 godzin na dobę. Zwykle w tym wieku malec nie chce już kłaść się na poranną drzemkę, zwłaszcza gdy zbliża się do drugich urodzin. Możesz się spodziewać, że będzie wtedy spać około 11 godzin w nocy i od 1,5 do 2 godzin raz w ciągu dnia.

typowy dziecięcy bunt („Skoro mama i tata chcą, żebym coś zrobiła, mam wystarczająco dobry powód, by tego nie robić") i otrzymujemy zupełnie prawidłowy (wcale niezaskakujący) obraz: twoje dziecko, podobnie jak większość jego rówieśników, wszystkimi siłami walczy o to, by nie spać.

Istnieje kilka sposobów, by pomóc dziecku zasnąć:

- Wprowadź ustalony porządek czynności przed snem i trzymaj się go. Dziecku łatwiej będzie się wyciszyć, jeśli będziecie przestrzegać konkretnego rytuału, łączącego stan aktywności ze stanem snu (patrz tekst w ramce na str. 130–131). Staraj się nie robić żadnych wyjątków, zachowując ten porządek także w weekendy, święta czy podczas wyjazdów.
- Pomyśl, czy nie przesunąć pory usypiania dziecka na wcześniejszą lub późniejszą. Często ogromne znaczenie ma wybranie właściwej pory kładzenia dziecka do snu. Bywa, że dziecko nie może zasnąć, gdyż jest zbyt zmęczone – jeśli tak może być w przypadku twojej pociechy, zastanów się, czy nie lepiej będzie zacząć (i skończyć) usypianie wcześniej wieczorem. Z kolei maluszkowi, któremu nie chce się jeszcze spać, trudno będzie się wyciszyć – zapytaj sama siebie, czy umiesz zasnąć, gdy nie czujesz senności. Czasem więc poskromienie wieczornej rebelii polega tylko na tym, by położyć dziecko do łóżeczka trochę później.
- Zastanów się, ile czasu powinna trwać popołudniowa drzemka oraz o której godzinie ją rozpocząć, aby dziecko wieczorem nie było zbyt wypoczęte; z kolei za krótka drzemka sprawi, że maluch będzie zbyt zmęczony, by szybko zasnąć. Pory drzemek, podobnie jak pory snu, powinny być stałe.
- Choć wydaje się to sprzeczne z intuicją, wybudzaj śpiące dziecko. Gdy będzie

wstawać razem z tobą - jeśli masz tyle szczęścia, że czasem śpi w ciągu dnia - łatwiej ustawi sobie swój wewnętrzny zegar biologiczny, czyli co wieczór będzie śpiące o tej samej porze.

- Życiowe zmiany łatwiej jest znieść, gdy ma się kogoś (lub coś), kto wyruszy razem w tę podróż. Chodzi tu o przedmiot, który pomoże dziecku przejść z aktywnego bycia z tobą do stanu snu bez ciebie - choć należy tu zaznaczyć, że nie każdy malec czegoś takiego potrzebuje, a nawet chce. Takim przedmiotem może być pluszowe zwierzątko (byle nie za duże, gdyż może spełnić także ważną rolę w ucieczce z łóżeczka), kocyk bądź twoja stara koszulka.
- Pozwól dziecku, by samo się uspokoiło. Jeśli ma ono zwyczaj płakać, bo ty wychodzisz z pokoju, nie wracaj po kilku sekundach. Prawdopodobnie zaraz przestanie płakać i zaśnie bez twojej pomocy. Gdyby jednak płacz nie ustawał, potraktuj to tak samo jak nocne chodzenie do dziecka (patrz następne pytanie).
- Nie daj się wyprowadzić z równowagi. Nie krzycz, nie strasz, a już na pewno nie groź konsekwencjami. Im bardziej pozostaniesz niewzruszona w obliczu wieczornej bitwy, tym bardziej twoje dziecko będzie skłonne uznać twoją w niej wyższość.

Mowa do poduszki

Jeżeli chcesz usypiać swoje dziecko z całym obrządkiem, obejmującym szeptanie do poduszki i kocyka, to oczywiście nie ma żadnych oficjalnych przeciwwskazań (gdy dziecko skończy rok, kończy się także ryzyko SIDS, czyli zespołu nagłej śmierci niemowląt). I choć nie ma powodu, by nie dawać dziecku poduszki, nie ma także żadnej przyczyny, by to robić. Nie jest ona maluszkom potrzebna do tego, by czuły się lepiej – są przecież przyzwyczajone do spania na płaskim materacu. Rzadko też zdarza im się spać w bezruchu – bywa tak, że położysz dziecko główką w jedną stronę, a kiedy za kilka godzin sprawdzasz, czy śpi, okazuje się, że wykonało obrót o 180 stopni i poduszka nie znajduje się już pod głową, a raczej pełni rolę ogrzewacza stóp. To samo dotyczy kocyków: choćby nie wiem jak nimi dziecko otulić, ono i tak się rozkopie, a kocyk znajdziesz rano wciśnięty w kąt łóżeczka.

Jeśli bardzo chcesz, daj maluchowi jasiek i lekki kocyk, ale możesz z tym poczekać do chwili, gdy zacznie spać w normalnym łóżku. Na razie pełnić one będą bardziej rolę przytulanek.

Budzenie się w nocy

Nasza córka wciąż budzi się w środku nocy, a nam skończyła się już cierpliwość. Przecież kiedyś też musimy się wyspać!

Ona też musi się wyspać, a tym, co jej - i wam - na to nie pozwala, nie jest wcale budzenie się w nocy, lecz to, że po przebudzeniu nie umie sama zasnąć. A więc nie opanowała jeszcze bardzo ważnej umiejętności, którą musi zdobyć także po to, by wszyscy domownicy mogli przesypiać spokojnie całe noce. Budzenie się w nocy to nic nadzwyczajnego - wszystkim nam się to zdarza, czasem po kilka razy w ciągu jednej nocy. Sztuką jest umieć ponownie zasnąć, zwłaszcza jeśli jeszcze nigdy się tego samemu nie robiło.

Czas zatem rozpocząć Szkołę Spania. I to szybko, dla dobra wszystkich zainteresowanych. Na pewno niełatwo będzie sprawić, by wszystkie noce były przesypiane, zwłaszcza teraz, gdy dające wcześniej kierować sobą niemowlę wyrosło na upartego malucha. Ale jest kilka sposobów, by zadanie to sobie ułatwić. Oto co możesz zrobić:

Pamiętaj, że sen w ciągu dnia przekłada się na sen w nocy. Główną przyczyną problemów z wieczornym zasypianiem i z budzeniem się w środku nocy jest w przypadku wielu dzieci sen w ciągu dnia, a ściślej niewłaściwa jego ilość. Za długie drzemki (na przykład długie godziny w wózku) albo sen na krótko przed kładzeniem się na nocny

Ustalony porządek czynności przed snem

Maluchy to stworzenia, które bardzo lubią mieć swoje nawyki i chcą wiedzieć, jaka będzie kolejność zdarzeń. Przewidywalność daje im poczucie bezpieczeństwa, spokoju i kontroli (a na temat ich potrzeby kontrolowania wszystkiego pewnie już coś wiesz). Wszystko to sprawia, że dzieci uwielbiają, by wieczory wyglądały zawsze tak samo, nawet jeśli pójście na spoczynek nie jest ich ulubionym zajęciem. Ustalenie właściwego porządku czynności pomaga im zwolnić tempo, zrelaksować się i gładko przejść ze stanu aktywności do spokojnego snu, może także stać się punktem kulminacyjnym dnia – tak dla malucha, jak i dla ciebie.

Odpowiednie zgranie wszystkiego w czasie (oraz konsekwentne przestrzeganie porządku każdego wieczoru) ma tu kolosalne znaczenie – cała sztuka polega na tym, by dziecko nie zdążyło przekroczyć tej cienkiej linii tworzącej granicę pomiędzy radosną aktywnością a przemęczeniem, rozdrażnieniem i padaniem ze znużenia. Wieczorna rutyna powinna przebiegać w stonowanym nastroju (a więc ciche przytulanie się zamiast łaskotek) i tyle, ile trzeba – zwykle od 30 do 45 minut. Nie przeciągaj jej, bo możesz doprowadzić do tego, że dziecko będzie chciało być usypiane przez pół nocy. Ważna jest także kolejność. Malec będzie skłonniejszy do współpracy, gdy będzie świadomy każdego następnego kroku, więc nie rób mu niespodzianek. A gdy już dopracujesz odpowiednią sekwencję czynności, trzymaj się jej. Poniżej znajdziesz listę, którą możesz wykorzystać – w całości lub częściowo – do stworzenia waszego wieczornego obrządku.

Zwalnianie tempa. Po kolacji zacznij zwalniać tempo zajęć i wyciszać (w każdym razie na tyle, na ile jest to możliwe) dźwięki – chodzi tu nie tylko o twoje dziecko, lecz o cały dom. Wyłącz telewizor, zredukuj stres. Dzięki temu dziecko nie będzie przemęczone w chwili, gdy zacznie się usypianie.

Kąpiel. Nic tak nie uspokaja małego ciała jak ciepła kąpiel, która jest znakomitym początkiem procesu usypiania (jeśli jednak twój malec boi się kąpieli, na razie omiń ten punkt). Bardzo dobrym pomysłem jest dodanie do wody olejku o naturalnym zapachu (jeśli dziecko nie ma nadwrażliwej skóry). Kosmetyki pachnące lawendą wzmacniają relaksujące właściwości ciepłej kąpieli.

Zmiana ubrania. Przebieranie się w piżamkę (koniecznie miękką i wygodną) oznacza dla dziecka, że skończył się dzień, a zaczęła się noc. Gdy rano dziecko się obudzi, natychmiast przebierz je w odzież dzienną, dzięki czemu będzie miało wyraźne skojarzenie, że piżama symbolizuje noc i sen. Jeżeli pozwolisz dziecku chodzić pół dnia w nocnym ubranku, łatwo tę linię zatrzesz.

Przekąska przed snem. Ponieważ od kolacji mogło już upłynąć sporo czasu, a do śniadania jeszcze daleko, daj dziecku małą przekąskę, aby nie obudziło się głodne w środku nocy. Dobrze, by było to połączenie węglowodanów z białkiem, czyli: krakersy z żółtym serem albo jogurt z pokrojonym bananem, albo grahamka z kubkiem mleka. Przekąska powinna być też lekka; nadmiar paliwa uruchomi bowiem niepotrzebnie mały silnik. Nie dawaj dziecku przed snem słodyczy, zwłaszcza tych zawierających kofeinę, na przykład czekolady.

Mycie zębów. Wieczorem mycie ząbków ma jeszcze większe znaczenie niż rano, gdyż przez noc w jamie ustnej dziecka mogą się namnażać bakterie i atakować te śliczne perełki. Porady dotyczące mycia ząbków znajdziesz na str. 34.

spoczynek mogą sprawić, że malec będzie się budzić w nocy. Ale podobnie może się dziać, jeśli dziecko nie spało w ciągu dnia, gdyż jest przemęczone. Aby zegar biologiczny tykał miarowo, przestrzegaj stałych pór drzemek i kładzenia dziecka do łóżeczka na noc. Będzie ono wtedy znacznie lepiej spać.

Zapewnij dziecku wyciszenie przed snem. Jeżeli w porze usypiania panuje w domu nerwowa atmosfera, to dziecko, nawet jeśli zaśnie, nie będzie spało mocnym snem, a przez to zbudzi się w środku nocy. Mniej więcej godzinę przed kładzeniem dziecka do łóżeczka zacznij je wyciszać. Wyłącz telewizor (to, co maluch widział lub słyszał, może nie pozwolić mu spać), wycisz dzwonki w telefonach, przygaś światła, obniż ton głosu (nie czas teraz na kłótnie o to, kto ma wyciągnąć naczynia ze zmywarki) i sama postaraj się zrelaksować – nawet jeśli dopiero przed chwilą skończyłaś pracę i masz tysiąc spraw

Czytanie książeczek. Znajdź przytulne miejsce i co wieczór czytaj dziecku bajki. Wybieraj proste, spokojne, przyjemne historyjki i opowiadaj je głosem bardziej stonowanym, niż gdybyś czytała w ciągu dnia – chcesz przecież stworzyć atmosferę wyciszenia, a nie nadmiernej ekscytacji. Jeśli dziecko nie umie siedzieć spokojnie i słuchać, skieruj jego uwagę na obrazki albo zamiast czytać, przytul maluszka i zaśpiewaj mu ulubioną kołysankę. Natomiast gdyby się okazało, że bajeczki sprawiają dziecku tak ogromną przyjemność, że chciałoby ich słuchać bez końca, wyznacz koniec i bądź stanowcza.

Usypianie. Dziecko jest czyściutkie, milutkie i nawet trochę senne, więc teraz przed wami ostatni etap: usypianie. A ponieważ ten etap maluchy zazwyczaj chcą przeciągać w nieskończoność, musisz pamiętać, kto tu rządzi. Na szczęście są sposoby na to, by ostateczne przejście z dnia w noc odbywało się w miarę płynnie. Oto kilka z nich:

- Mów cichym głosem. Gdy dojdziecie do tego punktu programu, jakim jest dziecko w łóżeczku, ustaw swój głos na tryb nocny. (Nie wiesz, co to znaczy? Najwyższy czas się dowiedzieć). Zarezerwuj tę tonację wyłącznie na czas usypiania dziecka (dzienne drzemki, nocny spoczynek). Twój głos powinien być miękki, szepczący, uspokajający, monotonny – a już na pewno nie powinnaś próbować naśladować Ciasteczkowego Potwora. Gdy malec zacznie mówić, zachęcaj go, by leżąc w łóżku, mówił podobnym tonem – maluchy uwielbiają zabawy w naśladowanie.
- Wspominanie. Nawet jeśli twoje dziecko jest jeszcze za małe, wkrótce stanie się ono waszym ulubionym punktem programu, który ułatwia zasypianie. Przytulając dziecko, opowiadaj mu o tym, co się tego dnia zdarzyło, o tym, co było w nim przyjemnego i jak bardzo je kochasz.
- Mówienie „dobranoc". Aby jeszcze bardziej ułatwić dziecku przestawienie się na fazę odpoczynku, przyzwyczaj je do tego, by mówiło „dobranoc" każdemu z osobna: mamie, tacie, zwierzątkom domowym, zabawkom, gwiazdkom i księżycowi za oknem, nawet swojemu odbiciu w lustrze. Musi być jednak pewna granica tych pożegnań – nie mogą trwać godzinami.
- Daj dziecku do łóżeczka kilkoro przyjaciół. Z misiem w ramionach i strzegącą łóżeczka armią zaufanych lalek lub pluszaków (stojącą na zewnątrz, nie w łóżku) malec poczuje się spokojniej i łatwiej zaśnie. Podobnie może działać zdjęcie rodziny umieszczone w takim miejscu, by było je widać, i oświetlone nocną lampką.
- Przytulanie i całusy. Na zakończenie daj dziecku całusa, powiedz „dobranoc" i wyjdź z jego pokoju, mówiąc zawsze to samo zdanie, na przykład: „Do zobaczenia rano". Takie uspokajające stwierdzenie przypomni maluchowi, że noc się skończy i zacznie się nowy dzień. Jeżeli dziecko zacznie płakać, obiecaj, że wrócisz za kilka minut, a potem dotrzymaj słowa. Przy odrobinie szczęścia zastaniesz śpiącego aniołka. A jeśli nie, spróbuj tego punktu programu jeszcze raz.
- Powtarzanie. Przestrzegaj wieczornego porządku czynności na tyle, na ile tylko możesz – staraj się każdego dnia robić to samo w ten sam sposób. Malec szybko się nauczy kolejności zdarzeń i będzie przewidywał, co ma nastąpić, choćby nawet spanie nie było jego ulubionym punktem dnia.

na głowie. I koniecznie schowaj tę zabawkę z syreną, na przykład wóz strażacki!

Poświęć dziecku czas. Gdy jesteś w domu, pamiętaj, by spędzać te wieczorne chwile razem z dzieckiem. Pewnie, że musisz przejrzeć korespondencję i zająć się praniem, ale dla twojej pociechy nie ma nic lepszego niż czas spędzony przed snem z mamusią lub tatusiem, a spokój, który jej te chwile dają, musi przecież wystarczyć na całą noc.

Dobrze zacznij noc. Twoim głównym celem jest rozpoczęcie nocy tak, jak idealnie chciałabyś ją zakończyć: dziecko jest samo w swoim łóżeczku. Maluchom, które zasypiają same – a nie przytulone do rodziców – łatwiej jest wrócić do snu, gdy przebudzą się same w środku nocy. Gdy „pomagasz" swojemu dziecku zasnąć, zostając z nim, lub pozwalasz mu zasypiać w różnych miejscach, na przykład na sofie, a potem przenosisz je śpiące do łóżeczka, utrwalasz tylko zwyczaj budzenia

PRZYCZYNY BUDZENIA SIĘ

Przebudzanie się dziecka w środku nocy wynika z naturalnego cyklu snu. Ale czasem są po temu inne powody, na przykład:

Lęk przed rozstaniem. Występuje wtedy, gdy dziecko budzi się samo w nocy, a i tak boi się rozstań z rodzicami (lęki takie mogą się zacząć lub nawrócić w drugim roku życia dziecka, często w okolicy osiemnastego miesiąca). Na str. 176 znajdziesz porady, jak postępować w przypadku takich obaw.

Bolesne ząbkowanie. Wyrzynające się w drugim roku życia zęby trzonowe mogą naprawdę dać się we znaki i sprawić, że dziecko budzi się z bólem w środku nocy. Problem w tym, że budzenie się z powodu ząbkowania może przerodzić się w nawyk utrzymujący się po ustaniu pierwotnej przyczyny, zwłaszcza gdy rodzice reagują nadmierną troską.

Choroba. Budzeniu się w nocy sprzyja każdy dyskomfort, a już zwłaszcza te wywołane chorobami, jak zatkany nos czy ból. Objawy choroby mają też to do siebie, że nasilają się w nocy – w szczególności ból ucha czy kaszel. Niestety przebudzanie się w nocy z powodu choroby może się utrzymywać po jej wyleczeniu, chyba że stanowczo zakończysz uspokajanie dziecka, gdy wyzdrowieje.

Stres. Wszelki stres – na przykład nowa opieka dla dziecka, odstawienie od piersi lub butelki, depresja bądź choroba, wyjazd jednego z rodziców – może być przyczyną zaburzeń snu, dlatego warto poświęcić dziecku dużo czasu w ciągu dnia, a już szczególnie wieczorem, by miało poczucie spokoju i bezpieczeństwa w nocy.

Kamienie milowe. Dzieci często nie mogą spać w okresie poprzedzającym ważne kroki w ich rozwoju lub tuż po wielkich osiągnięciach – bo komu chciałoby się spać, gdy właśnie nauczył się chodzić?

Strach. Gdy proces dziecięcego myślenia stanie się bardziej złożony, może się pojawiać strach, zwłaszcza w porze nocnej. Maluchom często nie pozwala zasnąć strach przed ciemnością i samotnością. Więcej na temat radzenia sobie ze strachem przeczytasz na str. 186.

Koszmary. Bardziej dojrzały sen to częstsze i bardziej intensywne marzenia senne, a gdy dziecko obudzi się z powodu koszmaru, trudniej mu zasnąć bez czegoś, co by je mogło uspokoić. Więcej na ten temat znajdziesz na str. 143.

się w środku nocy, a raczej niezasypiania po takim przebudzeniu. Przy następnym pytaniu znajdziesz lepsze sposoby na usypianie dziecka.

Zastanów się, czy dziecku jest wygodnie. Czy zdarza ci się budzić w środku nocy z gorąca lub zimna, przez co trudno ci ponownie zasnąć? Sen dziecka mogą przerywać podobne czynniki: niewłaściwa temperatura w pokoju, za ciepłe lub za lekkie ubranie, a także ciemność lub za jasne światło, za duży hałas, zbyt głęboka cisza. Przepis na dobry sen jest dla każdego dziecka inny, dlatego – wedle potrzeby – zastanów się nad następującymi propozycjami: umieszczona w strategicznym miejscu lampka nocna, zasłona przyciemniająca światło, urządzenie wydające monotonny, cichy dźwięk (np. wiatraczek, filtr w akwarium) – jednym słowem wszystko, co wytwarza w pokoju przyjazną dla twego dziecka atmosferę.

Przeczekaj kwilenie. Dzieci wydają przez sen różne dźwięki i większość z nich nie wymaga reakcji z twojej strony. Jeżeli pobiegniesz do jego pokoju, możesz wybudzić malca, który po chwili sam zapadłby w głęboki sen.

Uspokój dziecko. Gdy kwilenie przechodzi w szloch, sprawdź, co się dzieje, ale pamiętaj, by twoje uspokajanie pomogło dziecku wyciszyć się samemu: połóż maluszka, jeśli stoi (a pewnie tak jest), i nie noś go na rękach; powiedz kilka słów szeptem (staraj się być nudna) i przez chwilę delikatnie poklepuj lub głaszcz dziecko po plecach. Podkreśl spokojny nastrój cichym „szszszsz…". Poczekaj, aż maluch się uspokoi, i nim zaśnie, szepnij mu, że wracasz do łóżka, po czym wyjdź z pokoju.

Jeśli znów zacznie płakać (a pewnie tak będzie) lub w ogóle płakać nie przestanie (to kolejny całkiem prawdopodobny scenariusz), możesz wypróbować proponowane przez ekspertów techniki zasypiania (patrz następne pytanie).

ZREWIDOWANA NAUKA ZASYPIANIA

Nigdy nie uczyliśmy naszego synka zasypiać i delikatnie mówiąc, sam też się tego nie nauczył – budzi się trzy razy w ciągu nocy. Czy teraz jest już za późno na naukę?

Nigdy nie jest za późno, by nauczyć dziecko zasypiać. Ale lepiej zaczynać jak najwcześniej, gdyż ta zarysowująca się teraz cecha, jaką jest upór, z czasem będzie się tylko doskonalić, a trudności ze snem, których tak bardzo chcesz pomóc dziecku się pozbyć, będą tym głębsze, im bliżej do drugich jego urodzin.

Po to, by przypomnieć ci techniki usypiania, których uczyłaś się pewnie w pierwszym roku życia twego dziecka, lecz nigdy nie wprowadziłaś ich w życie, podajemy niżej szybki przegląd najpopularniejszych sposobów. Pamiętaj przy tym, że nie każdy sposób zadziała na każde dziecko, zachowaj więc elastyczne podejście i jeśli plan A nie poskutkuje, przejdź do planu B.

Wprowadzenie rytmu snu. Zgodnie z tym (spopularyzowanym przez doktora Marka Weissblutha) poglądem przemęczenie jest podstawą wszystkich problemów ze snem, a naturalna senność (zarówno na drzemkę w ciągu dnia, jak i na sen w nocy) sprawia, że dziecko lepiej śpi. Teoria zakłada, że odpowiednia ilość odpoczynku przekłada się na spokojniejszy sen, to znaczy, że kładzenie sennej (ale nieprzemęczonej) głowy na poduszkę pozwala płynnie zasnąć, spać głębiej i – co najważniejsze – bez zakłóceń. Gdy dziecko budzi się w nocy z płaczem, podejdź do niego na chwilę, powiedz kilka uspokajających słów, pogłaszcz i odejdź, pozwalając mu zasnąć samemu. Pamiętaj, że z tą metodą wiąże się zasada „wypłakania się", ale ta pierwsza nie jest tak surowa, jak przedstawiona dalej metoda Ferbera.

Pozwolenie na wypłakanie się. Metoda ta, znana także jako metoda Ferbera (jej twórcą jest doktor Richard Ferber), wygląda następująco: wieczorem, gdy dziecko już jest śpiące, ale jeszcze nie śpi, połóż je do łóżeczka, pogłaszcz, powiedz, że je kochasz, życz dobrej nocy i wyjdź z pokoju. Poczekaj, aż zacznie płakać (a tego należy oczekiwać), i koniecznie pozwól dziecku wypłakiwać się przez pięć minut (które będą ci się wydawać wiecznością). Następnie wróć i powtórz rytuał: pogłaskanie, ciche „dobranoc" i wyjście. Powtarzaj to dopóty, dopóki dziecko będzie płakać, przedłużając za każdym razem czas, na który je zostawiasz o około pięciu minut, aż zaśnie. Następnej nocy wydłuż czas spędzany przez dziecko w samotności o kilka minut, a trzeciej nocy – jeszcze o kolejne kilka minut. Po trzech wieczorach płacz powinien stopniowo ustawać, a między czwartym a siódmym wieczorem zaniknąć całkowicie, zastępowany czasem przez chwile kwilenia. Jakiego kolejnego dźwięku powinnaś się spo-

AKTYWNE W DZIEŃ, SPOKOJNE WIECZOREM

Jeśli chcesz, by dziecko dobrze spało w nocy, zapewnij mu dużo ruchu w ciągu dnia. Maluch, który zażywa dużo ruchu, będzie zdrowiej i głębiej spać. Jeśli do tego dodasz sporą dawkę świeżego powietrza, efekt będzie jeszcze lepszy (tak, tak, twoja matka miała rację!). Pamiętaj tylko, by zakończyć zabawy ruchowe dziecka o odpowiedniej porze pod koniec dnia, gdyż nadmiar biegania (czy wspinania się lub skakania) tuż przed nocnym spoczynkiem nie pozwoli dziecku zasnąć.

dziewać? Żadnego… może poza cichutkim pochrapywaniem.

System budzenia dziecka. Ta metoda ma wyeliminować potencjalnie długotrwałe nocne płacze. Przez mniej więcej tydzień zapisuj, o której godzinie w nocy dziecko się budzi, aby mieć pojęcie o stałych porach takich wybudzeń. Następnie nastaw sobie budzik na porę wcześniejszą o około pół godziny i obudź wtedy dziecko, a potem postępuj tak, jak postępujesz zawsze, gdy dziecko budzi się spontanicznie. Staraj się budzić dziecko zawsze tak samo. Stopniowo wydłużaj czas pomiędzy wybudzeniami malca, a potem zacznij je eliminować. Jak głosi teoria, po kilku tygodniach metoda ta powinna przynieść efekt w postaci przesypiania całej nocy.

Zrywanie ze złymi nocnymi nawykami. Jeżeli pełnisz rolę wiecznego uspokajacza, czas zaniechać tego zajęcia i pokazać dziecku, jak może wyciszyć się samo. Oznacza to koniec karmienia w nocy, podawania butelek do łóżeczka i kołysania maluszka aż do zaśnięcia. Może się to wydawać nieco okrutne, ale powyższe nawyki przynoszą odwrotny skutek, czyli utrudniają dziecku naukę przesypiania całej nocy. Co prawda niektóre dzieci zasypiające w ramionach matki potrafią zasnąć także same po przebudzeniu się w środku nocy, ale większość będzie od rodziców żądać zawsze tych samych metod uspokajania, bez względu na godzinę. Trzeba więc zreorganizować wieczorny harmonogram czynności: jeśli dziecko do zaśnięcia potrzebuje butelki lub piersi, wprowadź zasadę, że ostatnie karmienie odbywa się co najmniej trzydzieści minut przed zwyczajową porą drzemki czy nocnego spoczynku (przy okazji rozważ całkowitą rezygnację z butelki; patrz str. 94–95). Następnie, gdy malec będzie już senny (ale jeszcze nie śpi), połóż go do łóżeczka i nawet jeśli będzie protestować, nie reaguj. Gdy już nauczy się samodzielnie wyciszać – na przykład kołysząc się, ssąc palec lub przytulając

Czy kwilenie to obudzenie?

Wszystkie dzieci śpią cyklami. Dorośli zresztą też. Są to fazy REM (snu paradoksalnego, aktywnego), podczas których pojawiają się marzenia senne, oraz fazy NREM – snu wolnofalowego, spokojnego. Każdy pełny cykl (REM plus NREM) trwa około 90 minut (to przyczyna, dla której dobra drzemka powinna trwać przynajmniej godzinę), po których następuje częściowe przebudzenie. Tak jak przebudzasz się ty: z chrząknięciem, niezrozumiałym mamrotaniem, szybkim obróceniem się na drugi bok lub poprawieniem głowy na poduszce, tak samo przebudza się twoje dziecko, tyle że może temu towarzyszyć zawodzenie, kwilenie, a czasem mówienie. Czy więc należy biec do dziecka, usłyszawszy jakiś dźwięk? Zdecydowanie nie. Nawet jeśli jeszcze nie potrafi ono samo zasnąć, może się tego nauczyć. Ty przecież też zasypiasz po takim przebudzeniu w ciągu nocy i często nawet sobie tego przebudzenia nie uświadamiasz.

ukochany przedmiot – nie będziesz mu wcale potrzebna do zasypiania. Jeśli tylko umie zasnąć samodzielnie, możesz przyjść do niego na chwilę, gdy przebudzi się w nocy. Kiedy już sztuka samowyciszania zostanie opanowana, twój stonowany, kojący głos i delikatne głaskanie powinny całkowicie wystarczyć maluszkowi do ponownego zaśnięcia.

Niezależnie od tego, którą metodę usypiania dziecka wybierzesz, pamiętaj, że wszystkie mają dwie wspólne cechy: 1. należy konsekwentnie trzymać się danej zasady (metody); 2. na efekty trzeba poczekać. Jeśli nie będziesz stosować danej metody wystarczająco długo, nigdy się nie przekonasz, czy wina za jej niepowodzenie leży po jej czy też po twojej stronie. Stosuj ją więc uczciwie przez dwa tygodnie, nim się poddasz. Jeśli będziesz wypróbowywać raz jedną, raz drugą albo realizować pewne zasady sporadycznie, wprowadzisz dziecku zamęt, który tylko pogłębi problem. Więcej informacji na temat tych metod usypiania dziecka znajdziesz w książce *Pierwszy rok życia dziecka*.

PÓŹNE KŁADZENIE DZIECKA SPAĆ

Wracamy z pracy dopiero po 19.00, a chcemy się jeszcze trochę nacieszyć naszym dzieckiem, nim pójdzie spać, zwykle około 22.00. Jednak nawet wtedy mała nie może zasnąć. Czy problemem jest właśnie takie późne kładzenie jej do łóżeczka?

Liczby zdecydowanie są przeciwko wam. Jak wynika z badań, dzieci, które idą spać przed 21.00, szybciej zasypiają, rzadziej budzą się w nocy i ogólnie lepiej wypoczywają. W odniesieniu do rocznych dzieci ta magiczna godzina jest jeszcze wcześniejsza – z reguły będzie to 19.30, najpóźniej 20.00.

To zrozumiałe, że kładziesz dziecko później do snu, by troszkę z nim pobyć po powrocie z pracy – i wielu rodziców tak właśnie robi – ale niestety cierpi na tym dziecko, a docelowo także ty. Takie przetrzymywanie najmłodszego członka rodziny, by wieczorem pobyć razem, ma swoją cenę: dziecko śpi za krótko w stosunku do potrzeb jego organizmu, a wy macie na głowie mocno rozdrażnione, przemęczone maleństwo, które długo nie może zasnąć i nie przesypia całej nocy. Często trudniejsze są także poranki.

Oto lepsza strategia: stwórzcie rozsądny plan bycia z córeczką po pracy. Spróbuj wprowadzić pewne poprawki w sposobie spędzania czasu po powrocie do domu, tak by pierwszeństwo miały przede wszystkim chwile z dzieckiem. Ustal właściwą porę kładzenia malucha spać, na przykład 19.30 czy 20.00, i te pół godziny czy godzinę poświęć na relaksujące czynności przed snem, które zresztą mogą być najcenniejszymi dla waszej więzi wspólnymi chwilami w ciągu dnia. Zostaw na potem wszystkie inne zadania, które czekają na ciebie w domu: sprzątanie, odpisywanie na e-maile, przyrządzanie posiłku, bycie z mężem (co przecież też jest bardzo ważne).

KARMIENIE W ŚRODKU NOCY

Oboje pracujemy przez cały dzień (i potrzebujemy snu), więc nabraliśmy złego nawyku podawania synkowi butelki, kiedy budzi nas w środku nocy. Pomocy!

Nic dziwnego, że idziecie po linii najmniejszego oporu, by tylko wasza pociecha zasnęła, jeśli macie w perspektywie dzień pracy, a wasz syn wystawia na próbę waszą cierpliwość i wytrzymałość. W takiej sytuacji na pewno nie chcecie dodatkowych walk, zwłaszcza nad ranem, więc stosujecie najprostsze rozwiązania.

Ale masz rację, karmienie ponadrocznego dziecka w środku nocy – piersią lub z butelki – nie jest najlepszym pomysłem, i to z wielu powodów:

SKOJARZENIA ZE SNEM

Każdy ma własne „coś", co kojarzy mu się ze snem – na przykład przeczytanie kilku stron książki, układanie poduszek w pewien określony sposób – a małe dzieci są szczególnie wrażliwe na takie skojarzenia. To, jak, gdzie i kiedy dziecko zaśnie wieczorem, może mieć ogromny wypływ na jego zachowanie po przebudzeniu się w środku nocy. Wytłumaczenie tego jest bardzo proste: gdy malec zaśnie na sofie, w twoich ramionach, przy dudniącym telewizorze i włączonym świetle, będzie oczekiwać takiego samego otoczenia, kiedy przebudzi się nocą. A jeśli nastąpi ono w zupełnie innym miejscu (nagle dziecko jest w łóżeczku, w ciemności i ciszy, i do tego samo), trudno będzie maluszkowi spokojnie na nowo zasnąć (czytaj: zacznie płakać). I nie bez powodu! W końcu czy ty zasnęłabyś z łatwością po nagłym obudzeniu się w miejscu innym niż to, w którym zasnęłaś? Aby uniknąć zaburzenia polegającego na tym, że dziecko umie zasnąć tylko w określonym miejscu (na przykład w twoim łóżku) lub przy pewnej czynności (głaskanie po pleckach), zawsze kładź je spać w tym samym miejscu, w którym chciałabyś, by spało całą noc do rana.

- Choć karmienie pomoże dziecku zasnąć, nie nauczy go, jak ma to zrobić samo, a ta umiejętność będzie mu potrzebna każdej nocy jego życia.
- Jeżeli dziecko dostaje w butelce coś innego niż wodę (na przykład bogate w cukier mleko czy soki), karmienie w nocy może być przyczyną próchnicy.
- Tak samo jak ty twoje dziecko nie potrzebuje posiłku w środku nocy. Jego organizm – podobnie jak twój – jest zdolny przetrzymać 10–12 godzin nocnych bez jedzenia. Jeżeli jednak nauczysz swój żołądek, że co noc będzie dostawać przekąskę, to zacznie jej oczekiwać, czyli będziesz się budzić głodna na zupełnie zbędny organizmowi posiłek.
- Karmienie dziecka, które tego nie potrzebuje, może powodować otyłość oraz nawyk jedzenia z niewłaściwych pobudek (ono chce, by je utulić, a ty dajesz mu pożywienie), a także problemy z otyłością w późniejszym okresie życia.
- Jaki jest jeszcze skutek picia płynów w nocy? Oczywiście siusianie, a więc nieprzyjemnie mokre pieluchy, czyli kolejny powód do budzenia się (nie wspominając już nawet o rumieniu pieluszkowym).
- Butelka podana nad ranem może odebrać dziecku apetyt na solidne śniadanie.

Jak wyraźnie widać, wpadliście z dzieckiem w błędne koło: ty dajesz brzuszkowi posiłek w nocy, brzuszek budzi dziecko (i ciebie), żądając co noc posiłku. Jedyny sposób na przerwanie tego złego systemu to nie podawać dziecku jedzenia w nocy i poczekać, aż zegar biologiczny maluszka przestawi się na właściwe pory zaspokajania głodu.

Przygotuj się jednak na spory opór dziecka (będzie budziło się w nocy i płakało) i choć przez krótki czas niemal na pewno nie będziesz się wysypiać, to już niebawem za twoje starania czeka was wszystkich nagroda w postaci spokojnych, przesypianych nocy.

Ale jak dokładnie przeprowadzić całą tę operację? Uzbrój się w cierpliwość – będziesz jej naprawdę potrzebować – i nastaw się na co najmniej kilka zarwanych nocy. Oto dwie metody, które możesz wypróbować:

1. Metoda szybka. Zastosuj zasadę zerwania z chodzeniem do dziecka w środku nocy (przedstawioną przy jednym z poprzednich pytań) i za jednym zamachem skończ z nocnym karmieniem. Jeżeli się nie ugniesz (z naciskiem na słowo „jeżeli"), to przypuszczalnie przez kilka nocy dziecko będzie silnie protestować, ale potem zaakceptuje fakt, że w nocy nie ma posiłku.

2. Metoda powolna. Jeśli radykalne zerwanie z omawianym tu nawykiem przyprawia cię o dreszcze, wybierz metodę wolniejszą, stopniową: najpierw przestań dawać dziecku nocną przekąskę, a potem pracuj nad kwestią jego budzenia się w nocy. Stosując to podejście, podawaj dziecku zamiast mleka w butelce wodę, co noc nalewając jej troszkę mniej. Zwyczaj używania butelki jako pomocy w ponownym zaśnięciu utrzyma się nieco dłużej, ale pozwoli wyeliminować potrzebę jedzenia w środku nocy. Jeżeli dziecko będzie dostawać w butelce tylko wodę, może z czasem przestać się po nią budzić, uznawszy, że po prostu nie warto. Natomiast jeśli nadal będzie domagać się w nocy wody lub jeżeli taka zamiana ukochanego mleka na wodę będzie doprowadzać maluszka do napadów złości, musisz poważnie zastanowić się nad zastosowaniem metody pierwszej.

Wczesne budzenie się

Nasza córeczka budzi się każdego dnia o świcie, około 5.00. W związku z tym my albo musimy kłaść się bardzo wcześnie spać, albo jesteśmy wiecznie przemęczeni.

Wasze słoneczko wstaje bardzo wcześnie i budzi was skoro świt? Nalej sobie zatem spory kubek ożywczej kawy i witaj w klubie!

Większość rodziców kilkunastomiesięcznych dzieci cierpi na chroniczny niedobór snu, gdyż pociechy budzą ich wczesnym rankiem. Możesz uważać się za szczęśliwca, jeśli twój ranny ptaszek pozwala ci dospać kilka chwil, bawiąc się spokojnie w łóżeczku. Ale jeżeli chce być wypuszczony z klatki natychmiast po otwarciu oczu, musisz poszukać jakichś sposobów, by jeszcze chwilę pospał albo przynajmniej dał pospać tobie. Oto co możesz zrobić:

Poczekaj, nim coś zrobisz. Nie biegnij do pokoju dziecka natychmiast, gdy tylko zakwili, lecz poczekaj dziesięć, piętnaście minut. Możliwe, że mała chwilę pomarudzi, może nawet popłacze, a potem zaśnie, zwłaszcza jeśli będziesz konsekwentnie przestrzegać tej zasady przez kilka poranków z rzędu (potraktuj to jako wczesnoporanną naukę zasypiania dziecka).

Nie wpuszczaj światła. Niektóre dzieci są szczególnie wrażliwe na światło z zewnątrz, warto więc zadbać o przyciemnienie dziecięcego pokoju, zasłaniając okna nieprzepuszczającymi światła zasłonami, roletami lub żaluzjami.

Połóż zabawki w zasięgu małych rąk. Ukochany misiek (albo dwa) w łóżeczku może dać dziecku zajęcie, a tobie zapewnić jeszcze kilka minut porannego spokoju (uważaj, by były to zabawki, którymi dziecko nie zrobi sobie krzywdy i które nie dadzą się ułożyć w stosik ułatwiający wyjście z łóżeczka). Niestety ta metoda nie działa na każdego rannego ptaszka – niektóre stanowczo potrzebują towarzystwa człowieka.

Naucz dziecko budzić się przy muzyce. Ten sposób wymaga czasu, ale warto go wypróbować. Nastaw iPoda lub radio w pokoju dziecka tak, by włączyły się o określonej godzinie – takiej, która odpowiada tobie. Cierpliwie, metodą wielu powtórzeń, naucz maluszka, by zaczekał, aż muzyka zacznie grać, nim ogłosi całej rodzinie, że czas wstawać. Albo, jeśli dziecko rozpoznaje już liczby, naucz je, by poczekało z „pobudką", aż zobaczy na zegarku daną godzinę.

Przesuń porę śniadania na późniejszą. Podając dziecku coś pożywnego do picia lub do jedzenia, gdy tylko otworzy oczy, uczysz jego żołądek budzić się na taką przekąskę o wschodzie słońca. Z nakrywaniem do stołu powinnaś więc raczej trochę poczekać. Przesuwaj śniadanie o dziesięć minut każdego dnia, aż dojdziecie do pożądanej pory. Gdyby dziecko było naprawdę głodne, zaproponuj lekką przekąskę (taką jak krakers lub kilka kółeczek owsianych), która pomoże mu przetrwać do treściwego śniadania.

ZMIANA CZASU NA LETNI A ZASYPIANIE

Nadeszła wiosna, a wraz z nią dłuższe dni i... jeszcze większe trudności dziecka w zasypianiu. Trudno wytłumaczyć maluszkowi zasadę zmiany czasu, a także przekonać go, że czas iść spać, choć na dworze jeszcze jest jasno. Oto kilka przydatnych wskazówek:

- Przestaw zegarki i przestrzegaj nowego czasu. Utrzymaj zwykłe pory snu, przebudzenia i drzemek dziecka według wskazówek przestawionego zegara. Z czasem uparte, ale śpiące dziecko da za wygraną.
- Trzymaj się ustalonego porządku czynności – jak w zegarku. Zmiana czasu nie może niczego w tej kwestii zmienić. Wszystkie czynności powinny odbywać się o określonej porze.
- Zasłoń przynajmniej część wpadającego przez okno światła zasłonami lub żaluzjami, tworząc w pokoju dziecka bardziej nocny klimat.

A co zrobić, gdy trzeba będzie znów przestawić czas na zimowy? Pojawi się nowy problem ze snem: dziecko będzie się budzić godzinę wcześniej niż zwykle (czyli nie zyskasz godziny snu, jak to było w latach przed jego narodzinami). Zmiana nie jest łatwa dla rodziców małych dzieci, ale jeśli będziesz się trzymać harmonogramu, te zbyt wczesne pobudki nie powinny trwać długo.

Nie pozwalaj na zbyt wczesne drzemki. Jeśli dziecko wstaje o 5.00, a kładzie się na przedpołudniową drzemkę o 8.00, może to świadczyć, że wczesne ranne budzenie się jest właściwie czymś w rodzaju przebudzenia w nocy, po którym malec potrzebuje jeszcze trochę snu. Rozwiązanie: kładź dziecko na przedpołudniową drzemkę co dzień dziesięć minut później, aż zacznie zasypiać około 10.00 lub 10.30. Przypuszczalnie przez jakiś czas będzie trochę marudne, nim przyzwyczai się do nowego harmonogramu, lecz gdy już się do niego wdroży, zacznie dłużej spać rano.

Przemyśl porę kładzenia dziecka na nocny spoczynek. Choć wydaje się to sprzeczne z logiką, dziecko, które idzie spać później, niż powinno, często budzi się wcześniej, niżbyś sobie tego życzyła. Jest tak dlatego, że przemęczone dziecko śpi źle, a przez to wstaje o świcie. Spróbuj kłaść je nieco wcześniej; być może właśnie dzięki temu kupisz sobie nieco spokojnego snu rano.

Oczywiście usypianie dziecka bardzo wcześnie też nie jest dobre: jeżeli twoja córeczka zasypia około 18.00, próbuj kłaść ją spać codziennie o dziesięć minut później, aż przesuniesz jej wewnętrzny zegar na 19.00, lecz nie później niż o 20.00. To może ci też ułatwić stopniowe przesuwanie pory popołudniowej drzemki.

Ograniczaj dziecku picie w nocy. Jeżeli twoje dziecko nadal kładzie się do łóżka z butelką wody, to możliwą przyczyną jego zbyt wczesnych pobudek jest przemoczona pielucha. Postaraj się wyeliminować zwyczaj picia w nocy i nie pozwalaj dziecku za dużo pić przed snem.

Zaakceptuj to, czego nie możesz zmienić. Przypuszczalnie nowy porządek polegający na wcześniejszym kładzeniu dziecka spać i nieco późniejszym jego budzeniu się nie sprawi, że poczujesz się zdrowsza, piękniejsza i mądrzejsza, za to niemal na pewno skłoni cię do sięgnięcia po mocny kryjący korektor i będziesz musiała się do niego przyzwyczaić. Niewielu rodziców może szczycić się błogosławieństwem, jakim jest dziecko, które

KOŁYSKOWE ZAPISKI

Czy odnosisz wrażenie, że pory spania twego dziecka są pozbawione jakiejkolwiek regularności; że być może istnieje jakiś problem z jego snem, ale jesteś zbyt nieprzytomna (z braku snu), by policzyć, ile razy dziecko budziło się zeszłej nocy, nie mówiąc już o poprzedniej, albo by uświadomić sobie, o której godzinie położyłaś je spać, a o której faktycznie zasnęło?

Jeśli nie masz rozeznania w cyklu snu dziecka, zastanów się nad prowadzeniem odpowiednich notatek. Przez kolejne dwa tygodnie zapisuj, o której godzinie dziecko kładzie się spać, zasypia, budzi się w nocy, jest karmione (jeśli jest) i jak długo to karmienie trwa, oraz odnotowuj skrupulatnie, ile przebudzone dziecko potrzebuje czasu, by ponownie zasnąć. Nie pomijaj także drzemek: kiedy, gdzie i jak długo dziecko śpi. Jeżeli przeczuwasz, że do trudności z zasypianiem malucha może się przyczyniać dieta bogata w produkty o wysokiej zawartości cukru (zwłaszcza takie, które mają też kofeinę, jak na przykład czekolada) lub substancje dodawane do żywności, zapisuj też informacje o tym, co dziecko jadło przed pójściem spać.

Przeanalizowanie tych wszystkich danych powinno dać ci wiedzę o tym, czy dziecko rzeczywiście ma problemy ze snem, i dostarczyć pewnych wskazówek, jak je rozwiązać. Jeżeli stwierdzisz, że dziecko śpi w ciągu doby znacznie mniej, niż wynosi wymagana średnia (patrz str. 128), spróbuj kłaść je do łóżeczka o wcześniejszej godzinie... albo na nowo wprowadź poranną drzemkę do jego harmonogramu dnia. Z kolei gdyby z notatek wynikało, że dziecko budzi się trzy razy w nocy, pomyśl, co może być tego powodem. Czy bierzesz je na ręce i kołyszesz do snu? A może karmisz piersią w środku nocy? Zerwanie z takimi czynnościami może położyć kres budzeniu się dziecka i sprawić, że zacznie ono przesypiać całą noc.

A gdybyś chciała porozmawiać z lekarzem na temat niepokojących cię objawów związanych z dziecięcym snem, weź zapiski ze sobą na najbliższą wizytę.

rano długo śpi; większość, do której i ty należysz, ma w swoim gniazdku bardzo rannego ptaszka.

Krótkie drzemki

Nasza córeczka drzemie wyłącznie w wózku lub w samochodzie, ale te drzemki są krótkie, trwają może piętnaście minut. Czy to źle?

Takie krótkie drzemki mogą być dobre dla małych kociąt, ale nie dla twojej latorośli. Przeciętne roczne dziecko nie zaspokaja całego swego zapotrzebowania na sen w ciągu nocy i potrzebuje przynajmniej dwóch godzin snu w ciągu dnia, zwykle rozdzielonych mniej więcej równo na dwie drzemki: poranną i popołudniową.

Jest wiele równoważników powyższej zasady: trzy drzemki zamiast dwóch, jedna dłuższa i jedna krótsza lub po prostu jedna długa. Ale rzadko się zdarza, by maluch dobrze funkcjonował, jeśli w ciągu dnia ledwie zmruży oko. A gdy nie podrzemie solidnie w łóżeczku, jego wyczerpany organizm upomni się o sen przy pierwszej nadarzającej się okazji – czyli na przykład w wózku lub foteliku samochodowym. To z kolei oznacza krótkie przyśnięcie i pobudkę, krótkie przyśnięcie i znów pobudkę. Nawet gdyby zliczone minuty takich krótkich drzemek dały całkiem konkretną porcję dziennego snu, to nie można ich uważać za w pełni wartościowy sen. Dziecko takie może być bardziej marudne, rozdrażnione, mieć gorszy apetyt i mniej energii, a także gorzej spać w nocy, nie wspominając już nawet o jego wpływie na tych, którzy się nim opiekują (gdy dziecko nie śpi w dzień, ty nie masz czasu na inne ważne sprawy).

Oto co możesz zrobić, by zerwać ze złym nawykiem i wprowadzić lepsze zwyczaje dotyczące snu dziecka:

- Zaczynaj każdy dzień o tej samej porze. Jeśli będziesz budzić dziecko o stałej godzinie rano, będzie ono śpiące o tej samej godzinie po południu (przy poprzednim pytaniu znajdziesz porady dotyczące radzenia sobie z porannym wstawaniem).
- Kończ każdy dzień o tej samej porze. Nieuregulowana pora usypiania często przekłada się na chaos w drzemkach w ciągu dnia. Postaraj się wprowadzić stały rytuał wieczorny, do którego malec dostroi swój zegar biologiczny.
- Nie ruszaj nigdzie z sennym dzieckiem. Jeśli możesz, zaplanuj spacery z wózkiem czy wyjazdy samochodem na taką porę, w której dziecko jest w pełni aktywne, najlepiej na czas tuż po jego przebudzeniu i posiłku. Nie pozwól mu zasnąć w wózku czy samochodzie – mów wtedy do niego, śpiewaj mu piosenki albo pokazuj elementy krajobrazu.
- Nie czekaj, aż dziecko przekroczy cienką granicę pomiędzy zmęczeniem a przemęczeniem, nie dopuszczaj też do sytuacji, w której wyjścia do sklepu ze śpiącym dzieckiem nie można już uniknąć (i wiążącej się z tym krótkiej drzemki). Lepiej zapewnij dziecku wypoczynek w postaci solidnej porcji prawdziwego dziennego snu.
- Wykorzystaj chwilę, gdy dziecko się wyciszy. Choć nasze maluchy rozpiera energia, nawet te najbardziej aktywne mają momenty, w których nieco zwalniają tempo. Zwykle dzieje się to w połowie poranka i w połowie popołudnia. Gdy zauważysz pierwsze objawy takiego spadku energii (a łatwo je przeoczyć), połóż dziecko na drzemkę.
- Zadbaj o senną atmosferę. Gdy ustalisz porę spania, pomóż dziecku przygotować się do niej. Niech to będzie coś w rodzaju zmodyfikowanych czynności przed nocnym spoczynkiem: przekąska i mleko, przytulanie, bajeczka, spokój i cisza.
- Połóż dziecko (oby do snu). Choć nie zmusisz dziecka, by zasnęło, na pewno możesz narzucić mu odpoczynek, a przy odrobinie szczęścia jedno doprowadzi do drugiego…

BLIŹNIĘTA

Mocny sen razy dwa

Kiedy już się cieszysz, że twoje dzieci wreszcie przesypiają całą noc (przy bliźniętach jest to spore wydarzenie), zaczyna się drugi rok ich życia, a wraz z nim nowe problemy ze snem, pomnożone przez dwa. Oto co cię może niepokoić, jeśli twoje kłopoty ze snem są podwójne:

Różne pory budzenia się. Dziecko A jest skowronkiem, a dziecko B sową. Oczywiście najlepiej by było (przynajmniej dla ciebie) mieć dwa takie same ptaszki w gniazdku, lecz w rzeczywistym świecie każde dziecko jest inne i ma inne zapotrzebowanie na sen. Możesz próbować zachęcać poranne dziecię, by pospało jeszcze (na str. 136 znajdziesz porady, jak się do tego zabrać) lub przynajmniej bawiło się w ciszy i spokoju w swym łóżeczku, ale łatwiej to powiedzieć, niż zrobić (aczkolwiek częstym przypominaniem można co nieco zdziałać). Gdyby żaden plan nie skutkował wobec dziecka A domagającego się uwolnienia z łóżeczka o wczesnej porannej godzinie, pomyśl o pozytywnym aspekcie tej sytuacji: przynajmniej daje to wam rzadką okazję do bycia tylko we dwoje. Pamiętaj, by dać to samo dziecku B, na przykład pod koniec dnia, kiedy położysz dziecko A wcześniej do łóżeczka.

Inne zapotrzebowanie na drzemki. Jedno z bliźniąt nadal chce się kłaść na poranną drzemkę, natomiast drugie jest w pełni aktywne do obiadu i dłużej, a twój starannie przygotowany harmonogram dnia (w którym przewidziałaś trochę czasu dla siebie) legł w gruzach. I co teraz? Nie pozostaje ci nic innego, jak i w tym zakresie pogodzić się z indywidualnym charakterem każdego dziecka i dostosować do tego swoje działania: czyli jedno maleństwo ułożyć do drzemki, a z drugim prowadzić spokojną zabawę. Zastanów się tylko, czy aby na pewno to z bliźniąt, które nie śpi, jest na taką opcję gotowe – czasem dzieciom tylko się wydaje, że właśnie tego chcą. Ostatnia rzecz, której byś sobie życzyła, to mieć w domu dwoje dzieci, z których jedno jest przemęczone, a drugie wypoczęte.

Zabawa zamiast spania. Kładziesz bliźnięta na spoczynek o zwykłej porze, a rodzeństwo zamiast zasnąć,

Jedna drzemka zamiast dwóch

Nasz dwudziestomiesięczny synek jeszcze do zeszłego miesiąca był dzieckiem idealnym pod względem spania – spał dwa razy dziennie, jak w zegarku. A teraz nagle stanowczo odmawia porannej drzemki.

Nawet najgrzeczniej śpiące dzieci pewnego dnia dochodzą do wniosku, że dwie drzemki to za dużo i że ta poranna jest im już niepotrzebna. Twój syn rozwija się prawidłowo: większość dzieci w połowie drugiego roku życia dobrze funkcjonuje, śpiąc tylko po południu.

W okresie przestawiania się mogą być trochę śpiące i marudne w porze, którą kiedyś przesypiały, ale to mija. Pomocne może być wtedy podawanie obiadu nieco wcześniej, aby popołudniowa drzemka wcześniej się zaczynała, oraz wprowadzenie w porze zaniechanej drzemki „chwili odpoczynku", przeznaczonej na bajeczki i spokojną zabawę. Pozwoli to dziecku nabrać sił, mimo że nie położy się spać.

Czasem się zdarza, że dziecko rezygnuje z porannej drzemki, zanim jeszcze jego organizm będzie gotów na taką zmianę, albo że rodzice mylnie odczytują zamiary swej pociechy. Jeśli organizm waszego malca nie przyzwyczai się szybko do nowego harmonogramu dnia, pomyśl, czy na pewno tego właśnie chce. Na szczęście ta zmiana nie jest nieodwracalna – poranną drzemkę można po prostu przywrócić.

Zbyt późne drzemki

Skłonienie mojej półtorarocznej córeczki, by zasnęła na drugą drzemkę, zajmuje mi całe popołudnie. Zwykle jest już wtedy 16.00, więc mała budzi się o 18.00, tryskając energią, i nie chce iść spać o przyzwoitej godzinie.

zaczyna się bawić. Czy taki scenariusz wydaje ci się znajomy? Oto kilka pomysłów, jak temu zaradzić, przy zastrzeżeniu, że wszystkie dzieci – i wszystkie bliźniaki – są inne, więc nie każdy sposób może być skuteczny:

- Pozwól dzieciom się bawić. Niech sobie troszkę pogaworzą przed snem – być może jest to ich sposób na wyciszenie się. Gdyby jednak zabawa przedłużała się znacznie poza porę zasypiania (albo gdyby dzieci w ogóle nie chciały zasnąć), lepiej będzie wprowadzić zasadę: żadnych rozmów w łóżeczku! Regułę tę, jak wszystkie inne stosowane wobec dzieci, pewnie trzeba będzie wiele razy powtarzać (spokojnie, lecz stanowczo), nim zaczną jej faktycznie przestrzegać.

- Rozdziel rodzeństwo. Zorganizuj każdemu dziecku osobne miejsce do spania, w innych pomieszczeniach (jeśli masz tyle miejsca) albo przynajmniej przedziel pokój, ustawiając pomiędzy łóżeczkami rodzaj parawanu – najlepiej taki, który tłumi dźwięki i utrudnia gaworzenie. Gdy rodzeństwo razem się bawi, ale osobno śpi, to ma szansę odpocząć od swego ciągłego towarzystwa. Poza tym jeżeli dzieci będą przyzwyczajone do tego, że są rozdzielane na noc, łatwiej mogą znosić rozłąkę w ciągu dnia – co często bliźniętom przychodzi z trudem.

- Zróżnicuj pory usypiania. Spróbuj kłaść jedno dziecko dziesięć minut przed drugim, co wieczór zmieniając im kolejność pierwszeństwa usypiania. Przy odrobinie szczęścia to pierwsze będzie już w krainie snów, kiedy weźmiesz się do usypiania drugiego. Scenariusz mniej idealny, ale za to też bardzo realny: dziecko A wrzeszczy wniebogłosy, czekając, aż dziecko B znajdzie się z nim w pokoju... Dlatego bądź elastyczna, realizując ten plan.

I jeśli myślisz, że kiedy już nauczysz się pokonywać te wszystkie przeszkody, w twoim domu zapanuje wreszcie upragniony spokój, to jesteś w błędzie. Otóż nie. Poczekaj, aż twoje dwa szczęścia osiągną wiek przedszkolny i zaczną spać w normalnych łóżkach. Zobaczysz, jaką sztuką będzie wtedy zagonić je pod kołdrę...

Sytuacja, w której dziecko zbyt późno „zalicza" popołudniową drzemkę, na pewno może niweczyć twoje plany na wieczór, ale jeśli przez to kładzie się ono na wieczorny spoczynek dopiero o 21.00, 22.00 lub jeszcze później, zakłóceniu ulega też jego naturalny cykl snu. Dzieci, które za późno chodzą spać, zwykle nie wysypiają się dostatecznie i ich sen jest też mniej wartościowy; często również jedzą o niewłaściwych porach, co pogłębia problem z uregulowaniem snu, bo zbyt późno spożyty obiad daje im energię na kilka kolejnych godzin.

To, jak sprawić, by drzemka i nocny sen dziecka przypadały na wygodniejsze (i stosowniejsze do jego wieku) godziny, zależy od obecnego harmonogramu snu. Przemyśl więc następujące kwestie:

- Czy drzemka nie rozpoczyna się zbyt późno? Z reguły osiemnastomiesięczne dziecko potrzebuje od półtorej do dwóch godzin snu w ciągu dnia, ale niezmiernie ważna jest też odpowiednia pora dnia. Najlepiej byłoby kłaść dziecko wczesnym popołudniem, żeby uniknąć problemów z zasypianiem wieczornym, więc zacznij przesuwać porę drzemki na wcześniejszą sukcesywnie o dziesięć lub piętnaście minut. Uznasz pewnie, że łatwiej to powiedzieć, niż zrobić. Otóż nie będzie to takie trudne, jeśli przed drzemką zaczniesz wyciszać swą pociechę, podobnie jak robisz to przed wieczornym usypianiem, tyle że nieco krócej. Gdy po kilku dniach mała przyzwyczai się do tego, że drzemka zaczyna się trochę wcześniej, przesuń procedurę wyciszania i usypiania o kolejne piętnaście minut, a potem znowu o kolejne piętnaście minut, aż dziecko będzie spało w rozsądnych godzinach, na przykład między 14.00 a 16.00.

- Czy drzemka nie trwa za długo? Dziecko ma określone zapotrzebowanie na sen i jeśli poranna drzemka trwa dłużej niż godzinę, trudno mu jest potem zasnąć o zwykłej porze po południu. Natomiast

Waga snu

A oto kolejny powód, dla którego warto pilnować, by maluchy spały w nocy i w dzień tyle, ile ich organizm potrzebuje: naukowcy są zdania, że dzieci, które w drugim roku życia śpią mniej niż dwanaście godzin na dobę, są dwa razy bardziej narażone na nadwagę w wieku lat trzech. Uważa się bowiem, że ilość snu wpływa na stężenie hormonów odpowiedzialnych za apetyt.

gdy popołudniowy sen trwa zbyt długo, to na pewno ten nocny będzie krótszy, więc nie pozwól dziecku spać po południu dłużej niż dwie godziny.

- Czy dwie drzemki to nie za dużo? Może już wystarczy twojej córeczce tylko jedna drzemka w ciągu dnia? Spróbuj przesuwać porę porannego drzemania o piętnaście minut każdego dnia, aż drzemka poranna stanie się wczesnopopołudniową, co przypuszczalnie wyeliminuje potrzebę drugiego dziennego snu. Jeżeli jednak potrzebne są obie drzemki, pomyśl, czy pierwszej nie zacząć o wcześniejszej godzinie, by mała była wcześniej senna po południu.
- Czy dziecko nie budzi się zbyt późno rano? Skłonność do późnych drzemek obserwuje się bowiem u tych maluchów, które za długo wysypiają się rano (i zwykle późno kładą się spać wieczorem). W takim przypadku budź swą córkę każdego dnia o dziesięć lub piętnaście minut wcześniej, aż zacznie wstawać o rozsądnej (wcześniejszej) godzinie. Konsekwencją tego powinny być wcześniejsze drzemki w ciągu dnia oraz odpowiednia pora zasypiania wieczorem.

Zbyt krótkie drzemki

Moje dziecko śpi dwa razy w ciągu dnia, ale jego drzemki trwają tylko pół godziny, maksymalnie czterdzieści pięć minut. Czy można coś zrobić, by spało dłużej?

Im dłużej dziecko drzemie, tym na pewno lepiej dla ciebie (w końcu przez pół godziny niewiele zdołasz zrobić), ale też dla niego. Jeden pełny cykl snu trwa około dziewięćdziesięciu minut, więc jedna trzecia tego czasu nie zapewnia odpoczynku i choć lepsze jest to niż przedrzemywanie po kilka minut (tzw. kocie drzemki) lub całkowity brak dziennego snu, daleko jednak do stanu idealnego.

Jeżeli mały organizm jest tak pobudzony, że nie potrafi długo odpoczywać, zarządź drzemkę, nim pojawią się objawy przemęczenia (tarcie oczek, marudzenie, popiskiwanie itp.). Zmęczenie znacznie utrudnia maluchom nie tylko samo zasypianie, ale również wyspanie się. Przestrzegaj pewnego rytuału służącego wyciszeniu dziecka oraz stałego harmonogramu drzemek, gdyż tylko to daje małemu organizmowi szansę na właściwe ustawienie swego zegara wewnętrznego. Jeżeli masz wrażenie, że zapotrzebowanie twego dziecka na sen jest mniejsze, zastąp dwie krótsze drzemki jedną dłuższą, rozpoczynającą się wczesnym popołudniem; i pamiętaj, że powinna ona odbywać się w łóżeczku, a nie w wózku czy w samochodzie (na str. 139 znajdziesz uzasadnienie).

Niechęć do drzemania

Nasz synek zwykł spać dwie godziny każdego popołudnia, a teraz w ogóle nie chce spać w ciągu dnia i nie potrafię go do tego skłonić. Czy to oznacza, że czas zrezygnować z drzemek?

Dzieci często bardziej potrzebują snu, niż im się wydaje, lecz cały problem w tym, by je do tego przekonać. Mają przecież tyle spraw na głowie, a tak mało czasu w ciągu dnia, więc poświęcanie godziny czy dwóch na sen wydaje im się zwykłym marnotrawstwem. („Naprawdę mam leżeć w ciemnym pokoju, zamiast włazić tam i z powrotem na sofę lub pluskać rączkami w psiej misce? O nie!")

Czasem przyczyną przedwczesnego zrezygnowania z drzemki jest jedno wydarzenie, które zakłóciło stały plan dnia - urodzinowe przyjęcie, wycieczka do muzeum, weekend u babci z całym mnóstwem atrakcji, więc szkoda było tracić czas na sen... Znacznie rzadziej się zdarza, że dziecko rezygnuje ze spania w ciągu dnia, ponieważ faktycznie tego nie potrzebuje, ale jeśli niewiele już brakuje maluchowi do dwóch latek, dobrze przesypia noc, jest wyspany rano i ogólnie ma dobry nastrój w ciągu dnia, to tak właśnie może być. Z kolei jeśli dziecko jest rozdrażnione i przemęczone, sfrustrowane i dziwnie nieporadne w dotychczasowej porze drzemki bądź wieczorem, przypuszczalnie nie wie, co dla niego dobre. To samo dotyczy gorszego snu w nocy po rezygnacji z drzemek w ciągu dnia. Spróbuj delikatnej perswazji, by skłonić malucha, żeby wrócił do nawyku spania w dzień, dając sobie na to tydzień. Jeżeli stanowczy opór dziecka utrzyma się i nie złamie go nawet propozycja „cichych chwil" (czyli coś lepsze niż nic), a wygląda na zmęczone, zacznij wcześniej kłaść je spać.

Chrapanie

Mój synek chrapie przez sen, i to na tyle głośno, że słychać go aż na dole. Nie sądziłam, że małe dzieci mogą tak donośnie chrapać!

Dziwne to, ale prawdziwe - najgłośniejsze nocne odgłosy często wydają najmniejsi. Badania wykazują, że około dwunastu procent dzieci chrapie i choć szczyt chrapania przypada zwykle na wiek od trzeciego do szóstego roku życia, zdarza się to także młodszym.

Chrapanie to dźwięk, który człowiek wydaje wtedy, gdy przy oddychaniu podczas snu powietrze nie może swobodnie przepływać przez nos i usta, czego przyczyną u najmłodszych mogą być powiększone migdałki podniebienne i/lub migdałek gardłowy. Te skupiska tkanki limfatycznej w gardle powiększają się w czasie przeziębienia, grypy lub podrażnienia gardła (czasem powodując tymczasowe chrapanie) albo na skutek alergii i działania dymu tytoniowego, co tłumaczy, dlaczego częściej chrapią dzieci palących rodziców. Niekiedy jednak trudno wskazać jakąś przyczynę przerostu migdałków i wtedy chrapanie występuje co noc, czemu zwykle towarzyszy oddychanie przez usta (w dzień i w nocy), mowa nosowa oraz głośne oddychanie - szczególnie przez sen.

Samo chrapanie nie stanowi powodu do obaw, nawet jeżeli musisz przez nie spać z zatyczkami w uszach. Zazwyczaj ustaje ono wtedy, gdy migdałki przestają rosnąć, a zaczynają w naturalny sposób zanikać, co następuje około siódmego–ósmego roku życia. Natomiast jeżeli chrapaniu towarzyszy obturacyjny bezdech senny (stan występujący u dzieci dość rzadko, który polega na chwilowym bezdechu występujacym po epizodzie chrapania i czasem jest odpowiedzialny za częste budzenie się w środku nocy), należy zgłosić ten problem lekarzowi. Przy okazji następnej wizyty kontrolnej wspomnij pediatrze o tym, że dziecko chrapie.

Być może wystarczy nieco podnieść podgłówek materaca (umieszczając pod nim poduszkę lub zwinięty kocyk), aby maluszkowi oddychało się łatwiej i ciszej.

Złe sny

Wczoraj nasz niespełna dwuletni synek obudził się w środku nocy roztrzęsiony i zapłakany, jakby śniło mu się coś strasznego. Nie wiedziałam, że dzieci w ogóle mają marzenia senne.

Twoje dziecko na pewno może śnić teraz bardziej intensywnie niż kiedykolwiek wcześniej, i to z wielu powodów. Po pierwsze, jego lepsza pamięć pozwala mózgowi przy-

ZŁY SEN CZY LĘKI NOCNE?

Dziecko budzi się z krzykiem w środku nocy. Czy to był zły sen, czy lęki nocne? Z łatwością odpowiesz sobie na to pytanie, gdy będziesz wiedzieć, jaka jest pomiędzy nimi różnica.

Objawy. Lęki nocne zwykle powodują intensywne pocenie się i przyspieszone bicie serca, a dziecko sprawia wrażenie wystraszonego, zdezorientowanego. Może wołać cię, a następnie odpychać. Może też krzyczeć, płakać, jęczeć, mówić, nawet mieć halucynacje; siedzieć, stać, chodzić, obijać się o przedmioty i mimo że ma szeroko otwarte oczy, tak naprawdę śpi. Z kolei gdy dziecko ma zły sen, wygląda na zaniepokojone podczas snu, lecz dopiero po przebudzeniu zaczyna panikować, płacze i krzyczy, a na widok rodziców przytula się do nich w rozpaczliwym geście. Jeżeli potrafi mówić, spróbuje opisać, co mu się przyśniło. Lecz nie będzie w stanie opowiedzieć o lękach, bo tych przecież nie da się opisać, gdyż – w przeciwieństwie do snów – nie wiążą się one z żadnymi obrazami.

Częstotliwość. Złe sny czy koszmary z reguły występują częściej niż lęki nocne, przy czym większości osób zdarza się ich doświadczyć przynajmniej raz w okresie wczesnego dzieciństwa. Częste lęki bywają natomiast dziedziczne.

Pora. Lęki zwykle pojawiają się w pierwszych godzinach snu, godzinę do czterech po zaśnięciu, złe sny natomiast występują później, w drugiej połowie nocnego spoczynku, gdy faza REM (*rapid eye movement*), w której pojawiają się marzenia senne, jest najintensywniejsza.

Faza snu. Koszmary śnią się w trakcie fazy REM, czyli tzw. snu paradoksalnego. Dziecko przesypia ją, po czym budzi się, zwykle wystraszone. Lęki nocne polegają na częściowym wybudzeniu się ze snu głębokiego (NREM) – ogólnie polega to na tym, że jedna część mózgu próbuje się przebudzić, podczas gdy druga pozostaje we śnie. Doświadczając tej fazy, dziecko nie jest więc w pełni obudzone, chyba że się je wybudzi (ale nie ma powodu, by to robić).

Czas trwania. Lęki nocne trwają od dziesięciu do trzydziestu minut, po czym dziecko zwykle śpi dalej. Z kolei koszmary są raczej krótkie i kończą się przebudzeniem w panice; czas jej trwania zależy od dziecka i samego epizodu.

woływać obrazy i dźwięki z dni pełnych wrażeń, a mózg z kolei dokonuje ich swoistego, realistycznego „recyklingu" podczas nocy. Po drugie, cykle snu wydłużyły się, co oznacza dłuższy okres śnienia.

Mimo że życie może być dla małych dzieci piękne jak sen, sam sen bywa czasem prawdziwym koszmarem. Choć złe sny są częstsze po ukończeniu drugiego roku życia, nawiedzają także i młodsze dzieci. Przypuszczalnie na razie umiejętności werbalne twojego dziecka nie są jeszcze na tyle rozwinięte, by pozwoliły mu opowiedzieć to, co mu się śniło, nawet jeśli po przebudzeniu jeszcze pamięta swój koszmar – nie dowiesz się więc, co prześladowało twego synka w nocy.

W miarę jak poprawia się pamięć i rozwija wyobraźnia (do czasu aż górę weźmie logiczne myślenie), złe sny stają się zwykle bardziej złożone i niestety występują dość często (u jednych dzieci częściej niż u innych). Innymi czynnikami, które mogą się przyczyniać do sennych koszmarów, są: stres w ciągu dnia (złe sny częściej występują wtedy, gdy jedno z rodziców wyjeżdża w delegację, gdy pojawia się nowa opiekunka lub następuje inna ważna zmiana w życiu), nadmiar bodźców przed snem (hałas, podekscytowanie, duża aktywność, posiłek) lub choroba (niektóre leki lub gorączka mogą prowokować przykre marzenia senne).

Aby pomóc dziecku słodko spać, zadbaj o spokój w porze zasypiania. Unikaj wszystkiego, co może rodzić straszne skojarzenia – kładąc maluszka do łóżeczka, nie udawaj, że jesteś złym wilkiem, nie baw się w łaskoczącego potwora, nie czytaj budzących grozę opowiadań ani nie pozwalaj mu oglądać przerażających filmów w telewizji. Na tyle, na ile to tylko możliwe, dbaj o bezstresową atmosferę w domu, by dziecko nie odbierało napięć i nie szło z nimi spać. Jeśli masz wrażenie, że dziecko jest wyjątkowo zestresowane, postaraj się uspokajać je i przed snem, i w ciągu dnia.

Gdy malec nieco podrośnie, będzie w stanie opowiadać o swych snach, a ty wytłumaczysz mu, że to tylko realistyczne, ale nieprawdziwe doznania, podobne do filmu. Nim jednak te abstrakcyjne obrazy nabiorą więcej sensu, pozostaje ci tylko uspokajać synka, kiedy budzi się zalękniony, i szeptać mu spokojnie, że nic się nie dzieje, przytulać go i głaskać, by mógł znów zasnąć.

Zmiana łóżeczka na łóżko

Chcemy przenieść naszego synka do zwykłego łóżka, ale nie mamy pewności, kiedy będzie odpowiedni moment.

Wszystko, co dobre, kiedyś się kończy, ale jeśli chodzi o spanie w dziecięcym łóżeczku, można trochę zwlekać. Nim postanowicie, że trzeba zerwać ze starym (łóżeczkiem) i wprowadzić nowe (łóżko), zastanówcie się nad tym, co mówią eksperci: że najlepiej wprowadzić taką zmianę między trzydziestym a trzydziestym szóstym miesiącem życia albo – jak podaje AAP – gdy dziecko ma więcej niż dziewięćdziesiąt centymetrów wzrostu. Jeśli masz wyjątkowo duże roczne dziecko lub małego śmiałka, który co noc usiłuje uciec z łóżeczka, możesz rozważyć przeniesienie go do większego łóżka już teraz. Z drugiej strony jednak, jeśli dziecko śpi spokojnie w swym dziecięcym łóżeczku, nie ma co się spieszyć z przenosinami.

Nowa ciąża także niekoniecznie musi być powodem do przeniesienia dziecka do nowego łóżka. Pomyśl, czym dla niego jest jego łóżeczko? To miejsce zapewniające mu poczucie bezpieczeństwa i spokoju. Co zatem będzie czuć do młodszego rodzeństwa, które wyrzuca go z jego miejsca? W najlepszym wypadku żal. Dlatego lepiej dla nowego członka rodziny kupić drugie łóżeczko, łóżeczko-kosz albo spać z nim przez kilka pierwszych miesięcy w jednym łóżku (co i tak jest zalecane ze względu na bezpieczeństwo snu). I jeszcze jedna rzecz, którą warto wziąć pod uwagę: taka zmiana daje żądnemu przygód dreptusiowi przepustkę do wolności w nocy (łatwiej zejść czy zeskoczyć z łóżka, niż pokonać szczebelki łóżeczka), co oznacza konieczność porządnego zabezpieczenia mieszkania. Dalej znajdziesz porady odnoszące się do nocnych spacerów dziecka.

Nocne wędrówki

Odkąd przenieśliśmy naszą bardzo wysoką, dwudziestotrzymiesięczną córeczkę do większego łóżka, wstaje w środku nocy i chodzi po mieszkaniu. Martwimy się, że wyrządzi sobie krzywdę. Co powinniśmy zrobić w tej sytuacji?

Dziecko, które wybiera się na spacer po mieszkaniu w nocy, gdyż znalazło sposób na wydostanie się ze swojego łóżeczka lub bez przeszkód może wyjść z dużego łóżka, narażone jest na różne niebezpieczeństwa. Aby ograniczyć ryzyko do minimum, podejmij następujące środki ostrożności:

Zabezpiecz pokój dziecka. Przyjrzyj się dokładnie, czy jego pokój jest dobrze zabezpieczony – a powinien, niezależnie od tego, czy dziecko ma zwyczaj wędrować po nim nocą czy nie. Gorące grzejniki i elektryczne wentylatory bez specjalnych osłon należy zakryć, usunąć lub ustawić w miejscu całkowicie dla malca niedostępnym – pamiętając, że dziecko znakomicie się wspina. Należy usunąć meble, o które dziecko może się uderzyć, dywaniki i zabawki, o które może się potknąć, kable, w które łatwo się zaplątać, a następnie przewrócić i przy okazji zrzucić na siebie lampę... Okna powinny mieć specjalną blokadę, a linki od rolet lub żaluzji muszą znajdować się poza zasięgiem malucha. Aby dziecku było łatwiej poruszać się nocą i nie zrobiło sobie przy tym krzywdy, można zapalać nocną lampkę, chyba że dziecko raczej nie opuszcza łóżka, gdy w pokoju panuje całkowita ciemność.

Zagrodź uciekinierowi drogę. Aby dziecko nie wydostało się ze swojego pokoju, możesz zamknąć drzwi albo ustawić w otwartych drzwiach specjalną barierkę. Taki płotek wydaje się rozwiązaniem mniej stresującym dla dziecka, gdyż może ono widzieć, co jest na zewnątrz, i nie jest całkowicie odcięte od reszty rodziny. Choć trzeba wziąć pod uwagę, że jeśli dziecko potrafi się wydostać ze swojego łóżeczka, pokona także przeszkodę w postaci barierki. W takim przypadku możesz wprowadzić następującą zasadę: „Jeśli zostaniesz w swoim łóżeczku, nie będziemy zamykać drzwi (lub bramki)". Pamiętaj, by zabezpieczyć wszystkie pomieszczenia, do których dziecko może mieć dostęp w nocnych godzinach (załóż zamki we wszystkich drzwiach, które prowadzą do pomieszczeń szczególnie dla niego niebezpiecznych, takich jak na przykład łazienka).

Ustal zasady wracania do łóżka. Gdy ulubionym celem nocnych wędrówek dziecka jest twoje łóżko, pewnie łatwiej pozwolić mu zostać w nim na noc, niż kazać wracać do siebie (skoro i tak znowu do ciebie przyjdzie, zanim zdążysz zamknąć oczy). Ale jeśli jesteś przeciwna spaniu z dzieckiem, powinnaś wprowadzić surową zasadę, że ma ono bezwzględnie pójść tam, skąd przyszło. Kiedy więc twoja pociecha ucieka w nocy ze swojego łóżka do twojego, szybko, spokojnie, ale stanowczo każ jej wrócić do siebie – bez zbędnych komentarzy i negocjacji, łagodząc ewentualny niepokój przytuleniem, poklepaniem i uspokojeniem, że wszystko jest w porządku. Nie krzycz natomiast, nie wszczynaj dyskusji, nie włączaj świateł i nie kładź się razem z dzieckiem. Twój przekaz powinien być jednoznaczny: noc to pora przeznaczona na sen, a łóżeczko to miejsce, w którym dziecko powinno ją spędzić. Zawsze konsekwentnie każ dziecku wracać do siebie, a po pewnym czasie zrozumie, że nie ma czego u ciebie szukać.

Gdy w łóżku nie ma miejsca dla trojga

Jeśli od samego początku śpisz w jednym łóżku ze swą pociechą i nie masz nic przeciwko kontynuowaniu tego zwyczaju także w drugim roku życia dziecka, to nie ma żadnych przeciwwskazań (pamiętaj jednak, by co do tego zgodni byli wszyscy zainteresowani – łącznie z twoim partnerem). Dzieci, które śpią razem z rodzicami, mogą być tak samo szczęśliwe, niezależne i dobrze przystosowane jak te, które śpią oddzielnie.

Jeżeli jednak dojdziesz do wniosku, że wcale nie o to ci chodziło, tylko po prostu czujesz się zmęczona tym, że twoja pociecha wędruje w nocy po mieszkaniu, a jedynym sposobem na to, by samej w miarę się wysypiać, jest pozwalanie dziecku spać tak, jak ono chce (to znaczy razem z tobą) – zastanów się nad zmianą zasad. Pozwolenie dziecku na spanie z wami w jednym posłaniu na pewno jest pójściem po linii najmniejszego oporu oraz krótkoterminowym rozwiązaniem kłopotów ze snem. Ale może też oznaczać początek trwającego latami problemu, polegającego na tym, że dziecko nie będzie potrafiło przespać całej nocy w swym łóżeczku. Lepiej skończyć więc ze wspólnym spaniem i nie zapraszać malucha pod waszą kołdrę.

Najlepiej zastosować metodę „jednym cięciem", mówiąc, że mamusia i tatuś śpią w swoim łóżku, a duża dziewczynka – czy duży chłopiec – w swoim. Pamiętaj: kilka nieprzespanych nocy, kiedy dziecko uczy się spać samo, to lepsze rozwiązanie niż niedosypianie z dzieckiem w jednym łóżku być może przez kilka lat. Jeżeli nie potrafisz tak postąpić, możesz zmienić ten stan rzeczy stopniowo: na przykład możesz spać w pokoju dziecka przez kilka nocy (ono w swoim łóżeczku, ty na rozłożonym na podłodze materacu czy w śpiworze), przez kilka następnych nocy zostawać tam tylko do czasu, aż dziecko zaśnie, a potem już tylko układać je do snu, mówić „dobranoc" i zostawiać je, by zasnęło samo.

WSZYSTKO O...

USTALANIE DOBRYCH NAWYKÓW ZWIĄZANYCH ZE SNEM

Choć może ci być trudno w to uwierzyć w sytuacji, kiedy czwarty raz tej samej nocy wstajesz do dziecka, to bądź pewna, że w najbliższych latach będzie ono przesypiać spory kawał czasu - około jednej trzeciej swojego życia. Dość oczywistą korzyścią z dobrego snu dziecka jest to, że ty sama możesz się wyspać, jednak i ono czerpie z tego korzyści, często na całe życie. Wysypianie się już teraz zapewnia dziecku prawidłowy wzrost i rozwój, energię, koordynację, koncentrację, umiejętność skupienia uwagi, dobre zachowanie i nastrój, zdolność uczenia się oraz zdolność utrwalania wspomnień. Natomiast długoterminowe korzyści z dobrego snu to m.in. mniejsze ryzyko wystąpienia nadwagi, cukrzycy, chorób sercowo-naczyniowych i depresji; lepsze działanie układu odpornościowego, długowieczność, regeneracja komórek organizmu, lepsza pamięć i wydajność. To całkiem nieźle jak na pozornie banalną czynność, jaką jest leżenie z zamkniętymi oczami!

No dobrze, tylko jak wyrobić w dziecku odpowiednie nawyki? Choć scenariusz i trudności są inne w każdej rodzinie i przy każdym dziecku, istnieją pewne podstawowe, uniwersalne metody. Oto dziesięć porad, które pomogą ci wyrobić w dziecku zdrowe nawyki związane ze snem:

1. Przestrzegaj stałego porządku. Wprowadź lub kontynuuj ustalony porządek wieczornych czynności układania dziecka do snu i każdego dnia bezwzględnie przestrzegaj tych reguł. Gdy jesteście poza domem, spakuj wszystko, co potrzebne, ale nie wprowadzaj odstępstw od reguł. Podczas świąt czy innych szczególnych okazji staraj się, by wszystko przebiegało jak zawsze, pamiętając, że po całym dniu atrakcji dziecku jeszcze bardziej potrzebne jest wyciszenie przed snem (podobnie jak w te przykre dni ząbkowania czy choroby).

2. Trzymaj się harmonogramu. Jeśli będziesz kłaść dziecko na nocny spoczynek w poniedziałek o 20.00, we wtorek o 21.00, w środę o 19.00, a drzemki w ciągu dnia raz będą, a innym razem je pominiesz, to mały dziecięcy organizm nie zdoła ustabilizować tak potrzebnego mu zdrowego cyklu snu. Taki chaos może mieć więcej przykrych konsekwencji: dziecko będzie niewyspane (czyli marudne) oraz szybko dojdzie do wniosku, że pora snu to coś, co można negocjować („Wczoraj się awanturowałem i tatuś położył mnie do łóżeczka później, więc jeśli dzisiaj też będę z nim walczył, to też pójdę później spać!"). Wszystkim wyjdzie na dobre, jeżeli będziesz przestrzegać ustalonych pór snu, w widełkach nieprzekraczających piętnastu minut w obie strony.

3. Budź dziecko o stałej porze. Wstawanie dziecka o różnych porach jest równie złe jak zasypianie o coraz to innej godzinie i może także utrudnić wyrobienie zdrowych nawyków związanych ze snem. Konsekwentnie więc budź dziecko według wskazówek zegara, nawet jeśli - tak, tak - miałoby to oznaczać zerwanie z nowym jego zwyczajem przesypiania poranków czy wybudzenie z trwającej już czwartą godzinę drzemki.

4. Nie podawaj mleka w środku nocy. W drugim roku życia dziecko spokojnie może bez jedzenia przetrwać noc od przekąski przed snem do śniadania. Jeśli budzi się w nocy, oczekując karmienia, to tylko dlatego, że się do tego przyzwyczaiło, a nie dlatego, że potrzebuje posiłku. Skończ z nocnym podjadaniem, a problem minie.

5. Doceń wartość drzemek. Dziecko, które przez cały dzień jest w ruchu (a znasz takie, które nie jest?), potrzebuje czasu na to, by odpocząć i podładować baterie. Między innymi temu właśnie służą drzemki - mało który maluch jest w stanie jednorazowo zaspokoić całodobowe zapotrzebowanie na sen, większość musi uzupełnić nocny spoczynek spaniem w ciągu dnia. Dobra drzemka przekłada się też na łatwiejsze zasypianie wieczorem i zdrowszy sen w nocy. Badania wykazują, że to właśnie podczas drzemek zachodzi rozwój mózgu w zakresie przyswajania abstrakcyjnych pojęć i pamięci; nie przebiega on optymalnie, jeśli dziecko nie odpoczywa w ciągu dnia. Pory drzemek powinny być równie stałe jak pory nocnego spoczynku, choćby to miało oznaczać konieczność zmiany rozkładu dnia. Warto to zrobić, bo zadowolenie i lepsze funkcjonowanie malucha jest na pewno cenniejsze niż niedogodność związana z przełożeniem na inną godzinę wyjazdu do sklepu (zresztą wynaleziono przecież zakupy przez Internet).

6. Nie pozwól zmęczeniu narastać. Dziecko śpi najlepiej wtedy, gdy jest zmęczone, ale nie przemęczone. Musisz bardzo uważać, by nie przekraczać cienkiej granicy dzielącej jeden stan od drugiego. Staraj się rozpoczynać czynności związane z kładzeniem dziecka spać - czy to na nocny spoczynek, czy na dzienną drzemkę - zanim pojawią się pierwsze objawy senności (na przykład tarcie oczu, pojękiwanie). Dziecko, zasypiając, powinno być zrelaksowane, a nie wyczerpane nerwowo.

7. Zadbaj o spokojną atmosferę. Gdy zbliża się pora usypiania dziecka, postaraj się, by w pomieszczeniu było w miarę cicho, światła były przytłumione, a w całym domu panował względny spokój. Przed nocą zacznij zwalniać tempo zaraz po kolacji, aby wprowadzić dziecko w odpowiedni nastrój sprzyjający kładzeniu go do snu.

8. Naucz dziecko wyciszać się samemu. Czy pomagasz dziecku zasnąć? Na pewno łatwiej mu przenieść się w objęcia Morfeusza, kiedy na przykład dziś usypiasz je na sofie (przytulając małe ciało do siebie) albo w twoim łóżku (głaszcząc je po pleckach i cichutko śpiewając mu kołysanki). Ale co z dniem jutrzejszym? Co pojutrze? Co w środku nocy? Jeżeli maluch ma dobrze spać, musi sam sobie wystarczyć, czyli powinien umieć przechodzić do krainy marzeń bez pomocy mamy. Istotnym czynnikiem jest też miejsce: aby dziecko przespało całą noc w swoim łóżeczku, musi w nim zasypiać, a nie gdzieś na sofie lub na podłodze przed włączonym telewizorem.

9. Daj zabawkę do zasypiania. Dziecko musi umieć zasypiać samo, co jednak nie znaczy, że nie może wziąć sobie do pomocy małego przyjaciela. Co wieczór proponuj, by maluch wybrał do łóżeczka jakąś zabawkę. A skoro mowa o pomocy - daj dziecku ze swej strony przed snem tak dużo miłości, by wystarczyło mu jej na całą noc, czyli poprzytulaj je, wycałuj i zapewnij, że je kochasz.

10. Bądź konsekwentna. Konsekwencja to słowo, które powinno być mantrą przy wszystkim, co dotyczy twojego dziecka, także jego snu. Konsekwentnie przestrzegaj: godzin kładzenia malucha spać, zarówno wieczorem, jak i w ciągu dnia, budzenia go, kolejności czynności związanych z usypianiem, technik uczenia dziecka spania i zasad dotyczących spania z rodzicami; postępuj konsekwentnie przez cały dzień (i w środku nocy też), aby twoja pociecha wyrobiła sobie prawidłowe nawyki spania, które są tak potrzebne małemu organizmowi. A także tobie.

Rozdział 6

ZACHOWANIE

Twoje maleństwo – to, które chętnie siedziało w wózku lub foteliku samochodowym, które gruchało i kwiliło przy zmianie pieluch, lecz nigdy nie próbowało uciekać z przewijaka, które słuchało uważnie każdego twojego słowa, było uległe jak miękki wosk w twoich dłoniach i szczęśliwe w twoich ramionach – odeszło. Zamiast tego pojawiło się teraz małe dziecko, które nie przyjmuje do wiadomości słowa „nie" (ale samo chętnie je wypowiada), nie chce siedzieć w wózku ani foteliku samochodowym, protestuje przeciwko zmienianiu pieluch i w ogóle przeciwko wszystkiemu, co ogranicza jego ruchy lub odbiera mu całkowitą kontrolę nad sytuacją. Dziecko, które ma nieprzeciętną zdolność wpadania w kłopoty, które częściej używa rączek niż słów i które – owszem – chce być noszone na rękach, ale tylko wtedy, gdy właśnie jesteś czymś bardzo zajęta. Dziecko pełne sprzeczności. Słodka przylepka i mistrz ucieczek o ponadludzkich umiejętnościach. Notoryczny buntownik, który sprzeciwia się wszystkim zasadom panującym w domu. Dziecko, które cię obejmuje, a po chwili wyrywa ci włosy z głowy. W jednych sytuacjach nieustraszone, w innych pełne strachu. Uosobienie mieszanych uczuć, przewidywalne jedynie w tym, że nie sposób przewidzieć jego zamiarów. Czasem doprowadzające do szału, czasem słodkie jak miód. I im więcej się zmienia, tym bardziej chce, by wszystko zostało po staremu. To tłumaczy, dlaczego obok zażartej walki o niepodległość obserwujesz u niego także pewną niesamodzielność – to wynika z faktu, że twoja pociecha nie chce tak całkowicie zerwać z okresem niemowlęcym (a także z siedzeniem na twoich kolanach i przytulaniem się).

WSZYSTKO O ZACHOWANIU

Pytaniom o zachowanie się dziecka nie ma końca, ale na szczęście gotowe odpowiedzi masz w ręku, czyli w tym rozdziale, którego objętość pewnie cię nie zadziwia. Problem tylko w tym, jak znaleźć w nim interesujący cię w danej chwili aspekt zachowania? To proste. Skorzystaj z indeksu lub z tej oto praktycznej tabeli i znajdź dany problem, po czym przejdź na odpowiednią stronę, na której znajdziesz interesujące cię pytanie i propozycje postępowania. Natomiast jeżeli chcesz być przygotowana do problemu, zanim on się rzeczywiście pojawi, po prostu przeczytaj ten rozdział od początku do końca.

CO MOŻE CIĘ NIEPOKOIĆ

DOTYKANIE WSZYSTKIEGO

Nasze dziecko chce wszystkiego dotknąć, tak w domu, jak i poza nim. A połowa z tego należy przecież do rzeczy mało bezpiecznych. Co możemy zrobić, by je powstrzymać?

Dziecko w tym wieku to w połowie odkrywca, w połowie naukowiec i – jak przystało na małego Kolumba czy Newtona – postrzega świat wokół siebie jako nowy ląd, który czeka na odkrycie, i swoje laboratorium. Wszystkiego musi dotknąć, za wszystko pociągnąć, wszystko chwycić i... włożyć do buzi, nie wspominając już o rozkładaniu na czynniki pierwsze tego, co tylko się da rozłożyć, a nawet tego, co rozłożyć się nie da. Nawet jeśli zwyczaj ten doprowadza cię do szału, pamiętaj, że właśnie tak dziecko poznaje świat.

Twój maluszek przypuszczalnie wiele razy słyszał już słowa „Nie dotykaj!" i być może nawet wie, co one znaczą, ale czy jest w stanie cofnąć rączkę, gdy coś go bardzo kusi? Nie. I tak będzie w najlepszym razie do drugiej połowy drugiego roku jego życia, gdyż do tego, by nie dotykał rzeczy zakazanych, musi opanować sztukę powstrzymywania impulsów, a to trwa wiele miesięcy.

Dzieci po prostu muszą dotykać wszystkiego, co im wpadnie w ręce. Brudne? Nie szkodzi. Żywe? A co tam. Tłukące się? To dodatkowa zaleta! Jednakże kiedy dzieci robią to, co robią, czyli dotykają wszystkiego, co jest w zasięgu ręki, rodzice też muszą robić to, co do nich należy - uważać, by pociechy nie dotykały tego, czego nie powinny. Oto co możesz zrobić:

Wykonaj przegląd otoczenia. Aby chronić swój dom przed dzieckiem (i *vice versa*), sprawdź, czy wszystko, co znajduje się w zasięgu jego rączek, może być bezpiecznie dotykane. Pozabezpieczaj rzeczy odpowiednio, a przedmioty, które mogą się stłuc, schowaj.

W miarę możliwości staraj się zawsze wyprzedzać dziecko o krok. Na przykład jeśli uwielbia ono przewracać kubek z mlekiem lub ciskać nim przez cały stół, by jeszcze raz sprawdzić działanie grawitacji, podawaj mu sama kubeczek do buzi, by się napiło, a potem zabierz naczynie. Podczas zakupów przypnij dziecko do siedzonka w wózku i daj jakieś zajęcie rączkom - gdy będą trzymać pudełko z płatkami zbożowymi, może zapomną o ściąganiu wszystkiego z półek. Albo zatrudnij dziecko jako swojego pomocnika, który ma wskazać krakersy, które zwykle kupujecie, dokonać wyboru pomiędzy dwoma jabłkami, a potem zwycięzcę włożyć do torebki, albo wrzucić do koszyka bochenek chleba. Nieustannie miej na oku jego rączki, dzięki czemu nawet jeśli nie powstrzymasz malucha przed zerwaniem stokrotek podczas spaceru w parku, zdążysz zainterweniować, nim je zje.

Wyznacz granice dopuszczalności. Tak jak ty nie możesz postawić na stole u przyjaciół swojego telewizora, opiekacza czy szklanej misy, tak i twoje dziecko musi się nauczyć (od ciebie), że pewne rzeczy w domu (i wszędzie) są po prostu niedozwolone. Zanim wiedza ta zostanie przyswojona, a impulsy opanowane, na pewno trzeba będzie wiele razy powtarzać starą śpiewkę: „Nie dotykaj!" i błyskawicznie reagować. Warto też, widząc u dziecka pierwsze pozytywne przejawy, utrwalać tę wiedzę. Na przykład gdy dziecko sięga po szklaną misę, ale cofa rączkę, słysząc: „Nie wolno", koniecznie powiedz: „Dobra robota!".

Pozwalaj dziecku sięgać po pewne rzeczy i dotykać ich. Postaraj się zapewnić maluchowi dużo okazji do dotykania różnych przedmiotów i zastąp to, czego nie wolno mu dotykać, czymś innym. Na przykład gdy chce się dobrać do leżącego na łóżku świeżo poskładanego prania, zabierz je, a w to miejsce połóż kilka ręczników czy koszulek, które może owijać wokół siebie, ciągnąć za sobą lub nawet próbować składać. A kiedy chce zaprogramować telewizor lub podzwonić sobie z twojej komórki, zaproponuj zabawkę wyposażoną w przyciski lub pozwól mu się bawić pilotem bez baterii albo zepsutym, nieużywanym telefonem komórkowym, z którego nie można już wykonać połączenia (na przykład do Indii).

Nadzoruj dotykanie. Gdy maluch koniecznie chce wyciskać pastę z tubki, pokaż mu, jak można to zrobić ładnie i schludnie, wyciskając ilość wielkości ziarna groszku. Kiedy się tego nauczy, nadaj mu tytuł oficjalnego (nadzorowanego) wyciskacza pasty dla całej rodziny. Jeśli pragnie postukać w klawiaturę twojego komputera, posadź go sobie na kolanach przed monitorem (zapisując wcześniej swą pracę) i pozwól mu się pobawić albo daj mu do wypróbowania

Poznawanie świata... jamą ustną

Daj niemowlęciu zabawkę, książeczkę, pluszowego zwierzaczka, nawet własną dłoń, a na pewno każdą rzecz włoży sobie do ust. Nie dlatego, że jest głodne, lecz dlatego, że tak właśnie poznaje otoczenie. I to zamiłowanie do kosztowania wszystkiego nie kończy się w dniu pierwszych urodzin – małe dzieci także często badają świat za pomocą kubków smakowych. Minie im to wtedy, gdy zaczną polegać na innych zmysłach, co zwykle następuje około dwudziestego czwartego miesiąca życia.

Czekając więc na tę chwilę, musisz pilnować, by wszystko, co trafia do małej buzi, było dla niej bezpieczne. Wkładanie do buzi czegoś, co leży w domu, na ogół jest dozwolone (z wyjątkiem wylęgarni bakterii, jaką stanowi gąbka w łazience, odkrytego pod stertą zabawek kawałka spleśniałego chleba, ubłoconego buta, który przeszedł wiele ulic miasta, i innych tego typu rzeczy), a przedmioty znalezione poza nim też zwykle nie stanowią wielkiego problemu, choć na pewno nie należy zachęcać malca do sprawdzania ich ząbkami i językiem. Natomiast na pewno niebezpieczne jest wszystko, co toksyczne lub na tyle małe, że może zostać połknięte lub czym można się zakrztusić, oraz wszystko, co dziecko może pogryźć na małe kawałki. Trzymaj więc takie rzeczy poza zasięgiem dziecka (zamykaj drzwi łazienki, chroń wiadro ze śmieciami pokrywką, której dziecko nie umie zdjąć, i regularnie usuwaj leżące na wierzchu monety i inne małe przedmioty – więcej na ten temat przeczytasz na str. 385). A ponieważ nawet niezliczone środki ostrożności nie uchronią twego malca przed wszystkimi niebezpiecznymi przedmiotami, musisz stale go pilnować. Na wszelki wypadek naucz się, jak postępować w przypadku zakrztuszenia się dziecka (patrz str. 450).

Za każdym razem gdy przyłapiesz dziecko na wkładaniu do buzi czegoś zabronionego, mów stanowczym tonem: „Nie, do buzi nie wolno, proszę mi to oddać". Jeśli tego nie zrobi, sama wyjmij mu ten przedmiot z ręki lub z buzi. Maluch wkrótce nauczy się, co może, a czego nie może brać do ust.

przyjazne dla małych dzieci oprogramowanie (patrz str. 265). Zaspokój jego pragnienie naciskania przycisków w windzie, podnosząc go i pozwalając na to, ale pilnując, by był to właściwy guzik... i tylko jeden, zwłaszcza jeśli nie jedziecie windą sami. A kiedy się wyrywa, by pogłaskać pieska w parku, to po uzyskaniu zgody od właściciela czworonoga połóż swoją dłoń na jego rączce i pokaż, jak ładnie – i bezpiecznie – głaszcze się pieska. Wreszcie skoro dziecko tak bardzo fascynuje się płynami, wyposaż je w kubeczki i daj mu szansę poeksperymentować w wannie bądź przy zlewie.

Nie przesadzaj. Pewnie, że musisz oduczyć dziecko dotykania tego, co dla niego niebezpieczne, ale staraj się nie robić z tego wielkiej afery. Wystarczy powiedzieć krótko: „Nie dotykaj" i szybko skierować uwagę syna czy córki na inny przedmiot. Silne reakcje – pozytywne lub negatywne – skłaniają zazwyczaj dziecko do bisów, na przykład do sięgnięcia kolejny raz po twój telefon komórkowy.

Otwieranie i zatrzaskiwanie

Nasza córeczka nauczyła się otwierać drzwi od lodówki i teraz robi to trzysta razy dziennie.

Reguły gry są proste: dziecko otwiera drzwi, ty je zamykasz. Mogą to być drzwi do lodówki, szafek kuchennych albo nawet klapa od śmietnika – wszystko, co ma drzwi lub pokrywę oraz znajduje się w zasięgu malucha. Czynność ta zapewnia mnóstwo zabawy – przynajmniej jemu, a już zwłaszcza gdy jest w kółko powtarzana.

Pozwalaj córeczce otwierać i zamykać tyle, ile jej dusza zapragnie (gdy przestanie to robić, znajdzie sobie inne, równie irytujące zajęcie), jeśli tylko nie wiąże się z tym żadne zagrożenie. W przeciwnym razie (lub jeśli mała może się zatrzasnąć po drugiej stronie drzwi) musisz zakończyć tę zabawę w „Sezamie, otwórz się", zakładając specjalne zamki. Ponieważ córeczka na pewno się zdenerwuje, nie mogąc nagle otworzyć drzwi do lodówki (albo „rozpracować" opakowania z dwunastoma rolkami papieru toaletowego w łazience), daj jej coś innego do zabawy w otwieranie, jak choćby specjalną szafeczkę przeznaczoną tylko dla niej, wypełnioną plastikowymi pojemnikami, drewnianymi łyżkami, małymi metalowymi miarkami i innymi bezpiecznymi skarbami. Oczywiście jeśli dziecko szuka w lodówce czegoś do jedzenia lub picia, daj mu przekąskę.

Wyciąganie rzeczy

Moja córeczka chodzi po domu i opróżnia wszystko, co jej wpadnie w ręce, ale nie mogę jej zmusić, by powkładała rzeczy z powrotem na miejsce.

Oto żart, jaki spłatała ci natura: umiejętność wyciągania rzeczy pojawia się u dziecka na wiele miesięcy przed umiejętnością odkładania ich tam, skąd zostały zabrane. Choć chwilami bywa to zabawne, a nawet słodkie, na pewno przestaje takie być, gdy nie możesz znaleźć swojej książki, świeżo zakupionych skarpetek, podłoga w dużym pokoju usłana jest zakupami albo gdy maluszek bawi się w opróżnianie czegoś brudnego i potencjalnie niebezpiecznego, jak wiaderko ze śmieciami. Uwierz jednak, że dziecko wykonuje właśnie trudną pracę nad swym rozwojem, ćwicząc zdolności motoryczne (zręczność) i zdobywając umiejętność myślenia poznawczego – łączenia przyczyny ze skutkiem. Oto jak możesz kierować potrzebami rozwojowymi swojej córeczki, by nie rujnowały one porządku w mieszkaniu:

Zastosuj środki bezpieczeństwa. Zrób przegląd całego domu pod kątem bezpieczeństwa dziecka i zainstaluj odpowiednie zamki lub klamki, aby nie mogło ono opróżnić ani dosięgnąć niczego, co mogłoby zrobić mu krzywdę i co mogłoby zostać zniszczone (środki czystości, detergenty do mycia naczyń, substancje toksyczne, noże, zapałki, nożyczki, szkło, porcelana i inne rzeczy, które się tłuką lub które mogą być przyczyną zakrztuszenia się dziecka). Na str. 385 znajdziesz porady dotyczące zabezpieczania domu przed dzieckiem.

Traktuj pozytywnie nawyk wyciągania rzeczy. Pamiętaj, że ten bałagan to wynik ćwiczenia zdolności motorycznych, więc zmień swoje nastawienie. Zapewnij dziecku pudło z kawałkami tkanin (nie mogą to być jednak sznurki ani wstążki), koszyk z zabawkami, nisko umieszczoną półkę z kartonowymi książeczkami, bezpieczną szafkę z plastikowymi pojemnikami, miarkami i łyżkami. Do kąpieli w wannie lub do zabawy w piaskownicy zabieraj plastikowe kubeczki, butelki oraz wiaderko, z którego dziecko będzie mogło to wszystko wyciągać.

Zacznij uczyć dziecko odkładania rzeczy z powrotem na miejsce. Oczywiście wkładanie przedmiotów z powrotem do koszyka jest znacznie trudniejsze i o wiele mniej za-

Dzieci znacznie bardziej lubią rzeczy wyciągać, niż odkładać je na miejsce.

bawne niż opróżnianie go, ale spróbuj zrobić z tego zabawę, a być może dziecko to polubi (spróbuj też wymyślić jakąś piosenkę, która uprzyjemni mu tę czynność). Musisz jednak wiedzieć, że nawet jeżeli dziecku uda się zapełnić dany pojemnik, to za chwilę – pod wpływem niekontrolowanego impulsu – znów go opróżni… Ale nie szkodzi. Ono potrzebuje tego ćwiczenia. A gdy będziesz miała dosyć zbierania przedmiotów, po prostu ustaw pudełko w miejscu niedostępnym dla dziecka i skieruj jego uwagę na inne zajęcie, żeby nie zaczęło marudzić.

I jeszcze jedna ważna uwaga: podczas gdy większość dzieci nie przepada za odkładaniem rzeczy tam, skąd je wyciągnęły, to niektóre wykazują spory talent do wkładania potrzebnych mamusi i tatusiowi przedmiotów w zupełnie przypadkowe, trudne do odgadnięcia miejsca, na przykład do chowania mamusinego portfela w najdalszym zakątku szafy, a kluczy – pod stertą butów.

Upuszczanie przedmiotów

Nasz maluszek uwielbia wyrzucać różne przedmioty – ze swego łóżeczka, z dziecięcego wózka lub sklepowego wózka, a jeszcze większą radość zdaje się mu sprawiać obserwowanie, jak je podnosimy.

I kto by pomyślał, że grawitacja może przysporzyć tyle radości? To, co początkowo było ćwiczeniem umiejętności motorycznych, teraz stało się po części naukowym eksperymentem, a po części przedstawieniem, z tobą w roli pomocnika. Taki spektakl z łapaniem i upuszczaniem jest dla malucha fascynujący i frapujący, a przy tym daje mu niemal tyle samo zabawy co patrzenie, jak pochylasz się, by podnieść i odłożyć to, co właśnie zostało rzucone. A jeżeli to coś rozpadnie się lub stłucze, tym większa radość.

Jak więc sama widzisz, dziecko czerpie sporo przyjemności z rzucania pluszakami w swoim łóżeczku czy z wyrzucania zabawek z wózka i być może było to nawet słodkie przez pierwsze sto razy (może nawet wciąż jest słodkie, jak wszystko, co robi kochane maleństwo), ale na pewno jest to czynność ważna, bo bardzo odpowiednia dla wieku dziecka. Co nie zmienia faktu, że nawyk ten bywa mocno irytujący i nadweręża twoje plecy i kolana. Czasem też stanowi przyczynę kłopotów i bałaganu. Jest jednak kilka sposobów na opanowanie sytuacji:

Pozwalaj dziecku wrzucać rzeczy do koszyka. Jest wiele zabaw w rzucanie przedmiotami, które dają radość dziecku, a nie denerwują rodziców, na przykład wrzucanie klocków lub woreczków z groszkiem do pojemnika albo spuszczanie piłki po zjeżdżalni. Bawcie się w nie często, aż dziecko straci zainteresowanie tym zajęciem.

Nie reaguj. Każda reakcja z twojej strony – czy to śmiech, czy narzekanie – tylko zachęci dziecko do powtarzania czynności, bo pamiętaj, że jesteś uczestnikiem tej zabawy.

Gdy będziesz miała już dosyć, zakończ zabawę. Po prostu powiedz: „Koniec tego rzucania", kiedy nie masz już ochoty na podnoszenie rozrzuconych rzeczy albo kiedy czas i miejsce są szczególnie nieodpowiednie (jesteście w parku i upuszczone zabawki lądują w kałużach). Zabierz dziecku upuszczany przedmiot i szybko zwróć jego uwagę na coś innego. Jeśli jesteście w domu, posadź dziecko na podłodze – zrzucanie rzeczy z tej wysokości nie jest już tak ciekawe.

Co natomiast powinnaś zrobić, gdy dziecko, siedząc w wysokim krzesełku, rzuca jedzeniem lub czymś innym, co robi równie dużo bałaganu? Jeżeli twoje ostrzeżenia nie poskutkują, zakończ posiłek.

Uważaj na przedmioty tłukące się. Tym, którzy mają nawyk upuszczania przedmiotów, nie można powierzać delikatnych rzeczy, więc schowaj (jeśli tego jeszcze nie zrobiłaś) porcelanę, szkło, małe gadżety elektroniczne i inne przedmioty, które łatwo zniszczyć. Zachowuj szczególną czujność wtedy, gdy takich przedmiotów nie można usunąć, bo na przykład znajdujecie się w domu bezdzietnych znajomych, w sklepie lub w muzeum.

Urządzaj zabawy w podnoszenie przedmiotów. To oczywiste, że zbieranie rzeczy nie sprawia dziecku takiej frajdy, jak ich upuszczanie (chyba że chodzi o coś, czego dziecku nie wolno dotykać… na przykład o niezmiernie ciekawy okaz śmiecia na chodniku), więc zaproponuj zabawę polegającą na zbieraniu przedmiotów, a wtedy całe zajęcie nie będzie takie nudne. Powiedz na przykład: „Zobaczmy, jak szybko uda się nam pozbierać te zabawki!" lub ułóż piosenkę do tej zabawy.

Mały niszczyciel

Ostatnio gdy tylko na chwilę odwrócimy wzrok od naszego dziecka, ono zaczyna coś niszczyć: rwie gazety, bazgroli po ścianach, ściąga książki z półek. Nasz dom powoli zamienia się w miejsce jakiejś katastrofy.

Pewnie się spodziewałaś, że z faktem posiadania małego dziecka wiąże się bałagan lub nawet jakieś straty materialne, ale nie byłaś przygotowana na demolkę ze strony dziecięcia w drugim roku jego życia. Wiedz jednak, że to, co sprawia wrażenie niszczycielstwa, w rzeczywistości jest bardzo konstruktywne. Te wszystkie zniszczenia nie są bowiem powodowane złośliwością, ale ciekawością, potrzebą odkrywania, przymusem tworzenia – twoje dziecko wypełnia w ten sposób stojące przed nim życiowe zadanie, które można podsumować słowami: ucz się, ile możesz i jak szybko możesz, o tym, jak wygląda otaczający cię świat. Gdy drze gazetę, sprawdza, jak papier marszczy się i rozrywa. Gdy przewraca koszyk z klockami, widzi, jak się rozsypują, i słyszy towarzyszący temu dźwięk. Ciskając natomiast poduchę z sofy na podłogę, odkrywa, że można jej potem użyć jako trampoliny lub stopnia do wspinania się. Niestety, maluch sporą część swego otoczenia może poznać tylko w mało przyjemny dla ciebie sposób. Ponieważ jego rozumienie przyczyny i skutku oraz naturalnych konsekwencji jest na razie dość ograniczone, nie wie, że ciskając zabawkę przez cały pokój, może ją zniszczyć, a wtedy nie będzie się ona nadawała już do zabawy.

Wszystko to nie znaczy jednak, że dziecko, podbijając świat, ma zrujnować wasz dom, a jedna z najważniejszych lekcji, jakie musi zrozumieć, brzmi następująco: niszczenie nie jest dobre. Nie utyskuj i nie karz dziecka, zwłaszcza gdy zniszczy coś zupełnie niechcący, ale daj mu do zrozumienia, że następnym razem trzeba być bardziej ostrożnym, i wyjaśnij dlaczego („gdy zrzucisz filiżankę, stłucze się" lub „jeśli rzucisz o ścianę pilotem do telewizora, przestanie działać"). W miarę możliwości włączaj dziecko w sprzątanie po zniszczeniach (wycieranie tego, co się wylało, wklejanie wyrwanej z książki kartki, zdrapywanie naklejek z mebli czy zmywanie rysunków ze ścian).

Jeżeli dziecko zniszczy coś z powodu frustracji („nie umiem poukładać klocków, więc rzucę nimi w szklany blat stołu… uuups"), pokaż mu, jak radzić sobie z uczuciami w bardziej konstruktywny sposób („układaj klocki w taki sposób, to się nie rozsypią"). Natomiast gdy przyczyną niszczycielstwa jest potrzeba dokonywania odkryć, dawaj małemu naukowcowi jak najwięcej okazji do bezpiecznego i akceptowalnego eksperymentowania i manipulowania (na przykład kup mu zabawki, które rozkłada się na mniejsze elementy i składa z powrotem w całość).

Witamy kolejne dziecko

Gdy powiesz rodzinie i znajomym, że jesteś znowu w ciąży, na pewno spotkasz się z entuzjastycznymi gratulacjami, ale gdy to samo obwieścisz swemu maluchowi, jego reakcja na pewno nie będzie tak przewidywalna. Na początek przypuszczalnie nie będzie w ogóle wiedział, o czym ty mówisz („Jak to dziecko w brzuszku mamy?!"). Nawet gdy pojmie podstawowe informacje, na pewno taka wiadomość wywoła w nim na początku mieszane uczucia: zamęt w głowie (Co to znaczy „braciszek" lub „siostrzyczka"?), radość („Fajnie, będę mieć kumpla!"), złość („Mam się tobą z kimś dzielić?!"), niepokój („Czy będziesz nadal mnie kochać?"), całkowity brak zainteresowania („Dobrze, dobrze, a co z wyjściem na plac zabaw?") lub wszystko to razem wzięte. Oto jak przekazać dziecku wiadomość i przygotować je na powitanie rodzeństwa:

Wybierz odpowiednią chwilę na przekazanie wiadomości. Dla kogoś, kto żyje bieżącą chwilą, dziewięć miesięcy to całe życie – albo jego połowa. Nie mów dziecku o swej ciąży od razu, lecz poczekaj na jej drugi trymestr, gdyż wtedy oczekiwania na narodziny rodzeństwa będą trwały krócej, a twój coraz większy brzuch będzie doskonałym pretekstem do rozpoczęcia tematu, stanowiąc przy tym pomoc wizualną przy omawianiu tak bardzo abstrakcyjnego dla dziecka zagadnienia, jakim jest ciąża.

Im prościej, tym lepiej. Maluszkowi w drugim roku jego życia trudno jest pojąć to, co nieuchwytne, a – bądźmy szczerzy – trudno o coś bardziej nieuchwytnego niż dziecko, którego nie można zobaczyć, usłyszeć ani dotknąć. Przekaż mu zatem wielką nowinę o swej ciąży w sposób prosty, odpowiedni do jego wieku i jak najkonkretniejszy, na przykład: „Mój brzuszek robi się coraz większy, ponieważ rośnie we mnie małe dziecko. Ty będziesz starszym braciszkiem (albo starszą siostrzyczką) tego dziecka!". Więcej informacji podawaj jedynie w przypadku pytań i wyjaśniaj tylko to, o co jesteś pytana, bo przecież twoja pociecha nie musi znać mechanizmów rozmnażania. Ponieważ pojęcia „brat" lub „siostra" mogą być dla dziecka niejasne, podaj przykłady: „Kuzyn Jacek jest starszym bratem kuzynki Zuzi. Teraz ty też będziesz starszym bratem!". Zgodnie z zasadą, że obraz mówi więcej niż tysiąc słów, czytaj dziecku książeczki o stawaniu się starszym rodzeństwem, pokazuj swoje zdjęcia, gdy byłaś z nim w ciąży („O, tutaj jesteś!"), i pokaż nagrania wideo z czasów, gdy ono było noworodkiem.

Przekaż datę w sposób zrozumiały dla malca. Małe dziecko nie zrozumie, że jego rodzeństwo przyjdzie na świat za cztery miesiące, za sześć miesięcy, w maju czy nawet wkrótce, dlatego musisz zmienić perspektywę i powiedzieć, że – na przykład – będzie to wtedy, gdy na dworze zrobi się na tyle ciepło, by pójść na plażę.

Wciągnij dziecko w oczekiwanie. Najlepszym sposobem na to, by dziecko nie czuło się wykluczone z akcji „dziecko", jest uczynienie go aktywnym jej uczestnikiem. Jeśli ciekawi je, co się dzieje w twoim brzuchu, powiedz mu trochę o tym. Na przykład: „Dziecko jest teraz wielkości melona, ale z każdym dniem rośnie. Ma maleńkie paluszki, które wyglądają prawie tak jak twoje". Gdy zastanawia się, dlaczego tak często chodzisz do lekarza, zabierz je ze sobą i powiedz, że będziecie tam sprawdzać, jak się czuje nowe dziecko. Niech posłucha bicia serca swojego rodzeństwa i popatrzy na mierzenie twojego brzucha. Jeśli dziecko chce, pozwól mu śpiewać czy mówić do twojego brzucha, dotykać go, przytulać i całować go – powiedz, że jego braciszek czy siostrzyczka słyszy je, czuje jego dotyk i bardzo się z tego cieszy! Ale jeżeli maluch nie wykazuje żadnego zainteresowania twoją ciążą, nie zmuszaj go do niczego.

Bądź realistką. Na pewno kusi cię, by malować życie z drugim dzieckiem w różowych kolorach i przekonywać, że młodsze rodzeństwo może być źródłem wielu radości… kiedyś, w przyszłości. Jeżeli jednak tyle opowiadasz o oczekiwanym dziecku, że twój syn czy córka oczekuje idealnego partnera do zabaw, to mocno się rozczaruje, gdy zobaczy nieporadnego noworodka. Musisz wyjaśnić, że dziecko zaraz po na-

Rzucanie

Mój synek ma zwyczaj rzucać wszystkim, co weźmie do ręki. Boję się, że w końcu zrobi komuś krzywdę lub coś zniszczy.

Kiedy zobaczyłaś pierwszy raz, jak twoje dziecko ciska zabawką po pokoju, to być może zaczęłaś marzyć o tym, że czeka go kariera szczypiornisty, ale nadzieje te szybko ustąpiły miejsca obawom o potłuczone rodzinach potrafi tylko jeść, spać, robić siusiu, kupkę i płakać. Postaraj się zilustrować to nagraniami wideo lub zdjęciami jego samego (lub jej samej) jako noworodka, uwydatniając, jak wiele się nauczyły od tamtych nudnych niemowlęcych dni.

Skup się na tym, co się nie zmieni. Kolejne dziecko to całe mnóstwo zmian dla starszego rodzeństwa: nowe widoki (ty karmiąca piersią), nowe dźwięki (łłłaaaa!), nowe zapachy (tego, co się niemowlęciu ulało) i nowa rzeczywistość (musisz dzielić swój czas między dwoje dzieci). Wobec tych wszystkich nieprzyjemnych zmian warto wiedzieć, co pozostanie takie samo. Nawet gdy jesteś bardzo zaangażowana w przygotowania na pojawienie się nowego członka rodziny, znajdź czas na te wszystkie specjalne i przewidywalne zajęcia, które dają poczucie bezpieczeństwa twemu pierwszemu dziecku: wieczorna kąpiel i czytanie książeczki przed snem, niedzielne popołudnie na placu zabaw, poranne pieszczoty z całuskami i przytulankami.

Powiedzmy, że maluszek jest przygotowany na tyle, na ile to w jego przypadku możliwe, na przyjście na świat rozwijającego się w tobie dziecka, które na razie jest jeszcze mało wymagające. Ale co będzie, gdy noworodek pojawi się w domu? Gdy będzie wiele czasu spędzać w twoich ramionach lub płakać w porze, która dotąd zastrzeżona była na bajeczki? Który będzie musiał być karmiony w czasie dotąd poświęcanym na zabawę? Innymi słowy: dziecko, które stanowić będzie rywala konkurującego o ciebie, twoją uwagę i czas? „Prawdziwe" (urodzone już) dziecko może oznaczać prawdziwe problemy dla swojego starszego, choć przecież wciąż bardzo małego rodzeństwa. Postaraj się więc, by przywitanie nowego członka rodziny było dla starszego brata czy siostry przyjemnym wydarzeniem. Możesz w tym celu wykorzystać poniższe rady:

Przestrzegaj porządku dnia. Nie ma nic bardziej uspokajającego dla małego dziecka niż przewidywalny porządek wydarzeń. Zwłaszcza w obliczu wielkich zmian. Pamiętaj, by osoba, która będzie zajmować się maluchem w czasie twojego pobytu na porodówce i po powrocie z dzieckiem do domu, była kimś dobrze znanym dziecku i dobrze znającym harmonogram jego dnia, łącznie z wszystkimi ukochanymi chwilami, takimi jak pora na krakersy z mlekiem o 10.30, na bajeczkę i drzemkę o 14.00 i dwie kołysanki o śpiących kotkach przed snem. Niewprowadzanie większych zmian w tym okresie przejściowym pozwoli starszemu dziecku zachować tak potrzebne mu poczucie bezpieczeństwa.

Najpierw przywitaj starsze dziecko. Gdy nadejdzie wielka chwila na spotkanie rodzeństwa (w szpitalu, klinice położniczej lub w domu), daj starszemu dziecku odczuć, że wciąż jest dla ciebie pierwsze – jeśli trzymasz w objęciach noworodka, przekaż go tacie, aby być w pełni gotowa na powitanie swej starszej pociechy, jeszcze zanim przywita się ona ze swym nowym rodzeństwem. Świadomość, że wciąż jesteś dla niego taką samą mamą jak zawsze, chętną całować, przytulać, kochać i być przy boku, daje maluchowi bezcenne poczucie bezpieczeństwa.

Daj dziecku prezent z okazji zostania starszym bratem czy siostrą. Nie tylko noworodkom należą się prezenty – uświęć tę szczególną okazję, dając prezent swemu starszemu dziecku, aby czuło się włączone w nurt ogólnej radości, i to jako pełnoprawny jej uczestnik. Może to być cokolwiek, co podkreśli status starszego z rodzeństwa – na przykład koszulka, naklejka czy ramka do zdjęcia z napisem „Jestem starszym bratem (lub siostrą)".

Zachowaj optymizm, lecz bądź gotowa na wszystko. Gdy dojdzie do spotkania dzieci, każdy scenariusz jest możliwy: miłość od pierwszego wejrzenia, obojętność, posyłanie złych spojrzeń... lub coś jeszcze gorszego. Przyjmij każdą reakcję ze zrozumieniem, cierpliwością, empatią i przede wszystkim z pełną akceptacją. Jeżeli maluch będzie się dąsać na młodsze rodzeństwo lub okazywać żal, nie rób nic, by czuł się źle z tego powodu, i nie traktuj go oziębłe. Nigdy też nie zmuszaj go, by robił coś – na przykład całował czy przytulał nowo narodzoną istotę – wbrew swojej woli. Dzieci mają przed sobą wiele wspólnych lat, podczas których wytworzy się i wzmocni braterska lub siostrzana więź pomiędzy nimi.

lampy i podbite oczy towarzyszy zabaw. Co zatem masz zrobić: trenować przyszłego zawodnika czy posadzić go na ławce rezerwowych? I to, i to. Jeśli wprowadzisz zakaz rzucania przedmiotami, stanie się ono zajęciem jeszcze bardziej ekscytującym, zresztą to nie fair zabraniać dziecku robienia tego, co jest niezbędne do jego prawidłowego rozwoju. Podobnie zareaguje maluch na twoje reakcje w postaci ataku szału lub tłumionego śmiechu. Lepiej więc przygotowuj syna do kariery w pierwszej lidze tak, by nie narażał nikogo na niebezpieczeństwo i nie tłukł po drodze szyb. Oto co możesz zrobić:

Grajcie w piłkę. Mając sporo okazji do rzucania czy toczenia piłki w bezpiecznym miejscu i pod twoim nadzorem, dziecko być może zaspokoi - przynajmniej częściowo - potrzebę miotania przedmiotami. Na razie nie potrafi ono jeszcze łapać piłki, gdyż brak mu umiejętności odpowiedniego skoordynowania wzroku i rąk (patrz ramka na str. 77 dotycząca kamieni milowych w rozwoju), ale przypuszczalnie będzie w stanie przynieść poturlaną w jego kierunku piłkę.

Dawaj dziecku różne piłki do zabawy. Dla dziecka w tym wieku odpowiednie do zabawy są różne piłki: plażowe, tenisowe oraz małe, średnie i duże piłki gumowe. Unikaj tylko piłek twardych, malutkich, które dziecko mogłoby włożyć do buzi, oraz takich, które są wykonane z gąbczastego tworzywa, gdyż malec mógłby odgryźć kawałek. Spróbuj także zabaw woreczkami z grochem lub obręczą.

To, co nie jest piłką, nie wchodzi w grę. Musisz dziecku jasno wytłumaczyć, że pewne rzeczy nadają się do rzucania (piłki, woreczki z grochem itp.), a inne nie (zabawki, klocki, książeczki, kubeczki). Tłumacz mu zatem: „To jest piłka - piłką można rzucać"; „To jest książka. Książką nie wolno rzucać. Książka służy do czytania". Określ także wyraźne zasady, gdzie można rzucać: na zewnątrz albo tylko w pokoju do zabawy.

Błyskawicznie reaguj. Widząc, jak dziecko rzuca (lub zamierza rzucić) czymś, co jest niedozwolone do takiej zabawy, natychmiast mu to zabierz i wyjaśnij w prostych słowach potencjalne konsekwencje tego czynu („Jeśli rzucisz klockiem, możesz uderzyć kogoś i zrobić mu krzywdę"; albo: „Jeśli rzucisz autkiem, może się połamać"). Szybko daj swemu bejsboliście z najmłodszej ligi coś bardziej stosownego do zabawy, a jeżeli to go nie zadowoli, skieruj jego uwagę w inną stronę.

Uderzanie w przedmioty

Nasza mała uderza we wszystko, co znajdzie się na jej drodze: w stolik, drzwi wejściowe, telewizor. Robi przy tym sporo hałasu i boję się, że coś stłucze.

Twoja mała perkusistka (przez którą masz okropny ból głowy) gra tak, jak umie, i takimi instrumentami, do jakich ma dostęp (nie licząc strun głosowych używanych do wydawania krzyków). Przez cały dzień eksperymentuje z dźwiękami i rytmem („Kiedy stuknę w doniczkę, brzęk jest raczej słaby, natomiast uderzenie w łóżeczko wywołuje głuchy dźwięk. A posłuchajcie tylko, jak brzmi uderzenie łyżką w szafkę. Genialnie!"), przyczyną i skutkiem („Kiedy uderzę w stolik, leżące na nim gazety podskoczą. Gdy tłukę w blat mojego krzesełka, groszki i marchewki zaczynają tańczyć... a co się dzieje z jogurtem!") czy wreszcie bada reakcję widowni („Trzeba było widzieć minę mojej mamy, kiedy zaczęłam bębnić w restauracji - bezcenne!"). A wszystko to jest całkowicie normalne w jej wieku.

Ile jednak hałasu jesteś w stanie znieść? Co zrobić, gdy takie zabawy mogą się skończyć nie tylko twoim bólem głowy, lecz na przykład stłuczeniem szklanej misy? Oto porady, jak możesz skierować instynkty małej perkusistki na bardziej sensowne tory:

Ustal, jakie bębnienie jest zakazane. Stukanie w telewizor, talerz lub okno może spowodować wiele szkód lub urazów - albo i jedno, i drugie. Musisz zatem szybko je zakończyć; najlepiej zanim się zacznie. Zakończ też taki koncert, który może doprowadzić do wylania gorącej kawy z kubka albo w którym za instrument służy ostry przedmiot. Zacznij od zasady „nie wolno stukać przy stole", ale pamiętaj, że: a) dziecko słucha wydawanych przez siebie dźwięków, a nie ciebie, b) maluch ma problemy z panowaniem nad impulsami i c) twoje działania są zawsze skuteczniejsze niż twoje słowa – przynajmniej w odniesieniu do małego dziecka, a już zwłaszcza dziecka bębniącego głośniej, niż ty jesteś w stanie mówić. Innymi słowy, musisz zakończyć niebezpieczne jam session i skierować uwagę małej perkusistki na inne zajęcie.

Nigdy jednak nie krzycz na dziecko, gdyż tylko dodasz hałas do hałasu. Zwracając dziecku uwagę, mów konkretnie, stanowczo, ale spokojnym tonem. Kto wie, może maluch nawet przestanie na chwilę bębnić, by posłuchać, co masz mu do powiedzenia (chociaż za bardzo nie licz na taką reakcję). Pamiętaj też, że dzieci rzadko uznają słowa „nie wolno", przynajmniej wypowiedziane pierwsze kilkadziesiąt razy. Nastaw się na wielokrotne powtarzanie zakazu i odwracanie uwagi dziecka, a jeśli chcesz to robić w miarę skutecznie, nie trać panowania nad sobą.

Niech dziecko bębni z sensem. Stwórz dziecku okazję do bezpiecznego bębnienia, bo przecież i tak nie odwiedziesz go od tej czynności. Daj mu odwieczny i bezcenny zestaw perkusyjny: garnek i drewnianą łyżkę albo dziecięcy warsztat z narzędziami, zabawkowy młotek albo nawet perkusję-zabawkę. Zrób dziecku prezent w postaci innych instrumentów, takich jak na przykład mały tamburyn – nawet jeśli nie będzie to brzmiało w twoich uszach jak muzyka, to przynajmniej nie spowoduje wściekłego ich bólu.

Okiełznaj jakoś cały ten zgiełk. Wszystkie maluchy przepadają za słuchaniem muzyki niemal równie mocno jak za jej tworzeniem, dlatego wczuj się w ten rytm i tańczcie, klaskajcie do muzyki, bawcie się w stepowanie, stwórzcie własny mały rodzinny zespół!

Ustal, że koncerty są tylko dla rodziny. Dziecko na pewno uwielbia mieć widownię (im większa, tym lepsza), ale musisz ustalić granice dotyczące jego wystąpień publicznych. Wprowadź zakaz bębnienia w miejscach, które są do tego nieodpowiednie, takich jak restauracje (nawet typu fast food), kościół, muzeum. I to szybko! Najlepiej odwróć uwagę dziecka, zanim jeszcze przyjdzie mu do głowy pomysł stukania, na przykład proponując zabawę w „a-ku-ku!" (chowając twarz za menu czy serwetką w restauracji), śpiewając spokojną piosenkę, wyciągając książeczkę z obrazkami albo blok rysunkowy i kredki, które w przypływie geniuszu zabrałaś ze sobą.

Wstrzymuj się i z aplauzem, i wygwizdywaniem. Jeśli dziecko stuka w domu, nie wywołując przy tym więcej zniszczeń, niż można naprawić dobrym klejem, to im mniej uwagi będziesz zwracać na jego zabawę, tym lepiej. Każda reakcja z twojej strony – pozytywna czy negatywna – będzie dla malucha zachętą do dalszego stukania.

Krzyki i wrzaski

Od krzyków i wrzasków naszego syna wciąż boli nas głowa.

Niestety, roczne dziecko nie ma wbudowanego pokrętła do ściszania jego głosu, ani żadnej samokontroli co do własnej głośności. Malec, który nagle odkrył swoje możliwości w zakresie wydawania dźwięków, chętnie z nich korzysta ze skutkiem, od którego pękają uszy, i niczym inżynier akustyk sprawdza, jak wysokie i jak głośne tony potrafi wydawać. Wszyscy wokół niego umierają na migrenę, on sam natomiast bawi się hucznie. Dosłownie. Oczywiście możesz zainwestować w zatyczki do uszu i poczekać, aż irytujący nawyk synka spotka to, co wszystkie nawyki małych dzieci – odejdzie w zapomnienie. Lepiej jednak skorzystaj z naszych porad, aby obniżyć poziom krzyków do takiego, który jesteś w stanie znieść.

Przycisz własny głos. Postaraj się, by ogólny poziom dźwięku w domu był niski (bez głośnego dudnienia telewizora, hałaśliwej muzyki czy krzyków pomiędzy rodzicami), gdyż to powinno także skłonić dziecko do obniżenia głosu – jeśli nie od razu, to w przyszłości. Krzyczenie na malucha, by on przestał krzyczeć, tylko zachęci go do konkurencji („Mamo, posłuchaj, umiem wrzeszczeć głośniej niż ty!"). Zresztą tym sposobem uzasadnisz jego krzyki („Skoro mama i tato krzyczą, to widocznie nie ma w tym nic złego!"). Staraj się więc mówić tak, jak chciałabyś, by mówiło twoje dziecko.

Zmień stację. Gdy malec zaczyna swoje wrzaski, włącz skoczną muzykę i zachęć go do śpiewania, a jeśli znajdujecie się poza domem, zaproponuj wspólne śpiewanie ulubionej piosenki lub recytację prostych wierszyków. Nawet jeśli dziecko nie przyłączy się do ciebie, przypuszczalnie przestanie krzyczeć, choćby tylko po to, by usłyszeć twoje śpiewanie czy deklamację. Możesz także zaproponować inne ciekawe sposoby używania głosu, jak naśladowanie krowy, kotka, pieska czy silnika samochodu. Spróbuj zaspokoić dziecięcą potrzebę wydawania dźwięków, uciekając się do pomocy instrumentów muzycznych – dziecko nie musi wówczas korzystać ze swoich strun głosowych.

Mów miękkim głosem. Gdy dziecko zacznie krzyczeć, przykucnij, by twoja twarz była na poziomie jego twarzy, popatrz mu prosto w oczy i zacznij szeptać. Widok twoich poruszających się niemal bezdźwięcznie warg może skłonić je do zaciekawienia, zaprzestania wrzasków i słuchania. Niestety tylko „może". Równie prawdopodobne jest bowiem to, że postanowi zagłuszyć cię zupełnie. Postąp wówczas tak, jak wymagać tego będzie sytuacja.

Pomóż dziecku mówić ciszej. Małym dzieciom trudno obniżyć głos do szeptu (zabawne, bo podwyższanie głośności nie sprawia im jakoś problemu), co nie znaczy, że nie powinny próbować. Gdy głosik zaczyna osiągać niebezpiecznie wysoki poziom na skali decybeli, wymyśl zabawę w szeptanie: powiedz szeptem słowo i każ dziecku szeptem je powtórzyć. Chociaż przez najbliższe kilka lat będzie to raczej głośny szept sceniczny, zabawą taką uzmysłowisz maluchowi, że można dobrze się bawić, nie tylko krzycząc, lecz także mówiąc cicho.

Wyznacz granice krzykliwości. W drugiej połowie drugiego roku życia dziecku łatwiej już uznawać ograniczenia, także i te nakładane na wrzaski – na przykład jest ono w stanie zrozumieć, że w pomieszczeniach należy mówić ciszej niż na dworze. Zacznij egzekwować zasadę określającą, gdzie wolno się głośniej zachowywać, a gdzie nie wolno („W domu możesz krzyczeć w swoim pokoju, ale nigdzie poza nim" lub: „Piski są dozwolone tylko na placu zabaw, w sklepie nie"). Łatwiej wprowadzić takie ograniczenia niż całkowity zakaz na krzyki; wiesz przecież dobrze, jak bardzo smakuje maluchom każdy zakazany owoc.

Bicie

Wczoraj dosłownie zamarłam z przerażenia, gdy moja córka zamierzyła się na inne dziecko na placu zabaw. Co prawda nic mu nie zrobiła, ale naprawdę mogła wyrządzić mu krzywdę.

Gdy ma się rok, biciem załatwia się wiele spraw – w każdym razie tych, których nie umie się jeszcze załatwić inaczej. Może to być: „Posuń się, stoisz mi na drodze!", „Daj mi tę zabawkę!" albo po prostu: „Jestem zły i muszę się na kimś wyżyć". Dziecko w tym wieku nie dlatego bije (czy w inny sposób zacho-

Chronienie niemowlęcia przed małym dzieckiem

Nigdy nie jest łatwo dbać o bezpieczeństwo niemowlęcia – zwłaszcza pierworodnego, gdyż samo trzymanie tego maleńkiego, pozornie kruchego ciała zdaje się ryzykowne (pamiętasz, jak zawsze robiłaś to obiema rękami, tak na wszelki wypadek?). Ale przy kolejnym dziecku masz już wprawę i znasz podstawy bezpieczeństwa (nawet udało ci się opanować trudną pozornie sztukę obsługi fotelika samochodowego). Tymczasem pojawiają się nowe problemy związane z bezpieczeństwem: chronienie dziecka młodszego przed starszym. Ostrożność i delikatność to nie są cechy, z których słyną roczne i dwuletnie dzieci. Ich rączki i dłonie nie są na tyle duże ani skoordynowane, by stanowiły oparcie dla ciężkiej główki noworodka czy słabych jeszcze mięśni jego szyi. Małe dzieci nie potrafią też skupiać uwagi przez dłuższy czas, ich myśli skaczą z tematu na temat, co oznacza, że dziecko, które teraz chce trzymać swoje młodsze rodzeństwo, za kilka chwil już się tym znudzi lub zainteresuje się inną czynnością, więc bezceremonialnie zostawi niemowlę na brzegu sofy i pójdzie w kierunku wieży z klocków. Do tego dochodzi jeszcze naturalna w tym wieku przesadna żywiołowość, mogąca sprawić, że uczuciowe przytulanie zamieni się w silne ściskanie, a radosna zabawa w „a-ku-ku" – w coś znacznie bardziej niebezpiecznego. Starsze dziecko ma też w swoim repertuarze zachowania agresywne (celowe lub przypadkowe), takie jak gryzienie, bicie, szczypanie czy inne niedozwolone objawy zrozumiałych mieszanych uczuć, na przykład spychanie niemowlęcia z kolan taty albo potrząsanie cierpiącym na kolkę młodszym braciszkiem czy siostrzyczką w celu ich uciszenia.

Jak wychowywać dziecko na starszego brata czy siostrę, zapewniając jednocześnie bezpieczeństwo młodszemu dziecku?

- Bądź zawsze czujna. Stój blisko malucha, gdy jest on w pobliżu niemowlęcia, na wypadek gdyby miało dojść do rękoczynów. I oczywiście nigdy nie zostawiaj dzieci samych ze sobą, nawet na chwilę.
- Pozwalaj na chwile bliskości. Impuls może ci kazać trzymać niemowlę, dla jego bezpieczeństwa, z daleka od starszego dziecka, pamiętaj jednak, że taki brak kontaktu może u tego drugiego wywołać uczucie zepchnięcia na drugi plan, co prowadzi do urazy i agresji. Niech lepiej zacznie się tworzyć więź pomiędzy rodzeństwem: gdy starsze chce przytulać się do młodszego, pozwól na to (ale pod twoim czujnym okiem). Posadź malucha wygodnie w fotelu, następnie połóż mu niemowlę na kolanach, kładąc mu poduszkę na tej ręce, na której spoczywa główka niemowlęcia. Bądź gotowa przejąć niemowlę, gdyby starsze straciło zainteresowanie lub gdyby maleństwo zaczęło zawodzić czy się wiercić. Jeżeli przeczuwasz, że starszemu potrzebne jest małe szkolenie w zakresie postępowania z niemowlętami, pokaż najpierw, jak ostrożnie trzymać lalkę.
- Okazuj starszemu dziecku sporo uwagi. Tłumiony żal często prowadzi do agresji. Pamiętaj, że maluchy nie mają na tyle rozwiniętego słownictwa, by móc powiedzieć „Nie cierpię tego bachora, który odbiera mi mamę!", więc jeden ich cios załatwia to, czego jeszcze nie potrafią wyrazić słowami. Pamiętając, że maluch potrzebuje twojej bliskości, i zaspokajając tę potrzebę, zapobiegasz rodzeniu się negatywnych uczuć.
- Ucz dziecko sztuki bycia miłym. Delikatność jest umiejętnością, która – gdy raz zostanie nabyta – znajdzie w życiu malucha wiele praktycznych zastosowań, znacznie wykraczających poza jego kontakty z młodszym rodzeństwem (na przykład dziecko nie będzie dokuczać psu). Pokaż swemu większemu dziecku, jak głaskać rączki czy stópki niemowlęcia (zamiast nimi szarpać), jak delikatnie kołysać maleństwo w foteliku, bujać je w huśtawce, przytulać i całować, nie podduszając go przy tym. Podkreślaj za każdym razem, że niemowlęta lubią łagodny dotyk. Ćwiczcie tę sztukę na pluszakach i lalkach i często przypominaj starszemu dziecku, by było delikatne i ostrożne wobec najmłodszego członka rodziny, ale nie licz na to, że szybko poskromisz tym jego impulsy; na to trzeba czasu. Jak we wszystkich innych sytuacjach, nie szczędź pochwał za dobre zachowanie, aby zachęcać do jego powtarzania (a przy tym tłumienia agresji). Więcej na temat skłonności do bicia i potrącania znajdziesz na str. 160.

wuje się agresywnie, na przykład gryzie lub popycha inne osoby), że jest złośliwe czy bezlitosne – w rzeczywistości nie jest zdolne do celowego wyrządzenia komuś krzywdy, ponieważ jeszcze nie wie, że inni mają uczucia.

Na razie jest zatem za wcześnie, byś oczekiwała od córeczki empatii (bardziej przemawia do niej związek przyczynowo-skutkowy, to znaczy gdy jej cios wywołuje łzy u towarzysza zabawy). Możesz natomiast przygo-

Poskramianie agresji

Wiesz już, dlaczego dziecko jest agresywne: z powodu nienasyconej ciekawości („Co się stanie, gdy pociągnę Gosię za włosy? Czy będzie płakać?"). Wiesz też, że bywa egocentryczne („Gdy odepchnę inne dzieci, pierwszy zjadę na zjeżdżalni"), zaborcze wobec wszystkich rzeczy, nawet tych nienależących do niego („Chcę się teraz bawić autkiem i nieważne, czyje ono jest"), selektywnie empatyczne („A może zabiorę Klarze z rąk to autko i walnę ją nim w głowę?"), często sfrustrowane („Jestem zły, a tylko gryząc tatę, umiem mu to okazać") oraz niezdolne do skutecznej komunikacji („Chce mi się pić, a nie sięgnę do kubeczka, więc jeśli uderzę mamusię, to mi go przyniesie"). Ale wszystko to nie znaczy, iż masz akceptować takie zachowanie, mimo że jest ono normalne na tym etapie rozwoju dziecka. Problem w tym, że dziecko nie jest w stanie nauczyć się poskramiać tych prymitywnych odruchów bez pomocy bardziej cywilizowanych przyjaciół. Oto jak możesz mu pomóc:

Zwracaj uwagę na dobre zachowanie. Bicie, gryzienie i inne formy agresji to często sposób zwrócenia na siebie uwagi. I dzieci uczą się szybko, że jest on bardzo skuteczny. Jeżeli będziesz bardziej reagować na dobre zachowanie, a jak najmniej na złe (ograniczając się do przerwania ich i udzielenia odpowiedniej reprymendy), nie dasz dziecku powodu do sprawiania ci kłopotów.

Zastanów się nad uczuciami dziecka. Wszystkie uczucia są ważne, nawet jeśli prowadzą do nieodpowiednich czynów. Musisz uznać prawo dziecka do złości, gdy mu się coś nie uda albo gdy inny maluch zabierze mu zabawkę, ale wytłumacz, że nigdy nie wolno bić.

Pomagaj wyrażać uczucia słowami. W tym wieku dziecko jest zdolne odczuwać większość uczuć – od rozczarowania do zazdrości, od smutku po strach – jednak jeszcze nie umie wyrażać ich słowami, więc posługuje się zębami i piąstkami. Pomóż mu znaleźć słowa, które ostatecznie zastąpią agresywne czyny.

Walcz z nudą. Bezczynność może prowadzić do złych zachowań, toteż staraj się ustrzec dziecko przed nudą i zawczasu proponuj mu jakąś grę albo zabawę, zanim zakiełkują w nim jakieś niemądre pomysły.

Minimalizuj frustracje. Świat nie jest przyjaznym miejscem, gdy tyle pozostaje poza twoim zasięgiem i możliwościami. Jeśli będziesz pomagać maluchowi w zdobywaniu umiejętności potrzebnych w życiu codziennym – takich jak kontakty z innymi, ubieranie się, zabawa, jedzenie – pomożesz mu walczyć nie tylko z frustracją, ale i z agresją.

Wprowadzaj uspokajające czynności. Każdego dnia, zwłaszcza w chwilach zwiększonego stresu, rób przerwy na przytulanie dziecka, śpiewanie mu, czytanie i inne wyciszające zajęcia, które mogą rozładować napięcie i ukoić dziecięce nerwy. Takie chwile mają dodatkowy plus: zrelaksują także ciebie.

Stwarzaj dziecku okazje do rozładowania emocji. Tłumiona irytacja, energia czy złość mogą znaleźć

towąć fundament pod tego rodzaju uczucia. Na przykład gdy zamierza się ona na inne dziecko, powiedz stanowczo: „Nie wolno bić! Bicie boli!". Natomiast gdy to ona jest ofiarą, przytul ją i wyjaśnij: „Bicie boli, dlatego nigdy nikogo nie bij!". Musisz jednak pamiętać o tym, by słowom towarzyszyły działania: pilnuj dzieci podczas zabawy i błyskawicznie kładź kres wszelkim agresywnym zachowaniom, rozdzielając strony oraz szybko kierując ich uwagę na coś innego.

Nigdy nie możesz reagować na dziecięcą agresję dorosłą agresją, gdyż uderzając dziecko, pokazujesz mu, że przemoc to odpowiednie zachowanie w przypadku stresu czy złości. Trzymaj więc swoje emocje na wodzy.

Gryzienie

Gdy na placu zabaw jakieś dziecko nie chce się dzielić z moim synem swoją zabawką, on gryzie je.

Choć broń jest tu inna niż w przypadku bicia, motywacja gryzienia (a także ciągnięcia za włosy czy popychania) pozostaje ujście w postaci agresji albo zostać spożytkowane w konstruktywny sposób (patrz ramka na str. 79).

Zmień tempo. Gdy dzieci mogą się bawić, w co chcą, często w ruch idą pięści. Wtedy – a najlepiej zanim do tego dojdzie – przywróć spokój, szybko zaczynając zabawę pod nadzorem dorosłych (na przykład malowanie farbkami lub zabawa w kółeczku) lub dając dzieciom jakieś inne zajęcie. To samo dotyczy dziecięcej agresji wobec ciebie – w takich chwilach skieruj uwagę malucha na coś innego („Poczytajmy teraz razem książeczkę").

Bądź oazą spokoju. Najlepszym sposobem uczenia dziecka cywilizowanych form kontaktów międzyludzkich jest twoje konsekwentne ich przestrzeganie. Kiedy dziecko cię obserwuje, mów spokojnym tonem, ćwicz sztukę kompromisu i okazuj empatię, a jeśli już stracisz panowanie nad sobą (każdemu może się to zdarzyć), postaraj się, by twoja pociecha widziała, jak przyznajesz się do błędu i przepraszasz.

Wystrzegaj się rękoczynów. Jeśli kusi cię, by siłą wyciągnąć z piaskownicy dziecko, które nie chce jej opuścić, i popychać małą guzdrałę po chodniku, bo jesteś już spóźniona na spotkanie, albo dać szybkiego klapsa za kopanie towarzysza zabawy, to musisz pamiętać, że agresja rodziców przekłada się na agresję dzieci. Postępuj wobec dziecka w sposób stanowczy, ale spokojny, i nie uciekaj się do rękoczynów, nawet gdy ono się denerwuje, a ty jesteś zniecierpliwiona czy kompletnie zestresowana.

Wiedz, kiedy pozostać na uboczu. Niegroźne dziecięce przepychanki nikomu nie wyrządzą krzywdy i nie wymagają rodzicielskiej interwencji, jeśli nikt nie płacze. Wkraczaj wtedy, gdy to niezbędne, a gdy zbędne – obserwuj z boku. Dzieci nie uczą się cywilizowanych form zachowania w jeden dzień i nie nauczą się ich nigdy bez pewnych doświadczeń; trzeba najpierw wojny (w piaskownicy), żeby w końcu przekonać się, na czym polegają relacje międzyludzkie, co zrobić, by były prawidłowe, i co się dzieje, gdy takie nie są.

Wiedz, kiedy wkroczyć. Jeśli dzieci zaczną się bić (albo gryźć lub kopać), szybko zakończ konflikt. Skup się na ratowaniu (a w razie potrzeby także uspokajaniu) ofiary, a nie na upominaniu agresora. Jeśli było nim twoje dziecko, zajmij czymś ofiarę, po czym weź swoją pociechę na bok na krótką, stanowczą rozmowę. Bez względu na to, czy agresja skierowana była na ciebie czy na rówieśnika, wyjaśnij spokojnie, że takie zachowanie jest nie do przyjęcia, i zwięźle powiedz dlaczego („Kopnąłeś Bartka i to go bolało"). Gdyby zachowanie się powtarzało, ostrzeż przed konsekwencjami („Będziemy musieli iść do domu"; „Trzeba będzie skończyć wspólną zabawę puzzlami"), ale nie groź dziecku niczym, czego nie zrobisz, bo wtedy twój zamiar wpłynięcia na jego zachowanie spełznie na niczym.

Nie bądź ani za surowa, ani za miękka. Najbardziej agresywne są dzieci rodziców despotycznych, wychowujących je z żelazną dyscypliną i stosujących kary fizyczne albo takich, którzy w ogóle nie stosują dyscypliny. W wychowywaniu grzecznego dziecka z reguły najlepiej sprawdza się sposób leżący gdzieś pośrodku. Praktyczne porady dotyczące dyscyplinowania dziecka znajdziesz w rozdziale 7.

ta sama: dziecko czuje się zirytowane tym, że nie może sterować swoim otoczeniem (na przykład zawłaszczyć wiaderka, które wypatrzyło w piaskownicy), a to, że nie umie swojej frustracji wyrazić słowami, pogłębia tylko złość. Świadome, że nic nie wskóra, próbuje pomóc sobie zębami.

Dzieciom zdarza się też gryźć z bardziej niewinnych powodów: ciekawość popycha je do zdobywania kolejnych doświadczeń sensorycznych („Jak smakuje ręka Tomka? Czy tak samo jak ucho Burka? Albo ręka mamy?"), a dla uczuciowego brzdąca gryzienie bywa sposobem okazywania miłości. Czasem dziecko gryzie, bo zaobserwowało tę czynność u rówieśników, albo dlatego, że się nudzi, jest zmęczone, przebodźcowane, poczuło się głodne lub też jest w okresie bolesnego ząbkowania, które prowokuje je do żucia czegoś lub… kogoś. I – podobnie jak w przypadku innych negatywnych zachowań – gryzienie bywa czasem sposobem na zwrócenie na siebie uwagi (i to bardzo skutecznym).

Rodzice są zwykle bardziej przerażeni dziecięcym gryzieniem niż biciem, przypuszczalnie dlatego, że gryzienie wydaje się prymitywnym, zwierzęcym odruchem. Ale

DLA RODZICÓW

Pod koniec dnia

Ci, którzy uwielbiają popołudnia po pracy, na pewno nie spędzali ich z małym dzieckiem – wtedy bowiem rzadko można mówić o relaksie i spokoju, a raczej jest to apogeum zmęczenia i nerwowości. Pod koniec długiego dnia małe dzieci są zwykle znużone, przewrażliwione, rozdrażnione oraz jeszcze bardziej skłonne do przejawiania postawy nacechowanej irracjonalnością i negatywnym nastawieniem do życia. Niestety, ich trudne zachowania zbiegają się w czasie z niełatwymi chwilami ich rodziców, zmęczonych po trudach dnia pracy lub opieki nad małym dzieckiem. O tej porze nawet najspokojniejszego łatwo wyprowadzić z równowagi.

Jednakże – choć nie ma gwarancji, że każde popołudnie minie bezkonfliktowo – istnieje kilka metod na zapewnienie sobie względnego spokoju wczesnowieczorną porą. Oto one:

Wycisz się przed powrotem do domu. Jeśli byłaś przez cały dzień w pracy, to o 17.00 lub 18.00, kiedy wiesz, że musisz jeszcze zrobić obiad, odebrać dziecko ze żłobka, uporać się z domowymi obowiązkami, praniem i korespondencją – możesz się czuć mocno zestresowana. Problem w tym, że twoje napięcie będzie wywoływać zdenerwowanie twojego dziecka, dlatego postaraj się poświęcić kilka minut na rozładowanie swoich negatywnych emocji, zanim odbierzesz dziecko lub wejdziesz do domu. Wysiądź z autobusu czy tramwaju przystanek lub dwa wcześniej i przespaceruj się, a w samochodzie posłuchaj relaksującej muzyki, posiedź w nim pięć minut po zaparkowaniu, zamknij oczy i weź kilka głębokich oddechów. Wyobraź sobie jakieś przyjemne miejsce (takie, gdzie słychać szum fal) i poczuj, jak pozbywasz się całodziennego stresu (widząc oczyma wyobraźni ocean, wrzuć do niego kłótnie z szefem). Gdy oczyścisz umysł, postaraj się nie napełniać go myślami o chaosie, który być może czeka cię w domu.

Jeżeli natomiast spędziłaś cały dzień z dzieckiem, przypuszczalnie nie masz innego wyboru, jak spróbować zrelaksować się wspólnie z nim (dalej znajdziesz sugestie, jak to zrobić).

Zaplanuj wspólne przerwy. Zamiast natychmiast przystępować do działania, spróbuj zrobić sobie relaksującą przerwę, bo i tak niewiele uda ci się zrobić z marudnym dzieckiem nieodstępującym cię na krok. Weź kilka głębokich oddechów, zostaw na razie przygotowania do obiadu, wyłącz telefon i poświęć trochę czasu swemu maluszkowi. Poprzytulajcie się do siebie, poczytaj mu bajeczki albo posłuchajcie muzyki, którą lubi. Słuchając zawsze o tej samej porze tej samej muzyki, zapewnisz dziecku przyjemne poczucie stabilizacji; kto wie, może nawet wyrobi w nim odruch Pawłowa, kojarząc się ze spokojem? Poróbcie coś, co oboje lubicie – może to być odpoczywanie razem w cichym pokoju o przygaszonych światłach, wspólna kąpiel w ciepłej wodzie z pianą, rysowanie, czytanie ulubionej książeczki. Możecie też odpoczywać aktywnie, wybierając się na rodzinny spacer czy wykonując serię ćwiczeń rozciągających na dywanie w salonie. Jeśli musisz przygotować obiad, weź dziecko do kuchni, by ci troszkę „pomagało".

Zadbaj o spokojną atmosferę. Wyłącz telewizor, komputer i telefon komórkowy, usuń wszystko, co mogłoby być źródłem niepokoju, bo to ma być wasz czas na relaks. Zachęć dziecko do spokojnej zabawy, tłumiąc jego zapędy do bardziej energicznych działań.

Zaspokój głód. Po długim dniu pracy lub biegania za swym małym dreptusiem masz prawo być głodna. I dziecko też przypuszczalnie jest głodne. A ponieważ niskie stężenie glukozy we krwi często przekłada się na kiepski nastrój, zaproponuj coś do jedzenia. Jeżeli później planujesz zjeść normalny posiłek (gdy dziecko już zaśnie), usiądź na małą przekąskę, kiedy ono je, a jeśli macie zwyczaj siadać do obiadu całą rodziną, daj teraz maluszkowi zdrową przekąskę, która sprawi, że nie będzie go ssało w dołku przed obiadem (doskonale nadają się do tego gotowane warzywa z dipem – ich jedzenie to dobra zabawa i możecie się nimi dzielić we dwoje).

dziecko nie różnicuje tak tych zachowań. W rzeczywistości gryzienie zdarza się większości dzieci między ich pierwszymi a trzecimi urodzinami. Zazwyczaj są to jednorazowe przypadki i kilka eksperymentalnych „gryzów" im wystarcza. U niektórych jednak maluchów zachowanie to utrzymuje się i wywołuje problemy.

Oto kilka sposobów na to, by tłumić je w zarodku:

Rozdziel gryzącego i jego ofiarę. Pociesz dziecko, które zostało ugryzione, nawet jeśli nie sprawia wrażenia, że tego potrzebuje, gdyż dasz tym wyraźnie do zrozumienia swemu maluchowi, iż w ten sposób nie zwróci na siebie twojej uwagi. Nie krzycz na niego, nie reaguj przesadnie ani nie rób mu długiego wykładu. Weź go na bok i powiedz spokojnie, acz stanowczo, by tak nie robił, bo to boli i ugryzione dziecko cierpi. Jeśli powodem, dla którego maluch odwołał się do gryzienia, jest niezdolność wyrażenia swych uczuć, pomóż mu znaleźć odpowiednie słowa: „Wiem, że jesteś zły, więc możesz powiedzieć: «Jestem zły», ale nie wolno ze złości robić komuś krzywdy". Nie możesz oczekiwać, by dziecko od razu pojęło twoje słowa, ale z czasem dotrą one do niego.

Nigdy nie reaguj gryzieniem. Nie rewanżuj się dziecku ani biciem, ani kąsaniem, gdyż w ten sposób dajesz mu do zrozumienia, że można ugryźć kogoś, gdy jest się na niego złym, a przecież wyraźnie powiedziałaś: „Nie wolno gryźć". Ugryzienie dziecka tylko po to, żeby mu pokazać, jak to boli, nie ma też większego sensu, gdyż przypuszczalnie nie będzie ono w stanie powiązać swojego bólu – czy nawet strachu – z tym, co czują inni. Wątpliwe więc, by na skutek takiej demonstracji twoje dziecko już nigdy nikogo nie ugryzło.

Uważaj na sprzeczne przekazy. Niektórzy rodzice w zabawie delikatnie skubią paluszki rąk lub stóp swych maluszków lub pozwalają lekko gryźć się w ramię, policzek lub rękę, zwłaszcza gdy nie jest to bolesne, po czym krzyczą, gdy dziecko ugryzie towarzysza zabawy. Aby uniknąć nieporozumień, najlepiej wprowadzić całkowity zakaz kąsania.

Zapobiegaj gryzieniu, dając dziecku coś do podgryzania. Zdarza się czasem, że dziecko ugryzie kogoś, gdyż jest głodne, dlatego zanim będzie się bawić z innymi maluchami, daj mu coś do jedzenia.

Traktuj gryzienie z pełną powagą. Jak zareagowałaś na pierwsze ugryzienie cię przez dziecko? Jeśli nie mogłaś się powstrzymać od śmiechu, to wiedz, że trudno o lepszą zachętę do tego, by zrobiło to ponownie. Hamuj więc swe rozbawienie.

Ciągnięcie za włosy

Gdy moja córka nie dostanie tego, czego chce, ciągnie innych za włosy.

Małe dzieci, które jeszcze nie „złapały" odpowiedniego słownictwa, w zamian łapią innych za włosy – jest to forma ich awaryjnego komunikowania się, a przyczyny (oraz sposoby interweniowania – patrz odpowiedź na poprzednie pytanie) są identyczne jak przy innych prymitywnych formach wyrażania siebie, czyli biciu i gryzieniu.

Dziecku, które ciągnie innych za włosy, można dać kudłatego pluszaka, niech go sobie tarmosi ile dusza zapragnie. Można też spróbować zmienić jego sposób traktowania włosów i wyjaśnić, że się ich nie szarpie, lecz czesze i układa. Pozwól maluchowi szczotkować twoje włosy lub daj długowłosą lalkę i grzebień do zabawy.

Dzieci często okazują frustrację oraz demonstrują spory brak umiejętności społecznych, ciągnąc innych za włosy, szczypiąc, gryząc czy przejawiając inne agresywne zachowania.

Agresja względem zabawek

Nasz synek bawi się jak dzikus. Co prawda nie robi nikomu krzywdy, ale dla zabawy rzuca swym misiem o ścianę lub tarmosi lalkę siostry.

Czy zdarza ci się czasem rozładowywać napięcie, uderzając z całej siły rakietą tenisową w piłeczkę lub boksując worek treningowy? Możliwe, że twoje dziecko tak samo rozładowuje napięcie (i daje upust nadmiarowi energii) – na szczęście nikogo przy tym nie krzywdząc – albo, że powoduje nim ciekawość: „Gdy rzucam miśkiem o ścianę, odbija się od niej, ale to fajne!".

Naczelna zasada: skoro nie wyrządza żadnych szkód, nic nie stoi na przeszkodzie tym agresywnym zabawom, a jeśli będziesz robić z nich wielki problem, tylko syna do nich zachęcisz. Oczywiście możesz zwrócić mu uwagę, że – w przeciwieństwie do zabawek – ludzie i żywe zwierzęta mają uczucia i odczucia. Ale wątpliwe, by maluch już zrozumiał, o co ci chodzi. Spróbuj też namawiać go do subtelniejszych form zabawy, na przykład w delikatne głaskanie pluszaka lub kołysanie lalki, choć należy się spodziewać, że nie sprawi mu to specjalnej frajdy, bo wiele dzieci w tym wieku cieszy to, co wymaga większej energii. Porady zawarte na str. 162 mogą pohamować nieco jego dzikie zapędy. Koniecznie musisz natomiast wyznaczyć wyraźną granicę pomiędzy nieszkodliwą zabawą a czymś, co grozi zniszczeniem zabawek, mebli czy innego mienia, a także co może zrobić krzywdę ludziom lub zwierzętom. Gdy dziecko tę granicę przekroczy, natychmiast przerwij taką zabawę i odciągnij go od obiektu agresji. Wyjaśnij, że takie zachowania są nieodpowiednie i absolutnie nie wolno tak robić.

Ssanie kciuka

Nasza córeczka ssie kciuk. Robi to zazwyczaj wtedy, gdy jest zmęczona lub zdenerwowana. Czy to normalne?

Nie ma w tym niczego złego. Przypuszczalnie ssanie kciuka daje twojej córeczce poczucie bezpieczeństwa, a kciuk, jak wszystko, co służy uspokajaniu, staje się szczególnie potrzebny w chwili stresu, zdenerwowania czy po prostu rozdrażnienia. Wiele dzieci pozostaje przy tym zwyczaju do końca drugiego roku życia, a nawet dłużej i jeżeli twoja córeczka nie oddaje się temu nawykowi bez przerwy (w dzień i w nocy), to nie ma powodu wprowadzać zakazów, gdyż ssanie nie będzie miało niekorzystnego wpływu na rozwój zębów ani jamy ustnej. Zresztą im bardziej będziesz z tego powodu dziecku dokuczać lub krzyczeć na nie, tym częściej będzie się ssaniem paluszka uspokajać. Należy przypuszczać, że mała – tak jak większość dzieci – sama, bez twojej interwencji, zaniecha tego nawyku około trzeciego roku życia.

Ssanie smoczka

Nasz synek jest tak przywiązany do swojego smoczka, że zastanawiamy się, czy kiedykolwiek z niego zrezygnuje.

Jeżeli oczyma wyobraźni widzisz swego syna wyciągającego smoczek z buzi po to, by mógł odpowiedzieć na pytanie z algebry, to uspokój się – nie będzie aż tak źle. Wbrew dość zrozumiałym obawom rodziców, nawet dzieci najbardziej uparte w kwestii ssania smoczka pozbywają się tego nawyku, zanim ukończą czwarty lub piąty rok życia, a większość czyni to znacznie wcześniej.

Istnieją jednak powody, dla których warto zastanowić się nad wcześniejszym odzwyczajaniem dziecka od nawyku używania smoczka; są to między innymi ryzyko chorób uszu oraz możliwe opóźnienie zdolności społecznych i mówienia u najbardziej zatwardziałych miłośników smoczka. Oto kilka porad dotyczących strategii przeciwsmoczkowej:

Ustal granice. Zacznij od ustalenia, gdzie wolno dziecku ssać smoczek: najpierw tylko w domu i w samochodzie, potem tylko w domu, następnie wyłącznie w pokoju dziecka, a na koniec jedynie w łóżeczku. Zamiast ograniczania miejsca, można ustalić ograniczenia czasowe i stopniowo skracać dozwolony czas ssania (od trzydziestu minut do dwóch lub trzech minut). A najlepiej powiedzieć dziecku, że może mieć smoczek w buzi tylko wtedy, gdy spokojnie siedzi lub leży. Nuuuuuda!

Daj zajęcie małej buzi. Zadawaj dziecku pytania, zachęcaj je do rozmów, recytowania wierszyków, śpiewania, śmiechu, strojenia zabawnych min przed lustrem, jednym słowem do wszystkiego, czego nie da się robić ze smoczkiem w buzi. Gdyby maluch próbował mówić ze smoczkiem, przekonaj go, że nic nie rozumiesz i że musi wyjąć z buzi smoczek, jeśli chce ci coś powiedzieć.

Nie pozwól, by dziecko było głodne lub śpiące. Dziecko, które jest głodne lub bardzo zmęczone, przestaje nad sobą panować i wtedy zwraca się o pomoc do znanego mu źródła, jakim jest smoczek. Aby chwil tych było jak najmniej, dawaj dziecku przekąski, zanim spadnie mu stężenie glukozy we krwi, oraz kładź je na drzemki, by nie było przemęczone; jednak nie wprowadzaj zwyczaju karmienia dziecka (czy nawet podawania mu soczku do picia) za każdym razem, kiedy żąda ono smoczka, gdyż wtedy mechanizm radzenia sobie z problemem pozostanie ten sam, zmieni się tylko przedmiot.

Dodawaj otuchy. Jeżeli smoczek służy dziecku do uspokajania się, pomóż mu znaleźć inny sposób na osiągnięcie tego celu. Okazuj maluchowi więcej miłości i uwagi, zwłaszcza w trudnych dla niego chwilach: nim sięgnie po smoczek, przytul go i zabaw opowiastką lub włącz uspokajającą muzykę.

Weź sprawy w swoje ręce. W ostateczności możesz posunąć się do zrobienia małych dziurek lub nacięć na smoczku, przez co uczucie ssania stanie się inne, mniej satysfakcjonujące. Możesz też zaaranżować „zgubienie" ulubionego przedmiotu: celowe, poprzez polecenie go Smoczkowej Wróżce (która zbiera smoczki od dużych chłopczyków i dziewczynek w zamian za zabawki), albo przypadkowe („Ojej, nigdzie nie ma twojego smoczusia!"). Inna metoda, która zwykle dobrze się sprawdza u dzieci zbliżających się do drugich urodzin, to zorganizowanie „smoczkowego przyjęcia pożegnalnego". Wybierz dzień na tę uroczystość, powiedz dziecku o wielkiej fecie (przypominając o niej często w miarę zbliżania się terminu), a następnie przy dźwięku fanfar pomóż mu wyrzucić smoczek lub włożyć go do pudełeczka opatrzonego napisem „Dla maluchów", po czym uczcijcie nową niezależność kawałkiem ciasta.

Gdyby wszystkie próby pozbycia się smoczka spełzły na niczym, nie rób nic na siłę. Bardziej drastyczne metody potrzebne będą dopiero za rok czy dwa, gdy presja ze strony rówieśników oraz niebezpieczeństwo zniekształcenia jamy ustnej i zębów może stanowić rzeczywisty problem. Istnieje możliwość, że teraz twój malec potrzebuje poczucia uspokojenia, które właśnie dzięki ssaniu smoczka udaje mu się uzyskać – i jest to całkowicie normalne w jego wieku. Porozmawiaj o tym problemie z pediatrą lub dentystą dziecka podczas następnej wizyty, jeśli mimo wszystko czujesz niepokój.

Przedmioty uspokajające

Nasza mała wszędzie ciągnie ze sobą stary, brudny kocyk. Kiedy jej to minie?

Nie tylko niemowlętom potrzebne jest uczucie pewności, spokoju. Poleganie na jakimś uspokajającym przedmiocie, zwanym także obiektem przejściowym, zaczyna się

Wiele dzieci ma jakiś uspokajający je przedmiot lub czynność, a niektóre potrzebują ich kilka.

zwykle u dzieci w drugim roku ich życia – i to z bardzo różnych przyczyn. Po pierwsze, mały dreptuś nie może zawsze zabierać ze sobą mamy czy taty na swoje wyprawy badawcze, a nie jest jeszcze zupełnie gotów ruszać w nie sam, toteż coś przenośnego – stary kocyk, miś czy mała poduszka – stanowi idealny przedmiot uspokajający i zastępujący najbliższą osobę. Obiekt przejściowy – jak sama nazwa wskazuje – pomaga dziecku także w wielu niełatwych sytuacjach przejściowych, tworząc most nad trudną bez niego do pokonania przepaścią między elementami A i B (gdzie A to plac zabaw, a B to dom, albo A – stan przebudzenia, B – stan snu), wreszcie po prostu zapewnia poczucie bezpieczeństwa w obliczu strachu. Strach (przed ciemnością, obcymi, psami, odkurzaczem, by wymienić tylko kilka) nasila się u dzieci w drugim roku życia, więc rośnie potrzeba posiadania czegoś, co doda odwagi. Dzieci chwytają też uspokajające je przedmioty wtedy, gdy są zmęczone, marudne, sfrustrowane lub mają inne problemy (z których są przecież bardzo znane).

Respektuj prawo dziecka do posiadania czegoś, co je uspokaja, i pozwól mu chodzić z kocykiem lub misiem, jeśli tego chce. Nie dokuczaj mu z tego powodu, ani nie zmuszaj, by zostawiło ten przedmiot w domu czy całkowicie się go pozbyło. Jednocześnie możesz podjąć następujące kroki zmierzające do tego, by uspokajający fetysz nie stał się nieodłącznym towarzyszem i aby kiedyś dziecku łatwiej było z nim się rozstać:

Wyznacz granice, które dla dziecka są do przyjęcia. Jeżeli dziecko nie ma jeszcze zwyczaju zabierania ze sobą wszędzie swego obiektu przejściowego, ustal akceptowalne (przez dziecko) ograniczenia co do tego, gdzie można z danym przedmiotem chodzić. Zasugeruj, że może trzymać go w samochodzie, ale nie w sklepie, albo że wolno mieć go przy sobie w domu, ale nie na placu zabaw. Znajdź wiarygodne uzasadnienia, na przykład zasugeruj, że ukochana rzecz może się zgubić w sklepie albo wybrudzić na huśtawkach. Obiecaj, że będziesz się nią opiekować w trakcie, gdy malec wspina się po drabince albo układa z innymi dziećmi układankę. Znajdź z pomocą dziecka specjalne miejsce, w które ukochana rzecz będzie odkładana wtedy, gdy maluch jej nie ściska. Uważaj jednak, by nie wprowadzać ograniczeń, na które dziecko nie jest gotowe. Gdy przyjdzie odpowiednia chwila, samo odstąpi od tego zwyczaju.

Dbaj o czystość obiektu przejściowego, często go piorąc. Jeśli nie będziesz tego robić, dziecko może w równym stopniu przywiązać się do samego kocyka co do jego nieświeżego zapachu i głośno zaprotestuje, gdy otrzyma kocyk świeżo wyprany, pachnący jak wiosenna łąka. A ponieważ pewnie trudno mu się rozstać choćby na chwilę z uspokającym przedmiotem, będziesz zmuszona włączać pralkę z kocykiem w czasie, gdy dziecko śpi.

Jeśli możesz, miej kilka zapasowych egzemplarzy. Niemowlę, które dopiero zaczyna przytulać kocyk, raczej nie zauważy, jeśli potniesz go na kilka kawałków (a gdyby nawet zauważyło, nie będzie protestować), natomiast maluch przyciskający do siebie od kilku miesięcy jeden i ten sam pledzik na pewno zauważy zmianę i zgłosi wobec niej swój sprzeciw. Dlatego spróbuj kupić identyczny kocyk, przepierz go kilka razy, by nie wyglądał na nowy, i albo zaproponuj go jako „dodatkowy" (czego dziecko może nie zaakceptować), albo schowaj na jakiś wypadek (gdyby na przykład ten ukochany gdzieś się zawieruszył w porze usypiania). Tak samo można postąpić, gdy przedmiotem uspokajającym jest zabawka czy pluszowe zwierzątko. Jeśli jednak dziecko nie jest zbyt mocno do swojego kocyka lub misia przywiązane, duplikat nie będzie potrzebny – w razie zgubienia go powinno skończyć się na kilku łzach.

Daj inne zajęcie dziecięcym rączkom. Gdy dłonie są czymś zajęte, nie mogą jednocześnie ściskać kocyka czy misia, więc proponuj dziecku bawienie się interesującymi zabawkami, rysowanie kredkami świecowymi lub paluszkami, układanie puzzli i wszystko, co angażuje jego rączki i kieruje uwagę na coś innego niż obiekt przejściowy – przynajmniej na jakiś czas.

Unikaj stwarzania napiętej atmosfery. Dziecko, które jest zmuszane do robienia czegoś w nadmiarze i za wcześnie, wpada w stres, co z kolei skłania je do sięgania po uspokajające je przedmioty. Stresujące może być na przykład przeładowanie planu dnia zabawami i innymi czynnościami. Gdy zauważysz u malucha objawy stresu, uspokój go przytulaniem, książeczką lub przyjemną muzyką i nigdy nie dokuczaj dziecku z powodu jego nawyku ściskania kocyka, gdyż to tylko nasili jego przywiązanie do cennego przyjaciela.

Spokój ma swoją cenę

Nie wszystkie przedmioty uspokajające są nieszkodliwe. Jeśli dziecko uspokaja się, pijąc soczek bądź mleko z butelki czy kubeczka z dzióbkiem, może się nabawić próchnicy zębów albo biegunki (z nadmiaru soku albo zepsutego mleka). Gdy więc maluch się upiera, że chce nosić przy sobie butelkę albo kubek, napełniaj je czystą wodą. Natomiast wszystko, co grozi zadławieniem się lub w inny sposób zagraża bezpieczeństwu dziecka, powinno zostać zabrane i zastąpione bezpiecznym zamiennikiem.

Pomiędzy drugim a piątym rokiem życia dzieci zwykle same rezygnują z ukochanego przedmiotu, choć czasem nadal sięgają po niego w chwili stresu lub zmian – dowodem na to są te wszystkie „dzieci", które noszą ukochanego misia w studenckim plecaku... Na razie nie masz powodu do zmartwień, jeśli dziecko wygląda na szczęśliwe i prawidłowo się rozwija. Lecz gdyby uspokajający przedmiot stał się obsesją i dziecko spędzało więcej czasu na tuleniu go i głaskaniu niż na kontaktach z innymi osobami, bawieniu się zabawkami, oglądaniu książeczek itd., powinnaś się zastanowić, dlaczego tak robi. Czy nie jest to spowodowane na przykład złym samopoczuciem dziecka w miejscu opieki, nadmiarem stresu lub nacisków w domu albo nieznaną przyczyną zdrowotną bądź rozwojową? Jeśli sama nie umiesz znaleźć wyjaśnienia i rozwiązać problemu, skonsultuj się z pediatrą.

Uderzanie głową i inne czynności samouspokajające

Gdy kładziemy spać naszego synka, on zaczyna swój rytuał polegający na tym, że dosłownie wali głową w ścianę. Czasem też dochodzą nas odgłosy takiego uderzania w środku nocy. Wydaje się, że jego to uspokaja, ale nas ogromnie stresuje.

Choć trudno w to uwierzyć (a jeszcze trudniej na to patrzeć), to uderzanie główką w ścianę i inne rytmiczne ruchy (na przykład kołysanie się w przód i w tył) są dla małych dzieci bardzo uspokajające. Te bardzo popularne czynności samouspokajające przynajmniej trzy razy częściej obserwowane są u chłopców, i to zazwyczaj nocą, gdy mały meteor musi jakoś rozładować rozsadzającą go energię i napięcia. Wiele dzieci uderza w coś głową tylko wtedy, gdy próbuje zasnąć lub powrócić do snu, choć niektóre robią to z nudów, bólu (wywołanego ząbkowaniem czy chorobą ucha) albo gdy są zbyt silnie pobudzone, mają atak złości lub chcą zwrócić na siebie uwagę.

Na szczęście ryzyko, że dziecko, uderzając głową, zrobi sobie krzywdę, jest znikome – jego czaszka jest tak skonstruowana, by znieść zarówno ten zwyczaj, jak i wszystkie inne drobne urazy, a im mniej uwagi będziesz zwracać na to, co twój maluch robi, tym lepiej (zasada ta dotyczy wszystkich jego zachowań). Krzyki czy przesadne reakcje tylko spotęgują potrzebę wykonywania samouspokajających czynności. Możesz jednak zrobić coś, by dziecku pomóc:

NIE MA OBIEKTÓW PRZEJŚCIOWYCH, NIE MA PROBLEMÓW

Dzieci są różne: jedne odnajdują poczucie bezpieczeństwa w przenośnych przedmiotach nieożywionych albo w nawykowych czynnościach, inne potrzebują czegoś o ludzkiej formie (mamusia, tatuś, inna lubiana osoba) i choć lubią bawić się misiami lub przytulać kocyki, nie przywiązują się do nich. Takie po prostu są, i to także jest w normie. A to, że nie skłaniają się ku jednej ukochanej rzeczy czy czynności, ma swoje dość oczywiste dobre strony: nie ciągną wszędzie za sobą brudnego kocyka, nie histeryzują, jeśli bezcenny miś gdzieś się zawieruszy, nie trzeba ich odzwyczajać od ssania kciuka czy smoczka. Jeżeli więc twój maluszek nie potrzebuje żadnego przedmiotu, by się uspokoić, i nie ma nawyku, którym rozładowuje stres, nie protestuj, a raczej uznaj się za szczęśliwca!

Zredukuj napięcia. Przyjście na świat rodzeństwa, zmiana opiekunki, odstawienie od butelki i inne duże zmiany mogą zaburzyć spokój dziecka. Uderzanie głową przywróci ten spokój, lecz identycznie zadziała przytulanie i całowanie malucha, okazywanie mu uwagi czy inna czynność relaksująca dziecko, jak na przykład czytanie mu książeczki lub masaż.

Często huśtaj malucha. Spróbuj zaspokajać potrzebę dziecka na rytmiczne ruchy, zachęcając je do kołysania się w dziecięcym foteliku na biegunach, huśtania się na huśtawce lub do zabawy w kółeczku (w „kółko graniaste" albo „karuzela czeka"). Pierwotną potrzebę rytmu – którą dziecko ujawnia kołysaniem się lub rytmicznym uderzaniem głową w ścianę – zaspokajać też można muzyką: skoczną w ciągu dnia, kiedy powinno się malucha zachęcać do tańca, klaskania, tupania czy uderzania w garnek, a spokojną wieczorem, przy której dźwiękach można dziecko kołysać, jednocześnie czytając mu bajeczkę, albo powoli tańczyć z maluszkiem w ramionach.

Pomóż dziecku dać upust energii. Daj dziecku sporego kudłatego pluszaka, z którym będzie mogło „walczyć", dziecięcy młotek do zabawy lub bębenek albo zachęcaj je do boksowania poduszki, plaskania rączką w grudę plasteliny, biegania po podwórku czy huśtania się na huśtawce. Uważaj tylko, by te energiczne zabawy nie odbywały się zbyt blisko pory usypiania, bo wtedy mały sportowiec raczej powinien się wyciszać, a nie rozładowywać energię.

Przestrzegaj wieczornych rytuałów. Zwykle samouspokajające zachowania dziecka nasilają się wieczorem, gdyż służą naturalnemu wyciszeniu się organizmu po pełnym wrażeń dniu. Dlatego stały porządek uspokajających czynności, rozpoczynanych na długo przed położeniem dziecka do łóżeczka, może pomóc mu znaleźć łagodniejszy sposób na zrelaksowanie się. Postaraj się także o to, by na godzinę czy dwie przed usypianiem malucha w domu panowała spokojna atmosfera – bez dudniącego telewizora, głośnych rozmów, a już obowiązkowo bez żadnych krzyków.

Zapewnij dziecku bezpieczne otoczenie. Odsuń łóżeczko od ściany, spróbuj zabezpieczyć miękkimi ochraniaczami jego ścianki lub inne powierzchnie, w które dziecko uderza główką, a jeśli to konieczne, zdemontuj kółka łóżeczka, umieszczając pod nim dywanik, by się nie przesuwało.

Większość dzieci porzuca tego typu zachowania samouspokajające około trzeciego roku życia i nie jest do tego potrzebna interwencja rodzicielska, ale jeśli malec oddaje im się z wyjątkową intensywnością (przez cały dzień) i towarzyszą temu inne niepokojące objawy dotyczące jego rozwoju (patrz ramka obok), wspomnij o tym lekarzowi, gdyż może to wskazywać na zaburzenia rozwojowe, takie jak autyzm.

Rytuały

Dla mojego synka wszystko jest swoistym rytuałem: soczek zawsze musi być w tym samym kubeczku, kanapka pokrojona w ten sam sposób; zawsze też nosi te same buciki. Doprowadza mnie tym do obłędu.

Gdy dla dziecka wszystko musi być „dokładnie tak", jego rodzice często dostają „dokładnie tego", czyli szału. Ale dla twego malucha i większości jego rówieśników tak właśnie jest najlepiej. Może nie każde dziecko ma swoje rytuały (i to także jest prawidłowe), jednak większość domaga się przynajmniej jakiejś przewidywalności w kwestiach jedzenia, picia, ubierania się i codziennych zajęć – czasem do stopnia, który można określić obsesją. Wtedy nawet najmniejsze odchylenie od normy rodzi protesty.

Niepokojące rytuały

Przewidywalność i rytuały zapewniają dziecku poczucie bezpieczeństwa i spokoju, ale są pewne granice tego, co można uznać za mieszczące się w normie. Gdy rytualne zachowania stają się tak obsesyjne lub kompulsywne, że uniemożliwiają wykonywanie codziennych czynności (na przykład dziecko woli odkładać i układać na miejsce książeczki, zamiast je przeglądać), albo jeśli zachowań tych jest zbyt wiele (malec odczuwa przymus ułożenia lalek w idealnej linii, ciągle nawija włosy na palce, co chwilę pociera kocykiem o rękę itp.), wspomnij o tym pediatrze podczas następnej wizyty.

Przestrzeganie rytuałów, podobnie jak negacje czy ataki złości, są dla małego dziecka próbą sprawowania pewnej kontroli nad życiem, co nie jest łatwe, gdy ma się niespełna dwa lata, około metra wzrostu i jest się całkowicie uzależnionym od osób znacznie od siebie większych i silniejszych. Taka niewielka kontrola (kubek, z którego będzie się pić, sposób, w jaki ma być pokrojona kanapka, wybór bucików) wiele znaczy dla dziecka i jego samooceny. Poza tym przewidywalność daje poczucie spokoju; ponieważ świat dziecka bez przerwy ulega zmianom, chce ono mieć świadomość, że im bardziej wszystko się zmienia, tym bardziej można sprawiać, by zostało takie samo.

Zamiast próbować namawiać dziecko, by zrezygnowało z tak cennych dla niego rytuałów, pozwól mu na nie – przynajmniej w takim stopniu, w jakim niczemu to nie przeszkadza. Poinformuj o tych zwyczajach wszystkie osoby opiekujące się maluchem i powiedz, jak mają postępować (przypuszczalnie dziecko pogodzi się z tym, że w pewnych miejscach – takich jak na przykład żłobek – jego nawyki nie mogą być przestrzegane).

Dziecko lepiej znosi zmiany, gdy ma nad nimi jakąś władzę. Od czasu do czasu więc zaproponuj, by maluch wybrał sobie inny kubeczek, pokaż mu jakiś zabawny sposób

Rutyna na cały dzień

Dla większości dorosłych rutyna to rutyna – coś przewidywalnego, nudnego, monotonnego, „wciąż to samo". Ale dla małych dzieci jest ona czymś, co zapewnia im poczucie bezpieczeństwa. Kiedy bowiem dziecko wie, czego może oczekiwać o różnych porach dnia, i ma świadomość całkowitej kontroli sytuacji, wówczas czuje się spokojne.

Jakie korzyści płyną z tego dla ciebie? Otóż dla rodziców rutyna dnia spędzanego z dzieckiem ma mnóstwo zalet: pomaga malcowi znieść zmiany, ograniczając jego opór, gdy trzeba przejść od czytania książeczki do jedzenia posiłku, zmienić miejsce z placu zabaw na dom, zostawić klocki i powitać łóżeczko. Poza tym wiedząc, co będzie dalej, dzieci stają się (przynajmniej trochę) grzeczniejsze i bardziej skłonne do współpracy, gdyż oczekują czegoś, co nieuchronnie nastąpi, i akceptują to. I jeszcze jedno: rutynowe zajęcia eliminują konieczność czasochłonnego planowania (gdy już raz ustali się porządek dnia, nie trzeba się więcej nad nim zastanawiać), zapobiegają panice w ostatniej chwili oraz ogólnie sprawiają, że nerwowe dni przebiegają spokojniej.

Oczywiście rutyna nie jest dla wszystkich: może irytować dzieci, które lubią nieregularność, oraz stresować rodziny, które nie chcą, by krępowana była ich spontaniczność. Jednak większość rodziców małych dzieci uważa, że wprowadzenie pewnej rutyny w chaotyczny plan dnia (zwykłego bądź weekendowego) ma spory sens.

Poranna rutyna. Rozpocznij dzień jakąś zwyczajową czynnością, na przykład czułościami przy budzeniu albo powitaniem dziecka w nowym dniu pocałunkiem, przytuleniem, ulubioną piosenką.

Wychodzenie do pracy. Gdy jedno z rodziców (lub oboje) musi wyjść rano, pożegnanie będzie dla dziecka łatwiejsze, jeśli poprzedzać je będzie uścisk, określone słowa lub patrzenie i machanie przez okno.

Pożegnania. Wychodzenie – na przykład z domu przyjaciół, z placu zabaw lub ze sklepu z zabawkami – sprawia małym dzieciom trudność (jak większość sytuacji przejściowych), więc można je ułatwić, wprowadzając rutynę pożegnań, polegającą na przykład na śpiewaniu pożegnalnej piosenki.

Powrót do domu. Nie ma znaczenia, kto wraca do domu – rodzice z pracy czy dziecko ze żłobka – ważne, by towarzyszył temu przewidywalny, relaksujący rytuał (siadanie razem na małą przekąskę, czytanie bajeczki albo gra w ulubioną grę), zanim zaczniesz gotować obiad, przeglądać pocztę bądź zaangażujesz się w inne domowe zajęcia. Pomoże to wszystkim zrelaksować się po długim dniu. Można także uczynić

krojenia chleba (na przykład za pomocą foremki do wykrawania ciastek przygotuj sobie kanapkę w kształcie gwiazdki albo jakiegoś zwierzątka lub serduszka, po czym zaproponuj, że zrobisz taką samą dla niego) albo zaproponuj kupienie takich sandałków, jakie nosi tatuś podczas spacerów po plaży. Jeżeli jednak malec trzyma się kurczowo swoich nawyków, nie naciskaj. Z czasem, przy dużej dozie twojej cierpliwości, ich siła osłabnie.

Niechęć do zmian

Nawet najdrobniejsza zmiana – w planie dnia, nowa fryzura mamy, nowe okulary tatusia – wyprowadza naszą córkę z równowagi.

Dla wielu dzieci nie istnieje coś takiego jak zmiana na lepsze.

Tak jak wiele innych cech dziecka, niechęć do zmian ma swoje korzenie w dążeniu do uzyskania maksymalnej kontroli nad otoczeniem. Spokój malucha opiera się na przewidywalności, na braku zmian i denerwujących nowości (chyba że pomysł wyjdzie od dziecka – na przykład pojawienie się nowej zabawki).

Choć nie wszystkie dzieci w tym wieku reagują na zmianę gwałtownym sprzeciwem, większość wyraża swoje niezadowolenie w takim czy innym stopniu. Zrozumienie, że taka nieugiętość jest czymś normalnym i typowym dla danego wieku oraz że na większą elastyczność w tych sprawach przyjdzie jeszcze poczekać przynajmniej rok, pozwala z tych obowiązków część rutyny, wspólnie nakrywając do stołu, idąc razem do skrzynki pocztowej itd.

Obiad. Gdy w poniedziałek mają być klopsiki z marchewką, we wtorek makaron z sosem serowym, a w środę kurczak, to mniej jest problemów z zakupami czy gotowaniem. Oczywiście dziecko może mieć swoje zdanie na temat obiadowej rutyny: makaron z sosem serowym w każdy wtorek... Jeżeli jednak rutynowe menu jest dla ciebie nie do przyjęcia, wprowadź jakiś zwyczaj, który umili porę obiadu: każdy opowiada po kolei o tym, jak mu minął dzień, wszyscy słuchamy muzyki lub odmawiamy wspólnie modlitwę dziękczynną.

Sprzątanie. Wyrobienie w dziecku nawyku sprzątania po sobie – przez wdrażanie mu zasady, że odkłada jedną zabawkę, nim weźmie kolejną (powodzenia!), lub sprzątania zabawek po całym dniu – będzie miało wiele korzyści, zarówno na krótką, jak i na dłuższą metę. Powiązanie sprzątania z konkretną piosenką („Tak sprzątamy zabaweczki, odkładamy do szafeczki") ułatwi wprowadzenie zwyczaju i uprzyjemni dziecku tę czynność, podobnie jak uczynienie ze sprzątania przewidywalnej zabawy: na przykład ustaw minutnik i zachęć dziecko, by pobiło rekord czasu.

Mycie. Jeżeli dziecko nie przepada za czynnościami związanymi z higieną osobistą, łatwiej mu przyjdzie pogodzić się z tym, co nieuniknione, jeśli będzie wiedziało, kiedy tego oczekiwać. Ustal więc stały obrządek dotyczący mycia zębów, rąk, kąpieli lub mycia włosów.

Wieczorny rytuał. Służy on wyznaczeniu końca dnia, a porady dotyczące jego ustalenia znajdziesz na str. 130–131.

Weekendowe zwyczaje. Ponieważ posiadanie małego dziecka jest równoznaczne z porzuceniem myśli o leniwej niedzieli, kiedy robisz to, na co masz ochotę (pamiętasz jeszcze sobotnio-niedzielne śniadania w łóżku, seks i popołudniowe wyjścia do kina?), lepiej się trzymać weekendowej rutyny, która przynajmniej daje tobie i dziecku coś, na co czekacie z przyjemnością: poranne czułości, omlet-buzia na śniadanie, spacer z mamusią w sobotnie popołudnie lub niedzielne wyjście z tatusiem do parku.

Pamiętaj, że gdy już raz ustalisz rutynę weekendowego dnia, bardzo ważne jest przestrzeganie jej, by służyła ona dziecku – także podczas wakacji, kiedy macie gości i we wszystkich innych sytuacjach, które mogą zaburzać porządek. Niektóre dzieci łatwo się denerwują zmianami, szczególnie wprowadzanymi w ostatniej chwili, dlatego jeśli z jakiegoś powodu trzeba postąpić inaczej, niż przewiduje ustalony plan, postaraj się przygotować dziecko na to z odpowiednim wyprzedzeniem, a potem miej w zapasie ogrom cierpliwości, by pomóc maluchowi radzić sobie ze zmianą.

łatwiej przetrwać ten okres. Na razie trzeba przyjmować sytuację taką, jaka jest. Spróbuj powstrzymywać się od zmian – przynajmniej na tyle, na ile ma to sens i w tych sprawach, które dotyczą twego malucha. Jeżeli zbliża się jakaś zmiana, czy mu się to podoba czy nie – bo na przykład trzeba kupić nowe okulary lub zmienić fryzurę – postaraj się pomóc dziecku, uspokajając je („To ciągle jest ten sam tatuś, tylko w nowych okularach"). A gdy na horyzoncie pojawia się jakaś naprawdę poważna zmiana, na przykład koniecznie trzeba zmienić miejsce opieki dla dziecka, dołóż wszelkich starań, by najpierw przygotować dziecko, a potem ułatwić mu przystosowanie się do zmiany. Należy się spodziewać, że dziecko będzie niespokojne w okresie adaptacji do nowego otoczenia czy planu i będzie potrzebowało wiele wsparcia i zrozumienia ze strony źródła swojej stabilizacji (czyli z twojej strony), ale dość szybko znów wszystko stanie się dla niego takie samo, a w jego świecie zapanuje spokój.

Przywiązanie do rodziców

Mam wrażenie, że moje dziecko jest zbyt uzależnione ode mnie. Gdy tylko odchodzę od niego lub zajmuję się czymś innym, zaczyna płakać i ciągnie mnie za nogę.

Świadomość, że mimo iż świat dziecka staje się coraz większy, ty nadal jesteś jego centrum, jest przyjemna, ale czasem taka sytuacja bywa uciążliwa. Dosłownie. Bo trudno

Większość małych dzieci stojących przed wyborem między dążeniem do niezależności a pragnieniem bezpieczeństwa odczuwa potrzebę kurczowego trzymania się rodziców.

przygotowywać obiad, mając nogi obciążone dwunastokilogramowym dzieckiem; nie sposób też odsłuchiwać wiadomości na automatycznej sekretarce, gdy ktoś krzyczy ile sił w małych płucach: „Maaaaaammmaaaaaa!".

Gdy dziecko znajduje się na tym trudnym etapie rozwoju, kiedy olśniewa je perspektywa poznawania świata na dwóch nogach, ale jednocześnie nie chce opuścić twoich objęć, kiedy zachwycone jest nowo poznaną niezależnością, lecz jednocześnie nie chce rozstawać się z przywilejami niemowlęctwa, przychodzi ci stąpać po cienkiej linii (co nie jest łatwe z uczepionym do nogi malcem!) pomiędzy nadopiekuńczością a niedostateczną opieką. Dziecko, które z jednej strony ma zapewnione poczucie bezpieczeństwa, a z drugiej jest zachęcane do pewnej samodzielności, stopniowo samo ją sobie wypracuje. A tymczasem:

Bawcie się w „a-kuku!". Naprawdę. Twoje dziecko – podobnie jak jego rówieśnicy – najprawdopodobniej jest w stanie zrozumieć, że nawet jeśli coś znika z pola jego widzenia, to nadal istnieje. Przynajmniej teoretycznie, bo w praktyce woli czuć, że jego ulubiona rzecz, czyli ty, jest stale przy nim (za piętnaście lat już tak nie będzie...). Znana mu z okresu niemowlęcego zabawa w „a-kuku!" utrwala tę świadomość. Spróbuj ją nieco udoskonalić, aby łatwiej było maluchowi pojąć, że gdy wychodzisz, to wracasz. Na przykład chowaj się za drzwiami czy sofą i pytaj: „Gdzie jest mamusia?", a potem wystaw uśmiechniętą twarz, mówiąc: „Tu jestem!". Stopniowo wydłużaj czas, w którym się chowasz (od kilku chwil do minuty), ale uważaj, by dziecka nie wystraszyć. Jeśli początkowo zabawa nie będzie dla niego przyjemna, chowaj tylko twarz – albo zamiast siebie chowaj jego misia. Gdy dziecko oswoi się z twoim znikaniem, zachęć je, by samo się chowało, ale tylko w domu (ustal wyraźną zasadę, że w takie gry nie bawimy się na dworze). Potem zacznij go szukać.

Spędzajcie razem dużo czasu... Twój bardzo, bardzo wypełniony zajęciami dzień może przekładać się na bardzo, bardzo kurczowo trzymające się ciebie dziecko. Postaraj się więc znaleźć czas, który będziecie spędzać tylko we dwoje (ale czas spędzony z dzieckiem i telewizorem albo telefonem się nie liczy!), choćby to miało być tylko piętnaście minut na bajeczki lub wyścigi samochodowe. Gdy jesteś w ruchu, postaraj się dać maluchowi choćby kilka uścisków i całusów. Twoim celem jest oczywiście sprawienie, by nieco rozluźnić waszą więź, a sposobem na to jest właśnie okazywanie dziecku więcej uwagi, gdyż dzięki temu poczuje się spokojne, gdy będzie samo.

...ale nie za dużo. Twoja nadopiekuńczość może być dla dziecka sprzecznym sygnałem: Baw się sam... albo nie, to nie jest dobry

Brak okazywania przywiązania

Nie wszystkie maluchy trzymają się kurczowo swych rodziców. Niektóre bez zastanowienia przechodzą od pełnej zależności do samodzielności i nigdy nie wracają do tego poprzedniego stanu. Te niezależne charaktery nie chwytają się kurczowo rodziców, nie okazują strachu przed rozstaniem i uwielbiają robić coś samemu. Takie zachowanie także jest całkowicie prawidłowe.

pomysł! Musisz oczywiście pilnować bezpieczeństwa swojego dziecka, ale musisz też zachęcać je do tego, by samo układało klocki czy bawiło się wrzucaniem elementów o różnych kształtach do pojemnika ze stosownymi otworami. Jeżeli od czasu do czasu staniesz nieco z boku, pomożesz maluchowi stawiać małe kroki ku niezależności.

Zajmij czymś dziecko. Zanim odejdziesz od swojego dziecka, choćby tylko na drugi koniec pokoju, znajdź mu jakieś zajęcie. Posadź je na podłodze w kuchni z pustą butelką i lalką do nakarmienia, a w tym czasie sama przygotuj lunch. Lepiej przecież, żeby maluch siedział w pobliżu, niż wczepiał się w twoją spódnicę, prawda?

Bądź w stałym kontakcie z maluchem. Odzywaj się często do dziecka, gdy jesteś czymś zajęta; podchodź do niego, pogłaszcz po głowie, pomóż dopasować klocek o trudnym kształcie do odpowiedniego otworu.

Zachowuj się jak najspokojniej. Pewnie dobrze znany ci jest następujący scenariusz: Dziecko wszczyna bunt, kiedy wstajesz, by sprawdzić służbowy e-mail. Reagujesz z irytacją w głosie: „Czy nie mogę mieć spokoju nawet przez dwie sekundy?!" albo z żalem: „Biedactwo... mamusia jest tuż przy tobie!". Ty jesteś rozemocjonowana, ono jest rozemocjonowane i oboje nie umiecie sobie poradzić z tymi jakże widocznymi uczuciami. Zostawiasz e-maile do czasu, aż dziecko pójdzie spać, i oczywiście sytuacja tego typu powtarza się codziennie, jak zdarta płyta.

A teraz przyjrzyjmy się takiej wersji: dziecko zaczyna płakać, kiedy na chwilę je opuszczasz, a ty z pełną nonszalancją mówisz: „Nic się nie dzieje, zaraz wracam" albo bardziej stanowczo: „Możesz posiedzieć tutaj ze swoim autkiem, bo mamusia jest teraz bardzo zajęta". Ono oczywiście płacze, a ty sprawdzasz e-maile. Spokojnie, bez emocji. Gdy skończysz, wracasz do świata dziecka z takim samym spokojem, z jakim go opuściłaś, i mówisz z uśmiechem: „Już jestem! Mamusia wróciła! Dobrze się bawiłeś, kiedy pracowałam?". Wiesz, że odpowiedź będzie brzmieć: „Nie!", przynajmniej na razie, ale nie o to chodzi. Z czasem maluch nauczy się zachowywać spokój mimo twojej nieobecności, a twoje wychodzenie i przychodzenie przestanie być wydarzeniem.

Pozwól dziecku chodzić za tobą. Jeżeli brzdąc chce chodzić krok w krok za tobą (nawet do toalety), nie zabraniaj mu tego. Na razie kłębią się w nim sprzeczne uczucia (odnośnie do niezależności) i nie trzeba dokła-

Bezpieczne odcinanie linek

Bez względu na to, czy twoje dziecko nie opuszcza cię na krok, czy jest w miarę niezależne, czasem oboje będziecie chcieli mieć nieco własnej przestrzeni, ale gdy dajesz ją dziecku, musisz pamiętać, że mały urwis nie jest jeszcze gotów na pełną samodzielność. Nigdy nie zostawiaj nawet najbardziej niezależnego małego dziecka samego, jeśli nie możesz go mieć na oku, chyba że pokój jest w stu procentach zabezpieczony, a dziecko jest w zasięgu twojego słuchu (oraz zaglądasz do niego co minutę czy dwie) albo śpi w swoim łóżeczku. Uważaj także, by malec nie opuścił bezpiecznej przestrzeni i nie poszedł gdzie indziej. Jeśli chcesz przyzwyczajać go do tego, by pozostawał bez ciebie w pokoju przez dłuższy czas, zacznij podstawowe szkolenie tylko wtedy, gdy obecna jest przy nim inna osoba dorosła albo dziecko, które ma przynajmniej osiem lat.

dać do nich jeszcze odrzucenia. Jeśli trzyma cię przy tym za nogę, spróbuj odwieść go od tego nawyku, mówiąc: „A co to za małpka na mojej nodze? Ciekawe, skąd się ona wzięła? Damy małpce banana". Musisz jednak wiedzieć, kiedy ukrócić takie zachowania. Jeśli przez dziecko, które przez cały czas kurczowo się ciebie trzyma, nie możesz zrobić czegoś ważnego, spokojnie powiedz mu, że tak nie wolno („Nie mogę przyrządzić kurczaka, więc nie będziemy jeść obiadu"), i wróć do przerwanej czynności.

Pozwól dziecku odchodzić. Separacja zwykle tylko wtedy przeraża dziecko, gdy jest zainicjowana przez ciebie, a nie przez nie, więc gdy po wspólnej zabawie z tobą samo z siebie odchodzi, by zająć się czymś, pozwól mu na to, oczywiście pod warunkiem że będzie bezpieczne. Twoja pociecha musi wiedzieć, że nie ma nic złego w tym, że na chwilę cię opuści (w domu).

Uważaj, aby się nie przyzwyczaić do zależności dziecka. Każdy lubi czuć się potrzebny, prawda? Czasami jednak rodzice nieświadomie przesadzają z uzależnianiem dziecka od siebie: stale kręcą się koło niego, nawet gdy nie są potrzebni, wtrącają się do zabawy podczas przyjęć urodzinowych, prowokują, mówiąc na przykład: „Nie płacz, ja tylko idę umyć naczynia" itp. Jeżeli czujesz, że utknęłaś w błędnym kole zależności, postaraj się je przerwać.

Bądź cierpliwa. Na pewno słyszałaś już wiele razy o tym, że dziecko przechodzi przez pewien etap (usłyszysz to jeszcze nieraz przez następne dwadzieścia lat). Potrzeba kurczowego trzymania się rodziców pojawia się i mija. Ale czasem wraca, gdy dziecko zaczyna chodzić do przedszkola lub… na wyższą uczelnię. U jednych maluchów potrzeba ta jest bardziej nasilona, u innych mniej. Jeżeli tylko twoje dziecko ogólnie sprawia wrażenie radosnego i dostaje dużo miłości i uwagi, to możesz być pewna, że nie robisz niczego źle i że ono też zachowuje się zupełnie normalnie jak na swój wiek. Musisz się tylko uzbroić w cierpliwość.

Lęk przed rozstaniem

Nasza córeczka płacze, gdy zostawiamy ją w żłobku. Czy nie powinna już wyrosnąć z takich lęków?

Niełatwo jest rosnąć. Od chwili przecięcia pępowiny życie pełne jest rozstań, w tym takich, których na razie dziecko nie umie sobie nawet wyobrazić (pierwszy dzień w przedszkolu, pierwsze pozostanie na noc u przyjaciela, pierwszy wyjazd na obóz), a wszystkie potencjalnie stanowią trudne wyzwanie i dla dziecka, i dla jego rodziców (bądźmy szczerzy: czy łatwo ci będzie kiedyś zostawić dziecko w akademiku i wrócić do pustego domu?).

Przypomnijmy jednak: to tylko etap przejściowy. Lęk przed rozstaniem pojawia się i znika w życiu dziecka wiele razy w trakcie jego drogi do dorosłości. Pierwszy raz może się pojawić, gdy dziecko ma dziewięć miesięcy albo trochę wcześniej lub później. Niektóre maluchy bardzo źle znoszą rozstania (można to zauważyć w żłobku, jak rączkami trzymają mamę za szyję z zaciętością zawodowego zapaśnika), inne, często ku zdumieniu rodziców, nawet nie oglądają się za siebie. Bywają też dzieci, które początkowo nie mają trudności z rozstawaniem się, po czym problem pojawia się nieoczekiwanie, w wieku dwóch lub trzech, a nawet pięciu czy sześciu lat. Są wreszcie i takie maluchy, dla których rozstanie jest przez jakiś czas dużą trudnością, ale stopniowo ją pokonują. Jedne dzieci łatwiej przeżywają rozstanie z ojcem, inne z matką. Kurczowe trzymanie się rodziców może się też nasilić na skutek stresu spowodowanego jakąś zmianą (nowa opiekunka, powrót matki do pracy) lub niedyspozycją (ząbkowanie, przeziębienie).

Nie sposób przewidzieć, kiedy operacja pod hasłem: „zostawianie dziecka w żłobku" zacznie przebiegać gładko. Do tego czasu możesz korzystać z następujących porad:

▲ Okazuj dziecku dużo uwagi. Uwaga jest jak czekoladka - gdy wiesz, że możesz ją w każdej chwili zjeść, nie będziesz pochłaniać dwunastu naraz. Dziecko nie będzie tak żądne twojej uwagi, jeśli będzie miało świadomość, że zawsze może na nią liczyć (w domu i poza nim). Z czasem też łatwiej mu będzie znosić chwile rozstania. Natomiast na pewno będzie się domagać okazywania uczuć, jeśli się mu ich skąpi. Oczywiście trudno przestrzegać tej porady, gdy już jesteś spóźniona i musisz na siłę odrywać od siebie małe ręce, by móc wreszcie pobiec do pracy.

▲ Nie okazuj dziecku niepokoju i jadąc z nim do żłobka, zachowuj się tak, jakby nic się nie miało zdarzyć. Nie wspominaj też o rozłące - porozmawiajcie lepiej o tym, jak świetnie będzie się ono bawić z innymi dziećmi albo co będziecie robić, gdy je odbierzesz („po drzemce" lub „przed obiadkiem"). Doskonałym tematem do rozmów po drodze będą też spadające liście, przechodzący obok pies

DLA RODZICÓW

Jak się rozstawać

Jeżeli pożegnania to w waszej rodzinie chwile pełne przygnębiającego smutku, skorzystaj z poniższych rad, jak uczynić je mniejszym dramatem.

- Nie wymykaj się ukradkiem. Nawet jeśli kusi cię wyjście w chwili, gdy dziecko nie patrzy albo słodko śpi, nie rób tego. Taka ucieczka z domu lub żłobka oszczędzi ci w danej chwili scen, ale sprawi, że dziecko w przyszłości będzie bardziej czujne – nie wspominając już o wszystkich problemach z brakiem zaufania. W dziecku świadomość, że możesz w każdej chwili nagle, niespodziewanie wyjść, tylko wzmoże lęk (i spowoduje jego kurczowe trzymanie się ciebie przez cały dzień) i utrudni te melodramatyczne pożegnania. Jeżeli przed twoim wyjściem dziecko idzie z opiekunką na plac zabaw, do innego dziecka lub na spacer, powiedz mu, że nie zastanie cię po powrocie.
- Aby pożegnania trwały krócej, zwolnij tempo. Wychodzenie w ostatniej chwili to dla malucha źródło poważnego stresu, więc jeśli to tylko możliwe (a nie zawsze jest), spróbuj przed wyjściem zadbać o spokojną atmosferę. Zaplanuj wyjście z dzieckiem do żłobka na nieco wcześniejszą godzinę, by mieć czas na krótką bajeczkę, i poświęć przynajmniej piętnaście minut przed przyjściem opiekunki na wspólne budowanie zamku z klocków (zamiast nerwowo szukać kluczyków do samochodu). Nawet kilka chwil niezakłóconego niczym przebywania razem może pomóc dziecku lepiej znieść rozłąkę.
- Znajdź dziecku jakieś ciekawe zajęcie. Ustal zasadę, że zanim sięgasz przed wyjściem po swój służbowy neseser lub torebkę, znajdujesz dziecku interesujące zajęcie. Być może nie powstrzyma to malucha od robienia scen z powodu twojego wyjścia, ale przynajmniej będzie miał on do czego powrócić, gdy już wyjdziesz. Taka sytuacja będzie więc korzystna dla obu stron.
- Zostaw dziecku coś, co będzie mu przypominać o mamusi lub tatusiu. Może to być koszulka, zdjęcie w małej, miękkiej ramce, które można trzymać w kieszeni, odcisk twoich pomalowanych szminką ust albo zapach wody kolońskiej lub perfum. Jakiś ślad po tobie może pomóc dziecku lepiej znosić twoją nieobecność.
- Porzuć dramatyczne pożegnania filmowe i rób wszystko, żeby zachowywać się w sposób jak najbardziej naturalny. Zmień scenariusz z tego, w którym twój bohater wczepia się w twoją nogę i rozpacza, na taki, w którym panuje swobodna atmosfera, wręcz humor (ale bez śmiania się z dziecięcych łez). Bądź spontaniczna, spokojna i opanowana. Wybierz jakąś formułkę pożegnalną, w której mowa jest o powrocie, i używaj jej przy każdym rozstaniu, na przykład: „Do zobaczenia!", „Do potem!". Wkrótce dziecko zacznie ci odpowiadać tym samym. Można pomachać ręką, ale tylko raz czy dwa razy – nie wypływasz przecież w daleki rejs, wychodzisz jedynie na kilka godzin albo na wieczór.

lub duża zielona ciężarówka stojąca na światłach.

- Bądź jak najbardziej opanowana. Dziecko płacze wniebogłosy, zegarek tyka (znów będziesz spóźniona!), nerwy masz napięte jak postronki, a do tego nie zdążyłaś jeszcze napić się kawy. W pierwszym odruchu chcesz dać upust swym nerwom i krzyknąć albo odreagować stres, umniejszając uczucia dziecka („Twoje zachowanie jest po prostu śmieszne!") czy wręcz naśmiewając się z niego („Co to, maluszek chce do mamusi?!"). Lepiej jednak zrobić tak, jak już radziliśmy wiele razy: podejść do problemu w rzeczowy sposób.
- Zachowuj się tak, jakby płacz dziecka nie działał na ciebie zupełnie (choć na pewno działa, i to mocno), bądź optymistyczna, stanowcza, ale uśmiechnięta, nawet denerwująco radosna. Dzieci zwykle przejmują emocje od rodziców, a zatem im większy jest twój spokój przed rozstaniem, tym większy z czasem będzie i spokój twojego dziecka.
- Zakończ problem i wyjdź. Nie chcesz przecież, żeby dziecko doszło do wniosku, że im dłużej będzie płakać, tym dłużej zostaniesz przy nim. Gdy więc przekażesz je szybko opiekunce albo wychowawczyni w żłobku, przyklej na twarz uśmiech jak z reklamy, powiedz słowa pożegnania i wyjdź, pamiętając, by nigdy nie oglądać się za siebie.
- Nie obwiniaj się. Nauka separacji z bliskimi przychodzi małemu dziecku z dużą trudnością, ale to bardzo ważna życiowa lekcja i ucząc dziecko tego, w rzeczywistości wyświadczasz mu przysługę. Zostawiając je w dobrych rękach, nie masz powodu do złego samopoczucia.
- Przyjrzyj się uważnie swemu odbiciu w lustrze – także po to, by sprawdzić, czy nie masz na bluzce jogurtu jagodowego, ale głównie po to, by przekonać się (szczerze), czy przypadkiem twój własny niepokój przed rozstaniem nie odbija się na dziecku. Może to być poczucie winy, niechęć do pracy lub do miejsca, w którym zostawiasz dziecko, wychodząc do pracy, albo stres przed chwilą rozłąki (spodziewasz się scen z jej powodu i oczywiście je masz). Dzieci odczytują uczucia swoich rodziców szóstym zmysłem, więc musisz uważać, co maluch widzi na twojej twarzy. Zobacz ją w lustrze, a potem jeszcze raz zastanów się nad lękami ujawniającymi się na niej w drzwiach żłobka (lub przed pozostawieniem dziecka u opiekunki albo przed innym rozstaniem).
- Rozejrzyj się uważnie wokół siebie. Być może zauważasz tylko te radosne dzieci, te niebojące się rozstań, te, które biegną do zabawy, natychmiast gdy zostaną wypięte z wózka czy fotelika samochodowego. Ale spójrz jeszcze raz, a zobaczysz sporo maluchów przejawiających lęk przed rozłąką, i uwierz, że lęk ten jest zupełnie normalny.

Preferowanie jednego z rodziców

Nasze dziecko nikomu nie pozwala robić niczego, co go dotyczy, gdy ja jestem w pobliżu – nawet swemu ojcu. Ja nie mam czasu na nic innego, a mąż czuje się niepotrzebny.

Dla małego dziecka nie ma to jak mama i nikt nie jest w stanie zrobić czegoś lepiej od niej (choć dla niektórych obiektem stojącym na rodzicielskim piedestale jest tato). Nikt tak nie umie nalać mleka, zrobić grzanki, włożyć bucików, zmienić pieluchy czy pchać wózka. I kiedy mama jest w pobliżu, niech nikt nawet nie próbuje z nią konkurować, chyba że uwielbia spotykać się z odrzuceniem.

BLIŹNIĘTA

ZAZDROŚĆ POMIĘDZY BLIŹNIĘTAMI

Co zrobić, gdy twoje bliźnięta zaczynają być o siebie wściekle zazdrosne? Oczywiście pewnego stopnia zazdrości nie można uniknąć i często (wręcz codziennie) pojawia się ona pomiędzy bliźniętami, bo przecież ty jesteś tylko jedna, a ich dwoje, więc czują się zmuszone do rywalizowania o twoje względy i niepodzielną uwagę. Tak już jest. Kiedy siedząc na kanapie, przytulasz bliźniaka A, a bliźniak B chce za wszelką cenę usiąść na twoich kolanach, choćby miało się to wiązać z bezceremonialnym zrzuceniem brata czy siostry z tego upragnionego miejsca. Albo dajesz krakersa bliźniakowi B jako pierwszemu, o co bliźniak A dostaje ataku furii. Albo pomagasz bliźniakowi A odwrócić wiaderko z piaskiem do góry dnem, natomiast bliźniak B mści się za to, waląc siostrę czy brata wiaderkiem. Albo podnosisz bliźniaka B, żeby go ucałować, a bliźniak A usiłuje ściągnąć go na dół.

Zazdrość pomiędzy bliźniętami nie kończy się jednak na konkurowaniu o ciebie, o miejsce na twoich kolanach, o twoją miłość. Dotyczy także normalnego, właściwego dla tego etapu rozwoju, trudnego do ogarnięcia poczucia, że jest się centrum wszechświata – przynajmniej w swoim małym świecie. Jedynak nie musi walczyć o pozycję, natomiast bliźniak – tak. Dzielenie się nie przychodzi małym dzieciom z łatwością, a małe bliźniaki muszą dzielić się praktycznie wszystkim (i każdym). Nie jest też łatwo w tym wieku czekać na swoją kolej, co także dla bliźniąt jest codziennością. Czasem już to wystarczy, by zdenerwować dziecko i wzbudzić w nim uczucie zazdrości.

Znasz więc już odpowiedź na pytanie, dlaczego twoje słodkie maluchy stają się czasem potworkami o wściekłych (choć niezmiennie ślicznych) oczach. Tylko co masz zrobić, by ich rywalizacja nie przybrała nieodpowiedniej formy? Sięgnij po poniższe metody:

Dziel i rządź. Rodzice bliźniąt nigdy nie będą w stanie poświęcić jednemu dziecku tyle czasu co rodzice jedynaków i nie należy się tym stresować (przecież bliźniaki i tak są mocno stymulowane – jeżeli nie przez ciebie, to przez siebie nawzajem). Ważne jest natomiast to, abyś postarała się wykroić trochę czasu na przebywanie sam na sam z każdą z pociech, choć na pewno nie będzie to łatwe. Niestety, nie możesz się sklonować (ile razy w ciągu dnia marzysz, by było to możliwe?), więc wypróbuj podejście „dziel i rządź": mama bierze bliźnię A, a tata bliźnię B (a potem zmiana). Jeżeli to możliwe, spróbuj znaleźć pomoc (w osobie opiekunki lub kogoś z rodziny), która zabawiłaby jedno dziecko, w czasie gdy ty jesteś z drugim. Pamiętaj koniecznie, by poświęcać równy czas dzieciom na zmianę, zwłaszcza jeżeli mają one preferencje co do rodziców (tylko mamusia, tylko tatuś).

Znajdź każdemu z dzieci zajęcie. Zanim wyróżnisz jednego malucha, aby spędzić z nim trochę czasu, zajmij czymś drugiego – na przykład daj mu kredki i duży arkusz papieru, sporo plasteliny lub ulubioną zabawkę. Być może uda ci się wygospodarować kilka minut, które będziesz mogła spędzić tylko z jednym dzieckiem. Albo baw się po kolei z każdym z dzieci: ustawiaj minutnik na pięć minut i pilnuj, by zamieniać dzieciom role, żeby raz jedno, a raz drugie było z tobą jako pierwsze.

Dziel, ale po równo. Gdy tatuś i mamusia są w domu w tym samym czasie, matematyka staje się znacznie łatwiejsza – każde z rodziców bierze po jednym dziecku. Takie dzielenie będzie dla dzieci (miejmy nadzieję) jeszcze bardziej wyjątkowe, jeśli zostaną zabrane osobno na podobne wycieczki: mama idzie z jednym z bliźniąt na plac zabaw, tatuś do parku karmić kaczki. Na tym etapie nie będą wiedziały, co robi drugie, więc nie będzie ataków zazdrości (nawet jeśli celem wyjścia z tatą będzie sklep i pralnia). Najważniejsze będzie dla nich to, że każde jest samo z jednym z rodziców.

Okazuj szacunek i zrozumienie. Rodzeństwo miewa chwile zazdrości o siebie, a szczególnie gdy są to bliźnięta, bo są w tym samym wieku, tej samej wielkości i na tym samym etapie rozwoju. Czasem wystarczy uznać to uczucie: „Wiem, że jesteś niezadowolona z tego, że tyle czasu poświęcam teraz Zosi, ale gdy skończę jej czytać, pobawię się tylko z tobą". W miarę jak maluchom poszerza się słownictwo, zachęcaj je, by używały słów do wyrażania swoich uczuć.

Jeśli twoje bliźniaki raczej dobrze czują się ze sobą i wręcz protestują, gdy próbuje się je rozdzielić, nie ma potrzeby stosowania tych rad. Obserwuj je uważnie i postępuj wedle potrzeby.

Zazdrość o nowego członka rodziny

Małe dzieci bardzo kochają swoich rodziców i zwykle nie są zachwycone, gdy muszą się nimi dzielić, szczególnie z jakimś czerwonoskórym, łysym intruzem, który zajmuje miejsce na kolanach mamy. Pojawienie się noworodka może być oczywiście czymś ekscytującym przez dzień lub dwa („Oto twój mały braciszek!"). Kiedy jednak maluch zda sobie sprawę, że to nowe dziecko zostaje w domu na stałe i że przez nie on przestaje być centrum waszego wszechświata, smak tej nowości przemija, a wraz z nim także dobra wola. Pojawia się natomiast zazdrość, być może nawet i próby manipulowania tobą, zwłaszcza jeśli dziecko ma już prawie dwa lata. Maluch może powrócić do niemowlęcych zachowań (to ta słynna „regresja", o której tyle słyszeliście), aby spróbować odzyskać twoją uwagę, nagle przekierowaną na niemowlę („Skoro to działa w przypadku tego nowego, to może ja też spróbuję"). Może też szczególnie kurczowo trzymać się ciebie, sprawiać kłopoty, odgrywać się. Albo wręcz przeciwnie, hołubić młodsze rodzeństwo, oczywiście do czasu, gdy ukochane wyjścia na plac zabaw zaczną być planowane wedle drzemek niemowlęcia, kolana mamy zostaną zmonopolizowane na jego karmienie, a wieczorna rutyna zakłócana będzie przez ataki kolki noworodka.

Martwisz się, co będzie dalej? Skorzystaj z naszych porad, aby życie z dwójką małych dzieci było jak najbardziej znośne:

Postaw się na miejscu starszego dziecka. O wiele łatwiej ci będzie zrozumieć ambiwalentne uczucia starszego z rodzeństwa wobec młodszego, jeśli spojrzysz na sprawę z innej perspektywy. Wyobraź sobie przez chwilę, jak ty byś się czuła, gdyby twój mąż wrócił do domu z inną kobietą i radośnie obwieścił (oczekując twojej radości): „Kochanie, oto nasza nowa żona! Będziemy razem mieszkać i będzie cudownie... A przy okazji, prawda, jaka ona jest śliczna?". Twoje wejście do domu z noworodkiem jest dla starszego dziecka dokładnie tym samym. Pewna podejrzliwość wobec nowej sytuacji – oraz odrobina rozżalenia – to zupełnie prawidłowa reakcja. Warto też wziąć pod uwagę to, że choć dziecko jest starsze, nadal jest bardzo, bardzo małe. Mimo iż zostało starszym bratem (lub siostrą), można – a nawet należy – spodziewać się po nim zachowania stosownego do jego wieku.

Nadaj starszemu dziecku rangę pomocnika. Aby uczynić tę nową i bardzo wymagającą konkurencję mniej groźną, mianuj swojego malucha Dużym Pomocnikiem, czyli pełnoprawnym członkiem drużyny opiekunów. Pokaż, jak delikatnie całować noworodka, przytulać go lekko, a także trzymać (gdy Pomocnik pewnie siedzi i jest pod twoim nadzorem), odpowiednio podpierając główkę. Jeśli dziecko będzie chciało się bawić z młodszym rodzeństwem, powiedz, by dało niemowlęciu swój czysty paluszek, na którym zaciśnie się mała piąstka, lub lekko potrząsało grzechotką (bądź jednak w pobliżu, żeby takie potrząsanie nie przerodziło się w mocne uderzanie). Zachęcaj dziecko do zabawiania małego braciszka czy siostrzyczki piosenkami, tańcami, śmiesznymi minkami. Gdyby maluch bardzo chciał wykonywać przy noworodku czynności, na które nie jest jeszcze gotowy (na przykład trzymać dziecko do odbicia, kąpać czy zmieniać pieluchy), daj mu najpierw lalkę do takich ćwiczeń. Znajdź mu natomiast zajęcia odpowiednie do jego wieku, które sprawią, że poczuje się kompetentny i dumny. Nawet roczne dziecko może być ekspertem w przynoszeniu czystych pieluch, smoczków, ręczniczków i grzechotek.

Bądźcie we troje. Ponadrocznemu dziecku łatwiej będzie znieść te niekończące się sesje karmienia niemowlęcia, jeśli nie będzie przez ten czas tylko biernym obserwatorem. Zaproś malucha, by przytulił się

Niezastąpiona mama zawsze jest u dziecka na pierwszym miejscu, szczególnie jeśli od początku to ona głównie zajmuje się swoją pociechą i zaspokaja jej potrzeby. Ale jeśli stanowisz cały świat swego dziecka, możesz czasem czuć się tym nieco przytłoczona, a nawet wykorzystywana (szczególnie gdy zdarzy ci się ciężki dzień). Natomiast tatuś nie ma większych szans w konkurowaniu z mamą (czy *vice versa* w rodzinach, w których to on jest obiektem faworyzowanym) i czasem może mieć wrażenie, że nie powinien nawet próbować tego czynić.

Odrobina wytrwałości oraz umiejętność patrzenia na problem z właściwej perspektywy pomogą. Preferowanie jednego z rodziców jest dla dziecka sposobem demonstrowania prawa do wyboru, dokładnie tak samo jak do ciebie, opowiedz mu bajkę lub zachęć do jakiejś spokojnej gry.

Poniańcz swoje starsze dziecko. Bądźmy szczerzy, niemowlęta to mają życie! Nie mają żadnych obowiązków, nikt od nich niczego nie oczekuje (poza tym, że będą jadły, spały i brudziły pieluchy), a ich potrzeby są błyskawicznie zaspokajane (bez pytań i zobowiązań). Do tego mama i tato na życzenie przez dwadzieścia cztery godziny na dobę, przez siedem dni w tygodniu. Nieźle, prawda? Nie bądź więc zaskoczona, gdy twoje starsze dziecko postanowi zachowywać się jak niemowlak, licząc na takie samo traktowanie. Tych kilka kroków do tyłu (zwanych regresją) to nie powód do zmartwienia i na pewno nie należy w tym przypadku okazywać dezaprobaty; jest to bowiem naturalna reakcja na nową konkurencję – próba powiedzenia: „Chcę tego samego co to w beciku". Gdy więc ponadroczne dziecko chce bawić się smoczkiem noworodka, nie besztaj go słowami „to jest tylko dla maluszka!", lecz zaproponuj coś do picia z kubeczka „dla dużych dzieci" oraz zaproś na miejsce obok siebie. A gdyby płakało, chcąc zwrócić na siebie uwagę, nie krzycz, że „tylko małe dzieci tak się zachowują", lecz obejmij je, gdyż tego potrzebuje teraz bardziej niż kiedykolwiek. Dbaj także o to, by cały czas czuło, że nadal jest twoim kochanym dzieckiem. Częste branie go na kolana i przytulanie może sprawić, że dziecko szybciej wyleczy się z niemowlęcych zachowań.

Zagraj atutem „duże dziecko". Nawet jeśli pozwalasz starszemu dziecku czuć się jak niemowlę (zwłaszcza ze względu na jego delikatną psychikę), staraj się korzystać z każdej okazji, by powiedzieć mu: „Kocham mojego dużego chłopczyka!" (lub „dużą dziewczynkę"). Chwal je też, gdy okazuje cierpliwość (czekając bez marudzenia, aż zmienisz niemowlęciu pieluchę), chęć współpracy (gdy podaje ci pieluchę, zamiast ciskać nią o ścianę) lub empatię (wyrażając obawę, że młodsze rodzeństwo jest głodne). W ten sposób zachęcisz je do zachowywania się tak, jak na starsze dziecko przystało. Przy każdej też okazji podkreślaj zalety bycia tym starszym i możliwość robienia różnych fajnych rzeczy, których niemowlę nie umie, takich jak chodzenie, wspinanie się, huśtanie, zjeżdżanie na huśtawce, malowanie, zabawa plasteliną, jedzenie urozmaiconej żywności przeznaczonej „dla dorosłych".

Spędzajcie chwile tylko we dwoje. Noworodki wymagają rzecz jasna wiele opieki, ale ogólnie jest im wszystko jedno, kto im ją zapewnia. Starsze dziecko natomiast jest wybredne pod tym względem i oczywiście wybierze ciebie. Jeżeli znajdziesz codziennie trochę czasu tylko dla niego, będzie czuło, że nadal kochasz je tak samo jak wcześniej i nie mniej niż nowego członka rodziny. Zróbcie razem wyklejankę, upieczcie ciasteczka (których niemowlę nie może jeść, dodatkowy plus!) lub poczytajcie razem bajeczkę, kiedy maleństwo śpi.

Nie zmuszaj do przebywania z młodszym rodzeństwem. Twoje starsze dziecko może raz kochać nowego braciszka bądź siostrzyczkę do szaleństwa, a potem nie chcieć mieć nic do czynienia z tym okupantem twoich kolan. Wynika to częściowo z jego zrozumiałych mieszanych uczuć, a częściowo także ze słabej zdolności koncentracji i z tego, że z niemowlakiem niewiele jest zabawy. Poza tym w odróżnieniu od ciebie maluch nie jest silnie przywiązany do niemowlęcia i nie czuje potrzeby zachwycania się nim (w tym zwłaszcza bezwarunkowo i na okrągło przez całą dobę). Więź pomiędzy rodzeństwem tworzy się w ciągu lat, a nie dni, więc jeśli starsze dziecko nie chce przyjąć twojego zaproszenia do wspólnego przytulania się albo nie wykazuje zainteresowania jakąś nową umiejętnością noworodka, nie rób niczego na siłę. Daj mu czas na wcielenie się w rolę starszego dziecka w rodzinie.

domaganie się określonego kubeczka w porze posiłku czy danej książeczki przed snem. Jest to również zachowywanie stałego porządku rzeczy, będącego dla malca źródłem spokoju (tatuś może dostać szóstkę za starania przy robieniu grzanek, ale zapomniał przyciąć skórkę tak, jak to robi mamusia, lub nie zrobił uśmiechu z jagódek). Nie chodzi wcale o to, że jedno z rodziców jest lepsze czy bardziej kochane. Poza tym takie faworyzowanie wcześniej lub później się skończy. Wiele dzieci w wieku przedszkolnym przestaje być córeczką czy syneczkiem mamusi, a staje się pociechą tatusia.

Nim dojdzie jednak do jakichś zmian w tej dziedzinie, można – przy staraniach obojga rodziców – spróbować zminimalizować taką mamomanię, korzystając z następujących porad:

- Nie proś się o pierwszeństwo. Jeśli będziesz nastawiona na to, że „nasza mała woli, gdy ja to robię", doprowadzisz do tego, że dziecko będzie cię jeszcze bardziej faworyzować, a w dodatku zostaniesz sama z wszystkimi obowiązkami dotyczącymi dziecka.
- Pozwalaj ojcu pełnić jego rolę. Nawet jeśli on robi coś inaczej niż ty, dziecko przyzwyczai się do różnych rodzajów tostów czy sposobów czytania bajek.
- Dzielcie się przyjemnymi zadaniami. Uczciwy podział obowiązków rodzicielskich dotyczy zarówno tego, co uciążliwe, jak i tego, co przyjemne. Jeśli zrzucasz na ojca to, czego sama wolisz nie robić (albo czego pociecha nie cierpi, na przykład wkładania jej bucików), a sobie zostawiasz tylko to, co przyjemne, na pewno trudno mu będzie z tobą konkurować.
- Stań z boku. Gdy dać dziecku wybór, na pewno będzie wolało mamę, ale jeśli regularnie będzie ona na chwilę znikać z pola widzenia dziecka (spacer, jakieś obowiązki związane z pracą, długa kąpiel, wyjście do sklepu), może ono kiedyś uznać, że faworytem został tatuś. Wyjdź, nie myśląc o dziecku ani przez chwilę, i nie zostawiaj w ostatniej chwili mężowi miliona wskazówek. Nie dzwoń też co pięć minut, by sprawdzić, jak sobie radzi bez ciebie. Zarówno dziecko, jak i jego ojciec nie tylko przeżyją twoje wyjście, ale przede wszystkim zacznie tworzyć się pomiędzy nimi szczególna więź (i może się nawet okazać, że tatuś robi ładniejsze rzeźby z szamponowej piany!). Chwile, które najpierw były z przymusu spędzane z tatą, mogą się stać chwilami spędzanymi z nim chętnie i z wyboru.

  Staraj się także wychodzić wtedy, gdy jesteście we trójkę, mówiąc na przykład: „Jestem teraz zajęta, więc tatuś naleje ci mleka (albo włoży buciki, pomoże z układanką bądź poczyta bajeczkę)".

Moje dziecko nie pozwala, bym cokolwiek przy nim zrobiła. Wszystko tylko tatuś i tatuś. Szczerze mówiąc, czuję się tym dotknięta.

W wielu rodzinach jest tak, że najlepsza jest mamusia, a tatuś może nie istnieć, w niektórych jednak na pierwszym miejscu jest tatuś. Takie preferowanie tatusia może być wynikiem okoliczności (ojciec przebywa więcej czasu z dzieckiem) lub kwestią charakterów (ojciec i dziecko zostali po prostu stworzeni dla siebie). Tak czy inaczej, nie myśl, że jesteś złą matką. Możesz jednakże skorzystać z poniższych wskazówek, które pozwolą ci przetrwać ten okres:

- Bądź cierpliwa. W ciągu drugiego (a także trzeciego, czwartego, czternastego...) roku życia dziecka często będziesz sobie powtarzać słowa „to minie", szczególnie w związku z lekceważeniem ciebie przez dziecko. Ale ani się obejrzysz, gdy to ty będziesz dla niego gwiazdą.
- Zachowaj spokój. Nie rób zamieszania wokół kwestii, że (tym razem) nie ty jesteś wybrańcem. Bo jeśli tylko pokażesz dziecku, jak bardzo doskwiera ci ta sytuacja, na pewno jeszcze silniej „przyklei się" ono do ojca (pamiętaj, empatia nie jest mocną stroną rocznego malca).
- Miej pozytywne nastawienie. Jeżeli spotykasz się z zimnym traktowaniem, spróbuj trochę ocieplić stosunki z dzieckiem, grając z nim w jego ulubioną grę, czytając mu ulubioną książeczkę albo przygotowując ulubione danie na lunch. Zdobywanie punktów pójdzie ci na pewno łatwiej, gdy będziecie tylko we dwoje z dzieckiem, ale niech cię to nie powstrzymuje przed próbami pozyskiwania względów malucha w obecności całej rodziny.
- Bądź inna niż tatuś. Wyznacz pewne czynności, które robicie tylko wy we dwoje, a w których ulubiony tatuś nie jest szcze-

gólnie dobry, na przykład pieczenie mufinek, późne śniadanie w niedzielę, spacer do parku i oglądanie kaczuszek, zabawy plasteliną.

Nasz syn chyba jest zazdrosny, bo ilekroć mąż próbuje mnie przytulać, dziecko odpycha go i marudzi. Początkowo wydawało nam się to nawet słodkie, ale w końcu stało się irytujące.

Wasz malec nie stanowi pod tym względem wyjątku. Wielu jego rówieśników odczuwa silną, zaborczą miłość do pierwszej kobiety w swym życiu. Uczucie to jest zupełnie normalne i zwykle przemija w wieku mniej więcej trzech lub czterech lat, kiedy to chłopcy w zasadzie zaczynają trzymać się od mamy na odległość wyciągniętej ręki i wzbraniać przed niegdyś tak uwielbianymi objęciami czy całuskami.

Czekając, aż ten etap zazdrości przeminie, staraj się nie reagować zirytowaniem (odrzucanie dziecka na rzecz tatusia tylko doleje oliwy do ognia, potwierdzając obawy maluszka, że tata stanowi zagrożenie) ani zbytnią sympatią (odrzucanie taty na rzecz dziecka z kolei doprowadzi tylko do zaburzeń w dynamice rodziny). Zawsze lepszym wyjściem jest wprowadzenie odrobiny humoru (ale nie śmiechu; pod żadnym pozorem nie śmiej się z uczuć dziecka). A gdy przytulacie się z mężem i malec próbuje was rozdzielać, przytul także jego, by nie czuł się gorszy. Przypominaj synkowi, że kochasz i jego, i tatę i że wszyscy się kochacie, po czym zaproponuj wielki rodzinny uścisk.

Strach przed obcymi

Moja córeczka chowa się za mnie, gdy ktoś spoza najbliższej rodziny zbliży się do niej. Czy taki strach przed obcymi nie jest przesadny?

Nie, jest czymś całkowicie normalnym w tym wieku. Taka nieufność wobec obcych jest powszechnym zjawiskiem w drugim roku życia dziecka i jest to strach znacznie bardziej dojrzały czy racjonalny (przynajmniej dla dziecka) niż podobny niepokój u niemowląt. Pomyśl, że jest to przejaw wielkiej ostrożności i bojaźni myślącego dziecka. Ponieważ jest ono teraz już zdolne do bardziej złożonego myślenia, potrafi również doświadczać bardziej złożonego uczucia strachu. W tym bardzo trwożliwym okresie jego życia każda osoba dorosła, która nie jest mamą ani tatą, może być postrzegana jako zagrożenie: sąsiad, opiekunka, znajomy; nawet akceptowani kiedyś dziadkowie czy inni krewni mogą się spotkać z brakiem zaufania ze strony dziecka. Mimo iż taka reakcja może postawić cię w kłopotliwej sytuacji lub denerwować innych (zwłaszcza babcię maluszka), to w rzeczywistości, jeśli dobrze się zastanowić, nie jest to taka zła cecha. Możesz bowiem być spokojniejsza, wiedząc, że twoje dziecko nie pójdzie z pierwszym napotkanym na ulicy obcym, który zaproponuje mu ciasteczko.

Prawdopodobnie to jednak nie tylko strach skłania dziecko do chowania się za ciebie na widok obcej osoby; może to być również element irytacji. Pomyśl, jak ty byś się czuła, gdyby ktoś obcy lub mało ci znany podszedł do ciebie i bez twojej zgody uścisnął cię, połaskotał po brzuchu, uszczypnął w policzek, pogładził po głowie, podniósł i zadawał dziwne pytania, których sensu nawet nie rozumiesz? Przypuszczalnie nawet dorosłemu trudno by było zareagować tak, jak przystało na dobrze wychowaną osobę. Dziecko natomiast, które nie jest jeszcze wprawione w stosunki społeczne, a jego manierom jeszcze wiele pozostaje do życzenia, zwyczajnie schowa się za twoje nogi.

Etap podejrzliwości względem obcych, jak większość innych faz wczesnego dzieciństwa, nieuchronnie kiedyś się skończy – u jednych maluchów wcześniej, u innych później. A zanim to nastąpi, skorzystaj z kilku rad co do tego, jak pomóc dziecku radzić sobie z tym strachem:

Nie pozwalaj obcym, by ściskali dziecko. Spróbuj interweniować, zanim obcy wykona ruch w kierunku dziecka. Nieufny maluch - podobnie jak nieoswojone zwierzątko - mniej się będzie bać obcego, który podchodzi powoli. Nie przypinając dziecku łatki nieśmiałego czy strachliwego (gdyż może się to utrwalić w jego świadomości), wyjaśniaj, że czuje się ono lepiej, gdy ludzie zapoznają się z nim stopniowo.

Zapewniaj dziecku nieustanne wsparcie. Jeżeli będąc w obecności obcych osób, twoje dziecko chce, aby je trzymać, albo jeśli pragnie schować się za ciebie, pozwól mu na to. Gdy będzie już gotowe samo stawić czoło sytuacji, powie ci o tym, ale na razie zapewniaj mu bezwarunkowe wsparcie oraz zrozumienie, i to bez żadnych upokarzających komentarzy (takich jak: „Przestań się zachowywać jak dzidziuś" lub: „Nie wygłupiaj się").

Stwarzaj dziecku więcej okazji do kontaktów towarzyskich. Twój maluch szybciej oswoi się z obcymi, gdy będzie miał wiele okazji do kontaktów z osobami znanymi i nieznanymi. Zabieraj go więc do sklepu, pasażu handlowego, muzeum, zoo, na plac zabaw i na spotkania towarzyskie, podróżuj autobusami czy metrem, spacerujcie po ulicach, gdzie chodzi dużo pieszych. Pamiętaj jednak, aby nie zmuszać dziecka do bliższych kontaktów z ludźmi, których spotykacie. Zawsze pozwalaj maluchowi samemu decydować w tej kwestii. Już samo jego przebywanie pośród nieznajomych jest sporym osiągnięciem.

Nie zmuszaj dziecka. Rodzicom często zdarza się martwić bardziej o uczucia odtrąconej osoby niż własnego dziecka, zwłaszcza jeśli ten „obcy" to ich dobry znajomy czy krewny, którego nie chcieliby urazić. Popychają więc w jego kierunku niechętnie nastawione dziecko, co zawsze kończy się łzami (i jak babcia ma to potraktować?). Paradoksalnie obawa malucha przed nieznajomymi znika szybciej, jeżeli szanujesz to jego uczucie, natomiast im bardziej nakłaniasz dziecko do kontaktów z obcymi, tym mocniej chowa się ono za ciebie. Jeśli martwisz się tym, jak dana osoba się wówczas czuje, zwłaszcza jeżeli nie jest dla ciebie obca, wyjaśnij, iż nie powinna ona brać reakcji dziecka do siebie, ale maluch właśnie jest w takim wieku, kiedy pewnie czuje się tylko z rodzicami.

Brak strachu przed obcymi

Nasz mały synek jest bardzo odważny i podchodzi bez obaw do każdej osoby dorosłej. Bardzo nas to martwi.

Niektóre małe dzieci charakteryzują się dużą, może i nawet za dużą, śmiałością wobec obcych, czego przyczyną może być ich ekstrawertyczna natura, przebywanie od urodzenia wśród wielu nieznanych sobie osób bądź połączenie tych dwóch czynników. Ponieważ jego otwartemu charakterowi nie towarzyszy jeszcze odpowiednia umiejętność oceny sytuacji, musisz go chronić ze wzmożoną czujnością. Będąc poza domem, nie spuszczaj go z oka nawet na chwilę. A jeśli maluch lubi się oddalać, przeczytaj porady zamieszczone przy następnym pytaniu, dzięki którym dowiesz się, co zrobić, by był zawsze w pobliżu.

Mimo iż nie należy jeszcze oczekiwać od dziecka ostrożności, rezerwy w stosunku do obcych ani też utrzymywania swych impulsów pod kontrolą, nie jest zbyt wcześnie na rozpoczęcie nauki tych umiejętności, gdyż w przyszłości zapewnią mu one bezpieczeństwo. Gdy więc twój szkrab sunie do uśmiechającej się obcej osoby bez twego przyzwolenia, powiedz: „Jeżeli chcesz się z kimś przywitać, musisz powiedzieć o tym mamusi lub tatusiowi". Widząc natomiast, że bierze on coś od nieznajomego (na przykład słodycze od sprzedawcy), przypomnij, by najpierw zapytał cię o zgodę. Na przykład dziecko może się zapominać, ale po pewnym czasie zapamięta twoje nauki, a do tego czasu ty i inne osoby opiekujące się nim musicie je chronić przed jego otwartością na świat.

Niemniej jednak ucząc dziecko ostrożności wobec obcych, uważaj, aby nie wyrobić w nim przekonania, że każda taka osoba stanowi zagrożenie, jest przecież bardzo wielu życzliwych ludzi. Nie namawiaj też małego, aby przestał zachowywać się przyjaźnie. Wprowadź proste zasady i unikaj straszenia (nie mów, że „obcy ludzie mogą być źli" albo „obcy może cię porwać"). Twoim celem powinno być nauczenie dziecka rozwagi i ostrożności, a nie wpajanie mu strachu.

Chodzenie własnymi drogami

Ilekroć wychodzę na dwór z naszą półtoraroczną córeczką, ona oddala się ode mnie, by czemuś się przyjrzeć, albo mknie przed siebie w kierunku ulicy. Stale musimy za nią biegać!

Wy chcecie, aby wasza mała poszła w lewo, a ona idzie w prawo, albo skręca w lewo, gdy wy kierujecie się w prawo; widząc przed sobą ruchliwą ulicę, mała biegnie prosto w jej stronę; wystarczy ją tylko postawić na nóżkach, by natychmiast gdzieś poszła. Każde wyjście z domu to dla niej wyścigi.

Oddalanie się dziecka na pewno ma w sobie coś z zabawy w „złap mnie, jeśli potrafisz" (a twoje bieganie za nim, zwłaszcza jeśli krzyczysz i machasz rękami, niezmiennie sprawia mu radość) i musisz uwierzyć, że nie jest to żadna próba wyprowadzania cię z równowagi lub badania twojej kondycji fizycznej. Maluch sprawdza raczej, co mu wolno. Bezpieczeństwo? Poprawne zachowanie się poza domem? Tego nie znajdziesz na liście jego priorytetów.

Dostosowanie planów twojej córki do twoich podczas pobytu poza domem na pewno nie jest łatwe, ale nie jest też niewykonalne. Aby zachęcić małą do bezpiecznego badania świata, uczyć ją podstaw poruszania się po ulicy, a nawet od czasu do czasu pozwolić jej, by to czy owo zrobiła sama, musisz organizować dwa rodzaje wyjść:

- ▲ Rządzą rodzice. Z określonymi miejscami, takimi jak pełen przechodniów chodnik, jezdnia, zatłoczony sklep, wiążą się dla dziecka pewne zagrożenia, a gdy chodzi o bezpieczeństwo lub gdy masz wiele do załatwienia w krótkim czasie, ciekawość twojego malucha musi znaleźć się na drugim miejscu. Postaw sprawę jasno: w pewnych konkretnych sytuacjach mała nie może wybiegać przed ciebie ani zostawać z tyłu, musi trzymać cię za rękę lub jechać w wózku. Dziecko może być bardziej skłonne do zaakceptowania tych zasad, jeśli zajmiesz je pytaniami, zadaniami czy obserwacjami dotyczącymi otoczenia albo choćby śpiewaniem śmiesznych piosenek lub deklamowaniem rymowanek.
- ▲ Rządzi dziecko. Gdy masz więcej czasu, a miejsca, przez które przechodzicie, są w miarę bezpieczne, daj dziecku trochę swobody (oczywiście stale mając je na oku); niech pokopie sobie w śniegu lub pobiegnie popatrzeć na wiewiórki skaczące po konarach drzew. Musisz tylko pamiętać, by na takie wyjście włożyć wygodne obuwie do rączego podążania za małym biegaczem. Takie wyprawy przyniosą więcej satysfakcji, jeżeli będziesz mu w nich towarzyszyć, pokazując, że te oto żołędzie spadły z rosnącego obok dębu, że wąchany przez niego mniszek lekarski jest żółty, a kamyczek, który z dumą pokazuje ci na dłoni, ma małe błyszczące plamki, które nazywają się miką. Daj też jednak dziecku nieco wol-

Nauka zasad poruszania się po ulicach

Ach, te maluchy, wiecznie pełne energii, rozsadzane ciekawością, chętne do poznawania świata. Niestety całkowicie przy tym pozbawione umiejętności oceny sytuacji, kontrolowania impulsów czy zdolności dbania o własne bezpieczeństwo. Nie mając jeszcze własnego systemu rozpoznawania zagrożeń, muszą cały czas polegać na tym, że to dorośli będą dbać o ich bezpieczeństwo. Oczywiście nic nie zastąpi ciągłego nadzoru, ale warto już zacząć uczyć swą pociechę podstaw kodeksu drogowego (i chodnikowego), które będą stanowić znakomite uzupełnienie opieki ze strony dorosłych. Wczesne rozpoczęcie takiej nauki przygotuje też dziecko do roli odpowiedzialnego pieszego. A wiadomości przyswoić trzeba wiele, na przykład: nigdy nie wbiegaj na ulicę; w tłumie zawsze trzymaj mamę lub tatę za rękę; zatrzymaj się, rozglądaj i słuchaj na każdym rogu; stań w miejscu, gdy rodzice tak każą.

Jedynym sposobem nauczenia dziecka takich elementarnych umiejętności jest oczywiście danie mu okazji do pieszego ruszenia w trasę (pod twoim nadzorem); z pozycji wózka lub twoich ramion nie wyćwiczy niczego. Daj mu więc czasem trochę swobody.

Jest jeszcze jedna rzecz, którą twoje dziecko musi zrozumieć: samodzielne chodzenie jest przywilejem, ale nie chodzenie samopas, lecz z tobą za rękę. Jeden przypadek nieposłuszeństwa (wbiegnięcie w tłum, próba ucieczki, kiedy kazałaś dziecku trzymać się twojego boku) i wraca do wózka, na twoje ręce lub idzie za rękę. Spokojnie wyjaśnij, że „nie będziesz chodzić sam/sama, skoro łamiesz zasady", i zawsze konsekwentnie te zasady egzekwuj. Wpojenie ich małemu dziecku wymaga morza cierpliwości i wielokrotnego powtarzania, ale na pewno jest warte twojego wysiłku.

nej ręki i powstrzymuj się przed komentowaniem wszystkiego (zwłaszcza jeśli w pewnym momencie przestało słuchać twoich opowieści). Pamiętaj, teraz to ono decyduje.

Musisz bezwzględnie zawsze mieć dziecko na oku – wystarczy bowiem odwrócić wzrok tylko na sekundę, by dziecko wbiegło w tłum w centrum handlowym czy na ulicy.

Strach i fobie

Za każdym razem, gdy włączam odkurzacz w pobliżu mojego dziecka, ono zaczyna krzyczeć ze strachu. Co mam zrobić?

Przedmioty robiące hałas w nocy. Pies, który szczeka. Urządzenia włączane do prądu, które głośno huczą i wciągają wszystko w zasięgu wzroku. Dudniąca kanalizacja w klozecie. Dla dorosłego to wszystko jest normalną częścią życia, dla dziecka natomiast to coś absolutnie przerażającego.

Na czele listy rzeczy, których należy się bać, gdy ma się niespełna dwa lata, są nagłe głośne dźwięki (na przykład buczenie odkurzacza), zwierzęta oraz lekarze. W tym wieku strach zwykle też dotyczy toalety (co zbiega się z nauką korzystania z niej), ciemności, a także ludzi w maskach i kostiumach (klaunów, Świętego Mikołaja w sklepie). Oczywiście każde dziecko czuje też własny, typowy wyłącznie dla niego strach.

Co go wywołuje? Tak naprawdę dorastanie. Teraz dziecko już wie więcej i myśli intensywniej niż w wieku niemowlęcym, a jego lepiej pracujący umysł tworzy mnóstwo przerażających scenariuszy. Zaczyna już ono pojmować związek przyczynowo-skutkowy, brak mu jednak doświadczenia potrzebnego do rozróżnienia tego, co rozsądne, od tego, co nierozsądne, więc wymyśla konsekwencje, które dorosłym wydają się często absurdalne: skoro odkurzacz wciąga brud i kurz, to może wessać i mnie; jeśli pies w programie telewizyjnym kogoś ugryzł, to pewnie wszystkie psy gryzą; jeśli woda z wanny spływa rurami, to człowiek, zwłaszcza taki mały jak ja, też może zostać do nich wciągnięty.

Strach jest również dziełem coraz bardziej rozwiniętej wyobraźni, świadomości dziecka, że jest ono małe (a zatem słabe), lepszej pamięci („Pamiętam, jak nieprzyjemnie było za wysoko się huśtać na huśtawce"), większej mobilności (która pozwala zbliżać się w kierunku tego źródła strachu – na przykład włóczącego się psa, zwisającego z pajęczyny pająka, uruchomionej kosiarki) i sugerowania się reakcjami innych (gdy współtowarzysz zabawy czy rodzeństwo malucha okazuje strach przed schodami ruchomymi, on również zaczyna się ich bać).

Oto co możesz zrobić, by pomóc dziecku radzić sobie ze strachem:

- Zrozum, że jego strach jest prawdziwy. Tobie może się wydawać irracjonalny, ale dla niego jest całkowicie realny. Chociaż niezwracanie uwagi pomaga często w przezwyciężaniu różnych innych niepożądanych zachowań (czyli ataków złości, marudzenia), to w przypadku strachu nie sprawdza się, a wręcz może go zwiększyć i/lub stać się przyczyną pojawienia się kolejnych, na przykład strach przed ptakami przeobrazić się może w strach przed wszystkimi zwierzętami, a strach przed pająkami w strach przed wszystkimi owadami. Nie należy też reagować na strach dziecka śmiechem. Pewna dawka żartu czasem czyni cuda w przypadku dziecka, które uparcie odmawia ubrania się przed wyjściem do żłobka, ale żartowanie wobec malucha bojącego się psa naśladowaniem czworonoga, czyli bieganiem na czworakach i szczekaniem, tylko spotęguje dziecięcy strach.
- Nie nakłaniaj dziecka do stawiania czoła jego strachowi. Zmuszanie bojącego się psów dziecka do tego, by pogłaskało owczarka collie sąsiadów, wrzucanie bojącego się wody malucha do basenu albo naleganie, by pociecha okazująca strach przed odkurzaczem stała przy nim, gdy jest włączony, może przemienić strach w fobie. Także strofowanie dziecka, by pokazało, jakie jest odważne, by nie zachowywało się jak dzidziuś, nie jest skuteczną metodą. Zamiast tego warto próbować zmniejszać poczucie strachu, zapewniając dziecku pełne empatii wsparcie i zrozumienie, stopniowo i ostrożnie zapoznając je ze źródłem strachu (patrz ramka poniżej).
- Staraj się nie okazywać własnego strachu. Jeżeli dziecko zauważy, że ty jesteś w stanie kontrolować strach, może z czasem spróbować pójść za twoim przykładem. Natomiast wpadając w histerię na widok pająka, pokazujesz, jak strach przejmuje nad tobą władzę.
- Bądź wsparciem dla dziecka. Strachliwe maluchy potrzebują silnej pomocnej dłoni. W potencjalnie trudnych sytuacjach zachowuj się stanowczo i spokoj-

Stawianie czoła strachowi

Nie musisz się martwić, że strach u twego dziecka utrzyma się przez całe życie. Gdy bowiem stanie się ono bardziej pewnym siebie, racjonalnie myślącym i zainteresowanym światem przedszkolakiem, większość jego obaw należeć już będzie do przeszłości (choć niektóre mogą pozostać na okres całego dzieciństwa, a nawet i wieku dorosłego). Tymczasem w sposób subtelny pomagaj swemu maluchowi pokonywać strach, zawsze okazując mu wsparcie. Zwykle łatwiej znieść strach, pozostając w bezpiecznej odległości, więc gdy tata odkurza, a dziecko boi się włączonego odkurzacza, usiądź z nim w drugim końcu pokoju; a jeśli źródłem strachu jest spuszczanie wody z wanny, po kąpieli stań z nim w drzwiach łazienki. Na tej samej zasadzie maluchowi, który boi się psów, może pomóc oglądanie z pewnej odległości zabawy innego dziecka z psem sąsiada – niech pociecha stoi na tyle blisko, by słyszeć radosny śmiech kolegi czy koleżanki, ale też na tyle daleko, by nie czuć zagrożenia. Eksperymenty ze wspólnym włączaniem i wyłączaniem odkurzacza z kolei pokażą trwożliwemu dziecku, że kontrola nad tym urządzeniem jest w rękach człowieka, a nie jakiegoś wciągającego kurz demona. Czasem dobry efekt w uwalnianiu dziecka od strachu przed odkurzaczem daje przejażdżka na tym urządzeniu, gdy jest odłączone od prądu. Jeśli jednak malec źle reaguje na takie zabiegi, nie zmuszaj go do niczego. Wspieraj go, bądź blisko, gdy cię potrzebuje, i przeczekaj okres strachliwości.

DLA RODZICÓW

Czy już czas na zwierzę domowe?

Zwierzątka, podobnie jak dzieci, ślicznie wyglądają na zdjęciach. I tak jak dzieci są sporym obowiązkiem – zwłaszcza te młode, niczego jeszcze nienauczone (zupełnie jak twój maluch). Pomyśl, z jaką odpowiedzialnością wiąże się posiadanie zwierzęcia, zanim ulegniesz pokusie i dokonasz nieodpowiedzialnego wyboru w sklepie zoologicznym bądź w schronisku. Odpowiedź na pytanie, czy można już poszerzyć rodzinę o futrzanego członka, zależy od wielu czynników. Oto kilka z nich:

- Jak twoje dziecko reaguje na obecność zwierząt? Niektóre maluchy boją się lub czują niepewnie w obecności psów czy kotów i jeśli twoje dziecko do nich należy, poczekaj, aż to się zmieni, zanim przyniesiesz do domu czworonożnego przyjaciela.
- Czy w twoim domu jest wystarczająco dużo miejsca i na dziecko, i na zwierzę? Zwierzaki, a zwłaszcza szczenięta, wymagają sporej przestrzeni na zabawy (tak samo jak małe dzieci) i właściwego odżywiania (a ty na pewno nie chcesz, by twój maluch zaczął się zajadać psią karmą). Pomyśl, czy możesz zapewnić każdej z tych istot odpowiednią przestrzeń, bez stref konfliktowych.
- Czy będziesz miała dość czasu w ciągu dnia (i nocy) i na dziecko, i na zwierzę? Jeśli już kiedyś miałaś zwierzęta, to wiesz, że trzeba o nie dbać, poświęcać im uwagę i wychowywać je – dokładnie tak jak małe dzieci. I zwierzę, i dziecko musi się wiele jeszcze nauczyć, chyba że znajdziesz takie zwierzę, które już zostało nauczone posłuszeństwa. Zastanów się, czy podołasz zadaniu karmienia, pielęgnowania, zabawiania, sprzątania bałaganu i uczenia tak dziecka, jak i zwierzęcia. A co najważniejsze: czy zdołasz zapewnić im stały nadzór dla ich obopólnego bezpieczeństwa? Ponieważ małe dzieci mają ogromną łatwość nieświadomego prowokowania zwierząt, są znacznie bardziej narażone na atak z ich strony. Ujmując sprawę innymi słowami: jeśli zdecydujesz się na zwierzę, zwłaszcza na takie, które ma swobodnie przemieszczać się po mieszkaniu, będziesz musiała jeszcze bardziej uważać na dziecko.

Następna sprawa to podjęcie decyzji, jakie to miałoby być zwierzę. Pies, kot, a może króliczek? Dog niemiecki czy sznaucer miniaturka? Z hodowli czy ze schroniska? Samiec czy samica? Rozbrykany maluch czy ustatkowany senior? Odpowiednie zwierzę to nie jest to najsłodsze i najładniejsze. Trzeba się jeszcze zastanowić nad następującymi sprawami:

Gatunek. Nawet jeśli zawsze byłaś psiarą, kociarą albo miłośniczką ptaków, teraz musisz spojrzeć na zagadnienie z perspektywy dbania o potrzeby swego malucha. Oto kilka dobrych propozycji:

- Psy. Pies może być nie tylko najlepszym przyjacielem, ale i mentorem dla małego dziecka. Dobry pies może wiele nauczyć na temat zwierząt, przyrody, odpowiedzialności, empatii, dbania, dzielenia się, przebywania z innymi, bezwarunkowej miłości i lojalności. Poza tym psy, szczególnie młode, lubią skakać, biegać, psocić i brykać dokładnie tak samo jak małe dzieci, więc mogą przyłączyć się do zabawy wtedy, gdy rodzice opadną już z sił lub gdy zabraknie im entuzjazmu. W przeciwieństwie do rodziców psy rzadko nie mają czasu na brojenie czy przytulanie się. Musisz jednak dokonać rozsądnego wyboru, ponieważ nie każdy pies zasługuje na miano dobrego towarzysza dla dziecka. Jest jeszcze jedna nieco mniej znana zaleta posiadania psa: naukowcy są zdania, że dzieci, które mieszkają przynajmniej z dwoma psami (albo kotami), rzadziej chorują na popularne alergie. Wprawdzie dokładnie nie wiadomo, dlaczego życie wśród kłaków ma zapobiegać rozwojowi alergii u dzieci, jednak przypuszczalna odpowiedź może być następująca: kontakt z antygenami przenoszonymi przez psy i koty stymuluje reakcję obronną układu odpornościowego dziecięcego organizmu, co z kolei pociąga za sobą większą odporność na alergie w późniejszym okresie życia. Oczywiście traktowanie tego jako jedynego powodu do zapełniania domu futrzastymi żywymi przyjaciółmi nie ma najmniejszego sensu.
- Koty. Koty zwykle nie są tak dobrymi kompanami dla maluchów jak psy i choć niektóre (zwłaszcza te wychowane w rodzinach z małymi dziećmi) potrafią okazywać im uczucia oraz cierpliwość, to wiele z nich woli spokojniejsze towarzystwo dorosłych. Istnieje większe prawdopodobieństwo, że będą uciekać od dzieci, niż biegać z nimi. Są także zwykle mniej tolerancyjne wobec gwałtownych zabaw, a to może okazać się dla malucha nie tylko frustrujące, ale i potencjalnie niebezpieczne. Należy przy tym pamiętać, że podobnie może być w przypadku psów, zwłaszcza małych lub bardzo nerwowych. Jeżeli zdecydujesz się na kota, wybierz go starannie i koniecznie razem z dzieckiem.

- Ptaki. Większość ptaków, schowanych w zabezpieczonych przed dziećmi klatkach, może być interesująca do oglądania (skoro już nie do zabawy). Klatka daje ptakom schronienie przed szorstkim traktowaniem i nie ma obaw, że dziecko dobierze się im do piór (dosłownie). Potencjalna zaleta: jeśli ptak mówi, malec może nauczyć się od niego kilku słów. Potencjalna wada: wiele ptaków dziobie.
- Rybki. Maluchy uwielbiają obserwować rybki w akwarium i często je to bardzo uspokaja. Musisz jednak wyjaśnić dziecku, że rybki są do oglądania, a nie do głaskania czy przytulania. Nie wolno też wkładać rąk do wody.
- Chomiki i świnki morskie. Nie wymagają zbyt wielkiej troski i będą sprawiać dziecku dużo radości (zwłaszcza jeżeli klatka wyposażona będzie w zabawki). Ale musisz wiedzieć, że chomiki czy myszoskoczki zwykle prowadzą nocny tryb życia (czyli inny, niż chciałabyś, by prowadziło twoje dziecko). Bawiąca się w dzień, a śpiąca w nocy świnka morska może się okazać lepszym wyborem. Jednak bez względu na to, jakiego gryzonia wybierzesz, pamiętaj, by ustawić klatkę w miejscu niedostępnym dla dziecka, aby nie mogło ono samo jej otworzyć; albo zadbaj o takie zamknięcie klatki, z którym dziecko nie będzie mogło sobie poradzić. Bo niestety, te futrzane kule czasem gryzą, szczególnie jeśli są nieumiejętnie brane na ręce.

Najlepiej nie trzymać w domu, w którym jest małe dziecko, żadnego przedstawiciela gadów, gdyż często przenoszą one choroby. Króliki, słodkie i puszyste, też lepiej na razie pozostawić w sklepie zoologicznym, gdyż często gryzą.

Rasa. Nie wszystkie rasy psów są jednakowo cierpliwe i skore do zabaw z dziećmi, więc zanim zaczniesz szukać psa, poczytaj o nich. Zwykle kundelki są spokojniejsze, weselsze i bardziej podatne na szkolenie niż psy rasowe, ale ważniejszy od rasy jest charakter konkretnego osobnika, więc warto, by kandydat na towarzysza rodziny i dziecko poznali się wcześniej, zanim podpiszesz umowę o jego nabyciu. Odpowiednie zwierzę to takie, które będzie przyjacielskie i uczuciowe, nie będzie uciekać przed dzieckiem ani nie odgryzie się, gdy malec pociągnie je za uszy.

Płeć. Generalnie suki są delikatniejsze od psów, natomiast kocury mocniej przywiązują się do ludzi i bardziej okazują im uczucia niż kocice. Samce obu gatunków zwykle stają się mniej agresywne, spokojniejsze i łatwiejsze w prowadzeniu po sterylizacji, ale tu także należy się przede wszystkim kierować charakterem konkretnego zwierzęcia.

Wiek. Zaletą wzięcia młodego psa czy kota jest to, że zwierzątko będzie rosnąć razem z dzieckiem, a wadą, że będziesz miała w domu dwoje dzieci wymagających nauki i mnóstwa uwagi. Starsze zwierzę natomiast może posiadać ważną zaletę polegającą na tym, że już zostało nauczone czystości i porządku, jednak może też mieć pewne nawyki i w związku z tym problemy z zaprzyjaźnieniem się z maluchem (chyba że wychowało się w rodzinie z małym dzieckiem); poza tym może mu brakować energii, by nadążyć za dwunogim kompanem. Powinnaś też wziąć pod uwagę fakt, że starsze zwierzę może wymagać więcej czasochłonnej opieki, niż jesteś w stanie mu zapewnić.

Jeśli zdecydujesz się zrealizować swój plan posiadania zwierzęcia (albo już je masz i pojawiły się nowe problemy z bezpieczeństwem w związku z mobilnością dziecka), rozważ poniższe zagadnienia, aby przygotować zwierzę na dziecko (a dziecko na zwierzę):

- Zwierzę musi być nauczone życia z małym dzieckiem, którego ogromna energia może stanowić problem, zwłaszcza gdy nowy towarzysz nie jest do dzieci przyzwyczajony. Nawet jeśli ów pupil mieszkał wcześniej w rodzinie z dziećmi, pobądź z nim trochę w towarzystwie swego syna lub córki, mając na nich pilne baczenie. Pierwsze takie spotkania nie powinny trwać długo, by żadna ze stron nie poczuła się przytłoczona. Przyglądaj się uważnie, jak zwierzak reaguje na ruchy i szaleństwa malucha.
- Dziecko musi się nauczyć życia ze zwierzęciem, gdyż swoją wylewnością – którą chciałoby okazać uczucia lub zachęcić do zabawy – może wyrządzić mu krzywdę. W ramce na str. 192 znajdziesz wskazówki, jak wyrobić w dziecku wrażliwość na inne istoty żywe.
- Zwierzęta i dzieci należy chronić przed sobą nawzajem – przynajmniej początkowo. Zarówno jedne, jak i drugie bywają nieprzewidywalne (powiedzmy sobie to jasno: czasem oboje zachowują się jak zwierzęta), mogą skrzywdzić się wzajemnie, choćby nieświadomie. Nadzoruj ich wspólne zabawy i zapewnij każdemu osobne miejsce (oddzielone drzwiami, ewentualnie bramką, jeśli

dokończenie na następnej stronie

dokończenie z poprzedniej strony

takie zabezpieczenie wystarczy, aby żadne nie mogło przedostać się na teren drugiego). Dobrym schronieniem dla psa zmęczonego rozbrykanym maluchem może być duża klatka.

- Każdy je ze swojej miski. Karm zwierzę wtedy, gdy twoje dziecko śpi, jest czymś zajęte w innym pomieszczeniu albo gdy nie ma go w domu. Zabierz od razu pustą miskę, chyba że stoi ona w miejscu znajdującym się poza zasięgiem malca. Rzecz nie tylko w tym, by dziecko nie zaczęło się zajadać psią karmą, ale by zwierzę nie ugryzło paluszków grzebiących w jego przysmakach. Nawet najmilsze zwierzaki bywają nieobliczalne, gdy ktoś dobiera się do ich jedzenia lub picia. Drugim powodem, dla którego należy trzymać dziecko z dala od zwierzęcej karmy, jest to, że zarówno ona, jak i sama miska mogą być skażone salmonellą.
- Lepiej też, by w trakcie posiłku dziecka zwierzę nie przebywało w tym samym pomieszczeniu – zwłaszcza gdy jakoś tak dziwnie się dzieje, że więcej jedzenia trafia na podłogę (i na zwierzaka) niż do dziecięcej buzi.
- Dbaj o zdrowie czworonożnego pupila. Powinien mieć na bieżąco wykonywane wszystkie szczepienia, zabiegi chroniące przed pchłami, kleszczami, odrobaczanie i inne wymagane procedury. Niektóre problemy zdrowotne zwierząt przenoszą się na ludzi, szczególnie na małych ludzi.

nie, uświadamiając swemu dziecku, że nie pozwolisz, by stało mu się coś złego. Nie przesadzaj jednak, gdyż może to wywołać efekt dokładnie odwrotny do zamierzonego. Dziecko pomyśli bowiem tak: skoro mama tak mnie uspokaja, pewnie jest się czego bać i ten pies to prawdziwy potwór!

▲ Postaraj się unikać tego, co budzi strach. Nie można zapewnić dziecku świata całkowicie wolnego od psów, ale można przejść na drugą stronę ulicy, by ominąć płot, za którym pies warczy. I podobnie: nie da się unikać wszystkich hałasów, ale trzymanie się z dala od okoliczności, z którymi wiążą się gromkie brawa czy fajerwerki, jest na pewno wykonalne. Jeśli natkniesz się z dzieckiem nieoczekiwanie na coś, co je przeraża, uspokój je, a potem szybko odwróć jego uwagę, po prostu nie ciągnij tematu strachu.

▲ Zastanów się, czy sama nie prowokujesz strachu, czy nie wywołujesz go tam, gdzie go nie było. Mówiąc dziecku: „Tylko się nie bój" na widok zbliżającego się kota, możesz spowodować, że zacznie się kotów bać. Lepiej powiedzieć: „Zobacz, jaki śliczny kotek! Na pewno chce się z nami przywitać!".

▲ Bądź dla dziecka źródłem oparcia. Dziecięca wiara w siebie może uczynić cuda w przezwyciężaniu strachu, więc chwal każdy (choćby najmniejszy) postęp uczyniony przez dziecko w walce ze strachem i unikaj krytyki, gdy zrobi krok do tyłu (nieważne, jak duży).

Strach przed psami

Ilekroć moje dziecko zobaczy psa, nawet w sporej odległości, chwyta się mnie z przerażeniem. Problem staje się tak poważny, że nie możemy już nawet pójść na spacer.

Jeśli się dobrze nad tym zastanowić, pewna ostrożność wobec psów nie jest taka zła, gdyż całkowity brak strachu przed tymi czworonogami może się źle skończyć zarówno dla małych paluszków i buź, jak i dla puszystych ogonów czy kłapciatych uszu. Odrobina strachu na pewno może ochronić twe dziecko przed żyjącymi w okolicy psami (i *vice versa*), ale nadmierny strach może z kolei sprawić, że nie będziecie mogli poznawać sąsiedztwa ani w ogóle żadnego miejsca, w którym żyją psy. O posiadaniu własnego czworonożnego przyjaciela nie ma nawet co wspominać!

Nie chodzi o to, by całkowicie wyeliminować strach dziecka przed zwierzętami, lecz jedynie złagodzić to uczucie na tyle, by można było podejść do pieska ostrożnie, ale bez paniki. Oto co możesz zrobić:

- ▲ Oswajaj dziecko z psami. Zapewnij swemu maluchowi pewien okres aklimatyzacji z futrzanym towarzystwem, takim, które nie skacze, nie liże ani też nie gryzie: z pieskiem-zabawką do głaskania, przytulania i zabawy, z pieskiem na baterie, który szczeka i nawet podskakuje, albo też z psimi postaciami z książeczek. Czytaj opowiastki o przyjaźni pomiędzy dzieckiem i psem oraz historyjki o psach jako towarzyszach zabaw, pomocnikach lub bohaterach.
- ▲ Naucz dziecko paru rzeczy o psach. Wyjaśnij, że szczekanie i machanie ogonem to ich sposób komunikowania się, a skakanie na ludzi lub podbieganie do nich jest w psim języku powitaniem. Pokaż także na pluszowym psiaku, jak traktować psa.
- ▲ Znajdź jakiegoś łagodnego psa należącego do znajomych, sąsiadów albo kogoś z rodziny – takiego prawdziwego, ale dobrze ułożonego. Zwykle psy starsze lub wysterylizowane charakteryzują się spokojniejszym usposobieniem niż szczeniaki, ale temperament może w dużym stopniu być uzależniony od rasy, a nawet różnić się u osobników tej samej rasy. Powinien to być pies przyjacielski (byleby tylko nie oznaczało to radosnego wskakiwania na człowieka, gdyż to może przerazić dziecko równie mocno jak szczekanie czy gryzienie) i przyzwyczajony do dzieci (niektóre psy są tak ostrożne wobec małych dzieci jak dzieci wobec nich). Następnie możesz przystąpić do „odczulania" dziecka.
- ▲ Zacznij od fotografii. Nim dojdzie do bezpośredniego spotkania, pokaż dziecku zdjęcia prześlicznego psa i opowiedz coś o nim, na przykład, że ma na imię Rufus i jest bardzo miły.
- ▲ Zaaranżuj spotkanie. Poznaj dziecko z psem najpierw na odległość: malec na twoich rękach, pies trzymany przez właściciela. Pomachaj do psa, powiedz coś do niego i o nim, używając jego imienia, zachęć dziecko do tego samego. Uspokój je, jeśli zdaje się tego potrzebować. Pamiętaj, by przed podejściem bliżej zapytać właściciela o zgodę, nawet jeśli już ją wcześniej otrzymałaś.
- ▲ Daj dziecku przestrzeń i czas. Jeśli podczas pierwszej wizyty nie jest jeszcze gotowe, by dotknąć psa, ustal termin następnej, byle niezbyt bliski. Poczekaj, aż malec nabierze większej pewności co do sytuacji. Stopniowo zmniejszaj odległość pomiędzy nim i psem, aż wreszcie znajdzie się na tyle blisko, by dotknąć zwierzaka. Przez jakiś czas trzymaj dziecko na rękach, gdyż to daje mu poczucie bezpieczeństwa i przewagi, jaką zapewnia wysokość. Nie nalegaj na głaskanie ani nawet nie namawiaj do tego, tylko najpierw sama pogłaszcz psa, mówiąc: „To śliczny i miły piesek, ma mięciutką sierść; może też chcesz go pogłaskać?". Jeśli dziecko wykaże zainteresowanie, pokaż, jak się to robi, trzymając jego dłoń. Gdyby jednak zaprzeczyło, powiedz: „Nie ma sprawy, może zrobisz to następnym razem". Przy każdym spotkaniu z psem dawaj dziecku okazję do zmiany zdania, aż w końcu malec znajdzie w sobie na tyle odwagi, by wyciągnąć rękę i dotknąć nowego przyjaciela.

Miej dużo cierpliwości, nie zmuszaj dziecka do niczego i pozwalaj mu samemu wyznaczać tempo oswajania się z psami. Z czasem powinno być w stanie pokonać swój lęk. A może nawet zostanie wielkim miłośnikiem tych czworonogów?

Ponieważ stres rodziców zbiera się w dziecku równie łatwo jak psia sierść na białej sofie, na nic zdadzą się zapewnienia, że nie ma się czego bać, gdy wyczuje, iż sama boisz się psów. Zwalcz swój strach, zanim zaczniesz walczyć ze strachem dziecka.

Przepisy dotyczące zwierząt domowych

Niezależnie od tego, czy macie czworonoga w domu czy nie, powinniście jak najwcześniej nauczyć dziecko zasad bezpiecznego postępowania ze zwierzętami. Oto kilka z nich:

- Nie należy podchodzić ani dotykać psów (i kotów), które śpią lub jedzą. Nigdy też nie wolno dotykać ich jedzenia. Ciekawskie paluszki mogą zostać potraktowane jako zagrożenie, a nawet łagodne zwierzę potrafi zaatakować.
- Nigdy nie wkładaj (i nie pozwól wkładać) zwierzęciu palca do oka, nie ciągnij go za ogon ani za uszy. Głaszcz zwierzę delikatnie, wewnętrzną stroną dłoni w dół i z podwiniętymi w dół palcami – pokaż dziecku, jak to się robi. Powiedz mu, żeby unikało chwytania psich łap i nie klepało psa po głowie, gdyż to oznacza dominację. Pokaż raczej, jak drapać go pod brodą.
- Przestrzegaj dziecko, by zanim pogłaszcze obce zwierzę, zawsze zapytało o zgodę właściciela.
- Ucz dziecko, aby nigdy nie zbliżało się do nieznanego sobie psa, szczególnie jeśli nie jest on prowadzony na smyczy – chyba że towarzyszy dziecku osoba dorosła. To samo dotyczy innych przedstawicieli królestwa zwierząt, łącznie z wiewiórkami i ptakami.
- Dziecko powinno trzymać się z dala od psów czy kotów, które walczą ze sobą.
- Nie wolno podchodzić do suki czy kotki, która ma młode. Może zaatakować, by chronić swoje potomstwo.
- Do zwierzęcia należy zbliżać się powoli, nigdy nie wolno biec w jego kierunku ani podjeżdżać na ruchomej zabawce. Nagłe ruchy, w tym podskoki, mogą zwierzę wystraszyć.
- Dziecko nie powinno zbliżać buzi do pyska psa. Ponieważ dzieci są niskiego wzrostu, najczęściej gryzione są w tak wrażliwe miejsca, jak twarz, głowa lub szyja. Taka sama ostrożność musi być zachowana przy kotach: kocie zęby i pazury mogą poważnie zranić delikatną skórę dziecka.

Brak strachu przed psami

Moja córeczka zupełnie nie boi się psów ani w ogóle żadnych zwierząt - nawet tych, których nie zna. Martwi mnie to.

Psy i małe dzieci mają wiele wspólnego – potrafią być rozbrykane, radosne, zmienne, impulsywne, nieprzewidywalne, urocze i często trudne do opanowania. Gdy są razem, można się spodziewać scen jak z baśni albo jak z thrillera.

Aby do tych drugich nie dopuścić, zacznij wpajać dziecku już teraz pewne zasady ostrożności. Za każdym razem, gdy dziecko biegnie w kierunku obcego psa (albo takiego, o którym wiesz, że nie należy mu ufać), zatrzymaj je, zanim za bardzo się do niego zbliży. Nie strasz córeczki (by z nieustraszonej nie stała się strachliwa), tylko spokojnie wyjaśnij, że pieska można głaskać tylko za zgodą mamusi lub tatusia oraz właściciela. Powtarzaj to przy każdym spotkaniu z psem. Zacznij też wpajać małej zasady postępowania ze zwierzętami, wymienione w ramce powyżej.

Negatywizm

Obojętnie, co powiemy naszemu synkowi lub o co go poprosimy, zawsze odpowiada w jeden i ten sam sposób: „Nie!". Czasem jest to nawet dość zabawne, ale zazwyczaj raczej frustrujące.

Nie zwykle nie jest pierwszym słowem, jakie wypowiada małe dziecko, ale dość szybko staje się ono jego ulubioną, uniwersalną odpowiedzią na wszystko. Nawet jeżeli powiecie coś, z czym musi się zgadzać, albo zaproponujecie coś, czego na pewno chce, odpowie gromko: „Nie!".

Negowanie ma częściowo swoje podłoże w fizjologii: słowo „nie" znacznie łatwiej wypowiedzieć niż „tak", a kiwanie głową z boku na bok nie wymaga takiej koordynacji jak kiwanie z dołu do góry; przede wszystkim jednak podłoża trzeba szukać w psychologii, a konkretnie w psychologii stosunków pomiędzy dzieckiem i rodzicami.

Można to łatwo przeanalizować. Słowo „nie", to krótkie, jednosylabowe słowo, wiele mówi o nowo odkrytej tożsamości i potrzebie autonomii twojego dziecka. Jest to jego deklaracja niezależności, przede wszystkim od ciebie, od obojga rodziców, która głosi: jestem sobą i choć może mam zaledwie metr wzrostu, sam sobą rządzę, a kiedy tylko mam okazję, rządzę także tobą. Nie jestem niczyim dzieckiem (no chyba że chcę, żeby mnie przytulić... albo dać mi mleka... albo podać zabawkę z półki, do której nie sięgam).

Możliwe, że negatywizm twojego malucha będzie połowiczny i krótkotrwały... ale bardziej prawdopodobne jest, że nie. U większości jedno- i dwulatków cecha ta dopiero zaczyna się na dobre rozwijać, możesz więc oczekiwać, że twoja pociecha będzie powtarzać ulubione słowo coraz częściej i bardziej konsekwentnie, a nawet mówić „nie", kiedy myśli „tak", wyłącznie dla samego efektu. Dziecko mówi „nie" na twoje zakazy, „nie" na twoje propozycje i oczywiście „nie" w odpowiedzi na twoje pytania. Często też wszczyna kłótnie na swój dziecięcy sposób. Czasem bywa to zabawne, czasami irytujące, ale zawsze odpowiednie do wieku.

Chociaż takie negatywne nastawienie jest po prostu charakterystyczne dla małych dzieci, to musisz wiedzieć, jak sobie z nim poradzić. Oto kilka sposobów:

Ogranicz swoje „nie". Zastanów się, czy przypadkiem dziecko nie uczy się mówić „nie" od swego mistrza, czyli od ciebie? Dziecko często słyszy to słowo od różnych osób, w szczególności od swych rodziców. Oczywiście są takie sytuacje, w których trzeba tego wyrazu użyć: „Nie wolno się bić", „Nie wylewaj soku", „Nie rzucaj piaskiem", „Nie możesz puszczać mojej ręki", ale częste powtarzanie „nie" osłabia zarówno moc działania tego słowa, jak i twój autorytet. Może wręcz skłaniać malca do robienia tego, od czego właśnie chcesz go odwieść (chociażby dotykania pilota do telewizora, programatora zmywarki do naczyń czy błota w kałuży). Co gorsza, częste powtarzanie przez ciebie słowa „nie" może zostać odebrane jako zagrożenie nowo odkrytej samoświadomości, prowadząc do negatywizmu (czyli im częściej malec słyszy „nie", tym częściej ty będziesz słyszeć to słowo od niego). Mów „nie" wtedy, gdy jest to absolutnie niezbędne, ale nie częściej.

Uważaj, jak zadajesz pytania. Jeśli nie chcesz w odpowiedzi usłyszeć „nie", starannie formułuj pytania. Zamiast pytać: „Czy chcesz włożyć sweterek?" albo nawet mówić: „Teraz wkładamy sweterek", zaproponuj wybór: „Chcesz włożyć sweterek z misiem czy ten w paseczki?". Pokaż mu je, a być może maluch faktycznie wskaże na jeden z nich. Inny

Przytulanie zapobiegawcze

Czy przytuliłaś już dzisiaj swoje dziecko? Codzienna terapia polegająca na jak najczęstszym przytulaniu, obejmowaniu, dotykaniu i głaskaniu dziecka ma dobroczynne działanie i stanowi jedną z najlepszych metod postępowania wobec typowego u dziecka zaprzeczania wszystkiemu. Przytulaj je w przypływie czułości, ale także w innych chwilach, na przykład kiedy malec traci panowanie nad sobą w supermarkecie i kiedy tobie też niewiele brakuje, by je stracić.

Pogłaskanie po szyi lub policzku, nagłe i niespodziewane objęcie często potrafią w cudowny sposób rozproszyć złość i negatywne uczucia prowadzące do ataku złości albo sprawić, by nieprzyjemne popołudnie stało się nagle pełne radości, magicznie poprawiającej wszystkim nastrój. Skuteczność tej metody nie jest stuprocentowa, ale na pewno warto ją wypróbować.

Ponieważ jedne dzieci bardzo lubią przytulanie, a inne mniej, dostosuj tę terapię do preferencji swego malucha. Jeżeli próbuje się on wykręcić z twych ramion, być może wystarczy mu samo „przybicie piątki" lub kilka miłych słów.

przykład: nie mów: „Pora myć rączki przed obiadem", lecz: „Gdzie chcesz umyć rączki, w kuchni czy w łazience?". Może się zdarzyć, że nawet na pytanie uwzględniające wielokrotny wybór dziecko odpowie słowem „nie" lub kręceniem głową, ale pewnie też nieraz będziesz zaskoczona tym, jak wielu zmagań można uniknąć, oddając dziecku odrobinę kontroli. Oczywiście można to zrobić tylko w odpowiednich sytuacjach i tylko wtedy, gdy taki wybór istnieje. Gdy go nie ma, nie ma sensu niczego proponować, bo pytając: „Chcesz już iść do domu czy jeszcze raz zjechać na zjeżdżalni?", w sytuacji kiedy tak naprawdę jedyną opcją jest powrót do domu, prosisz się tylko o kłopoty oraz o kolejne „nie!". Oto lepsze rozwiązanie – powiedz: „Teraz musimy wracać do domu, ale po powrocie możesz wybrać, czy będziemy rysować, czy bawić się samochodzikami". Unikaj też innych niebezpiecznych pytań, na które odpowiedzi są nienegocjowalne, na przykład: „Czy chcesz już iść spać?".

DLA RODZICÓW

KIEDY ODPOWIADAĆ „TAK" NA „NIE"

Czy są takie sytuacje, w których należy poddać się negatywizmowi dziecka? Otóż tak. Trzeba tylko wiedzieć, kiedy to zrobić.

Oto na czym to polega: gdy „nie" znaczy „nie" – a nie „być może", a już na pewno nie „tak" – obowiązują twoje zasady. I kropka. Na przykład nie ma żadnych dyskusji i wyjątków w twoich zasadach dotyczących zapinania pasów w samochodzie, brania leków czy wychodzenia na dwór (jeżeli chcesz chodzić na własnych nóżkach, musisz się trzymać wózka lub dorosłego). Nikt nie próbuje twierdzić, że malec zawsze podda się bez walki – chodzi natomiast o to, że ty nie poddasz się nigdy, bez względu na wszystko.

Co jednak zrobić, gdy takie starcie charakterów nie jest warte świeczki? Gdy faktycznie nie ma żadnego zagrożenia, a istnieją potencjalne korzyści z naginania czy wręcz łamania reguł (szczęśliwsze dziecko, mniej zestresowana ty), z pozwalania dziecku postawić na swoim, wtedy poddanie się może stać się korzystną dla wszystkich sytuacją. Wyobraźmy sobie taki scenariusz: załatwiłaś już w towarzystwie dziecka trzy sprawy i ktoś (poza tobą) jest głodny, zrzędliwy i ogólnie ma dosyć. W momencie, gdy zatrzymujesz samochód pod pralnią, słyszysz piskliwe: „Nie! Ja chcę do domu!" (albo tylko „nie!"). Jeżeli pranie może poczekać jeden dzień, mamy właśnie taką sytuację, w której można dać za wygraną. Dziecko się uspokaja, pisk, który groził przejściem w marudzenie, cichnie, a reszta popołudnia mija znacznie spokojniej. Najważniejsza informacja, jaką przekazałaś, brzmi następująco: czasem ty wygrywasz, czasem ja wygrywam, ale to ja jestem sędzią. Uważaj jednak na to, które bitwy możesz przegrać, bo gdyby nieodebranie prania miało oznaczać, że następnego dnia nie masz w czym pójść do pracy, dziecko będzie musiało się pogodzić z twoim wyborem.

Nie śmiej się z „nie". Oczywiście poczucie humoru, w czasie gdy dziecko sprawdza, jak dużo mu wolno i gdzie kończy się twoja cierpliwość, jest czasem niezbędne w zachowaniu zdrowia psychicznego, poza tym trudno przybierać beznamiętny wyraz twarzy, widząc słodką dziecięcą buzię, więc odrobina śmiechu nie zaszkodzi. Jednak zbyt częste reagowanie śmiechem na negatywizm dziecka odniesie odwrotny skutek: po pierwsze, zirytuje je (nikt nie lubi być obiektem wesołości, gdy w jego mniemaniu sprawa jest poważna), po drugie, tylko wzmocni negatywną postawę („Mama i tato śmieją się z mojego «nie», podoba mi się to!").

Bądź szefem, ale nie apodyktycznym. Jesteś matką, więc jesteś szefem, a gdy już ten istotny fakt został ustalony, pozostaje jedno małe „ale": dobry szef nigdy nie jest apodyktyczny. Odpowiedzialny – tak, sprawujący kontrolę – na pewno, ale apodyktyczny – bez wątpienia nie. Wychowując dziecko, powinnaś jak najczęściej kierować się wzorcem dobrego szefa (przypomnij sobie takie wzorce ze swojego dzieciństwa). Skuteczniej nakłonisz dziecko do przybierania mniej negatywnej postawy, zapraszając je do współpracy, a nie zmuszając. Dlatego nie mów, że czas iść do łóżka, więc koniec zabawy, tylko powiedz: „Czas iść do łóżka, więc wybierzmy razem książeczkę do poczytania przed zaśnięciem".

Panuj nad sobą. Kolejna cecha dobrego szefa to umiejętność zachowania spokoju nawet w stresującej sytuacji, gdyż chroni to innych przed stresem. Oto jak działa taka postawa na dziecko: ono przejawia negatywizm, ty zachowujesz spokój, ono w końcu też się uspokaja i wszyscy są szczęśliwi. Oczywiście w przypadku dzieci to podejście nie ma stuprocentowej skuteczności, ale bez wątpienia jest lepsze niż rola złego policjanta (dziecko traci, wszyscy tracą, nic nie udaje się zrobić, wszyscy są rozdrażnieni i źli).

Miej pozytywne nastawienie. Negatywizm kiedyś minie i przy wszystkich pozostałych warunkach niezmienionych (niektóre maluchy – podobnie jak niektórzy dorośli – są po prostu z natury bardziej skłonne do negowania wszystkiego albo do denerwowania się, albo do okazywania uporu) najgorsze jego przejawy ustaną szybciej, gdy ty zachowasz pozytywne nastawienie. Jeśli będziesz podkreślać pożądane zachowania, zamiast uwydatniać te niepożądane, powinnaś zauważyć stopniowe zanikanie tych drugich na korzyść tych pierwszych.

Niepodporządkowywanie się zakazom

Moje dziecko uwielbia mówić „nie", ale nie słucha mnie, kiedy ja je mówię. Co mam zrobić?

Na pewno lubisz stawiać na swoim, jak każdy, ale na tym etapie życia umiesz się już pogodzić z faktem, że nie zawsze musi ci się to udać. Czasem przegrywasz, czasem wygrywasz.

Nie trzeba nawet nadmieniać, iż tej umiejętności twoje małe dziecko jeszcze nie nabyło. Dla twojego malucha – z jego bardzo małą perspektywą, ale bardzo dużym ego – jego punkt widzenia sprawy jest jedyny, a przynajmniej jedyny, jaki się liczy. To dlatego nie ma ono problemu z mówieniem „nie", natomiast spory problem sprawia mu słuchanie tego słowa.

Wystawianie na próbę czyjejś władzy to element zdobywania autonomii, a zatem element dorastania, coś normalnego i typowego dla wieku. Dla ciebie (oraz w nieco mniejszym stopniu dla innych osób w życiu dziecka, które mają nad nim władzę) na pewno może to być bardzo frustrujące zjawisko.

Oto co możesz zrobić, by pomóc dziecku przyjmować czyjeś „nie" równie łatwo, jak samemu je wypowiadać:

Nie używaj słowa „nie" zbyt często. Jeśli dziecko będzie słyszało je co chwilę, nie będzie na nie reagować. Spróbuj znaleźć złoty środek: mów „nie", kiedy trzeba, mów „tak", gdy nie ma bardzo ważnego powodu, by tego nie robić. Wiele może w tym kierunku zdziałać zastosowanie licznych zabezpieczeń, na przykład jeśli zainstalujesz odpowiednie zamknięcie przy kuble ze śmieciami, nie trzeba będzie co chwilę przestrzegać dziecka, by trzymało się od tego „obiektu" z daleka.

Miej pozytywne podejście. Jeżeli nastawiasz się na to, że dziecko będzie źle postępować, to na pewno tak się stanie. Nawet gdy widzisz wyraźnie, że kieruje się ono do twojego laptopa, poczekaj, aż jego paluszki spoczną na zakazanych klawiszach, zanim powiesz: „Nie dotykaj komputera". Kto wie, może wcześniej rozproszy jego uwagę jakaś zabawka i już nie dotrze ono do komputera… A wtedy zaoszczędzisz sobie (i jemu) niepotrzebnego „nie". Kiedy faktycznie będziesz musiała wypowiedzieć to słowo, to tylko wówczas, gdy będzie ku temu rzeczywisty powód. Jeżeli dziecko ma kiedyś być osobą godną zaufania, musi czuć, że się jej ufa. Możliwe też, że klawisze komputera nie przestaną go korcić, jednak nie będzie ich dotykać tylko po to, by zrobić ci na złość. Oczywiście jeżeli widzisz, że dziecko zmierza ku czemuś niebezpiecznemu, nie tylko warto, ale nawet trzeba natychmiast zmusić je do zmiany kursu.

Zmieniaj sytuację. Spróbuj zmienić sytuację z takiej, w której wszyscy przegrywają, w taką, w której wszyscy wygrywają. Gdy widzisz, że dziecko sięga po twoją książkę, powiedz: „Nie, nie wolno bawić się książką mamy, ale tak, możesz pooglądać swoją". Szybko odłóż własną książkę, podaj dziecku jego książeczkę i wszyscy będą wygrani.

Bądź zręcznym manipulantem. Jaka jest recepta na dziecko bardziej skore do współpracy? Bardziej pozytywni rodzice. „Proszę, zostań na chodniku", da lepszy efekt niż: „Nie wolno chodzić po błocie!". Dodaj do tego jeszcze coś, co odwróci uwagę dziecka od kałuży, a szanse na posłuszeństwo wzrosną: „Zostaniemy na chodniku i poszukamy, gdzie są ptaszki. O, tutaj jest jeden!". Dzieci są bardziej posłuszne wtedy, gdy prosi się je o pomoc, gdy zatem następnym razem maluch zrzuci twoje papiery na podłogę, spróbuj takiego podejścia: „Papiery muszą leżeć na biurku. Pomóż, proszę, mamusi podnieść je i poukładać tutaj".

Bądź rzeczowa. Jeżeli słowo „nie" ma mieć jakąkolwiek moc oddziaływania, dziecko musi wiedzieć, co znaczy ono dla ciebie. Zdanie wypowiedziane na widok malucha grzebiącego w psiej misce: „Nie wolno jeść karmy Darwina", jest dobre na początek, ale samo w sobie nie wystarczy. Jeśli potem odwrócisz się, by dalej mieszać sos do makaronu, dziecko puści twój zakaz mimo uszu, i to nie tylko tym razem, ale także każdym następnym. Lepiej więc zostaw na chwilę to, co robisz, odsuń sporną miskę, powtórz, że dziecku nie wolno z niej jeść, a potem znajdź mu jakieś odpowiedniejsze zajęcie. Bądź przy tym spokojna, opanowana, bez cienia złości, proszenia czy uśmiechu, a twoje „nie" oraz ogólnie twój autorytet automatycznie staną się bardziej wiarygodne i – być może – bardziej skuteczne.

Mów krótko. Czasem dzieci nie słuchają swych rodziców w odruchu samoobrony. Skłonność dorosłego do rozwlekania tematu może być właśnie tą przyczyną, dla której dziecko się wyłącza, dlatego znacznie lepiej podać wyjaśnienie w krótkich i przyjemnych słowach. Znajomość powodu, dla którego trzeba przestrzegać reguł, czyni to zadanie łatwiejszym; znacznie łatwiej maluchowi przełknąć stwierdzenie: „Jeśli umyjesz rączki, to nie będziesz miał piasku na serowych pałeczkach" niż: „Jeśli nie umyjesz rąk, nie dostaniesz serowych pałeczek". Natomiast dziesięciominutowym wykładem na temat zarazków, sera, który straci smak, i piasku, który wejdzie między zęby itp., itd., wskórasz jedynie tyle, że dziecko przestanie cię słuchać. Gdy nie masz czasu lub nastroju na wyjaśnienia albo jesteś pewna, że dziecko ich nie pojmie, zawsze możesz się uciec do odwiecznych stwierdzeń: „Bo takie są zasady", „Bo ja ci tak każę".

Zauważaj posłuszeństwo. Jeśli nie musiałaś powtarzać „nie" dwa lub trzy razy, bo dziecko odeszło od gorącego pieca już za pierwszym razem, pochwal je, mówiąc: „Dobra robota!".

Marudzenie

Wieczne marudzenie mojego syna doprowadza mnie do szaleństwa. Często robię to, czego chce, by skończył jęczeć.

Kapanie z kranu, zgrzyt paznokcia na tablicy ani piszczące hamulce nie wyprowadzają tak z równowagi jak dziecięce marudzenie, czyli w rzeczywistości płacz, tylko na nieco niższym poziomie. Dziecięce jęki bardziej, szybciej i skuteczniej potrafią zirytować rodziców niż jakiekolwiek inne zachowanie. Atak złości to coś, co wybucha, a potem przygasa, natomiast marudzenie jest ciągłe, niesłabnące, szarpie nerwy i doprowadza do szału.

Co je powoduje? Zmęczenie, głód, nuda, nadmiar bodźców, frustracja, chęć zwrócenia na siebie uwagi - to tylko kilka czynników. Choć nie ma lekarstwa na marudzenie, są metody, dzięki którym czasem można mu zapobiec, a jeżeli to się nie uda i dziecko zaczyna jęczeć (lub za moment zacznie), warto wypróbować następujące sposoby:

Poświęcaj dziecku większą uwagę. Maluchy często zaczynają marudzić wtedy, gdy inne sposoby zwrócenia na siebie uwagi nie zdały egzaminu. Choćbyś była bardzo zabiegana i próbowała robić sto rzeczy naraz, słuchaj, gdy dziecko mówi do ciebie, i nie każ mu długo czekać na odpowiedź, jeśli prosi cię o pomoc (przecież jesteś dobra w łączeniu zadań, prawda?). Postaraj się znaleźć kilka chwil na przeczytanie mu bajki, ułożenie puzzli czy po prostu na posiedzenie z nim i poprzytulanie.

Usuwaj czynniki wywołujące jęki. Dziecko jest głodne? Nakarm. Ma zabrudzoną pieluchę? Przewiń. Dokucza mu zmęczenie? Połóż je na drzemkę. Nudzi się? Znajdź mu jakieś zajęcie, nim zacznie marudzić. Gdy masz wrażenie, że ogólnie jest jakieś rozdrażnione, pomyśl, czy nie rozwija się w nim jakaś choroba lub czy nie potrzebuje więcej twojej uwagi - jeśli tak, zapewnij mu ją. Czasem wystarczy tylko na chwilę przytulić dziecko lub pogłaskać je po pleckach, by je uspokoić i wybić z nastroju na marudzenie (dodatkową korzyścią będzie twoje lepsze samopoczucie).

Unikaj frustracji. Pewien stopień frustracji jest nieodzownym elementem zdobywania przez dziecko nowych umiejętności (a właściwie jest częścią życia), ale nadmiar tego uczucia może prowadzić do marudzenia. Nie naciskaj, by dziecko robiło coś, na co jeszcze nie jest gotowe i czego nie umie. Nie dawaj mu też zabawek niedostosowanych do jego wieku. A gdy zobaczysz, że jest mocno sfrustrowane, pomóż mu.

Rozpraszaj uwagę. Jest to metoda skuteczna w przypadku niemal wszystkich problemów wychowawczych z dziećmi. Dzięki niej malec może przestać jęczeć, nie tracąc twarzy. Gdy powodem marudzenia jest zabawka, obok której przeszliście w sklepie, nie zwracaj uwagi na prośby o nią, tylko powiedz: „Chodźmy szybciej do domu, żebyśmy zdążyli narysować portret babci!". Kto wie, może dziecko przestanie myśleć o zabawce i skończy marudzić?

Żartuj. Niekiedy udaje się zakończyć jęki małymi żarcikami. Możesz udawać, że nie wiesz, kto jęczy („Słyszysz te piski? Skąd one się biorą?"). Zacznij szukać ich źródła pod kanapą, za telewizorem, w szafie, a dopiero na koniec stań przed faktycznym ich źródłem, czyli dzieckiem. Jeśli to nie pomoże, zrób coś, by rozśmieszyć malucha - zwykle udaje się to zrobić parskaniem w jego brzuszek. Na troszkę starsze dzieci często działa odwrócona psychologia: „Za słabo jeszcze marudzisz, na pewno umiesz bardziej". Metoda ta nie jest jednak właściwa w przypadku dziecka, które wpada w złość, gdy ktoś się z nim droczy.

Nie poddawaj się. Kiedy malec zaczyna marudzić, daj mu wyraźnie do zrozumienia, że nic tym nie wskóra, bo ty odpowiadasz jedynie na prośby wypowiedziane normalnym głosem. Unikaj następnie kontaktu wzrokowego i nie reaguj na marudzenie (zaciśnij zęby...). Jeśli dziecko zmieni ton na normalny, postaraj się zaspokoić jego pragnienie albo zaoferuj coś innego: „Nie mogę

DLA RODZICÓW

ZŁY NASTRÓJ

Masz zły humor i zamartwiasz się tym, bo uważasz, że nie powinnaś okazywać przy dziecku swego kiepskiego nastroju? Niepotrzebnie. Jedną z wielu ważnych lekcji, których dziecko musi się nauczyć, jest także ta, że każdy czasem ma zły nastrój, nawet rodzice, i że nie ma niczego złego w okazywaniu tych uczuć. Wieczne ukrywanie przygnębienia może wyrobić w maluchu nierealistyczne oczekiwania co do uczuć (a przecież nikt nie jest przez cały czas radosny i wesoły) oraz przekonanie, że bycie dzielnym polega na hamowaniu uczuć (a na pewno tak nie jest). Niech lepiej maluch dorasta, wiedząc, że smutek jest ważnym uczuciem i że jednym z najlepszych sposobów pozbycia się go jest dzielenie się nim z innymi, czy nawet proszenie o pomoc („Na pewno poczuję się znacznie lepiej, gdy mnie przytulisz"). W ten sposób nie tylko będziesz uczyć dziecko umiejętności radzenia sobie z emocjami, lecz także wzbudzisz w nim empatię – innymi słowy, twój nastrój będzie się dla niego liczyć. Jeżeli od pewnego czasu często zdarzają ci się dni, gdy przygnębienie bierze nad tobą górę, czas coś z tym zrobić. A mianowicie:

Znajdź przyczynę swego smutku. Pomyśl, co sprawia, że jest ci źle. Może brak czasu dla siebie lub męża? Może stres w pracy albo stres z powodu przebywania na urlopie macierzyńskim („Co z moją karierą zawodową? Z moimi zarobkami? A jeśli dopadnie mnie nuda?")? Może wreszcie uczucie przeciążenia i braku pomocy ze strony innych? Gdy znajdziesz źródło swych trosk, spróbuj coś z nim zrobić (pomyśl o pracy na pół etatu, poproś o pomoc w domowych obowiązkach, zaplanuj wyjście wieczorem lub czas dla siebie).

Dbaj o siebie. Często dbałość o dziecko powoduje, że matka przestaje dbać o siebie. Można to częściowo zrozumieć – jest przecież matką – ale na dłuższą metę nie jest to dobre podejście. Zdrowe nawyki oznaczają nie tylko zdrowe ciało, lecz i lepszy stan umysłu. Staraj się więc w miarę możliwości wysypiać, jeść regularnie i zdrowo (spadki stężenia glukozy we krwi przekładają się często na spadek nastroju) oraz dużo ćwiczyć (wydzielane w trakcie aktywności fizycznej endorfiny wywołują dobre samopoczucie). Humor poprawiają także kwasy tłuszczowe omega-3 (przyjmuj odpowiedni suplement lub dbaj o to, by twoja dieta dostarczała ci odpowiednią dawkę tego składnika; patrz str. 91) oraz przebywanie na świeżym powietrzu, szczególnie w słoneczne dni (nawet pięć minut spędzonych na dworze potrafi znakomicie wpłynąć na psychikę). I – tak, tak – czekolada, najlepiej gorzka.

Wypłacz się. Masz ochotę się wypłakać? Nie krępuj się. Wielu naukowców jest zdania, że płacz przyczynia się do poprawy nastroju, usuwając z organizmu substancje chemiczne wyzwalające depresję. Niech więc popłyną łzy! Choć lepiej tego nie robić przy dziecku, nie martw się, jeśli maluch zobaczy cię w takim stanie. Osusz łzy, uściśnij dziecko i szybko zaproponuj coś wesołego, co obojgu wam wyjdzie na dobre. Możesz przy tym powiedzieć, że przed chwilą było ci smutno, ale już teraz czujesz się szczęśliwa.

Śmiej się. Śmiech to najlepszy lek na chandrę. A przy tym łatwiej o niego, niż ci się może wydawać. Naukowcy

ci teraz dać ciasteczka, ale możesz dostać banana lub winogronka". Choćby marudzenie doprowadzało cię do szału, trzymaj się: jeśli się poddasz po dwudziestu minutach jęków, dziecko nauczy się, że wytrwałość jest kluczem do sukcesu, czyli że jeśli będzie dostatecznie długo marudzić, dostanie to, czego chce.

Rozmawiaj. Dziecko, które już dość dobrze się wysławia, warto zachęcać do mówienia, gdy zaczyna marudzenie: „Wiem, że jesteś na coś zły, spróbuję ci pomóc powiedzieć, co cię tak złości".

Unikaj epitetów. Nie przypinaj dziecku etykietki marudy, gdyż dzieci mają przedziwną właściwość dostosowywania się do rodzicielskich określeń.

Ćwicz głos. Dzieci zwykle nie zdają sobie sprawy z tego, jak ich jęki działają na ludzi, dopóki same takich dźwięków nie usłyszą. Pokaż mu jakieś jęczące dziecko, a być może twój malec przyzna, że trudno to znieść. Dla zwiększenia efektu, powiedz: „Bolą mnie od tego uszy, auć!". Po takiej lekcji zaproponuj zabawę polegającą na wspólnym ćwiczeniu normalnego tonu głosu, podkreślając, że jest wykazali, że uśmiech czy śmiech, choćby początkowo był nawet wymuszony (jak wtedy, gdy czujesz, iż jest to ostatnia rzecz, na jaką masz ochotę), może faktycznie spowodować zmianę złego nastroju w dobry. Innymi słowy, przyklejenie sobie uśmiechu na twarz sprawi, że poczujesz się lepiej. Jeśli nie przychodzi ci do głowy żaden powód do radości, zamknij oczy i przypomnij sobie najsłodszą rzecz, jaką twoje dziecko zrobiło w tym tygodniu.

Ciesz się razem z dzieckiem. Ta sama mała osóbka, przez której awantury o jedzenie i napady złości wszystkiego ci się odechciewa, może się stać częścią terapii przeciwprzygnębieniowej. Zróbcie sobie wspólne przyjemne wyjście, na przykład do zoo, do muzeum lub na plac zabaw – najlepiej z inną matką z dzieckiem, abyś miała dorosłe towarzystwo.

Ciesz się bez dziecka. Nieważne, co sprawia ci przyjemność, ważne, byś to robiła, czerpała z tego radość i wyzbyła się poczucia winy. Zatrudnij opiekunkę do dziecka (albo umów się z inną matką na opiekę nad waszymi dziećmi na zmianę) i idź na siłownię, lekcję tańca, zakupy, do kina, na manicure, na lunch z koleżanką albo na romantyczną randkę.

Wycisz się wraz z dzieckiem. Współdziel z maluchem chwile spokoju, relaksując się w przydomowym ogrodzie, patrząc na chmury na niebie lub migoczące gwiazdy albo leżąc w łóżku i słuchając uspokajającej muzyki. Nie zapomnij też o najlepszej z wszystkich terapii: czułym przytuleniu swego ukochanego dziecka.

Wycisz się bez dziecka. Pewnie często masz wrażenie, że czas jest twoim wrogiem, dlatego raz na jakiś czas zatrzymaj zegar, a przynajmniej zwolnij tempo i skradnij trochę czasu dla siebie. Ta sterta prania może poczekać (przecież nigdzie sobie nie pójdzie), więc skorzystaj z popołudniowej drzemki dziecka i zanurz się w wannie z bąbelkami, poczytaj książkę (taką, która na jednej stronie ma więcej niż cztery słowa)... albo połącz jedno z drugim.

Wygadaj się. Daj upust swym uczuciom i mów do każdego, kto gotów jest cię wysłuchać: męża, przyjaciółki, znajomych z Facebooka. Czasem takie wyrzucenie z siebie tego, co nas gryzie, wystarcza, by się podnieść. Jeśli w twym harmonogramie dnia nie ma czasu na rozmowy, koniecznie wykrój taki czas dla siebie. Każdy dorosły musi od czasu do czasu porozmawiać z inną dorosłą osobą.

Jeżeli potrzebujesz pomocy, skorzystaj z niej. Przygnębienie trwające jeden, a nawet kilka dni to normalna rzecz, szczególnie w okresie nasilonego stresu. Ale gdy pojawia się ono często i nie umiesz się z niego wyzwolić, cierpisz i ty, i twoje dziecko (dzieci rodziców cierpiących na depresję nierzadko same w nią wpadają). Jeżeli uczucie smutku zakłóca normalne funkcjonowanie lub związki z bliskimi (w tym z dzieckiem) i/lub depresji towarzyszy bezsenność, brak łaknienia, brak zainteresowania sobą i rodziną, przeświadczenie o bezradności i braku pomocy, myśli o skrzywdzeniu siebie bądź innej osoby, a także poczucie, że nie panujesz nad sytuacją – nie czekaj, lecz zwróć się do lekarza o pomoc, gdyż jej potrzebujesz. Nie wiesz, gdzie takiego specjalistę znaleźć? Zapytaj swojego lekarza ogólnego albo poszukaj w Internecie.

on o wiele przyjemniejszy dla ucha: „Lubię, kiedy tak mówisz, a moje uszy są wtedy szczęśliwe!".

Nieracjonalność

Wiem, że moja córeczka jest jeszcze za mała, by kojarzyć fakty, ale jej nieracjonalność sprawia, że trudno mi się z nią porozumieć.

Z punktu widzenia racjonalnie myślącej osoby dorosłej trudno zrozumieć, że twój maluch naprawdę ma powody do nieracjonalności. Najbardziej oczywistą przyczyną jest oczywiście jego wiek, który każe mu walczyć o niezależność i podejmować swoje własne decyzje, choćby nawet całkowicie bezsensowne (przynajmniej dla ciebie i dla reszty świata). Dlaczego dziecko nie wie, że się myli? Ponieważ jeszcze nie umie kojarzyć faktów. I to jest przyczyna numer dwa. Nie chce włożyć kurteczki w zimny dzień? Ponieważ nie umie przewidywać konsekwencji („Jeśli nie włożę kurtki, zmarznę") i przeciwstawiać ich swoim kaprysom. Inne przyczyny to uczucie głodu, zmęczenia, frustracji, nadmiar stymulacji czy ogólnie zły humor –

wszystkie te czynniki mogą wywołać lub wzmóc nieracjonalność (pomyśl: ty też nie myślisz zbyt logicznie, gdy masz niskie stężenie glukozy we krwi albo jesteś niewyspana). Nie ma sensu brać na rozum nieuzasadnionych decyzji dziecka ani spierać się o swoje; kłótnie z małym dzieckiem, nawet w miarę sensownie rozumującym, do niczego dobrego nie prowadzą. Nic też nie zdziałasz, szermując argumentami. Oto kilka lepszych technik:

Pozwól dziecku poznać skutki postępowania. Najlepszym sposobem nauczenia się konsekwencji jest ich doświadczanie. Nazywamy to nauką na błędach – szczególnie cenną, gdy tyle trzeba się jeszcze o świecie dowiedzieć. Jeśli skutki nierozsądnego postępowania nie wyrządzą nikomu (ani niczemu) krzywdy, pozwól dziecku do nich doprowadzić, a może nauczy się samo, że jeśli nie włoży bucików, to nie będzie mogło bawić się w śniegu, a wrzucenie krakersa w błoto oznacza jego utratę. Z taką nauką wiąże się wiele prób i błędów (zraszanych łzami), ale kiedyś w końcu do dziecka dotrze, że rodzice miewają rację i że warto pomyśleć, zanim się coś zrobi.

Wstrzymaj się z: „A nie mówiłam?!". Perspektywa pokazania dziecku mokrych stóp po tym, jak nie posłuchało zakazu chodzenia po kałużach, może być bardzo kusząca, ale powstrzymaj się. Konsekwencje, czyli mokre, zmarznięte stopy, są już wystarczającą karą za złą decyzję i nie musisz dokładać do niej swych nagan. Lepiej podejść do sprawy rzeczowo: „Oho, masz mokre nóżki. To właśnie dlatego nie wolno biegać po kałużach bez kaloszy".

Pilnuj, by ważne zasady były bezdyskusyjnie przestrzegane. Jeśli dziecko nie chce siedzieć w foteliku samochodowym, a twoje próby nakłonienia go do współpracy czy próby rozpraszania uwagi lub żarty nic nie dały, musisz je w nim posadzić, nie zważając na wierzganie i krzyki. Nie możesz pozwolić też maluchowi na wyciąganie wszystkich książek z domowej biblioteki.

Zastosuj rodzinną magię. Na pewno masz już w rękawie kilka sztuczek odwracających uwagę dziecka. Korzystaj z nich! Może to być na przykład zmiana zajęcia, zabawna sprzeczność (wkładanie butów na dłonie), psychologia odwrotna, zaimprowizowana piosenka czy intrygująca rozmowa („Czy wiesz, co będziemy robić dzisiaj po obiadku?").

Zapewnij jedzenie i odpoczynek. Jeśli od ostatniego posiłku, przekąski albo drzemki minęło już nieco czasu, istnieje prawdopodobieństwo, że przyczyną nieracjonalnego zachowania dziecka jest głód lub zmęczenie. Daj maluchowi coś do zjedzenia, jeśli jest głodny, a jeśli śpiący, połóż go na spoczynek. A skoro już o tym mowa, sama też pamiętaj o jedzeniu, gdyż o wiele łatwiej radzić sobie z irracjonalnym zachowaniem dziecka, gdy samemu nie jest się głodnym i rozdrażnionym.

Śmiej się. Zamiast irytować się nieracjonalnym postępowaniem dziecka, znajdź w tej sytuacji coś, z czego można się pośmiać. Pamiętaj, ono zachowuje się prawidłowo jak na swój wiek. Zatrzymaj jednak swe rozbawienie dla siebie i nie okazuj go – nawet najmniejsze dziecko wie, kiedy nie jest traktowane poważnie.

Niecierpliwość

Kiedy mój synek czegoś chce, musi to dostać zaraz. Przez jego niecierpliwość sama tracę już cierpliwość.

Dziecko nie rozumie jeszcze, co to znaczy upływ czasu, nie rozumie koncepcji przeszłości i przyszłości. Ono żyje chwilą, tym, co jest teraz. Teraz chce coś do jedzenia czy picia, teraz trzeba mu poczytać książeczkę, teraz chce usiąść na huśtawce (mimo że wszystkie są zajęte). Nie wie jeszcze, że za cierpliwość dostaje się nagrodę - według niego to, co najlepsze, przychodzi na żądanie. Zwykle dopiero około drugich urodzin przeciętne dziecko zaczyna rozumieć, że istnieje coś poza teraźniejszością, i wtedy jest już w stanie (choć raczej niechętnie) poczekać. Do tego momentu trzeba być przygotowanym na to niezmienne: „Chcę teraz!".

Czekając, aż dziecko nauczy się cierpliwości, sama też musisz się w nią uzbroić. Aby łatwiej ci było przeczekać ten okres, wypróbuj następujące metody:

Zrób wszystko, by dziecko zrozumiało, że warto było czekać. Oczywiście chcesz nauczyć dziecko czekać na to, o co prosi (bo musi się nauczyć cierpliwości), nie zawsze jest to jednak rozsądne czy sprawiedliwe. Głód i pragnienie to potrzeby, które wymagają natychmiastowego zaspokojenia, więc jeśli do obiadu pozostało jeszcze pół godziny, a brzuszek dziecka jest pusty, zaproponuj lekką, pożywną przekąskę, która złagodzi głód, a nie pozbawi apetytu.

Wymyśl zabawę. Jeśli czekanie na coś jest konieczne i uzasadnione, spróbuj je skrócić przez zorganizowanie dziecku jakiejś zabawy. Na przykład jedziecie samochodem lub autobusem do domu, a dziecko chce natychmiast coś zjeść. Wtedy piosenka, ulubione wierszyki lub zaimprowizowana gra („Jaki dźwięk wydaje krówka?", „Czy widzisz pieska za oknem?") powinny wypełnić czas na tyle, że zdążysz dojechać do domu.

Nastaw minutnik. Jeżeli musisz jeszcze pięć minut popracować przy komputerze, zanim wyjdziesz z dzieckiem na spacer, ustaw minutnik i zachęć malucha, by obserwował urządzenie do czasu, aż zadzwoni. W tym samym celu możesz wykorzystać klepsydrę. Da to dziecku poczucie kontroli zarówno nad tobą, jak i nad czasem - tym abstrakcyjnym pojęciem, które nagle staje się bardziej namacalne. Pamiętaj jednak, żeby być gotowa do wyjścia, gdy zabrzęczy sygnał minutnika lub spadnie ostatnie ziarenko piasku w klepsydrze, bo w przeciwnym razie stracisz zaufanie dziecka.

Co z oczu, to z serca. Jeśli malec domaga się czegoś, czego nie może lub nie powinien w danej chwili dostać (na przykład zabawki na kółkach, którą chce jeździć po świeżo umytej podłodze), usuń tę rzecz z pola widzenia (umieszczając ją na przykład w garażu lub innym pomieszczeniu).

Pokaż, że sama umiesz czekać. Gdy dobrze się nad tym zastanowić, życie dziecka pełne jest poganiania go („Śpiesz się, jesteśmy już spóźnieni!"). W sytuacjach, gdy to możliwe, okaż cierpliwość (daj maluchowi jeszcze dwie minuty na zakończenie zabawy w piasku i dodatkowe pięć minut na guzdranie się na chodniku, zanim zaczniesz go popędzać), a kto wie, może twoja cierpliwość mu się udzieli... kiedyś.

Domaganie się uwagi

Za każdym razem, gdy zadzwoni dzwonek do drzwi albo odezwie się telefon, moje dziecko - jak na sygnał - zaczyna marudzić, żeby coś z nim porobić.

Jak już wiesz, maluchy nie lubią się dzielić, i to nie tylko zabawkami, ale wszystkim, w szczególności twoją uwagą. Dziecku nie podoba się nic, z czym musi o nią rywalizować, od rozmowy przez telefon po pracę, którą usiłujesz wykonać, albo książkę - nawet nie bierz jej do ręki, chyba że chcesz ją z nim poczytać! Dziecko walczy o ciebie za pomocą całego swego arsenału środków, który, jak wiesz, jest całkiem spory: jęczy, marudzi, płacze, trzyma się twoich nóg na wzór małego szympansiątka. W magicznym świecie twojego dziecka mamusia i tatuś nie są nigdy niczym innym zajęci prócz niego. Tymczasem w świecie rzeczywistym czasem jest inaczej. Oto kilka sposobów na to, by zderzenie tych dwóch światów nie było zbyt dramatyczne:

Nie wywołuj wilka z lasu. Nastawiając się na to, że dziecko będzie płakać, sprowokujesz jego płacz. Daruj sobie ostrzeżenia („Nie płacz, gdy będę rozmawiać przez telefon!"), tylko rób swoje, a być może maluch nawet nie zauważy, że odebrałaś telefon.

Nie denerwuj się. Zrozum (i spróbuj pamiętać w chwilach stresu), że zachłanność dziecka na twoją uwagę jest całkowicie normalna w jego wieku, więc lepiej reaguj empatią, a nie złością. To na pewno pomoże dziecku zachować spokój.

Łącz czynności. Rozmawiając przez telefon lub odpowiadając na e-maile, zachowaj kontakt z dzieckiem. To pozwoli mu mieć świadomość twojej uwagi i złagodzi zazdrość o telefon czy komputer. Daj mu odczuć, że jesteś z nim przez cały czas, mimo że czasem musisz zająć się czymś. Pogłaszcz je po ramieniu lub pleckach, przytul, pokołysz na kolanach, trzymaj za rękę lub usiądź z nim na podłodze i układaj klocki. Pewnie, że trudno skupić się na rozmowie, gdy trzeba jednocześnie ustawiać klocki lub autka, ale lepsze to niż niemożność porozmawiania w ogóle.

Włącz dziecko na swoją linię. Gdy rozmawiasz przez telefon z koleżanką lub kimś z rodziny, zaproś dziecko, by przyłączyło się do konwersacji, wręczając mu słuchawkę albo włączając głośnik. Przypuszczalnie nie będzie wiedziało, skąd wydobywa się bezcielesny głos (to nie ciocia Ola!) ani jak się odezwać, ale przynajmniej konkurencja przestanie być tak tajemnicza. Nie zmuszaj go jednak, jeśli nie chce rozmawiać. Pozwól mu również „napisać" e-mail, gdy siedzisz przy komputerze, a jemu to twoje siedzenie bardzo się nie podoba – tylko pamiętaj, by rozłączyć się z Internetem, aby nie wysłać nie wiadomo czego nie wiadomo do kogo.

„Udostępnij" dziecku jego linię. Jeśli maluch będzie miał swój zabawkowy telefon czy komputer, będzie się czuł mniej zagrożony z powodu twoich rozmów, a jednocześnie wykorzysta swoje rodzące się zamiłowanie do naśladownictwa. Gdy musisz skorzystać z telefonu czy komputera, daj mu jego zabawkę i zaproponuj, by też zadzwonił albo wysłał wiadomość do kogoś: do babci, kuzynki, kolegi ze żłobka, ulubionego bohatera bajki. Nie ma znaczenia, jaki jest zakres jego słownictwa; ważne natomiast, że taka jednostronna gadanina albo wystukiwanie wyimaginowanego e-maila zapewni dziecku jakieś zajęcie przynajmniej na kilka minut.

Nie szczędź pochwał. Twój cel to nauczenie dziecka, że ty też masz swoje prawa, w tym prawo do rozmawiania przez telefon, opłacenia e-rachunków czy odpisywania na esemesy, a najlepszym sposobem osiągnięcia tego celu jest chwalenie malucha i nagrody: „Dziękuję, że pozwoliłeś mi porozmawiać. Teraz możemy zrobić coś fajnego razem!".

Ilekroć próbuję z kimś porozmawiać, niezależnie od tego, czy jest to spotkany na ulicy znajomy czy wezwany do domu fachowiec, córka krzykiem domaga się mojej uwagi.

Większość małych dzieci nie tylko chce zajmować najważniejsze miejsce na scenie, ale także życzy sobie, by reszta tej sceny była pusta. Maluch zrobi wszystko, co w jego mocy, by zawsze znajdować się w centrum twojej uwagi, i nie pozwoli ci skupiać jej na nikim innym – bez znaczenia, czy jest to przyjaciółka, krewna, z którą chcesz poplotkować, czy hydraulik, którego trzeba zaprowadzić do cieknącego kranu. A repertuar dziecka w tym względzie jest spory: przyklejanie się do twej nogi, jęki, wdrapywanie ci się na kolana, ciągnięcie za włosy, piski i krzyki albo nawet zasłanianie rączką twoich ust, gdy rozmawiasz z kimś innym.

Dziecko w tym wieku uważa, że liczy się tylko to, czego ono chce i potrzebuje, dlatego bardzo trudno nauczyć je szanować to, czego chcą i potrzebują inni. Ta nauka będzie trwała kilka lat, ale najlepsza chwila na jej rozpoczęcie jest właśnie teraz. Dzięki cierpliwości, zrozumieniu i wyczuciu sytuacji – a także poniższym wskazówkom – powinno ci się udać doprowadzić do tego, że twoi goście będą mogli dzielić scenę z dzieckiem. Przynajmniej od czasu do czasu...

Nie przerywaj zajęć z dzieckiem. Nie możesz nieustannie skupiać całej swojej uwagi tylko na dziecku i dla twojego zdrowia psychicznego oraz rozwoju dziecka nie powinnaś próbować tego robić. Jeśli natomiast ono ma się nauczyć szanować to, że spędzasz także czas z innymi osobami, musi widzieć, jak ty szanujesz jego czas spędzany z tobą. Staraj się (gdy to tylko jest możliwe, a oczywiście nie zawsze będzie) nie przerywać zabawy z maluchem po to, by zrobić coś, co spokojnie może poczekać, aż dziecko będzie robić coś samo lub zaśnie. Nie musisz co trzydzieści sekund sprawdzać prania czy aktualizować swojego statusu na Facebooku; bądź jak najbardziej skupiona na zabawie z dzieckiem. A jeśli czegoś naprawdę nie można przełożyć, spróbuj znaleźć coś, co mogłoby zrobić dziecko – na przykład gdy będziesz gotować obiad w kuchni, daj mu puszki, które będzie mogło układać na podłodze, albo zaproponuj stukanie w klawisze zabawkowego komputera wtedy, gdy ty musisz wysłać ze swojego laptopa jakiś tekst. Jeżeli natomiast ktoś złoży ci nieoczekiwaną wizytę, gdy bawisz się z dzieckiem, zaproś tę osobę na minutę czy dwie do wspólnej zabawy, zanim będziesz musiała ją przerwać.

Zaplanuj porę wizyt gości. Postaraj się, by odwiedzające cię osoby przychodziły w porze, gdy dziecko zwykle śpi, a jeśli to niemożliwe, to przynajmniej wtedy, gdy ma ono najlepszy humor.

Wprowadź malucha na scenę. Dziecko, które ma towarzyski charakter, można włączyć w spotkanie, aby nie czuło się odsunięte, ale nie nalegaj, jeśli nie będzie tego chciało. Zaproponuj na przykład, żeby pokazało znajomym swoją ulubioną książeczkę czy lalkę, poproś o „pomoc" przy wskazywaniu hydraulikowi, gdzie znajduje się kapiący kran, i pozwól dziecku patrzeć, jak fachowiec będzie go naprawiał. Kiedy spodziewasz się ważnego gościa, włącz dziecko w przygotowania: możecie razem sprzątać salon, piec ciastka, ozdobić pomieszczenie rysunkami przygotowanymi specjalnie na cześć odwiedzającego. Ego dziecka zostanie mile połechtane, jeśli ktoś doceni jego dzieła.

Przygotuj pomoce. Kiedy ty zabawiasz gości, dziecko może zabawiać siebie w specjalnie przygotowanym kąciku, pełnym książek czy klocków, a także bloków papieru przygotowanych na stoliczku, by mogło rysować kredkami i pisakami. Jeśli malec lubi zabawy w wyobraźni, przygotuj mu przyjęcie dla wyimaginowanych przyjaciół – wtedy chętniej zostawi twoich w spokoju. Możesz też przydzielić dziecku zadanie „pokojówki", która chodzi z miotełką z piór i odkurza meble, w trakcie gdy ty rozmawiasz z gośćmi. Przygotuj się jednak na to, że od czasu do czasu przyjdzie ci oderwać się od towarzystwa, by zachęcić malca do układania klocków, pochwalić jego bazgrołki, wziąć na jego „przyjęciu" łyczek „herbatki" czy podziwiać, jak wspaniale odkurza meble.

Rób przerwy. Nie można oczekiwać, że dziecko będzie cały czas zajęte sobą i w dodatku z tego zadowolone. Widząc, że maluch zaczyna się nudzić, przeproś swoje towarzystwo i zrób sobie przerwę na rzecz maluszka, ustalając od razu, jak długo będzie ona trwała. Na przykład powiedz dziecku: „Teraz idę do ciebie i poczytam ci książeczkę, ale gdy skończymy, wracam do koleżanki, a ty do puzzli". Po przeczytaniu ostatniego słowa bajeczki daj dziecku do zabawy układankę lub cokolwiek innego, a potem wróć do gościa. Pamiętaj też o kontakcie fizycznym - gdy dziecko bawi się przy twoich nogach, często się pochylaj, by uścisnąć jego ramię, poklepać po pleckach czy pogłaskać po głowie.

Pamiętaj, kto jest gospodarzem. Oczywiście ty. Problem w tym, że dziecko ze swojej perspektywy widzi to nieco inaczej. Pomóż mu dostrzec sprawy we właściwym świetle. Zrób to w sposób pełen zrozumienia, empatii, przyjacielski, spokojny, ale stanowczy. Możesz dziecko zabawiać, zapraszać do towarzystwa, przytulać, obejmować, odsuwać jego rączki od twoich ust tyle razy, ile to konieczne, ale nie pozwól mu myśleć, że jeśli zrobi scenę, to zostanie gwiazdą wieczoru.

Chwal za dobre sprawowanie. Nawet jeżeli zachowanie dziecka podczas wizyty twoich gości można nazwać tylko częściowo grzecznym (marudziło jedynie przez siedemdziesiąt pięć procent czasu), pochwal je za ten wysiłek, zamiast wytykać to, co zrobiło źle: „Cieszę się, że tak ładnie się bawiłeś, gdy rozmawiałam z panią Iloną. A teraz zrobimy razem coś specjalnego!". Taką nagrodą, którą okażesz dziecku, jak bardzo cenisz jego cierpliwość i jak cnota ta popłaca, może być wyjście do parku, długa zabawa z maluchem bez żadnych przerw albo wspólne wykonanie pracy plastycznej. Oczywiście jeśli marudzenie trwało przez cały czas pobytu gościa, wstrzymaj się z pochwałami, ale również z negatywnym komentarzem. Powiedz tylko, jakiego zachowania oczekujesz w przyszłości: „Gdy następnym razem będę rozmawiać z koleżanką, chcę, żebyś się ładnie bawił sam".

Awantury o fotelik samochodowy

Nasz syn nienawidzi fotelika samochodowego i za każdym razem, gdy próbujemy go w nim posadzić, tak wygina plecki, że praktycznie nie można zapiąć pasów.

Jeśli urodziłeś się, by być wolnym człowiekiem, i w dodatku poszukiwaczem przygód, to takie ograniczenie swobody, jakim jest przypięcie pasami w foteliku samochodowym, na pewno ci się nie spodoba. Nieważne jednak, czy macie jechać w dalszą podróż, czy tylko do pobliskiego sklepu, nie ma dyskusji w kwestii zapinania pasów. Prawo wymaga, by dziecko jadące samochodem siedziało w specjalnym foteliku, a przestrzeganie tego prawa może uratować od śmierci nawet w pozornie niegroźnym wypadku (na str. 412 możesz przeczytać więcej na ten temat).

Nie ulega wątpliwości, że w tej walce ty musisz zwyciężyć - nie ma tu miejsca na żadne negocjacje i na żadne „ale". Poniższe strategie powinny ci to zadanie ułatwić:

Sprawdź, czy dziecku jest wygodnie. Jeśli paski fotelika zbyt ciasno opinają dziecko, plastik przykleja się do skóry, siedzenie jest zbyt twarde albo za ciasne, przyczyną protestów dziecka może być po prostu niewygoda, a wyeliminowanie tych mankamentów może zmienić jego podejście do znienawidzonego fotelika.

Bądź dyplomatką. Nie zaczynaj od słów: „A teraz musimy zapiąć cię w foteliku", gdyż tymi słowami rozpoczniesz spór. Lepiej uśpić czujność dziecka rozmową na inny temat („Zobacz, jaki śliczny śnieg!", „Pojedziemy dziś po południu do Marzenki", „Kiedy tylko zajedziemy do domu, zjemy pyszny obiad"). Możesz też zabawiać dziecko pytaniami: „Jak szczeka piesek?", „Pokaż paluszkiem, gdzie jest twój nosek". Spróbuj też układać w tym czasie różne śmieszne piosenki lub wierszyki, z którymi malec zacznie kojarzyć zapinanie pasów, na przykład: „Przypinamy mały brzuszek, mały brzuszek łakomczuszek!". Nieważne, czy dzięki tym sztuczkom dziecko zapomni, co się faktycznie dzieje, czy po prostu może z honorem zakończyć swoje marudzenie - ważne, by działały. A zazwyczaj powinny.

Więcej muzyki, maestro! Zawsze warto mieć na podorędziu kilka chwytliwych dziecięcych piosenek, które umilą maluchowi czas spędzony w fotelikowej „niewoli".

Zaplanuj zabawę. Zabawianie nie zawsze działa, ale warto spróbować. Przygotuj ulubione zabawki, którymi dziecko może zająć i myśli, i rączki. Przyczep je do fotelika plastikowymi kółkami, tasiemką lub rzepami, pamiętając, że żadne wiązadełko nie może być dłuższe niż piętnaście centymetrów.

Pozwól dziecku przypiąć do fotelika jego przytulankę. Jeśli to możliwe, pomóż dziecku najpierw przypiąć swego ukochanego misia, lalkę czy inną zabawkę, zanim samo zostanie przypięte, albo za pomocą osobnego paska przywiązać przytulankę do fotelika. Wyjaśnij przy tym, że pasy bezpieczeństwa uchronią jego zabawkę przed wypadnięciem czy inną krzywdą i właśnie dlatego ludzie też muszą się takimi pasami przypinać.

Oboje bądźcie zapięci. Zasada jazdy w pasach dotyczy wszystkich znajdujących się w pojeździe, w tym także kierowcy, i to nie tylko ze względu na prawo czy obowiązek świecenia przykładem, ale także dla bezpieczeństwa.

Użyj małych podstępów. Skoro sztywne, wygięte w pałąk plecki dziecka utrudniają ci przypięcie malucha, podejdź go podstępem: łaskotkami, prychaniem w jego brzuszek czy bawieniem się w całującego potwora. Na pewno się ugnie!

Nie zgadzaj się na żadne wyjątki. Nawet jednorazowe ustępstwo („No dobrze, ale tylko dzisiaj") może okazać się błędem o tragicznych następstwach, a poddanie się woli dziecka podważy twój autorytet w tej sprawie, rodząc w malcu nadzieję, iż następnym razem znowu mu się uda... Wszyscy rodzice z doświadczeniem wiedzą doskonale, że jest to błąd taktyczny.

Niechęć do jazdy wózkiem

Nie jestem w stanie usadzić córki w wózku bez protestów z jej strony, a ponieważ mieszkam w mieście, często musimy tak się przemieszczać.

Postaw (posadź?) się na miejscu dziecka, a zrozumiesz, dlaczego tak się wyrywa. Ktoś, kto właśnie odkrył radość życia na własnych nogach, nie będzie chciał spędzać go na siedząco, zwłaszcza gdy wszyscy obok niego idą.

Oczywiście ta świadomość nie pomoże ci zrobić spokojnie zakupów czy zanieść rzeczy do pralni. Do tego celu musisz mieć dziecko w spacerówce – przynajmniej przez jakiś czas. Warto wypróbować następujące wskazówki, pamiętając przy tym, że trzeba zaakceptować pewien fakt związany z życiem z małym dzieckiem: chodzenie z nim rzadko jest przy-

Łucznik

Łucznicy, jak żartobliwie można nazwać dzieci wyginające plecy w łuk, gdy mają być przypięte do wózka czy fotelika samochodowego, nie są w stanie oprzeć się jednej starej sztuczce. Gdy będziesz chciała takie oporne dziecko usadzić w znienawidzonym miejscu, połaskocz je w okolicy pępka. To sprawi, że dziecko odruchowo skuli się i wysunie górną część tułowia do przodu – dokładnie tak, jak sobie tego życzysz, kiedy chcesz je zapiąć. I proszę, udało się! Jeden do zera dla rodziców!

Większość dzieci nie chce siedzieć przypięta do wózka – chyba że rodzice każą im iść samodzielnie. Wtedy nagle zaczynają się interesować swoim środkiem lokomocji.

jemne, a przy tym zajmuje o wiele więcej czasu niż wożenie.

Pamiętaj o wyposażeniu wózka. Przypinaj do wózka coraz to różne zabawki, którymi dziecko nie ma okazji bawić się nigdzie indziej, pamiętając, że jeśli do zamocowania używasz sznurka czy wstążeczki, nie mogą być one dłuższe niż piętnaście centymetrów. Najlepiej posłużyć się do tego celu plastikowymi linkami.

Odwracaj czymś uwagę dziecka. Jeśli od momentu zbliżania się do wózka zaczniesz zabawiać malca piosenką, rozmową czy zabawką, być może nawet nie zauważy, kiedy już będzie siedzieć zapięty. A gdy będziecie już w drodze, pokazuj mu pieski, kwiatki, przedmioty na wystawach sklepowych, betoniarki lub samochody, opowiadaj o miejscach, do których się udajecie, i o tym, co będziecie tam robić, lub zacznijcie razem śpiewać radośnie: „Toczą się kółka wózka, jedziemy do wujka Józka". Zabawiane dziecko przynajmniej nie marudzi. Zazwyczaj.

Wczuj się w sytuację dziecka. Kiedy maluch zacznie się buntować przeciwko usadzeniu go w wózku lub znalazłszy się w nim, będzie wołał: „Chcę wyjść!", zdobądź się na wyrozumiałość. Odpowiedz, że rozumiesz, iż nie chce jechać wózkiem, ale nie macie teraz czasu na spacerek. Następnie zaoferuj „marchewkę": „Będziesz mógł wysiąść z wózka i iść, gdy znajdziemy się blisko domu (albo sklepu czy placu zabaw)".

Połaskocz brzuszek. Jeżeli dziecko usztywnia tułów, gdy próbujesz je posadzić czy wręcz wygina się w łuk, zacznij łaskotać je w brzuszek lub prychać na pępek. Spowoduje to odruchowe zgięcie się w pasie do przodu, które ułatwi ci zadanie – a może nawet wywoła uśmiech na małej buzi?

Zachowaj spokój. W naturze dziecka leży następująca zasada: im większe znaczenie rodzice przywiązują do czegoś, tym bardziej należy z tym walczyć. Dlatego nie daj się ponieść emocjom, gdy przychodzi ci stawiać czoło dziecku, które nie chce usiąść w wózku.

Pozwól dziecku chodzić. W przypadku fotelika samochodowego nie ma miejsca na żadne dyskusje – jazda w nim jest obowiązkowa. Ale jeśli chodzi o wózek, czasem można ustąpić. Kiedy to tylko możliwe, pozwalaj dziecku dreptać, choćby to miało oznaczać konieczność wyjścia wcześniej lub dotarcia na miejsce później. A jeśli pozwolisz maluchowi „pomóc" ci pchać wózek (jeśli zgodzi się robić to z tobą), to dotrzyma ci kroku, zupełnie tak, jakbyś prowadziła go za rękę. Niech idzie tak długo, jak długo ma ochotę, a kiedy się zmęczy, może nawet zatęskni za jazdą w wózku?

Mój synek nie chce już jeździć w wózku, natomiast uwielbia go pchać. Nie byłoby to wcale takie złe, gdyby nie to, że wjeżdża nim we wszystkich i we wszystko, a kiedy próbuję mu go zabrać, krzyczy ze złością. Co mogę zrobić?

Dzieckiem kieruje chęć kontrolowania wszystkiego – tego, kiedy otrzyma śniadanie, kiedy zostanie położone do łóżeczka albo kto ma prowadzić wózek. W tym ostatnim przypadku nietrudno o wypadek: najechanie wózkiem na pięty przechodniów, pień drzewa, stoisko nabiałowe w sklepie czy klomb w parku, co oczywiście jest denerwujące i potencjalnie naraża innych i dziecko na niebezpieczeństwo.

Chociaż czasem można pozwolić dziecku przejąć kontrolę, to w przypadku sunącego na kółkach wózka nie jest to wskazane. Oto lepsze warianty taktyki:

Zostaw wózek w domu. Co prawda poruszanie się bez wózka może nie być łatwe, ale będzie i tak prostsze niż zmaganie się z malcem, który upiera się, by samemu pchać swój wehikuł. Jeśli to konieczne, nie planuj wypraw tam, gdzie nie poradzisz sobie bez spacerówki, albo korzystaj z samochodu lub środków transportu publicznego.

Zachęć dziecko do siedzenia. Postaraj się zabawiać dziecko w trakcie jego jazdy w spacerówce (patrz porady przy poprzednim pytaniu), może wtedy nie będzie się aż tak wyrywało do przejęcia funkcji kierowcy.

Pchajcie wózek razem. Gdy nie ma szans, by dziecko dało się posadzić w wózku, zaproponuj kompromisowe rozwiązanie: będziecie pchać go razem. Nie mów: „Ja muszę to robić, bo ty jesteś za mały", tylko podkreśl znaczenie pracy zespołowej: ono pomaga tobie, ty pomagasz jemu. Gdyby dziecko protestowało (a raczej na pewno będzie), powiedz konkretnie i stanowczo: „Albo prowadzimy wózek razem, albo w nim jedziesz".

Droga do otyłości?

Jeśli nie umiesz sobie wyobrazić życia bez wózka, powinnaś się nad tym zastanowić. Choć jest on niezbędnym elementem wyposażenia wszystkich zabieganych rodziców małych dzieci, to zdaniem niektórych ekspertów może się przyczyniać do obniżania poziomu aktywności fizycznej dzieci, co w konsekwencji prowadzi do większej wśród nich otyłości.

Ale czy to oznacza, że należy całkowicie odstawić wózek do kąta? Na pewno nie. Nawet bowiem ci eksperci, którzy wymieniają jego wady, nie są w stanie zaprzeczyć, że bez wątpienia jest on wygodny, szczególnie gdy masz dokładnie dziesięć minut na zakupy w zatłoczonym supermarkecie. Zalecają natomiast, by dzieci więcej czasu spędzały na nóżkach niż w wózku oraz by używać spacerówek tylko wtedy, gdy wymagają tego względy bezpieczeństwa lub ograniczenia czasowe.

A przecież wystarczy wyjść tylko dwie godziny wcześniej na spotkanie, które ma się odbyć dwie przecznice dalej...

Daj dziecku do pchania coś odpowiedniego do jego wzrostu. Znacznie łatwiejszy w utrzymaniu odpowiedniego kursu jest wózek dla lalek lub koszyk na kółkach – poza tym oba świetnie się też nadają do zabaw w domu. Ponieważ są lżejsze niż prawdziwe spacerówki, stwarzają mniejsze ryzyko spowodowania poważnych szkód, nawet gdy dziecko najedzie nimi na przechodnia czy na stoisko w sklepie. Pamiętaj jednak, że z uwagi na bezpieczeństwo dziecko bezwzględnie wymaga twojej pomocy podczas przechodzenia z wózeczkiem przez ulicę.

Problemy z ubieraniem dziecka

Nasze dziecko jest bardzo ruchliwe i wiecznie czymś zajęte, a ubranie go rano jest jak udział w maratonie. Muszę gonić za maluchem z pokoju do pokoju, żeby włożyć mu ubrania.

DLA RODZICÓW

Zakupy z dzieckiem: niewykonalne zadanie?

Czy pamiętasz jeszcze te czasy, gdy zakupy w supermarkecie zajmowały ci dziesięć minut, a nawet mniej? Gdy twoje największe wyzwanie polegało na znalezieniu wolnej kabiny w przymierzalni albo pary dopasowanych dżinsów? Cóż... zakupy z małym dzieckiem u boku to zupełnie nowa dyscyplina. Jeśli akurat nie zgubiło się ono w dziale z mrożonkami, to właśnie próbuje porozrzucać starannie poukładane towary na wystawie, schować się za regałem sklepowym czy wejść na górę schodami jadącymi w dół. Twoja odmowa kupienia przysmaku albo wypatrzonej przez dziecko zabawki powoduje atak jego złości na oczach obcych, a jeżeli nie jest głodne (teraz!) czy spragnione (natychmiast!), to właśnie narobiło w pieluchę (a ty zapomniałaś zabrać czystą).

Niestety, zakupy trzeba zrobić. Zastosowanie się do niżej przedstawionych wskazówek nie uczyni tego zadania całkowicie bezbolesnym, bezstresowym ani logistycznie łatwym, lecz przynajmniej w ogóle je umożliwi.

- Zostaw dziecko w domu. Wyłączając sytuacje, w których dziecko koniecznie musi coś przymierzyć (na przykład buciki), lepiej robić zakupy (nawet ubranek) bez niego. Wykorzystaj każdą okazję, kiedy ktoś może zostać z dzieckiem w domu, lub wynajmij opiekunkę. Albo umów się z koleżanką, która też ma małe dziecko, że będziecie robić zakupy na zmianę. Podziel się obowiązkiem robienia sprawunków ze swoim małżonkiem, niech jedno z was zostanie w domu z dzieckiem, a drugie idzie do sklepu. Jest jeszcze jedno wyjście: w ogóle nie jeździć do sklepu, tylko robić wszystkie zakupy, od spożywczych po odzież i pieluchy, w sklepach internetowych.
- Wybierz odpowiednią porę na zakupy. Choć zachowanie małego dziecka z reguły jest nieprzewidywalne, to nie ma sensu tworzyć scenariusza horroru (sugerowany tytuł: „Piekło w supermarkecie"), zabierając je do sklepu wtedy, gdy jest głodne, śpiące albo nadmiernie pobudzone. Zastanów się więc dobrze, kiedy wybrać się po sprawunki.
- Postaraj się o pomoc. Starsze dziecko, które jest jeszcze za małe, by mogło samodzielnie sprawować opiekę nad maluchem, może go zabawiać w trakcie twoich zakupów.
- Przygotuj listę zakupów. Zanim wyjdziesz z domu, spisz szczegółowo potrzebne produkty. Dzięki temu nie tylko znacznie skrócisz czas spędzony w sklepie, ale także unikniesz gonienia sprzed kasy sklepowej po zapomniany kartonik jajek albo drugiego wyjścia do sklepu, jeśli o jajach przypomnisz sobie

Z jednej strony masz całkiem niezłe ćwiczenia (a komu nie przydaje się poranna rozgrzewka?), ale z drugiej spóźnisz się do pracy, nim nóżki dziecka znajdą się w końcu w nogawkach.

Takie uciekanie przed ubieraniem może być sposobem dziecka na zwrócenie na siebie uwagi, gdy wszyscy są bardzo zajęci zaczynaniem dnia, z czym przypuszczalnie wiąże się też pewne napięcie. W takim przypadku można spróbować znaleźć rano czas na miłe wspólne chwile: czytanie książeczki, krótką grę, wspólne śniadanie. Spróbuj też następującego wybiegu: „Jeśli się szybko ubierzesz, to będziemy mieli czas na poczytanie twojej ulubionej bajeczki, zanim trzeba będzie wyjść".

A może to rozpierająca dziecko energia każe mu biegać rano po całym mieszkaniu? W takim razie zacznij je ubierać natychmiast po tym, jak się obudzi, zanim zdąży wrzucić czwarty bieg. Jeżeli masz wystarczająco dużo czasu i cierpliwości, uczyń zabawę z tego porannego maratonu: „Zrobimy tak: pierwszą skarpetkę wkładamy w sypialni, a gdzie włożymy drugą?". Twoje podporządkowanie się dziecięcym regułom gry może sprawić, że zabawa nagle przestanie być taka fajna, a nawet że maluch całkowicie z niej zrezygnuje. Natomiast gdy wszystkie sztuczki zawiodą albo gdy nie ma czasu na przekomarzanie się, po prostu delikatnie, lecz stanowczo posadź dziecko i spokojnie je ubierz.

Nasze dziecko robi nam przy porannym ubieraniu takie sceny, że gdyby nie konieczność zawiezienia go do żłobka, najchętniej pozwolilibyśmy mu cały dzień spędzić w piżamie.

dopiero w domu. Dzięki tej liście lepiej poradzisz sobie z odmawianiem dziecku tego, co ono wypatrzyło dla siebie („Niestety, ale nie mamy chipsów na liście").

- Zadbaj o pozytywne nastawienie dziecka. Wyjaśnij maluchowi przyjemnymi słowami, jakiego zachowania po nim oczekujesz, na przykład zanim przejdziecie przez automatycznie rozsuwane drzwi supermarketu, powiedz tak: „Będziesz jechać w wózku sklepowym, możesz pomóc mi znaleźć żywność z naszej listy i wkładać ją do wózka", a nie: „Nie możesz sam wszędzie chodzić i dotykać wszystkiego!". Pamiętaj też o słowach pochwały, jeśli twoja pociecha wykaże chociaż niewielką chęć współpracy.
- Postaraj się o środek transportu. Sposobem na skrócenie czasu zakupów może się okazać namówienie dziecka do jazdy w wózku sklepowym (oczywiście musi być przypięte pasami!), by nie biegało między regałami. W wielu sklepach i pasażach handlowych wypożyczyć można specjalne wózki autka dla maluchów, zachęcające do przejażdżki, bądź miniwózki, które dzieci mogą samodzielnie pchać.
- Nie guzdraj się. Postaw sobie za cel, by załatwić wszystko w jak najkrótszym czasie. Staranne czytanie etykietek lub dokładne przeglądanie owoców i warzyw pozostaw sobie na wyprawy bez dziecka, bo zanim skończysz analizować na przykład cenę jednostkową, ono będzie już dwa działy dalej.
- Unikaj kłopotów. Jeżeli dobrze znasz miejsce, w którym regularnie robisz zakupy, nie powinnaś mieć trudności z omijaniem, a przynajmniej z szybkim przechodzeniem tych działów, w których mogą czyhać problemy (zabawki, porcelana, kryształy, ciasteczka). W niektórych sklepach obowiązuje zasada, że przy kasach nie wykłada się słodyczy, by (przynajmniej teoretycznie) chronić rodziców przed atakami złości ich pociech.
- Znajdź dziecku zajęcie. Bezczynne rączki szybko same znajdą sobie „zatrudnienie" przy ściąganiu z półek tłukących się opakowań czy wyciąganiu zawartości mamusinej torebki podczas chwili twojej nieuwagi... Daj dziecku coś do robienia – na przykład niech ci pomaga, czyli niesie pudełko ulubionych krakersów, wkłada (wrzuca) nietłukące się przedmioty do koszyka, pcha własny miniwózek sklepowy, odlicza trzy opakowania jogurtu, wypatruje rzeczy o określonych kształtach (kółka, prostokąty) albo wybiera jabłka. Oczywiście taka „pomoc" może wydatnie wydłużyć czas zakupów, ale przynajmniej w ogóle je umożliwi. Poza tym twoje dziecko będzie pewnie bardzo zadowolone ze swej roli.

Na pewno już poznałaś tę jakże typową cechę dziecięcego charakteru: gdy ty (matka lub ojciec) żądasz posłuszeństwa, ono (dziecko) będzie się opierać. Ubieranie się stanowi powszechne źródło konfliktów – wymaga przecież poddania się – a ponieważ odbywa się co dnia, szczególnie trudno się z nim pogodzić. Niestety, nie ma możliwości go uniknąć (gdy trzeba wyjść do żłobka lub w ogóle dokądkolwiek), czyli jest czymś, co musi się dokonać. Ty musisz wyjść do pracy (na spotkanie, do sklepu itd.), a dziecko leży gołe na podłodze i krzyczy, absolutnie odmawiając współpracy, a raczej robiąc wszystko, by uniemożliwić ubranie go. Co zrobić? Wypróbuj następujące metody:

Zacznij, gdy dziecko jeszcze śpi. Rozpocznij ubieranie tuż po przebudzeniu się dziecka, ale zanim jeszcze przetrze oczka, a już na pewno zanim zacznie rajd po mieszkaniu (i stanie się ruchomym celem). Koniecznie zacznij je ubierać przed śniadaniem, bo im mniej będzie mieć energii na walkę z tobą, tym lepiej.

Zacznij od przytulania. Czułym uściskiem powinno ci się udać wprowadzić przyjemny nastrój, a gdyby jedno przytulenie nie wystarczyło do uspokojenia dziecka, przytul je jeszcze raz.

Poskramiaj złośnika. Zawsze dobrym sposobem na dziecięcy opór jest zabawa. „Gdzie jesteś? Nie widzę cię!" – tymi słowami często można zamienić potencjalnie denerwujące przeciąganie bluzki przez głowę w swoistą odmianę zabawy w a-ku-ku! Identycznie działają słowa: „A co się stało z twoimi stópkami?" lub: „Nie widzę twoich paluszków, gdzie one się zapodziały?!". Na pewno prędzej wywołają one piski radości niż łzy i sprzeciwy.

Postaw na magię humoru. Udawaj, że wkładasz dziecięcą koszulkę na swoją głowę, buty dziecka na swoje stopy, łapy misia albo na uszy czy dłonie dziecka, po czym pozwól mu skorygować twoje „błędy". Takie żarty zdziałają więcej niż twoje marudzenie.

Postaw na potęgę rozsądku. Uzmysłów dziecku, że wszyscy noszą ubrania i buty: wychowawczynie w żłobku, koledzy i koleżanki dziecka, babcia i dziadek, kuzyn Marek, ciocia Jasia oraz oczywiście ty. Wyjaśnij, że bez ubrania moglibyśmy zmarznąć, a bez butów nasze stopy na dworze mogą się pokaleczyć. Takie zdroworozsądkowe argumenty maluch przypuszczalnie najpierw puści mimo uszu – wszak małe dzieci raczej nie słyną z umiejętności logicznego myślenia – lecz z czasem mogą one do niego trafić i zostać przyjęte.

Zmieniaj temat. Nie rozmawiajcie o znienawidzonym ubieraniu się, lecz o tym, co będzie się działo w żłobku, lub o popołudniowej zabawie z rówieśnikiem albo choćby o deszczu za oknem. Zajmij dziecko specjalną piosenką o wkładaniu ubrań bądź niewielką zabawką. Należy pamiętać, że próby odwracania uwagi trzeba zacząć jeszcze przed rozpoczęciem ubierania dziecka, gdyż na nic się one zdadzą, jeśli atak złości już nastąpił.

Pozwól dziecku na samodzielne ubieranie się. Dzieci zawsze są bardziej skore do współpracy, gdy mogą coś zrobić same. Zrób wszystko, by wkładanie ubrań było jak najłatwiejszą (także dla ciebie) czynnością: na przykład wybierz spodenki z gumką w talii, pomóż w ich wkładaniu w ten sposób, że ty wciągniesz je dziecku do połowy, a potem poprosisz malucha, by włożył je do końca. Górne części odzieży mogą być na razie za trudne do samodzielnego wkładania, ale i tu jest pole do popisu dla dziecka: ty tylko przełożysz sweterek przez rączki i małą głowę, a potem dziecko samo zsunie go w dół. Unikaj ubrań z dużą ilością guzików czy zapięć, gdyż malec nie będzie umiał sobie z nimi poradzić – zresztą czy ty sama masz ochotę je zapinać na wijącym się szkrabie? Nie zapomnij też o butach, które łatwo się wkłada; co prawda dziecko jeszcze nie będzie umiało zupełnie samodzielnie ich włożyć, ale z przyjemnością pozapina rzepy.

Pozwól dziecku ubrać kogoś innego. Ubieranie się być może przestanie być ciężką karą, jeżeli pozwolisz dziecku ubrać kogoś innego, na przykład lalkę lub misia, czyniąc z tej zabawy część porannego rytuału. Najprawdopodobniej nie będzie mu łatwo samodzielnie wystroić zabawkę, ale może tylko zacząć, a dokończycie razem – oczywiście gdy dziecko będzie już ubrane.

Pamiętaj o wrażliwości na dotyk. Małe dzieci mają trudności z wyrażeniem słowami, a nawet domyśleniem się, co sprawia im dyskomfort, więc gdy sweterek „gryzie", sztywne dżinsy uwierają, a za ciasne buciki cisną, dzieci po prostu nie chcą ich wkładać. Niektóre maluchy są bardziej wrażliwe – a nawet nadwrażliwe – na dotyk; jeśli masz wrażenie, że twoja pociecha zalicza się do tej grupy, wybieraj dla niej miękkie, wygodne, luźne ubrania, unikaj natomiast golfów, odzieży z drapiącej wełny, sztywnych syntetyków lub krochmalonej bawełny i sprawdzaj, czy guziki, zatrzaski, szwy lub metki nie drażnią delikatnej skóry dziecka. Kupuj ubrania z miękkich mieszanek lub wstępnie pranej bawełny, a nim pierwszy raz włożysz je dziecku, wypierz kilka razy, by stały się przyjemniejsze w dotyku.

Uzbrój się w cierpliwość. Choć oczywiście masz dużo stresów i mało czasu, staraj się tego nie okazywać. Nic tak bardzo i tak negatywnie

nie działa na dziecko jak rozdrażnieni rodzice. Lepiej więc uśmiechaj się beztrosko i mów wesołym głosem (tak, tak, nawet przy dziecięcych krzykach). Ażeby następnym razem nie zabrakło ci czasu lub cierpliwości (albo i tego, i tego), zacznij dziecko ubierać wcześniej.

Moja córeczka nie chce nosić tych ubrań, które dla niej wybiorę. Nie przypuszczałam, że stanę przed takim problemem, zanim ona będzie nastolatką.

Co zrobić, gdy wojny o modę zaczynają się tak prędko? Wiele maluchów woli toczyć bitwy o inne sprawy (a są i takie dzieci, które walczą o wszystko), ale całkiem sporo decyduje się toczyć batalie o ubrania. Problem w tym, że ty musisz córkę ubrać (powinna być gotowa już od pięciu minut), a ona leży na podłodze i krzyczy, bo wybrałaś różowy sweterek (jak mogłaś!), a ona chciała inny (trudno stwierdzić który, bo pokazuje bardzo szerokim gestem). Co zrobić z taką modnisią?

Pozwól dziecku wybierać. Oczywiście nie można dać dwulatce pełnej władzy nad tym, co ma na siebie włożyć, gdyż może się to skończyć wybraniem stroju kąpielowego i pary sandałków w mroźny dzień lub zimowego kombinezonu i rękawiczek w lipcu, ale małe ustępstwa często przynoszą zadziwiające rezultaty. Zaproponuj córce możliwość wybrania jednego z dwóch czy trzech strojów (ale nie więcej, aby nie była przytłoczona wyborem), a gdyby upierała się przy czymś szalonym, jak choćby właśnie przy stroju kąpielowym w styczniu, znajdź kompromis: możesz go nosić, ale pod sweterkiem. Najlepiej jednak przeprowadzać sezonową zmianę zawartości szafy.

Chwal wybory dziecka. Gdy córeczka dokona dobrego wyboru (np. sweterek w chłodny dzień), pochwal ją, unikaj natomiast ganienia jej stylu (lub całkowitego braku wyczucia) i nie przejmuj się tym, że skarpetki i spodenki nie pasują do siebie. Mała ma jeszcze dużo czasu na naukę dobrego smaku, zresztą – powiedzmy sobie szczerze – wasze preferencje co do stylu mogą być zupełnie inne. Nie martw się jednak, nikt nie krytykuje małych dzieci za to, w co chcą się ubierać.

Spójrz na zagadnienie z pewnej perspektywy. Zastanów się nad następującym problemem: albo sprzeczność ubrań (różowa koszulka w kwiatki, ogrodniczki w czerwone paski), albo sprzeczka z córką (z atakiem złości włącznie). Czy nadal sądzisz, że warto walczyć o swoje wyczucie mody? Pomyśl w szerszych kategoriach, a dojdziesz do wniosku, że brak wyczucia u dziecka nie ma żadnego wpływu ani na nie, ani na ciebie, natomiast jego rówieśnicy jeszcze przez wiele lat nie będą oceniać go na podstawie ubrań. Jeśli tylko wybrane przez małą ubrania są bezpieczne (żadnych sandałów na śnieg) i w miarę odpowiednie (żadnej piżamy do kościoła), niech je nosi i niech cieszy się wolnością swego wyboru. Staraj się też zawsze mieć dobry humor. Wojny garderobiane zwykle kończą się na początku wieku przedszkolnego i wracają – ze zwielokrotnioną siłą – w okresie dojrzewania. Pamiętaj, to tylko mały przedsmak tego, co cię czeka w przyszłości („Chyba nie masz zamiaru wyjść z domu w takim stroju?!").

Nasze dziecko chce nosić te same ogrodniczki i koszulkę każdego dnia. Problem nie tylko w tym, że nie nadążam z praniem, lecz także w tym, że te ubrania są już znoszone i nie możemy na nie patrzeć.

Choć dla ciebie noszenie wciąż tych samych (podniszczonych z czasem) ubrań może być niezrozumiałe, na dziecko działa to uspokajająco. Po prostu lubi wiedzieć, że obojętnie co się będzie działo danego dnia, jego ukochane ogrodniczki i koszulka będą przy nim, dając mu bezpieczeństwo

Nagość dziecka

Czy twoje dziecko najchętniej biega w stroju Adama, czyli jak je natura stworzyła? Wiele maluchów cieszy się nagością bez względu na to, gdzie i z kim są. Dlaczego sprawia im to taką przyjemność? Przede wszystkim dlatego, że daje im to radosne poczucie całkowitej wolności ruchu. Po drugie, świetną zabawę zapewnia im popisywanie się nową umiejętnością, czyli rozbieraniem. Zdejmowanie ubrań to także sposób ustalania władzy i badania granic (jakże częsty temat w drugim roku życia). Gdy dziecko zrzuca choćby część z tego, co z takim mozołem na nie włożyłaś, wysyła ci następującą wiadomość: możesz sobie mnie ubierać, ale nie zmusisz mnie, bym w tym siedział! Wreszcie po trzecie, dzieci nie mają jeszcze w tym wieku zahamowań, nie rozumieją pojęcia skromności ani tego, co wypada, a co nie (co można robić publicznie, a co tylko w domowym zaciszu). Dla nich rozbieranie się do kąpieli i przed towarzyszem zabawy jest dokładnie tym samym. Im więcej będziesz wokół tego tematu robić zamieszania, tym bardziej stanie się on dla twojego dziecka interesujący. Dlatego lepiej zachować spokój, nie śmiać się oraz wypróbować poniższe metody:

- Zgódź się czasem. Jeżeli temperatura i okoliczności sprzyjają, pozwól dziecku chodzić w samej pieluszce. Kiedy natomiast obowiązkowo trzeba włożyć odzież (i pozostać w niej), ubierz swego szkraba w coś, czego nie będzie mu łatwo zdjąć – na przykład w koszulkę z małymi guziczkami, ogrodniczki, spodenki z paskiem.
- Bądź szczera, mów otwarcie. Wyjaśnij: „Nie można iść na plac zabaw bez ubrania" lub: „Jeśli się nie ubierzesz, nie będziesz się bawić z kolegami". Zwróć mu uwagę, że rodzice zawsze są ubrani, podobnie jak znajomi, inni ludzie na dworze i odwiedzający was goście.
- Stwórz dziecku inne okazje do rozbierania. Daj mu lalkę lub pluszaka w prostych ubrankach, które można zdejmować tyle razy, ile dusza zapragnie. Oczywiście gdy przyjdzie czas na rozbieranie się przed kąpielą, pozwól dziecku działać samemu.

A może to z pieluchą dziecko szarpie się najbardziej? Cóż, ponieważ chodzenie bez pieluchy może się skończyć zabrudzeniem podłogi w pokoju, staraj się aktywnie przeciwdziałać zdejmowaniu pieluchy, na przykład zakładając ją dziecku tyłem do przodu, aby nie mogło odkleić pasków. W chwilach desperacji natomiast sięgnij po porządną taśmę klejącą i oklej nią pieluchę w pasie dziecka.

powtarzalności. Jaki jest najprostszy sposób radzenia sobie z taką monotonią? Zaakceptuj tę sytuację. Kup duplikaty ukochanych ubrań (jeśli ci się uda), wypierz kilka razy, by nie wyglądały na nowe, i próbuj je podmieniać. Jednocześnie proponuj zmianę. Nie zdziw się jednak, jeśli będzie się upierać, że chce włożyć to samo co zawsze.

Ilekroć próbujemy włożyć naszemu synkowi buciki, dostaje ataku szału: wierzga i szarpie się z nami tak, że praktycznie nie jesteśmy w stanie nic zrobić.

Nie ma się czemu dziwić: z wkładaniem butów wiąże się wiele rzeczy, których dzieci nie cierpią. Otóż maluch jest wtedy trzymany, kontrolowany, staje się obiektem jakichś działań, które wolałby wykonać sam, a jeśli dochodzi do tego jeszcze jego wrażliwość na dotyk, to ma świadomość, że będzie skazany na ograniczające ruch odzienie. Gdy dodasz do tego wszystkiego typowe dla malucha negatywne podejście, to już wiesz, dlaczego wierzga jak dziki koń, kiedy widzi, jak zbliżasz się do niego z parą bucików. Aby skończyć z takim codziennym rodeo, przeczytaj porady zaczynające się na str. 207 oraz:

- ▲ Nie kupuj bucików ze sznurówkami. Ani z wysokimi cholewami, zatrzaskami czy czymkolwiek, co utrudnia wkładanie. Wybieraj takie, które łatwo można wsunąć na stópki i które mają zapięcia na rzepy. Jedyny wyjątek od tej zasady trzeba zrobić dla dziecka uwielbiającego ściągać sobie buty bez względu na czas i miejsce, ponieważ obuwie, które łatwo jest włożyć, łatwo też zsunąć ze stóp.

- Daj maluchowi nauczkę. Skoro dziecko kategorycznie odmawia włożenia butów, pozwól mu podróżować wózkiem czy w foteliku samochodowym boso (zabierając jednak buty ze sobą). Gdy zmarznie w stopy albo będzie chciało pospacerować, powiedz zwykłym tonem: „Ups, zapomniałeś bucików! Jeśli chcesz wstać i iść się bawić, musimy je szybko włożyć". Nie stosuj jednak tej taktyki w szczególnie zimne dni.
- Gdy buty nie są konieczne, nie ma sensu zmuszać dziecka do noszenia tego znienawidzonego elementu ubioru. Spacerowanie boso po parku może być chwilami trudne (i niezbyt bezpieczne), ale pozwól dziecku chodzić bez butów po mieszkaniu oraz wszędzie tam, gdzie to możliwe. Są dwa ważne powody po temu: zaoszczędzenie sobie zmagań o włożenie butów oraz to, że dla prawidłowego rozwoju stóp niezbędne jest chodzenie boso.

Moja córeczka ma chyba jakiś problem ze skarpetkami – zaczyna narzekać natychmiast po ich nałożeniu. Nie mogę odkryć przyczyny tego marudzenia.

Twoja mała, podobnie jak bohaterka bajki o królewnie na ziarnku grochu, prawdopodobnie jest wrażliwa na dotyk. Wszystko, co styka się z jej skórą, a nie jest wyjątkowo miękkie i gładkie, wywołuje nieprzyjemne uczucie (może to być para kochających ramion lub para pomarszczonych skarpet). Aby pomóc jej radzić sobie z tym problemem, po pierwsze musisz zrozumieć, że taka nadwrażliwość jest czymś od niej niezależnym. Po drugie, postaraj się domyślić, które ubrania mogą sprawiać dziecku dyskomfort, po czym ich unikać. Mogą do nich należeć grube skarpety zwijające się wewnątrz butów, skarpety szorstkie bądź takie, które mają szwy przebiegające w poprzek nad paluszkami (poszukaj skarpetek, które mają szwy pod spodem). Wybieraj miękkie, dobrze dopasowane skarpetki, które nie są jednak ani za duże (nie wystają poza końce palców u stóp), ani za małe (nie pozostawiają czerwonych śladów ani pręg na stopach dziecka). Starannie naciągnij skarpetki, zanim zaczniesz wkładać maluchowi obuwie, tak by nie pomarszczyły się w bucie. Czasem sprawdza się pomysł sprawienia dziecku skarpet w wesołe wzorki czy aplikacje, pod warunkiem że nie będą ocierać wrażliwej skóry.

Kiedy dziecko nauczy się samo wkładać skarpetki (a może to być nieprędko), wtedy będzie w stanie lepiej niż ty ułożyć je na stópkach; zresztą wtedy nadwrażliwość powinna już trochę minąć. Na razie musisz ćwiczyć cierpliwość oraz pozwalać dziecku chodzić po mieszkaniu boso, co zresztą i tak jest najzdrowsze dla stóp.

Nie jestem w stanie wcisnąć mojej córeczki w zimowy kombinezon bez względu na to, jak zimno jest na dworze.

Gdy ktoś dopiero co uzyskał swobodę chodzenia, trudno mu z tej wolności zrezygnować, a to właśnie malec musi zrobić, gdy jest ubierany przez mamusię w ciepły kombinezon czy płaszczyk. Jego rączki i nóżki, uwięzione w sztywnym zimowym odzieniu nie mogą się swobodnie poruszać, więc dziecko czuje się unieruchomione niczym żółwik w wywróconej skorupie. Dlatego stawia opór.

Problem jednak w tym, że w zimowe dni trzeba wkładać dziecku ciepłe odzienie. Tylko jak to zrobić? Oto na co warto zwrócić uwagę:

Odpowiednie ubranie. Niektóre kombinezony zimowe praktycznie uniemożliwiają małym dreptusiom chodzenie, dlatego gdy następnym razem będziesz kupować dziecku odzież wierzchnią na zimę, zwróć uwagę, by nie była ona zbyt gruba, zbyt ciężka, drażniąca, za ciasna czy w inny sposób ograniczająca ruchy. Postaraj się znaleźć taką, która ma lekką podpinkę. W dni, w które koniecznie trzeba ubrać się ciepło, włóż dziecku strój dwuczęściowy, gdyż zapewnia on znacznie większą swobodę ruchów niż jednoczęściowy kombinezon.

Wybór. Nie chodzi o to, by dziecko miało szafę pełną kombinezonów czy płaszczyków do wyboru, ale o to, by kupić taki, który nosi się na obie strony. Dzięki temu malec będzie mógł wybrać, czy danego dnia chce go włożyć na lewą czy na prawą stronę. Z kolei w bardziej łagodny zimowy dzień zaproponuj, że może zamiast ciepłej kurtki włożyć nieco lżejszy skafander na bardzo ciepły sweterek.

Wyzwanie. Niekiedy, przy odrobinie szczęścia, rzucając dziecku wyzwanie, sprawisz, że przyodzianie go stanie się mniejszym wyzwaniem dla ciebie. Powiedz: „Zobaczmy, jak szybko włożymy nasze płaszcze!". Lub uklęknij, by twoja pociecha mogła „pomóc" ci włożyć kurtkę (w końcu ty przecież „pomagasz" jej się ubierać).

Odwracanie uwagi szybkim mówieniem i jeszcze szybszym działaniem. Odwróć uwagę dziecka ciekawą rozmową i/lub kilkoma pomocami (zabawka, pęk kluczy), zanim podejdziesz do niego z płaszczykiem.

Coś nieoczekiwanego. Nim podejmiesz próbę włożenia dziecku płaszczyka, spróbuj zrobić z tym płaszczykiem coś śmiesznego, na przykład „włóż" go na siebie (to będzie dość zabawne) i obwieść: „Jestem gotowa!". Albo owiń płaszczykiem pluszowego dinozaura czy lampę. Przy pewnej dozie szczęścia dziecko tak się rozweseli, że zapomni protestować, kiedy będzie w płaszczyk odziewane. A jeśli odezwie się w nim przebłysk poczucia własności, będzie wręcz żądać, by mu go włożyć!

Odrobina logiki. Nim atmosfera zagęści się na tyle, że dziecko dostanie ataku złości, spróbuj przemówić mu do rozsądku: podejdźcie do okna, za którym widać przechodniów, i pokaż mu ich: „Zobacz, jak zimno jest na zewnątrz, wszyscy mają zimowe okrycia. Brrrr! Musimy się ciepło ubrać, żeby móc wyjść na dwór!".

Gdyby jednak żadna z pokojowych metod nie sprawdziła się, nie ma wyboru: trzeba dziecko ubrać wbrew jego woli. Musisz być przy tym stanowcza, lecz wyrozumiała („Wiem, że nie chcesz włożyć płaszczyka, ale kiedy na dworze jest zimno, to trzeba") i zachować spokój, który chłodem dorównuje temperaturze na zewnątrz. Kiedy dzieło będzie już dokonane, szybko zmień temat („Chodźmy prędko na dwór; ciekawe, czy nasz oddech zamieni się w parę!").

Gdy tylko włożę synkowi czapkę i rękawiczki, on z obrzydzeniem je ściąga. Sytuacja wciąż się powtarza, a on zawsze ze mną wygrywa.

Niemal każde dziecko odczuwa silną potrzebę zdejmowania czapki i rękawiczek, ale na szczęście goła głowa i paluszki tylko marzną (zwłaszcza głowa, gdyż to przez nią organizm traci najwięcej ciepła), natomiast rzadko prowadzi to do przeziębienia – to potrafią wywołać tylko wirusy. Przez większość dni nie trzeba się martwić tym, że malec ściąga czapkę i rękawiczki.

Gdy jednak robi się szczególnie zimno i temperatura odczuwalna na dworze spada poniżej zera, pojawia się zagrożenie odmrożeniem, a wówczas czapka i rękawiczki są niezbędne i twoim obowiązkiem jest tego dopilnować. Oto kilka czynników, które powinnaś wziąć pod rozwagę:

▲ Wygoda. Czapka z miękkiego syntetyku (na przykład polarku) będzie lepsza niż ta z drażniącego materiału (na przykład wełny). Chętniej też malec będzie nosić na głowie coś luźnego, co nie ciśnie (tak

Wykonywanie zadań jako zabawa

Czy twoje dziecko gwałtownie protestuje, gdy ma mieć myte włosy, ma być ubierane, przypinane pasami, gdy musi poukładać zabawki? Czy buntuje się przeciw wielu innym rzeczom? Oczywiście, przecież jego zadanie właśnie na tym polega, by sprzeciwiać się rodzicom i temu, co z nim robią. A na czym polega twoje zadanie? Na sprawieniu, by wszystkie niezbędne czynności były wykonywane w formie zabawy. Oto kilka skutecznych sposobów na zwalczenie oporu szkraba:

Śmieszne teksty. Nie trzeba być gwiazdą rocka, by zabawiać swe dziecko piosenkami. Wymyślony na poczekaniu tekst: „Masz na głowie kołtuniki niczym małpka Fiki Miki" albo inna parodia własnego autorstwa powinny stanowić dobry początek każdego działania. Im bardziej absurdalny tekst, tym skuteczniej powinien odwrócić uwagę dziecka. Najlepiej śpiewaj zawsze ten sam tekst, gdy wykonujesz określone nielubiane przez dziecko czynności.

Komedia pomyłek. Dla małej istoty, której zawsze się mówi, co ma robić i jak ma to robić, nie ma nic zabawniejszego niż popisywanie się. Celem zabawy jest danie dziecku tej przyjemności w zamian za uzyskanie jego podporządkowania się. Gdy chcesz, żeby wypiło kubek mleka, powiedz: „Ooo, tu jest moje pyszne mleczko, mniam, mniam! Zaraz je wypiję!". W porze kąpieli natomiast, zanim malec wytoczy działa, obwieść: „Jestem gotowa do kąpieli!" i zacznij zdejmować skarpetki, udając, że zaraz wejdziesz do wanny. Dziecko będzie miało sporą frajdę z poprawiania cię („To moje mleko!", „To moja kąpiel!") oraz z absurdalności sytuacji, a ty z tego, że dziecko (oby!) sięgnie po kubek z mlekiem lub bez ociągania wskoczy przed tobą do wanny.

Humor, który ratuje sytuację. Twoje zadanie polega na tym, by w chwili, gdy nadciągają chmury burzowe, nie złościć się, lecz rozładować sytuację dowcipem. Gdy malec odmówi włożenia butów, udawaj na przykład, że ubierasz w nie lalkę, a jeśli opór dotyczy płaszczyka, spróbuj sama go włożyć. Przy pewnej dozie szczęścia twoje działania sprowokują nie tylko śmiech, ale i pożądaną reakcję: „Dawaj! To moje buciki! Mój płaszczyk!".

Śmieszny głos. Zabawne brzmienie głosu: wysokie, bardzo niskie, piszczące lub skrzekliwe powinno odwrócić uwagę malca od sytuacji konfliktowej, a jeśli należysz do utalentowanych osób potrafiących naśladować dźwięki (dzwonek, róg, syrenę, głosy zwierząt itp.), wykorzystaj swój dar do zabawienia dziecka – z pożądanym dla ciebie skutkiem.

Śmieszne miny. Nie trzeba wiele, by rozbawić malucha: ot, wydąć policzki, ściągnąć wargi, wystawić język. Zresztą próbuj tak długo, aż stwierdzisz, co najbardziej działa.

Zmyślona sytuacja. Nieco starszy maluch, który odmawia włożenia bucików, może się poddać urokowi zabawy w sklep: ustaw w rządku kilka par butów, które zdecydowanie nie są na jego rozmiar, po czym zasugeruj, by włożył pierwszą parę. Po sprawdzeniu wszystkich par może sam chętnie włoży te buciki, które są „dokładnie takie jak trzeba". Zmyślanie można przenieść do łazienki w porze kąpieli i pobawić się w salon piękności albo do salonu w porze obiadu i udawać, że to restauracja.

Na wyścigi. Zorganizuj konkurs mycia rąk (kto zmyje brud szybciej?), wkładania rękawiczek albo zbierania zabawek.

Psychologia odwrotna. Czasem doskonały skutek uzyskuje się poprzez odwrócenie sytuacji: „Cokolwiek robisz, nie śmiej się... nie, nie! och, czy ja widzę uśmiech?".

jak na przykład ciasna czapka zrobiona na drutach). Czapka w typie kominiarki którą nasuwa się na głowę, a która chroni też szyję i podbródek i dodatkowo nie wymaga wiązania ani noszenia szalika, stanowi zazwyczaj najlepszą opcję. Dziecko przypuszczalnie chętniej też zaakceptuje dzianinowe rękawiczki, które są delikatniejsze i mniej krępują ruchy dłoni niż grube rękawiczki z jednym palcem. Ich dodatkowa zaleta: trudniej je zdjąć niż te grube. Wada: nie są tak ciepłe.

- ▲ Zabawa. Sprawdź, jak dziecko zareaguje na czapkę o zabawnym kształcie, na przykład z psimi uszkami, czy na rękawiczki pacynki wyglądające jak zwierzątka (pokaż, że można się nimi bawić, że jedna rączka może „rozmawiać" z drugą itp.) lub przybrane błyszczącymi elementami, ulubionymi postaciami z bajki albo innymi ozdóbkami.

- Wytrwałość i cierpliwość. Gdy chłód nie jest zbyt dokuczliwy, nie zmuszaj malca do noszenia czapki i rękawiczek, ale jeśli jest zimno, uświadom dziecku, iż nie ma innej opcji, choćbyś miała wytrwale wkładać niechciane części garderoby za każdym razem, gdy malec je ściągnie. Uważaj wszakże, by nie stało się to rodzajem zabawy czy sposobem dziecka na zwracanie na siebie uwagi (a wiesz, jak dzieci lubią to robić). Bądź rzeczowa, nie okraszaj swych starań komentarzami ani żarcikami. Mów po prostu, że jest zimno, więc trzeba nosić czapkę i rękawiczki. Następnie spróbuj zmienić temat, pokazując wiewiórkę na drzewie czy nucąc piosenkę. Jeśli przebywacie na świeżym powietrzu dla przyjemności, poinformuj, że wrócicie do domu: „Nie ma czapki na głowie, nie ma zabawy!".

Frustracje przy samodzielnym ubieraniu się

Moja córeczka chce się ubierać samodzielnie, bez pomocy z mojej strony, zwykle jednak tak się przy tym niecierpliwi, że wszystko kończy się jedną wielką złością.

Życie małego dziecka to seria wyzwań, które w większości chętnie podejmują, ale wielu jeszcze nie są w stanie podołać, nawet mimo usilnych starań. Jedną z najtrudniejszych takich rzeczy jest samodzielne ubieranie się. Niezdarne paluszki, niedopracowana mała motoryka, nie najlepsze wyczucie równowagi utrudniają wygranie bitwy, jaką dla rocznego dziecka stanowi włożenie ubrania. Ta umiejętność pojawia się dopiero około trzeciego roku życia.

Do tego czasu wszelkie takie próby zwykle kończą się złością i frustracją. Chociaż niemożliwe jest nieustanne chronienie malucha przed przykrymi napięciami emocjonalnymi – zresztą jest to niepożądane, gdyż pewna doza frustracji motywuje do rozwoju i osiągania celów – możesz troszkę poćwiczyć z córką trudną sztukę ubierania się i zminimalizować jej złość, podejmując następujące kroki:

Spróbuj ułatwić dziecku zadanie. Kiedy kupujesz ubrania lub wybierasz je z szafy, poszukaj dających się łatwo wciągnąć spodenek, szortów, spódniczek na gumce, sweterków i koszulek z szerokim wycięciem na głowę, sukienek, które nie utkną w połowie ciała, i w ogóle rzeczy bez zamków, guzików, klamer czy rzepów.

Podkreśl znaczenie pracy zespołowej. Córeczka potrzebuje praktyki i satysfakcji płynącej z samodzielnie wykonanego zadania, a ty musisz ją ubrać i wyjść z nią z domu. I to w miarę szybko. Uświadom dziecku, że przecież nie musi brać na siebie całego zadania, bo ubieranie może być zadaniem dla zespołu. Po prostu powiedz: „Ubierzemy cię razem!".

Pozwól dokończyć zaczęte przez ciebie dzieło. Jeśli włożenie ubrań od początku do końca jest jeszcze dla dziecka za trudne (dwie nóżki zawsze lądują w jednej nogawce, a sukienka jest wkładana tyłem do przodu), ty zacznij ubieranie i pozwól dziecku dokończyć dzieła. Na przykład przełóż bluzę przez głowę córeczki, po czym poproś, by zsunęła ją w dół, albo włóż jej spodnie do wysokości kolan i zachęć ją, aby naciągnęła je do końca. Jeśli przy tym poudajesz, że to ty potrzebujesz pomocy („Nie mogę sobie poradzić z tymi spodenkami, pomożesz mi?"), będzie to dla niej szczególnie motywujące.

Zrzucaj winę na rzeczy, nie na dziecko. Gdy mała wpada w złość przy ubieraniu, skrytykuj ubranie, a nie jej marne próby: „Ten sweterek jest dziś naprawdę nieznośny, ale może razem jakoś sobie z nim poradzimy!".

Trudne dziecko

Już posiadanie trudnego niemowlęcia dało mi się mocno we znaki – jestem pewna, że moje ustanowiło rekord świata w kolkach i płaczu. Teraz moje dziecko jest nie tyle trudne, ile po prostu nie do wytrzymania!

Niekiedy niełatwo odróżnić dziecko, które przysparza zwyczajnych problemów, od dziecka szczególnie trudnego. Wszak wielu rodziców mówi o swoich pociechach, że są małymi złośnikami, wszystko negują, buntują się, opierają wszelkim zmianom, czyli jednym słowem są trudne. Bywają jednak takie dzieci, których zachowanie znacznie wykracza poza zwykłe sprawianie trudności. Mają znacznie silniejsze tendencje do wpadania w złość, negowania, buntowania się, ich rytuały są bardziej nasilone. Zwykle – tak jak w twoim przypadku – były wcześniej trudnymi niemowlętami, które płakały i marudziły częściej niż ich rówieśnicy (przy czym trzeba zaznaczyć, iż nie każde dziecko cierpiące na częste kolki staje się trudne). Niełatwo było sobie z nimi radzić, gdy były zupełnymi maluszkami, a po ukończeniu roku jest jeszcze gorzej.

Świadomość, że nie jesteś sama, że około dwudziestu pięciu procent rodziców małych dzieci dzieli twój los, jest może mało pocieszająca, ale warto tę świadomość mieć, gdyż pełne współczucia rozmowy z takimi rodzicami, wymienianie się opowieściami i poradami powinny stać się pewną pomocą. Osoby takie znajdziesz na forach internetowych dla rodziców najmłodszych dzieci, na przykład na WhatToExpect.com. Dobrze jest też wiedzieć, co sprawia, że twoje dziecko jest takie trudne i co można na to poradzić. Tekst w ramce zaczynający się na str. 218 opisuje różne typy trudnych dziecięcych temperamentów, a także techniki radzenia sobie z nimi. Jeszcze bardziej pomóc ci może spojrzenie na problem z odrobiną dystansu. Pamiętając o poniższych informacjach, łatwiej poradzisz sobie z trudnym zachowaniem malucha.

- ▲ Wrodzony temperament to wrodzony temperament – kiedy dziecko zachowuje się zgodnie ze swoją osobowością, to nie jest ono niegrzeczne, tylko jest po prostu sobą. Oczywiście nie oznacza to, że zachowania nie można zmodyfikować, skanalizować (czyli nieco okiełznać) czy nawet zmienić – chodzi jedynie o to, że nie jest ono niczyją winą.
- ▲ Skrajności osobowości mogą (w przyszłości) okazać się wielką zaletą. Te same cechy dziecka, które doprowadzają jego rodziców do szaleństwa, gdy ma ono dwa lata (na przykład przesadny perfekcjonizm), mogą się stać powodem rodzicielskiej dumy, gdy dziecko będzie miało dwadzieścia dwa lata. Wyjątkowo trudne dzieci często stają się – dzięki odpowiedniemu wsparciu i słowom zachęty – wyjątkowo zmotywowanymi, pracowitymi i odnoszącymi sukcesy dorosłymi.
- ▲ Należy przyjąć to, co dała natura. Trzeba akceptować i cenić dziecko takie, jakie ono jest, zamiast próbować je zmieniać na takie, jakim chciałoby się je widzieć, gdyż właśnie dzięki akceptacji można zamienić pewną skłonność w zaletę. Jednocześnie dziecko będzie się lepiej czuło, wiedząc, że jest kochane z całym swoim bagażem skłonności i zachowań. Zyska więcej pewności siebie, a życie stanie się dla wszystkich szczęśliwsze.
- ▲ Być może to tylko etap przejściowy. Czasem zachowanie malucha nie tyle wynika z temperamentu, ile jest związane z danym etapem rozwoju, a to oznacza, że kiedyś dziecko z niego wyrośnie. W innych przypadkach mamy do czynienia z połączeniem temperamentu i fazy rozwoju, a więc z biegiem czasu zachowanie będzie się stopniowo stawać coraz mniej uciążliwe – trudności będą występować, ale w znacznie mniejszym nasileniu. Powtarzaj sobie, że to minie, a przynajmniej będzie znacznie łatwiejsze do zniesienia.

ŻYCIE Z DZIECKIEM O TRUDNYM TEMPERAMENCIE

Życie codzienne z dzieckiem, nawet najspokojniejszym, wiąże się z wieloma wyzwaniami, a życie z dzieckiem trudnym oznacza (niekiedy) wręcz niekończącą się serię wyzwań. Stres wynikający z radzenia sobie z malcem, który nie może nigdzie zagrzać miejsca ani przez chwilę, który w obliczu najmniejszej trudności kompletnie traci panowanie nad sobą, który jest szczególnie wrażliwy na dźwięk i dotyk albo który ani na chwilę nie przestaje być głośny, bywa dla rodziców przytłaczający i wycieńczający. Nawet przy najlepszych intencjach nie sposób nie czuć czasem frustracji, kiedy bezustannie trzeba poszukiwać sposobów pomocy dziecku i sobie.

Określenie, które dzieci są wyjątkowo trudne, a które trudne w sposób typowy dla swojego wieku, jest przypuszczalnie subiektywne, gdyż zachowanie, jakie jednym rodzicom wydaje się typowe i znośne, może dla innych być ogromnie uciążliwe (zwłaszcza jeśli ich poprzednie dziecko było bardzo spokojne). Niekiedy sprawiające kłopoty zachowania dziecka wynikają z jego wrodzonego temperamentu; czytaj: rodzice są skazani na znoszenie ich przez długie lata. Czasem jednak ich przyczyną jest pewien etap rozwoju – fazy przejściowe dzieciństwa – albo choroba lub stres. W obu tych przypadkach można podjąć pewne działania, by radzić sobie z postępowaniem dziecka.

Bez względu na to, czy twoje dziecko idealnie pasuje do jednej z opisanych kategorii, czy też jego charakter stanowi mieszankę dwóch lub trzech kategorii, poniższe rady powinny okazać się pomocne.

Dziecko hiperaktywne. Przy takich dzieciach przeciętnie aktywny maluch zdaje się poruszać jakby w zwolnionym tempie. Dzieci hiperaktywne nie usiedzą spokojnie, buntują się przeciwko każdej próbie ograniczenia ich swobody (fotelik samochodowy, wysokie krzesełko, nawet łóżeczko), są nieokiełznane i łatwo tracą panowanie nad sobą.

Sposoby postępowania:

- Zapewniaj jak najwięcej okazji do zabawy na świeżym powietrzu i rozładowywania energii. Jednocześnie musisz ustalić pewne ograniczenia z uwagi na bezpieczeństwo i bezwzględnie je egzekwować.
- Nie dopuszczaj, by ekspansywne zachowanie dziecka przerodziło się w zachowanie, nad którym tracisz kontrolę. Widząc, że malucha zaczyna ogarniać gorączkowe szaleństwo, weź go na bok i spokojnie wyjaśnij: „Zaczynasz się zachowywać jak dzikusek, więc jeśli się nie uspokoisz, nie będziesz się bawił na zjeżdżalni". Jeśli szaleństwo będzie przybierać na sile, powtórz ostrzeżenie, po czym zabierz dziecko z miejsca zabawy i pomóż mu się wyciszyć za pomocą jednej lub kilku technik radzenia sobie z bardzo aktywnym dzieckiem – ich opis znajdziesz na str. 75–77. Inną możliwością jest znalezienie ujścia dla nadmiaru dziecięcej energii w taki sposób, który jest akceptowalny (patrz str. 79).
- Uszanuj to, że malec nie potrafi usiedzieć spokojnie, i unikaj sytuacji, w których musiałabyś od niego tego wymagać.
- Spytaj lekarza o wyniki najnowszych badań łączących hiperaktywność z dietą, dodatkami do żywności (zwłaszcza sztucznymi barwnikami) i nadmiarem cukru. Postaraj się prowadzić dzienniczek tego, co dziecko je, aby spróbować znaleźć związek pomiędzy jego zachowaniem a dietą: czy przejście na naturalnie barwione lody lub wykluczenie płatków śniadaniowych o wyjątkowo intensywnych kolorach mogło sprawić, że dziecko stało się nieco spokojniejsze? Czy trzy dni zajadania się kolorowymi cukierkami, które malec dostał na Mikołaja, obudziło w nim dzikie zwierzątko? Jeśli tak, już wiesz, co trzeba zrobić.

Dziecko ze słabą koncentracją uwagi. Niezdolność do dłuższego skupienia uwagi jest typowa dla małych dzieci, ale maluchy, o których tu mowa, wcale nie są do tego zdolne: przeskakują z jednej czynności do drugiej, tracą zainteresowanie zajęciem, zanim jeszcze zdążą się w nie naprawdę zaangażować, i nie potrafią słuchać rodziców ani opiekunów, zwłaszcza jeśli nie są zainteresowane jakąś czynnością lub tym, co się do nich mówi.

Ponieważ dzieci w tym wieku w ogóle nie potrafią się koncentrować przez dłuższy czas, dzieci ze słabą koncentracją nie wymagają jakiegoś specjalnego traktowania, można jednak próbować wydłużać okresy ich skupienia.

Sposoby postępowania:

- Nie zmuszaj dziecka do skupiania się dłużej, niż jest w stanie to robić (nie ma niczego złego w tym, że słuchanie bajeczki przerwie się dosłownie po chwili).
- Angażuj dziecko w czynności, które możecie wykonywać razem, takie jak na przykład malowanie palcami czy lepienie figurek z plasteliny. Łatwiej się koncentrować na czymś w towarzystwie.

- Spokój i cisza w domu mogą mieć dodatni wpływ na wydłużenie okresu koncentracji dziecka, podobnie jak ograniczenie liczby przedmiotów w otoczeniu, gdyż te mogą niepotrzebnie rozpraszać malca.
- Ponieważ oglądanie telewizji ma zły wpływ na zdolność dzieci do skupiania uwagi, nie pozwalaj swemu malcowi oglądać jej często; najlepiej, by wcale nie miał z nią kontaktu. Staraj się, by telewizor nie stanowił w domu tła.
- Namawianie dziecka do tego, aby patrzyło ci w oczy, gdy do niego mówisz lub wydajesz polecenia, jest dobrym sposobem chwilowego odwrócenia jego uwagi od spraw, które je rozpraszają. Powiedz: „Proszę, chodź tutaj i usiądź przy mnie, chcę z tobą porozmawiać". Trzymając dziecko blisko siebie lub na kolanach, popatrz na nie i powiedz: „Spójrz na mnie i posłuchaj, co mam ci do powiedzenia". Możesz też przykucnąć, by znaleźć się na jego poziomie.

Dziecko trudno adaptujące się. Takie dzieci jeszcze bardziej niż ich rówieśnicy potrzebują niezmienności, rytuałów i rutyny, mają swoje ulubione ubranka, potrawy i zabawki, a każdą zmianę w ciągu dnia, choćby minimalną, uważają za coś niepokojącego i reagują na nią rozdrażnieniem. Mając do czynienia z nowymi ludźmi, miejscami, sytuacjami, jedzeniem czy nawet ubraniami, dziecko takie wycofuje się, płacze, trzyma się kurczowo rodziców, a namawiane do kontaktu z nowością może dostać ataku złości. Często też takie dzieci wykazują się uporem i wytrwałością, mają tendencję do długotrwałych okresów złości i ciągłego marudzenia. Gdy jednak przywykną do nowej sytuacji, to akceptują ją w pełni i wręcz nie chcą jej zmiany; na przykład najpierw nie chcą za żadne skarby iść do żłobka, a potem nie chcą wracać do domu.

Sposoby postępowania:

- Staraj się oszczędzić dziecku zaskakujących sytuacji i jeśli to możliwe, przygotowuj je na zmianę: „Po obiedzie pójdziemy się bawić do Ani". Natomiast przed wyjściem od koleżanki zasygnalizuj maluchowi: „Możesz jeszcze raz rzucić piłką i wracamy do domu". Dawaj swej nieśmiałej pociesze jak najwięcej czasu na zaaklimatyzowanie się do nowych okoliczności czy nieuniknionej zmiany planów, a czekając na akceptację, wspieraj ją, bądź cierpliwa i tak wyrozumiała, jak tylko możesz. Jeśli dziecko ma tendencję do kurczowego trzymania się ciebie w obliczu nowej sytuacji, delikatnie zachęcaj je, by nie ściskało tak mocno twojej szyi czy nogi, ale nie zmuszaj do niczego.
- Używanie minutnika może również ułatwić maluchowi przystosowanie się do zmiany („Gdy włączy się sygnał, to znaczy, że czas na kąpiel").
- W miarę możliwości nie zmieniaj tego, co stare i ulubione (odwiedzajcie znajomy plac zabaw zamiast nowych miejsc w różnych częściach miasta, podawaj te same płatki zbożowe zamiast całkowicie nieznanych).
- Dziecku łatwiej będzie przeżyć zmianę, jeśli wybierzesz na nią najlepszy moment (na przykład poczekaj, aż znudzi mu się zabawa we wkładanie do kuli przedmiotów według kształtów, zanim zawołasz je na obiad).
- Zamiast kupować kolejne ubranka w odmiennych kolorach i fasonach, kiedy dziecko wyrosło, wybieraj takie, które będą mu najbardziej przypominały stare rzeczy. Pozwól mu też nosić codziennie to samo ubranie, jeśli zapewnia to maluchowi dobre samopoczucie, nawet jeśli oznacza to kupowanie kilku takich samych sztuk (jedne w noszeniu, drugie w praniu).
- Podawaj dziecku codziennie to samo jedzenie, skoro zapewnia mu ono tak potrzebne poczucie bezpieczeństwa.
- Proponuj nowe rzeczy – odrobina gulaszu z twojego talerza do obowiązkowego dla dziecka makaronu albo inny sweterek na wciąż tę samą bluzeczkę – ale nie zmuszaj do niczego.
- Unikaj dużych zmian, które mogą poczekać. Chcesz zmienić sofę w dużym pokoju, kafelki w kuchni albo dywanik w łazience? Lepiej z tym poczekać, aż malec wyrośnie trochę i stanie się bardziej otwarty na zmiany. Jeśli nie można poczekać, trzeba starać się zmieniać tylko jedną rzecz na raz.
- Gdy zmiana jest nieunikniona – na przykład ukochane trampki muszą ustąpić miejsca nowej parze w odmiennym stylu – daj malcowi czas na przyzwyczajenie się do niej. Opowiadaj o nowej rzeczy przez kilka dni, zanim wybierzecie się na zakupy, pozwól dziecku oswoić się z nowym nabytkiem (poprzez jego oglądanie, dotykanie, noszenie po mieszkaniu). Nie zmuszaj, by włożyło nowe trampki prosto po wyjęciu ich z pudełka.

Dziecko hałaśliwe. Tego malca zawsze słychać, a wszyscy, którzy znajdują się w pobliżu, natych-

dokończenie na następnej stronie

dokończenie z poprzedniej strony

miast wiedzą, czy jest szczęśliwy, niezadowolony, wściekły, sfrustrowany czy zmęczony.

Sposoby postępowania:

- Spróbuj wyrobić w dziecku nawyk ściszania głosu w domu, pozwalając mu na większą swobodę wysławiania się na dworze. Proponuj dziecku zabawy wymagające szeptania.
- Stwarzaj dziecku częste okazje do wyżywania się głosowo w społecznie akceptowalny sposób poprzez śpiewanie piosenek, naśladowanie głosów zwierząt, recytowanie wierszyków.
- Jeśli maluch zupełnie nie umie mówić cicho, pomyśl, jak możesz wyciszyć pomieszczenia w domu.

Dziecko niepoddające się rytmowi dnia. Jako niemowlęta dzieci te nigdy nie jadły ani nie sypiały regularnie i nikt nie był w stanie przewidzieć, kiedy się przebudzą, zasną, zechcą odbyć drzemkę ani kiedy będą głodne, rozdrażnione bądź radosne. W okresie poniemowlęcym ta zgadywanka trwa nadal. Jak nietrudno się domyślić, mają trudności z dostosowaniem się do harmonogramu dnia, na przykład z dostosowaniem się do pory nocnego spoczynku.

Sposoby postępowania:

- Przede wszystkim nie licz na to, że takie dziecko kiedykolwiek podda się ustalonemu schematowi. Staraj się zachować pewien plan dnia, zwłaszcza jeśli jest on dla ciebie ważny, ale w razie potrzeby naginaj go. Na przykład jeśli malec nie jest głodny w porze obiadowej, zaproponuj, by przegryzł coś przy stole, ale nie zmuszaj go, by zjadł cały posiłek. Podaj mu go wtedy, gdy zgłodnieje. Nie nalegaj też, by zawsze kładł się na drzemkę o stałej porze, jeśli nie jest w stanie zasnąć. Pilnuj jedynie, by w ciągu dnia odpoczywał tyle, ile potrzebuje jego organizm. Kąpiel nie musi odbywać się codziennie wieczorem czy po obiedzie – jej pora może być płynna, na przykład jednego dnia dziecko może się kąpać tuż przed pójściem do łóżka, innym razem zaraz po powrocie z placu zabaw, a jeszcze innym po śniadaniu.
- Utrzymuj stałe pory układania dziecka do snu, ale nie żądaj, by zasnęło ono natychmiast po położeniu się do łóżeczka. Powiedz mu, że prosisz tylko, by leżało spokojnie. Poświęć kilka chwil na czytanie książeczki, daj dziecku zabawkę albo włącz ulubione kołysanki, które wyciszą malucha przed snem.

Dziecko o niskim progu wrażliwości (nadwrażliwe). Skarpetki się pofałdowały, sweterek gryzie, kołnierzyk jest za wysoki, płaszczyk za ciepły, zegar za głośno tyka, lampa świeci za jasno, piesek śmierdzi, mus jabłkowy ma grudki, brokuły są za gorzkie, a lody za bardzo roztopione. Wprawdzie niemal każde dziecko ma swój czuły punkt, to jednak dziecko nadwrażliwe (a także z zaburzeniami przetwarzania sensorycznego – SPD oraz z zaburzeniami integracji sensorycznej – SID; patrz str. 458) jest przeczulone na punkcie wszystkiego. Drażnić je może światło, dźwięki, kolor, faktura powierzchni, temperatura, ból, smak czy zapach, a bodźce, na które inni zupełnie nie reagują, będą w nim wywoływały stan napięcia.

Sposoby postępowania:

- Zasadniczą sprawą jest twoja wyrozumiałość, akceptacja i niezaprzeczanie. Pofałdowane skarpetki naprawdę uwierają, sweterek faktycznie gryzie, natomiast brokuły rzeczywiście mają intensywnie gorzki smak. Pokaż, że rozumiesz, co dziecko czuje, mówiąc: „Wiem, że nie lubisz, gdy na dworze jest tak głośno" lub: „Zdaję sobie sprawę, jak paskudny zapach ma dla ciebie śmietnik".
- Poprzez codzienne działanie pokaż dziecku, że szanujesz jego uczucia. Kup skarpetki ze stretchu, które są dobrze dopasowane (ale nie za ciasne) i nie

WSZYSTKO O...

POSKRAMIANIE NAPADÓW ZŁOŚCI

W książkach można wyczytać, iż napad złości u dziecka to po prostu rodzaj złego zachowania, ale dla rodziców, którzy obserwują, jak ich radosne, słodkie i uśmiechnięte dziecko nagle przeobraża się w wijące się, wymachujące i wierzgające źródło niepohamowanej wściekłości, definicja ta jest stanowczo zbyt łagodna. Co zatem sprawia, że mały cherubinek zamienia się w minipotwora?

Jest to zwykłe dziecięce zachowanie. Złość jest po prostu częścią życia dziecka, zachomają szwu w poprzek palców; wybieraj delikatne bawełniane ubranka, które nie drażnią skóry (warto je przeprać, by zmiękły, zanim dziecko włoży je po raz pierwszy); unikaj odzieży, która ma drapiące wewnętrzne szwy, jest wykonana z szorstkich tkanin lub ma wysokie, sztywne lamówki przy szyi. Usuń też wszystkie metki, które mogą ocierać wrażliwą skórę dziecka. Jeśli zawiązywanie i rozwiązywanie sznurowadeł zabiera rano zbyt dużo czasu, kup buty zapinane na rzepy.

- Uszanuj delikatne podniebienie dziecka: nie zmuszaj do jedzenia brokułów i podawaj mocno zmiksowany mus jabłkowy, bez kawałeczków owoców.
- Jeśli dziecko zawsze marudzi przy wkładaniu bielizny, ubieraj je w taką, która nie ogranicza swobody ruchu. Unikaj też zbyt ciężkich, krępujących ruchy kurtek. Szanuj również wyczulenie malucha na kolory i weź je pod uwagę, robiąc zakupy lub remontując mieszkanie.
- Gdy dziecko reaguje źle na niektóre zapachy, szukaj bezwonnych produktów (od szamponu przez papier toaletowy po proszki do prania) i sama nie używaj perfum, a twój mąż wody kolońskiej.
- Jeśli to możliwe, dostosuj natężenie światła i dźwięku w domu do takiego poziomu, jaki twoje nadwrażliwe dziecko jest w stanie znieść. Można na przykład zastąpić tykający zegar urządzeniem elektronicznym, zainstalować ściemniacz światła, ściszać radio i telewizję, a także stosować różne metody tłumienia dźwięków.

Dziecko zbyt poważne. Takie dzieci rzadko się uśmiechają jako niemowlęta, a jako dwulatki częściej płaczą i narzekają. Sprawiają wrażenie zbyt poważnych jak na swój wiek, wręcz ponurych.

Sposoby postępowania:

- Spróbuj znaleźć rozwiązanie innych problemów z temperamentem (na przykład trudności z przystosowywaniem się), które dziecko może mieć, a które sprawiają, że malec jest nieszczęśliwy.
- Często się uśmiechaj, wprowadzaj element humoru do codziennych sytuacji, śmiej się, by rozładować napięcia (ale nigdy nie śmiej się z powagi dziecka). Może w ten sposób uda ci się nieco poprawić mu nastrój?
- Sprawdź, czy życie dziecka nie obfituje w jakieś mocno stresujące okoliczności, takie, które mogą powodować jego niepokój. W grę wchodzi tu również twój stres, albowiem maluchy odbierają nastroje swych rodziców. Gdyby tak było, zrób wszystko, co w twojej mocy, by ten czynnik wyeliminować.
- Porozmawiaj z lekarzem na temat nastroju dziecka. Poważne usposobienie może wynikać z temperamentu, ale jeśli malec wciąż sprawia wrażenie nieszczęśliwego, należy się temu przyjrzeć, gdyż nie jest to normalne, zwłaszcza jeśli wcześniej był raczej zadowolony. Depresja u takich maluchów, choć nie jest częsta, też się zdarza. Objawia się ona nie tylko chronicznym smutkiem, lecz również wycofaniem, rozdrażnieniem, sennością i brakiem zainteresowania różnymi zajęciami. Jeśli przypuszczasz, że twoje dziecko może chorować na depresję, powinnaś natychmiast zaprowadzić je do psychiatry specjalizującego się w leczeniu najmłodszych. Dopasowana do wieku terapia może dziecku bardzo pomóc.

Niezależnie od tego, jakie problemy stwarza teraz twoje dziecko, masz przed sobą światełko w tunelu, bo choć trudny malec może stać się trudnym przedszkolakiem i trudnym nastolatkiem (ale czyż wszystkie nastolatki nie są trudne?), najtrudniejsze są pierwsze lata. Staraj się więc wpływać na to, na co możesz mieć wpływ, z miłością akceptuj to, na co wpływu nie masz, i trzymaj się mocno. Z czasem charakter dziecka wymagać będzie coraz mniej pracy z twojej strony.

waniem demonstrowanym przez dosłownie wszystkie maluchy w tym wieku. Jej ataki zaczynają się czasem już pod koniec pierwszego roku życia, nasilają się w drugim roku i trwają niekiedy jeszcze po czwartych urodzinach. Dziecko, które ma napad złości, nie jest złe – ono po prostu zachowuje się normalnie jak na swój wiek.

Co kryje się za atakami złości dziecka?

Jest wiele powodów, dla których napady złości są właściwe rozwojowo dla dwulatków i stanowią prawidłowy etap ich życia. Są to:

- ▲ Potrzeba rozładowania frustracji. Być dwulatkiem to niełatwa sprawa. Jego

TE „STRASZNE DWULATKI"

Myślisz, że masz jeszcze rok spokoju, zanim twoje dziecko stanie się tak zwanym strasznym dwulatkiem? Prawdopodobnie nie. Ta prawidłowa (i raczej źle nazwana) faza rozwoju z reguły zaczyna się wtedy, gdy dziecko ma nieco ponad rok, a trwa ona do trzech, a nawet czterech lat. Łatwiej ten dość trudny czas przeżyć, gdy się rozumie, dlaczego zachowanie małego aniołka nie zawsze jest anielskie. Cała rzecz polega na jego walce o niezależność i kontrolę. Jeśli to zrozumiemy, łatwiej w pełni cieszyć się tą małą istotą – chwilami przyprawiającą o frustrację, ale częściej przecież słodką niż okropną. Pomogą ci w tym wskazówki podane na kolejnych stronach oraz w rozdziale 7.

dążenia, by coś osiągnąć (i zrobić to samodzielnie), zawsze są uniemożliwiane, czy to przez dorosłych z otoczenia, czy przez jego własne ograniczenia. Nie mogąc dopasować kawałka układanki, zapiąć guziczków, jechać na rowerku starszego brata czy wykonać innej czynności, dziecko wpada we frustrację.

- Potrzeba komunikowania się. Większość dzieci nie ma jeszcze wystarczających umiejętności wysławiania się, a ich zdaniem atak złości mówi więcej niż słowa.
- Asertywność i domaganie się uznania swojej autonomii: „Jestem odrębną istotą stojącą na własnych nogach. Jestem ważny i ważne jest to, czego ja chcę. Jestem małym dzieckiem, usłyszcie mój głos!".
- Brak kontroli nad własnym życiem. Ponieważ dzieci ciągle muszą słuchać rodziców, którzy mówią im, co wolno, a czego nie wolno, często tylko atakiem złości są w stanie zakomunikować: „Dość! To moje życie i chcę nim rządzić sam!".
- Brak panowania nad emocjami. Dzieci nie potrafią trzymać swych uczuć na wodzy, więc gdy emocje wymykają się spod kontroli, nad dzieckiem także trudno zapanować.
- Głód, zmęczenie, zbytnie rozemocjonowanie, nuda.
- Zbyt duży wybór, za mało ograniczeń lub *vice versa*.

Chociaż właściwie każdemu dziecku zdarza się od czasu do czasu wybuch złości, niektóre są do takich zachowań szczególnie skłonne. Około czternastu procent jednolatków oraz dwudziestu procent dwu- i trzylatków przejawia skłonności do częstych wybuchów złości (co oznacza przynajmniej dwa dziennie) i zwykle skłonności te utrzymują się u nich dłużej niż u rówieśników, czyli przez wiek przedszkolny aż do początków wieku szkolnego.

JAK PRZECIWDZIAŁAĆ ATAKOM ZŁOŚCI?

Niestety nie można zapobiec wszystkim napadom złości (jeśli masz małe dziecko, licz się z napadami złości), ale na szczęście istnieją pewne metody zapobiegawcze. Zacznij działania prewencyjne od obserwowania zachowania malca przez tydzień lub dwa i notuj, kiedy takie napady występują (pora dnia, przed drzemką czy po, przed posiłkiem czy po, po jakimś szczególnym wydarzeniu) oraz jaka jest ich przyczyna (głód, zmęczenie, ograniczenia, frustracja). Po pewnym czasie zdołasz stwierdzić, jakie są najbardziej typowe czynniki wywołujące wybuchy złości twojego dziecka, a wtedy będziesz mogła te czynniki ograniczyć albo całkowicie wyeliminować, działając według następujących zasad:

- Przestrzegaj stałego harmonogramu dnia. Na dzieci zwykle kojąco wpływa regularność, czyli stałe pory posiłków, drzemek czy udawania się na nocny spoczynek. Ale uwaga: w przypadku dzieci „nieregularnych", dla których przestrzeganie planu dnia jest stresujące, patrzenie na zegarek zrobi więcej złego niż dobrego.

DLA RODZICÓW

Bądź zawsze konsekwentna

Nie trzeba zawsze mówić dziecku „nie". Czasami jednak musisz to zrobić, a wtedy trzymaj się tego... nawet gdy zacznie się wierzganie i krzyk. Jeśli się poddasz w obliczu ataku złości, na przykład kupisz wymarzoną zabawkę, bo nie jesteś w stanie znieść spojrzeń ludzi w sklepie, dasz dziecku do zrozumienia, że awanturą zawsze wymusi ono na tobie to, czego chce. Jeśli będziesz chciała zamienić swoje „nie" na „tak", musisz to zrobić, zanim zaczną się dziecięce wrzaski.

- Uważaj, by dziecko nie było przemęczone: brak popołudniowej drzemki czy odpowiednio długiego snu w nocy może powodować większą podatność na ataki złości.
- Nie dopuszczaj do tego, by malec był głodny. Głodne dziecko to złe dziecko, dlatego w porę zaproponuj mu odżywczą przekąskę.
- Mów „nie" tylko wtedy, kiedy to konieczne. Negatywne podejście rodziców często wywołuje złość dziecka. Można tego uniknąć, przynajmniej częściowo, wprowadzając w domu odpowiednie zabezpieczenia i wyznaczając konkretne, wyraziste granice.
- Gdy możesz, mów „tak". Zastanów się, czy nie masz nawyku mówienia słowa „nie"; czasem wyrażenie zgody albo zaproponowanie akceptowalnego alternatywnego wyjścia („Nie możesz dostać lodów, ale możesz zjeść jogurt") zaoszczędzi wszystkim sporo nerwów. Nie powinnaś jednak zmieniać zdania z „nie" na „tak", gdy już zacznie się napad dziecięcego szału, gdyż wówczas przekażesz dziecku następującą informację: dostaniesz wszystko, czego tylko chcesz, wystarczy, że będziesz odpowiednio długo i głośno krzyczał.
- Nie przesadzaj z dyscypliną. Polityka twardej ręki (baczne kontrolowanie wszystkiego, co dziecko je, ubiera, robi) może doprowadzić do rebelii. Z drugiej strony jednak za dużo wyborów i wolności, a za mało granic i brak konsekwencji też mogą wywołać napad złości. Spróbuj znaleźć złoty środek!
- Pozwól dziecku wybierać, gdyż możliwość podejmowania decyzji (na przykład co do tego, jaką książeczkę będziesz mu czytać albo czy ubierzesz je w dżinsy czy ogrod-

Szantażowanie wstrzymywaniem oddechu

Zaczyna się jak zwykły napad złości: najpierw marudzenie, potem jęki, płacz i krzyki, aż wreszcie buzia dziecka staje się czerwona z wściekłości. Nagle wrzaski milkną – nie dlatego, że atak złości minął, ale dlatego, że malec wstrzymał oddech. Jego wargi sinieją z braku tlenu, a gdy dostatecznie długo nie oddycha, sina lub blada staje się także jego skóra. Czasem całe wydarzenie kończy się omdleniem. Choć taka scena wygląda dla rodziców przerażająco, nie jest ona tak niebezpieczna dla dziecka, jak mogłoby się wydawać, a utrata przytomności jest w rzeczywistości reakcją obronną organizmu, pozwalającą na powrót do normalnego oddychania. Bez żadnego uszczerbku dla zdrowia.

Jedyna potencjalna zła strona wstrzymywania oddechu (prócz przyprawiania cię o zawał serca) jest taka, że może ono do tego stopnia przestraszyć rodziców, że będą się godzili na wszystko, byleby tylko takich scen uniknąć. Tymczasem mały złośnik szybko odkryje tę zależność: „Aha, wstrzymywanie oddechu jest bardzo skuteczną metodą!". Dlatego powinnaś traktować takie zachowanie tak samo jak zwykłą złość. Jeżeli dziecko zemdleje, przytul je, by ocknęło się w twych ramionach, ale nie dawaj mu tego, czego się domagało.

Gdyby wstrzymywanie oddechu przez malucha, prowadzące do sinienia skóry i utraty przytomności, często się powtarzało, porozmawiaj o tym z pediatrą, gdyż niekiedy bywa ono objawem niedoboru żelaza, a to oznacza, że odpowiednim preparatem można ukrócić te budzące grozę sceny. Porozmawiaj również z lekarzem, jeśli wstrzymywanie oddechu nie jest wywołane złością lub frustracją twojej pociechy.

niczki) daje mu wrażenie panowania nad sytuacją, a wówczas jest mniej skłonne do buntu. Uważaj przy tym, by twoje pytania były zamknięte, czyli nie pytaj, którą koszulkę chce ubrać, ponieważ wtedy na pewno wybierze najbardziej nieodpowiednią (bez rękawków w styczniu) lub nadmiar wyboru przytłoczy dziecko. Jasno też informuj, kiedy wyboru nie ma; chodzi o takie sytuacje, jak zapinanie pasów w samochodzie, trzymanie cię za rękę na ruchliwej ulicy itp.

▲ Przeciwdziałaj frustracji. Staraj się słuchać swojego dziecka i zrozumieć podejmowane przez niego próby komunikowania się. Wkrocz i pomóż, gdy widzisz, że jakieś wyzwanie, przed którym staje twoje dziecko, powoduje u niego frustrację. Zamiast jednak robić coś za dziecko, bądź raczej jego przewodnikiem, by malec mógł opanować czynność w miarę samodzielnie (na przykład obróć zabawkowy trójkącik w taki sposób, by dziecko samo mogło umieścić go w odpowiednim otworze pudełka). Pilnuj też, by wymagania wobec dziecka były realistyczne, a poprzeczki ustawione odpowiednio do jego wieku – nie za wysoko, bo będzie sfrustrowane tym, że nie jest w stanie sprostać temu, czego się od niego oczekuje.

▲ Naucz dziecko znajdowania ujścia dla jego emocji. Zanim w maluchu zagotuje się od nadmiaru napięcia, zachęć go do „bezpiecznego" wypuszczenia pary. Pokaż, jak słowami można wyrazić gniew, i w ten sposób sobie z nim radzić. Na przykład powiedz: „Widzę, że ta układanka cię złości; a to niemądra układanka! Spróbujemy ułożyć ją później". Pokaż, jak wyładowywać złość czy frustrację w cywilizowany sposób: boksując w poduszkę, podskakując, uderzając zabawkowym młotkiem czy uderzając w grudę plasteliny.

▲ Unikaj krańcowych sytuacji. Gdy widzisz, jak malec balansuje na krawędzi frustracji, zmęczenia, nadmiaru bodźców, nudy czy innych uczuć mogących spowodować napad złości, skieruj jego uwagę na coś uspokajającego, kojącego lub szczególnie interesującego. Może to być przytulenie, ulubiona piosenka, specjalne miejsce w domu, szczególnie ważna zabawka, książeczka, czynność.

▲ Zauważaj i chwal zachowania dobre, a nawet neutralne. Twoja pociecha nie złościła się w trakcie trwających godzinę wędrówek po sklepie? Podkreśl to odpowiednimi słowami. Niech wie, jak bardzo to doceniasz.

▲ Staraj się być przykładem spokoju i opanowania. Trudno zachować równowagę, gdy maluch wpada w złość, zwłaszcza w miejscach publicznych. Ale jeśli będziesz oazą spokoju w takiej burzy, powinna ona przejść szybciej i przebiec spokojniej, niż gdybyś i ty dała się ponieść emocjom.

Ataki złości – co robić, a czego unikać

Niestety, nie wynaleziono jeszcze cudownego eliksiru spokoju, który mógłbyś zaaplikować maluchowi (lub sobie), nie opatentowano też metody wychowywania dzieci, która by w magiczny sposób sprawiała, że napady złości znikają. Ze złości, podobnie jak z większości innych trudnych zachowań dzieciństwa, trzeba po prostu wyrosnąć, bo właściwie nie ma na nią innej rady.

Mimo że nie można całkowicie tego uczucia wyeliminować, często udaje się je nieco utemperować, zminimalizować. Poniższe propozycje postępowania są właściwie tylko sugestiami i znajdziesz wśród nich sposoby lepsze i gorsze, a także całkowicie nieskuteczne w twoim przypadku. Kiedy już jednak rozpoznasz, które z nich przynoszą najbardziej

> **DO KĄTA!**
>
> Łatwo poddać się pokusie myślenia, że za napady gniewu trzeba dziecko ukarać „wykluczeniem", zwłaszcza gdy jest to już trzeci taki napad w ciągu dwóch dni. Niestety, to nie jest skuteczna metoda. Takie przerwy (według starej szkoły na stanie w kącie) lepiej sprawdzają się w przypadku przedszkolaków i starszych dzieci, które już są w stanie zrozumieć, czemu kara ma służyć i co ma być za jej pomocą osiągnięte. Więcej informacji na temat technik dyscypliny odpowiednich dla małych dzieci w drugim roku ich życia znajdziesz w rozdziale 7.

pożądane efekty, stosuj je zawsze wtedy, gdy w twoim dziecku zaczynają wrzeć emocje.

Co możesz robić:

▲ Zachować spokój. Nic tak nie rozdrażnia dziecka jak rozdrażnieni rodzice, czyli tracąc opanowanie, sprawiasz, że i dziecku trudniej jest je zachować. Napad złości rodziców może także dziecko przestraszyć, a w chwili, gdy samo jest rozzłoszczone, potrzebuje uspokojenia i wiary w twoją bezwarunkową miłość. I choć twoje zrównoważone podejście może nie przynieść natychmiastowego pozytywnego skutku (pokusa odreagowania złością na złość malucha na pewno będzie spora), to prawdopodobnie po pewnym czasie zauważysz, że twoje wysiłki owocują zwiększającą się samokontrolą maluszka. Jeśli jednak podczas wyjątkowo silnego ataku złości dziecka bądź w szczególnie zły dla siebie dzień nie będziesz w stanie zachować spokoju, nie czuj się winna – podobnie jak wszyscy rodzice, jesteś tylko człowiekiem. Zrób sobie przerwę (mając dziecko cały czas na oku!) i znajdź jakiś sposób, by ochłonąć (patrz ramka na str. 226).

▲ Mówić cicho. Przekrzykiwanie krzyczącego już dziecka zachęci je jedynie do jeszcze głośniejszego wrzasku, gdyż to ono chce być górą (i zdobyć nagrodę za najdonośniejszy głos). Cichym, łagodnym tonem głosu natomiast dasz do zrozumienia, że jesteś opanowana, co powinno pomóc dziecku odzyskać w końcu równowagę.

▲ Chronić swoje dziecko (i innych). Maluch, który rzuca się, kopie i bije na oślep w ataku furii, może zrobić sobie krzywdę (uderzając się o ostrą krawędź, twardą podłogę lub przewrócone krzesło), zranić kogoś innego (młodsze rodzeństwo bądź znajdującego się blisko towarzysza zabaw) czy też uszkodzić mienie (ciskając talerzem, kopiąc w drzwi, drąc książki, zrzucając z półki telewizor w supermarkecie). Dlatego dziecko, które fizycznie traci panowanie nad sobą, należy przenieść w bezpieczne miejsce – dla bezpieczeństwa wszystkich. Takim dobrym miejscem w domu jest środek twojego łóżka, a gdy jesteście poza domem, postaraj się wrócić do samochodu lub przypnij dziecko do spacerówki, wyjdź ze sklepu, posadź malca na ławce przy placu zabaw. Jeżeli żaden z tych wariantów nie jest możliwy, po prostu weź złośnika ciasno w ramiona i przytrzymaj przez dłuższą chwilę.

▲ Objąć dziecko. Gdy dziecko ma atak złości, a ty trzymasz je mocno w ramionach, łatwiej mu się opanować i wyzbyć gniewu (przekonasz się, że i na ciebie dobrze to wpłynie). W miarę jak malec stopniowo odzyskuje panowanie nad sobą, przytulaj go do siebie. Ale uwaga: są dzieci, na które taka metoda działa jak dolewanie oliwy do ognia, więc jeżeli twoja pociecha nie chce być trzymana, nie zmuszaj jej do uległości.

▲ Okazać empatię. Dziecku, które płacze dlatego, że nie może czegoś dostać, powiedz, iż rozumiesz, jak trudno mu z taką sytuacją się pogodzić.

DLA RODZICÓW

Jak zachować spokój

Nikt nie jest w stanie bezustannie zachowywać spokoju i opanowania, zwłaszcza gdy żyje pod jednym dachem z małym dzieckiem. Ponieważ jednak to dziecko patrzy na ciebie jak na wzór łagodności i opokę stabilności w burzliwe dni, twoje napady złości będą wywoływać jego niepokój, szczególnie gdy są częste. Oto co możesz zrobić, by nie tracić zimnej krwi:

Nie kuś losu. O wiele łatwiej o wybuch złości, gdy: masz problemy w pracy, pokłóciłaś się z mężem, z matką lub najlepszą przyjaciółką, masz zespół napięcia przedmiesiączkowego albo jesteś chora, pralka ci się zepsuła w połowie prania, a naprawić ją będzie można dopiero w przyszłym tygodniu. Kiedy zdarzy się „jeden z tych dni", unikaj wszystkiego, co może nasilić stres (na przykład wyjścia z dzieckiem do sklepu obuwniczego), a wyszukuj sobie raczej zajęcia obiecujące relaks i dla ciebie, i dla twojej pociechy (wyjście do parku lub czytanie książki ze stopami ułożonymi wyżej).

Dobrze się zastanów, czy warto kruszyć kopie o daną rzecz. Zamiast szarpać się z malcem o wszystko, zachowaj siły na sprawy istotne. Im mniej siły marnotrawisz na drobiazgi, tym więcej jej zachowasz na to, co naprawdę ma znaczenie.

Zrób sobie czasem przerwę. Kiedy czujesz, że jesteś o krok od punktu wrzenia, wycofaj się z sytuacji, zanim faktycznie wszystko się w tobie zagotuje (ale pamiętaj, by zawsze mieć czujne oko na dziecko). Policz do dziesięciu (lub do stu, jeśli tak trzeba), weź kilka głębokich, odprężających oddechów, pomyśl o jakiejś przyjemnej rzeczy lub spójrz na zrobione w radosnej chwili zdjęcie swojego malca i powtarzaj sobie w kółko frazę, która cię uspokaja (na przykład „Jestem spokojna i pogodna"). Rób tak, aż poczujesz, że temperatura obniża się do bezpiecznego poziomu.

Waż słowa. Nie ma niczego złego w okazjonalnych atakach złości – wszak uczucie to jest czymś absolutnie normalnym dla każdego człowieka – jednak umiejętność wyrażania gniewu bez zadawania fizycznego czy psychicznego bólu innym nie przychodzi już tak naturalnie, zwłaszcza w trudne dni. Staraj się więc sama stosować to, co powtarzasz swemu dziecku: używaj słów i rób to z rozwagą. W miarę możliwości wyrażaj swoje uczucia ze spokojem i w racjonalny sposób, bez wypowiadania słów, które mogą ranić, bez posuwania się do gróźb. Nie mów córeczce: „Jesteś złą dziewczynką, nigdy mnie nie słuchasz!", lecz powiedz raczej: „Złoszczę się, kiedy mnie nie słuchasz" (ewentualnie zrób sobie wcześniej przerwę, by ochłonąć). Jak jednak powinnaś postąpić, gdy jest za późno i niewłaściwe słowa już padły z twoich ust? Po prostu przeproś i przejdź nad sprawą do porządku dziennego.

- Zmienić temat. Wiele maluchów pozwala się tą metodą wyprowadzić z ataku furii – jedne łatwiej, inne trudniej. Natomiast są też takie, które złoszczą się jeszcze bardziej, gdy dorosły próbuje odwrócić ich uwagę. Gdy dziecko dobrze reaguje na rozpraszanie uwagi (a sposób ten sprawdza się najlepiej, zanim jeszcze atak osiągnął szczytowe nasilenie), wyciągnij jego ulubioną książeczkę lub zabawkę, której dawno nie widziało, i zaproponuj zabawę albo włącz chętnie słuchaną piosenkę i zacznij tańczyć lub śpiewać. Jeśli twój maluch nie obraża się na to, że odpowiadasz na jego jakże poważną złość humorem, możesz spróbować się powygłupiać (stanąć na głowie, włożyć buty na dłonie, zrobić śmieszną minę). Albo zaśpiewaj własny, nawiązujący do sytuacji tekst pasujący do jakiejś znanej melodii, na przykład: „Wlazł Marek na garnek i stuka, ładna to piosenka niegłupia". Widzisz, że komediantwo tylko twoje dziecko rozdrażnia? Zrezygnuj z takich sztuczek.

- Ignorować ataki furii. Często najlepsze działanie to… brak działania. Ignorowanie całego zdarzenia może sprawić, że atak złości minie szybciej. Nie przerywaj tego, co robiłaś, uważaj jedynie, żeby dziecko było bezpieczne. Okaż mu wyraźnie, że nie zwracasz uwagi na jego napady, na przykład podśpiewując sobie pod nosem i krzątając się po domu, ale pozostań w ruchu, gdyż wtedy nie będziesz tak łatwym

Daj upust uczuciom. Gdy czujesz, że ze złości zaraz coś lub kogoś uderzysz, odsuń się natychmiast od dziecka i znajdź stosowniejszy sposób na rozładowanie negatywnych emocji: pościskaj piłeczkę antystresową, pobiegaj w miejscu, zrób kilka pajacyków. A dziecku wyjaśnij: „Jestem teraz naprawdę zła. Będzie lepiej, jak pochodzę chwilę po pokoju i się uspokoję, nim będziemy się znów bawić". Pamiętaj, by pokazywać się dziecku tylko z takiej strony, jaką ono powinno naśladować podczas swoich wybuchów złości, a zatem nie trzaskaj drzwiami, nie uderzaj pięścią w ścianę i nie rzucaj talerzami. Nigdy też nie zostawiaj wtedy dziecka samego.

Doceń kojący wpływ muzyki. Muzyka może mieć terapeutyczne właściwości poskramiania najgorszych uczuć; podobnie powinno działać świeże powietrze.

Obejmij dziecko. Terapia przytulania jest w stanie w magiczny sposób stopić gniew i pomóc wam odzyskać panowanie nad emocjami. Najskuteczniejsza okazuje się wtedy, gdy przytulacie się do siebie, gdy wtulasz dziecko w ramiona. Nie stosuj jej jednak, jeśli twoja pociecha nie lubi bliskiego kontaktu, gdyż wtedy nikt nie poczuje się lepiej.

Pamiętaj o lepszych chwilach. Gdy tracisz panowanie nad sobą, postaraj się spojrzeć na wydarzenia z pewnej perspektywy. Miej pod ręką zdjęcie swego malca, na którym wygląda jak aniołek, i sięgaj po nie, gdy chcesz sobie uzmysłowić, że po burzy zawsze świeci słońce. Gdy opanowuje was złość albo kiedy pisk dziecka doprowadza cię do szału, zamknij oczy na kilka sekund i przywołaj z pamięci te wspomnienia, które wywołują uśmiech na twarzy: widok dziecka oferującego ci kawałek swojego loda, pluskającego się beztrosko w ogrodowym basenie, uśmiechającego się od ucha do ucha ze szczytu zjeżdżalni lub śpiącego słodko.

Mów o tym, jeśli tego potrzebujesz. Kiedy musisz dać upust swej złości przy kimś, kto jest w stanie cię zrozumieć, poczekaj, aż dziecko zaśnie, i poszukaj wsparcia na forach internetowych lub porozmawiaj z przyjazną duszą, która jest w stanie cię wysłuchać. Czasem samo wyrzucenie z siebie negatywnych odczuć może sprawić, że znikną. A jeśli jesteś tak zła na dziecko, że aż się boisz, iż za chwilę stracisz panowanie nad sobą, weź telefon i bezzwłocznie skontaktuj się z kimś, kto może ci pomóc – z małżonkiem, z matką, siostrą lub najlepszym przyjacielem.

Nie bądź męczennicą. Czy zawsze dbasz tylko o dziecko, a nigdy o siebie? Cóż, jeśli tak, to trudno się dziwić, że czujesz żal. Uczucie to jednak ma to do siebie, iż potrafi się zmieniać we wrogość, a to ani tobie, ani dziecku nie wyjdzie na dobre. Znajdź trochę czasu tylko dla siebie, a przekonasz się, że czas spędzany z dzieckiem stanie się o wiele przyjemniejszy.

celem dla dziecka jak wtedy, gdy siedzisz. Na początku twoja obojętność może jeszcze bardziej złościć malca, ale z czasem zrozumie on, że nie warto się wysilać, skoro nie ma się widowni. I wyciszy się.

Nie należy jednak stosować takiego podejścia w przypadku dziecka szczególnie wrażliwego, przeżywającego trudny okres, w chwilach szczególnego stresu lub wobec takiego malucha, który jeszcze bardziej się denerwuje, kiedy się go ignoruje (lub jeśli ty się denerwujesz).

Gdy nie możesz zignorować ataku dziecięcej złości, bo doszło do niego w sklepie lub w innym miejscu publicznym, przeczytaj treść ramki na str. 228.

Czego nie powinnaś robić:

- Wpadać w złość. Dziecku potrzebna jest całkowicie opanowana mama.
- Karać. Napad złości to coś, co znajduje się poza kontrolą dziecka i nie jest jego winą, więc karanie go nie ma sensu. Kary fizyczne: bicie, choćby tylko wymierzenie klapsa, potrząsanie czy sprawianie dziecku bólu w inny sposób to zawsze niedobry pomysł, a już szczególnie zły, gdy dotyczy napadu dziecięcej złości. Niełatwo zachować zimną krew, kiedy dziecko przestało nad sobą panować, więc jeśli w takim stanie odwołasz się do przewagi fizycznej, możesz (nawet niechcący) doprowadzić do sytuacji o poważnych konsekwencjach.

Publiczne awantury

Małe dzieci nie potrzebują zbyt dużo czasu, by pojąć, że wszelkie sceny wychodzą im najlepiej w najmniej odpowiednim czasie i miejscu: w centrum handlowym, w supermarkecie, na środku zatłoczonego chodnika.

Co mają robić nieszczęśni rodzice? Aż cię kusi, by udawać, że nie znasz dziecka, które siedzi w twoim wózku sklepowym i wniebogłosy domaga się gigantycznego balonu z napisem „50 urodziny" unoszącego się nad kasami, ale przecież tego nie zrobisz, bo kogo próbowałabyś tym oszukać? Czy pozwolić dziecku się wykrzyczeć? To rozsądny plan działania do przeprowadzenia w domu, ale nie wtedy, gdy kilkudziesięciu widzów patrzy na ciebie i, jak przypuszczasz, osądza.

Czy zatem jedynym wyjściem, by uniknąć takich publicznych napadów dziecięcej złości, jest zrezygnowanie z wychodzenia dokądkolwiek? Na pewno nie. Oto kilka sposobów, które pozwalają zapobiegać publicznym popisom małych złośników lub przynajmniej je minimalizować:

Kroki zapobiegawcze. Na str. 224 znajdziesz porady, jak unikać dziecięcego ataku złości.

Nagroda za dobre zachowanie. Na zakończenie udanej wyprawy (nawet jeśli były podczas niej jakieś drobne sprzeczki) podziękuj dziecku za grzeczne zachowanie i powiedz, jak wiele radości sprawiły ci wspólne zakupy. Nigdy jednak nie przekupuj dziecka i nie nagradzaj materialnie za dobre zachowanie, gdyż zacznie spodziewać się takich „nagród" za każdym razem, gdy zachowuje się w miejscu publicznym poprawnie, a więc tak jak należy.

Odwrócenie uwagi. Jeśli pomimo działań zapobiegawczych maluch wszczyna awanturę poza domem, spróbuj szybko zmienić temat („Przekonajmy się, czy mają tu twoje ulubione płatki śniadaniowe!"). Możesz też spróbować znanej sztuczki „co z oczu, to z serca" i odciągnąć dziecko od tego, co było przyczyną złości, na przykład od paczki chipsów, którą koniecznie chciało wziąć, lub od puszek z tuńczykiem, które zamierzało poukładać po swojemu na półce. Odwrócenie uwagi może łagodnie i skutecznie wyprowadzić malca z buńczucznego nastroju, pozwalając mu przy tym zachować twarz, a tobie oszczędzić scen.

Ustronne miejsce. Jeśli odwracanie uwagi nie zdaje egzaminu, spróbuj odejść z maluchem jak najszybciej w jakieś ciche, ustronne miejsce. Nie ciągnij go na siłę za rączkę, lecz najlepiej stanowczo i spokojnie weź go na ręce, trzymając mocno. Mów do dziecka cicho, gdy będziecie opuszczać nieszczęsny punkt zapalny. Sprawisz w ten sposób wrażenie osoby panującej nad sytuacją, co podziała korzystnie i na dziecko, i na twoją dumę. Przejdź do swojego samochodu, do toalety, przebieralni lub do domu, jeśli mieszkasz w pobliżu (gdy jesteś w towarzystwie, skuteczniejsze może się okazać wyprowadzenie dziecka przez jedną z twoich koleżanek lub krewnych, których ono lubi; takie postępowanie odwróci jego uwagę od wojny z rodzicami). Poczekaj, aż dziecko będzie już całkowicie spokojne, nim pójdziecie dalej. A jeśli odniesiesz wrażenie, że dziecko nie jest w stanie się wyciszyć, wróć do domu – dokończysz sprawunki później lub następnego dnia. Nie powinnaś jednak zawsze przerywać nielubianych przez malca zakupów lub innych wyjść, bo wówczas jego misja „napad złości" zakończy się powodzeniem i dziecko będzie górą.

Nie przejmuj się świadkami zajścia. Awantura urządzona przez twojego malucha dotyczy tylko was dwojga, nawet jeśli odbywa się w sklepie w godzinach natężonego ruchu. Skoncentruj się na jednej rzeczy na raz: staraj się spokojnie i stanowczo poskromić złość dziecka i odetnij się psychicznie od otaczającego was tłumu. Spróbuj podchodzić do publicznych „występów" swojego dziecka na luzie (a przynajmniej udawaj) – złość jest przecież normalnym, przewidywalnym elementem wczesnego dzieciństwa i każdy, kto kiedykolwiek opiekował się małym dzieckiem, doskonale zdaje sobie z tego sprawę. Jeśli nic nie możesz poradzić na to, że czujesz się zażenowana, przynajmniej aż tak tego nie okazuj, gdyż dziecko natychmiast wykorzysta twoją słabość („Czy ktoś potrafi lepiej i szybciej zawstydzić mamę?"). I nie trudź się opowiadaniem malcowi, jakiego wstydu ci narobił (błąd popełniany przez wielu rodziców), gdyż na tym etapie rozwoju jest mu dokładnie wszystko jedno, co pomyślą sobie inni. Gdyby było inaczej, nie awanturowałby się przecież w publicznym miejscu. Powyższe postępowanie będzie wymagało od ciebie sporo ćwiczeń, ale są one przecież nieodłącznym elementem życia z małym dzieckiem.

Nie ulegaj. Uleganie jest zawsze błędem taktycznym, a już szczególnie uleganie w miejscu publicznym. Jeśli się raz poddasz w obliczu ataku dziecięcej złości, wkrótce będziesz ofiarą kolejnego takiego popisu.

- Polemizować z malcem podczas wybuchu złości („Po co ci ta lalka, masz taką samą w domu"), gdyż w chwili, kiedy nie panuje on nad sobą, nie jest w stanie myśleć logicznie. Polemiki zachowaj sobie na potem.
- Stresować się. Jeśli nie jesteś w stanie zatrzymać ataku złości, gdy już się zacznie, nie martw się. Dziecko potrzebuje trochę czasu, by się wyciszyć. Gdy opadnie napięcie, minie też cała wściekłość.
- Wracać do sprawy. Gdy złość minie, nie mów już o niej. Przytul dziecko, okaż mu, że je kochasz tak mocno jak zawsze, a potem zaproponuj jakieś przyjemne zajęcie.

Po burzy

Kiedy furia minie, nie wracaj do tematu. Jeśli dziecku uda się szybko opanować, pochwal je: „Świetnie sobie poradziłeś ze swą złością", ale nie roztrząsaj sprawy i nie praw kazań. Nie każ też dziecku przepraszać ani przyznawać się do winy. Absolutnie nie wymierzaj mu kary (na przykład zabierając zabawkę lub odwołując wycieczkę do parku). Malec przeszedł już wystarczająco dużo, a poza tym przecież nie zrobił niczego złego – po prostu zachował się stosownie do etapu swego rozwoju, czyli do swego wieku.

Złość zastrzeżona tylko dla rodziców

Czy zastanawiasz się czasem, co to jest, że twoje dziecko jest idealnym aniołkiem przy opiekunce czy pracownikach żłobka, ale gdy tylko ty przejmujesz nad nim opiekę, zaczynają się jego napady złości? Jest to kwestia miłości (do ciebie) i bezpieczeństwa (dziecka w twojej obecności). To, że jesteś celem wybuchów furii, oznacza, iż maluch czuje się z tobą na tyle bezpiecznie, aby stracić nad sobą kontrolę, nie bojąc się, że odejdziesz. Po całym dniu grzecznego zachowywania się przy kimś, kto oczywiście nie darzy go miłością tak bezwarunkową jak ty, atak złości to sposób na upuszczenie pary, która gromadziła się przez kilka godzin. To takie dziecięce wyzwanie: ty kochasz mnie, ja czuję się przy tobie bezpiecznie, więc teraz muszę sobie chwilę pokrzyczeć.

Pamiętaj też, że u dziecka takie zachowania pojawiają się w najbardziej stresujących okolicznościach, a czy jest bardziej stresująca pora dnia niż powrót rodziców z pracy do domu? Porady na temat tego, jak radzić sobie z popołudniowymi napadami złego humoru, znajdziesz na str. 164.

DLA RODZICÓW

Witaj w klubie!

Na pewno jesteś jedyną matką, której dziecko położyło się na środku zatłoczonego chodnika i zaczęło wierzgać, wrzeszcząc wniebogłosy. Niewątpliwie tylko twoje dziecko odmawia włożenia bucików czy płaszczyka w zimowy dzień. No i oczywiście tylko twoje dziecko zrzuciło wszystkie jabłka z półki w supermarkecie…

A przynajmniej tak właśnie się nieraz czujesz. Tymczasem prawda jest taka, że do dzieci w tym wieku trzeba by mieć co najmniej dwie pary rąk i mnóstwo oczu dookoła głowy. Na pewno maluchy mają ciekawą osobowość i są tak słodkie, że słodsze już być nie mogą, ale większość z nich każdego dnia (jeśli nie w każdej godzinie) wystawia cierpliwość swych rodziców na bardzo ciężkie próby. Rozejrzyj się wokół, a zobaczysz, że nie tylko twoje kochane, choć czasem okropnie zachowujące się dziecko naraża swoich rodziców na trudne i przykre przejścia. Innymi słowy: witaj w klubie!

Świadomość, że nie ty jedna masz dziecko w wieku od jednego do dwóch lat i w związku z tym mnóstwo problemów, nie zakończy napadów złości na środku ulicy czy awantur przy sklepowej kasie, ale pozwoli ci spojrzeć na całe zagadnienie z pewnej perspektywy, która powinna ułatwić zachowanie zimnej krwi w obliczu awantur (oraz tych wszystkich widzów kręcących głową z dezaprobatą). Wiedza o tym, że zachowanie twojego malca jest normalne i typowe dla etapu jego rozwoju, nie sprawi, że napady furii ustaną, ale niewątpliwie pomoże ci skuteczniej sobie z nimi radzić. Jeśli pamiętamy, że każdy etap dzieciństwa przemija, łatwiej nam przechodzić do porządku dziennego nad burzami i cieszyć się magicznymi chwilami.

Jeśli to głód, zmęczenie czy frustracja były powodem gniewu dziecka, usuń przyczynę (przekąską, drzemką albo pomocą). A jeśli przyczyną wybuchu złości było coś, co kazałaś dziecku zrobić (na przykład posprzątać klocki), zaproponuj, że zrobicie to razem (najlepiej zamieniając tę czynność w zabawę). Atak złości mogła też spowodować odmowa wykonania jakiegoś polecenia, jeśli tak, to nie poddawaj się teraz, gdy emocje już opadły, bo przecież nie chcesz dać dziecku do zrozumienia, że swą złością jest w stanie coś wskórać.

Przejdź w miarę szybko do odwracającego uwagę i miłego zajęcia, najlepiej takiego, które nie wywoła protestów (nie chcesz przecież ryzykować kolejnej awantury). Znajdź coś, za co mogłabyś pochwalić swą pociechę; jej ego zostało poddane próbie przez ostatnie zmagania o władzę i potrzebuje wsparcia. Wiele dzieci lubi, gdy się je przytula po takiej „burzy", gdyż przez to upewniają się, że mama lub tata nadal je kochają.

Pamiętaj, że są histerie i histerie. Jeśli napady furii zdarzają się dziecku bardzo często (dwa lub więcej razy dziennie) oraz towarzyszą im intensywny gniew, smutek, bezradność, agresja bądź przemoc albo inne problemy z zachowaniem (zaburzenia snu, niechęć do jedzenia, wyjątkowa wrażliwość na rozłąkę) lub jeśli ty masz trudności z radzeniem sobie z dziecięcym gniewem (zwłaszcza jeśli twoje reakcje są nacechowane agresją fizyczną bądź psychiczną), powinnaś porozmawiać o tym z lekarzem. Być może potrzebujesz dodatkowego wsparcia i porady (pediatrzy są przyzwyczajeni do udzielania ich znękanym rodzicom).

Rozdział 7

UTRZYMYWANIE DYSCYPLINY

Czasem zachowanie twojego dziecka będzie nawet i śmieszne (na przykład gdy owinie się papierem toaletowym jak togą albo pomaluje się twoją szminką na... brzuszku). Czasem jednak nie będzie ani trochę zabawne (gdy wrzuci twój portfel do miski z wodą dla kota lub uderzy kolegę z piaskownicy łopatką). Czasem sprawa nie będzie poważna (gryzmoły zmywalnym markerem na stoliczku), a czasem będzie bardzo poważna (ups, tym razem to był marker permanentny na... świeżo położonej wykładzinie podłogowej). Jest wszakże jedna rzecz, na którą można liczyć, gdy chodzi o zachowanie dziecka: nie zawsze będzie idealne. Zasady będą łamane (wraz z okularami), granice przekraczane, przyciski naciskane (na przykład te, które przerywają nagrywanie twojego ulubionego programu), a zgorszenie będzie siane (często w sytuacjach, które wydawały ci się całkowicie bezpieczne; w tym względzie zaradność i przedsiębiorczość małych dzieci nie zna granic).

Niewłaściwe zachowanie: zamierzone, przypadkowe albo pozornie przypadkowe, jest czymś, co będzie się dziecku często zdarzać – jest to wręcz jego praca (i to taka, którą większość maluchów wykonuje na szóstkę). A na czym ma polegać twoja praca? Na ustanawianiu i egzekwowaniu granic, wpajaniu dziecku, co jest dobre, a co złe, pomaganiu maluchowi w uczeniu się i praktykowaniu samokontroli. Innymi słowy, na nauce dyscypliny. Choć na razie jest zbyt wcześnie, aby spodziewać się po dziecku całkowitego przestrzegania zasad lub choćby nawet ich pamiętania (zwłaszcza gdy w grę wchodzą silne emocje), to nie jest za wcześnie, by zacząć tworzyć podstawy dobrego wychowania. Zadanie to będzie wymagało ogromu czasu, cierpliwości i elastyczności (nie wszystkie techniki dyscyplinowania sprawdzają się w odniesieniu do wszystkich dzieci, nie wszystkie też są skuteczne w każdym wieku). Ale najważniejszym czynnikiem, którego potrzeba w niezmierzonej ilości, jeśli nauka dyscypliny ma się udać, jest miłość.

Czym dyscyplina jest… a czym nie jest

Dyscyplina nie jest najprzyjemniejszą częścią posiadania dziecka (o wiele fajniej przecież tulić malca) ani tym, za czym się tęskni (kto lubi wyznaczać granice?). Dla wielu osób słowo to może mieć nieprzyjemne konotacje związane z ich dzieciństwem (komu dobrze kojarzyłoby się tracenie przywilejów, wysłuchiwanie reprymend czy nawet klapsy?), a ciebie prawdopodobnie już sam jego dźwięk przepełnia lękiem, bo jak tu karać dziecko, które uśmiecha się tak, że serce topnieje?

Cóż, nadszedł czas, aby przyjrzeć się dyscyplinie z nieco innej strony i zacząć myśleć o niej w inny sposób… nie zapominając przy tym o znaczeniu samego słowa. Choć zwykle kojarzymy je z karą, pochodzi ono od łacińskiego wyrazu oznaczającego „uczyć" i tym właśnie jest dobra dyscyplina: uczeniem dziecka, które, jak dobrze wiesz, ma w tej dziedzinie sporo do zrobienia. Musi się nauczyć odróżniać dobro od zła (trudno wiedzieć, czy się źle postępuje, jeśli nie wiadomo, na czym to złe postępowanie polega), panować nad sobą (a trochę czasu minie, zanim zacznie samo się pohamowywać, a także zanim zacznie najpierw myśleć, a potem działać), rozumieć prawa i uczucia innych osób (że one istnieją i że trzeba je szanować) oraz poznać zasady i ich przestrzegać (podstawowe przygotowanie do życia w świecie, w którym rządzą zasady).

Oczywiście opanowanie tych lekcji zajmie sporo czasu. Ale choć wychowanie dziecka jest zajęciem długoterminowym, jest też korzyść natychmiastowa, która płynie z takiej nauki: odpowiednia dyscyplina będzie chronić twoje dziecko, osoby znajdujące się w jego otoczeniu, twój dom i twoje zdrowie psychiczne – teraz i w przyszłości.

Podstawy dyscypliny

Jest wiele sposobów na skuteczne uczenie dyscypliny, nawet gdy chodzi o małe dzieci, ale wszystkie łączy kilka podstawowych zasad. Oto jak z małego anarchisty zrobić porządnego (przynajmniej przez większość czasu) obywatela:

Okazuj miłość. Oczywiście kochasz dziecko bezwarunkowo, ale łatwiej jest okazać miłość, gdy dziecko zachowuje się właściwie, niż wtedy, gdy jego zachowanie pozostawia wiele do życzenia. Niemniej jednak dobra dyscyplina opiera się na przesłaniu: „Będę cię zawsze kochać, nawet jeśli zrobisz awanturę w sklepie". To miłość rodziców jest dla malca solidnym fundamentem, na którym buduje on swoje dobre zachowanie. Odmawianie mu uczuć mające stanowić karę za złe postępki („Popisałaś ścianę, więc nie będę się z tobą bawić") albo krytykowanie dziecka, a nie jego czynów („Jesteś zły" zamiast: „Bicie jest złe") może tym fundamentem wstrząsnąć. Dlatego najlepiej wymagać dyscypliny z taką samą dawką uczuć, jaką okazujesz dziecku, przytulając je na dobranoc.

Trzymaj się złotego środka. Najskuteczniejsza dyscyplina nie jest ani bardzo surowa, ani bardzo swobodna, tylko taka, która leży gdzieś pośrodku. Jeśli rodzice pełnią rolę policjantów, zamiast pomagać dziecku uczyć się samokontroli, doprowadzają do sytuacji, w której dziecko jest grzeczne przy nich, lecz traci panowanie nad sobą natychmiast, gdy znajdzie się poza zasięgiem rodzicielskiej władzy. Nie rozumiejąc pojęcia dobra i zła, dziecko postępuje tak, by uniknąć kary. Z kolei zbyt liberalna, pobłażliwa postawa rodziców też nie jest właściwa. Gdy nie ma zasad, gdy brak moralnego kompasu, zbyt swobodne dziecko wyluzowanych rodziców zwykle staje się aroganckie, samolubne, skłonne do kłótni i nieskore do słuchania poleceń. Dlatego warto dążyć do równowagi. Bądź zwierzchnikiem, ale nie dyktatorem. Panuj nad sytuacją, ale nie przesadzaj z kontro-

DLA RODZICÓW

Utrzymywanie wspólnego frontu

Być może twój maluch nie gra jeszcze kartą: „Ale mama powiedziała, że...", natomiast na pewno dziecko szybko zauważy – jeśli już tego nie zrobiło – różnice w wymogach dyscypliny stosowanych przez mamę i tatę. Pewne niewielkie różnice w sposobach wychowywania dzieci są nieuniknione i nawet maluchy łatwo sobie z nimi radzą (mama jest trochę spięta, gdy rzucam zabawkami, a tata bardziej nie lubi marudzenia). Różnice zależą też od temperamentu każdego z rodziców (rodzice – tak jak i dzieci – różnią się między sobą, nawet w tej samej rodzinie). Tak zatem tata może być tym, który częściej krzyczy, a mama stroną łagodniejszą – lub odwrotnie.

Mimo to trzeba zaznaczyć, że utrzymywanie wspólnego frontu w sprawach wychowawczych odpłaci się wam z nawiązką, dlatego stosujcie te same zasady dotyczące dyscypliny. W ten sposób unikniecie też stawania przeciwko sobie. Takie sytuacje potrafią być bardzo przykre, a w dodatku dziecku wtedy o wiele łatwiej manipulować rodzicami. Postarajcie się być konsekwentni, a jeśli nie będziecie się zgadzać w kwestii jakiegoś aspektu dyscypliny lub jakiegokolwiek innego aspektu dotyczącego wychowania, porozmawiajcie sobie o tym, lecz nigdy przy dziecku.

lowaniem. Trwaj przy zasadach, granicach i wartościach, które są dla ciebie ważne, ale nie twórz państwa policyjnego. Jeśli chodzi o dyscyplinę, warto się trzymać złotego środka.

Pamiętaj, że każdy jest inny. Każde dziecko jest inne, każda rodzina jest inna, każda okoliczność jest inna. Mimo że istnieją uniwersalne zasady zachowania, które dotyczą wszystkich i zawsze (w końcu nie możesz przejechać znaku stopu tylko dlatego, że się spieszysz, albo zapłacić podatku z opóźnieniem, gdyż masz zwyczaj odkładania wszystkiego na później, a w każdym razie nie możesz zrobić tego bez konsekwencji), to w kwestii dyscypliny nie ma uniwersalnych sposobów. Próbując zgadnąć, która metoda będzie skuteczna w przypadku twojego malucha, musisz wziąć pod uwagę temperament (zarówno twój, jak i dziecka), okoliczności (dyscyplinowanie w supermarkecie może wyglądać inaczej niż dyscyplinowanie w domu, podobnie jak inaczej zapewne będziesz traktowała zachowanie dziecka, kiedy jest ono chore, a inaczej, gdy czuje się znakomicie) oraz to, co jest zgodne z poglądami panującymi w twojej rodzinie (w różnych domach wyznaje się inne zasady i inaczej je egzekwuje).

Masz więcej dzieci? Więc pewnie już zauważyłaś różnice w ich osobowościach, przypuszczalnie widoczne od urodzenia. Wiesz też, jak odmienność ta wpływa na sposób wychowywania, na to, które metody działają, a które są nieskuteczne (jedno dziecko potrzebuje łagodniejszego podejścia, inne lepiej reaguje na metodę twardej ręki; jedno posłucha za pierwszym razem, innemu trzeba wciąż przypominać). I tak to właśnie jest.

Ale nawet to samo dziecko będzie inaczej reagować na tę samą metodę wychowawczą w różne dni, co oznacza, że należy dostosować swoje postępowanie także do sytuacji. Gdy maluch jest pod działaniem silnego stresu, ma paskudny nastrój, właśnie opanowuje jakąś trudną umiejętność i czuje się szczególnie sfrustrowany, to być może trzeba traktować go nieco łagodniej niż zwykle.

No i pozostajesz jeszcze ty i twoja rodzina. To, co się świetnie sprawdza w jednej rodzinie, będzie zupełnie nietrafione u sąsiadów. Jedni rodzice – i całe rodziny – funkcjonują bardziej na luzie, a życie innych obfituje w napięcia. Jeżeli tylko wybrane przez was podejście jest odpowiednie i przewidywalne (patrz niżej), nie ma niczego złego w takich rozbieżnościach.

Bądź konsekwentnie konsekwentna. Choć dzieci walczą z granicami przy każdej okazji, to tak naprawdę istnienie tych granic daje im poczucie bezpieczeństwa. Kiedy wiedzą, czego mogą się spodziewać i czego się od nich oczekuje, czują się bezpieczne i kochane. Ale na równi ważne z wyznaczaniem granic jest ich konsekwentne przestrzeganie. Jeśli jeszcze wczoraj nie wolno było wchodzić z butami na sofę, a dzisiaj mama nie zwraca na to uwagi, albo jeżeli w zeszłym tygodniu trzeba było koniecznie myć ręce przed obiadem, natomiast w tym tygodniu już nie jest to wymagane, to jedyną lekcją, jaką dziecko otrzymuje, jest to, że świat dezorientuje, a zasady nie mają znaczenia. A więc po co ich przestrzegać? I tak cała nauka idzie w las, a wraz z nią twój rodzicielski autorytet i posłuszeństwo dziecka. Jeśli nie wolno skakać po łóżku w poniedziałek, to znaczy, że we wtorek, środę i czwartek też nie wolno tego robić, i nie ma znaczenia, kto w tym czasie zajmuje się dzieckiem: mama, tato czy opiekunka. Za konsekwentnie egzekwowanymi zasadami idzie (prędzej czy później) odpowiednie zachowanie dziecka. Rzecz nie w tym, że nie można sporadycznie nagiąć nonsensownego przepisu czy nawet złamać zasady raz na jakiś czas – oznacza to jedynie, że konsekwentnie niekonsekwentne podejście wychowawcze jest z góry skazane na porażkę.

Pamiętaj, ile dziecko ma lat. Nie można przykładać tych samych standardów zachowania do dziecka pięcioletniego (zdolnego już do kontrolowania impulsów i logicznego myślenia) i rocznego (które oczywiście tych zdolności jeszcze nie posiadło), nie ma zatem sensu stosować wobec dzieci w różnym wieku tego samego podejścia dotyczącego dyscypliny. Nakazanie rocznemu dziecku, by usiadło z boku (w kącie), nie jest skuteczną metodą, gdyż nie ma ono jeszcze na tyle rozwiniętych zdolności poznawczych ani umiejętności skupiania uwagi, by wiedzieć, o co chodzi w poleceniu „siedź tutaj", a co dopiero siedzieć i zastanawiać się nad tym, co zrobiło. Wprowadzając zasady postępowania, należy też mieć na uwadze ograniczenia wynikające z wieku: można wymagać od pięcioletniego dziecka, by nie przeszkadzało matce w rozmowie telefonicznej (przynajmniej zazwyczaj) lub poukładało zabawki na koniec dnia (choć pewnie trzeba będzie mu o tym kilka razy przypominać), ale nie ma sensu spodziewać się żadnej z tych umiejętności po rocznym, a nawet dwuletnim maluchu. Jeżeli natomiast ustanowi się reguły postępowania odpowiednie do wieku, istnieją spore szanse na to, że dziecko będzie się zachowywać zgodnie z naszymi oczekiwaniami.

Wiedz, że cierpliwość i wytrwałość popłacają. Małe dzieci cechują się ograniczoną pamięcią, minimalną zdolnością do koncentracji i słabą kontrolą impulsów. Nie licz na to, że roczne dziecko zapamięta lekcję za pierwszym razem lub że będzie wykazywać się taką samodyscypliną, jaka powstrzymuje starsze dzieci przed robieniem czegoś, co zostało im zakazane. Bądź cierpliwa i nastaw się na powtarzanie tej samej nauki („Nie dotykaj telewizora", „Nie rzucaj jedzeniem") wiele razy każdego dnia, tygodniami, a nawet miesiącami, nim w końcu zostanie ona przyswojona. Ale nawet wówczas małe palce będą świerzbić, by ulec pokusie (np. dotykania pilota do telewizora, który leży tuż obok i aż się prosi, by ponaciskać). Nie rezygnuj, nie poddawaj się i zarezerwuj sobie sporo czasu na naukę wychowywania.

Mów spokojnym tonem. Aczkolwiek podniesienie tonu bywa bardzo kuszące – choćby po to, by przekrzyczeć dziecięce piski i wrzaski – to paradoksalnie maluchy lepiej słuchają tego, co mówi się do nich stonowanym, zdecydowanym głosem. Zresztą jeśli będziesz często krzyczeć, twoje polecenia stracą skuteczność, a z kolei krzyczenie ze złością tylko dziecko przerazi i wyrządzi mu przykrość.

Zachowaj spokój w czasie burz. Straciłaś panowanie nad sobą, gdyż jesteś tylko człowiekiem i matką dziecka, które też jest tylko człowiekiem. A oto powód, dla którego nie powinnaś tracić kontroli: złość nie działa. Kiedy jesteś wściekła, tracisz cierpliwość oraz perspektywę, czyli dwie rzeczy, których podczas wychowywania dziecka musisz mieć sporo w zapasie. Pokazujesz dziecku takie zachowanie, jakie chcesz u niego wykorzenić (utrata panowania), zamiast tego, które chcesz w nim zaszczepić (ćwiczenie samodyscypliny). Swoją złością możesz nawet wystraszyć lub poniżyć malca, kalecząc jego rodzące się poczucie własnej wartości.

Jest jeszcze jeden ważny powód, dla którego niekontrolowany gniew jest nieskuteczny: uczy nie o dobrym, lecz o złym zachowaniu. Krzyk, a nawet klaps wymierzony w przypływie gniewu pozwoli ci rozładować napięcie i może nawet chwilowo skłonić malca do posłuszeństwa, lecz nie przybliży cię do celu, jakim jest nauczenie go dobrego zachowania. Wręcz przeciwnie - wywoła dokładnie odwrotny skutek. Osoby krzyczące i bijące wychowują pokolenie kolejnych awanturników - można to sprawdzić na każdym placu zabaw.

Staraj się więc zachować spokój w czasie burzy, a gdy dziecko cię zdenerwuje, poświęć najpierw kilka minut na wyciszenie swoich emocji, zanim przystąpisz do działania. Zareaguj dopiero wówczas, kiedy ochłoniesz. Spokojnie wyjaśnij dziecku, na czym polega jego błąd, i powiedz, co zamierzasz wobec tego zrobić („Rzuciłeś samochodzikiem. Nie wolno rzucać samochodzikami, dlatego ci go teraz zabiorę"). To jest właśnie modelowe zachowanie; uchwyciłaś odpowiedni moment na naukę, czyn dziecka spotkał się z konsekwencjami, a przede wszystkim zastosowałaś skuteczną karę. Plus dla ciebie. Zachowałaś się, jak przystało na osobę dorosłą.

Co masz zrobić, gdy jest za późno, gdy już straciłaś panowanie nad sobą? Nie martw się, jeśli nie zawsze udaje ci się w porę nacisnąć na hamulce. Jesteś przecież, powtórzmy to, tylko człowiekiem i twoje dziecko, które też jest tylko człowiekiem, musi zdawać sobie z tego sprawę. Jeżeli krzyki zdarzają ci się dość rzadko, w dużych odstępach czasu, trwają krótko i dotyczą zachowania dziecka, a nie jego samego, nie będą zakłócać skutecznego wychowywania ani nawet uczenia dyscypliny. Pamiętaj jednak, by przeprosić dziecko, gdy nerwy wymkną ci się spod kontroli: „Przykro mi, że nakrzyczałam na ciebie, ale byłam bardzo zła". Dodając słowa: „Kocham cię", dasz dziecku do zrozumienia, że czasem zdarza się nam złościć na ludzi, których kochamy. Tak to już jest.

Skuteczne strategie nauki posłuszeństwa

Choć nie ma idealnej metody na nauczenie dziecka dyscypliny, jest kilka takich, które nieźle się sprawdzają. To, którą wybierzesz i kiedy ją zastosujesz, zależeć będzie od osobowości i dziecka, i twojej, a także od okoliczności w danej chwili.

Nauka dobrego wychowania

Oto kilka metod, które możesz wypróbować podczas tego czasem trudnego, drugiego roku życia dziecka:

Zauważaj dobre zachowanie dziecka. Większość dzieci wcześnie się przekonuje, że ich grzeczne zachowanie nie przyciąga uwagi rodziców w takim stopniu jak niesubordynacja. Mamusia już dość długo jest pochylona nad wyciągiem bankowym? Czas zatem przyozdobić ścianę gryzmołkami. Tatuś od chwili przyjścia do domu nie spuścił wzroku ze swojego BlackBerry? Na pewno zauważy mnie, gdy uderzę w szklany stół jego kluczami. Chociaż proces myślenia dziecka może nie być tak precyzyjny, to jego czyny zdecydowanie takie są, więc gdy następnym

Rozwiązanie, które satysfakcjonuje wszystkich

Najlepsze rozwiązania konfliktów to takie, które pozwalają każdej stronie wyjść z nich zwycięsko. Jest to szczególnie trafne w odniesieniu do sporów pomiędzy dziećmi i rodzicami. Na przykład jeśli dziecko sprawdza cię, dotykając misternie ułożonej kompozycji kwiatowej, a potem rzuca w twoim kierunku wyzywające spojrzenie i wycofuje się, nie zwracaj na nie uwagi. Ono zrobiło coś, co było zabronione (a to właśnie było jego celem), jednak nie posunęło się dalej i nie wyrządziło żadnej szkody (i to jest dla ciebie najważniejsze). Oboje wyszliście z tej sytuacji zwycięsko.

Możesz stwarzać podobne sytuacje, w których nie będzie pokonanych, w porę kierując uwagę dziecka na coś innego (ono zbliża się do magnetowidu, ty idziesz po kredki i papier); stosując humor, psychologię odwrotną i inne twórcze podejścia (takie jak nastawianie budzika, który zadzwoni, gdy pozostanie pięć minut do rozpoczęcia obiadu, a wtedy trzeba będzie odłożyć klocki i przyjść do stołu). Każdy może też stać się zwycięzcą, jeśli nieco ponegocjujesz: „Teraz się wykąpiesz, a potem będziemy czytać twoją ulubioną książeczkę". Uważaj tylko, by w swych negocjacjach nie zacząć stosować przekupstw lub gróźb. Jeśli twój maluch stanowczo nie chce iść jeszcze do wanny, nie obiecuj mu czytania w zamian za współpracę albo przeciwnie – nie groź mu, że żadnego czytania nie będzie. Gdy dziecko trochę podrośnie i zacznie pewne rzeczy rozumieć, możesz spróbować mu tłumaczyć, że działania pociągają za sobą konsekwencje: „Jeśli teraz stracisz dużo czasu i późno się wykąpiesz, nie zdążymy przeczytać".

razem twój maluch zrobi coś karygodnego po to, by przyciągnąć twoją uwagę, postaraj się powstrzymać od przesadnych reakcji (silna reakcja, nawet negatywna, jest dokładnie tym, o co dziecku chodzi). Kiedy natomiast widzisz, że twoja pociecha delikatnie przewraca kartki książki lub bawi się spokojnie układanką, podczas gdy ty zmywasz naczynia, albo podaje ci leżący na podłodze papierek, nie żałuj słów pochwały. Zauważając dobre zachowanie, zachęcasz do niego. Pamiętaj jednak, aby podnosić poprzeczkę w tym względzie, w miarę jak rosną możliwości dziecka – poprzez nadmiar pozytywnych słów albo nieadekwatność pochwały tracą skuteczność, poza tym nie dają dziecku żadnej motywacji do starań. Pochwały mogą zachęcić dziecko do dobrego zachowania, ale go nie zagwarantują. Uczenie dyscypliny wymaga stosowania różnych technik, także takich, które odnoszą się do złego zachowania.

Kara powinna być proporcjonalna do przewinienia. Dziecko nie jest w stanie zrozumieć, że zabrania mu się wyjścia na dwór dlatego, że stworzyło dzieło sztuki kredkami świecowymi na ścianie salonu. Szybciej pojmie, o co chodzi, gdy natychmiast zabierzesz mu kredki i oddasz je dopiero po obiedzie (razem z kartką, przypominając, że to ona służy do rysowania). Na tym właśnie polega dopasowanie kary (czy konsekwencji) do niewłaściwego zachowania – kary, która uczy odróżniania dobrego (rysowanie na papierze) od złego (rysowanie po ścianach). Prawie zawsze znajdzie się na to sposób: jeśli dziecko celowo przewróci kubek z sokiem pomarańczowym, każ mu zabrać się razem z tobą do sprzątania (i nie nalewaj nowej porcji). Jeżeli porozrzuca klocki po całym poko-

DLA RODZICÓW

Zrób sobie przerwę

Jeśli zachowanie twojego dziecka regularnie zmienia się na gorsze wtedy, gdy jesteś bardzo zajęta, to znaczy, że w ten sposób domaga się ono twej uwagi, której mu skąpisz. Może uda ci się uniknąć niektórych z tych zachowań, jeśli co jakiś czas zrobisz sobie przerwę na przytulenie malca, wyrażenie uznania dla jego postępów w budowaniu konstrukcji z klocków czy choćby zerknięcie razem z nim do książeczki, dzięki czemu może powstrzyma się on od rzucenia tą książeczką w celu zwrócenia na siebie uwagi.

Bicie: nie rób tego!

Nic tak nie wydobywa dziecka z dorosłej osoby, jak... małe dziecko, szczególnie niegrzeczne. Nawet w osobie zazwyczaj opanowanej rodzi się silny, niekiedy przemożny impuls, by zaatakować fizycznie, i nie ma nic złego w tym, że się taki impuls odczuwa – większość rodziców doświadcza go przynajmniej od czasu do czasu – gorzej natomiast, gdy pod jego wpływem zaczyna się działać. Lanie jako kara za złe zachowania stosowana jest w wielu rodzinach z pokolenia na pokolenie. Tymczasem niemal wszyscy specjaliści są zgodni co do tego, iż nie jest to skuteczna metoda wychowawcza, i wymieniają przy tym wiele przyczyn. Po pierwsze, kara cielesna stanowi zły przykład (z wielu badań wynika, iż dzieci, które są bite, częściej stosują siłę fizyczną wobec rówieśników, a w przyszłości częściej będą ją stosowały wobec własnych dzieci). Po drugie, bicie jest nadużyciem władzy przez dużego i silnego (czyli w pewnym sensie terroryzowaniem, zastraszaniem) przeciwko małemu i słabemu, a na pewno nie chcesz, by twoje dziecko zaczęło naśladować takie zachowanie na placu zabaw. Bicie może być upokarzające i poniżające dla dziecka i niejednokrotnie może prowadzić do obniżenia jego poczucia własnej wartości i morale; pod wpływem emocji może się nawet przerodzić w poważniejsze maltretowanie. Pamiętaj też, że dzieci, które są bite, powstrzymują się wprawdzie przed nieodpowiednim zachowaniem, ale tylko ze strachu przed kolejnymi razami, a nie dlatego, że nauczyły się samokontroli. Zamiast nauczyć się rozróżniać dobro od zła, wiedzą tylko, za co dostają lanie, a za co nie.

To samo dotyczy potrząsania dzieckiem. Wielu rodziców, którzy nigdy by nie uderzyli dziecka, uważa, że potrząsanie jest skuteczną i bezpieczną alternatywną karą. Tymczasem takie postępowanie wobec dziecka, które nie skończyło jeszcze trzech lat, jest niezmiernie niebezpieczne, bo choć mięśnie jego szyi są już silniejsze niż u niemowlęcia, to potrząsanie takim małym dzieckiem może spowodować poważny uraz oka lub mózgu.

Jeśli raz na jakiś czas twoje postanowienie o nieuciekaniu się do kar cielesnych rozmyje się pod wpływem stresu (na przykład gdy dziecko podrze twój czek z wypłatą) lub strachu (malec biegnie w kierunku jezdni) i wymierzysz dziecku klapsa w pupę albo w rękę, nie czuj się winna – był to z twojej strony ludzki odruch. Ale od razu przeproś („Przykro mi, że cię uderzyłam, to nie było słuszne"), podkreślając swe słowa uspokajającym uściskiem. Jeśli uderzyłaś dziecko ze strachu o jego bezpieczeństwo, możesz do przeprosin dodać wyjaśnienie: „Przepraszam za tego klapsa, ale wystraszyłeś mamusię; bałam się, że zaraz wbiegniesz na ulicę. Pamiętaj: nigdy nie wbiegaj na ulicę".

Jeśli jednak zdarza ci się często bić dziecko, jeżeli uderzenie jest na tyle silne, że pozostawia ślad na skórze dziecka, lub jeśli jest wymierzone w twarz, uszy czy głowę, jeśli używasz paska, linijki czy innego przedmiotu albo bijesz pod wpływem działania alkoholu lub narkotyków, powinnaś porozmawiać o swoich uczuciach i działaniach z lekarzem pediatrą, terapeutą rodzinnym czy innym specjalistą. Adresy i telefony instytucji oraz fundacji zajmujących się przemocą w rodzinie znajdziesz w Internecie. Fizyczne wyżywanie się na dziecku pod wpływem gniewu to niebezpieczny objaw i nawet jeśli dotąd nie zrobiłaś mu poważnej krzywdy, istnieje potencjalne zagrożenie, że ucierpi ono fizycznie lub emocjonalnie. Musisz więc poszukać specjalistycznej pomocy, zanim do tego dojdzie.

Pomoc taka potrzebna będzie także twemu mężowi, jeśli ma on tendencje do gwałtownych zachowań. Udaj się po pomoc niezwłocznie, zanim sprawy wymkną się spod kontroli.

ju, odbierz mu je na resztę dnia. Jeśli uderzy inne dziecko w piaskownicy, musi odsiedzieć karę poza piaskownicą.

Pozwól dziecku przecierpieć naturalne konsekwencje jego zachowania. Jedną z najważniejszych lekcji życia jest to, że z każdego działania wynikają jakieś konsekwencje. Dasz psu ciasteczko – nie masz ciasteczka. Podrzesz swoją ulubioną bajeczkę – tatuś nie będzie ci mógł już jej czytać. Wrzucisz misia do kałuży – nie będziesz mógł się nim bawić, dopóki nie zostanie wyprany. Pozwól dziecku odczuć naturalne konsekwencje jego czynów i nie próbuj ciągle chronić go przed nimi (na przykład podając następne ciasteczko w miejsce tego, które zjadł pies). Aby nauczka była skuteczniejsza, wyjaśnij, co się stało: „Dałaś Azorkowi ciasteczko, więc już nie masz ciasteczka". Długoterminowy efekt (lekcja zostanie kiedyś zapamiętana) znacznie przewyższy ten natychmiastowy (możliwe chwilowe załamanie). Wyjątek stanowi sytuacja, gdy działanie było niezamierzone – Azorek wyrwał smakołyk z paluszków malucha. Wtedy oczywiście można podać dziecku następne ciasteczko.

Odwrócić dziecka uwagę. W przypadku większości dzieci, zwłaszcza małych, działa zasada: co z oczu, to z serca. Dlatego odwracanie ich uwagi jest szczególnie skuteczną metodą wychowawczą. Gdy dziecko oskubuje w parku krzaczek z kwiatków, skieruj jego (na szczęście ograniczoną) uwagę na dwie wiewiórki skaczące po drzewie. A może wyjątkową radość sprawia mu grzebanie w twojej torebce? Zamknij ją, ale otwórz pojemnik z dawno niewidzianymi zabawkami. Jeśli natomiast malec zacznie sprzeczać się z innym dzieckiem o upragnioną lalkę, zacznij taką zabawę, która nie wymaga dzielenia się, na przykład rysowanie kredkami po wielkim arkuszu papieru. Zaletą tej metody jest to, że nie ma przegranych (a gdybyś powiedziała „nie", spotkałabyś się ze sprzeciwem). A co masz zrobić, jeśli dziecko uporczywie powraca na „miejsce zbrodni"? Odwracaj jego uwagę tak często, jak to konieczne, a jeśli to niemożliwe, spraw, by źródło konfliktu stało się niedostępne.

Nie skazuj malucha na odosobnienie. Czy nadeszła już pora na stosowanie tego sposobu? Zapewne nie. W rzeczywistości nie jest to sposób na dyscyplinowanie, ponieważ niczego nie uczy, a chodzi w nim jedynie o to, by dziecko ochłonęło i odzyskało panowanie nad sobą (którego maluchom zwykle brakuje). Typowa przerwa (osławione stawianie do kąta) polega na tym, że dziecko zostaje usunięte z miejsca przewinienia, oderwane od sytuacji, po czym otrzymuje nakaz siedzenia w wyznaczonym miejscu przez określony czas; pozbawione jest uwagi innych osób (pozytywnej czy negatywnej), rozrywki (zero zabawek i książek) oraz towarzystwa (nawet pluszowego misia). Problem w tym, że jednoczy dwulatkom trudno usiedzieć w bezruchu (zwłaszcza gdy są zdenerwowane) w jednym, w dodatku odosobnionym miejscu. Co więcej, tak małe dziecko przypuszczalnie w ogóle nie zrozumie, dlaczego zostało odizolowane – w tym wieku nie powiąże tej kary ze swym złym zachowaniem. Z tych i innych powodów karę polegającą na skazywaniu dziecka na siedzenie samemu lepiej odłożyć na później, gdy skończy już ono dwa lata, przy czym wyznaczanie czasu, który malec musi spędzić na przemyśliwaniu swego zachowania, będzie miało sens jeszcze później, ponieważ taka kara wykracza poza możliwości pojmowania dziecka, które nie skończyło jeszcze lat trzech. Gdy więc twoja pociecha straciła panowanie nad sobą, zróbcie sobie razem małą przerwę na ochłonięcie. Mocno przytul malucha i wymyśl jakieś uspokajające zajęcie, które pomoże mu się wyciszyć.

Skuteczna dyscyplina

Po wybraniu metody (lub metod) wychowawczej, która jest odpowiednia dla twojej rodziny, musisz teraz sprawić, by była ona jak najbardziej skuteczna. Oto kilka porad:

Stosuj zasady zrozumiałe dla dziecka. Dla malca postępowanie zgodnie z zasadami jest czymś nowym. Jego wciąż jeszcze ograniczone możliwości rozumienia utrudniają mu pojęcie, o co chodzi. Ty wiesz, co masz na myśli, mówiąc dziecku, że bicie jest niedopuszczalne, ale nie możesz zakładać, że i ono to rozumie. Używaj więc prostych, bezpośrednich słów. Wyjaśnij: „Nie wolno bić. Bicie boli!".

Stosuj działania zapobiegawcze. Jeśli się dobrze zastanowić, najskuteczniejszą formą dyscyplinowania jest zapobieganie. Nie polega ono jednak na antycypowania złego zachowania (na przykład ostrzeganiu, że nie wolno bić Jacka, gdy tymczasem nikt na-

ŻYCIE Z GRANICAMI

Choć możesz odnieść zupełnie inne wrażenie, dziecko uwielbia granice.

Tak, tak, ten mały buntownik, który sprawia wrażenie, że łamanie barier jest jego życiowym celem, tak naprawdę chce, aby mu je wyznaczać.

W rzeczywistości życie z rozsądną liczbą mądrze wytyczonych granic, równoważonych przez pewną ilość swobody, daje dziecku – zwłaszcza małemu – poczucie bezpieczeństwa. Jak pewnie już zauważyłaś, dziecko zwykle nie panuje nad swoimi instynktami i jeśli pozostawić je bez kontroli, może dojść do czynów mało cywilizowanych, a czasem wręcz niebezpiecznych. Rozsądne zasady na pewno przyczyniają się do bezpieczeństwa dziecka (buty chronią stópki przed ranami, trzymanie się za ręce na chodniku powstrzymuje małego ciekawskiego przed popadnięciem w tarapaty) oraz osób z jego otoczenia (na przykład ta, że nie wolno bić). Wszystkie te zasady mają jeszcze jedną, mniej oczywistą zaletę: otóż ograniczenia dają malcom kojące poczucie bezpieczeństwa na tym etapie rozwoju, który bywa czasem źródłem niepokoju. W obliczu tak licznych rzeczy, które są nowe, inne, ekscytujące i stanowią wyzwanie, granice są komfortowo stałe; dzięki nim dziecko wie, czego może oczekiwać oraz czego się od niego oczekuje. A to, co dobre dla twojego malucha, jest dobre również dla ciebie, ponieważ rozsądnie ustalone zasady ograniczają negatywizm dziecka i eliminują napady złości.

Wprowadzaj więc ograniczenia, których twoje dziecko podświadomie pragnie, choć zmaga się z nimi każdą cząstką swojej słodkiej, małej, upartej istoty. Pamiętaj jednak o właściwych ramach tych ograniczeń. I tak:

Granice muszą być odpowiednie do wieku dziecka i uczciwe. Reguły nie zawsze są sprawiedliwe, ale jeśli są, to łatwiej zgodnie z nimi postępować, zwłaszcza komuś, kto dopiero się tego uczy. Staraj się więc o to, by zasady były uczciwe, a co najważniejsze, odpowiednie do wieku dziecka. Oczekuj od malucha tego, co może z siebie dać, i pamiętaj, że na razie nie będzie tego wiele. Na przykład nie można się spodziewać, by roczne dziecko samo, nieproszone i bez niczyjej pomocy poukładało zabawki; ale można oczekiwać, że zrobi to razem z inną osobą (śpiewając przy tym wesołą piosenkę).

Zasady muszą być stałe. Gdy zasady zmieniają się każdego dnia, nietrudno zgadnąć, kto nie będzie w stanie za nimi nadążać, o przestrzeganiu ich nawet nie wspominając.

Granice powinny być przystosowane do twojej rodziny. Tylko kilka zasad odnosi się do wszystkich, jak: dbałość o zdrowie i bezpieczeństwo przede wszystkim, szacunek dla innych osób, zakaz bicia, wyzywania czy innych uczynków mogących wyrządzić komuś fizyczną lub psychiczną krzywdę. Poza nimi rozciąga się ogromny obszar tego, co słuszne, a co niesłuszne dla danej rodziny. Być może w waszym domu obowiązuje żelazny zakaz wchodzenia w butach na sofę lub chodzenie spać zawsze o tej samej godzinie, a może nie ma to żadnego znaczenia, natomiast dziecku absolutnie nie wolno dotykać biurka mamy czy telefonu komórkowego taty. Wybierz takie granice, które są odpowiednie dla ciebie, dla twojego dziecka i całej waszej rodziny.

Liczba ograniczeń musi być wyważona. Jeśli wyznaczysz zbyt wiele zasad albo będą one zbyt restrykcyjne, twój maluch może się nimi nie przejąć (bo twoje oczekiwania są zawsze poza jego zasięgiem) lub całkowicie je odrzucić. Życie wśród zbyt wielu granic może być także mocno frustrujące dla malca, który chce odkrywać i poznawać świat (czyli robić to, co do niego należy). Z drugiej strony jednak, gdy wytyczasz za mało granic lub ustanawiasz zbyt łagodne zasady, może to oznaczać, iż twoje oczekiwania są za małe. Dziecko może dojść do wniosku, że nie warto ich przestrzegać, czyli innymi słowy, prosisz się o chaos. Każdy z tych scenariuszy wiąże się z potencjalnymi problemami, a komu to potrzebne?

wet nie podniósł ręki), lecz na wyposażeniu dziecka w umiejętności niezbędne do tego, by zachowywało się właściwie. Zacznij od pokazywania maluchowi, jak dotykać delikatnie, potem pochwal go („Jak ładnie bawisz się z Szymkiem!"), wreszcie, w razie potrzeby (gdy wszystko wskazuje na to, że zaraz dojdzie do bijatyki) przypominaj zasady.

Patrz dziecku w oczy. Korygowanie zachowania jest skuteczniejsze, gdy odbywa się twarzą w twarz, szczególnie w przypadku maluchów, które mają ograniczoną zdolność skupiania się. Zamiast więc krzyczeć z drugiego kąta pokoju: „Skończ z tym bębnieniem!" (co dla dziecka jest tylko szumem w tle), podejdź do malca, przykucnij i patrząc mu prosto w oczy, powiedz, by przestał bębnić. Postaraj się, by mowa twego ciała, ton głosu i wyraz twarzy wyraźnie dały mu do zrozumienia, że ma cię posłuchać.

Wydawaj ostrzeżenia. Kiedy przyłapiesz swojego brzdąca na nieodpowiednim zachowaniu, zacznij od ostrzeżenia: „Jeśli nie przestaniesz do chwili, gdy skończę liczyć do trzech, to…". Oczywiście musisz dotrzymywać słowa, gdyż inaczej twoje ostrzeżenia nie będą nic warte. Jednakże w sytuacjach, które mogą mieć groźne konsekwencje – na przykład dziecko bije, podchodzi do ognia w kominku czy uderza w szybę okienną – możesz opuścić przestrogi i błyskawicznie działać.

Wyjaśnij karę. Nawet małe dziecko jest w stanie zrozumieć, choćby mgliście, że skonfiskowałaś mu zabawkę, bo rzuciło nią w siostrzyczkę, albo że zostało zabrane z placu zabaw za umyślne pchnięcie huśtawki w stronę towarzysza zabaw. Jednak proste objaśnienie zwiększa siłę przekazu i skuteczność kary. Słowo „proste" jest tu kluczem: jeśli będziesz mówić rozwlekle, malec się wyłączy.

Reaguj szybko. Często się zdarza, że nim skończysz swój wykład na temat złego zachowania lub odbierzesz maluchowi przywilej, dziecko, które żyje chwilą, dawno już zapomni, co wywołało całe to zamieszanie. Pamiętaj zatem, by szybko reagować na złe zachowanie. Jeśli rezygnacja z czytania bajeczki przed snem ma być karą za naruszenie zasad, do którego doszło przed obiadem, dziecko na pewno nie połączy przyczyny z karą. Rezultat: dyscyplina traci skuteczność.

Bądź konsekwentna. Jeśli twe pogróżki są czcze, a zachowanie niekonsekwentne, dziecko szybko wpadnie na sposób, by „obejść system". Na próby dyscyplinowania reaguje atakiem furii? Nie przejmuj się i postępuj zgodnie z planem, bo jeśli się poddasz, przekażesz dziecku sygnał, że kwestie dyscypliny podlegają negocjacjom. Więcej na temat radzenia sobie z dziecięcymi atakami złości przeczytasz na str. 224.

Wybaczaj i zapominaj. Gdy kara została już wymierzona, nie wracaj więcej do sprawy. Bez użalania się, bez ciągnącej się niechęci, bez wykładów. I jeszcze jedna ważna sprawa: nie dawaj dziecku żadnego zadośćuczynienia, gdyż wówczas może ono odnieść wrażenie, że zostało błędnie ukarane. A przecież ty robiłaś tylko to, co do ciebie należało. Jeśli dasz się wyprowadzić z równowagi i zareagujesz nadmiernie, nie błagaj o przebaczenie, gdyż to może jedynie zaniepokoić dziecko. Lepiej przytul je i szybko przejdź do zajęcia, które sprawia wam obojgu przyjemność.

WSZYSTKO O…

ROZRÓŻNIANIE DOBRA I ZŁA

Dla małych dzieci wszystko jest nowe; brak im doświadczenia w kwestii zasad rządzących światem, ale koniecznie chcą je poznawać. Mając tak wiele do poznania, dzieciaki są wszystkiego ciekawe, a przy tym uwielbiają zabawę, bywają impulsywne, a czasem boleśnie naiwne. Brak im moralnego kompasu charakterystycznego dla dojrzałości, polegającego na umiejętności odróżniania dobra od zła, czyli tego, co my, dorośli, nazywamy sumieniem. I tu jest twoje pole do popisu: masz pokazać swemu maluszkowi, jak należy postępować.

To ty masz mu powiedzieć, że bicie się z kolegą o zabawkę jest niedobre, a czekanie na swoją kolej na zjeżdżalni jest trudne, ale konieczne. Jesteś tą osobą, która przypomni, by podziękował wujkowi Edmundowi za prezent, i która zabierze miseczkę, gdy zabawa płatkami przybierze nieodpowiednią formę. Zanim dziecko w pełni rozwinie swoje sumienie (oraz zdobędzie przydatną umiejętność kontrolowania impulsów), musisz być jego moralnym GPS-em.

Samo dawanie wskazówek jednak nie wystarcza (czy gdy korzystasz z nawigacji samochodowej, naprawdę uczysz się drogi?). Twoja pociecha nie jest jeszcze gotowa do poruszania się po świecie bez twojej pomocy w sprawach zachowań etycznych, lecz może już poznać podstawowe zasady.

Oto jak uczyć małe dziecko, co jest dobre, a co złe:

Wyjaśnij, że działania mają swoje konsekwencje. Oczywiście powinnaś powiedzieć dziecku, że nie wolno rzucać piaskiem, ale ważne też, by powiedzieć dlaczego: bo jeśli tak zrobi, to piasek może wpaść komuś do oka i wyrządzić krzywdę. A kiedy mówisz, że zawsze trzeba czekać na swoją kolej, zamiast się przepychać na początek kolejki do zjeżdżalni, dodaj przyczynę: bo kiedy wszyscy grzecznie czekają, każde dziecko może zjechać i wszyscy się dobrze bawią. Pomagasz w ten sposób zrozumieć zasady i wzbudzasz empatię - klucz do rozwoju sumienia.

Zachęć do dialogu. Spraw, by dziecko zaczęło myśleć o swoim zachowaniu - i dobrym, i złym. Po tym, jak twoja pociecha zacznie przepychankę z innymi dziećmi, zadaj pytanie: „Pomyśl, co czuła Asia, gdy ją popchnęłaś?". Gdy bohater książki zrobi coś wyraźnie dobrego lub złego, skomentuj to: „Ten chłopiec sprawił radość koledze, przytulając go" lub: „Ta dziewczynka zrobiła źle, zabierając zabawkę koleżance, która się rozpłakała. Trzeba się dzielić z innymi". Dziecko nie jest jeszcze w wieku pozwalającym na głębokie filozoficzne rozmowy o moralności, ale warto już rozpocząć taki dialog (a na razie choćby monolog).

Wiń zachowanie, nie osoby. Staraj się krytykować zachowanie swego malucha (które można zmienić), a nie jego samego; powiedz: „Rzucanie klockami jest złe", nie zaś: „Jesteś złym chłopcem". Unikaj też osądzania innych, gdy oceniasz ich zachowanie, i zachęcaj malca do tego samego. Nie mów: „Ta dziewczynka z opowiastki jest zła, bo nie podzieliła się ciasteczkami", lecz powiedz: „Nieładnie, że się z nikim nie podzieliła ciastkami, trzeba się dzielić". Jednak czy zawsze będziesz o tej zasadzie pamiętać? Na pewno nie, zwłaszcza gdy dziecko mocno wystawi na próbę twoją cierpliwość (na przykład wyleje sok winogronowy na twoją nową beżową sofę). Wtedy trudno. Uważaj natomiast, by nie wyrobić w sobie nawyku wypowiadania radykalnych (i przykrych) opinii o dziecku.

Bądź bezstronna. Niektórzy rodzice mają tendencję do stawania po stronie swego potomka, gdy doszło do bójki z innymi dziećmi, inni wybierają stronę jego kolegów i koleżanek, a jeszcze inni próbują się dowiedzieć, kto pierwszy wymierzył cios, zanim przypiszą komuś winę. Każde podejście wynika z najlepszych intencji, problem jednak w tym, że żadne z nich nie jest do końca dobre. Zawsze stawanie po tej czy po tamtej stronie jest z natury nieuczciwe (a sprawiedliwość jest ważnym elementem uczenia się odróżniania dobrego od złego). Z kolei znalezienie winnego wśród grona szarpiących się dzieciaków to niełatwe zadanie, gdyż a) trudno uzyskać zeznania świadków, b) pierwszy cios, który zauważyłaś, mógł nie być pierwszym wymierzonym. Dlatego nawet gdy konieczna jest twoja interwencja, staraj się odgrywać rolę mediatora, a nie obrońcy lub sędziego. Nie ma znaczenia, kto zaczął walkę, natomiast do ciebie należy zakończenie jej w cywilizowany sposób i udzielenie dzieciom umoralniającej nauki: bicie się jest złe, bez względu na to, kto zaczął.

Nie wygłaszaj wykładu. Nauka wymaga objaśniania, ale powinno być ono krótkie i proste. Marudzenie po wizycie towarzysza zabawy („Byłaś bardzo niegrzeczna podczas zabawy", „Nieładnie traktowałaś koleżankę", „Twoje koleżanki nie będą cię lubić, jeśli będziesz dla nich taka niemiła") lub wypowiadanie długich i zawiłych ostrzeżeń przed dojściem na miejsce („I nie zapomnij: żadnego popychania. Pamiętaj, że masz się dzielić. Nie wolno bić i gryźć") nauczy dziecko tylko jednego: że kiedy zaczynasz mówić, trzeba przestać słuchać. Włącz tryb wykładowcy, a cała nauka pójdzie w las.

Bądź wzorem moralnym. Jak zawsze, grosz przykładu jest cenniejszy niż złotówka pouczania. Niech twoje sumienie kieruje tobą – i jeszcze przez jakiś czas twym dzieckiem – a z czasem malec rozwinie w sobie własne sumienie, którym będzie się kierować.

Rozdział 8

MOWA

Dziecko umie już chodzić lub jest na najlepszej drodze do postawienia niezapomnianych pierwszych kroków, ale kiedy w końcu zacznie mówić? Kiedy wreszcie zakończy się ta frustrująca trudność w komunikowaniu się, stojąca między tobą, twym dzieckiem a niewiadomą zabawką, na którą ono usilnie, acz bezskutecznie wskazuje od pięciu minut? Słuchaj uważnie, a być może ku swojemu zaskoczeniu usłyszysz rozmówcę. Bez względu na to, czy dziecko już układa słowa w zwroty (a może i nawet w proste zdania), czy też jeszcze nie wypowiedziało ani słowa (przynajmniej z tego, co ci wiadomo), jedno jest pewne: jego rozwój mowy trwa na dobre.

Co może cię niepokoić

Opóźnienie w rozwoju mowy

Mój syn dużo gaworzy, więc dlaczego nie mówi nic, co moglibyśmy zrozumieć?

Fakt, że nie rozumiesz ani słowa z tego, co mówi twoje dziecko, nie oznacza, iż ono żadnego słowa nie wypowiada. Język tego początkującego mówcy tobie może się wydawać bełkotem, ale jeśli wsłuchasz się uważniej, prawdopodobnie zauważysz, że w rzeczywistości zawiera on rytmiczne wzory i odmiany przypominające twoją mowę. Ten ćwiczebny język, zwany żargonem, może dla ciebie nie mieć sensu, ale dla dziecka wiele znaczy, gdyż zaczyna wypełnianie luki językowej, pozwalając mu mówić (do siebie albo do ciebie), zanim będzie w stanie wypowiedzieć pierwsze prawdziwe słowo.

Czy gaworzenie twego dziecka to więcej niż żargon? Możliwe, że malec poszedł już o krok dalej i zaczyna wypowiadać jedno- lub dwusylabowe dźwięki naśladujące słowa, choć przypuszczalnie na razie trudno je jeszcze rozszyfrować. „Ba" może oznaczać butelkę, „ga" – do góry, a „da" – daj. Nim złamiesz jego kod (a kiedyś w końcu ci się to uda), możesz się czuć tak, jakbyś non stop grała w szarady („brzmi jak..."), zwłaszcza jeśli twój maluch łączy te dźwięki z gestami. Ale to już jest jakiś początek.

Co jeszcze bardziej utrudnia zrozumienie takich wczesnych „słów"? To, że pojedyncze sylaby mogą zastępować całe zdania, na przykład „da" może oznaczać: „Daj mi to" lub: „Co to jest?".

Zdezorientowana? To jeszcze nie wszystko! Pierwsze słowa mogą mieć kilka zastosowań. Na przykład „da-da" może oznaczać tatę, ale równie dobrze mamę, opiekunkę, a nawet psa lub przypadkowego mężczyznę na ulicy. Z kolei „ma-ma" w zależności od okoliczności będzie znaczyło: „Chcę do mamy", „To jest mama", „Mamo, jeść" lub „Chcę na rączki do mamusi!". Może też odnosić się do taty czy innej osoby z otoczenia dziecka albo dowolnej kobiety.

Doprowadzenie mowy do perfekcji trwa latami, jednak problemy z porozumiewaniem się między wami wkrótce zaczną zanikać, gdyż dziecko będzie coraz lepiej mówić, a ty nauczysz się lepiej je rozumieć. Czasem będzie się wydawać, iż bramy komunikacji nagle otworzyły się na oścież, innym razem umiejętności językowe będą się wydawać opóźnione – zwłaszcza gdy wiecznie zapracowane dziecko będzie szczególnie zajęte ćwiczeniem jakiejś umiejętności fizycznej albo zachoruje lub zdenerwuje się. Tobie też zdarzają się takie chwile, kiedy nie chce ci się z nikim rozmawiać, prawda?

Słyszałam mówiące roczne dzieci, tymczasem moja córka zdaje się nie być jeszcze na to gotowa. Co się dzieje?

Przeciętne dziecko wypowiada swoje pierwsze słowo w okresie między dziesiątym a czternastym miesiącem życia, choć nie zawsze jest ono zrozumiałe dla jego rodziców. Zdarza się jednak raz na jakiś czas malec, który zaczyna mówić wcześniej (już w wieku ośmiu miesięcy) bądź później (nawet w wieku powyżej osiemnastu miesięcy). To, kiedy dokładnie twoja córeczka otworzy buzię i wypowie „A" (jak „Ala") czy „Mmmm" (jak w „mama") – lub coś równie słodkiego, choć może niezrozumiałego – zależy od kilku czynników. Należą do nich:

Czynnik rodzinny. Czy u ciebie lub twego małżonka umiejętności werbalne pojawiły się wcześnie, czy też raczej późno? A może rozwój mowy był u was raczej na średnim poziomie? Wy na pewno nie będziecie tego pamiętać, więc spytajcie swych rodziców. Jeśli chodzi o mowę, dzieci często idą w ślady mamy lub taty, nie tyle dzięki wrodzonej, naturalnej przenikliwości (lub z powodu jej braku...), ile raczej – możesz wierzyć lub nie – wrodzonej budowie mięśni jamy ustnej i języka.

Kolejność narodzin. Pierwsze dziecko często mówi wcześniej, gdyż nie ma jeszcze rodzeństwa konkurującego z nim o uwagę mamy czy taty, o słowne zachęty czy poświęcony na to czas. Im więcej rodzeństwa, tym mniej sposobności dojścia do głosu, a także mniejsza potrzeba mówienia, gdyż rodzice mają większe doświadczenie w odczytywaniu przekazów pozawerbalnych. Oczywiście ten model nie w każdym domu się sprawdza. Czasami słowa są zaraźliwe, co oznacza, że kolejne dziecko może szybciej złapać bakcyla mówienia (dokładnie tak samo jak bakcyla przeziębienia przyniesionego przez starsze rodzeństwo ze szkoły czy od kolegów). Przyczyną może też być chęć bycia usłyszanym.

Płeć. Przeciętnie biorąc, dziewczynki zaczynają mówić szybciej niż chłopcy. Choć geny mogą dawać w tym względzie przewagę, to spore znaczenie ma też środowisko: rodzice mają tendencję już od samego początku do częstszego mówienia do swego żeńskiego potomstwa. Oczywiście przeciętnie ozna-

KAMIEŃ MILOWY

Mowa

Twoje dziecko jest pod każdym względem indywidualistą – także gdy idzie o rozwój umiejętności mówienia – staraj się więc nie porównywać jego słownictwa (ani długości zwrotów lub zdań) z mową jego rówieśników. Jeżeli tylko przykłada się do zdobywania umiejętności werbalnych i czyni stałe (choć niekoniecznie szybkie) postępy, to znaczy, że wszystko przebiega zgodnie z planem – planem jego rozwoju. Oczywiście jeśli masz jakiekolwiek obawy czy choćby zwykłe przeczucie, że coś jest nie w porządku, zapytaj lekarza. Najprawdopodobniej uzyskasz zapewnienie, że wszystko jest w normie, ale gdyby się okazało, że jakiś szczegół wymaga twojej ingerencji, zawsze lepiej zareagować wcześniej niż później.

Od 12 do 15 miesiąca. Niesamowite, jak wiele roczne dziecko potrafi przekazać, nie wymawiając ani jednego zrozumiałego słowa! Ten mały człowiek, niczym zaradny jaskiniowiec, ciągnie cię za spodnie do kuchni, popycha twoje nogi w kierunku wyjścia, wydaje pomruki lub kiwa głową w odpowiedzi na pytania, wskazuje na kubek, który chce dostać. Jeśli tylko twoja pociecha próbuje się porozumiewać, możesz ze spokojem podziwiać jej pomysłowość w tym zakresie. Kończąc pierwszy rok życia, większość malców jest w stanie wypowiedzieć celowo jedno do pięciu słów, natomiast do piętnastego miesiąca życia liczba tych słów może wzrosnąć nawet do dziesięciu.

Od 15 do 18 miesiąca. Większość dzieci w tych widełkach wiekowych jest w stanie wypowiedzieć ponad dziesięć słów; zwykle są to: „mama", „tata" i inne rzeczowniki, jak „lala" czy „picie", a także kilka słów na określenie czynności: „jeść", „do góry", „na dół". Szczególnie uzdolnione werbalnie mają słownictwo liczące nawet od dwudziestu do trzydziestu słów. Czasem dzieci wypowiadają inne dźwięki (lub „słowa") albo czynią gesty, które są celowe dla niego, ale przypuszczalnie zrozumiałe tylko dla ciebie i innych jego bliskich.

Od 18 do 24 miesiąca. Do startu... Gotowi... Hop! W drugiej połowie drugiego roku życia malucha zdobywanie przezeń umiejętności werbalnych ostro nabiera tempa, a zasób jego słownictwa zwiększa się galopująco i może ono liczyć od pięćdziesięciu do dwustu słów, w chwili gdy malec kończy dwa lata. Jeszcze bardziej ekscytujące (dla obu stron) jest używanie przez dziecko prostych zdań, składających się z dwóch lub trzech słów: „Nie ma mleka", „Adaś na rączki", „Mamusia buzi!".

Bądź czujna! Jeżeli roczne dziecko nie wykonuje gestów, nie wskazuje na upragnione przedmioty ani nie podejmuje prób kontaktu przy wykorzystaniu środków pozawerbalnych albo jeśli szesnastomiesięczny malec nie wypowiedział jeszcze ani jednego słowa, należy wspomnieć o tym lekarzowi. Czasem dzieciom po prostu niespieszno do mówienia, ale lekarz może zalecić wykonanie badania słuchu, by sprawdzić, czy sprawa nie ma tak prostego wyjaśnienia – i tak łatwego rozwiązania – jak płyn w uchu środkowym, pozostały po przeziębieniu lub chorobie ucha bądź nadmierna ilość woskowiny utrudniająca wyraźne słyszenie, a zatem i wyraźne mówienie. Warto również spytać pediatrę, czy nie należałoby zwrócić się do logopedy o przeprowadzenie formalnej oceny umiejętności językowych dziecka, jeśli maluch:

- w wieku osiemnastu miesięcy używa tylko jednego bądź dwóch słów;
- zdaje się dysponować ograniczonym słownictwem biernym (a powinien rozumieć łatwe pytania, wykonywać nieskomplikowane polecenia czy reagować na proste stwierdzenia);
- nie potrafi komunikować się pozawerbalnie (na przykład pokazując na znajdującą się poza jego zasięgiem zabawkę);
- nie naśladuje prostych słów i dźwięków (na przykład jeśli wydasz dźwięk „muuu", malec powinien umieć go powtórzyć);
- ma niedorozwinięte mięśnie jamy ustnej (co może się objawiać tym, że więcej niż przeciętnie jedzenia wypada mu z buzi, odmawia przyjmowania żywności wymagającej przeżuwania, mocno się ślini).

Jeśli problem odpowiadający za opóźniony rozwój mowy dziecka zostanie zidentyfikowany, terapia pozwoli dziecku na dogonienie rówieśników, a być może i na ich prześcignięcie w wysławianiu się.

cza przeciętnie. Bywają dziewczynki, które zaczynają mówić później, i chłopcy, którzy jako pierwsi w swej grupie rówieśniczej wypowiadają zdania.

Uwarunkowania rodzinne. Dziecko szybciej rozwinie umiejętność mówienia, jeśli będzie się do niego mówić. Nie szczędź zatem malcowi słów. W rodzinach wielojęzycznych dzieci uczą się każdego z tych języków wolniej, niż gdyby w domu posługiwano się tylko jednym językiem, lecz opóźnienie to będzie tylko tymczasowe, a korzyść ogromna: wielojęzyczność!

Miejsce opieki. Dzieci, z którymi wcześnie zaczyna się rozmawiać, zwykle same wcześniej opanowują mówienie, niż gdyby wychowywały się w środowisku ubogim językowo, to nie ulega wątpliwości. Ale jest jeszcze jeden ważny czynnik: miejsce zabaw dziecka. Dziecko oddawane do żłobka albo szybciej uczy się mówić, już choćby po to, by jego potrzeby były zaspokajane, albo zamyka się w sobie, gdy nikt go nie słucha. Szybciej też mówią maluchy mające wiele okazji do kontaktów z innymi dziećmi – zwłaszcza nieco starszymi i już mówiącymi – gdyż podchwytują od nich słowa. Na pewno regularne otrzymywanie bodźców werbalnych (czy to od rodziców, czy od opiekunów, nianiek, babć, innych dzieci) ma wielkie znaczenie dla rozwoju mowy dziecka.

Schemat. Chodzi tu o schemat rozwoju twego dziecka. Choć z pewnością dobrze o tym wiesz, warto powtórzyć: każde dziecko jest jedyne w swoim rodzaju, nieporównywalne z innymi pod żadnym względem, w tym także językowym. Bez wątpienia każde wypowiedziane do dziecka słowo może skłaniać je do wcześniejszego mówienia, ale pamiętaj, że nie jest to wyścig. Jedne całkowicie prawidłowo rozwijające się maluchy wypowiadają swoje pierwsze słowa, zanim zaczną chodzić, inne zaś dużo później. Dzisiejsze milczki

Generalizowanie

Czy zastanawiasz się, dlaczego twoje dziecko, które właśnie zaczyna mówić, wskazuje na stojącego za tobą w kolejce do sklepowej kasy mężczyznę i nazywa go „ta-ta", oczekując, iż będziesz dumna, a nie zażenowana? Przyczyna jest prosta: maluchy nie mają wystarczająco dużo doświadczenia w precyzowaniu swego doboru słów, więc generalizują (czy naginają znaczenie). Skoro siwa pani w ich życiu to „baba" („babcia"), będą określać tym słowem wszystkie napotkane siwe panie; jeśli czworonóg z ogonem to „pies", można tym słowem równie dobrze nazwać kotka. A co z mężczyzną ze sklepu? Twój maluch nie mówił o ojcostwie ani nie pomylił tego człowieka ze swoim tatą. Mając jednak w swym zestawie tylko kilka słów, którymi potrafi się posługiwać, wpadł na pomysł używania terminu „ta-ta" na określenie całej kategorii ludzi przypominających tatę z wyglądu. Co należy zrobić, gdy dziecko zastosuje taki ogólnik, czyli wybierze słowo bliskie, ale jednak niedokładne? Pochwalić i przejść nad tym do porządku dziennego? Poprawić? Z każdego po trochu. Powiedzieć: „To jest pan. Tatuś także jest panem, ale to jest inny pan. Zobacz, tam jest jeszcze inny pan, i jeszcze inny". Albo: „Tak. Ma cztery nogi i ogon jak piesek, ale to zwierzę nazywa się kot. Koty mówią miau". Dziecko stopniowo będzie powiększać swoje słownictwo, a wraz z tym doskonalić zdolność precyzowania (umiejętności te zwykle objawiają się w najmniej odpowiednich chwilach, na przykład malec wskaże na obcego człowieka i spyta: „Dlaczego ten pan ma taki duży brzuch?" albo: „Dlaczego ta dziewczynka ma tyle pryszczy na twarzy?").

Niektóre dzieci naginają znaczenia w sposób szczególny, poniekąd odwrotny: zamiast generalizować konkrety, zaczynają konkretyzować pojęcia ogólne. Na przykład wszystkie książeczki będą przez twojego malucha nazywane „Kucyk", od tytułu ulubionej książeczki, a na wszystkie psy będzie wołał „Gucio", gdyż tak ma na imię wasz pies. Także ten sposób wysławiania się zaniknie z czasem, w miarę jak umiejętności werbalne dziecka będą coraz doskonalsze. Tymczasem możesz pomóc mu poznawać pojęcia ogólne: „Tak, to jest pies, jak Gucio, który też jest psem".

mogą okazać się jutrzejszymi gadułami. To, według jakiego schematu będzie się rozwijać twoje dziecko, jest typowe tylko dla niego.

Pamiętaj również, że zanim dziecko powie słowo, musi najpierw wiele słów rozumieć. Umiejętność tę można nazywać formalnie „słownictwem biernym" albo po prostu rozumieniem (czym faktycznie jest) i jest ona pierwszym krokiem w nauce języka, takim, które dziecko stawia nawet bez twojej wiedzy. Kiedy twoja córeczka wskazuje na płatki zbożowe w odpowiedzi na pytanie, co chciałaby zjeść na śniadanie, kiedy cała aż trzęsie się z radości, gdy powiesz jej, że pójdziecie na huśtawki, albo gdy biegnie po ukochaną książeczkę, kiedy zaproponujesz czytanie, to daje ci do zrozumienia, że uczy się języka. Co więcej, buduje ważne umiejętności werbalne, które wykorzysta do postawienia kolejnego kroku, czyli mówienia (inaczej mówiąc, przejdzie do – jak to się formalnie nazywa – słownictwa czynnego).

Jeśli twoje dziecko nie podejmuje żadnych prób mówienia, a zwłaszcza gdy wydaje ci się, że nie rozumie ani nie słyszy tego, co mówisz, zgłoś swój problem lekarzowi.

Język migowy

Dla osób, które nie posługują się jeszcze słowami, palec jest wart tyle co tysiąc słów. Dzieci zrobią wszystko, aby jakoś dać do zrozumienia, o co im chodzi (mamrocząc, tupiąc, rzucając się na wystawę), ale ich pomysłowość (a któremu z nich cechy tej brak?) szybko podpowiada im, że najskuteczniejszym sposobem porozumiewania się bez słów jest używanie rąk... i tych małych, grubiutkich paluszków. Brzdąc, który nie umie jeszcze powiedzieć: „Chcę batonika", może poprowadzić cię za rękę do szafki, w której przechowujesz upragnione łakocie. Myśląc natomiast o piaskownicy, pokaże na wiaderko i łopatkę. Ale niektóre dzieci i usiłujący je zrozumieć rodzice posuwają się do jeszcze bardziej twórczych rozwiązań, porozumiewając się swoistym językiem migowym.

Pewne znaki są uniwersalne i ponadczasowe (niewątpliwie sama ich używałaś w czasach, gdy jeszcze nie umiałaś mówić): machanie oznacza „chcę stąd wyjść", podnoszenie do ust dłoni ułożonej jak do nabrania wody – „chcę pić", głaskanie się po brzuchu – „chcę jeść". Inne gesty będą co prawda mniej intuicyjne, ale łatwe do nauczenia się (dłoń przyłożona do przechylonej w bok głowy – „jestem śpiąca", palec przytknięty do nosa – „zapach"). Jak wynika z badań, używanie języka migowego – niezależnie od tego, czy jest to formalny język migowy dla dzieci, czy też wymyślony przez was – nie spowalnia rozwoju mowy, a często wręcz ją stymuluje, ponieważ kiedy dziecko ma mniejsze trudności w porozumiewaniu się i przez to jest mniej sfrustrowane, szybciej uczy się mówić. Musisz jednak pamiętać, by uzupełniać wszystkie gesty słowami, czyli to, co pokazujesz, nazywać odpowiednim terminem. Więcej informacji na temat języka migowego dla najmłodszych i tego, jak z niego korzystać, znajdziesz w książce *Pierwszy rok życia dziecka* (REBIS 2015).

Frustrujące rozmowy

Wiemy, że nasza córeczka próbuje z nami rozmawiać, ale nie mamy najmniejszego pojęcia, co usiłuje nam powiedzieć. My jesteśmy tym bardzo sfrustrowani i ona także.

Szkoda, że dzieci nie mówią z... napisami albo że nie mają w swym twardym dysku programu do tłumaczenia czy choćby rozmówek.

Niestety tak nie jest. Mają one natomiast prymitywne umiejętności werbalne, które rozwijają co prawda w tempie imponującym, ale nie na tyle szybko, by usatysfakcjonować malca, który chce zostać zrozumiany, i jego rodziców, tak bardzo chcących go zrozumieć.

Ten trudny okres przejściowy od radosnego gaworzenia do pełnej komunikacji jest stresujący dla obu stron, niemniej jednak nieunikniony. W miarę jak typowy dla wieku waszej córki żargon przerodzi się najpierw w sylaby, które zaczną przypominać słowa, potem w pojedyncze słowa, zbitki słów i wreszcie w zdania, mała zacznie mó-

BLIŹNIĘTA

MÓWIENIE RAZY DWA

Nie możesz się pewnie doczekać, kiedy twoje dzieci zaczną mówić w duecie, lecz zastanawiasz się też, czy będziesz musiała czekać na to dłużej niż rodzice jedynaków. Bliźnięta (i inne wieloraczki) uczą się mówić w sposób nieco inny i zwykle wolniej niż dzieci, które przyszły na świat w pojedynkę. Oto tego przyczyny:

Wolniejszy rozwój mowy. Badania wykazują, że bliźnięta częściej niż jednoraczki są opóźnione w mówieniu – zwłaszcza bliźnięta chłopcy, u których spóźnienie to może wynosić nawet kilka miesięcy. Czasami przyczyną jest wcześniactwo, niska masa urodzeniowa lub powikłania przy porodzie (wszystkie te problemy są powszechne przy ciąży wielopłodowej) lub właśnie płeć (nawet jedynacy zaczynają mówić przeciętnie później niż jedynaczki). Ale niejednokrotnie powód jest dość zaskakujący: otóż do bliźniąt rodzice mówią mniej. Jak wynika z badań, rodzice dwojaczków rzadziej mówią do każdego z dzieci, niż mówiliby do jednego dziecka. Nietrudno zgadnąć dlaczego. Po prostu musieliby mówić dwa razy więcej, a na to nie starczyłoby im dnia. Skutkiem jest nieco wolniejszy rozwój mowy u dzieci.

Mniejszy zasób słów. Badania wskazują również, że nawet gdy bliźnięta zaczynają mówić, mają tendencję do używania mniejszej liczby słów, a później do formułowania krótszych zdań. Przypuszczalnie wiąże się to z faktem, że nie potrzeba im zbyt wielu słów do porozumiewania się ze sobą, mają bowiem bardzo podobne potrzeby i pragnienia, mogą polegać na intuicji, gestach, kontakcie wzrokowym i tak dalej. W konsekwencji ich słownictwo jest uboższe – przynajmniej na tym wczesnym etapie życia, o którym piszemy w niniejszej książce.

Sekretny język. Czy odnosisz wrażenie, że twoje bliźnięta mają własny sekretny język, niezrozumiały dla innych? To niezwykle częste u bliźniąt zjawisko ma naukową nazwę, a nawet dwie: kryptofazja i idioglosja. Boisz się, że maluchy knują chytry plan nocnej ucieczki z łóżeczka albo bunt przeciwko fotelikom samochodowym czy zamach na ciasteczka? Raczej nie musisz mieć takich obaw. Specjaliści są zdania, że mowa bliźniąt to raczej nie są prywatne rozmowy, a bardziej naśladowanie wzajemnych, szczątkowych (i często błędnych) prób posługiwania się językiem. Wzorami w kwestii mowy dla jednoraczków są zwykle ci, którzy dobrze się nią posługują (czyli rodzice, starsze rodzeństwo, opiekunowie), natomiast bliźnięta przy swych pierwszych próbach mówienia naśladują się wzajemnie, łącznie z błędami w wymowie i gramatyce. Słysząc, jak jedno z nich mówi „dziu" na „dzień dobry", drugie kopiuje to „słowo" i wkrótce oba brzdące wykrzykują „dziu", gdy ktoś przychodzi. Nie możesz złamać ich kodu? Nie martw się, ta ich mowa jest normalna i... przemijająca. Gdy skończą pięć lub sześć lat, ich „sekretny język" zaniknie.

wić zrozumiałym dla was językiem, a wy będziecie wreszcie ją rozumieć. Teraz wasza pociecha może przeżywać chwilę kryzysu, gdy nie zatrzymacie się przy budce z lodami, ale nie dlatego, że nie domyśliliście się, iż prosi o lody.

Czekając na zniwelowanie (a przynajmniej na zmniejszenie) przepaści komunikacyjnej, pamiętaj, że dziecko chce być zrozumiane. Nie zapominaj też o tym, by:

- Słuchać uważnie. Czasami podpowiedzią jest odpowiednia spółgłoska, czasem samogłoska, a jeszcze innym razem ich połączenie. „Ga-ka" może oznaczać grzankę, „ja" – jajko, a „og" – jogurt. Dźwięki mogą nie być używane spójnie (raz jajko dzieciko nazwie „ja", innym razem „ako", który to „wyraz" z kolei – by jeszcze bardziej sprawy zagmatwać – może być czasem użyty na określenie kakao), jednak jeśli będziesz uważnie słuchać, pewnie uda ci się domyślić, o co może chodzić.
- Słuchając, patrzeć. Gdy nie możesz zrozumieć, co dziecko mówi, zwracaj uwagę na jego mowę ciała, gdyż ta wiele ci podpowie. Szukaj wskazówek w tych uroczych uśmiechach, grymasach, uniesionych brwiach, opuszczonych ramionkach, tupiących nóżkach czy założonych lub wyciągniętych rączkach. Oczywiście najskuteczniej dadzą ci do zrozumienia, o co chodzi, wskazujące na coś paluszki.

Wyznaczanie mówcy. Gdy masz brata bliźniaka lub siostrę bliźniaczkę, zawsze ktoś może się za tobą wstawić. To dobrze, ale nie wtedy, gdy ta druga osoba mówi za ciebie. Czasem zdarza się, że jedno z bliźniąt bierze na siebie odpowiedzialność za słowa drugiego (na przykład prosząc o mleko, na które oboje mają ochotę), pozbawiając to drugie okazji do wypowiedzenia się (i ewentualnie spowalniając jego rozwój werbalny).

Chcąc pomóc swym bliźniętom w rozwijaniu umiejętności mówienia, przeczytaj wszystkie porady zawarte w tym rozdziale oraz rozważ poniższe:

- Rozmawiaj z każdym z dzieci. Oczywiście nie ma szans, byś mówiła „podwójnie" (czyli dwa razy), racząc i jedno, i drugie dziecko taką samą porcją słów. Postaraj się jednak spędzać codziennie jakiś czas na indywidualnych rozmowach. Taka interakcja i rozmowa w cztery oczy, w połączeniu z codzienną pracą zespołową, która też nie jest bez znaczenia, powinna przyspieszyć rozwój umiejętności mówienia.
- Zachęcaj każde dziecko do mówienia. Czy masz wrażenie, że jedno z bliźniąt jest rzecznikiem drugiego? W pewnym stopniu jest to nieuniknione; nawet bliźnięta jednojajowe mają różne charaktery, więc przypuszczalnie jedno będzie bardziej otwarte od drugiego, ale jeśli widzisz, że w rodzeństwie jest wyraźny lider w dziedzinie porozumiewania się (który nigdy nie pozwala drugiemu dojść do słowa), przerwij jego monopol i zwróć się do drugiego dziecka: „Aniu, Kasia powiedziała mi, że masz na coś ochotę. Powiedz mi, co to jest". Pilnuj także, by każde dziecko miało odpowiednio dużo okazji do mówienia, nawet jeśli jedno z nich łatwiej ci zrozumieć i jest ono bardziej wygadane od drugiego.
- Rozszerzaj krąg towarzyski. Stwarzaj swym maluchom jak najwięcej okazji do zabawy z innymi dziećmi, aby nie rozmawiały wyłącznie ze sobą. Włączając się do grupy czy spotykając się z rówieśnikami (na przykład w piaskownicy), mają one sposobność naśladowania innych wzorców językowych i uczenia się ich.
- Nie powtarzaj mowy swoich dzieci. Nawet jeśli jesteś w stanie rozszyfrować sekretny język swych dzieci, nie przyjmuj go (choćby był przesłodki), lecz do ich wzajemnego słownictwa dodawaj prawidłową mowę dorosłych. Dzięki temu szybko nauczą się właściwych słów.
- Daj dzieciom czas. Większość bliźniąt nadrabia zaległości w umiejętności komunikowania się mniej więcej wtedy, gdy przychodzi czas zmiany żłobka na przedszkole, ale jeśli twoje dzieci pod koniec drugiego roku życia nie potrafią jeszcze połączyć dwóch prostych słów, ich słownictwo nie przekracza dwudziestu wyrazów bądź nie rozumieją przynajmniej dwudziestu pięciu procent z tego, co mówi osoba spoza waszej rodziny, wspomnij o tym pediatrze i zastanów się nad oceną ich zdolności mówienia.

- ▲ Wprowadzać interakcję do rozmowy. Dziecku potrzebna jest wszelka możliwa pomoc, więc zaofiaruj mu narzędzia. Zaproś je do zabawy w „Pokaż mi, czego chcesz. Pokaż mi to paluszkiem" lub w „Zabierz mnie tam, dokąd chcesz iść", zachęcając, by wzięło cię za rękę i pokierowało.
- ▲ Daj dziecku czas. Nawet gdy nerwowo patrzysz na zegarek, który ci uporczywie przypomina, że już dwadzieścia minut temu miałaś być w samochodzie, postaraj się znaleźć kilka chwil, by posłuchać, co dziecko próbuje ci powiedzieć. Im większy zachowasz spokój, tym mniej ono będzie sfrustrowane. Postępując tak, dasz mu też ważną zachętę do podejmowania prób werbalizacji – po prostu dziecko będzie wiedziało, że kiedy mówi, to inni go słuchają.

Pogorszenie mowy

Przez pewien czas nasz synek wymawiał wiele słów, ale w ostatnich tygodniach używa ich mniej. Czy nie powinno być tak, że z czasem zasób słów się poszerza, a nie kurczy?

Zanim założysz, że zasób słów twojego syna maleje (a prawdopodobnie tak nie jest), spójrz na jego rozwój całościowo. Zastanów się, jakie nowe umiejętności zdobył w ciągu ostatniego tygodnia. Może nauczył się kopać piłkę, malować pędzlem, wchodzić po schodach, jeść widelcem, bawić się nową ciężarówką albo składać wszystkie kawałki układanki? Najprawdopodobniej za pozorne pogorszenie jego mowy odpowiada dopracowywanie jakiejś umiejętności („Patrz, mamo, jak kopię piłkę!" „O! Umiem wbić widelec w makaron!"), co pochłania go tak bardzo, że zaniedbuje pozostałe. To zjawisko bardzo typowe dla małych dzieci: w jednym tygodniu skupiają się na umiejętnościach werbalnych, w następnym na fizycznych, potem na społecznych, a w kolejnym tygodniu wracają do doskonalenia mowy. Skaczą tak, aby jak najwięcej się nauczyć.

Możliwe również, że twój mały gaduła robi sobie przerwę w mówieniu, podobnie jak wiele innych dzieci, które opanowały pierwsze kilka słów. Przerwa ta daje maluchom czas na skonsolidowanie zdobytej wiedzy i zakodowanie słów, które słyszą i rozumieją, aby mogły przygotować się do rozpoczęcia nauki zupełnie nowej listy wyrazów.

Dziecko może też czuć na sobie silną presję wykazywania się nowo zdobytymi kompetencjami lub poszerzania ich. Zastanów się, czy twój doping nie przekroczył bardzo cienkiej granicy pomiędzy pochwałą a namową (choćby w najlepszych zamiarach). Powinnaś zachęcać, ale nie w sposób przesadny, który mógłby doprowadzić do tego, że dziecko zamknie się w sobie niczym małż w muszli.

Za chwilowe spowolnienie rozwoju komunikacji werbalnej może też odpowiadać rozpoczynające się przeziębienie, które sprawia, że mówienie wydaje się dziecku bardzo ciężką pracą. Podobny skutek wywiera zmiana w życiu malucha. Jeśli tak jest, nie szczędź mu przytulania, głaskania i słów otuchy, które pomogą mu powrócić do mówienia.

Jeśli masz wrażenie, że utrata umiejętności mówienia może być czymś więcej niż tylko chwilowym problemem, powiedz o swych obawach pediatrze podczas kolejnej wizyty.

WYGADANE DZIECKO

Czy twój malec, który nie ukończył jeszcze dwóch lat, szczebiocze jak najęty? Potrafi wypowiadać zdania składające się z czterech, pięciu słów? Jego słownictwo liczy już ponad czterysta słów albo tak wiele, że straciłaś rachubę? Jeśli tak, to możliwe, że jest – jak to określają specjaliści – przedwczesnym mówcą.

Choć dzieci, których mowa rozwinęła się przedwcześnie, potrafią mówić bez końca, to należy pamiętać, że najprawdopodobniej istnieje spora przepaść pomiędzy tym, co są w stanie powiedzieć, a tym, co mają na myśli lub co rozumieją. Innymi słowy, to, że twój maluch jest w stanie powiedzieć „Nie wyleję soczku", kiedy sięga po kartonik soku pomarańczowego, nie oznacza, że faktycznie nie narobi bałaganu. I jeszcze jedna rzecz, o której warto pamiętać: jeśli dziecko umie wchłaniać nowe słowa niczym nowoczesny odkurzacz, będzie powtarzać różne zasłyszane wyrazy, w tym i takie, których wolałabyś raczej z jego ust nie słyszeć, przynajmniej nie w obecności innych osób. Lepiej więc uważaj też na to, co mówisz.

NIEWYRAŹNA WYMOWA

Nasza mała stała się ostatnio istną gadułą, ale chyba żadnego słowa nie wymawia dokładnie. Czy to normalne?

Niepoprawna (choć z pewnością niezwykle urocza) wymowa jest typowa dla rocznego i dwuletniego dziecka, nawet najbardziej zagorzałego mówcy. Przeważnie nikt oprócz rodziców i ewentualnie opiekunów nie potrafi przetłumaczyć tego dziecięcego języka (a i oni też nie zawsze potrafią to zrobić ze stuprocentową dokładnością). Zwykle dopiero krótko przed trzecimi urodzinami większość maluchów przestaje przekręcać słowa i zaczyna opanowywać arkana prawidłowej wymowy, ale nawet wtedy daleko im jeszcze do doskonałości.

Nietrudno zrozumieć, dlaczego małe dzieci mówią tak niezrozumiale, gdy weźmie się pod uwagę ich słabo jeszcze rozwiniętą jamę ustną. Poruszanie językiem i wargami w celu wymowy spółgłosek – czyli umiejętność, z której posiadania pewnie nie zdajesz sobie nawet sprawy – na razie przekracza dziecięce możliwości. Spróbuj zresztą przeczytać na głos ten akapit bez używania języka czy warg, a przekonasz się, co czuje twoje dziecko. Nie mogąc wydać z siebie określonego dźwięku, zastępuje go takim, który już opanowało, toteż jeśli potyka się na „t", ale nie ma problemu ze spółgłoską „g", będzie nazywać swojego tatę „gaga". Inne dziecko może mówić „tutułka" zamiast „kukułka", „goda" zamiast „woda", „łuła" zamiast „rura". Zbitki spółgłosek nastręczają dalszych kłopotów, a więc pojawia się „lawa" jako „trawa", „lan" jako „kran" i „fiat" jako „kwiat".

Dziecku w omawianym tu przez nas wieku zależy nie tyle na idealnej wymowie, ile na tym, by nauczyć się wypowiadać swoje potrzeby i myśli. Wyraźna wymowa zastąpi kiedyś te słodkie przejęzyczenia (choć ty pewnie nigdy ich nie zapomnisz i kiedyś, ku przerażeniu córki, zacytujesz je jej chłopakowi…). A tymczasem nie doprowadzaj pociechy do szału poprawianiem; jeszcze ma ona dużo czasu na lekcje języka polskiego. Zresztą czy tak bardzo ci przeszkadza, że mówi: „Tocham cię, mamo"?

Po jednym słowie

Mój synek ma dość bogate słownictwo – zna około stu słów – ale na ogół używa ich pojedynczo, sporadycznie wypowiadając najwyżej dwa wyrazy. Kiedy zacznie mówić zdaniami?

Wyobraź sobie, że przeprowadziłaś się do obcego kraju, którego mowa jest cie zupełnie nieznana. Po pierwsze, porozumiewałabyś się z tubylcami za pomocą gestów, uśmiechów, pokazywania palcem, nieśmiałego wypowiadania pojedynczych słów, może tylko czasem zdobywając się na wypowiedzenie dwóch. W miarę jak rósłby twój zasób słów, pewnie zaczęłabyś łączyć dwa, a nawet trzy słowa w zwroty, niemające żadnej konkretnej gramatycznej budowy. A pełne zdania? Ponieważ gramatyka jest zawsze najtrudniejsza do opanowania, te przyjdą najpóźniej. To samo czuje twój synek. Być może przyswajanie słów przychodzi mu z dużą łatwością, opanował już też kilka połączeń dwóch wyrazów („Chcę pić", „Na rączki") i – jeśli jest bardzo rozwinięty jak na swój wiek – potrafi złożyć trójwyrazowe zwroty, zawierające rzeczowniki i czasownik („Tato, gazeta, czyta"), ale na celowe utworzenie nawet najprostszego zdania trzeba będzie poczekać mniej więcej do drugich urodzin, natomiast jeśli chcesz usłyszeć zdania złożone (choćby niezupełnie poprawne gramatycznie), myśl raczej o trzecich urodzinach.

Oczywiście im więcej zdań twój mały gaduła słyszy, tym szybciej sam zacznie je wypowiadać, więc mów do niego pełnymi, zrozumiałymi zdaniami i unikaj naśladowania dziecięcej mowy (powiedz: „Musimy już wychodzić", a nie: „Idziemy da-da"). Uzupełniaj jego jedno- czy dwuwyrazowe komentarze: gdy powie „Autko", odpowiedz: „Czy chcesz autko? Proszę, oto twoje autko". A kiedy krzyknie: „Chcę huśtać!", pomóż mu rozwinąć myśl: „Huśtanie się to świetna zabawa, czy chcesz, żebym cię pohuśtała?". Czytając synkowi prostą rymowankę któryś raz, zachęcaj go do kończenia ostatnich, rymujących się słów w wersie, następnie pozwól, by dokończył dwa lub trzy słowa, aż wreszcie wyrecytuje całą ostatnią linijkę.

Uważaj, jak przy wszystkim, by zachęty nie przerodziły się w naciski. Rozluźnij się i czerp przyjemność z rozmów z twym malcem. Ani się nie spostrzeżesz, jak stanie się świetnym rozmówcą… któremu buzia nie będzie się zamykać.

WSZYSTKO O...

ZACHĘCANIE DZIECKA DO MÓWIENIA

Chęć kontaktowania się z otoczeniem jest u dzieci wrodzona. Najpierw komunikują się poprzez płacz, który może oznaczać wszystko: nakarm mnie, przewiń mnie, przytul mnie. Gdy potrzeba kontaktów rośnie – zwłaszcza z osobami najbliższymi, najważniejszymi, czyli rodzicami – do repertuaru dodają jeszcze uśmiech. A potem gruchanie. Grymasy. Sapanie. Samogłoski. Samogłoski łączone ze spółgłoskami. Połączone dźwięki. Słowonaśladowczy żargon, po którym pojawiają się faktyczne słowa, aż wreszcie gramatycznie poprawne zdania. W ciągu dwóch lat płaczący noworodek rozwija swoje słownictwo od zera do dwustu pięćdziesięciu słów, czyli dokładnie do połowy z pięciuset słów używanych w przeciętnej rozmowie osób dorosłych. Minie jeszcze rok, a słownictwo trzylatka zbliży się do tysiąca wyrazów i liczba podwoi się w ciągu kolejnych kilku lat.

Jedne dzieci zaczynają mówić wcześniej, inne nie spieszą się z tym specjalnie, ale bez względu na to, jakie jest indywidualne tempo rozwoju mowy twojego maluszka, poniższe sugestie pomogą stymulować jego słownictwo:

Rozszerzaj świat dziecka. Choć my mówimy, że świat jest mały, twojemu maluchowi wydaje się on z każdym dniem coraz większy. Pokazuj dziecku nowe miejsca, zapewniaj mu nowe doświadczenia, a jego słownictwo będzie się wzbogacać.

Po wycieczce do zoo pomóż mu zapamiętać, co widziało, czytając książeczkę o tym miejscu („Pamiętasz małpki? Małpki huśtały się na drzewach. A to jest żyrafa. Widzieliśmy żyrafę w zoo. Czy pamiętasz jej długą szyję?"). Zabierz dziecko do parku i zwrócić uwagę na rosnące tam kwiaty (pozwól mu je powąchać), na śpiewające ptaki, bawiące się dzieci. Nawet tak nielubiane wyjścia do sklepu mogą przynieść większą korzyść niż tylko kupno mleka i chleba. Pomyśl o tych wszystkich nowych słowach i towarzyszących im kontekstach. Lody są „mrożone", świeże pierniczki w dziale piekarniczym „słodko pachną", trzeba być „ostrożnym", trzymając karton jajek, żeby jajka „się nie stłukły"; to pudełko płatków jest „duże", a tamto „małe". Objaśniaj dziecku świat, zrób z niego małego meteorologa („Dzisiaj jest gorąco", „Zobacz, pada deszcz!"), naukowca („Kostka lodu włożona do ciepłej wody roztopi się"), architekta i budowniczego („Gdy zmieszasz wodę z piaskiem, możesz zbudować zamek") oraz psychologa („Ta dziewczynka jest wesoła, a tamten pan jest smutny").

Mów jak najwięcej. Im więcej mówi się do dzieci, tym szybciej zaczynają odpowiadać, to stara prawda, której znaczenia nie da się przecenić. Mów zatem jak najwięcej, gdyż nawet przyziemne sprawy stają się dla dziecka bardziej przekonujące, gdy padają z twoich ust: „Będziemy jeść marchewkę na obiad. Marchewka jest pyyyszna!". Aby łatwiej mu było zrozumieć, co do niego mówisz, staraj się pokazywać: „Popatrz, marchewki! Najpierw skrobię marchewki, potem je kroję, a teraz gotuję. Mmmmm, ale pyszne marchewki!".

Powtarzaj, powtarzaj, powtarzaj. Nie zapominaj o najstarszej sztuczce nauczycieli języków: powtarzaniu. Raz zasłyszane słowo, czy nawet cały zwrot, nie liczy się. Aby nauka mowy postępowała, trzeba usłyszeć dane słowo czy zwrot wiele razy.

Mów jak osoba dorosła. Z ust małych dzieci padają najsłodsze przejęzyczenia (jeśli ich jeszcze nie słyszałaś, na pewno wkrótce padną – i uwierz, warto na nie czekać!). Powtarzanie ich może być bardzo kuszące, ale pamiętaj, że dla twojego dziecka lepiej będzie, jeśli usłyszy dane słowa wymawiane poprawnie. Kiedy więc malec powie „baban" na banana, pochwal jego wysiłek, ale popraw wymowę: „Zgadza się, to jest banan". Zdrabnianie pewnych słów („kotek", „piesek"), aby uczynić je przyjaźniejszymi dla malucha, nie powinno wprowadzić zamieszania – zresztą zdrobnienia i małe dzieci to naturalne połączenie – ale staraj się nie używać ich zbyt często.

Mów ożywionym tonem. Być może obiecywałaś sobie, że nigdy nie będziesz mówić do swego dziecka tym przesadnie ożywionym głosem, który inni rodzice przyjmują w naturalny niemal sposób, ale po pierwsze, wiesz dobrze, że jednak będziesz, a po drugie, modulując głos, ułatwisz maluchowi wyławianie znanych mu słów. Poza tym słuchanie melodyjnego głosu mamy jest dla niego ciekawsze niż słuchanie monotonnej przemowy.

Nazywaj wszystko, co tylko możesz. Podawaj nazwy każdej rzeczy z otoczenia twego dziecka, by niczym gąbka mogło chłonąć nowe słowa. Wskazuj i określaj słowem wszystko i wszystkich widzianych na ulicy (ciężarówka, dziewczyna, rower, światła drogowe, pies, wózek, drzewo), w domu (stół, łyżka, kubek, sofa, lampa, garnek), w kolejce do kasy w supermarkecie (mężczyzna, kobieta, dziecko z balonikiem). Z kolei określanie tego, co widzicie na ilustracjach książek, da malcowi sposobność zapoznania się z nazwami takich rzeczy, których nie spotyka on na co dzień (słoń, łódź, las, gąsienica, samolot).

Wykorzystuj książeczki. Czas lektury książek to ulubiona pora wszystkich, ale może być czymś znacznie więcej niż tylko przyjemnością, bo przecież publikacje dla maluchów oprócz wielu ilustracji zawierają także słowa. Nawet jeśli niektóre wyrazy są jeszcze dla twego dziecka niezrozumiałe, to wskazując na obrazki w trakcie wypowiadania słów, możesz pomóc w połączeniu wyrazu z obrazem. Na str. 258 znajdziesz więcej informacji dotyczących czytania małemu dziecku.

Śpiewaj piosenki. Pewne piosenki z pokolenia na pokolenie cieszą się wielką popularnością wśród dzieci, gdyż mają chwytliwe melodie i proste słowa z licznymi powtórzeniami. Jak najczęściej nuć je swemu dziecku, wzbogacając repertuar o kolejne, nowe. Śpiewaj do płyt lub bez podkładu muzycznego (twój głos zawsze jest muzyką dla uszu dziecka, nawet jeśli inni mają odmienne zdanie na ten temat). Na szczycie listy przebojów dla małych słuchaczy plasują się piosenki, które zachęcają do klaskania czy innych interakcji (należą do nich nieśmiertelne: *Rolnik sam w dolinie*, *Kółko graniaste* czy *Mam chusteczkę haftowaną*).

Wsłuchuj się. Lubisz, kiedy cię słuchają, prawda? Zamieniaj się w słuch zawsze, gdy twoje dziecko gaworzy coś do ciebie po swojemu, i patrz na nie, gdyż kontakt wzrokowy to ważna część udanego komunikowania się. Co masz jednak zrobić, gdy właśnie rozmawiasz z kimś przez telefon lub jesteś w trakcie wykonywania ważnej czynności? Nie musisz zaraz rzucać wszystkiego, ale przy następnej sposobności wynagródź dziecku jego starania, kierując nań całą swą uwagę, gdyż na pewno na to zasługuje. Pamiętaj również, że maluchy lubią mówić do siebie, do zabawek, a także do zwierząt domowych. Jeżeli to nie ciebie twój szkrab wybrał właśnie na rozmówcę, nie musisz się wtrącać w konwersację.

Reaguj na dziecięce RSVP. Ten zaczerpnięty z języka francuskiego skrót oznacza „Proszę o odpowiedź" i powinien stanowić mantrę wszystkich rodziców dzieci uczących się mówić. Gdy twoja pociecha przemawia do ciebie, odpowiadaj, nawet jeśli kompletnie nic z tej mowy nie zrozumiałaś. Pomyśl w ten sposób: gdyby ktoś, kto nie mówi po polsku, przyszedł do ciebie i coś powiedział, starałabyś się go zrozumieć i jakoś odpowiedzieć (przynajmniej uśmiechając się i kiwając głową). Dziecko znajduje się w bardzo podobnej sytuacji: też jeszcze nie zna języka polskiego i daleko mu do osiągnięcia płynności w porozumiewaniu się. Na tyle, na ile możesz, próbuj je zrozumieć, a resztę staraj się odczytywać z kontekstu, na przykład z mowy ciała. Zachęcaj malca, by pokazał ci, czego chce, a gdybyś mimo to dalej nie była w stanie pojąć, o co mu chodzi, zareaguj ciepłym uśmiechem lub przekonującym: „Hmmm, to bardzo interesujące, powiedz mi coś więcej". Wszelkie twoje pozytywne reakcje będą motywować dziecko do wzmożonych prób mówienia.

Udziel głosu. Czasami się zdarza – szczególnie w rodzinach wielodzietnych, w których starsze rodzeństwo zajmuje całą scenę – że maluchy praktycznie nie mają żadnej szansy na ćwiczenie umiejętności werbalnych. Zwracaj na to uwagę i udzielaj najmniejszemu mówcy prawa głosu, a kiedyś zaczną płynąć słowa.

Nie ułatwiaj zbytnio zadania. Skuteczne porozumiewanie się nie jest łatwe, a kiedy ubiegasz dziecko i spełniasz każdą jego potrzebę, zanim ją wysłowi, nie będzie ono miało szczególnej motywacji do pracy nad umiejętnościami werbalnymi. Najważniejsze, by dziecko się starało rozmawiać – wynik na razie jest mniej istotny.

Pytaj. Udzielanie odpowiedzi przychodzi pewnie dziecku z trudnością (w każdym razie udzielanie takich odpowiedzi, które byłyby dla ciebie zrozumiałe), ale pamiętaj, że zadawanie pytań to jeden z najlepszych sposobów skłaniania malucha do mówienia. Pytaj więc: „Czy chcesz jeść?" i „Którą książeczkę chcesz poczytać?". Odpowiedź może przybrać różnorodne formy: kiwnięcia głową (ale jeśli gest ten nie został jeszcze dobrze opanowany, wyrażone nim „nie" może oznaczać „tak"), mruknięcia, wskazania czy też innego gestu bądź dźwięku. Wszystkie są ważne, bo każda odpowiedź oznacza, iż dziecko cię słucha, rozumie i reaguje. Gdy udzieli ci odpowiedzi tak, jak umie, kontynuuj rozmowę: „Aha, chcesz tę książeczkę o króliczku!".

Rozwijaj struktury językowe. Najlepiej mówić do dziecka w sposób jasny, zwięzły i ożywiony, ale w miarę jak jego pojmowanie słów rośnie, próbuj używać danego słowa w różnych kontekstach: „Widzisz rowerek? Chłopiec jedzie na rowerze" albo: „Tak, to jest kwiatek. Kwiatki ładnie pachną". Gdy słowo zostanie już przyswojone, układaj z nim zdania, dodając jeszcze przymiotnik: „Powąchajmy te śliczne kwiatki", „Tatuś śpiewa śmieszne piosenki". Po opanowaniu danego czasownika możesz uzupełnić zdanie przysłówkiem: „Idziemy szybko", „Ten człowiek mówi głośno". Uważaj wszakże, by nie przedobrzyć, gdyż zdania powinny być najpierw proste, a potem mogą być stopniowo rozwijane. A skoro mowa o przysłówkach (wyrazy: „powoli", „szybko", „chętnie" itp.), dobrze jest ich używać, ale pamiętaj, że ta część struktury zdania pełna jest niuansów. Warto też popracować nad zaimkami („mnie", „my", „ja"), używając ich w duecie z odpowiednimi rzeczownikami, na przykład: „Tato jest głodny. Ja też jestem głodna". Albo: „Iza jest w wannie. Ty jesteś w wannie".

Bądź tłumaczem. Doświadczenie w pracy dla ONZ nie jest ci potrzebne, wystarczy twoja chęć służenia pomocą w tłumaczeniach pomiędzy swym dzieckiem i innymi ludźmi. Powiedzmy, że kasjerka zapyta: „Mamy baloniki dla małych chłopców, czy chcesz jeden?". Daj dziecku chwilę na odpowiedź, a jeśli ta nie padnie lub będzie miała formę mamrotania całkowicie niezrozumiałego dla osoby obcej, wkrocz do akcji w roli tłumacza. Ty: „Czy chcesz balonik?". Twoje dziecko: wydaje z siebie podekscytowany pisk, podskakuje, sięga po balonik. Ty: „Powiedz: dziękuję za balonik". Dziecko być może powie:

„Da-a”. Ty: „On mówi: dziękuję”. W ten sposób oto udało się wam porozumieć, kasjerka jest zadowolona, dziecko się cieszy i ty też masz powód do radości.

Uważaj na słowa. Jeśli chodzi o język, dzieciaki są jak gąbka. Chłoną wszystkie słowa, także te, których nie chciałabyś, aby twoje dziecko usłyszało, a już zwłaszcza powtarzało na rodzinnych spotkaniach.

Nie wierz we wszystko, co słyszysz. Kolejne ostrzeżenie: maluchy niekoniecznie mówią to, co myślą, a mówią znacznie więcej, niż mają na myśli. Nie chodzi tu tylko o... hm... nieodpowiednie słowa, lecz i o takie, których znaczenie mocno przekracza mały umysł. Kiedy więc twój brzdąc powie: „ocuje” (obiecuję), to nie należy traktować tego jako faktycznej obietnicy.

Wspieraj, ale nie naciskaj. Twoje zadanie polega na zachęcaniu do mówienia, ale nie na wywieraniu presji. Pomagaj dziecku, ale daj też czas naturze, by zrobiła swoje. Chwal swą pociechę, stawiaj jej słowne wyzwania, ale nie zamieniaj jej życia w niekończącą się lekcję języka polskiego (nuuuuda!) ani w niekończącą się litanię pochwał. Rozmowa już sama w sobie jest nagrodą, dlatego reaguj na każde wypowiedziane słowo - czy choćby na próbę wysławiania się - ale nie nagradzaj każdej sylaby owacją na stojąco.

Wiedz, kiedy wcisnąć przycisk „pauza”. Gdy twój mały rozmówca zaczyna patrzeć na ciebie maślanymi oczkami, być może czuje się już przesycony rozmową lub chce poświęcić trochę czasu na przemyślenie sobie różnych spraw, lub pogaworzyć sam do siebie. Pozwól mu odpocząć, a potem zacznij od nowa.

Rozdział 9

UCZENIE SIĘ

Wszyscy wiemy o tym, że małe dzieci muszą się wiele nauczyć, lecz na szczęście są one niezwykle zdolne do szybkiej nauki, zwłaszcza w tym niesamowitym wieku, który omawiamy w niniejszej książce. Za dziesięć czy kilkanaście lat nawet prośbą i groźbą trudno ci będzie skłonić twego syna lub córkę do odrobienia zadania z matematyki czy napisania wypracowania na temat lektury (albo chociaż do tego, by zacząć odrabianie lekcji… przynajmniej przed niedzielnym wieczorem), ale teraz naturalna, niezaspokojona ciekawość i determinacja w poznawaniu świata sama popycha dziecko do nauki. W drugim roku życia młody umysł uczy się wszystkiego w zawrotnym tempie, a pomimo to większość rodziców i tak się zastanawia, czy aby ich pociecha uczy się dość szybko (choćby tak szybko jak jej rówieśnicy… bo przecież tamta o miesiąc młodsza dziewczynka już umie recytować alfabet!). Zastanawiasz się, czy powinnaś zrobić coś więcej, czegoś nauczyć? A co z telewizją, komputerami i zajęciami – czy jest dla nich miejsce w programie nauczania twego brzdąca? Na razie musisz zrobić tylko jedno: uspokoić się i pamiętać, że kiedy twój maluch nie śpi, praktycznie cały czas się uczy.

Co może cię niepokoić

ABC i 1, 2, 3

Kilkoro dzieci w grupie mojej córki potrafi powiedzieć część alfabetu i policzyć do pięciu. Naszej małej w ogóle to nie interesuje, choć ma już niemal dwa lata. Czy w przedszkolu nie będzie w tyle za innymi dziećmi?

Na razie nie ma się czym martwić; nie ma też potrzeby recytować alfabetu ani liczyć do upadłego. Oczywiście można dziecko wprowadzać w świat nauki (jeśli tylko się go do niej nie zmusza), ale z pewnością nie jest to konieczne. Z badań naukowych wynika, że wcześniejsze opanowanie literek i cyferek daje dzieciom tylko chwilową przewagę, która wcale nie musi się dłużej utrzymywać, a co więcej, te nieco opóźnione w stosunku do rówieśników maluchy szybko nadrabiają straty.

Zachowaj więc spokój. To, że twoja córeczka w tym wrażliwym okresie swego życia nie interesuje się jeszcze nauką, nie oznacza, iż będzie w przyszłości złą uczennicą. Przypuszczalnie zajmuje się teraz zdobywaniem umiejętności, które uważa za ważniejsze i bardziej interesujące. Pozwól jej na to, ma przecież przed sobą jeszcze wiele lat nauki, a zresztą czy aż tak spieszno ci do odrabiania z małą zadań domowych? Na razie, zamiast zmuszać ją do uczenia się alfabetu i liczenia do trzech (na pewno wyłączy się, gdy tylko zaczniesz), wprowadź te elementy do życia codziennego: mów do niej, czytaj jej, pokazuj proste, kolorowe książeczki z literkami. Napisz jej imię wyraźnymi, dużymi literami pod jej kredkowymi gryzmołami, zanim przytwierdzisz rysunek magnesami do lodówki, i powiedz: „Literka A jak Ania, ale także jak aniołek".

Licz schody, które pokonujecie, lub krakersy, powiedz, że tu jest więcej płatków, a tu mniej. Krój jej kanapki na trójkąty, kwadraty, prostokąty i koła i za każdym razem nazywaj dany kształt. I co najważniejsze: zamiast porównywać córeczkę z rówieśnikami mającymi wiedzę ponad ich wiek (niewykluczone, że z powodu nadmiernej ambicji rodziców), ciesz się tym, jaka jest, i rozwijaj w niej naturalne zamiłowanie do nauki, bez względu na to, jaką przybiera ona formę.

Wychowywanie miłośnika czytania

Staram się jak najczęściej czytać mojemu synkowi, ale on mnie nie słucha. Co zrobić, by pokochał książki?

Masz w domu raczej małego wija niż mola książkowego? Niewiele dzieci w wieku od roku do dwóch lat potrafi skupiać uwagę na tyle długo, by wysłuchać całej bajki, a wiele maluchów już przy drugiej stronie zaczyna się rozpraszać i wiercić. Zachowanie twojego syna jest więc całkowicie normalne i nie mówi nic na temat jego czytelniczej przyszłości. Ale oczywiście możesz zacząć wpajać synkowi zamiłowanie do czytania na długo, zanim nauczy się odróżniać litery A od Z, i to pomimo wspomnianych dziecięcych ograniczeń koncentracji. Oto co możesz zrobić:

Wybieraj. Kupuj książki z dużymi, wyraźnymi, kolorowymi i wesołymi ilustracjami (na razie unikaj tych bardziej abstrakcyjnych, gdyż dziecku trudniej jest „wciągnąć" się w historię, gdy nie potrafi rozpoznać, co obrazek przedstawia) oraz krótkimi, prostymi tekstami zawierającymi znane słowa. Chociaż większość dzieci woli książki z rymowanym tekstem (nawet jeśli nie rozumieją jeszcze zbytnio słów, to przemawia do nich rytm), to warto już wprowadzać krótkie opowiadania prozą; na początek takie, które mają nie więcej niż jedno lub dwa krótkie zdania na stronie. Najlepsze do dziecięcego samodzielnego „czytania" są książki o kartkach wykonanych z grubej tektury, natomiast te delikatniejsze książeczki, zwłaszcza z trójwy-

Czytając dziecku książki, budzisz w nim zamiłowanie do czytania.

miarowymi elementami, zachowaj do wspólnego oglądania. Do kąpieli świetnie nadają się książeczki z kartkami plastikowymi lub powleczonymi folią; w kąpieli zresztą bardzo dobrze się czyta, tylko pamiętaj, by osuszyć potem dokładnie książeczkę, aby nie rozwijała się na niej pleśń. Twojemu dziecku niewątpliwie bardzo przypadną do gustu książki z piszczącymi czy wydającymi inne dźwięki elementami (choć ty możesz nabawić się od nich bólu głowy).

Bądź wytrwała, ale nie naciskaj. Jeśli twój maluch traci koncentrację po pierwszych kilku stronach, skróć sesję, ale nie rezygnuj z czytania w ogóle. Cierpliwość zwykle popłaca, nawet w przypadku największych wiercipięt. Czytaj codziennie o stałej porze, najlepiej po kąpieli i przed snem, gdyż wtedy dziecko z reguły jest już bardziej wyciszone. Jeśli masz czas rano, czyli w porze, kiedy mały silniczek nie zdołał jeszcze uruchomić się na dobre, przytul dziecko w fotelu lub w swoim łóżku i poczytaj mu trochę. Nawet gdyby miało to być tylko kilka stron i gdyby w tym czasie malec bardziej interesował się głaskaniem kota czy wdrapywaniem się na oparcie fotela. Przyzwyczajaj go do lektury, a kiedyś takie czytanie stanie się uwielbianym rytuałem, który będziecie kontynuować, nawet gdy dziecko nauczy się już samo czytać.

Jest jeden warunek: nie możesz dziecka przymuszać. Bo trzymając synka jako zakładnika na kolanach do chwili zakończenia czytania książki, mimo że już od dłuższej chwili słuchanie przestało go bawić, wychowasz sobie tylko buntownika.

Bądź twórcza. Ty wiesz lepiej, co najbardziej interesuje twoje dziecko, niż autor książeczki, dlatego nie musisz czytać maluchowi wszystkiego tak, jak zostało to napisane, jeżeli tekst jest słabo przezeń przyswajany. Czytając, dokonuj twórczych zmian redaktorskich, dzięki którym znacznie zwiększy się zainteresowanie małego słuchacza treścią bajeczki (nie naruszysz przy tym żadnych praw autorskich!). Skróć akapit do jednego zdania, wstawiaj prostsze słowa w miejsce tych, których dziecko nie zrozumie, opuszczaj komentarze i wyjaśnienia. Jeżeli tekst opowiastki nie wydaje się zbyt zrozumiały, skup się na ilustracjach („Widzisz tego dużego psa i małego psa?", „Ciekawe, co ta dziewczynka ma w koszyczku?").

Pamiętaj o interakcji. Na długo przed tym, nim dziecko nauczy się czytać, może już uczestniczyć w czytaniu. Na początek zachęć je do pokazywania różnych bohaterów opowiadania („Gdzie jest kotek?") i przedmiotów („Gdzie jest kapelusz kotka?"), potem proponuj uzupełnianie luk w zdaniach lub dokańczanie rymów w książeczkach czytanych już dziesiątki razy. Gdy czytasz dziecku bajkę po raz pierwszy, przedstawiaj mu postacie, przedmioty, kolory i pojęcia, których nie zna, a wkrótce będzie je rozpoznawać. Zadawaj pytania i podawaj odpowiedzi, jeśli malec ich nie zna lub jeśli za pierwszym (a nawet drugim) razem nie chce podawać: „Co powiedziała krówka?", „Gdzie piesek ma uszka?", „Co je chłopiec?". Pobudzaj dziecko do czynnego udziału w czytaniu, podsuwając mu książeczki interaktywne, w których przez dotyk rozpoznaje postacie i przedmioty, a pod klapkami ukryte są niespodzianki – tarcze do kręcenia, przyciski itp.

Bądź pełna ekspresji. Nikt nie lubi słuchać czytającego robota (może z wyjątkiem drugiego robota), więc jeśli masz tendencję do monotonnego mówienia, czas najwyższy to zmienić. Dla dziecka, które wychwytuje językowe niuanse, styl pełen ekspresji czyni słuchanie nie tylko ciekawszym, lecz również bardziej zrozumiałym, wzbogać czytanie opowiastek odrobiną gry aktorskiej.

Powtarzaj. Dzieci uwielbiają słuchać w kółko tej samej historii i choć takie powtórki mogą w końcu doprowadzić cię do szału (patrz ko-

ABC DOBREGO WYCHOWANIA

Dzieciaki zabierają sobie wszystko, popychają się, wtrącają w pół słowa, jedzą palcami i przeżuwają z otwartymi ustami. Nigdy nie mówią „dziękuję", gdy się im o tym nie przypomni, ani „proszę", jeśli nie dostaną kuksańca (ale nawet wtedy nie ma żadnej pewności co do skutku). Kopią i krzyczą, aby uzyskać to, czego chcą, albo gdy nie dostaną tego, czego chcą.

Krótko mówiąc, małe dzieci łamią wszystkie zasady savoir-vivre'u i każdego znanego nam kodeksu postępowania. A jednak – choć trudno w to uwierzyć, zwłaszcza gdy patrzysz, jak wyrywają sobie zabawki w piaskownicy, używają czystego ubranka jako serwetki albo uderzają w lodówkę, by dostać coś do picia – w każdym małym barbarzyńcy kryje się istota o nienagannych manierach, która tylko czeka na to, by ją przygotować do życia w cywilizowanym świecie.

Czas więc zacząć te przygotowania. To prawda, że trzeba będzie poczekać jeszcze kilka miesięcy, by skończyły się przepychanki, a całe lata na spontaniczne używanie słów „proszę" i „dziękuję" lub na takie zachowanie przy stole, od którego nie przewraca się współbiesiadnikom w żołądku, jednak te dzieci, które wcześnie zetkną się z podstawami etykiety, mają większe szanse wyrosnąć na wzory kultury osobistej. Oto kilka sposobów na rozpoczęcie nauki dobrego wychowania:

Daj dziecku dobre podstawy. Dobre maniery nie polegają tylko na mówieniu „dziękuję" i „proszę", siadaniu oraz wstawaniu w odpowiednim momencie lub na używaniu odpowiednich sztućców. Podstawą dobrego zachowania jest empatia wobec drugiego człowieka, czyli, inaczej mówiąc, słowa „dziękuję" i „proszę" powinny być wyrazem troski o uczucia innych. Chcąc wychować dziecko o prawdziwych dobrych manierach, należy uczyć je nie tylko, jak ma postępować, ale i dlaczego. Warto pielęgnować to, co wypływa z serca. Przecież dlatego najpierw podajemy gościom paterę z ciasteczkami, zanim sami po nie sięgniemy, lub też pomagamy starszej pani podnieść upuszczony przez nią bilon, bo sami z siebie wiemy, że tak trzeba, a nie dlatego, że tak nas nauczono. Dziecko wychowane w duchu liczenia się z innymi ludźmi wyrośnie na uprzejmego dorosłego.

Dawaj wzorowy przykład. Oczywiście najlepszym sposobem uczenia dziecka manier jest świecenie przykładem, dlatego mów „dziękuję" kierowcy autobusu, „poproszę" sprzedawczyni w sklepie, „przepraszam", gdy przez nieuwagę wjedziesz komuś wózkiem sklepowym na piętę; podczas posiłku miej serwetkę na kolanach, jedz z zamkniętymi ustami i nie sięgaj przez cały stół po solniczkę, lecz poproś o nią. Prawdopodobnie jednak najważniejszą kwestią jest pamiętanie o tych trzech magicznych słowach („proszę", „przepraszam", „dziękuję") w kontaktach ze swym malcem. Powiedz

mentarz przy następnym pytaniu), to jednak maluchom sprawiają one ogromną przyjemność. Po pewnym czasie będziesz pewnie mile zaskoczona tym, jak wiele twoja pociecha zapamiętała z czytanego tekstu (zwłaszcza jeśli jest on rymowany, rymy zawsze są muzyką dla małych uszu).

Bądź zwięzła. W przypadku dziecka, które nie potrafi długo skupiać uwagi, najlepiej sprawdzają się krótkie sesje czytelnicze. Szybko przekładaj kartki i posuwaj się naprzód w treści, aby widownia nie zdążyła się znudzić i nie poszła sobie. Jeśli zajdzie taka potrzeba, kończ czytanie nawet po upływie kilku minut.

Bądź blisko dziecka. Nawet maluchy, które nie przepadają za samym czytaniem książeczek, będą szczęśliwe, siedząc czy leżąc przytulone do mamusi i tatusia. To skojarzenie dobrego samopoczucia z lekturą będzie się utrzymywać jeszcze długo po tym, jak wasza pociecha przestanie siadywać wam na kolanach. Ale jeżeli macie małego wiercipiętę, który nie chce, by ograniczać mu swobodę ruchu (nawet poprzez przytulanie), pozwólcie mu siedzieć lub stać, gdzie chce, gdyż w ten sposób przypuszczalnie bardziej zainteresuje się czytanym tekstem.

Dawaj dobry przykład. Dzieci rodziców, którzy chętnie czytają, z reguły same wyrastają na zamiłowanych czytelników. Staraj się więc codziennie znaleźć trochę czasu na lekturę dla siebie (tak, tak, nie ma nic złego w przeczytaniu od czasu do czasu czegoś, co ma więcej niż cztery kartki i nie ma obraz-

„proszę", wołając go do stołu, „dziękuję", gdy na twoją prośbę przyniesie ci książkę, oraz „przepraszam", kiedy niechcący potrącisz poustawiane przez niego klocki. Jeśli chcesz nauczyć swoje dziecko szacunku i liczenia się z innymi, szanuj jego uczucia i licz się z nimi.

Ładnie nakrywaj do stołu. Naprawdę. Maluch nie nauczy się korzystać z serwetki, jeśli nigdy jej przed nim nie położysz, ani ze sztućców, gdy do jedzenia zawsze będzie dostawał tylko łyżeczkę. Tymczasem kiedy widzi, jak starannie nakrywasz do stołu, układając odpowiednie sztućce i serwetki, wyciągnie właściwe wnioski. Nawet jeśli na razie sam je jak dzikusek, to przebywając stale w cywilizowanym środowisku, zacznie doceniać jego zalety.

Mów za dziecko. Maluch nie wie jeszcze, że trzeba mówić dziadkom „do widzenia", podziękować gościom za odwiedziny czy opiekunce za spędzenie z nim czasu, więc zanim się tego nauczy, do rodziców należy mówienie w jego imieniu. Jeśli dziecko słyszy trzy magiczne słowa w sytuacjach społecznych w domu oraz poza domem, to nauczy się znacznie więcej o uprzejmości, niż gdyby było wciąż upominane, jak ma się zachowywać. A kiedy mówienie będzie mu już przychodzić z większą łatwością, można zachęcać je do używania uprzejmych słów, delikatnie mu o nich w stosownej chwili przypominając.

Ucz dziecko przez cały czas. Naciski nie są dobre – co innego przypominanie. Dlatego gdy jesteś sama z dzieckiem, a ono zapomni powiedzieć „proszę", zapytaj: „Jak brzmi magiczne słowo?" albo: „Co trzeba teraz powiedzieć?", jeśli zdarzy mu się pominąć „dziękuję". Odpowie prawidłowo – to dobrze, nie odpowie – zrób to za nie. Przynajmniej dałaś mu wyraźnie do zrozumienia, że uprzejmość liczy się przede wszystkim. Dbaj też o wesołą atmosferę podczas nauki: „Co to takiego? Do czego służy łyżka? Do machania nią w powietrzu? A może kładziemy ją na głowę jak kapelusz?".

Dostosuj swe oczekiwania do wieku dziecka. Większość małych dzieci nie umie jeść inaczej, niż trzymając łokcie na stole; trudno im się też powstrzymać od wkładania palców w purée ziemniaczane na talerzu lub w zalane mlekiem płatki zbożowe w miseczce, nie potrafią też utrzymać serwetki na kolanach czy soku w kubku. Zabawa jedzeniem sprawia im mnóstwo radości, a powstrzymanie się od niej na tym etapie ich rozwoju jest prawie niemożliwe. Zanim staną się bardzo dobrze wychowanym towarzystwem, pamiętającym o mówieniu „dziękuję" i chętnym do dzielenia się z innymi, rodziców czeka wiele lat pracy nad etykietą i przypominania.

ków), nawet jeśli miałaby to być tylko jedna strona lub dwie. Gdy nie znajdujesz na to czasu lub gdy po prostu nie lubisz czytać, dopilnuj, aby dziecko mimo wszystko widziało cię nad książką lub gazetą przynajmniej raz na jakiś czas. Ogranicz też czas spędzany przez całą rodzinę przed telewizorem, gdyż eksperci są zdania (choć do tego wcale nie trzeba być ekspertem), że w rodzinach, w których często ogląda się telewizję, czyta się mniej książek.

Czytanie w kółko tego samego

Moja córeczka chce co wieczór słuchać tej samej opowieści i to nie raz, ale dwa lub trzy razy. Mam już serdecznie dość czytania tego tekstu!

Wiele dzieci nigdy nie ma dość czegoś, co bardzo lubią – może to być ulubiona potrawa, ulubiony kocyk lub ulubiona książeczka. To, co dorosłym wydaje się szczytem monotonii, dziecku sprawia mnóstwo radości. Jest kilka tego przyczyn:

- Niezmienność oznacza bezpieczeństwo. Temat ten wciąż przewija się na stronicach naszej książki, gdyż jest nieskończenie prawdziwy: maluchy mają poczucie bezpieczeństwa i panowania nad sytuacją, gdy wszystko jest im znane, przewidywalne – czytana na okrągło książeczka staje się dobrym przyjacielem, podobnie jak pluszowy miś jest nieodłącznym towarzyszem.
- Powtarzanie prowadzi do lepszego zrozumienia. Gdy czytasz dziecku książkę pierwszy raz, przypuszczalnie nie zrozumie

Apetyt (dosłownie) na literaturę

Nikt tak nie pożera pisanego słowa ani nie przedziera się przez sterty książek lub gazety jak małe dziecko. Obracanie kartek i oglądanie obrazków na pewno jest fajne, ale nie tak smaczne jak ich żucie i nie tak fascynujące jak darcie i rozrywanie. Co możesz zrobić, by rozwijać zamiłowanie dziecka do literatury, chroniąc jednocześnie książki i czasopisma? Oto garść porad:

Inwestuj w niezniszczalne. Twarde kartonowe książeczki są w stanie przetrwać niemal każdy atak ząbków, dziąseł, śliny i drących wszystko paluszków, a przy tym mają jedną ważną zaletę: małe dłonie z łatwością obracają ich karty (co dla dziecka rocznego i dwuletniego jest przynajmniej połową zabawy). Zbierz sporą kolekcję takich kolorowych książeczek, odpowiednich do wieku twego malucha, i umieść je w jego zasięgu, by chętnie i często po nie sięgał, a wtedy przypuszczalnie oszczędzi twój księgozbiór czy zawartość stojaka na czasopisma.

Schowaj cenne publikacje na wysoką półkę. Wszystkie publikacje, na których całości ci zależy, kładź wysoko lub tak blokuj na regale, by malec nie mógł ich wyciągnąć. Nie zabraniaj mu jednak dotykania książek (może z wyjątkiem tych najcenniejszych), gdyż w ten sposób zniechęcisz go do czytania. Pozwól mu oglądać i dotykać różne książki pod twoim czujnym okiem.

Przestrzegaj całkowitego zakazu niszczenia. Jeśli pozwolisz swemu brzdącowi podrzeć kilka gazet (bo już je przeczytałaś), twój przekaz będzie dezorientujący. W jego wieku trudno rozróżnić druki gotowe do recyklingu od tych, które niedawno zeszły z maszyny drukarskiej, dlatego nie pozwalaj na darcie lub gryzienie żadnego papieru.

Skieruj zainteresowania malucha na coś innego. Nie chcesz dziecku zabronić kontaktu z materiałami do czytania, chodzi ci jedynie o to, by ich nie niszczył. Dlatego gdy przyłapiesz je na akcie niszczenia, nie krzycz, tylko powiedz: „Proszę, nie rób krzywdy książce. Książki są do czytania i oglądania". Potem dodaj: „Pooglądajmy ją razem". Usiądź i poczytaj ją dziecku, a jeżeli tekst jest za trudny, spróbuj go uprościć lub sięgnij po książkę bardziej odpowiednią do wieku maluszka.

Daj dziecku inne zajęcie. Jeżeli wykazywane przez dziecko zainteresowanie książkami na pewno nie dotyczy ich literackiej wartości, zaproponuj taką zabawę, która zaspokoi jego potrzebę rwania (na przykład rwanie liści sałaty na obiad, przesuwanie suwaka w górę i w dół lub otwieranie i zamykanie rzepów przy bucikach lalki).

każdego jej słowa, ale za każdym kolejnym razem wychwytuje ich coraz więcej, zwłaszcza jeśli swymi wyjaśnieniami pomagasz złamać kod. W chwili gdy ty masz już tekstu powyżej uszu, malec właśnie opanował go w całości, co dla osoby uczącej się języka jest niezwykle produktywnym i satysfakcjonującym doświadczeniem.

▲ To, co znane, jest fajne i wzbogacające. Dla ciebie czytanie wciąż tej samej opowieści (czy oglądanie powtórek) jest szczytem nudy, ale dziecku daje wiele przyjemności. Ponieważ dobrze zna treść książeczki – często nawet na pamięć – może aktywnie uczestniczyć w jej czytaniu, czekając na to, co będzie dalej, wtrącając tu i ówdzie odpowiednie słowa, pokazując na znajome rzeczy na obrazkach.

Reasumując, ta przewidywalność, która ciebie nudzi, dziecko wprawia w dobre samopoczucie i zachęca do nauki. Niestety, przyjdzie ci skazać się na taką nudę za cenę radości i zadowolenia oraz edukacji twego szkraba. Pewnego dnia i on znudzi się uwielbianą obecnie opowieścią (i przypuszczalnie natychmiast wybierze następną), ale pozwól mu samemu zdecydować, kiedy skończy z czytaniem wciąż tego samego.

Nim to nastąpi, postaraj się sprawić, by czytanie było dla dziecka jeszcze przyjemniejsze (i mniej otępiające dla ciebie), bawiąc się w aktora. Choć może cię kusić czytanie w trybie automatycznego pilota, to obojgu wam będzie przyjemniej, jeśli się postarasz czytać „z życiem", bawiąc się głosem, wtrącając dramatyczne elementy i spełniając się aktorsko. Włącz dziecko do zabawy, milknąc na chwilę i zachęcając je do wypełniania luk w tekście (pod koniec wersu, przy końcu strony itp.). Proś o przewidywanie rozwoju wydarzeń („Kto następny wejdzie do obory? Tak, to będzie krówka!"). Mimo iż oboje znacie tę historię od deski do deski, dziecku ogromną radość sprawi świadomość, że jest takie mądre. Proś malca, by odnajdywał bohaterów i przedmioty, i staraj się wskazać coś, co wcześniej umknęło waszej uwadze (czerwona obroża pieska czy wiewiórka schowana wśród liści), a przy kolejnym czytaniu zapytaj o ten detal.

Zachęcaj dziecko do czytania, ale pomagaj mu także myśleć w niekonwencjonalny sposób. Co wieczór proponuj (ale bez zmuszania) wymyślenie innego zakończenia historyjki. Nawet jeśli nie jest gotowe zrezygnować ze znanego, być może chętnie posłucha także nowej propozycji. Spróbuj zamiast tej samej opowieści przeczytać jej ciąg dalszy, z tymi samymi bohaterami, tego samego autora lub ilustratora. Rozwijaj literackie horyzonty dziecka, zabierając je do biblioteki bądź na czytanie (na przykład przez aktorów) bajek dla grupy dzieci.

Jeśli twoja córeczka nie pozwala niczym zastąpić ukochanej książeczki, pozwól jej na to. Jej upieranie się przy tym samym – cokolwiek by to było: książeczka, kocyk czy potrawa – kiedyś minie.

A CO TO JEST? A TAMTO?

Moja córeczka trzysta razy dziennie pyta mnie: A cio to? Nawet jeśli zna odpowiedź!

Wszystko wskazuje na to, że twoja mała cierpi na przypadłość dość często atakującą dzieci w drugim roku ich życia. I nie przypadkiem. Pierwszy powód jest oczywisty: małe dzieci są ciekawskie. Maluchy, popychane potrzebą zdobywania wiedzy o wciąż powiększającym się świecie, chcą ciągle ten świat badać. Pytając „A co to?", najłatwiej dziecku zrozumieć swoje odkrycia (na razie jeszcze wierzy, że ty wiesz wszystko). Drugi powód to chęć doskonalenia umiejętności językowych. Komuś, kto dopiero uczy się mówić, zadawanie pytania „Co to jest?" sprawia większą przyjemność niż używanie pojedynczych słów, a powtarzanie twego zwrotu jest dodatkowo satysfakcjonujące, nawet jeśli zna odpowiedź.

Jest jeszcze jeden powód, dla którego maluchy wytrwale stawiają to pytanie: otóż zawsze spotyka się ono z odpowiedzią. Podczas gdy na radosny okrzyk: „Piesek!" rozkojarzona skiniesz głową, to na pytanie udzielisz pełnej odpowiedzi. Czyli? Udało się rozpocząć rozmowę, co za radość!

Kiedyś dziecku znudzi się zabawa w „Co to jest?" i zacznie zadawać inne, znacznie trudniejsze pytanie: „Dlaczego?". Więc możesz już zacząć szukać w Google, dlaczego niebo jest niebieskie. Natomiast na razie baw się z dzieckiem cierpliwie, odpowiadając na niekończące się pytania (co zachęci je do tego, by rozwijając się, pytać o wszystko) – nawet jeśli będziesz się czuła trochę tak jak wyszukiwarka internetowa. A jeśli jesteś pewna, że twoja córka zna odpowiedź na pytanie (to jest ptak i jest to ta sama odpowiedź, jakiej udzieliłaś na trzydzieści poprzednich pytań), odwróć role i sama spytaj: „A jak myślisz, co to może być?". W ten sposób może ci się uda uniknąć nudnego odpowiadania, a jednocześnie zmusisz córkę do samodzielnego myślenia (poza tym nadal będzie zadowolona, że udało się jej zainicjować rozmowę).

ZAJĘCIA DLA MALUCHÓW

W mojej okolicy odbywa się mnóstwo zajęć dla najmłodszych dzieci. Czy powinnam zapisać syna na któreś z nich?

Zajęć dla dzieci w wieku przedprzedszkolnym nie brakuje: muzyka, plastyka, gimnastyka, mama i ja oraz wiele innych. Choć na pewno nie ma obowiązku na nie uczęszczać (opuszczanie zajęć w tym wieku na pewno nie odbije się niekorzystnie na pozycji twego synka w szkole czy w drużynie sportowej), mogą przynieść pewne korzyści. Podczas takich zajęć dzieci mają okazję zdobywać umiejętności społeczne, poznawać nowe gry, zabawki, materiały i sprzęty, do których nie ma dostępu w domu (bądź których nie dałabyś swemu brzdącowi do ręki, na przykład pewnych materiałów do zajęć plastycznych). A jeśli to ty będziesz chodzić na zajęcia z synem, znajdziesz na nich coś dla siebie: dorosłe towarzystwo innych rodziców.

Jak wybrać najlepszy program dla swojego dwulatka? Kieruj się następującymi wskazówkami:

- Rozpytuj. Na pewno masz znajomych rodziców małych dzieci, którzy korzystali już z takich zajęć, a jeśli nie, poszukaj informacji w Internecie. Dowiedz się, które zajęcia są najlepsze, a od których lepiej trzymać się z daleka.
- Najpierw wypróbuj. Wiele programów umożliwia rodzicom uczestniczenie z dziećmi w jednych zajęciach bezpłatnie, by mogli podjąć decyzję, czy im one odpowiadają. Jeśli nie ma takiej opcji, poproś o możliwość obserwowania zajęć, dzięki czemu będziesz mogła ocenić, czy spodobają się one twemu dziecku czy nie.
- Przede wszystkim postaw na dobrą zabawę. Pamiętaj, że szukasz czegoś stosownego do wieku dziecka, prowadzonego na luzie, bez surowej dyscypliny, a nie przygotowania do studiów. Na przykład osoba prowadząca zajęcia plastyczne powinna rozwijać kreatywność (w sposób nieunikniony wiążącą się z bałaganem), a nie uczyć pociągnięć pędzlem. Nauczyciel muzyki natomiast, zamiast ćwiczyć gamy i skale, powinien zachęcać do różnych sposobów tworzenia melodii i rytmów. Nie powinno się też dążyć do perfekcyjnego opanowania danej umiejętności, gdyż to tylko niepotrzebnie stresuje dzieci, lecz dbać o rozwój całościowy: fizyczny, umysłowy, społeczny... za pośrednictwem dobrej zabawy.
- Krótko i przyjemnie. Ponieważ maluchy nie potrafią długo skupiać uwagi, zajęcia dla nich mogą trwać maksymalnie czterdzieści pięć minut, podczas których dzieci nie będą ograniczane ruchowo ani zmuszane do siedzenia w ciszy, lub trochę dłużej, jeśli program obejmuje przerwę na przekąskę, zabawę w kółeczku, przerwę i zróżnicowane zadania.
- Małe grupy. Jeśli w jednym pomieszczeniu znajdzie się dwadzieścioro pięcioro małych dzieci, nietrudno o kłopoty. Poszukaj grup liczących nie więcej niż dwanaścioro uczestników. Z drugiej strony jednak, jeśli w grupie będzie niewiele dzieci, zajęcia mogą przebiegać w zbyt ospałej atmosferze.
- Zajęcia odpowiednie do wieku. Upewnij się, że zajęcia są przystosowane do wieku twego dziecka, a używane sprzęty, materiały oraz polecenia odpowiadają etapowi jego rozwoju. Na przykład treningi piłki nożnej (czy innych dyscyplin sportowych), choć prowadzone odpowiednio dla dzieci w wieku poniżej dwóch lat, często zbyt obciążają rozwijające się jeszcze stawy. Nadmierne forsowanie może więc nie tylko zniechęcić malca do sportu, lecz także spowodować wczesne kontuzje z powodu przeciążenia. Jednym dzieciom treningi mogą sprawiać przyjemność, dla innych będą zbyt dużym obciążeniem. Ale dla wszystkich są dość ryzykowne.
- Zachowaj dystans. Zajęcia poza domem mogą stanowić przyjemną odskocznię dla was obojga, zwłaszcza przy brzydkiej pogodzie w lecie lub w szczególnie zimne dni w zimie, przez które zaczynacie cierpieć na klaustrofobię. Być może dziecko nauczy się nawet na nich czegoś nowego,

Uczenie pojęcia czasu

Dla dzieci najważniejszy jest czas teraźniejszy, a co więcej, praktycznie żaden inny czas dla nich nie istnieje. Przeszłość i przyszłość są pojęciami zbyt abstrakcyjnymi, których ich małe umysły nie ogarniają, skupiając się na tym, co „teraz". „Teraz" chcą, by dać im jeść, „teraz" chcą do mamy, na dwór, na plac zabaw. Jednak w okolicach drugich urodzin następuje duży skok w pojmowaniu zjawiska czasu, a słowa „wkrótce" czy „później" nabierają znaczenia. Kolejny skok odbywa się w wieku przedszkolnym; wtedy to pojęcia „dzisiaj", „wczoraj" i „jutro" stają się oddzielnymi (choć nieco zamazanymi) bytami, natomiast pełne zrozumienie upływu czasu pojawia się mniej więcej w szóstym roku życia. Na razie możesz pomagać dziecku w zrozumieniu słów związanych z czasem, korzystając z tych ponadczasowych porad:

Zadbaj o kontekst. W rozmowie z dzieckiem staraj się używać kilku sposobów na opisanie tego samego czasu: „Pójdziemy na plac zabaw po południu, po twojej drzemce". Albo: „Daria przyjdzie pobawić się z tobą rano, po śniadaniu".

Przedstawiaj kolejność wydarzeń. Mów dziecku, jaki jest plan dnia w kolejności: „Najpierw idziemy do sklepu, następnie do biblioteki, a potem coś zjemy". Albo: „Po pierwsze: kąpiel, po drugie: krakersy i mleko, po trzecie: czytanie bajeczki, a na koniec: spać!". Możesz także zacząć wprowadzać pojęcia „przed" i „po" („Zjemy coś przed pójściem do parku", „Tomek z mamą przyjdą do nas po śniadaniu") oraz „zaraz" i „później" („Zaraz trzeba będzie posprzątać klocki" lub „Później pójdziemy na dwór pobawić się piłką"). Nie spodziewaj się, że dziecko w lot te zawiłości pojmie.

Korzystaj z pomocy wizualnych. Konkretne przykłady pomogą dziecku zrozumieć zjawisko przemijającego czasu. Pokaż mu jego zdjęcia z niemowlęcych czasów („Kiedyś byłaś taka malutka...") i współczesne („A teraz jesteś taaaka duża!"). Gdy czytasz bajeczkę, wracaj co jakiś czas do wcześniejszych wydarzeń i omawiaj je w kolejności chronologicznej („Chłopiec najpierw poszedł pływać, potem bawił się w parku, skąd poszedł do domu i zjadł lody"). Jeśli twój szkrab musi na coś poczekać, ustaw minutnik, który będzie pokazywać mu upływ czasu („Nastawię minutnik na pięć minut. Kiedy zadzwoni, przyjdę z tobą malować").

Wyjaśnij, czym są różne dni tygodnia. Malcowi łatwiej przyjdzie pojąć znaczenie każdego dnia tygodnia, jeśli skojarzy go z daną czynnością lub wydarzeniem: „W poniedziałek idziemy na zabawy w grupie, we wtorek do biblioteki, w niedzielę natomiast odwiedzamy babcię i dziadka". Można stworzyć duży, tygodniowy kalendarz, z wklejonymi do niego zdjęciami, rysunkami lub innymi wizualnymi przypominaczami stałych zajęć. Omawiaj z dzieckiem namacalne wydarzenia z dnia poprzedniego („Wczoraj byliśmy w restauracji, pamiętasz, jak smakował ci makaron?") i bieżącego („Podobało się nam dzisiaj w muzeum, prawda?"), a także opowiadaj o tym, co będzie jutro („Jutro wybierzemy się do Zosi"). Gdy natomiast czekacie na powrót taty z podróży służbowej, pomóż swemu maluszkowi wyobrazić sobie, kiedy nadejdzie ten dzień: „Tatuś wróci do domu po dwóch śniadaniach".

lecz pamiętaj, że zapisując swego malucha na takie zajęcia, robisz to przede wszystkim dla dobrej zabawy i wprowadzenia czegoś nowego, a nie po to, by wyprzedzał on inne dzieci w nauce lub sporcie.

Komputery

Czy na razie jest jeszcze za wcześnie dla dziecka na korzystanie z komputera? Często widzę programy i gry przeznaczone dla jego grupy wiekowej.

Zastanawiasz się, czy dziecko, które ledwo skończyło rok, powinno już być skomputeryzowane? Choć nie ma cienia wątpliwości, że w przyszłości będzie spędzać wiele czasu przy komputerze, to czy powinno zacząć już teraz? Większość specjalistów jest zdania, że lepiej, by dziecko, które nie ukończyło trzeciego roku życia, miało mniej kontaktu z komputerem czy inną elektroniką, a więcej z ludźmi (zwłaszcza z tobą). To właśnie bezpośrednie przebywanie z ludźmi uczy maluchy wszystkiego, co im potrzebne – od umiejętności mówienia po umiejętności społeczne. Klocki, lalki, autka i inne zabawki nauczą je więcej niż jakikolwiek ekran i różne gry komputerowe, reklamowane jako specjalnie przygotowane dla najmłodszych. Rzecz jednak nie w tym, że spędzając dużo czasu przy komputerze, dziecko mniej zyska, lecz w tym, że może sporo stracić. Badania potwierdzają wiele niekorzystnych skutków korzystania z komputerów przez dzieci, które nie ukończyły jeszcze dwóch lat (podobnie jak zbyt częstego oglądania telewizji; patrz str. 267), w tym zahamowanie kreatywności, brak umiejętności społecznych, opóźnienie w rozwoju mowy, zmęczenie oczu, ograniczenie aktywności fizycznej, nadwaga i wiele innych. Jeśli mimo to chcesz zdigitalizować życie swojego dziecka, powinnaś pamiętać o kilku rzeczach. Oto one:

- Ograniczaj czas. W przypadku tak małego dziecka, pięć do dziesięciu minut przed monitorem to aż za dużo. Przypuszczalnie samo straci zainteresowanie, ale jeśli za bardzo wciągnie się w grę, musisz ją przerwać po dziesięciu minutach, gdyż malec ma lepsze, bardziej twórcze i zapewniające więcej ruchu rzeczy do zrobienia. Jeśli natomiast dziecko w ogóle nie interesuje się komputerem, nie ma żadnego powodu, by je przed tym urządzeniem sadzać.
- Razem siądźcie przy komputerze. Używanie komputera jako opiekunki do dziecka to spora pokusa, ale nie rób tego. Kiedy malec bawi się jakąś grą komputerową, usiądź przy nim tak jak podczas czytania książeczki i zadawaj pytania o to, co widać na ekranie i co słychać z głośników („Gdzie jest słoneczko?"), dodając coś od siebie („Słoneczko jest żółte i okrągłe") i wiążąc rzeczy poznane dzięki komputerowi z prawdziwym światem („Popatrz na piłkę na podłodze, jest żółta i okrągła, dokładnie tak samo jak słońce!").
- Wybieraj odpowiednie gry. Szukaj takich gier, które mają proste ilustracje (wystrzegając się tych z szybkimi animacjami) i łatwe piosenki, a zanim kupisz dany program, obejrzyj go u znajomych, poczytaj recenzje w Internecie lub na stronach prowadzących rankingi gier. To samo dotyczy gier online: nie sadzaj do nich dziecka, dopóki sama ich nie wypróbujesz.
- Traktuj komputer jak zabawkę. Mimo że firmy software'owe reklamują wydawane przez siebie gry jako materiały edukacyjne, umiejętność posługiwania się komputerem nie zagwarantuje twemu dziecku lepszego startu w szkole ani nie uczyni go mądrzejszym. Owszem, może nauczyć się ono liczb, liter, przeciwieństw, kolorów czy kształtów, ale tę wiedzę zdobyć też może dzięki puzzlom, zabawkom do sortowania kształtów, książkom i wielu różnym zajęciom, od malowania poprzez wizyty w muzeum po spacery na łonie przyrody. Dlatego powinnaś korzystać z programów komputerowych od czasu do czasu dla urozmaicenia zabawy, a nie dla celów edukacyjnych.
- Nie zmuszaj dziecka. To, że dziecko sąsiadów niemal od urodzenia śmiga paluszkami po klawiaturze komputera, nie oznacza, że twoje też będzie – lub powinno – tak robić. Nie namawiaj swej pociechy do życia w cyberprzestrzeni. Poczekaj, aż sama się nią zainteresuje (zacznie uderzać w klawiaturę, przesuwać kursor myszki po całym pulpicie albo zerkać na włączony monitor). Pamiętaj, nie ma się z czym spieszyć.

Edukacyjne DVD

Wszystkie matki z mojej grupy internetowej są przekonane, że DVD wspierające rozwój umysłowy mają znakomity wpływ na ich dzieci. Czy powinnam pokazywać je mojemu synkowi?

Mimo że istnieje całe mnóstwo różnorodnych DVD reklamowanych jako stymulujące niemowlęta i wspomagające proces uczenia się najmłodszych, brak naukowych dowodów na poparcie tych deklaracji. Mało tego: badania wskazują, że te produkty mogą zrobić więcej złego niż dobrego, wręcz spowalniając rozwój mowy, zamiast zwiększać moc umysłu. Specjaliści uważają, że zamiast oglądać filmy, które mają z nich uczynić małych Einsteinów, dzieci powinny spędzać czas z rodzicami, bo to właśnie od nich uczą się najwięcej i najlepiej. Naczelna zasada: wspólne czytanie książek, śpiewanie piosenek, improwizowane zabawy lub zagadki typu „Jakie zwierzątko wydaje ten dźwięk" to bardzo dobre i wręcz niezastąpione sposoby wspierania rozwoju umysłowego dziecka i pomagania mu w zdobywaniu umiejętności językowych. Na pewno wymagają one od ciebie więcej wysiłku niż nastawienie krążka z filmem, lecz są korzystniejsze dla uczącego się dziecka.

Jeśli raz na jakiś czas zdecydujesz się skorzystać z nagrań wideo dla niemowląt i dzieci, nie będzie w tym nic złego. Ale seanse powinny trwać krótko i nie mogą odbywać się zbyt często. Pamiętaj: gdy chodzi o DVD i telewizję edukacyjną dla maluchów, to im tego mniej, tym lepiej. Nic bowiem bardziej nie stymuluje rozwoju dziecięcego mózgu niż czas spędzany z rodzicami.

Oglądanie telewizji

Znam wiele powodów, dla których nie należy pozwalać dzieciom oglądać telewizji, ale bądźmy realistami: ja czasem też muszę mieć chwilę dla siebie. Czy naprawdę włączenie mojej córce programu telewizyjnego jest takie złe?

Słyszałaś już o wadach oglądania przez maluchy telewizji, znasz opinie ekspertów i naukowców (patrz ramka na str. 268–269), ale zdajesz sobie też sprawę z tego, jakie korzyści oferuje, w każdym razie dla ciebie. Znają je chyba wszyscy rodzice maluchów. Mimo że znawcy tej problematyki potępiają sadzanie najmłodszych przed telewizorem, rzeczywistość jest następująca: ponad siedemdziesiąt procent dzieci w wieku poniżej dwóch lat ogląda telewizję, a mało którzy rodzice nie włączają im bajki o Cliffordzie lub odkrywającej świat Dorze po to, by od czasu do czasu mieć chwilę świętego spokoju, odpocząć od klocków i móc wreszcie posprzątać bałagan, zapłacić rachunki czy popracować. Zresztą powodów może być wiele.

A oto kolejny fakt: starannie wybrane programy, oglądane w małych dawkach w ciągu dnia pełnego różnych zajęć, bogatego w stymulujące bodźce, na pewno nie zaszkodzą rozwojowi twego dziecka.

Nie potrafisz wprowadzić całkowitego zakazu oglądania telewizji, ale masz poczucie winy, kiedy włączasz telewizor? Pozbądź się tego poczucia (jeśli i tak zamierzasz zrobić sobie przerwę przed telewizorem, to niech ci ona przynajmniej sprawia radość). Warto postępować zgodnie z poniższymi podstawowymi zasadami, które pomogą osiągnąć jak największe korzyści z tego środka przekazu przy jednoczesnym zmniejszeniu jego potencjalnych wad:

- Ograniczaj czas oglądania telewizji. Czy telewizor jest u was włączony niemal przez cały dzień? Przy ogromnej dostępności programów dla dzieci nadawanych przez całą dobę łatwo można doprowadzić do sytuacji, w której telewizja staje się głównym elementem dnia malca. Zanim tak się stanie, ustal zasady i rygorystycznie ich przestrzegaj. W przypadku dzieci, które nie ukończyły jeszcze drugiego roku życia, czas od dziesięciu do dwudziestu minut dziennie to i tak dużo, a jeśli zorientujesz się, że piętnaście minut zamienia się w trzydzieści, ustaw minutnik, który swym sygnałem ogłosi koniec siedzenia przed telewizorem.

Kłopoty z telewizją

Oglądać telewizję czy nie oglądać? Gdy mowa o najmłodszych, odpowiedź brzmi: lepiej nie. Bo choć nie brakuje programów tworzonych specjalnie dla nich (a nawet dla niemowląt), zdecydowana większość ekspertów zaleca, by dziecko przed ukończeniem dwóch lat nie miało żadnego kontaktu z telewizją. Z przeprowadzonych badań wynika, iż dzieci niewiele korzystają z jej oglądania, nawet z oglądania programów reklamowanych jako edukacyjne, a co gorsza, tracą niezbędną dla ich rozwijającego się mózgu stymulację. Choć kolorowe, ruchome obrazki i ekscytujące dźwięki działają na maluchy magnetyzująco, nie potrafią one jeszcze przetwarzać wszystkiego, co widzą i słyszą. Telewizja przeciąża ich zmysły, ale nie motywuje do nauki, nie rozwija kreatywności, wyobraźni ani umiejętności społecznych, których w rzeczywistym świecie dzieci nabierają w kontaktach z rodzicami, z innymi osobami dorosłymi, z towarzyszami zabaw, a także z zabawkami.

Telewizja bez wątpienia wywiera na dzieci wpływ i nie jest on korzystny. Oto lista negatywnych stron oglądania telewizji:

Niedostateczna aktywność fizyczna, intelektualna i społeczna dziecka. Za dużo czasu przed telewizorem to za mało czasu spędzanego na bieganiu, kontaktach z dorosłymi i z innymi dziećmi, oglądaniu książeczek, słuchaniu opowieści, rysowaniu, bawieniu się, czyli ćwiczeniu ciała i umysłu w sposób produktywny.

Mniejszy kontakt dziecka z żywym językiem. Jak podają naukowcy, każda spędzona przez dziecko przed telewizorem godzina to strata 770 słów, które dziecko usłyszałoby w tym czasie z ust dorosłych. Tymczasem w okresie szybkiego rozwoju mowy malucha liczy się każde słowo, a więc niedobór kilku tysięcy interakcji werbalnych dziennie może prowadzić do opóźnień w nauce mówienia. Czy słowa słyszane z telewizora mogą zastąpić te, które mówią rodzice? Nie mogą. Jak bowiem wynika z badań naukowych, to, co dzieci słyszą w programach telewizyjnych, nie wzbogaca ich słownictwa ani nie przyspiesza zdobywania umiejętności językowych.

Otyłość dziecka. Badania wykazują, że nadmierne oglądanie telewizji jest jedną z przyczyn epidemii otyłości wśród dzieci; aż jedna trzecia amerykańskich maluchów w wieku powyżej dwóch lat cierpi na nadwagę lub otyłość. Przyczyna jest prosta: telewidzowie w każdym wieku spożywają więcej kalorii (mają zwyczaj podjadania przed ekranem), a mniej ich spalają (to oczywiste, gdyż mniej się ruszają). Do tego dochodzą reklamy, które zachęcają głównie do spożywania żywności przetworzonej (czy widziałaś kiedyś reklamę broku-

Półgodzinne oglądanie telewizji dziennie jest dla maluchów bardzo niewskazane, natomiast dłuższe – w zasadzie szkodliwe. Przestrzegaj wyznaczonych limitów, a gdyby dziecko marudziło, że chce jeszcze trochę pooglądać jakiś program, szybko skieruj jego uwagę na coś innego.

▲ Wybieraj odpowiedni czas. Oglądanie telewizji nigdy nie powinno zbiegać się z porą posiłków, gdyż ta zastrzeżona jest na jedzenie i rozmowę. Nie włączaj też telewizora podczas zabawy, w czasie której dziecko powinno się uczyć umiejętności społecznych, i wykreśl go z wieczornej rutyny, gdyż migające obrazki połączone z różnymi dźwiękami utrudnią maluszkowi wyciszenie się przed snem, nawet jeśli aktywnie nie ogląda nadawanego programu.

▲ Oglądajcie wspólnie. Postaraj się, by oglądanie telewizji było waszym wspólnym zajęciem, a nie zastępowało dziecku twojego towarzystwa. Rozmawiajcie o tym, co widzicie („Ten piesek jest podobny do psa cioci Kasi"), i wyjaśniaj, co się dzieje („Popatrz, chłopiec maluje obrazek. Jaki śliczny niebieski kolor!"), aby dziecko nie wpadło w telewizyjną hipnozę. Spędzanie z dzieckiem tych kilku chwil przed telewizorem nie oznacza, że masz siedzieć razem z nim na sofie i wpatrywać się w ekran – możesz robić coś innego i tylko zerkać na program co jakiś czas i wtrącać komentarze. Oczywiście czasem zdarza się, że musisz (i chcesz) mieć te piętnaście minut na swoje sprawy, wymagające pełnej koncentracji; wtedy powierz dziecko elektronicznej niani. Nie bę-

łów?) – co jest kolejnym czynnikiem przyczyniającym się do nadwagi. Gdy maluchy oglądają (z zachwytem) takie produkty spożywcze w telewizji, domagają się ich potem w sklepie, i niestety bardzo często udaje się im namówić mamę czy tatę na zakup. Tak powstaje błędne koło utrudniające wychowanie zdrowych, szczupłych dzieci.

Agresywne zachowania dziecka. Mamy coraz więcej dowodów na to, co wielu rodziców od dawna podejrzewa: oglądanie telewizji (nawet nieuważne) często wywołuje agresywne zachowania niektórych dzieci, także tych najmłodszych. Im dłużej siedzą one ze wzrokiem utkwionym w ekran, tym gorsze jest ich postępowanie.

Problemy z koncentracją. Naukowcy wykazali, że każda godzina spędzona dziennie przez dziecko na oglądaniu telewizji zwiększa o dziesięć procent prawdopodobieństwo występowania problemów z koncentracją w późniejszym okresie jego życia. Innymi słowy, dwie godziny telewizji dziennie to większe o dwadzieścia procent ryzyko zaburzeń koncentracji. Trudno przecież usiedzieć nad książką czy na lekcji w klasie, gdy przywykło się do tego, że w telewizji wszystko dzieje się znacznie szybciej.

Więcej lęków. Małym dzieciom trudno jest odróżnić świat realny od nierealnego, więc dla nich to, co widzą w telewizji, jest tak samo rzeczywiste jak salon w mieszkaniu. I to może być źródłem dziecięcych niepokojów. Nawet jeśli twoja pociecha, oglądając na ekranie strasznego bajkowego giganta, nie sprawia wrażenia przerażonej, to strach może przyjść później i przybrać formę nocnych lęków i koszmarów.

Mniej miejsca na kreatywność. Telewizja daje dziecku cały obraz, nie pozostawiając wiele miejsca na wyobraźnię, wymyślanie i aktywność twórczą. Programy interaktywne, zachęcające dziecko do czynnego uczestnictwa, są nieco lepsze, ale i tak nie dorównują zajęciom, które najmocniej pobudzają dziecięcy umysł (takim jak zabawy lalkami, przebieranie się, tworzenie konstrukcji z klocków, wymyślanie, jak poskładać układankę w całość, wyścigi autkami, bazgranie kredą).

Mniej zabawy. Skoro stymulujące środowisko oddalone jest tylko o jedno kliknięcie pilotem (lub przyciskiem myszki), realna zabawa ruchowa może się wydawać męczącym zajęciem. I jak skłonić dziecko do bawienia się, skoro telewizor może je zabawić? Umysł i ciało zwalniają obroty, rozleniwiają się, a przyzwyczajone do telewizji dziecko, mając wolny czas i pokój pełen zabawek, nie będzie już wiedziało, czym się zająć.

dzie w tym niczego złego, chodzi bowiem jedynie o to, by malec nie nabrał nawyku przebywania sam na sam z telewizorem.

- Zachęcaj widownię do aktywności. Aby dziecko nie stało się telewizyjnym kanapowcem, wymyślaj mu zajęcia związane z oglądanymi programami, na przykład rysowanie postaci z filmów, rozmowy na temat akcji czy fabuły albo podpatrzone tam zabawy. Skłaniaj swą pociechę do śpiewania, tańczenia lub wykonywania prac razem z bohaterami programów.
- Nie włączaj telewizora, by wyłączyć zły humor dziecka. Gdy maluch ma muchy w nosie, jest rozdrażniony, nadmiernie pobudzony czy po prostu działa ci swym zachowaniem na nerwy, pokusa posadzenia go przed telewizorem może być bardzo silna. Ale nie rób tego. Do poprawiania humoru lepsze są rozwiązania wymagające mniej techniki, a więcej starań: czytanie na wyciszenie, tulenie i śpiewanie na rozproszenie smuteczków, pomoc przy rozwiązywaniu problemów wywołujących frustracje.
- Nie używaj telewizji jako formy przekupstwa lub nagrody. Jeśli telewizor zacznie się dziecku kojarzyć z premią za dobre zachowanie („Dzisiaj bawiłaś się ładnie klockami z koleżanką, więc możesz obejrzeć *Ulicę Sezamkową*") lub z zachętą do współpracy („Jeśli przestaniesz płakać, włączę ci *Teletubisie*"), stanie się jeszcze bardziej atrakcyjnym meblem. Na zachętę powinnaś wybierać raczej coś bardziej odpowiedniego dla dzieci, jak czytanie książeczki lub wyjście na plac zabaw.

- Dobieraj programy. Jakość oglądanych programów jest równie ważna jak ich ilość, dlatego powinnaś być bardzo krytycznym odbiorcą i sprawdzać wcześniej programy, zanim wybierzesz coś dostosowanego do wieku twojego dziecka (recenzje, rankingi i inne potrzebne informacje znajdziesz w Internecie), przygotowanego specjalnie dla najmłodszych, z prostym słownictwem i krótkimi segmentami, bez szybkiej akcji. Programy takie powinny zachęcać dziecko do interakcji, utrzymywać jego zaangażowanie za pomocą piosenek i melodii, a także mieć jakąś wartość edukacyjną.
- Wyłączaj reklamy. To, jak szybko dzieci padają ofiarą gorączki kupowania i jak dobre są potem w wypatrywaniu w sklepie mało zdrowej, widzianej w telewizji żywności, której oczywiście głośno się będą domagać, może cię zaskoczyć. Dlatego uważaj na reklamy i staraj się wybierać programy, które są ich pozbawione.
- Ustal limit oglądania telewizji także dla siebie. Dzieci bardziej są skłonne robić to, co ich rodzice robią, a nie to, co mówią. Jeśli masz bez przerwy włączony telewizor i oglądasz wszystko „jak leci", twój malec wcześniej czy później odkryje, że w waszym domu obowiązują podwójne standardy, i będzie oglądać stanowczo za dużo programów, w dodatku nieodpowiednich dla niego, bo przecież nie masz włączonego przez cały dzień kanału z bajeczkami dla najmłodszych, prawda? Bądź zatem tylko wieczornym telewidzem, takim, który zasiada przed ekranem, gdy jego dziecko już zaśnie. A jeśli masz w ciągu dnia włączony telewizor dlatego, że lubisz, gdy coś „brzęczy", przestaw się na muzykę.

WSZYSTKO O...

ROZBUDZANIE CIEKAWOŚCI

Co się stanie, jeśli przewrócę kubek z soczkiem? Dokąd zmierzają mrówki? Co jest pod tym kamieniem? Dlaczego mokry piasek przykleja mi się do paluszków, a suchy nie? Ciekawski umysł dziecka chce wiedzieć wszystko i aż się pali do szukania odpowiedzi. Wprawdzie ta naturalna, paląca ciekawość popycha dzieci do różnych psikusów, ale pełni też ważne zadanie: zachęca do nauki.

Aby wzmóc ciekawość dziecka do tego stopnia, by zamiłowanie do nauki rozwinęło się w nim na całe życie, postępuj według następujących wskazówek:

- Odpowiadaj. Maluchy, które mają tak wiele wiedzy do zdobycia, oczywiście zadają pytania, począwszy od ulubionego „A co to?". I choć zignorowanie piętnastego takiego pytania z rzędu może ci się wydawać kuszącą perspektywą, postaraj się jej oprzeć. Każde pytanie dziecka zasługuje na odpowiedź, po której rzecz jasna nastąpią kolejne pytania. W końcu skąd maluchy mają coś wiedzieć, jeśli o to nie zapytają? A gdy pytania nie spotykają się z żadną reakcją – lub jedynie z niesatysfakcjonującym je „hm" lub: „Tego nie musisz jeszcze wiedzieć" – dzieci zniechęcają się do ich stawiania. Pamiętaj, by udzielać odpowiedzi zrozumiałych dla dziecka, dostosowanych do jego wieku, czyli krótkich i zwięzłych.
- Zachęcaj do odkryć. Zazwyczaj dziecięce badania i odkrycia oznaczają dla rodziców wielki bałagan. To fakt. Ale to właśnie poprzez procesy badawcze maluchy dokonują swoich odkryć. A świat jest pełen fascynujących rzeczy i wydarzeń, które dziecko musi przeżyć, ażeby je poznać. Jedynym

powodem, dla którego można malucha powstrzymywać przed takimi badawczymi zapędami, jest jego bezpieczeństwo – nie czystość, nie porządek. Staraj się znaleźć czas na to, by wspólnie z dzieckiem poznawać otoczenie, gdy wychodzicie z domu, bo jeśli zawsze będziesz się spieszyć, to nigdy nie uda mu się sprawdzić, dokąd idą mrówki i co jest pod kamieniem.

- Zachęcaj do eksperymentowania. Przeciętny maluch przeprowadza więcej eksperymentów niż większość laboratoriów. Co się stanie, gdy woda przeleje się poza krawędź wanny? Co będzie, gdy rozgniotę banana? Albo gdy zanurzę płatki zbożowe za pomocą łyżki? Albo gdy dotknę palcem zrobionej przez tatusia mydlanej bańki? Albo gdy rzucę tą zabawką o ścianę? Cała rzecz polega na tym, by zachęcać do pracy drzemiącego w dziecku małego naukowca, ale jednocześnie nie dopuścić do wypadku. Tak więc gdy zauważysz niszczycielskie zapędy dziecka, przerwij zabawę, jasno przy tym dając do zrozumienia, iż sprzeciwiasz się nie samym dokonaniom, lecz ich wynikom: „Wiem, że chciałaś zobaczyć, co się stanie, gdy woda przeleje się poza krawędź wanny, ale woda musi pozostać w wannie". Następnie skieruj dociekliwy umysł na coś innego: „Sprawdźmy, co się stanie, gdy nalejesz wody do tej łódki". Wymyślaj eksperymenty, które mogą być przeprowadzane w kontrolowanych warunkach, na przykład niech to będzie dmuchanie dmuchawców, przesiewanie piasku przez sitko czy mieszanie barwników spożywczych w zlewie kuchennym.
- Zabieraj dziecko w różne miejsca. Pozwól mu zapoznać się z najróżniejszymi elementami otoczenia z bliska, osobiście. Muzea, place zabaw, parki, ogrody zoologiczne, zatłoczone chodniki miasta – prawie każde zwykłe, codzienne miejsce oferuje coś nowego do odkrywania i poznawania (tak, tak, nawet supermarket). Większość dzieci wiele się uczy na podstawie swych bacznych obserwacji (oraz wskazywania palcem i zadawania w nieskończoność pytania: „A co to?"), ale jeszcze więcej korzystają one, gdy rodzice dorzucają własne pytania, odpowiedzi i obserwacje.
- Dostarczaj dziecku różnych bodźców. Każdy dzień to okazja do nowych doświadczeń. Huśtanie się na huśtawce, zjeżdżanie po zjeżdżalni, kąpiel w brodziku, sadzenie kwiatków lub wyrywanie chwastów, gra w piłkę, sypanie mąki do ciasta na babeczki, rysowanie kredkami, dzwonienie dzwonkiem do drzwi, naciskanie przycisków w windzie, układanie puszek w spiżarni, ustawianie butów w szafie... możliwościom nie ma końca. Samo doświadczenie jest już cenne, ale twój komentarz jeszcze podniesie jego znaczenie („Widzisz, im mocniej pchasz huśtawkę, tym wyżej wznosi się w górę", „Patrz, gdy naciskasz guziczek, włącza się światełko").
- Wprowadzaj dziecko w świat fantazji. Dla rozwoju malucha świat wyobraźni – ten z książek czy z zabaw w zmyślanie – jest tak samo ważny jak rzeczywistość. W tym świecie dziecko może być dorosłą osobą na proszonej herbatce, żabą w lesie deszczowym, lekarzem w szpitalu pełnym chorych misiów, kotem w butach albo ciekawską małpką, kimkolwiek i czymkolwiek chce.
- Bądź dla dziecka przykładem odkrywcy. Pokaż mu, że nigdy nie jest się za starym, by odkrywać świat, co przyjdzie ci z łatwością, jeżeli rozejrzysz się wokół siebie oczami małego dziecka (tysiące razy przemierzałaś swoją ulicę, ale czy zauważyłaś wcześniej to gniazdo ptaków, te niebieskie kwiatki lub tę małą ozdobę na rabacie sąsiadów, zanim pokazał ci je twój maluch?). Staraj się każdego dnia nauczyć czegoś nowego, a gdy ci się to uda, koniecznie podziel się z dzieckiem swoim odkryciem. Ciekawość jest zaraźliwa!

Rozdział 10

ZABAWY I NAWIĄZYWANIE PRZYJAŹNI

Kiedy szczeniaczek goni swój ogon, żabka skacze w ministawie lub dziecko organizuje w salonie piknik dla rodzinki misiów, to zawsze chodzi o to samo: o zabawę – nieodłączną część dorastania. Dodajmy też, że najlepszą. Choć twoje dziecko już pewnie wyrosło z naciskania guziczków i potrząsania grzechotkami, wiele go jeszcze w dziedzinie zabawy czeka. Musi się chociażby nauczyć, jak bawić się samemu trochę dłużej niż przez dwie minuty i jak bawić się z innymi dłużej niż dwie minuty bez wyrywania zabawek lub walenia kolegi książką po głowie. Musi pojąć, że kredkami maluje się po papierze, a nie po stole. Ponadto musi wykoncypować, jak obrócić wiaderko z piaskiem, by zbudować zamek (ten starszy dzieciak w drugim kącie piaskownicy właśnie to zrobił!), oraz co zrobić, by wieża z klocków nie przewracała się co chwila. Zabawa – podobnie jak wszystko inne, co robi maluch – pełna jest niezwykłych odkryć, frustrujących wyzwań, satysfakcjonujących osiągnięć i ogromnie ważnych życiowych lekcji. Dlatego nigdy nie jest stratą czasu!

Co może cię niepokoić

Potęga zabawy

Rozumiem, że zabawa jest ważna w życiu małego dziecka, ale wciąż dręczy mnie myśl, iż powinnam robić z moją córką coś bardziej konstruktywnego.

Niezależnie od tego, w co się dziecko bawi, jak, czym lub z kim, właśnie wtedy najlepiej wykorzystuje swój czas. I nawet jeśli miło go spędza, to w gruncie rzeczy ciężko pracuje, i to na pełen etat. Dla twojej córki zabawa jest najbardziej konstruktywnym zajęciem, a dla ciebie czymś najlepszym, co możesz wspólnie z nią robić. Zabawa pomaga dziecku:

Poznawać świat. Bawiąc się, dziecko szuka i znajduje. Choć dla nas jego świat może się wydawać mały, w rzeczywistości jest ogromny, pełen wyzwań, którym dziecko musi stawić czoło, i rzeczy, które musi odkryć. Maluchy poznają swój świat poprzez zabawę: sortują różne elementy według kształtów i rozmiarów (a potem muszą się jeszcze zastanowić, jak wcisnąć je do kuli z otworami); poznają skutki i przyczyny; wyciągają wnioski, testują teorie, marzą i knują plany (uwaga, nadchodzę!). Czy inaczej niż w wyniku zabawy może powstać zoo w pokoju dziecka? Albo teren budowy w piaskownicy? Skąd wziąłby się król (z piankową brodą) w wannie, nie wspominając o kociołku magicznej zupy na kuchennym stole? To jest możliwe tylko w zabawie!

Poznawać siebie. Poprzez zabawę malec może dowiedzieć się czegoś o tym, kim jest i kim może być. Dzięki nieskończonym możliwościom próbowania nowych rzeczy (i ponawiania prób, gdy coś nie wyjdzie za pierwszym razem) testuje swoją rodzącą się tożsamość (Kim jestem? Co chcę robić? Kim chciałbym być?). Są to idealne i całkowicie bezpieczne eksperymenty z rozwijającym się poczuciem własnej tożsamości.

Stawać się istotą społeczną. Popatrz na swoją córeczkę: siedzi w kącie i rozmawia ze słonikiem, który pomaga jej poskładać układankę. Tak naprawdę widzisz interakcję społeczną, a okazję do niej zabawa stwarza dziecku każdego dnia, bez względu na to, czy spędza czas samo czy z innymi dziećmi. Zabawa – czy to z ludźmi, czy z pluszakami – pomaga maluchom zrozumieć, jakimi zasadami rządzą się relacje międzyludzkie (a jakimi nie), jaki wpływ mają na te relacje uczucia (prowadzą do empatii) oraz jak tworzyć (i utrzymywać) przyjaźnie. A kto jest pierwszym i ulubionym towarzyszem zabawy, najbardziej wpływowym wzorcem kontaktów społecznych, osobą zapewniającą dziecku pełne bezpieczeństwo w pierwszych eksperymentach społecznych? Oczywiście ty.

Oswajać uczucia. Wszystkie uczucia kłębiące się w małym dziecku (a jest ich znacznie więcej, niż nam się wydaje) mogą być wyrażone – a w razie potrzeby także „przećwiczone" – w trakcie zabawy. Jeśli boi się ono iść do lekarza, receptą na strach może się okazać osłuchanie chorej lalki zabawkowym stetoskopem albo opatrzenie skaleczonej łapki misia. Nie bądź też zaskoczona, widząc, jak niepokój związany z twoim wyjazdem służbowym dziecko opanowuje, bawiąc się w zmyśloną podróż (łącznie ze spakowaniem małego plecaka). Takie zabawy uczą, jak zdrowo radzić sobie z lepszymi i gorszymi chwilami w życiu.

Wchodzić w nowe role. W świecie zabaw dziecko odrzuca to, co je na razie ogranicza, i może wcielać się w role zastrzeżone dla dorosłych: od lekarza po strażaka, od kierowcy ciężarówki po rolnika (albo po zwierzę gospodarskie) lub pracownika zoo (a nawet mieszkańca zoo); a także czytelnika książek, budowniczego, projektanta dróg, kompozytora, kierowcę wyścigowego, artystę malarza, oblatywacza samolotów i... matkę lub ojca, bo nikt nie jest dla niego ważniejszym wzorcem niż rodzice.

Przejść od szczeniaczka do dorosłego psa. Trudno ciągle żyć wedle reguł narzucanych przez innych, a taka jest nieuchronna rzeczywistość kogoś, kto żyje na tym świecie niespełna dwa lata. Zabawa daje natomiast możliwość bezpiecznego odwrócenia ról, dokonywania wyborów, a nawet ustalania zasad. W ten sposób rośnie poczucie własnej wartości dziecka, które może sprawować tak upragnioną władzę i pozbyć się frustracji wypływających z bycia nieporadną małą rybką wśród dużych ryb.

Nauczyć się mówić. W świecie zabaw wszystko ma swoją nazwę, więc dziecko uczy się

KAMIEŃ MILOWY

MAŁA MOTORYKA

Zabawy nie tylko stymulują umysł i wyobraźnię, lecz także pomagają maluchom dopracować umiejętności małej motoryki, czyli czynności wykonywane za pomocą małych mięśni, na przykład palców. Budowanie z klocków, sortowanie kształtów, nalewanie herbatki, ubieranie lalek, ściganie się autkami, rysowanie kredkami, ściskanie plasteliny, wrzucanie przedmiotów do wody i niemal każda inna czynność wykonywana przy użyciu dłoni wzmacnia te mięśnie oraz ćwiczy koordynację pomiędzy okiem a ręką. Oto kiedy mniej więcej mogą się pojawić poszczególne umiejętności motoryczne dziecka:

Od 12 do 15 miesiąca. Dziecko przypuszczalnie jest mistrzem w uderzaniu jednym przedmiotem o drugi i już zaczęło doskonalić chwytanie małych przedmiotów między kciukiem a palcem wskazującym – umiejętność tę posiadło pod koniec pierwszego roku życia. W pierwszych miesiącach drugiego roku nauczy się gryzmolić kredkami, wkładać przedmioty (na przykład klocki) do pojemnika oraz obracać strony książeczki. Gdy będziesz z dzieckiem na dworze, puść kilka baniek mydlanych i obserwuj, jak małe ręce próbują je złapać, albo włóż do tych rączek kredę i zobacz, jakie arcydzieło stworzy mały Picasso (o artystycznych kamieniach milowych przeczytasz na str. 284).

Od 15 do 18 miesiąca. W połowie drugiego roku życia ulubioną zabawą twojego dziecka może się stać tworzenie konstrukcji z klocków. Zacznie się od opanowania sztuki układania jednego elementu na drugim, potem nastąpi dodanie jeszcze trzeciego, by budowla była wyższa (ale uwaga, burzenie wieży sprawia frajdę równie wielką jak jej wznoszenie!). Zabawy paluszkami, takie jak „Idzie kominiarz po drabinie", rozwijają nie tylko małą motorykę, lecz także umiejętności językowe. Maluchy zwykle je uwielbiają i często bawią się w nie samodzielnie.

Od 18 do 24 miesiąca. W drugiej połowie drugiego roku życia większa koordynacja pozwala na nowe osiągnięcia: układanie puzzli, ustawienie pięciu, sześciu klocków, tworzenie figurek z plasteliny, rysowanie i malowanie, rozkładanie zabawek na części i składanie ich z powrotem w całość. Przyjrzyj się, jak twoja pociecha gra na instrumentach muzycznych – to potrząsanie, uderzanie i naciskanie pozwala ćwiczyć małą motorykę przy akompaniamencie okropnej kakofonii dźwięków (która jest muzyką dla uszu dziecka).

Bądź czujna! Jeśli w wieku dwunastu miesięcy dziecko nie jest w stanie celowo puścić trzymanego przedmiotu, jeśli w wieku osiemnastu miesięcy trzyma kredkę całą piąstką i nie potrafi uchwycić przedmiotu pomiędzy kciukiem a palcem wskazującym oraz jeśli w dwudziestym czwartym miesiącu nie umie podążać kredką za narysowaną linią pionową, wspomnij o tym lekarzowi.

bardzo wielu nowych słów: autko, lalka, ciężarówka, klocki, skakać, huśtać się, zjeżdżać, wspinać się, rysować, tańczyć, do góry, na dół, pod, na, idź, zatrzymaj się, poczekaj. A czy może być lepsza nauka niż przez zabawę?

Rozwijać motorykę. Mały motorek twego dziecka zdaje się nigdy nie odpoczywać, a aktywne formy zabawy świetnie spalają niekończące się zasoby energii. Ale to nie wszystko: bieganie, skakanie, tańczenie, wspinanie się, podskakiwanie, jeżdżenie, huśtanie się, pchanie i ciągnięcie, toczenie, rzucanie i łapanie – wszystko to rozwija dużą motorykę, zwiększa koordynację ruchową, wzmacnia mięśnie i kościec oraz tworzy fundamenty przyszłej aktywności.

Ćwiczyć przyszłe umiejętności. Zabawa rozwija też niezmiernie ważną małą motorykę, czyli umiejętności, których te malutkie palce i dłonie (teraz jeszcze niezbyt poradne) będą pewnego dnia potrzebować do pisania, rysowania, malowania, rzeźbienia oraz oczywiście do korzystania z najnowszej techniki: od posługiwania się komputerem po wysyłanie esemesów, granie i wiele innych rzeczy. Bawiąc się, dziecko ćwiczy koordynację wzrokowo-ruchową, niezbędną do wszystkich powyższych czynności oraz do wielu innych (na przykład łapania piłki, machania rakietką, gotowania posiłków, układania puzzli).

Więc bawcie się dobrze!

Zabawki dla maluchów

Jakimi zabawkami powinien bawić się mój roczny syn?

Oczywiście najważniejsze jest to, by zabawki umożliwiały świetną zabawę, ale jeśli będą starannie wybrane, dadzą dziecku znacznie więcej niż tylko kilka minut rozrywki. Jedne wspomagać będą rozwój umysłu, inne – mięśni; za pomocą jednych będzie ćwiczyć umiejętności motoryczne, a drugich – społeczne. Niemal wszystkie zabawki mogą dziecko czegoś nauczyć, na przykład związków przyczynowo-skutkowych, koordynacji wzrokowo-ruchowej, czekania na swoją kolej czy rozpoznawania wzorców. Dobre zabawki powinny też rozwijać w dziecku ciekawość, chłonność i wyobraźnię. Kupując, pożyczając lub przekazując innym zabawki, pamiętaj o poniższych wskazówkach pomocnych przy ich wyborze:

Postaw na bezpieczeństwo. Pewnie nie możesz się już doczekać, kiedy zaczniesz ścigać się ze swym dzieckiem autkami albo otworzysz wymarzony domek Barbie, lecz pamiętaj, że nieporadnym jeszcze paluszkom trudno na razie tak bawić się zabawkami stworzonymi z myślą o starszych dzieciach, by ich nie popsuć (Barbie przypuszczalnie straci głowę, nim wypowiesz słowo Ken). Zresztą zabawki te prawdopodobnie nie przejdą testu bezpieczeństwa. Wybieranie zabawek odpowiednich do wieku dziecka (sprawdzaj to na opakowaniu) pozwala uniknąć potencjalnych zagrożeń, takich jak skaleczenia czy zakrztuszenie się małymi elementami. Nie daj się też ponieść własnej nostalgii do starych, wręcz zabytkowych zabawek i nie rozpakowuj jeszcze kartonu z ukochanymi towarzyszami swego dzieciństwa. Uważaj także na zabawki wyprodukowane w krajach, w których nie przestrzega się surowych norm bezpieczeństwa. Więcej na ten temat przeczytasz na str. 401.

Skromniejsze prezenty

Czy ty lub ktoś z rodziny ma skłonność do zasypywania dziecka zabawkami? Pamiętaj, że otrzymywanie kosztownych drobiazgów dziecko może łatwo uznać za oczywiste, a w miarę upływu lat zabawki dla przyzwyczajonego do licznych prezentów dziecka będą coraz droższe. Poza tym roczny maluch będzie się czuł przytłoczony, otrzymując więcej niż jedną zabawkę. Gdy w domu pojawi się więcej prezentów (na przykład babcia przywiozła całą ich walizkę), dawaj je dziecku na raty, aby nie dopuścić do przeciążenia i przesytu wrażeniami oraz do niedoceniania zabawek.

Kupuj zabawki z myślą o dziecku. Są maluchy, które chętnie spędziłyby cały dzień na zabawach w zmyślone sytuacje. Inne wolą rzucać piłkę, toczyć jeżdżące zabawki, malować, kleić albo muzykować. Jeszcze inne to mali konstruktorzy, stale zajęci budowaniem czegoś. Wreszcie bywają takie dzieci, które uwielbiają wszystkie zabawy i wszystkie zabawki. Gdy wypełniasz kosz zabawkami, pamiętaj, dla kogo są przeznaczone. Jeśli będziesz mieć na względzie preferencje dziecka, łatwiej podejmiesz decyzję, co wybrać z jakże bogatej oferty sklepowej.

Wybieraj zabawki, które rozwijają. Dla twojego dziecka najważniejsza jest dobra zabawa, ale na jego rozwój najbardziej korzystnie wpłyną zabawki, które:

- Pomagają w stymulowaniu dużej motoryki. Będą to praktycznie wszystkie zabawki, które zmuszają dziecko do aktywności: piłki wszystkich rozmiarów, zabawki do ciągnięcia za sznurek, odpowiednie do wieku zabawki do jeżdżenia, przybory gimnastyczne, zjeżdżalnie czy huśtawki.
- Pomagają w stymulowaniu małej motoryki. Wybieraj zabawki, które są wyzwaniem dla paluszków i rączek: elementy do wkładania jeden w drugi, proste drewniane układanki (zwłaszcza te z pokrę-

Panowanie nad bałaganem

Choć podejrzewasz, że gdzieś tam pod spodem jest jakaś podłoga, dawno nie widziałaś jej spod klocków, lalek, części układanek i kółek do rzucania. Jeśli istnieje ciemna strona dziecięcych zabaw, to właśnie się o nią potknęłaś (albo podniosłaś po raz szósty w ciągu dwóch godzin): wszechobecne zabawki.

Nadejdzie kiedyś taki dzień, w którym twoje dziecko nauczy się sprzątać po zabawie, ale zanim się tego doczekasz, wypróbuj poniższe sposoby panowania nad bałaganem.

Kącik do zabawy. Choć każde miejsce, w którym dziecko przebywa, jest miejscem jego zabawy, najlepiej, by był to jakiś stały kącik zlokalizowany w centrum życia rodziny, w którym malec może bawić się bezpiecznie i pod nadzorem. Nie ma co się łudzić, że zabawki pozostaną w jednym miejscu (nadal będziesz je znajdować w samochodzie, swojej sypialni i w przydomowym ogródku), staraj się jednak wyjaśniać dziecku, gdzie zabawki powinny być, a gdzie nie, gdzie ma je odkładać, gdzie się nimi bawić, skąd je brać i dokąd odnosić. Być może masz nieco szczęścia i możesz przeznaczyć oddzielny pokój do zabawy, możliwe jednak, że wielkość i rozkład pomieszczeń sprawiają, iż cała twoja przestrzeń życiowa to jeden wielki plac zabaw... tak czy inaczej, jeśli zaczniesz dziecku wcześnie wpajać granice, których jego rzeczy nie powinny przekraczać, to może uda ci się zachować przynajmniej część domu we względnym porządku.

Jeśli bardzo ci zależy na wyodrębnieniu jakiejś przestrzeni, do której zabawy powinny się ograniczać, uwzględnij w niej przytulne miejsce do czytania książeczek (fotel czy kanapę, na której możesz usiąść z dzieckiem), małe krzesła i stoliczek, na którym można układać puzzle, rysować i urządzać przyjęcia dla pluszaków (jeśli ich nie masz, wystarczy jakikolwiek niski stolik) oraz bezpieczne, dość pojemne i łatwo dostępne pojemniki do przechowywania zabawek. Miejsce powinno być starannie zabezpieczone – nawet jeśli zawsze nadzorujesz zabawy dziecka – i wyposażone wyłącznie w meble, które wytrzymują różne eksperymenty. Jeśli chodzi o podłogę (małe dzieci nie bez powodu nazywane bywają pełzakami), powinna być przykryta czymś wytrzymałym, łatwym do czyszczenia i antypoślizgowym.

Miejsce na wszystko. Wprawdzie rzadko kiedy każda zabawka będzie odłożona na miejsce, ale warto mieć świadomość, że przynajmniej takie miejsce istnieje. Projektując system pojemników, pomyśl o swoim dziecku (i jego towarzyszach zabaw). Funkcjonalność jest ważniejsza od formy (choć na pewno nie zaszkodzi, jeśli będą się dziecku podobać) – chodzi o to, by łatwo było zabawkę wyjąć i włożyć. Pojemniki powinny być duże, ale nie na tyle, by dziecko straciło rachubę, co się w każdym znajduje, i podzielone na kategorie. Świetnie do takiej organizacji nadają się kolory (nawet jeśli twój maluch jeszcze ich nie rozróżnia, zacznie to robić w wieku trzech lat) lub obrazki czy naklejki, które ułatwią zapamiętanie, co jest w środku.

Regularne sprzątanie. Choć na razie może ci się to wydawać bezcelowe, spróbuj wprowadzić zwyczaj regularnego sprzątania pod koniec dnia (albo po zabawie, jeśli pozostał po niej wyjątkowy bałagan), aby zabawki dziecka nie przejęły całkowitej władzy nad twoim domem. Zresztą taki zwyczaj może uprzyjemnić samą zabawę, gdyż oboje z dzieckiem będziecie lepiej wiedzieć, gdzie która zabawka lub książeczka jest. Z czasem porządkowanie przeradza się w zwyczaj i uczy odpowiedzialności (czyli: dbam o moje rzeczy). Najlepszą metodą uczenia się wszystkiego jest robienie tego osobiście, dlatego choć początkowo tobie przypadnie większość tej pracy, to angażowanie dziecka jest ważnym krokiem w kształtowaniu jego odpowiedzialności za własne rzeczy. Dawaj dziecku zadania, początkowo – by nie było mu za trudno – dotyczące tylko jednej zabawki: „Ciekawe, czy damy radę wrzucić wszystkie klocki do zielonego pudełka". Śpiewanie lub nucenie jakiejś specjalnej piosenki przy sprzątaniu może je uatrakcyjnić, a wkrótce będziesz mogła dodać jeszcze elementy rywalizacji: „Czy posprzątasz wszystkie talerzyki lalek, nim policzę do dziesięciu?" (tylko nie licz za szybko...) lub: „...nim włączy się minutnik" albo: „... przed końcem piosenki". Spróbuj też jakże skutecznego wyzwania: „Kto szybciej posprząta zabawki?".

tłami ułatwiającymi manipulowanie), zabawki do sortowania według kształtów, klocki i inne składane zabawki (z elementami na tyle dużymi, aby maluch mógł się nimi łatwo posługiwać i nawet jeśli weźmie je do buzi, to się nimi nie zadławi), pudła i pojemniki do napełniania i opróżniania, tablice i interaktywne zabawki z tarczami, gałkami i przyciskami (buzzery, dzwonki czy głosy zwierząt będą swoistą premią, jako że dzieci motywują się wynikami swych działań). Małą motorykę wspomagają także wszystkie zabawki, które służą do zabawy z wyobraźnią, jak choćby mała kuchnia.

▲ Inspirują. Do wymarzonych zabawek każdego małego dziecka należą: pluszowe i plastikowe zwierzaki, lalki i inne ludziki odpowiedniej wielkości (zawsze ulubieńcami będą lalki, które można kąpać, karmić czy przewijać; należy natomiast unikać takich z bogatą garderobą, w którą trudno będzie dziecku lalkę ubrać; uważaj też, czy lalczyne buciki i inne dodatki nie grożą dziecku zakrztuszeniem); autka, ciężarówki i samoloty; proste domki dla lalek i garaże; nieskomplikowane zestawy do budowania; zabawkowe komplety stołowe (lub prawdziwe, którymi bezpiecznie można się bawić w gotowanie); zabawkowy telefon, wózek na zakupy, miotła, wózek dla lalek; zestaw małego lekarza, warsztat lub pas z mininarzędziami; kostiumy do przebierania się i inne akcesoria pomocne do wcielania się w rozmaite role (torebki, czapki oraz stroje i pseudoprofesjonalny sprzęt, jak na przykład kask strażacki, czapka policjanta, marynarski beret, spódniczka baletnicy).

▲ Wyzwalają kreatywność. Dla początkującego artysty (dodatkowa korzyść to rozwój małej motoryki): grube, zmywalne kredki i pisaki plus papier; materiały do tworzenia wyklejanek; farby do malowania paluszkami, farby do malowania w wannie i plakatówki plus łatwe do używania pędzle i gąbki; kreda i tablica (więcej o zajęciach plastycznych przeczytasz na str. 284).

▲ Wydają dźwięki. Każde dziecko jest urodzonym muzykiem i tancerzem, który tylko czeka na sposobność, by swój talent objawić. Niech więc zabrzmi muzyka: bębenki, tamburyny, marakasy, trąbki

Prawo- czy leworęczność?

Przyjrzyj się uważnie swemu dziecku, gdy sięga po ulubioną zabawkę. Czy chwyta ją w prawą czy w lewą dłoń? Z której ręki korzysta, by się bawić? A może posługuje się na równi obiema rękami? Większość dzieci nie faworyzuje żadnej ręki do mniej więcej osiemnastego miesiąca życia (wcześniej często obserwowana jest oburęczność, czyli swobodne przestawianie się z jednej ręki na drugą, aż w końcu któraś stanie się bardziej... poręczna), sporo maluchów nie wykazuje żadnej preferencji przed drugimi urodzinami, ale całkiem często zdarzają się dzieci, które jeszcze przez następne kilka lat każą rodzicom zgadywać, która ręka będzie dla nich ważniejsza.

Statystycznie dziewięćdziesiąt procent dzieci wcześniej czy później zaczyna posługiwać się głównie prawą ręką – zaledwie pięć do dziesięciu procent ludzkości to osoby leworęczne. W dużym stopniu odpowiadają za to geny. Jeśli oboje rodzice są leworęczni, istnieje ponadpięćdziesięcioprocentowe prawdopodobieństwo, że ich dzieci także będą leworęczne, a jeśli tylko jedno z rodziców posługuje się głównie lewą ręką, prawdopodobieństwo leworęczności u dziecka spada do około siedemnastu procent. Gdy natomiast oboje rodzice są praworęczni, prawdopodobieństwo, że dziecko będzie się posługiwać lewą ręką, wynosi ledwie dwa procent. W przypadku bliźniąt lustrzanych jedno będzie naturalnie leworęczne, a drugie praworęczne, bez względu na geny rodziców.

Jeśli zastanawiasz się, czy powinnaś zachęcać swoje dziecko do korzystania z jednej ręki, a z drugiej nie, powstrzymaj się. W tym względzie rządzi natura i nie warto w nią ingerować. Badania wskazują, że zmuszanie dziecka do używania danej ręki wbrew jego genetycznemu programowi prowadzi później do zaburzeń sprawności oraz zaburzeń koordynacji wzrokowo-ruchowej. Czy próbowałaś kiedyś pisać tą „drugą" ręką? Pomyśl, jak trudno by ci było, gdyby cię do tego zmuszano! Czas pokaże, czy masz dziecko prawo- czy leworęczne, a na razie czekaj i pozwól naturze przejąć pałeczkę.

Jeżeli zauważysz, że twoja pociecha wyraźnie preferuje jedną rękę, zanim skończy osiemnaście miesięcy, powiedz o tym lekarzowi, gdyż czasami, choć bardzo rzadko, wskazuje to na problem o podłożu neurologicznym.

i inne instrumenty dęte, ksylofony, proste keyboardy, płyty z muzyką dla najmłodszych i piosenkami do wspólnego śpiewania. Lepsze dla dziecka są instrumenty niż pozytywki czy zabawki odtwarzające muzykę po jednym naciśnięciu guziczka (więcej o muzyce przeczytasz na str. 286).

- Uczą. Praktycznie wszystkie zabawki czegoś dziecko uczą, ale jedne mają większą wartość edukacyjną (i zasługują na wyróżnienie) niż inne. Najlepsze trafiają w zamiłowanie maluchów do nauki, a prym wśród nich oczywiście wiodą książki. Zastanawiasz się może nad grami komputerowymi? Nieskomplikowane, kolorowe programy, które zachęcają do uczenia się (kształtów, kolorów, wzorów, liczb), lecz nie realizują konkretnego celu (czytanie, liczenie), także mogą pełnić pożyteczną rolę, jeśli tylko są właściwie używane (więcej na ten temat na str. 265).
- Skłaniają do odkryć. Wnikliwy umysł dziecka chce wiedzieć wszystko o związku przyczynowo-skutkowym, kształtach i rozmiarach, napełnianiu i opróżnianiu oraz o wielu innych rzeczach. Szukaj zabawek do sortowania kształtów, dziurkowanych tablic o otworach różnej wielkości i kształtu, niethukących się luster, czegoś do zabawy wodą i w wodzie (wszystkiego, co unosi się na wodzie, konewek, pojemniczków do przelewania cieczy), zabawek do piaskownicy oraz takich, które pomagają dziecku zrozumieć relatywność rozmiarów (świetnie nadają się do tego wszelkie zabawki, które wkłada się jedną w drugą lub układa jedną na drugiej wedle wielkości).

Doceniaj funkcjonalność zabawki. Kolorowe gadżety na pewno wyróżniają się na sklepowych półkach i przyciągają uwagę dziecka, ale tylko na krótko. Lepiej poszukać czegoś, co umożliwia zabawę na wiele sposobów i co będzie przydatne dziecku przez dłuższy czas (będzie „rosło" razem z dzieckiem). Zwykle doskonale sprawdza się prostota – wyobraźnia dziecka zrobi resztę!

Wygląda na dobrą zabawę i na pewno nią jest. Ale dla twojego dziecka zabawa to także praca.

Zmieniaj zabawki. Jedne zabawki stają się ulubieńcami od pierwszego wejrzenia, inne krótko cieszą się względami malca, bo nie jest on w stanie przez dłuższy czas skupiać na nich uwagi. O innych dziecko co jakiś czas zapomina, by potem wręcz nie móc się z nimi rozstać. Jest znakomity sposób na to, by zapewnić dziecku większy wybór zabawek i ich ciągłą zmianę: wymiana z innymi. Dzięki niej zabawki nie zdążą się dziecku znudzić, a ty ani nie poczujesz uszczerbku w portfelu, ani nie będziesz miała wyrzutów sumienia, że rozpieszczasz swą pociechę. Pożyczajcie zabawki w grupie znajomych, poszukaj też sklepu sprzedającego zabawki z drugiej ręki – dotyczy to zwłaszcza tych drogich, które są nadal w dobrym stanie, choć dziecko już z nich wyrosło. A jeśli twój szkrab ma ogromną kolekcję zabawek, część z nich schowaj i wyciągnij po jakimś czasie, a schowaj następne. W ten sposób malec nie tylko nie będzie miał dylematu, czym się danego dnia bawić, lecz także często będzie miał coś nowego!

Wykorzystuj do zabawy różne przedmioty. Pamiętaj, że wiele najlepszych zabawek to przedmioty, które mają zupełnie inne przeznaczenie: plastikowe pojemniki, kubki, łyżki z miarką, garnki i patelnie, przerzucone nad dwoma krzesłami prześcieradło imitujące namiot, ręcznie wykonane pacynki z papierowych torebek i oczywiście pudełko po kosztownej zabawce (można zrobić z niego domek dla lalek, placyk zabaw, garaż, stolik i wiele innych ciekawych rzeczy).

Bezpieczne zabawki a starsze rodzeństwo

Nasz starszy, pięcioletni syn ma tony zabawek z małymi częściami, a przecież nie możemy mu zabronić bawić się nimi. Jak zadbać więc o bezpieczeństwo jego młodszego braciszka?

Kiedy malec jest jedynakiem (lub jest najstarszy z rodzeństwa), trzymanie go z daleka od zabawek stanowiących dla niego potencjalne zagrożenie polega po prostu na nieprzynoszeniu ich do domu. Jeśli jednak ma starszego brata lub siostrę, sprawa staje się nieco bardziej skomplikowana. Nie możesz przecież zażądać od starszego dziecka, by zrezygnowało ze swoich ulubionych zabawek tylko dlatego, że są one nieodpowiednie dla jego młodszego rodzeństwa – przynajmniej jeśli chcesz uniknąć buntu. Możesz jednak zapobiec niebezpieczeństwom czyhającym na młodszą pociechę, jeśli podejmiesz następujące kroki:

Zaangażuj starsze dziecko do pomocy. Wyjaśnij starszemu dziecku niebezpieczeństwo, jakie grozi małym dzieciom, kiedy bawią się one „zabawkami dla dużych dzieci", i pokaż, które elementy są na tyle małe, by mogły grozić zadławieniem (możesz nawet nauczyć go, jak przeprowadzić test; patrz str. 402), co z dużej zabawki może odpaść i zostać połknięte i co może korcić małe paluszki rodzeństwa. Następnie wyznacz mu funkcję „policjanta od małych przedmiotów", odpowiedzialnego za wyszukiwanie niebezpiecznych części zabawek i odkładanie ich w niedostępne dla malucha miejsce. Naucz również starszaka dokładnie zamykać pojemniki i szafki z zabawkami. Pamiętaj jednak, że nie można oczekiwać od pięciolatka pełnej odpowiedzialności ani liczyć na jego dokładność. Przypominaj mu, ale nie krzycz, gdy zapomni schować niebezpieczne dla młodszego rodzeństwa zabawki lub źle oceni ich bezpieczeństwo.

Przechowuj potencjalnie niebezpieczne zabawki w miejscu niedostępnym dla malucha. Jeśli nie ma takiego miejsca, do którego starsze dziecko sięga, a młodsze nie, schowaj te zabawki tam, gdzie tylko ty sięgasz, i powiedz starszemu, żeby cię o nie poprosiło, gdy będzie się chciało bawić. Możesz też takie niebezpieczne zabawki umieścić w trudnych do otwarcia pojemnikach (jeśli starsze dziecko sobie z nimi nie poradzi, zawsze może poprosić cię o pomoc). Jeżeli przechowujecie zabawki w niskich szafkach, można zainstalować na ich drzwiach blokady (takie jak na szafkach kuchennych) i pokazać starszemu dziecku, jak je otwierać i zamykać; trzeba jednak pamiętać, że może też mieć dostęp do podobnie zamykanych szafek w kuchni. Zamknięcie na haczyk umieszczony wyżej, niż sięgają małe ręce, może opóźnić dostęp do zabawek schowanych w szafce, ale tylko do czasu, aż brzdąc wpadnie na pomysł podsunięcia sobie krzesła, po którym wejdzie, by sobie tę szafkę otworzyć. Ustawienie dodatkowej barierki blokującej wejście do pokoju starszego dziecka (jeśli nie śpi ono razem z młodszym rodzeństwem) jest jakimś rozwiązaniem, ale też tylko do pewnego czasu; maluch w końcu nauczy się pokonywać i tę przeszkodę.

Przechowuj niebezpieczne zabawki poza zasięgiem wzroku dziecka. Jeśli poustawiasz zabawki na wysokiej półce, ale tak, że będą dla twojego przedsiębiorczego malca widocz-

KAMIEŃ MILOWY

Zabawy

Czy pamiętasz jeszcze te czasy, gdy dla twojego maleństwa zabawa oznaczała śledzenie wzoru, jaki tworzył cień przesuwający się po ścianie? Albo chichotanie, gdy łaskotałaś jego stópki, lub gruchanie do pluszowego słonika? Takie zabawy były dobre dla niemowląt, ale umiejętności bawienia się małego dreptusia także stale się rozwijają – podobnie jak on sam. Przecież tylko ktoś, kto chodzi (albo prawie, prawie chodzi), może bawić się zabawką z drążkiem do popychania. Trzeba też mieć w pewnym stopniu rozwiniętą spostrzegawczość, by zauważyć, że zabawkowy garnek bardzo przypomina garnki, w których gotuje mamusia. I tylko dziecko, które wie, że inne dzieci też mają uczucia, może naprawdę zacząć bawić się w grupie. Oto czego możesz oczekiwać w drugim roku dziecka, jeśli chodzi o zabawę:

Od 12 do 15 miesiąca. Dla dziecka w tym wieku najatrakcyjniejsze są zabawki w intensywnych kolorach: czerwone, niebieskie, zielone i żółte (lub innych, ale odpowiednio nasyconych) oraz takie, które mają wiele wzorków. Doskonalszy chwyt i ulepszona mała motoryka sprawiają, że dziecko lubi wszystko, co można wykręcać, obracać, nakręcać korbką, opróżniać i napełniać oraz co można uderzać, pchać, ciągnąć czy zatrzaskiwać. Można się śmiało założyć, że najchętniej malec bawić się będzie tym, co ma błyskające światełka, kręcące się kółka i co wydaje intrygujące dźwięki. Zabawki z drążkiem, pomagające początkującym dreptusiom utrzymać równowagę, na pewno będą mile widziane, a małe wózki i koszyki na zakupy, które można wypełnić zabawkami i innymi cudeńkami, zaskarbią sobie szczególną sympatię. Mimo że malec w tym wieku nie potrafi jeszcze bawić się z rówieśnikami (na przykład dzielić się z nimi zabawkami), chętnie będzie się bawił z tobą, na przykład w a kuku czy w ucieczki przed łaskoczącym potworem.

Od 15 do 18 miesiąca. Jeśli wpuścisz kilkoro dzieciaków w tym wieku do jednego pokoju i dasz im kilka zabawek, zobaczysz, że natychmiast zaczną zabawę, choć niekoniecznie ze sobą. W tym okresie króluje głównie zabawa równoległa, czyli dzieci siedzą obok siebie, lecz każde jest zajęte własną zabawą (choć często zerkają na siebie nawzajem, ciekawe, jak bawią się inni, co oczywiście od czasu do czasu skutkuje wyrywaniem sobie upatrzonej zabawki). Ponieważ dziecko ma już lepszą pamięć i chętnie ćwiczy mięśnie potrzebne do mówienia, możesz zacząć obserwować początki zabawy w zmyślone sytuacje (prawdziwa taka zabawa zacznie się, gdy dziecko skończy osiemnaście miesięcy). Na pewno dużo rozrywki dostarczy ci obserwowanie, jak twój kochany małpiszonek naśladuje twoje zachowania (choć będzie to robić w dość uproszczonej wersji): rozmawia przez telefon, spożywa posiłek lub wyprowadza lalkę na spacer w wózku. Dawaj mu zabawki umożliwiające takie zabawy (ubranka, lalki, samochodziki i ciężarówki, zabawkowe zestawy kuchenne i inne), gdyż stworzą one wiele nowych możliwości dla rozwijającej się wyobraźni.

Od 18 do 24 miesiąca. W drugiej połowie drugiego roku życia maluchy zaczynają już nieco bardziej zauważać istnienie innych istot ludzkich podobnego wzrostu, jednak ich rozwój społeczny jest jeszcze w powijakach, a to oznacza, że na placu zabaw nadal rządzi zasada wyrywania sobie zabawek. Dziecko będzie potrzebować jeszcze wiele czasu i ćwiczeń w grupie rówieśniczej, nim zacznie wykazywać (i to w stopniu niedoskonałym) takie trudne umiejętności, jak dzielenie się i czekanie na swoją kolej. Zabawa równoległa przeważa nad wspólną praktycznie do końca drugiego roku życia. Coraz bardziej zaawansowane stają się natomiast zabawy z użyciem wyobraźni i wiele dzieci przedkłada je nad wszystkie inne: może w nich prowadzić własny samochód, iść na zakupy z małym wózkiem sklepowym, położyć misia spać. Powoli też zaczynają się zabawy w odgrywanie ról: dziecko przydziela pewne role pluszakom bądź lalkom, oczekując od nich jedzenia wyimaginowanego posiłku lub wspólnego śpiewania albo bycia pacjentem (wszystkie te zabawy pozwalają na prowadzenie własnego show, czyli czegoś, za czym maluchy wprost przepadają!). Bardziej rozwinięta motoryka duża i wynikająca z niej pewność ruchów prowadzą do aktywniejszej zabawy: skakania, biegania, kopania, wspinania się i rzucania piłki (zobacz ramki na str. 68 i 77). Ulubieńcami są teraz też zabawki, na których dziecko może jeździć. Z kolei lepsza już mała motoryka (patrz ramka na str. 275) pozwala posługiwać się mniejszymi zabawkami z drobnymi elementami, czyli układać puzzle, sortować kształty czy dopasowywać proste przedmioty (na przykład wkładać kwadratowe klocki w kwadratowy otwór).

ne, staną się silną pokusą do wspinania się po meblach - potencjalnie niebezpiecznego zajęcia. Lepiej trzymaj je w zamkniętych szafkach lub matowych pojemnikach.

Kiedy starsze dziecko bawi się w tym samym pomieszczeniu czymś, co może stanowić zagrożenie, spróbuj znaleźć maluchowi inne wciągające zajęcie. Nie ma niczego złego w tym, że starsze z dzieci woli bawić się w swoim pokoju, oczywiście jeśli taki pokój ma. Starszak może też zamykać drzwi swojego pokoju, pod warunkiem że nie trzeba nadzorować jego zabaw; w przeciwnym razie warto zamontować w drzwiach bramkę, która pozwoli w każdej chwili do niego zajrzeć.

Bądź czujna. Bez względu na to, jak bardzo wszyscy domownicy będą wyczuleni na chowanie potencjalnie niebezpiecznych zabawek przed maluchem, jakieś niewielkie elementy na pewno znajdą się gdzieś pod łóżkiem lub za sofą. Obserwuj więc uważnie dziecko, gdy podnosi rączkę do ust lub żuje coś, mimo że nie dostało nic do jedzenia, zwłaszcza gdy bawi się zabawkami. Naucz się też zasad udzielania pierwszej pomocy w przypadku zadławienia (patrz str. 450). Tak na wszelki wypadek.

NIEUMIEJĘTNOŚĆ SKUPIANIA UWAGI PRZEZ DŁUŻSZY CZAS

Nasz malec w jednej minucie bawi się klockami, a w drugiej już trzyma pluszowe zwierzątko, by dziesięć sekund później ściągać poduszki z sofy. Na niczym nie umie na dłużej skupić uwagi!

Choć może ci się wydawać, że twoje dziecko żyje w zawrotnym tempie, w rzeczywistości jemu czas się dłuży. Dla rocznego dziecka sekunda wydaje się minutą, minuta godziną, a godzina całą wiecznością. Spędzanie więcej niż kilku minut na jednej czynności (może poza snem) to spore wyzwanie dla małego dziecka, które łatwo się rozprasza, nie potrafi się skoncentrować i w dodatku ma niespokojną naturę. Dlatego przechodzi od jednej czynności do drugiej i często zmienia zabawki, jednym słowem: żyje chwilą. Dorosły obserwator może uznać, że taki sposób zabawy świadczy o problemach z koncentracją, lecz jest on bez wątpienia typowy dla tego etapu rozwoju.

W miarę upływu czasu zdolność koncentrowania się malucha zacznie się poprawiać, choć będziesz pewnie odnosić wrażenie, że dzieje się to w żółwim tempie, gdyż prawdziwe skupienie pojawi się dopiero w piątym, a nawet szóstym roku życia. A na razie ogranicz swoje oczekiwania związane z zabawą wymagającą koncentracji. Dziecko cały czas się uczy i nieważne, co robi i jak długo oddaje się danej czynności. Jego zdolność koncentracji jeszcze nieraz cię zaskoczy (zwykle będzie to dotyczyć czynności, której w domu raczej się nie pochwala, na przykład naciskania przycisków smartfona). Na razie jednak większość zabaw będzie trwała tylko kilka minut lub do chwili, gdy coś innego przyciągnie uwagę dziecka.

SAMODZIELNA ZABAWA

Moja córeczka ciągle chce bawić się ze mną. Jak mam ją skłonić, by choć czasem pobawiła się sama?

Czujesz, że masz zbyt wielkie wzięcie? Rodzice zazwyczaj są ulubionymi towarzyszami zabaw małych dzieci. Jeśli się nad tym zastanowisz, to jest po temu wiele powodów. Bo czy ich mali rówieśnicy mają tyle cierpliwości co mama i tato? Czy potrafią dzielić się zabawkami, a nie je zabierać? Czy potrafią tyle co ty (zmienić ubranko lalki, sięgnąć do położonej wysoko półki z zabawkami, przeczytać książeczkę albo zbudować zamek)? Ale choć nieustanna zabawa z rodzicami bez wątpienia jest dla malucha najlepszym sposobem na rozwijanie jego umiejętności społecznych (to od mamy i taty uczy się dawania i dzielenia się, empatii, współpracy i wie-

DLA RODZICÓW

Monotonia dziecięcych zabaw

Masz dosyć naiwnych dziecięcych zabaw? Przechodzą cię dreszcze na samą myśl o kolejnej rundce „Baloniku mój malutki, rośnij duży okrąglutki"? Nie chcesz nawet myśleć o kolejnej udawanej herbatce z lalkami i brak ci cierpliwości na zmyśloną scenkę w zmyślonej restauracji? A mimo to poczucie winy nie pozwala ci zaprotestować? Nie musisz się obwiniać, bo wielu dorosłych uważa zabawy najmłodszych za dość monotonne. I nic w tym dziwnego. Przecież nie są już małymi dziećmi! Jednak rozgrzeszenie się z tego poczucia winy nie oznacza, że możesz uchylić się od zajęć, przynajmniej nie całkowicie. Uczestnicząc w zabawach dziecka, dajesz mu do zrozumienia, że cenisz jego towarzystwo i sprawia ci ono przyjemność, a taki przekaz jest mu niezbędny do budowania pewności siebie. Oto co można zrobić, by zabawy maluchów były trochę przyjemniejsze także dla dorosłych:

- Spróbuj pobawić się jak małe dziecko. Ponieważ minęło już wiele lat od czasu, kiedy sama się tak bawiłaś, trudno ci będzie wrócić do szczenięcych lat, ale trudne nie oznacza niemożliwe, oczywiście jeśli siądziesz na dywanie z właściwym nastawieniem. Odrzuć więc przekonanie, że bardzo będziesz się nudzić, wraz z całą swoją dorosłą powagą, i zanurz się w świecie dziecięcej niewinności i wyobraźni, a być może poczujesz się w nim całkiem dobrze. Oczywiście niełatwo dać się ponieść fantazji, gdy jednym okiem spogląda się na leżące na stoliczku czasopismo, a drugim na ekran komputera. Dlatego w trakcie zabawy z dzieckiem oddaj się całkowicie temu zajęciu.
- Naucz się bawić wedle dziecięcych zasad. To, że zostałaś zaproszona do zabawy, nie oznacza, iż ty będziesz wyznaczać jej reguły. Maluchy mają bardzo konkretne wyobrażenie o tym, jak chcą się bawić (a jak nie), a zatem ważne jest, by się temu wyobrażeniu podporządkować. Jeśli zabawa stanie się dla ciebie nudna do granic wytrzymałości, to możesz zaproponować nowy plan gry. Ale nie naciskaj, gdy spotkasz się z protestem. W świecie zabaw rządzą maluchy!
- Znaj swoje ograniczenia i powiedz o nich dziecku. Twoje krótkie, ale pełne zaangażowanie się w zabawę znaczy dla malca więcej, niż gdy bawisz się z nim dłużej, ale co chwilę tracisz koncentrację. Jeśli po piętnastu minutach zabawy w mamę kotkę i małego kotka poczujesz, że zaczynasz zasypiać, zakończ zabawę, nim zaczniesz ziewać, jednak uprzedź o tym dziecko. Powiedz mu: „Mama kotka i mały kotek przytulą się teraz do siebie ostatni raz, a potem mama kotka pójdzie robić obiad".
- Wybieraj rodzaj zabawy. Niektórzy rodzice nie cierpią zabaw w zmyślone sytuacje, lecz za to przepadają za eksperymentami naukowymi. Jedni uwielbiają czytanie, ale nie mają cierpliwości do ścigania się samochodzikami. Są też tacy, którzy chętnie rysują z dzieckiem, jednak wzdragają się na samą myśl o budowaniu konstrukcji z klocków. Gdy dziecko chce się w coś bawić, ale samo nie wie w co, podsuń mu coś, co tobie sprawia przyjemność. W większości przypadków twoja pociecha chętnie przyjmie sugestię.
- Wyjdź z propozycją. Od czasu do czasu zaproś dziecko do udziału w twoich zajęciach. Daj mu parę roboczych rękawic, plastikowe grabki i kawałek ziemi do „uprawy" lub pielenia wtedy, gdy ty zajmiesz się swoimi pracami w ogródku (musisz jednak uważać, by chwasty i ziemia nie skończyły jako lunch małego ogrodnika); albo daj mu stos starych czasopism do przeglądania, podczas gdy ty będziesz czytać aktualne wydanie. Możesz też nauczyć dziecko kilku ćwiczeń gimnastycznych, które będzie wykonywało razem z tobą. Malec albo z ochotą przyjmie twoje propozycje, albo szybko się nimi znudzi. Ale to nie szkodzi, przecież ty też często się nudzisz podczas przyjęć u rodzinki misiów.

lu innych rzeczy), to nie daje mu szansy na nauczenie się niezwykle cennej umiejętności samodzielnej zabawy (natomiast rodzicom nie daje chwili wytchnienia). Dziecko powinno wiedzieć, że rodzice muszą czasem zrobić coś innego, niż przesiadywać z misiami. Dalej znajdziesz kilka porad, jak postępować, by dziecko nauczyło się spędzać trochę czasu we własnym towarzystwie.

Naucz dziecko, jak ma się bawić. Dzieci rodzą się z chęcią do zabawy, ale bez wiedzy o tym, jak to robić. Często trzeba im pokazać, jak posługiwać się daną zabawką lub jak grać w jakąś grę. Potrzebują porady, jak układać klocki, aby się nie przewracały, jak obrócić trójkąt, by włożyć go w odpowiedni otwór kuli, i jak zacząć układać obrazek z puzzli. Im więcej czasu poświęca się na pokazanie maluchowi, jak posługiwać się różnymi zabawkami, tym wcześniej nauczy się sam nimi bawić.

Zacznij zabawę razem z dzieckiem. Gdy chcesz, aby twoja córeczka pobawiła się trochę sama – a od czasu do czasu powinna, nawet jeśli nie masz żadnych palących spraw do załatwienia – pomóż jej wybrać, co ma robić. Czasem sam nadmiar możliwości przerasta dziecko.

Mierz czas spędzany przez dziecko na samodzielnej zabawie i daj dziecku czas na przyzwyczajenie się do niej. Postaraj się, by twoja pociecha bawiła się na zmianę to sama, to z tobą. Pomóc ci w tym może ustawianie minutnika. Realnie rzecz biorąc, te samodzielne zabawy nie będą trwały długo, ale jeśli będziesz cierpliwa i wytrwała, czas ten stopniowo zacznie się wydłużać.

Zaproponuj dziecku innych towarzyszy zabaw. Pewnie, że twoje dziecko najchętniej cały czas bawiłoby się tylko z tobą, ale tak wcale nie musi być. Mimo że w tym wieku umiejętności społeczne dziecka nadal są jeszcze słabe, to jednak jest ono już gotowe zacząć się bawić z innym dzieckiem lub w grupie rówieśniczej (jeśli ty też jesteś na to gotowa).

Początkujący artyści

Moja mała ciągle podbiera mi długopisy i ołówki, by nimi bazgrać. Czy jest już na tyle duża, by próbować rysować? A jeśli tak, to czym?

Gdy dziecko potrafi już trzymać kredkę lub pisak, to znaczy, że dorosło do oficjalnego rozpoczęcia kariery artystycznej. Pozwól małej wyzwolić drzemiący w niej talent, dając jej do dyspozycji kilka narzędzi niezbędnych początkującemu artyście.

Oczywiście najważniejsze jest bezpieczeństwo: ponieważ wszystko, czym rysuje, przypuszczalnie trafi również do jej buzi, musisz uważać, by nie było to toksyczne. Na szczęście większość przyborów plastycznych dla dzieci spełnia ten wymóg. Nietoksyczne są także ołówki (nie zawierają już ołowiu), ale z uwagi na to, że dziecko może wbić sobie ołówek w oko lub się nim skaleczyć, nie powinno się nimi bawić, chyba że używa ich pod bardzo czujnym nadzorem rodziców. To samo dotyczy długopisów.

A skoro mowa o nadzorze, tu właśnie sprawdzają się zastosowane w domu zabezpieczenia. Brak artystycznego doświadczenia w połączeniu z nadmiarem żywiołowości mogą popchnąć malca do wykraczania daleko poza powierzchnię papieru, czyli do przenoszenia rysunków na przykład na ściany, meble i podłogi. Jeśli nie chcesz, by każda powierzchnia stała się dla dziecka płótnem, miej na nie oko, gdy wyżywa się jako malarz. Kupuj zmywalne kredki i farby (a te, których nie da się zmyć, chowaj głęboko); ale nawet te zmywalne dawaj dziecku do zabawy tylko wtedy, gdy masz czas go dopilnowywać lub gdy możesz dziecku zaufać, że potrafi samo kontrolować swe artystyczne zapędy.

Duże znaczenie ma także praktyczność, a odpowiednie przybory zachęcą dziecko do artystycznych poszukiwań. O wiele łatwiej będzie twojemu dziecku posługiwać się grubymi kredkami świecowymi, markerami czy kredą; a ponadto one rzadziej się łamią. Warto też kupić papier rysunkowy dużego formatu, gdyż mając przed sobą sporą powierzchnię do rysowania, dziecko nie będzie tak skore do „wyjeżdżania" poza jej obszar. Aby córeczka nauczyła się rozróżniać, po którym papierze rysować można, a po którym nie (na przykład po książkach), często mów jej: „Po tym nie wolno rysować".

KAMIEŃ MILOWY

KOLOROWANKI

Nieważne, czy twojego małego twórcę czeka przyszłość wielkiego artysty, czy też zakończy on swoją przygodę ze sztuką na rysowaniu patyczkowatych ludzkich postaci – każda praca, którą teraz tworzy, zasługuje na miejsce w galerii na lodówce. Gdy chodzi o tworzenie dzieł sztuki, większość dzieci rozwija się zgodnie z pewnym wzorcem, który przedstawia się mniej więcej tak:

Od 12 do 15 miesiąca. Daj dziecku do ręki kredkę świecową lub umoczony w farbie pędzel, a zacznie mazać duże i dość przypadkowe łuki, bezkształtne wzory i przypadkowe gryzmołki – dzieła bardziej przypadku niż zamiaru. Technika będzie się jednak rozwijać, pozwalając dziecku na poznawanie artystycznych związków przyczynowo-skutkowych: „Jeśli mocniej nacisnę pędzlem, zrobię większy kleks farby na papierze". „Jeżeli przeciągnę kredką lekko po papierze, narysuję cienką linię".

Od 15 do 18 miesiąca. Zaczyna się zamierzone rysowanie, przy czym sam zamiar pozostawiać będzie spore pole do interpretacji. Choć raczej nie rozpoznasz lasu w tych dziwnych zakrętasach, ale na pewno zauważysz, że dziecko pilnie nad czymś pracuje. Zapisz te starania na konto bardziej rozwiniętej małej motoryki, która w kolejnych miesiącach jeszcze bardziej się poprawi, a wtedy zamiast dość przypadkowych pociągnięć kredką czy pędzlem, które widziałaś kilka miesięcy wcześniej, ujrzysz wyraźne kolorowe figury, dobrze zaznaczone mniejsze elementy oraz krzywą, która jest... hm... słońcem? Bananem?

Od 18 do 24 miesiąca. Bazgroły dziecka zajmują coraz większą część powierzchni papieru i powoli zaczynają coś przypominać: kółka, zygzaki i linie proste. Dla samego artysty każdy kształt coś oznacza, na przykład te czarne pętle są psem, a zbiór brązowych i niebieskich kresek to tatuś. Oszczędzisz dziecku wielu frustracji i zachęcisz je do dalszych starań, jeśli będziesz wyrozumiałym mecenasem jego sztuki. Skoro w żaden sposób nie umiesz rozpoznać na kartce psa, to przynajmniej pochwal dobór kolorów i pomiń milczeniem brak nóg.

Gdy mała w swych artystycznych zapędach pozostawi ślady pisaka na stole, na twojej szafce nocnej, na dywanie, swojej białej koszulce, swoich nogach, twoich nogach, pogratuluj sobie, że schowałaś markery permanentne, a potem posadź małego Picassa w dziewczęcym wydaniu przy kartce (więcej porad znajdziesz przy kolejnym pytaniu). Jeśli natomiast uważasz, że ślady pozostawione na stoliczku wymagają interwencji wychowawczej, każ córeczce „pomóc" ci przy ścieraniu śladów jej działalności artystycznej.

Mimo wielu wysiłków nie uchronisz dziecka przed pokosztowaniem kawałka kredki i chociaż na pewno nic złego mu się nie stanie (może najwyżej pielucha będzie dziwnie zabarwiona...), powinnaś zniechęcać do takich przekąsek. Kiedy widzisz, jak dziecięca dłoń z kredką zmierza do ust, powiedz, że kredki są do rysowania, a nie do jedzenia. Przypuszczalnie przyjdzie ci to powtarzać wiele razy. Jeśli zauważysz, że w pewnym momencie dziecko przejawia do kredek bardziej kulinarne niż artystyczne zainteresowanie, zrób przerwę na posiłek („To jest ser, ser jest do jedzenia").

Moje dziecko uwielbia rysować kredkami, ale nie na papierze. Dzisiaj weszłam do jego pokoju i zobaczyłam czerwone gryzmoły na ścianach.

Dlaczego zapędy artystyczne uwidaczniają się na ścianach? Ponieważ dziecko już wie, do czego służą kredki (rysowanie), ale jeszcze nie zrozumiało różnicy pomiędzy tym, na czym można rysować (arkuszem papieru), a tym, po czym nie można (szafki kuchenne, stoliczek, neseser taty).

Czy to jednak oznacza, że należy pozwolić młodemu Michałowi Aniołowi wziąć w garść przybory (kredki, pisaki i farbki) i zamienić twój dom w jego własną wersję Kaplicy Sykstyńskiej? Zdecydowanie nie. Malowidła

Muzykowanie

Gdy maluszek cierpiał na kolkę, nuciłaś mu coś. Śpiewałaś kołysanki, gdy nie mógł zasnąć. Za pomocą wesołych piosenek odwracałaś uwagę wiercącego się w foteliku uparciuszka, by zapiąć mu pasy, lub zabawiałaś podczas nudnych zakupów w sklepie. Ale teraz, gdy niemowlę zmieniło się małe dziecko, przyszedł czas, by samo zaczęło muzykować i czerpać korzyści, jakie zapewniają muzyczne doświadczenia rozwijającemu się umysłowi, ciału i duszy.

Muzyka porusza. Umożliwiając dziecku słuchanie ulubionych piosenek w domu lub w samochodzie, zapewniasz jego zmysłom wiele bodźców. Ale nie spychaj muzyki do roli tła. Malec najwięcej skorzysta ze słuchanych dźwięków, gdy będzie je przeżywał, czuł; gdy będzie poruszał się w ich rytm i oczywiście tworzył własne. Staraj się więc, by miał jak najwięcej okazji do skakania, maszerowania, klaskania, bębnienia rączkami o różne powierzchnie, kręcenia się i innych form poruszania się do rytmu. W ten sposób nie tylko zaszczepisz mu miłość do muzyki i tańca na całe życie, ale także pomożesz mu rozwijać koordynację oraz małą i dużą motorykę, a nawet – jak to wynika z pewnych badań – połączenia pomiędzy półkulami mózgu, które kiedyś będą odpowiadać za umiejętność rozwiązywania problemów. Piosenki, które wymagają od dziecka prostych ruchów rękami (na przykład dotykania części ciała lub klaskania), angażują całe ciało lub skłaniają do wspólnej zabawy z innymi, pozwalają dziecku doświadczać muzyki całym sobą. Aby było mu jeszcze przyjemniej, tańcz razem z nim: włącz wolną muzykę i pokaż, jak można się do niej bujać, a potem podkręć tempo i skacz albo kręć się szybko. Wyciągnij wszystkie instrumenty muzyczne (dzwonki, grzechotki, bębenek i pałki, ksylofon lub keyboard, tamburyn, małe cymbałki albo po prostu garnek i drewnianą kopyść) i zachęcaj dziecko do wystukiwania rytmu. Gdy nie masz żadnego instrumentu pod ręką, wystarczy uderzanie dłońmi o podłogę, kolana lub wytrzymały blat stołu, a nawet zwykłe klaskanie.

Muzyka uczy. Każda piosenka z tekstem rozwija słownictwo dziecka, ale niektóre są szczególnie wartościowe i zapewniają przyjemną naukę. Do takich należą piosenki z alfabetem, liczeniem, teksty uczące czegoś o otaczającym świecie lub mówiące o emocjach.

Muzyka przynosi ulgę. Gdy twój malec jest szczególnie „nakręcony", nic nie pozwoli mu lepiej rozładować nadmiaru energii (albo frustracji czy złości) niż muzykowanie i tańczenie, zwłaszcza w szybkim rytmie.

Muzyka uspokaja. W porze usypiania, w chwilach stresu i napięcia, zawsze wtedy, gdy malec musi się wyciszyć, doskonale sprawdza się łagodna, spokojna muzyka, która uspokaja, relaksuje i zapewnia komfort. Nastrój będzie jeszcze lepszy, jeśli przygasisz światła.

Muzyka uprzyjemnia czas. Dobra piosenka może sprawić, że każda nudna sytuacja – wyjazd do sklepu, sprzątanie po zabawie lub przebieranie się w piżamkę – stanie się od razu weselsza. Jeśli będziesz łączyć daną czynność z piosenką, powstałe w ten sposób skojarzenie zachęci dziecko do współpracy i pomoże mu w przestawianiu się z jednej czynności na drugą (na przykład łatwiej mu będzie zakończyć zabawę w piaskownicy).

Jeśli dziecko wciąż domaga się tej samej piosenki, a ciebie to nudzi, pamiętaj, że różnorodność może co prawda uprzyjemniać życie, ale większość maluchów jeszcze jej nie docenia. Dotyczy to wszystkiego, od muzyki po śniadaniowe menu. Słuchanie znanych sobie utworów muzycznych zawsze sprawia przyjemność (pamiętasz, jak puszczałaś sobie na okrągło jakąś jedną piosenkę, nie przejmując się zbytnio pozostałą zawartością płyty?), a maluchom w szczególności. Powtarzanie ma dla nich sporą wartość dydaktyczną i pomaga rozwijać umiejętności werbalne, dlatego włączaj dziecku ulubione piosenki tak często, jak o to prosi (co jakiś czas próbuj jednak wprowadzać i nowe utwory, i nowe style muzyczne, zwłaszcza gdy malec zna już ten uwielbiany na pamięć). Uzbrój się w cierpliwość: ten etap zacinającej się płyty kiedyś minie...

Istotna uwaga: aby chronić słuch dziecka, nigdy nie nastawiaj muzyki zbyt głośno, ale tak, by można było przy niej swobodnie rozmawiać.

ścienne, choćby nawet powstały pod wpływem artystycznego natchnienia, nie są dozwolone.

Na szczęście można wspierać kreatywność dziecka i jednocześnie nie dopuścić do zniszczenia rodzinnego mienia. Tak więc:

Wyznacz granicę. Gdy przyłapiesz swego szkraba przy pracy nad malowidłem ściennym (albo kiedy zamaszystymi ruchami kredką wychodzi poza obręb papieru), spokojnie wyjaśnij, że źle wybrał miejsce do ryso-

TANIEC PONAD WSZYSTKO

Większości dzieci wcale nie trzeba namawiać do pląsów – przecież one są stale w ruchu. Taniec oznacza jednak o wiele więcej niż tylko dawanie upustu energii (choć jest to bez wątpienia spora jego zaleta, zwłaszcza w te długie, deszczowe popołudnia). Wspomaga on rozwój motoryki, rozwija koordynację i równowagę, uczy wyrażania siebie poprzez ruch, daje większą pewność siebie, uczy świadomości ciała, poprawia umiejętność postrzegania przestrzeni (patrzcie, co umiem robić rączkami i nóżkami... oj, nie widziałam wcześniej tego stolika!) oraz przemawia do naturalnego zamiłowania do rytmu.

Co najważniejsze, maluchy to urodzeni tancerze, którzy nie mają jeszcze zahamowań powstrzymujących ich przed radosnymi pląsami. Już przed swymi pierwszymi urodzinami potrafią poruszać tułowiem do rytmu, nawet jeśli nie umieją jeszcze chodzić. Szybko dodają do tego taneczne ruchy, takie jak ruszanie bioderkami, kręcenie się wokół własnej osi, rytmiczne potrząsanie i kołysanie ciałem.

Jak inspirować dziecko do tańca? Wystarczy włączyć muzykę. Eksperymentuj z różnymi rytmami i patrz, jak twój szkrab dopasowuje do nich ruchy (jak kołysze się do powolnej muzyki, skacze przy popowych piosenkach lub klaszcze do country). Możesz dodatkowo uprzyjemnić maluszkowi pląsy, bawiąc się z nim w gry związane z tańcem; na przykład ustal, że skaczecie tak długo, jak długo gra muzyka, a kiedy przerywasz muzykę, wszyscy muszą zastygnąć w bezruchu. Albo daj dziecku jakiś rekwizyt, na przykład kolorową apaszkę lub kawałek jedwabiu do machania (ze względu na bezpieczeństwo tkanina nie może być zbyt długa). Obserwowanie, jak materiał powiewa przy muzyce, będzie dla dziecka dodatkową atrakcją.

Ty też nie siedź z boku – maluchy uwielbiają potańcówki. Pokaż, jak świetnie tańczysz, i zachęć dziecko do naśladowania twych ruchów albo weź je za ręce i potańczcie razem.

Jeśli masz dwie lewe nogi, brak ci poczucia rytmu lub cierpisz na kompleksy jeszcze od czasów szkoły średniej, nie martw się – twój mały partner niczego nie zauważy.

wania: „To naprawdę śliczny obrazek, ale nie wolno rysować po ścianach ani po meblach". Choćbyś była bardzo rozdrażniona (co zrozumiałe), staraj się nie krytykować („Popatrz, co zrobiłaś na ścianie!") artystycznych starań. Pamiętaj, że malec jest pewnie bardzo z siebie dumny (ten bałagan jest jego dziełem sztuki) i chce, byś ty też była z niego dumna. Zresztą czy to nie ty przypadkiem zachęcałaś go do rysowania? I jeszcze jedno: jeśli spodoba mu się to, że freski w jego pokoju wzbudzają tyle twoich komentarzy, może go skusić, by powtórzyć swój wyczyn na... ścianach salonu.

Udostępniaj dziecku inną powierzchnię do rysowania. Gdy dziecko ogarnia twórczy zapał, posadź je i powiedz, że „rysujemy tylko na papierze". Im większa płachta papieru, tym większe prawdopodobieństwo, że dzieło nie wyjdzie poza jego obręb na podłogę, stół i pobliskie ściany. Dla początkującego artysty dobry jest papier w rolce, rozwijany w miarę jak zagospodarowywana jest jego powierzchnia. Aby papier nie przesuwał się i nie irytowało to mistrza przy pracy, można go przypiąć do podłogi, stołu lub sztalugi. Nie stój cały czas nad dzieckiem, ale patrz, czy nie zapędza się poza wyznaczone do rysowania miejsce.

Zetrzyj do czysta. Aby dziecko dobrze zapamiętało lekcję, każ, by „pomagało" ci w ścieraniu jego nieautoryzowanych dzieł naściennych własną wilgotną szmatką lub gąbką do tablicy (pilnuj jednak, by używany do tego środek czyszczący był nietoksyczny).

Zaplanuj czas na rysowanie. Codziennie znajdź trochę czasu na zajęcia plastyczne pod twoim nadzorem, aby malec miał szansę wyrazić swoje artystyczne wizje. Gdy nie możesz go pilnować, schowaj kredki i inne przybory plastyczne w niedostępne dla niego miejsce.

Otwórz galerię. Zaprezentuj z dumą rysunki dziecka na lodówce, na swoim biurku, w sypialni czy w jego pokoju. Istnieje spora szansa, że doceniając jego dzieła uwiecznione na papierze, zachęcisz go do tworzenia kolejnych – zamiast fresków na ścianie.

Oczywiście gdyby zbuntowany artysta nadal pokrywał swymi wytworami ściany pomimo twoich zakazów, będziesz zmuszona zastosować plan B: schować kredki. Robiąc to, przypomnij mu po raz kolejny, że nie wolno rysować na ścianach, po czym przejdź do innej czynności. Każ dziecku poczekać kilka dni, zanim znów pozwolisz mu wziąć do ręki przybory do rysowania.

Bojaźliwość na placu zabaw

Nasz syn nie chce bawić się na zjeżdżalni ani na huśtawce. Wygląda, jakby się ich bał i cały czas trzyma się blisko piaskownicy.

Co może powstrzymywać dziecko przed korzystaniem z całego dobrodziejstwa placu zabaw? Może to być przewidywanie („Jeśli nie będę się trzymał huśtawki, mogę spaść, a to jest bardzo straszne") lub złe wspomnienie („Pamiętam, jak kiedyś zjechałem po zjeżdżalni i wylądowałem pupą na ziemi, a to bolało"). A może po prostu szkrab taką ma naturę – niektóre dzieci od urodzenia są ostrożniejsze niż inne (ma to zresztą swoją dobrą stronę: mniej obrażeń dla niego, mniej stresu dla ciebie).

Bez względu na powód, dla którego dziecko odmawia sobie przyjemności huśtania się lub zjeżdżania i trzyma się piaskownicy, należy odnosić się do jego obaw z szacunkiem. Podczas każdej bytności na placu zabaw proponuj mu jednak korzystanie z różnych elementów. Być może uda ci się stopniowo złagodzić jego strach, jeśli będziesz z nim razem zjeżdżać po zjeżdżalni, trzymać go na kolanach podczas delikatnego bujania się na huśtawce lub stać tuż przy nim, gdy będzie się wspinał po stopniach drabinki. Posadź go też na huśtawce, ale nie kołysz nią – niech malec oswoi się z tym miejscem. Gdy będziecie na sali zabaw, pozwól mu powoli zapoznawać się z najłatwiejszymi przyrządami, przy czym bądź u jego boku. Jeśli odmówi lub po jednym zjeździe na zjeżdżalni czy po kilku chwilach spędzonych na huśtawce nie będzie chciał dalej się tak bawić, nie namawiaj go, by rozważył jeszcze raz swoją decyzję. Powiedz, że przecież możecie wrócić na huśtawki, kiedy będzie miał na to ochotę, a piaskownica też jest wspaniałym miejscem do zabawy. Sprawdź także, czy nie zechce spróbować mniejszych wersji urządzeń z placu zabaw w ich domowym wydaniu – na przykład na sali gimnastycznej, u innego dziecka w domu albo w poczekalni w przychodni.

Upewnij się, że nie utrudniasz dziecku walki z jego strachem przez swą nadmierną czujność i nadopiekuńczość; po prostu nie reaguj przesadnie na każdy upadek czy niepowodzenie, lecz uśmiechaj się raczej, aby zrozumiało, iż czasem coś się może nie udać, ale przecież wystarczy wstać i spróbować jeszcze raz… jeśli tylko ma się na to ochotę. Wzmocnij jego wiarę w siebie, wyposażając je w umiejętności, które pozwolą mu bezpiecznie korzystać z urządzeń na placu zabaw w jego indywidualnym tempie, bez popychania czy nadmiernego pomagania (pomóż mu wejść na pierwszy szczebel drabinki, ale nie trzymaj go cały czas za rękę i nie podnoś).

Nawet najbardziej bojaźliwe dziecko pokona kiedyś lęk i nauczy się korzystać ze wszystkich urządzeń na placu zabaw, a potem będzie śmiało zjeżdżało, huśtało się i wchodziło na drabinki. Musisz jednak zdawać sobie sprawę z tego, że są dzieci, które nie są żądne wrażeń i wolą one patrzeć z boku, jak inni jadą kolejką górską czy skaczą z najwyższej trampoliny.

Bezpieczeństwo na placu zabaw

Aby radośnie i bezpiecznie spędzać czas na placu zabaw, przeczytaj na str. 406 nasze porady na temat bezpieczeństwa w tym miejscu.

Tymczasem usiądź sobie wygodnie na ławce w parku i zrelaksuj się (czyli zrób coś, o czym na próżno marzą rodzice małych śmiałków), patrząc, jak twoje ostrożne dziecko bawi się cicho i spokojnie, stawiając babki z piasku.

Trzymanie się mamy podczas zabaw z rówieśnikami

Staram się zachęcać moją córeczkę do kontaktów z innymi dziećmi, ale kiedy idziemy do kogoś, kto ma dzieci, albo na zajęcia w grupie, ona więcej czasu spędza na kurczowym trzymaniu się mnie niż na zabawie z dzieciakami.

Gdy próbujesz sprawić, by twój mało jeszcze obyty towarzysko motylek zachowywał się jak na motylka przystało, a nie jak poczwarka (bezpiecznie otulona w matczyny kokon), zastosuj porady przedstawione na str. 173 oraz poniższe sugestie, z których dowiesz się, co zrobić, by pomóc dziecku rozwinąć skrzydła wśród rówieśników:

Zaczynaj stopniowo. Nieśmiałe dziecko będzie się lepiej czuło w towarzystwie jednego dziecka niż sporej ich gromadki, dlatego pozwól mu powoli stawiać kroki i zanim zabierzesz je na zabawy w grupie, poczekaj, aż opanuje bawienie się z jednym kolegą. Wizyty na razie powinny trwać krótko. Na razie, czyli do czasu, aż malec nabierze większego doświadczenia społecznego i będzie bardziej pewny siebie.

Nie spiesz się. Na początek niech twoja pociecha bawi się w dziecięcym towarzystwie tak, jak sama chce, choćby nawet na twoich kolanach, przy twoich nogach albo w pobliżu ciebie. Następnie posadź ją bliżej innych dzieci, które robią coś bardzo intrygującego: na przykład bawią się wiaderkiem klocków, stosikiem książek, warsztatem samochodowym albo zabawką z otworami o różnych kształtach, do których dopasowuje się klocki. Oddalaj się stopniowo w kierunku innych rodziców, a gdy maluch zechce przyjść do ciebie, pozwól na to, lecz po kilku minutach z uśmiechem odprowadź go do miejsca zabawy innych dzieci i ich zabawek. Powtarzaj ten manewr tak długo, aż dziecko poczuje się na tyle pewnie, by mogło być z dala od ciebie.

Zachowaj niewzruszony spokój. Malec wczepia się w twoje spodnie? No to co? Przykleja się do twoich kolan? A komu to przeszkadza? Chowa się za twoimi nogami? Żaden problem. Pokaż wyraźnie swemu dziecku, że taki jego udział w sytuacji społecznej nie jest niczym szczególnym, a wtedy łatwiej mu się będzie zrelaksować i dobrze bawić.

Pozwól dziecku wchodzić ci na kolana. Dla malucha świadomość, że zawsze może to zrobić, gdy musi upewnić się o twojej bliskości, jest niezbędna, by mógł ruszyć bez ciebie na spotkanie z innymi dziećmi. Z drugiej strony jednak nadmiar opiekuńczości może spotęgować chęć przywierania do ciebie, dlatego pamiętaj: separacja z mamą (jak wszystko inne) udaje się najlepiej wtedy, gdy przebiega tak, jak dziecko samo tego chce.

Pamiętaj: twoje dziecko jest jedyne w swoim rodzaju. Niektóre dzieci błyskawicznie wkraczają w kontakty z rówieśnikami, zostawiając rodziców bez cienia wahania (i nie oglądając się na nich). Inne powoli zrzucają ochronny kokon. Zapewniaj swemu maluszkowi zachętę i wsparcie, a wcześniej czy później odważy się pójść bawić z rówieśnikami.

Organizowanie grupy rówieśniczej

Chciałabym zebrać kilkoro dzieci (i ich mamy) w grupę rówieśniczą dla mojego syna. Jak to zrobić?

Porady dotyczące wspólnych zabaw małych dzieci

Gdy spotka się dwoje dzieci, wszystko może się stać. I często się staje. Ich zabawy mogą przybrać każdą formę, od najlepszej po najgorszą, od sielankowych zajęć w kuchni po istne wojny gwiezdne o plastikowy koszyk na zakupy.

W trosce o to, by zabawy miały jak najwięcej stron pozytywnych, a jak najmniej negatywnych, staraj się wykorzystywać następujące wskazówki:

Nie czuj się do niczego zobowiązana. Oto pierwsza zasada, którą powinnaś poznać w kwestii spotkań maluchów (czy zabaw w grupie): choć bez wątpienia stwarzają one dziecku znakomitą okazję do ćwiczenia umiejętności społecznych oraz mogą być przyjemną zmianą rytmu dnia dla ciebie, zdecydowanie nie są obowiązkowe. Twoje dziecko będzie miało mnóstwo sposobności do zdobywania towarzyskich szlifów poprzez kontakt z tobą, innymi dorosłymi oraz dziećmi, a czego nie nauczy się teraz, nadgoni w przedszkolu (i to zanim się obejrzysz!). Jeśli nie masz czasu na zabawy grupowe lub jeśli oboje z dzieckiem nie przepadacie za nimi, nie zmuszaj się.

Planuj umiejętnie. Zabawa z rówieśnikiem raz czy dwa razy w tygodniu będzie stanowić sympatyczną odmianę dla dziecka w wieku roku czy dwóch lat, ale spotkania, które odbywają się codziennie czy nawet co drugi dzień, to już stanowczo za dużo, zwłaszcza jeśli oczekuje się w związku z nimi pewnych zachowań (i to bardzo pozytywnych). Dzieci chodzące do żłobka czasem czują się przeciążone, kiedy w wolnym czasie mają znów bawić się z innymi maluchami, ale – co należy podkreślić – są i takie, które wolą zabawy grupowe, gdyż są do nich przyzwyczajone. Chcesz sprawdzić, ile spotkań będzie w sam raz dla twojego brzdąca, a ile to już za dużo? Wystarczy, że się dziecku przyjrzysz. Jeżeli sprawia wrażenie szczęśliwego wśród swych rówieśników (chętnie idzie na spotkanie, wraca w dobrym nastroju), to znaczy, że wszystko jest w porządku. Jeżeli natomiast wygląda na wymęczone, zdenerwowane, bardziej niż zwykle trzyma się ciebie lub przejawia agresję przed zabawą, w trakcie albo po niej, musisz zmienić harmonogram zajęć.

Wiedz, kiedy skończyć zabawę. Większość małych dzieci nie potrafi długo się bawić, zwłaszcza z rówieśnikami. Jeśli twoja pociecha jeszcze nie nabrała wyrobienia towarzyskiego, pilnuj, by zabawy nie trwały dłużej niż godzinę (maksymalnie półtorej godziny).

Dobrze wybierz czas zabawy. Nie sposób przewidzieć, kiedy dziecko straci humor, ale częściowo można temu zaradzić. Unikaj umawiania się na zabawę w typowej porze złych humorów swej pociechy, wtedy, gdy zwykle kładzie się na drzemkę, jest nadmiernie pobudzone (na przykład po wizycie w sklepie z zabawkami) albo będzie głodne. Najlepiej, by wszystkie spotykające się dzieci były dobrze nakarmione, wypoczęte i w miarę odprężone.

Zwracaj uwagę na liczbę uczestników. Wielu małym dzieciom trudno poradzić sobie z towarzystwem jedne-

Taka grupa to dla każdego coś miłego: maluchy mogą rozwijać swoje umiejętności nawiązywania kontaktów społecznych, mile spędzając czas w towarzystwie (lub przynajmniej ucząc się mile go spędzać), natomiast rodzice mogą się powymieniać opowieściami z frontu (i zachwytami) z tymi, którzy ich problemy rozumieją najlepiej. Dobrze przecież dowiedzieć się, że nie jesteś odosobniona ze swymi problemami, że twoje dziecko nie jest jedynym, które nie lubi się dzielić, nie lubi kłaść się spać albo nie chce jeść nic oprócz płatków śniadaniowych. Wymiana pomysłów, przekonań, doświadczeń i wskazówek dotyczących radzenia sobie z dziecięcą ekscentrycznością bywa po prostu czymś nieocenionym. Kto zresztą, jeśli nie rodzice innych maluchów, z chęcią posłucha anegdotek, które aż się proszą, żeby je opowiedzieć?

Zastanawiasz się, stworzyć własną grupę, czy się przyłączyć, do już istniejącej? Na pewno łatwiej zostać członkiem grupy już zorganizowanej, jeśli tylko znajdziesz odpowiednią w swojej okolicy. Poszukaj w zasobach Internetu albo rozejrzyj się po ogłoszeniach w przychodni dziecięcej, pobliskim domu kultury, bibliotece albo w kościele. A jeśli masz zamiar zorganizować grupę rówieśniczą, poszukaj w tych miejscach zainteresowanych rodziców.

go kolegi czy koleżanki, a przebywanie w większym ich gronie jest po prostu niemożliwe.

Spraw, by przyjmowanie gości było dla dziecka przyjemnością. Dzieciom często trudniej jest pełnić rolę gospodarza niż gościa, w dużej mierze dlatego, że wówczas wymaga się od nich czegoś, co może je przerastać. Sama sytuacja jest już dla nich bardzo wymagająca, muszą przecież dzielić się mamusią i tatusiem (lub opiekunką), swoim domem, pokojem, zabawkami, a nawet jedzeniem (to moje krakersy!).

Staraj się złagodzić stres. Opowiadaj dziecku o przyjmowaniu gości jako o czymś niezmiernie ekscytującym. Przydziel mu przyjemne obowiązki: odpowiadanie (razem z tobą) na domofon, witanie, pozdrawianie, rozdzielanie zabawek (jeśli wcześniej odłożysz w porozumieniu z nim „specjalne" zabawki, którymi nie musi się dzielić, wspólna zabawa będzie mniej stresująca), wybieranie menu, przygotowywanie przekąsek (z wyprzedzeniem) czy planowanie zabaw. W ten sposób malec poczuje się kimś ważnym, kto kontroluje sytuację, a goszczenie kolegi czy koleżanki stanie się dla niego łatwiejsze.

Nadzoruj zabawę. Udana zabawa sam na sam – czyli jeden na jednego w jednej chwili – może przerodzić się w awanturę, nawet mimo twojego czuwania. Musisz wtedy szybko odwrócić uwagę małych wojowników zabawą, którą ty poprowadzisz.

Rozpocznij od poczęstunku. Jedzenie jest zajęciem niestwarzającym większego zagrożenia (jeśli każde z dzieci dostanie tę samą ilość soku, liczbę krakersów, kostek sera czy plasterków banana), a najedzone dzieci nie są tak skore do marudzenia. Zawsze jednak zapytaj najpierw rodziców gościa, czy malec nie ma alergii pokarmowych.

Nie oczekuj cudów. U dzieci w tym wieku kilka minut harmonijnej zabawy lub jeden przypadek podzielenia się zabawkami można uznać za spore osiągnięcie. Wszystko ponad to jest po prostu cudem.

Nie zmuszaj do wspólnej zabawy. Jeśli dzieci bawią się oddzielnie (każde w innym kącie pokoju lub nawet w innych pomieszczeniach – oczywiście pod nadzorem dorosłych) i wyglądają na zadowolone, niech tak zostanie. Możesz zachęcić je do interakcji odpowiednimi zabawami, na przykład budowaniem wieży z klocków, kolorowaniem na dużej płachcie papieru czy zabawą w kole, ale nie naciskaj. Bliskie spotkania maluchów zwykle nie są wcale takie słodkie.

Bądź w pobliżu. Niektóre brzdące muszą od czasu do czasu zostawić towarzysza zabawy i wejść mamie na kolana, przytulić się do niej i zobaczyć jej uśmiech, który mówi: „Mama jest tutaj, nie ma się czego bać". Czasem wystarczy tylko przytulić dziecko i będzie ono gotowe wrócić do akcji, a czasem to nie wystarcza – wtedy pozwól mu zostać przy tobie tak długo, jak chce.

Przygotuj się na konflikty. Przypuszczalnie bowiem do nich dojdzie. Przeczytaj o tym, jak przywracać pokój na polu walki, abyś wiedziała, co zrobić, gdy dojdzie do nieporozumień. Jeżeli głównym ich powodem jest dzielenie się zabawkami, nastawiaj minutnik wyznaczający, czyja przypada kolej.

Oczywiście stworzenie i prowadzenie takiej grupy nie jest dziecięcą igraszką, wymaga bowiem sporo zachodu, jeśli wszystko ma gładko przebiegać. Pamiętaj przy tym, że nie ma twardych i niezmiennych zasad obowiązujących w zabawach grupowych. Praktyka pokaże – tobie i innym rodzicom zaangażowanym w projekt – co sprawdza się najlepiej w odniesieniu do wszystkich zainteresowanych. Poniższe wskazówki powinny ci natomiast pomóc w przeprowadzeniu całego przedsięwzięcia:

Ustal podstawowe zasady. Na spotkania większości grup dla najmłodszych przychodzą również rodzice (lub inni opiekunowie), którzy mogą się spotkać i porozmawiać, kiedy ich dzieci się bawią. Taka organizacja spotkań pozwala rodzicom w razie potrzeby przywołać swoje dziecko do porządku i ułatwia utrzymanie spokoju w grupie. Nie mogą oni jednak spędzić ani chwili bez swej pociechy. Jeżeli to właśnie wolny czas dla rodziców jest jednym z celów grupy, musisz pomyśleć o innej formie spotkań i zapewnieniu dzieciom innej opieki na czas wspólnej zabawy.

Określ liczbę uczestników. Idealna grupa liczy sześcioro dzieci – wystarczająco mało, aby zmieścić się w większości domów lub mieszkań i wystarczająco dużo, aby funkcjonować nawet wtedy, gdy jedno lub dwoje dzieci jest nieobecnych. Może być też czworo lub pięcioro uczestników, ale więcej niż ośmioro to już zbyt dużo: zamiast zabawy jest tłok, nadmierne pobudzenie i ogólny chaos (za mało zabawek albo zbyt mało miejsca, by wygodnie zaserwować przekąskę).

Odpowiednio dobierz dzieci. Ponieważ temperament i zainteresowania małych dzieci potrafią się zmieniać z dnia na dzień i z tygodnia na tydzień, trudno je zharmonizować, ale większości dysproporcji w rozwoju i umiejętnościach można uniknąć, gdy różnica wieku pomiędzy najstarszym i najmłodszym dzieckiem wynosi nie więcej niż sześć miesięcy.

Dobierz również rodziców. Rodzice dzieci, które mają tworzyć grupę do wspólnych zabaw, nie muszą być dobrymi znajomymi (choć mogą się nimi stać), ale powinni być w miarę zgodni, dopasowani pod względem charakterów i stylu wychowywania dzieci. Przeprowadź test, organizując kilka próbnych spotkań. I podobnie, jeśli masz zamiar przyłączyć się do jakiejś istniejącej grupy, weź udział w kilku spotkaniach, zanim zapiszesz się na stałe.

Obierz miejsce spotkań. Większość grup spotyka się po kolei w domach poszczególnych uczestników, inne regularnie przychodzą w jedno miejsce, na przykład do osiedlowego domu kultury. W celu wprowadzenia elementu odmiany można przy sprzyjającej pogodzie wybrać się do parku lub na plac zabaw, a gdy pada deszcz, do muzeum przygotowanego dla najmłodszych zwiedzających bądź do sali zabaw w centrum handlowym. Warto też odważyć się i zabrać grupkę do baru lub do restauracji, w której znajduje się kącik dla maluszków z zabawkami i książeczkami. Na taką eskapadę należy jednak wybrać porę niewielkiego ruchu.

JEŚLI TWOJE DZIECKO BIJE RÓWIEŚNIKÓW...

albo gryzie... ciągnie za włosy... szarpie... Cóż, na drugi rok życia dziecka przypada apogeum prymitywnych zachowań, zwłaszcza w przypadku maluchów przebywających w towarzystwie równie mało cywilizowanych rówieśników. Porady, jak wykorzenić te nieodpowiednie, choć typowe dla wieku zachowania, znajdziesz na str. 160–165.

Ustal porę spotkań. Małe dzieci bywają w lepszym humorze o pewnych porach dnia, więc wybierz na ich spotkania taki czas, kiedy wszyscy uczestnicy są wypoczęci (na przykład nie przed drzemką) i nie są głodni (czyli nie przed posiłkiem, chyba że planujesz podać sutą przekąskę). Unikaj końca dnia, kiedy poziom napięcia nerwowego i rodziców, i dzieci jest zazwyczaj najwyższy. Na początek zaplanuj krótkie spotkania – na przykład godzinne – aby dzieci mogły się stopniowo do siebie przyzwyczaić. Gdy już się zaaklimatyzują w nowych warunkach, przedłużaj wspólnie spędzany czas do momentu, aż maluchy zaczną mieć dosyć, co nastąpi prawdopodobnie po około dwóch godzinach.

Planuj regularne spotkania. Gdy już ustalicie czas spotkań, który wszystkim odpowiada, postaraj się go przestrzegać. Zmieniaj go tylko w wyjątkowych sytuacjach, na przykład gdy rozpęta się śnieżyca lub gdy choroba dopadnie połowę grupy. Jeśli spotkania będą odbywać się nieregularnie (w jednym tygodniu we wtorek o 14.00, w następnym w środę o godzinie 11.00) lub będą często odwoływane (ponieważ jedno z rodziców ma spotkanie służbowe albo inne plany towarzyskie), cała grupa może stracić zapał i zacznie się powoli rozpadać. Nieregularność wpływa źle także na dzieci, które powinny się przyzwyczajać do zabaw w swoim towarzystwie, a tym najbardziej nieśmiałym potrzeba będzie znacznie więcej czasu na to, by zostawić rodziców i włączyć się do grupy.

BLIŹNIĘTA

Podwójna zabawa

Bliźnięta mogą cały czas spędzać na wspólnej zabawie. Od chwili otwarcia oczu rano do zaśnięcia wieczorem mają przy sobie towarzysza zabawy – kogoś, z kim można poznawać świat, wypróbowywać nowe umiejętności oraz oczywiście bawić się za dwóch (co często oznacza także pakowanie się w podwójne kłopoty). Ale, co przypuszczalnie najważniejsze, przynajmniej jeśli chodzi o przyszłe nawiązywanie przyjaźni, mają kogoś do ćwiczenia umiejętności społecznych, czyli czekania na swoją kolej, dzielenia się, kończenia kłótni czy pracy w grupie. I to przez całą dobę. I choć cała ta praktyka nie prowadzi jeszcze do doskonałości (zdarzają im się szarpaniny czy awantury o to, czyja teraz kolej na coś), to w rozwoju społecznym bliźniaki z pewnością mają sporą przewagę. W tym układzie jest też coś dobrego dla ciebie: ponieważ bliźnięta zawsze mają z kim się bawić, zwykle potrafią zająć się sobą przez znacznie dłuższy czas niż dzieci niemające rodzeństwa, co daje ci więcej czasu na zrobienie innych rzeczy (na przykład sprzątanie po nich podwójnego bałaganu…). A ponieważ jedno z bliźniąt może być partnerem zabaw dla drugiego, wypełnianie ich kalendarza towarzyskiego nie jest żadnym wysiłkiem (i nie musisz wychodzić z domu).

Nic dziwnego, że bliźnięta szybciej opanowują umiejętności społeczne. Weźmy na przykład dzielenie się. Rocznym dzieciom przychodzi ono zazwyczaj z największym trudem, tymczasem bliźnięta dosłownie od pierwszego dnia poznają konieczność dzielenia się między sobą rodzicami, przestrzenią do zabaw, przypuszczalnie i pokojem, a często nawet łóżeczkiem. Dzielą się wózkiem, tylnym siedzeniem w samochodzie, wanną, a nawet miejscem na twoich kolanach. Szybko też muszą opanować sztukę czekania na swoją kolej, czyli to, że ktoś zawsze musi być pierwszy i nie zawsze będę to ja (do tych dzieci, które pojedynczo przyszły na świat, świadomość ta dociera zwykle dopiero w przedszkolu). Do tego dochodzi jeszcze współpraca. Bliźnięta, choćby bawiły się równolegle, znacznie szybciej uczą się zabawy razem (współpracy), a ponieważ cały czas naśladują swoje zachowania (gdy jedno rzuca piłkę, drugie też rzuca piłkę; jedno ustawia klocki, drugie zaczyna robić to samo), wpływają wzajemnie na rozwój swoich umiejętności bawienia się.

Nie znaczy to, że bliźnięta nie będą się sprzeczać o upragnione zabawki lub pożądane miejsce na twoich kolanach, o to, kto pierwszy siądzie na huśtawce lub będzie pchać wózek dla lalek. Na pewno też nie należy oczekiwać, że w wieku dwóch lat będą się już umiały zachować w towarzystwie. Wciąż potrzebować będą twojego kierownictwa, które możesz im zapewnić w następujący sposób:

- Nie zapominaj o prawie do własności. Każde dziecko powinno mieć coś, co należy tylko do niego. Nie musisz co prawda zawsze kupować dwóch takich samych zabawek (wtedy nie nauczą się dzielić), ale zdubluj kilka szczególnie upragnionych albo przydziel część zabawek na własność jednemu z bliźniąt, a część drugiemu. Oczekiwanie, by dzieci zawsze się wszystkim dzieliły, jest zwyczajnie nie fair.
- Wydobywaj różnice pomiędzy nimi. Nawet bliźnięta jednojajowe mogą mieć inne zainteresowania i lubić się bawić na różne sposoby. Pomagaj im to rozwijać. Powiedzmy, że jedno z dzieci to mały Monet, a drugie – następca Michaela Jordana. Zachęcaj je, by bawiły się tak, jak każde z nich lubi, dając jednemu przybory plastyczne, a drugiemu ekwipunek sportowy. A jeśli zawsze chcą się bawić w to samo? To też dobrze. Pamiętaj, że gdy chodzi o zabawy, decydują dzieci.
- Zrób z nich zespół. Maluchy pewnie wykonują wiele prac zespołowych bez twojej ingerencji (i wysiłku z twojej strony), ale jeśli od czasu do czasu zaproponujesz im zabawę grupową, być może szybciej opanują ważne umiejętności społeczne, i w dodatku w przyjemnej atmosferze. Dzieci mogą toczyć do siebie piłkę, rysować lub malować coś razem na wielkiej płachcie papieru, wspólnie budować garaż dla swoich samochodzików lub szukać w parku ładnych kamyczków.
- Zaproś innych do zabawy. Dla ciebie i dla twoich bliźniąt zabawa w dwuosobowym zespole jest błahostką, ale gdy mają do nich dołączyć jakieś osoby z zewnątrz, które mogą mieć inne wyobrażenie o dobrej zabawie, inne zainteresowania czy choćby inne umiejętności, sprawy zaczynają się komplikować. Taka sytuacja stawia przed twoimi dziećmi nowe wyzwanie, polegające na wkroczeniu na terytorium nie tak już bezpieczne jak dotąd, bo dzielone z maluchami, które nie są ich rodzeństwem (i z którymi nie znają się od czasów prenatalnych).
- Baw się z nimi. Tworzenie dwuosobowej drużyny wraz ze swym bliźniakiem to wspaniała sprawa, podobnie jak zabawa z rówieśnikami. Nie zapominaj jednak, jak wielką wartość ma dla twych dzieci zabawa z tobą. Jako ktoś, kto jest starszy, mądrzejszy i wszystko potrafi, wnosisz do zabawy nową jakość, a także całe mnóstwo radości.

Ustal reguły dotyczące zdrowia i bezpieczeństwa. Oto kilka przykładowych reguł: chore dziecko powinno pozostać w swoim domu, każde miejsce spotkań musi być dobrze zabezpieczone, dozwolone są tylko zabawy i zabawki odpowiednie do wieku maluchów.

Ustal reguły postępowania. Spróbuj unikać konfliktów poprzez wcześniejsze omówienie i ustalenie reguł obowiązujących w określonych sytuacjach. Na przykład kto będzie sprzątał po każdym spotkaniu (czy tylko gospodarz, czy wszyscy); w jaki sposób należy zawiadomić o nieobecności dziecka na spotkaniu; jakie zachowanie należy uznać za niedopuszczalne; kto będzie przywoływał dzieci do porządku (najlepsza zasada: jego opiekun); jak szybko należy reagować na nieodpowiednie zachowanie.

Ustal reguły dotyczące zabawek. Najlepsze zabawki to takie, które (przynajmniej teoretycznie) zachęcają do współpracy i którymi

Większość małych dzieci bawi się obok siebie (równolegle). W miarę upływu czasu i nabierania doświadczenia zaczną częściej bawić się razem.

można się dzielić (także teoretycznie): wiaderko klocków, zbiór samochodzików i ciężarówek, piłka plażowa czy inne duże, lekkie piłki, książeczki o sztywnych kartkach, lalki, zestaw zabawkowych filiżanek i talerzyków, plastikowe artykuły spożywcze, przybory do twórczości plastycznej (kredki świecowe, papier, nietoksyczna plastelina, farby do malowania paluszkami), kostiumy do przebierania się, piaskownica, wodny stolik itp. Zanim dzieci osiągną odpowiedni wiek, by mogły robić pewne rzeczy na zmianę, wyeliminuj z zestawu zabawek rowerki i inne pojazdy (chyba że jest ich tyle, by wystarczyło dla wszystkich albo że każde dziecko przynosi własne) oraz inne wyjątkowo atrakcyjne zabawki. Rodzice dziecka, które przyjmuje inne dzieci, powinni pomyśleć również, aby schować „specjalne" zabawki, którymi ich dziecko wolałoby się nie dzielić z innymi lub które w ferworze zabawy mogłyby łatwo się popsuć. Mogą nawet wyłączyć pokój swego dziecka z zabawy, jeśli w mieszkaniu jest inne miejsce odpowiednie dla grupy.

Ustal zwyczaje dotyczące jedzenia. Wszyscy rodzice powinni zdecydować, jakiego rodzaju produkty będziecie podawać waszym dzieciom (na przykład krakersy, ser, soki, owoce, mleko), a czego będziecie unikać (na przykład słodkich ciastek, napoi gazowanych, chipsów i cukierków oraz żywności, na którą dzieci są uczulone). Tworząc tę listę, uwzględnijcie także kwestię bezpieczeństwa; jeśli znajdą się wśród was rodzice niemający nic przeciwko serwowaniu czegoś, czym dzieci mogą się łatwo zadławić (winogrona, rodzynki, popcorn i hot dogi), może dojść do konfliktu.

Obserwuj, ale nie bądź nadopiekuńcza. Dzieci wymagają stałego nadzoru ze względu na bezpieczeństwo, jednak nadopiekuńczość nie sprzyja uczeniu się niezależności. Jeśli pragniesz, aby podczas spotkań odbywały się zajęcia wymagające udziału rodziców, staraj się równoważyć je chwilami, gdy dzieci będą się bawiły same, a rodzice będą obserwować te zabawy z boku. W przypadku konfliktów (a prędzej czy później na pewno do nich dojdzie) pozwólcie, by dzieci najpierw same spróbowały znaleźć rozwiązanie. Wkraczajcie dopiero wtedy, gdy dojdzie do rękoczynów.

Zabawy z innymi

Wraz z kilkoma innymi mamami stworzyłyśmy grupę rówieśniczą. Mamy pięcioro dzieci w wieku od 12 do 15 miesięcy, które potrafią bawić się świetnie, ale... osobno, a nie razem.

Takie niezbyt społeczne zachowanie jest w przypadku maluchów zupełnie normalne z przyczyn czysto rozwojowych. We wczesnym stadium procesu uspołeczniania małe dzieci postrzegają inne dzieci jako przedmioty, które co prawda poruszają się i wydają dźwięki, ale są tylko przedmiotami. Można im zabierać zabawki i jedzenie, można je popychać i przestawiać (a co ciekawe, one często odwzajemniają się tym samym), obserwować je z zainteresowaniem albo szturchać, ale trudno z nimi współdziałać. Choć większość dzieci potrafi (czasem!) okazać pewną empatię – na przykład widząc, jak inne dziecko płacze, podać mu zabawkę albo pogłaskać je po głowie – to nie są one jeszcze gotowe na to, by przestać być pępkiem świata i zacząć brać pod uwagę potrzeby, pragnienia czy uczucia tych, którzy są obok. Ich naturalny egocentryzm sprawia, że wspólna zabawa, czyli kooperacja, pozostaje poza ich zasięgiem do mniej więcej drugich urodzin.

Dziecko rodzi się jako istota społeczna, lecz sztuki faktycznego współdziałania w społeczeństwie musi się uczyć. Nauka ta przebiega stopniowo i – tak jak nauka wszystkich innych umiejętności – jest najlepiej przyswajana przez łączenie praktyki z obserwacją przykładów. Bycie częścią rodziny to pierwszy i najważniejszy krok, a bycie częścią grupy rówieśniczej jest następnym bardzo ważnym krokiem.

Przede wszystkim jednak te małe, społecznie nieobyte istoty potrzebują czasu, by nabrać ogłady. Dopóki twoja pociecha nie nauczy się zachowywać w bardziej cywilizowany sposób, nie oczekuj zbyt wiele, jeśli chodzi o kontakty w grupie rówieśniczej. Tu nadal regułą będą zabawy równoległe, a bawienie się razem stanowić będzie wyjątek, jeśli w ogóle do tego dojdzie. Choć większość małych dzieci lubi towarzystwo rówieśników, to na ogół niechętnie odnosi się do wspólnej zabawy. Wzajemne kontakty waszych maluchów ograniczone będą przypuszczalnie do popychania się, wyrywania sobie przedmiotów, gryzienia się i bicia. Część dzieci w ogóle nie zechce przyłączyć się do grupy, kurczowo trzymając się rodziców lub opiekunów. Bardziej agresywne dzieci będą próbowały zdominować te raczej uległe. Żadne też nie będzie rozumiało pojęcia dzielenia się, a co dopiero stosowania tego pojęcia w praktyce.

Ale czy to oznacza, że spotkania w grupie rówieśniczej nie mają sensu (mimo iż stanowiłoby to przyjemne urozmaicenie)? Na pewno mają sens. Choć może trudno ci w to wierzyć, ale to, co obserwujesz i co wygląda na zgromadzenie pozornie aspołecznych kilkunastomiesięcznych istot ludzkich, w rzeczywistości jest nauką stawania się istotami społecznymi. Twoje dziecko zdobywa właśnie cenne doświadczenia, które już niebawem wraz z rówieśnikami wykorzysta w dobrym celu: nie minie wiele czasu (zwłaszcza jeśli spotykacie się regularnie), a równoległa zabawa zmieni się we wspólną.

Nabieranie złych nawyków

Po każdej zabawie w grupie rówieśniczej moja mała wraca do domu z nowym, irytującym nawykiem, który przejęła od innego

dziecka. Tydzień temu było to piszczenie, dwa tygodnie temu – hałasowanie, a jeszcze wcześniej bębnienie w przedmioty.

Dzieci uczą się od rówieśników wielu rzeczy, w tym niestety także mało przykładnych zachowań. Znakomita umiejętność naśladowania sprawia, iż maluchy z łatwością kopiują wzajemnie swoje nawyki – i te dobre, i te złe. Testowanie nowego nawyku trwa z reguły tydzień lub dwa, po czym dziecko zarzuca dany nawyk, gdy podpatrzy coś nowego, intrygującego. Czasem trwa to dłużej, zwłaszcza jeśli spotyka się z reakcjami.

Dlatego nie zwracaj uwagi na hałaśliwe popisy. Dzieci zawsze wolą negatywne reakcje niż brak reakcji, a to oznacza, że krzycząc i żądając: „Proszę natychmiast przestać piszczeć!", zachęcasz tylko swą pociechę do dalszych pisków. Zdobądź się na wysiłek zignorowania niepożądanych zachowań albo odwróć czymś uwagę malucha. Jeśli zachowania są nie tylko irytujące, lecz także niebezpieczne bądź niedopuszczalne – na przykład bicie lub gryzienie – musisz zareagować spokojnie, ale szybko i stanowczo (porady na ten temat znajdziesz w rozdziałach 6 i 7).

Warto także porozmawiać o takich niedopuszczalnych zachowaniach (niestety piski i wrzaski do nich nie należą i są dopuszczalne) z innymi rodzicami z grupy, co pozwoli wam stworzyć wspólny front walki z nimi.

Popychadło

Wszystkie dzieci w grupie – oprócz mojego – wyrywają sobie zabawki. Moje dziecko stoi i nie protestuje, kiedy ktoś mu coś zabiera.

Cisi być może posiądą ziemię, ale w pokoju pełnym małych dzieci to im zawsze brakuje zabawek.

Mimo że zabieranie sobie przedmiotów to zachowanie typowe dla dzieci, to jednak nie wszystkie maluchy przejawiają takie inklinacje. Niektórym zachowania asertywne („Widzę twoją zabawkę, chcę twoją zabawkę, zabieram twoją zabawkę") wcale nie przychodzą w sposób naturalny. Zwykle jest to kwestia nie etapu rozwoju, lecz temperamentu – po prostu jedne maluchy są bardziej buńczuczne, inne z kolei raczej bierne, nawet jeśli mają silną samoświadomość (a nierzadko właśnie z tego powodu). Co więcej, agresywny bądź uległy teraz temperament wcale nie jest zwiastunem tego, co będzie w późniejszych latach. Maluchy, które zabierają innym dzieciom każdą rzecz, nie zawsze wyrastają na zachłannych dorosłych, a te spokojne, łagodne nie zawsze stają się później pantoflarzami.

Najważniejsze, by dziecko wiedziało, iż ma prawo być sobą. Jeśli tylko twój syn sprawia wrażenie zadowolonego z siebie i ze swego otoczenia i nie ma nic przeciwko temu, że ktoś mu zabiera zabawki, bo on biorąc sobie inną rzecz do zabawy, czuje się równie szczęśliwy, to nie należy ingerować ani wywierać na niego wpływu. Możliwe, że wraz z upływem czasu, dzięki twoim zachętom oraz biorąc przykład z twego zachowania, stanie się bardziej asertywny. Oczywiście równie możliwe jest to, że tak się nie stanie. Niejeden dorosły, który odniósł sukces, mówi spokojnym tonem i dobrze sobie radzi w życiu bez przepychania się łokciami. Jeśli twemu malcowi jest pisane być takim właśnie człowiekiem, zaakceptuj jego wrażliwość, choćbyś sama miała bardziej przebojowy charakter.

Gdyby jednak sytuacja wyglądała tak, że malec jest nieszczęśliwy, bo inne dzieci zabierają mu zabawki, a on nie umie się sam obronić, to pospiesz mu z pomocą i zareaguj w przypadku agresji ze strony rówieśnika. Na przykład kiedy inne dziecko chce wyrwać mu zabawkę, podbuntuj synka, by się bronił. Zanim poprawią się jego umiejętności społeczne i językowe, musisz mu pokazywać, jak to robić, i powiedzieć zaborczemu dziecku: „Teraz Darek bawi się tą zabawką". Ale jeśli zabawka zostanie synkowi odebrana, nie zabieraj jej innemu dziecku (dwa błędy nie sumują się na dobry przykład – twoim celem jest nauczenie swego synka bronienia swych praw, a nie deptania praw innych). Poproś o nią grzecznie, a w razie potrzeby powtórz swą prośbę (wyciągając rękę, dasz do zrozumienia, o co ci chodzi): „Darek jeszcze nie skończył bawić się tą zabawką, którą mu zabrałeś. Proszę, oddaj mu ją". Jeśli dziecko cię posłucha, podziękuj mu, a kiedy twój synek skończy się bawić, powiedz mu, by dał upragnioną zabawkę temu dziecku, które mu ją odebrało. Jeśli natomiast dziecko odmówi, nie zaczynaj swoistego przeciągania liny – pamiętaj, twój synek obserwuje każdy twój ruch. Znajdź mu inną zabawę i bądź w pobliżu, by znów mu jej nie zabrano.

Stosuj tę metodę za każdym razem, gdy widzisz, że twój malec źle się czuje w roli popychadła: gdy zostanie wypchnięty z kolejki do zjeżdżalni, gdy inne dzieci zabiorą mu wiaderko w piaskownicy albo gdy dojdzie do porwania jego jeżdżącej zabawki. Zawsze jednak daj mu szansę, by załatwił sprawę sam, zanim wkroczysz do akcji. Możliwe, że żyjąc ponad rok w świecie, w którym wszyscy szanowali jego prawa i stawiali jego potrzeby na pierwszym miejscu, nie zdaje sobie zupełnie sprawy z tego, iż poza domem obowiązuje dziecięce prawo dżungli. Jeśli chce w niej przetrwać, musi się nauczyć radzić sobie sam. Nie martw się, da sobie radę!

Problemy z czekaniem na swoją kolej

Nasza córeczka nie może pojąć, na czym polega czekanie na swoją kolej. Nie potrafi czekać ani podczas zabawy w grupie, ani na placu zabaw. Zawsze wpycha się na siłę i wszędzie chce być pierwsza.

Zachowuje się tak dlatego, że w jej świecie (w którym wszystko krąży wokół niej) zawsze jest pierwsza. Ona powinna jako pierwsza (jeśli nie jedyna) używać zjeżdżalni, huśtawek, konika na biegunach, jeżdżącej zabawki, wielkiego misia...

Czyżby była... egocentryczką? Tak, ale w tym wieku to normalne i prawidłowe. Małe dzieci zazwyczaj są egocentrykami, co nie oznacza, że w przyszłości będą samolubami. Twoja domagająca się palmy pierwszeństwa córka, podobnie jak jej rówieśnicy, musi się jeszcze sporo nauczyć, nim zrozumie, że inni też mają swoje prawa. A ty będziesz musiała nieco poczekać, by zobaczyć, jak prawa te respektuje. Nastąpi to szybciej, jeśli dziecko chodzi do żłobka (tam czekanie na swoją kolej jest wymagane) albo często spotyka się z innymi dziećmi w grupie rówieśniczej (gdzie się do tego zachęca). Najlepiej jednak, by uczyła się tego od ciebie, swego najlepszego wzorca. Poniższe rady pomogą ci nauczyć dziecko radzić sobie z czekaniem na swoją kolej i patrzeć na świat (i na miejsce zabaw) z perspektywy szerszej niż jego mały wszechświat:

Róbcie coś razem na zmianę. Przy tobie dziecko czuje się bezpieczniejsze i mniej zagrożone niż przy swych rówieśnikach, powinno zatem chętniej ćwiczyć tę trudną umiejętność w domu. Podczas lunchu możecie na zmianę gryźć jedną kanapkę albo popijać ten sam napój. Gdy mała siedzi w wannie, niech raz jedno z was chlapnie wodą, a raz drugie. Na zmianę też obracajcie kartki czytanej książeczki. Pamiętaj, że ćwiczenia te powinny być dobrą zabawą, a nie przykrym obowiązkiem, jeśli mają dać dobre wyniki. Proponuj je tylko wtedy, gdy dziecko jest w znakomitym nastroju, a nie kiedy czuje się zmęczone, głodne lub z jakiegoś innego powodu rozdrażnione. Zrezygnuj, kiedy malec ma już dość.

Staraj się robić coś jako pierwsza. Dziecko nie zawsze musi być pierwsze, bo pomyśl, czego je to uczy? Zamieniajcie się w tej roli. Jeśli początkowo twoje dziecko za nic nie chce być na drugim miejscu, nie zmuszaj go – ważne, by zrozumiało, iż coś takiego jak czekanie na swoją kolej w ogóle może zaistnieć. Nie ustawaj jednak w staraniach.

Włącz minutnik. Korzystanie z minutnika jako bezstronnego sędziego to jeden z najskuteczniejszych sposobów uczenia dziecka czekania. Trudniej bowiem kłócić się z zegarkiem niż z rodzicami. Zacznij od używania minutnika w domu, aby mała zrozumiała, o co chodzi: „Gdy usłyszysz dzwonek, to znaczy, że teraz ja bawię się lalką". Potem zastosuj tę sztuczkę podczas zabaw twojej pociechy z innym dzieckiem lub w grupie rówieśniczej. Wyjaśnij: „Ustawiam teraz minutnik. Jego dźwięk będzie oznaczał, że skończył się twój czas i przyszła kolej na Olka". Prawdopodobnie trzeba będzie dzieciom wiele razy pokazywać, o co chodzi, nim zrozumieją i przyjmą twoją metodę, zresztą bądźmy szczerzy: być może w ogóle nie będą chciały jej zaakceptować, ale dzięki wytrwałości kiedyś nauczą się z niej korzystać.

Włącz cierpliwość. Pamiętaj, że nauka zabawy na zmianę wymaga czasu. Przynajmniej do trzecich urodzin swojej pociechy nie możesz oczekiwać, że zawsze będzie chętnie czekać na swoją kolej w gronie innych dzieci.

Trudności z dzieleniem się

Mój syn nigdy nie pozwala nikomu dotykać swojego ukochanego pluszowego zwierzątka. Dlaczego tak trudno przychodzi mu dzielenie się?

Dla dziecka nie istnieją takie pojęcia, jak „twoje", „moje" i „nasze" – jest tylko i wyłącznie „moje". Uważa ono za swoje nie tylko rzeczy, które mu się słusznie należą (jego zabawki, łóżeczko, krzesełko, mama i tato), ale także te, które należą do innych (książka brata, klucze mamy, autko kolegi). Nawet przedmioty, które z natury rzeczy należą do wszystkich (autobus, zjeżdżalnia na placu zabaw, kwiatki w parku), dziecko może postrzegać jako swoją własność. Obecnie „moje" jest jedynym znanym mu zaimkiem dzierżawczym i jednym z jego ulubionych słów. Może jeszcze nie potrafić tego wyrazu wypowiedzieć, ale wyraźnie pokazuje, o co mu chodzi, zaciekle broniąc swego prawa do własności.

Co sprawia, że malcom tak trudno przychodzi dzielenie się czymkolwiek? Kilka typowych dla ich wieku czynników. Po pierwsze, rodząca się potrzeba posiadania, bez jednoczesnej świadomości, że inni też ją odczuwają. Po drugie, gromadzenie przedmiotów określa ich autonomię, tożsamość (mam, więc jestem) oraz wytycza granice pomiędzy sobą a innymi. Po trzecie, zazdrośnie strzegąc przedmiotów – swoich i należących do innych – czuje się panem sytuacji („To jest moje i nikt mi tego nie odbierze!"). Uczucie to ma duże znaczenie dla budzącej się samoświadomości. Po czwarte wreszcie, dzieci stawiają znak równości pomiędzy dzieleniem się przedmiotem a oddawaniem go na zawsze, gdyż nie rozumieją jeszcze, na czym polega pożyczanie.

Dzielenie się, troszczenie się, czy... tylko popisywanie się?

Kiedy twoje dziecko proponuje ukochany kocyk zapłakanej koleżance albo ciastko tatusiowi, który sprawia wrażenie zmartwionego, zwykle nie wynika to ze szczodrości (raczej jeszcze mu nieznanej), lecz z właśnie pojawiającej się empatii. Chodzi mu nie tyle o podzielenie się, ile o okazanie troski, i to zachowanie na pewno trzeba chwalić, zwłaszcza że troska bezpośrednio prowadzi do dzielenia się (trudno przecież dzielić się z kimś, kto cię mało obchodzi).

Dziecko może też „zaproponować" zabawkę czy inną rzecz koledze lub komuś z rodziny, a potem szybko mu ją zabrać. W takim przypadku prawdopodobnie wcale nie chciało jej dać, lecz raczej tylko się nią popisać („Popatrz, co mam!", nie zaś: „Proszę, weź!").

Twoje dziecko ma problem z dzieleniem się nie dlatego, że jest rozpieszczone lub samolubne, lecz dlatego, że ewoluuje w istotę ludzką – na tym etapie najważniejsze jest to, co „moje". Dziecko musi najpierw nabrać świadomości własnej osoby, a dopiero potem będzie w stanie przedkładać potrzeby innych nad swoje. Jeśli chcesz przyspieszyć pojawienie się dziecięcej zdolności do dzielenia się, musisz uszanować ten proces i pozwolić, by toczył się we własnym tempie. Malec, który pozna radość posiadania (nawet jeśli oznacza to trzymanie danego przedmiotu tak mocno, jakby jego życie miało od tego zależeć), w przyszłości nie będzie czuł niepokoju, rozstając się ze swymi rzeczami. Z kolei zmuszanie teraz dziecka do dzielenia się może wywołać efekt odwrotny do zamierzonego.

Dzielenie się nie przychodzi małym dzieciom w sposób naturalny, a przed ukończeniem trzech lub czterech lat większość z nich w ogóle nie jest do tego zdolna. Jak wszystkich umiejętności społecznych, szybciej uczą się tej sztuki te dzieci, które częściej i bardziej regularnie mają kontakt z rówieśnikami, czy to w żłobku, czy podczas zabaw w najróżniejszych okolicznościach (na przykład z bliźniakiem, patrz ramka na str. 293). Można jednak już teraz uczyć dziecko hojności, aby, gdy nadejdzie czas, umiało pożyczać i komuś, i od kogoś. Oto jak zacząć:

Nie dziel tego, co nie jest twoje. Zabawki twojego dziecka należą do niego. Innymi słowy, ty nie powinnaś nimi dysponować. Zanim podasz innemu dziecku jakiegoś pluszaka, poproś swoje dziecko o zgodę. Jeśli odmówi, nie nalegaj, ale zaproponuj podzielenie się inną zabawką: „Wiem, że nie chcesz dać tego misia, bo go bardzo lubisz, więc może damy Ani do zabawy tego słonika?". Szanując prawo własności swego dziecka, sprawiasz, że (kiedyś) łatwiej mu będzie dzielić się tym, co należy do niego.

Nie zmuszaj dziecka, aby się dzieliło. Zmuszanie dziecka do dzielenia się oznacza, że uważasz jego potrzeby za mniej ważne od potrzeb innych dzieci. W ten sposób możesz wyrządzić spore szkody budzącej się dziecięcej samoświadomości, a jeśli chodzi o naukę dzielenia się – wywołać skutki wręcz odwrotne do zamierzonych. Jeśli dziecko ma świadomość, że przedmioty, które do niego należą, zawsze mogą zostać mu odebrane, to czuje się zagrożone w tym momencie życia, w którym ogromnie potrzebuje poczucia bezpieczeństwa. Zresztą zmuszanie do tego, aby się dzielić, nie uczy szczodrości, lecz jedynie tego, że trzeba postępować tak, jak ktoś każe. Wreszcie zamiast wyrobić w dziecku przekonanie o przyjemności płynącej z dawania (a tak być powinno), utwierdzasz je w przeświadczeniu, iż jest to coś bardzo przykrego.

Wprowadź pojęcie własności – także tej cudzej. Twój maluszek musi zrozumieć, że jedne rzeczy należą do niego (na przykład ukochane pluszowe zwierzątko), niektóre do innych osób (lalka lub autko towarzysza zabawy lub twoja książka), a jeszcze inne są przeznaczone dla całej grupy czy w ogóle dla wszystkich (autka w żłobku, sprzęt na placu zabaw). Podkreślaj to przy każdej okazji („To jest komputer taty" lub: „To jest huśtawka dla wszystkich i wszystkie dzieci, które chcą się huśtać, mogą z niej korzystać").

Wprowadź czekanie na swoją kolej. Choć nie jest to łatwe zadanie, każde dziecko musi także nauczyć się czekać na swoją kolej do zjeżdżalni lub huśtawki. Przypominaj regularnie o tej zasadzie (patrz tekst przy poprzednim pytaniu).

Patrz z odpowiedniej perspektywy. Dziecięca odmowa rozstania się z samochodzikiem choćby na piętnaście minut może ci się wydawać nieuzasadniona, ale w rzeczywistości ma ona solidne podstawy – dla malucha owe piętnaście minut to jak dla ciebie piętnaście godzin! Postaw się na miejscu swego dziecka. Czy chętnie i bez namysłu podzieliłabyś

Gdy trzeba się dzielić

Zdarzają się sytuacje, w których twoje dziecko nie może uniknąć dzielenia się swoimi rzeczami – na przykład kiedy gościsz u siebie grupę rówieśniczą albo chociaż tylko jedną jego koleżankę czy kolegę. Wtedy najlepiej wcześniej zdecydować, które szczególnie ukochane zabawki zostaną odłożone, a którymi dzieci będą się wspólnie bawić. Świadomość, że przynajmniej część zabawek będzie zabezpieczona przed małymi najeźdźcami, powinna twoje dziecko nieco zachęcić do dzielenia się pozostałymi skarbami (choć realnie podchodząc do sprawy, lepiej na to nie liczyć). Warto też, by inne maluchy przyniosły ze sobą jakąś zabawkę czy dwie, na wypadek gdyby dzielenie się stanęło z jakiegoś powodu pod znakiem zapytania. W miarę jak dzieci nabędą nieco wprawy w sztuce negocjowania, zaczną wymieniać się zabawkami, co będzie stanowiło początek prawdziwego dzielenia się. Kiedy widzisz, że zaczyna się kłótnia o zabawki, staraj się nie włączać w nią tak długo, jak długo nie dochodzi do rękoczynów. I chwal dzieci za wszystkie próby dzielenia się, bez względu na to, czy doszło do nich pod wpływem ingerencji dorosłych, czy samorzutnie.

się swoim samochodem, iPadem, ulubioną parą butów czy szczególnie cenną biżuterią nawet z najbardziej zaufaną przyjaciółką? Dla dziecka, które na razie nie rozumie, że to, co pożyczy, zostanie mu zwrócone, dzielenie się jest ogromnie trudne.

Spróbuj być nieco wyrozumiała. Nie krzycz na dziecko („Jesteś niemiły dla Jaśka. Daj mu się pobawić swoim autkiem"), lecz zdobądź się na odrobinę empatii, mówiąc: „Wiem, jak trudno ci dać swój samochodzik innemu dziecku do zabawy. Tak bardzo lubisz tę zabawkę". Malec czując, że go rozumiesz, być może szybciej pokona wewnętrzny opór. Możesz także spróbować wzbudzić w nim empatię do towarzyszy zabaw: „Ela jest smutna, bo nie pozwalasz jej układać swoich puzzli".

Dziel się przyjemnością dzielenia. Ponieważ maluchy najlepiej uczą się na przykładach, bądź dla swego dziecka wzorem hojności. Dziel się z nim swoją babeczką, melonem, który masz na talerzu, pozwól mu obejrzeć swoją gazetę i przymierzyć buty. Wyjaśniaj: „To jest moje, ale chętnie się z tobą podzielę". Zaproponuj wzajemną wymianę: „Ty pozwolisz mi pobawić się swoją lalką, a ja tobie pozwolę popracować na moim komputerze". Dla twojego dziecka dzielenie się z tobą nie jest tak przerażające jak dzielenie się z rówieśnikami (twój maluch wie, że ty nie uciekniesz z jego misiem), stanowi zatem dobrą praktykę.

Wprowadź zwyczaj „pożyczania". Pożyczanie komuś i pożyczanie od innych to pojęcia trudne dla małego dziecka, ale warto już teraz zacząć szkraba z nimi oswajać. Wyjaśniaj mu więc, że kiedy coś się komuś pożycza, to dostaje się to z powrotem, a kiedy się pożycza od kogoś, to należy mu to oddać. Ponieważ czyny przemawiają lepiej od słów, pokaż dziecku, na czym to polega. Pożycz od niego jego ukochanego misia, by po kilku chwilach zabawkę oddać. Potem pożycz jemu swoje okulary przeciwsłoneczne, a następnie poproś o ich zwrot. Wyjaśnij, że dzieci bawiące się na huśtawkach na placu zabaw lub klockami w mieszkaniu kolegi nie zatrzymują niczego na zawsze – po prostu „poży-

Umiejętność dzielenia się nie jest mocną stroną dwulatków.

czają" sobie te rzeczy na chwilę. Powtarzaj tę zasadę, wpajaj ją i ilustruj przykładami, a po jakimś czasie dziecko na pewno zrozumie jej sens.

Zadbaj o pozytywne nastawienie dziecka. Pochwal każdy przejaw dzielenia się, choćby najmniejszy i czyniony z ociąganiem, ponieważ w ten sposób zachęcisz malca do dalszych starań. Pokazuj zalety dzielenia się („Zobacz, jak Marta się cieszy, bo pozwoliłaś jej pobawić się swoją zabawką!"), ale staraj się też pomóc dziecku zauważyć korzyści, jakie płyną z dzielenia się: gdy pożyczy koledze jedno ze swych autek, mogą się bawić w emocjonujące wyścigi, albo jeśli pozwoli koleżance pobawić się swoim wózkiem sklepowym, to ona w zamian da mu do zabawy swoją lalkę. W miarę upływu czasu i nabywania doświadczeń dziecko – odpowiednio prowadzone przez rodziców – uczy się, że dzięki dzieleniu się zabawa staje się o wiele ciekawsza.

Dziecko bezpardonowe

Gdy moja córeczka spotyka się z innymi dziećmi, zachowuje się bezpardonowo – choć nie jest agresywna, nie pozostawia im wiele miejsca, szturcha je i trąca, co czasem maluchy irytuje.

Energiczne, skore do agresywnych zabaw maluchy – jak twoja córka – nie zamierzają wyrządzić krzywdy, gdy ściskają, trącają lub szarpią swych kolegów. Po prostu chcą poznawać otoczenie z pierwszej ręki (albo w pierwszej kolejności rękami), a inne dzieci stanowią przecież część tego otoczenia. Jakieś granice? Znają tylko własne. Uczucia? To samo. Własność? A co to jest?

Kontakt fizyczny służy im także do wyrażania tego, czego jeszcze nie potrafią wyartykułować słowami, tak więc zamiast powiedzieć: „Cześć. Fajnie, że jesteś!", dziecko uderzy koleżankę w ramię. Kiedy z kolei chce, aby dziecko, które przyszło w odwiedziny,

Agresywne zabawy? Raczej nie!

Choć może ci się wydawać, że tarmoszenie się czy kulanie po podłodze są świetnym rodzajem zabawy z twym małym wulkanem energii, to jest kilka powodów, dla których należy przy takich harcach bardzo uważać, a najlepiej w ogóle ich unikać. Po pierwsze, dziecko może zacząć kopiować takie niedelikatne zachowania w zabawach z rówieśnikami. Po drugie, nie wszystkie dzieci lubią takie zabawy (tak jak nie każde dziecko przepada za tuleniem się), a dla niektórych są one wręcz nieprzyjemne.

Szamotanie się może wręcz wystraszyć malucha, a jeśli spróbujesz bawić się z nim w ten sposób wieczorem, trudno mu będzie potem się wyciszyć i zasnąć. Często też po agresywnych zabawach dzieci budzą się w nocy lub mają złe sny. Ale najbardziej przekonujący argument przeciwko tarmoszeniu się z małym dzieckiem jest następujący: to może być po prostu niebezpieczne. Niespełna dwuletnie dziecko może odnieść poważne obrażenia na skutek energicznego potrząsania nim czy podrzucania. Nie martw się, jeśli do takich zabaw dochodziło w przeszłości – gdyby dziecku coś się stało, skutki byłyby już widoczne – ale odtąd już się ich wystrzegaj.

Niebezpieczne jest również zbyt szybkie kołysanie dziecka trzymanego za ręce (np. kręcenie go wokół siebie). Co prawda dzieciaki to uwielbiają, ale może przy tym dojść do niezwykle bolesnej dyslokacji w stawie łokciowym (którą w większości wypadków lekarz może szybko cofnąć). Nie należy też naciągać rosnących jeszcze małych rąk.

Uważaj także na łaskotki: jedne maluchy uwielbiają taką zabawę z rodzicami, inne jej nie cierpią, zwłaszcza gdy łaskotanie przeradza się w szamotanie lub trwa za długo (może to dla nich być wręcz bolesne, nawet jeśli wywołuje odruch śmiechu). Obserwuj wzrok dziecka, wyraz jego twarzy oraz całe jego ciało, a zorientujesz się, czy chce ono kontynuować zabawę, czy woli ją zakończyć. Kiedy widzisz w oczach malca bardziej panikę niż radość, natychmiast przestań łaskotać. Jeśli trudno ci odgadnąć nastrój dziecka, a jest ono jeszcze za małe, by go wyrazić słowami, zapytaj wprost: „Lubisz, gdy cię łaskoczę?". Otrzymawszy twierdzącą odpowiedź, możesz kontynuować łaskotki, ale jeśli odpowiedź będzie negatywna – zaniechaj ich.

poszło z nim do pokoju i zobaczyło nowe puzzle, może go tam dosłownie zaciągnąć, a gdy uzna, że już czas zakończyć zabawę, bezceremonialnie wypchnie gościa za drzwi.

Mała może dokładnie wiedzieć, co chce zrobić lub co próbuje powiedzieć, ale inne dzieci przypuszczalnie tego nie rozumieją. I w tym cały problem. Z ich punktu widzenia twoja córka jest obcesowa i narusza ich przestrzeń osobistą, a to nie jest miłe. Mogą zareagować płaczem lub szukać odwetu (dźgnięcie w oko za dźgnięcie w oko), a żadna z tych reakcji do niczego dobrego nie prowadzi. Co powinni zrobić rodzice takiego bezceremonialnego dziecka? Spróbuj stosować poniższe wskazówki:

- Bądź delikatna w zachowaniu. Chcesz, by córka zachowywała się subtelniej wobec rówieśników? Pokaż jej to własnym przykładem. Jeśli będziesz na nią krzyczeć, gdy nie chce wracać z placu zabaw, ciągnąć za ramię i rzucać całym ciężarem na fotelik samochodowy, po czym na siłę zapinać pasy mimo jej protestów, popychać, kiedy się guzdrze, albo choćby nawet szczypać i szturchać dla zabawy, dasz jej zły wzór. Pamiętaj, że maluchy są znakomitymi imitatorami, zwłaszcza rodziców, więc staraj się świecić bardzo dobrym przykładem. Z czasem mała zacznie go naśladować.
- Skłaniaj dziecko do większej subtelności. Pełnym życia maluchom subtelność i delikatność nie przychodzą samoistnie, więc pomóż swemu wulkanowi energii poprzez następujące ćwiczenie: pokaż, jak delikatnie trzymać pluszowego zwierzaczka czy twoją dłoń, mówiąc przy tym: „Lubię, gdy tak delikatnie mnie dotykasz".
- Zniechęcaj do zbyt energicznych zabaw. Jeśli pozwolisz dziecku na radosne szarpaniny z tobą, ale zabronisz ich z rówieśnikami, to przekażesz mu sprzeczne sygnały. Bądź więc konsekwentna przy wyznaczaniu granic zabawy. Gdy dziecko szarpie cię za ucho, uderza w brzuch swoją głową albo ciągnie mocno za rękę, powiedz, że ci się to nie podoba (nawet jeśli wcale ci to nie przeszkadza): „Nie rób tak, to boli". Wyjaśnij, iż tylko pewne formy kontaktu (obejmowanie, lekkie poklepywanie, delikatne potrząsanie dłoni, przybijanie piątki) są akceptowalne, inne natomiast nie.

Niegrzeczne zachowanie

Nasz syn zachowuje się nieprzyjemnie wobec innych dzieci w swoim wieku. Bardzo mnie to martwi.

Trudno kochać swego sąsiada (w piaskownicy, w bawiącej się razem grupie), gdy mocno kocha się siebie. Twój synek, tak jak każde normalne, egocentryczne małe dziecko, kocha przede wszystkim siebie (no i oczywiście ciebie) i jest to absolutnie typowe dla jego wieku. Zanim nauczy się troszczyć o innych, musi najpierw lepiej zrozumieć siebie – co tłumaczy, dlaczego jest tak bardzo zaabsorbowany sobą. Zresztą jeszcze nawet nie miał okazji zajmować się swymi potrzebami (bo większość z nich jest spełniana przez ciebie i innych dorosłych), więc tym bardziej potrzeby innych nie są na jego liście priorytetów.

Dzieci, które regularnie spędzają czas z innymi małymi dziećmi – na przykład w żłobku – lub ze starszym rodzeństwem, wcześniej zaczynają okazywać empatię i współczucie (oraz inne bardziej dojrzałe cechy społeczne), ponieważ doświadczenia wyniesione z grupy dają im świadomość, że wszyscy „jadą na tym samym wózku". Dzieciom będącym w centrum uwagi rodziny przychodzi to z większą trudnością i są one pod względem „społecznej świadomości" nieco opóźnione, ale tylko tymczasowo. Ładna zabawa i grzeczne ich zachowanie to melodia niedalekiej już przyszłości.

Oczywiście najlepszym sposobem na wpojenie dziecku starej dobrej zasady zważania na innych jest świecenie własnym dobrym przykładem, gdyż mili rodzice zawsze wychowują miłe dzieci. Pokazuj zatem maluchowi, jak być grzecznym, a na pewno pójdzie w twoje ślady, gdy tylko skończy się era jego egocentryzmu.

WSZYSTKO O...

PRZYJAŹNIE

Patrząc, jak kolejne popołudnie w parku przeradza się w coś, czego nie powstydziliby się mistrzowie boksu, jak twój malec i jego koledzy ciągną się za włosy i szarpią, pewnie zastanawiasz się: skoro tacy są przyjaciele, to nie potrzeba już chyba wrogów?

Bądź cierpliwa. W przyszłości jego przyjaźnie staną się bardziej dojrzałe (będzie dawanie i branie, a nie wyszarpywanie i ciągnięcie). Ale bądźmy realistami, nie jest to bliska przyszłość. Prymitywne więzi koleżeńskie, które malec nawiązuje teraz z rówieśnikami, są prawdziwe, lecz opierają się głównie na bliskości i swojskości („Jesteś moim kumplem, bo widzę cię co tydzień na zabawach w grupie"). Empatia, czyli podstawa dojrzałej przyjaźni, dopiero zaczyna się rodzić i to jest główny powód trudności we wczesnych kontaktach towarzyskich: „Dawać i brać? E tam, wystarczy brać". Czy sytuacja jest beznadziejna? Ależ skąd! Choć może ci być trudno w to teraz uwierzyć, w ciągu następnych kilku lat dziecko nauczy się dzielenia i współpracy, stanie się świadome uczuć innych i uwrażliwi się na nie, a z różnicami zdań będzie sobie radzić za pomocą słów, a nie pięści, czyli w skrócie – będzie zdolne do przyjaźni. Jeśli chcesz mu pomóc w jego społecznym rozwoju, skorzystaj z tych dziesięciu porad dotyczących przyjaźni:

1. Pokazuj zachowania społeczne. Dla twego dziecka pierwszym i najważniejszym wzorem kontaktów z innymi ludźmi jesteś właśnie ty. Od pierwszego twego pochylenia się nad jego kołyską po rozmowy przy stole dziecko uczy się, jak należy się zachowywać. Uczy się od ciebie, a nie od rówieśników. Dlatego sama musisz być wzorem takiego zachowania, jakie chciałabyś (kiedyś) u niego obserwować. Na zmianę rysujcie tą samą kredką, układajcie kolejne elementy w układance czy karmcie lalkę. Pożycz od swego malucha pluszowego pieska na minutę, a oddając, mów „dziękuję". Przedziel na pół kawałek sera czy krakersa i jedzcie razem. Bawcie się w gry o nieskomplikowanych zasadach, do których przestrzegania będziesz go zachęcać. Odgrywajcie sytuacje, w których dziecko może się znaleźć: jak prosi inne dziecko o możliwość pobawienia się jego zabawką, pożycza komuś zabawki, uczestniczy w zabawie, w której trzeba czekać na swoją kolej, przy czym ty będziesz pierwsza. Dziecko powinno także widzieć ciebie, kiedy wcielasz się w rolę najlepszego przyjaciela twojego partnera: oferujesz mu ostatni precelek z paczki, dzielisz się z nim ciepłym kocem, którym otuliłaś się na sofie, pozwalasz mu skorzystać z twojego smartfona, aby sprawdził, jaka będzie pogoda w czasie weekendu.

2. Stwarzaj dużo okazji do kontaktów z rówieśnikami. Dzieci, które wcześnie mają kontakty z innymi dziećmi – na przykład w dużej rodzinie, żłobku, sąsiedztwie lub grupie rówieśniczej – zwykle wcześniej wykazują się umiejętnościami towarzyskimi, społecznymi. Jeżeli twoja pociecha nie miała dotąd zbyt wiele okazji do przebywania z rówieśnikami, pomyśl o przyłączeniu się do grupy rówieśniczej lub stworzeniu jej; zapraszaj inne dzieci do waszego domu lub częściej wychodźcie na plac zabaw czy w inne miejsce, w którym spotykają się rodzice i ich maluchy (takie jak biblioteka lub lokalny dom kultury). Gdyby jednak było ci trudno organizować częste wyjścia lub zapraszać inne dzieci do was, nie przejmuj się: chociaż przyspieszyłoby to rozwój społeczny twego maluszka, to na pewno nie jest czymś absolutnie niezbędnym, jeśli tylko zapewniasz swemu dziecku dostatecznie wiele doświadczeń społecznych w domu.

3. Nazywaj przyjaźń po imieniu. Używaj przy swym dziecku często słowa „przyjaciel" na określenie jego towarzysza zabawy: „Twój przyjaciel Adaś przychodzi dzisiaj pobawić się z tobą". Wypowiadaj też często to słowo, opowiadając mu o swoich przyjaciołach: „Rozmawiam z moją przyjaciółką Anitą przez telefon". Łącz też swoje przyjaźnie z jego przyjaźniami: „Moja przyjaciółka ma na imię Anita, a twoja przyjaciółka nazywa się Madzia". Opowiadaj o przyjaźniach przy każdej okazji: przy czytaniu książeczek, podczas spacerów w parku, w trakcie wizyt w centrum handlowym („Te dwie dziewczynki są przyjaciółkami. Dobrze jest mieć przyjaciół!").

4. Stawiaj na współpracę. Podczas wizyt przyjaciół dziecka lub w czasie zabaw w grupie rówieśniczej organizuj takie zajęcia, które w sposób naturalny wymagają współpracy, a im więcej dzieci w nich uczestniczy, tym lepiej. Układanie budowli z klocków, gra w piłkę, muzykowanie na instrumentach, zabawy w przebieranie, zabawy w chowanego, wspólne projekty artystyczne (gryzmolenie kredkami po sporych arkuszach papieru), zabawy w kółko lub takie, które wymagają robienia czegoś na zmianę – wszystko to pomaga w zdobywaniu (choć nie zawsze udanym) podstaw potrzebnych do zaprzyjaźniania się. Co zrobić, gdy dziecko woli bawić się samo? Zabawa równoległa jest wczesnym etapem ewolucji społecznej dziecka i należy doceniać jej znaczenie – takie interakcje bez interakcji wiele mogą malucha nauczyć („Hmmm... nigdy nie myślałam o tym, żeby odbijać piłkę, a to musi być fajna zabawa!").

5. Bądź w pobliżu, zachowując neutralność. Nawet gdy zabawa przebiega w ciszy i spokoju, nie odstępuj na krok bawiących się dzieci i bądź w każdej chwili gotowa zareagować, jeśli nagle dojdzie do konfliktu. Nie wkraczaj jednak między zwaśnionych, dopóki nie dojdzie do rękoczynów – nauka interakcji społecznych wymaga ćwiczeń, nie zawsze przebiegających w pokojowej atmosferze. Jeżeli jednak interwencja osoby dorosłej staje się niezbędna, staraj się być absolutnie bezstronna, choćbyś nawet nie miała wątpliwości co do tego, kto miał rację, a kto nie (pamiętaj, każda strona musi się wiele nauczyć). Spokojnie, acz stanowczo połóż kres awanturze i zaproponuj dzieciakom inną zabawę.

6. Zaakceptuj sposób bycia dziecka w towarzystwie innych osób. Każde dziecko, podobnie jak każdy dorosły, ma własne stanowisko w sprawie kontaktów towarzyskich. Jedne maluchy nawiązują je wcześnie, inne wolą trochę poczekać. Jedne z przyjemnością poruszają się w większym gronie (im większe, tym lepiej), inne chętniej przebywają z jedną koleżanką czy kolegą. Wreszcie jedne rzucają się w każdą sytuację społeczną bez zastanowienia, inne czynią pierwszy krok z dużą nieśmiałością, a jeszcze inne wolą przyjąć pozycję obserwatora z oddali (lub z kolan mamy). Jeśli dziecko czuje się zadowolone w swojej roli, ty też nie powinnaś się niczym martwić.

7. Zadbaj o starsze towarzystwo. Kontakty z rówieśnikami są dla dziecka cenną lekcją i powinno się ono spotykać przede wszystkim właśnie z nimi. Ale maluch wiele też może się nauczyć od starszych od siebie. Raz na jakiś czas daj dziecku okazję przebywania ze starszym kolegą czy koleżanką, zapraszając w odwiedziny dziecko cztero- lub pięcioletnie (oczywiście jeśli ono chce się pobawić z maluchem). Twoja pociecha na pewno będzie zachwycona wszystkim, co jego starszy kumpel zrobi lub powie, a zatem może przejmie od niego także kilka zasad wspólnej zabawy. A przy tym malec – o ile tylko to starsze dziecko nie jest jego bratem albo siostrą – nie będzie tak skory do wyrywania mu zabawek, popychania go lub szturchania.

8. Bądź dla dziecka źródłem oparcia. Dzieci, które lubią same siebie, są zwykle lepsze dla innych i stają się lepszymi przyjaciółmi. Dbaj już teraz o poczucie własnej wartości swego dziecka i jego pewność siebie, gdyż dzięki temu dasz mu silne podstawy do zdrowych związków z innymi ludźmi. Z drugiej strony jednak nie przesadzaj z dopieszczaniem jego ego i nie wychwalaj go pod niebiosa, bo nikt nie lubi egomaniaków.

9. W razie potrzeby oferuj pomocną dłoń. Co masz zrobić, gdy skłonność do popychania innych dzieci lub do bycia popychadłem utrudnia twemu dziecku zabawę z innymi? Poszanowanie jego sposobu bycia w towarzystwie nie oznacza, że nie możesz podjąć działań, aby mu pomóc. Porady w tej kwestii znajdziesz na str. 296.

10. Nie naciskaj. Usilne skłanianie dziecka do kontaktów z rówieśnikami zazwyczaj nie pomaga maluszkowi w zdobywaniu przyjaciół. Wręcz przeciwnie: często rodzi w nim niechęć. Zachęcaj, ale nie naciskaj. I zawsze kieruj się tym, czego chce dziecko (jeśli po pierwszej wizycie w grupie rówieśniczej w tym tygodniu ma już dość towarzystwa, to znaczy, że czas zrobić przerwę). Nawiązywanie przyjaźni może jeszcze poczekać i rozwój społeczny dziecka też powinien się toczyć swym naturalnym tempem. Pamiętaj, że jest to proces, a więc coś, co trwa, i niebawem twoje dziecko samo odkryje, że dziecięce zabawy są o wiele lepsze i atrakcyjniejsze w większym gronie.

Rozdział 11

PODRÓŻE Z DZIECKIEM

Gdy podróżuje się z dzieckiem, nie trzeba szukać przygód, bo kiedy ono traci humor, to nawet najspokojniejsze wakacje na plaży zamieniają się w istne szaleństwo. Zastanówmy się: przypływ dziecięcej furii w domu... cóż, zawsze można pozamykać okna i drzwi. Histeria w supermarkecie? Na pewno kłopotliwa sprawa, ale nic nie stoi na przeszkodzie, aby pośpiesznie wycofać się do samochodu i wrócić do domu. Natomiast napad złości w samolocie na wysokości dziesięciu tysięcy metrów pełne dwie godziny przed lądowaniem, w pociągu, który znajduje się właśnie w połowie drogi między stacjami, lub w holu hotelowym podczas czekania na pokój... oto koszmary, które śnią się rodzicom po nocach. Należą do nich także konieczność zabawiania dziecka przez całą, trwającą sześć godzin podróż samochodem lub samolotem, brak ulubionych produktów spożywczych dziecka w nieznanym sklepie czy znalezienie hotelu, który naprawdę jest przyjazny dla najmłodszych gości (i ich wyczerpanych rodziców). Ale perspektywa wyjazdu ciągle kusi (podobnie jak dziadkowie i znajomi, niecierpliwie czekający waszej kolejnej wizyty), przybywa niewykorzystanego urlopu, strony internetowe obiecują wakacje rodzinne w niewygórowanej cenie, więc nadchodzi czas, kiedy trzeba się spakować i pojechać. Ruszaj zatem w drogę, ale przedtem planuj, planuj i jeszcze raz planuj!

Wyjazd z małym dzieckiem

Podróże z małymi dziećmi wiążą się z określonym bagażem, i to nie takim, który trzeba nosić. Oto jak ruszyć w drogę – lądową, morską czy podniebną – i dobrze się bawić.

Gdziekolwiek jedziesz

Aby wszyscy dobrze się bawili podczas wakacji z małym podróżnikiem, wykorzystaj następujące sugestie:

Poradź się lekarza. Zanim wyjedziesz z domu, sprawdź, czy dziecko jest zdrowe i czy masz wystarczające zapasy wszelkich medykamentów, które mogą się przydać w drodze, szczególnie jeśli tam, dokąd się udajesz, są one niedostępne. Należy przewidzieć ewentualne nagłe kłopoty zdrowotne (reakcję alergiczną, gorączkę, problemy żołądkowe) i wziąć: lek antyhistaminowy dziecka, środek przeciwbólowy oraz preparat zapobiegający odwodnieniu.

Przed wyjazdem w niektóre miejsca należy się wcześniej zaszczepić lub zastosować inne środki ostrożności. Informacje dotyczące zdrowia w trakcie podróży z małym dzieckiem powinien ci przekazać lekarz opiekujący się twoim dzieckiem; możesz je także znaleźć w Internecie, na przykład na stronie http://malypodroznik.pl/. Ogólne wskazówki dotyczące zdrowia podczas podróży są natomiast na http://www.zdrowiewpodrozy.pl/.

Zadbaj o noclegi. Przed każdą podróżą – czy to do hotelu, czy do babci – upewnij się, że dziecko będzie miało odpowiednie miejsce do spania. W większości hoteli, moteli i ośrodków wczasowych można otrzymać łóżeczko dla niemowląt, czasem nieodpłatnie – zadzwoń wcześniej i zamów je (a po przyjeździe sprawdź, czy nie budzi żadnych wątpliwości w kwestii bezpieczeństwa). Innym wyjściem będzie zabranie ze sobą przenośnego łóżeczka. Najwygodniejszym jednak rozwiązaniem podczas niektórych podróży (zwłaszcza jeśli nie chcesz brać dużo bagażu lub zatrzymacie się w wynajętej nieruchomości) będzie wynajęcie wszystkiego, czego dziecko potrzebuje, łącznie z łóżeczkiem (a także wózkiem) w internetowej lub miejscowej wypożyczalni. Wszystko zostanie przywiezione na miejsce, w razie potrzeby zmontowane oraz zabrane w chwili waszego wyjazdu, oczywiście za określoną opłatą. Jeżeli po przyjeździe na miejsce stwierdzisz, że łóżeczko nie jest bezpieczne, wyciągnij z niego materacyk i połóż go na podłodze (pamiętaj o zamykaniu drzwi od łazienki i sprawdź, czy pomieszczenie jest odpowiednio zabezpieczone). Albo śpij razem z dzieckiem w swoim łóżku.

Ogranicz liczbę zwiedzanych miejsc. Wakacje z małym dzieckiem zwykle są najbardziej udane, gdy spędza się je w jednym miejscu, na przykład u krewnych, w ośrodku oferującym specjalne atrakcje dla rodzin, w domku na plaży lub w jednym mieście. Planując wakacje wędrowne, ogranicz liczbę miejsc, które chcesz zwiedzić, aby nie być ciągle w drodze.

Nie oczekuj za wiele. Tajemnicą względnie udanego wypoczynku z dzieckiem są niewielkie oczekiwania i spora doza cierpliwości. To prawda, że twoje dziecko może wszystkich zaskoczyć, przystając na wszelkie propozycje, łatwo adaptując się do nowego otoczenia, pogodnie towarzysząc w zakupach i zwiedzaniu zabytków, nienagannie zachowując się w samolotach i czterogwiazdkowych restauracjach. Jednak bardziej prawdopodobne jest to, że będzie się zachowywać... no cóż, po prostu jak małe dziecko. Podczas niekończących się dni w muzeach, butikach i autokarach nuda doprowadza większość maluchów do łez (dosłownie!), więc planuj z rozsądkiem!

Ogranicz zwiedzanie. Jeżeli zamierzasz zwiedzać zabytki, pamiętaj, że trudno ci będzie zachowywać się jak typowy turysta. Ty możesz chcieć zobaczyć wszystko, co wymieniono w przewodniku, ale twoje dziecko na pewno będzie innego zdania. Tak więc jeśli nie jesteś wyjątkową szczęściarą, która może pojechać na wakacje z opiekunką lub z kimś z rodziny, kto zgodzi się zostać z dzieckiem, przyjdzie ci wypracować kompromis pomiędzy twoimi zainteresowaniami a miejscami, które maluch chciałby zobaczyć (zoo, muzea dla dzieci, plaża, park, centrum rozrywki). Nie próbuj też planować zbyt wiele na jeden dzień; zazwyczaj najlepiej odwiedzić jedno miejsce rano i jedno popołudniem, bo tylko tyle dziecko jest w stanie znieść, a często nawet to bywa dla niego zbyt męczące. Czasem małe dzieci mogą być na tyle zafascynowane formami, kolorami i kształtami w muzeum lub w galerii, że pozwolą rodzicom zwiedzać dane miejsce nawet przez godzinę, szczególnie jeśli są wygodnie usadowione w wózku. Maluchy, które zbliżają się do drugich urodzin, chętniej uczestniczą w zwiedzaniu, jeżeli jest ono połączone z jakąś zabawą. Spróbuj na przykład zaproponować odnajdowanie miejsc czy rekwizytów. Zadawaj pytania typu: „Czy widzisz pieska na tym pięknym obrazie?".

Poszukaj informacji o atrakcjach dla dzieci w przewodniku dla rodzin lub na lokalnej stronie internetowej dla rodziców.

Zaprzyjaźnij się z minilodówką. Jeśli w waszym pokoju jest wystarczająco dużo miejsca, jedzcie w nim śniadania i obiady; jadanie z dzieckiem w restauracjach może się okazać nie najlepszym pomysłem. Jeśli nie możesz sobie pozwolić na room service (zawsze ekscytujący i dla dzieci, i dorosłych), weź własne jedzenie. Dobrze, by w pokoju była lodówka (w stałym wyposażeniu lub specjalnie wynajęta), którą zapełnisz znaną dziecku żywnością i napojami – w ten sposób zaoszczędzisz sobie nerwów i wydasz mniej pieniędzy. A jeszcze lepiej by było dysponować małą kuchenką, choćby mikrofalową.

Nie zapomnij zabrać dobrego humoru! Poczucie humoru jest niezbędne podczas podróży z dziećmi. Jeżeli potrafisz się śmiać w trudnych chwilach (których nie sposób uniknąć), łatwiej je będzie znieść.

Podróże samochodem

Podczas długich podróży autem pamiętaj o poniższych wskazówkach:

Nie wyjeżdżaj bez fotelika samochodowego. Jest absolutnie niezbędny w każdej podróży samochodem, bez względu na to, jak długo ona trwa i jakim samochodem się odbywa (tak, tak, dotyczy to również taksówek i vanów!). Jeżeli wypożyczasz samochód, poproś wypożyczalnię o dostarczenie fotelika lub weź własny.

Jeśli w podróży bierze udział kilka osób, od czasu do czasu zamieniajcie się miejscami, aby malcowi zapewnić urozmaicone towarzystwo w drodze, a pozostałym pozwolić trochę odpocząć od obowiązku zabawiania go.

Spakuj się dobrze. Weź ze sobą wszystko to, co zawsze zabierasz, jadąc z dzieckiem samochodem, tylko w znacznie większych ilościach. Oczywiście należy spakować też te ulubione przekąski i napoje, które trudno kupić po drodze (do przewożenia jogurtów, jabłka w plasterkach, sera i innych łatwo psujących się produktów przyda się lodówka samochodowa). Warto mieć też płyty z piosenkami dla dzieci (których niestety będziesz musiała słuchać) oraz dużo zabawek. Jakich? Doskonałymi towarzyszami podróży są wszelkie pacynki, kredki, książeczki i małe grające zabawki, które potrafią zabawiać dziecko przez dłuższy czas. Podróż jest też doskonałym powodem do zorganizowania jak największej liczby nowych zabawek, czy to kupionych, czy pożyczonych. Dziecko będzie się nimi bawić o wiele dłużej niż tymi, które już dobrze zna (ale oczywiście warto zabrać też kilka tych szczególnie ulubionych). Przekąski i zabawki powinny być podawane pojedynczo, w pewnych odstępach czasu, aby ich zapas nie wyczerpał się po przejechaniu dwudziestu kilometrów. Przygotuj się też na śpiewanie piosenek, recytowanie wierszyków

Zabawy podczas podróży

Podróż to dla małego dziecka żadna przyjemność, więc wierci się w foteliku i złości na pasy, którymi jest przypięte – w końcu siedzenie nie jest jego ulubionym sposobem spędzania czasu. Co masz zrobić, by umilić malcowi czas w pociągu, samolocie lub samochodzie? Musisz dobrze wszystko zaplanować i spakować rzeczy, które bez większego wysiłku z twojej strony sprawią, że czas minie szybciej. Do zabawy w podróży potrzebna jest tylko bogata wyobraźnia i kilka prostych rekwizytów. Przyda się także rozkładany blat. Wybierając się na wyprawę ze swoją pociechą, wykorzystaj jedną (lub wszystkie) z poniższych wskazówek:

Zabawki do podróży. Nawet najmłodsze dzieci świetnie potrafią posługiwać się dłońmi i rozumieją już takie pojęcia, jak „włóż i wyjmij" albo „opróżnij, napełnij". Połącz te dwie kształtujące się umiejętności swego malucha i weź w podróż dwa zamykane plastikowe pojemniki: jeden pusty, drugi pełen zabawek, którymi dziecko na pewno chętnie się pobawi; niech to będą na przykład klocki, plastikowe zwierzątka lub kawałki tkaniny o intensywnych kolorach. Postaw pojemniki obok siebie i zachęć malca do przekładania przedmiotów z jednego do drugiego i z powrotem. Co prawda nieco kłopotliwa jest taka zabawa w samochodzie, ale znakomicie się sprawdza i zabija czas w pociągu lub w samolocie.

Podręczna biblioteczka. Książeczki o twardych kartkach są małe, lekkie, łatwo się je pakuje i doskonale potrafią zająć znudzonego małego podróżnika w samolocie bądź w pociągu (a także w samochodzie, jeśli prócz kierowcy jest jeszcze jedna osoba, która siądzie obok dziecka). Weź ze sobą kilka takich książeczek i gdy malec zacznie się wiercić, czytaj mu je z aktorskim zacięciem, modulując zabawnie głos.

Rysowanie i ścieranie. Jedną z najbardziej uniwersalnych zabawek, które można wziąć w podróż, jest mała suchościeralna tablica i komplet pisaków do niej. Rysowanie i ścieranie to dla dziecka świetna zabawa. Możesz zacząć pobudzać jego artystyczną wyobraźnię, rysując na tablicy zawijas lub inny kształt (oczywiście jeśli nie siedzisz za kierownicą!) i prosząc o dokończenie rysunku.

Rozglądanie się wokół. Wykorzystaj zmieniający się za oknem krajobraz i zorganizuj następującą zabawę, do której potrzebne ci będą kartki wielkości kart do gry z rysunkami bądź zdjęciami rzeczy, jakie często widuje się po drodze: drzewa, duże ciężarówki albo wysokie budynki. Podczas podróży podawaj dziecku po jednej karcie z kompletu i poproś, by wypatrywało tego, co przedstawia ilustracja. Możesz też zaprosić do tej zabawy pozostałych pasażerów: kto pierwszy zobaczy krowę, rower albo inną rzecz, ten wydaje określony dźwięk („muuu", „bip" lub inny zabawny odgłos). Nie zapomnij też o starej dobrej zabawie w zagadki na temat czegoś, co akurat widać za oknem.

Zabawa w „róbcie wszyscy to co ja". Poproś dziecko, by naśladowało różne zabawne gesty, które ty

oraz zabawy w wypatrywanie różnych rzeczy przy drodze. Dzieci w tym wieku powinny potrafić wskazać psa, krowę, dom, konia, ciężarówkę, stodołę, samolot, autobus czy most. Podpowiedzi dotyczące innych zabaw podczas podróży znajdziesz w dalszej części.

Rób przerwy w podróży. Wspaniałe czasy, kiedy potrafiłaś jechać cały dzień i całą noc o kawie, jednym hamburgerze czy torebce chipsów, za to z dużą dawką adrenaliny, muszą już odejść w niepamięć. Warto oczywiście wykorzystać czas, gdy dziecko śpi, i jechać bez przerw, ale gdy nie śpi, trzeba się często zatrzymywać na odrobinę ruchu, przekąskę i inne urozmaicenia. Podróżując samochodem z małym dzieckiem, lepiej nie robić jednego wielkiego maratonu, lecz rozłożyć trasę na etapy i zatrzymać się gdzieś na nocleg (oczywiście jeśli masz na to czas i pieniądze).

Nie zatrzymuj się wyłącznie po to, by odpocząć. Spędzanie długich godzin w samochodzie nikomu nie przychodzi z łatwością, ale dla dziecka jest to szczególnie trudne. Staraj się więc urozmaicać podróż wieloma przerwami na ćwiczenia pobudzające krążenie. Zachęć dziecko, aby rozprostowało nóżki i spaliło nieco energii, rzucając piłką (w bezpiecznym miejscu), lub zaproponuj inną zabawę ruchową.

Rusz w drogę o świcie. Jeżeli zdołasz wyjechać wcześnie rano, istnieje spora szansa, że dziecko prześpi przynajmniej część podróży, będziesz mu pokazywać: posyłanie całusa, klepanie się po głowie. Możesz utrudnić zabawę, wykonując sekwencje ruchów: dotknięcie brody, klepnięcie policzka, skinienie głową.

Wskazywanie kształtów. Narysuj na karteczkach samoprzylepnych kilka łatwych do rozpoznania kształtów, takich jak kółko, kwadrat, trójkąt czy serduszko, po czym przyklej te karteczki na rozkładanym stoliczku, blacie lub oknie, przy którym siedzi malec. Następnie nazywaj kształty i każ dziecku je wskazywać.

Zabawy gazetami. Co począć, gdy dziecku potrzebne jest jakieś spokojne zajęcie? Zrób dodatkowy użytek z czasopism, które wzięłaś na drogę, proponując maluszkowi szukanie czegoś na zdjęciach na podstawie twojej podpowiedzi („Piesek. Znajdź zdjęcie z pieskiem").

Zabawy wymyślane na poczekaniu. Gdy dziecko dopadnie nuda podczas podróży, nie trzeba daleko szukać rekwizytów do zabawy – wystarczy choćby pusta butelka po wodzie, aby zająć nią maluszka. Napełnij ją do połowy wodą, wrzuć kilka groszówek i zakręć zakrętkę (aby woda się nie wylała, a monety nie wypadły, gdyż dziecko może się nimi zakrztusić). Obserwowanie chlupoczących monet powinno zapewnić szkrabowi sporą rozrywkę.

Zabawy dłońmi. Większość maluchów uwielbia pacynki. Jeśli nie chce ci się wozić ich ze sobą, wystarczy, że kredką do oczu narysujesz małe buźki na obu palcach wskazujących i odegrasz scenkę z udziałem takich miniludzików. Możesz też narysować uśmiechniętą twarz na odwrocie plastikowej tacki po przekąsce (lub na papierowej torebce wziętej na wypadek nudności). Tak stworzona kukiełka opowiadać powinna dziecku proste, acz interesujące historie.

Zastyganie w bezruchu. Oto kolejna zabawa w samochodzie: włącz na minutę skoczną muzykę, do której będziecie wyginać się na siedząco (wszyscy prócz kierowcy!). Gdy muzyka ucichnie, uczestnicy zabawy muszą zastygnąć w swej pozie, robiąc śmieszną minę. Nawet jeśli trwanie w bezruchu nie spodoba się dziecku, na pewno świetnie się będzie bawić przy muzyce. Zresztą trochę ruchu podczas jazdy przyda się wszystkim pasażerom.

Zabawa folią. Kilka kawałków folii aluminiowej to wspaniały materiał do zajęć plastycznych w podróży, gdyż formuje się ją równie dobrze jak plastelinę, ale mniej przy niej bałaganu. Rwąc, skręcając, składając i ściskając pocięte arkusze folii, malec może robić różne zabawne rzeczy. Pamiętaj jednak, że ktoś musi nadzorować tę zabawę, aby oderwany skrawek nie trafił do małej buzi.

Magnesy. Weź w podróż małą blaszkę do pieczenia i magnesy w kształcie literek. Przesuwanie magnesów zapewni malcowi sporo rozrywki, a ciebie na pewno ucieszy to, że literki nie spadają i nie gubią się. W dodatku blaszka z wysokim brzegiem może także służyć jako pojemnik na książeczki, kredki czy małe zabawki, które dziecko może trzymać na kolanach.

w zależności od tego, o jakiej porze zwykle wstaje. Ale uwaga: kierowca nie może być senny. Trzeba być dobrze wypoczętym, zmieniać się za kierownicą i zatrzymać się natychmiast, gdy tylko poczuje się zmęczenie.

Nie zapomnij o środkach higienicznych. Koniecznie spakuj duży zapas pieluch, wilgotnych chusteczek, preparat do dezynfekcji rąk, jednorazowe worki na śmieci (oraz na ewentualne skutki choroby lokomocyjnej), papierowe ręczniki oraz dodatkowy komplet odzieży (dostępny w każdej chwili).

Myśl przede wszystkim o bezpieczeństwie. Kilka zasad bezpiecznego podróżowania samochodem:

- Wszyscy muszą mieć zapięte pasy bezpieczeństwa.
- Zatrzymaj się na odpoczynek, jeszcze zanim poczujesz zmęczenie – wypadki często zdarzają się przemęczonym kierowcom.
- Nigdy nie siadaj za kierownicą po wypiciu alkoholu.
- Nie rozmawiaj przez telefon podczas kierowania pojazdem, nawet korzystając z systemu głośnomówiącego.
- Prowadząc samochód, nie wysyłaj esemesów ani e-maili, nie korzystaj też z komunikatorów.
- Nie pozwalaj nikomu palić w samochodzie.

- Ciężkie bagaże bądź rzeczy, które mogą się przemieścić, przewoź w bagażniku lub dobrze zabezpieczone.

Podróże samolotem

Jest kilka spraw, o których powinnaś pamiętać, jeśli planujesz lot z dzieckiem.

Zarezerwuj wcześniej bilety. Jeżeli to możliwe, postaraj się kupić bilety dużo wcześniej. Wiele linii lotniczych (choć nie wszystkie) pozwoli ci wybrać miejsca do siedzenia. Wydrukuj karty pokładowe w domu, nim wyjedziesz na lotnisko, albo skorzystaj z mobilnych kart pokładowych (jeśli jest taka możliwość).

Unikaj podróży w okresach wzmożonego ruchu turystycznego. Im mniejszy tłok w terminalu, tym krótsza kolejka do kontroli bezpieczeństwa. Im mniej osób na pokładzie, tym wygodniej się będziesz czuła, otrzymasz lepszą obsługę, a zachowanie dziecka w mniejszym stopniu wpłynie na pozostałych pasażerów. Sprawdź więc obłożenie lotów, zanim dokonasz rezerwacji. Staraj się także wybrać lot w porze, w której twoje dziecko zwykle śpi (na dalekie podróże najlepsze są nocne loty, na krótkie – godziny popołudniowej drzemki). Przy pewnej dozie szczęścia malec rzeczywiście prześpi choć część podróży. To fakt, że opóźnienia lotów mogą popsuć najstaranniej przygotowany harmonogram, lecz na pewno warto spróbować wszystko zaplanować.

Rozważ dwie opcje: podróż non stop, podróż z przerwami. Zwykle im krótsza podróż, tym lepiej. Długi lot, w dodatku bez przerw, może być zbyt trudny do zniesienia dla wszystkich – dla dziecka, dla ciebie i dla innych pasażerów na pokładzie. Daleką podróż warto więc rozbić na dwie krótsze (bilet na takie połączenie może być nieco tańszy). Przerwa pomiędzy lotami powinna być na tyle długa, by można było dotrzeć bez większego pośpiechu do następnego wejścia i mieć jeszcze dość czasu na przekąszenie czegoś, umycie się, przewinięcie dziecka (znacznie łatwiej zmienić pieluchę w toalecie na lotnisku niż w samolocie), pozwolić malcowi trochę pobiegać, zająć go obserwowaniem lądujących i startujących samolotów lub odwiedzić miejscowe centrum gier i zabaw dla dzieci. Jednak gdy czasu w terminalu jest za dużo, może się on ciągnąć w nieskończoność.

Zastanów się nad wykupieniem dodatkowego siedzenia. Mimo że dzieci w wieku do dwóch lat mogą podróżować większością linii lotniczych za darmo (gdy siedzą na kolanach rodziców), wiele osób decyduje się na wykupienie im dodatkowego miejsca. Jest to bardzo rozsądne posunięcie. Dziecko, uwięzione na kolanach mamy lub taty podczas startu, lądowania i turbulencji (częstych i nieoczekiwanych na niektórych trasach przelotu), zwykle kręci się, wierci i głośno domaga wolności. Zakup pełnego biletu dla malca może się wydawać ekstrawagancją, ale ułatwi to siedzenie, zabawę i spożywanie posiłków, a jednocześnie sprawi, że twoje dziecko poczuje się ważniejsze (z własnymi pasami bezpieczeństwa, tacą z jedzeniem, słuchawkami i podłokietnikami). Zresztą maluchy przewożone w fotelikach samochodowych przypiętych do osobnych siedzeń są również bezpieczniejsze podczas turbulencji aniżeli dzieci przytrzymywane w ramionach rodziców (więcej informacji na temat korzystania z fotelików samochodowych podczas lotów samolotem znajdziesz na str. 315–316).

Jeżeli podróżujesz z inną osobą dorosłą i wcześniej zarezerwujesz bilety, to być może uda ci się wykupić siedzenie zewnętrzne i siedzenie przy oknie, z jednym miejscem wolnym pośrodku. Niektóre linie lotnicze, poinformowane, że podróżujesz z dzieckiem na kolanach, nie sprzedadzą już tego miejsca, jeśli nie będzie to absolutnie konieczne. Tak

Na wypadek nudności

Kłopoty z brzuszkiem mogą się zdarzyć w trakcie każdej podróży – samolotem, pociągiem czy samochodem. Korzystaj z poniższych rad przed podróżą i w jej trakcie, nawet jeśli malec nigdy wcześniej nie miewał nudności, a zwłaszcza gdy już mu się one przytrafiały.

Porozmawiaj z lekarzem. Jeśli dziecko miewało już silne nudności w podróży, poproś lekarza o odpowiednie lekarstwa.

Spakuj „morskie bransolety" (sea-bands). Te elastyczne bransolety, które możesz pamiętać jeszcze z czasów ciąży, pomagają zwalczyć chorobę lokomocyjną poprzez uciskanie wewnętrznej części nadgarstka. Są niedrogie, łatwe w stosowaniu i wygodne w noszeniu. Przy ich kupowaniu zwróć uwagę, by miały dziecięcy rozmiar.

Napełnij, ale nie przepełniaj. Głodne dziecko to rozdrażnione dziecko, dlatego warto zadbać o częste, lekkie przekąski w podróży (na przykład w postaci krakersów). Z drugiej jednak strony przepełniony brzuszek może hm... eksplodować. Uważaj zatem, by dziecka nie przekarmić.

Uważaj na kwaśną żywność. Kwaśne owoce (na przykład pomarańcze) lub kwaśne soki łatwo podrażniają żołądek.

Zrezygnuj z produktów bogatych w tłuszcze. Żywność o wysokiej zawartości tłuszczu także może nasilać nudności, więc dobrze się zastanów, czy warto do spożywanego w drodze posiłku zamawiać frytki albo czy zjeść cheeseburgera tuż przed ruszeniem w drogę.

Zadbaj o świeże powietrze i miejsce dziecka przy oknie. W trakcie jazdy samochodem można uchylić okno, a w samolocie odpowiednio skierować nawiewy. Obserwowanie horyzontu może pomóc opanować nudności, dlatego jeśli to tylko możliwe, sadzaj dziecko przy oknie i co jakiś czas zwracaj jego uwagę na krajobraz. W chwilach kłopotów z brzuszkiem lepiej nie proponować maluchowi oglądania książeczek czy robienia czegoś, co wymaga skupienia wzroku na przedmiocie znajdującym się w niewielkiej odległości od oczu.

Zachęć dziecko do drzemki. Malec, który potrafi spać podczas jazdy albo przynajmniej odpoczywać z zamkniętymi oczami, rzadziej cierpi na chorobę lokomocyjną.

Miej pod ręką akcesoria higieniczne. W przypadku gdyby żadna z powyższych metod nie poskutkowała, bądź przygotowana na najgorsze. Trzymaj pod ręką (ale poza zasięgiem dziecka) duże woreczki strunowe oraz wilgotne chusteczki higieniczne, którymi można wytrzeć dziecko, ubranie, siedzenia czy wykładzinę podłogową. Nie zapomnij też o odświeżaczu powietrza.

Czując sensacje żołądkowe, dziecko przypuszczalnie nie będzie wiedziało, co się z nim dzieje, ani nie będzie umiało tego wyrazić słowami. Niektóre dzieci reagują wtedy ogólnym rozdrażnieniem, inne zaciskają rączki na gardle lub trzymają się za brzuszek, a jeszcze inne kaszlą (reakcja na zgagę) bądź bledną. Czasem jednak wymiotów nie poprzedzają żadne wyraźne objawy.

Jeśli dziecko zwymiotuje, zatrzymaj się, gdy tylko będzie to możliwe, postaraj się posprzątać bałagan i namów dziecko, by zamknęło oczy i odpoczęło przez kilka minut, nim znów ruszycie w drogę. Świeże powietrze i chłodny kompres przyłożony do czoła też dobrze mu zrobią. Aby uspokoić malca i zapobiec odwodnieniu, daj mu kilka łyczków zimnej wody lub lody z mrożonego soku, jeśli uda ci się je kupić.

więc, jeśli miejsce to pozostanie wolne, będziesz mogła posadzić tam malca, a jeśli zostanie sprzedane, możesz być raczej pewna, że osoba, która je kupiła, chętnie zamieni się z jednym z was, aby dziecko nie musiało wędrować w tę i z powrotem nad jej kolanami.

Wybieraj siedzenia przy przejściu. Dzieci uwielbiają miejsca przy oknie, ale jeśli będziesz podróżować sama z malcem na kolanach, szybko pożałujesz, że nie masz dostępu do przejścia. Wybierz raczej miejsce zewnętrzne, gdyż w przeciwnym razie będziesz często wystawiać na próbę cierpliwość swego sąsiada, który będzie zmuszony cię przepuszczać, abyś mogła pójść przewinąć dziecko lub pospacerować z nim (pamiętaj jednak, że jeśli wnosisz na pokład fotelik samochodowy, obsługa samolotu nie pozwoli ci umieścić go na siedzeniu zewnętrznym). Oczywiście, jeśli cały rząd siedzeń zajmują osoby podróżujące razem z tobą, możesz mieć jednocześnie do-

Paszport dla okruszka

Każda osoba podróżująca pomiędzy USA i Kanadą, Meksykiem, Bermudami i Karaibami, oraz oczywiście do wszystkich innych krajów, musi przedstawić paszport lub inny ważny dokument podróżny, aby móc opuścić teren USA i nań wrócić – dotyczy to także najmłodszych. Jeśli twoje dziecko nie ma jeszcze paszportu, musisz zarezerwować sobie sporo czasu na jego wyrobienie zanim wybierzesz się w zagraniczną podróż. Wszystkie osoby poniżej 16 roku życia (również najmłodsi) muszą składać wniosek osobiście, w obecności obojga rodziców lub przedstawiając potwierdzony notarialnie dokument od nieobecnego z rodziców. Więcej informacji na ten temat można znaleźć na witrynie internetowej travel.state.gov/ passport.

Samotna podróż z dzieckiem (tzn. bez drugiego z rodziców) może wymagać przedłożenia specjalnych dokumentów. Należy przygotować się na konieczność udokumentowania zgody nieobecnego ojca czy nieobecnej matki albo dokumentu potwierdzającego, że jest się jedynym prawnym opiekunem dziecka.

stęp do miejsca przy oknie i przy przejściu. Rezerwując miejsce przy oknie, upewnij się, że widoku nie zasłoni skrzydło samolotu oraz że nie będzie to miejsce zlokalizowane przy wyjściu awaryjnym, gdyż małym dzieciom nie wolno tam siedzieć.

Rodzice często chętnie wybierają miejsca koło przegrody (w pierwszym rzędzie), które zapewniają więcej przestrzeni z przodu, dzięki czemu malec może swobodnie wierzgać i kopać nóżkami, nie irytując pasażerów zajmujących rząd przed nim, ma też miejsce do zabawy lub na drzemkę. Jednak prócz kilku zalet rozwiązanie to ma wiele wad. Po rozłożeniu na kolanach stoliczka na posiłek brakuje miejsca dla dziecka; poręczy zazwyczaj nie można podnosić (a więc dziecko nie może ułożyć się do drzemki na dwóch siedzeniach); podczas projekcji filmu siedzisz tuż przed ekranem; nie ma miejsca na bagaż pod siedzeniem, więc nawet plecaczek z zabawkami dziecka musi być umieszczony w schowku nad głową podczas startu i lądowania. Jeśli jednak zdecydujesz się na to miejsce lub nie będziesz miała wyboru, nie pozwalaj dziecku bawić się na podłodze, na wypadek gdyby doszło do nieoczekiwanych turbulencji.

Skorzystaj z punktu nadawania bagażu. Aby uniknąć dźwigania bagażu po rozległym lotnisku, nadaj cały bagaż, zostawiając przy sobie tylko przedmioty wartościowe i rzeczy niezbędne (plecaczek z zabawkami dziecka, torba na pieluchy oraz niewielki bagaż podręczny). Wypożycz na lotnisku wózek bagażowy z wmontowanym siedzeniem dla dziecka lub weź małą spacerówkę.

Zaplanuj przejście przez kontrolę bezpieczeństwa. Najlepszym przyjacielem młodych rodziców przy bramce bezpieczeństwa jest lekka, składana spacerówka, którą można w ostatniej chwili złożyć i położyć na taśmie transportowej urządzenia prześwietlającego. (Przypuszczalnie będziesz mogła wieźć w niej dziecko aż do rękawa, oddać ją przy wejściu do niego i odebrać tuż po lądowaniu). Łatwo wsuwane buty (i dla dziecka, i dla ciebie) to kolejny dobry pomysł przy przechodzeniu przez kontrolę – jeśli zostaniecie poproszeni o ściągnięcie ich, nie trzeba będzie szamotać się w ostatniej chwili ze sznurówkami czy innymi zapięciami. Nie zapomnij o skarpetkach, gdyż chodzenie po brudnej podłodze nie należy do przyjemności i jest niewskazane. Jeśli dziecko potrafi samodzielnie chodzić, powinno przejść przed tobą przez skaner, ale bądź blisko niego i nie zapomnij sprawdzić, czy nic nie zostało w kieszonkach jego ubrania. Natomiast malca, który jeszcze nie potrafi chodzić, musisz trzymać na rękach, lecz jeśli włączy się alarm, oboje przejdziecie kontrolę osobistą. Nie stresuj się faktem, że zatrzymasz kolejkę – nikt nie oczekuje, że rodzina z małym dzieckiem przejdzie szybko przez kontrolę. Spróbuj pozytywnie nastawić dziecko do sytuacji, zamieniając ją w zabawę („Czy umiesz włożyć swój plecaczek do pojemnika?"; „A klucze?"). Na niektórych lotniskach są osobne bramki dla rodzin i innych osób potrzebujących więcej czasu na poddanie się kontroli.

Zastanów się dobrze, czy warto skorzystać z wcześniejszego boardingu. Jeśli linia lotnicza oferuje możliwość wcześniejszego wejścia na pokład rodzinom z dziećmi, przemyśl wszystkie plusy i minusy, zanim skorzystasz z tego przywileju. Tak, to prawda, że da ci to pewne fory, gdy chodzi o jakże potrzebne miejsce w schowku nad głową, ale z drugiej strony, im wcześniej wejdziesz do samolotu, tym szybciej dziecko może dopaść nuda, gdyż spędzi ono na pokładzie dodatkowe pół godziny. Czy warto dobrowolnie skazywać się na to z wiercącym się brzdącem, którego ciągle trzeba czymś zajmować?

Proś o pomoc obsługę samolotu. Jeśli podróżujesz sama z dzieckiem, nie bądź nieśmiała (ale bądź miła) i nie wahaj się zwracać do załogi o pomoc, gdy będziesz jej potrzebować. Przecież podniesienie torby i włożenie jej do schowka nad głową, kiedy trzyma się dziecko na rękach, to zadanie praktycznie niewykonalne. A zatem śmiało poproś o pomoc obsługę samolotu lub któregoś z pasażerów.

Nie oczekuj podczas lotu posiłków. Upewnij się wcześniej, czego dokładnie możesz się spodziewać i czy będziesz mogła kupić (albo otrzymać) specjalny posiłek dla małego dziecka. Czasem pod słowem „przekąska" kryje się napój i torebka precelków lub orzeszki, które dla dziecka poniżej czwartego roku życia są produktem niebezpiecznym ze względu na ryzyko zadławienia się. Niezależnie od tego, co linie lotnicze obiecują, nie wchodź na pokład bez własnego zapasu przekąsek odpowiednich dla swojego malucha. Opóźnienia lotów wiążą się z opóźnieniami w serwowaniu jedzenia, wózek z posiłkami nierzadko w zabójczo wolnym tempie przesuwa się między rzędami, a specjalnych dań czasem nie ma w ogóle (zresztą bądźmy szczerzy, z reguły nie ma w nich niczego specjalnego).

Podczas lotu bardzo ważne jest uzupełnianie płynów (powietrze w samolocie jest bardzo suche), więc koniecznie kup dziecku jego ulubiony napój już po przejściu przez kontrolę bezpieczeństwa. Ponieważ przepisy bezpieczeństwa na lotniskach i w samolotach są wciąż zaostrzane, obowiązkowo sprawdź wcześniej, jakie są najnowsze zarządzenia dotyczące wnoszenia płynów na pokład. W Internecie można znaleźć wiele informacji przydatnych rodzicom podróżującym z dziećmi, w tym wskazówki co do rzeczy niezbędnych dla najmłodszych.

Dobrze się spakuj. Weź tyle książeczek i zabawek odpowiednich do zabawy w samolocie, ile zmieścisz w bagażu podręcznym (ale uważaj, by nie wydawały żadnych dźwięków i nie miały wielu elementów, które mogą się rozsypać po podłodze). Zabierz też dwa razy więcej pieluch, niż teoretycznie byś potrzebowała, mnóstwo nawilżonych chusteczek i spory zapas środka do dezynfekcji rąk, a także przynajmniej jedną zmianę odzieży dla dziecka i dodatkową bluzkę dla siebie (jeśli o niej zapomnisz, na pewno zostaniesz oblana soczkiem jabłkowym). A ponieważ na pokładzie samolotu bywa chłodno, weź dodatkową odzież wierzchnią dla swojego maluszka.

Zadbaj o bezpieczeństwo dziecka. Jeśli dziecko będzie miało osobne siedzenie, weź fotelik samochodowy zatwierdzony do stosowania w samolotach. Ze względów bezpieczeństwa dzieci, które ważą mniej niż dziewięć kilogramów, powinny podróżować w foteliku samochodowym odwrócone tyłem do kierunku lotu, natomiast dzieci w przedziale wagowym dziewięć–osiemnaście kilogramów mogą siedzieć w foteliku samochodowym ustawionym przodem do kierunku

Dziecko i zespół długu czasowego

Podróżowanie między strefami czasowymi nie jest łatwe dla nikogo – znacznie trudniej przestawić swój zegar wewnętrzny niż ten noszony na nadgarstku. O ile jednak dorosły potrafi obrócić się na drugi bok i ponownie zasnąć, gdy ten pierwszy zegar obudzi go o właściwej porze, tylko w niewłaściwej strefie czasowej, o tyle dziecko ma z tym spore problemy. Bez względu na to, w jakim kierunku podróżujesz, przyda się wam kilka poniższych wskazówek, które ułatwią pokonanie różnic w czasie:

Zastanów się, czy warto przestawiać zegar biologiczny dziecka. Gdy wyjeżdżasz z domu tylko na kilka dni, będzie lepiej, jeśli dziecko nie zmieni swoich przyzwyczajeń; w przeciwnym razie wkrótce po opanowaniu nowego rozkładu dnia przyjdzie czas na ponowne przestawienie zegara przed powrotem do domu.

Zacznij przestawiać zegar biologiczny dziecka, zanim wyruszysz w podróż. Jeżeli podróżujesz na wschód, to już przez pewien czas przed planowanym wyjazdem zacznij kłaść dziecko spać trochę wcześniej i budź je przed zwyczajową porą. Jeśli natomiast zamierzasz podróżować na zachód, to przedtem co wieczór próbuj przesunąć nieco godzinę zasypiania dziecka. To przestawianie rozpocznij na przynajmniej trzy dni przed podróżą, aby dziecko przyzwyczajało się stopniowo.

Przestaw swój zegarek. W chwili wyruszenia w podróż przestaw swój zegarek zgodnie z czasem obowiązującym w docelowej strefie czasowej i staraj się dopasować posiłki i sen do nowego planu dnia. Jeśli ruch wywołuje senność twojego dziecka i śpi ono podczas podróży, to znaczy, że niemożliwe będzie trzymanie się jakiegokolwiek harmonogramu. Ale niech tak będzie. Zakłócony porządek dnia może tak rozregulować rytm biologiczny malucha, że przestanie on odróżniać dzień od nocy, a to z kolei ułatwi mu przystosowanie się do nowego czasu u celu podróży.

Jeżeli to możliwe, przestawiaj zegar biologiczny dziecka stopniowo. Podróż samochodem czy pociągiem pozwala na stopniowe przyzwyczajanie dziecka do nowego czasu, strefa po strefie.

Przestaw zegar całkowicie. By przestawić się na nowy czas, podróżnikowi nie wystarczy tylko spać wtedy, kiedy śpią miejscowi. Chcąc pomóc dziecku dostosować się do nowej strefy czasowej, trzeba również pomóc mu jeść, budzić się i bawić oraz drzemać zgodnie z czasem lokalnym. Jeśli na przykład podróżowaliście na wschód, zacznij dzień od obudzenia dziecka o rozsądnej porze, nie pozwalając mu spać tak długo, jak chce. Zrób to delikatnie i przygotuj się na konsekwencje w postaci marudzenia (wpuszczenie światła słonecznego do pokoju powinno pomóc). Wkrótce po przebudzeniu podaj śniadanie i całą resztę dnia spędzajcie zgodnie z czasem obowiązującym na miejscu. Pod koniec dnia z pewnością pojawi się zmęczenie i dziecko szybciej niż zwykle pójdzie spać. Rezygnacja z popołudniowej drzemki może pomóc malcowi przyzwyczaić się do wcześniejszego zasypiania, ale może też wywołać przeciwny skutek, gdyż

lotu. Jeżeli nie chcesz zabierać fotelika ze sobą (warto sprawdzić, czy wybrana przez was linia lotnicza udostępnia takie siedzonka dla najmłodszych pasażerów), zastanów się nad szelkami bezpieczeństwa CARES (Child Aviation Restraint System). Są one przeznaczone dla dzieci o masie ciała od dziesięciu do dwudziestu dwóch kilogramów (a same ważą niespełna pół kilograma). Zakłada się je wokół oparcia siedzenia za pomocą dwóch poziomych pasków o regulowanej długości, po czym zapina się dziecko pięciopunktowymi pasami, tak jak w samochodzie. Pasy CARES są do nabycia w sklepach internetowych.

Jeśli dziecko podróżuje na twoich kolanach, nie przypinaj się razem z nim, gdyż może ono doznać poważnego urazu nawet przy lekkim wstrząsie. Przypnij siebie, a następnie obejmij dziecko rękami w pasie i trzymaj się za nadgarstki w czasie startowania i lądowania. Nie pozwalaj dziecku chodzić samemu po przejściach ani bawić się czy spać na podłodze, gdyż w przypadku nagłych turbulencji będzie narażone na urazy.

Starannie przeczytaj informacje o maskach tlenowych i dowiedz się, gdzie znajdują się zapasowe, gdyż jeśli dziecko nie ma swojego miejsca, nie ma też maski (zwykle na każdy rząd lub kilka rzędów siedzeń przypada jedna dodatkowa maska). Pamiętaj – zgod-

zmęczonemu dziecku trudniej będzie wyciszyć się i zasnąć.

Pomimo twoich wysiłków zmierzających do przestawienia biologicznego zegara dziecka może ono przez jakiś czas nadal trzymać się domowego rozkładu dnia. Przygotuj sobie jakąś cichą formę rozrywki, tak na wypadek gdyby malec obudził się w środku nocy i nie mógł zasnąć. Miej też pod ręką coś do jedzenia, bo może poprosić o śniadanie (a czy będzie ci się chciało szukać pudełka z płatkami o czwartej nad ranem?).

Nie zapomnij o świetle. Światło słoneczne odgrywa ważną rolę w procesie przestawiania zegara biologicznego, dlatego zaraz po przyjeździe do celu staraj się jak najwięcej czasu spędzać z dzieckiem w słońcu, na świeżym powietrzu. Podróżując na wschód, następnego dnia powinniście postarać się wstać jak najwcześniej, z kolei po podróży na zachód wstańcie późnym popołudniem. Przyzwyczajenie się do lokalnego czasu, który jest oddalony bardziej niż trzy strefy czasowe od waszego domu (w którąkolwiek stronę), będzie łatwiejsze, jeśli wszyscy dołożycie starań, aby pobyć w południe na słońcu.

Nie oczekuj, że do przestawienia wewnętrznego zegara wystarczy jedna doba. Zwykle potrzeba na to przynajmniej kilku dni, a im więcej stref czasowych dzieli was od domu, tym dłużej trwa okres adaptacji (jedna godzina różnicy nie powinna mieć żadnego znaczenia). Wymaga to także sporej cierpliwości, gdyż mały podróżnik z zespołem długu czasowego będzie bardziej marudny niż zwykle. Bądź więc dla niego szczególnie wyrozumiała. Nie planuj większych wypraw, zwolnij tempo (najlepszym zajęciem będzie relaks przy basenie lub w parku). Podobnie postępuj przez kilka pierwszych dni po powrocie z dalekiej podróży do domu.

Planując podróż, uwzględnij różnice w czasie lokalnym. Jeśli zamierzasz pokonać więcej niż cztery strefy czasowe, musisz wziąć pod uwagę kilka różnych czynników. Podróż na wschód, na przykład z Los Angeles do Londynu, wiąże się z dość radykalną, bo ośmiogodzinną różnicą w czasie pomiędzy tymi miastami. Wielu rodziców twierdzi, że w takim wypadku najlepiej wybrać lot późnym wieczorem (o godzinie 22.00 lub 23.00). Maluchy przesypiają wówczas większą część podróży, ale ich sen jest na tyle zakłócony (zwłaszcza jeśli o świcie światło słoneczne wpadnie przez okno), że czują się zmęczone następnego dnia, w związku z czym skore są położyć się do snu wcześniej niż w domu i bliżej początku nocy w Londynie. Trudniejszy natomiast może się okazać lot powrotny, ponieważ odbywać się będzie w godzinach dziennych. Kilka drzemek może pomóc rozbić długą podróż, a przybycie późnym popołudniem do Los Angeles powinno sprawić, iż zmęczony malec zaśnie o w miarę rozsądnej godzinie.

Ogólnie biorąc, podczas wyjazdu nie trzymaj się tak ściśle harmonogramu dnia jak w domu – przecież jest on tymczasowy. Rób wszystko, na co macie ochotę w ciągu dnia (oraz co pozwala przespać noc), choćby miało to oznaczać podanie śniadania przed pierwszymi promieniami słońca. Może się nawet zdarzyć, iż będziesz mile zdziwiona tym, że twoje dziecko niemal nie zauważy zmiany czasu.

nie z informacjami przekazywanymi przez załogę przed każdym lotem musisz najpierw sama założyć maskę, a potem pomóc dziecku w jej założeniu; jeśli będziesz to robić w odwrotnej kolejności, to w nagłej sytuacji niedoboru tlenu możesz stracić świadomość, zanim uporasz się z maskami.

Uważaj na uszy dziecka. Zmiany wysokości i ciśnienia atmosferycznego są trudne do zniesienia dla małych uszu. Picie podczas startu i lądowania samolotu wymaga przełykania, a czynność ta pomaga wyrównać ciśnienie w uszach (dlatego podaj dziecku coś do picia już podczas kołowania samolotu, a potem kiedy obsługa poinformuje o schodzeniu do lądowania). Pozwól swemu dziecku pić z kubka lub termosiku ze słomką.

A oto kilka popularnych sposobów wyrównywania ciśnienia w uszach podczas szybkich zmian wysokości:

- Gorące ręczniki. Poproś obsługę samolotu, aby podgrzano dwa bawełniane ręczniki. Sprawdź, czy nie są zbyt gorące (dotknij nimi wewnętrznej strony swego przedramienia), przyłóż po jednym ręczniku do uszu malca. Ciepło rozszerza powietrze w uchu środkowym, obniżając parcie na błonę bębenkową.

- Gorące serwetki. Zmocz kilka papierowych serwetek lub papierowych ręczników gorącą (nie wrzącą) wodą (poproś, aby zrobiła to obsługa samolotu; sprawdź koniecznie, czy nie są zbyt gorące), złóż je w dwa trójkąty i przyłóż po jednym do każdego ucha. Zasada działania jest identyczna jak przy opisanym poprzednio sposobie.
- Środek przeciwbólowy. Ból można uśmierzyć dawką acetaminofenu lub ibuprofenu. Nie podawaj innych leków, chyba że zostały ci one zalecone przez pediatrę do stosowania podczas lotu.

Zatkanie trąbki Eustachiusza wywołane katarem przy przeziębieniu lub alergią może wywołać silny ból, dlatego, jeśli malec jest chory, spytaj pediatrę, czy można odbyć z nim podróż samolotem. Gdyby wszystkie środki zawiodły i dziecko krzyczało podczas wznoszenia się samolotu i obniżania jego lotu, zignoruj mordercze spojrzenia współpasażerów – zresztą na pewno dostrzeżesz też kilka współczujących twarzy – i pomyśl, że ten krzyk pomaga dziecku zmniejszyć ciśnienie w uchu środkowym, a to sprawia, że czuje ono mniejszy ból.

Podróże pociągiem

Czy malec jest już gotowy wsiąść do ciuchci? Przeczytaj poniższe porady, zanim wybierzesz się z dzieckiem w podróż żelazną drogą:

Dokonaj wczesnej rezerwacji. Jeśli kupisz bilety z dużym wyprzedzeniem (przez Internet lub telefon), ominie cię stanie w długiej kolejce. Sprawdź też, czy jest możliwość zarezerwowania miejsca bądź przedziału. Pamiętaj jednak, aby zadbać o to, by kuszetki lub miejsca były obok siebie.

Nie podróżuj w szczytach turystycznych. Są okresy szczególnie dużego obłożenia pociągów, zwłaszcza w sezonie wakacyjnym, więc jeśli możesz, nie podróżuj w takim czasie. Jeżeli twoje dziecko zasypia w pociągu, dobrym rozwiązaniem może być wyruszenie w podróż późnym wieczorem.

Rozsądnie się spakuj. Jeśli wybierasz nocny pociąg, twoja podręczna torba powinna zawierać między innymi rzeczy dla dziecka na noc, takie jak kilka dodatkowych sztuk ubrania, pieluchy oraz podstawowe przybory higieniczne dla malca, łącznie ze szczotecz-

Ataki złości w podróży

Dzieci nie potrzebują specjalnego powodu do wpadania w złość, a podróż dostarcza ich aż nadto: zakłócone pory snu, jedzenie o niestałych porach, długie okresy wymuszonego siedzenia, zmiany harmonogramu dnia, nowe otoczenie – to tylko początek listy. Ponieważ ataki złości dziecka są jeszcze trudniejsze do opanowania w podróży aniżeli w domu, zdecydowanie należy zrobić wszystko, by ich uniknąć.

Jak to zrobić? Zasadniczo metoda jest identyczna jak w domu. Ponieważ złość często wywoływana jest zmęczeniem, głodem i nudą, staraj się uprzedzać te stresogenne zjawiska i unikaj wszystkiego, co je powoduje. Zaplanuj czas na drzemki, weź ze sobą coś do przekąszenia na wypadek opóźnień w posiłkach i wymyślaj zajęcia, które sprawiają dziecku przyjemność. Nie czekaj, aż zacznie krzykiem domagać się twojej uwagi – zostań mistrzem w zabawianiu go i z czarodziejskiej podręcznej torby wyciągaj coraz to nowe akcesoria, aby czym prędzej zainteresować nimi malca gotowego dostać szału. I pamiętaj, że w przypadku dzieci sprawdza się zazwyczaj zasada, że im mniej, tym lepiej – napięty plan oznacza przemęczenie oraz nadmierne pobudzenie, natomiast wolniejsze tempo pozwoli uniknąć napadów dziecięcej złości. Katastrofie może również zapobiec zaplanowanie w ciągu dnia czasu na odpoczynek, czytanie bajeczek, słuchanie muzyki, spokojne gry i przytulanie się.

Co zrobić, gdy nie uda się uniknąć furii? Zastosuj te same sposoby co podczas ataku złości dziecka w miejscu publicznym (patrz s. 228).

Podróże i kłopoty z dziecięcym brzuszkiem

Wybierasz się w egzotyczne miejsca? Dzieci, podobnie jak wszyscy podróżujący po takich krajach, w których serwuje się nieznane (a czasem urągające zasadom higieny) potrawy, narażone są na sensacje żołądkowe. Można jednak zmniejszyć ryzyko ich wystąpienia (a u najmłodszych konsekwencje mogą być naprawdę poważne, szczególnie gdy dojdzie do odwodnienia), stosując następujące środki ostrożności:

- Podawaj dziecku do picia wyłącznie pasteryzowane mleko i soki w butelkach (zamiast świeżo wyciśniętych). Jogurty, sery i inne artykuły nabiałowe także powinny być pasteryzowane, a jeśli masz co do tego wątpliwości (bo na przykład produkt serwowany jest bez opakowania w śniadaniowym bufecie), wybierz coś innego.
- Używaj do picia wyłącznie butelkowanej wody i zawsze przed otwarciem butelki sprawdzaj, czy zakrętka jest fabrycznie zamknięta (łatwiej to sprawdzić w przypadku wody gazowanej). Jeśli nie jesteś pewna, czy woda w hotelu jest należytej jakości, używaj butelkowanej wody nawet do mycia zębów. Nie bierz lodu w kostkach (ani niczego z lodem, na przykład koktajli), chyba że masz absolutną pewność, iż sporządzono go z oczyszczonej wody.
- Tam, gdzie woda budzi podejrzenia, lepiej nie spożywać świeżych owoców i warzyw. Nie pozwól dziecku jeść żadnych płodów rolnych, które nie zostały albo dobrze ugotowane, albo umyte w czystej wodzie i przez ciebie obrane (na przykład banany).
- Mięso, ryby lub owoce morza powinny być ugotowane albo dokładnie upieczone.
- Stołuj się wyłącznie w restauracjach, które sprawiają wrażenie, że przestrzega się w nich higieny przy przygotowywaniu potraw (ale nawet w pięciogwiazdkowym hotelu stosuj się do naszych rad). Lokalna żywność może wspaniale pachnieć, ale nie poddawaj się pokusie.
- Pilnuj, by wszyscy członkowie twojej rodziny stosowali zasady higieny. Sprawdzaj, czy starannie myją ręce po skorzystaniu z toalety (lub przewinięciu dziecka) oraz przed jedzeniem. Zawsze miej przy sobie chusteczki nawilżone środkiem antybakteryjnym lub żel dezynfekujący i korzystaj z nich (szczególnie tam, gdzie łazienki nie są zbyt czyste).

Szersze informacje na temat bezpieczeństwa żywności i wody w różnych częściach świata znajdziesz w Sanepidzie lub na stronach amerykańskiego Centrum Kontroli i Prewencji Chorób (strona internetowa cdc.gov).

Gdyby mały brzuszek twojego dziecka pomimo wszystkich twoich starań zastrajkował, zastosuj metody walki z biegunką, znajdziesz je na str. 361.

Maluchy podróżujące po kraju lub za granicą mogą również dostać zaparcia z powodu zmian w diecie lub w rozkładzie posiłków albo z braku ruchu. Aby uniknąć tego problemu, postaraj się, żeby maluch jadł mnóstwo świeżych owoców i warzyw (jednak rygorystycznie przestrzegaj przy tym wyżej wymienionych zasad higieny), pełnoziarniste pieczywo i płatki, pił odpowiednie ilości płynów i codziennie miał sporo ruchu.

ką i pastą do zębów. Dzięki temu unikniesz przekopywania starannie zapakowanej walizki. Najlepiej skorzystać z możliwości nadania bagażu (jeśli usługa ta jest oferowana), gdyż będziesz wtedy miała mniej rzeczy do dźwigania, a więcej miejsca w przedziale.

Przyjdź na dworzec wcześniej. Sprawdź w rozkładzie jazdy godzinę przyjazdu pociągu na stację, z której zamierzasz rozpocząć podróż. Jeśli pomiędzy przyjazdem a odjazdem jest dziesięć lub piętnaście minut, bądź na peronie, zanim podjedzie do niego pociąg, zamiast wbiegać na peron w ostatniej chwili przed odjazdem. Po co? Po to, by zająć lepsze miejsce dla swojej rodziny. Jeżeli w podróż wybierają się dwie osoby dorosłe, jedna może pospieszyć na peron, gdy wjazd pociągu zostanie zapowiedziany, aby zająć miejsce dla wszystkich, podczas kiedy osoba druga w żółwim tempie będzie posuwać się z dzieckiem wzdłuż peronu. Postarajcie się o miejsce przy oknie (oraz przy przejściu), aby móc w trakcie jazdy zająć małego podróżnika obserwowaniem mijanych krajobrazów.

Nie pozwól, by dopadła was nuda. Podziwianie mijanych okolic i wypatrywanie krów przez okno nie zajmie dziecka na długo, więc weź w podróż zabawki, książeczki (poszukaj jakiejś o pociągu) i kredki, a wszystko w jak największych ilościach.

Wykorzystuj przerwy w podróży. Nawet piętnastominutowa przerwa stworzy tobie i dziecku możliwość opuszczenia pociągu i rozprostowania nóg – przespacerujcie się wówczas wzdłuż pociągu, aby obejrzeć ciągnącą skład lokomotywę (zadbaj jednak o to, by ktoś przypilnował waszego bagażu, oraz o to, byś w porę wróciła na miejsce). Jeśli będziecie się przesiadać, a czas oczekiwania na kolejny pociąg będzie dość długi – co zdarza się w dużych węzłach kolejowych – pójdźcie coś zjeść, natomiast bardzo długą przerwę możecie wykorzystać nawet na spacer do pobliskiego zoo (którego lokalizację ustaliłaś wcześniej lub za pomocą mobilnego Internetu), na plac zabaw albo do parku.

Nie licz na wagon restauracyjny. Nawet jeżeli znajduje się on w składzie pociągu, nie ma żadnej gwarancji, że twoje dziecko będzie mogło lub chciało zjeść to, co się w nim serwuje. Dlatego, podobnie jak w przypadku podróży samochodem lub samolotem, weź na drogę własne jedzenie i napoje.

Troszcz się o bezpieczeństwo dziecka. Potrzeba ruchu może sprawić, że znudzone długą jazdą pociągiem zacznie szaleć i biegać po przedziale lub korytarzu pociągu. Ponieważ nagłe szarpnięcie podczas jazdy może rzucić dziecko na przeciwległe siedzenie lub na innego pasażera, pamiętaj, że twój maluch może się poruszać po pociągu jedynie w towarzystwie dorosłego.

WYBÓR HOTELU PRZYJAZNEGO DLA RODZIN Z MAŁYMI DZIEĆMI

Bądźmy szczerzy, w czasie rodzinnych wakacji – niezależnie od tego, czy chcecie spędzić je na słonecznych plażach, w górach czy w mieście – miejsce, w którym się zatrzymacie, ma znacznie większe znaczenie niż w okresie przed narodzinami dziecka. Twoje oczekiwania wobec hotelu lub kurortu są teraz zupełnie inne (żegnajcie, romantyczne sauny dla dwojga, witajcie, pokoje z zabezpieczeniami dla dzieci, no i łóżeczka). Na szczęście obecnie coraz większy jest wybór ośrodków oferujących wszystko, co potrzebne najmłodszym gościom: znakomite menu, sale zabaw i inne udogodnienia. Ale jak masz się przekonać, które miejsca noclegowe będą dla was najlepsze? Które ośrodki faktycznie dotrzymują obietnic i z uśmiechem przyjmują małe dziecko, nawet jeśli właśnie zrzuciło miseczkę lodów czekoladowych na dywan w restauracji? Po prostu musisz wykonać kilka czynności, zanim zarezerwujesz hotel:

Porozmawiaj z innymi rodzicami. W Internecie znajdziesz adresy tysięcy hoteli, dlatego lepiej zawęzić poszukiwania, korzystając z porad osób doświadczonych, czyli innych rodziców. Zacznij od znajomych, ale nie poprzestawaj na nich. Spytaj rodziców z waszej grupy rówieśniczej lub ze żłobka, gdzie byli z dzieckiem i czy im się tam podobało. Jeśli należysz do internetowej grupy dyskusyjnej, wyślij pytanie z prośbą o rekomendacje.

Zaglądaj na strony internetowe dotyczące podróży. Jeżeli nie zdobędziesz informacji z pierwszej ręki o takim hotelu, który odpowiada waszemu budżetowi lub planowanemu miejscu pobytu, poszukaj wirtualnych inspiracji na stronach zamieszczających oceny przyjaznych dla rodzin miejsc noclegowych na całym świecie. Warto poszukać też stron z opiniami osób, które w danych miejscach były, i z tych opinii wywnioskować, czy pokoje faktycznie są tak duże, jak wyglądają na zdjęciach, czy łazienki są czyste, a plaża rzeczywiście położona jest „w odległości kilkuminutowego spaceru".

Poszukaj apartamentu. Rzeczą oczywistą jest to, że dla rodziny z małym dzieckiem najlepsze byłoby pomieszczenie w rodzaju apartamentu. Jego zaletą jest nie tylko dodatkowy pokój, lecz również kuchenka (pozwalająca przygotowywać tańsze niż w restauracjach posiłki lub przekąski, podgrzać to, co zostało z poprzedniego posiłku, przechowywać napoje).

Sprawdź, co oznacza „klub dziecka". W wielu kurortach rodzinnych oferowane są specjalne kluby czy obozowiska, w których obiecuje się dzieciom wiele rozrywek organizowanych w czasie, kiedy ich rodzice spokojnie korzystają ze słońca lub sączą egzotyczne drinki. Jeśli chcesz mieć pewność, czy miejsca te są naprawdę dobre dla najmłodszych, zadzwoń bezpośrednio do hotelu i poproś o szczegółowe informacje. Zapytaj, co dokładnie obejmuje program dla dzieci (i czy jest on dodatkowo płatny), jaka jest dolna granica wieku dziecka, czy młodsze dzieci bawią się razem ze starszymi, czy oddzielnie, jakie jest doświadczenie opiekunów (na przykład czy mają przeszkolenie w zakresie udzielania pierwszej pomocy i zasad sztucznego oddychania) oraz ile dzieci przypada na jednego dorosłego. Warto też sprawdzić, jakie zajęcia są prowadzone oraz czy są one bezpieczne i odpowiednie dla maluchów. Jeśli przykładowo program przewiduje zabawy w wodzie lub gry na plaży, dowiedz się, czy dzieci są starannie pilnowane, czy opiekunowie znają zasady bezpieczeństwa w wodzie i jakich norm przestrzegają w pracy z dziećmi.

Poszukaj opiekunki. Czy marzą ci się wakacje od rodzinnych wakacji? Dwuosobowa kolacja bez keczupu? Romantyczny spacer po plaży lub kąpiel o północy w jacuzzi? W takim razie powinnaś dokładnie sprawdzić, czy w hotelu lub kurorcie, który bierzesz pod uwagę, można wynająć opiekunkę do dziecka, a jeśli tak, to od jak dawna jest ona zatrudniona na tym etacie, czy ma referencje, jak przebiega proces rekrutacji opiekunek (na przykład czy istnieje zwyczaj sprawdzania ich przeszłości), czy przechodzą one szkolenia w zakresie udzielania pierwszej pomocy i sztucznego oddychania, jaka jest cena usługi opieki dla dziecka oraz czy opłata ta doliczana jest do ogólnego rachunku, czy też uiszcza się ją bezpośrednio opiekunce. Choćby osoba ta – gdy znajdziecie się już na miejscu – wzbudzała całkowite zaufanie, zawsze warto spędzić z nią trochę czasu, zanim powierzy się swoje dziecko jej opiece.

Zapytaj o usługi. Jeśli nigdy dotąd nie zastanawiałaś się nad hotelową pralnią czy dostępem do pralki i suszarki, teraz powinnaś – zanim zapakowane na tydzień czyste ubrania skończą się po trzech dniach. Dowiedz się, czy hotel zapewnia całodobową obsługę (przydatne, gdy nieprzyzwyczajone do czasu lokalnego dziecko zacznie się domagać śniadania o 4.00 nad ranem); czy pokój jest odpowiednio zabezpieczony (z myślą o dziecku) lub czy dostępne są zestawy zabezpieczeń; czy dostaniesz naprawdę bezpieczne łóżeczko, materacyk i pościel. Dokładnie sprawdź, czy wszystkie udogodnienia, obiekty i wyposażenie reklamowane na hotelowej stronie internetowej będą dostępne podczas waszego pobytu. Nie ma bowiem nic gorszego niż przyjazd na miejsce wypoczynku z walizką pełną pieluch kąpielowych i uzyskanie informacji, że basen dla maluchów jest właśnie remontowany, albo liczenie na możliwość zostawienia dziecka w klubie dla maluchów, gdy tymczasem klub ten prowadzony jest tylko okresowo.

Uzyskaj informacje o wyżywieniu. W prowadzonych przez większość hoteli i kurortów restauracjach znaleźć można specjalne menu dla dzieci. To dobry początek, ale jeszcze lepiej znaleźć bufet zapewniający wybrednemu maluchowi większy wybór potraw (oraz potencjalnie zdrowszą żywność, taką jak choćby świeże owoce). Zapytaj, czy kuchnia jest w stanie spełnić specjalne prośby, takie jak płatki śniadaniowe na obiad, makaron bez sosu, a także czy dostosuje się do ograniczeń w diecie spowodowanych na przykład alergią dziecka na orzeszki. Sprawdź, czy godziny serwowania posiłków są odpowiednie dla rodzin z dziećmi, na przykład kiedy zaczynają podawać obiad (o 15.30 czy o 17.30?).

Wybierz odpowiedni pokój. Upewnij się, czy wybrany przez ciebie pokój – niezależnie od jego wielkości – jest dostosowany do potrzeb twojej rodziny. Zapytaj, czy wszelkie drzwi (balkonowe lub prowadzące na zewnątrz, na przykład w uroczych, lecz niezbyt bezpiecznych dla malucha pokojach położonych tuż przy basenie) można zamknąć (i czy zamki usytuowane są poza zasięgiem małych rąk). Jeśli w wyposażeniu pokoju jest minikuchnia, poproś o małą lodówkę na przekąski i napoje, ewentualnie spytaj, czy w pokoju jest minibar, którego zawartość można opróżnić i napełnić czymś bardziej odpowiednim dla malca i znacznie tańszym. Sprawdź, czy w łazience jest wanna, abyś nie musiała myć pod prysznicem malca, który nie jest do tego przyzwyczajony. Jeśli nie zamierzasz chodzić spać razem z dzieckiem o godzinie 19.00, dowiedz się, czy będziecie mieć z mężem jakieś miejsce (balkon, alkowę, a najlepiej osobny pokój) tylko dla siebie.

DLA RODZICÓW

PODRÓŻE BEZ DZIECKA

Pewnie bardzo chciałabyś pojechać na wakacje tylko z mężem, lecz jednocześnie zamartwiasz się, jak dziecko zniosłoby rozstanie. Zamiast się martwić, lepiej zacznij się pakować. Małe dzieci często lepiej znoszą rozstania niż ich rodzice, zwłaszcza gdy zostają w dobrych, znanych sobie, kochających rękach (co zwykle oznacza dziadków, ciocie, wujków oraz zaufane opiekunki do dziecka). Poza tym jeśli już teraz przyzwyczaisz swego szkraba do tego, że rodzice wyjeżdżają gdzieś bez niego, łatwiej mu będzie pogodzić się z tym później – a wszyscy dorośli muszą przecież czasem spędzić trochę czasu bez swego potomstwa, czy to w samotności, czy z ukochaną osobą, czy też w gronie przyjaciół. Identycznie mają się sprawy w przypadku podróży związanych z pracą, pilnymi sprawami rodzinnymi lub innymi ważkimi sytuacjami. Kiedy musisz gdzieś wyjechać i zostawić swoje dziecko w domu, powinnaś przedsięwziąć następujące działania:

Zacznij od krótkich rozstań. Lepiej, by twój pierwszy wyjazd bez dziecka nie był od razu dalekomorskim rejsem. Oto ogólna zasada (pamiętaj jednak, że bywają sytuacje, w których okoliczności zmuszają do uczynienia wyjątku od zasad): nie pozostawiaj dziecka samego na noc, jeśli jeszcze nie zostawało bez ciebie przez kilka wieczorów; nie zostawiaj dziecka na weekend, jeśli jeszcze nie spędziło nocy bez ciebie; nie zostawiaj malucha na tydzień, jeśli nie przeżył bez ciebie weekendu.

Postaraj się zaplanować wyjazd z wyczuciem. Jeśli nie ma takiej konieczności, to nie wyjeżdżaj w pierwszą podróż bez dziecka wtedy, gdy w jego życiu dzieje się coś niepokojącego, na przykład jest chore lub ma nową opiekunkę.

Zapewnij dobrą opiekę. Bardzo ważne jest wybranie takich opiekunów, którzy są nie tylko kompetentni, opiekuńczy i wrażliwi, lecz także dobrze dziecku znani (a najlepiej przezeń uwielbiani). Na pierwszym miejscu zwykle będą dziadkowie i inni członkowie rodziny oraz jej przyjaciele. Na drugim zaś – stała, zaufana i lubiana opiekunka. I jeszcze jedna możliwość: wymiana obowiązkiem opieki nad dziećmi z innymi rodzicami dziecka z waszej grupy rówieśniczej, czyli oni zaopiekują się waszą pociechą w trakcie waszego wyjazdu, a potem powierzą wam swoje dziecko i sami pojadą na wakacje.

Przygotuj opiekunów. Dopilnuj, by osoba zajmująca się dzieckiem znała stały rozkład jego zajęć. Stałość, rutyna dają malcom poczucie bezpieczeństwa, szczególnie w okresie jakiejś zmiany. Powiedz opiekunom o zwyczajach i ewentualnych dziwactwach dziecka, takich jak jedzenie wyłącznie z talerzyka w króliczki lub naleganie, by ulubiona bajka na dobranoc była odczytana trzy razy, pozostawianie włączonej lampki nocnej i pluszowego kangurka w roli strażnika przy łóżeczku. Podpowiedz sprawdzone

ciąg dalszy na następnej stronie

metody odwracania uwagi dziecka oraz zostaw listę ulubionej żywności, napojów, bajeczek, zajęć i zabawek. Pamiętaj jednak, iż w obecności nowego opiekuna malec może okazać się mniej wymagający co do stałego programu dnia lub nawet zechce wszystko zmienić. Niech ta osoba wie, że nie będzie w tym niczego złego.

W większości wypadków opiekun nie powinien próbować dokonywać niczego przełomowego (jak odstawianie dziecka od butelki lub smoczka) w trakcie twojej nieobecności, jednak zdarzają się wyjątki: czasem ukochanemu dziadkowi albo babci lub opiekunce udaje się dokonać czegoś, z czym rodzice mieli wcześniej spore problemy. Powinnaś jednak o tym wcześniej wiedzieć i zgodzić się na taki plan.

Przygotuj dziecko. Wyjazd w tajemnicy, bez pożegnania, nigdy nie jest dobrym rozwiązaniem, i to niezależnie od tego, czy nie będzie cię przez kilka wieczornych godzin, czy przez weekend. Choć na krótką metę uda ci się uniknąć płaczu, to możesz zaszczepić w dziecku lęk przed rozstaniem i zacznie się ono obawiać każdej rozłąki, nawet bardzo krótkiej. Zacznij przygotowywać malca do swojej nieobecności na dwa, trzy dni przed zaplanowaną podróżą – nie na wiele tygodni przed wyjazdem (w tym wieku dziecko nie rozumie jeszcze pojęcia czasu przyszłego, a zbyt wczesne informowanie o wyjeździe może sprawić, że jego niepokój niepotrzebnie narośnie) ani nie w chwili wychodzenia za próg (wtedy dziecko nie będzie miało czasu na oswojenie się z tym, że zostanie bez ciebie). Powiedz prostymi słowami, że wyjeżdżasz, dokąd jedziesz („nad jezioro", „do miasta"), kiedy wrócisz, z kim ono zostanie oraz gdzie będzie (w domu, u cioci Sabiny). Choć ta metoda nie zawsze pozwala uniknąć łez, ale pomaga wychować dziecko z poszanowaniem zasady zaufania.

Niekiedy konieczność wyjazdu przychodzi nieoczekiwanie i rodzice muszą wyjechać natychmiast, nie mając czasu przygotować swego dziecka na tę okoliczność. Trudno, tak czasem bywa – wtedy trzeba poświęcić maluchowi dużo czasu po powrocie, aby życie rodzinne wróciło do normalności.

Pakuj walizki, gdy dziecko zaśnie. Przygotowania do podróży bywają chaotyczne i nerwowe, a taka atmosfera nie powinna udzielać się dziecku. Lepiej więc zaplanuj pakowanie bagażu na późniejsze godziny, kiedy malec jest już w łóżeczku, i staraj się, by jeden dzień lub dwa dni przed wyjazdem przebiegały jak najbardziej typowo (powinnaś wtedy sporo czasu przebywać razem z maluchem).

Zaplanuj dziecku jakąś rozrywkę. Dobrze jest przygotować dziecku jakieś specjalne atrakcje na czas, gdy ciebie nie będzie w domu, na przykład wyjście do muzeum dla dzieci, spacer z dziadkami do małego zoo, pieczenie ciasteczek z ciocią. Powiedz maluchowi o czekającej go frajdzie i zapewnij, że mimo twojej nieobecności może miło spędzać czas: „Baw się dobrze z babcią, gdy mamusia i tatuś będą w podróży". Nie zapomnij też, by samej miło spędzać czas. Nawet jeżeli wyjeżdżasz służbowo, zrób sobie długą relaksującą kąpiel albo obejrzyj jakiś film w pokoju hotelowym – a może nawet dwa!

Żegnaj się z dzieckiem krótko i pogodnie. Na pewno martwisz się o sprawy, które musisz załatwić w ostatniej chwili, o przekazanie opiekunom wszystkich informacji i starasz się o niczym nie zapomnieć... Ale weź kilka głębokich oddechów, pomyśl o czymś przyjemnym i uśmiechnij się najserdeczniej, jak potrafisz. Nastroje mają to do siebie, że potrafią być zaraźliwe, a przecież chcesz, by dziecko czuło się dobrze i było spokojne. Powinnaś dobrze zaplanować czas pożegnania, żebyś nie musiała wybiegać z domu w ostatnim momencie (a nic tak nie stresuje jak tykający taksometr...). Uściskaj dziecko, wycałuj je, lecz nie przytulaj go kurczowo i nie rób smutnej miny. Zapewnij, że niedługo wrócisz, używając zrozumiałych dla niego słów na określenie upływu czasu: „dwa dni" to „dwa pójścia spać" lub „dwa długie sny". Aby dziecku było łatwiej zrozumieć, że wrócisz (jak zawsze!), użyj tych samych zwrotów, które wypowiadasz, wychodząc do pracy lub pozostawiając malca w żłobku („Baw się dobrze!" – albo jakieś inne stałe pożegnanie).

Zachowaj spokój, cokolwiek by się działo. Czasem pożegnania nie są łatwe. Bywają dzieci, które nie szczędzą ataków histerii, inne z kolei żegnają się oschle bądź wcale (być może dlatego, że cała sprawa wyjazdu już dawno przestała je interesować – to się zdarza maluchom). Nie traktuj ani jednej, ani drugiej sytuacji zbyt poważnie i nie bierz niczego do siebie. Więcej informacji o pożegnaniach znajdziesz na str. 177.

Wprowadź rytuał pożegnań i powitań. Ustalenie stałych przyjemnych zwyczajów związanych z wyjazdami i powrotami może dać dziecku poczucie spokoju i bezpieczeństwa, a także ułatwić życie wam obojgu. Jest to szczególnie praktyczne, jeśli często podróżujesz. Zacznij przed każdym wyjaz-

ciąg dalszy na następnej stronie

dem robić z dzieckiem jedną i tę samą, przyjemną rzecz: wspólne jedzenie naleśników, czytanie książeczki o wyjeżdżającej z domu mamie, rysowanie obrazka, który malec ma zachować do twojego powrotu lub który ty weźmiesz ze sobą w podróż. Wymyśl też coś, co będzie się dziecku kojarzyć z twoim powrotem: udekorowanie domu, wyjście do sali zabaw lub na lody zaraz po twoim powrocie. Jeśli będziesz przestrzegać tych rytuałów (znajdując na nie czas nawet pomimo pośpiechu, zmęczenia, nerwowości przy pakowaniu lub rozpakowywaniu albo konieczności odbierania wiadomości i e-maili), dziecko zawsze będzie miało się na co cieszyć, gdy będziesz wyjeżdżać i wracać.

Pomyśl o rozmowach przez komputer. Skutek rozmów na odległość zależy od dziecka: są takie, które uwielbiają rozmawiać z nieobecną mamą czy tatą przez telefon lub za pośrednictwem komputera i patrzeć na rodziców, nawet jeśli nie potrafią jeszcze nic powiedzieć. Jeśli twój malec zdaje się cieszyć z takiej formy kontaktu, staraj się dzwonić codziennie o tej samej porze. Nie wygłaszaj uwag w rodzaju: „Tak mi smutno bez mojej kruszynki!" i mów radosnym tonem. Ale bywają i takie maluchy, które denerwują się, patrząc na rodziców będących daleko; jeśli twoje dziecko właśnie do tego grona należy, to może lepiej zrezygnuj z kontaktowania się z nim, tylko poproś opiekunkę, by przekazała szkrabowi pozdrowienia od ciebie.

Możesz utrzymywać kontakt z dzieckiem, wysyłając do niego kolorowe pocztówki i e-maile (pomogą one także zrozumieć samo pojęcie twojej obecności w innym miejscu). Ślij je z każdego odwiedzanego miejsca, nawet jeśli dotrą już po twoim powrocie. Kup dziecku album, w którym będziecie wklejać pocztówki lub wysłane e-mailami zdjęcia, do późniejszego wspólnego częstego oglądania („Pamiętasz, jak byłam w Bostonie? A potem wróciłam do domu").

Postaraj się zrozumieć, jak trudna jest pierwsza rozłąka. Małe dzieci różnie reagują na pierwsze rozstanie, a czasem także na drugie i trzecie... Jedne nie mają z rozłąką żadnego problemu, inne znoszą ją bardzo ciężko. Nawet te, które wyjątkowo świetnie spędzały czas z dziadkami lub opiekunką, miewają sprzeczne uczucia po powrocie rodziców. Mogą reagować szczególnie kurczowym trzymaniem się dorosłych, marudzeniem, ogólnym rozdrażnieniem lub częstszymi atakami złości. Czasem doświadczają nasilającego się lęku przed rozstaniem, tracą apetyt, nie chcą zasnąć lub wstają w środku nocy, a powracających rodziców witają chłodno. Pamiętaj, że wszystkie zmiany, nawet na lepsze, są dla małych dzieci bardzo trudne.

Niezależnie od reakcji dziecka po twoim powrocie z podróży, bądź cierpliwa, troskliwa i opiekuńcza. I nie denerwuj się; zrozum, że negatywne reakcje są normalne (i nie oznaczają, że zrobiłaś coś złego lub że nie powinnaś była wyjeżdżać) i po kilku dniach miną.

Gdyby jednak twoje dziecko wydawało się wyjątkowo smutne, rozdrażnione albo wręcz nie do wytrzymania – czy to w trakcie twojej nieobecności, czy po powrocie z podróży, albo i w jednej, i w drugiej sytuacji – powinnaś przemyśleć kwestię opieki nad nim w czasie twojego pobytu poza domem. Może inna osoba lepiej by się sprawdziła? Czy mogło dojść do zaniedbania lub nadużycia? Czy jakieś inne czynniki mogły wywołać zmiany w zachowaniu dziecka? Jeśli sama nie potrafisz znaleźć odpowiedzi na pytanie, co spowodowało taką reakcję dziecka, porozmawiaj o tym z lekarzem.

Rozdział 12

ZDROWIE TWOJEGO DZIECKA

Nikt nie lubi być chory, ale dla dziecka, które nie potrafi być cierpliwym pacjentem, jest to szczególnie trudne. Także rodzicom nie jest łatwo patrzeć na chore maleństwo – gdy dziecku jest źle, im także jest źle. Te powody w zupełności wystarczą, by dbać o zdrowie dziecka poprzez regularne kontrole lekarskie i przestrzeganie kalendarza szczepień. A kiedy to zawiedzie (nawet najstaranniejsze przeciwdziałanie czasem nie wystarcza), wtedy należy przystąpić do walki z bakteriami czy wirusami w sposób szybki i skuteczny. Ten rozdział ma ci w tym pomóc: znajdziesz w nim wszystko, co rodzice powinni wiedzieć na temat najpopularniejszych chorób okresu wczesnodziecięcego oraz sposobów ich leczenia, a także informacje i porady dotyczące szczepień, badań kontrolnych, wzywania lekarza, rozpoznawania gorączki i innych objawów, podawania lekarstw oraz wielu innych kwestii.

Czego można się spodziewać w czasie badań kontrolnych

W kalendarzu zdrowotnym dziecka, które ukończyło pierwszy rok życia, jest już mniej badań kontrolnych, co pewnie przyjmiesz z uczuciem ulgi. Najprawdopodobniej będziesz musiała pojawić się w gabinecie lekarskim ze zdrowym dzieckiem tylko cztery razy: w 12, 15, 18 i 24 miesiącu*. Jak będą przebiegały te wizyty? Przypuszczalnie oceniane będą te same aspekty rozwoju i zdrowia dziecka co w poprzednim roku: jak rośnie (wzrost, masa ciała, obwód głowy); le-

* Według obowiązujących w Polsce zaleceń badanie profilaktyczne, tzw. bilans, odbywa się w 12 miesiącu życia, a następnie w wieku 2 lat. Lekarz ocenia też stan ogólny dziecka przed szczepieniami, które według kalendarza szczepień powinny się odbyć między 13 a 14 miesiącem życia i między 16 a 18 miesiącem życia (przyp. red. meryt.).

Przed wizytą u lekarza

Nawet jeśli twoje dziecko będzie zdrowe przez cały rok (czy jednak można liczyć na to, że przez dwanaście miesięcy nawet nie kichnie?), i tak pójdziesz z nim przynajmniej cztery razy w roku na rutynową kontrolę lekarską do poradni dla dzieci zdrowych. Oto co można zrobić, by jak najlepiej te wizyty wykorzystać:

Dobrze się przygotuj. Nie zapomnij wziąć ze sobą kartki z odnotowanymi pytaniami i innymi zapiskami o zachowaniu, zdrowiu, jedzeniu, spaniu dziecka itp. Uzyskanie odpowiedzi może być dla ciebie najważniejszą częścią wizyty u pediatry; pamiętaj, by nie czekać z poruszeniem nurtujących cię problemów na sam koniec, gdy dziecko będzie już zmęczone i marudne. Lepiej omów te sprawy, zanim zacznie się badanie i kłucie, a najlepiej jeszcze przed rozebraniem malucha. Zapisz też osiągnięcia dziecka, takie jak nowe umiejętności (bo lekarz będzie cię o nie pytać). Jeśli boisz się, że zapomnisz wziąć notatnik lub że zgubisz, zrób wcześniej kopię zapasową zapisków w swoim smartfonie.

Planuj umiejętnie. Najlepiej, by wizyty u pediatry odbywały się o takiej porze dnia, w której można liczyć na współpracę ze strony dziecka. Zazwyczaj jest to poranek i pora zaraz po drzemce, a także po posiłku lub przekąsce. Unikaj godzin tuż po zakończeniu zajęć szkolnych, gdyż wtedy w poczekalni jest najwięcej dzieci, co oznacza długie czekanie w kolejce i pośpiech lekarzy. Jeśli sądzisz, że potrzebny ci będzie dłuższy czas niż zwykle (bo na przykład chcesz omówić problem ataków złości dziecka lub jego kłopotów ze snem albo martwi cię jakaś kwestia związana z jego rozwojem), uprzedź wcześniej przychodnię i poproś o przedłużenie wizyty. Ewentualnie dowiedz się, czy niektóre sprawy można omówić telefonicznie bądź e-mailem.

Przygotuj się na każdą okoliczność. Idąc z dzieckiem do przychodni, spakuj się starannie: weź przekąski, rzeczy, którymi zajmiesz malca (książeczki, ulubione zabawki, kredki i papier, zabawkę do puszczania baniek mydlanych) oraz coś, co go uspokaja. Kilka z tych przedmiotów wyciągnij w poczekalni, kilka zostaw na czas badania (świetną zabawką może okazać się zestaw małego lekarza) i zawsze miej coś w rezerwie na potem (zwłaszcza po zastrzyku lub pobraniu krwi).

Rób notatki. Na pewno pragniesz podczas wizyty uzyskać odpowiedzi na różne pytania i poprosić o porady. Tymczasem dziecko wierci się albo nawet płacze, więc czujesz się podenerwowana, zdezorientowana i zmęczona. W takim stanie nie zapamiętasz wszystkich uwag i zaleceń lekarza – wiele z nich zapomnisz przed dotarciem do domu. Dlatego zapisuj wszystko!

Prowadź rejestr. Oczywiście twoje dziecko ma w przychodni swoją kartotekę z odnotowanymi wszystkimi szczepieniami, ale ty też powinnaś rejestrować takie informacje, na wypadek gdyby zgubiono lub włożono w złe miejsce dane o twoim dziecku. Posiadanie takiej kopii przyda ci się także w razie zmiany lekarza prowadzącego malca lub przeprowadzki w inny rejon. Powinnaś także sukcesywnie zapisywać (czy to w formie elektronicznej, czy w książeczce zdrowia dziecka) wzrost i masę ciała swego malucha.

Nie bądź nieśmiała. Pracownicy służby zdrowia są przyzwyczajeni do służenia radą i pomocą, a także do uspokajania rodziców. Masz szansę zadać wiele pytań lub po prostu dać upust swym troskom. Skorzystaj z tego.

Ufaj swym instynktom. Jeśli masz odczucie, że z twoim dzieckiem dzieje się coś złego – nawet jeśli nie potrafisz dokładnie określić, co to jest – powiedz o tym lekarzowi. Rodzicielska intuicja bywa najlepszym diagnostykiem.

Na czas wizyty wyłącz telefon komórkowy. Jeśli rozdzwoni się w trakcie wizyty (albo jeśli dostaniesz esemesa), stracisz cenny czas, a co gorsza – może to wytrącić ciebie i lekarza z tematu rozmowy.

karz zapyta cię, czy od poprzedniej wizyty coś się zmieniło w kwestii rozwoju, zachowania, nawyków żywieniowych i zdrowia; wreszcie nastąpi ocena nieformalna (głównie na podstawie obserwacji twoich i lekarza) rozwoju fizycznego i intelektualnego, słuchu i wzroku. Pediatra może również poprosić o wypełnienie listy kontrolnej rozwoju dziecka (przed wizytą lub w czasie jej trwania), która pomoże mu dokonać dokładniejszej oceny, a także sprawdzić, czy nie ma żadnych opóźnień bądź innych problemów. W zależności od wieku i potrzeb dziecka oraz preferencji lekarza (każdy pediatra przeprowadza badania profilaktyczne nieco inaczej) dojść mogą także inne punkty, takie jak badanie krwi w kierunku niedokrwistości, test tuberkulinowy (TB), czyli badanie w celu wykrycia gruźlicy u dzieci z grupy wysokiego ryzyka*, a także szczepienia (nikt nie lubi tej części wizyty, ale dzięki nim można najlepiej chronić dziecko przed chorobami; na str. 334 znajdziesz zalecany kalendarz szczepień).

Będzie też czas na zadawanie pytań – tym razem przez ciebie. Jeżeli w okresie pomiędzy wizytami kontrolnymi będziesz miała jakieś istotne pytania lub zauważysz u dziecka niepokojące objawy, koniecznie zadzwoń do lekarza (lub wyślij do niego e-mail, pod warunkiem że uznaje taką formę kontaktu).

STRACH DZIECKA PRZED LEKARZEM

W czasie ostatnich kilku wizyt u pediatry musieliśmy dosłownie siłą wciągać naszego synka do gabinetu. Malec był przerażony.

Podsumujmy to, co dzieje się w gabinecie lekarskim: dziecko jest oglądane, osłuchiwane, opukiwane, czasem także kłute, a w dodatku nie może się wtedy poruszać. Gdy spojrzeć na to wszystko z jego perspektywy, nie jest to wesołe. A ponieważ coraz lepsza pamięć dziecka sprawia, że wspomnienia z wizyt nie ulatują, będzie się ono bać kolejnych oględzin. Innymi słowy, jego strach przed człowiekiem w białym kitlu jest całkowicie zrozumiały. Twoje zrozumienie przyczyny jego uczuć i twoja cierpliwość to pierwszy i najważniejszy krok, który pomoże maluchowi przezwyciężyć strach. A oto następne:

Czytaj dziecku. Im więcej dziecko wie o lekarzach i gabinetach lekarskich, tym mniej będzie drżało, gdy się w nich znajdzie. Czytaj maluchowi proste książeczki z obrazkami, w których jest mowa o wizycie dziecka u lekarza i które zawierają komentarze kojące dla małego pacjenta. Uważaj jednak, by wyjaśnienia nie były przesadzone lub zbyt fachowe. Najważniejsze, żeby doktor był przedstawiany jako sympatyczna osoba, której praca polega na dbaniu o zdrowie dzieci, a gabinet lekarski jako miejsce całkowicie bezpieczne.

Pozwól dziecku pobawić się w lekarza. Kup mu zestaw małego lekarza i zachęcaj do zabawy – niech praktykuje na tobie, kolegach, starszym rodzeństwie, na pluszakach i na sobie. Pokaż mu, jak posługiwać się różnymi przyborami do sprawdzania uszu i gardła, do słuchania bicia serca i mierzenia temperatury. Wiedza o tym, co czeka dziecko w gabinecie lekarskim, pomoże mu opanować strach w trakcie badania.

Stosuj metodę marchewki. Obiecaj dziecku jakąś przyjemność po wizycie u lekarza, na przykład wyjście na plac zabaw, do zoo albo w odwiedziny do kolegi czy koleżanki. Trzymaj się tego planu bez względu na zachowanie malca podczas wizyty, gdyż wycofanie się z obietnicy jest nie fair i mogłoby w przyszłości zniechęcić dziecko do współdziałania. Uczyń z tej nagrody wręcz rytuał (na przykład chodzenie na plac zabaw zaraz po każdej wizycie w przychodni), by utrwalić w świadomości malca choć jedno przyjemne skojarzenie z lekarzem.

Nie czyń obietnic, których nie możesz dotrzymać. Zapewnianie, że badanie nie będzie bolesne, może wzbudzić podejrzliwość dziecka, a z drugiej strony zwykła wzmianka o ewentualnym bólu potrafi sprawić, że szczególnie wrażliwe dziecko będzie nastawione na przykre doświadczenie i na pewno jego przeczucie się sprawdzi. Jeśli dziecko będzie przekonane, że badanie będzie bezbole-

* Obecnie w Polsce badanie to nie jest rutynowo wykonywane (przyp. red. meryt.).

To ty wiesz, co dla dziecka najlepsze

Jeśli chodzi o twoje dziecko, ty jesteś ekspertem i w odróżnieniu od lekarzy, pielęgniarek czy innych pracowników służby zdrowia, którzy widzą maluszka tylko kilka razy w roku (i to jako jedno spośród wielu innych dzieci), ty masz go przy sobie na co dzień. Z tej bliskiej perspektywy zauważasz wszelkie niuanse jego rozwoju lepiej niż ktoś, kto mając tylko obraz ogólny, może łatwo coś przeoczyć.

Jeśli coś cię niepokoi albo masz po prostu wewnętrzne przekonanie, że nie wszystko jest w porządku, powiedz o tym. Może to nic istotnego (czasem rodzice popadają w przesadę i są nadwrażliwi), ale na wszelki wypadek nadmień o swym przeczuciu pediatrze podczas kolejnej wizyty. A jeśli twój niepokój nie pozwala ci tak długo czekać, zadzwoń do przychodni lub wyślij e-mail do lekarza, jeśli korzysta on z takiej formy kontaktu.

Specjaliści do spraw rozwoju dzieci są zgodni co do tego, że rodzice odgrywają niezmiernie ważną rolę we wczesnym diagnozowaniu dziecięcych opóźnień lub zaburzeń rozwojowych, takich jak na przykład autyzm. Dzięki wczesnemu rozpoznaniu można wcześnie rozpocząć leczenie, co często ma ogromne znaczenie dla przyszłości dziecka.

Jeśli zauważysz którykolwiek z poniższych niepokojących objawów lub wydaje ci się, że je zauważasz, choć nie masz co do tego stuprocentowej pewności, porozmawiaj z lekarzem:

- Dziecko w wieku dwunastu miesięcy nie uśmiecha się ani nie wyraża radości ani innych uczuć za pomocą mimiki, nie odpowiada dźwiękiem na dźwięk, a także nie gaworzy (nie łączy samogłosek ze spółgłoskami), nie macha rączkami i nie wskazuje na przedmioty.
- W wieku szesnastu miesięcy dziecko nie wypowiada pojedynczych słów (w tym „mama" i „tata").
- W chwili ukończenia drugiego roku życia nie komunikuje się za pomocą sensownych, dwuwyrazowych zwrotów (bez imitowania czy bezmyślnego powtarzania).
- Dziecko – bez względu na wiek – traci nabyte już umiejętności językowe bądź społeczne, takie jak mówienie zdaniami lub interakcja z tobą (nie martw się jednak, jeśli przez krótki czas tempo rozwoju wydaje się spowolnione z takich przyczyn, jak ząbkowanie, choroba, stres czy trudne sytuacje, na przykład narodziny rodzeństwa, albo jeżeli malec przestaje korzystać z opanowanej już zdolności w trakcie uczenia się nowej).

sne, a w rzeczywistości będzie choć odrobinę bolało, dziecko już nigdy nie uwierzy twoim zapewnieniom. Nie obiecuj też, że nie będzie kłucia, jeśli nie jesteś tego całkowicie pewna.

Zapewnij komfort. Postaraj się, aby dziecko jak najlepiej czuło się w gabinecie lekarskim. Weź jego ukochany kocyk, który rozłożysz na papierowym prześcieradle na stole do badania, i namów maluszka, aby zabrał ze sobą ukochane pluszowe zwierzątka, by dodawały mu otuchy. Jeśli czas na to pozwoli, może lekarz zgodzi się zajrzeć do uszu, noska i oczu zwierzaczków - lub twoich - zanim sprawdzi je dziecku? Albo ubierz dziecko w coś, co przypomina lekarski kitel, i pozwól zbadać siebie, gdy czekasz na wynik badania. Jeśli uważasz, że malec lepiej zniesie badanie, siedząc na twoich kolanach, niech na nich siedzi tak długo, jak to możliwe. Gdyby się rozpłakał, daj mu do zrozumienia, że nie ma w tym niczego złego, lecz przypominaj też cierpliwie, że im spokojniej siedzi, tym szybciej wszystko się skończy i spotka go obiecana nagroda.

Opanuj własny niepokój. Strach i niepokój są bardziej zaraźliwe niż wirus grypy. Obserwowanie mamy, której nie przeraża lekarska wizyta, może pomóc maluchowi opanować jego własny strach. Natomiast twoja obawa o ewentualne przykre sceny podczas wizyty u lekarza niewątpliwie ci ich przysporzy. Gdy przyjdzie pora wyjścia do przychodni, powiedz dziecku radosnym głosem, że czas na spotkanie z doktorem Kowalskim, zamiast wypowiadać złowieszcze: „Musisz teraz iść do doktora Nowaka" lub z nutą rezygnacji w głosie: „Chyba już czas wychodzić do lekarza". W gabinecie natomiast okazuj, jak bardzo jesteś spokojna i jak dobrze się tam czujesz. Zgłoś się pierwsza do zbadania ryt-

Mów prawdę

Robienie dziecku niespodzianek w postaci przeglądu u dentysty albo zastrzyku u lekarza może być kuszącym sposobem na zaoszczędzenie sobie scen – oczywiście tylko do chwili pojawienia się na „miejscu zbrodni" – ale szczerością można osiągnąć znacznie więcej. Nie wychodź z malcem z domu, jakby to miało być pójście na plac zabaw, a następnie nie skręcaj nagle do dentysty, ani nie obiecuj, że nie będzie żadnych zastrzyków, jeśli wiesz, że prawda jest zupełnie inna. Takie zachowania doprowadzą do tego, że malec przestanie ci ufać i zaszczepisz w nim narastający strach. Poza tym scena, jaką pewnie ci urządzi, kiedy prawda wyjdzie na jaw, może być gigantyczna. Lepiej powiedz prawdę, zanim wyjdziecie z domu; podaj dziecku tyle informacji, ile to konieczne, ale nie wgłębiaj się zbytnio w szczegóły, by nie stresować go niepotrzebnie.

mu serca stetoskopem lub uszu otoskopem. Nie zakrywaj oczu (ani swoich, ani dziecka) na widok igły. A jeśli chodzi o twoją reakcję na zachowanie dziecka… nie martw się, lekarze już nie raz to wszystko widzieli.

Nie czekaj z pochwałami. Chwal dziecko za współdziałanie, choćby najmniejsze („dobra robota!"), ale nie krytykuj, jeśli nie opanuje emocji i będzie wierzgać i krzyczeć.

I jeszcze jedna uwaga: straszenie dziecka lekarzem po to, by nakłonić je do współpracy, to zły pomysł i może się to skończyć poważnym strachem przed białym kitlem. Nie mów więc: „Weź to lekarstwo (albo: zjedz brokuły, włóż czapkę), bo jeśli tego nie zrobisz, to się rozchorujesz i pójdziemy do lekarza".

Szczepienia

Jeśli jesteś typową współczesną matką, to pewnie słyszałaś o takich poważnych chorobach wieku dziecięcego, jak błonica, polio, tężec, krztusiec, świnka, choroba pneumokokowa, biegunka rotawirusowa, ale prawdopodobnie masz tylko mgliste o nich pojęcie. A wszystko to za sprawą najważniejszego – i udanego – wynalazku w historii zdrowia publicznego, czyli za sprawą szczepień ochronnych. Dzięki nim epidemie takich wyniszczających chorób okresu dziecięcego, jak ospa, polio, błonica, odra, różyczka i świnka, które niegdyś stanowiły poważne zagrożenie dla dzieci, obecnie należą już w zasadzie do przeszłości.

Aby jednak szczepienia chroniły następne pokolenia dzieci, muszą być im podawane. Oczywiście nikt nie lubi widoku igły wkłuwanej w ciało swego synka czy córeczki, a często dochodzą do tego jeszcze wątpliwości dotyczące celowości szczepień przeciwko chorobom okresu dziecięcego, wywodzące się z negatywnych historii (wprowadzających w błąd). Tymczasem przestrzeganie kalendarza zalecanych szczepień i pilnowanie, by dziecko otrzymywało odpowiednie dawki poszczególnych preparatów, to zdecydowanie jedna z najlepszych metod utrzymania malca (jak i wszystkich pozostałych dzieci w twojej społeczności) w dobrym zdrowiu.

Zalecane szczepienia

Jakie szczepienia ochronne czekają twoje dziecko między pierwszym a drugim rokiem życia? Na szczęście otrzymało ono ich już ponad połowę w ciągu pierwszych dwunastu miesięcy życia, co oznacza, że w tym roku czeka was znacznie mniej szczepień. Zresztą macie już w tym względzie sporą wprawę, czyż nie?

Oto podstawowe informacje dotyczące szczepień okresu dziecięcego (zalecany kalendarz szczepień* zamieszczamy na str. 334):

* W Polsce główny inspektor sanitarny publikuje co roku Program szczepień ochronnych (PSO) aktualizowany na dany rok (przyp. red. meryt.).

Di-Te-Per (DTP). Dziecko musi dostać pięć dawek tej szczepionki. Zaleca się podawać ją w drugim, czwartym i szóstym miesiącu, a potem między miesiącem szesnastym a osiemnastym i w szóstym roku życia. Szczepionka ta chroni przed trzema poważnymi chorobami: błonicą, tężcem i krztuścem (kokluszem).

DLA RODZICÓW

Szczepienia nie tylko dla dzieci

Mamo i tato, czy myślicie, że dla was czasy rutynowych szczepień, dawek przypominających i słuchania ostrzeżeń, że „to może troszkę szczypać", odeszły już w niepamięć? Otóż nie. Dorośli także potrzebują szczepionek – nie tylko dlatego, że chcą być w dobrej formie, aby dbać o swoje dzieci, ale również dlatego, że pragną zrobić wszystko, aby zmniejszyć ryzyko zachorowania na poważne choroby. Jeśli zostaniesz zaszczepiona przeciwko takiej chorobie, której można zapobiec, masz większe szanse ustrzec się przed nią, a w konsekwencji nie przekazać jej swemu dziecku. To takie proste.

Centrum Kontroli i Prewencji Chorób zaleca, by w zależności od wywiadu medycznego i innych okoliczności poddać się następującym szczepieniom*:

Szczepienie przeciwko grypie. Jeśli już w dorosłym wieku zostałaś na coś zaszczepiona, to przypuszczalnie właśnie przeciwko grypie, a to dlatego, że szczepionki przeciwko grypie (w postaci zastrzyku lub wziewne, czyli aplikowane w aerozolu do nosa) zaleca się podawać rokrocznie jesienią lub zimą; temat ten jest szeroko omawiany przez media, gdy zbliża się każdy sezon grypowy. Szczepienia przeciwdziałają pewnym szczepom wirusa grypy, które mogą wywołać chorobę o bardzo poważnym przebiegu, szczególnie niebezpieczną (nawet śmiertelną) dla niemowląt, małych dzieci czy osób starszych, a także dla każdej osoby z chorobą przewlekłą bądź wykazującej zaburzenia układu odpornościowego (w tym dla kobiet w ciąży). Należy się więc zaszczepić z troski o siebie i dziecko (jeśli jest się w ciąży), a także zatroszczyć się o szczepienie dla swej pociechy.

Szczepienie przeciwko tężcowi, błonicy i krztuścowi (Tdap). Tdap jest odpowiednikiem Di-Te-Per, ale przeznaczonym dla młodzieży i dorosłych. Jeśli w ciągu ostatnich dziesięciu lat nie otrzymałaś dawki przypominającej tego szczepienia (lub nie zostało ci ono podane, gdy byłaś dzieckiem), musisz przyjąć je teraz, aby chronić nie tylko siebie, ale także swoje dziecko. Lepiej wybrać Tdap niż często proponowaną Td, gdyż ta druga szczepionka nie chroni przeciwko krztuścowi, a choroba ta jest najczęściej przekazywana dzieciom przez ich nieszczepionych lub szczepionych niepełną dawką rodziców.

Szczepienie przeciwko odrze, śwince i różyczce (MMR). Chociaż przypuszczalnie zostałaś zaszczepiona przeciwko tym wysoce zaraźliwym chorobom*, to z czasem odporność organizmu słabnie, co może być niebezpieczne i dla ciebie (szczególnie gdy planujesz kolejną ciążę), i dla nie w pełni chronionego maluszka, a to dlatego, że choroby te są nadal obecne w pewnych częściach świata. Powszechność międzynarodowych podróży umożliwia czynnikom zakaźnym przekraczanie granic. Od choroby więc – krótko mówiąc – dzieli nas czasem tylko jedna podróż samolotem**.

Szczepienie przeciwko ospie wietrznej. Jeśli nie przechodziłaś ospy w dzieciństwie, a zachorujesz na nią jako osoba dorosła, choroba może mieć poważny przebieg, dużo poważniejszy niż w wieku dziecięcym.

Dorosłym z grupy podwyższonego ryzyka zalecane są także szczepienia przeciwko zapaleniu wątroby typu A (jeśli dana osoba jest narażona na tę chorobę z powodu pracy bądź podróży, zamieszkiwania w obszarze wysokiej zachorowalności) i przeciwko wirusowemu zapaleniu wątroby typu B (pracownicy służby zdrowia, pacjenci dializowani i leczeni immunosupresyjnie lub przygotowywani do planowanych zabiegów operacyjnych, osoby podróżujące do krajów, gdzie choroba ta jest powszechna), a także osoby, które ze względu na tryb życia są narażone na zakażenia poprzez kontakt seksualny.

* W Programie szczepień ochronnych publikowanym co roku przez głównego inspektora sanitarnego znajduje się także rozdział o szczepieniach zalecanych osobom dorosłym (przyp. red. meryt.).

* W Polsce szczepienie to jest obowiązkowe w 13–14 miesiącu życia i druga dawka w 10 roku życia lub tylko jedna dawka w 11–12 roku życia (przyp. red. meryt.).

** Zalecenie szczepienia dotyczy głównie młodych kobiet, zwłaszcza pracujących z dziećmi (np. w przedszkolu, szpitalu itp.), szczególnie tych, które nie były szczepione lub od szczepienia podstawowego minęło więcej niż 10 lat (przyp. red. meryt.).

Kiedy wezwać lekarza po szczepieniu

Reakcje dziecięcego organizmu na większość szczepień są łagodne i wówczas wystarczy podać paracetamol lub ibuprofen, przytulić i wykąpać w ciepłej wodzie. Radziej zdarzają się reakcje poważniejsze i w tych przypadkach – tak na wszelki wypadek – należy bezzwłocznie skontaktować się z lekarzem. Chodzi o przypadki, kiedy dziecko w ciągu dwóch dni od podania szczepienia ma następujące objawy (które zwykle nie są groźne):

- wysoka gorączka (powyżej 40°C);
- nieukojony płacz lub krzyk utrzymujący się przez ponad trzy godziny;
- napady/drgawki (objawy takie, jak rzucanie się lub nieprzytomny wzrok, utrzymujące się przez krótki czas – zazwyczaj około dwudziestu sekund), przebiegające z gorączką lub bez w ciągu trzech dni po szczepieniu;
- apatia, brak reakcji, nadmierna senność;
- napady padaczkowe lub poważne zmiany w świadomości w ciągu siedmiu dni od zastrzyku;
- reakcja alergiczna (obrzęk ust, twarzy lub gardła, trudności w oddychaniu, pojawiająca się natychmiastowa wysypka). Niewielki obrzęk w miejscu ukłucia oraz miejscowy wzrost ucieplenia skóry i jej zaczerwienienie to typowy objaw, niebudzący obaw (ulgę powinien przynieść chłodny kompres).

Zgłaszanie tych objawów jest ważne nie tylko dla dobra dziecka (a także dla ciebie, jako że rozmowa z lekarzem zazwyczaj uspokaja), lecz również dla pediatry, który może zgłosić odpowiednie dane do amerykańskiego programu rejestrującego niepożądane skutki szczepień w USA (The Vaccine Adverse Event Reporting System – VAERS*).

* W Polsce lekarz ma obowiązek zgłosić niepożądane odczyny poszczepienne do powiatowej lub wojewódzkiej stacji sanitarno-epidemiologicznej (przyp. red. meryt.).

Błonica rozprzestrzenia się drogą kropelkową. Zaczyna się od bólu gardła, gorączki, dreszczy i powiększenia szyjnych węzłów chłonnych, po czym na tylnej części gardła tworzy się rozległy nalot blokujący drogi oddechowe i utrudniający oddychanie oraz mówienie. Jeśli infekcja ta nie jest właściwie leczona, prowadzi do rozprzestrzeniania się toksyn w całym organizmie, co z kolei może doprowadzić do niewydolności serca lub porażenia nerwów ruchowych. Choroba ta kończy się śmiercią dziesięciu procent chorych.

Tężec nie jest chorobą zaraźliwą, ale bardzo poważną. Do zakażenia dochodzi wówczas, gdy bakterie tężca znajdujące się w glebie lub kurzu przedostają się do organizmu człowieka poprzez rany. Objawy obejmują bóle głowy, gorączkę, rozdrażnienie i bolesne, uogólnione skurcze mięśni. Choroba ta wymaga intensywnego leczenia szpitalnego, zwykle w warunkach oddziału intensywnej opieki medycznej.

Krztusiec (dawna i potoczna nazwa koklusz) jest bardzo zaraźliwą chorobą spowodowaną przez bakterie przenoszone drogą kropelkową. Powoduje ona stopniowo nasilający się kaszel, który po kilkunastu dniach zmienia się w kaszel napadowy z głębokim wdechem, po którym następuje seria gwałtownych wydechów prowadzących często do sinicy i wymiotów. Co dziesiąty przypadek krztuśca u dzieci kończy się zapaleniem płuc. Choroba ta może też prowadzić do drgawek (0,6–8% przypadków), uszkodzenia mózgu (0,6–2% przypadków), a nawet do śmierci (0,1–4% przypadków).

U jednej trzeciej dzieci po otrzymaniu szczepienia DTP występują bardzo łagodne objawy miejscowe, takie jak bolesność, obrzęk lub zaczerwienienie w miejscu iniekcji, pojawiające się zazwyczaj w ciągu dwóch dni po szczepieniu. Niektóre dzieci przez kilka godzin – a nawet dzień czy dwa – są marudne bądź tracą apetyt. Może również wystąpić niewysoka gorączka. Reakcje te są bardziej prawdopodobne po czwartej i piątej dawce niż po dawkach wcześniejszych. Zdarza się, że u dziecka pojawią się poważniejsze skutki uboczne, takie jak gorączka powyżej 40°C.

Szczepienie przeciwko odrze, śwince i różyczce (MMR). Dzieci dostają dwie dawki szczepionki MMR: pierwszą między trzynastym a czternastym miesiącem życia, a drugą w dziesiątym roku życia (choć można ją podać już po 28 dniach od pierwszej). Jak wskazuje nazwa szczepionki, zapobiega ona odrze, śwince i różyczce.

Odra jest poważną chorobą, której powikłania są ciężkie, a czasem nawet śmiertelne w skutkach. Różyczka z kolei często ma tak łagodny przebieg, że jej objawy można przeoczyć. Ponieważ jednak może być przyczyną wad wrodzonych płodu zakażonej ciężarnej, zaleca się szczepienie w okresie wczesnego dzieciństwa zarówno po to, aby chronić przyszłe potomstwo szczepionych dziewczynek, jak i po to, by zmniejszyć ryzyko, że chore dziecko zarazi kobietę w ciąży, w tym własną matkę. Świnka rzadko stanowi poważny problem w dzieciństwie, ale u osoby dorosłej może prowadzić do poważnych powikłań, takich jak zapalenie jądra lub najądrzy (występuje u 30% dorosłych chorych) lub głuchota (dotyka ok. 4% chorych dzieci); dlatego zaleca się stosowanie szczepienia przeciwko śwince we wczesnym wieku.

Reakcje uboczne na szczepionkę MMR są bardzo łagodne i zwykle występują dopiero po jednym lub dwóch tygodniach po jej zaaplikowaniu. Nieliczne dzieci mogą mieć wysypkę bądź niewysoką gorączkę. Jeżeli masz wątpliwości (a nie powinnaś ich mieć), to przypominamy, że badania wielokrotnie już wykazały brak związku pomiędzy szczepionką MMR a autyzmem lub innymi zaburzeniami rozwojowymi.

Szczepionka przeciwko *Haemophilus influenzae* typu b (Hib). Twoje dziecko powinno ją otrzymać w drugim, czwartym i szóstym miesiącu życia, czwartą dawkę natomiast między dwunastym a piętnastym miesiącem (szczepionka jednego z producentów wymaga tylko trzech dawek, podanych w drugim i czwartym miesiącu oraz między dwunastym a piętnastym miesiącem życia).

Szczepionka ma na celu ochronę przed bakterią *Haemophilus influenzae* typu b (wbrew swojej łacińskiej nazwie nie ma ona nic wspólnego z wirusem grypy, nazywanej niegdyś influencą), która może powodować u niemowląt i małych dzieci wiele bardzo poważnych chorób. Bakteria ta rozprzestrzenia się drogą kropelkową przez kaszel i kichanie. Przed wprowadzeniem szczepionki bakterie te wywoływały u tysięcy dzieci poważne choroby, takie jak zapalenie opon mózgowo-rdzeniowych, zapalenie nagłośni lub płuc czy kości i stawów oraz posocznicę wywoływaną przez *H. influenzae*. Czterdzieści do pięćdziesięciu procent wszystkich inwazyjnych zakażeń pałeczką *H. influenzae* to zapalenie opon mózgowo-rdzeniowych, które może prowadzić do trwałego uszkodzenia mózgu, a pięć do siedmiu procent przypadków może się zakończyć śmiercią dziecka.

Szczepionka Hib nie ma żadnych skutków ubocznych, a jeśli, to znikome. U niewielkiego odsetka dzieci wystąpić może gorączka, zaczerwienienie lub tkliwość w miejscu iniekcji.

Szczepionka przeciwko polio (chorobie Heinego-Medina). Dzieci powinny otrzymać trzy zastrzyki nieaktywnej szczepionki przeciwko polio (IPV): najpierw w wieku dwóch miesięcy, potem w czwartym miesiącu życia, trzecią między miesiącem szóstym i osiemnastym, a czwartą między czwartym a szóstym rokiem. Wyjątek stanowią sytuacje szczególne, takie jak podróże do krajów, gdzie polio jest wciąż powszechną chorobą – wówczas harmonogram szczepienia może być przyspieszony.

Polio (nagminne porażenie dziecięce), niegdyś straszna choroba, która powodowała niepełnosprawność tysięcy dzieci rocznie, została praktycznie wyeliminowana na terytorium Stanów Zjednoczonych, a to właśnie dzięki szczepieniom. Wywołuje ją wirus rozprzestrzeniający się poprzez kał osoby zakażonej (na przykład przy zmianie pieluszki) lub poprzez wydzieliny z gardła. Może spowodować silny ból mięśni i paraliż w ciągu kilku tygodni, choć niektóre zarażone dzieci odczuwają jedynie łagodne objawy grypopodobne lub nie mają ich wcale.

Szczepionka nie powinna wywoływać żadnych skutków ubocznych z wyjątkiem może lekkiego bólu lub zaczerwienienia w miejscu ukłucia lub (rzadko) reakcji alergicznej. Dziecku, u którego wystąpiła silna reakcja alergiczna na pierwszą dawkę, zwykle nie podaje się kolejnej.

Szczepionka przeciw ospie wietrznej. Zaleca się podanie dawki tej szczepionki między dwunastym a osiemnastym miesiącem życia i później w wieku od czterech do sześciu lat*. Dziecko, które już przechodziło ospę wietrzną, nie musi być poddane szczepieniu, gdyż raczej nie może ponownie na nią zachorować. Skuteczność szczepionki wynosi od siedemdziesięciu do dziewięćdziesięciu procent u osób, które otrzymały ją raz, a niemal sto procent u tych, które dostały także dawkę przypominającą. U osób, które zachorowały na ospę wietrzną mimo przyjęcia pierwszej dawki szczepionki, choroba ta ma zazwyczaj znacznie łagodniejszy przebieg niż w przypadku osób nieszczepionych w ogóle.

Ospa wietrzna była do niedawna jedną z najczęstszych chorób wieku dziecięcego, bardzo zaraźliwą, rozprzestrzeniającą się poprzez kaszel, kichanie i ogólnie drogą powietrzną. Objawia się gorączką, sennością i swędzącą grudkowo-pęcherzykową wysypką na całym ciele. U dzieci z reguły ma przebieg łagodny, niekiedy jednak może doprowadzić do zapalenia mózgu, zapalenia płuc, wtórnego zakażenia bakteryjnego skóry, a w rzadkich przypadkach do zgonu. U dorosłych jej przebieg jest znacznie poważniejszy, często z powikłaniami. Może być śmiertelna u dzieci z grupy wysokiego ryzyka, na przykład chorych na białaczkę czy niedobory immunologiczne, przyjmujących leki hamujące aktywność układu odpornościowego (jak sterydy), a także u noworodków urodzonych przez niezaszczepione matki.

Szczepionka przeciw ospie wietrznej jest bardzo bezpieczna. Rzadko występują takie objawy uboczne, jak zaczerwienienie lub bolesność w miejscu wstrzyknięcia. Czasem pojawia się również łagodna i niewielka wysypka w kilka tygodni po szczepieniu.

Szczepionka przeciwko wirusowemu zapaleniu wątroby typu B (WZW B). Twoje dziecko potrzebuje trzech dawek tej szczepionki i bardzo możliwe, że już wszystkie otrzymało. Pierwsza dawka powinna być podana zaraz po narodzinach, druga między pierwszym i drugim miesiącem życia, a trzecia – w okresie od szóstego do osiemnastego miesiąca. Jeśli podaje się ją w połączeniu z innymi szczepionkami, to dziecko otrzymuje ją kolejno w drugim, czwartym i szóstym miesiącu.

Wirusowe zapalenie wątroby typu B to przewlekła choroba wątroby, rozprzestrze-

Czy przeziębienie jest powodem do odłożenia szczepienia?

Łagodne objawy chorobowe (takie jak katar, zapalenie ucha, kaszel, lekka biegunka czy niewysoka gorączka) zwykle nie powinny skłaniać do przełożenia szczepienia na późniejszy termin; wręcz przeciwnie: opuszczenie zastrzyku z takiej przyczyny może sprawić, że dziecko nie będzie w pełni uodpornione. Dzieci (zwłaszcza chodzące do żłobka lub posiadające starsze rodzeństwo) często przechodzą przeziębienia, a trafienie na czas pomiędzy kolejnymi katarami, kiedy można by je zaszczepić zgodnie z kalendarzem szczepień, jest właściwie niemożliwe. Nie czekaj więc, aż miną objawy łagodnej choroby. Natomiast jeśli jest bardzo poważnie chore lub ma gorączkę powyżej 40°C, to przypuszczalnie lepiej poczekać, aż poczuje się lepiej. Koniecznie poinformuj lekarza o każdej chorobie dziecka, zanim zostanie ono poddane szczepieniu.

* Dostępne na naszym rynku szczepionki stosuje się w dwóch dawkach w odstępie 6–12 tygodni (przyp. red. meryt.).

Kalendarz szczepień zalecany w okresie wczesnodziecięcym

Zastanawiasz się, czy twoje dziecko czeka podczas kolejnej wizyty kontrolnej jakieś szczepienie, a jeśli tak, to jakie? Oto zalecany harmonogram podawania szczepionek małym dzieciom (Pełen kalendarz szczepień obowiązujących i zalecanych w Polsce znajdziesz na końcu książki).

Wiek	Di-Te-Per	IPV	MMR	Hib	WZW A	WZW B	Przeciwko ospie wietrznej	PCV	Rotawirus	Grypa
Narodziny						X				
2 miesiąc	X	X		X				X	X	
Od 1 do 2 miesiąca						X				
4 miesiąc	X	X		X				X	X	
6 miesiąc	X			X				X	X	
Od 6 do 18 miesiąca		X				X				
Po 6 miesiącu										X
Od 12 do 15 miesiąca			X	X			X	X		
Od 12 do 18 miesiąca										
Od 12 do 24 miesiąca					X					
Od 15 do 18 miesiąca	X									
od 4 do 6 roku życia	X	X	X				X			

niająca się poprzez kontakt z krwią lub innymi płynami ustrojowymi osoby zakażonej. U tych, którzy ulegli zakażeniu, może mieć poważne następstwa, takie jak marskość wątroby lub rak wątroby. Każdego roku na powikłania związane z WZW B umiera niemal pięć tysięcy osób. Twoje dziecko dzięki szczepieniu przypuszczalnie nigdy nie zachoruje na tę wyniszczającą chorobę.

Skutki uboczne szczepionki – umiarkowany ból i uogólnione złe samopoczucie – są rzadkie i szybko mijają.

Szczepionka przeciwko wirusowemu zapaleniu wątroby typu A (WZW A). Zaleca się podanie jej w dwóch dawkach dzieciom w wieku od dwunastego miesiąca do drugiego roku życia i starszym, mieszkającym w krajach wysokiego ryzyka, głównie w zachodniej części Stanów Zjednoczonych (zapytaj lekarza, czy w twoim regionie istnieje takie zagrożenie)*. Dziecko otrzymuje pierwszą dawkę w dwunastym miesiącu życia lub później, a dawkę przypominającą w dwudziestym czwartym miesiącu lub co najmniej sześć miesięcy po pierwszej.

WZW typu A jest chorobą wątroby, na którą zapada od 125 tysięcy do 200 tysięcy osób rocznie, a około trzydziestu procent z nich to dzieci poniżej piętnastego roku życia. Wirus rozprzestrzenia się poprzez kontakt osobisty bądź spożywanie zakażonej żywności i wody. Objawy choroby u dzieci powyżej szóstego roku życia to: gorączka, utrata apetytu, ból

* Szczepienie przeciwko WZW typu A zaleca się m.in. osobom podróżującym do Afryki, Azji lub krajów Bliskiego Wschodu oraz osobom zawodowo zajmującym się żywnością (przyp. red. meryt.).

brzucha, wymioty, żółtaczka (zażółcenie skóry lub oczu). Choć skutki wirusowego zakażenia wątroby typu A rzadko są dożywotnie (jak w przypadku zakażenia typu B), jest to jednak choroba bardzo zaraźliwa, której można łatwo i bezpiecznie zapobiegać poprzez szczepienia we wczesnym dzieciństwie.

Objawy uboczne, takie jak tkliwość w miejscu ukłucia bądź lekka gorączka, występują rzadko i nie są szkodliwe.

Skoniugowana szczepionka pneumokokowa (PCV). Dzieci powinny otrzymać ją w drugim, czwartym i szóstym miesiącu, a potem dawkę przypominającą w okresie od dwunastego do piętnastego miesiąca (czyli twoje dziecko powinno już dostać tylko tę ostatnią dawkę)*.

Szczepionka PCV chroni przed paciorkowcami zapalenia płuc (*Streptococcus pneumoniae*), zwanymi pneumokokami, główną przyczyną poważnych lub inwazyjnych chorób dzieci. Rozprzestrzeniają się one poprzez kontakt z osobą zarażoną (dotyk) i najczęściej występują w zimie oraz wczesną wiosną. Prowadzone na szeroką skalę badania wykazały, że szczepienie PCV niezwykle skutecznie zapobiega zapaleniu opon mózgowych, zapaleniu płuc, bakteriemii (obecności bakterii) we krwi i innym powiązanym zakażeniom, niekiedy zagrażającym życiu. Choć celem szczepienia nie jest przeciwdziałanie zakażeniom uszu, jest ono dość skuteczne w zapobieganiu ostremu pneumokokowemu zapaleniu ucha środkowego. Działania niepożądane, takie jak stany podgorączkowe lub zaczerwienienie i bolesność w miejscu wstrzyknięcia, obserwowane są sporadycznie i są krótkotrwałe.

Szczepienie przeciwko grypie. Zaleca się podanie jednej dawki tej szczepionki dzieciom, które ukończyły sześć miesięcy, na początku sezonu grypowego, co zwykle oznacza miesiące październik lub listopad. Dzieci, które nie ukończyły dziewiątego roku życia, a są szczepione po raz pierwszy, potrzebują dwóch dawek szczepionki przeciwgrypowej w odstępie przynajmniej czterech tygodni. Gdy twój maluszek skończy dwa lata, może otrzymywać rokrocznie szczepionkę Flu-Mist, która ma postać nie zastrzyku, lecz spreju do nosa. Grypa to choroba sezonowa, rozprzestrzeniająca się poprzez kichanie, kaszel, a nawet oddychanie czy też dotykanie powierzchni zakażonych wirusami (które następnie przenoszone są z dłoni do ust czy nosa). Wirus grypy (istnieje wiele różnych szczepów, w tym H1N1) powoduje gorączkę, ból gardła, kaszel, ból głowy, dreszcze i bóle mięśni. Powikłania mogą mieć różne nasilenie, od zapalenia ucha czy zatok po zapalenie płuc, a nawet prowadzić do zgonu. Choroba ta różni się od innych tym, że wywołujące ją wirusy stale mutują, a zatem szczepienie otrzymane jednego roku może nie chronić przed nowymi mutacjami. To dlatego zaleca się podawać szczepionkę co roku. Jej skuteczność jest wysoka – wynosi w sezonie grypowym do osiemdziesięciu procent. Pamiętaj jednak, że co roku zmienia się nie tylko szczepionka, lecz również zasady i zale-

LEPIEJ PÓŹNO NIŻ WCALE

Nie miałaś możliwości zadbać o pełne zaszczepienie swego dziecka lub dotąd nie otrzymało ono żadnej szczepionki? A może w pierwszym roku jego życia byłaś przeciwna szczepieniom, ale teraz, po dokładniejszym wczytaniu się w informacje o zagrożeniach wynikających z ich zaniechania, chciałabyś naprawić swój błąd? Albo też dziecko nie mogło otrzymać jednej czy dwóch dawek szczepień, gdyż miało zapalenie ucha lub podróżowaliście? Na szczęście jeszcze nie jest za późno, by nadrobić zaległości. Porozmawiaj z lekarzem na temat stworzenia dla twojego dziecka odpowiedniego harmonogramu szczepień.

* Dawkowanie szczepionki zależne od wskazań producenta i wieku dziecka w chwili rozpoczęcia szczepienia; im starsze dziecko w chwili podawania pierwszej dawki, tym mniejsza liczba dawek (przyp. red. meryt.).

cenia dotyczące jej podawania. Porozmawiaj z lekarzem na temat aktualnej sytuacji w tym względzie.

Jest jeszcze jeden powód, dla którego warto szczepić się każdego roku: aby chronić babcię i dziadka, gdyż szczepienie przeciwko grypie, choć zalecane także osobom starszym, nie chroni ich tak skutecznie jak młodszych.

Prawdy i mity dotyczące szczepień

Obawy przed zaszczepieniem dziecka są w większości zrozumiałe, ale też na szczęście całkowicie bezpodstawne. Nie pozwól, by niżej wymienione mity powstrzymały cię przed poddaniem twojego maluszka szczepieniom ochronnym.

Mit: *Podanie kilku szczepionek naraz (w postaci szczepionki skojarzonej) nie jest bezpieczne.*
Prawda: Obecnie szczepionki łączone są tak samo bezpieczne jak te podawane osobno. Od lat istnieje wiele szczepionek skojarzonych, które stosuje się rutynowo i są całkowicie bezpiecznie (na przykład MMR, Di-Te-Per), a przybywa ich coraz więcej, na przykład przeciwko DTaP, polio i wirusowemu zapaleniu wątroby typu B w postaci jednego zastrzyku. Ich wielką zaletą jest to, że oznaczają mniej kłucia – co powinno cieszyć i ciebie, i twoje dziecko.

Mit: *Skoro wszystkie inne dzieci są zaszczepione, to moje nie musi.*
Prawda: Niektórzy rodzice wyznają pogląd, że nie muszą szczepić swych dzieci, skoro pozostałe zostały poddane szczepieniom, bo nie będzie chorób, którymi ich dziecko mogłoby się zarazić. Niestety taka „teoria stada" się nie sprawdza. Po pierwsze, istnieje prawdopodobieństwo, że więcej rodziców wyznaje ów pogląd, czyli ich dzieci także nie będą uodpornione, a to oznacza możliwość zachorowań, którym przecież łatwo zapobiec. Po drugie, niezaszczepione dzieci stwarzają ryzyko przenoszenia choroby także na dzieci zaszczepione (oraz oczywiście inne niezaszczepione: całkowicie bądź nie w pełni). Ponieważ szczepionki mają około dziewięćdziesięcioprocentową skuteczność, wysoki odsetek osób uodpornionych ogranicza rozprzestrzenianie się choroby, lecz nie eliminuje jej całkowicie. Swoją postawą możesz więc skrzywdzić nie tylko własne dziecko, lecz i inne. Warto też wziąć pod uwagę fakt, że niektóre choroby, takie jak tężec, nie są przekazywane poprzez kontakt z inną osobą. Nieszczepione dziecko może zachorować na tężec wskutek zranienia się zardzewiałym metalem lub zabrudzenia skażoną glebą zadrapania na skórze, a zatem nawet powszechne szczepienia nie sprawią, że twojemu dziecku nic już nie będzie zagrażać.

Mit: *Szczepienia wyeliminowały choroby okresu dziecięcego, więc moje dziecko na nie już nie zachoruje.*
Prawda: Jeśli zastanawiasz się, czy jest sens szczepić dziecko przeciwko chorobom, które zdają się należeć do przeszłości (w końcu kiedy ostatni raz słyszałaś, by ktoś chorował na różyczkę?), to powinnaś wiedzieć, że wiele z tych chorób nadal istnieje i może zaszkodzić dzieciom. Między rokiem 1989 i 1991 zaniedbanie w podawaniu szczepionki MMR wśród przedszkolaków w Stanach Zjednoczonych doprowadziło do gwałtownego uaktywnienia się odry, na którą zachorowało 55 tysięcy osób, a zmarło 120. W 2006 roku wybuchła epidemia świnki w kilku środkowo-zachodnich stanach USA; zachorowało wówczas 4 tysiące osób. Eksperci są zdania, że ów pierwszy od 20 lat przypadek zachorowań – którym początek dała osoba przybyła z Anglii (a w kraju tym podaje się znacznie mniej szczepień) – był możliwy ze względu na niepełne szczepienia. Z kolei w 2010 roku w regionie Nowego Jorku na świnkę zachorowało 2 tysiące dzieci i nastolatków, przy czym u wielu z nich choroba spowodowała poważ-

Szczepienia bez strachu, bólu i łez

Dzieci dość szybko zauważają, że wizyty u lekarza mogą się wiązać z zastrzykami, i z tego powodu boją się iść do przychodni, a gdy już się w niej znajdą, reagują histerią. Nikt z nas nie lubi być kłuty ani patrzeć, jak jego dziecko dostaje zastrzyk, a więc – by lęku i łez było przy tym jak najmniej – warto skorzystać z poniższych sugestii:

- Prawdomówność. Jeśli twój maluch pyta, czy podczas wizyty kontrolnej dostanie zastrzyk, pamiętaj, żeby odpowiedzieć mu szczerze. Nie mów, że nic takiego nie nastąpi, skoro wiesz, że będzie inaczej – taki wybieg podziała tylko raz, ale odbije się rykoszetem wiele razy. Lepiej, by dziecko nie nabrało nieufności do lekarzy ani do ciebie. Oczywiście nie ma potrzeby zaczynać tematu zastrzyków, jeśli dziecko samo go nie poruszy, co jednak jest mało prawdopodobne.
- Zabawa w lekarza. Zainwestowanie w zestaw małego lekarza (wyposażony też w strzykawkę) może przynieść wielką korzyść w postaci zmniejszenia strachu przed gabinetem lekarskim. Pozwól dziecku udawać, że robi zastrzyk tobie, pluszakowi lub lalce, ponieważ da mu to poczucie kontroli trudnej sytuacji, zwiększy spokój oraz zmniejszy stres na widok prawdziwej igły. W miarę jak malec będzie już coraz więcej pojmował, powiedz mu, iż dzięki zastrzykom nie będziemy chorować.
- Wcześniejsze postępowanie przygotowawcze. Prawda jest taka, że zastrzyk trwa tyle co mrugnięcie okiem, a ból z nim związany jest minimalny i bardzo ulotny. Istnieją też środki znieczulające miejscowo, które, choć tak naprawdę nie są konieczne, powodują odrętwienie tam, gdzie podany zostanie zastrzyk. Wiąże się z nimi jednak problem natury logistycznej – trzeba taki środek kupić, a następnie zaaplikować go dziecku z pewnym wyprzedzeniem, wiedząc dokładnie, ile i gdzie go nałożyć. Czasem można w ten sposób niepotrzebnie zwiększyć niepokój malca. EMLA to krem znieczulający, wydawany na receptę, który należy zastosować na godzinę przed ukłuciem, jeśli ma być w pełni skuteczny (sporo zachodu jak na ustrzeżenie się chwilki bólu). Istnieje także działający nieco szybciej krem LMX; jego magiczny efekt odczuwa się już po trzydziestu minutach. Dostępny jest bez recepty. Oba środki mogą wywołać niewielkie podrażnienie skóry (zaczerwienienie, świąd i wysypkę, a także pewne utrzymujące się odrętwienie). Innym rozwiązaniem jest aerozol chłodzący (można go znaleźć w zestawach pierwszej pomocy), który działa równie skutecznie jak EMLA, chyba że twój maluch boi się sprejów. Zapytaj lekarza o te preparaty i o to, czy warto je wypróbować, czy też lepiej pominąć.
- Rozpraszanie uwagi. Na czas zabiegu daj dziecku do trzymania ulubiony kocyk, ukochane książeczki lub misia. Być może maluch łatwiej pozbędzie się strachu, jeśli lekarz najpierw zaszczepi (rzecz jasna na niby) lalkę albo pluszaka.
- Dmuchanie. Dmuchanie w czasie zastrzyku nie tylko rozprasza obawy, ale także minimalizuje ból. Jest to jednak umiejętność, której trzeba się nauczyć. Przećwicz ją z dzieckiem przed pójściem do lekarza, a w jego gabinecie zacznijcie dmuchać razem, zanim dojdzie do ukłucia. Świetnie rozprasza uwagę dmuchanie baniek mydlanych.
- Zachowanie spokoju. Często to rodzice bardziej się boją zastrzyku niż ich dziecko, co normalne i zrozumiałe – przecież nikt nie lubi patrzeć, jak ukochane maleństwo cierpi, choćby tylko przez kilka sekund. Problem w tym, że twój strach może się łatwo udzielić dziecku, dlatego bądź całkowicie opanowana, gdy na widoku pojawi się strzykawka.

ne powikłania. Nadal zdarzają się przypadki krztuśca, który powoduje poważne zachorowania i odpowiada corocznie za wiele zgonów, czasem przybierając rozmiary epidemii.

Mit: *Jedna szczepionka z serii daje dziecku wystarczającą ochronę.*
Prawda: Naukowcy dowiedli, że pominięcie dawki szczepionki oznacza dla dziecka zwiększone ryzyko zachorowania, szczególnie na odrę i krztusiec. Jeśli zatem zalecana jest na przykład seria czterech zastrzyków, dopilnuj, by dziecko otrzymało je wszystkie dla pełnej ochrony.

Mit: *Szczepionki skojarzone podane małym dzieciom zwiększają zagrożenie zapadnięcia na inne choroby.*

Prawda: Nie ma dowodów na to, że podanie dzieciom takich szczepionek zwiększa ryzyko cukrzycy, chorób zakaźnych i innych, a także nie wykazano związku pomiędzy tymi szczepionkami a chorobami alergicznymi, takimi jak astma.

Mit: *Szczepionki zawierają rtęć, a to jest niebezpieczne.*
Prawda: Prawda jest taka, że większość szczepionek zalecanych dla dzieci (na przykład MMR, IPV, przeciwko ospie wietrznej oraz PCV) nigdy nie zawierała związków rtęci (tiomersalu). Co więcej, od 2001 roku wszystkie rutynowo zalecane szczepionki są albo całkowicie wolne od rtęci, albo zawierają bardzo nieznaczną ilość tego pierwiastka (na przykład szczepionka przeciwko grypie). Jak niewielką? Około 12,5 mikrogramów na dawkę. Aby dać pewne wyobrażenie o tej ilości, informujemy, że 170 g białego tuńczyka w puszce zawiera przeciętnie 52,7 mikrogramów rtęci. Ale co najważniejsze, w toku wielu badań udowodniono, że to bardzo niskie stężenie rtęci w postaci tiomersalu nie powoduje żadnych szkód, albowiem jest on wydalany z organizmu dziecka szybciej niż rtęć z mięsa ryb, a zatem prawdopodobieństwo, że będzie się odkładać w organizmie, jest znikome. Dostępne są także szczepionki przeciwko grypie bez tiomersalu – zapytaj o nie lekarza.

Mit: *Szczepionki mogą powodować autyzm lub inne zaburzenia rozwojowe.*
Prawda: Pomimo przeprowadzonych na wielką skalę badań, które całkowicie wykluczyły istnienie jakiegokolwiek związku pomiędzy autyzmem i szczepieniami (w tym duże badanie w amerykańskim Instytucie Medycyny, opierające się na wszechstronnych danych i dowodach zbieranych w ciągu wielu lat), pogląd ten utrzymuje się uparcie i rozprzestrzenia przez internetowe plotki. Jednak nawet sąd federalny orzekł, że rutynowo podawane dzieciom szczepienia (w tym szczepionki MMR, które cieszą się najgorszą opinią) nie są, powtórzmy: nie są odpowiedzialne za autyzm i nie ma żadnych dowodów na poparcie twierdzenia, że jest inaczej. Cała sprawa rozpoczęła się w 1998 roku, gdy pewien brytyjski lekarz opublikował wyniki badania (jednorazowego i obejmującego tylko dwanaścioro dzieci) sugerujące możliwość związku pomiędzy szczepieniem MMR i autyzmem. Gazeta, która zamieściła te informacje („The Lancet"), wycofała się z nich w roku 2004, a w roku 2010 odkryto, iż lekarz, który odpowiada za całe zamieszanie, w rzeczywistości sfałszował dane i zmanipulował wyniki. W 2011 roku czasopismo „BMJ" nazwało to badanie „wyszukanym oszustwem". Innymi słowy, nigdy nie było żadnych wiarygodnych teorii łączących autyzm z problemem szczepień ochronnych.

Najbardziej aktualne dane na temat bezpieczeństwa szczepień oraz najnowsze zalecenia poda ci lekarz, który leczy twoje dziecko.

Zanim dziecko zostanie zaszczepione

Chociaż szczepienie jest właściwie zabiegiem bezpiecznym, to warto, by zarówno rodzice, jak i pracownicy służby zdrowia podjęli odpowiednie środki ostrożności.

- Przypomnij lekarzowi o wszelkich reakcjach, które wystąpiły u dziecka po poprzednim szczepieniu.
- Upewnij się, że przed szczepieniem zostanie sprawdzony stan zdrowia dziecka, co zapewni wykrycie początkowych objawów ewentualnej choroby. Jeśli u malca wcześniej występowały jakieś objawy chorobowe, poinformuj o tym lekarza.
- Obserwuj uważnie swoje dziecko przez siedemdziesiąt dwie godziny po szczepieniu i zgłoś natychmiast lekarzowi wszystkie poważne reakcje (patrz str. 331). Notuj wszelkie reakcje w książeczce szczepień lub książeczce zdrowia dziecka.
- Upewnij się, że lekarz lub pielęgniarka wpisują do karty dziecka nazwę producenta oraz numer serii szczepionki,

a także wszystkie zgłaszane przez ciebie reakcje poszczepienne. Przynoś książeczkę szczepień na każde badanie kontrolne, aby mogła zostać uzupełniona.

▲ Niepożądane odczyny poszczepienne powinny być zgłaszane przez lekarza odpowiedniej organizacji*.

WZYWANIE LEKARZA

Młodzi rodzice mają skłonność do wzywania lekarza przy najmniejszych objawach dziecięcej niedyspozycji, ale ty masz już ponadroczne doświadczenie w ocenianiu dziecięcych przeziębień, gorączek, kaszlu, a zatem pewnie rzadziej sięgasz po telefon. Są jednak sytuacje, w których nic nie zastąpi informacji udzielonych przez osobę najbardziej kompetentną w sprawach zdrowia dziecka. Oto co należy wiedzieć o wzywaniu lekarza.

KIEDY WEZWAĆ LEKARZA

Podejmowanie decyzji, które objawy występujące u dziecka mówią „zadzwonić natychmiast" albo „zadzwonić w ciągu dnia", a które „poczekamy, zobaczymy", nie zawsze jest łatwe. Poza tym to, co u jednego dziecka jest powodem do natychmiastowego wezwania lekarza, u innego wymaga jedynie czekania na rozwój wypadków. Z tego właśnie względu należy poprosić lekarza (albo pielęgniarkę) o wskazówki, kiedy powinnaś niezwłocznie go wezwać. Zanotuj te zalecenia lub wprowadź je do swojego telefonu.

Niezależnie od otrzymanych instrukcji natychmiast dzwoń do lekarza, jeśli czujesz, że z twoim dzieckiem dzieje się coś złego, a gdy lekarz jest nieuchwytny, udaj się do przychodni pełniącej dyżur lub wezwij pogotowie. Rób tak nawet wówczas, gdy nie możesz potwierdzić swego przeczucia za pomocą niżej wymienionej listy objawów, a nawet gdy nie potrafisz dokładnie stwierdzić, co się dzieje. Rodzice często wiedzą najlepiej.

Jeśli twoje roczne dziecko ma któryś z wymienionych poniżej objawów, wezwij lekarza. Jeśli objaw, który wymaga kontaktu telefonicznego w zwykłych godzinach pracy, pojawi się w ciągu weekendu, możesz poczekać do poniedziałku, ale gdy w sobotę lub niedzielę zaobserwujesz coś, co wymaga zgłoszenia w ciągu dwudziestu czterech godzin, dzwoń do lekarza, nawet jeśli musisz pozostawić wiadomość na automatycznej sekretarce*.

Gorączka (jeśli nie zaznaczono inaczej, wszystkie wartości odnoszą się do pomiarów wykonanych w odbycie):

▲ Ponad 40,5°C – wezwij lekarza natychmiast;

▲ Pomiędzy 40°C i 40,5°C – wezwij lekarza w ciągu dwudziestu czterech godzin (chyba że gorączce towarzyszą inne objawy wymagające natychmiastowej interwencji);

▲ Pomiędzy 39°C a 39,9°C – skontaktuj się z lekarzem w czasie jego zwykłych godzin przyjęć;

▲ Poniżej 39°C, z towarzyszącymi łagodnymi objawami przeziębienia lub grypy, utrzymującymi się ponad trzy dni, zadzwoń w czasie zwykłych godzin przyjęć;

* W Polsce jest to Państwowy Powiatowy Inspektor Sanitarny (przyp. red. meryt.).

* W Polsce przychodnie, które mają podpisany kontrakt na świadczenie usług medycznych z NFZ, mają obowiązek zapewnić całodobową opiekę nad zapisanymi w nich pacjentami. Jeśli lekarze w twojej przychodni pracują tylko w ciągu dnia, zostaniesz poinformowana, gdzie uzyskać poradę, jeśli dziecko zachoruje w nocy lub w weekend (przyp. red. meryt.).

Gdzie boli?

Jak można stwierdzić, czy maluch, który jeszcze dobrze nie mówi, ma ból głowy? Albo ból ucha czy brzucha? Nie jest to łatwe zadanie. Oto kilka wskazówek:

- Ból głowy. Małe dziecko z bólem głowy może chwytać się za głowę lub pocierać ją (lub czasami uderzać nią) albo być nietypowo drażliwe. Poważnym przyczynom bólu głowy (na przykład wstrząśnienie pnia mózgu) często towarzyszą wymioty.
- Ból brzucha. Twój maluch może zginać się wpół i chwytać za brzuszek, a przy chodzeniu (jeśli już chodzi) będzie bardzo ostrożnie stawiać kroki, by nie potrząsać brzuszkiem.
- Ból gardła. Na pewno niełatwo go rozpoznać. Może się objawiać dyskomfortem przy przełykaniu lub niechęcią do jedzenia i picia. Brak apetytu może wskazywać także na inne choroby.
- Ból w klatce piersiowej. Także nie jest łatwy do stwierdzenia. Czasem jego objawem jest tylko niewytłumaczalna inaczej drażliwość, ale czasem dziecko trzyma się za klatkę piersiową i pociera ją. Zwykle obserwuje się także zmianę w sposobie oddychania: płytki, przyspieszony oddech bywa wskazówką.

▲ Utrzymująca się ponad czterdzieści osiem godzin, przy braku innych wykrywalnych objawów choroby – zadzwoń do lekarza w ciągu jego zwykłych godzin pracy;

▲ Która gwałtownie rośnie po kilkudniowym utrzymywaniu się na umiarkowanym poziomie (39°C) lub która nagle pojawia się u dziecka przeziębionego (może to wskazywać na wtórne zakażenie, takie jak zapalenie ucha lub angina) – zadzwoń w ciągu dwudziestu czterech godzin, chyba że stan dziecka pogarsza się, coś zacznie je boleć (na przykład ucho) lub oddech staje się przyspieszony bądź ciężki – w takich przypadkach natychmiast wezwij lekarza;

▲ Która wystąpiła po okresie ekspozycji na zewnętrzne źródło ciepła, takie jak słońce w gorący dzień lub nagrzane wnętrze samochodu w czasie upałów – wtedy wymagana jest natychmiastowa pomoc medyczna (patrz str. 433);

▲ Która rośnie szybko, gdy dziecko z umiarkowaną gorączką było zbyt ciepło ubrane lub zawinięte w koce – stan ten powinien być leczony jak udar cieplny, a zatem należy natychmiast wezwać lekarza. Oczekując na pomoc lekarską, należy podać gorączkującemu dziecku leki przeciwgorączkowe w dawce właściwej dla masy ciała i zastosować fizykalne metody chłodzenia, np. zimne kompresy na skórę głowy lub chłodną kąpiel.

Gorączka współwystępująca z:

▲ Wiotkością lub brakiem reagowania (nie można niczym dziecka zainteresować) – wezwij lekarza natychmiast;

▲ Drgawkami (ciało sztywnieje, oczy uciekają, kończyny uderzają o podłoże) – bezzwłocznie wezwij lekarza. Jeśli twój maluch miał drgawki w przeszłości, były krótkotrwałe, a po nich nie działo się nic niepokojącego, zadzwoń w ciągu dwudziestu czterech godzin, chyba że lekarz zalecił ci postąpić inaczej (patrz str. 350);

▲ Drgawkami trwającymi ponad pięć minut – dzwoń natychmiast po pogotowie ratunkowe (numer 999) lub 112 z telefonu komórkowego;

▲ Niedającym się uspokoić, nietypowym płaczem, który trwa dwie lub trzy godziny – wezwij lekarza natychmiast;

▲ Płaczem takim jak przy bólu, kiedy dotykasz dziecka lub nosisz na rękach – wezwij lekarza natychmiast;

▲ Kwileniem lub jękiem niezwiązanym z zachowaniem dziecka – wezwij lekarza natychmiast;

▲ Wybroczynami (fioletowobordowymi plamkami) w dowolnym miejscu na skórze – wezwij lekarza natychmiast;

- Trudnościami w oddychaniu - wezwij lekarza natychmiast;
- Silnym bólem głowy, zwłaszcza jeśli towarzyszą mu wymioty. Gdy dziecko nie mówi dobrze, trudno rozpoznać ból głowy, ale objawy mogą obejmować płacz (zwłaszcza podczas poruszania głową), pocieranie głowy lub wskazywanie na nią, mrużenie oczu w reakcji na światło - wezwij lekarza natychmiast;
- Nadmiernym ślinieniem się i odmawianiem przełykania płynów - wezwij lekarza natychmiast;
- Sztywnością karku (wyczuwalny opór przy próbie przyciągnięcia głowy dziecka do klatki piersiowej) - wezwij lekarza natychmiast;
- Podejrzeniem pieczenia lub bólu podczas oddawania moczu (może to być trudne do stwierdzenia u małego dziecka, ale objawia się zwykle próbą wstrzymywania moczu lub płaczem przy jego oddawaniu), który może mieć cuchnącą woń - wezwij lekarza natychmiast;
- Bólem gardła (także często trudnym do stwierdzenia u małego dziecka, a mogącym się objawiać płaczem przy przełykaniu, odmową przyjmowania pokarmów i płynów) - skontaktuj się z lekarzem w czasie jego zwykłych godzin przyjęć;
- Wysypką - skontaktuj się z lekarzem w czasie jego zwykłych godzin przyjęć;
- Powtarzającymi się wymiotami - zadzwoń w ciągu dwudziestu czterech godzin, jednak w przypadku nasilonych wysiłkowych wymiotów lub gdy wymiociny zawierają jasnozieloną żółć, wezwij lekarza natychmiast;
- Łagodnym odwodnieniem (na str. 362 możesz przeczytać, czym się objawia) - skontaktuj się z lekarzem w czasie jego zwykłych godzin przyjęć;
- Ciężkim odwodnieniem (na str. 362 możesz przeczytać, czym się objawia) - wezwij lekarza natychmiast;
- Nietypowym zachowaniem - nadmiernym kapryszeniem lub płaczliwością, nadmierną sennością, apatią, bezsennością, nadwrażliwością na światło, utratą apetytu, chwytaniem lub uciskaniem ucha - wezwij lekarza natychmiast.

Kaszel:

- Łagodny (nie urywany ani głośny) i utrzymujący się ponad dwa tygodnie - skontaktuj się z lekarzem w czasie jego zwykłych godzin przyjęć;
- Zakłócający sen w nocy - skontaktuj się z lekarzem w czasie jego zwykłych godzin przyjęć;
- Połączony z odkrztuszaniem żółtawej bądź zielonkawej flegmy - skontaktuj się z lekarzem w czasie jego zwykłych godzin przyjęć;
- Połączony z odkrztuszaniem podbarwionej krwiście wydzieliny - wezwij lekarza natychmiast;
- O szczekliwym dźwięku lub wydawany głęboko z klatki piersiowej - skontaktuj się z lekarzem w czasie jego zwykłych godzin przyjęć.

Kaszel współwystępujący z:

- Trudnościami w oddychaniu - wezwij lekarza natychmiast;
- Świstami (gwiżdżącym odgłosem w czasie wydechu) - skontaktuj się z lekarzem w czasie jego zwykłych godzin przyjęć;
- Zaciąganiem międzyżebrzy i dołków nadobojczykowych (skóra na tułowiu pomiędzy żebrami i nad obojczykiem wydaje się zasysana przy każdym wdechu) - wezwij lekarza natychmiast;

Nie ma głupich pytań

Masz pytanie dotyczące objawów zdrowotnych, planu leczenia, skutków ubocznych leków bądź czegoś, o czym przeczytałaś na stronie internetowej lub usłyszałaś od koleżanki, a co jest sprzeczne z poradami lekarza? Zapytaj. Pamiętaj, że dla pracowników służby zdrowia nie ma czegoś takiego jak głupie pytania, zwłaszcza gdy padają z ust troskliwych rodziców.

- Przyspieszonym oddechem (patrz str. 343) – skontaktuj się z lekarzem w czasie jego zwykłych godzin przyjęć; jeśli jednak oddech taki utrzymuje się lub towarzyszy mu gorączka, zadzwoń do lekarza tego samego dnia.

Ból gardła:

- Występujący po kontakcie z osobą z rozpoznanym zakażeniem paciorkowcowym – skontaktuj się z lekarzem w czasie jego zwykłych godzin przyjęć (pamiętając przy tym, że zakażenia paciorkowcami są rzadkie u dzieci w wieku poniżej dwóch lat);
- U dziecka z wywiadem obciążonym przewlekłą chorobą płuc, gorączką reumatyczną lub chorobą nerek – wezwij lekarza w ciągu dwudziestu czterech godzin.

Ból gardła współwystępujący z:

- Gorączką powyżej 39°C – skontaktuj się z lekarzem w czasie jego zwykłych godzin przyjęć;
- Trudnościami przy przełykaniu – skontaktuj się z lekarzem w czasie jego zwykłych godzin przyjęć;
- Poważnymi trudnościami w połykaniu i ślinotokiem – wezwij lekarza natychmiast;
- Białymi plamami lub pęcherzami na zaczerwienionym gardle – skontaktuj się z lekarzem w czasie jego zwykłych godzin przyjęć;
- Powiększeniem lub tkliwością szyjnych węzłów chłonnych (patrz str. 344) – skontaktuj się z lekarzem w czasie jego zwykłych godzin przyjęć;
- Wysypką – skontaktuj się z lekarzem w czasie jego zwykłych godzin przyjęć.

Krwawienie:

Natychmiast zgłaszaj lekarzowi wszystkie następujące objawy:

- Krew w moczu;
- Krew w stolcu, z wyjątkiem niewielkich pasm krwi, o których wiesz, że są spowodowane drobnymi rankami w odbycie (zwykle powstałymi wskutek wysiłkowego oddawania stolca);
- Krew w plwocinie lub odkrztuszonej flegmie;
- Krew cieknąca z ucha.

Zaburzenia ogólne:

Zadzwoń do lekarza natychmiast, jeśli u dziecka wystąpi choć jeden z następujących objawów:

- Śpiączka lub wzmożona senność, której towarzyszy (lub nie) gorączka; stan niepełnego wybudzenia, z którego nie można dziecka wyprowadzić; brak reakcji;
- Płacz lub jęk bólu, kiedy dotykasz dziecka lub nosisz je na rękach;
- Niepokój – dziecko dłużej niż przez trzydzieści minut nie może zapaść w sen. Kieruj się własnym wyczuciem i jeśli uważasz, że ten stan dziecka jest spowodowany bólem, zadzwoń;
- Ciągły płacz trwający przez ponad trzy godziny, piskliwy płacz, kwilenie lub słabe jęki niezwiązane z zachowaniem;

- Odmowa przyjmowania pokarmu przez cały dzień.

Inne:

- Powiększenie węzłów chłonnych (patrz str. 344), których okolica staje się zaczerwieniona, ciepła i tkliwa – wezwij lekarza w ciągu dwudziestu czterech godzin;
- Ostry ból w dowolnym miejscu, zwłaszcza głowy lub klatki piersiowej (słabo mówiące dziecko może trzymać się za bolącą część ciała) – wezwij lekarza natychmiast;
- Silny ból brzucha, który nie wydaje się związany z zaparciami lub nietolerancją laktozy, a który utrzymuje się przez ponad trzy godziny lub któremu towarzyszą wymioty – wezwij lekarza tego samego dnia;
- Zażółcenie białek oczu lub skóry – skontaktuj się z lekarzem w ciągu zwykłych godzin przyjęć.

ZANIM SKONSULTUJESZ SIĘ Z LEKARZEM

Uznałaś, że kontakt z lekarzem jest niezbędny (lub sądzisz, że tak może być – w razie wątpliwości powinnaś kierować się swym przeczuciem). Aby wasza rozmowa była jak najwartościowsza, musisz bardzo konkretnie opisać objawy występujące u dziecka. A to nie zawsze jest łatwe, kiedy matka z powodu niedyspozycji swej pociechy jest zestresowana. Zanim więc dziecko znowu zacznie pociągać noskiem, przejrzyj ten rozdział, gdyż jego treść zapewni ci wiedzę o tym, jakich informacji potrzebujesz i jak odpowiedzieć na ewentualne pytania lekarza.

Informacje dotyczące objawów występujących u dziecka. Często jedno spojrzenie na maluszka wystarczy, aby wiedzieć, że dzieje się z nim coś niedobrego, ale lekarz potrzebuje do oceny więcej danych. Zanim więc zadzwonisz, żeby zgłosić chorobę, sprawdź podstawowe elementy funkcjonowania organizmu dziecka. Należą do nich:

- **Temperatura.** Jeśli czoło dziecka wydaje się chłodne w dotyku (zewnętrzną stroną dłoni lub wargami), możesz sądzić, że nie ma ono wysokiej gorączki. Jeśli zaś czujesz, że czoło jest ciepłe, wykonaj dokładniejszy pomiar temperatury za pomocą termometru (patrz str. 347).
- **Oddychanie.** Małe dzieci zwykle oddychają z częstotliwością od dwudziestu do czterdziestu oddechów na minutę. Czynność ta jest jednak szybsza przy aktywności fizycznej (także podczas płaczu) niż podczas snu i może ulegać przyspieszeniu lub zwolnieniu w czasie choroby. Gdy więc malec kaszle lub wydaje ci się, że oddycha gwałtownie albo nieregularnie, sprawdź częstość jego oddechów. Jeżeli oddycha szybciej lub wolniej niż zwykle bądź częstość oddechów wykracza poza prawidłowy zakres, a przy tym klatka piersiowa dziecka nie podnosi się i nie opada przy każdym oddechu, a także jeśli oddychanie jest wysiłkowe i chrapliwe (a nos nie jest zapchany) – koniecznie podaj tę informację lekarzowi.
- **Objawy ze strony układu oddechowego.** Czy dziecko ma zatkany nos, czy też leje mu się z noska? Czy wydzielina jest wodnista czy gęsta? Przejrzysta, biała, żółta czy zielona? Jeśli obecny jest kaszel, to czy jest on suchy, urywany, ciężki, piejący czy szczekliwy? Czy kaszel jest produktywny, tzn. czy powoduje odkrztuszanie śluzowej wydzieliny? Czy dziecko wymiotowało śluzem podczas nasilonego kaszlu?
- **Zachowanie.** Czy zachowanie dziecka jest pod jakimkolwiek względem inne niż zwykle? Czy określiłabyś swoje dziecko jako ospałe, drażliwe, trudne do uspokojenia lub niereagujące? Czy można wywołać jego uśmiech?

- **Sen.** Czy dziecko śpi znacznie więcej niż zazwyczaj, czy wykazuje niezwykłą ospałość lub jest trudne do wybudzenia? A może ma trudności ze spaniem?
- **Płacz.** Czy dziecko płacze więcej niż zwykle? Czy płacz ma inne brzmienie lub nienaturalną intensywność, na przykład czy jest wysoki lub niski?
- **Apetyt.** Czy nastąpiła nagła zmiana apetytu? Czy dziecko odmawia przyjmowania płynów lub pokarmów stałych?
- **Skóra.** Czy skóra dziecka wygląda inaczej niż zwykle lub jest inna w dotyku? Czy jest czerwona i przekrwiona? Biała i blada? Sinawa lub szarawa? Czy jest w dotyku wilgotna i ciepła (przepocona) albo wilgotna i chłodna? Czy jest może wyjątkowo sucha i pomarszczona? Czy wargi lub śluzówki jamy ustnej są nadmiernie suche bądź popękane? Czy obecne są plamy lub inne zmiany gdziekolwiek na skórze twojego dziecka – pod pachami, za uszami, na kończynach, tułowiu lub w innych miejscach? Jak można opisać kolor tych plam czy zmian, ich kształt, rozmiar i strukturę? Czy twoje dziecko drapie lub pociera zmienione miejsca?
- **Jama ustna.** Czy na dziąsłach, wewnątrz policzków, na podniebieniu bądź na języku widoczne są jakieś czerwone albo białe plamki lub wykwity? Czy występuje krwawienie?
- **Gardło.** Czy łuki podniebienne są zaczerwienione? Czy są tam obecne czerwone albo białe plamki lub wykwity?
- **Oczy.** Czy oczy malucha wyglądają inaczej niż zwykle? Czy są błyszczące, szkliste, nieprzytomne, tępe, wodniste lub zaczerwienione? Czy białka oczu są żółtawe? Czy oczy są podkrążone lub przymknięte? Jeśli obecna jest wydzielina, to jak można opisać jej kolor, konsystencję i ilość? Czy zauważyłaś jakieś zmiany na powiekach? Czy dziecko mruży oczy lub nie chce ich otworzyć przy świetle?
- **Uszy.** Czy dziecko ciągnie za jedno lub oboje uszu? Czy wkłada do nich palce? Czy z któregoś ucha wydostaje się wydzielina? Jeśli tak, to jak ona wygląda?
- **Węzły chłonne.** Czy węzły chłonne na szyi dziecka wydają się powiększone? Czy są bolesne? (Spójrz na ilustrację poniżej – pokazuje ona, w których miejscach należy to sprawdzać).
- **Górny odcinek układu trawiennego.** Czy dziecko wymiotuje? Jak często? Czy wymioty są obfite, czy też są to głównie

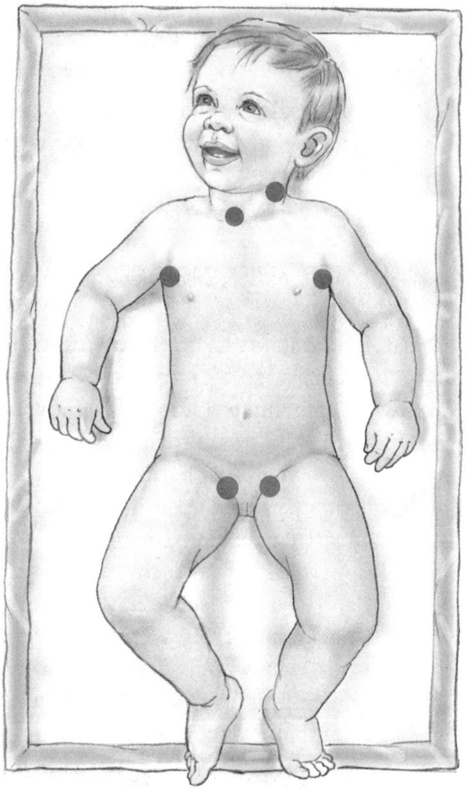

Węzły chłonne są częścią układu odpornościowego, chroniącego przed chorobami. Kiedy w ich okolicy rozwinie się zakażenie, często ulegają powiększeniu, a niekiedy stają się tkliwe i bardziej ucieplone. Można je wyczuć opuszkami palców.

odruchy wymiotne bez zwracania treści pokarmowej? Jak opisałabyś wymiociny: jako głównie przejrzyste, śluzowate, zielonkawe (zabarwione żółcią), różowe, krwiste, przypominające kwaśne mleko czy fusy z kawy? Czy wymioty mają charakter wysiłkowy? Czy wydostają się gwałtownie (tzw. wymioty chlustające)? Czy można wskazać coś, co zdaje się wymioty powodować, na przykład jedzenie lub picie albo kaszel? Czy wiesz, lub podejrzewasz, że twój maluch spożył toksyczne substancje? Czy wydzielanie śliny jest obfitsze niż zwykle albo bardziej skąpe? Czy występują jakieś widoczne trudności w połykaniu?

- ▲ **Dolny odcinek układu pokarmowego.** Czy są jakieś zmiany w wypróżnianiu? Czy dziecko ma biegunkę, a stolce są luźne, wodniste, śluzowate lub zabarwione krwią? Czy kolor i zapach stolca są inne niż zazwyczaj? Czy dziecko wypróżnia się częściej (ile razy w ciągu ostatnich dwudziestu czterech godzin?), nagle lub gwałtownie? A może dziecko ma zaparcia?
- ▲ **Drogi moczowe.** Czy dziecko wydaje się oddawać mocz częściej niż zwykle czy rzadziej? Czy pieluchy są bardziej suche niż zwykle? Czy mocz ma inne zabarwienie - na przykład ciemnożółte lub różowe - albo ma dziwny zapach? Czy oddawanie moczu wydaje się wiązać z bólem lub pieczeniem? (Takie dolegliwości mogą powodować, że dziecko przerywa oddawanie moczu lub płacze w trakcie).
- ▲ **Brzuch.** Czy brzuszek twojego dziecka jest bardziej niż zwykle płaski, zaokrąglony lub wzdęty? Czy sprawiasz dziecku ból, kiedy naciskasz na brzuch delikatnie lub kiedy przyginasz któreś z jego kolan do brzucha? Gdzie ból wydaje się zlokalizowany - po prawej czy lewej stronie, wyżej czy niżej? Czy dziecko chwyta się lub trzyma za brzuch, chodzi bardzo ostrożnie lub w pozycji pochylonej?

PRÓG BÓLU TWOJEGO DZIECKA

Dzieci, tak jak ludzie w każdym wieku, różnie reagują na ból. Jedne znoszą go dobrze (jak ciekawski wspinacz, który po upadku wstaje, mówi „auć" i wraca do wspinaczki), inne są bardzo na niego wrażliwe (jak nieśmiało stawiający kroki brzdąc, który zanosi się płaczem przy każdym upadku, nawet jeśli został on zamortyzowany miękkim dywanem). Warto wziąć ten aspekt pod uwagę przy ocenie stanu zdrowia dziecka. Jeżeli na przykład rozgorączkowany malec, który zwykle znosi ból ze stoickim spokojem, zaczyna ciągnąć się za ucho i jednocześnie pociera policzek, to można podejrzewać, że ma zapalenie ucha – mimo iż nie wydaje się tym specjalnie przejęty. Należy zatem pójść do lekarza. Z drugiej strony jednak nie trzeba biegać do przychodni, gdy tylko zakwili dziecko o bardzo małej odporności na ból. Uważaj jednak, by nie zbagatelizować sytuacji: czasem dziecko, które zwykle narzeka przy każdej okazji, faktycznie jest chore.

- ▲ **Objawy motoryczne.** Czy dziecko ma dreszcze, drgawki, sztywność ciała lub karku (czy może bez trudu przyciągnąć podbródek do klatki piersiowej)? Czy wydaje ci się, że ma trudności w poruszaniu którąś częścią ciała? Czy ma kłopoty (większe niż zwykle) z zachowaniem równowagi i koordynacją?
- ▲ **Ból.** Czy twoje dziecko skarży się na ból rąk, nóg, brzucha, głowy, uszu lub zlokalizowany gdziekolwiek indziej? Czy próbuje w sposób niewerbalny informować cię o bólu, na przykład ciągnąc się za ucho? Czy ma zaczerwienione, obolałe albo obrzęknięte stawy?
- ▲ **Inne nietypowe objawy.** Czy czujesz jakąś nieprzyjemną woń wydostającą się z jamy ustnej dziecka, jego nosa, uszu, pochwy bądź odbytu? Czy z któregoś z tych miejsc leci krew?

Dotychczasowy postęp choroby. Niezależnie od tego, z jaką chorobą masz do czynienia, same informacje o objawach nie wystarczą, powinnaś przygotować się także na udzielenie lekarzowi odpowiedzi na następujące pytania:

- ▲ Kiedy pojawiły się pierwsze objawy?
- ▲ Co (jeśli cokolwiek) je wywołało?
- ▲ Co powoduje pogorszenie lub łagodzi objawy? Na przykład czy przyjęcie pozycji siedzącej łagodzi kaszel lub czy jedzenie prowadzi do nasilenia wymiotów? Czy pora dnia ma wpływ na nasilenie objawów (czy są intensywniejsze w nocy)?
- ▲ Jeśli jednym z objawów jest ból, to gdzie dokładnie jest zlokalizowany (jeśli dziecko potrafi ci to powiedzieć lub jeśli ty potrafisz to wywnioskować)?
- ▲ Jakie leki bez recepty lub domowe metody leczenia już zastosowałaś (jeśli w ogóle)?
- ▲ Czy dziecko było ostatnio narażone na zakażenia wirusowe czy inne – na przykład wirusowe zapalenie żołądka u rodzeństwa, grypa w żłobku lub zapalenie spojówek u uczestników grupy rówieśniczej?
- ▲ Czy dziecko uczestniczyło ostatnio w wypadku, podczas którego mógł wystąpić niezauważony uraz?
- ▲ Czy malec regularnie przyjmuje jakieś leki? Czy ostatnio zaczął dostawać jakieś nowe?
- ▲ Czy twój maluch ostatnio zjadł coś nowego lub nietypowego albo czy spożyta żywność mogła być zepsuta? Czy jakiś produkt nabiałowy lub sok był niepasteryzowany (surowy)?

Wywiad zdrowotny dziecka. Jeśli lekarz nie ma pod ręką karty zdrowia twojego dziecka (co zazwyczaj się zdarza, gdy dzwonisz do niego poza zwykłymi godzinami pracy), będziesz musiała odświeżyć jego pamięć pewnymi istotnymi szczegółami. Informacje te są szczególnie ważne w przypadku konieczności przepisania jakiegoś lekarstwa. Poinformuj zatem lekarza:

- ▲ O wieku dziecka i przybliżonej masie jego ciała;
- ▲ O tym, czy dziecko choruje przewlekle i czy obecnie przyjmuje leki;
- ▲ O wywiadzie rodzinnym obciążonym występowaniem reakcji lub alergii (uczuleń) polekowych;
- ▲ O ewentualnych wcześniejszych reakcjach dziecka na leki.

Twoje pytania. Poza szczegółami dotyczącymi objawów występujących u dziecka przydatne może być również przygotowanie pytań, które cię nurtują (związanych z dietą, zatrzymaniem dziecka w domu, ponownym kontaktem, jeśli objawy nie ustąpią itp.), oraz długopisu i papieru (w celu zanotowania zaleceń). Prowadzenie „dziennika chorób" bardzo przyda ci się w przyszłości, gdy będziesz usiłowała sobie przypomnieć, jakich leków malec nie toleruje i ile razy w zeszłym roku chorował na zapalenie ucha.

Wszystko o gorączce

Twój zazwyczaj tryskający energią malec siedzi apatycznie na podłodze, praktycznie nie zwracając uwagi na swoje ukochane zabawki. Nie tknął lunchu (a był to makaron w sosie serowym!), a teraz jego pulchne policzki są zaczerwienione jak pomidorki koktajlowe. Dotykasz czoła – jest gorące. Serce zaczyna ci bić szybciej i zastanawiasz się, jak wysoką temperaturę ma dziecko.

Choć trudno ci zachować spokój, gdy malec jest rozpalony jak piec, to jednak staraj się nie tracić zimnej krwi. Nie zawsze gorączka stanowi powód do paniki i nie każda wymaga wzywania lekarza czy nawet dzwonienia do niego. W rzeczywistości jest ona jednym z najlepszych sojuszników układu odpornościowego. To sposób, w jaki organizm informuje cię, że doszło do zakażenia i że jego system obronny zaczął działać – tak jak powinno być. Mimo to powinnaś sprawdzić, jak wysoka jest gorączka, aby wiedzieć, jak ją zbijać i czy wzywać do pomocy w tej walce lekarza.

Pomiar temperatury u małego dziecka

Najszybszym i najprostszym sposobem sprawdzenia, czy dziecko ma gorączkę, jest dotknięcie wargami lub grzbietem dłoni czoła, nasady karku bądź tułowia dziecka. Przy odrobinie wprawy szybko nauczysz się odróżniać prawidłową temperaturę od gorączki, a także oceniać stopień nasilenia gorączki. Ale twój dotyk nie poda ci temperatury dziecka z precyzyjną dokładnością – musisz więc użyć termometru. Musisz też pamiętać, że system usta–czoło nie sprawdzi się w ogóle, jeśli jedno z was przebywało w gorącym bądź zimnym miejscu, brało właśnie ciepłą kąpiel albo jeżeli przed chwilą wypiłaś chłodny lub ciepły napój. Czoło małego dziecka może się też wydawać cieplejsze rano, kiedy malec wygramoli się spod kołdry. I to niezależnie od tego, czy ma gorączkę czy nie.

Cztery części ciała, które najdokładniej odzwierciedlają powierzchniową temperaturę ciała, to: jama ustna, odbyt, pacha i kanał słuchowy. Ponieważ u małego dziecka trzymanie termometru w jamie ustnej i pod językiem jest mało praktyczne, większość lekarzy nie zaleca tego sposobu mierzenia temperatury, dopóki dziecko nie ukończy co najmniej czterech lub pięciu lat. Termometry bębenkowe (zakładane do przewodu słuchowego zewnętrznego i mierzące temperaturę w podczerwieni), na tętnicę skroniową czy termometry-smoczki mogą być wygodne, ale nie zawsze zapewniają dokładny odczyt (patrz poniżej).

Nie zaleca się używania szklanych termometrów rtęciowych. Jeśli nadal taki masz, powinnaś się go prawidłowo pozbyć (nie możesz wrzucić go do zwykłych śmieci – zapytaj w aptece lub w firmie, która zajmuje się recyklingiem w twoim regionie, jak powinnaś postąpić). Używaj termometru cyfrowego. Są one bezpieczne, dokładne, nieskomplikowane, łatwo dostępne i stosunkowo niedrogie, a przy tym mogą być używane do mierzenia temperatury i w odbycie, i w jamie ustnej czy pod pachą; nie należy jednak korzystać z tego samego termometru do mierzenia temperatury i w odbycie, i w ustach. Pomiar termometrem cyfrowym trwa krótko (od dwudziestu sekund do minuty), co jest ich ogromną zaletą w przypadku małych dzieci. Poszukaj takiego, który ma elastyczną końcówkę, gdyż zapewnia ona dodatkową wygodę. Jednorazowe osłonki można nabyć w aptece, ale nie są konieczne.

Termometr bębenkowy jest dość drogi i choć daje odczyt w ciągu zaledwie kilku sekund, to czasem trudno go prawidłowo umieścić (jeśli masz taki, możesz poprosić lekarza, by pokazał ci, jak go używać). Ogólnie jednak pomiar temperatury w uchu daje mniej dokładny odczyt niż pod pachą, ale żaden nie jest tak dokładny jak ten w odbycie, który nadal uważany jest za standard. Problem z dokładnością pomiaru temperatury w uchu związany jest też z zalegającą tam woskowiną.

Pomiar temperatury na tętnicy skroniowej odbywa się za pomocą przetwornika przesuwającego się po czole. Przetworniki te są łatwe w użyciu i stają się coraz szerzej dostępne, lecz ich cena jest dość wysoka, a przy tym nie dają one tak dokładnego odczytu jak termometry doodbytnicze.

Pomiar temperatury w odbycie. Oczyść końcówkę termometru: przetrzyj ją alkoholem lub umyj mydłem i spłucz chłodną wodą. Włącz termometr i upewnij się, że wszystkie

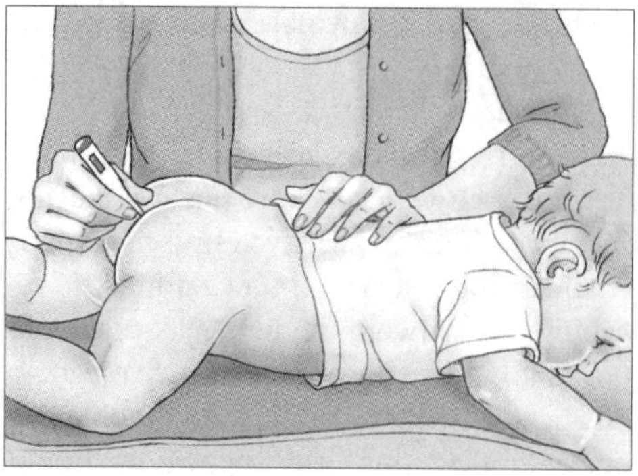

W przypadku małych dzieci najczęściej używa się termometru doodbytniczego.

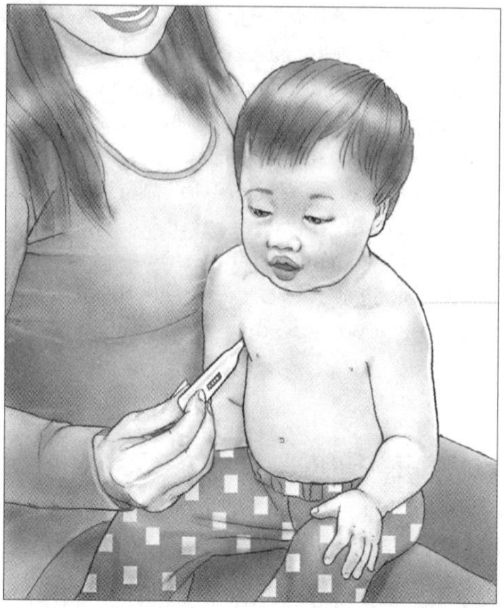

Termometr do pomiarów temperatury ciała pod pachą jest użyteczny wówczas, kiedy dziecko ma biegunkę lub broni się przed włożeniem termometru do odbytu.

stare odczyty zostały usunięte z jego pamięci (ponieważ każdy termometr cyfrowy jest inny, powinnaś przeczytać instrukcję obsługi, zanim będziesz miała półnagie dziecko na kolanach). Końcówkę termometru posmaruj wazeliną. Usiądź i połóż dziecko na brzuszku na swoich kolanach, podkładając mu dla komfortu poduszkę (patrz ilustracja powyżej). Połóż dłoń na dolnej części pleców, aby ustabilizować wiercące się ciałko. Jeśli w takiej pozycji nie jest wam wygodnie, połóż malca na płaskiej powierzchni bądź to na brzuszku, bądź na plecach z nogami podciągniętymi do klatki piersiowej, jak przy zmianie pieluchy. W celu uspokojenia dziecka postępuj delikatnie, mów do niego kojącym tonem i próbuj czymś zająć jego uwagę (ulubionymi piosenkami lub zabawką).

Jedną ręką rozsuń pośladki, odsłaniając odbyt, po czym wsuń termometr na głę-

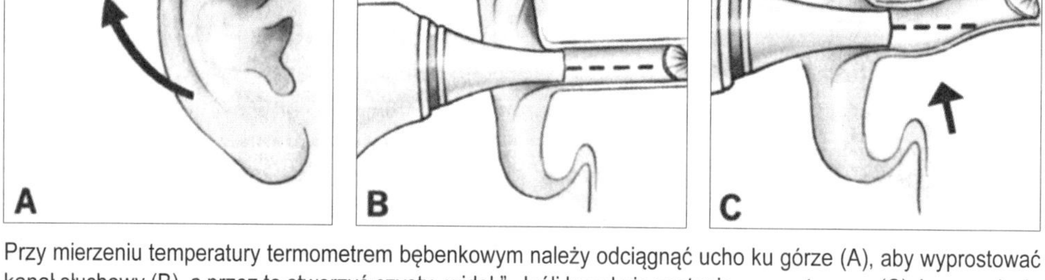

Przy mierzeniu temperatury termometrem bębenkowym należy odciągnąć ucho ku górze (A), aby wyprostować kanał słuchowy (B), a przez to stworzyć czysty „widok". Jeśli kanał nie zostanie wyprostowany (C), jego zagięcie może przekłamywać wynik odczytu.

bokość mniej więcej dwa i pół centymetra w głąb (nie naciskaj, jeśli poczujesz opór). Trzymaj termometr nieruchomo do czasu usłyszenia lub zobaczenia sygnału oznaczającego zakończenie odczytu (zwykle potrzeba na to dwudziestu sekund do minuty).

Pomiar temperatury pod pachą. Stosuj tę nieco mniej dokładną metodę mierzenia temperatury, kiedy dziecko nie chce leżeć spokojnie lub ma biegunkę, która mogłaby wywołać dyskomfort. Oczyść termometr: przetrzyj go alkoholem lub umyj mydłem i spłucz chłodną wodą. Następnie umieść jego końcówkę dość głęboko pod pachą malca (uważając, by dotykała wyłącznie skóry, nie ubrań). Trzymaj rękę dziecka skierowaną w dół, lekko naciskając z boku na łokieć. (Dobra rada: posadź sobie dziecko na kolanach, tak by jego nóżki swobodnie zwisały po bokach, a rączka, pod której pachę włożysz termometr, była mocno przyciśnięta do twojej klatki piersiowej). Trzymaj termometr nieruchomo do czasu, aż usłyszysz lub zobaczysz sygnał oznaczający zakończenie pomiaru.

Pomiar temperatury w kanale słuchowym. Postępuj zgodnie ze wskazówkami podanymi w instrukcji termometru. Zasadniczo cała rzecz polega na prawidłowym umieszczeniu przyrządu w kanale ucha.

Odczytywanie wyników pomiarów

Pomiar temperatury w odbycie uważa się za najdokładniejszy, ponieważ wskazuje podstawową ciepłotę ciała, a zatem jest standardem określania temperatury ciała małych dzieci. Gdy lekarz pyta o nią, można założyć, że chodzi mu o pomiar z odbytu (więc jeśli mierzyłaś temperaturę w innym miejscu, zaznacz to w rozmowie z lekarzem). Podana w tej książce informacja o temperaturze także bierze pod uwagę właśnie ten odczyt. Za prawidłową przeciętną temperaturę mierzoną w odbycie uważa się 37°C, ale może ona wynosić od 36,7°C do 37,8°C.

A jak to wygląda w przypadku pomiaru w innych miejscach? Prawidłowa temperatura mierzona pod pachą wynosi przeciętnie około 36,4°C, ale może się wahać od 35,6°C do 37,2°C i jest od 0,5 do 1 stopnia niższa niż mierzona w odbycie. Innymi słowy, odczyt 37,9°C spod pachy jest równoznaczny z odczytem 38,4°C–39°C z odbytu. Nie jest to zbyt precyzyjne, ale daje pewne wyobrażenie. Termometr bębenkowy można ustawić tak, by podawał temperaturę zbliżoną do takiej, jaką uzyskałoby się przy pomiarze z odbytu.

Bez względu na sposób mierzenia temperatury należy pamiętać, że to, co „prawidłowe", może oznaczać zupełnie co innego dla różnych osób i o różnych porach dnia. Na przykład zupełnie prawidłowy odczyt może być niższy, gdy maluch budzi się rano, a nieco wyższy w późnych godzinach popołudniowych.

Po odczytaniu i zanotowaniu wskazania termometru umyj go chłodną wodą z mydłem lub przetrzyj alkoholem. Uważaj, aby nie zamoczyć cyfrowego wyświetlacza, przycisku włącz/wyłącz ani pokrywy baterii. Koniecznie też zapoznaj się z instrukcją producenta dotyczącą prawidłowego przechowywania urządzenia.

Leczenie gorączki

Szacuje się, że od osiemdziesięciu do dziewięćdziesięciu procent wszystkich przypadków gorączki u małych dzieci jest związanych z samoograniczającym się zakażeniem wirusowym (czyli takim, które zwykle ustępuje bez leczenia). Większość specjalistów nie zaleca leczenia gorączki u dzieci w tym wieku, chyba że przekracza ona 38,9°C albo trzeba podać środek obniżający gorączkę i przeciwbólowy (paracetamol lub ibuprofen) w celu uspokojenia dziecka (zwłaszcza

Drgawki gorączkowe

Szacuje się, że od dwóch do czterech procent małych dzieci doświadcza drgawek (podczas których gałki oczne uciekają, ciało sztywnieje, ręce i nogi drgają mimowolnie) spowodowanych po prostu nagłą wysoką gorączką, zwykle w pierwszym okresie jej narastania. Choć drgawki gorączkowe są dla rodziców przerażające, zazwyczaj nie są szkodliwe. Badania dowodzą, że dzieci, które miały drgawki gorączkowe, nie wykazują później żadnych zmian neurologicznych ani psychicznych. Wydaje się, że w etiologii takich drgawek mają znaczenie czynniki genetyczne (czyli występowanie ich u członków rodziny), ale w większości przypadków głównym czynnikiem jest prawdopodobnie niedojrzałość mózgu małego dziecka. Gdy mózg dojrzewa, drgawki ustają.

Jeśli twój maluch miał drgawki gorączkowe w okresie niemowlęcym, to istnieje o trzydzieści–czterdzieści procent większe ryzyko wystąpienia podobnych epizodów we wczesnym dzieciństwie w porównaniu z dziećmi, u których drgawki nigdy nie występowały. Większość dzieci, które miały tylko jeden epizod, nigdy nie doświadcza drugiego. Ponowne wystąpienie drgawek jest najbardziej prawdopodobne u tych dzieci, u których poprzedni przypadek trwał ponad piętnaście minut, drgawki wystąpiły wkrótce po rozpoczęciu się gorączki, a gorączka w czasie wystąpienia drgawek nie była zbyt wysoka. O wiele rzadziej istnieje inna, pozagorączkowa przyczyna występowania drgawek.

Jak się zdaje, postępowanie zmierzające do obniżenia gorączki nie zmniejsza częstości występowania drgawek w trakcie choroby u dzieci z predyspozycjami, prawdopodobnie dlatego, że drgawki praktycznie zawsze występują na samym początku choroby, kiedy to gorączka rośnie, zanim zostanie zastosowane leczenie.

Jeśli u twojego dziecka wystąpiły drgawki gorączkowe, zachowaj spokój (pamiętaj, że tego rodzaju drgawki nie są szkodliwe) i podejmij następujące działania:

- Sprawdź, która jest godzina, aby zmierzyć czas trwania drgawek.
- Trzymaj dziecko delikatnie w rękach lub połóż je bokiem na łóżku albo innej miękkiej powierzchni, z głową ułożoną niżej niż reszta ciała, jeśli jest to możliwe.
- Nie próbuj w żaden sposób krępować ruchów dziecka.
- Rozluźnij ciasne ubranie dziecka.
- Nie próbuj podawać dziecku jedzenia ani picia, nie wkładaj mu też niczego do ust, a także usuń z jego buzi wszystko, co może się w niej znajdować, na przykład smoczek lub żywność (aby usunąć kawałek pokarmu lub inny przedmiot z ust dziecka, nie należy używać dwóch palców chwytających szczypcowo, lecz raczej przesunąć zakrzywiony palec wskazujący po wewnętrznych ścianach jamy ustnej, jako że w ten sposób łatwiej jest uniknąć wepchnięcia pokarmu głębiej).

Dziecko może w czasie drgawek na chwilę stracić przytomność, ale zwykle szybko samoistnie ją odzyskuje. Drgawki będą najprawdopodobniej trwały tylko minutę lub dwie.

Jeśli po ustąpieniu drgawek dziecko chce spać, ułóż je do snu na boku, podpierając kocem lub poduszką. Następnie skontaktuj się z lekarzem (chyba że jest to kolejny epizod, a lekarz powiedział ci, że dzwonienie nie jest konieczne). Jeśli nie uda ci się natychmiast skontaktować z lekarzem, możesz podać dziecku paracetamol, aby tymczasem spróbować obniżyć gorączkę. Ale nie wkładaj dziecka w tym celu do wanny, bo jeśli dojdzie ponownie do drgawek, dziecko może zachłysnąć się wodą.

Jeśli dziecko nie oddycha prawidłowo po ustąpieniu napadu drgawek albo jeśli trwały one pięć minut lub dłużej, albo jeżeli po epizodzie malec nie reaguje normalnie, natychmiast wezwij pogotowie ratunkowe (numer 999 lub 112 z telefonu komórkowego). Przypuszczalnie niezbędne będzie przewiezienie dziecka do Szpitalnego Oddziału Ratunkowego, aby określić przyczynę tak złożonego ataku.

przed snem). Choroby spowodowane przez bakterie są zwykle (choć nie zawsze) leczone antybiotykami, których pośrednim działaniem jest obniżenie gorączki poprzez usunięcie zakażenia, choć dawka paracetamolu czy ibuprofenu może zostać podana dla lepszego samopoczucia malca.

W przeciwieństwie do gorączki skojarzonej z chorobą, gorączka spowodowana udarem cieplnym (czyli taka, której przyczyną jest zbyt wysoka temperatura otoczenia albo zbyt ciepła odzież) wymaga natychmiastowego leczenia w celu obniżenia temperatury ciała (patrz str. 433).

Typowa temperatura ciała

Miejsce pomiaru	Zakres normy	Gorączka
Odbyt	36,6°C–37,7°C	38°C
Pacha	35,5°C–37,2°C	37,4°C
Jama ustna	35,5°C–37,5°C	37,6°C

Jeśli twoje dziecko ma gorączkę, podejmuj poniższe działania, chyba że lekarz zalecił inne postępowanie.

Ochłodź dziecko. Ubierz swoje gorączkujące dziecko lekko, by jego organizm mógł sam obniżać temperaturę (w gorące dni wystarczą jedynie pielucha lub majteczki), przykrywaj je tylko prześcieradłem lub lekkim kocykiem i utrzymuj przyjemną temperaturę pokojową (ale nie aż tak niską, by dziecko dostało gęsiej skórki). W razie konieczności, jeśli to możliwe, włącz klimatyzację lub wiatrak, by utrzymać optymalną temperaturę, ale uważaj, by dziecko przebywało poza zasięgiem nawiewu lub powiewów z otwartego okna.

Podawaj więcej płynów. Ponieważ gorączka powoduje zwiększenie utraty wody przez skórę i oddychanie, bardzo ważne jest, żeby gorączkujące dziecko piło odpowiednią ilość płynów, gdyż w ten sposób przeciwdziała się odwodnieniu. Zachęcaj dziecko (ale nie zmuszaj), aby często popijało po łyczku ulubione napoje. Jeśli zauważysz u maluszka jakiekolwiek objawy odwodnienia (patrz str. 362), skontaktuj się z lekarzem.

Obniż gorączkę. Lekarz może zalecić paracetamol lub ibuprofen (patrz str. 360), jeśli dziecko ma gorączkę 38,8°C lub wyższą, sprawia wrażenie, że źle się czuje lub że coś je boli albo nie może spać. Uważaj, aby nie przekraczać zalecanej dawki leku.

Zachęć dziecko do odpoczynku. Ponieważ organizm dziecka zwykle sam wie najlepiej, czego potrzebuje, zatem bardzo chorego dziecka nie trzeba będzie namawiać do zwolnienia tempa. Pozwól mu na umiarkowaną aktywność, ale nie zgadzaj się na szaleństwa, gdyż może to jeszcze bardziej podnieść ciepłotę ciała.

Odpowiednio odżywiaj dziecko. Energia, jaką organizm zużywa na podniesienie temperatury ciała, zwiększa zapotrzebowanie na kalorie, czyli przy gorączce potrzeba dziecku więcej kalorii, a nie mniej. Ale nie zmuszaj malucha do jedzenia.

Nie przesadzaj z leczeniem. Nie podawaj żadnych leków (innych niż paracetamol lub ibuprofen), chyba że zostaną zalecone przez lekarza. Jeśli podejrzewasz przegrzanie organizmu, nie podawaj żadnych leków, nawet paracetamolu. Natomiast jeśli podejrzewasz, że dziecko mocno boli brzuszek, nie dawaj mu ibuprofenu (możesz natomiast podać paracetamol).

Gorączka: część pełnego obrazu choroby

Zazwyczaj zachowanie dziecka jest lepszą wskazówką dotyczącą jego stanu niż temperatura ciała. Ospałość przy braku podwyższonej temperatury u malucha, który z reguły radośnie biega po pokoju, może wskazywać na poważniejszy stan niż gorączka 38,8°C. Mało tego, dziecko może mieć poważne zapalenie wyrostka robaczkowego bez żadnej gorączki albo wysoką gorączkę przy łagodnym przeziębieniu. Dlatego też ważne przy ocenie stanu zdrowia twego dziecka jest uwzględnienie nie tylko temperatury ciała, lecz także współistniejących objawów. Na str. 339–341 znajdziesz porady dotyczące wzywania lekarza do malucha z gorączką.

Opieka nad chorym dzieckiem

Czy coś może bardziej ściskać matkę za serce niż widok zakatarzonego dziecka, z wysoką gorączką, silnym kaszlem, obolałego – a może w jeszcze gorszym stanie? Na szczęście nie musisz bezczynnie siedzieć i patrzeć na cierpienia swego malca. Możesz zrobić wiele, by mu trochę ulżyć – bez względu na to, czy dziecko jest w domu i choruje na zwykłe przeziębienie, czy przebywa w szpitalu z powodu znacznie poważniejszej choroby.

W domu

Informacja dla doktor Mamy lub doktora Taty: niezależnie od tego, czy wasze dziecko jest przeziębione, czy ma gorączkę, czy też boli je brzuszek, możecie mu pomóc, nawet jeśli nie macie wykształcenia medycznego. Oto ogólne zasady pielęgnowania chorego dziecka w domu:

Odpoczynek. Trudno zmusić dziecko – nawet chore – by leżało w łóżku, ale na szczęście zwykle nie ma takiej konieczności. W rzeczywistości można prawie zawsze zaufać dziecku, że właściwie odbierze sygnały płynące z organizmu i będzie się do nich stosować. Bardzo chory maluch sam chętnie zrezygnuje z zabawy i odpocznie, natomiast jeśli choroba jest raczej łagodna, to jego poziom aktywności fizycznej się nie zmieni. Jeśli więc zalecenie, by dziecko leżało w łóżku, nie pochodzi od lekarza, nie trzeba tego od malucha wymagać.

Wychodzenie z domu. Postępuj zgodnie z zaleceniami lekarza odnośnie do wychodzenia na dwór i powrotu do żłobka lub zajęć w grupie. Ogólnie zaleca się, by dziecko, które ma gorączkę 38,5°C lub wyższą, nie wychodziło z domu do czasu, aż temperatura spadnie poniżej 38°C i utrzyma się na tym poziomie przez dwadzieścia cztery godziny. Potem, gdy gorączka całkowicie ustąpi, ale utrzymują się jeszcze niektóre objawy choroby (takie jak kaszel po pobycie na zimnym powietrzu), dziecko może prowadzić normalną aktywność, chociaż z pewnością dobrze by mu zrobiło kilka dodatkowych dni pobytu w domu, jeśli tylko jest to możliwe.

Jedzenie i picie. Nie próbuj zagłodzić przeziębienia – jedzenie jest wskazane zarówno przy przeziębieniu, jak i przy gorączce. Jeżeli dziecko ma gorączkę, chorobę dróg oddechowych (taką jak przeziębienie, grypa czy zapalenie oskrzeli) lub układu pokarmowego z biegunką i/lub wymiotami, czyste płyny i żywność z dużą zawartością wody (rozcieńczone soki, soczyste owoce, zupy oraz mrożone desery z soków – ale nie napoje słodzone cukrem) pomogą zapobiec odwodnieniu. Czasami niezbędne może być podanie roztworu doustnego (np. Gastrolit, Orsalit), szczególnie przy biegunce lub wymiotach. Podawaj płyny często, przez cały dzień, zwłaszcza jeśli malec nie pije więcej niż łyk naraz. Przy kiepskim apetycie płyny są ważniejsze od pokarmów o stałej konsystencji.

Jeśli choroba osłabiła apetyt, najlepiej podawać dziecku małe porcje jedzenia, ale często (aby pomóc układowi odpornościowemu skutecznie walczyć z chorobą). Nigdy jednak nie zmuszaj dziecka do jedzenia – nawet jeśli nie zjadło nawet kęsa przez cały dzień. Pilnuj jedynie, by piło odpowiednią ilość płynów. Jeśli uważasz, że twoje dziecko cierpi na poważną utratę apetytu lub nie przyjmuje dostatecznej ilości płynów albo jeśli odmawia ono jedzenia i picia przez dwadzieścia cztery godziny, zadzwoń do lekarza.

Leki. Na str. 355 i dalszych przeczytasz więcej na temat podawania leków choremu dziecku.

DLA RODZICÓW

KIEDY TY JESTEŚ CHORA

Gdy mamusia jest przeziębiona albo tatuś ma grypę, nie jest dobrze. I to nawet w najlepszych warunkach, kiedy masz wygodne łóżko, pełne opakowanie chusteczek jednorazowych, duży wybór filmów do obejrzenia i nie musisz robić nic, no, może oprócz obsługiwania pilota do telewizora. Ale przy małym dziecku sytuacja może nie wyglądać tak sielankowo. Roczne dzieci zazwyczaj nie mają zbyt wiele empatii wobec chorych rodziców, zwłaszcza gdy ci zaniedbują je pod względem zabawy i poświęcania im uwagi.

Niestety, kiedy leżysz chora, potrzebujesz wypoczynku przynajmniej w takim samym stopniu, w jakim twoja pociecha wymaga uwagi i opieki – zwłaszcza jeśli chcesz szybko wrócić do zdrowia. Zastanów się, czy jest jakaś osoba, która może się zająć dzieckiem u ciebie lub może wziąć je do siebie na czas twojej choroby. Jeśli nie masz takiej możliwości i jesteś sama z malcem, zrób wszystko, by wzbudzić w nim chęć do współpracy; wytłumacz, co się z tobą dzieje (w prostych, zrozumiałych dla dziecka słowach) i dlaczego musisz odpocząć, nadmieniając przy tym, że przyspieszy to twój powrót do zdrowia („Kiedy poczuję się lepiej, będziemy znów mogli się bawić!").

Możesz wypróbować także inne podejście. Wyznacz dziecku rolę „lekarza rodziny" i zostań jego pacjentką (metoda najlepiej sprawdza się w przypadku starszego malucha, który już umie bawić się w pełnienie ról). Nie tylko dasz dziecku zajęcie, lecz także sprawisz, że będzie bardziej skłonne do współpracy – wiesz przecież, jak bardzo maluchy lubią czuć się ważne. Pozwól, by zbadał cię stetoskopem i zmierzył gorączkę termometrem z jego zestawu małego lekarza, poproś o poprawienie ci poduszek, rozłożenie koca, przyniesienie czasopisma, a nawet zalecenie ci, byś pozostała w łóżku. Nie pozwól mu tylko na podawanie ci leków (dzieci nigdy nie powinny ich dotykać) i – skoro już jesteśmy przy tym temacie – pamiętaj, by nie zostawiać żadnych leków na widoku (nawet w opakowaniu zabezpieczonym przed dziećmi) ani w ogóle w zasięgu malucha. Dopilnuj, by w twoim pokoju znalazło się wszystko, czego oboje z dzieckiem możecie potrzebować: chusteczki jednorazowe, termos z ciepłą zupą, woda, niepsujące się przekąski i kartoniki z sokiem dla dziecka, mnóstwo książek, układanki, kredki i papier, zabawki i inne rzeczy, którymi dziecko będzie mogło się zająć. Jeśli masz kogoś, kto może przygotować dziecku lunch i włożyć go do lodówki, poproś go o to. Nie będziesz musiała później wymyślać czegoś naprędce.

Jeśli masz chorobę wirusową, którą dziecko już przeszło i przekazało ją tobie, przypuszczalnie nie zarazi się ono ponownie, warto jednak zastosować środki zapobiegawcze, o których przeczytasz na str. 365.

Czuła opieka. Najlepszym lekarstwem dla każdego, kto źle się czuje – a już zwłaszcza dla dziecka – jest czuła, troskliwa opieka. Zapewniaj ją maluchowi regularnie.

W SZPITALU

Wiadomość, że dziecko wymaga hospitalizacji, może być stresująca, przerażająca i bardzo przytłaczająca, niezależnie od tego, czy pobyt w szpitalu ma trwać tylko dzień lub dwa (przeprowadzenie badań) czy dłużej (długotrwałe leczenie) i czy przyczyną jest uraz czy choroba. Ale nawet jeżeli ta wiadomość spada na ciebie nagle – jak to zresztą zwykle w przypadku maluchów bywa (prosto z gabinetu pediatry idziesz do szpitala, bo na przykład właśnie się dowiedziałaś, że pozornie niegroźna choroba dróg oddechowych przerodziła się w zapalenie płuc) – jest wiele rzeczy, które możesz zrobić, by ułatwić tę sytuację i sobie, i swojemu dziecku.

- Spraw, żeby malec czuł się w szpitalu jak w domu. Jednym z najtrudniejszych dla małego dziecka aspektów pobytu w szpitalu jest przebywanie daleko od domu i brak codziennej rutyny. Pomóż mu pogodzić się z tą sytuacją, zabierając ze sobą (lub jak najszybciej przynosząc) kilka ulubionych i znajomych przedmiotów. Zapytaj w szpitalu, czy dziecko może tam mieć własną pidżamę (jeśli ta szpitalna nie jest kolorową dziecinną pidżamką oraz jeśli szpitalna bielizna nie jest wymagana), prześcieradełko z jego łóżeczka i inne przedmioty uspokajające (takie jak ulubiony kocyk lub pluszowe zwierzątka), zabawki (zwłaszcza te, którymi można się bawić w łóżku), blok rysunkowy i kredki (jeśli maluch lubi gryzmolić), oprawione zdjęcie rodzinne, ulubioną muzykę, książeczki, zestaw małego lekarza (możliwość zabawy nim czasem pomaga małym pacjentom poczuć, że panują nad sytuacją), przekąski, które dziecko szczególnie lubi – zapytaj, czy możesz mu przynieść jego ulubiony soczek, jogurt albo lody z mrożonego soku (jeśli nie ma przeciwwskazań dietetycznych). Ty także spróbuj się zadomowić na tyle, na ile zezwala na to regulamin szpitala.

▲ Bądź na dyżurze. Jeśli chodzi o twoje dziecko i opiekę nad nim, to najważniejszą osobą jesteś ty. Dobrze by było, gdyby co najmniej jedno z rodziców pozostawało (jeśli to tylko możliwe) przy małym pacjencie przez całą dobę po to, by zapewniać mu nie tylko spokój i komfort, ale także bezpieczeństwo i świadomość stałości w często nieprzewidywalnym środowisku szpitalnym. Większość pracujących rodziców ma prawo wziąć dni wolne od pracy na opiekę nad chorym dzieckiem (choć, niestety, nie zawsze może to być urlop płatny). Jeśli oboje rodzice pracują, mogą na zmianę czuwać przy dziecku, aby tracili jak najmniej dni pracy i byli mniej zmęczeni – zarówno psychicznie, jak i fizycznie. Natomiast gdy samotnie wychowujesz dziecko, spróbuj znaleźć kogoś z rodziny lub znajomych, kto mógłby cię zastąpić, kiedy musisz odpocząć, wziąć prysznic lub zaczerpnąć świeżego powietrza.

▲ Bądź zaangażowana. Szpitale są często miejscem bardzo ruchliwym, onieśmielającym, czasem cierpią na braki kadrowe, ale nawet gdy pielęgniarki, lekarze, studenci medycyny i inne osoby krążą wokół małego pacjenta, pamiętaj, że twoja obecność tam ma zasadniczy cel: masz być adwokatem swojego dziecka. Zadawaj bezpośrednie pytania i nigdy się nie bój, że pytasz za dużo lub za często. Bądź asertywna i na bieżąco śmiało mów o swych obawach lub zastrzeżeniach dotyczących opieki nad dzieckiem lub jego stanu. W tętniącym życiem szpitalu dziecko może przez pomyłkę otrzymać niewłaściwy lek lub pożywienie, jakaś dawka leku może zostać pominięta albo coś innego, ważnego, zostanie niezauważone. Rodzice najlepiej czuwają nad tym, by żaden błąd, któremu można zapobiec, nie został popełniony. Jeśli wyrazisz jakieś obawy i odniesiesz wrażenie, że zostałaś zignorowana, porozmawiaj z lekarzem, dyżurną pielęgniarką albo szpitalnym rzecznikiem praw pacjenta.

▲ Miej pogodną minę. Lęk jest zaraźliwy, więc aby dziecko nie bało się tego, co je czeka w szpitalu, musisz mieć przekonujące pozytywne nastawienie. Choć nie zawsze będzie to łatwe, pamiętaj, że twój dobry nastrój i uśmiech bardzo pomogą malcowi, przyniosą mu ukojenie i spokój. Gdy poczujesz potrzebę rozładowania napięcia, zrób to poza szpitalem, w otoczeniu krewnych i znajomych, którzy to zrozumieją.

▲ Wspomagaj zdrowienie właściwym odżywianiem. Często nie można polegać na wartości odżywczej szpitalnej diety, więc uzupełniaj ją – jeśli to możliwe – żywnością i przekąskami przyniesionymi z domu. I chociaż rodzice rzadko myślą o sobie, kiedy martwią się o chore dziecko, to pamiętaj, że nie pomożesz dziecku, jeśli będziesz głodna i przemęczona. Musisz się dobrze odżywiać i dbać o siebie.

▲ Bądź przygotowana na zmiany w zachowaniu. Choroba, hospitalizacja i okres,

PRZYGOTOWANIE DO POBYTU W SZPITALU

Ponieważ w większości przypadków potrzeba umieszczenia dziecka w szpitalu pojawia się dość nieoczekiwanie, rodzice rzadko kiedy mają czas przygotować do tego siebie lub swoje dzieci. Ale jeśli zostaniesz choć trochę wcześniej uprzedzona o takiej konieczności, to dzięki dobremu planowaniu całe przedsięwzięcie może być mniej stresujące dla wszystkich zainteresowanych (część poniższych porad nadaje się do wykorzystania także przy nagłej hospitalizacji – po prostu trzeba je tylko nieco zmodyfikować). Oto co możesz zrobić:

Przygotuj siebie. Dowiedz się wszystkiego na temat choroby dziecka i zaplanowanych procedur medycznych. Zacznij od materiałów poleconych ci przez lekarza. Wiele informacji znajdziesz też w Internecie, łącznie z opiniami innych rodziców, którzy byli lub są w podobnej sytuacji (ich pomoc i wsparcie mogą być nieocenione). Musisz jednak mieć świadomość, że nie wszystko, co znajdziesz w sieci (lub słyszysz od innych rodziców), ma faktyczną wartość medyczną lub odnosi się do stanu twego dziecka, a zatem wszelkie informacje, co do których nie masz pewności, powinnaś omówić z lekarzem. Pamiętaj, że o wszystko możesz i powinnaś pytać lekarza: Czy dziecko czeka zabieg chirurgiczny, a jeśli tak, to czy będzie on przeprowadzony w znieczuleniu ogólnym? Czy możesz być obecna podczas wykonywania zabiegu? Jakich skutków ubocznych można oczekiwać? Czy dziecko będzie przez jakiś czas unieruchomione? Czy będą jakieś ograniczenia w diecie? Czy założony zostanie cewnik dożylny? Czy możliwe będzie podawanie środków przeciwbólowych? Jeśli nadal karmisz dziecko piersią, czy będziesz mogła to robić?

Przygotuj swoje dziecko. Ponieważ małe dziecko nie zrozumie dokładnego opisu tego, co czeka je w szpitalu, niewiele można zrobić, by je przygotować do hospitalizacji. Jeżeli sądzisz, że nieco starszemu maluchowi dobrze zrobi wcześniejsze przygotowanie, podaj mu tylko wyjaśnienia odpowiednie do jego wieku, czyli krótkie omówienie z niewieloma szczegółami. Wyjaśnij, że szpital to takie miejsce, do którego przywozi się chore dzieci, i że sympatyczni lekarze i pielęgniarki pomagają im wrócić do zdrowia. Jeśli twój maluch ma pytania, odpowiedz szczerze, ale bez zbędnego wchodzenia w szczegóły i bez podawania informacji, o które nie jesteś pytana. Aby dziecku było łatwiej przygotować się na to, co je czeka, poglądajcie książeczki z obrazkami, które uzupełnisz odpowiednim komentarzem („Popatrz, tę dziewczynkę coś boli. A ten pan doktor sprawi, by poczuła się lepiej"). W tym samym celu pobaw się z dzieckiem w „szpital" (postaraj się o kilka masek chirurgicznych i zestaw małego lekarza, dzięki któremu dziecko zapozna się ze stetoskopem, mankietem ciśnieniomierza, a nawet z zabawkowymi strzykawkami).

który po niej nastąpi, mogą być trudne dla małych dzieci. Można oczekiwać, że dziecko będzie bardziej niż zwykle trzymać się ciebie, będzie wycofane, apatyczne, przerażone lub nieszczęśliwe. Ale to minie. Bądź cierpliwa i wyrozumiała. Mali pacjenci szybciej dochodzą do zdrowia (oraz wracają do normalnego stanu emocjonalnego), gdy czują, że ktoś bliski jest po ich stronie (i przy ich boku).

WSZYSTKO O...

LEKI

Czasem choremu dziecku wystarczy tylko przytulenie, zapewnienie spokoju i wypoczynku. Innym razem potrzebne są także lekarstwa. Ale zanim sięgniesz po jakieś leki – dostępne na receptę lub bez – by podać je dziecku, musisz mieć pewność, że jest to właściwy środek we właściwej dawce. Oto co musisz wiedzieć na temat bezpieczeństwa leków dla dzieci.

Uzyskiwanie informacji o lekach

Gdy lekarz zasugeruje dostępny bez recepty środek przeciwbólowy albo wypisze receptę na antybiotyk, musisz wiedzieć o tym leku więcej niż tylko to, ile kosztuje. Powinnaś się także zorientować, czym dany lek jest, jak działa, w jakiej dawce i w jaki sposób należy go podawać, jakie są zasady jego przechowywania, jakie skutki uboczne może wywołać, oraz dowiedzieć się wielu innych rzeczy. Na szczęście większość tych informacji poda ci lekarz (jeśli tego sam nie zrobi, nie zapomnij go o to zapytać). Musisz jednak popytać o szczegóły w aptece, zanim przyniesiesz lekarstwo do domu. Gdy chodzi o medykamenty dla malucha, warto być szczególnie ostrożnym.

W opakowaniu leków na receptę i większości leków bez recepty znajduje się ulotka od producenta; czasem szczegółowy opis wydrukowany jest na samym opakowaniu. Gdy odbierasz leki na receptę, przeczytaj wszystko dokładnie i jeśli będziesz chciała wiedzieć więcej, zapytaj farmaceutę albo wystawiającego receptę lekarza. Oto kilka pytań, które mogą ci się nasunąć, zanim podasz jakiś lek swemu dziecku (niektóre z tych pytań mogą nie mieć zastosowania w pewnych okolicznościach):

- Czy lekarstwo to ma tańszy odpowiednik, który jest równie skuteczny?
- Jakie jest przewidywane działanie?
- Jak należy lek przechowywać?
- Czy ma przyjemny dla dziecka smak?
- Jaka jest odpowiednia dawka?
- Jak często należy lek podawać? Czy należy budzić dziecko w środku nocy celem podania leku? (Na szczęście rzadko zachodzi taka konieczność).
- Czy lek powinien być podawany przed posiłkiem, w trakcie czy po?
- Czy może być podawany z mlekiem, sokiem lub innymi płynami? Czy jakiś pokarm zmniejsza jego wchłanianie?
- Jeśli przepisany lek ma być podawany trzy lub więcej razy dziennie, czy istnieje równie skuteczny jego zamiennik, który można by podawać tylko raz lub dwa razy dziennie?
- Czy należy podać drugą dawkę, jeśli dziecko zwymiotuje lub wypluje lek?
- Co zrobić w przypadku pominięcia dawki? Czy podać dawkę dodatkową bądź podwójną? Jak postąpić w przypadku pomyłkowego podania dodatkowej dawki?

Apteki internetowe – recepta na niebezpieczeństwo?

Przypuszczalnie dostałaś już e-mailowo ofertę (albo kilka ofert) kupna po obniżonej cenie leków wydawanych jedynie na receptę. Być może twój komputer sam wrzuca je do spamu albo ty je tam umieszczasz. A może jednak odczuwasz silną pokusę kupienia jakiegoś leku, zwłaszcza gdy widzisz tam mnóstwo atrakcyjnych cen, znacznie niższych niż w aptekach, i gdy masz dziecko, które często przyjmuje ten czy inny antybiotyk?

Jest kilka ważnych powodów, by nie ulegać takiej pokusie. Po pierwsze, jeśli rozważasz zakup leku na podstawie samodzielnie postawionej diagnozy (masz pewność, że dziecko ma zapalenie ucha, więc postanawiasz zaoszczędzić sobie czasu i pieniędzy, pominąć wizytę u lekarza i samej „wystawić receptę"), możesz nieświadomie narazić malca na niebezpieczeństwo, kupując coś, co nie jest potrzebne, albo stosując niewłaściwy lek bądź nieodpowiednią jego dawkę. Drugie ryzyko zamawiania lekarstw w „dyskontowych" aptekach jest takie, że wiele z nich oferuje podróbki, placebo lub okrojoną wersję prawdziwych leków. Nie trzeba chyba wspominać, że oferują je budzące wątpliwości strony internetowe, które nie podlegają żadnemu nadzorowi*.

* Według obowiązującego w Polsce prawa apteki internetowe nie mogą sprzedawać leków na receptę. Wysyłkową sprzedaż leków zamawianych przez Internet mogą prowadzić wyłącznie apteki i punkty apteczne posiadające zezwolenie Inspekcji Farmaceutycznej (przyp. red.).

Preparaty ziołowe i miód

Są używane od wieków w celu łagodzenia objawów setek chorób. Można je kupić bez recepty. Mają naturalne pochodzenie. Ale czy leki ziołowe będą naprawdę skuteczne i bezpieczne, szczególnie gdy chodzi o twoje dziecko?

Tego nikt nie wie na pewno. Wiemy natomiast, że niektóre zioła wykazują działanie lecznicze (niektóre bardzo silne leki dostępne wyłącznie na receptę są otrzymywane z ziół), a każda substancja, która ma takie działanie, powinna być kwalifikowana jako lek. Oznacza to, że w przypadku ziół należy stosować takie same środki ostrożności jak w przypadku innych leków.

Są jednak dodatkowe problemy związane z preparatami ziołowymi: ich skuteczności ani bezpieczeństwa nie sprawdza żadna organizacja państwowa. Kiedy kupujesz więc preparat ziołowy, możesz dostać nie to, co chciałaś, w tym składniki lub zanieczyszczenia, których byś nie oczekiwała, a już na pewno nie pragnęła. Nie podawaj żadnych ziół dziecku bez konsultacji z lekarzem (podobnie jak nie zrobiłabyś tego w przypadku zwykłych leków) i pamiętaj, że sprzedawca w dziale suplementów diety sklepu ze zdrową żywnością nie jest specjalistą do spraw zdrowia. Porozmawiaj z lekarzem, zanim zaczniesz dziecko leczyć ziołami.

Nie oznacza to jednak, że wszystkie alternatywne metody leczenia są niedopuszczalne w przypadku małego dziecka. Istnieją bowiem bezpieczne i proste środki, które warto wypróbować w domu:

Rumianek. Gdy małe dziecko nie może się wyciszyć wieczorem, daj mu do wypicia mały kubek herbatki z rumianku (odpowiednio ostudzonej). Napar ten ma działanie uspokajające, a niektórzy specjaliści (oraz niejedni rodzice) twierdzą, że zioło to łagodzi także bóle brzuszka i dyskomfort związany z ząbkowaniem. Niektóre dzieci chętnie piją tę herbatkę samą, inne lubią ją z dodatkiem mleka.

Mięta. Letni napar z mięty pieprzowej ma podobne działanie jak rumianek, czyli pomaga złagodzić bóle brzuszka, choć może nasilać nudności i powodować zgagę. Ponieważ działa także kojąco na świąd skóry, możesz dodać napar z mięty do wody w wannie, jeśli maluch drapie się z powodu wysypki albo podrażnionej skóry. Taka kąpiel ma przyjemny, chłodzący efekt.

Imbir. Jest stosowany przy bólach brzuszka. Działa przeciwwymiotnie i łagodzi wzdęcia. Jedną czwartą łyżeczki startego świeżego imbiru zaparz gorącą wodą, dodając trochę soku z cytryny i miodu; poczekaj, aż napar naciągnie, po czym odcedź i daj dziecku do picia po odpowiednim ostudzeniu. Jeśli malec nie jest wielbicielem herbatek, daj mu do zjedzenia babeczkę imbirową albo ciastko z imbirem. Być może nie podziałają one tak skutecznie jak napar, ale powinny przynieść pewną ulgę.

Aloes. Gdy przekroisz wzdłuż mięsisty liść aloesu, wycieknie z niego przejrzysty, galaretowaty sok, który od tysięcy lat znajduje zastosowanie w leczeniu ran, poparzeń słonecznych i chorób skóry. Posmaruj chorobowo zmienioną skórę dziecka bezpośrednio przeciętym liściem. Jeśli malec będzie protestować, w aptece lub w sklepie ze zdrową żywnością powinnaś dostać aloes w postaci żelu i kremu.

Owsianka. Gdy chodzi o leczenie takich zmian chorobowych skóry, jak wysypka, pokrzywka i wypryski, to owsianka może być najlepszym środkiem. Nie tylko zachowuje wilgotność skóry i przynosi ulgę przy podrażnieniach, ale także ma właściwości przeciwzapalne, przeciwświądowe i zmniejszające obrzęk. Wystarczy zmieszać zwykłe surowe płatki owsiane z wodą, po czym nałożyć tę papkę na swędzącą skórę. Można również wsypać do woreczka z materiału albo nawet do skarpetki pół kubka surowych płatków owsianych, zawiązać i wrzucić zawiniątko do wanny z przygotowaną dla dziecka kąpielą.

Miód. Oto słodka wiadomość! Badania naukowe wykazują, że miód zjedzony przed snem (pół łyżeczki) poważnie ogranicza napady kaszlu podczas snu. Lepki produkt pokrywa ścianę gardła i łagodzi ból gardła, a słodki smak zwiększa wydzielanie śliny, która rozrzedza śluz i zmniejsza potrzebę kaszlu (pamiętaj jednak, że nie należy dawać miodu dzieciom, które nie ukończyły pierwszego roku życia, ponieważ może to spowodować zatrucie niemowlęcia jadem kiełbasianym – rzadką, zagrażającą życiu chorobą).

Gdy podajesz dziecku jakikolwiek preparat ziołowy, pamiętaj: to, co naturalne, nie jest równoznaczne z tym, co bezpieczne. Porozmawiaj z pediatrą zawsze, kiedy masz zamiar podać dziecku jakikolwiek produkt z zakresu medycyny naturalnej lub alternatywnej.

- Jak szybko można oczekiwać zauważalnej poprawy stanu zdrowia? W którym momencie należy skontaktować się z lekarzem, jeśli nie ma poprawy?
- Kiedy można lek odstawić? Czy dziecko musi go wziąć do końca?
- Jakich powszechnych skutków ubocznych leku można się spodziewać?
- Czy ewentualnie mogą nastąpić i jakie reakcje niepożądane? Które z nich powinny być zgłoszone lekarzowi?
- Czy lek może mieć niekorzystny wpływ na przewlekłą chorobę, na którą choruje dziecko?
- Jeśli dziecko zażywa jakieś inne leki (zapisane przez lekarza bądź kupione bez recepty), to czy mogą wystąpić niepożądane interakcje?
- Czy recepta może być przedłużona?
- Jaki jest dopuszczalny okres przechowywania leku? Jeśli część leku pozostała niewykorzystana, to czy może być ona zastosowana później, jeśli lekarz zaleci ten sam specyfik?

Bezpieczne podawanie leków

Abyś miała pewność, że z podawanego leku dziecko uzyska maksimum korzyści przy minimalnym ryzyku wystąpienia niepożądanych skutków ubocznych, zawsze przestrzegaj następujących zasad:

- Nie podawaj dziecku żadnych leków (na receptę, niewykorzystanych resztek zapisanych poprzednio lub komuś innemu) bez wyraźnej zgody lekarza. W większości przypadków oznacza to uzyskiwanie takiej zgody za każdym razem, gdy dziecko jest chore, chyba że lekarz dał ci stałe instrukcje (na przykład: gdy dziecko ma gorączkę powyżej 38,9°C, należy podać paracetamol, a kiedy oddech staje się świszczący, trzeba zastosować leki rozszerzające oskrzela).
- Jeśli lekarz nie wydał innych, konkretnych zaleceń, podawaj lek wyłącznie zgodnie z zaleceniami zawartymi w ulotce.
- Nigdy nie podawaj dziecku więcej niż jeden lek naraz, chyba że upewniłaś się u lekarza lub aptekarza, że połączenie leków jest bezpieczne.
- Sprawdź datę ważności leku. Jeśli wygasła, lek nie tylko może słabiej działać, lecz mogło w nim dojść do zmian chemicznych o potencjalnie szkodliwym działaniu (dotyczy to także wydawanych na receptę leków, które mogły ci pozostać po poprzedniej chorobie dziecka). Zanim kupisz jakikolwiek lek, zawsze sprawdzaj, jaka jest data jego ważności. Okresowo rób w domu przegląd apteczki pod tym kątem, choćby po to, żebyś nie musiała w nocy biec do apteki.
- Podawaj leki tylko zgodnie z zaleceniami pediatry opiekującego się twoim dzieckiem (albo farmaceuty), a w przypadku leków wydawanych bez recepty stosuj się do treści ulotki. Jeśli zalecenia na ulotce stoją w sprzeczności z zaleceniami lekarza, zadzwoń do niego lub do apteki, aby rozwiązać ten problem, zanim rozpoczniesz podawanie leku. Stosuj się do sugerowanych zaleceń dotyczących czasu aplikowania leku, wstrząsania go przed użyciem czy podawania z jedzeniem albo bez.
- Zanim dasz dziecku lekarstwo, przeczytaj ponownie etykietę, by przez przypadek nie pomylić leku, a także aby przypomnieć sobie, jaka jest odpowiednia dawka, pora podawania czy inne ważne informacje. Szczególnie podając lek w nocy, upewnij się, że masz w ręku właściwą buteleczkę.
- Odmierzaj leki bardzo starannie, a kiedy już to zrobisz, przypilnuj, by je równie

Czym nie leczyć dziecka

Niektóre leki stosowane u osób dorosłych mogą nie być bezpieczne dla dziecka. Należą do nich:

Aspiryna (i wszystko, co zawiera salicylany). Lekarze ostrzegają rodziców od lat, by nie podawali dzieciom aspiryny, ale warto to powtórzyć: nie podawaj aspiryny (nawet aspiryny dla dzieci) ani leków zawierających kwas acetylosalicylowy osobom poniżej osiemnastego roku życia, chyba że na wyraźne zalecenie lekarza opiekującego się dzieckiem. Działanie aspiryny powiązano z występowaniem zespołu Reye'a, potencjalnie śmiertelnej choroby u dzieci. Mimo że badania dotyczyły aspiryny, zaleca się, by nie podawać dzieciom żadnych leków zawierających jakiekolwiek formy salicylanów, więc uważnie czytaj listę składników na etykietach leków.

Syropy przeciwkaszlowe i środki przeciwko przeziębieniu. Badania wykazały, że dostępne bez recepty lekarstwa dla dzieci przeciwko kaszlowi i przeziębieniu nie są skuteczne w przypadku dzieci, a do tego mogą mieć poważne skutki uboczne – mogą na przykład powodować przyspieszone bicie serca i drgawki. Z tego powodu FDA zaleca, by nie podawać ich dzieciom poniżej drugiego roku życia – wyjaśnia to także, dlaczego na etykietach tych leków można przeczytać, że nie powinny być stosowane w leczeniu dzieci, które nie ukończyły czterech lat.

starannie podać. Stosuj do tego dodany do leku kubeczek lub zakraplacz albo skorzystaj ze specjalnej skalowanej łyżeczki lub miarki. Nie używaj natomiast zwykłej łyżki ze swego zestawu sztućców, gdyż mają one różną pojemność. Nigdy nie zwiększaj ani nie zmniejszaj dawki bez wyraźnego zalecenia lekarza.

- Jeśli dziecko wypluje albo zwymiotuje część podawanej dawki leku przeciwbólowego lub witamin, to zwykle lepiej nie podawać dodatkowej porcji lekarstwa, gdyż podanie zbyt małej dawki jest mniej ryzykowne od przedawkowania. Jeśli jednak podajesz antybiotyk, spytaj lekarza, co zrobić, jeśli dziecko straciło część jednej lub kilku dawek.
- Aby dziecko się nie zakrztusiło, nie ściskaj jego policzków, nie zaciskaj noska ani nie odchylaj mu głowy podczas podawania leku. Dziecko powinno stać lub siedzieć prosto – nie może przyjmować lekarstwa w pozycji leżącej. Daj mu do popicia wodę, chyba że lekarz zalecił inaczej.
- Zapisuj pory podawania poszczególnych dawek, aby zawsze wiedzieć, kiedy dziecko przyjęło ostatnią – łatwo to bowiem zapomnieć. Pozwoli to zminimalizować ryzyko pominięcia dawki lub przypadkowego jej podwojenia. Nie martw się jednak, jeżeli odrobinę się spóźnisz – wystarczy, że wrócisz do harmonogramu przy kolejnej dawce.
- Zawsze prowadź do końca przepisane leczenie antybiotykami – nawet jeżeli wydaje ci się, że dziecko całkowicie wyzdrowiało – chyba że lekarz wyraźnie powie, iż można je wcześniej zakończyć.
- Nie kontynuuj podawania leku, gdy minie jego okres ważności.
- Jeśli zauważysz, że dziecko źle reaguje na dany lek, przerwij tymczasowo jego podawanie i skontaktuj się z lekarzem przed ponownym zastosowaniem.
- Jeśli inna osoba opiekująca się dzieckiem w domu lub w żłobku jest odpowiedzialna za podawanie leków twemu dziecku w ciągu dnia, upewnij się, że wie ona o wszystkich powyższych zaleceniach.
- Nigdy nie nazywaj leków smakołykami. Co prawda ta sztuczka może spowodować, że dziecko chętnie przyjmie lekarstwo, ale może również doprowadzić do przedawkowania, jeśli malec znajdzie przypadkowo butelkę z lekiem i postanowi zrobić sobie „przekąskę".
- Przechowuj wszystkie leki poza zasięgiem dziecka, nawet gdyby było to dla ciebie niewygodne.

Paracetamol czy ibuprofen?

Na rynku dostępnych jest wiele rodzajów leków przeciwbólowych i przeciwgorączkowych, ale tylko dwa z nich nadają się dla małych dzieci: dziecięcy paracetamol (w Polsce pod takimi nazwami handlowymi, jak Apap, Codipar, Efferalgan, Panadol) oraz dziecięcy ibuprofen (w Polsce na przykład Ibum, Ibufen, Nurofen). Oba te środki działają przeciwbólowo i przeciwgorączkowo, ale mają inny wpływ na organizm i inne skutki uboczne: w przeciwieństwie do paracetamolu ibuprofen ma działanie przeciwzapalne – na przykład przy ząbkowaniu; jest też nieco silniejszy, a jego efekty utrzymują się dłużej. Dawkowanie ibuprofenu co 6 do 8 godzin jest porównywalne do dawkowania paracetamolu co 4 do 6 godzin. Gdy leki te są stosowane prawidłowo, powodują niewiele skutków ubocznych, a odpowiednie ich podawanie ma kluczowe znaczenie. Choć paracetamol – stosowany zgodnie z zaleceniami – jest uważany za bezpieczny, to jego regularne przyjmowanie przez okres dłuższy niż tydzień może być niebezpieczne. Duża dawka tego środka (około piętnastokrotnie przewyższająca zalecaną) spowodować może śmiertelne uszkodzenie wątroby, co jest kolejnym powodem, dla którego wszystkie leki powinny być przechowywane poza zasięgiem dzieci.

Największą wadą ibuprofenu jest możliwość podrażnienia żołądka. Aby tego uniknąć, należy podawać dziecku lek do posiłku lub z czymś do popicia. Pamiętaj, że nie powinnaś leczyć ibuprofenem bólu brzuszka, gdyż możesz tylko pogorszyć sprawę.

Jeśli dziecko coś boli albo ma gorączkę, możesz zacząć leczenie od podania jednego z tych dwóch leków, chyba że lekarz zaleci inaczej. Gdy pierwszy lek nie poskutkuje, możesz spróbować podać drugi, pamiętając o odpowiednich dawkach i o tym, by odczekać, aż będzie można podać kolejną (przynajmniej cztery godziny w przypadku paracetamolu i sześć godzin w przypadku ibuprofenu), i postępując zgodnie z dawkowaniem podanym w ulotce lub wedle wskazówek lekarza. Nigdy nie powinnaś podawać dziecku leku przeciwbólowego przeznaczonego dla dorosłych (nawet w mniejszej dawce). Środki przeciwbólowe, podobnie jak wszystkie leki, powinny być przechowywane w miejscu bezpiecznie zamkniętym i niedostępnym dla dzieci. Wiele maluchów uwielbia ich smak, co stwarza potencjalne niebezpieczeństwo ich niekontrolowanego spożycia i przedawkowania.

Pomoc w przełknięciu lekarstwa

Szczęśliwi rodzice tych dzieci, które wręcz lubią cały rytuał brania leków (a przynajmniej nie sprzeciwiają mu się gwałtownie), które uwielbiają (lub choć tolerują) smak tych słodkich, syropowatych płynów i na widok łyżeczki z lekarstwem tak szeroko otwierają buzię, że mogłyby się tam zmieścić dwie gałki lodów. Jeśli nie masz tego szczęścia, bo twoje dziecko chyba jakimś szóstym zmysłem na odległość wyczuwa lekarstwo, musisz zacisnąć zęby i próbować malucha przechytrzyć. Oto co możesz zrobić:

Kontroluj swoje reakcje. Może źle się czujesz z tym, że zmuszasz dziecko do przyjmowania leku, którego ono nie znosi, albo przewidując zbliżającą się walkę, jesteś mocno zestresowana? A może sztuczny winogronowy aromat specyfiku przyprawia cię o nudności? Staraj się tego nie okazywać, lecz bądź konkretna, optymistycznie nastawiona, nawet radosna, jeśli jesteś w stanie się na to zdobyć. Małe dziecko bowiem, widząc grymas na twojej twarzy lub niepokój w twoich oczach, od razu wyczuwa, że zdarzy się coś nieprzyjemnego.

Wybierz odpowiedni moment. Jeżeli nie otrzymałaś wyraźnego pouczenia, że lek ma być podany w trakcie posiłku lub po nim, podawaj go tuż przed jedzeniem. Po pierwsze, głodne dziecko będzie bardziej skłonne do przyjęcia dawki leku, a po drugie, jeśli od razu je zwymiotuje, nie straci posiłku. Miej natomiast przygotowaną jakąś smaczną przekąskę – chyba że lekarz wyraźnie powiedział, by nie karmić malca tuż po podaniu lekarstwa.

Zmieniaj sposób podawania leków. To może mieć decydujące znaczenie: jeżeli dziecko już zaczęło kręcić noskiem na widok łyżeczki z lekarstwem, spróbuj podać je w zakraplaczu. Możesz też kupić w aptece plastikową strzykawkę (bez igły) do leków w płynie albo kubeczek (koniecznie z miarką, aby dokładnie móc odmierzać dawkę). Takie zmiany mogą odwrócić uwagę dziecka. Pamiętaj jednak, by do odmierzania leku nie używać zwykłej łyżki.

Dobrze celuj. Kubki smakowe skupione są głównie w przedniej i środkowej części języka, więc postaraj się ominąć te strefy i umieścić lek bardziej z tyłu języka (lecz nie tak głęboko, aby wywołać odruch wymiotny). Możesz również mierzyć między tylną część dziąsła (tam, gdzie kiedyś pojawią się zęby trzonowe) a wewnętrzną stronę policzka, skąd lek z łatwością spłynie do gardła, a jego kontakt z kubkami smakowymi będzie nieznaczny. Utrzymanie malca w bezruchu podczas tej ekwilibrystyki wymaga jednak odrobiny umiejętności, a może i dodatkowej pary rąk.

Spróbuj schłodzić lek. Zapytaj farmaceutę czy chłodzenie leku wpłynie na jego skuteczność. Jeśli jej nie obniży, podawaj go dziecku na zimno, gdyż wtedy smak będzie znacznie przytłumiony. Albo spróbuj częściowo „znieczulić" kubki smakowe dziecka, dając mu do polizania kostkę lodu tuż przed podaniem leku.

Ukryj smak leku. Zapytaj w aptece, czy do niesmacznego leku można dodać coś, co poprawi jego smak.

Ukryj lek. Ostatnią deską ratunku może być przemycenie dziecku danego lekarstwa w jedzeniu lub napojach. Poradź się jednak w tej kwestii lekarza. Jeśli nie będzie miał nic przeciwko takiemu wybiegowi, zmieszaj lek z małą ilością soku, koktajlu owocowego albo musu jabłkowego. Ale pamiętaj, że dziecko musi zjeść całą porcję jedzenia, by otrzymać pełną dawkę leku.

Najczęstsze problemy zdrowotne małych dzieci

Twoje dziecko jest przeziębione lub złapało jakąś inną chorobę? Nic w tym dziwnego. Pewnie tak jak wszystkie maluchy dotyka wszystkiego, co znajdzie w zasięgu wzroku, a potem wystarczy jedno potarcie oczu lub włożenie palca do buzi, by drobnoustroje – chociażby te z uchwytu koszyka sklepowego – miały swobodny dostęp do małego organizmu. No i bingo! Mały organizm choruje na przeziębienie lub inną powszechną chorobę (pamiętaj, że układ odpornościowy twego dziecka wciąż się tworzy).

Najczęściej występujące choroby wieku wczesnodziecięcego leczy się łatwo i szybko. Oto co powinnaś o nich wiedzieć (Patrz też tabela na str. 465).

Biegunka

Objawy. Jeżeli dziecko wypróżnia się kilka razy dziennie, a stolce są luźne i wodniste, masz do czynienia z biegunką. Do innych objawów należą: zabarwienie stolca lub woń inna niż zwykle, śluz w stolcu lub zaczerwienienie i podrażnienie wokół odbytu. Jeżeli biegunka utrzymuje się przez kilka dni (do tygodnia), może dojść do odwodnienia organizmu dziecka i utraty masy ciała. Należy jednak pamiętać, że niektóre dzieci z natury wypróżniają się częściej, więc jeśli stolec ma prawidłowy wygląd, nie ma powodu do obaw.

Objawy odwodnienia

Dzieci, które tracą płyny z powodu biegunki i/lub wymiotów, mogą ulec odwodnieniu i wymagać szybkiej terapii płynami (na przykład Orsalit, Gastrolit). Skontaktuj się z lekarzem, jeśli zauważysz u swojego chorego dziecka następujące objawy:

- Suchość błon śluzowych (można zauważyć spierzchnięte usta)
- Płacz bez łez
- Zmniejszone oddawanie moczu. Mniej niż sześć mokrych pieluszek w ciągu doby lub pieluszka sucha po upływie dwóch–trzech godzin powinny zaniepokoić cię, że wydalanie moczu może być nieprawidłowo ograniczone. Mocz może mieć także ciemniejsze zabarwienie. Jeśli dziecko korzysta już z toalety, obserwuj, czy oddaje mocz rzadziej, czy jest on ciemniejszy lub bardziej intensywnie żółty niż zwykle.
- Apatię

Dodatkowe objawy pojawiają się w miarę nasilania się odwodnienia i wymagają natychmiastowej interwencji medycznej.

Nie odkładaj kontaktu z lekarzem, pójścia z dzieckiem do pełniącej dyżur przychodni lub na Szpitalny Oddział Ratunkowy czy wezwania pogotowia, jeśli zauważysz którykolwiek z niżej wymienionych objawów (czekając na lekarza lub jadąc do szpitala, podawaj dziecku w miarę możliwości płyny nawadniające):

- Utrata elastyczności skóry – po uszczypnięciu skóra nie wraca do poprzedniego stanu
- Suchość skóry, zmniejszenie pocenia
- Wysuszenie błon śluzowych (suchość w ustach, popękane wargi, suchość oczu)
- Szczególna kapryśność lub nietypowa senność
- Nieoddawanie moczu (pieluchy są suche) przez sześć lub więcej godzin.

Przyczyna. Biegunka występuje najczęściej wtedy, gdy w organizmie doszło do zakażenia wirusowego, gdy dziecko zjadło coś wpływającego drażniąco na układ trawienny albo gdy przejadło się owocami (częstym winowajcą bywa sok jabłkowy). Stan ten może także wywołać alergia bądź nietolerancja pokarmowa (na przykład na mleko), a także pewne leki (w tym antybiotyki). Jeśli biegunka utrzymuje się dłużej niż sześć tygodni (po wyeliminowaniu wszystkich powyższych przyczyn), to nazywamy ją biegunką przewlekłą; może być powiązana z nadczynnością tarczycy, mukowiscydozą, celiakią, niedoborem enzymów lub innymi zaburzeniami.

Sposób rozprzestrzeniania się. Biegunka wywołana przez mikroorganizmy może być przekazywana drogą „kał-dłoń-usta" lub przez skażoną żywność. Innymi przyczynami biegunki mogą być: zatrucie pokarmowe, nietolerancja pokarmowa, alergia na pewne pokarmy i napoje.

Czas trwania. Jeśli dziecko od czasu do czasu ma luźniejsze stolce (przez okres od kilku godzin do kilku dni), nie jest to jeszcze powód do zmartwień. Niektóre jednak przypadki utrzymującej się biegunki mogą się ciągnąć w nieskończoność; należy wówczas rozpoznać przyczynę i wyeliminować ją.

Leczenie. Może ono obejmować:

▲ Podawanie płynów. Staraj się, aby dziecko piło przynajmniej jedną trzecią kubka płynu na godzinę. W łagodnych przypadkach biegunki wystarczy woda, mleko lub sok z białych winogron (przy biegunce zdaje się być lepszy niż sok jabłkowy), natomiast w przypadkach cięższych lub połączonych z wymiotami należy włączyć także płyny nawadniające (na przykład Gastrolit, Orsalit), aby nie dopuścić do odwodnienia organizmu. Jeśli dziecko odmawia ich picia, spróbuj wlewać je ostrożnie za pomocą strzykawki do tylnej części jego jamy ustnej tuż przy policzku, aby nie poczuło ich smaku.

- Właściwą dietę. Łagodna biegunka zwykle szybko ustępuje, jeśli kontynuuje się podawanie pokarmów o stałej konsystencji. Cięższe przypadki (połączone z wymiotami lub bez nich) najczęściej wymagają podawania dziecku płynów nawadniających pierwszego dnia i następnie stopniowego powrotu do normalnej diety w ciągu kilku kolejnych dni.
- Leki. Jeśli przyczyną biegunki jest zakażenie bakteryjne lub pasożyty, zajmie się nim lekarz, przypuszczalnie przepisując stosowne leki. Leków nie przepisuje się rutynowo małym dzieciom w przypadku biegunki wirusowej lub wywołanej zatruciem pokarmowym. Dlatego nie podawaj sama żadnych leków, chyba że zostały zalecone bądź przepisane przez lekarza.
- Probiotyki. Badania sugerują, że probiotyki mogą pomóc w zapobieganiu lub leczeniu biegunki u dzieci, warto zatem podawać jogurty zawierające żywe kultury bakterii lub suplement z probiotykami (w postaci kropli lub proszku) – szczególnie podczas terapii antybiotykowej.

Zapobieganie. Następujące sposoby pomogą zapobiegać biegunce:

- Ograniczenie spożycia pewnych pokarmów (na przykład owoców) i napojów (soków), a także leków wywołujących biegunkę.
- Regularne podawanie probiotyków.
- Przestrzeganie zasad bezpieczeństwa żywności (patrz str. 119).
- Dokładne mycie rąk po korzystaniu z toalety lub po zmianie pieluchy.

Kiedy wezwać lekarza. Zadzwoń do lekarza, jeśli dziecko:

- Ma objawy odwodnienia (patrz tekst w ramce na sąsiedniej stronie).
- Wymiotuje dłużej niż dwadzieścia cztery godziny.
- Odmawia przyjmowania płynów.
- Oddaje krwiste stolce bądź jego wymiociny mają zielonkawe zabarwienie, zawierają krew albo wyglądają jak fusy z kawy.
- Ma wzdęty brzuszek albo jeżeli odnosisz wrażenie, że odczuwa silny ból brzucha.

Grypa

Objawy. Grypa jest zaraźliwą chorobą wirusową, która zazwyczaj szerzy się w okresie od października do kwietnia; mówimy wtedy o sezonie grypowym. Do jej objawów należą:

- Gorączka
- Suchy kaszel
- Ból gardła (dziecko może nie chcieć jeść ani pić, można też zauważyć, że przełykanie sprawia mu ból)
- Lejący się katar lub niedrożność/blokada nosa
- Bóle mięśni
- Ból głowy
- Skrajne zmęczenie, ospałość
- Dreszcze
- Utrata apetytu
- U małych dzieci czasem mogą pojawić się także wymioty i biegunka.

Przyczyna. Chorobę wywołuje wirus grypy, którego różne szczepy krążą każdego roku (rzadko są to szczepy nowe, takie jak H1N1). Dziecko może zarazić się grypą poprzez kontakt z osobą zakażoną (zwłaszcza gdy taka osoba kicha lub kaszle przy nim) lub przez dotknięcie skażonego przedmiotu (zabawki, kubeczka). Okres inkubacji grypy trwa zwykle od dwóch do pięciu dni. Gdy

Ból gardła

Angina – choroba bakteryjna atakująca migdałki – występuje bardzo rzadko u dzieci w wieku poniżej dwóch lat, ale może się zdarzyć. Ponieważ maluchy raczej się nie skarżą, że boli je gardło (brak im na to słownictwa i świadomości swego ciała), zatem musisz poszukać innych wskazówek. Jeśli dziecko odmawia przyjmowania pokarmów i nie chce pić (z powodu bólu przy przełykaniu), ma powiększone węzły chłonne szyi, białe kropki na migdałkach oraz gorączkuje (niektóre dzieci również wymiotują), skontaktuj się z lekarzem. Aby złagodzić ból i obniżyć gorączkę, możesz tymczasem podawać maluchowi paracetamol lub ibuprofen; staraj się, by przyjmował dużo płynów, i zainstaluj w pokoju dziecięcym nawilżacz wydzielający chłodną mgiełkę (wilgotne powietrze łagodzi ból gardła).

dziecko zachoruje na grypę, objawy trwają zazwyczaj około tygodnia, choć niektóre mogą utrzymywać się do dwóch tygodni.

Leczenie. Leczenie obejmuje podawanie płynów, odpoczynek i odżywczą dietę. W celu złagodzenia objawów grypy dbaj o nawilżanie powietrza w pokoju dziecka oraz podawaj mu paracetamol lub ibuprofen na uśmierzenie bólu i obniżenie wysokiej gorączki (nie podawaj aspiryny ani żadnych leków, które zawierają aspirynę lub salicylany). Lekarz może przepisać leki przeciwwirusowe dziecku, u którego występują nasilone objawy lub istnieje wysokie ryzyko powikłań, jednak aby zadziałały skutecznie, muszą być podane w ciągu pierwszych czterdziestu ośmiu godzin.

Zapobieganie. Ponieważ powikłania po grypie są z reguły poważne u dzieci poniżej piątego roku życia, należy robić wszystko, aby malec nie zaraził się tą chorobą (patrz str. 335), a więc pilnować, by cała rodzina oraz wszyscy opiekunowie dziecka byli zaszczepieni przeciwko grypie, często myć ręce oraz unikać kontaktów z osobami chorymi.

Kiedy wezwać lekarza. Jeśli podejrzewasz, że dziecko zachorowało na grypę (jeżeli nie masz pewności, porównaj objawy z naszą listą), skontaktuj się z lekarzem.

Ostre podgłośniowe zapalenie krtani (krup)

Objawy. Krup (wywoływany wirusem laryngotracheobronchitis) jest chorobą, która pojawia się zazwyczaj późną jesienią i zimą. Powoduje stan zapalny krtani i tchawicy oraz obrzęk i silne zwężenie dróg oddechowych tuż poniżej strun głosowych. Objawy obejmują:

- Wysiłkowy lub głośny oddech (świst krtaniowy, stridor) – gdy dziecko bierze wdech, można usłyszeć wysoki dźwięk
- Szczekający kaszel, który brzmi jak dźwięki wydawane przez fokę (i zwykle pojawia się w nocy)
- Zaciąganie międzyżebrzy (skóra między żebrami jest z każdym oddechem wyraźnie zasysana)
- Czasami gorączkę
- Chrypkę
- Niedrożność nosa (objawy grypopodobne mogą pojawić się jako pierwsze)
- Drażliwość, niepokój.

Przyczyna. Na krup chorują zwykle małe dzieci i najczęściej wywołuje go wirus paragrypy, choć przyczyną mogą być również inne wirusy atakujące drogi oddechowe, w tym wirus grypy. Rozprzestrzenia się w taki sam sposób jak inne zarazki: dziecko może zarazić się poprzez kontakt z chorym dzieckiem (szczególnie drogą kropelkową) albo z przedmiotem, którego chore dziecko dotyka (wirusy mogą przetrwać na różnych przedmiotach, na przykład na zabawkach).

Czas trwania. Choroba może trwać od kilku dni do tygodnia. Możliwe są nawroty.

ZAPOBIEGANIE ROZPRZESTRZENIANIU SIĘ ZARAZKÓW

Choroby zakaźne (infekcyjne) potrafią się dość skutecznie rozprzestrzeniać, szczególnie w rodzinach z małymi dziećmi (zarazki są chyba jedyną rzeczą, którą maluchy dzielą się bez większych problemów). Jest jednak kilka sposobów, by je powstrzymać, zanim cała rodzina się rozchoruje.

- **Mycie rąk.** Mycie rąk to prawdopodobnie najbardziej skuteczna metoda zapobiegania rozprzestrzenianiu się chorób, więc ustal raz na zawsze, że wszyscy myją ręce, niezależnie od tego, czy w domu ktoś choruje czy nie. Ty tę zasadę pewnie znasz od dawna, ale teraz musisz ją wpoić wszystkim: należy myć ręce przed dotknięciem jamy ustnej, nosa lub oczu; przed jedzeniem lub dotykaniem żywności; po wydmuchaniu nosa lub kaszlnięciu, po korzystaniu z toalety i po kontakcie z chorą osobą. Jeśli w pobliżu nie ma umywalki i mydła, należy stosować antybakteryjne żele i chusteczki (dla dziecka można kupić takie, które są przeznaczone specjalnie dla maluchów) – warto mieć je zawsze pod ręką, na wypadek gdyby nie było możliwości umycia rąk lub gdy jesteście poza domem.
- **Wyrzucanie zużytych chusteczek.** Zostawiając za sobą szlak znaczony zużytymi chusteczkami, tworzymy szlak wirusów lub bakterii. Dopilnuj, by chusteczki były natychmiast wrzucane do zamykanego pojemnika.
- **Izolowanie chorych.** W miarę możliwości (nie zawsze one istnieją) staraj się izolować chorych członków rodziny, przynajmniej przez pierwsze kilka dni choroby.
- **Zasłanianie ust przy kaszlu.** Jeżeli nie można liczyć na to, by domownicy zawsze kichali czy kaszleli w chusteczkę, naucz ich, by zasłaniali usta i nos łokciem – nie dłonią.
- **Zabronienie wspólnego użytkowania rzeczy.** Każdy musi posiadać własne przybory toaletowe: kubeczek (albo kubki jednorazowe), szczoteczkę do zębów, ręcznik. Osoba chora powinna korzystać z osobnych naczyń i sztućców.
- **Utrzymywanie w czystości wszelkich powierzchni.** Często przecieraj lub spryskuj środkiem dezynfekującym potencjalnie zanieczyszczone lub skażone powierzchnie (takie jak baterie łazienkowe, telefony, zabawki, klawiatury i klamki), zwłaszcza gdy ktoś w rodzinie jest chory.

Leczenie. Choć kaszel może brzmieć przerażająco, poniższe proste metody zwykle przynoszą choremu dziecku ulgę:

- ▲ Inhalacje parowe. Weź dziecko do łazienki, odkręć gorącą wodę w prysznicu, zamknij drzwi i zachęć dziecko, by głęboko oddychało. Kontynuuj zabieg do momentu, aż szczekający kaszel ustanie.
- ▲ Chłodne, wilgotne powietrze. Jeśli na dworze jest chłodno, weź dziecko na świeże powietrze na piętnaście minut, albo otwórz zamrażarkę i każ mu przez kilka minut wdychać chłodne powietrze.
- ▲ Nawilżanie. Dzięki nawilżaniu powietrza w pokoju dziecku powinno się łatwiej oddychać.
- ▲ Wyprostowana pozycja. Potrzymaj dziecko przez jakiś czas w pozycji pionowej, ponieważ może to ułatwić oddychanie. Możesz ułożyć dodatkowe poduszki pod materacem w łóżeczku, aby unieść nieco tułów dziecka.
- ▲ Pocieszanie i wsparcie. Zrób wszystko, by dziecko jak najmniej płakało, ponieważ płacz powoduje nasilenie objawów choroby.

Kiedy wezwać lekarza. Wezwij lekarza, jeśli sądzisz, że dziecko może mieć krup, zwłaszcza jeśli jest to pierwszy atak choroby. Natomiast kiedy masz do czynienia z nawrotem, postępuj według poprzednio otrzymanych zaleceń. Zadzwoń także, jeżeli:

- ▲ Ani para, ani chłodne powietrze nie łagodzą szczekającego kaszlu.
- ▲ Dziecko jest sine (skóra wokół ust, nosa lub przy paznokciach ma niebieskawe lub szarawe zabarwienie).

- Złapanie oddechu sprawia dziecku trudność (szczególnie w ciągu dnia) albo zauważasz zaciąganie międzyżebrzy (skóra pomiędzy żebrami wciągana jest do środka przy każdym oddechu).
- Świst (wysoki wydawany podczas oddychania) w ciągu dnia lub w nocy, który nie ustaje, mimo że dziecko wdycha parę wodną lub chłodne powietrze.

Jeśli masz wrażenie, że dziecko ciężko przechodzi krup, lekarz może przepisać leczenie steroidami w celu zmniejszenia obrzęku dróg oddechowych i ułatwienia oddychania.

Przeziębienie

Objawy. Na szczęście większość objawów przeziębienia ma postać łagodną, choć czasem irytującą. Należą do nich:

- Wyciek z nosa (wydzielina jest początkowo wodnista, następnie gęstnieje i staje się nieprzezroczysta, czasem żółtawa lub nawet zielonkawa)
- Niedrożność nosa
- Kichanie
- Czasami niewielka gorączka
- Niekiedy ból gardła lub uczucie „drapania" w nim (niełatwe do stwierdzenia u małego dziecka)
- Suchy kaszel (który może się nasilić w nocy oraz pod koniec choroby)
- Zmęczenie, rozdrażnienie
- Utrata apetytu.

Przyczyna. Wbrew powszechnemu przekonaniu przeziębienia nie są spowodowane wychłodzeniem, chodzeniem zimą bez czapki czy przemoczeniem stóp, wystawieniem na zimny wiatr itd. Przeziębienia (czyli infekcje górnych dróg oddechowych) są spowodowane przez rinowirusy. Wirusy te rozprzestrzeniają się za pośrednictwem kontaktu „ręka w rękę" (na przykład przeziębione dziecko wyciera sobie nos ręką, a następnie trzyma się za ręce z kolegami w trakcie zabawy i zakażenie jest przekazywane dalej), drogą kropelkową przez kaszel i kichanie albo przez kontakt z zakażonym przedmiotem (na przykład z zabawką, której dotykało ustami najpierw chore, a potem zdrowe dziecko). Istnieje ponad dwieście wirusów, które mogą powodować przeziębienie, co wyjaśnia, dlaczego te przypadłości są tak powszechne.

Okres inkubacji przeziębienia wynosi zwykle od jednego do czterech dni. Choroba ta jest z reguły najbardziej zaraźliwa dzień lub dwa przed wystąpieniem objawów, ale może zostać przekazana także wtedy, gdy objawy są już wyraźne. Kiedy cieknący nos wysycha, przeziębienie staje się mniej zakaźne.

Czas trwania. Przeziębienie trwa zazwyczaj od siedmiu do dziesięciu dni (przy czym dla większości chorych trzeci dzień jest najgorszy). Kaszel w nocy, niekiedy pojawiający się dopiero pod koniec choroby, może utrzymywać się dłużej.

Leczenie. Leczenie przyczynowe nie jest znane, ale w razie potrzeby możliwe jest następujące leczenie objawowe:

- Aplikowanie kropli lub spreju do nosa, np. z roztworem soli morskiej, w celu nawilżenia śluzówek nosa i rozluźnienia zalegającej wydzieliny.
- Nawilżanie powietrza, aby dopomóc w oczyszczeniu i udrożnieniu nosa. W sypialni dziecka należy włączyć na noc nawilżacz drobno rozpylający (jest on bezpieczniejszy niż ten wytwarzający ciepłą mgłę, do którego dziecko mogłoby podejść zbyt blisko).
- Delikatne rozprowadzanie na brzegach nosa i pod nosem wazeliny lub maści nawilżającej w celu zapobieżenia bolesnemu pękaniu naskórka.

- Podniesienie podgłówka w łóżeczku (poprzez umieszczenie poduszki pod materacem), aby łatwiej się dziecku oddychało.
- Wedle potrzeby podanie dziecku paracetamolu lub ibuprofenu w celu zmniejszenia gorączki (zwykle nie jest to konieczne). Należy poprosić lekarza o wskazówki w tym zakresie.
- Stosowanie dużej ilości płynów, zwłaszcza ciepłych (rosół jest naprawdę skuteczny w łagodzeniu objawów przeziębienia) i odżywczej diety. Codziennie należy podawać dziecku pokarmy bogate w witaminę C. Lepiej częściej karmić małymi posiłkami niż trzema dużymi. Częste, ale niewielkie posiłki są lepsze niż duże. Wbrew obiegowym opiniom przy przeziębieniu nie trzeba ograniczać produktów mlecznych. U większości maluchów nie powodują one zwiększenia wydzielania śluzu.

Zapobieganie. Najlepszym sposobem zapobiegania przeziębieniom jest częste mycie rączek dziecka, a jeśli nie sięga ono do umywalki, można stosować żele lub chusteczki ze środkiem antybakteryjnym, choć nie są one tak skuteczne w usuwaniu zarazków jak mydło i woda. Uważaj, by dziecko nie miało kontaktu z przeziębionymi osobami. Za pomocą środka dezynfekującego czyść powierzchnie, które mogły zostać zakażone wirusami przeziębienia, i przestrzegaj innych zaleceń związanych z zapobieganiem rozprzestrzenianiu się choroby (znajdziesz je na str. 365). Musisz jednak pamiętać, że nie da się całkowicie uchronić dziecka przed kontaktem z wirusami przeziębienia. Przeciętne dziecko przechodzi przeziębienie sześć do ośmiu razy w ciągu roku, a niektóre zapadają na nie dziewięć lub dziesięć razy. Nie stanowi to jednak powodu do zmartwień, jeśli tylko dziecko rośnie i rozwija się prawidłowo.

DOBRA WIADOMOŚĆ W SPRAWIE CIEKNĄCEGO NOSKA

Jaka może być zaleta tego, że dziecko było przeziębione trzy razy w ciągu dwóch miesięcy? Otóż kontakt z zarazkami (i wywiązujące się w wyniku tego przeziębienie) wzmacnia układ odpornościowy organizmu, dzięki czemu będzie on lepiej przygotowany do odparcia kolejnego ataku choroby. Innymi słowy, możesz traktować ten zasmarkany nosek jako inwestycję w zdrowsze jutro.

Kiedy wezwać lekarza. Zwykłe przeziębienie nie jest powodem do wzywania lekarza, chyba że u dziecka wystąpią poniższe objawy – wtedy warto się skontaktować z pediatrą, choćby tylko po to, by się uspokoić:

- Ospałość
- Brak apetytu
- Trudności z zasypianiem, silny niepokój lub ból budzący dziecko w nocy
- Cuchnąca, zielonkawa lub żółtawa wydzielina z nosa bądź plwocina
- Świszczący lub przyspieszony oddech
- Ból w klatce piersiowej
- Nasilający się kaszel lub taki, który utrzymuje się w ciągu dnia po ustaniu innych objawów
- Ból gardła, trudności w przełykaniu i zaczerwienienie gardła
- Powiększone węzły chłonne szyi
- Pociąganie uszu w ciągu dnia lub w nocy
- Gorączka powyżej 38,9°C lub stan podgorączkowy utrzymujący się dłużej niż cztery dni
- Objawy utrzymujące się dłużej niż 10 dni.

Jeśli masz wrażenie, że dziecko jest stale przeziębione, ma przewlekły katar albo jeśli często się przeziębia i choroby są długotrwałe

Paląc, szkodzisz zdrowiu dziecka

Dzieci regularnie narażane na bierne palenie (wdychające dym, także ten, którym przesiąknięta jest odzież i inne tkaniny) są bardziej zagrożone astmą, zapaleniem migdałków, chorobami dróg oddechowych, uszu oraz zakażeniami bakteryjnymi i wirusowymi, które mogą spowodować konieczność hospitalizacji. Takie dzieci są też przeciętnie gorszego zdrowia niż ich rówieśnicy. Jako grupa natomiast osiągają gorsze od innych wyniki w testach badających zdolność logicznego myślenia i słownictwo. Palenie papierosów przez rodziców zwiększa ryzyko, że ich dzieci w przyszłości zachorują na raka płuc. Prócz tego wszystkiego, jeśli palisz przy dziecku, dajesz mu zły przykład. Dzieci, które widzą, jak kochana przez nie osoba pali, same częściej sięgają potem po papierosy, z czego wynikają wszystkie związane z tym nałogiem problemy. Jeśli więc palisz, rzuć palenie. I nie zezwalaj nikomu palić tytoniu w twoim domu ani przy twoim dziecku.

(a chory malec ma podkrążone oczy), porozmawiaj z lekarzem na temat możliwych przyczyn alergicznych.

Zakażenie układu moczowego (ZUM)

Objawy. Do objawów zakażenia dróg moczowych (niektóre z nich są trudne do zauważenia u małych dzieci) należą: częste i bolesne oddawanie moczu, krew w moczu, nienaturalny zapach moczu i/lub gorączka, ból w podbrzuszu, senność.

Przyczyna. ZUM występuje na skutek przedostania się bakterii do pęcherza moczowego, zwykle wstępująco przez cewkę moczową (drogę, którą mocz odprowadzany jest z pęcherza moczowego), co powoduje zakażenie. Cewka moczowa dziewczynek jest krótsza i bakterie mogą łatwiej przez nią wnikać do układu moczowego, dlatego zakażenia dróg moczowych występują u nich częściej niż u chłopców (u chłopców są one z reguły wynikiem nieprawidłowej budowy układu moczowego). Zakażeniu układu moczowego sprzyja przyjmowanie niedostatecznej ilości płynów.

Leczenie. Leczeniem z wyboru są antybiotyki. Zachęca się także do zwiększenia spożycia płynów, szczególnie stuprocentowego soku żurawinowego, który zapobiega przywieraniu bakterii do nabłonka dróg moczowych.

Zapobieganie. Należy zachować szczególną ostrożność podczas przewijania dziecka: pupę podcierać zawsze od przodu ku tyłowi i myć ręce przed zmianą pieluszki i po niej. Należy ponadto pilnować, aby dziecko piło odpowiednią ilość płynów, i regularnie zmieniać pieluszki, a także unikać stosowania potencjalnie drażniących środków do kąpieli i mydła. Stuprocentowy sok żurawinowy (bez dodatku cukru) zawiera związki, które zapobiegają przywieraniu bakterii do ścian pęcherza moczowego i ścian cewki moczowej. Z kolei soki cytrusowe, w tym sok pomarańczowy, a także napoje zawierające kofeinę i napoje gazowane (które w ogóle nie są odpowiednie dla małych dzieci) mogą sprzyjać zakażeniom układu moczowego.

Kiedy wezwać lekarza. Powinnaś skontaktować się z lekarzem natychmiast, kiedy zauważysz objawy ewentualnego zakażenia dróg moczowych.

Zapalenie ucha

Objawy. Zapalenie ucha, zwane także ostrym zapaleniem ucha środkowego, następuje wtedy, gdy w uchu środkowym (pomiędzy zewnętrzną a wewnętrzną częścią ucha) zgromadzi się płyn, dojdzie do zakażenia i wywiąże się stan zapalny. Podczas badania lekarskiego (z zewnątrz nie będziesz w stanie tego zobaczyć) widać, że błona bębenkowa jest różowa na początku choroby, po czym czerwienieje i uwypukla się. Objawy są następujące:

- Ból, często nasilający się w nocy, ponieważ w pozycji leżącej dochodzi do zmiany ciśnienia w uchu (maluch może narzekać lub ciągnąć za chore ucho, pocierać je)
- Gorączka
- Brak apetytu
- Wymioty
- Marudność i drażliwość
- Niepokój.

Jeśli zapalenie nie ustępuje, lecz postępuje, może spowodować perforację błony bębenkowej (powstaje mała dziurka, która zwykle goi się w ciągu tygodnia). Gdyby do tego doszło, w zewnętrznym kanale słuchowym pojawi się surowicza lub ropna wydzielina często podbarwiona krwią. Perforacja zmniejszy ciśnienie w uchu, a zatem i ból, lecz leczenie jest niezbędne, aby nie doszło do powikłań. Koniecznie zatem skontaktuj się z lekarzem w przypadku oznak świadczących o przerwaniu błony bębenkowej (wskazówką mogą być strupki wokół ucha).

Często nawet po zakończeniu leczenia w uchu środkowym pozostaje płyn – stan ten nazywa się wysiękowym zapaleniem ucha środkowego. Objawy obejmują – prócz wysięku – pogorszenie słuchu (maluch może konsekwentnie nie reagować na dźwięki, także na twój głos). Choć stan ten zwykle jest tymczasowy (utrzymuje się zazwyczaj od czterech do sześciu tygodni), to zagraża trwałą utratą słuchu, jeśli choroba nie będzie leczona przez wiele miesięcy, zwłaszcza przy nawracających stanach zapalnych.

Przyczyna. Zapalenie ucha jest często infekcją wtórną po zakażeniu górnych dróg oddechowych (a czasem przy alergii). W czasie takiej choroby dochodzi do obrzęku ujścia trąbki Eustachiusza, która łączy ucho środkowe z jamą nosowo-gardłową, a to zmniejsza upowietrznienie jamy bębenkowej. Wirusy lub bakterie powodują wzmożoną produkcję wydzieliny, która gromadzi się w jamie bębenkowej. To powoduje wzrost ciśnienia w uchu środkowym i powoduje ból ucha.

Dreny dla małych dzieci

Czasem płyn w uchu środkowym dziecka utrzymuje się pomimo leczenia, powodując niekiedy nawroty zapalenia ucha. Oznacza to nie tylko konieczność częstego przyjmowania antybiotyków, ale także możliwość uszkodzenia słuchu i opóźnienia rozwoju mowy. Jeśli przez trzy miesiące w uchu środkowym dziecka stale zalega płyn, dochodzi do częstego zapalenia ucha (więcej niż cztery, pięć razy w ciągu roku) lub jeżeli dziecko gorzej słyszy (z powodu tego płynu), lekarz może zalecić założenie drenów wentylacyjnych, tzw. pistonów. Są to niewielkie rurki wprowadzane do ucha środkowego przez mały otwór w błonie bębenkowej. Zabieg przeprowadzany jest przez laryngologa dziecięcego w znieczuleniu ogólnym, trwa tylko kilka minut (zazwyczaj w warunkach ambulatoryjnych). Można oczekiwać, że brzdąc będzie radośnie biegał (lub dreptał) już następnego dnia. Dreny zazwyczaj wypadają same po upływie od sześciu do osiemnastu miesięcy. Ich założenie wyrównuje ciśnienie po obu stronach błony bębenkowej oraz powoduje odpływ płynu z ucha środkowego i zapobiega jego gromadzeniu, zmniejszając częstość występowania stanu zapalnego i niwelując ryzyko utraty słuchu.

Jednak gdy prócz utrzymywania się płynu i minimalnej utraty słuchu zapalenie ucha nie nawraca, lekarz przypuszczalnie nie zaleci zakładania drenów, ponieważ – jak wykazały badania – nie mają one wpływu na rozwój mowy. Większość lekarzy preferuje podejście „poczekamy i zobaczymy", zanim zadecyduje o zastosowaniu drenów. Jedynym wyjątkiem będą małe dzieci z opóźnieniami rozwojowymi (takimi jak autyzm) znacznie spowalniającymi rozwój mowy. Eksperci są zgodni, że wówczas korzyści ze stosowania każdej metody, która poprawia słuch – a zatem i mowę – są znaczne. Porozmawiaj z pediatrą na temat ryzyka i korzyści związanych z założeniem drenów twojemu dziecku.

Małe dzieci i przedszkolaki są bardziej niż dorośli narażone na zapalenie ucha, ponieważ trąbka Eustachiusza jest u nich wąska i krótka (co powoduje, że łatwiej ulega zablokowaniu i umożliwia szybsze przedostanie się drobnoustrojów) i położona bardziej poziomo (co z kolei utrudnia jej drenaż). Ponadto dzieci częściej też niż dorośli chorują na przeziębienia i inne choroby układu oddechowego sprzyjające zapaleniu ucha.

Czas trwania. Chociaż ból, gorączka i inne objawy zwykle zmniejszają się lub ustępują wkrótce po rozpoczęciu leczenia, z reguły musi minąć dziesięć dni, zanim antybiotyk zacznie działać i poradzi sobie z ostrym zapaleniem ucha. Płyn może pozostawać w uchu środkowym znacznie dłużej.

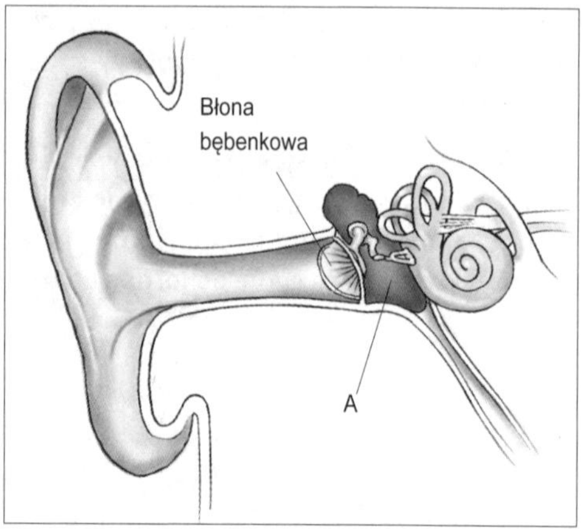

Zapalenie ucha u małych dzieci dotyczy najczęściej ucha środkowego – jego małej jamy (A) przy końcu zewnętrznego kanału słuchowego. Błona bębenkowa oddziela ucho zewnętrzne od ucha środkowego.

Leczenie. Jeśli podejrzewasz, że dziecko ma zapalenie ucha, koniecznie idź z nim do lekarza, który w zależności od sytuacji albo przepisze antybiotyk, albo zaleci obserwację i leczenie objawowe, czyli odpowiednie dawki leków przeciwbólowych.

Niezależnie od antybiotyków lekarz może zalecić zastosowanie paracetamolu lub ibuprofenu celem uśmierzenia bólu i obniżenia gorączki. Ciepło (przyłożona do ucha poduszka elektryczna ustawiona na niezbyt wysoką temperaturę, ciepłe kompresy albo termofor napełniony ciepłą wodą) lub zimno (torebka z lodem lub lód zawinięty w ręcznik) mogą również złagodzić bólu. Można także unieść nieco wyżej głowę leżącego w łóżeczku dziecka, wkładając poduszkę pod materac.

Na zakończenie leczenia lekarz będzie prawdopodobnie chciał skontrolować uszy dziecka. Chociaż choroba może ustąpić bez śladu po leczeniu antybiotykami, to w jednym na dziesięć przypadków ucho pozostaje wypełnione płynem przez trzy miesiące lub dłużej i wówczas może zaistnieć wskazanie założenia drenów (patrz ramka na poprzedniej stronie), zwłaszcza jeśli w grę wchodzi zagrożenie utraty słuchu.

Zapobieganie. Oto co można zrobić, aby zminimalizować ryzyko wystąpienia tej choroby:

- Dbaj o to, by dziecko nie było biernym palaczem, ponieważ to czyni je bardziej podatnym na choroby uszu.
- Dbaj o to, aby dziecko miało jak najmniejszy kontakt z drobnoustrojami, ponieważ nawet zwykłe przeziębienie może prowadzić do zapalenia ucha. Oznacza to – i dla ciebie, i dla dziecka – konieczność unikania osób chorych i częste mycie rąk.
- Pilnuj kalendarza szczepień. Szczepienie przeciwko pneumokokom chroniące przed poważnymi chorobami (na przykład przed zapaleniem płuc i zapaleniem opon mózgowych) może również zmniejszyć ryzyko wystąpienia zapalenia ucha.
- Odstaw dziecko od butelki, gdy skończy ono pierwszy rok życia (lub niewiele później) i pilnuj, by w pozycji leżącej nie piło ani z butelki (zwłaszcza bez wentylka), ani z kubeczka z dzióbkiem. Nawyki te mogą zwiększyć ryzyko wystąpienia zapalenia ucha (karmienie piersią nie stanowi zagrożenia).

Probiotyki przy antybiotykach

Nie ma niestety znaczenia, ile razy umyjesz te małe ręce lub ile razy zastosujesz środek dezynfekcyjny – wcześniej czy później dziecko zachoruje na chorobę wymagającą leczenia antybiotykami. Mają one skuteczne działanie antybakteryjne, ale nie są w stanie odróżnić bakterii chorobotwórczych od naturalnej, dobroczynnej flory bakteryjnej organizmu. Oznacza to, że antybiotyki niszczą wszystkie bakterie, i te złe, i te dobre; do tych ostatnich zaliczają się w szczególności bakterie zasiedlające układ trawienny. Skutek może być bardzo niewygodny i nieprzyjemny. Mianowicie biegunka.

Jednym ze sposobów postępowania przy takiej wywołanej antybiotykami biegunce – oprócz zainwestowania w wysokiej jakości pieluchy – jest podawanie probiotyków. Probiotyki, czyli żywe kultury takich bakterii, jak *Lactobacillus* lub *Bifidobacterium*, są – tak jak głosi ich nazwa – korzystnymi („pro") bakteriami równoważącymi negatywne skutki podawania antybiotyków. Badania wskazują, że podawanie probiotyków dzieciom może nawet w siedemdziesięciu pięciu procentach zapobiegać biegunce poantybiotykowej. Z tego względu pediatrzy zwykle zalecają ich stosowanie przy każdej kuracji antybiotykowej. Innym powodem jest to, że probiotyki zapobiegają wzrostowi w organizmie drożdży (wywołujących drożdżycę).

Na tym nie kończy się jednak dobroczynne działanie probiotyków. Mogą też one zwalczać zwykłą biegunkę i zaparcia, zapalenie zatok, dróg oddechowych oraz dróg moczowych. Co więcej, uważa się, że mogą ogólnie wzmocnić układ odpornościowy, czyniąc organizm mniej podatnym na choroby. Pomyśl więc o probiotykach jako o siłach rezerwy, wysyłanych wtedy, gdy trzeba zwiększyć liczbę pożytecznych bakterii, a wyprzeć te chorobotwórcze. Ci dobrzy mali żołnierze wzmacniają także śluzówkę jelit, aby zarazki nie mogły się przez nią przedostać do krwiobiegu. Probiotyki mogą wreszcie zmienić środowisko jelit na bardziej kwaśne, a zatem nieprzyjazne dla bakterii chorobotwórczych.

Najbardziej oczywistym źródłem probiotyków jest jogurt (należy wybierać taki, który zawiera żywe kultury bakterii – informację o tym znajdziesz na etykiecie opakowania). Możesz też poprosić pediatrę, by polecił ci jakiś suplement z probiotykiem. Zapytaj przy tym, jak często należy go podawać i kiedy (probiotyków nie powinno się łączyć z antybiotykami), a także jak go przechowywać (zwykle w lodówce).

- Ogranicz używanie przez dziecko smoczka lub odstaw go całkowicie.

Kiedy wezwać lekarza. Zadzwoń do lekarza w ciągu jego zwykłych godzin pracy, jeśli istnieje podejrzenie zapalenia ucha (gdy sytuacja nie jest pilna). Zadzwoń ponownie, jeśli dziecko nie czuje się lepiej po trzech dniach leczenia (przy zastosowaniu antybiotyków lub bez nich) albo jeśli zakażenie najpierw zdawało się ustępować, a potem stan dziecka się pogorszył (może to być oznaką przewlekłej infekcji wtórnej, nadkażenia bakteriami zakażenia wirusowego). Zadzwoń też, jeśli zauważysz, że dziecko gorzej słyszy.

Zaparcie

Objawy. W diagnozowaniu zaparcia ważna jest nie tyle częstotliwość oddawania stolca, ile jego jakość. Maluch, który nie wypróżnia się przez kilka dni, nie musi wcale mieć zaparcia (podobnie jak kilka wypróżnień dziennie nie świadczy jeszcze o biegunce). Oddawanie bez trudności normalnie wyglądających stolców oznacza, że wszystko jest w porządku. Natomiast małe, twarde stolce oddawane z wysiłkiem i/lub bólem wskazują, że dziecko może mieć zaparcie.

Przyczyna. Niektóre dzieci (podobnie jak niektórzy dorośli) są bardziej podatne na zaparcia niż inne, ale często przyczynami tej dolegliwości są niedobór w diecie żywności bogatej w błonnik, niedostateczna ilość przyjmowanych płynów, a także brak ruchu. W wyniku tego w dolnym odcinku jelita tworzy się suchy, twardy stolec. Zaparcia mogą również wystąpić podczas choroby lub po niej (ponieważ dziecko niewiele wówczas je, mało pije i brak mu ruchu), niekiedy jako skutek uboczny działania pewnych leków. Zaparcia występują ponadto u małych dzieci podczas nauki korzystania z nocnika (im dłużej dziecko wstrzymuje się przed oddaniem stolca, tym staje się on twardszy i bardziej suchy, a zatem tym trudniejsze i boleśniejsze jest wypróżnienie). Często dochodzi do „błędnego koła": ponieważ oddanie stolca jest trudne i bolesne, dziecko wstrzymuje go, a im dłużej wstrzymuje, tym więcej stolca się gromadzi i tym trudniejsze i boleśniejsze staje się wypróżnienie.

Leczenie. Oto co możesz zrobić, by pomóc dziecku przy zaparciach, a przede wszystkim, aby im zapobiegać:

▲ Błonnik w diecie. Podawaj żywność bogatą w błonnik, czyli świeże owoce (zwłaszcza dojrzałe gruszki i kiwi), ugotowane do miękkości i pokrojone suszone owoce (rodzynki, śliwki, morele i figi), warzywa oraz produkty pełnoziarniste. Ogranicz natomiast udział w diecie ziaren oczyszczonych, czyli białego chleba i ryżu, gdyż mogą one blokować jelita.

▲ Probiotyki. Te pożyteczne bakterie mogą wspomóc perystaltykę jelit, a zatem i wypróżnianie. Podawaj dziecku jogurt zawierający żywe kultury bakterii i zapytaj lekarza, czy warto włączyć do diety dziecka także suplement z probiotykiem.

▲ Płyny. Pilnuj, by dziecko przyjmowało odpowiednią ilość płynów. (Dziecko o masie ciała dziesięć kilogramów potrzebuje litra płynu na dobę. Na każdy kolejny kilogram masy ciała należy doliczyć dodatkowo pięćdziesiąt mililitrów). Jest to szczególnie ważne, jeśli zostało niedawno odstawione od butelki (wiele maluszków pije mniej, kiedy zaczyna używać kubka). Niektóre soki owocowe (na przykład sok z suszonych śliwek lub gruszkowy) mają szczególnie korzystne działanie na układ trawienny, podobnie jak woda. Natomiast zaleca się, by ograniczyć picie krowiego mleka do dwóch kubków dziennie, ponieważ sole wapnia mogą zatwardzać stolec.

▲ Aktywność fizyczna. Choć nie ma potrzeby zapisywania dziecka do klubu fitness, zadbaj, by nie spędzało ono całego dnia w foteliku samochodowym lub wózku. Ruch ciała oznacza także ruch jelit!

▲ Natłuszczanie. Nałożenie niewielkiej ilości wazeliny na okolice odbytu dziecka może ułatwić wydostanie się stolca na zewnątrz.

Leki. Jeśli wszystko inne zawiedzie, poproś pediatrę o podanie środka zmiękczającego stolec, takiego jak na przykład preparat z babką piesznik – *Plantago psyllium*. Jeżeli i to nie pomoże, pediatra może zalecić środek przeczyszczający, na przykład Lactulose. Nie podawaj żadnych leków – nawet czopków lub lewatywy – bez konsultacji z lekarzem.

Kiedy wezwać lekarza. Chociaż zaparcia nie stanowią w zasadzie większego powodu do zmartwień, to należy wezwać lekarza, jeśli:

▲ Dziecko nie wypróżniało się od czterech do pięciu dni.

▲ Zaparciom towarzyszy ból brzucha i wymioty.

▲ W stolcu lub na jego powierzchni widoczna jest krew.

▲ Zaparcia są przewlekłe, a leczenie opisaną powyżej dietą nie przynosi rezultatów.

Przewlekłe zaparcia mogą być bardzo bolesne i wpływać na dziecięcy apetyt, sen i nastrój. U niektórych dzieci cierpiących na zaparcia dochodzi do pęknięcia błony śluzowej odbytu, co powoduje krwawienie i znaczenie stolca krwią. Te pęknięcia powinny się zaleczyć po ustąpieniu zaparcia.

Najczęstsze przewlekłe problemy zdrowotne

Alergie

Co to jest? Z noska kapie od tygodni, kaszel nie chce ustąpić, a oczka są bez przerwy załzawione i zaczerwienione. Na początku jesteś przekonana, że pociągające noskiem maleństwo po prostu się przeziębiło, ale potem zaczynasz się zastanawiać, czy to przypadkiem nie alergia. Przeziębienie i alergię rzeczywiście bardzo trudno rozróżnić: i w jednym, i w drugim przypadku mamy wodnistą wydzielinę z nosa, kichanie, kaszel i ogólnie złe samopoczucie. Obie przypadłości są też bardzo powszechne. Ale podczas gdy przeziębienia są zakażeniami spowodowanymi przez szybko namnażające się wirusy, to z alergią mamy do czynienia wtedy, gdy dochodzi do nadmiernej reakcji układu odpornościowego na jakąś zazwyczaj nieszkodliwą substancję.

Częstymi alergenami są: pleśnie, roztocza kurzu domowego, naskórek zwierząt domowych, pyłki roślin i żywność. Jeśli twój maluch jest na coś uczulony, jego organizm będzie traktował tę substancję jako najeźdźcę i zmobilizuje układ odpornościowy do obrony, produkując masowo przeciwciała, które wyzwalają wydzielanie do krwiobiegu białka o nazwie histamina. To właśnie ono daje objawy alergiczne.

Szacuje się, że od dziesięciu do dwudziestu procent dzieci ma lub będzie mieć alergię w pewnym okresie życia, a wywiad rodzinny na pewno gra tu ważną rolę. Jeśli jedno z rodziców ma alergię, prawdopodobieństwo wystąpienia jej u dziecka wynosi dwadzieścia pięć procent, natomiast jeśli oboje są alergikami, procent ten wzrasta do pięćdziesięciu. Niejednokrotnie alergie inaczej objawiają się u różnych członków rodziny – jedna osoba może mieć katar sienny, druga astmę, a u trzeciej pojawia się wysypka na skórze po zjedzeniu truskawek. Alergen może się przedostać do organizmu drogami oddechowymi (na przykład pyłki lub sierść zwierząt), poprzez układ pokarmowy (spożycie orzechów, mleka, pszenicy, białka jaj, produktów sojowych lub innych uczulających pokarmów, ale także przyjęcie leków, na przykład penicyliny), w drodze ukłucia (zastrzyk albo żądło pszczoły) lub kontaktowo przez skórę (biżuteria wykonana z niklu, odzież z wełny itp.).

Objawy alergii mogą się różnić w zależności od tego, jaka część ciała lub jaki układ organizmu został nimi objęty:

- ▲ Objawy ze strony górnych dróg oddechowych (nosa i gardła): wodnista wydzielina z nosa (czyli alergiczny nieżyt nosa); ból gardła (w wyniku samej alergii, ale także na skutek oddychania ustami z powodu zatkanego nosa); ściekanie wydzieliny śluzowej z nosa do gardła, co może powodować przewlekły kaszel); kaszel.
- ▲ Objawy ze strony dolnych dróg oddechowych (oskrzeli i płuc): alergiczne zapalenie oskrzeli, astma (patrz str. 377).
- ▲ Objawy ze strony układu pokarmowego: gazy; wodnista, a niekiedy nawet krwista biegunka; wymioty.
- ▲ Objawy ze strony skóry: atopowe zapalenie skóry z wypryskami alergicznymi (patrz str. 45); pokrzywka (czerwone bąble podobne do tych, które występują po oparzeniu pokrzywą, zwykle nasilony świąd skóry) oraz obrzęk twarzy, zwłaszcza wokół oczu i ust.
- ▲ Objawy ze strony oczu: swędzenie, łzawienie, zaczerwienienie, ciemne sińce pod oczami i inne objawy stanu zapalnego oka.
- ▲ Objawy ogólne: rozdrażnienie.

Jeżeli zauważysz u dziecka którekolwiek z tych objawów, istnieje prawdopodobieństwo wystąpienia alergii, ale powinna ona

Czy to alergia czy przeziębienie?

Jak rozpoznać, czy przyczyną kataru malucha jest alergia czy przeziębienie? Oto szybki test:

1. Jak opisałabyś konsystencję i barwę śluzu dziecka?
a. Wodnisty i przejrzysty
b. Gęsty, nieprzejrzysty, odbarwiony.

2. Jeśli malec kaszle, to jak opisałabyś ten kaszel?
a. Suchy
b. Mokry.

3. Czy oczy dziecka są...
a. Swędzące i/lub załzawione?
b. Bez zmian?

4. Czy twój maluch ma gorączkę?
a. Nie
b. Tak.

Jeśli większość stanowią odpowiedzi „b", to dziecko przypuszczalnie jest przeziębione (lub ma inną chorobę dróg oddechowych), jeżeli natomiast wskazałaś więcej odpowiedzi „a", to dziecko może mieć alergię.

zostać potwierdzona badaniami i rozpoznaniem (oraz określeniem alergenu). Powinnaś zatem poprosić pediatrę o skierowanie do alergologa. W ramce na str. 375 znajdziesz informacje na temat silnych reakcji alergicznych.

Postępowanie. Gdy alergen bądź alergeny zostaną rozpoznane, istnieje kilka sposobów postępowania. Po pierwsze, należy wyeliminować substancję uczulającą z otoczenia dziecka. Choć często nie jest to łatwe (zwłaszcza w przypadku alergenu unoszącego się w powietrzu, na przykład pyłków), trzeba ten pierwszy krok postawić. Oto co powinnaś wiedzieć:

▲ **Alergeny pokarmowe.** Reakcje alergiczne u niemowląt i małych dzieci najczęściej wywoływane są przez białka jaj, mleko krowie, orzechy i orzeszki ziemne, soję i pszenicę, a następnie przez owoce cytrusowe, owoce morza i ryby. Należy pamiętać, że nie każda niepożądana reakcja na pokarm jest alergią. Niektórzy ludzie (w tym małe dzieci) mają nietolerancje pokarmowe (często niewielka porcja produktu nie wywołuje niepożądanych reakcji organizmu, a dopiero zwiększona ilość daje objawy podobne do alergii), które nie dotyczą układu odpornościowego. Widząc więc, że dziecko źle reaguje na jakiś pokarm, usuń go z diety, nawet jeśli objawy nie wskazują na alergię. Porozmawiaj też z lekarzem, czy będzie można później ten pokarm wprowadzić ponownie, oraz spytaj, jak to zrobić.

Jedynym sposobem zapobiegania występowaniu reakcji alergicznych na żywność jest niespożywanie tego, co uczula (a w rzadkich wypadkach niedotykanie danego produktu czy nawet nieprzebywanie w jego pobliżu). Oznacza to, że musisz stać się mistrzem w sprawdzaniu wszystkiego, co malec je i co znajduje się w jego otoczeniu, zarówno w domu, jak i poza nim. Niezbędna będzie także biegłość w czytaniu etykiet artykułów żywnościowych (zwłaszcza ich składu), ponieważ mleko, jajka oraz inne produkty alergizujące potrafią się ukrywać pod innymi nazwami.

W restauracjach lub będąc u kogoś z wizytą, pytaj o składniki podanego jedzenia i dopilnuj, by każda osoba zajmująca się twoim maluszkiem – w domu lub w żłobku – była dokładnie poinformowana o zasadach jego karmienia. Aby nie powstały luki w diecie, szukaj substytutów o identycznej wartości odżywczej. Można na przykład zastępować pszenicę owsem i ryżem; cytrusy – mango, melonem, kiwi, brokułami, kalafiorem i słodką czerwoną papryką; jajka – innymi źródłami białka (drób, mięso czerwone, ser); mleko krowie – hydrolizatami białkowymi.

Naukowcy sprawdzają, czy powolna ekspozycja na uczulającą żywność może działać odczulająco, umożliwiając pokonanie niektórych alergii, ale zanim lekarze zaczną zalecać takie podejście pacjentom z alergią, potrzebne są jeszcze dalsze badania.

▲ **Pyłki roślinne.** Większość dzieci nie będzie miała alergii sezonowych (alergii na pyłki) do wieku przedszkolnego lub nawet późniejszego, ale u niektórych pojawiają się one wcześniej. Jeśli podejrzewasz u swego malucha alergię pyłkową, czyli tzw. pyłkowicę (wskazówką może być stałe utrzymywanie się objawów w okresie, gdy pyłki unoszą się w powietrzu, i ich zanik, kiedy sezon pylenia danych roślin mija), trzymaj dziecko w domu w czasie, gdy miano pyłków jest wysokie (zwykle rano), oraz przy szczególnie wietrznej pogodzie podczas sezonu pylenia (wiosną, późnym latem lub jesienią, w zależności od rodzaju pyłku). Codziennie kąp malca i myj mu głowę, aby usunąć pyłki, a w gorące dni używaj raczej klimatyzatora, zamiast otwierać okna i ułatwiać pyłkom przedostawanie się do mieszkania. Często przycinaj trawę w przydomowym ogródku, aby zredukować wysiew pyłków, a jeśli masz jakieś zwierzę wychodzące na dwór, to również ono powinno być często kąpane, gdyż może przynosić do domu pyłki z zewnątrz.

▲ **Naskórek zwierząt i inne uczulenia na zwierzęta.** Łupież, czyli drobne fragmenty złuszczonego naskórka zwierząt, jest najczęściej przyczyną alergii na zwierzęta. U niektórych osób występuje jednak również uczulenie na ślinę i mocz zwierząt, a wtedy problemem mogą być wydaliny kotów lub małych zwierząt trzymanych w klatkach. Naskórek kotów powoduje problemy znacznie częściej niż łupież psów, a zwierzęta długowłose sprawiają więcej problemów niż krótkowłose. Jeśli podejrzewasz lub wiesz na pewno, że twoje dziecko jest uczulone na zwierzę domowe, to nie pozwól im przebywać razem w jednym pomieszczeniu. Pomocne może być też zamykanie domowego pupila w przydomowym ogrodzie, piwnicy lub garażu (jeśli jest taka możliwość) i kąpanie go raz na tydzień, pozbycie się wykładzin pokrywających całą podłogę, zmniejszenie liczby mebli tapicerowanych i innych, na których może się gromadzić łupież, oraz oczyszczanie powietrza urządzeniem filtrującym. W ostateczności jedynym rozwiązaniem może się okazać znalezie-

Alergie zagrażające życiu

Większość objawów alergii jest zwyczajnie irytująca: drapanie w gardle, kapanie z nosa, załzawione oczy czy swędzące wypryski. Ale inne reakcje – głównie anafilaktyczne, na niektóre pokarmy, leki lub, rzadziej, na jad pszczoły – mogą być znacznie, znacznie poważniejsze. Zaliczają się do nich: świszczący oddech, chrypka i trudności w oddychaniu, zaczerwienienie skóry, silne swędzenie lub pokrzywka, a także obrzęk twarzy, warg i gardła (które mogą utrudniać oddychanie), wymioty, biegunka (niekiedy krwista) oraz kurczowe bóle brzucha, nagły spadek ciśnienia krwi, zawroty głowy, zamroczenie, omdlenia, utrata przytomności i niewydolność krążeniowo-oddechowa (wstrząs anafilaktyczny). Wymagają one natychmiastowej pomocy medycznej.

Jeśli dziecko jest zagrożone ciężkimi reakcjami, pediatra wystawi receptę na zastrzyki z adrenaliny (syntetycznego hormonu stosowanego w leczeniu anafilaksji) w postaci łatwego w użyciu automatycznego wstrzykiwacza (nazwa handlowa: EpiPen Jr). Jeden zastrzyk EpiPen Jr zwykle wystarcza na zatrzymanie reakcji alergicznej, dając czas na skontaktowanie się z lekarzem. Dopilnuj, by każda osoba opiekująca się twoim dzieckiem zawsze miała taki wstrzykiwacz przy sobie, i pamiętaj, gdzie trzymasz go w domu oraz jak go używać. Po każdym podaniu dziecku adrenaliny należy udać się z nim do Szpitalnego Oddziału Ratunkowego celem uzyskania dalszej pomocy medycznej, gdyż objawy alergii mogą nawrócić. Weź zużyty wstrzykiwacz ze sobą do szpitala, gdzie zostanie bezpiecznie zutylizowany.

Jeżeli u dziecka wystąpi silna reakcja alergiczna, natychmiast zadzwoń po pogotowie.

nie zwierzęciu innego domu. Należy także unikać materaców, dywanów, szczotek czy ozdób wykonanych ze zwierzęcej sierści lub skóry. Niektóre dzieci są uczulone na ptaki, więc jeśli nie możesz znaleźć innego wytłumaczenia na alergię swego malucha, zastanów się, czy przyczyną nie jest wasz skrzydlaty przyjaciel. Znajdź ptaszkowi nowy dom, a w przyszłości wybieraj syntetyczne, nie puchowe wkłady do kołder, poduszek i tapicerowanych mebli.

▲ **Kurz domowy.** To nie sam kurz wywołuje kichanie u większości osób uczulonych, lecz roztocza kurzu domowego. Te mikroskopijne pajęczaki unoszą się w powietrzu i mogą być wdychane przez wszystkich członków twojej rodziny. Dla większości ludzi nie jest to problemem, ale dla kogoś, kto jest nadwrażliwy na produkowane przez nie substancje, może to oznaczać sporą dolegliwość. Ograniczaj kontakt dziecka z roztoczami, nawet jeśli tylko podejrzewasz alergię, często sprzątając pokoje, w których najczęściej ono przebywa, a w szczególności jego sypialnię. Odkurzaj pomieszczenia codziennie specjalną szmatką do zbierania kurzu, wilgotną ściereczką lub ściereczką nasączoną odrobiną płynu do mycia mebli, w czasie kiedy nie przebywa w nich dziecko. Jeśli to możliwe, zainwestuj w odkurzacz z filtrem HEPA albo zakładaj w swoim odkurzaczu specjalne worki, aby nie dochodziło do recyrkulacji cząsteczek kurzu z powrotem do powietrza podczas odkurzania. W pokojach, w których twoje dziecko śpi i bawi się, unikaj puszystych dywanów, ciężkich zasłon, kordonkowych narzut i innych materiałów, na których osiada kurz. Często pierz pluszowe zabawki, kocyki i kołderki w gorącej wodzie (55°C to najlepsza temperatura do niszczenia roztoczy – woda ciepła zabija tylko niektóre z nich, natomiast zimna jedynie osłabia ich zdolność wywoływania alergii). Pierz także zasłony, dywaniki i inne tego rodzaju rzeczy przynajmniej dwa razy w miesiącu (albo usuń je). Powlekaj materace i poduszki w hermetyczne poszewki (materace do łóżeczek dziecięcych zwykle w takich poszewkach są sprzedawane). Zakładaj filtry na wszystkie otwory wentylacyjne z wymuszonym przepływem powietrza i, co bardzo ważne, utrzymuj wilgotność w domu na umiarkowanie niskim poziomie, gdyż roztocza kurzu domowego na ogół nie mogą przetrwać, jeśli wilgotność powietrza jest niższa niż pięćdziesiąt procent. Porozmawiaj z alergologiem dziecka, by zasugerował ci spreje lub proszki niszczące roztocza w wykładzinach i tapicerkach i spytaj o bezpieczeństwo stosowania tych środków.

▲ **Pleśnie.** Jeśli dziecko jest uczulone na pleśnie, kontroluj wilgotność w domu za pomocą odpowiednio konserwowanego urządzenia pochłaniającego wilgoć. Często wietrz mieszkanie i używaj silnego wentylatora w celu usunięcia pary powstającej w kuchni, łazience i pralni. Miejsca, w których pleśnie lubią się pojawiać (pojemniki na śmieci, lodówki, zasłony prysznicowe, płytki łazienkowe, wilgotne narożniki pomieszczeń), powinny być czyszczone starannie i często roztworem składającym się w równych częściach z wybielacza zawierającego chlor i wody albo środka przeciwpleśniowego. Pomaluj piwnice i inne potencjalnie wilgotne miejsca specjalną farbą hamującą rozwój pleśni. Nie pozwalaj, aby odzież i buty leżały w domu wilgotne lub mokre. Rośliny i suszone kwiaty trzymaj wyłącznie w pomieszczeniach, w których dziecko spędza mało czasu, a drewno do kominka przechowuj poza domem. Jeśli bardzo chcesz mieć żywą choinkę na Boże Narodzenie (a należy wiedzieć, że może ona sprzyjać rozwojowi pleśni), trzymaj ją w domu tylko przez kilka dni. Upewnij się, że wokół twojego domu nie stoi woda oraz że liście i inne odpadki roślinne są regularnie sprzątane. Światło słoneczne pomaga zapobiegać tworzeniu się pleśni na wilgotnych obszarach, a zatem jeśli możesz, wytnij rosnące w ogrodzie wysokie rośliny i drzewa, aby twój ogród był maksymalnie nasłoneczniony. Jeśli masz piaskownicę, przykrywaj ją na noc i podczas deszczu, natomiast przy dobrej pogodzie pozwól, aby piasek wysychał na słońcu.

- **Jad pszczoły.** Jeśli wiesz, że dziecko jest uczulone na jad pszczeli, trzymaj je możliwie jak najdalej od miejsc, gdzie często spotyka się pszczoły i osy (na przykład od ogrodów kwiatowych). Na str. 407 znajdziesz informacje, jak unikać użądleń, a na str. 434 – jak postępować po użądleniu.
- **Różne inne alergeny.** Wiele innych alergenów może zostać w razie potrzeby usuniętych z otoczenia twojego dziecka: wełniane koce (powlecz je bądź używaj bawełnianych lub syntetycznych) i odzież; poduszki z pierzem lub puchem (kup poduszki piankowe albo hipoalergiczne); dym tytoniowy (całkowicie zabroń palenia tytoniu w domu, a poza domem trzymaj swoje dziecko z dala od zadymionych pomieszczeń); pachnące kosmetyki (używaj bezzapachowych chusteczek, dezodorantów itp.); detergenty (stosuj do prania detergenty bezzapachowe lub ekologiczne).

Lekarz może zalecić dziecku leki przeciwhistaminowe i w niektórych przypadkach przepisać steroidy, aby przeciwdziałać reakcjom alergicznym i/ lub zmniejszyć obrzęk. Alergie wywołane czynnikami z otoczenia lub pyłkami mogą wymagać zastrzyków odczulających, ale zwykle dotyczy to nieco starszych dzieci. W przypadku ciężkich alergii może być konieczne podanie dziecku zastrzyku z adrenaliny (patrz tekst w ramce na str. 375).

Rokowania. Większość dzieci cierpiących na alergie na białka mleka krowiego, jaja czy pszenicę wyrasta z nich w wieku mniej więcej pięciu lat. O dziwo, około dwudziestu procent uczuleń na orzeszki ziemne przemija w wieku szkolnym, natomiast uczulenie na skorupiaki zwykle utrzymuje się przez całe życie. Należy pamiętać, że nie powinno się samodzielnie eksperymentować w kwestii tego, czy dziecko jest jeszcze uczulone, czy już nie – pediatra lub alergolog dziecięcy wykonają próby ekspozycyjne alergenem, które pozwolą to ustalić. Niektóre alergie niepokarmowe także mijają, inne utrzymują się przez całe życie. Zdarza się też, że jedna alergia (na przykład na mleko) przechodzi w inną (na przykład na pyłki roślin).

Astma

Co to jest? Choroba zwana astmą polega na tym, że w oskrzelach dochodzi do stanu zapalnego, obrzęków i gromadzenia się śluzu, często w efekcie reakcji na alergen lub inne podrażnienie dróg oddechowych. Zaostrzenia astmy mogą powodować skrócenie oddechu, uczucie ciasności w klatce piersiowej, kaszel i/lub świszczący oddech. I kiedy taki atak przydarzy się twemu maluchowi, może was porządnie wystraszyć. Jednakże u małych dzieci czasem jedynym objawem jest powtarzający się szczekający kaszel, który nasila się przy aktywności fizycznej lub w nocy i który może nieraz prowadzić do wymiotów. Mogą pojawić się i inne objawy, takie jak szybki i/lub głośny oddech, zaciąganie międzyżebrzy (skóra pomiędzy żebrami wydaje się zasysana przy każdym wdechu) i przekrwienie klatki piersiowej.

Astma jest najczęstszą chorobą przewlekłą u dzieci, a siedemdziesiąt procent wszystkich dziecięcych przypadków astmy rozwija się, nim dziecko skończy trzy lata. Do zachorowania na astmę mogą predysponować dziecko pewne środowiskowe i dziedziczne czynniki

Astma... czy RAD?

Przeziębione dziecko ma świszczący oddech i sytuacja ta powtarza się przy każdej chorobie malca. Przygotowujesz się więc na to, że usłyszysz rozpoznanie: astma. Tymczasem lekarz informuje cię, że dziecko ma nadreaktywność dróg oddechowych, czyli RAD (*reactive airway disease*). Jaka jest różnica pomiędzy tymi chorobami? Właściwie niewielka. Obie manifestują się w ten sam sposób (i często podobnie są leczone): po przeziębieniu (i nierzadko nadal przez wiele tygodni po ustąpieniu kataru) pozostałości wirusowego stanu zapalnego oraz nadmiar śluzu w dziecięcych drogach oddechowych powodują kaszel i świszczący oddech. Ponieważ u rocznego dziecka nie można przeprowadzić badania czynności płuc, czyli spirometrii – standardowej metody diagnozowania astmy – lekarze używają określenia RAD, a oficjalnie astmą nazwą stan dziecka dopiero wówczas, gdy świszczący oddech nie ustąpi, będzie nawracał, gdy dziecko często ma kaszel albo wreszcie gdy w wywiadzie rodzinnym obecna jest astma bądź alergie. Chociaż u połowy małych dzieci przed ukończeniem trzeciego roku życia występują przypadki RAD, to tylko u jednej trzeciej z nich rozpoznana zostanie astma.

ryzyka, w tym astma lub alergie w wywiadzie rodzinnym, egzema lub inne choroby alergiczne, mieszkanie z osobą palącą papierosy, palenie papierosów przez matkę dziecka w okresie ciąży, zanieczyszczenia środowiska, niska masa urodzeniowa dziecka, a także jego otyłość.

Istnieje kilka czynników, które mogą wywołać astmę u małych dzieci, a przyczyny zaostrzenia się choroby u różnych osób są różne. Ważną rolę pełnią czynniki genetyczne, ale częstym powodem wywołującym atak astmy są alergeny: roztocza kurzu domowego, pyłki roślin, naskórek zwierząt domowych; substancje drażniące, takie jak dym z papierosów, zanieczyszczenia oraz opary z farb; choroby takie jak przeziębienie lub grypa; zimne powietrze, a nawet silne emocje (na przykład atak złości).

Rozpoznanie astmy u małych dzieci z reguły nie jest proste, ponieważ spirometria (polegająca na tym, że dziecko dmucha do specjalnego urządzenia, które mierzy szybkość i objętość wydychanego powietrza) nie daje wiarygodnego wyniku w przypadku dzieci poniżej szóstego roku życia. Oznacza to, że lekarz będzie polegał głównie na tym, czego dowie się od ciebie na temat objawów obserwowanych u dziecka. Notuj więc uważnie, jak wyglądają te objawy, jak często i w jakich okolicznościach występują. Nie zapomnij wziąć tych notatek ze sobą do przychodni. Lekarz przypuszczalnie zapyta cię też o choroby występujące w rodzinie (czy tata i mama dziecka mają astmę lub inne problemy natury alergicznej), aby stwierdzić, czy u malca występują predyspozycje genetyczne do zachorowania na astmę.

Postępowanie. W zależności od rodzaju astmy lekarz może przepisać jeden z następujących leków lub oba:

- ▲ Szybko działające („ratunkowe") leki rozszerzające oskrzela, które niemal natychmiast otwierają drogi oddechowe, ściśnięte podczas ataku astmy.
- ▲ Zapobiegawcze (długo działające), jak przeciwzapalne kortykosteroidy, mające przeciwdziałać stanom zapalnym dróg oddechowych; leki te dziecko będzie musiało przyjmować codziennie.

W przeciwieństwie do leków mających postać płynną, które dziecko musi połknąć, większość środków przeciwko astmie to leki wziewne – podaje się je bezpośrednio do dróg oddechowych. Lekarz przepisze inhalator wyposażony w miarkę do odmierzania dawki, z dołączaną plastikową komorą inhalacyjną (patrz ilustracja na sąsiedniej stronie), która sprawia, że inhalator jest łatwiejszy w obsłudze i bardziej skuteczny (lek przedostaje się głębiej). Po uruchomie-

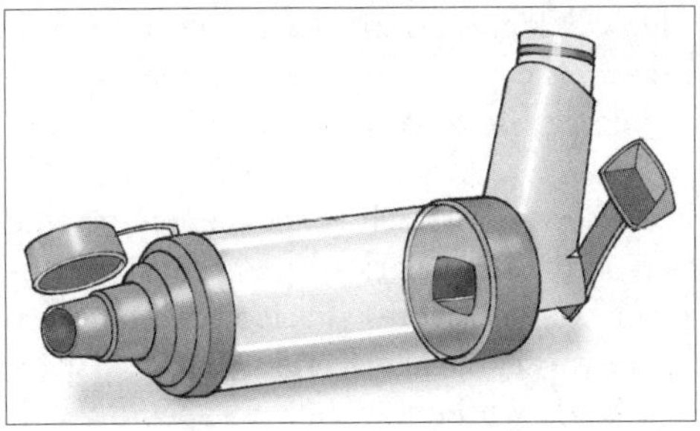

Spejser (inhalator) pomaga aplikować leki przeciwko astmie.

niu inhalatora (zwykle poprzez naciśnięcie zbiornika) odpowiednia dawka leku trafia do spejsera, po czym dziecko bierze kilka normalnych oddechów, dzięki którym lek wnika do jego dróg oddechowych. Ponieważ maluchy często mają problemy przy korzystaniu z inhalatorów, lepiej zakładać im maskę na usta i nos podłączaną do inhalatora (starsze dzieci będą używać spejsera z ustnikiem).

Innym rozwiązaniem jest nebulizator, wytwarzający mgiełkę z płynnego leku, którą dozuje maluchowi poprzez maskę (starszym dzieciom poprzez ustnik). Nebulizator jest zasilany podłączaną do niego niewielką pompą powietrza (przez co jest mniej wygodny i mniej mobilny niż inhalator).

Niezależnie od tego, czy dziecko ma przepisany lek czy też nie, wiele można zrobić, by

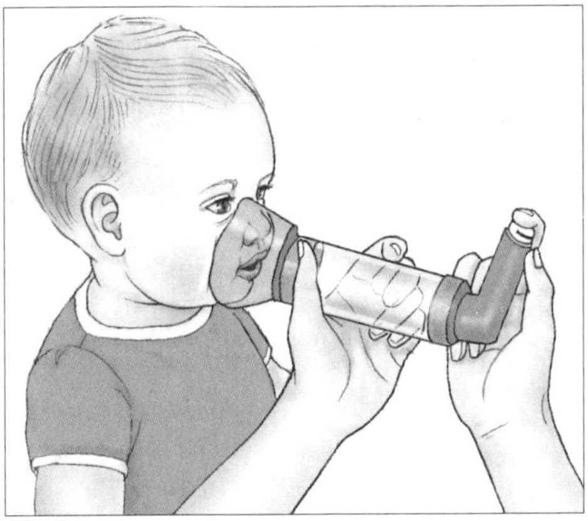

Małe dzieci będą korzystać z maski w trakcie inhalacji.

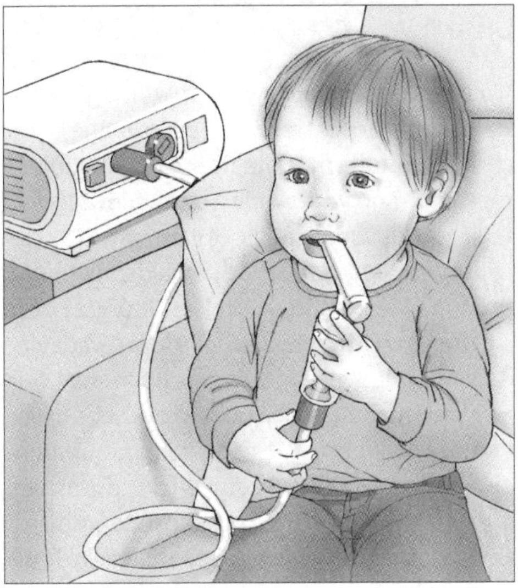

Nebulizator dozuje lek w postaci mgiełki poprzez maskę lub ustnik.

kontrolować objawy astmy – przede wszystkim należy unikać alergenów lub innych czynników wywołujących objawy astmy (utrzymywać dom w czystości, usuwać kurz oraz zrezygnować ze zwierząt domowych, takich jak koty i psy). Należy też chronić dzieci przed przeziębieniami, grypą i innymi chorobami wywołującymi objawy astmy (dla dzieci z astmą szczepienie przeciw grypie jest koniecznością). Warto też zapytać lekarza o probiotyki – nie szkodzą, a mają wiele potencjalnych zalet w przypadku dzieci z astmą.

Rokowania. Choć u wielu dzieci z astmą w wieku dojrzewania następuje długotrwała remisja choroby, to jednak nadwrażliwość ich dróg oddechowych pozostaje. Objawy często powracają w życiu dorosłym, jednak wówczas są zwykle umiarkowane i sporadyczne (na przykład występują tylko podczas ćwiczeń fizycznych). Ale jeżeli nawet astma utrzymuje się w wieku dorosłym, w większości przypadków można prowadzić normalne życie, przyjmując właściwe leki i pozostając pod opieką lekarza.

Celiakia

Co to jest? Celiakia, zwana również glutenozależną chorobą trzewną (enteropatią), jest chorobą autoimmunologiczną układu pokarmowego, spowodowaną przez niewłaściwą reakcję odpornościową organizmu przeciw własnym tkankom. W odpowiedzi na gluten produkowane są przeciwciała, które niszczą śluzówkę jelita cienkiego, doprowadzając do zaniku kosmków jelitowych, co utrudnia wchłanianie substancji odżywczych. Choroba ta może rozpocząć się w dowolnym momencie dzieciństwa, a także w wieku dorosłym.

Celiakia daje bardzo różnorodne objawy (może także przebiegać bezobjawowo), ale u większości niemowląt i małych dzieci występują bóle brzucha, stolce jak przy biegunce (rzadziej zaparcia) utrzymujące się dłużej niż przez kilka tygodni, wzdęcia oraz opóźnienie rozwoju. Starsze dzieci mogą nie mieć apetytu, nie przybierają na wadze (a wręcz chudną) i są rozdrażnione. W wyjątkowych przypadkach jedynym objawem mogą być zaburzenia rozwoju i wzrostu.

Niektórzy eksperci szacują, że aż jedna osoba na dwieście choruje na celiakię, ale u wielu chorych choroba pozostaje nierozpoznana. Ponieważ celiakia jest chorobą dziedziczną, prawdopodobieństwo jej występowania u danej osoby rośnie, jeśli jedno z rodziców lub nawet rodzeństwo także jest chore. Celiakia często współwystępuje m.in. z cukrzycą typu 1, autoimmunologicznym zapaleniem tarczycy i zespołem Downa, więc dzieci obarczone tymi chorobami powinny przejść diagnostykę w kierunku celiakii nawet przy braku objawów klinicznych.

Jeśli podejrzewasz, że twoje dziecko może mieć celiakię, porozmawiaj z lekarzem w sprawie przeprowadzenia odpowiednich testów. Badanie krwi pozwala określić, czy u dziecka występuje podwyższone stężenie przeciwciał związanych z celiakią. Jeżeli badanie da wynik pozytywny (albo nierozstrzygający), lekarz przypuszczalnie skieruje dziecko na biopsję jelita cienkiego, przeprowadzaną endoskopowo w czasie gastroskopii. Jej celem jest sprawdzenie, czy doszło do uszkodzenia kosmków.

Postępowanie. Jeżeli rozpoznanie zostanie potwierdzone, dziecko będzie musiało pozostawać na ścisłej diecie bezglutenowej. Do żywności zawierającej gluten należą: wiele makaronów, produkty zbożowe i pełnoziarniste, płatki śniadaniowe oraz większość żywności przetworzonej – wędlin, pasztetów, produktów nabiałowych i słodyczy. Natomiast wypieki i makarony przygotowane z mąki ryżowej, kukurydzianej, sojowej, ziemniaczanej i innej niezawierającej glutenu mogą z powodzeniem zastąpić tradycyjne ziarna. Na szczęście w większości supermarketów znajdziesz produkty bezglutenowe (sprawdzaj to na etykietkach i szukaj nie tylko bezglutenowych, ale także pełnoziarnistych; produkty bezglutenowe opatrzone są symbolem przekreślonego kłosa). Dieta bezglutenowa może z powodzeniem uwzględniać wiele produktów, takich jak owoce i warzywa, jaja oraz nieprzetworzone mięso. Pewne badania (na razie na etapie wstępnym) sugerują, że dla osób z celiakią korzystne może być przyjmowanie probiotyków.

Podobnie jak w przypadku alergii pokarmowych (patrz str. 374), musisz starannie sprawdzać wszystko, co dziecko je, zwłaszcza gdy jest poza domem (na zajęciach grupy rówieśniczej, na przyjęciach u innych dzieci, w żłobku). Dużą pomoc znajdziesz w grupach wsparcia (działających w twojej okolicy lub w Internecie) – jest to prawdziwa kopalnia wiedzy na temat tej choroby*.

Rokowania. Dieta bezglutenowa pozwala ustrzec się objawów celiakii. Choroba jest nieuleczalna, więc dieta musi być stosowana przez całe życie.

* Więcej informacji możesz uzyskać w Polskim Stowarzyszeniu Osób z Celiakią i na Diecie Bezglutenowej (www.celiakia.pl), które wydaje magazyn „Bez glutenu" (przyp. tłum.).

Dziecko z celiakią lub alergią pokarmową wychodzi z domu

Nawet jeśli dziecko ma alergię pokarmową lub choruje na celiakię, to nie znaczy, że nie może brać udziału w przyjęciach i zabawach u innych dzieci. Podczas wizyt poza domem trzeba jedynie zachować szczególne środki ostrożności. To do ciebie należy przestrzeganie rygorów diety dziecka w każdej sytuacji (na przykład podanie dziecku bezglutenowej babeczki, gdy inne dzieci dostają po kawałku urodzinowego tortu, czy sprawdzanie etykietek podawanych przekąsek). Ważne, by już wtedy zacząć uczyć dziecko, że musi unikać zakazanej żywności (ale i tak będziesz musiała stać na straży żywienia aż do chwili, gdy twoja pociecha na tyle podrośnie, że będzie jej można powierzyć kontrolowanie tego, co je). Gdy twoje dziecko zacznie mówić, naucz je takich zwrotów, jak: „Dziękuję, ale nie mogę pić mleka". Pokazuj, które produkty mogą zawierać zakazane składniki (mleko znajduje się w lodach; w babeczkach i krakersach może być pszenica; orzeszki mogą ukrywać się w batoniku). W miarę możliwości zaopatrz dziecko we własne smakołyki albo informuj gospodarzy z wyprzedzeniem, czego malec nie może jeść. Zawsze staraj się, by osoby, które zapraszają dziecko, znały możliwe konsekwencje zjedzenia „tylko kawałeczka" niedozwolonej żywności i wiedziały, co zrobić, jeśli dziecko dozna wstrząsu anafilaktycznego, podczas gdy ciebie przy tym nie będzie.

Padaczka (epilepsja)

Co to jest? Padaczka to choroba neurologiczna objawiająca się napadami drgawek. Często towarzyszą im zaburzenia świadomości o charakterze nagłym, okresowym, niepodlegającym woli, spowodowane nieprawidłowymi wyładowaniami elektrycznymi w mózgu. Ciężkość i typ napadów są zróżnicowane i zależą od okolicy mózgu, w której jest ognisko padaczkorodne. Mogą się objawiać w rozmaity sposób, począwszy od bezwolnych drgawek całego ciała po nagłe, krótkotrwałe epizody utraty świadomości. Padaczka jest przewlekłą chorobą mózgu (często dziedziczną), która powoduje nawrotowe napady drgawek. Atak padaczki to tymczasowe zaburzenia czynności mózgu, nieświadczące o tym, że jego sprawność się pogarsza.

Napady padaczkowe występują u pięciu procent dzieci i mogą się pojawić w różnym okresie życia, na różne sposoby. Niektóre dzieci z nich wyrastają. Nie wszystkie napady mają charakter padaczkowy – nie są nimi na przykład drgawki gorączkowe (patrz str. 350), które u połowy dzieci występują tylko raz.

Postępowanie. Trzeba zacząć od właściwego rozpoznania. Zgłoś lekarzowi pierwszy przypadek, dokładnie opisując wszystkie szczegóły: w jakiej sytuacji nastąpił napad, co się z dzieckiem działo oraz ile trwał napad. Pamiętaj przy tym, że często trudno jest obserwatorowi stwierdzić, czy dziecko rzeczywiście miało napad padaczkowy, zwłaszcza jeśli był on bardzo krótki lub gdy dziecko wyglądało na „nieobecne", czyli patrzyło na coś pustym wzrokiem, ale jego ciało nie drgało (tzw. napady nieświadomości). Na szczęście większość napadów ustaje samoistnie i nie wymaga interwencji medycznej. Ataki padaczki i inne napady są zwykle traktowane jednakowo (patrz str. 423). Jeśli rozpoznana zostanie padaczka, to leki lub kombinacja leków, przy starannym monitorowaniu ich działania, mogą zapobiegać napadom lub zmniejszać ich częstotliwość.

Rokowania. Po dwóch latach wolnych od napadów dziecko nie powinno już być uważane za chore na padaczkę i stosowanie leków można stopniowo ograniczać, aż do ich całkowitego odstawienia. Decyzję zawsze podejmuje neurolog. I jeszcze jedna dobra wiadomość: prawdopodobieństwo, że napady będą się pojawiać, spada z każdym rokiem – tylko jedna osoba dorosła na sto ma ataki epilepsji*.

* W Polsce działa Polskie Stowarzyszenie na rzecz Dzieci Chorych na Padaczkę (http://www.padaczka.pl/), Stowarzyszenie Osób Dotkniętych Padaczką i Przyjaciół Spokojna Głowa (http://www.spokojnaglowa.pl/) i kilka innych, służących pomocą i integrujących rodziny (przyp. tłum.).

Upośledzenie słuchu

Co to jest? Istnieją różne stopnie upośledzenia lub utraty słuchu, a nie każde dziecko z utratą słuchu można nazwać głuchym. Dziecko, które jest głuche, ma głęboką utratę słuchu i nie potrafi zrozumieć mowy, wyłącznie słuchając, nawet za pomocą aparatu słuchowego. Są dwa główne typy utraty słuchu u małych dzieci:

- Głuchota przewodzeniowa. Jej przyczyną jest nieprawidłowa budowa kanału słuchowego albo płyn w jamie bębenkowej bądź zniekształcenie ucha środkowego (przestrzeni tuż za błoną bębenkową). W wyniku tego dźwięk nie jest skutecznie przekazywany przez kanał słuchowy i/lub ucho środkowe, a zatem dziecko słyszy bardzo słabo albo nie słyszy wcale.
- Głuchota odbiorcza. Występuje przy uszkodzeniu ucha wewnętrznego lub przewodnictwa nerwowego z ucha wewnętrznego do mózgu. Zwykle obecna jest już od urodzenia i najczęściej dziedziczna, ale może być także skutkiem zakażenia prenatalnego lub pewnych leków przyjmowanych przez przyszłą mamę.

Co roku od dwojga do czworga na tysiąc dzieci rodzi się z pewnym upośledzeniem słuchu. U niektórych problem dotyczy tylko jednego ucha, przy czym należy pamiętać, że to także może prowadzić do problemów z językiem i mową. Większość noworodków poddawana jest badaniom słuchu chwilę po przyjściu na świat. Jeśli twoje dziecko do nich nie należało lub podejrzewasz teraz, że źle słyszy (to, że dziecko przeszło pomyślnie test w wieku niemowlęcym, nie znaczy, że nie może u niego dojść do ubytku słuchu w późniejszym wieku; na str. 32 możesz przeczytać o objawach), porozmawiaj z pediatrą na temat badań (patrz tekst w ramce). Ubytki słuchu częstsze są u dzieci, które po urodzeniu spędziły pewien czas w inkubatorze, wcześniaki powinny być szczególnie uważnie badane w tym kierunku.

Postępowanie. Bardzo ważne jest wczesne rozpoznanie i określenie stopnia upośledzenia słuchu, które może wahać się od łagod-

Badanie słuchu

Ponieważ ubytek słuchu może wpłynąć na wiele aspektów życia dziecka, niezmiernie ważne jest wczesne rozpoznanie i jak najszybsze rozpoczęcie leczenia. Oto najczęściej stosowane metody badania słuchu u dzieci poniżej drugiego roku życia:

- Audiometria behawioralna i audiometria zabawowa. Podczas tego badania audiolog prezentuje dźwięki z różnych stron, a następnie obserwuje reakcje dziecka na nie. Dźwięki są stopniowo coraz bardziej przytłumione, miękkie.
- Otoemisja akustyczna. Podczas tego badania umieszcza się w kanale słuchowym zewnętrznym ucha sondę pomiarową, która mierzy fale dźwiękowe wytwarzane w uchu wewnętrznym i odnotowuje reakcję dziecka na kliknięcia lub tony. Badanie opiera się na fakcie, że ucho ludzkie nie tylko słyszy dźwięki, ale także wytwarza dźwięki w odpowiedzi na to, co usłyszy.
- Badanie potencjałów słuchowych wywołanych. Jest to badanie diagnostyczne polegające na działaniu bodźcem dźwiękowym na receptory słuchu i rejestrowaniu zjawisk elektrycznych w mózgu, będących odpowiedzią na bodziec. Przeprowadza się je poprzez umieszczenie elektrod na główce dziecka i słuchawek na jego uszach, w których słychać kliknięcia lub tony.

W przypadku gdy badanie wykaże ubytek słuchu, zalecane jest przeprowadzenie dalszych testów w celu stwierdzenia, jaki jest typ i stopień ubytku*.

* W Polsce od 2002 r. prowadzony jest program Powszechnych Przesiewowych Badań Słuchu u Noworodków, w ramach którego badanie wykonuje się u wszystkich noworodków na oddziale noworodkowym w drugiej dobie życia dziecka, a jeśli test wypadnie nieprawidłowo, powtarza się go w dniu wypisu ze szpitala. Dzieci z nieprawidłowymi wynikami kierowane są na dalszą diagnostykę do poradni audiologicznych (przyp. red. meryt.).

nego do głębokiego. Od tego, jak szybko zostanie wdrożone leczenie, zależy, jak w przyszłości dziecko będzie mogło słyszeć, uczyć się i rozwijać językowo. Sam sposób leczenia zależy od przyczyny i może obejmować:

▲ Leki (antyhistaminowe lub antybiotyki), jeśli przyczyną utraty słuchu jest płyn w uchu. Jeżeli po trzech miesiącach nie nastąpi poprawa i płyn będzie się utrzymywać, lekarz może zalecić założenie drenów (patrz str. 369). Na szczęście dzieci, u których nastąpiło opóźnienie rozwoju mowy spowodowane tymczasowym ubytkiem słuchu powstałym na skutek utrzymywania się płynu w uchu, nadrabiają zaległości w rozwoju mowy wobec swych rówieśników jeszcze przed rozpoczęciem nauki szkolnej.

▲ Aparaty słuchowe. Jeżeli przyczyną wady słuchu jest nieprawidłowa budowa ucha środkowego bądź wewnętrznego, można ją skorygować poprzez stosowanie aparatu słuchowego wzmacniającego dźwięki. Są też one skuteczne przy głuchocie przewodzeniowej, a także przy pewnych typach głuchoty odbiorczej. Istnieje kilka rodzajów tych urządzeń i wybór konkretnego zależy od wieku dziecka oraz od rodzaju utraty słuchu.

▲ Zabiegi chirurgiczne. Implant ślimakowy (elektroniczne urządzenie umieszczane chirurgicznie w kości za uchem), niekiedy współdziałający z aparatem słuchowym wzmacniającym dźwięk, może się okazać bardzo skuteczny w przywróceniu zubożonej zdolności słyszenia i zwiększeniu możliwości mówienia dzieci całkowicie głuchych. Dobrze, by implant został dziecku jak najwcześniej założony – najlepiej w wieku od roku do trzech lat. Inne zabiegi, które można przeprowadzić celem poprawienia słuchu, to – w zależności od sytuacji – operacja błony bębenkowej lub kosteczek ucha środkowego.

▲ Kształcenie. Program odpowiedniego kształcenia powinien się rozpocząć natychmiast po rozpoznaniu utraty słuchu i może obejmować: uczenie dziecka używania urządzeń, które wspomagają naukę słyszenia i/lub mówienia; mowę sygnałową, w której system sygnałów manualnych służy jako uzupełnienie czytania z ruchów ust; wszechstronny system komunikowania się, który wykorzystuje połączenie czytania mowy z ruchów ust, język migowy, literowanie palcami, a może również kłaść nacisk na kształtowanie umiejętności słuchowych i rozwój mowy. Częścią kształcenia będzie także terapia u logopedy oraz poradnictwo dla rodziców. Pediatra wraz ze specjalistą w dziedzinie zaburzeń słuchu (audiologiem) może dopomóc rodzicom w znalezieniu programu, który najlepiej będzie realizował potrzeby ich dziecka. Lekarz może także poinformować o prowadzonych przez władze lokalne programach wczesnej interwencji, w ramach których pomoc udzielana jest bezpłatnie.

Rokowania. Właściwie leczone dzieci z upośledzeniem słuchu mogą prowadzić udane i satysfakcjonujące życie. Niektóre z nich będą wymagać pomocy w nauce słyszenia i mówienia, inne nauczą się komunikować przy użyciu języka migowego. To, czy dziecko z ubytkiem słuchu będzie mogło chodzić do zwykłej szkoły z dziećmi normalnie słyszącymi, będzie zależało od konkretnego przypadku, od programów oferowanych w szkołach oraz od dostępności zajęć wspomagających rozwój mowy.

Rozdział 13

BEZPIECZEŃSTWO MAŁEGO DZIECKA

Czy pamiętasz te stare dobre czasy, kiedy mogłaś położyć niechodzącego jeszcze maluszka w zasadzie gdziekolwiek, mając świadomość, że nigdzie się stamtąd nie ruszy, a jego bezpieczeństwu raczej nic nie zagraża? Cóż, te czasy odeszły w przeszłość z chwilą, gdy dziecko najpierw wstało, potem zaczęło raczkować, chodzić i wreszcie biegać. I choć dla niego ta nowa umiejętność oznacza wielką i ekscytującą perspektywę patrzenia na świat (ileż nowych widoków, ile rzeczy, których można dotknąć, ściągnąć!), to ty myślisz teraz tylko o jednym: jak zapewnić dziecku bezpieczeństwo. Wprawdzie wszędobylskie małe dziecko aż się prosi o różne wypadki, to na szczęście możesz wiele zrobić, by do nich nie doszło. Wypadki bowiem rzadko są przypadkowe. Można znacznie obniżyć ryzyko wystąpienia dziecięcych obrażeń, upadków i urazów dzięki odrobinie wiedzy, zabezpieczeniu mieszkania i pewnym czynnościom zapobiegawczym.

BEZPIECZEŃSTWO W DOMU

Od chwili gdy dziecko zaczęło chodzić, twoje wysiłki zapewnienia mu bezpieczeństwa muszą sięgać nowego, wyższego poziomu. Dosłownie. Nie wystarczy jednak tylko schować delikatne wazony i pamiątkowe świeczniki; pozostaje jeszcze toaleta (porcelanowa studnia życzeń), nie wspominając o schodach (ścianka wspinaczkowa dla maluchów) i kłębach kabli przy komputerach (skakanka dla berbeci). Musisz zdecydowanie przyspieszyć swoje działania w ramach kampanii zabezpieczania domu, aby twój brzdąc nie wpadł w jakieś tarapaty. W tym rozdziale właśnie znajdziesz wszelkie niezbędne informacje na ten temat.

OSTROŻNOŚĆ NIE MUSI PROWADZIĆ DO OBSESJI

Wszyscy rodzice martwią się o swoje dziecko i troska ta ma niebagatelne zalety – dzięki niej są czujni, ostrożni, rozsądni. Jednak bardzo łatwo przekroczyć cienką linię dzielącą zdrowe obawy od obsesji (szczególnie po przeczytaniu tego rozdziału, nie wspominając już o kolejnym, dotyczącym pierwszej pomocy), za sprawą której beztroskie dziecięce lata mogą stać się najbardziej stresującym okresem w życiu.

Oczywiście trzeba zachowywać czujność, by zapewniać dziecku bezpieczeństwo, ale nie do tego stopnia, by nie pozwalać mu na typowe w tym wieku zachowanie, pełne ciekawości, ruchu, dociekliwości i szukania przygód. Dzieci znakomicie wyczuwają niepokój rodziców i gdy mają wrażenie, iż w każdym kącie kryje się niebezpieczeństwo, dochodzą do wniosku, że nie warto tam zaglądać, co oznacza dla małego organizmu spowolnienie rozwoju. Rozwój wymaga bowiem podejmowania skalkulowanego ryzyka, a dzieci, którym rodzice wszczepili lęk przed wszelkim ryzykiem, mogą mieć trudności z ruszeniem się z miejsca.

Bądź zatem czujna, ale swoje obawy o bezpieczeństwo trzymaj na wodzy i zachowaj rozsądną perspektywę.

ZABEZPIECZANIE MIESZKANIA

Sprawdź swoje mieszkanie pod kątem potencjalnych zagrożeń (aby spojrzeć na świat oczyma dziecka, najlepiej uklęknąć) i dokonaj w nim wszelkich potrzebnych zmian.

Okna. Dzieci uwielbiają wyglądać przez okno, więc aby były przy tym bezpieczne, zamontuj metalowe zabezpieczenia, przyczepiane po bokach ramy okiennej, z poprzeczkami rozstawionymi na odległość nie większą niż dziesięć centymetrów. Albo zainstaluj blokady na okna dwudzielne, uniemożliwiające otwarcie dolnej części szerzej niż na dziesięć centymetrów. Siatki i okiennice nie zabezpieczają okien na tyle skutecznie, żeby dziecko nie wydostało się przez nie. Niezależnie od tego, jakie wybierzesz zabezpieczenia na okna, upewnij się, czy możesz bez trudu sama je otworzyć w razie nagłej potrzeby, na przykład pożaru. Straż pożarna i pogotowie ratunkowe zalecają stosowanie takich osłon, które można łatwo zwolnić w przypadku konieczności ucieczki przed ogniem przez okno, ale które chronią dziecko przed wypadnięciem. Powinny być one zamontowane przynajmniej na jednym oknie w każdym pomieszczeniu.

Na wszelki wypadek nigdy nie ustawiaj pod oknem mebli, na które dziecko mogłoby się wspiąć. Jeżeli masz okno wykuszowe z ławeczką, pilnuj, by było ono zawsze zamknięte lub odpowiednio zablokowane.

Sznury od żaluzji i zasłon. Najlepiej we wszystkich oknach zamontować zasłony bez sznurów, a zwłaszcza w pokoju dziecięcym. Jeżeli jednak masz zasłony ze sznurami i nie możesz ich wymienić, musisz koniecznie tak

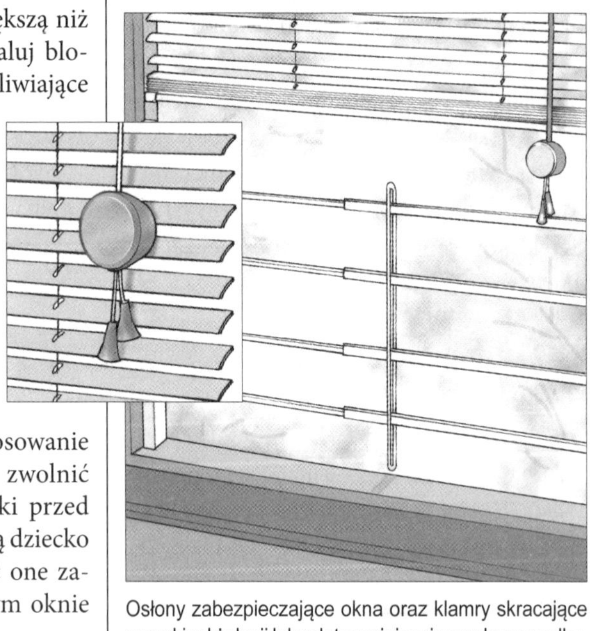

Osłony zabezpieczające okna oraz klamry skracające sznurki od żaluzji lub rolet zmniejszają ryzyko wypadku.

je zabezpieczyć, by dziecko nie mogło ich dosięgnąć, gdyż zabawa sznurami grozi uduszeniem. Podwiąż je, by malec nie mógł się w nie zaplątać. Usuń sznury tworzące pętle (zdarzają się przy starszych typach żaluzji i rolet) i zainstaluj klamry skracające na wszystkich żaluzjach poziomych oraz roletach. Skorzystaj z porad zamieszczonych na stronie internetowej Window Covering Safety Council (windowcoverings.org). Nigdy nie ustawiaj w pobliżu zasłon czy żaluzji kołyski, łóżeczka ani innych mebli lub dużych zabawek, po których dziecko mogłoby się wspiąć i sięgnąć sznurów.

Drzwi. Maluchy potrafią się niepostrzeżenie wymykać, pamiętaj więc o zamykaniu (na zamek lub inną blokadę) wszystkich drzwi prowadzących na zewnątrz, drzwi przesuwnych oraz drzwi z siatką nieprzepuszczającą owadów (zamontowanych przy głównym wejściu). Na duże szklane drzwi ponaklejaj coś, na przykład kalkomanie, aby były one widoczne i aby maluch (ani ktokolwiek inny) przypadkiem nie wpadł na szybę.

Szklane drzwi mogą wyglądać na otwarte. Przylep do szyb kolorowe nalepki, by zapobiec niebezpiecznej kolizji.

Osłona na gałce u drzwi, utrudniająca jej przekręcenie, może uchronić dziecko przed opuszczeniem bezpiecznego miejsca i wejściem na niezbyt przyjazne mu terytorium.

Jeśli chodzi o drzwi wewnętrzne, to warto założyć plastikowe osłony na ich gałki, by uniemożliwić dziecku dostęp do potencjalnie niebezpiecznych pomieszczeń, czyli na przykład do łazienki (woda, urządzenia elektryczne, takie jak suszarka), domowego biura (kable od komputerów, zszywacze czy staplery) oraz garażu czy przydomowego warsztatu; można też umieścić blokady na zamkach lub zamki zainstalować na tyle wysoko, by dziecko nie mogło ich dosięgnąć (pamiętaj jednak, że dziecko szybko rośnie!).

Odpowiednia blokada będzie też potrzebna na drzwiach samozatrzaskujących się, by dziecięce paluszki nie zostały przycięte lub nie dostały się w zawiasy.

Umieść bramki w przejściach do niebezpiecznych miejsc w domu i nie pozwalaj dziecku się po nich wspinać (patrz tekst w ramce na str. 388).

Schody. Bramki zainstalowane na dole i na szczycie schodów uchronią dziecko przed upadkiem. Dolną można umieścić na trzecim stopniu, aby dać maluszkowi niewielką, bezpieczną przestrzeń do ćwiczenia chodze-

Barierki zabezpieczające

Niekiedy jedynym sposobem zapewnienia bezpieczeństwa dziecku jest uniemożliwienie mu dostępu do miejsc, w których coś mu grozi. W tym względzie najlepiej się sprawdzają właśnie barierki i bramki. Dzięki nim dziecko pozostanie w przyjaznym mu otoczeniu, nie mogąc przejść do pomieszczeń niebezpiecznych, spaść ze schodów ani wdrapywać się po nich.

Barierki mogą być przenośne (z reguły, aby ktokolwiek mógł przejść przez drzwi, w których zostały zainstalowane, trzeba je całkowicie zdemontować) lub stałe (otwierane po zwolnieniu blokady) – dostosowane do indywidualnych potrzeb. Oba rodzaje zwykle można dopasować do różnej szerokości futryn, a ich wysokość waha się od sześćdziesięciu do osiemdziesięciu centymetrów. Jeśli instalujesz stałą barierkę, pamiętaj, że należy przymocować ją kołkami do ściany lub użyć kotew do płyt gipsowo-kartonowych, aby była wystarczająco wytrzymała (płyta kartonowo-gipsowa lub sam gips nie utrzymają śrub). Montując natomiast bramkę przenośną, której częścią jest rozsuwana rozporowa barierka, upewnij się, że mały wspinacz nie będzie mógł pokonać tej przeszkody; nie zakładaj takich bramek na szczycie schodów (lepsza w tym miejscu jest bramka mocowana do ściany, której dziecko nie może zepchnąć w dół i spaść razem z nią). Wybierz nowy model, wykonany z pleksiglasu lub z drobnej siatki (jeśli siatka jest elastyczna, dziecku będzie jeszcze trudniej się wspiąć) albo z pionowymi sztachetkami (pomiędzy którymi odległość nie powinna przekraczać sześciu centymetrów). Nie korzystaj z bramek używanych, ponieważ wiele starszych modeli (na przykład akordeonowe) nie zapewnia bezpieczeństwa. Bramka musi być wytrzymała, o gładkim, nietoksycznym wykończeniu i bez części, o które można się zahaczyć, bez elementów ostrych lub na tyle drobnych, by dziecko mogło je odłamać i włożyć do buzi. Dokładnie przestrzegaj instrukcji montowania. Bramki przestają być skuteczne, gdy dziecko ma powyżej osiemdziesięciu sześciu centymetrów wzrostu lub skończy dwa lata (w tym wieku większość małych spryciarzy doskonale już wie, jak się je otwiera) – mogą co najwyżej chronić podczas nocnych spacerów, zniechęcając do wchodzenia w niewłaściwe miejsca.

Bramka umieszczona przy wejściu na schody chroni przed upadkiem. Zostaw dziecku trzy dolne stopnie na naukę chodzenia po schodach.

nia po schodach (umiejętność niezbędną w przyszłości dla jego bezpieczeństwa).

Sprzątaj ze stopni zabawki, buty i wszystko, o co twój brzdąc (lub ktokolwiek inny) mógłby się potknąć. Położenie na schodach wykładziny dywanowej ułatwia pokonywanie stopni oraz minimalizuje urazy przy ewentualnym upadku. Także gruby dywan lub antypoślizgowa wykładzina podłogowa położona u podnóża schodów pozwoli uniknąć wielu guzów i siniców.

Balustrady, poręcze i balkony. Sprawdź, czy elementy pionowe (tralki) nie są luźne oraz czy odstępy pomiędzy nimi na schodach i balkonach wynoszą maksymalnie dwanaście centymetrów, tak aby dziecko nie mogło się między nimi przecisnąć ani utknąć (dziesięcocentymetrowe są bezpieczniejsze dla niemowląt). Jeśli odstępy są większe, rozważ założenie wzdłuż balustrady lub schodów tymczasowej „ściany” bezpieczeństwa, wykonanej z plastiku lub twardej siatki. Często można takie ścianki kupić w sklepach oferujących zabezpieczenia służące ochronie małych dzieci.

Łóżeczko. Roczne dzieci z reguły nie mają jeszcze ani wystarczającego wzrostu, ani umiejętności do wspinania się po barierkach łóżeczka, co jednak nie oznacza, że zupełnie nie są do tego zdolne. Opuść więc materacyk na najniższy poziom i usuń z łóżeczka duże zabawki, poduszki i inne przedmioty, które mogłyby posłużyć dziecku do wyrwania się na wolność. Przed łóżeczkiem rozłóż miękki dywanik, matę do ćwiczeń lub kilka dużych poduszek, które złagodziłyby ewentualny upadek, gdyby malec mimo wszystko wydostał się na zewnątrz. Nie przywiązuj sznurkiem żadnych zabawek do szczebelków i nie ustawiaj łóżeczka w pobliżu okna, grzejnika, dmuchawy ciepłego powietrza, lampy stojącej ani obok ciężkich mebli.

Kojec lub przenośne łóżeczko. Kojec z zabawkami lub przenośne łóżeczko (jeśli je masz) powinny mieć boki z drobnej siatki (o oczkach mniejszych niż sześć milimetrów) lub pionowe szczebelki rozstawione nie rzadziej niż w odległości sześciu centymetrów. Zanim umieścisz dziecko w kojcu lub łóżeczku, otwórz je całkowicie i nigdy nie zostawiaj częściowo otwartego – może się zamknąć podczas próby wspinaczki.

Łóżko dziecka. Gdy dziecko urośnie na tyle, że będzie mogło spać w dziecięcym łóżku (nie spiesz się z jego kupnem – lepiej poczekać, aż malec będzie miał przynajmniej dwa i pół lub trzy lata albo dziewięćdziesiąt centymetrów wzrostu), umieść barierki po obu jego stronach i pamiętaj, by nie stawiać go bliżej niż sześćdziesiąt centymetrów od okna, grzejnika, kaloryfera, lamp ściennych lub sznurków żaluzji czy rolet. Nigdy nie kupuj dla małego dziecka piętrowego łóżka ani nie pozwalaj mu spać na górnym poziomie takiego mebla, gdy nocujecie poza domem.

BEZPIECZNA WYSOKOŚĆ

„Granica bezpieczeństwa" w twoim domu będzie się przesuwać w górę, w miarę jak dziecku będzie przybywać kolejnych miesięcy życia, jak będzie rosło i stawało się coraz bardziej ruchliwe i pomysłowe. Zwykle wszystko, co znajduje się wyżej niż głowa malca, który właśnie opanował raczkowanie, pozostaje poza jego zasięgiem. Z kolei mały tuptuś często jest w stanie sięgnąć do krawędzi stołu czy niskiej komody. Mały wspinacz potrafi wejść na krzesło i inne meble, aby znaleźć się jak najwyżej. Natomiast dziecko, które już dobrze chodzi i sprawnie się wspina, potrafi ustawić krzesło (albo pudło czy stos książek) przy kuchennym blacie, pralce i wszystkim, co pozornie jest dla niego niedostępne – po czym wspiąć się na to, zanim zdążysz się obejrzeć. Musisz więc odpowiednio dostosowywać zasady bezpieczeństwa i wszelkie zabezpieczenia do rosnących możliwości dziecka.

Skrzynia na zabawki. Ogólnie biorąc, otwarte szuflady i kosze są bezpiecznym miejscem do przechowywania zabawek dziecka, ale jeśli wolisz trzymać te skarby w szafce, to poszukaj takiej, która ma lekką klapę lub dobrze umocowane wieko (które nie spada z trzaskiem, gdy się je puści). Zawiasy powinny utrzymywać je tak otwarte, jak zostało uniesione. Jeśli masz starą skrzynię na zabawki niespełniającą tych wymogów, usuń jej wieko całkowicie. Skrzynia czy pudło powinny mieć dziurki wentylacyjne (ewentualnie zrób je sama), na wypadek gdyby dziecko weszło do wnętrza i tam się zablokowało. Pojemnik na zabawki, tak jak każdy mebel, przy którym malec spędza dużo czasu, musi mieć zaokrąglone lub obite miękką tapicerką krawędzie.

Niestabilne meble. Lekkie, chybotliwe, niestabilne krzesła, stoliki czy inne meble, które łatwo mogą się przesunąć lub przewrócić, schowaj aż do czasu, gdy dziecko będzie już na tyle pewnie się poruszało, że nie będzie musiało przytrzymywać się sprzętów. Trzeba też chronić małych alpinistów przed wysokimi, lekkimi meblami, które na skutek wspinaczki mogą stracić stabilność i runąć z łoskotem.

Ciężkie meble. Przymocuj także ciężkie meble (komody, regały na książki, sprzęt elektroniczny, półki itd.) do ścian, aby nie mogły się na dziecko przewrócić. Ciężkie przedmioty trzymaj na dolnej półce regału, by zwiększyć jego stabilność. Nie kładź kuszących dziecko przedmiotów (takich jak zabawki, pluszaki, klucze, piloty) na wysokich półkach lub na górze szafki, ponieważ pomysłowy malec będzie się starał wspiąć na mebel, by je ściągnąć.

Ostre bibeloty i podpórki do książek. Tego typu przedmioty muszą się znaleźć w miejscach niedostępnych dla dziecka. Nigdy nie lekceważ jego siły i pomysłowości!

Szuflady. Otwarta szuflada to zaproszenie dla dziecka. Pilnuj więc, by wszystkie szuflady w komodach i szafkach zawsze były zamknięte, także dlatego, że próba wspinania się po nich może doprowadzić do przewrócenia mebla. Umieść cięższe przedmioty w dolnych szufladach, gdyż obciążona w ten sposób komoda będzie bardziej stabilna.

Luźne gałki i uchwyty mebli. Przymocuj dobrze wszystkie luźne gałki, które są na tyle małe, że dziecko mogłoby je połknąć, zadławić się nimi lub które mogłyby utknąć w jego jamie ustnej.

Ostre krawędzie lub narożniki. Elegancki stoliczek ze szklanym blatem jeszcze w zeszłym roku wydawał ci się niezmiernie szykowny, ale odkąd dziecko zaczęło chodzić, mebel wygląda bardziej niebezpiecznie niż stylowo. Zabezpiecz jego ostre krawędzie miękkimi nakładkami, które zamortyzują ewentualne uderzenie. Takie nakładki należy także umieścić na wszystkich ostrych krawędziach w całym mieszkaniu, na przykład na obudowie kominka czy niskich parapetach.

Nakładki na kanty mebli pomagają zapobiegać siniakom i guzom.

Podłogi. By zmniejszyć ryzyko upadku, usuń z bardziej uczęszczanych miejsc wszelkie przedmioty. Na bieżąco sprzątaj zabawki, wycieraj rozlane płyny i zbieraj porozrzucane gazety. Nie zwlekaj z naprawą luźnych lub zniszczonych kafelków, desek lub wykładzin, aby dziecko nie mogło się o nie potknąć. Pamiętaj, że największą przyczepność zapewnia chodzenie boso.

Dywaniki. Muszą mieć antypoślizgowy spód. Nie kładź ich na szczycie schodów; jeśli się pozwijają, natychmiast je rozprostuj. Aby zwykły dywanik nie ślizgał się na podłodze, można go zabezpieczyć gumową matą lub taśmą dwustronnie przylepną.

Przewody elektryczne. Przeciągnij je za meblami, aby dziecko nie odczuwało pokusy brania ich do ust i żucia (z czym wiąże się niebezpieczeństwo porażenia prądem) ani ciągnięcia (co oznacza możliwość ściągnięcia na podłogę komputera, lampy lub innego ciężkiego przedmiotu). W razie konieczności przymocuj przewody do ściany specjalną taśmą albo przeznaczonymi do tego uchwytami lub umieść wszystkie kable w osłonie.

Fascynacja techniką

Tkwiąca w każdym malcu ciekawość wszystkiego – a w szczególności tego, co ma przełączniki do pstrykania, przyciski do naciskania i kable do ciągnięcia – jest jedną z wielu cech, które sprawiają, że te małe istoty tak absorbują naszą uwagę, ale też narażają się na niebezpieczeństwa. Ciekawość małego dziecka przerasta znacznie jego rozum i zdolność oceny sytuacji. I tak będzie jeszcze przez kilka lat.

Uważaj zatem, by twoja pociecha nie miała kontaktu z prądem, czyli gniazdkami elektrycznymi, urządzeniami kuchennymi, suszarką i innymi przedmiotami gospodarstwa domowego zasilanymi prądem. Znajdź dziecku bezpieczne okazje do zaspokajania jego ciekawości dotyczącej funkcjonowania różnych rzeczy. Pozwól mu (oczywiście pod nadzorem osoby dorosłej!) włączać iPoda, telewizor lub lampę, przesuwać ściemniacz światła, przyciskać przyciski od wiatraczka lub klimatyzatora, „obracać" kartki w czytniku e-booków, dotykać klawiatury komputera lub manipulować myszką tak, by na ekranie pojawiały się literki, liczby lub obrazki. Jeśli masz taką możliwość, odwiedzaj z maluchem muzeum dla dzieci, w którym on i jego rówieśnicy mogą przeprowadzać bezpieczne eksperymenty, wymagające naciskania, ciągnięcia, pchania i dokonywania odkryć. Zawsze też pamiętaj o tym, czemu służy ta ciekawość: dziecko musi się wszystkiego uczyć i to jest jego praca.

Nigdy nie używaj do tego gwoździ ani zszywek, nie kładź też kabli pod wykładziną, gdyż mogą ulec przegrzaniu. Nigdy nie zostawiaj przewodu od jakiegoś urządzenia elektrycznego w gniazdku – jeśli kabel się zamoczy lub dziecko weźmie go do buzi, to może nastąpić porażenie prądem.

Gniazdka elektryczne. Bardzo ważne jest przykrycie gniazdek zaślepkami, aby dziecko nie mogło badać tajemnic otworu w ścianie za pomocą jakiegoś szpikulca czy własnego oślinionego paluszka. Niestety, zaślepki mogą z łatwością znaleźć się w buzi, dlatego lepiej stosować większe, na dwa gniazdka (są za duże, by dziecko mogło się nimi zakrztusić) lub wymienić całe gniazdko na takie, które ma przesuwaną osłonę, albo zasłonić gniazdka ciężkimi meblami. Jeśli korzystasz z przedłużacza z rozgałęźnikiem, kup taki, który ma zabezpieczenie przed dziećmi.

Lampy i inne przenośne źródła światła. Nie umieszczaj lampy tak, by istniało ryzyko, że dziecko dotknie rozgrzanej żarówki (jeśli możesz, kupuj żarówki, które się nie nagrzewają). Nie pozostawiaj też w dostępnym miejscu lampy lub innego źródła światła bez żarówki – sprawdzenie, co jest w środku, kusi dziecko, lecz jest to bardzo niebezpieczne.

Kominki, piece, piecyki, grzejniki i kaloryfery. Rozgrzane powierzchnie i ogień osłaniaj specjalnymi kratami, płytami i innymi barierami. Pamiętaj przy tym, że większość grzejników może oparzyć jeszcze długo po ich wyłączeniu czy wygaszeniu ognia.

Popielniczki. Jest wiele powodów, dla których nie powinnaś zezwalać na palenie papierosów w swoim domu, a oto jeden z nich: małe dziecko może się poparzyć niedogaszonym niedopałkiem lub włożyć do buzi zawartość popielniczki. Zawsze pilnuj więc tego, by popielniczki – jeśli są w użyciu – znajdowały się poza zasięgiem dziecka.

Pojemniki na śmieci. Ponieważ śmieci zawsze kuszą dzieci jakimś niemal magicznym urokiem (a ich dotykanie lub kosztowanie raczej nie jest bezpieczne), lepiej zamienić zwykłe, otwarte wiaderka i pojemniki do recyklingu na te przykrywane, niedostępne dla małych rąk.

Przyrządy i przybory do ćwiczeń. Choć ty dzięki nim możesz zachować świetną formę, dla dziecka stanowią one potencjalne zagrożenie. Nigdy nie zostawiaj malucha bez opieki w pobliżu stacjonarnego roweru, elipsy, wioślarza, bieżni, ciężarków i innych urządzeń, a najlepiej dobrze zamykaj pomieszczenie, w którym ćwiczysz. Takie sprzęty są niebezpieczne dla małego dziecka, a większość z nich jest dla dziecka bardzo interesująca – zwłaszcza urządzenia z ruchomymi częściami. Odłączaj od prądu urządzenie, które nie jest akurat wykorzystywane, i schowaj wtyczkę, aby mieć pewność, że dziecko samo go nie włączy. Pamiętaj też o zabezpieczeniu wszelkich pasków i długich sznurków, gdyż dziecko może się nimi udusić. To samo dotyczy skakanek – jeśli ich używasz, to przechowuj je poza zasięgiem swojej pociechy.

Obrusy. Gdy masz w domu małego pełzaka, lepiej niczym nie przykrywaj stołu. Ewentualnie kładź małe bieżniki, które nie zwisają za krawędź stołu i których dziecko nie ściągnie (wraz ze wszystkim, co na nich stoi). Nieco większe serwety zabezpieczaj specjalnymi klamrami (takimi, których używa się w wietrzne dni do stojących na zewnątrz stolików). Jeżeli jednak na stole znajduje się długi obrus, pilnuj malucha cały czas. Dobrym zastępstwem dla obrusów w domu są plastikowe maty, ale trzeba pamiętać, że pomysłowe berbecie potrafią i te ściągnąć, a wraz z nimi wszystko, co akurat na nich stoi (na przykład porcelana plus gorąca kawa). Dlatego należy dziecko trzymać z daleka od stołu.

Rośliny. Powinny znajdować się w miejscu, z którego dziecko nie będzie mogło ich ściągnąć ani wziąć do buzi liścia lub ziemi. Najlepiej całkowicie wyeliminować ze swego domu wszelkie rośliny trujące (patrz tekst w poniższej ramce).

Powierzchnie malowane. W wielu domach wybudowanych przed 1978 rokiem nadal można się natknąć na farby o dużym stężeniu ołowiu, pokryte nowo nałożonymi warstwami. Gdy farby te łuszczą się lub pękają, do powietrza wnikają mikroskopijne cząsteczki zawierające ołów, a te z kolei mogą się stać częścią zalegającego w mieszkaniu kurzu, trafić na rączki dziecka, na jego zabawki, odzież – i ostatecznie do buzi. Sprawdź w rejonowej stacji Sanepidu, jakie są możliwości wykonania badań potwierdzających

Niebezpieczne rośliny doniczkowe

Nawet te dzieci, które nie lubią zieleniny na talerzu, chętnie kosztują liści roślin doniczkowych i ogrodowych, a także gleby, w której one rosną. Problem w tym, że niektóre z powszechnie spotykanych roślin są trujące, a każda z nich w przypadku spożycia może doprowadzić do problemów żołądkowych. Trzymaj więc wszystkie rośliny poza zasięgiem dziecka, a te potencjalnie niebezpieczne przekaż znajomym, którzy nie mają małych dzieci – przynajmniej do czasu, gdy twoje będzie na tyle rozsądne, by wiedzieć, czego nie powinno jeść. Na wszelki wypadek naucz się nazw wszystkich roślin, które hodujesz w domu, by móc powiedzieć lekarzowi, czego twoje dziecko skosztowało.

Zapoznaj się z poniższą listą, na której umieściliśmy niektóre (choć nie wszystkie) najpopularniejsze domowe rośliny doniczkowe:

Amarylis
Anturium
Azalia
Bluszcz
Bluszcz pospolity
Difenbachia
Epipremnum złociste
Filodendron
Grotowe pnącze (zroślicha)
Jemioła
Kaladium
Kliwia
Kolokazja
Mirt
Naparstnica
Oleander
Ostrokrzew
Poinsecja („gwiazda betlejemska")
Psianka koralowa
Skrzydłokwiat
Szczawik
Szeflera

Ołów i związane z nim problemy

Dowiedziono, że ołów jest bardzo niebezpieczny, zwłaszcza dla małych dzieci. Duże dawki tego pierwiastka mogą spowodować poważne uszkodzenie mózgu dziecka, a nawet niewielkie dawki mogą obniżać iloraz inteligencji, upośledzać wzrost i niszczyć nerki, a także być przyczyną problemów z nauką i zachowaniem oraz deficytów słuchu i uwagi. Większość lekarzy przeprowadza badanie krwi z palca dziecka na zawartość ołowiu, gdy jednak nie masz pewności, czy twoje dziecko taki test przeszło, zapytaj lekarza – ma to szczególne znaczenie, jeżeli mieszkacie w rejonie podwyższonego ryzyka lub w budynku wzniesionym przed 1960 rokiem; jeśli źródło wody pitnej może być skażone; jeżeli u rodzeństwa bądź współlokatora zdiagnozowano podwyższone stężenie ołowiu we krwi; jeśli ty lub inny dorosły domownik wykonujecie prace bądź macie hobby związane z narażeniem na działanie ołowiu; jeśli mieszkacie w pobliżu obiektu przemysłowego, który może emitować ołów do powietrza, gleby lub wody (może to być na przykład produkcja akumulatorów lub huta ołowiu).

Gdyby badanie wykazało podwyższone stężenie ołowiu we krwi twojego dziecka, należy skonsultować się ze specjalistą w leczeniu tego typu problemów. Aby ograniczyć wchłanianie ołowiu do krwi, zalecone może zostać przyjmowanie suplementów żelaza i wapnia, a gdyby wynik badania krwi wskazał wysokie stężenie tego pierwiastka, konieczne może okazać się zastosowanie terapii chelatowej w celu usunięcia go z organizmu oraz zapobieżenia jego szkodliwemu działaniu.

zawartość ołowiu. Gdyby wykazały one, że farby w twoim domu zawierają ten szkodliwy pierwiastek, zostaną albo całkowicie usunięte przez osoby przeszkolone w usuwaniu substancji niebezpiecznych, albo przykryte odpowiednią warstwą uszczelniającą.

Ołów nie kryje się jedynie w farbach ściennych; mogą go zawierać stare zabawki, niektóre nowe zabawki wyprodukowane w krajach, w których nie ma ścisłej kontroli, a także meble. Staraj się więc pod tym kątem na bieżąco sprawdzać strony internetowe z informacjami o towarach konsumpcyjnych.

Niebezpieczne przedmioty. Dopilnuj, by wszelkie niebezpieczne przedmioty domowego użytku znajdowały się poza zasięgiem dziecka - przechowuj je w szufladach, szafkach i szafach wyposażonych w specjalne zamknięcia, na całkowicie niedostępnych półkach (a często można się zdziwić, jak wysoko niektóre maluchy potrafią się wspiąć!) lub za zamykanymi na klucz drzwiami. Uważaj, aby twoje dziecko nie miało dostępu do takich przedmiotów. Kiedy ich używasz i na chwilę odwrócisz wzrok - zawsze odkładaj je w bezpieczne miejsce natychmiast po ich wykorzystaniu. Mogą to być:

- Ostre przedmioty, takie jak noże kuchenne, nożyczki, igły i pinezki, noże do papieru, brzytwy czy maszynki do golenia (tych ostatnich nie zostawiaj nigdy na krawędzi wanny czy umywalki ani nie wyrzucaj do kosza, do którego dziecko mogłoby sięgnąć), a także druciane wieszaki na odzież.
- Pióra, ołówki inne ostro zakończone przybory do pisania. Kiedy pozwalasz dziecku gryzmolić ołówkiem czy długopisem, dopilnuj, by siedziało i było starannie nadzorowane - albo zastąp te przybory nietoksycznymi kredkami lub zmywalnymi pisakami przeznaczonymi specjalnie dla dzieci.
- Drobne przedmioty, takie jak naparstki, guziki, kolorowe kulki, monety, agrafki - w ogóle wszystko, czym dziecko może się zakrztusić lub co może połknąć.
- Torby i worki plastikowe, jak na przykład opakowania niektórych produktów, nowej odzieży, poduszek czy innych przedmiotów oraz odzieży przyniesionej z pralni. Jeśli dziecko nałoży je sobie na głowę, może się udusić. Natychmiast zdejmuj opakowania z rzeczy przynie-

sionych z pralni oraz nowo zakupionych i umieszczaj je w zabezpieczonych pojemnikach lub kontenerach do recyklingu.

- ▲ Artykuły palne, takie jak zapałki, pudełka od zapałek, zapalniczki, niedopałki papierosów itp.
- ▲ Narzędzia i materiały używane do pracy lub do uprawiania hobby: farby i rozcieńczalniki, przybory do szycia i szydełkowania czy robienia na drutach (w tym włóczka), narzędzia stolarskie itd.
- ▲ Zabawki przeznaczone dla starszych dzieci. Należy szczególnie uważać na: małe elementy czy lalki z drobnymi akcesoriami; rowerki zwykłe i na trzech kółkach, hulajnogi, samochodziki oraz wszystko, co ma ostre krawędzie, jest małe, ma kruche części oraz przewody elektryczne. Zagrożenie stanowić mogą także gwizdki – małe dziecko może się zakrztusić zabawkowym gwizdkiem lub znajdującą się w nim kulką.
- ▲ Małe baterie. Okrągłe bateryjki stosowane w zegarkach, kalkulatorach, aparatach słuchowych, kamerach, aparatach fotograficznych itp. dziecko łatwo może połknąć, a wówczas do jego przełyku czy żołądka przedostaną się groźne substancje chemiczne. Przechowuj nowe, nieużywane baterie w bezpiecznym miejscu, oryginalnie opakowane, nie luzem. Pamiętaj także, że zużyte baterie są równie niebezpieczne jak nowe, a zatem wyrzucaj je natychmiast. Zwróć uwagę na typ używanych baterii, bo jeśli malec którąś połknie, na szpitalnym oddziale zatruć będziesz musiała podać dokładną informację. Zwykłe baterie także przechowuj w miejscu niedostępnym dla dzieci.
- ▲ Imitacje produktów żywnościowych: jabłka, gruszki, pomarańcze i tym podobne owoce wykonane z plastiku, papieru czy innych tworzyw niebezpiecznych dla dziecka, które próbowałoby je ugryźć (świeczka o zapachu i wyglądzie jabłuszka, gumka pachnąca i wyglądająca jak truskawka).
- ▲ Środki czyszczące i inne substancje używane w domu.
- ▲ Szkło, porcelana oraz ogólnie wszystko, co się tłucze.
- ▲ Żarówki. Szczególnie niebezpieczne są małe żarówki, na przykład te do lampek nocnych, które dziecko może z łatwością włożyć do buzi lub się nimi skaleczyć. Używaj oświetlenia nocnego LED (które się nie rozgrzewa) lub specjalnie przeznaczonego dla małych dzieci, czyli takiego, w którym żarówka jest osłonięta.
- ▲ Biżuteria. Najbardziej niebezpieczne są koraliki i perełki, które dziecko może połknąć, jeśli zerwie się sznurek, a także małe przedmioty – pierścionki, kolczyki i broszki. Niektóra tania importowana dziecięca biżuteria może zawierać metale toksyczne (na przykład kadm), co oznacza, że dziecko nie powinno wkładać jej do buzi.
- ▲ Kulki naftaliny. Nie tylko są toksyczne, ale także łatwo można się nimi zadławić. W walce z molami stosuj raczej kawałki drewna cedrowego, ale nie na tyle małe, by twoja pociecha mogła je próbować przełknąć. Jeśli jednak stosujesz kulki z naftaliny, to przechowuj je w miejscu niedostępnym dla dziecka i dokładnie wietrz odzież oraz koce (aż chemiczny zapach całkowicie się ulotni).
- ▲ Pasta do butów. W rękach dziecka oznacza zwykle spory bałagan, a w jego buzi – potencjalne zatrucie.
- ▲ Perfumy i inne kosmetyki. Wszystkie są potencjalnie toksyczne.
- ▲ Suplementy diety, lekarstwa i preparaty ziołowe, zarówno stosowane zewnętrznie, jak i doustnie.

UDANE, A PRZY TYM BEZPIECZNE ŚWIĘTA

Niezależnie od tego, jakie święto obchodzisz, zwróć uwagę, by było ono nie tylko radosne i przepełnione magiczną atmosferą, lecz także bezpieczne. Oto kilka porad:

- Nie rób żadnego wyjątku dla zasad bezpieczeństwa. Oceń ozdoby świąteczne pod kątem ich bezpieczeństwa dokładnie tak jak wszystkie przedmioty w domu (zwróć uwagę na kruchość, małe części, toksyczność, wielkość – na przykład wyeliminuj malutkie ozdoby choinkowe), a jeśli uznasz je za nieodpowiednie, zrezygnuj z nich lub powieś je na tyle wysoko, by były poza zasięgiem maluchów. Unikaj imitacji słodyczy lub imitacji żywności, gdyż dziecko może zechcieć ich skosztować.
- Zadbaj o bezpieczne światełka. Zwróć uwagę, czy wszystkie ozdobne światełka mają stosowny certyfikat i są zainstalowane zgodnie z instrukcjami. Sprawdzaj izolację na kablach lampek używanych w poprzednim sezonie.
- Uważaj na ogień. Ustaw zapalone świece w takim miejscu, które jest absolutnie niedostępne dla dziecka, a także z dala od zasłon i papierowych dekoracji. Wszystkie pobliskie okna powinny być zamknięte, by podmuch nie wzniecił pożaru. Nigdy nie pozostawiaj płonących świec na obrusie, gdyż dziecko może za niego pociągnąć. Pamiętaj też o starannym gaszeniu świec przed nocnym spoczynkiem czy wyjściem z domu. Zrezygnuj z oświetlenia halloweenowych dyń albo umieść w nich świecącą pałeczkę zamiast świeczki.
- Ofiaruj dziecku bezpieczeństwo. Nie pozostawiaj potencjalnie niebezpiecznych prezentów pod świątecznym drzewkiem ani w żadnym miejscu znajdującym się w zasięgu dziecka; usuwaj również wszelkie kokardy i wstążki, opakowania, worki, torebki czy inne dekoracje natychmiast po rozpakowaniu podarunków.
- Serwuj słodki smak zdrowia. W każde święto, w które tradycyjnie obdarowuje się dzieci słodyczami (na przykład w Halloween lub na Wielkanoc), przynoś do domu tylko bezpieczne i zdrowe łakocie, a zatem nic twardego, ciągnącego się, lepkiego, nadziewanego orzeszkami. I żadnych gum do żucia!
- Zabezpiecz choinkę przed dzieckiem. Gdy ozdabiasz świąteczne drzewko, upewnij się, że malec nie ściągnie żadnych światełek ani nie przewróci choinki, pociągając za gałązki. Najlepiej pozwolić dziecku na podchodzenie do choinki tylko w towarzystwie osoby dorosłej. Ze względów bezpieczeństwa przeciwpożarowego kup najświeższe drzewko, jakie uda ci się znaleźć (jego igły powinny się zaginać, nie łamać), następnie poproś o ścięcie kilku dolnych gałęzi i umieść pień w stojaku z wodą (uważając, by dziecko nie miało do niej dostępu). Albo wybierz drzewko w donicy lub innym pojemniku, które będzie można po świętach posadzić w ogrodzie lub przekazać na rzecz parku (pilnuj, by dziecko nie jadło ziemi z donicy).
- Kupuj tylko bezpieczne rośliny. Uważaj na trujące rośliny świąteczne – listę znajdziesz na str. 392.
- Zostaw sztuczne ognie specjalistom. Oprzyj się pokusie urządzenia własnego pokazu fajerwerków. Nawet te oznaczone przez sprzedawców jako bezpieczne niosą ze sobą pewne ryzyko, nie wspominając o iskrach. Postępuj zgodnie z zaleceniami straży pożarnej i innych organizacji zajmujących się bezpieczeństwem: nigdy nie zapalaj sztucznych ogni w domu, a już zwłaszcza przy dzieciach. I zostaw pokazy fajerwerków organizatorom publicznych imprez.

▲ Zapałki i zapalniczki. Nawet bardzo małe dziecko jest w stanie wydedukować, jak uruchomić zapalniczkę, więc jeśli przechowujesz w torebce zapalniczkę bądź zapałki, pilnuj, by ta torebka także znajdowała się poza zasięgiem małych rąk. Nie zapalaj zapalniczki przy dziecku i nigdy nie pozwalaj dziecku jej zapalać pod twoją kontrolą, gdyż zainspirujesz je tym do zabawy z ogniem.

▲ Sznurki, kable, wstążki, paski, taśmy krawieckie i wszystko, co dziecko mogłoby owinąć sobie wokół szyi.

ZABEZPIECZANIE KUCHNI

Kuchnia jest zwykle sercem życia rodzinnego, przypuszczalnie zatem twoje dziecko spędza w niej sporo czasu. Aby miejsce to było równie bezpieczne, co przyjemne, zastosuj poniższe środki ostrożności:

- Zrób przegląd swoich kuchennych szafek i przełóż na wyższe półki wszystko to, co jest nieodpowiednie dla małych dzieci, a w szczególności: tłukące się przedmioty z porcelany i szkła, opakowania z folią o ostrych krawędziach, ostre noże i inne przybory kuchenne, którymi dziecko może się zranić w oko, szpikulce, tarki, obieraczki, urządzenia z mechanizmami mogącymi przyszczypać małe palce (na przykład krajalnica do jajek, dziadek do orzechów czy otwieracz do puszek), środki czystości, napoje alkoholowe, leki, wszelkie produkty w tłukących się pojemnikach lub żywność potencjalnie niebezpieczną (orzechy, papryka, liście laurowe). Trzymaj krzesła, drabinki i taborety daleko od szafek, by nie kusić malca do wspinaczki. W niższych, bardziej dostępnych dolnych szufladach i szafkach przechowuj „bezpieczne" garnki i patelnie, drewniane i plastikowe przybory kuchenne, konserwy w puszkach, zamknięte opakowania na żywność, które nie stwarzają zagrożenia po otwarciu, a także ścierki i ręczniki.
- Zamontuj specjalne blokady na szufladach i szafkach, w których znajdują się przedmioty niebezpieczne lub te, których dziecko nie powinno dotykać – nawet jeśli wydaje ci się, że miejsca te są dla malucha niedostępne. Natomiast gdy twoja pociecha wydedukuje, jak otwierać te zabezpieczenia (niektórym malcom się to udaje!), zastanów się nad zamontowaniem bramki blokującej dziecku dostęp do kuchni wtedy, gdy nie możesz go nadzorować. Jeśli twoje dziecko jest szczególnie przedsiębiorcze, możesz podwoić zabezpieczenia, czyli zainstalować dwie blokady na każdej szufladzie i drzwiczkach: jedną na górze, drugą na dole (lub po obu stronach). Dziecku trudno wówczas będzie przytrzymać dwa zamki jednocześnie. Obiekty zainteresowań malca oraz wysokość, do jakiej sięgnie, będą się zmieniać wraz z upływem czasu, a zatem może będziesz musiała wprowadzać pewne modyfikacje w sposobie i miejscu przechowywania różnych rzeczy. Co jakiś czas dokonuj oceny i zawsze bierz dużą poprawkę na pomysłowość, siłę oraz umiejętności swego dziecka.
- Przydziel dziecku przynajmniej jedną łatwą do otwierania szafkę – łatwiej przytrzasnąć sobie palce szufladą niż drzwiami szafki. Mocne garnki i patelnie, drewniane łyżki z szerokimi uchwytami, sita, łyżki cedzakowe, ręczniki do naczyń, plastikowe miski i pojemniki z pokrywkami mogą zapewnić malcowi wiele godzin wspaniałej, całkowicie bezpiecznej zabawy. Jeśli szafka znajduje się daleko od miejsca przygotowywania posiłków (nie w bezpośrednim sąsiedztwie zlewu i kuchenki), pochłonięte zabawą dziecko nie będzie ci przeszkadzać w gotowaniu.
- Jak najczęściej gotuj na tylnych palnikach czy płytkach grzewczych i zawsze obracaj uchwyty garnków oraz patelni do tyłu, aby mały kuchcik nie mógł ich dosięgnąć (i ściągnąć na siebie garnka). Możesz dodatkowo zainstalować specjalną osłonę na przedniej ścianie kuchenki (patrz ilustracja na str. 398), która uniemożliwia małym dzieciom dostęp do garnków stojących na kuchence. Na pokrętła palników także można kupić dodatkową specjalną osłonę, by malec nie mógł ich dotknąć. Piekarnik i kuchenkę mikrofalową można zabezpieczyć specjalną blokadą. Pamiętaj, że zewnętrzne części niektórych piekarników oraz innych urządzeń kuchennych (takich jak tostery, ekspresy do kawy czy wolnowary) mogą się rozgrzać do temperatury, która wystarczy, by spowodować poparzenie, i zwykle pozostają gorące jeszcze przez długi czas po ich wyłączeniu. Pilnuj zatem, by znajdowały się

UWAGA, TRUCIZNA!

Każdego roku około 1,2 miliona dzieci w USA pada ofiarą przypadkowego zatrucia. I nic w tym dziwnego, gdyż dzieci, zwłaszcza te najmłodsze, poznają świat za pomocą zmysłu smaku – wszystko, co wezmą do rączki, trafia do ich buzi. Nie zastanawiają się przy tym, czy dana substancja jest bezpieczna i jadalna czy trująca, a ich niedoświadczone kubki smakowe i węch nie ostrzegają ich, że coś może być niebezpieczne, gdyż ma dziwny smak czy zapach.

Jeśli twoje dziecko zje coś, co – jak przypuszczasz – może być szkodliwe, lub jeśli nawet tylko sądzisz, iż coś takiego spożyło, zadzwoń natychmiast na pogotowie*.

Aby uchronić malca przed niebezpieczeństwem przypadkowego zatrucia, przestrzegaj następujących zasad:

- Przechowuj wszystkie potencjalnie niebezpieczne substancje w miejscach niedostępnych dla dziecka i znajdujących się poza zasięgiem jego wzroku. Nawet raczkujące maluchy potrafią się wspiąć na niskie krzesło, taboret lub poduszki, by sięgnąć po przedmioty pozostawione na stole lub innym blacie.
- Ściśle przestrzegaj wszystkich zasad bezpiecznego podawania leków (patrz str. 358). Nigdy nie nazywaj leków „cukiereczkiem" i sama nie połykaj ich przy dziecku.
- Jeśli tylko możesz, kupuj produkty w opakowaniach z zabezpieczeniami przed dziećmi, ale nie pozwól, by to uśpiło twoją czujność. Lepiej przechowuj je w niedostępnym miejscu.
- Wprowadź zwyczaj szczelnego zamykania pojemników z niebezpiecznymi substancjami oraz odkładania ich w bezpieczne miejsce zaraz po użyciu. Nawet na chwilę (na przykład kiedy idziesz odebrać telefon lub otworzyć drzwi) nie zostawiaj w przypadkowym miejscu płynu do czyszczenia lub pojemnika z proszkiem do zmywarki.

* W Polsce ośrodki toksykologiczne zajmujące się leczeniem ostrych zatruć zwykle są związane z lokalnymi uczelniami medycznymi i sprawują nadzór nad określonym województwem. Lekarze pełnią w nich całodobowe dyżury, niezbędne informacje można też uzyskać w rozmowie telefonicznej (przyp. red. meryt.).

- Oddzielnie przechowuj żywność i produkty niejadalne. Nigdy nie używaj pojemników po jedzeniu do przechowywania rzeczy niejadalnych (np. wybielacza w butelce po soku). Dzieci bardzo szybko się uczą, skąd bierze się to, co dostają do jedzenia, i uważają, że wszystko, co znajduje się w pojemniku na żywność, jest jadalne. Nie zastanawiają się, dlaczego soczek nie jest żółty, a galaretka czerwona.
- Nigdy nie zostawiaj napojów alkoholowych w miejscu dostępnym dla dziecka. Butelki z winem i innymi trunkami zamykaj w szafkach lub w barku (a w lodówce jak najgłębiej na najwyższej półce). Uważnie obserwuj dziecko podczas przyjęć, gdyż goście stawiają w różnych miejscach niedopite drinki. Nigdy też nie proponuj dziecku (ani nikomu na to nie pozwalaj), by dla zabawy spróbowało alkoholu, nawet polizać. Każda ilość alkoholu, choćby najmniejsza, może być dla małego organizmu bardzo szkodliwa.
- Wybierając środki czystości, zawsze przedkładaj mniej niebezpieczne nad te, które opatrzone są długą listą ostrzeżeń i środków ostrożności. Musisz też wiedzieć, że nawet tak zwane ekologiczne produkty mogą być groźne, więc je również przechowuj w miejscu niedostępnym dla dziecka. Potencjalnie trujące substancje należy odpowiednio utylizować; sprawdź informację producenta o bezpiecznym usuwaniu produktu. Zanim wyrzucisz jakiś pojemnik, opłucz go (chyba że na etykiecie napisano inaczej) i włóż do zamykanego kubła lub od razu wynieś do śmietnika.
- Aby pomóc wszystkim domownikom automatycznie kojarzyć potencjalnie trujący produkt z niebezpieczeństwem, oklej go naklejką „Trucizna". Jeśli nie znajdziesz takich oznakowań w sprzedaży, naklej znak X z czarnej taśmy. Uważaj, by nie zalepić przy tym instrukcji i ostrzeżeń. Wyjaśnij rodzinie, że znak ten oznacza niebezpieczeństwo. Powtarzaj im to wielokrotnie, a po pewnym czasie twoje dziecko zacznie kojarzyć, które produkty należy omijać.
- Uważaj na powtórne zatrucie. Dziecko, które raz już się zatruło, jest – statystycznie biorąc – bardziej podatne na powtórzenie tego błędu w ciągu roku.

NIE JESTEŚ MAJSTERKOWICZEM?

Nie masz czasu, zdolności ani przekonania, by samodzielnie zabezpieczyć swój dom (a do tego lektura niniejszego rozdziału odebrała ci resztki wiary w swoje możliwości)? Zatrudnij zatem specjalistę, który wykona to zadanie za ciebie. Istnieją specjalne firmy oferujące kompleksową usługę zabezpieczania wnętrz domów, w których wychowują się małe dzieci. Ci fachowcy zajmą się wszystkim – od ognia i elektryczności po klamki i zamknięcia wszelkiego rodzaju. Zbadają twoje mieszkanie pod kątem potencjalnych zagrożeń i podejmą odpowiednie kroki zaradcze: zabezpieczą meble, szafki i drzwi, zainstalują osłony na okna, bramki i alarmy; sprawdzą, czy coś nie grozi zakrztuszeniem, zatruciem i poparzeniem; sprawdzą okablowanie; zabezpieczą przydomowy basen itp. Jaka jest cena takiego spokoju? Bywa spora. Jeżeli chcesz mieć pewność, że dana firma zna się na rzeczy, poszukaj takiej, która posiada stosowne certyfikaty.

one poza zasięgiem dziecka, szczególnie wtedy, gdy ich używasz.

- Uważaj, by zmywarka do naczyń była zawsze zamknięta, i zachowaj szczególną ostrożność podczas jej rozładowywania czy załadowywania, ponieważ wystarczy chwila nieuwagi, by maluch wyciągnął z niej coś ostrego lub tłukącego się. Dodaj środek czyszczący tuż przed uruchomieniem urządzenia, po czym natychmiast zamknij drzwi. Kolorowe pastylki do zmywarek szczególnie przyciągają maluchy.
- Trzymaj gąbki poza zasięgiem dziecka – odgryzienie nawet niewielkiego kawałka może grozić zadławieniem.
- Lodówka powinna być zawsze niedostępna dla dziecka. Przymocowuj cenne dziecięce dzieła sztuki dużymi magnesami, gdyż małymi dziecko może się zadławić.
- Nie sadzaj dziecka na kuchennych blatach lub stole. Grozi to nie tylko upadkiem, ale także sięgnięciem po coś, co powinno być dla malucha niedostępne (np. nóż czy toster).
- Nie noś dziecka na ręce, podczas gdy w drugiej trzymasz gorący napój lub talerz z gorącym posiłkiem, ponieważ możesz je poparzyć. Uważaj także, aby nie pozostawiać naczyń z gorącą zawartością przy krawędzi stołu lub blatu, lub blisko krzesełka, na którym siedzi dziecko.
- Śmieci i surowce wtórne składuj w szczelnie zamkniętych pojemnikach, których dziecko nie jest w stanie otworzyć, lub w zamykanej na zasuwkę szafce pod zlewozmywakiem – pamiętaj, że dzieci uwielbiają grzebać w śmieciach.
- Natychmiast wycieraj rozlane płyny, gdyż można się na nich łatwo poślizgnąć.
- Przechowuj wszystkie kuchenne środki czystości, proszki do szorowania, środki do czyszczenia srebra i wszelkie inne potencjalnie toksyczne preparaty całkowicie poza zasięgiem dziecka (patrz ramka na str. 397).
- Ostro zakończone przedmioty, takie jak wykałaczki, szpikulce do szaszłyków

Chroń dziecko na różne sposoby, na przykład stosując specjalne klamki czy osłony.

itp. powinny znajdować się w miejscach niedostępnych dla dziecka. Malec może przypadkowo - lub celowo - wbić je sobie w oko, nos, ucho czy inną część ciała, co grozi bardzo poważnymi konsekwencjami. Po użyciu noża odkładaj go zawsze w takie miejsce, którego twoja pociecha na pewno nie sięgnie.

- Nie pozostawiaj wiaderka ze środkiem czystości - ani żadnego innego pojemnika z wodą - w miejscu, które jest w zasięgu dziecka. Do tragedii (utopienia) wystarczy zaledwie kilka, kilkanaście centymetrów wody.

ZMIANY W ŁAZIENCE

Łazienka pełna jest fascynujących rzeczy (na przykład woda!), lecz jest to także pomieszczenie potencjalnie niebezpieczne, a zatem dziecko nie może przebywać w nim bez opieki. Jednym ze sposobów odizolowania dziecka od łazienki jest zamontowanie haczyka lub zasuwki w górnej części drzwi i zamykanie ich, kiedy nikt nie korzysta z tego pomieszczenia (zabezpieczenie to trzeba będzie zdjąć, kiedy malec nauczy się sam korzystać z toalety). Nie można jednak polegać wyłącznie na takich zabezpieczeniach - na pewno zdarzą się chwile, gdy drzwi łazienki pozostaną otwarte. Dlatego też należy maksymalnie zmniejszyć ryzyko związane z przebywaniem dziecka w tym pomieszczeniu, wykorzystując na przykład następujące sposoby:

- Jeśli dno wanny jest śliskie, wyłóż je matą przeciwpoślizgową.

- Na posadzce rozłóż przeciwpoślizgowe dywaniki, by zmniejszyć ryzyko upadku, a gdyby do niego doszło, dywaniki zamortyzują jego siłę.

- Zamontuj specjalne klamki na wszystkich szufladach i szafkach, w tym także na domową apteczkę. Do wielu rzeczy, które powinnaś szczególnie pieczołowicie zabezpieczyć, należą: leki (także te wydawane bez recepty), witaminy i inne suplementy diety, płyny do płukania jamy ustnej, produkty do pielęgnacji włosów i skóry, kosmetyki do makijażu, ostro zakończone przybory (nożyczki, golarki, pęsety, obcinaczki do paznokci), a także środki czystości do łazienki i toalety (w tym także szczotka do czyszczenia muszli klozetowej i przepychacz).

- Nie ustawiaj na krawędzi wanny, na umywalce ani spłuczce niczego, co nie powinno znaleźć się w rączkach czy buzi dziecka; gdy nie używasz tych rzeczy, odkładaj je na półkę.

- Nigdy nie używaj suszarki ani żadnych innych urządzeń elektrycznych w pobliżu dziecka kąpiącego się w wannie lub bawiącego wodą. Suszarkę, lokówkę czy inne drobne urządzenia elektryczne zawsze odłączaj od prądu zaraz po zakończeniu ich użytkowania. Oto kilka potencjalnych zagrożeń wynikających z pozostawienia ich w kontakcie: porażenie prądem, jeśli dziecko zanurzy suszarkę w ustępie lub ugryzie kabel; poparzenie spowodowane zabawą przełącznikami lokówki czy prostownicy; podrażnienie lub poranienie skóry po próbie „golenia się" elektryczną maszynką do golenia. Jeżeli twoje dziecko jest sprytne, samo odłączenie urządzenia nie wystarczy, zresztą wiele z nich długo utrzymuje wysoką temperaturę i może spowodować poparzenia jeszcze wiele minut po wyłączeniu. Kable natomiast (nawet odłączone od gniazdka) grożą uduszeniem.

- Aby zapobiec poważnemu, a nawet śmiertelnemu porażeniu prądem, zainstaluj w kuchni i łazience przerywacze obwodu ziemnozwarciowego, które dodatkowo wymagają kodu.

- W celu uniknięcia przypadkowych oparzeń gorącą wodą z kranu ustaw górną granicę jej temperatury najwyżej na 50°C. Małe dzieci mają bardzo delikatną skórę, więc woda o temperaturze powyżej 60°C może spowodować w ciągu zaledwie trzech sekund oparzenia trzeciego stopnia, na tyle poważne, by wymagały przeszczepiania skóry. Jeżeli ustawienie maksymalnej temperatury wody nie jest możliwe (ponieważ na przykład mieszkasz w bloku), zainstaluj w baterii łazienkowej specjalne urządzenie przeciwoparzeniowe (dostępne w sklepach z artykułami instalacyjnymi), którego działanie polega na tym, że gdy temperatura wody niebezpiecznie wzrośnie, strumień wody zostaje zmniejszony do małej strużki. Dla zwiększenia bezpieczeństwa zawsze odkręcaj kurek z zimną wodą, zanim odkręcisz kurek z wodą gorącą, a zakręcaj w odwrotnej kolejności. Zanim włożysz dziecko do kąpieli, rutynowo sprawdzaj temperaturę wody (uprzednio mieszając ją, aby mieć pewność, że w każdym miejscu jest jednakowo ciepła) łokciem lub całą ręką. Jeśli planujesz wymianę baterii, zainstaluj taką, która pozwoli na ustawienie temperatury (z tzw. mieszaczem) – dziecko będzie wówczas mogło odkręcać i zakręcać wodę. Jest to rozwiązanie bezpieczniejsze niż dwa oddzielne kurki – jeden do gorącej, a drugi do zimnej wody.

- Zabezpiecz kran przy wannie nakładką, by malec nie nabił sobie guza i nie oparzył się w razie upadku.
- Nigdy nie zostawiaj kąpiącego się dziecka bez nadzoru, nawet na specjalnym krzesełku przeznaczonym do ustawiania w wannie (zresztą i tak nie zaleca się ich stosowania, ponieważ nie są stabilne). Bezwzględnie przestrzegaj tej zasady przynajmniej do piątego roku życia dziecka.
- Nigdy nie zostawiaj nawet niewielkiej ilości wody w wannie, jeśli nikt się nie kąpie, ponieważ bawiący się brzdąc może przewrócić się, wpaść do wanny i utopić w zaledwie kilku centymetrach wody.
- Gdy nikt nie korzysta z toalety, zabezpieczaj deskę klozetową specjalnymi przyssawkami lub blokadą. Dla większości maluchów muszla klozetowa jest fascynującym miejscem do zabawy, ale taka zabawa jest niebezpieczna nie tylko ze względów higienicznych, lecz również dlatego, że zwinny szkrab może łatwo wpaść do środka głową w dół.
- Sprawdź, czy zamek w drzwiach łazienki (i wszystkie pozostałe wewnętrzne zamki) można otworzyć także od zewnątrz, oraz miej w pogotowiu służące do tego celu narzędzie.
- Nigdy nie zabieraj swej pociechy do sauny, system termoregulacji u tak małego dziecka jeszcze nie jest w pełni rozwinięty. Niewłaściwe są także gorące kąpiele i jacuzzi.

Bezpieczna odzież

Miło, gdy ubranka dla dziecka są śliczne, ale ich najważniejszą cechą powinno być bezpieczeństwo i tę cechę głównie powinnaś brać pod uwagę przy zakupie. Ubieraj dziecko na noc wyłącznie w ognioodporne pidżamki i sprawdzaj, czy mankiety nogawek nie są za długie, a stópki śpioszków nie są za luźne. Jeśli dziecko chodzi po domu w skarpetkach, powinny one mieć antypoślizgowe gumowe podeszwy (tzw. abeeski). Przyczepność gładkich, śliskich podeszew kapci i bucików można poprawić, przecierając je papierem ściernym. Unikaj długich szalików, szarf i wstążek, o które mały dreptuś mógłby się potknąć (lub nimi udusić), a także sznurków, troczków i sznurówek o długości powyżej piętnastu centymetrów.

Zmiany w pralni

Jeśli masz małe dziecko, musisz często prać, a to oznacza, że na co dzień używasz pralki, suszarki, proszków do prania, odplamiaczy i innych produktów. A to wszystko stanowi zagrożenie dla małych rąk. Aby je zmniejszyć, stosuj się do poniższych porad:

- ▲ Ogranicz dziecku dostęp do pralni. Jeśli prowadzą do niej osobne drzwi, powinny być one zamknięte na zasuwkę. Jeśli nie, zabezpiecz wejście specjalną bramką.
- ▲ Gdy nie wkładasz lub nie wyciągasz prania, trzymaj drzwiczki pralki i suszarki zamknięte.
- ▲ Wybielacze, detergenty i inne środki do prania przechowuj w niedostępnej dla dziecka szafce. Puste opakowania po tych środkach płucz dokładnie, po czym umieszczaj je w niedostępnych dla dziecka pojemnikach na śmieci lub na surowce wtórne.

Zmiany w garażu

Jak wiadomo, większość przydomowych garaży (a także szklarni, warsztatów, szop i innych miejsc przeznaczonych do majsterkowania) zawiera mnóstwo toksycznych produktów, ostrych przedmiotów i innych potencjalnie niebezpiecznych sprzętów, trzeba zatem i tu zachować środki bezpieczeństwa.

- ▲ Jeżeli garaż jest częścią domu, prowadzące do niego drzwi zawsze zamykaj na klucz, natomiast gdy jest oddzielnym budynkiem, pamiętaj, by brama była zamknięta. Także stojące w garażu samochody powinny być zamknięte.
- ▲ Jeżeli brama garażowa otwiera się automatycznie, upewnij się, czy w momencie, gdy natrafia na przeszkodę (taką jak dziecko), automatycznie się cofa. Wszystkie automatyczne bramy garażowe wyprodukowane po 1982 roku muszą ten wymóg spełniać; jeśli twoja go nie spełnia, możesz dokupić odpowiedni mechanizm. Dodanie do dolnej krawędzi bramy gumowej taśmy jest dodatkowym zabezpieczeniem. Okresowo sprawdzaj drzwi garażu, opuszczając je na ciężki karton lub inny giętki przedmiot, by przekonać się, czy mechanizm cofający działa prawidłowo – gdy tak nie jest, wyłącz mechanizm do czasu, aż zostanie naprawiony lub wymieniony. Przycisk mechanizmu otwierającego powinien być umieszczony na tyle wysoko, by dziecko nie mogło go dosięgnąć. Nie powinno mieć także dostępu do pilotów.
- ▲ Farby, rozcieńczalniki, terpentynę, pestycydy, środki zwalczające chwasty, nawozy, płyny odmrażające, płyn do wycieraczek i wszelkie inne produkty samochodowe powinny być umieszczone w niedostępnych dla dziecka szafkach (może to być zamykana na blokadę szafka powieszona wysoko na ścianie). Wszystkie substancje niebezpieczne należy zawsze przechowywać w oryginalnych opakowaniach – wtedy nie pomyli się ich zawartości i będzie można sprawdzić sposób używania i ostrzeżenia. Jeśli nie jesteś pewna, co znajduje się w danym pojemniku, pozbądź się go tak, jakby był to odpad niebezpieczny.
- ▲ Nigdy nie zezwalaj dziecku ani przez chwilę chodzić po garażu bez nadzoru (to samo dotyczy warsztatu czy innego tego typu pomieszczenia). Do samochodu i z samochodu prowadź je za rękę albo nieś na rękach.

Zmiany związane z zabawkami

Dzieci i zabawki to naturalne połączenie i większość zabawek przeznaczonych dla najmłodszych jest oczywiście bezpieczna. Nie zwalnia cię to jednak z zachowania czujności podczas zapełniania kuferka, skrzynki lub szafki: musisz myśleć nie tylko o tym, czy zabawka gwarantuje dobrą zabawę lub ma wartość edukacyjną, lecz także czy jest całkowicie bezpieczna.

Wykrywacz zagrożenia

Aby chronić swą rodzinę przed pożarem, koniecznie zainstaluj czujniki dymu (przynajmniej jeden na każdym piętrze, a najlepiej w każdej sypialni) i sprawdzaj je co miesiąc, by mieć pewność, że działają. Jeżeli czujnik działa na baterie, wymieniaj je przynajmniej raz na rok (wybierz sobie na taką wymianę łatwą do zapamiętania datę, na przykład swoje urodziny lub zmianę czasu na letni lub zimowy).

Zainstaluj też i regularnie sprawdzaj czujniki tlenku węgla – ostrzegają one o podwyższonym stężeniu tego bezwonnego, lecz zdradzieckiego gazu.

Sprawdź, czy zabawki:

- ▲ Są dostosowane do wieku dziecka. Ze względów bezpieczeństwa przestrzegaj dotyczących wieku zaleceń umieszczonych na etykietkach zabawek, które kupujesz lub pożyczasz. Dziecko nie powinno mieć dostępu do zabawek starszego rodzeństwa, jeśli te nie spełniają wymienionych poniżej wymogów.
- ▲ Mają bezpieczną wielkość. Co to znaczy „za małe"? To znaczy, że dziecko może taki przedmiot w całości włożyć do buzi lub że zawiera on małe elementy, które się w niej zmieszczą (przeprowadź test za pomocą rolki, na którą jest nawinięty papier toaletowy; zobacz ilustrację). Sprawdź także, czy większej zabawki dziecko nie może zgnieść lub uformować do takiego rozmiaru, który potencjalnie stanowi dlań zagrożenie, oraz czy mniejsze jej części nie mogą zostać odgryzione lub oderwane. Jeśli zastanawiasz się, czy możesz już dać dziecku mniejsze zabawki, ponieważ ma ono za sobą etap brania wszystkiego do buzi, to na wszelki wypadek przetrzymaj je jeszcze trochę w niedostępnym miejscu: nigdy bowiem nie wiadomo, czy pod wpływem impulsu malec nie wróci do starego nawyku.
- ▲ Mają solidną konstrukcję. Delikatne zabawki nie przetrwają długo i mogą zostać połamane na części potencjalnie niebezpieczne: małe lub ostre.
- ▲ Mają bezpieczne wykończenie. Jeśli powierzchnia zabawki pokryta jest farbą, powinna to być farba nietoksyczna, bezołowiowa i wytrzymała, to znaczy, że nie może się łuszczyć ani odpryskiwać.
- ▲ Są wykonane z bezpiecznych surowców. Przedmioty do rysowania, które kończą swój żywot w buzi i na skórze malca równie często jak na papierze, powinny być nietoksyczne (sprawdzaj informacje na ten temat podane na opakowaniu). Wybieraj wodne pisaki i farby, biały klej oraz nietoksyczne kredki.

Unikaj następujących zabawek:

- ▲ Z małymi częściami, które są luźne lub które można oderwać, takimi jak: oczka z guziczków przy pluszakach, buciki lalek i ludzików, małe koraliki, maleńkie klocki, łatwo wyciągane piszczałki w piszczących zabawkach, a także wszystkie inne zabawki lub ich małe części, którymi dziecko może się zadławić, które może połknąć, włożyć do ucha lub nosa.

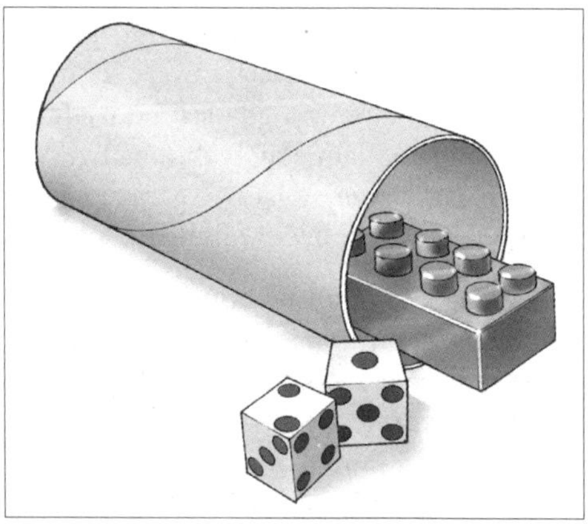

Wszystko, co może przejść przez tekturowy środek rolki papieru toaletowego, grozi małemu dziecku zadławieniem.

Certyfikat bezpieczeństwa

Wózki, wysokie krzesełka, bramki zabezpieczające, łóżeczka i różne inne sprzęty przeznaczone dla dzieci są opatrzone certyfikatem bezpieczeństwa, jeśli przejdą rygorystyczne testy na zgodność z wysokimi wymogami produkcji. Gdy kupujesz (albo wypożyczasz) takie przedmioty, zwróć uwagę, czy posiadają stosowny certyfikat. Więcej informacji znajdziesz w Internecie.

- ▲ Ze sznurkami, wstążeczkami lub tasiemkami dłuższymi niż piętnaście centymetrów, które grożą uduszeniem się dziecka. Unikaj tych zabawek lub usuwaj czy przycinaj tasiemki, zanim dasz taką rzecz dziecku.
- ▲ Ze sprężynami, korbkami lub zawiasami, które mogą uwięzić paluszki albo wciągnąć długie włosy dziecka.
- ▲ O ostrych zakończeniach i krawędziach. Uważaj na znalezione na dworze patyki – dzieci lubią się nimi bawić, lecz wystarczy chwila nieuwagi, by dziecko skaleczyło sobie oko. Ołówka i długopisu dziecko powinno używać wyłącznie pod nadzorem.
- ▲ Wydających głośne dźwięki. Zabawki, które wydają dźwięki o natężeniu stu i więcej decybeli (na przykład pistolety na kapiszony, niektóre autka z sygnałem głosowym i szczególnie głośne zabawki piszczące), mogą uszkodzić słuch małego dziecka. Szkodliwa może się nawet okazać zabawa czymś, co wydaje dźwięki na poziomie osiemdziesięciu pięciu decybeli. A ponieważ informacje na ten temat nie są uwidocznione na etykietce, niełatwo rodzicom się zorientować, czy rzecz, którą bawi się malec, nie przekracza bezpiecznego zakresu hałasu. Aby więc chronić słuch dziecka, eksperci zalecają następujące postępowanie: nie kupuj niczego, co już w sklepie wydaje ci się za głośne (czyli zagłusza twoją mowę utrzymaną w normalnej tonacji), oraz sprawdź, czy dźwięk w zabawkach, które ma twoje dziecko, jest ustawiony na najniższym poziomie, albo wyciągnij baterie.
- ▲ Posiadających grzejące elementy lub podłączanych do prądu. Nie ma przeciwwskazań co do zabawek na baterie, jeśli tylko te zasilacze są całkowicie niedostępne dla dziecka. Małe baterie w kształcie guzików mogą zostać przez dziecko połknięte lub stać się przyczyną zadławienia, natomiast każda bateria jest niebezpieczna, jeśli dziecko ją ugryzie.
- ▲ Wykonanych z gąbki. Gąbkowe piłeczki i inne zabawki często kuszą dziecko do tego, by je gryźć (podobnie jak gąbki do malowania), lecz taką zabawką lub odgryzionym jej kawałkiem maluch łatwo może się zadławić.
- ▲ Kalkomanii i innych nalepek. Gdyby dziecku udało się je odkleić (a nie jest to wielką sztuką) i włożyć do buzi, mogłoby się zakrztusić.
- ▲ Przeznaczonych do strzelania. Zabawkowe łuki i strzały, pistolety na strzałki itd. to niebezpieczne zabawki dla najmłodszych. Nie dawaj też dziecku do zabawy

Nic nie zastąpi nieustannego osobistego nadzoru

Zainstalowałaś blokady, pozamykałaś na klucz, co się dało, pozakładałaś wszystkie możliwe osłony, sprawdziłaś wszystko sto razy. Wszelkie niebezpieczeństwa, jakie tylko potrafiłaś sobie wyobrazić, zostały zażegnane. Czas więc na relaks? Otóż nie. Bo choć podjęłaś pierwszy i najważniejszy krok, by zapewnić dziecku bezpieczeństwo, zabezpieczając mieszkanie i jego otoczenie, to twoja praca na tym się nie kończy. Stały nadzór osoby dorosłej nad dzieckiem poniżej drugiego roku życia jest równie ważny jak zamontowanie wszystkich tych zabezpieczeń. Dbaj zatem o bezpieczeństwo swego wszędobylskiego eksploratora, mając go zawsze w zasięgu wzroku i słuchu.

Walka ze szkodnikami domowymi

Mrówki, karaluchy, myszy, termity, pluskwy... te natrętne szkodniki stają się niechcianymi gośćmi w naszych domach praktycznie pod każdą szerokością geograficzną – przynajmniej od czasu do czasu. Niezależnie od tego, czy w twoim domu ich obecność jest tylko dokuczliwa czy w sposób oczywisty niebezpieczna, na pewno chcesz jak najszybciej się ich pozbyć. Tylko jak tego dokonać bez stosowania niebezpiecznych dla dziecka substancji? Korzystaj z następujących metod:

Metoda blokowania. Zainstaluj na oknach i drzwiach siatki (nie otwieraj drzwi i okien niezaopatrzonych siatkami) oraz zabezpiecz nimi wszystkie inne otwory, którymi szkodniki mogłyby przeniknąć do wnętrza.

Lepy na owady i gryzonie. Nie zawierają trujących chemikaliów, a wabią: owady pełzające – w zamkniętych pudełkach (pułapki na karaluchy) bądź pojemnikach (pułapki na mrówki), owady fruwające (muchy i inne) – na tradycyjnym papierowym lepie (bez środków owadobójczych), a gryzonie (myszy, szczury) – na lepkich prostokątach. Ponieważ skóra człowieka może się przykleić do lepkich powierzchni (a odklejenie bywa bolesne), należy bezwzględnie trzymać takie pułapki poza zasięgiem dziecka lub rozkładać je dopiero po położeniu malca na nocny spoczynek i zbierać wcześnie rano. Z czysto humanitarnych względów wadą lepów jest to, że przedłużają agonię ofiar.

Pułapki z przynętą. Zawierają truciznę, która nie wydziela toksycznych oparów i jest zamknięta wewnątrz urządzenia. Co prawda utrudnia to dziecku dostęp do niej, lecz go nie uniemożliwia. Dlatego pułapki takie muszą być ustawiane w miejscu dla dziecka niedostępnym.

Pułapki pudełka. Osoby o miękkim sercu mogą chwytać gryzonie do pudełek, a potem wypuszczać takie zwierzątko na wolność w polu lub w lesie, z dala od obszarów zamieszkanych, aczkolwiek nie zawsze jest to łatwe i praktyczne. Ponieważ uwięziony gryzoń może ugryźć, pułapki powinny być trzymane w miejscu niedostępnym dla dzieci i pilnie nadzorowane lub też wystawiane tylko pod nieobecność dziecka.

Bezpieczne stosowanie pestycydów chemicznych. Właściwie wszystkie chemiczne substancje wykorzystywane do walki ze szkodnikami – w tym kwas borowy – są wysoce toksyczne nie tylko dla szkodników, lecz także dla ludzi. Jeśli zdecydujesz się z nich korzystać, nie stosuj ich i nie przechowuj w miejscach dostępnych dla dzieci oraz na powierzchniach używanych do przygotowywania jedzenia. Zawsze wybieraj środek najmniej toksyczny czy najbardziej ekologiczny, a jeżeli trzeba go rozpylić, zrób to pod nieobecność dziecka – dobrze, by malec był wówczas nieobecny w domu przez cały dzień. Najlepiej jednak takie zadanie powierzyć komuś na czas waszego dłuższego pobytu poza domem, na przykład gdy będziecie na wakacjach. Po powrocie pootwieraj wszystkie okna i dokładnie przewietrz wszystkie pomieszczenia.

W Internecie łatwo znaleźć adresy firm zajmujących się zwalczaniem szkodników w pobliżu twojego miejsca zamieszkania.

pistoletu na wodę, gdyż może narobić sporo szkody.

- Balonów z latekstu. W zasadzie balony o wszystkich wielkościach, kształtach i rodzajach – jeśli tylko są dobrze nadmuchane – nie stanowią zagrożenia. Problem natomiast w tym, że dziecko może się zakrztusić niedodmuchanym balonem, kawałkiem pękniętego balonu albo takim, z którego uszło powietrze. A gdy kawałek takiego tworzywa przedostanie się do dróg oddechowych, niewiele już można poradzić – nawet rękoczynem Heimlicha, czyli metodą wywarcia nacisku na przeponę. Jeśli więc przyniesiesz do domu balony, miej je cały czas na oku. Nie pozwalaj dziecku ich nadmuchiwać, bawić się nimi bez nadzoru ani gryźć ich. Gdy

Zadzwoń i sprawdź

Zastanawiasz się, czy użytkowane w twoim domu wyposażenie, sprzęty i zabawki są dla dziecka bezpieczne? Dowiedz się, które produkty są już znane z niedostosowywania do wymogów bezpieczeństwa, i bądź na bieżąco z najnowszymi w tej kwestii wiadomościami, dzwoniąc na infolinię Urzędu Ochrony Konkurencji i Konsumentów.

zabawa balonami się skończy, natychmiast wypuść z nich powietrze i odłóż w bezpieczne miejsce. A najlepiej dawaj dziecku do zabawy balony mylar.

- Uszkodzonych. Regularnie przeglądaj zabawki dziecka i sprawdzaj, czy nie są zużyte i zniszczone – czy z pękniętego szwu na misiu nie wychodzi wypełnienie, czy kółka zabawki do pchania trzymają się mocno i w ogóle czy nic nie grozi dziecku podczas zabawy. Popsute zabawki szybko naprawiaj lub je wyrzucaj.

Bezpieczeństwo poza domem

Zabezpieczyłaś już każdy cal swojego domu lub mieszkania, co w połączeniu z nieustanną uwagą poświęcaną dziecku zapewnia mu optymalne bezpieczeństwo w domowym zaciszu. Ale co z otaczającym was światem? Do urazu czy zranienia może dojść także w ogrodzie, na pobliskim placu zabaw bądź na ulicy. Nie możesz przecież zmienić na potrzeby swej pociechy całego świata (choć niejednokrotnie chciałabyś móc to zrobić)! Nie martw się, jest wiele sposobów unikania wypadków poza domem.

Bezpieczny pobyt na świeżym powietrzu

Oto kilka wskazówek, o których powinnaś pamiętać, gdy jesteś z dzieckiem poza domem:

- Nigdy nie pozostawiaj dziecka samego, gdy bawi się lub śpi w wózku na dworze.
- Jeśli masz ogród, odgrodź dziecku niewielki kawałek do zabawy. Zrób ogrodzenie z siatki lub ze sztachetek rozstawionych w odstępach mniejszych niż dziesięć centymetrów, tak aby dziecko nie mogło utknąć w szparze ani się wspiąć. Przynieś tam zabawki dziecka i sprawdź, czy na tym wydzielonym terenie nie ma trujących roślin (patrz str. 392), i usuń kamienie. Pamiętaj, że nigdy nie można pozostawiać bez opieki dziecka, które nie skończyło dwóch lat – nawet w takim miejscu.
- Pod żadnym pozorem nie pozostawiaj dziecka samego na podjeździe ani w miejscu, z którego mogłoby z łatwością na podjazd przejść. Zanim ruszysz samochodem, obejdź pojazd oraz sprawdź, czy dziecko (twoje lub inne) nie ukryło się pod autem; jeśli twój samochód wyposażony jest w kamerę cofania, zawsze jej używaj.
- Nie koś trawy, kiedy malec jest na dworze. Nawet jeśli przed rozpoczęciem koszenia zostały z trawnika usunięte wszystkie kamyki, bardzo łatwo przeoczyć jakiś kawałek gruzu lub inny przedmiot (chociażby gwóźdź), który może odskoczyć i skaleczyć dziecko. Kosiarkę i wszelkie inne narzędzia ogrodowe należy przechowywać w bezpiecznym miejscu. Szczególnie niebezpieczne jest sadzanie dziecka przy sobie, gdy jeździ się dużą samobieżną kosiarką.
- Sprawdź, czy ławki i barierki są mocne (regularnie sprawdzaj, czy nie zmurszały lub nie uległy uszkodzeniu) oraz czy są rozstawione tak, by dziecko nie mogło wypaść przez szparę lub utknąć w niej głową. Każdy teren z urwistym obniżeniem powinien być dla malca niedostępny.
- Zanim pozwolisz dziecku bawić się na publicznym placu zabaw, sprawdź starannie, czy teren jest wolny od zwierzęcych odchodów, potłuczonego szkła i wszelkich innych potencjalnie niebezpiecznych przedmiotów.

Bezpieczne miejsce do zabawy

Co może sprawić dziecku większą przyjemność niż spędzanie czasu na huśtawkach, zjeżdżalniach i drabinkach? Aby zabawa była bezpieczna, sprzęt, na którym bawi się dziecko w domu lub poza nim, powinien być:

- Odpowiedni do wieku. Do domu najlepiej kupić przyrządy o regulowanych wymiarach, czyli takie, które będą „rosnąć" razem z dzieckiem. Dla malca w wieku około dwóch lat wysokość sprzętu nie powinna przekraczać w najwyższym punkcie dwóch metrów; podesty do zabawy muszą być umieszczone nie wyżej niż na wysokości stu trzydziestu centymetrów i być wyposażone w poręcze, a dziecko nie powinno mieć problemów ze schodzeniem. Kąt nachylenia zjeżdżalni nie może przekraczać trzydziestu stopni, a podest, po którym wchodzi na nią dziecko, musi mieć szerokość zjeżdżalni oraz głębokość sześćdziesięciu centymetrów. Jeśli wysokość zjeżdżalni przekracza sto trzydzieści centymetrów, powinna ona mieć boczne ścianki.
- Bezpieczny. Wszystkie sprzęty powinny mieć solidną konstrukcję, być prawidłowo zmontowane (dokładnie według wskazówek producenta), zakończone w betonie (który należy przykryć ziemią lub miękką osłoną), umieszczone w odległości przynajmniej dwóch metrów od płotów czy ścian. Sprawdź, czy wszystkie śruby i sworznie mają osłony zabezpieczające ostre krawędzie oraz czy nie są one zbyt luźne. Unikaj haków w kształcie litery S do mocowania huśtawek (przy mocnym rozhuśtaniu łańcuchy mogą z nich spaść). Liny używane do wspinaczek powinny być przymocowane z obydwu końców. Siedzenia huśtawki powinny mieć kształt koszyka i być wykonane z miękkiego materiału, łagodzącego wstrząsy (raczej z plastiku, płótna lub gumy niż z drewna lub metalu), by zapobiegać poważnym urazom głowy, oraz powinny być oddalone co najmniej sześćdziesiąt centymetrów od siebie i siedemdziesiąt pięć od podtrzymujących je słupków. Wszystkie pierścienie i otwory powinny mieć średnicę uniemożliwiającą zakleszczenie główki dziecka (czyli mniejszą niż dziewięć centymetrów lub większą niż dwadzieścia dwa). Metalowe części powinny być pomalowane lub galwanizowane, by nie ulegały korozji, a elementy drewniane zakonserwowane przed działaniem czynników pogodowych.
- W dobrym stanie. Regularnie sprawdzaj, czy nie ma złamanych części, luźnych sworzni lub brakujących osłon, zużytych łożysk, odkrytych mechanizmów (w które dziecko mogłoby włożyć palce), skorodowanego metalu (który grozi zranieniem), rozszczepionego lub zniszczonego drewna. Natychmiast dokonuj odpowiednich napraw domowego sprzętu, a gdy nie jest to możliwe, usuń wszelkie zniszczone elementy lub do czasu naprawy nie pozwól dziecku z niego korzystać. Jeżeli zauważysz zły stan publicznego placu zabaw, zgłoś problem odpowiedniej instytucji i nie zabieraj dziecka w to miejsce do czasu wykonania napraw.
- Otoczony miękką nawierzchnią. Usuń kamienie i wystające lub znajdujące się tuż pod powierzchnią ziemi korzenie, następnie usyp trzydziestocentymetrową warstwę piasku (jak do piaskownicy) albo trocin lub ułóż kilka gumowych mat czy inny materiał amortyzujący siłę upadku. Nie stosuj betonu, worków z ziemią lub darni, które to nawierzchnie są na tyle twarde, że mogą przyczynić się do poważnych (także śmiertelnych) urazów w razie upadku małego dziecka nawet z tak niewielkiej wysokości jak trzydzieści centymetrów. Miękka nawierzchnia powinna rozciągać się w promieniu mniej więcej dwóch metrów wokół miejsca zabawy.
- Pamiętaj o tym, by dziecko bawiące się na placu zabaw nie było ubrane w pelerynkę, nie miało luźnych rękawów, powiewnych ubrań, szalika, bluzy z kapturem z długimi sznureczkami ani niczego, co może utknąć lub zaplątać się w sprzętach.
- Wszystkie sprzęty do zabawy są bezpieczne tylko wtedy, gdy dzieci bawią się pod nadzorem opiekunów. Dlatego zawsze uważnie i z bliska obserwuj swoją pociechę.

▲ Nie pozwalaj dziecku bawić się w wysokiej trawie ani w miejscach, gdzie mogą rosnąć takie rośliny, jak trujący bluszcz, dąb lub sumak, lub tam gdzie możesz nie zauważyć, jak maluch „degustuje" sobie jakąś inną, potencjalnie trującą roślinę. W takich miejscach bardzo łatwo złapać kleszcza.

▲ Jeśli masz piaskownicę, zakrywaj ją, kiedy nie jest używana (aby nie dostały się tam odchody zwierząt, liście, fruwające na wietrze śmieci i inne niepożądane przedmioty). Mokry piasek pozostaw do wyschnięcia na słońcu, zanim go przykryjesz. Piaskownicę napełniaj tylko piaskiem przeznaczonym do zabawy lub przesianym piaskiem z plaży.

▲ Jeśli masz na zewnątrz domu kominek, miejsce na ognisko lub grill, pilnuj, by w trakcie ich używania dziecko nie podchodziło zbyt blisko. Przy ogniu zawsze powinna znajdować się osoba dorosła – od momentu rozpalenia go do chwili zalania żaru wodą i wystygnięcia paleniska. Jeśli używasz grilla węglowego, pilnuj go do chwili, gdy węgiel wystygnie i zostanie wyrzucony; pamiętaj, że niezalany zimną wodą węgiel utrzymuje wysoką temperaturę jeszcze długo po wygaśnięciu płomieni. Sprawdź, czy grill, który można umieścić na stole, stoi na stabilnej powierzchni i czy dziecko nie dosięgnie go lub nie przewróci. Natomiast jeśli masz grill na gaz, uważaj, by malec nie miał dostępu do pokręteł, przewodów i butli z gazem.

▲ Jeśli dziecko jeździ na trzykołowym rowerku, to przed każdą jazdą zakładaj mu specjalny kask przeznaczony dla dzieci w tym wieku – nawet gdy jeździ tylko po podjeździe, chodniku albo w parku. Malec powinien wyrobić w sobie nawyk noszenia kasku, bo taka asekuracja przydatna będzie nie tylko teraz, ale i w przyszłości, gdy pociecha zajmie się bardziej niebezpiecznymi sportami (a przecież może tak być!). Kiedy sama jeździsz na rowerze, też zakładaj kask – dasz tym dziecku dobry przykład.

Ustal zasadę, że każdy rowerzysta – nawet najmłodszy – musi mieć na głowie kask.

▲ Jeśli mieszkasz na przedmieściu lub na wsi, uważaj na dzikie zwierzęta – wiewiórki, lisy, nietoperze i inne zwierzęta mogą roznosić wściekliznę. Chore zwierzę może zachowywać się w dziwny sposób i mniej obawiać się człowieka niż zdrowe. Zawsze dokładnie zamykaj pojemniki ze śmieciami, by nie nęciły nieproszonych gości, i nie zostawiaj swym zwierzętom domowym jedzenia na dworze.

▲ W upalne dni zawsze sprawdzaj metalowe części sprzętów na placu zabaw, wózków, fotelika samochodowego i mebli ogrodowych, zanim pozwolisz dziecku do nich podejść – metal może się rozgrzać i poparzyć dziecko już przy kilkusekundowym dotyku. A ponieważ także asfalt łatwo się nagrzewa w czasie upału, nie pozwalaj wówczas dziecku bawić się boso na dworze.

Ochrona przed owadami

Ruchliwe maluchy w kolorowych ubrankach, z policzkami wiecznie wysmarowanymi dżemem i paluszkami lepiącymi się od owoców są ulubionym celem owadów, a także celem łatwym, ponieważ są ciekawskie, uwielbiają się bawić w błocie, ziemi i w trawie oraz nie mają doświadczenia w kontaktach z owadami i z reguły nie wiedzą, że należy uważać na pszczoły, wrócić do domu, gdy zaczynają gryźć meszki, lub unikać miejsc, w których jest dużo kleszczy i komarów.

Choć ukąszenia i użądlenia większości owadów są co prawda tylko nieprzyjemne, lecz niegroźne, to czasem mogą doprowadzić do chorób czy nawet silnych reakcji alergicznych. Dlatego warto zachować rozsądek i ostrożność i jak najlepiej chronić malca przed owadami. Oto co możesz zrobić:

Chroń dziecko przed wszystkimi owadami. Kilka warstw odzieży to problem nieco kłopotliwy w ciepłe dni, lecz zapewniają one najlepszą ochronę przed owadami. Pilnuj, by odzież zakrywała jak największą powierzchnię skóry dziecka; wkładaj mu czapkę lub kapelusik, bluzki z długimi rękawkami, długie spodnie z założonymi na wierzch skarpetkami oraz pełne buciki. Ubrania w barwach pastelowych, białe, zielone lub khaki są mniej nęcące dla owadów niż te o intensywnych kolorach, ciemne albo w kwiatowe wzory. Ponieważ zapachy również przyciągają owady, najlepiej latem używać bezzapachowych dezodorantów, detergentów, szamponów, mydeł, chusteczek odświeżających, balsamów i olejków do opalania. Na terenie przeznaczonym do zabawy nie należy również sadzić kolorowych ani pachnących roślin. Pokusą dla owadów jest także skóra czy ubranko ubrudzone jedzeniem – kiedy więc wychodzisz z domu, umyj dziecku buzię i rączki oraz włóż mu czyste ubranie. Ponieważ trudno jest uniknąć kontaktu z owadem fruwającym wewnątrz samochodu, pilnuj, by okna i dach zaparkowanego pojazdu były zawsze zamknięte. Do walki z komarami, meszkami, pchłami i kleszczami można używać środków owadobójczych, ale tylko tych, które są przeznaczone specjalnie dla dzieci. Oto co masz w tej materii do wyboru:

- ▲ Repelenty zawierające substancję chemiczną zwaną DEET oferują najlepszą ochronę przed owadami, która trwa od około trzech do ośmiu godzin, w zależności od tego, jaką ilość DEET dany produkt zawiera: dziesięcioprocentowy preparat oznacza około dwóch godzin zabawy na świeżym powietrzu bez obaw o ukąszenia owadów, podczas gdy zawartość dwudziestoczteroprocentowa to około pięciu godzin ochrony. U dzieci nie należy natomiast stosować środka z trzydziestoprocentowym lub wyższym stężeniem DEET. Najbezpieczniej używać preparatów dziesięcioprocentowych, chyba że mieszka się w regionie szczególnie obfitującym w owady. I nie używaj produktu, który zawiera jednocześnie i DEET, i filtry przeciwsłoneczne, bo – choć wydawać się on może wygodnym połączeniem – to DEET osłabia działanie czynnika chroniącego przed słońcem (SPF). Oznacza to potrzebę częstszego nakładania go, co potencjalnie może prowadzić do nadmiernej ekspozycji na DEET. Używaj zatem dwóch oddzielnych preparatów i smaruj skórę dziecka najpierw filtrem przeciwsłonecznym, a potem środkiem chroniącym przed owadami.
- ▲ Repelenty zawierające olejki eteryczne pozyskane z roślin. Oczyszczone formy takich roślin, jak cytronella, cedr i soja mogą pomóc w odstraszaniu owadów, choć nie tak skutecznie jak produkty zawierające DEET. Ponieważ chronią zwykle krócej niż kilka godzin, muszą być często powtórnie nakładane. Produktów zawierających olej z eukaliptusa cytrynowego nie należy aplikować dzieciom w wieku poniżej trzech lat.
- ▲ Środki z permetryną. Permetryna jest substancją chemiczną zabijającą kleszcze i pchły (ale nie komary i inne owady latające) przez kontakt, więc może chronić przed boreliozą i innymi chorobami odkleszczowymi. Aby działała skutecznie, należy nałożyć ją na odzież lub sprzęty turystyczne, takie jak śpiwory i namioty (ale nie na skórę!). Nasączone permetryną tkaniny chronią przed owadami do kilku prań.

▲ Środki z pikarydyną. Pikarydyna (znana również pod symbolem KBR3023 lub pod nazwą Bayrepel) to najnowszy środek odstraszający owady, którego działanie ma trwać tak długo jak działanie preparatu z dziesięcioprocentowym stężeniem DEET. Jest bezwonna, bezbarwna i niemal nieodczuwalna na skórze. Chociaż Centrum Kontroli Chorób zaleca pikarydynę jako zamiennik DEET, Amerykańska Akademia Pediatrii nie wydała jeszcze opinii, gdyż badania nad długoterminowymi skutkami działania preparatu nie zostały zakończone.

Niezależnie od rodzaju środka ochronnego przeciw owadom pamiętaj, by zmyć go dokładnie zaraz po powrocie do domu.

Chroń dziecko przed pszczołami, osami i szerszeniami. Jeśli to tylko możliwe, nie chodź z dzieckiem w pobliże terenów, gdzie zlatują się pszczoły (łąk porośniętych koniczyną i polnymi kwiatami, sadów czy też kubłów na śmieci), a jeśli w okolicach swego domu zobaczysz gniazdo os lub szerszeni, poproś fachowca o jego usunięcie. Gdy wokół latają pszczoły, nie podawaj dziecku na świeżym powietrzu lepkich, słodkich przekąsek, takich jak owoce i soki owocowe, a jeśli już podasz, to zaraz po ich zjedzeniu dokładnie wytrzyj maluchowi rączki i buzię bezzapachową wilgotną chusteczką. (Jeśli po użądleniu przez pszczołę wystąpi reakcja alergiczna, powinnaś postąpić według wskazań zawartych na str. 434–435).

Chroń dziecko przed komarami. Ponieważ owady te rozmnażają się w wodzie, na swoim terenie zasypuj kałuże, opróżniaj beczki na deszczówkę i często zmieniaj wodę w wanienkach dla ptaków. Nie wychodź z dzieckiem z domu wieczorami, czyli wtedy, gdy pojawiają się chmary komarów, oraz sprawdzaj stan moskitier na oknach i drzwiach. W czasie spacerów najlepszą osłonę zapewnia wózek przykryty siatką, warto także zastosować środek odstraszający owady.

Chroń dziecko przed kleszczami. Kleszcze mogą być nosicielami bakterii wywołujących boreliozę i gorączkę plamistą (gorączkę Gór Skalistych) lub wirusów wywołujących kleszczowe zapalenie mózgu, dlatego trzeba starannie chronić dziecko przed ich ukąszeniem. Przygotowując malucha do zabawy lub do spaceru na obszarze znanym z występowania kleszczy (co można sprawdzić w wydziale zdrowia), zabezpiecz odzieżą jak największą powierzchnię jego ciała oraz użyj opisanego wcześniej środka odstraszającego kleszcze. Po powrocie do domu dokonaj uważnego przeglądu skóry i odzieży wszystkich uczestników spaceru, a także sprawdź sierść zwierząt domowych, gdyż mogą one wnieść kleszcze do domu. Przekazanie przez kleszcze pełnoobjawowej boreliozy trwa od 36 do 48 godzin, więc im szybciej je usuniesz (patrz str. 439), tym mniejsze będzie prawdopodobieństwo zakażenia. Warto nabrać dobrego zwyczaju kontrolowania skóry dziecka co wieczór przy kąpieli.

Chroń dziecko przed jadowitymi pająkami. Trzymaj dzieci z dala od ciepłych, suchych i zacienionych (mrocznych) pomieszczeń, takich jak strychy, zabudowane wnęki, niewykończone piwnice, garaże, szopy na narzędzia, miejsca pod werandą lub pod znajdującymi się na zewnątrz schodami, ponieważ tam często mieszkają pająki. Uważnie sprawdzaj ubrania, buty i inne przedmioty przyniesione z tych miejsc oraz usuwaj wszystkie pajęczyny.

Bezpieczne obcowanie z wodą

Małe dziecko plus woda to zarówno wiele radości, jak i zagrożenie, które jednak można zmniejszyć, stosując odpowiednie środki ostrożności.

- Bez nadzoru osób dorosłych małe dzieci nie mogą mieć dostępu do basenów i brodzików ani żadnych innych zbiorników wodnych (oczek wodnych, wanienek dla ptaków), choćby było w nich tylko kilka centymetrów wody. Po zabawie w ogrodowym brodziku należy go wywrócić do góry dnem, schować lub przykryć, aby nie napełniał się deszczówką.
- Jeśli nie masz basenu, a planujesz taką inwestycję, to lepiej poczekaj kilka lat z jej realizacją, gdyż będzie on stanowił szczególne zagrożenie dla twego dziecka. Lepiej odczekać, aż dzieci podrosną, nauczą się pływać i będą słuchać poleceń dorosłych.
- Jeśli masz już basen, ogrodź go ze wszystkich stron płotem o wysokości przynajmniej półtora metra; dom może służyć za jedną ścianę ogrodzenia, pod warunkiem że przylegająca do basenu ściana ma wszystkie okna i drzwi wyposażone w alarmy, a pilot do wyłączania alarmu znajduje się w miejscu niedostępnym dla dziecka. Najlepiej jednak wznieść czworoboczny płot oddzielający basen od domu i reszty ogrodu. Odległość pomiędzy słupkami płotu powinna wynosić nie więcej niż dziesięć centymetrów, a cała konstrukcja powinna uniemożliwiać wspinaczkę. Furtka prowadząca do basenu powinna być zamykana na klucz, otwierać się na zewnątrz i mieć wysoko zamontowany samozatrzaskowy zamek. Dodatkowym zabezpieczeniem będzie system alarmowy włączający się przy otwarciu furtki.
- Odpływ basenu musi mieć pokrywę bezpieczeństwa z urządzeniem zapobiegającym wessaniu. Nigdy nie pozwalaj dziecku na pluskanie się w basenie, którego odpływ nie ma takiego przykrycia.
- Jeśli to możliwe, zainstaluj automatyczne przykrycie basenu, które spełnia wymogi bezpieczeństwa, lecz nie stosuj go zamiast ogrodzenia i nigdy nie zostawiaj częściowo odsłoniętego, ponieważ dziecko może niepostrzeżenie wślizgnąć się pod spód. Bezzwłocznie usuwaj zebraną na przykryciu deszczówkę.
- Jeżeli masz basen naziemny o wysokości poniżej stu trzydziestu centymetrów, powinnaś go ogrodzić, a prowadzące do niego schodki czy drabinka muszą pozostawać niedostępne dla dzieci; usuwaj je, gdy nikt się nie kąpie.
- W najbliższym sąsiedztwie basenu nie może być drzew, krzeseł, ławek, stolików ani niczego takiego, po czym dziecko mogłoby się wspiąć i przejść na drugą stronę ogrodzenia basenu lub trafić prosto do wody.
- Zbieraj z basenu i jego najbliższego otoczenia zabawki, które nie są używane – mogą przyciągnąć dziecko w kierunku wody. Nie zezwalaj na jazdę rowerkiem w pobliżu basenu.
- Nie spuszczaj dziecka z oka – dzieci absolutnie nie mogą znajdować się w pobliżu wody bez nadzoru osoby dorosłej. Osoba taka (znająca zasady udzielania pierwszej pomocy przedmedycznej) musi być obecna przez cały czas i nieprzerwanie malca obserwować. Wystarczy bowiem kilka sekund, by wpadł on do wody i utopił się. Należy nieustannie pilnować dziecka, nawet wtedy, gdy tylko chlapie się w brodziku.
- Naucz się zasad postępowania w razie nagłego wypadku w wodzie. Przejdź szkolenie z zakresu przeprowadzania sztucznego oddychania i pamiętaj, że powinna umieć je wykonywać każda osoba, która będzie opiekować się twoim dzieckiem podczas jego pobytu nad wodą. Po każdej stronie basenu umieść na wszelki wypadek tyczkę i kamizelkę ratunkową oraz powieś na ścianie instrukcję, jak wykonać

sztuczne oddychanie. Gdy jesteś na basenie, miej przy sobie telefon komórkowy, by móc natychmiast wezwać pomoc.

- Instalując w basenie alarm pływający, pamiętaj, że nie można na nim całkowicie polegać, gdyż może się on nie włączyć do chwili, gdy dziecko znajdzie się w wodzie, a wtedy będzie już za późno. Najlepsze zabezpieczenia to takie, które nie pozwalają zbliżyć się do basenu lub ostrzegają, zanim dziecko znajdzie się w wodzie.
- Sprawdzaj, czy basen, w którym dziecko się kąpie, ma prawidłowo chlorowaną wodę (nie dotyczy to opróżnianych codziennie brodzików). Zarówno niedobór, jak i nadmiar chloru (co można wyczuć węchem) może być niebezpieczny. Jednakże nawet odpowiednio chlorowana woda może stanowić zagrożenie dla dziecka cierpiącego na astmę i/lub alergie.
- Malec w wodzie powinien mieć założoną pieluchę kąpielową.
- Jeżeli masz domowe spa lub jacuzzi, nie pozwalaj ciekawskiemu dziecku do niego wchodzić - zamontuj solidną, odpowiednio zamykaną pokrywę; warto też otoczyć to pomieszczenie płotkiem.
- Gdy jesteście na plaży, rozłóż swój koc blisko stanowiska ratownika - zwykle znajduje się ono w najbezpieczniejszym miejscu plaży - ale i tak miej dziecko bez przerwy na oku.
- Zwracaj uwagę na to, by żadna osoba z twojej rodziny - niezależnie od wieku - nie zbliżała się do basenu i innych zbiorników wodnych podczas burzy.
- Wybierając się całą rodziną na przejażdżkę łodzią, ubierz wszystkie dzieci (nawet niemowlęta) w odpowiedniej wielkości kamizelki ratunkowe, pamiętając przy tym, że takie zabezpieczenie nie zastąpi nadzoru osoby dorosłej. Na każde nieumiejące pływać dziecko powinna podczas takiej wycieczki przypadać przynajmniej jedna pływająca osoba dorosła.

Więcej informacji na temat bezpieczeństwa i pływania znajdziesz na str. 80.

Bezpieczne zabawy na śniegu

Dla dorosłych śnieg oznacza mnóstwo niedogodności uprzykrzających życie: odśnieżanie i posypywanie solą chodników i podjazdów, zachowywanie ostrożności na śliskich drogach, czyszczenie ubłoconego obuwia, wkładanie grubej odzieży… Tymczasem dla dzieci taka pogoda jest prawdziwą przyjemnością: można robić orły, rzucać się śnieżkami, lepić bałwana, rzeźbić w śniegu i zjeżdżać na sankach. Aby w zimowe dni twoje dziecko było bezpieczne, stosuj się do poniższych wskazówek:

Zadbaj o bezpieczeństwo jazdy na sankach. Roczne dziecko oczywiście nie będzie jeszcze szusować po stokach (nawet na saneczkach), lecz na pewno z przyjemnością pojeździ na sankach ciągniętych przez kogoś. Najbezpieczniejsze dla dziecka są sanki z oparciem i pasami bezpieczeństwa. Jeśli nie masz ta-

Dla bezpieczeństwa dziecka kup sanki z bokami i oparciem oraz pasem mocującym.

kich, malec powinien siedzieć na dużych sankach między nogami osoby dorosłej lub znacznie starszego dziecka.

Nie zezwalaj na jedzenie śniegu. Nawet świeży śnieg, po którym jeszcze nikt nie chodził, może nie być tak czysty, jak na to wygląda, a pozornie czysty śnieg na terenach pozamiejskich bywa skażony moczem i odchodami zwierząt oraz zanieczyszczeniami chemicznymi. Dlatego – choć nie zawsze uda ci się powstrzymać dziecko przed skosztowaniem zgarniętego rączką śniegu (pamiętasz jego wspaniały smak?) – staraj się je przed tym ustrzec, jeśli tylko zdążysz.

W porę kończ zabawę. Nie czekaj, aż malec zacznie narzekać, że jest mu zimno (zabawa często „psuje" termostat małego organizmu), lecz kiedy sama poczujesz chłód, wracajcie do domu. Sygnałem do powrotu są także przemoczone ubrania czy rękawiczki. Zimno plus wilgoć równa się odmrożenie.

Bezpieczeństwo w samochodzie

Jeżdżenie samochodem z dziecięcym pasażerem nie jest najłatwiejsze, zważywszy chociażby na konieczność przypięcia (i to we właściwy sposób) wijącego się szkraba pasami do fotelika lub na obowiązek rygorystycznego przestrzegania przepisów ruchu drogowego. Ale jeśli weźmiesz sobie do serca poniższe zasady, powinno ci być trochę łatwiej.

Fotelik samochodowy. Trening czyni mistrza, można więc założyć, że po ponad roku zmagań z pasami, szelkami i klamrami samochodowych systemów dla dzieci masz już w ich używaniu niezłą wprawę. Ale w miarę jak dziecko rośnie, pojawiają się nowe wyzwania, a wkrótce trzeba będzie także wymienić fotelik na większy.

Zdobycie rozeznania w skomplikowanych wymogach dotyczących fotelika samochodowego przeznaczonego dla rosnącego dziecka może przyprawić o zawrót głowy. Nic więc dziwnego, że – według raportu Krajowej Agencji Bezpieczeństwa Ruchu Drogowego (National Highway Traffic Safety Administration – NHTSA) – większość z nich jest zainstalowana nieprawidłowo lub używana niewłaściwie. Pamiętaj zatem:

- Wybierz odpowiedni fotelik i jego umiejscowienie. Zaleca się, aby dziecko siedziało tyłem do kierunku jazdy przynajmniej dopóty, dopóki nie przekroczy dziewięciu kilogramów masy ciała i nie skończy pierwszego roku życia, jednak eksperci są zgodni co do tego, że taka pozycja jest po prostu bardziej bezpieczna (co oznacza, że twoja pociecha nie musi siedzieć przodem do kierunku jazdy tylko dlatego, że już skończyła pierwszy rok życia). Jeżeli używasz fotelika typu „3 w 1" (górna granica wagi dziecka wynosi zwykle około szesnastu kilogramów), przypuszczalnie możesz – i powinnaś – pozostawić go w położeniu tyłem do kierunku jazdy, aż dziecko osiągnie granicę masy ciała lub do chwili, gdy czubek jego głowy zacznie wystawać ponad oparcie fotelika. Po ułożeniu fotelika przodem do kierunku jazdy może on służyć do chwili ukończenia przez malca czterech lat i osiągnięcia masy ciała między osiemnaście a trzydzieści kilogramów (w zależności od modelu siedzonka). Przekładając fotel, pamiętaj,

Uwaga na słońce w samochodzie

Choć pewnie trudno w to uwierzyć, to faktem jest, że samochód stojący w pełnym słońcu szybko może się zamienić w piekarnik. Nawet w zwykły, ciepły, nieupalny dzień temperatura wewnątrz pojazdu może w ciągu kilku minut wzrosnąć z 21 do 52°C. Jeśli w takim samochodzie znajduje się dziecko, to grozi mu udar, odwodnienie i często – niestety – szybka śmierć. Dlatego bez względu na pogodę nie zostawiaj dziecka w samochodzie bez opieki nawet na chwilę.

by zainstalować go zgodnie z zaleceniami producenta oraz dopasować szelki do nowej pozycji małego pasażera.

Jeżeli czujesz się już gotowa na zrezygnowanie z fotelika dla niemowlęcia, rozważ zainstalowanie siedzonka ustawianego przodem do kierunku jazdy, które nadaje się także do używania w domu. Można zacząć korzystać z niego, gdy dziecko ma co najmniej rok i waży przynajmniej dziewięć kilogramów (ale pamiętaj: siedzenie tyłem do kierunku jazdy jest dla malucha opcją najbezpieczniejszą). Takiego siedzenia można używać w roli fotelika samochodowego, kiedy malec będzie ważył od osiemnastu do trzydziestu kilogramów; następnie, po usunięciu szelek, fotel ten może służyć w domu jako zwykłe siedzenie dla dziecka.

▲ Ściśle przestrzegaj instrukcji producenta przy instalowaniu fotelika samochodowego. Najlepszym i najbezpieczniejszym dla niego miejscem w samochodzie jest środek tylnego siedzenia. Jeśli nie czujesz się na siłach, by sobie z tym poradzić, znajdź kogoś, kto ci w tym pomoże. Może uda ci się znaleźć w twojej okolicy mechanika, który ma uprawnienia do montowania i sprawdzania bezpieczeństwa dziecięcych fotelików samochodowych.

▲ Wszystkie samochody wyprodukowane po wrześniu 2002 roku muszą być wyposażone w system LATCH pozwalający przymocować fotelik do znajdujących się w samochodzie uchwytów, bez konieczności używania pasów*. System ten powstał w celu uproszczenia i standaryzacji wpinania fotelików samochodowych i składa się z zaczepów w podstawie fotelika dziecięcego, które przypina się do uchwytów znajdujących się w siedzisku kanapy samochodowej, a także z górnego paska mocującego, przypinającego górną część fotelika do górnego punktu mocowania (kotwiczenia) w samochodzie. W instrukcji obsługi samochodu znajdziesz informację, gdzie znajdują się te punkty mocowania. Górny pasek zabezpiecza fotelik i chroni główkę dziecka przed silnym szarpnięciem w przypadku nagłego hamowania bądź uderzenia. Jeżeli twój samochód nie jest w ten system wyposażony, nie martw się: równie bezpiecznie zamocujesz fotelik pasami bezpieczeństwa, jeśli tylko zrobisz to poprawnie. Niezależnie od stosowanego systemu, gdy instalujesz fotelik dla dziecka (albo gdy prosisz o to inną osobę), musisz uważać, by był on stabilny, co oznacza, że nie da się go przesunąć w żadną stronę więcej niż dwa, trzy centymetry.

▲ Zapinaj pasy. Nawet najlepszy fotelik samochodowy zda się na nic, jeśli nie zapniesz prawidłowo pasów bezpieczeństwa. Zwróć uwagę, by szelki dobrze opinały dziecko, lecz nie krępowały go zbyt mocno (powinnaś móc wsunąć dwa palce pomiędzy pasy a ciało dziecka). Gdy fotelik ustawiony jest tyłem do kierunku jazdy, pasy fotelika powinny przechodzić przez otwory umieszczone na wysokości ramion dziecka (lub tuż poniżej), a górna część zapięcia na klatce piersiowej powinna znajdować się na poziomie pach. Jeśli natomiast fotelik zwrócony jest przodem do kierunku jazdy, przełóż pasy przez otwory znajdujące się na wysokości ramion. Bierz poprawkę na grubą odzież (choć lepiej ściągnąć grubą zimową kurtkę, aby malec był bezpiecznie przypięty do fotelika). Następnie dopilnuj, by pozostali pasażerowie także zapięli pasy – dzieci wyrabiają sobie nawyki, obserwując dorosłych.

▲ Podczas dalekich podróży nie zaniedbuj zasad bezpieczeństwa dotyczących jazdy samochodem. Weź ze sobą fotelik samochodowy, jeżeli twoje plany obejmują jaz-

* W Europie natomiast stosowane są mocowania ISO-FIX (przyp. tłum.).

BEZPIECZNA JAZDA

Wożenie małego dziecka to nie tylko przypinanie go pasami do fotelika samochodowego. Niezależnie od tego, czy pchasz spacerówkę lub wózek sklepowy, czy wozisz dziecko na krzesełku rowerowym lub w rowerowej przyczepce, czy też nosisz je w nosidełku, pamiętaj o następujących zasadach bezpieczeństwa:

Wózek. Oto jak bezpiecznie wozić dziecko w wózku:

- Korzystaj z wózka o szerokiej podstawie, pozbawionego zakamarków i złączeń, które mogłyby przyciąć i zranić małe palce, a także na tyle stabilnego, by nie przewrócił się, gdy dziecko będzie się w nim poruszać.
- Jeśli wózek przewraca się na skutek obciążenia jego rączek, nigdy niczego na nich nie zawieszaj.
- Uważaj, by dziecko nie stało w pobliżu wózka, gdy składasz go bądź rozkładasz, bo możesz przez nieuwagę przytrzasnąć mu paluszki.
- Zanim posadzisz dziecko w wózku, rozłóż go do końca.
- Przed wyruszeniem na spacer przypnij dziecko pasami.
- Nigdy nie stawiaj gorących napojów na uchwycie wózka nad dzieckiem – jedna nierówność na drodze może stać się przyczyną poparzenia malca wylanym płynem.

Wózek sklepowy. Oto co należy zrobić, by bezpiecznie przemieszczać się z dzieckiem między sklepowymi regałami:

- Zawsze pilnuj, by dziecko było przypięte pasem lub szelkami – niezależnie od tego, gdzie siedzi (czy w siedzeniu przy uchwycie wózka, czy w specjalnym „autku" sklepowym).
- Nigdy nie pozwalaj na wspinanie się po wózku, jazdę na zewnątrz lub stanie wewnątrz wózka.

Nosidło ze stelażem. Upewnij się, że zapięte pasami dziecko mieści się dobrze w nosidle (niektóre są przeznaczone tylko dla niemowląt). A skoro już mowa o pasach, to pilnuj, by twoja pociecha miała je zawsze zapięte (nosidła często mają pasy lub szelki). Uważaj podczas schylania się (by dziecko nie wypadło) lub przechodzenia przez drzwi czy pod nisko wiszącymi gałęziami (główka wysokiego dziecka niesionego w nosidle może być na wyższym poziomie niż twoja).

Krzesełka do wożenia dzieci na rowerze lub przyczepka rowerowa. Najlepiej korzystać z nich wyłącznie podczas wycieczek poza drogami samochodowymi (na przykład ścieżkami rowerowymi). Przyczepka zapewnia większe bezpieczeństwo niż krzesełko, gdyż znajduje się bliżej ziemi; wybierz taką, która ma widoczny z daleka kolor, i dodaj jeszcze chorągiewkę. Jeżeli natomiast chcesz wozić dziecko w krzesełku, zdecyduj się na takie, które montuje się za rowerzystą, ponieważ te montowane z przodu są mniej bezpieczne i rozpraszają twoją uwagę. Bez względu na dokonany wybór zawsze zakładaj dziecku kask i pilnuj, by cały czas miało zapięte pasy. Sama też zawsze wkładaj kask na takie eskapady.

dę samochodem – choćby taksówką czy transportem hotelowym. Wiele wypożyczalni samochodów oferuje foteliki dla dzieci, co może być dobrą opcją, gdy nie chce się wozić własnego, a podczas lotu samolotem zamierzasz trzymać dziecko na kolanach. Wypożyczając siedzonko dla swojego malucha, dobrze sprawdź, czy będzie dla niego odpowiednie.

Ogólne zasady bezpieczeństwa w samochodzie. Zapinanie pasów to zasada pierwsza, ale nie jedyna. Aby podróż była bezpieczniejsza, przestrzegaj poniższych wskazówek.

▲ Nigdy nie pozostawiaj dziecka w samochodzie bez nadzoru, nawet na chwilę. Następstw tego może być wiele, a niektóre naprawdę poważne. Na przykład bawiące się w kabinie dziecko może przypadkiem uruchomić silnik i spowodować kolizję (pojazd może wjechać na kogoś lub na coś); ktoś może się włamać i ukraść samochód wraz z małym pasażerem; temperatura wewnątrz kabiny może spaść lub wzrosnąć do niebezpiecznego poziomu.

▲ Zanim ruszysz, poczekaj, aż wszystkie drzwi zostaną zamknięte, a pasażerowie

Dzieci, które ukończyły pierwszy rok życia, mogą zacząć jeździć przodem do kierunku jazdy, jeśli ich masa ciała przekracza dziewięć kilogramów, aczkolwiek byłoby bezpieczniej, gdyby fotelik nadal był ustawiony tyłem do kierunku jazdy.

będą zapięci w pasy bezpieczeństwa. Nigdy nie rób odstępstw od tej zasady, nawet jeśli podjeżdżasz tylko do sklepu mieszczącego się nieopodal (o tym, jak postępować, by przypięte pasami dziecko nie miało złego humoru, przeczytasz na str. 204).

▲ Nie zezwalaj dziecku na zabawę przyciskami do opuszczania i podnoszenia szyb (rób to ze swojego stanowiska kierowcy i - jeśli to możliwe - zablokuj przyciski przy tylnych siedzeniach). Nigdy nie podnoś też szyb, nie upewniwszy się wpierw, że nikt nie wygląda przez okno i że nie przytniesz komuś dłoni, palców lub innej części ciała.

▲ Podczas jazdy samochodem lub innym pojazdem zabronione powinno być korzystanie z długopisu, ołówka i innych tego typu akcesoriów, a także zabawa przedmiotami, które mogą ograniczać widoczność kierowcy (na przykład balonikami). Nie zostawiaj też wewnątrz luzem żadnych rzeczy, gdyż mogą się one przemieścić przy ostrym hamowaniu.

▲ Gdy kierujesz samochodem, nie prowadź sporów z dzieckiem ani nie dyscyplinuj; jeżeli jego zachowanie cię rozprasza, zatrzymaj pojazd i rozwiąż ten problem.

▲ Nigdy nie korzystaj z telefonu komórkowego w trakcie prowadzenia samochodu, nawet za pomocą systemu głosowego, gdyż badania naukowe wykazują, że nawet taka forma rozmowy rozprasza uwagę kierowców. I nigdy, przenigdy, nie wysyłaj esemesów, prowadząc samochód.

▲ Nie pozwalaj dziecku bawić się z tyłu zaparkowanego, niezablokowanego samochodu ani w jego pobliżu.

▲ Nie zezwalaj dziecku na jazdę na pace samochodu typu pick-up - czy to odkrytej, czy zamkniętej. Wystarczy ostre hamowanie, by niewłaściwie chroniony malec doznał urazu podczas takiej jazdy. Nim pozwolisz dziecku jechać w rozkładanym fotelu i zanim kupisz pick-upa, zapytaj o bezpieczeństwo jazdy takim samochodem (spytaj na przykład: W co uderzy główka dziecka w razie kolizji? Czy pasy przytrzymają fotelik samochodowy?)

WSZYSTKO O...

UCZENIE DZIECKA ZASAD BEZPIECZEŃSTWA

Wypadki częściej przytrafiają się tym, którzy są na nie bardziej podatni, a oczywiście małe dzieci - wciąż skore do próbowania nowych rzeczy, o niedoskonałych jeszcze zdolnościach motorycznych, względnej niedojrzałości i z poważnym brakiem zdolności oceniania sytuacji - idealnie pasują do tej kategorii. Jako rodzice musicie w jak największym stopniu tę podatność zmniejszyć.

Ponieważ nie można wymagać od małego dziecka, by posługiwało się zdrowym rozsądkiem i było zdolne zadbać o swoje bezpieczeństwo, trzeba je stale nadzorować i zabezpieczać teren. Wszystko to nie oznacza jednak, iż jest jeszcze za wcześnie na rozpoczęcie nauki zasad bezpieczeństwa, które kiedyś pozwolą twojemu synkowi lub córeczce uchronić się przed zagrożeniami nawet pod nieobecność dorosłych. Wręcz przeciwnie - właśnie teraz jest na to najlepszy czas.

Na początek stwórz zestaw słów ostrzegających, które malec zacznie kojarzyć z niebezpiecznymi przedmiotami, substancjami i sytuacjami („auć!", „boli", „uważaj", „gorące", „ostre") i całych zwrotów („nie dotykaj", „to niebezpieczne", „to jest auć!", „tym się można skaleczyć"). Te przestrogi mogą początkowo przelatywać mimo małych uszu - jak wszystko, czego próbujesz swoje dziecko nauczyć, ale z czasem, przy częstym ich powtarzaniu, mózg malca zacznie przechowywać i przetwarzać te niezmiernie ważne informacje, aż pewnego dnia stanie się jasne, że lekcja została przyswojona. Już teraz zacznij zwracać uwagę dziecka na następujące kwestie:

Ostre lub ostro zakończone narzędzia i przybory. Za każdym razem, gdy posługujesz się nożem, nożyczkami, golarką, nożem do papieru lub innym ostrym narzędziem, przypomnij dziecku, że jest on ostry, że nie jest to zabawka i że tylko mamusia i tatuś (lub inna osoba dorosła) może tych przedmiotów używać. Aby lekcja zapadła głębiej, możesz ją zilustrować, dotykając ostry punkt narzędzia, mówiąc „auć!" i szybko usuwając palec w udawanym bólu. Pokaż, że nożyczki zawsze trzyma się ostrzem w dół i że nigdy nie wolno biegać z ostrym przedmiotem w ręku (musisz być dla dziecka wzorem zasad, które chcesz mu wpoić!). W miarę jak dziecko rośnie i poprawia się jego mała motoryka, naucz je ciąć za pomocą specjalnych nożyczek dziecięcych i używając noża do masła, zademonstruj posługiwanie się nożem. Kiedyś, gdy będzie już w szkole, pokaż mu, jak pod nadzorem używać „dorosłej" wersji tych przyborów.

Przedmioty gorące. Jeżeli już zaczęłaś uczyć dziecko, co znaczy „gorące", to przypuszczalnie rozumie ono, o co chodzi (przynajmniej w bardzo podstawowym zakresie) i że ostrzeżenie „gorące!" znaczy: nie dotykać, bo może boleć. Jeśli natomiast jeszcze nie zaczęłaś wpajać tego pojęcia, to powinnaś to zrobić teraz. Pozwól malcowi dotknąć czegoś, co jest dość ciepłe, ale nie na tyle gorące, by zrobiło mu krzywdę, na przykład kubka z kawą, po czym pokazuj, co jeszcze jest gorące i czego nie wolno dotykać: na przykład piekarnik, zapalona zapałka czy świeczka, grzejnik, kaloryfer, kominek, kurek z gorącą wodą. Koniecznie pamiętaj o słownym ostrzeżeniu „gorące, nie dotykaj", gdy przyniesiesz do domu jakiś nowy sprzęt, na przykład toster czy nową żarówkę do lampy biurkowej.

Schody. Oczywiście należy chronić malca przed poważnymi upadkami, zagradzając wszystkie schody bramkami, ale równie ważne jest nauczenie go, jak bezpiecznie się po nich poruszać. Tymczasem dziecko – które nie ma żadnego w tym doświadczenia, a o schodach wie tylko tyle, że nie wolno mu na nie wchodzić – przewróci się i przeturla w dół za pierwszym razem, gdy znajdzie się na niestrzeżonych schodach. Dlatego też owszem, zainstaluj bramki na górze wszystkich schodów w swoim domu liczących więcej niż trzy stopnie – schodzenie jest znacznie trudniejsze niż wchodzenie i także bardziej niebezpieczne. Natomiast na dole ustaw bramkę na czwartym stopniu od dołu, by dziecko miało miejsce do ćwiczeń pod nadzorem. Pokaż mu, jak trzymać się poręczy podczas poruszania się w górę i w dół po tych trzech stopniach, a kiedy opanuje tę umiejętność, od czasu do czasu otwieraj bramkę, pozwalaj maluszkowi na dłuższy spacer, oczywiście asekurując go (stój lub przykucnij schodek czy dwa poniżej i bądź gotowa w każdej chwili spieszyć na ratunek). Albo trzymaj dziecko za rękę i razem stawiajcie krok za krokiem. Gdy wchodzenie przestanie być trudnością, pomóż maluchowi nauczyć się bezpiecznie schodzić. Wiele dzieci zaczyna od raczkowania tyłem, inne zsuwają się na pupie, a gdy nabiorą wprawy, zaczynają schodzić po jednym schodku. Nie ściągaj bramek – i zamykaj je, gdy nie możesz dziecku asystować – dopóty, dopóki nie stwierdzisz, że jest już całkowicie zdolne samo chodzić po schodach, czyli gdy będzie miało mniej więcej dwa lata. Nawet wtedy jednak nie zaszkodzi pozostawić bramki na szczycie schodów i zamykać jej na noc, zwłaszcza jeżeli malec ma tendencję do chodzenia w nocy po domu.

Jeżeli nie masz schodów w domu, znajdź miejsce, gdzie one są (w domu znajomych, u rodziny czy inne, w miarę dostępne) i pozwól dziecku poćwiczyć pokonywanie stopni pod twoim czujnym nadzorem.

Urządzenia elektryczne. Gniazdka, kable i urządzenia elektryczne mają dla ciekawskiego dziecka nieodparty urok i nie wystarczy, że będziesz próbować odwracać jego uwagę za każdym razem, gdy kieruje się w stronę nieosłoniętego gniazdka, i schowasz wszystkie widoczne kable. Trzeba także wytrwale powtarzać, że rzeczy te mogą być niebezpieczne.

Wanny, baseny i inne wodne atrakcje. Zabawa w wodzie jest przyjemna i ma walory poznawcze, więc należy dziecko do niej zachęcać, ucząc jednocześnie respektu przed wodą. Naucz swe dziecko podstawowych zasad bezpieczeństwa nad wodą, na przykład tego, że wchodzenie do niej (a zatem do wanny, basenu i każdego innego zbiornika) jest niebezpieczne (i zakazane) bez towarzystwa rodziców czy innej osoby dorosłej. Pamiętaj, że nie można całkowicie ochronić dziecka przed wodą, nawet nadmuchiwanymi rękawkami i lekcjami pływania (patrz str. 80), nigdy zatem nie pozostawiaj go samego w pobliżu wody, nawet na chwilę.

Niebezpieczeństwo zakrztuszenia się. Kiedy dziecko wkłada do buzi coś, co nie powinno do niej trafić (monetę, ołówek, klocek), zabierz to i powiedz: „Nie wolno tego wkładać do buzi, bo to jest be". Naucz, że nie wolno biegać z lizakiem, gryzakiem, jedzeniem, ołówkiem, smoczkiem czy zabawką w buzi (upadek twarzą do przodu może sprawić, że przedmioty te dostaną się do gardła) i że do jedzenia zawsze należy usiąść.

Substancje trujące. Przykład pierwszy: zawsze starannie chowasz i zamykasz wszelkie środki czystości, lekarstwa i inne substancje niebezpieczne, tymczasem podczas przyjęcia jeden z gości pozostawia wódkę i sok pomarańczowy na ławie. Przykład drugi: jesteś w domu rodziców i twój ojciec, który starał się udrożnić odpływ ze zlewu, zostawia środek żrący na półce w łazience. Jeżeli nie zaczniesz uczyć swego malca zasad bezpieczeństwa związanych z różnymi substancjami, sama prosisz się o kłopoty. Powtarzaj dziecku nieustannie:

- Nie wolno jeść ani pić niczego, czego nie dostało się od rodziców lub dobrze znanej sobie osoby dorosłej. Początkowo trudno dziecku zasadę tę zrozumieć, ale kiedyś to nastąpi...
- Lekarstwa i suplementy diety to nie cukierki, nawet jeśli mają taki smak. Nie wolno ich jeść ani pić, chyba że podadzą je rodzice lub dobrze znana osoba dorosła.
- Nie wolno wkładać do buzi niczego, co nie jest jedzeniem – ta zasada z pewnością będzie wymagać wielokrotnego powtarzania.

Naucz dziecko, że podczas przechodzenia przez ulicę należy trzymać osobę dorosłą za rękę.

- Tylko dorosłym wolno używać preparatów do czyszczenia i środków do prania – powtarzaj to dziecku przy każdym szorowaniu wanny, ścieraniu kuchennego blatu czy nastawianiu prania.

Bezpieczeństwo na ulicy. Zacznij naukę zasad poruszania się po ulicy już teraz. Za każdym razem, kiedy przechodzicie na drugą stronę jezdni, wyjaśnij dziecku, że trzeba najpierw się zatrzymać, rozejrzeć i posłuchać oraz czekać na zielone światło dla pieszych. Te same zasady dotyczą dróg poza miastem. Musisz wyjaśnić maluchowi, że kierowcy trudno jest zauważyć małe dziecko, więc dziecko musi trzymać za rękę kogoś dużego, i zawsze, gdy przechodzicie przez ulicę, nalegaj, by to robić. Bez wyjątku. Naucz malucha, że nigdy nie wolno mu wchodzić na jezdnię samemu, choćby nic nie jechało. Umówcie się, iż linią, której dziecko nigdy nie może przekraczać samo, jest krawężnik.

Niezłym pomysłem jest trzymanie się za ręce nawet podczas spaceru chodnikiem, choć wiele brzdąców chętnie korzysta z wolności, jaką daje samodzielne chodzenie. Jeżeli pozwalasz na to swemu dziecku (a pewnie często tak robisz), bądź zawsze blisko i obserwuj je uważnie, bo wystarczy jedna chwila, by zbiegło na jezdnię prosto pod samochód.

Naucz swoje dziecko, że nie wolno mu wychodzić z domu bez ciebie lub innej, dobrze mu znanej osoby dorosłej, gdyż malcom zdarza się wyjść na ulicę i wpakować się w kłopoty.

Należy również nauczyć dziecko, że nie wolno dotykać śmieci na ulicy: potłuczonego szkła, niedopałków papierosów, opakowań po żywności itp. Nie przesadzaj jednak i nie doprowadzaj do sytuacji, że dziecko będzie się bało dotknąć wszystkiego; można przecież dotykać kwiatków (delikatnie, nie zrywając ich i nie zjadając), drzew, witryn sklepowych, słupów latarni, skrzynek pocztowych itp. (powinnaś nosić ze sobą nawilżone chusteczki do wycierania rączek).

Bezpieczeństwo w samochodzie. Musisz nie tylko przyzwyczaić swojego malca do tego, że zawsze ma zapięte pasy, lecz także wytłumaczyć mu, dlaczego to takie ważne („Jeśli nie będziesz miał zapiętych pasów, możesz sobie zrobić straszną krzywdę"). Wyjaśnij w prostych słowach powód, dla którego przestrzega się innych zasad bezpieczeństwa podczas jazdy samochodem: dlaczego nie wolno rozrzucać zabawek, dlaczego dzieci nie mogą bawić się klamkami do drzwi czy przyciskami do szyb.

Bezpieczeństwo na placu zabaw. Dziecko, które jest na tyle duże, by przebywać na placu zabaw, może się już uczyć zasad bezpiecznej zabawy w tym miejscu. Naucz je, jak należy korzystać z huśtawki: nigdy nie skręcać jej siedzenia (nawet jeśli nikt na nim nie siedzi), nie popychać pustego siedzenia, siedzieć we dwoje na pojedynczym siedzeniu czy chodzić przed lub za huśtawką. Powiedz też, że nie można wspinać się w górę po zjeżdżalni (do tego celu służą wyłącznie schodki czy drabinka) ani zjeżdżać po niej głową w dół; zawsze należy poczekać, aż poprzednik zjedzie na dół i odejdzie na bok, a gdy się już samemu zjedzie, należy bezzwłocznie odsunąć się od zjeżdżalni.

Postępowanie ze zwierzętami. Naucz dziecko, jak ma bezpiecznie bawić się z domowymi pupilami – waszymi lub innych osób. Powiedz, że nie wolno zbliżać się do nieznanych zwierząt. Więcej na ten temat przeczytasz na str. 188.

Uwaga na owady. Powiedz, że należy unikać pszczół, ale nie ruszać się gwałtownie, gdy te są blisko. Ostrzeż też, że nie wolno prowokować pająków ani bawić się pajęczyną.

Rozdział 14

LECZENIE DZIECIĘCYCH URAZÓW

Zrobiłaś wszystko, by stworzyć dziecku bezpieczne otoczenie, i starasz się obserwować każdy jego ruch. Nauczyłaś je nawet (lub przynajmniej starałaś się), by omijało gniazdka elektryczne, rozgrzany piekarnik i inne niebezpieczeństwa w domu i poza nim. Mimo to wypadki – mniejsze i większe – są nie do uniknięcia. I choć nie jesteś w stanie zapobiec wszystkim, to możesz się na nie przygotować, by złagodzić ich skutki. Z treści niniejszego rozdziału dowiesz się, jak postępować w przypadku różnych urazów doznawanych przez dziecko: od małych guzów i siniaków po poważniejsze (łącznie z zasadami sztucznego oddychania i postępowania w razie zakrztuszenia). Szary pasek na górze stron tego rozdziału ma ułatwić ci znalezienie ich w książce, gdy coś się stanie.

Przygotowania

Ponieważ szybka interwencja ma często kolosalne znaczenie, musisz wcześniej wiedzieć, jak postępować, a nie dowiadywać się tego dopiero wtedy, gdy dziecko już zanurzy rączkę we wrzątku lub wypije łyk płynu do prania. Zapoznaj się już teraz z zasadami udzielania pomocy przy najczęstszych obrażeniach, a także przy tych rzadszych (na przykład po ukąszeniu przez węża), jeżeli wzrasta prawdopodobieństwo, iż może do nich dojść (na przykład wybierasz się na kemping).

Ale nie poprzestawaj na tym: wiedza o postępowaniu w przypadku urazów to jedno, a zastosowanie tej wiedzy w nagłej sytuacji – zupełnie co innego. Dlatego informacje, które znajdziesz w tym rozdziale, powinny być wzbogacone o praktyczny kurs resuscytacji krążeniowo-oddechowej i udzielania pierwszej pomocy dzieciom. Kursy takie prowadzone są w wielu ośrodkach i szpitalach, a także przez straż pożarną, zespoły ratownictwa przedmedycznego oraz Czerwony Krzyż; sprawdź w Internecie lub zapytaj pediatrę. Co jakiś czas odświeżaj zdobytą wiedzę poprzez kursy przypominające albo specjalne płyty DVD. Sprawdź, czy wszystkie osoby opiekujące się twoim dzieckiem także są w pełni przygotowane do poradzenia sobie w różnych nagłych przypadkach, i tych drobniejszych, i tych poważnych.

By być w pełnej gotowości, powinnaś również przedsięwziąć opisane dalej kroki.

▲ Omów z lekarzem opiekującym się twoim dzieckiem optymalny plan działania w sytuacji zagrożenia życia oraz poważnego wypadku: kiedy dzwonić do przychodni, kiedy jechać do Szpitalnego Oddziału Ratunkowego (lub zrobić i to, i to); kiedy wezwać pogotowie i jakie jest inne możliwe postępowanie. Pamiętaj, że w przypadku niewielkich obrażeń zawiezienie dziecka na ostry dyżur do szpitala, gdzie pacjenci czekają w długich kolejkach i gdzie pierwszeństwo przysługuje przypadkom krytycznym, może nie być najlepszym wyjściem.

▲ Leki pierwszej pomocy (patrz str. 425) przechowuj w niedostępnej dla dziecka, lecz łatwo dostępnej dla dorosłych apteczce, którą w razie potrzeby można zabrać ze sobą na miejsce wypadku. Miej zawsze pod ręką telefon, abyś mogła szybko z niego skorzystać.

▲ Umieść w widocznym miejscu:

- Numery telefonów pediatry dziecka, ośrodka toksykologicznego, Szpitalnego Oddziału Ratunkowego, apteki, pogotowia ratunkowego (zwykle jest to numer 999 lub 112 z telefonu komórkowego), do twego miejsca pracy oraz do najbliższej rodziny, przyjaciół czy sąsiadów, z którymi można się kontaktować w razie nagłego wypadku.
- Dane osobowe twojego dziecka (regularnie uaktualniane), takie jak: wiek, przybliżona masa ciała, informacja o szczepieniach, przyjmowanych lekach, alergiach czy chorobach przewlekłych, jeśli na jakąś choruje. W razie wypadku dziecka dane te należy przekazać pracownikowi pogotowia lub zabrać ze sobą do szpitala.
- Informację dotyczącą miejsca waszego zamieszkania: dokładny adres (ewentualnie łącznie z punktami orientacyjnymi), numer mieszkania oraz numer telefonu dla opiekunów dziecka, którzy będą musieli wezwać pomoc.
- Notes i coś do pisania, by móc zanotować zalecenia lekarza lub dyspozytora z pogotowia.

▲ Zadbaj o to, by numer twojego domu był na elewacji lub na posesji wyraźnie widoczny, a po zmroku także oświetlony.

▲ Naucz się najkrótszej drogi prowadzącej do pogotowia ratunkowego lub do innej placówki służby zdrowia wskazanej przez lekarza twojego dziecka.

▲ Jeżeli mieszkasz w mieście, zawsze miej odłożone pieniądze na taksówkę do szpitala lub gabinetu lekarskiego (gdy opanuje cię panika albo musisz się zajmować rannym dzieckiem, lepiej nie siadaj za kierownicą). Wskaż również opiekunom dziecka miejsce, gdzie trzymasz te pieniądze.

▲ Naucz się spokojnie reagować na choroby i urazy swego dziecka – zwłaszcza jeśli masz skłonność do panikowania. Ćwicz na zwykłych codziennych guzach i siniakach, abyś umiała zachować spokój, gdy przytrafi się coś poważniejszego. Kilka głębokich oddechów zwykle pomaga rozluźnić się i skupić na problemie. Pamiętaj, że twój wyraz twarzy, ton głosu oraz ogólnie twoje zachowanie mają także wpływ na reakcję dziecka: jeśli ty wpadniesz w popłoch, dziecku się to udzieli i trudniej będzie o współpracę z jego strony, a chyba nie trzeba mówić, że wtedy będzie też znacznie trudniej nieść mu pomoc.

▲ Aby obojgu wam było łatwiej zachować spokój, kiedy dziecko się zrani (zarówno lekko, jak i poważnie), odwróć jego uwagę, angażując przynajmniej trzy jego zmysły: stań w miejscu, gdzie będzie cię widzieć, mów do niego spokojnym głosem, tak by mogło cię usłyszeć, i dotykaj zdrowej części ciała malucha.

Udzielanie pierwszej pomocy małemu dziecku

Poniżej znajdziesz listę najczęstszych urazów, informacje, z którymi powinnaś się zapoznać, czynności, które musisz podjąć (a które nie) oraz opis sytuacji wymagających pomocy medycznej. Dla ułatwienia zastosowaliśmy porządek alfabetyczny, a rodzaje urazów otrzymały numery (punkty) służące jako odsyłacze.

Ataki padaczkowe

Patrz punkt 1.

Ciała obce

W uchu – patrz punkt 50; w oku – patrz punkt 42; w nosie – patrz punkt 40; w jamie ustnej i gardle – patrz punkt 19.

Drgawki

1. Napad drgawkowy zwykle związany jest z zaburzeniami świadomości lub utratą przytomności, wyprężeniem kończyn i tułowia, bezdechem i/lub mimowolnym oddaniem moczu. Krótkie napady drgawek zdarzają się przy gorączkach (na str. 366 przeczytasz o tym, jak postępować w ich przypadku). Gdy drgawki nie są spowodowane wysoką temperaturą ciała, usuń wszystko z najbliższego otoczenia dziecka lub przenieś je na środek łóżka bądź na dywan, by chronić malucha przed urazem. Rozluźnij odzież wokół szyi i tułowia dziecka, połóż je na boku z głową niżej niż biodra (podłóż poduszkę pod biodra). Nie przytrzymuj dziecka, ale bądź tuż obok, by w razie konieczności chronić je przed urazem. Nie wkładaj mu niczego do buzi, w tym żywności, płynów, piersi ani butelki. Wezwij lekarza. Jeżeli dziecko nie oddycha bądź nie wyczuwasz pulsu, rozpocznij akcję reanimacyjną (patrz str. 446). Jeśli to możliwe, poproś kogoś, by wezwał pogotowie, natomiast gdy jesteś sama, zadzwoń po pogotowie dopiero wtedy, kiedy dziecko zacznie znowu oddychać, albo jeżeli czynność oddechowa nie powróci po kilku minutach twoich starań. Wezwij pogotowie ratunkowe także wtedy, gdy drgawki trwają dłużej niż dwie, trzy minuty lub po jednym ataku zaraz następuje kolejny.

UWAGA: Napady drgawek mogą wystąpić na skutek połknięcia przez dziecko leków lub trucizn, sprawdź zatem, czy w najbliższym otoczeniu dziecka nie ma otwartego opakowania po lekach bądź innej niebezpiecznej substancji. Jeśli stwierdzisz, że malec połknął taką substancję – przeczytaj punkt 45.

Drzazgi

Patrz punkt 26.

Hipertermia

Patrz punkt 29.

Hipotermia

2. Po długotrwałej ekspozycji na zimno, z powodu większej utraty ciepła niż organizm dziecka jest w stanie wytworzyć, jego temperatura może spaść poniżej prawidłowego poziomu. Skóra dziecka może wydawać się chłodniejsza niż zwykle, być blada i sina wokół warg, a sam malec może się trząść, być ospały, poruszać się sztywnymi ruchami i/lub mieć trudności z mówieniem. W poważnych przypadkach ciało przestaje się trząść, dziecko traci panowanie nad mięśniami i może stracić przytomność. Hipotermia to stan wymagający akcji ratunkowej, nie trać więc czasu i jak najszybciej zawieź dziecko z objawami wyziębienia do najbliższego Szpitalnego Oddziału Ratunkowego, a jeżeli nie masz transportu, zadzwoń na pogotowie. Zdejmij z dziecka mokrą odzież, otul je w ciepłe koce i w drodze do szpitala włącz ogrzewanie w samochodzie. Czekając na pomoc medyczną w domu, okryj dziecko kocem elektrycznym, jeśli taki masz, lub zrób mu bardzo ciepłą kąpiel – ale oczywiście nie tak gorącą, by je poparzyć. Jeżeli jest przytomne, daj mu coś ciepłego do picia, na przykład podgrzane mleko lub podgrzany (rozcieńczony) sok.

Kleszcze

Patrz punkt 32.

Krwawienie

Patrz punkty 22, 23 i 24.

Krwawienie wewnętrzne

Patrz punkt 37.

Krwiaki skóry

Patrz punkt 20.

Odcięcie kończyny lub palca

3. Te poważne wypadki zdarzają się rzadko, lecz gdy już do nich dojdzie, wówczas umiejętność prawidłowego postępowania może oznaczać różnicę pomiędzy zachowaniem lub utratą ręki, nogi bądź palca. Natychmiast wykonaj następujące czynności:

- ▲ Staraj się powstrzymać krwawienie. Mocno uciskaj ranę, posługując się przy tym kilkoma jałowymi opatrunkami, czystą podpaską, pieluchą bądź ściereczką. Gdyby krwawienie nie ustępowało, zwiększ ucisk i nie martw się ewentualnymi uszkodzeniami z powodu zbyt mocnego nacisku. Bez zalecenia lekarza nie używaj natomiast opaski uciskowej.
- ▲ Jeśli doszło do wstrząsu, zastosuj metody podane w punkcie 53.
- ▲ Sprawdź, czy dziecko oddycha i czy wyczuwasz puls, a jeżeli nie, rozpocznij udzielanie pierwszej pomocy (patrz str. 446).
- ▲ Zachowaj odciętą kończynę lub palec. Jak najszybciej zawiń ją w zmoczoną czystą ściereczkę lub gąbkę i włóż do worka foliowego, zamknij go i umieść w drugim worku wypełnionym lodem (nie używaj suchego lodu). Nie kładź odciętej części ciała bezpośrednio na lód ani nie zanurzaj jej w wodzie czy antyseptyku.
- ▲ Wezwij pomoc. Natychmiast zadzwoń – sama lub za pośrednictwem innej osoby – na pogotowie ratunkowe bądź udaj się z rannym dzieckiem do Szpitalnego Oddziału Ratunkowego, uprzedzając wcześniej o wypadku, aby przygotowano się do zabiegu. Nie zapomnij zabrać obłożonej lodem kończyny (czy palca), gdyż być może chirurg będzie w stanie tę część przyszyć. W czasie drogi uciskaj ranę i jeśli to konieczne, kontynuuj czynności ratownicze.

Wyposażenie domowej apteczki

Dzieci przejawiają swoistą skłonność do tego, by zacząć chorować lub ulegać urazom późno w nocy, wcześnie rano albo w ogóle o takiej porze, w której wyjazd do całodobowej apteki jest kłopotliwy. Dlatego też musisz mieć zawsze w domu dobrze wyposażoną apteczkę zawierającą środki na nagłe przypadłości. Pamiętaj, by uzupełniać ją w miarę zużywania zapasów oraz wygasania daty ważności medykamentów. W jej skład powinny wchodzić:

- Paracetamol lub ibuprofen dla dzieci (patrz str. 378).
- Leki przeciwuczuleniowe na wypadek reakcji alergicznych (zgodnie z zaleceniem lekarza).
- Solankowe krople lub sprej do nosa na zmiękczenie kataru i wypłukanie jam nosowych z zalegającej wydzieliny.
- Maść przeciw ukąszeniom komarów i swędzącej wysypce, np. Fenistil żel.
- Płyn przeciw odwodnieniu spowodowanemu przez biegunkę, wymioty, gorączkę czy inne problemy zdrowotne.
- Alkohol lub nasączone nim chusteczki do przecierania (na przykład termometru).
- Sprej antyseptyczny.
- Antybiotyk w postaci maści lub spreju (przepisany przez lekarza).
- Wazelina do smarowania końcówki termometru doodbytniczego.
- Termometr cyfrowy (patrz str. 364).
- Łyżeczka, strzykawka lub zakraplacz do podawania lekarstw.
- Plastry z opatrunkiem, jałowe opatrunki, plastry motylkowe i plastry bez opatrunku.
- Bandaż nieelastyczny.
- Sterylne waciki.
- Nożyczki o zaokrąglonych końcach do przycinania plastrów i bandaży.
- Pęseta do wyciągania drzazg, kleszczy i innych małych przedmiotów.
- W zamrażarce należy mieć zapas woreczków z lodem, takich do wielokrotnego napełniania i zamrażania (kup woreczki z kształcie zwierzątka, by podobały się dziecku i skłoniły je do współpracy) – ewentualnie można użyć w charakterze kompresu dowolnego opakowania mrożonek (warzyw czy owoców).

Odmrożenie

4. Małe dzieci są szczególnie podatne na odmrożenia, zwłaszcza palców rąk i nóg, uszu, nosa i policzków. Odmrożona część ciała staje się bardzo zimna w dotyku, bieleje lub nabiera żółtawoszarego zabarwienia. W poważnych przypadkach skóra staje się zimna, twarda i ma blady, woskowaty wygląd. Jeśli zauważysz jakiekolwiek objawy odmrożenia u swego dziecka, staraj się natychmiast rozgrzać zziębnięte części jego ciała o swoje ciało: rozepnij płaszcz i bluzkę, po czym przytul dziecko bezpośrednio do swojej skóry (najlepiej pod pachą). Możesz także chuchać ciepłym oddechem na skórę malca. Udaj się jak najszybciej do lekarza albo do Szpitalnego Oddziału Ratunkowego, a jeśli natychmiast nie możesz tego zrobić, wprowadź dziecko do jakiegokolwiek pomieszczenia i zacznij je stopniowo rozgrzewać. Nie pocieraj zmarzniętych części ciała. Nie przystawiaj ich też do grzejnika, pieca, nie przybliżaj do otwartego ognia ani innego źródła ciepła, gdyż może to spowodować poparzenie skóry. Ponadto nie próbuj szybkiego odmrażania w gorącej wodzie, bo to również może doprowadzić do większych uszkodzeń. Możesz natomiast zanurzyć odmrożone palce rąk i nóg w letniej wodzie, o temperaturze około 38,8°C, czyli trochę cieplejszej niż naturalna ciepłota ciała i tylko delikatnie ciepłej w dotyku. Do części ciała, których nie można zanurzyć, takich jak nos, uszy i policzki, przyłóż kompresy (mokre kawałki płótna lub ręczniki namoczone w wodzie o temperaturze przyjemnie ciepłej w dotyku). Stosuj moczenie w wodzie lub okłady dopóty, dopóki skóra z powrotem się nie zaróżowi, co zazwyczaj następuje w czasie od trzydziestu do sześćdziesięciu minut (utrzymuj stałą temperaturę wody, dolewając ciepłej wedle potrzeby). Podawaj także dziecku do picia ciepłe (ale nie gorące) napoje. W miarę ocieplania się skóra różowieje, staje się lekko opuchnięta i mogą się na niej pojawić pęcherze. Delikatnie ją osuszaj. Jeśli do tej pory dziecka nie oglądał lekarz, należy wezwać pomoc medyczną.

Jeśli po rozgrzaniu odmrożonych części ciała musisz znów wyjść, by zawieźć dziecko do lekarza (czy gdziekolwiek indziej), starannie otul te miejsca, żeby w czasie drogi nie doszło do ich ponownego odmrożenia, które mogłoby doprowadzić do dalszych uszkodzeń ciała.

Dzieciom bardzo często zdarzają się mniej groźne odmrożenia lekkiego stopnia. Polegają one na tym, że dana część ciała wychładza się i blednie, lecz rozgrzanie jej (w sposób identyczny jak przy cięższym odmrożeniu) trwa krócej; lekkie odmrożenie powoduje mniejszy ból i obrzęk. Nie rozgrzewaj lekko odmrożonych miejsc suchym ciepłem i chroń je przed ponownym wychłodzeniem. Choć zwykle takie przypadki nie wymagają oględzin lekarskich, to warto na wszelki wypadek zadzwonić do lekarza.

Jeśli dziecko długo przebywa na chłodzie, temperatura jego ciała może spaść poniżej prawidłowego poziomu - wówczas dochodzi do hipotermii (patrz punkt 2). Kiedy widzisz, że dziecko jest bardzo przemarznięte, nie trać czasu i szybko zawieź je do lekarza, po drodze rozgrzewając je własnym ciałem.

Omdlenie

5. Sprawdź, czy dziecko oddycha i czy wyczuwasz puls. Jeżeli nie, natychmiast rozpocznij działania reanimacyjne (patrz str. 446). Natomiast gdy wyczuwasz czynność oddechową, połóż dziecko z głową ułożoną nieco niżej od reszty ciała; w razie potrzeby lekko je okryj. Rozluźnij ubranie wokół szyi, zwróć głowę dziecka w jedną stronę i oczyść jamę ustną z jedzenia oraz wszelkich ciał obcych, po czym natychmiast wezwij lekarza.

Oparzenia

UWAGA: Jeżeli na dziecku pali się ubranie, użyj płaszcza, koca, kapy lub nawet własnego ciała do stłumienia ognia.

6. Ograniczone oparzenia wysoką temperaturą (pierwszego stopnia). Zanurz oparzone palce dłoni, dłonie, stopy, palce stóp, ręce lub nogi w chłodnej – ale nie lodowatej – wodzie (o temperaturze od 10 do 15°C); na poparzoną twarz i tułów przykładaj chłodne kompresy. Kontynuuj ochładzanie do momentu, kiedy dziecko przestanie odczuwać ból (zwykle trwa to od piętnastu minut do półgodziny). Nie przykładaj lodu, nie smaruj masłem ani maścią na oparzenia (ponieważ mogą nasilić uszkodzenie skóry) i nie przekłuwaj tworzących się pęcherzy. Gdy zakończysz moczenie poparzonej części ciała, osusz ją delikatnie miękkim ręcznikiem i przykryj gazą, bandażem czy innym opatrunkiem, który nie przylepia się do skóry. Wezwij lekarza, jeśli zaczerwienienie i ból utrzymują się dłużej niż kilka godzin. Jeśli oparzenie się nie goi, tworzą się pęcherze (poparzenie drugiego stopnia) lub skóra przyjmuje barwę białą albo jest zwęglona (poparzenie trzeciego stopnia), gdy oparzona jest twarz, dłonie, stopy bądź narządy płciowe albo duża powierzchnia skóry (co najmniej o wielkości dłoni dziecka) – bezzwłocznie wezwij lekarza.

7. Silne poparzenia. Wezwij pogotowie ratunkowe. Połóż dziecko na płaskiej powierzchni, z poparzonej okolicy zdejmij odzież, jeżeli nie przywarła ona do rany (możesz przyciąć materiał, ale go nie odrywaj) i przyłóż na skórę chłodny, wilgotny kompres (na przykład ze ściereczki), uważając, by jednocześnie nie przykrywał on więcej niż dwadzieścia pięć procent powierzchni ciała. Zadbaj o to, by dziecku było ciepło, i ułóż poparzone kończyny powyżej tułowia. Nie stosuj ucisku, maści, masła i innych tłuszczów, zasypek ani okładów z kwasu borowego. Jeśli malec jest przytomny i nie ma poparzeń w obrębie jamy ustnej, podawaj mu coś do picia, aby uniknąć odwodnienia.

8. Oparzenia chemiczne. Substancje żrące (na przykład ług i kwasy) mogą być przyczyną poważnych oparzeń. Suche resztki takiej substancji delikatnie usuń ze skóry za pomocą czystego kawałka miękkiego materiału (chroń własne ręce gumowymi rękawiczkami, ręcznikiem bądź czystą pieluchą) i usuń wszelką skażoną odzież. Natychmiast spłucz skażoną skórę dużą ilością wody. Zadzwoń do ośrodka toksykologicznego lub do lekarza, by uzyskać dalsze wskazówki. Natychmiast wezwij pomoc w przypadku, gdy dziecko ma trudności z oddychaniem lub odczuwa ból przy oddychaniu, ponieważ może to wskazywać na uraz płuc spowodowany wdychaniem trujących oparów (w przypadku połknięcia przez dziecko substancji chemicznych - patrz punkt 54.)

9. Oparzenia prądem elektrycznym. Staraj się natychmiast odłączyć urządzenie elektryczne lub odciągnij dziecko od niego za pomocą suchego przedmiotu nieprzewodzącego prądu, na przykład drewnianej miotły, drewnianej drabiny, liny, poduszki, krzesła albo choćby dużej książki - byle nie gołymi rękami. Jeśli dziecko nie oddycha i/lub nie wyczuwasz u niego pulsu, przystąp do czynności reanimacyjnych (patrz str. 446) i zadzwoń po pogotowie. Dziecko oparzone prądem powinno zostać poddane oględzinom lekarza, a zatem natychmiast zadzwoń do pediatry lub udaj się z dzieckiem do szpitala.

10. Oparzenia słoneczne. W przypadku tego rodzaju oparzenia przykładaj cztery razy dziennie na dziesięć do piętnastu minut okłady nasączone zimną wodą z kranu, aż zaczerwienienie ustąpi - parowanie wody ochładza skórę. Pomiędzy okładami natomiast smaruj skórę kremem łagodzącym oparzenia słoneczne, przeznaczonym specjalnie dla dzieci, albo łagodnym balsamem nawilżającym. Nie używaj wazeliny, gdyż zatrzymuje ciepło i blokuje dostęp powietrza niezbędnego do wyleczenia skóry. Możesz podać dziecięcy środek przeciwbólowy, taki jak paracetamol, a jeśli pojawił się obrzęk, wybierz raczej ibuprofen, który ma właściwości przeciwzapalne. Nie podawaj leków przeciwhistaminowych, chyba że na polecenie lekarza. Jeżeli poparzenie jest głębokie lub rozległe, to znaczy pojawiają się pęcherze, silny ból, nudności lub dreszcze, natychmiast wezwij lekarza.

Oparzenia chemiczne

Patrz punkt 8.

Oparzenia słoneczne

Patrz punkt 10.

Owady – użądlenia i ukąszenia

Patrz punkt 32.

Pogryzienia przez psa

Patrz punkt 30.

Połknięcie ciała obcego

11. Moneta, kuleczka czy inny mały przedmiot. Gdy dziecko połknie taką rzecz i nie ma z tego powodu widocznych dolegliwości, zapytaj lekarza, jak postępować. Najlepiej wówczas poczekać, aż ów drobiazg przejdzie przez układ trawienny i zostanie wydalony, co zwykle trwa od dwóch do trzech dni. Wielkość przedmiotu ma tu niewątpliwie znaczenie: małe monety (wielkości grosza) zazwyczaj przesuwają się szybko, ale większe już nie. Jeżeli lekarz zasugeruje metodę przeczekiwania, sprawdzaj stolce dziecka, żeby stwierdzić, czy ciało obce zostało wydalone. Ale kiedy widzisz, że dziecko po połknięciu

W NIEWŁAŚCIWYM MIEJSCU

Małe dzieci uwielbiają badać nieznane terytoria, zwłaszcza jeśli dotyczy to ich własnego ciała: ileż tajemniczych i fascynujących otworów, w które można włożyć palce, kredki, zabawki czy monety! Gdy pokusa jest nieodparta, a możliwości czekają w zasięgu ręki, to może się zdarzyć, że mimo twojego wydawałoby się nieustannego nadzoru jakiś przedmiot trafi w niewłaściwe miejsce. Oto co powinnaś o tym wiedzieć:

Połknięte przedmioty. Poproś lekarza o wskazówki, jak postępować w takim przypadku. Jeśli dziecko nie ma trudności z oddychaniem ani przełykaniem, nie kaszle i nie krztusi się ani też nie narzeka na ból, to zwykle najlepiej obserwować jego stolce przez następne kilka dni (chyba że połkniętym przedmiotem jest bateria, patrz punkt 12, albo ostry przedmiot, patrz punkt 13 – wówczas potrzebna jest natychmiastowa pomoc medyczna). Monety i inne drobiazgi na ogół zostają wydalone. Ale jeżeli dziecko dostanie gorączki bądź też pomimo upływu czterech czy pięciu dni nie znajdziesz w stolcu połkniętego przedmiotu, zadzwoń ponownie do lekarza. Prawdopodobnie trzeba będzie wykonać prześwietlenie w celu zlokalizowania punktu, w którym utknęło ciało obce. Może się zdarzyć, że konieczne będzie dokonanie zabiegu z użyciem endoskopu. Ten elastyczny instrument wsunięty do przełyku pokaże lekarzom, co dziecko połknęło, gdzie ten przedmiot się znajduje, i pomoże go usunąć.

Jeśli po połknięciu ciała obcego dziecko kaszle, ma trudności z oddychaniem, ma zmieniony oddech lub narzeka na ból, należy natychmiast skontaktować się z lekarzem lub wezwać pogotowie ratunkowe (sposób postępowania w przypadku zadławienia przedmiotem przedstawiamy na str. 450).

Przedmioty wsunięte w otwory w ciele. Każdy otwór w ciele (który przecież dokądś prowadzi!) jest niezmiernie intrygujący dla malucha – ale tej fascynacji mogą niestety towarzyszyć zagrożenia. Wsunięcie jakiegoś przedmiotu do ucha grozi zniszczeniem błony bębenkowej, do nosa – spowodowaniem krwawienia, a nawet zakażenia, do jamy ustnej – zakrztuszeniem i zatruciem, a do pochwy czy odbytu – zakażeniem.

Jeśli zobaczysz, że dziecko wkłada coś w któryś z otworów swojego ciała, wyjaśnij, iż jest to niebezpieczne, po czym powiedz, do czego dana rzecz służy (na przykład: „Groszek jest do jedzenia i nie wolno go wkładać do nosa"). Gdyby twoja argumentacja nie poskutkowała, zabierz dziecku przedmiot, którym nie powinno się bawić.

Czasem maluchom zdarza się wsunąć sobie ciało obce do nosa, ucha lub (rzadziej) do pochwy czy odbytu niepostrzeżenie, za plecami osoby dorosłej. Możesz podejrzewać, że doszło do takiego wypadku, gdy stwierdzisz nieprzyjemną woń lub nietypową wydzielinę (niekiedy krwistą) z danego otworu w ciele lub gdy dziecko zacznie narzekać na ból w jego okolicy. Informacje o tym, jak bezpiecznie usunąć ciało obce, którego nie sposób uchwycić, i jak leczyć wynikający z tego uraz, znajdziesz w punktach 50, 19 i 40. Zadzwoń do lekarza lub zabierz dziecko do Szpitalnego Oddziału Ratunkowego, gdy nie uda ci się usunąć ciała obcego z jego organizmu.

takiego przedmiotu ma trudności z przełykaniem lub zdaje się odczuwać ból w klatce piersiowej (wskazówką mogą być zmiany w oddychaniu), a także kiedy ból w klatce piersiowej lub ból gardła (dziecko nie chce jeść ani pić), świszczący oddech, ślinienie się, charczenie, wymioty czy trudności z przełykaniem pojawią się później, możesz wnioskować, iż ów przedmiot utknął w przełyku. Wówczas niezwłocznie wezwij lekarza lub udaj się z dzieckiem do Szpitalnego Oddziału Ratunkowego. Gdy dziecko kaszle albo z trudem oddycha, może to wskazywać, że przedmiot utknął w drogach oddechowych, i wtedy powinnaś postępować jak w przypadku zadławienia (patrz str. 450).

12. Baterie. W przypadku połknięcia przez dziecko jakiejkolwiek baterii należy natychmiast skontaktować się z lekarzem lub zabrać malucha do Szpitalnego Oddziału Ratunkowego. Sytuacja taka jest niezmiernie niebezpieczna, ponieważ bateria może utknąć w dowolnym miejscu w układzie pokarmowym i działać żrąco na narządy wewnętrzne, stając się przyczyną poważnych urazów, a nawet śmierci. Dlatego niezbędne jest udzielenie dziecku niezwłocznej pomocy medycznej.

13. Ostre przedmioty. Jeśli połknięty przedmiot ma ostre końce (na przykład agrafka, szpilka, rybia ość czy zabawka z ostrymi krawędziami), niezwłocznie udaj się z dzieckiem do lekarza. Być może potrzebna będzie interwencja chirurga.

POPARZENIA

Patrz punkty 6, 7 i 8.

PORAŻENIE PRĄDEM ELEKTRYCZNYM

14. Przerwij kontakt ze źródłem prądu, odłączając urządzenie elektryczne lub oddzielając od niego dziecko za pomocą suchego, niemetalowego przedmiotu, takiego jak drewniana miotła lub drabina, tkanina, poduszka, krzesło, kalosz, a nawet większa książka. Jeśli dziecko ma kontakt z wodą, sama tej wody nie dotykaj. Wezwij pogotowie. Jeżeli dziecko nie oddycha i/lub nie wyczuwasz pulsu, rozpocznij akcję reanimacyjną (patrz str. 446).

RANY

Patrz punkty 22, 23.

RANY JAMY USTNEJ

15. Pęknięcie wargi. Rzadko któremu dziecku udaje się w drugim roku życia choć raz nie mieć rozciętej wargi. Na szczęście takie rany goją się szybko, a tylko wyglądają na znacznie groźniejsze, niż są faktycznie. By złagodzić ból oraz zmniejszyć krwawienie, przyłóż woreczek z lodem albo daj malcowi do ssania zmrożone lody bądź kostkę lodu. Jeśli rana rozchodzi się lub jeśli krwawienie nie ustaje w ciągu mniej więcej piętnastu minut, skontaktuj się z lekarzem. Zadzwoń do niego także wtedy, gdy podejrzewasz, że do urazu mogło dojść na skutek gryzienia przez dziecko przewodu elektrycznego.

16. Rany wewnątrz jamy ustnej. Także tego rodzaju urazy często zdarzają się dzieciom. W celu złagodzenia bólu i zatrzymania krwawienia wewnątrz jamy ustnej daj dziecku zmrożonego loda. By zatamować krwawienie rany na języku, która samoistnie nie przestaje krwawić, spróbuj ucisnąć jej brzegi kawałkiem gazy, czystą ściereczką lub pieluchą z tetry. Należy wezwać lekarza, jeśli skaleczona jest tylna część gardła lub podniebienie miękkie (tył górnej części jamy ustnej), występuje rana kłuta od ostrego przedmiotu (na przykład ołówka lub patyka) albo krwawienie nie ustaje w ciągu mniej więcej piętnastu minut.

17. Wybity ząb. Wątpliwe, by dentysta próbował wstawić wybity dziecięcy ząb (takie reimplanty rzadko się utrzymują). Sprawdzi on natomiast, czy ząb ten jest cały, gdyż fragmenty pozostałe w dziąśle mogą wypaść i następnie dostać się do dróg oddechowych dziecka i spowodować zakrztuszenie, a ponadto w miejscu ubytku może się wywiązać zakażenie. Weź więc ząb ze sobą do dentysty lub do pediatry, jeśli dentysta jest nieosiągalny.

18. Złamany ząb. Oczyść jamę ustną dziecka z wszelkich zanieczyszczeń za pomocą gazy bądź czystej ściereczki zamoczonej w ciepłej wodzie. Sprawdź starannie, czy w buzi dziecka nie pozostały żadne kawałki złamanego zęba, następnie przyłóż do policzka w okolicy uszkodzonego zęba zimny kompres, by zmniejszyć obrzęk. Jak najszybciej zadzwoń do stomatologa dziecka po instrukcje co do dalszego postępowania, a jeżeli jeszcze stomatologa nie macie, zwróć się do pediatry.

19. Ciało obce w jamie ustnej lub w gardle. Usunięcie z buzi lub gardła ciała obcego, które trudno uchwycić z zewnątrz, może okazać się nie lada zadaniem – jeżeli nie zostanie wykonane bardzo umiejętnie, może spowodować wepchnięcie przedmiotu do gardła.

By usunąć miękki przedmiot (kawałek papieru lub chleba), należy otworzyć buzię dziecka przez ściśnięcie policzków i posłużyć się pęsetą. Inne przedmioty spróbuj wyjąć palcem: zegnij palec i przesuń nim szybko po uwięzionym przedmiocie, wykonując ruchy na boki. Nie stosuj jednak tego sposobu, jeżeli ciało obce jest niewidoczne. Jeśli utknęło ono w gardle, postępuj zgodnie ze wskazówkami dotyczącymi zadławienia (patrz str. 450).

RANY KŁUTE

Patrz punkt 25.

RANY SKÓRY

UWAGA: Każde uszkodzenie skóry grozi zachorowaniem na tężec, więc jeśli dziecko się zrani, sprawdź, czy ma aktualne szczepienie przeciwko tej chorobie (wchodzi ono w skład szczepionki skojarzonej Di-Te-Per*). Obserwuj uważnie, czy nie wystąpią oznaki zakażenia (obrzęk, wzrost ciepłoty ciała, tkliwość, zaczerwienienie skóry wokół rany, sącząca się z niej wydzielina), a jeżeli je stwierdzisz, skontaktuj się z lekarzem.

20. Krwiaki (sińce). Jeżeli uraz jest bolesny, przykładaj zimne kompresy, woreczki z lodem lub lód owinięty w ściereczkę (ale nie dotykaj lodem bezpośrednio skóry), by zmniejszyć rozmiary wylewu podskórnego i obrzęk. Najlepiej byłoby stosować okłady przez pół godziny, choć trudno do tego nakłonić małe dziecko; zwykle zresztą tak długie zabiegi nie są konieczne. Jeśli skóra jest przerwana, postępuj jak w przypadku otarcia (punkt 21) lub rany ciętej (punkty 22 i 23). Wezwij lekarza natychmiast, jeżeli krwiak powstał po urazie związanym z wkręceniem palców (na przykład w jakieś urządzenie lub szprychy kręcącego się koła), bez względu na to, jak niewinnie by wyglądał. Należy również zgłosić lekarzowi krwiaki, które pojawiają się bez wiadomej przyczyny lub podczas gorączki.

21. Zadrapania i otarcia naskórka. Urazy tego typu, najczęściej na kolanach i łokciach, polegają na starciu górnej warstwy (bądź warstw) skóry (naskórka), a odsłonięta partia jest zaczerwieniona i wrażliwa, często też lekko krwawi. Obmyj delikatnie ranę z wszelkich zabrudzeń jałową gazą lub kawałkiem czystej ściereczki zmoczonej w wodzie z mydłem. Jeśli dziecko będzie protestować przeciwko takim twoim staraniom, spróbuj je wykąpać. Gdyby krwawienie nie ustawało samoistnie, zastosuj ucisk na ranę oraz zalecany przez pediatrę dziecka środek antyseptyczny w spreju bądź kremie, po czym przykryj urażone miejsce sterylnym opatrunkiem na tyle luźno, by nie blokował on dostępu powietrza. Nie trzeba opatrywać zadrapania, które nie krwawi. Większość z nich goi się szybko.

22. Niewielkie rany cięte. Przemyj okolicę takiej rany wodą z mydłem, po czym przytrzymaj rozcięcie pod strumieniem bieżącej wody, aby wypłukać zeń wszelkie zabrudzenia i ciała obce. Niektórzy lekarze zalecają stosowanie środków antyseptycznych w spreju przed nałożeniem opatrunku. Plaster bez opatrunku ściągnie brzegi rany i pomoże przyspieszyć proces gojenia. Po upływie jednej doby zdejmij opatrunek, by do skóry miało dostęp powietrze; załóż opatrunek ponownie tylko wówczas, gdy jest to niezbędne. Skonsultuj się z lekarzem, jeśli zauważysz objawy zakażenia (zaczerwienienie, obrzęk, zaognienie przy ranie i/lub sączącą się z rany białą wydzielinę).

* Dwuletnie dziecko szczepione zgodnie z kalendarzem szczepień nie powinno otrzymać kolejnej dawki szczepionki przeciwtężcowej w razie zranienia. Szczepienie powinno zostać wykonane, jeżeli dziecko nie było szczepione lub gdy schemat szczepienia był niepełny (przyp. red. meryt.).

By mniej bolało

Trudno o współpracę małych dzieci przy leczeniu ich urazów – choć w tym przypadku nie ma się czemu dziwić. Przecież przeciętny roczny malec zmuszany do bezruchu czuje się podwójnie nieszczęśliwy. A ponieważ nie kojarzy jeszcze związku pomiędzy leczeniem i zdrowieniem, przekonywanie go, że moczenie poparzonej skóry lub przykładanie lodu na krwiak przyniesie ulgę, rzadko daje właściwy rezultat. Znacznie lepszy efekt uzyskasz, odwracając jego uwagę od urazu na przykład ulubioną pozytywką, filmem lub muzyką, pluszowym pieskiem, który macha ogonkiem i kłapie pyszczkiem, pociągiem sunącym przez stolik albo tańcem, podskokami czy piosenką śpiewaną przez mamę, tatę bądź rodzeństwo. Metody te mogą zadecydować albo o powodzeniu całego przedsięwzięcia, albo... o totalnym fiasku.

Zazwyczaj ból związany z leczeniem pomagają złagodzić przyjemne dla dziecięcego oka artykuły pierwszej pomocy. Poszukaj worków na lód i plastrów o interesujących kształtach i wzorkach (na przykład pojemniki na lód w kształcie króliczka, przylepce z dinozaurami i postaciami z bajek, a nawet wyglądające po przyklejeniu jak całuski).

Oczywiście twoja stanowczość co do sposobu leczenia urazu uzależniona będzie od stanu dziecka. Małe przecięcie skóry papierem nie jest warte toczenia batalii, nie można jednak zlekceważyć rozległego zadrapania kolana oblepionego brudem. I identycznie: nie trzeba unieruchamiać zdenerwowanego dziecka i przykładać mu worka z lodem do małego guza, natomiast poważne poparzenie na pewno wymagać będzie zimnych okładów, choćby mały pacjent kopał i krzyczał wniebogłosy. W większości przypadków trzeba starać się udzielić dziecku pierwszej pomocy jak najszybciej – nawet kilkuminutowy zimny okład zmniejszy obrzęk i wylew podskórny – ale zawsze warto zastanowić się, czy zmagania warte są ewentualnych korzyści.

23. Rozległe rany cięte. Uciśnij ranę jałowym opatrunkiem, świeżą pieluchą, podpaską, czystą ściereczką lub - jeśli nie masz nic takiego pod ręką - choćby palcami, aby zatamować krwawienie, jednocześnie unosząc zranioną część ciała dziecka powyżej poziomu jego serca. Użyj więcej opatrunków i zwiększ nacisk, jeśli krwawienie nie będzie ustępować (nie obawiaj się ewentualnych uszkodzeń z powodu zbyt mocnego nacisku). Jeśli rana rozchodzi się, wygląda na głęboką, ma poszarpane krawędzie, a krew tryska z niej bądź wypływa silnym strumieniem, czy też krwawienie nie ustaje przez pół godziny, zadzwoń po pogotowie albo zawieź dziecko do Szpitalnego Oddziału Ratunkowego. W razie potrzeby uciskaj ranę aż do przybycia pomocy lub zawiezienia dziecka do lekarza lub szpitala. Jeśli dziecko ma również inne urazy, spróbuj jako ucisk zastosować przywiązany bandażem lub przyklejony plastrem opatrunek, byś miała wolne ręce. Gdy krwawienie ustanie, załóż na ranę jałowy opatrunek z gazy, na tyle luźny, by nie hamował krążenia. Nie stosuj na ranę niczego innego, nawet środka odkażającego, jeśli nie zostanie to zalecone przez lekarza. Gdy rana jest głęboka i/lub duża, umiejscowiona na twarzy bądź na wewnętrznej powierzchni dłoni, może wymagać założenia szwów; w niektórych przypadkach można zastosować specjalny klej do skóry Dermabond. Rany cięte na twarzy powinien obejrzeć chirurg plastyczny.

24. Obfite krwawienie. W przypadku odcięcia kończyny (punkt 3) i/lub silnego krwawienia natychmiast wezwij pogotowie ratunkowe lub udaj się z dzieckiem do szpitala. Oczekując na pomoc, uciskaj ranę za pomocą kilku opatrunków jałowych z gazy lub przy użyciu pieluszki, podpaski, czystego ręcznika albo ściereczki. Jeśli krwawienie nie ustaje, zwiększ ucisk i przyłóż dodatkowy opatrunek, ale nie używaj bez zalecenia lekarza opaski uciskowej, która często przynosi więcej szkody niż pożytku. Uciskaj ranę do chwili uzyskania pomocy medycznej.

25. Rany kłute. Miejsce z raną kłutą (czyli taką, jaką wywołać może na przykład pinezka, igła, długopis czy pióro, ołówek, gwóźdź) mocz przez piętnaście minut w przyjemnie ciepłej wodzie z mydłem, a następnie skonsultuj się z lekarzem co do dalszych działań. Gdy rana jest głębsza (na przykład spowodowana nożem lub patykiem), natychmiast zawieź dziecko do szpitala (w przypadku obfitego krwawienia – patrz punkt 24). Nie usuwaj przedmiotu, który nadal tkwi głęboko w ranie, gdyż może to nasilić krwawienie i spowodować inne szkody. Obłóż go raczej lub w inny sposób unieruchom, pilnując, by dziecko się nie ruszało.

26. Drzazgi i inne drobne ostre przedmioty. Obmyj okolice skaleczenia czystą wodą z mydłem i przyłóż woreczek z lodem albo kostkę lodu owiniętą gazą lub kawałkiem materiału, by zmniejszyć ból. Jeśli drzazga nie wystaje ze skóry, postaraj się ją podważyć za pomocą igły do szycia, wysterylizowanej uprzednio alkoholem lub płomieniem świeczki, natomiast gdy kawałek ciała obcego jest wyraźnie widoczny, spróbuj usunąć je pęsetą (także poddaną sterylizacji) – nie paznokciami ani zębami. Po wyciągnięciu drzazgi ponownie przemyj ranę. W przypadku trudności z usunięciem tkwiącego w skórze kolca spróbuj moczyć skórę W ciepłej wodzie z mydłem przez piętnaście minut trzy razy dziennie przez kilka dni. Powinno to pomóc pozbyć się ciała obcego. Jeśli twoje starania zakończą się niepowodzeniem lub zauważysz objawy zakażenia (takie jak zaczerwienienie, zaognienie miejscowe, obrzęk), drzazga utkwiła głęboko bądź jest bardzo duża, a szczepienie przeciwko tężcowi (wchodzące w skład szczepionki Di-Te-Per) nie jest aktualne, lub jeżeli okruch tkwiący w skórze dziecka jest z metalu lub szkła, niezbędna jest pomoc medyczna.

Skręcenia

27. Skręcenie jest to uszkodzenie więzadeł, czyli tkanki włóknistej łączącej poszczególne kości, a ponieważ u małych dzieci więzadła są stosunkowo silne w porównaniu z kośćmi i chrząstkami, prawdopodobieństwo takiego urazu jest mniejsze niż u osób w wieku dorosłym, kiedy to kości stają się silniejsze. Mimo to u małych dzieci dochodzi czasem do skręcenia stawu skokowego, rzadziej nadgarstka lub kolana. Objawy, czyli ból, obrzęk, niemożność poruszania danym stawem lub – jeśli jest to staw skokowy bądź kolanowy – niemożność stąpnięcia na daną kończynę, są podobne do złamania kości, dlatego zwykle tego rodzaju kontuzja wymaga pomocy lekarskiej, a niekiedy prześwietlenia rentgenowskiego w celu stwierdzenia, do jakiego urazu doszło. Zadzwoń do lekarza, gdy zaobserwujesz u dziecka wymienione objawy, a jeśli istnieje prawdopodobieństwo złamania kości, to patrz punkt 56. A oto pierwsze kroki, jakie powinnaś podjąć w przypadku skręcenia przez dziecko stawu:

- ▲ Zapewnij odpoczynek bolącemu stawowi. Jeśli doszło do skręcenia nogi, dziecko powinno ograniczyć chodzenie do minimum przez kilka dni albo do chwili, gdy chodzenie przestanie sprawiać ból.
- ▲ Rób okłady z lodu na okolice skręconego stawu.
- ▲ Owiń staw (ale nie na tyle ciasno, by zablokować krążenie) bandażem elastycznym.
- ▲ Unieś kończynę (tak wysoko, jak to jest możliwe) i ułóż ją na miękkiej poduszce lub dużym pluszaku.

Skontaktuj się ponownie z lekarzem, jeśli stan nie ulegnie poprawie lub się pogorszy.

Trujący bluszcz, trujący dąb, sumak jadowity

28. Po styczności z tymi roślinami u większości dzieci w ciągu kilkunastu do kilkudziesięciu godzin występuje reakcja alergiczna (zwykle objawiająca się czerwoną, swędzącą wysypką z towarzyszącym jej niekiedy obrzękiem, pęcherzami oraz wysiękiem). Może się ona utrzymywać od dziesięciu dni do czterech tygodni. Jeżeli wiesz, że dziecko miało kontakt z taką rośliną, zdejmij z niego ubranie, chroniąc swoje dłonie przed sokami rośliny (zawierającymi żywicę wywołującą reakcję) rękawiczkami, ręcznikiem papierowym lub choćby czystą pieluchą. Aby żywica ta nie przywarła do skóry dziecka, natychmiast umyj je w chłodnej wodzie z mydłem (zmywaj skórę przez przynajmniej dziesięć minut) i spłucz obficie. W razie konieczności użyj nawilżonej chusteczki. Wysypka sama w sobie nie jest zaraźliwa i nie przenosi się na inne osoby czy części ciała, jeśli soki roślinne zostaną spłukane. W podobny sposób zmyj wodą wszystko, co miało kontakt z roślinami (w tym odzież, zwierzęta, wózek itd.), ponieważ substancja alergizująca pozostaje aktywna nawet przez rok. Buty, których nie można umyć, powinny być dokładnie oczyszczone.

Jeśli wystąpi reakcja uczuleniowa, można zastosować miejscowo hydrokortyzon na złagodzenie stanu zapalnego. Ulgę powinny przynieść chłodne kompresy (z zimnej wody z dodatkiem sody oczyszczonej) i/lub kąpiele w wodzie z płatkami owsianymi. Przytnij paznokcie dziecka, by nie mogło się drapać. Jeżeli wysypka jest intensywna lub powoduje silny dyskomfort, gdyż obejmuje wrażliwe miejsca (okolice oczu czy narządów płciowych), skontaktuj się z lekarzem.

Udar cieplny

29. Przegrzanie lub łagodna hipertermia (zbyt wysoka temperatura ciała) to najczęstsza postać udaru cieplnego, a do jego objawów należeć mogą: silne pocenie się, pragnienie, ból głowy, kurcze mięśni, zawroty głowy albo zamroczenia i/lub nudności (dziecko może być marudne, odmawiać jedzenia bądź odczuwać nudności). Ciepłota ciała może wzrosnąć do 38,3°C czy nawet do 40,5°C. Postępowanie polega na przeniesieniu dziecka w chłodne miejsce (najlepiej klimatyzowane) i podawaniu zimnych napojów (na przykład rozcieńczonego soku). Można także ochładzać ciało dziecka kompresami lub za pomocą wentylatora. Jeżeli stan nie powraca szybko do normy, dziecko wymiotuje po piciu lub ma wysoką gorączkę, wezwij lekarza.

Udar cieplny (czyli poważna hipertermia) występuje rzadziej i ma groźniejszy przebieg. Zwykle pojawia się nagle po przegrzaniu organizmu, na przykład po zabawie w gorący dzień na palącym słońcu lub po przebywaniu w zamkniętym samochodzie, podczas gdy na zewnątrz panuje wysoka temperatura. Zwróć uwagę na następujące objawy: gorąca i sucha (rzadko wilgotna) skóra, bardzo wysoka gorączka (niekiedy przekraczająca 41°C), biegunka, nadpobudliwość lub senność, dezorientacja, drgawki i utrata przytomności. Jeśli podejrzewasz u dziecka udar cieplny, owiń je w duży, mokry i zimny ręcznik kąpielowy (wrzuć do zlewu kostki lodu, potem nalej wody, a następnie zanurz w niej ręcznik) i natychmiast wezwij pogotowie lub udaj się z dzieckiem do najbliższego punktu pomocy medycznej. Gdy ręcznik zacznie się ogrzewać, zmień go na zimny.

Ukąszenia

30. Pokąsania przez zwierzęta. Staraj się, by dziecko nie poruszało pogryzioną częścią ciała, i wezwij natychmiast lekarza. Delikatnie przemyj ranę wodą z mydłem. Nie stosuj antyseptyków ani żadnych innych środków. Zatrzymaj krwawienie (punkty 22, 23 i 24) i przykryj ranę jałowym opatrunkiem. Psy, koty, nietoperze, skunksy, kojoty, lisy i szopy pracze, które rzucają się na człowieka, często mają wściekliznę, zwłaszcza jeśli atakują nieprowokowane. Częstym następstwem pogryzienia przez koty są zakażenia, które mogą wymagać leczenia antybiotykami.

Dziecku pogryzionemu przez psa powinno się podać antybiotyk, jeżeli dojdzie do zakażenia rany. Po każdym ugryzieniu przez zwierzę skonsultuj się z pediatrą lub chirurgiem (czasem konieczne bywa chirurgiczne opatrzenie rany). Lekarz musi także podjąć decyzję, czy trzeba zastosować antybiotyki oraz czy rozpocząć poekspozycyjną kurację przeciwko wściekliźnie (należy pamiętać, że choć wścieklizna u ludzi występuje niezwykle rzadko, to nieleczona zawsze prowadzi do śmierci). Wezwij natychmiast lekarza, jeśli w miejscu ugryzienia pojawi się zaczerwienienie, obrzęk lub ropna wydzielina – są to bowiem objawy zakażenia.

31. Pogryzienie przez człowieka. Nie obawiaj się, jeśli twoje dziecko zostało ugryzione przez inne dziecko. Gdy skóra została przerwana w wyniku ugryzienia, przemyj to miejsce chłodną wodą z łagodnym mydłem. Nie pocieraj rany ani nie stosuj żadnych sprejów czy maści (nawet z antybiotykiem). Wystarczy tylko zasłonić ranę sterylnym opatrunkiem i zadzwonić do lekarza. W razie konieczności zastosuj ucisk, by zatamować krwawienie (punkt 23). W celu uniknięcia zakażenia lekarz może zalecić antybiotyk.

32. Użądlenia przez owady. Jeśli dziecko zostało użądlone, podejmij następujące działania:

▲ Po obmyciu skóry wodą możesz zastosować środki łagodzące świąd, np. Fenistil żel.

▲ Kleszcze usuwaj tępą pęsetą albo paznokciami osłoniętymi chusteczką higieniczną, papierowym ręcznikiem lub gumową rękawiczką. Schwyć kleszcza jak najbliżej skóry dziecka i pociągnij go równomiernym, nieprzerwanym ruchem. Nie przekręcaj, nie wyciskaj, nie rozgniataj ani nie nakłuwaj kleszcza, a jeśli nie masz pewności, czy nie jest to kleszcz tzw. „jeleni", zachowaj go do sprawdzenia – lub zrób jego zdjęcie i pokaż później lekarzowi. Nie ma jednak żadnego innego powodu przechowywania owada (lekarz nie będzie musiał przeprowadzać na nim żadnych badań).

▲ Po użądleniu przez pszczołę zdrap żądło tępą krawędzią noża, paznokciem lub kartą kredytową. Nigdy nie usuwaj żądła pęsetą ani palcami, gdyż w ten sposób zawartość zbiornika z jadem, który jest na szczycie żądła, przedostanie się do organizmu człowieka. Potem postępuj tak, jak opisano poniżej.

▲ Obmyj miejsce, w które użądliła dziecko pszczoła, osa, mrówka, pająk czy kleszcz, wodą z mydłem, po czym – jeśli widzisz obrzęk albo dziecko narzeka na ból – przyłóż lód zawinięty w ręcznik lub zimny kompres.

▲ Jeśli ból po ukąszeniu pająka jest wyjątkowo silny, przyłóż zimny kompres i zadzwoń do ośrodka toksykologicznego. Spróbuj opisać wygląd pająka, gdyż być może jest on przedstawicielem gatunku jadowitego. Jeśli jesteś pewna, że twoje dziecko zostało zaatakowane przez czarną wdowę, pustelnika brunatnego, tarantulę albo skorpiona, zadzwoń po pogotowie natychmiast, zanim jeszcze wystąpią objawy.

▲ Uważnie obserwuj, czy po użądleniu przez pszczołę, osę lub szerszenia nie występują u dziecka objawy nadwrażliwości, takie jak: silny ból, obrzęk, skrócenie oddechu. Około dziewięćdziesięciu procent dzieci reaguje na jad owadów krótkotrwałym (trwającym mniej niż dobę) zaczerwienieniem, obrzękiem i bólem w promieniu około pięciu centymetrów od miejsca użądlenia. Jednak u pozostałych dziesięciu procent reakcja miejscowa jest znacznie silniejsza, obrzęk i tkliwość obejmuje znacznie większy obszar, a największe nasilenie objawów przypada dopiero na okres od trzech do siedmiu dni po kontakcie z owadem. Osoby, u których wystąpią takie objawy już przy pierwszym użądleniu, zwykle mają później nadwrażliwość (bądź alergię) na jad i każde następne użądlenie może być śmiertelne, jeśli pomoc nie zostanie udzielona natychmiast. Zagrażające życiu reakcje anafilaktyczne (raczej rzadkie) zwykle następują w czasie od pięciu do dziesięciu minut po użądleniu i mogą mieć następujące objawy: obrzęk twarzy i/lub języka; oznaki obrzęku gardła, takie jak łaskotanie, dławienie się, problemy z przełykaniem bądź zmiana barwy głosu; skurcz oskrzeli (ucisk w klatce piersiowej, kaszel, świszczący oddech lub duszność); spadek ciśnienia krwi powodujący zawroty głowy, zasłabnięcie lub utratę przytomności. Przypadki śmiertelne u dzieci są niezwykle rzadkie, mimo to natychmiast poszukaj pomocy medycznej, jeżeli zauważysz jakiekolwiek reakcje ogólnoustrojowe (czyli takie, które dotyczą części ciała i/lub układów w miejscu innym niż miejsce użądlenia). Gdy reakcja taka zagraża życiu dziecka, natychmiast wezwij pogotowie ratunkowe.

Po każdej reakcji ogólnoustrojowej często przeprowadzane są badania w celu określenia wrażliwości dziecka na jad owadów. Jeżeli ich wynik wykaże, że kolejne użądlenie może się dla dziecka skończyć śmiercią, przypuszczalnie otrzymasz zalecenie noszenia ze sobą autowstrzykiwacza EpiPen (patrz str. 395) za każdym razem, gdy wychodzisz z maluchem z domu w sezonie występowania owadów.

33. Ukąszenia przez węże i żmije. Ukąszenie dziecka przez jadowitego węża jest niezwykle niebezpieczne, lecz na szczęście zdarza się bardzo rzadko. Cztery główne gatunki występujące w Stanach Zjednoczonych to: grzechotnik, mokasyn miedziogłowiec, koralówka arlekin i mokasyn błotny (w Polsce jedynym jadowitym gatunkiem węża jest żmija zygzakowata); wszystkie mają zęby jadowe, które zazwyczaj pozostawiają ślady pozwalające na zidentyfikowanie zwierzęcia. Ponieważ dziecko ma niewielką masę ciała, nawet znikoma ilość jadu może się okazać śmiertelna. Bardzo ważne jest, by po ukąszeniu dziecko nie poruszało się i w miarę możliwości miało unieruchomioną ukąszoną część ciała. Jeśli jest nią kończyna, najlepiej posłużyć się do jej unieruchomienia szyną i trzymać rękę czy nogę poniżej wysokości serca. Gdy dostępny jest zimny kompres, przyłóż go w celu złagodzenia bólu, lecz nie stosuj lodu ani nie podawaj żadnych leków bez konsultacji z lekarzem. Postaraj się jak najszybciej uzyskać pomoc medyczną i przygotuj się, by jak najdokładniej opisać węża. Jeżeli natomiast pomoc medyczna nie będzie mogła zostać udzielona w ciągu godziny, załóż dziecku opaskę uciskową (pasek, krawat czy gumkę do włosów) – na tyle luźną, byś mogła wsunąć pod nią palec – około pięciu centymetrów powyżej ukąszenia, by spowolnić krążenie krwi (nie zawiązuj tego typu opaski uciskowej dookoła palców rąk i nóg, a także na szyi, głowie i tułowiu). Często sprawdzaj tętno poniżej opaski, aby sprawdzić, czy krążenie nie zostało zahamowane, i poluźnij opaskę, jeśli kończyna zacznie puchnąć. Zanotuj czas założenia opaski. Może pomóc wyssanie jadu ustami (a następnie wyplucie go), pod warunkiem że zostanie wykonane natychmiast po ukąszeniu. Nie wykonuj jednak żadnych nacięć skóry, chyba że od uzyskania pomocy medycznej dzieli cię cztery do pięciu godzin, a objawy się nasilają. Jeśli dziecko nie oddycha i/lub jego serce zatrzymało się, rozpocznij akcję reanimacyjną (str. 444). Gdy zaistnieje konieczność, postępuj jak w przypadku wstrząsu (punkt 53).

Po ukąszeniu dziecka przez węża niejadowitego postępuj jak w przypadku ran kłutych (punkt 25) i zawieź dziecko do lekarza.

34. Ukąszenia lub oparzenia przez zwierzęta morskie. Wypadki tego typu zwykle nie są groźne, chociaż czasem zdarzają się u dzieci ostre reakcje, dlatego należy natychmiast poszukać pomocy medycznej. Rodzaj pierwszej pomocy uzależniony będzie od gatunku zwierzęcia, ogólnie jednak wszelkie pozostałe na ciele dziecka fragmenty ciała intruza należy ostrożnie usunąć przez pieluszkę, kawałek tkaniny lub kartą kredytową (aby chronić własne palce). Silne krwawienia (punkt 24), wstrząs (punkt 53) lub zatrzymanie oddechu (patrz str. 446) wymagają natychmiastowej akcji ratunkowej, a zatem w razie konieczności zadzwoń na pogotowie (nie martw się natomiast lekkim krwawieniem - pomoże ono pozbyć się toksyny z organizmu). Jeśli to możliwe, miejsce, w które trafił jad ogończy, skrzydlicy, suma, szkaradnicy czy jeżowca, należy moczyć w gorącej wodzie (aby spowodować rozkład toksyn) przez trzydzieści minut lub do czasu przybycia pomocy medycznej. Działaniu jadu meduz lub żeglarza portugalskiego można przeciwdziałać, pocierając miejsce poparzenia zwykłym octem spirytusowym lub alkoholem, na wszelki więc wypadek noś w torbie plażowej kilka kompresów nasączonych alkoholem.

Działanie przeciwbólowe mają natomiast: sól do peklowania mięsa, soda oczyszczona, amoniak i sok z cytryny lub limonki.

UKĄSZENIA PRZEZ PAJĄKI

Patrz punkt 32.

UKĄSZENIA PRZEZ WĘŻE I ŻMIJE

Patrz punkt 33.

URAZY GŁOWY

UWAGA: Urazy głowy są na ogół groźne, gdy dziecko spadnie na twardą powierzchnię z wysokości równej jego wzrostowi lub większej lub gdy zostanie uderzone ciężkim przedmiotem. Uderzenia w skroń mogą spowodować większe uszkodzenia niż uderzenia w czoło lub w tył głowy.

35. Rany cięte i krwiaki na skórze głowy. Ponieważ na głowie naczynia krwionośne znajdują się tuż pod skórą, rany głowy - nawet niewielkie - mogą mocno krwawić, a krwiaki i guzy szybko rosną do rozmiarów jajka kurzego. Postępuj wówczas jak przy innych ranach (punkt 22 i 23) i krwiakach (punkt 20). Wszystkie rany - z wyjątkiem bardzo niewielkich - powinny być obejrzane przez lekarza.

36. Poważny uraz głowy. Uderzenia w głowę przytrafiają się wszystkim dzieciom w ciągu pierwszych lat życia i zazwyczaj wystarczy wtedy przytulić malca i pocałować. Jednak w przypadku silnego uderzenia należy dokładnie obserwować dziecko. Objawy mogą się pojawić natychmiast albo trochę później, a nawet dopiero po kilku dniach. Więc jeśli uderzenie było naprawdę silne, bądź uważliwiona na objawy, choćby początkowo żadne nie występowały. Bezzwłocznie wezwij lekarza lub pogotowie ratunkowe, jeśli po urazie głowy twoje dziecko ma któryś z przytoczonych poniżej objawów:

- ▲ Utrata przytomności (przy czym uczucie senności, trwającc nie dłużej niż dwie lub trzy godziny, zdarza się często i nie trzeba się tym martwić).
- ▲ Ból głowy, który utrzymuje się dłużej niż godzinę (objaw ten nieraz trudno rozpoznać u małego dziecka, które po prostu płacze, jest marudne i tylko czasem trzyma się za głowę lub pociera ją rączką) i zdaje się nasilać, uniemożliwia normalne funkcjonowanie i/lub wywołuje płacz; ból, który nie ustaje po podaniu paracetamolu lub ibuprofenu (lepszego w przypadku gdy pojawi się obrzęk).
- ▲ Trudności z obudzeniem dziecka. Próbuj wybudzać malca co godzinę lub co dwie godziny podczas drzemek oraz dwa, trzy razy w ciągu nocnego spoczynku pierwszego dnia po urazie, by mieć pewność, że dziecko reaguje. Jeżeli nie możesz go wy-

budzić, natychmiast sprawdź czynność oddechową (patrz str. 446).

▲ Wymioty, jeśli występują więcej niż raz lub dwa razy.

▲ Krwawa lub wodnista wydzielina sącząca się z uszu lub nosa.

▲ Zasinienie wokół oczu lub za uszami.

▲ Wgniecenie lub zagłębienie w czaszce.

▲ Trudności z chodzeniem lub nieporadność (większa niż typowa dla dziecka w tym wieku) albo niezdolność poruszania ręką, nogą bądź inną częścią ciała.

▲ Dezorientacja (dziecko zdaje się nie wiedzieć, gdzie się znajduje albo kim ty jesteś), zaburzenia mowy, silne rozdrażnienie czy inne nienormalne zachowanie.

▲ Nietypowy brak równowagi, trwający dłużej niż godzinę po urazie (sygnalizujący zawroty głowy).

▲ Drgawki (patrz punkt 1).

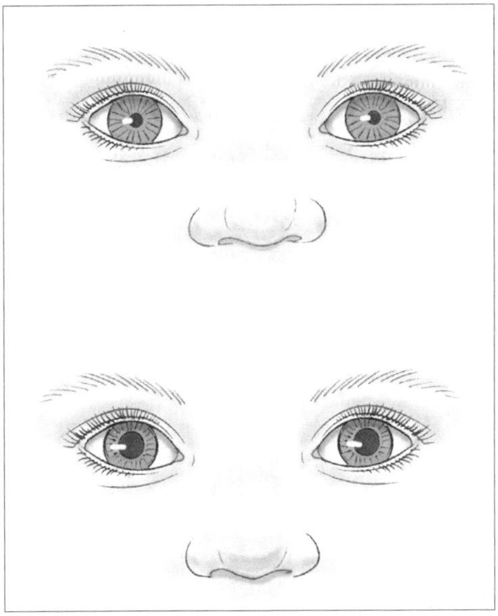

Źrenice oczu dziecka powinny się zwężać w reakcji na intensywność światła (wyżej), a rozszerzać przy oddalaniu się źródła światła (niżej).

▲ Nierówna wielkość źrenic lub brak reakcji źrenic na światło (przy zbliżaniu źródła światła powinny się one zwężać, a przy oddalaniu rozszerzać - patrz ilustracja).

▲ Nietypowa bladość skóry utrzymująca się dłużej niż około godziny.

Oczekując na pomoc, staraj się uspokoić dziecko. Połóż je na wznak, z głową przechyloną na bok. Gdy podejrzewasz uraz szyi, nie poruszaj dziecka, chyba że w danym miejscu grozi mu niebezpieczeństwo. Gdy zaistnieje konieczność, postępuj jak w przypadku wstrząsu (punkt 53). Rozpocznij akcję reanimacyjną (patrz str. 446), jeśli dziecko przestanie oddychać lub nie będziesz wyczuwała u niego pulsu (nie podawaj dziecku niczego do picia ani jedzenia, zanim porozmawiasz z lekarzem).

URAZY JAMY BRZUSZNEJ

37. Krwawienie wewnętrzne. Uderzenie w brzuch może u dziecka spowodować uszkodzenia narządów wewnętrznych, których objawy są następujące: zsinienie lub innego typu przebarwienie brzucha, krwawe wymioty lub wykrztuszanie krwi o ciemnej lub jasnoczerwonej barwie i konsystencji fusów od kawy (fusowate wymioty mogą również wskazywać na połknięcie substancji żrącej), obecność krwi (ciemnej lub jasnoczerwonej) w moczu lub stolcu, a także wstrząs (zimna, wilgotna i blada skóra, słaby, przyspieszony puls, dezorientacja, dreszcze oraz czasami nudności, wymioty lub płytki oddech). Wezwij natychmiast pogotowie ratunkowe, a jeśli dziecko zdaje się być we wstrząsie, postępuj zgodnie ze wskazówkami zawartymi w punkcie 53). Nie podawaj malcowi żadnego pożywienia ani napojów.

38. Rany cięte jamy brzusznej. Postępuj jak w przypadku innych ran ciętych (punkty 22 i 23). Przy ranie głębokiej jelita mogą wypaść na zewnątrz. Nie próbuj włożyć ich z powrotem do jamy brzusznej, lecz przykryj czystą, nawilżoną tkaniną lub pieluszką i natychmiast wezwij pogotowie ratunkowe.

URAZY JĘZYKA

Patrz punkt 16.

URAZY NOSA

39. Krwawienie z nosa. Posadź dziecko z wyprostowanymi lub lekko pochylonymi do przodu plecami i ściśnij delikatnie nos palcem wskazującym i kciukiem swojej dłoni. Stosuj ten ucisk przez dziesięć minut (nie bój się – dziecko odruchowo zacznie oddychać ustami). Postaraj się uspokoić malucha, gdyż na skutek płaczu nasila się krwawienie. Jeśli tak się dzieje, ściskaj nos przez kolejne dziesięć minut i/lub zastosuj zimne okłady albo przyłóż kostki lodu owinięte w zwilżoną ściereczkę, co powinno spowodować zwężenie naczyń krwionośnych. Gdyby i to nie poskutkowało, wezwij lekarza, pilnując, by dziecko pozostawało w wyprostowanej pozycji z pochyloną do przodu głową. Jeśli krwawienia zdarzają się często, nawet jeśli łatwo je zatamować, należy to zgłosić lekarzowi. Czasem dobry skutek przynosi podniesienie wilgotności powietrza w mieszkaniu dzięki zastosowaniu nawilżacza.

40. Ciało obce w nosie. Trudności przy oddychaniu przez nos i/lub cuchnąca, niekiedy krwista wydzielina z nosa mogą wskazywać na obecność ciała obcego w nosie. Uspokój dziecko i zachęć je do oddychania przez usta. Przedmiot, który nie utknął zbyt głęboko, spróbuj usunąć palcami. Nie używaj pęsety ani innego przyboru, gdyż możesz nimi łatwo zranić dziecko, jeśli niespodziewanie się poruszy, albo wsunąć ciało obce głębiej do jamy nosowej. Jeśli nie potrafisz wydobyć przedmiotu, zachęć dziecko do dmuchania przez nos (na przykład do poruszenia wydmuchiwanym powietrzem piórka lub skrawka papieru leżącego na twojej dłoni). Gdyby wszystkie twoje starania spełzły na niczym, zawieź dziecko do lekarza lub do Szpitalnego Oddziału Ratunkowego.

41. Uderzenie w nos. W przypadku krwawienia zadbaj, by dziecko siedziało wyprostowane z lekko pochylonymi do przodu plecami, by połykało jak najmniej krwi i nie zakrztusiło się nią. Przyłóż na miejsce urazu woreczek z lodem lub zimny okład, by zmniejszyć obrzęk, a jeśli będzie się on utrzymywać, udaj się z dzieckiem do lekarza, aby upewnić się, czy nie ma złamania kości nosa.

URAZY OKA

> **UWAGA:** Nie należy uciskać skaleczonego oka, dotykać go palcami ani podawać dziecku żadnych leków bez zalecenia lekarza. Aby dziecko samo nie dotykało oka, nałóż na nie mały kubeczek, szklankę lub kieliszek i jeśli to konieczne, przytrzymuj rączki dziecka.

42. Ciało obce w oku. Jeśli widzisz w oku ciało obce (na przykład rzęsę czy ziarenko piasku), umyj ręce i przy użyciu wilgotnego wacika postaraj się je wyjąć, podczas gdy inna osoba będzie trzymać dziecko. Bezpiecznie możesz usunąć ciało obce z kącika oka lub ze spojówki powieki dolnej lub górnej. Nie dotykaj źrenicy. Zachęcaj dziecko do mrugania lub poproś, by na kilka sekund zamknęło oczy. Jeśli to nie pomoże, spróbuj wypłukać ciało obce z oka delikatnym strumieniem letniej wody (o temperaturze ciała), podczas gdy ktoś będzie przytrzymywał dziecko. Można przyłożyć do oczodołu malucha małe naczynie z wodą, tak by ciecz opływała oko, i poprosić dziecko, by mrugało. Nie martw się tym, że malec płacze – łzy mogą pomóc pozbyć się intruza z oka.

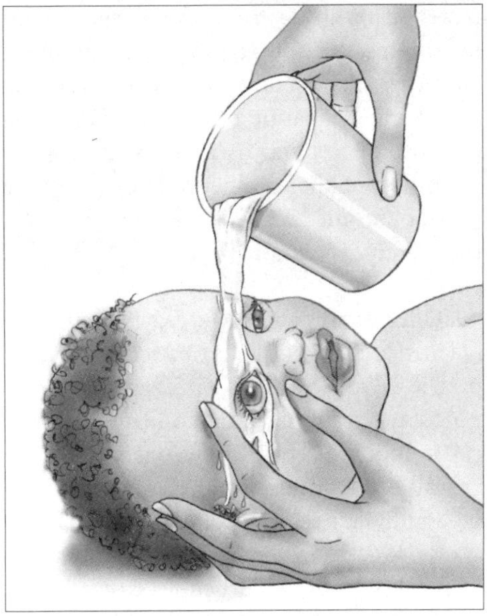

Przemywanie oka dziecka jest zadaniem niełatwym, ale koniecznym do wypłukania substancji żrącej.

Jeśli wszystkie próby zawiodą i ciało obce nadal pozostaje w oku lub jeśli dziecko było wyraźnie obolałe, może to oznaczać, że przedmiot utknął w oku albo je zadrapał. W takim przypadku ciało obce może usunąć tylko lekarz. Na czas drogi przykryj oko dziecka małym kubeczkiem, luźno przymocowanym sterylnym opatrunkiem lub nawet kilkoma czystymi chusteczkami przytrzymywanymi delikatnie dłonią. Uważaj, by nie uciskać oka.

43. Substancja żrąca w oku. Natychmiast zacznij dokładnie przepłukiwać oko czystą letnią wodą i rób to przez piętnaście minut; musisz przy tym rozwierać powieki oka palcami (patrz ilustracja powyżej). Przypuszczalnie najłatwiej będzie ci to zrobić pod prysznicem, ale możesz też posłużyć się dzbankiem, kubkiem lub butelką. Jeśli substancja dostała się tylko do jednego oka, ochroń drugie, przechylając główkę dziecka tak, by oko, które nie doznało urazu, znajdowało się powyżej drugiego. Nie stosuj kropli ani maści i powstrzymuj dziecko przed pocieraniem oka (oczu). Zadzwoń do ośrodka toksykologicznego. W zależności od rodzaju substancji być może będzie konieczna wizyta u okulisty.

44. Uszkodzenie oka ostrym przedmiotem. Ułóż dziecko w pozycji półleżącej i poszukaj pomocy. Jeśli przedmiot nadal znajduje się w oku, nie próbuj go usuwać, a jeśli nie – przykryj oko delikatnie małym kubeczkiem, opatrunkiem z gazy, czystą ściereczką lub chusteczką, lecz nie uciskaj. W obu przypadkach natychmiast zadzwoń po pogotowie. Chociaż takie urazy zazwyczaj wyglądają na groźniejsze, niż faktycznie są, warto skonsultować się z okulistą lub pediatrą, jeśli doszło do zadrapania lub ukłucia oka, choćby tylko nieznacznego.

45. Uszkodzenie oka tępym przedmiotem. Połóż dziecko na wznak i przykryj urażone oko woreczkiem z lodem bądź chłodnym kompresem na piętnaście minut; powtarzaj schładzanie wedle potrzeby co godzinę, by zredukować ból i obrzęk. Skonsultuj się z lekarzem, jeśli oko krwawi, ciemnieje, dziecko

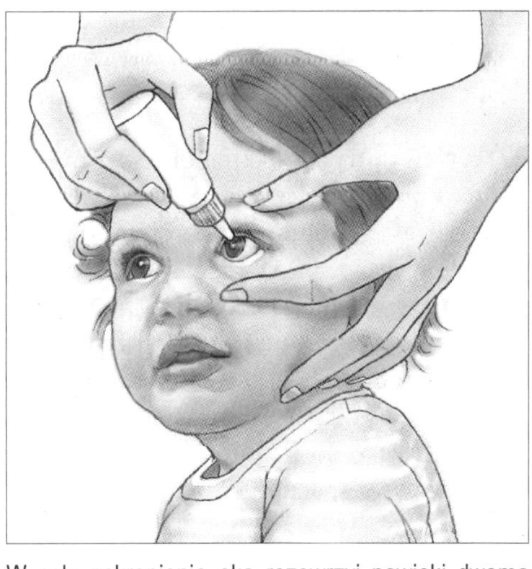

W celu zakropienia oka rozewrzyj powieki dwoma palcami jednej dłoni, unieruchamiając główkę dziecka trzema wolnymi palcami tej samej dłoni. Nie stosuj żadnych kropli niezaleconych lub nieprzepisanych przez lekarza.

ma trudności z widzeniem lub często pociera oko, przedmiot uderzył w oko z dużą prędkością, ból oka zdaje się nie mijać.

Urazy palców dłoni i stóp

46. Sińce. Małe dzieci są szczególnie narażone na bolesne urazy palców przytrzaśniętych przez drzwi i szuflady. Wystarczy wtedy moczyć palce w zimnej wodzie (można dodać do niej kilka kostek lodu) przez godzinę z przerwami co dziesięć minut (aby paluszki ogrzały się i nie doszło do wychłodzenia organizmu). Oczywiście mało które dziecko wytrzyma tak długo w bezruchu, choć może uda ci się nakłonić malca do współpracy, jeśli skierujesz jego uwagę na coś interesującego. Aby posiniaczone paluszki nie opuchły zbyt mocno, trzeba je trzymać uniesione ku górze.

Natomiast gdy skaleczony palec szybko puchnie, jest zniekształcony bądź nie można go rozprostować czy zgiąć, wezwij lekarza, gdyż może być to objaw złamania (patrz punkt 56). Natychmiast wezwij też lekarza, jeśli siniak powstał po urazie związanym z wkręceniem palców w jakieś urządzenie lub szprychy kręcącego się koła. Takie urazy mogą być znacznie poważniejsze, niż wyglądają na pierwszy rzut oka.

47. Wylew pod paznokciem. Po silnym uderzeniu w paznokieć może się pod nim utworzyć krwiak, niezmiernie bolesny zwłaszcza przy dotknięciu. Jeżeli krew sączy się spod paznokcia, spróbuj ją wycisnąć, a wówczas zmniejszy się nacisk wywierany przez wylew, co złagodzi nieco ból. Mocz urażone miejsce w lodowatej wodzie, jeśli tylko uda ci się namówić dziecko do współpracy. A gdyby ból się utrzymywał, paznokieć będzie musiał zostać przekłuty w celu zmniejszenia ciśnienia pod nim. W takim przypadku skontaktuj się z lekarzem.

48. Naderwanie paznokcia. Niewielkie naderwanie możesz zabezpieczyć plastrem czy nawet taśmą klejącą i poczekać, aż paznokieć urośnie na tyle, by go przyciąć. Natomiast gdy doszło do niemal całkowitego oderwania paznokcia, delikatnie przytnij go na tyle, na ile możesz, po czym osłaniaj palec plastrem dopóty, dopóki paznokieć nie odrośnie i nie zacznie chronić czubka palca. Wówczas przytnij go odpowiednio.

49. Oderwanie paznokcia. Gdyby uraz palca był na tyle poważny, że paznokieć oderwie się prawie całkowicie, nie próbuj zrywać go, lecz pozostaw, by z czasem sam odpadł. Nie zaleca się moczenia palca, gdyż ciecz zwiększy ryzyko wywiązania się zakażenia grzybiczego. Pilnuj jednak, by okolica paznokcia była czysta. Możesz zastosować maść z antybiotykiem, ale nie jest to niezbędne (skonsultuj się z pediatrą). Do czasu gdy paznokieć zacznie odrastać, osłaniaj palec świeżymi plastrami z opatrunkiem, potem możesz pozostawiać palec odsłonięty. Nim paznokieć w pełni odrośnie, trzeba zazwyczaj poczekać od czterech do sześciu miesięcy. Jeżeli na jakimkolwiek etapie odrastania paznokcia zauważysz zaczerwienienie, wzmożone ucieplenie lub/i obrzęk, idź z dzieckiem do lekarza, gdyż mogą to być objawy zakażenia.

Urazy palców stóp

Patrz punkty 46, 47, 48 i 49.

Urazy spowodowane zimnem

Patrz punkt 4 – odmrożenie i punkt 2 – hipotermia.

Urazy ucha

50. Ciało obce w uchu. Spróbuj wytrzepać przedmiot z ucha, kierując je ku dołowi i potrząsając delikatnie główką dziecka. Jeśli to nie pomoże, wypróbuj następujące techniki:

- ▲ Jeśli to owad, spróbuj zwabić go na zewnątrz, oświetlając ucho latarką.
- ▲ W przypadku metalowego przedmiotu posłuż się silnym magnesem przyłożonym do kanału słuchowego (ale nie wkładaj samego magnesu do ucha).
- ▲ W przypadku przedmiotu plastikowego bądź drewnianego, który jest wyraźnie widoczny i nie utknął głęboko w uchu, rozprostuj spinacz biurowy, posmaruj jego końcówkę szybko schnącym klejem i przyłóż do przedmiotu tkwiącego w uchu, uważając, by spinacz nie dotknął ucha. Nie zagłębiaj się do wnętrza przewodu słuchowego. Następnie poczekaj, aż klej wyschnie, po czym wyciągnij spinacz wraz z przyklejonym przedmiotem. Nie próbuj wykonywać tego zabiegu sama, bez pomocy drugiej osoby, która przytrzyma dziecko.

Jeśli nie czujesz się na siłach, by wykonać którykolwiek z tych zabiegów, lub nie masz potrzebnych przedmiotów albo twoje usiłowania spełzły na niczym, nie próbuj wyciągnąć ciała obcego z ucha dziecka palcami ani żadnym przyborem, lecz udaj się do lekarza albo do Szpitalnego Oddziału Ratunkowego.

51. Uszkodzenie ucha. Jeśli ucho zostało skaleczone ostrym przedmiotem wciśniętym do kanału słuchowego lub jeśli malec przejawia objawy urazu (krwawienie z wnętrza ucha, nagły niedosłuch, obrzęk małżowiny usznej lub wyraźny ból), skontaktuj się z lekarzem.

Urazy zębów

Patrz punkty 17, 18.

Utonięcie

52. Nawet jeśli dziecko po wyjęciu z wody szybko odzyskuje przytomność, powinno zostać poddane badaniu lekarskiemu. Natomiast gdy pozostaje nieprzytomne, poproś inną osobę o sprowadzenie pomocy medycznej, a sama rozpocznij sztuczne oddychanie i masaż serca (patrz str. 446). Jeśli jesteś sama, nie trać czasu na wzywanie pomocy, zrobisz to później. Nie przerywaj udzielania pomocy dopóty, dopóki dziecko nie odzyska przytomności lub nie przyjedzie pogotowie. W przypadku wymiotów połóż dziecko na boku, by się nie zadławiło wymiocinami. Gdy podejrzewasz uraz pleców bądź szyi, unieruchom te części ciała. Zadbaj, by dziecku było ciepło i sucho.

Wargi – pęknięcia i rany

Patrz punkty 15, 16.

Wstrząs

53. Do wstrząsu dochodzi przy poważnych urazach i chorobach, a do jego objawów należą: zimna, wilgotna i blada skóra, przyspieszony, słabo wyczuwalny puls, dreszcze, nudności lub wymioty. W takich przypadkach wezwij natychmiast pogotowie ratunkowe. Do jego przyjazdu dziecko powinno leżeć na plecach. Rozluźnij krępujące je ubranie, unieś nogi dziecka i ułóż je na poduszce bądź na zwiniętym w wałek kocu czy ubraniu, aby ułatwić dopływ krwi do mózgu. Przykryj także lekko malucha, by zapobiec utracie ciepłoty ciała czy dreszczom. Jeśli dziecko ma trudności z oddychaniem, lekko unieś mu głowę i ramiona. Nie podawaj nic do picia ani do jedzenia.

Zadrapania

Patrz punkt 21.

Zakrztuszenie

Patrz str. 450.

Zatrucie

54. Połknięcie trucizny. Poza jedzeniem każda połknięta substancja jest potencjalną trucizną. Najczęstsze objawy zatrucia to: senność, nadpobudliwość lub inne nietypowe zachowanie; przyspieszony, nieregularny puls, przyspieszony lub spowolniony oddech; duszność; biegunka lub wymioty; silne łzawienie oczu, pocenie się bądź wyciek śliny z ust; gorąca, sucha skóra i usta; mocne rozszerzenie albo zwężenie źrenic; oczopląs, drżenie i drgawki.

Jeśli zaobserwujesz u dziecka któreś z tych objawów i albo nie potrafisz znaleźć dla nich żadnego logicznego wytłumaczenia, albo masz namacalny dowód bądź podstawy do podejrzeń, że dziecko połknęło jakąś substancję (maluch ma otwartą buteleczkę po leku lub niebezpiecznym płynie, jego ubranko jest nim poplamione lub wyczuwasz chemiczny zapach w oddechu dziecka) – nie lecz go na własną rękę, lecz zadzwoń natychmiast na oddział toksykologiczny szpitala (bądź poproś kogoś o to) albo na pogotowie ratunkowe i poproś o wskazówki dotyczące postępowania. Nie zwlekaj, nawet jeżeli dziecko nie ma żadnych objawów – mogą się pojawić dopiero po kilku godzinach. Bądź przygotowana na podanie takich informacji jak nazwa produktu będącego przyczyną zatrucia wraz z danymi na temat jego składu i innymi widniejącymi na etykiecie, a jeśli dziecko nadgryzło roślinę, podaj jej nazwę lub przynajmniej opis; czas, w którym, jak przypuszczasz, doszło do zatrucia; ile substancji dziecko przyjęło (choćby w przybliżeniu, jeśli nie masz pewności). Wymień też wszystkie objawy i wypróbowane już metody leczenia. Przygotuj sobie notes i długopis, by spisać instrukcje.

Jeżeli dziecko ma silny ból gardła, ślinotok, trudności z oddychaniem, drgawki lub przejawia wyjątkową senność, wezwij pogotowie ratunkowe, a gdyby straciło przytomność, rozpocznij sztuczne oddychanie i masaż serca. Połóż dziecko na stole lub innej twardej powierzchni, sprawdź oddech (patrz str. 446), a jeśli nie stwierdzisz ani czynności oddechowej, ani pulsu, zastosuj techniki ratownicze.

Nie próbuj sama leczyć zatrucia i nie kieruj się zaleceniami podanymi na opakowaniu produktu będącego przyczyną zatrucia. Zanim cokolwiek podasz dziecku doustnie (w tym jedzenie lub picie bądź coś na wywołanie wymiotów), poproś o wyraźne zalecenia lekarskie. Niewłaściwym postępowaniem możesz dziecku jeszcze bardziej zaszkodzić.

55. Szkodliwe wyziewy i gazy. Opary z benzyny, spaliny samochodowe, niektóre trujące chemikalia oraz gęsty dym od ognia mogą być toksyczne. Jeżeli w domu używasz piecyka gazowego, tzw. junkersa, każde dziwne

Ważne informacje na temat zatruć

Oto pierwsza i najważniejsza informacja o zatruciach: **pod żadnym pozorem nie próbuj leczyć ich sama bez konsultacji z fachowcem**. Nie stosuj żadnych domowych metod, żadnych leków bez recepty ani środków wymienionych na opakowaniu produktu. Choć kiedyś zalecano syrop z ipekakuany prawdziwej (wymiotnicy prawdziwej) jako najlepszy domowy sposób w przypadku zatruć, specjaliści ostrzegają, że nie należy go w ogóle używać, a nawet trzymać w domu, gdyż nie tylko nie udowodniono jego skuteczności (wymioty nie usuwają dostatecznej ilości trucizny z żołądka), ale także stwierdzono, że może przynosić on szkodliwe następstwa. Wymioty nie zawsze są korzystne w przypadku zatruć, a długotrwałe mogą sprawić, że dziecko nie będzie w stanie skorzystać z innych metod leczenia zastosowanych przez lekarza. Jeśli więc nadal masz w domowej apteczce lub w zestawie pierwszej pomocy syrop z ipekakuany, pozbądź się go.

Innym dawniej uniwersalnym w przypadku zatruć lekiem, którego już się nie zaleca, jest węgiel aktywowany. Co zatem należy zrobić? Zadzwonić do ośrodka toksykologicznego lub do pediatry opiekującego się dzieckiem.

zachowanie lub złe samopoczucie dziecka po kąpieli w łazience, w której znajduje się taki piecyk, może być spowodowane zatruciem tlenkiem węgla (czadem). Do objawów zatrucia tlenkiem węgla należą: ból głowy, zawroty głowy, kaszel, nudności, senność, nieregularne oddychanie i utrata przytomności. Natychmiast zapewnij dziecku narażonemu na wdychanie szkodliwych oparów świeże powietrze (otwórz szeroko okna lub zabierz je na dwór), a jeśli nie oddycha i/lub nie wyczuwasz pulsu, natychmiast rozpocznij akcję ratunkową (patrz str. 446). Gdy masz taką możliwość, to poproś kogoś o wezwanie pogotowia ratunkowego, natomiast jeżeli jesteś sama, to zadzwoń po pogotowie po dwóch minutach prób ratowania dziecka, po czym natychmiast wróć do wykonywania sztucznego oddychania i kontynuuj je tak długo, aż tętno malucha ustabilizuje się lub nadejdzie pomoc medyczna. Jeśli nie udało się wezwać pogotowia, sama przewieź dziecko do najbliższej placówki medycznej. Nawet gdyby udało ci się spowodować przywrócenie czynności oddechowej u dziecka, musi ono koniecznie zostać zbadane przez lekarza.

Złamania

Patrz punkty 56, 57 i 58.

Złamania kości

56. Podejrzenie złamania kości ręki, nogi bądź palca. W przypadku małych dzieci kości zwykle nie są faktycznie złamane, lecz raczej zgięte czy odkształcone, a zatem uraz trudniej zauważyć. Do objawów takich „złamań" należeć mogą: niezdolność poruszania się lub obciążenia jednej części ciała, silny ból (który objawiać się może długotrwałym nieutulonym płaczem lub niezwykle intensywną reakcją na dotknięcie danego miejsca), obrzęk, zaczerwienienie lub zasinienie i/lub odkształcenie – to ostatnie wskazywać może również na zwichnięcie (punkt 59). Jeśli podejrzewasz, że doszło do złamania kości, nie próbuj jej sama nastawić, lecz unieruchom podejrzaną o złamanie kość oraz dwa sąsiednie stawy jakimkolwiek twardym przedmiotem, na przykład linijką lub deseczką, a nawet książką owiniętą miękką tkaniną dla ochrony skóry. Możesz także do usztywnienia użyć małej twardej poduszki. Przymocuj szynę bandażami, paskami materiału, szalikiem lub krawatem, niezbyt ciasno, by nie utrudniać krążenia. Jeżeli żadna prowizoryczna szyna nie jest osiągalna, użyj do usztywnienia własnej ręki lub drugiej, zdrowej kończyny/części ciała (np. podejrzany o złamanie palec można przybandażować do sąsiedniego palca). Sprawdzaj regularnie puls dziecka, byś miała pewność, że szyna nie ogranicza krążenia, a jeśli występuje obrzęk, przyłóż woreczek z lodem. Nawet jeśli tylko podejrzewasz złamanie, zabierz dziecko koniecznie do Szpitalnego Oddziału Ratunkowego.

57. Złamania otwarte. Nie dotykaj wystającej przez skórę kości i przykryj ranę opatrunkiem z jałowej gazy lub czystą pieluszką. Zatamuj krwawienie przez ucisk (punkt 23) i wezwij pogotowie.

58. Podejrzenie urazu szyi lub pleców. Jeżeli przypuszczasz, że doszło do któregoś z tych urazów, pamiętaj: absolutnie nie ruszaj dziecka i wezwij pogotowie ratunkowe (jeżeli musisz przenieść dziecko z miejsca, w którym coś grozi jego życiu – na przykład ogień lub ruch pojazdów na drodze – unieruchom plecy, szyję i głowę malucha czymś sztywnym: kartonem, oparciem krzesła lub choćby własną ręką; niosąc je, uważaj, by nie zgiąć ani nie wykręcić głowy, szyi czy pleców). Czekając na pomoc, przykryj dziecko, by nie zmarzło, i w miarę możliwości unieruchom jego głowę, kładąc obok niej książki lub inne ciężkie przedmioty. Nie podawaj jedzenia ani napojów. Jeżeli wystąpiło silne krwawienie (punkt 24), wstrząs (punkt 53) lub dziecko nie oddycha i/lub nie możesz wyczuć jego pulsu (patrz str. 446), natychmiast rozpocznij odpowiednie działania.

Zwichnięcia

17. U małych dzieci często dochodzi do zwichnięcia stawu łokciowego, ponieważ ich stawy są jeszcze względnie luźne (do tego stopnia, że łatwo przypadkowo doprowadzić do takiego zwichnięcia, ciągnąc swą pociechę za rękę). Gdy dojdzie do zwichnięcia, otaczająca staw łokciowy miękka tkanka może zostać w nim uwięziona, co powoduje silny ból i unieruchomienie dolnej części ręki. Typowymi oznakami dyslokacji łokcia są: widoczna deformacja ręki i/lub niemożność poruszania nią oraz uporczywy płacz. Należy szybko udać się z dzieckiem do lekarza, który nastawi zwichniętą kończynę, przynosząc dziecku natychmiastową ulgę w cierpieniach. Jeśli dziecko odczuwa wyjątkowo silny ból, można przyłożyć worek z lodem oraz założyć szynę unieruchamiającą.

Udzielanie pierwszej pomocy małemu dziecku: zakrztuszenia i trudności z oddychaniem

Podane niżej wskazówki mają służyć jedynie jako przypomnienie praktycznych umiejętności zdobytych na kursie udzielania pierwszej pomocy małym dzieciom (wiedza uzyskana podczas takiego kursu, która może nieco odbiegać od opisanego tu sposobu postępowania, powinna być podstawą twoich działań w momencie ratowania dziecka, które zakrztusiło się lub nie oddycha). Uczestniczenie w formalnym kursie jest najlepszą drogą pozyskiwania umiejętności niezbędnych do udzielania pierwszej pomocy w sposób prawidłowy i zgodny z aktualnymi wymogami. Co pewien czas odświeżaj sobie opisany tu plan działania albo swoje notatki z kursu czy otrzymane tam materiały.

Sztuczne oddychanie należy rozpocząć natychmiast, gdy dziecko ma trudności z oddychaniem lub zupełnie przestanie oddychać (robi gwałtowne próby wzięcia oddechu, ma świszczący oddech, a jego skóra jest zaczerwieniona lub sina). Jeśli dziecko z trudem oddycha, poproś kogoś o wezwanie pogotowia ratunkowego, a sama w tym czasie utrzymuj normalną ciepłotę ciała dziecka (ochładzając je lub ogrzewając, wedle potrzeby), uspokajaj malucha i pomóż mu zachować taką pozycję, jaka wydaje się najwygodniejsza i najbardziej sprzyjająca oddychaniu.

Aby stwierdzić, czy należy rozpocząć sztuczne oddychanie, oceń stan dziecka metodą „Check, Call, Care" (sprawdź, wezwij pomoc, zapewnij opiekę), zalecaną przez Amerykański Czerwony Krzyż*.

Sprawdź, wezwij pomoc, zapewnij opiekę

1. SPRAWDŹ, CZY DZIECKO REAGUJE NA BODŹCE

Spróbuj obudzić dziecko, które wygląda na nieprzytomne, poklepując je po ramieniu i wypowiadając głośno jego imię: „Maciuś, Maciuś, dobrze się czujesz?".

---

* W Polsce najbardziej rzetelne i aktualne dane dotyczące czynności resuscytacyjnych można znaleźć na stronie Polskiej Rady Resuscytacyjnej (www.prc.krakow.pl), która publikuje wytyczne zalecane przez Europejską Radę Resuscytacji (ww.erc.edu). Aktualne wytyczne pochodzą z roku 2010. Informacje zawarte w tej książce dotyczą postępowania dla osób bez wykształcenia medycznego. Według wytycznych z 2010 roku algorytm podstawowych zabiegów resuscytacyjnych dzieci dla osób z obowiązkiem udzielania pomocy jest następujący: 1. Sprawdź przytomność; 2. Poproś o pomoc; 3. Udrożnij drogi oddechowe i sprawdź oddech; 4. Jeśli nie oddycha, rób 5 oddechów ratowniczych; 5. Gdy brak oznak życia – 15 uciśnięć klatki piersiowej; 6. 2 oddechy ratownicze; 7. 15 uciśnięć klatki piersiowej; 8. Powtarzać; 9. Po minucie zadzwoń pod nr 999 lub 112 (przyp. red. meryt.).

RESUSCYTACJA KRĄŻENIOWO-ODDECHOWA: NAJWAŻNIEJSZA UMIEJĘTNOŚĆ, KTÓRA OBY NIGDY NIE BYŁA POTRZEBNA

Jeżeli dotąd nie miałaś okazji, by zrobić kurs reanimacji, to teraz, gdy twoje dziecko wyrosło z wieku niemowlęcego, przyszedł najwyższy na to czas.

Prawdopodobnie nigdy nie będziesz musiała skorzystać z wyniesionej z niego wiedzy, ale potrzebna ci jest ona bardziej niż wszystkie informacje na temat bezpieczeństwa, jakie wyczytasz w tej książce, znajdziesz w Internecie czy nawet usłyszysz od pediatrów, gdyż dzięki niej zdobędziesz umiejętności uratowania życia dziecka wtedy, gdy stanie się to, o czym nie chcesz nawet myśleć.

Podczas zajęć z reanimacji dzieci uprawnieni do tego instruktorzy przekażą ci bezcenne instrukcje, pokażą, jak dokładnie należy postępować w razie wypadku. A ponieważ najlepszym sposobem nauki jest praktyka, będziesz mogła przećwiczyć teoretyczną wiedzę na manekinie dziecięcych rozmiarów: gdzie przyłożyć dłonie do masażu serca, jak mocno i gdzie uderzyć w plecy, by wypchnąć coś, co utknęło w tchawicy, jak mocno odchylić główkę dziecka podczas sztucznego oddychania itd.

Cena takiego kursu zwykle jest niewygórowana i zróżnicowana w zależności od tego, gdzie mieszkasz, kto organizuje kurs i kto go prowadzi. Chcąc znaleźć informacje o zajęciach w swojej okolicy, wejdź na stronę internetową Czerwonego Krzyża lub zapytaj o nie w szpitalu.

2. WEZWIJ POMOC

Jeśli dziecko nie reaguje, poproś inną osobę, by zatelefonowała po pogotowie, a sama natychmiast przejdź do punktu trzeciego. Jeśli jesteś sama, najpierw udzielaj dziecku pomocy przez minutę, a potem wezwij pogotowie. Co jakiś czas wzywaj na pomoc przechodniów lub sąsiadów. Jeśli nie znasz zasad reanimacji lub ogarnęła cię panika, pobiegnij natychmiast z dzieckiem na ręku (jeśli oczywiście nie ma ono urazów głowy, szyi lub kręgosłupa) do najbliższego telefonu lub – lepiej – przynieś bezprzewodowy aparat do miejsca, gdzie leży dziecko, ponieważ dyspozytor pogotowia ratunkowego będzie mógł ci udzielać wskazówek co do toku postępowania reanimacyjnego.

UWAGA: Osoba wzywająca telefonicznie pogotowie ratunkowe powinna pozostać przy aparacie tak długo, jak długo jest to konieczne do podania dyspozytorowi pełnych informacji dotyczących imienia i nazwiska, wieku oraz przybliżonej masy ciała dziecka, wszelkich alergii, chorób przewlekłych czy przyjmowanych przez dziecko leków, miejsca, w którym w danym momencie dziecko się znajduje (dokładny adres, najszybszy dojazd). Najlepiej spisać te podstawowe dane i trzymać je w widocznym miejscu w domu. Należy także powiedzieć dyspozytorowi, jaki jest stan dziecka: czy jest przytomne, czy oddycha, czy krwawi, czy doszło do wstrząsu, czy wyczuwalny jest puls; podać przyczynę zapaści dziecka (na przykład: upadek, zatrucie, utonięcie) oraz podać numer telefonu, pod którym osoba opiekująca się dzieckiem jest w danym momencie osiągalna. Osoba wzywająca pogotowie nie powinna się rozłączać do chwili, aż dyspozytor zakończy zadawanie pytań, i powinna przekazać matce dziecka zwięzłą relację z przebiegu rozmowy.

3. ZAPEWNIJ OPIEKĘ

Szybko ułóż dziecko na wznak, z głową na wysokości serca, i przystąp do wykonywania zaleceń A, B, C, o których jest mowa dalej.

Jeżeli podejrzewasz, że doszło do urazu głowy, szyi i kręgosłupa, na przykład w wyniku nieszczęśliwego upadku lub wypadku samochodowego, przejdź od razu do punktu B, czyli do sprawdzenia, czy dziecko oddycha. Jeśli oddycha, nie ruszaj go z miejsca, chyba że grozi mu jakieś niebezpieczeństwo (na przykład przejeżdżające samochody, ogień, możliwość wybuchu). Jeśli dziecko nie oddycha, a nie możesz wykonać sztucznego od-

Od czego zacząć

Kolejność czynności przy reanimacji podana w tej książce to tzw. ABC, od anglojęzycznego skrótu, w którym a oznacza Airway, czyli drogi oddechowe, B – Breathing, czyli oddychanie, C – Circulation, czyli krążenie. Jednak w 2010 roku American Heart Association zaleciło, by kolejność tę zmienić na CAB ze względu na znaczenie rozprowadzania przez krew tlenu w organizmie. Na kursie reanimacji możesz uczyć się jednej lub drugiej metody, ale obie są akceptowane i skuteczne.

dychania, bo uniemożliwia to pozycja ciała dziecka, przewróć je na plecy w taki sposób, by jego głowa, plecy i reszta ciała cały czas znajdowały się w jednej linii; uważaj, by nie przechylić głowy w żadną stronę.

ABC

A. UDROŻNIJ GÓRNY ODCINEK DRÓG ODDECHOWYCH

Przyciśnij czoło dziecka jedną dłonią, unosząc jednocześnie jego podbródek dwoma bądź trzema palcami drugiej ręki (pozycja neutralna plus – patrz ilustracja na tej stronie). Gdy istnieje prawdopodobieństwo, że doszło do urazu głowy, szyi lub pleców, staraj się podczas tych zabiegów do minimum ograniczyć ruchy głowy i szyi.

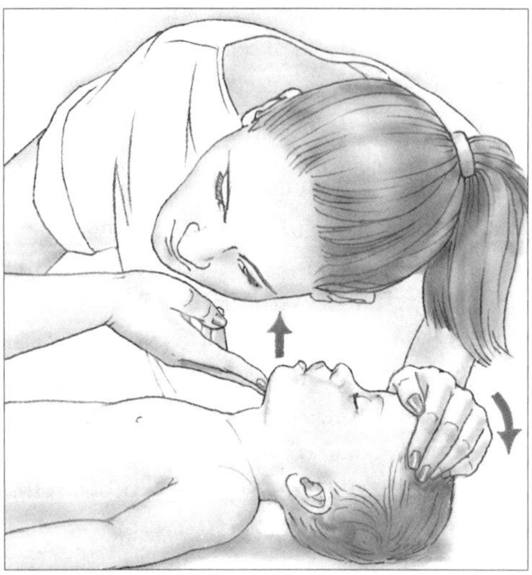

POZYCJA NEUTRALNA PLUS:
Przyciśnij czoło dziecka, unosząc jednocześnie jego podbródek dwoma lub trzema palcami.

UWAGA: U nieprzytomnego dziecka drogi oddechowe mogą być zablokowane zapadniętym językiem lub ciałem obcym, więc muszą zostać udrożnione, by dziecko zaczęło oddychać.

Nawet jeżeli malec zacznie natychmiast oddychać, wezwij pomoc medyczną. Każde dziecko, u którego doszło do zatrzymania oddechu (choćby tylko na chwilę), które było nieprzytomne albo które niemal utonęło, musi zostać zbadane przez lekarza.

B. SPRAWDŹ, CZY DZIECKO ODDYCHA

▲ **B.1.** Po udrożnieniu dróg oddechowych sprawdzaj przez najwyżej dziesięć sekund, czy dziecko zaczęło oddychać: czy widzisz wznoszenie się i opadanie klatki piersiowej i brzuszka, czy słyszysz lub czujesz przepływ powietrza, gdy zbliżysz ucho do nosa i ust dziecka.

Jeśli dziecko odzyskało prawidłowy oddech, nadal podtrzymuj jego głowę w pozycji neutralnej plus i sprawdź, czy są inne zagrożenia dla jego życia.

WEZWIJ POGOTOWIE RATUNKOWE. Gdy dziecko zaczęło oddychać, a jeszcze nikt nie wezwał pogotowia, zrób to teraz.

Jeśli maluch odzyskał przytomność i nie ma wyraźnych obrażeń, które wskazywałyby na to, że nie należy go ruszać, przewróć go na bok. Kaszel występujący przy odzyskaniu oddechu może być próbą wykrztuszenia ciała obcego, nie zapobiegaj mu więc.

Jeżeli dziecko nie oddycha lub z trudem łapie oddech, ma sine usta i/lub słyszysz słaby, przytłumiony płacz, natychmiast wdmuchnij

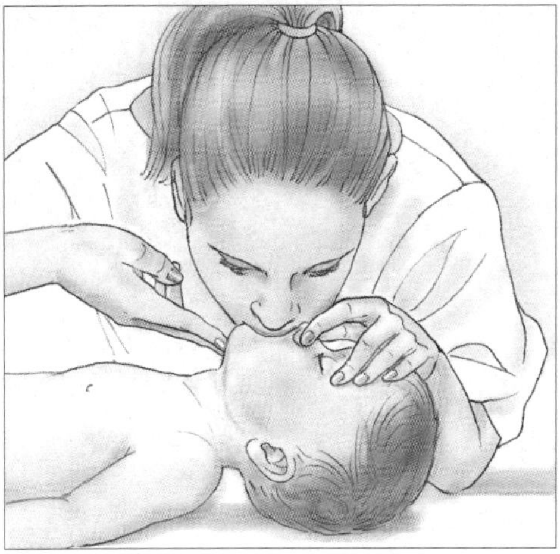

SZTUCZNE ODDYCHANIE
Obejmij swoimi ustami usta dziecka i ściśnij mu nozdrza palcami dłoni trzymanej na jego czole.

mu powietrze do płuc. Trzymając jedną dłoń na czole dziecka, utrzymuj malca w pozycji neutralnej plus, otwierającej jego górne drogi oddechowe (z uniesionym lekko podbródkiem) i przejdź do opisanego poniżej sposobu wykonywania sztucznego oddychania.

UWAGA: Jeśli jeszcze nie wezwano pogotowia i jesteś sama, spróbuj zwrócić uwagę sąsiadów lub przechodniów.

Gdyby dziecko zaczęło wymiotować, delikatnie odwróć mu głowę na bok i zgiętym palcem oczyść jego buzię z wymiocin. Następnie wróć do pozycji neutralnej plus i kontynuuj czynności ratunkowe. Jeśli podejrzewasz uraz szyi lub pleców, bardzo ostrożnie obracaj jego ciało w jednej linii, podtrzymując głowę, szyję oraz plecy. Szczególną uwagę zwróć na to, by głowa bezwładnie nie skręciła się ani nie opadła.

▲ **B.2.** Kciukiem i palcem wskazującym dłoni, którą przytrzymujesz głowę dziecka w pozycji otwierającej drogi oddechowe, ściśnij nozdrza dziecka, następnie nabierz powietrza i całkowicie obejmij swymi ustami usta dziecka (patrz ilustracja wyżej).

▲ **B.3.** Wykonaj dwa powolne wdmuchnięcia (każde trwające jedną sekundę), robiąc pomiędzy nimi pauzę, by móc samej odchylić głowę i zaczerpnąć oddech oraz by powietrze mogło przejść przez jamę ustną dziecka. Obserwuj klatkę piersiową dziecka po każdym wdmuchnięciu. Jeśli się uniosła, poczekaj, aż opadnie, zanim po raz kolejny wdmuchniesz powietrze. Po dwóch udanych wdechach (potwierdzonych uniesieniem się klatki piersiowej dziecka) przejdź do kroku C.

▲ **B.4.** Jeśli klatka piersiowa dziecka nie unosi się i nie opada przy każdej próbie wdmuchnięcia powietrza, to znaczy, że albo za słabo wdmuchujesz powietrze, albo drogi oddechowe dziecka są zablokowane. Spróbuj ponownie je otworzyć, poprawiając pozycję głowy dziecka (nieco wyżej unieś jego podbródek), i zrób jeszcze dwa wdechy. Jeśli klatka piersiowa się nie unosi, możliwe, że drogi oddechowe dziecka są zablokowane kawałkiem jedzenia lub ciałem obcym. Jeżeli nawet nie uda ci się wykonać dwóch skutecznych oddechów, przejdź do kroku C.

C. SPRAWDŹ TĘTNO

▲ **C.1.** Natychmiast po upewnieniu się, że górne drogi oddechowe dziecka są drożne (czego dowodem są dwa jego pełne, samodzielne oddechy), sprawdzaj przez nie więcej niż dziesięć sekund tętno dziecka, przykładając palec środkowy i wskazujący do tętnicy szyjnej (z boku szyi, pod żuchwą, między tchawicą i mięśniami szyi – patrz ilustracja na str. 448).

▲ **C.2.** Jeśli nie wyczuwasz tętna, przejdź natychmiast do uciskania klatki piersiowej (patrz następna strona). Jeśli natomiast wyczujesz tętno, to znaczy, że serce dziecka bije i uciskanie klatki nie jest konieczne. Jeżeli dziecko nadal nie oddycha (pomimo iż wyczuwasz puls),

ZLOKALIZOWANIE TĘTNA SZYJNEGO

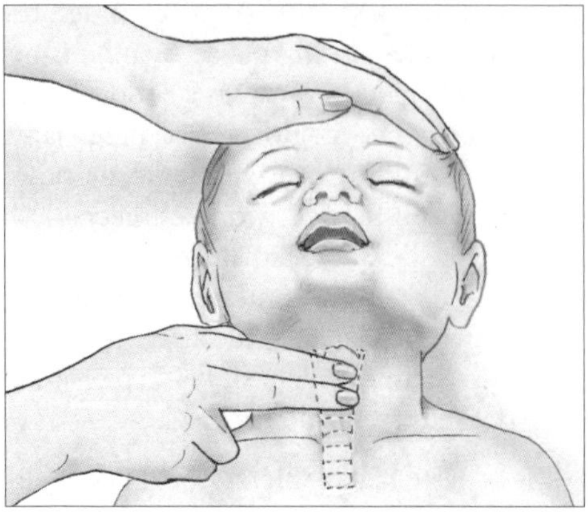

W celu odnalezienia tętna szyjnego połóż palec środkowy i wskazujący swojej dłoni na grdyce dziecka, drugą dłonią odchyl jego główkę.

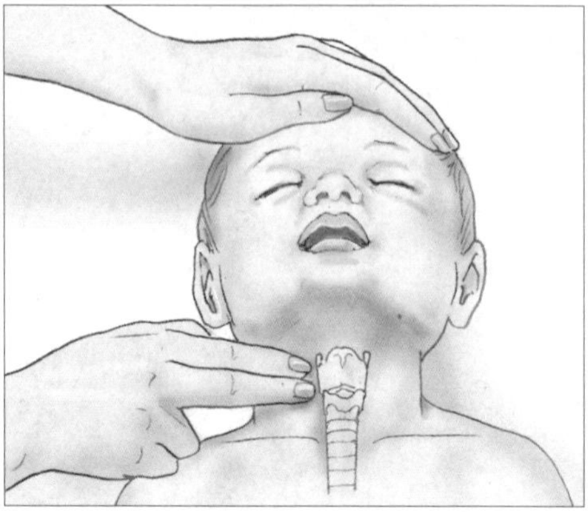

Zsuń palce do bruzdy sąsiadującej z tchawicą, pod żuchwą i zlokalizuj tętno.

musisz kontynuować sztuczne oddychanie (patrz ramka na następnej stronie) aż do chwili przywrócenia oddechu.

WEZWIJ TERAZ POGOTOWIE. Jeśli jesteś sama, prowadź reanimację przez minutę, nim wezwiesz pogotowie. Jeśli masz pod ręką telefon, połóż go przy dziecku, a jeżeli nie, a dziecko nie ma urazów głowy ani szyi, przenieś je w pobliże telefonu, podtrzymując głowę, szyję i tułów. Nie przerywaj sztucznego oddychania. Przekaż dyspozytorowi: „Moje dziecko nie oddycha" i podawaj mu konkretne informacje w odpowiedzi na jego pytania. Nie rozłączaj się pierwsza. Jeśli to możliwe, nie przerywaj sztucznego oddychania podczas rozmowy z dyspozytorem; jeśli nie, powróć do czynności ratowniczych natychmiast po rozłączeniu się.

UWAGA: Nie przerywaj sztucznego oddychania do chwili, gdy dziecko zacznie samo oddychać, miejsce, w którym jesteście, stanie się niebezpieczne, będziesz zbyt wycieńczona, by robić sztuczne oddychanie, albo osoba z odpowiednim wyszkoleniem przejmie twoje obowiązki.

Sztuczne oddychanie

Kiedy jesteś pewna, że drogi oddechowe dziecka są drożne (A), o czym świadczą dwa wykonane przez ciebie wdechy do ust dziecka (B), i kiedy wyczuwasz u niego puls (C), a dziecko mimo to nadal samodzielnie nie oddycha, wykonaj poniższe czynności (jeśli nie wyczuwasz pulsu, przejdź od razu do resuscytacji krążeniowo-oddechowej – patrz str. 449):

1. Wdmuchuj powietrze w sposób opisany w punkcie B.3 z częstotliwością jednego oddechu co trzy sekundy (lub dwadzieścia oddechów na minutę). Obserwuj, czy z każdym wdmuchnięciem powietrza klatka piersiowa unosi się, a potem opada.

2. Po mniej więcej dwóch minutach sprawdź oddech jeszcze raz, ruch klatki piersiowej oraz puls (przez nie więcej niż dziesięć sekund, upewniając się, czy serce bije). Jeżeli nie wyczuwasz pulsu, przejdź do uciskania klatki piersiowej (patrz str. 449). Jeśli natomiast dziecko zaczęło samodzielnie oddychać, pilnuj, aby górne drogi oddechowe były drożne, i czekaj na pomoc, często sprawdzając oddech i tętno; dbaj o to, by dziecku nie było zimno i by jak najmniej się poruszało. Jeśli czujesz puls i widzisz ruch klatki piersiowej, ale dziecko nie oddycha, kontynuuj sztuczne oddychanie, sprawdzając puls co dwie minuty.

Resuscytacja krążeniowo-oddechowa u dzieci powyżej jednego roku życia

1. Ułóż dziecko. Powinno ono leżeć na wznak na twardym, płaskim podłożu. Nie podkładaj żadnej poduszki. Głowa powinna spoczywać na poziomie serca, w pozycji neutralnej plus (patrz ilustracja na str. 446).

2. Ułóż ręce. Umieść nasadę dłoni na mostku w środku klatki piersiowej dziecka. Palce powinny być uniesione, tak by nie dotykały tułowia. Drugą dłoń połóż bezpośrednio na pierwszej i spleć palce, jeśli pomoże ci to nie dotykać palcami ciała dziecka. Można także zastosować technikę jednej dłoni: połóż ją na klatce piersiowej dziecka, drugą dłoń natomiast trzymaj na jego czole, jak przy udrażnianiu górnych dróg oddechowych. Przyklęknij przy dziecku i trzymaj dłonie w prawidłowym ułożeniu; ręce wyprostuj w łokciach, tak aby ramiona znalazły się bezpośrednio nad dłońmi.

UWAGA: Nie uciskaj końca mostka (czyli wyrostka mieczykowatego), gdyż możesz spowodować poważne uszkodzenia narządów wewnętrznych.

3. Uciskaj klatkę piersiową – płynnym ruchem, do głębokości trzech i pół centymetra (tj. jedną trzecią głębokości klatki piersiowej), nasadą kciuka. Pomiędzy uciskami unoś nieco swoją dłoń, lecz nie zdejmuj jej z ciała dziecka: pozwól, by klatka piersiowa wróciła do normalnego ułożenia, ale nie przerywaj kontaktu dotykowego. Każdy ucisk powinien trwać od jednej do półtorej sekundy. Powtarzaj tę czynność trzydzieści razy (cały czas z rękami wyprostowanymi w łokciach).

4. Po wykonaniu trzydziestu ucisków zdejmij dłonie z klatki piersiowej dziecka, udrożnij górne drogi oddechowe i dwukrotnie wdmuchnij powietrze. Następnie ułóż dłoń lub dłonie tak jak poprzednio i wróć do uciskania klatki piersiowej. Powtarzaj cykle trzydziestu ucisków i dwóch wdmuchnięć.

WEZWIJ TERAZ POGOTOWIE. Jeśli jesteś sama, wykonuj czynności reanimacyjne przez minutę, nim wezwiesz pogotowie. Jeśli masz pod ręką telefon, połóż go przy dziecku. Jeżeli nie masz przy sobie telefonu, a dziecko nie ma urazów głowy ani szyi, przenieś je w pobliże telefonu, podtrzymując głowę, szyję i tułów na jednej linii. Nie przerywaj sztucznego oddychania. Szybko i jasno przekaż dyspozytorowi pogotowia: „Moje dziecko nie oddycha i nie wyczuwam tętna" i podawaj mu konkretne informacje w odpowiedzi na jego pytania. Nie rozłączaj się pierwsza. Jeśli to możliwe, nie przerywaj uciskania klatki piersiowej podczas rozmowy z dyspozytorem; jeśli nie, powróć do czynności ratowniczych natychmiast po rozłączeniu się.

UWAGA: Nie przerywaj resuscytacji krążeniowo-oddechowej do chwili, gdy dostępny będzie automatyczny defibrylator zewnętrzny (AED), przybędzie pomoc medyczna albo wyczujesz tętno.

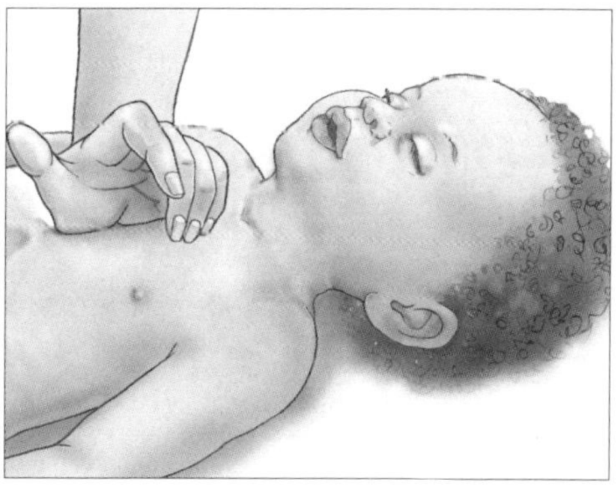

UŁOŻENIE DŁONI PRZY UCISKANIU KLATKI PIERSIOWEJ
Połóż nasadę dłoni na mostku dziecka, w środku klatki piersiowej. Palce dłoni powinny być uniesione. Pamiętaj, by tylko jedna dłoń spoczywała na ciele dziecka.

Udzielanie pierwszej pomocy przy zadławieniu

Kaszel jest naturalnym sposobem usunięcia z organizmu przeszkody tkwiącej w drogach oddechowych, a zatem dziecko (lub ktokolwiek), które zakrztusiło się jedzeniem lub ciałem obcym, lecz jest w stanie oddychać, płakać lub mocno kaszleć, należy zachęcać do kaszlu. Jeśli jednak kaszel trwa dwie lub trzy minuty, zadzwoń na pogotowie. Jeżeli odkasływanie nic nie daje (lub cichnie) albo dziecko z trudem łapie oddech, wydając wysokie, chrapliwe dźwięki, nie może mówić ani płakać i/lub jego skóra sinieje (zwykle poczynając od warg i paznokci), przejdź do czynności ratowniczych.

Czynności reanimacyjne wykonaj natychmiast, jeśli dziecko straciło przytomność i nie oddycha, a próby udrożnienia górnych dróg oddechowych są nieskuteczne.

UWAGA: Niedrożność górnych dróg oddechowych może również wystąpić na skutek choroby, takiej jak krup lub zapalenie nagłośni. Krztuszące się dziecko, które wygląda na chore (gorączka, niedrożność nosa, charczenie, ślinienie się, ospałość czy zmniejszone napięcie mięśniowe), wymaga natychmiastowej pomocy lekarza. Nie trać więc czasu na niebezpieczne i bezowocne próby domowego leczenia, tylko zadzwoń na pogotowie.

1. Wezwij pomoc. Jeśli w pobliżu jest inna osoba, poproś ją, by zatelefonowała na pogotowie ratunkowe, w przeciwnym razie reanimuj dziecko jeszcze minutę, zanim je

RĘKOCZYN HEIMLICHA i POKLEPYWANIE PLECÓW DZIECKA PRZYTOMNEGO

Uklęknij za dzieckiem, zegnij jego tułów na swojej ręce i klepnij je kilkakrotnie w plecy.

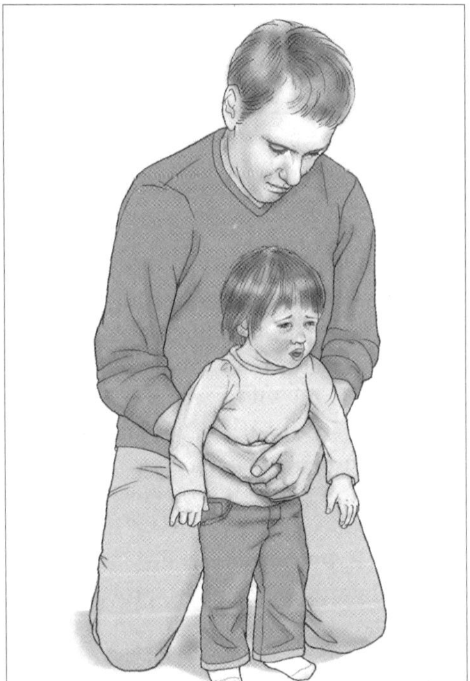

Następnie wyprostuj dziecko i szybko wykonaj rękoczyn Heimlicha. Wykonuj obie czynności, aż dziecko wykrztusi ciało obce.

wezwiesz. Jeżeli nie znasz zabiegów resuscytacyjnych lub wpadłaś w panikę i je zapomniałaś, podejdź z dzieckiem do telefonu (lub przynieś telefon w pobliże dziecka) i zadzwoń po pomoc medyczną. Zaleca się, aby nawet gdy zna się zasady ratownictwa, zadzwonić na pogotowie po dwóch minutach udzielania dziecku pomocy. Dzięki temu pomoc już będzie w drodze, zanim sytuacja się pogorszy.

Jeżeli dziecko jest przytomne, opisane poniżej połączenie pięciu klepnięć w plecy z pięcioma rękoczynami Heimlicha powinno być skutecznym sposobem oczyszczenia dróg oddechowych.

2. Stań lub uklęknij za dzieckiem.

3. Wykonaj klepnięcia w plecy. Podtrzymuj dziecko ręką ułożoną w poprzek jego klatki piersiowej, nachylając je do przodu. Pewnym ruchem uderz malucha pięciokrotnie nasadą dłoni w miejsce między łopatkami. Następnie przejdź do punktu 4.

4. Wykonaj rękoczyn Heimlicha. Stań lub uklęknij za dzieckiem i otocz je rękami na wysokości jego pasa. Jedną dłoń zwiń w pięść i przyłóż kciuk w środku brzuszka dziecka, tuż nad pępkiem, znacznie poniżej wyrostka mieczykowatego. Otocz pięść drugą dłonią i zrób pięć szybkich ruchów (ucisków) ku górze. Każdy ucisk powinien być oddzielnym ruchem.

Wykonuj naprzemiennie klepnięcia w plecy i rękoczyn Heimlicha, aż dziecko wykrztusi ciało obce i będzie mogło oddychać lub wysiłkowo kaszleć – albo straci przytomność.

Jeżeli dziecko jest nieprzytomne, postępuj w poniższy sposób.

1. Sztuczne oddychanie. Połóż dziecko na wznak na twardej, płaskiej powierzchni (na stole lub podłodze). Przechyl jego głowę w sposób opisany na str. 446. Dwukrotnie wdmuchnij powietrze, a jeśli klatka piersiowa się nie unosi, przechyl jego głowę trochę mocniej i spróbuj wykonać jeszcze dwa wdechy.

> UWAGA: Jeśli dziecko krztusiło się i było przytomne, po czym straciło przytomność, pomiń punkt 1 i przejdź od razu do uciskania klatki piersiowej, jak opisano poniżej w punkcie 2.

2. Uciskanie klatki piersiowej. Jeśli klatka piersiowa dziecka nie unosi się, wykonaj trzydzieści uciśnięć (patrz str. 448). Sprawdź, czy w jamie ustnej nie znajduje się ciało obce – jeżeli jest, usuń je zagiętym palcem, jeśli nie, dwukrotnie wykonaj wdech. Gdyby okazało się to nieskuteczne, powtarzaj uciskanie klatki piersiowej, szukanie ciała obcego i dwa wdechy dopóty, dopóki drogi oddechowe będą drożne, dziecko odzyska przytomność i zacznie normalnie oddychać albo do momentu przybycia pomocy medycznej.

> UWAGA: Nawet jeśli dziecko szybko powróci do normalnego stanu po zakrztuszeniu się, to koniecznie powinien zbadać je lekarz. Dlatego niezwłocznie wezwij lekarza lub pogotowie ratunkowe.

Rozdział 15

ZABURZENIA ROZWOJOWE

Twoje dziecko – jak każde dziecko – jest wyjątkowe, jedyne w swoim rodzaju i rozwija się we własnym tempie. Jedne maluchy zaczynają chodzić wcześniej, inne później, jeszcze inne z kolei mówią już pełnymi zdaniami, zanim ich rówieśnicy powiedzą jedno słowo. Ponieważ zakres tego, co prawidłowe, dla każdego praktycznie aspektu rozwoju jest bardzo szeroki, znaczna większość dzieci mieści się w tym spektrum. Część z nich jednak nie nadąża i przejawia prawdziwe opóźnienia w rozwoju, wymagające leczenia lub innej interwencji. Zaburzenia rozwojowe, które mogą mieć bardzo różne nasilenie, to między innymi: autyzm, upośledzenie umysłowe, zaburzenia przetwarzania sensorycznego, zaburzenia i zespoły wad wrodzonych bądź inne problemy rozwojowe. Jeśli podejrzewasz, że twoje dziecko nie rozwija się prawidłowo, nie tłum tego przeczucia w sobie, lecz podziel się nim z lekarzem – pamiętaj: to ty najlepiej znasz swoje dziecko i potrafisz wychwycić takie niuanse w jego zachowaniu, które mogą umknąć innym. Nie odwlekaj konsultacji z lekarzem, gdyż wczesne rozpoznanie i interwencja (albo wczesne upewnienie się, że nic złego się nie dzieje) mogą mieć kolosalne znaczenie.

Co może cię niepokoić

Spektrum zaburzeń autystycznych (ASD)

Co to jest? Spektrum zaburzeń autystycznych to zaburzenia rozwojowe, które wywierają wpływ na umiejętności behawioralne, społeczne i komunikacyjne dziecka. Dzieci dotknięte nimi mają trudności z kontaktami społecznymi, z komunikacją werbalną i niewerbalną, a także wykonują stereotypowe, powtarzające się czynności lub mają zawężone, obsesyjne zainteresowania. Objawy spektrum autystycznego mogą mieć różne nasilenie.

Szacuje się, że u jednego ze stu dziesięciorga dzieci rozpoznany zostanie autyzm lub inne zaburzenie ze spektrum autyzmu, na przykład zespół Aspergera czy całościowe zaburzenie rozwoju (PDD). Choć liczby rosną, niektórzy specjaliści twierdzą, że statystyka nie oddaje całości problemu, i sugerują, iż taki wzrost może wynikać z tego, że diagnozuje się większą liczbę dzieci (a to dzięki większej wiedzy na temat istnienia zaburzenia, jego objawów i dalszego postępowania) oraz zalicza się do spektrum autyzmu coraz szerszy zakres zaburzeń rozwojowych.

Nie ma pewności, jaka jest przyczyna autyzmu, choć badania wskazują na duże znaczenie czynnika genetycznego. Nie wiadomo też, czy jest to jedno zaburzenie, czy kilka, czy też wiele podobnie objawiających się zaburzeń. Chłopcy są czterokrotnie bardziej narażeni na ASD niż dziewczynki, a jeśli jedno z rodzeństwa jest autystyczne, to zagrożenie w odniesieniu do drugiego wynosi około dwudziestu procent. Niektórzy naukowcy przypuszczają, że do rozwoju autyzmu przyczyniają się nieprawidłowości chromosomowe, z kolei wyniki pewnych badań wskazują na nieprawidłowy rozwój mózgu dzieci autystycznych. Istnieją też dowody na to, że pewną rolę odgrywają czynniki środowiskowe. Jedno natomiast nie ulega wątpliwości: nie ma żadnego dowodu na istnienie związku pomiędzy autyzmem i szczepieniami otrzymanymi w okresie dziecięcym. Potwierdzają to szeroko zakrojone badania.

Podczas gdy nie wiadomo na pewno, co powoduje autyzm, jego objawy nie pojawiają się znikąd. Większość rodziców zauważa u swych autystycznych dzieci opóźnienia w rozwoju mowy i inne sygnały, gdy mają one około osiemnastu miesięcy, lecz pewnych sygnałów można doszukiwać się znacznie wcześniej: według AAP, niektóre są widoczne już u rocznych maluchów. Dziecko wykazuje następujące objawy:

- Nie reaguje na dźwięk swojego imienia.
- Nie patrzy na rzecz, na którą wskazujesz, ani nie pokazuje ci czegoś, co je interesuje.
- Nie utrzymuje komunikacji zwrotnej z rodzicami.
- Nie uśmiecha się.
- Nie nawiązuje kontaktu wzrokowego z ludźmi, nie podtrzymuje kontaktu słownego ani wzrokowego z opiekunami.

A oto inne możliwe objawy ASD; jeśli je zauważysz, powinnaś zwrócić na to uwagę pediatry:

- Dziecko nie gaworzy, nie wskazuje rączką ani nie komunikuje się za pomocą gestów w dwunastym miesiącu życia.
- Dziecko nie wymawia ani jednego słowa w wieku szesnastu miesięcy.
- Dziecko nie łączy słów w pary w wieku dwudziestu czterech miesięcy.
- Dziecko traci umiejętności językowe lub społeczne, które już posiadło, w pierwszych kilku latach życia.

Objawy ASD są bardzo różnorodne i nie powtarzają się u różnych dzieci; mogą wystąpić wszystkie objawy lub tylko kilka najbardziej typowych, o różnym stopniu nasilenia. Mogą do nich należeć:

ZABURZENIA W KOMUNIKACJI

- Opóźnienia w rozwoju mowy: dziecko w wieku piętnastu–szesnastu miesięcy nie mówi nic lub w wieku dwudziestu czterech miesięcy nie łączy słów w pary.
- Słaby rozwój mowy i brak potrzeby komunikowania się z innymi.

- Powtarzanie słów bez przywiązywania wagi do ich znaczenia (echolalia).
- Brak reakcji na swoje imię, lecz reagowanie na inne dźwięki (na przykład na sygnał karetki pogotowia lub na szczekanie psa).

OBJAWY SPOŁECZNE

- Szczególnie duże problemy z interakcjami społecznymi, czasem nawet z rodzicami (dziecko nie reaguje na sygnały werbalne i/lub fizyczne ze strony innych i z tego powodu może nawet być odrzucane).
- Nieumiejętność interpretowania komunikacji niewerbalnej (na przykład zdenerwowanego tonu głosu lub uśmiechu).
- Trudność z nawiązaniem kontaktu wzrokowego z innymi (natomiast wpatrywanie się godzinami w pustą przestrzeń).
- Niewskazywanie na przedmioty.
- Brak adekwatnej mimiki.
- Nieokazywanie empatii.
- Nieprzytulanie się podczas podnoszenia na ręce (dziecko zamiast się przytulać, najczęściej wygina plecy w łuk).

OBJAWY BEHAWIORALNE

- Zachowania rytualne, wykraczające poza to, co typowe dla małego dziecka.
- Przejawianie ogromnego zainteresowania częściami przedmiotów, na przykład etykietką ubrania.
- Nietypowy sposób zabawy zabawkami; nieużywanie zabawek do zabaw naśladowczych.
- Małe zainteresowanie zabawą w naśladowanie, słaba wyobraźnia.
- Nieadekwatne zachowanie (na przykład obwąchiwanie wszystkiego).

Zespół Downa

Mniej więcej jedno na osiemset dzieci rodzi się z zespołem Downa, czyli zespołem wad wrodzonych spowodowanych obecnością dodatkowego chromosomu (trisomia 21). Cechami charakterystycznymi tego zespołu są, w zależności od stopnia ekspresji wady, m.in. skośne oczy, zbyt duży język i krótka szyja, płaska potylica, małe uszy (niekiedy lekko zawinięte na szczycie), płaski, szeroki nos, krótkie, szerokie dłonie, niski wzrost, słabe napięcie mięśniowe oraz słodka, „przylepna" i pełna miłości osobowość. Niektóre z tych dzieci mają prawidłowy iloraz inteligencji, większość ma tylko umiarkowaną niepełnosprawność umysłową i opóźnienia rozwojowe.

Wcześnie wdrożony specjalistyczny program edukacyjny może mieć ogromny wpływ na zdolność uczenia się i zachowanie dzieci z zespołem Downa – niektóre dzięki temu mogą mieścić się w zakresie prawidłowości. Potencjał większości dzieci z zespołem Downa pozostaje niewykorzystany, tymczasem wczesna interwencja (natychmiast po rozpoznaniu) może się przyczynić do odkrycia ich zdolności oraz pełnego ich wykorzystania. Zaledwie niespełna dziesięć procent tych dzieci jest niepełnosprawnych intelektualnie w stopniu poważnym. Wiele dzieci z zespołem Downa może być włączonych do normalnego programu szkolnego i prowadzić owocne życie.

- Uderzanie głową i gryzienie się aż do samookaleczania (w odróżnieniu od nieszkodliwego uderzania głową wykonywanego przez wiele dzieci w celu uspokojenia się przed snem albo w chwili stresu).
- Nieopanowany krzyk i inne zachowania, na przykład częste silne ataki złości (znacznie przekraczające typową dziecięcą złość).
- Awersja do głośnych dźwięków, ale fascynowanie się stymulacjami wzrokowymi (na przykład wiatraczkiem).
- Obsesyjne powtarzanie czynności.
- Kołysanie się, kręcenie się, kręcenie paluszkami, trzepotanie dłońmi.

DLA RODZICÓW

Pomaganie dziecku

Chociaż przyszłe dobro dziecka z chorobą przewlekłą, wadą wrodzoną lub rozwojową w dużej mierze zależy od jakości opieki specjalistycznej, to w jeszcze większym stopniu uzależnione jest od opieki rodziców. A zatem przyjmij następującą strategię:

Dowiedz się wszystkiego na temat choroby. Wczesne rozpoznanie choroby i szybka interwencja medyczna są niezwykle istotne, a zatem jeżeli masz jakiekolwiek wątpliwości co do trafności rozpoznania lub jeżeli lekarz dziecka nie jest w stanie postawić diagnozy, nie wahaj się przed zasięgnięciem drugiej opinii u innego specjalisty.

Zyskaj jak najlepszą pomoc. W przypadku wielu chorób dziecięcych ocena specjalisty może być niezbędna do sprecyzowania dokładnego rozpoznania i wydania zaleceń co do leczenia. Czasem leczenie może być nadzorowane przez pediatrę dziecka, który może się konsultować ze specjalistą lub nie; w innych przypadkach najlepiej, by cały proces leczenia spoczywał w rękach specjalisty. Specjalista pracujący w szpitalu lub dużym ośrodku medycznym będzie najprawdopodobniej miał więcej możliwości, by zapewnić twojemu dziecku najlepszą opiekę opartą na najnowszej wiedzy.

Słuchaj uważnie. Zwracaj pilnie uwagę na wszystko, co mówią lekarze, terapeuci i inne osoby zaangażowane w opiekę nad twoim dzieckiem. Pytaj o wszystko, co chcesz wiedzieć, a jeżeli odpowiedź nie będzie dla ciebie zrozumiała, poproś o wyjaśnienia. Pytaj też o materiały w formie pisemnej, artykuły, książki i wszystko, co może ci pomóc poszerzyć wiedzę. Uważaj jednak, kogo słuchasz, bo w Internecie znajdziesz mnóstwo tekstów dla rodziców z dziećmi specjalnej troski i zdecydowanie nie wszystkie mają wartość naukową, a część materiałów może być zwyczajnie błędna lub nawet szkodliwa. Jeśli natkniesz się na jakieś ciekawe informacje o leczeniu czy nowej terapii, koniecznie omów to z lekarzem lub terapeutą.

Upewnij się, że inni słuchają ciebie. Czy pracownicy służby zdrowia zwracają uwagę na to, co masz im do powiedzenia, i czy poważnie traktują twoje uwagi oraz twój wkład w leczenie? Powinni to robić, bo przecież to ty najlepiej znasz swoje dziecko i odgrywasz główną rolę w opiece nad nim. Spraw, by wymiana informacji pomiędzy tobą a wszystkimi osobami zaangażowanymi w leczenie dziecka była możliwa zawsze, a nie tylko w sytuacjach kryzysowych.

Bądź wytrwała. Gdy wyraźnie czujesz, że coś z twoim dzieckiem jest nie w porządku, ale nie wiesz co i nie możesz uzyskać wyjaśnienia, nie zniechęcaj się i próbuj dalej drążyć problem. Może się okazać, że nic złego się nie dzieje, i jeśli taką odpowiedź uzyskasz od różnych specjalistów, powinnaś ją przyjąć i zaakceptować. Z taką samą wytrwałością zadawaj pytania i szukaj odpowiedzi, jeśli masz wrażenie, że leczenie nie przynosi rezultatów, że lekarz (lub lekarze) nie informuje cię na bieżąco, albo jeśli masz po prostu złe

- Czasem duże uzdolnienia (na przykład matematyczne lub wczesna umiejętność czytania), jednak zwykle bez zrozumienia ich znaczenia.
- Nadwrażliwość lub brak wrażliwości na stymulację zmysłów powonienia, słuchu, dotyku, wzroku (światłem).

Jeśli zauważysz takie objawy u swojego dziecka – bądź jeśli przejawia ono wczesne sygnały ostrzegawcze – porozmawiaj z pediatrą. Za pomocą standardowego badania przesiewowego jest on w stanie sprawdzić, czy dziecko może być dotknięte chorobą ze spektrum autystycznego i potrzebować specjalistycznego badania.

Leczenie. Nie znamy sposobu leczenia zaburzeń ze spektrum autyzmu, lecz wczesna interwencja – obejmująca terapię pomagającą w prawidłowym rozwoju (na tyle, na ile to możliwe), w opanowaniu umiejętności mowy, interakcji społecznych oraz naukę – może mieć niebagatelne znaczenie dla przyszłości dziecka. Istnieje wiele różnorodnych sposobów podejścia do leczenia, jedne są oparte na badaniach naukowych, inne to terapie alternatywne. To, co okazuje się skuteczne w przypadku jednego dziecka, może się zupełnie nie sprawdzić wobec innego, a zatem każdą terapię należy dobrać indywidualnie.

Oto kilka terapii, które dały pomyślne rezultaty:

przeczucie. Jeżeli twoje dziecko nie reaguje na terapię tak, jak tego oczekiwano – rozmawiaj o tym szczerze z lekarzami.

Zostań ekspertem. Większość rodziców dzieci cierpiących na choroby przewlekłe lub zaburzenia rozwoju zdobywa z czasem taką wiedzę, że mogą rozmawiać z lekarzem specjalizującym się w danej dziedzinie jak równy z równym. Im wcześniej zaczniesz zdobywać informacje, tym lepiej dla twojego dziecka, ponieważ dzięki temu będziesz mogła zadawać konkretne pytania oraz podejmować rozsądne decyzje, pomagając w jak najszybszym wprowadzeniu optymalnego leczenia. Tym lepiej też dla ciebie – będziesz miała poczucie panowania nad sytuacją, a także mniej będziesz się bała tego, co nieznane.

Bądź na bieżąco. Przez cały czas opracowywane są nowe zabiegi medyczne, terapie i technologie, które mogą w znacznym stopniu poprawić jakość życia chorego dziecka. Czytaj o nich na wiarygodnych stronach internetowych, ale miej też na uwadze to, że o niektórych nowościach mówi się, zanim jeszcze zostaną dokładnie przebadane.

Prowadź notatki. Zbieraj skrupulatnie wszystkie informacje o stanie zdrowia dziecka, badaniach, wizytach lekarskich, leczeniu, lekach, lekarzach, terapiach itd. (proś o kopie wszystkich dokumentów). Przy każdym aparacie telefonicznym w domu umieść kartkę z ważnymi numerami telefonów i innymi istotnymi danymi o stanie zdrowia dziecka; przekaż te dane każdej osobie opiekującej się twoim dzieckiem oraz pozostaw je też w placówce opiekuńczo-wychowawczej, do której uczęszcza dziecko.

Zachowaj pozytywne nastawienie. Nawet jeśli czasem będzie ci ciężko, nie marnuj czasu ani energii na oskarżanie się o stan dziecka (przecież nie zrobiłaś nic, co mogłoby go wywołać), nie użalaj się też nad sobą ani nad nim. Optymistyczne, pozytywne nastawienie na pewno pomoże wam obojgu. Z pewnością pojawią się takie chwile, gdy oboje z mężem będziecie czuli potrzebę odreagowania, wygadania się i bycia wysłuchanym, i wówczas będziecie dla siebie nieocenionym wsparciem. Jednak czasem potrzebne też wam będzie spojrzenie z perspektywy osoby z zewnątrz. Takim kimś mogą być inni rodzice, którzy są w podobnej sytuacji. Znajdź odpowiednie forum społecznościowe w Internecie lub grupę wsparcia.

Bądź realistką. Zachowanie realistycznego spojrzenia jest równie ważne jak pozytywne nastawienie. Powinnaś sprawdzić każdą możliwość, jeśli chodzi o nowe metody leczenia i postępowania, ale musisz zaakceptować to, czego nie da się zmienić – przynajmniej na razie.

Rozsądnie gospodaruj finansami. Koszty opieki i leczenia dziecka z chorobą przewlekłą lub zaburzeniem rozwojowym mogą zrujnować budżet każdej rodziny, dlatego warto dowiedzieć się wszystkiego o tym, co zapewnia ci twoje ubezpieczenie, a także czy dostępna jest pomoc ze strony organizacji lokalnych, państwowych i innych.

- Stosowana analiza zachowania, polegająca na stosowaniu wzmocnień pozytywnych i innych metod do budowania komunikacji.
- Zabawa na podłodze (Floortime, formalny program, w ramach którego rodzice uczestniczą w zabawach dzieci).
- TEACCH (program skupiający się na komunikacji i kontaktach społecznych).
- Integracja sensoryczna (pomagająca zmienić stosunek dziecka do tego, co je denerwuje).
- Modyfikacja behawioralna (nagrody za odpowiednie zachowania, brak nagród za zachowania niewłaściwe).
- Leki stosowane do leczenia konkretnych objawów (zwykle podawane dzieciom nieco starszym).
- Motywacja (znajdowanie obszaru zainteresowań dziecka, takich jak na przykład muzyka, sztuka lub nauka, po czym podejmowanie prób uspołeczniania go poprzez te dziedziny).

Alternatywne metody leczenia nie zostały przebadane na tyle, by można było stwierdzić, czy są bezpieczne. Niektórzy rodzice na przykład twierdzą, że ich dziecku służy dieta bezglutenowa i bezkazeinowa, jednak jak dotąd żadne badania tego nie potwierdzają. Lekarze są jednak zgodni co do tego, iż jeśli rodzice chcą daną dietę na próbę wprowadzić, to nie powinna ona być szkodliwa, a może się okazać korzystna. Inne terapie alternatywne oparte na sposobie odżywiania dziecka (kwasy tłuszczowe omega-3, preparaty witaminowe, probiotyki, ograniczenie udziału dodatków spożywczych, takich jak na przykład sztuczne barwniki) także nie mają dowiedzionej skuteczności w odniesieniu do osób z ASD, lecz mogą przynieść określone korzyści dla zdrowia. Natomiast niektóre tak zwane „terapie" są na pewno złe (duże dawki witamin, terapia chelatowa, płukanie okrężnicy). Przeglądanie publikowanych na stronach internetowych i forach społecznościowych metod leczenia i dokonywanie wyboru może być szczególnie trudne dla rodziców chcących spróbować wszystkiego, co mogłoby pomóc ich dziecku, dlatego koniecznie omów metodę, na którą się zdecydujesz, z pediatrą dziecka lub specjalistą ds. rozwoju dzieci, by uzyskać jego aprobatę.

Rokowania. Przewidywanie, jaki będzie wpływ autyzmu na życie i przyszłość dziecka, jest niezwykle trudne, a także uzależnione od stopnia nasilenia objawów autyzmu oraz nasilenia powiązanych z nim chorób i stanów. Wiele dzieci dotkniętych autyzmem jest w stanie – dzięki intensywnym działaniom zarówno rodziców, jak i specjalistów (ponad dwadzieścia pięć godzin zajęć tygodniowo przez cały rok) oraz wielostronnym programom (obejmującym leczenie medyczne, odpowiednie kształcenie, spotkania z psychologiem i logopedą) – w znacznym stopniu rozwinąć umiejętności komunikowania się i kontaktów społecznych. Choć część osób autystycznych wymaga opieki przez całe życie, inne czynią niezwykłe postępy i mogą się uczyć w normalnych szkołach, na wyższych uczelniach, a potem pracować. Ciągły rozwój medycyny może w przyszłości poprawić rokowania w odniesieniu do autystycznych dzieci.

Pamiętaj: im wcześniej dziecko rozpocznie terapię, tym lepsze są dla niego prognozy, dlatego tak ważne jest wczesne rozpoznanie. Jeśli podejrzewasz, że z twoim dzieckiem dzieje się coś niedobrego, porozmawiaj bezzwłocznie z lekarzem. Amerykańska Akademia Pediatrii zaleca przeprowadzanie badań przesiewowych pod kątem autyzmu pomiędzy osiemnastym a dwudziestym czwartym miesiącem życia dziecka, zwykle podczas rutynowych badań lekarskich, ale jeśli pediatra nie zbadał w tym kierunku twojego dziecka lub masz jakiekolwiek wątpliwości, poproś o przeprowadzenie badania.

Zaburzenia przetwarzania sensorycznego (zaburzenia integracji sensorycznej) (SPD)

Co to jest? Jest to zbiór objawów wynikających z trudności odbierania informacji zbieranych przez zmysły: słuchu, wzroku, powonienia, smaku i dotyku. Zaburzenie to powoli akceptowane jest w środowisku medycznym jako choroba. Dzieci z tym zaburzeniem często nadmiernie reagują na stymulację zmysłów lub mają obniżoną reaktywność na takie bodźce – odbierają sygnały, lecz nie są w stanie w prawidłowy sposób ich zebrać i zinterpretować, po czym na nie zareagować. Jedne z powodu tego zaburzenia nie chcą być dotykane, podczas gdy inne lubią dotykać wszystkiego; jedne mają trudności z równowagą, inne kręcą się jak mały bączek przez cały czas, a jeszcze inne cierpią na brak koordynacji. Część dzieci dotkniętych SPD nie jest w stanie znieść głośnych dźwięków, a pewne bodźce wzrokowe wywołują w nich nadmierną stymulację, albo też nie mogą one nosić pewnych ubrań, zwłaszcza uszytych z szorstkich, drapiących tkanin. Wiele dzieci z SPD ma silne awersje pokarmowe.

Objawy SPD mogą się często wydawać pewnymi odmianami normalnych zachowań małych dzieci, jednak u maluchów cierpiących na zaburzenia integracji sensorycznej objawy te są stałe, przewlekłe i na tyle silne, by zakłócić ich codzienne funkcjonowanie.

Niektórzy specjaliści są zdania, że co dwudzieste dziecko cierpi na SPD, a w niektórych przypadkach - choć zdecydowanie nie we wszystkich - objawy tej choroby należą do szerokiego spektrum autyzmu. Uważa się, że pewną rolę w powstawaniu SPD może odgrywać czynnik genetyczny oraz uwarunkowania środowiskowe (jak w przypadku autyzmu), jednak badania nad SPD są nadal w powijakach.

Mnóstwo całkowicie normalnych dzieci wykazuje pewną nadwrażliwość sensoryczną przynajmniej raz na jakiś czas (na przykład przesadnie irytują się zwijającymi się skarpetkami, nie chcą zjeść niczego, co ma wyrazisty smak, a podczas przyjęcia urodzinowego są nadmiernie pobudzone), jeśli jednak przypuszczasz, że twoje dziecko ma nadmierną lub niedostateczną wrażliwość na bodźce zmysłowe - a już szczególnie, jeżeli uniemożliwia mu to normalne funkcjonowanie - powiedz lekarzowi o swych obserwacjach i wątpliwościach.

Leczenie. Zwykle jest to połączenie terapii zajęciowej, ćwiczeń fizycznych i logopedycznych, w ramach których odbywają się zajęcia i gry w obfitującym w bodźce środowisku. Prowadzą je kompetentni terapeuci, a ich celem jest nauczyć dziecko, jak prawidłowo reagować na stymulację zewnętrzną i spokojniej znosić coś, co mu przeszkadza, a także jak wyczulić się na doznania, których zwykle nie dostrzega. Tego rodzaju terapie sprawdzają się w niektórych przypadkach, lecz kliniczne dowody ich skuteczności są nadal znikome.

W odniesieniu do dzieci nadwrażliwych (przesadnie reagujących na bodźce) prowadzi się terapię polegającą na powolnym i stopniowym wprowadzaniu różnego rodzaju doznań zmysłowych, na przykład poprzez przytłumione oświetlenie wnętrz, delikatny dotyk, kołysanie i inne czynności mające pomóc dziecku lepiej znosić drażniące je bodźce. Natomiast przy obniżonej wrażliwości stosuje się terapię odwrotną, ucząc dzieci świadomości własnego ciała i poszczególnych jego części, tego, jak różne bodźce stymulują je (na przykład prosi się dziecko o włożenie obciążonej kamizelki albo o podnoszenie, pchanie lub ciągnięcie czegoś, aż nabierze ono wyczucia tego, jak reaguje jego ciało).

Rokowania. Dzieci z SPD zwykle wyrastają na dorosłych z SPD, jednak terapia (rozpoczęta wcześnie i kontynuowana wedle potrzeby w późniejszych latach lub w nowych okolicznościach, takich jak rozpoczęcie nauki w szkole) może pomóc jednostce w lepszym radzeniu sobie z różnymi doznaniami. Poradnictwo zwiększające samoświadomość i zrozumienie także może pomóc tym dzieciom z czasem nauczyć się metod ułatwiających im funkcjonowanie w nowych sytuacjach.

Opóźnienia w rozwoju

Co to jest? Większość rodziców zawsze porównuje swoje dziecko - choćby nawet nieświadomie - z innymi dziećmi z grupy rówieśniczej. A taka grupa bywa zróżnicowana, z tym że zwykle nawet te maluchy, które wydają się nieco opóźnione pod względem umiejętności motorycznych (małej i dużej motoryki), z czasem nadrabiają zaległości. Jednak niektóre dzieci faktycznie nie nadążają za resztą i wtedy właśnie diagnozowane jest opóźnienie w rozwoju.

W drugim roku życia dziecka może ono przybierać różny charakter. Wyróżnia się między innymi:

- Zaburzenia motoryki małej. Dzieci o słabej motoryce małej mogą mieć trudności z trzymaniem łyżeczki lub widelczyka albo w wieku dwóch lat nie potrafią chwycić kredki i nią rysować. W późniejszym okresie życia dochodzą problemy z pisaniem.
- Zaburzenia motoryki dużej. Niektóre maluchy są regularnie opóźnione w stosun-

ku do swych rówieśników pod względem każdej umiejętności zaliczanej do dużej motoryki: nie potrafią kontrolować dużych mięśni ciała, nie są zatem w stanie utrzymać równowagi i brakuje im koordynacji.

- Zaburzenia ruchu w obrębie jamy ustnej. Niektóre dzieci nie potrafią w pełni kontrolować mięśni jamy ustnej, przez co trudno im jeść (dzieci powyżej osiemnastego miesiąca życia jedzą wyłącznie żywność całkowicie rozdrobnioną na purée) i czasem obficie się ślinią. Największym ich problemem jest słaby przyrost masy ciała (z powodu pobierania niewielkich ilości pokarmu) oraz w przyszłości niemożność prawidłowego artykułowania słów.
- Opóźnienia w mowie. Mimo że podczas badań kontrolnych lekarze sprawdzają rozwój dziecka także pod tym względem, to opóźnienia w mowie są wyraźnie widoczne dopiero około drugiego roku życia.

Pediatra będzie wykonywał badania przesiewowe pod kątem opóźnień rozwojowych w trakcie każdego bilansu, ale jeżeli masz przeczucie, iż coś jest nie w porządku, nie wahaj się wyrazić swoich obaw. Często bowiem instynkt rodzicielski podpowiada lepiej niż wiedza medyczna. Im szybciej rozpocznie się terapię, tym lepiej dla twojego dziecka.

Leczenie. Jeżeli ty lub lekarz zauważycie opóźnienia w dużej motoryce, dziecko zostanie poddane badaniom neurologicznym, mającym na celu skontrolowanie napięcia mięśniowego, siły mięśni, refleksu i koordynacji. Przypuszczalnie lekarz zaleci także przeprowadzenie ogólnej oceny rozwoju. Powtarzający się zły wynik zaowocuje skierowaniem ciebie i dziecka do uczestnictwa we wczesnym programie interwencyjnym w celu opracowania planu leczenia dziecka. Zwykle plan taki obejmuje terapię zajęciową, zajęcia fizyczne oraz pomoc logopedy (jeśli ujawnią się także opóźnienia w mowie). W razie potrzeby dziecko może zostać także przebadane przez dziecięcego neurologa, logopedę i/lub pediatrę specjalizującego się w kwestiach rozwojowych.

Rokowania. Wcześnie rozpoczęte leczenie (lub niezwłocznie po zdiagnozowaniu zaburzenia) może być bardzo skuteczne.

WSZYSTKO O...

ŻYCIE Z DZIECKIEM SPECJALNEJ TROSKI

Każde dziecko jest istotą wyjątkową i nawet dzieci, które borykają się z tymi samymi problemami fizycznymi lub emocjonalnymi, nigdy nie są identyczne. Istnieją jednak pewne podstawowe potrzeby, które są jednakowe zarówno w odniesieniu do tych dzieci, jak i do ich rodzin.

Bezwarunkowa miłość. Nawet dziecko, które zdaje się nie reagować na okazywaną mu miłość, bardzo jej potrzebuje, więc przytulaj je i całuj jak najczęściej. Ściskaj delikatnie tę malutką rączkę, nawiązuj kontakt wzrokowy, który – nawet jeśli twoja pociecha go nie odwzajemnia – świadczy o tym, że troszczysz się o swój skarb.

Normalność. Jest to trudne, ale niezmiernie ważne zalecenie dla wszystkich rodzin z dzieckiem specjalnej troski. Dąż do tego, by prowadzić normalne życie rodzinne w tak wielu aspektach, jak to tylko jest możliwe, oraz czyń wszelkie możliwe wysiłki, aby traktować swoje dziecko tak, jak traktowałabyś każde inne. Pomagaj mu uzyskać poczucie własnej wartości, zachęcaj, ale bez popychania, i nie unikaj stosowania dyscypliny: stawiaj mu ograniczenia zgodne z jego możliwościami. Nadopiekuńczość, rozpieszczanie, pozwalanie na wszystko w niczym nie pomoże, a wręcz może zaszkodzić, spowalniając rozwój dziecka.

Pamiętaj też, że podobnie jak wszystkie maluchy, twoje dziecko specjalnej troski będzie najprawdopodobniej chciało robić wszystko „samo", więc zamiast ciągłego czuwania i wyręczania go jak najczęściej dawaj mu szansę samodzielnego radzenia sobie. Jeśli zrobi coś źle (a na pewno mu się to przydarzy, jak każdemu innemu dziecku, także całkowicie sprawnemu), zachęcaj do uczenia się na błędach. Następnym razem poradzi sobie lepiej! Nieważne też, jaki będzie skutek starań – podkreślaj właśnie starania, a nie ich wynik.

Większość małych dzieci specjalnej troski jest również skłonna do innych zachowań typowych dla zdrowych małych dzieci, włącznie z napadami złego humoru, negatywnym nastawieniem do wszystkiego, egocentryzmem i lękiem przed rozstaniem. Spróbuj odpowiadać na podobne zachowania tak jak w przypadku każdego innego dziecka, ale zachowując szczególne uwrażliwienie na potrzeby twojego malca.

Nie pozwalaj – na tyle, na ile jest to możliwe – by choroba twojego dziecka uniemożliwiała prowadzenie normalnego trybu życia i czerpanie radości z drobnych przyjemności – z zabawy, z wyjścia na spacer, z zawierania przyjaźni i poznawania nowych ludzi.

Wyjaśnianie. Wyjaśnij sytuację swego dziecka specjalnej troski jego rodzeństwu, dziadkom, innym członkom rodziny i bliskim znajomym. Im lepiej będą rozumieć problem, tym więcej wsparcia mogą ci zapewnić.

Docenianie. Każde, nawet najbardziej upośledzone dziecko, chce się czuć doceniane i potrzebuje tego, więc zapewnij to poczucie swemu maluszkowi. Dostrzeż coś więcej niż tylko jego specjalne potrzeby: piękny uśmiech lub słodkie dołeczki w policzkach, dobre serce, dobroć dla zwierząt, niezłomny charakter i wszystkie inne cechy, które czynią to dziecko wyjątkowym. Takie uznanie może dać i tobie, i dziecku lepsze perspektywy, a także sprawić, że cała twoja rodzina znajdzie w sobie siłę do pokonywania stojących przed nią wyzwań.

Ty także potrzebujesz czuć się doceniana, a ponieważ dziecko raczej ci tego nie zapewni (maluchy nie są dobre w zauważaniu starań rodziców), w trudnych chwilach poszukaj uznania u męża lub innych bliskich krewnych i znajomych, a także w grupie wsparcia lub na forach internetowych.

Relaks. Wszyscy rodzice muszą czasem odpocząć, by znaleźć nową siłę do pełnienia swych obowiązków i być dobrymi opiekunami. Ponieważ wymagania stojące przed rodzicami dziecka specjalnej troski mogą być naprawdę wielkie, ich potrzeba odpoczynku jest większa niż przeciętnych opiekunów. Jeśli tylko możesz znaleźć kogoś, kto zaopiekuje się twoim maluszkiem, znajdź choć raz w tygodniu czas wyłącznie dla siebie, na swoje przyjemności: kino, relaks w wannie, spotkanie ze znajomymi, siłownię, i nigdy nie czuj się z tego powodu winna; wrócisz wypoczęta, odświeżona i gotowa do tego, by lepiej zajmować się dzieckiem.

Poczucie humoru. Dobry humor i umiejętność zauważania prostych przyjemności umilają życie w każdej rodzinie, a już zwłaszcza w takiej, w której funkcjonuje dziecko specjalnej troski. Jeśli będziesz pogodnie patrzeć na życie, to trudności związane z dzieckiem wydadzą ci się mniejsze, łatwiejsze do pokonywania i zaczniesz myśleć bardziej pozytywnie, a to jest zaraźliwe! W trudnych chwilach spróbuj się trochę pośmiać, zrobić coś głupiego i zabawnego.

Pomoc dla zdrowego dziecka

W jaki sposób realia wzrastania w domu z dzieckiem specjalnej troski wpływają na zdrowe rodzeństwo? Przeciętnie biorąc, fakt posiadania upośledzonego brata lub siostry wyzwala w dzieciach cierpliwość, zdolność do przystosowywania się, a także wyrozumiałość dla innych ludzi. Chociaż rola zdrowego dziecka w rodzinie z dzieckiem o specjalnych potrzebach nie jest nigdy łatwa, to może ona wywrzeć bardzo pozytywny wpływ na jego charakter. Oto jak powinnaś postępować, by twoje zdrowe dzieci wyniosły jak najlepszą naukę z waszego życiowego doświadczenia.

Zaangażuj zdrowe dzieci w opiekę. Wytłumacz im w zrozumiały sposób, jaka jest sytuacja ich braciszka czy siostrzyczki, i powiedz, jak rodzina może współpracować ze sobą, sprawując opiekę nad nim (czy nad nią) oraz wzajemnie nad sobą. Przydziel im drobne zadania, odpowiednie do ich wieku, na przykład dziecko w wieku przedszkolnym może nauczyć się prostych czynności i angażować w nie autystyczne dziecko, a nastolatek może pomagać przy ćwiczeniach fizycznych i innych formach terapii. Uważaj jednak, by nie wywierać na dzieci nacisku i nie wzbudzać w nich poczucia winy.

Rozpraszaj wątpliwości. Wyjaśnij starszemu dziecku, że główna odpowiedzialność za opiekowanie się jego rodzeństwem należy do ciebie, nie do niego, a jeśli zdrowe dziecko jest przedszkolakiem, powiedz po prostu: „Tak, Elunia ma trudności, ale to nie twoja wina, nic złego nie zrobiłeś". Wszystkim swym dzieciom (temu o specjalnych potrzebach także) musisz powiedzieć wyraźnie, że nie są za nic odpowiedzialne. Zdrowe dzieci mogą również potrzebować upewnienia, że dana choroba czy niepełnosprawność nie jest dla nich niebezpieczna i że nie można się nią zarazić tak jak przeziębieniem, a także zapewnienia, że gdy one się przeziębią lub nabawią grypy, to nie staną się tak samo chore jak ich brat lub siostra.

Znajdź dla nich czas. Chociaż większość czasu poświęcać będziesz opiece nad dzieckiem specjalnej troski, to pozostałe pociechy także potrzebują twojej uwagi, więc staraj się bardzo usilnie, by każda z nich spędzała z tobą codziennie chociaż chwilkę „sam na sam". Rób dla swojej rodziny wszystko, co daje dobre efekty – możesz na przykład tak zróżnicować pory kładzenia dzieci na spoczynek, aby każde z nich miało szansę porozmawiać z tobą o kończącym się właśnie dniu. Być może uda ci się również zaplanować dla każdego dziecka jedno wyjście z tobą z domu raz w tygodniu, choćby miało to oznaczać proszenie kogoś z rodziny lub znajomych o pomoc lub wynajmowanie na ten czas kogoś do opieki nad dzieckiem upośledzonym.

Bądź przykładem. Twoje nastawienie do dziecka specjalnej troski z całą pewnością udzieli się pozostałym dzieciom i rób wszystko, aby było ono pozytywne. Jeżeli trudno ci myśleć w ten sposób, poszukaj profesjonalnej pomocy w radzeniu sobie z negatywnymi odczuciami.

Wczesna interwencja. Każda osoba z każdą chorobą może odnieść korzyść z wczesnego podjęcia działań terapeutycznych. Upewnij się, że dziecko uzyskało profesjonalne rozpoznanie, i dopilnuj, by jego leczenie rozpoczęło się jak najwcześniej. Dla dobra dziecka sama przejdź odpowiednie szkolenia, abyś również mogła pomagać mu w czasie, który spędza w domu.

Rodzicielskie grupy wsparcia. W kraju oraz w Internecie znajdziesz dosłownie tysiące aktywnych grup tego typu. Opiekowanie się dzieckiem specjalnej troski może być niezwykle wyczerpujące fizycznie i emocjonalnie, kontakty (osobiste lub przez Internet) z innymi rodzicami, którzy mają podobne troski, na pewno będą stanowić ogromną pomoc. Zamiast więc zamykać się w sobie czy przenosić frustrację, złość i rozżalenie na dziecko, siebie i resztę rodziny, daj upust tym uczuciom przed ludźmi, którzy cię zrozumieją i z którymi możesz wymieniać się doświadczeniami, wiedzą czy metodami postępowania.

Pielęgnowanie związku. Gdy w domu jest małe dziecko, trudno jego rodzicom znaleźć czas na romantyczne chwile we dwoje, a jeszcze trudniej jest wówczas, gdy dziecko to ma specjalne potrzeby. Tymczasem posiadanie takiego dziecka wcale nie oznacza, że istnieje automatyczne zagrożenie dla związku – takie dziecko może wręcz wzmocnić relacje mię-

Nie szukaj „kozłów ofiarnych". Często łatwiej jest (i z mniejszym poczuciem winy) wyładować swój gniew, frustracje i zniecierpliwienie na zdrowych dzieciach niż na chorym („Mam już dość kłopotów, nie musisz mi dostarczać kolejnych!"), ale robienie ze zdrowego dziecka kozła ofiarnego nie jest uczciwe i może wzbudzić w nim poczucie żalu, a nawet wrogości. Jeśli dojdziesz do wniosku, że często wyładowujesz swoje negatywne emocje na rodzinie, poproś o pomoc.

Bądź wyrozumiała. Zdrowe dzieci często mają mieszane uczucia: „Martwię się (lub boję się, smucę się) z powodu mojej siostry"; „Żałuję, że mam siostrę, bo przez nią rodzice nie mają dla mnie czasu". Taka ambiwalentność uczuć jest normalna i zrozumiała (nawet rodzicom się ona przytrafia) i musisz sprawić, by zdrowe dziecko o tym wiedziało. Zachęcaj je do dzielenia się emocjami, kiedy odbierasz sygnały niewerbalne (smutna mina, złość, troska) i pytaj wprost: Jest ci smutno? Jesteś zła? Martwisz się? Czujesz się zakłopotana?

Niektóre zdrowe dzieci pod wpływem stresu zaczynają mieć te same „objawy" co upośledzone rodzeństwo – ale oczywiście nigdy nie zakładaj z góry, że to tylko współodczuwanie, dopóki nie usłyszysz tego z ust lekarza. Inne celowo naśladują pewne zachowania. Zwykle chodzi o zwrócenie na siebie uwagi (jest to przecież skuteczny sposób), a czasem o chęć ukazania poczucia jedności z rodzeństwem („Chcę wiedzieć, co czuje Ania"). Zapewnij wówczas zdrowemu dziecku nieco więcej uwagi, wysłuchaj go ze zrozumieniem, a naśladownictwo niemal na pewno ustąpi.

Zwracaj uwagę na sygnały ostrzegawcze. Dzieci, którym trudno jest radzić sobie ze stresem wywołanym posiadaniem rodzeństwa specjalnej troski, mogą wpadać w depresje, być wycofane lub objawiać swoje problemy zachowaniem (na przykład napadami złości czy niechęcią do kładzenia się do łóżka). Gdy coś takiego zaobserwujesz, postaraj się poświęcać zdrowemu dziecku nieco więcej czasu i uwagi, a gdyby to nie pomogło, omów problem z pediatrą. W takiej sytuacji może się przydać poradnictwo rodzinne lub indywidualne.

Nie wymagaj zbyt wiele. Zwiększanie oczekiwań względem zdrowych dzieci lub wymaganie od nich wyjątkowej grzeczności lub szczególnych osiągnięć, by zrekompensować niedoskonałości brata czy siostry, jest niesprawiedliwe. Zachęcaj wszystkie swoje dzieci, by starały się być jak najlepsze, ale nie proś o to, co niemożliwe. Pozwól też dzieciom być dziećmi – nie obciążaj ich nadmiarem obowiązków ani też bagażem emocjonalnym, nawet gdy naprawdę potrzebna jest ci pomoc. Poszukaj jej u osób dorosłych.

Zapewnij sobie pomoc z zewnątrz. Bezcennym doświadczeniem może być włączenie zdrowego dziecka do dziecięcej grupy wsparcia, aby mogło dzielić się swymi uczuciami i myślami z innymi dziećmi znajdującymi się w podobnej sytuacji. Zapytaj o taką grupę pediatrę, w szpitalu lub w lokalnej grupie wsparcia dla dorosłych, a jeżeli nic nie znajdziesz, pomyśl o założeniu jej lub poszukaj w Internecie.

dzy rodzicami. Pomagajcie sobie pielęgnować wasz związek, wspierając się emocjonalnie, dzieląc się obowiązkami (żadne z rodziców nie może być pozostawione samo z problemem), znajdując czas na intymne chwile (to trudne, ale ważne) i rozmawiając ze sobą o wszystkim, także o swych odczuciach – zarówno tych pozytywnych, jak i negatywnych.

Wsparcie rodzeństwa. Rodzeństwo często cierpi, kiedy tak wiele uwagi musi być poświęcone dziecku specjalnej troski – w powyższej ramce znajdziesz porady, jak pomóc swoim zdrowym dzieciom.

Sposoby postępowania. Z pomocą specjalistów, grup wsparcia (lokalnych lub internetowych) albo innych osób, które przeszły przez to samo co ty, naucz się, jak radzić sobie ze specjalnymi potrzebami twego dziecka, a także jak zaspokajać własne potrzeby oraz potrzeby innych członków rodziny. Dowiedz się, jak organizować swój czas i wybaczać sobie niedoskonałość. (Pamiętaj: nie ma rodziców idealnych, a tobie jest trudniej niż przeciętnym matkom).

Ignorowanie gruboskórności. Na pewno spotkasz ludzi, którzy nie zrozumieją, z czym ty się borykasz i jakie problemy ma twoje dziecko, lecz nie pozwól, by ich okrutne komentarze cię przygnębiły, i nie okazuj, że cię ranią, choćby to miało oznaczać sztuczny uśmiech i potakiwanie. Jednocześnie bądź otwarta i konkretna w wyjaśnianiu stanu dziecka na tyle, na ile możesz lub chcesz, zwłaszcza wobec rodziny i znajomych, by nie sprawić na nikim, a już zwłaszcza na dziecku, wrażenia zakłopotanej czy skrępowanej jego chorobą. Z dumą też podkreślaj jego atuty.

Akceptacja. Wiele form upośledzenia i przewlekłych chorób można kontrolować, a nawet częściowo złagodzić, ale większość nie jest całkowicie uleczalna, a zatem - choć nigdy nie powinnaś ustawać w staraniach, by dać dziecku wszystko, co najlepsze - musisz też zaakceptować fakty związane z jego stanem i wynikające z niego ograniczenia. Aby taką akceptację osiągnąć, na pewno przyjdzie ci zmagać się z innymi trudnymi uczuciami, takimi jak gniew, żal i poczucie winy. Początkowo możesz za bardzo skupiać się na słabościach swego dziecka, zapominając o jego mocnych stronach. To zupełnie normalne. Lecz im bardziej będziesz dziecko akceptować, tym bardziej ono samo będzie akceptować siebie. Swoją frustrację lub złość kieruj na chorobę, bo to ona jest ich przyczyną, a nie twój malec ani inna osoba z rodziny.

Zachęta. Nawet jeśli zaakceptujesz ograniczenia dziecka, nadal powinnaś robić wszystko, by pomóc mu osiągnąć maksimum możliwości. Pomagaj mu w rozwoju intelektualnym i fizycznym, a także zachęcaj do zdobywania umiejętności odpowiednich do danego etapu jego rozwoju, w tym także umiejętności społecznych.

Nadzieja. Akceptacja nie oznacza również porzucenia nadziei. Miłość, wsparcie, pozytywne nastawienie i terapia poprawią - niekiedy znacznie - rokowania większości dzieci specjalnej troski, a trwające wciąż badania naukowe mogą przynieść wielu chorym dzieciom tak bardzo wyczekiwane lekarstwo. Wyniki badań sugerują, że nadzieja może również mieć wpływ na to, jak dziecko (i każdy człowiek) poradzi sobie w życiu. Więc nigdy nie trać nadziei.

NAJCZĘSTSZE CHOROBY WIEKU DZIECIĘCEGO

Kiedy dziecko jest chore, rodzice chcieliby natychmiast wiedzieć, co mu dolega. Chociaż nie zawsze jest to możliwe, porównanie objawów występujących u dziecka z ujętymi przez nas w tabeli (zamieszczonej na stronie 466 i następnych) może pomóc w postawieniu właściwej diagnozy. W większości przypadków rozpoznanie powinien potwierdzić lekarz (sprawdź na str. 339 „Kiedy wezwać lekarza”) oraz wydać stosowne zalecenia. Wiele chorób leczy się objawowo, tzn. leczy się występujące objawy (podanie paracetamolu w przypadku gorączki, nawilżanie powietrza w przypadku kataru itd.). Gdy lekarz zaleci podawanie lekarstw, upewnij się, czy czynisz to we właściwy sposób (patrz str. 355). Najczęstsze problemy zdrowotne małych dzieci opisane zostały w rozdziale 12.

Choroba/okres występowania/ /podatność	**Objawy** (cyfra wskazuje na kolejność występowania) **Brak wysypki**	**Wysypka**
BIEGUNKA patrz s. 361.		
BRODAWKI **Okres występowania**: Każdy. **Podatność**: Każdy, w szczególności dzieci.		**Brodawki zwykłe**: brązowawe, szorstkie grudki (kurzajki), najczęściej na palcach u rąk, lecz mogą dotyczyć też innych części ciała. **Brodawki płaskie**: Licznie występujące, niewielkie, lekko wypukłe zmiany koloru ciała, występujące na twarzy, szyi, ramionach i nogach. **Brodawki strony podeszwowej stóp**: Plamiste zmiany, wypukłe lub wklęsłe, często bolesne. **Kłykciny kończyste**: Miękkie krosty koloru ciała, występujące na narządach płciowych, mogą być oznaką nadużyć seksualnych wobec dziecka.
BRONCHIOLITIS (zapalenie oskrzelików) **Okres występowania**: RSV (wirus śródmiąższowego zapalenia płuc), zima i wiosna, wirusy paragrypy (PIV), lato i jesień. **Podatność**: Największa u dzieci poniżej 2 roku życia, szczególnie poniżej 6 miesięcy, lub z obciążonym wywiadem alergicznym.	**Objawy ogólne**: 1. Objawy przeziębienia. 2. Kilka dni później: brak apetytu, odwodnienie, szybki, płytki oddech, świst podczas wydechu, podwyższona temperatura ciała przez 3 dni. **Czasami**: Wydaje się, że klatka piersiowa nie unosi się przy wdechu, bladość lub sinica.	

Przyczyna/drogi zakażenia/ /czas wylęgania/czas trwania	Kiedy wezwać lekarza/ /postępowanie/dieta	Zapobieganie/nawroty/ /powikłania
Przyczyny: Wirus *Human papilloma virus* (HPV). **Drogi zakażenia**: Bezpośredni kontakt, brodawki narządów płciowych – kontakt płciowy, także zakażenie podczas porodu pochodzące od zakażonej matki (brodawki mogą pojawić się u dziecka po kilku latach). **Czas wylęgania**: 1–20 miesięcy. **Czas trwania**: Nieleczone znikają po 6 miesiącach do 3 lat.	**Skontaktuj się z lekarzem**, jeśli brodawki są bolesne lub przeszkadzają w normalnym funkcjonowaniu. **Postępowanie**: Wiele sposobów (na początku spróbuj najprostszych i najmniej bolesnych). Leczenie nie zawsze pomaga, ale brodawki ostatecznie same znikają.	**Zapobieganie**: Unikanie kontaktu z chorymi. **Nawroty**: Prawdopodobne. **Powikłania**: W przypadku niektórych brodawek narządów płciowych nieznacznie zwiększone ryzyko wystąpienia raka szyjki macicy.
Przyczyny: Różne wirusy, najczęściej RSV lub PIV, rzadko bakterie. **Drogi zakażenia**: Zwykle przez wydzieliny dróg oddechowych, bezpośrednio lub na przedmiotach domowego użytku. **Czas wylęgania**: Zależy od przyczyny, zwykle 28 dni. **Czas trwania**: Faza ostra może trwać tylko 3 dni, kaszel 1–3 tygodnie lub dłużej.	**Natychmiast wezwij lekarza lub udaj się do Szpitalnego Oddziału Ratunkowego.** **Postępowanie**: Leczenie objawowe lub, jeżeli stan dziecka jest poważny, szpitalne, prawdopodobnie leki przeciwwirusowe. **Dieta**: Częste, niewielkie posiłki (jeśli można podawać pokarmy doustnie).	**Zapobieganie**: Brak dostępnej szczepionki, unikaj kontaktu z chorobą w przypadku dzieci z wywiadem obciążonym alergią dróg oddechowych. **Nawroty**: Mogą wystąpić, lecz z łagodniejszymi objawami. **Powikłania**: Zaburzenia pracy serca, astma oskrzelowa.

Choroba/okres występowania/ /podatność	Objawy Brak wysypki (cyfra wskazuje na kolejność występowania)	Wysypka
BRONCHITIS (zapalenie oskrzeli oraz często tchawicy) **Okres występowania**: Uzależniony od drobnoustroju wywołującego chorobę. **Podatność**: Największa u dzieci poniżej 4 lat.	**Objawy ogólne**: 1. Najczęściej: objawy przeziębienia. 2. Nagłe skoki gorączki (38–39°C), ostry kaszel nasilający się w nocy, czasem napadowy, z wymiotami, zielonkawe lub żółte plwociny, furczenia i świsty przy wydechu (szczególnie przy wywiadzie rodzinnym obciążonym alergią dróg oddechowych), zasinienie ust i paznokci.	
BRUDNYCH RĄK CHOROBA (wysiękowe zapalenie jamy ustnej) **Okres występowania**: Lato i jesień. **Podatność**: Największa u niemowląt i małych dzieci.	**Objawy ogólne**: 1. Gorączka, utrata apetytu. **Często**: ból gardła i jamy ustnej (dyskomfort w trakcie karmienia), trudności w połykaniu.	**Objawy skórne**: 2. Po 2 lub 3 dniach uszkodzenia śluzówki jamy ustnej, następnie zmiany pojawiają się na palcach, stopach, pośladkach, czasami ramionach, nogach, rzadziej twarzy. Rany ust najczęściej krwawią.
CHOROBA KAWASAKI (Zespół węzłowo-skórno-śluzówkowy) **Okres występowania**: Cały rok, nieco częściej zimą i wiosną, występuje w cyklach 2–3-letnich. **Podatność**: Większość przypadków to niemowlęta i dzieci do lat 5, częściej chłopcy oraz rasa azjatycka (szczególnie Japończycy). Ryzyko zapadalności prawdopodobnie zwiększa mieszkanie w pobliżu zbiornika wodnego.	**Objawy ogólne**: 1. Gorączka przez 5–39 dni (najczęściej 7 dni) 2. Po 3 dniach od wystąpienia gorączki: zmiany w śluzówce nosa, jamy ustnej i/lub gardła (pękanie ust, truskawkowy język, obrzęk i przekrwienie gardła), powiększenie węzłów szyjnych, zapalenie spojówek obydwu oczu, brak wydzieliny. Przed postawieniem diagnozy należy wykluczyć inne choroby.	**Objawy skórne**: 1. Płaska wysypka na skórze całego ciała i/lub obrzęk oraz rumień na dłoniach i stopach. 2. Złuszczanie naskórka stóp i dłoni w 2–3 tygodniu.

Przyczyna/drogi zakażenia/ /czas wylęgania/czas trwania	Kiedy wezwać lekarza/ /postępowanie/dieta	Zapobieganie/nawroty/ /powikłania
Przyczyny: Najczęściej wirusy, rzadziej bakterie, lecz częste wtórne infekcje bakteryjne. Kaszel pogarsza dym papierosowy. **Drogi zakażenia**: Zwykle przez wydzieliny dróg oddechowych. **Czas wylęgania**: Zależy od przyczyny. **Czas trwania**: Gorączka trwa 2–3 dni, kaszel 1–2 tygodnie lub dłużej.	**Wezwij lekarza**, jeśli kaszel jest bardzo ostry lub trwa ponad 3 dni. **Postępowanie**: Leczenie objawowe, leki przeciwkaszlowe lub wykrztuśne, w niektórych przypadkach antybiotyki. **Dieta**: Nawadnianie.	**Zapobieganie**: Właściwa pielęgnacja dziecka chorego na przeziębienie (str. 366). **Nawroty**: Niektóre dzieci są szczególnie podatne i chorują na zapalenie oskrzeli przy każdym przeziębieniu. **Powikłania**: Zapalenie ucha środkowego (*otitis media*).
Przyczyny: Wirus Coxsackie. **Drogi zakażenia**: Usta-usta, kał-ręka-usta. **Czas wylęgania**: 3–6 dni. **Czas trwania**: Ok. 1 tygodnia.	**Wezwij lekarza** w celu potwierdzenia diagnozy. **Postępowanie**: Objawowe. **Dieta**: Miękkie pokarmy, by nie drażnić jamy ustnej.	**Zapobieganie**: Żadne. **Nawroty**: Możliwe. **Powikłania**: Nie daje powikłań.
Przyczyny: Nieznane, nie ustalono żadnych mikroorganizmów, ostatnie badania sugerują, że może jest związane z toksyną produkowaną przez *Staphylococcus auerus*. **Drogi zakażenia**: Nieznane. **Czas wylęgania**: Nieznany. **Czas trwania**: Nieleczona gorączka ustępuje po 12 dniach, drażliwość i brak apetytu mogą trwać 2–3 tygodni. Dłużej trwają powikłania.	**Wezwij lekarza**, jeśli wystąpią objawy choroby Kawasaki. **Postępowanie**: Leki przeciwzapalne*, dożylnie podawana immunoglobulina plus aspiryna w ciągu 10 dni od wystąpienia objawów mogą zmniejszyć powikłania. Należy często badać czynność serca. * Kwas acetylosalicylowy jest przeciwwskazany u dzieci poniżej 12 roku życia.	**Zapobieganie**: Nieustalone. **Nawroty**: Nieznane. **Powikłania**: Zapalenie oka, uszkodzenia serca i naczyń krwionośnych, obejmują tętniaki naczyń wieńcowych oraz zapalenie mięśnia sercowego. Również wiele powszechnych powikłań dotyczących uszu, nerek, mózgu, układu nerwowego. Wskaźnik śmiertelności: poniżej 0,5%

Choroba/okres występowania/ /podatność	Objawy Brak wysypki (cyfra wskazuje na kolejność występowania)	Wysypka
CHOROBA KOCIEGO PAZURA **Okres występowania**: Występuje częściej jesienią i zimą. **Podatność**: Każdy, lecz 80% dotyczy osób poniżej 20 roku życia.	**Objawy ogólne**: 1. Zwykle: Powiększone węzły chłonne po 1–4 tygodni po kontakcie z kotem, najczęściej pachowe, szyjne lub podżuchwowe. Okolica węzłów jest tkliwa, ciepła, czerwona, czasami twarda, może występować przetoka, z której wypływa ropna wydzielina. **Czasami**: Gorączka (38–39°C). **Rzadko**: Tylko gorączka bez ustalonej przyczyny oraz ból brzucha.	**Objawy skórne**: Często: Czerwona krosta (grudka) w miejscu ukąszenia lub zadrapania, 1–2 tygodnie przed wystąpieniem innych objawów.
CHOROBA Z LYME – borelioza (*Borrelia burgdorferi*) **Okres występowania**: Początek maja – koniec listopada, największa zapadalność w czerwcu i lipcu. **Podatność**: Każdy (dorośli i dzieci).	**Objawy ogólne**: 1. lub 2. Często: okresowo lub zmiennie, gorączka, złe samopoczucie, ból głowy, osłabienie, bóle w obrębie całego ciała, choroba obejmuje układ nerwowy. 3. Późne fazy choroby, przy braku leczenia: przewlekłe zapalenie stawów, zapalenie opon mózgowo-rdzeniowych i nerwów, rzadko uszkodzenia serca.	**Objawy skórne**: 1. Najczęściej: Czerwona wysypka (*erythema migrans*), rumień wedrujący koncentrycznie szerzący się wokół miejsca ukąszenia przez kleszcza, zwykle powiększający się i po kilku dniach tworzący większą czerwoną wysypkę. 2. **Czasami**: Jeśli choroba się rozprzestrzenia, pojawiają się liczne wysypki, podobne, lecz często mniejsze od pierwotnych.
GORĄCZKA PLAMISTA GÓR SKALISTYCH (RMSF) **Okres występowania**: Wiosna i lato. **Podatność**: Każdy, lecz najczęściej dzieci do 15 roku życia, powszechnie występuje w USA.	**Objawy ogólne**: 1. Gorączka, ból głowy, ból mięśni i osłabienie, nudności i/lub wymioty. **Czasami**: Ból brzucha, kaszel.	**Objawy skórne**: 2. Zwykle pojawiają się w ciągu pierwszych 5 dni: płaskie, czerwone grudki lub plamy na wewnętrznych częściach dłoni i stronie podeszwowej stóp, rozprzestrzeniają się na nadgarstki oraz kostki u nóg, nogi i ramiona, ostatecznie na tułów. 3. Później mogą pojawić się krosty (grudki) **Sporadycznie**: Brak wysypki wczesnej i późnej.

Przyczyna/drogi zakażenia/ /czas wylęgania/czas trwania	**Kiedy wezwać lekarza/ /postępowanie/dieta**	**Zapobieganie/nawroty/ /powikłania**
Przyczyny: Bakterie *Bartonella henselae* lub *afipia felis.* **Drogi zakażenia**: Zwykle zadrapanie, ukąszenie lub polizanie przez małego kotka, czasami przez dorosłego kota lub inne zwierzę, rzadko bez kontaktu. **Czas wylęgania**: 7–12 dni od chwili zadrapania do zmian skórnych (wysypka), następnie 5–50 dni (średnio 12) do powiększenia się węzłów chłonnych. **Czas trwania**: Zwykle 2–4 miesięcy, gorączka – ok. 2 tygodni, tkliwość węzłów – 4–6 tygodni, obrzęk – kilka miesięcy, czasami 1 rok.	**Wezwij lekarza**, gdy po kontakcie z kotem wystąpi gorączka bez ustalonej przyczyny i/lub powiększenie węzłów chłonnych. **Postępowanie**: Choroba najczęściej przechodzi bez leczenia, przy nasilonych objawach lekarz może zalecić podanie antybiotyków.	**Zapobieganie**: Wycięcie pazurów domowym kotom, leczenie chorych kotów i ich odpchlenie oraz odizolowanie dzieci od kociąt. **Nawroty**: Bardzo rzadkie. **Powikłania**: Rzadko, zapalenie mózgu z wysoką gorączką, drgawki, osłabienie mięśni (6 tygodni od wystąpienia objawów), zapalenie wątroby, zapalenie spojówek, najczęściej bez następstw.
Przyczyny: Krętek *Borelia burgdorferi.* **Drogi zakażenia**: Ukąszenie przez kleszcza. Zakażenie chorobą z Lyme następuje po 24–48 godzin od chwili przyczepienia się kleszcza. **Czas wylęgania**: 3–32 dni, najczęściej 7–10 dni. **Rozpoznanie**: Wczesne: charakterystyczny rumień. Późne: Badanie krwi (nie zawsze dokładne). **Czas trwania**: Nie leczona może trwać lata.	**Wezwij lekarza**, jeśli wystąpi charakterystyczna wysypka. Leczenie: Antybiotyki, zwykle podawane tylko w przypadku wystąpienia wysypki lub obrzęku stawów, świadczących o zakażeniu, skuteczne nawet w późnej fazie rozwoju choroby.	**Zapobieganie**: Noszenie odzieży ochronnej na obszarach występowania kleszczy, właściwe stosowanie środków owadobójczych przeciw kleszczom (s. 408), po spacerze – sprawdzanie skóry i niezwłoczne usunięcie kleszczy. **Nawroty**: Możliwe, nie istnieje trwała odporność. **Powikłania**: Neurologiczne, kardiologiczne, zaburzenia motoryczne, choroby stawów.
Przyczyny: *Rickettsia rickettsii.* **Drogi zakażenia**: Ukąszenie kleszcza (najczęściej psiego), rzadko podczas przetaczania krwi. **Czas wylęgania**: 1–14 dni, najczęściej 1 tydzień. **Czas trwania**: do 3 tygodni.	**Wezwij lekarza**, jeśli podejrzewasz RMSF lub po ukąszeniu przez kleszcza. **Postępowanie**: Leki we wczesnej fazie rozwoju choroby. Leczenie objawowe gorączki (s. 349) i nudności, w zależności od potrzeby.	**Zapobieganie**: Unikanie terenów, na których występują kleszcze, odzież ochronna, stosowanie środków owadobójczych przeciw kleszczom (s. 408), bezpieczne usuwanie kleszczy (s. 434). **Nawroty**: Najczęściej nie występują. **Powikłania**: Dotyczą układu nerwowego, serca, płuc, przewodu pokarmowego, nerek i innych narządów. Nieleczona może zakończyć się śmiertelnym wstrząsem.

Choroba/okres występowania/ /podatność	**Objawy** **Brak wysypki** (cyfra wskazuje na kolejność występowania)	**Wysypka**
GRYPA patrz s. 363.		
GORĄCZKA TRZYDNIOWA (***roseola infantum***) **Czas występowania**: Cały rok, najczęstsza wiosną i jesienią. **Podatność**: Największa u niemowląt i małych dzieci.	**Objawy ogólne**: 1. Rozdrażnienie, utrata apetytu, gorączka (38,9–40,5°C). **Czasami**: katar, powiększenie węzłów chłonnych, drgawki. 2. Na 3 lub 4 dzień: gorączka opada i dziecko czuje się lepiej.	**Objawy skórne**: 3. Bladoróżowe, nieswędzące plamki, które bieleją w czasie naciskania, pojawiają się na szyi, barkach, czasami twarzy i nogach. **Czasami** brak wysypki.
KRZTUSIEC (***pertussis***) **Czas występowania**: Późna zima/wczesna wiosna. **Podatność**: Połowa przypadków dotyczy niemowląt poniżej 1 roku życia.	**Objawy ogólne**: 1. Okres nieżytowy: objawy przeziębienia z suchym kaszlem, niewysoka gorączka, drażliwość. 2. Okres napadowy, 12 tygodnie później: gwałtowne napady kaszlu bez oddechu pomiędzy nimi, wykrztuszanie gęstej wydzieliny śluzowej. Często: wytrzeszcz oczu i wystający język, bladość lub zaczerwienienie skóry, wymioty, nadmierna potliwość, wyczerpanie. **Czasami**: bezdech u dzieci oraz przepuklina (w wyniku kaszlu). 3. Faza rekonwalescencji: ustanie kaszlu kokluszowego i wymiotów, poprawa apetytu i nastroju. Łagodny przebieg u dzieci uodpornionych.	
LISZAJEC ZAKAŹNY patrz s. 47		

Przyczyna/drogi zakażenia/ /czas wylęgania/czas trwania	Kiedy wezwać lekarza/ /postępowanie/dieta	Zapobieganie/nawroty/ /powikłania
Przyczyny: *Herpes virus* (HPV). **Drogi zakażenia**: Prawdopodobnie drogą kropelkową. **Czas wylęgania**: 5–15 dni. **Czas trwania**: Okres drgawkowy: 3–7 dni, wysypka: kilka godzin do kilku dni.	**Wezwij lekarza** w celu potwierdzenia diagnozy oraz gdy gorączka utrzymuje się 4–5 dni lub wystąpią drgawki. **Postępowanie**: Leczenie objawowe. **Dieta**: Dodatkowe napoje w przypadku gorączki.	**Zapobieganie**: Nieznane. **Nawroty**: Prawdopodobnie brak. **Powikłania**: Bardzo rzadkie.
Przyczyny: Bakteria *bordetella pertussis.* **Drogi zakażenia**: Droga kropelkowa, najbardziej zaraźliwa w fazie nieżytowej, później mniej. Antybiotyki skracają okres zaraźliwości. **Czas wylęgania**: 7–10 dni, rzadko ponad 2 tygodnie. **Czas trwania**: Najczęściej 6 tygodni, ale może trwać dłużej.	**Bezzwłocznie wezwij lekarza** w przypadku uporczywego kaszlu. **Postępowanie**: Leczenie szpitalne niemowląt, antybiotyki (pomocne w złagodzeniu objawów w pierwszej fazie, zaraźliwości w następnej), tlen, odsysanie śluzu, nawilżanie powietrza. **Dieta**: Częste, niewielkie posiłki, uzupełnianie płynów, odżywianie dożylne (jeśli konieczne).	**Zapobieganie**: Szczepienie (Di-Te-Per). **Nawroty**: Nie występują, jednorazowo przebyty uodparnia organizm. **Powikłania**: Liczne, obejmują: zapalenie ucha środkowego, zapalenie płuc, drgawki. Może być śmiertelny, szczególnie u niemowląt.

Choroba/okres występowania/ /podatność	Objawy Brak wysypki (cyfra wskazuje na kolejność występowania)	Wysypka
NIESPECYFICZNE CHOROBY WIRUSOWE **Okres występowania**: Najczęściej lato. **Podatność**: Najczęściej małe dzieci.	**Objawy ogólne**: Różne, lecz mogą obejmować: gorączkę, utratę apetytu, biegunkę.	**Objawy skórne**: Różne rodzaje wysypek.
ODRA (*morbilli*) **Okres występowania**: Zima i wiosna. **Podatność**: Każda osoba nieuodporniona.	**Objawy ogólne**: 1. Przez 1–2 dni: gorączka, katar, czerwone, szkliste oczy, suchy kaszel. **Czasami**: biegunka, powiększone węzły chłonne.	**Objawy skórne**: 2. Małe białe plamki podobne do ziaren piasku na wewnętrznej stronie policzków (plamki Koplika), mogą krwawić. 3.Czerwone, lekko wypukłe plamki później drobne grudki pojawiające się na czole, za uszami, później na całym ciele.
(OSTRE PODGŁOŚNIOWE ZAPALENIE KRTANI) KRUP patrz s. 364.		

Przyczyna/drogi zakażenia/ /czas wylęgania/czas trwania	Kiedy wezwać lekarza/ /postępowanie/dieta	Zapobieganie/nawroty/ /powikłania
Przyczyny: Różne enterowirusy. **Drogi zakażenia**: Kał-ręka-usta lub usta-usta. **Czas wylęgania**: 3–6 dni. **Czas trwania**: Najczęściej kilka dni.	**Wezwij lekarza** w celu potwierdzenia diagnozy, **ponownie** przy pogorszeniu stanu dziecka lub pojawieniu się nowych objawów. **Postępowanie**: Leczenie objawowe. **Dieta**: Dodatkowe napoje w przypadku biegunki i gorączki (patrz str. 362).	**Zapobieganie**: Żadne, oprócz przestrzegania zasad higieny, tj. częstego mycia rąk. **Nawroty**: Częste. **Powikłania**: Bardzo rzadkie.
Przyczyny: Wirus odry. **Drogi zakażenia**: Drogą kropelkową od 2 dni przed do 4 dni po wystąpieniu wysypki. **Czas wylęgania**: 8–12 dni. **Czas trwania**: Ok. tygodnia.	**Wezwij lekarza** w celu postawienia diagnozy, natychmiast, jeśli pojawi się ostry kaszel, wystąpią drgawki lub objawy zapalenia płuc, zapalenia mózgu, zapalenia ucha środkowego lub jeśli wystąpi ponowny skok gorączki po jej ustąpieniu. **Postępowanie**: Leczenie objawowe, ciepłe kąpiele, przyciemnione światła, jeśli wystąpi światłowstręt (ostre światło nie jest szkodliwe). W ciężkich przypadkach odry oraz u dzieci wysokiego ryzyka podanie witaminy A. **Dieta**: Dodatkowe napoje w razie gorączki.	**Zapobieganie**: Szczepienie przeciw odrze, ściśle przestrzegane odizolowanie osób chorych. **Nawroty**: Nie występują. **Powikłania**: Zapalenie ucha środkowego, zapalenie płuc, zapalenie mózgu; może być śmiertelna.

Choroba/okres występowania/ /podatność	Objawy Brak wysypki (cyfra wskazuje na kolejność występowania)	Wysypka
OSPA WIETRZNA (*varicella*) **Okres występowania**: Późna zima i wiosna. **Podatność**: Dorośli i dzieci.	**Objawy ogólne**:Niewysoka gorączka, złe samopoczucie, utrata apetytu. Choroba może mieć poważny przebieg u osób leczonych steroidami lub mających obniżoną odporność.	**Objawy skórne**: Płaskie, czerwone plamy przechodzące w grudki, później pęcherze i strupy, nowy rzut wysypki pojawia się po 3–4 dniach na skórze całego ciała. Zmianom skórnym towarzyszy dokuczliwe swędzenie.
OWSICA (*enterobiosis*) **Okres występowania**: Niezależnie od pory roku. **Podatność**: Najczęściej dzieci przedszkolne i szkolne oraz ich matki.	**Objawy ogólne**: 1. Owsik dostaje się do organizmu przez połknięcie jaj, samice składają jaja w okolicach odbytu i na pośladkach. 2. Świąd odbytu, zaburzenia snu, rozdrażnienie, nadpobudliwość, znużenie. Jeśli dziecko budzi się w nocy, sprawdź natychmiast (lub rano) przy intensywnym świetle, czy na pośladkach obecne są jaja. Okolica odbytu może być zaczerwieniona. 3. Sporadycznie u dziewczynek swędzenie odczuwane jest w okolicy sromu. Po wtargnięciu owsików do pochwy, może nastąpić jej zapalenie z niewielką ilością wydzieliny.	

Przyczyna/drogi zakażenia/ /czas wylęgania/czas trwania	Kiedy wezwać lekarza/ /postępowanie/dieta	Zapobieganie/nawroty/ /powikłania
Przyczyny: Wirus ospy wietrznej i półpaśca (*Varicela zoster virus*), (VZV). **Drogi zakażenia**: Kropelkowa i przenoszona przez powietrze, bardzo zakaźna od 1–2 dni przed wysypką do odpadnięcia strupów. **Czas wylęgania**: Zwykle 14–16 dni, ale może trwać 11 lub 20 dni. **Czas trwania**: Pierwsze pęcherzyki zasychają w 6–8 godzin, strupy powstają w 24–48 godzin, odpadają w 5–20 dni.	**Wezwij lekarza**, by potwierdził rozpoznanie, **wezwij natychmiast** w przypadku dzieci o wysokim ryzyku, **wezwij ponownie**, gdy pojawią się objawy zapalenia mózgu (*encephalitis*). **Wezwij lekarza**, jeśli kontakt z ospą miała nieuodporniona kobieta w ciąży. **Postępowanie**: Leki przeciw świądowi i gorączce. Nie podawać aspiryny ani innych salicylanów. Obecnie leki przeciwwirusowe zaleca się jedynie dzieciom z grup wysokiego ryzyka.	**Zapobieganie**: Unikanie kontaktu z chorymi niemowlętami; szczepienie dzieci powyżej 9 miesiąca życia. **Nawroty**: Bardzo rzadkie, lecz wirus latentny może w przyszłości wywołać półpasiec. **U kobiet w ciąży**: Niewielkie ryzyko uszkodzenia płodu w pierwszym lub drugim trymestrze, wysokie ryzyko w okresie od 5 dni przed do 2 dni po porodzie. **Powikłania**: Rzadko zapalenie mózgu, poważnie chore mogą być osoby leczone steroidami lub niedoborem odporności. **U kobiet w ciąży**: możliwość uszkodzenia płodu; jeśli miałaś kontakt z chorobą, skontaktuj się z lekarzem.
Przyczyny: Niewielki (6–12 mm) szarawy, nitkowaty pasożyt, *Enterobius vermicularis.* **Drogi zakażenia**: Przez jaja robaka, ręka-usta (np. ssanie kciuka po drapaniu się lub oddaniu stolca), z deski sedesowej lub innych przedmiotów. Po połknięciu jaj wylęgają się z nich owsiki, które wędrują do odbytnicy. Choroba zaraźliwa do momentu, kiedy samice złożą jaja; jaja zaraźliwe przez 2–3 tygdni. **Czas trwania**: Nieleczona – cykle mogą powtarzać się nieskończenie wiele razy.	**Wezwij lekarza**, jeśli podejrzewasz owsicę. Rano, po przebudzeniu dziecka, przylep w okolicy odbytu taśmę przezroczystą, by stwierdzić obecność samicy lub jaj. Taśmę należy przekazać do analizy. **Postępowanie**: Leki doustne. Leczeniu podlega cała rodzina. Zapalenie pochwy nie wymaga oddzielnego leczenia.	**Zapobieganie**: Dokładne mycie rąk oraz higiena zapobiegawcza. Mycie rąk po zabawie ze zwierzętami (mogą być one nosicielami owsicy). Dokładne pranie bielizny pościelowej oraz częsta zmiana piżamy. **Nawroty**: Powszechne. **Powikłania**: W ostrych przypadkach utrata apetytu i masy ciała, nawet niedokrwistość. Sporadycznie owsiki migrują w inne okolice (np. miednicy) i wywołują zapalenie.

Choroba/okres występowania/ /podatność	**Objawy** **Brak wysypki** (cyfra wskazuje na kolejność występowania)	**Wysypka**
PŁONICA (SZKARLATYNA) (*scarlatina*) **Okres występowania**: Cały rok, częściej w zimnych miesiącach. **Podatność**: Najczęściej dzieci w wieku szkolnym, stosunkowo rzadko u dwu i trzylatków.	**Objawy ogólne**: 1. Podobne do anginy, często poprzedzone wymiotami i wysypką. Gorączka. Język początkowo obłożony. Z biegiem czasu przybiera typowy, malinowy kolor. Chorobę przeważnie potwierdza badanie wymazu z gardła na obecność bakterii.	**Objawy skórne**: 2. Jaskrawoczerwona punkcikowa wysypka na twarzy, pachwinach i palcach, przechodząca na resztę ciała i kończyny; pozostawia skórę szorstką, łuszczącą się. Wysypka może być swędząca.
PRZEZIĘBIENIE patrz s. 366.		
RÓŻYCZKA (*rubella*) **Okres występowania**: Późna zima i wczesna wiosna. **Podatność**: Osoba niezaszczepiona przeciw różyczce.	**Objawy ogólne**: Brak w 25%–50% przypadków. **Czasami**: 1. Niewysoka gorączka, powiększone węzły chłonne głównie karkowe.	**Objawy skórne**: 2. Małe (2 mm) płaskie, czerwone plamki na twarzy. 3. Wysypka rozprzestrzenia się na całym ciele i czasami na podniebieniu.
RUMIEŃ ZAKAŹNY (*erythema infectiosum*) **Okres występowania**: Wczesna wiosna. **Podatność**: Największa u dzieci w wieku 212 lat.	**Objawy ogólne**: Rzadko: ból stawów.	**Objawy skórne**: 1. Intensywne wypieki na twarzy (wygląd spoliczkowanej twarzy). 2. Następnego dnia: girlandowata wysypka na ramionach i nogach. 3. Wysypka może występować ponownie po wystawieniu na źródło ciepła (kąpiel, słońce) przez 2 lub 3 tygodnie.

Przyczyna/drogi zakażenia/ /czas wylęgania/czas trwania	Kiedy wezwać lekarza/ /postępowanie/dieta	Zapobieganie/nawroty/ /powikłania
Przyczyny: Paciorkowiec z grupy A *Streptococcus pyogenes.* Droga zakażenia: bezpośredni kontakt z osobą chorą. **Czas wylęgania**: 1-5 dni tygodni. Choroba leczona trwa krócej.	**Wezwij lekarza**, jeśli podejrzewasz szkarlatynę. Zadzwoń ponownie, jeśli stan zdrowia nie polepsza się. **Postępowanie**: Leczenie objawowe. Antybiotyki. **Dieta**: Lekkostrawna, pokarmy rozdrobnione, podawanie dużej ilości płynów.	**Zapobieganie**: Izolacja, przestrzeganie zasad higieny. **Nawroty**: Możliwe. **Powikłania**: Zapalenie ucha środkowego, węzłów chłonnych, nerek i stawów.
Przyczyny: Wirus różyczki. **Drogi zakażenia**: 7–10 dni przed do 7 dni po wystąpieniu wysypki, przez kontakt bezpośredni lub drogą kropelkową. **Czas wylęgania**: 14–21 dni, najczęściej 1618. **Czas trwania**: Kilka godzin, 4 lub 5 dni.	**Wezwij lekarza**, jeśli narażona była nieuodporniona kobieta w ciąży. **Postępowanie**: Nie wymaga leczenia. **Dieta**: Bez zmian.	**Zapobieganie**: Szczepienie przeciw różyczce. **Nawroty**: Nie ma nawrotów, przebyta jednorazowo wytwarza odporność. **Powikłania**: Rzadkie, małopłytkowość (*thrombocytopenia*) lub zapalenie mózgu.
Przyczyny: Parwowirus ludzki B19. **Drogi zakażenia**: Prawdopodobnie przez wydzieliny dróg oddechowych i krew, najbardziej zaraźliwy przed wystąpieniem objawów. **Czas wylęgania**: 4–14 dni, zazwyczaj 12–14. **Czas trwania**: 3–10 dni, lecz wysypka może wystąpić ponownie do 3 tygodni.	**Wezwij lekarza** tylko wtedy, gdy dziecko ma obniżoną odporność lub choruje na niedokrwistość sierpowatokrwinkową. **Postępowanie**: W przypadku przewlekłej choroby u dzieci z obniżoną odpornością skuteczne może być podanie immunoglobuliny. **Dieta**: Bez zmian.	**Zapobieganie**: Przestrzeganie zasad higieny w celu opanowania infekcji. **Nawroty**: Mało prawdopodobne. **Powikłania**: Występują jedynie u dzieci z obniżoną odpornością. U nieuodpornionych kobiet w ciąży sporadycznie dochodzi do uszkodzenia płodu w pierwszej połowie ciąży, niewielkie ryzyko po 20 tygodniu ciąży.

Choroba/okres występowania/ /podatność	**Objawy** **Brak wysypki** (cyfra wskazuje na kolejność występowania)	**Wysypka**
ŚWINKA **Okres występowania**: Późna zima i wiosna. **Podatność**: Każda osoba nieuodporniona przeciw śwince.	**Objawy ogólne**: 1. Czasami: ćmiący ból, gorączka, utrata apetytu. 2. Najczęściej: powiększenie gruczołów ślinowych po jednej lub obydwu stronach żuchwy, poniżej i przed uchem, ból podczas żucia lub przy spożywaniu kwaśnych pokarmów lub napojów, powiększenie innych gruczołów ślinowych. W 30% przypadków – brak objawów.	
TĘŻEC (*tetanus*) **Okres występowania**: Cały rok. **Podatność**: Osoby nieuodpornione.	**Objawy ogólne**: Zwiększone napięcie mięśni. Mimowolne skurcze mięśni mogące doprowadzić do wygięcia krzyża, szczękościsk, kręcz szyi, drgawki, przyspieszone tętno, obfite pocenie, niewysoka gorączka, trudności z ssaniem u dzieci karmionych piersią lub butelką.	
WIRUS ŚRÓDMIĄŻSZOWY UKŁADU ODDECHOWEGO (RSV) **Okres występowania**: Zima i wczesna wiosna. **Podatność**: Każdy, ale 50% dotyczy niemowląt, większość – dzieci do lat 3; obejmuje przeziębienie (s. 366), bronchiolitis(s. 466) i zapalenie płuc (s. 486).	**Objawy ogólne**: Od łagodnych objawów, jak w przeziębieniu, do zapalenia oskrzelików i odoskrzelowego zapalenia płuc z kaszlem, świstami, bólem gardła, bólami przy oddychaniu, złym samopoczuciem, zapaleniem błon śluzowych nosa i gardła. **Czasami**: Bezdech (szczególnie u wcześniaków).	

Przyczyna/drogi zakażenia/ /czas wylęgania/czas trwania	Kiedy wezwać lekarza/ /postępowanie/dieta	Zapobieganie/nawroty/ /powikłania
Przyczyny: Wirus świnki. Droga zakażenia: Najczęściej 1–2 dni (może też być 7 dni) przed pojawieniem się objawów; 9 dni po ich ustąpieniu drogą kropelkową. **Czas wylęgania**: Zwykle 16–18 dni, ale może trwać 12–25 dni. **Czas trwania**: 5–7 dni.	**Wezwij lekarza** w celu postawienia diagnozy oraz natychmiast w przypadku wymiotów, senności, bólów głowy, sztywności krzyża lub karku lub innych objawów zapalenia opon mózgowych, towarzyszących śwince lub występujących po jej ustąpieniu. **Postępowanie**: Objawowe w przypadku gorączki i bólu, chłodne kompresy przykładane na policzki. **Dieta**: Pozbawiona kwasów i cukru, miękkie pokarmy.	**Zapobieganie**: Szczepienie. **Nawroty**: Rzadkie. **Powikłania**: Zapalenie opon mózgowych i mózgu, inne powikłania rzadko dotyczą małych dzieci, ale mogą być poważne u mężczyzn.
Przyczyny: Toksyna produkowana przez bakterie zwane *Clostridium tetani*, która rozprzestrzenia się po całym ciele. **Drogi zakażenia**: Przez bakterie w przypadku ran kłutych, oparzeń, głębokich zadrapań. **Czas wylęgania**: 3 dni do 3 tygodni, średnio 8 dni. **Czas trwania**: Kilka tygodni.	**Natychmiast wezwij lekarza lub pogotowie**, jeśli niezaszczepione dziecko dotkliwie się skaleczy. **Postępowanie**: Konieczne leczenie. Podanie anatoksyny, by zapobiec rozwojowi choroby, leków rozluźniających napięcie mięśniowe, antybiotyków, respirator.	**Zapobieganie**: Szczepienie (DTP), pielęgnacja pępka, unikanie skaleczeń na dworze. **Nawroty**: Nie występują. **Powikłania**: Liczne. Może być śmiertelny.
Przyczyny: Wirus (RSV). **Drogi zakażenia**: Przez kontakt z osobą chorą (oczy i nos) lub używanie zakażonych przedmiotów 3 dni do 4 tygodni od wystąpienia choroby. **Czas wylęgania**: Najczęściej 5–8 dni. **Czas trwania**: Zależy od wywołanej choroby.	**Wezwij lekarza**, jeśli dziecko z objawami przeziębienia ma trudności z oddychaniem, świsty, chrapliwy kaszel lub bardzo szybko oddycha. **Postępowanie**: Leczenie objawowe, może obejmować leki przeciwwirusowe i leczenie szpitalne, w zależności od potrzeby. **Dieta**: Związana z objawami.	**Zapobieganie**: Izolacja, dokładne mycie rąk podczas występowania wirusa, unikanie dymu papierosowego, brak szczepionki. **Nawroty**: Możliwe, ale zwykle w postaci zapalenia górnych dróg oddechowych po skończeniu 3 lat życia. **Powikłania**: Choroba dolnych dróg oddechowych w 40% u dzieci (1% wymaga leczenia szpitalnego), zapalenie ucha środkowego.

Choroba/okres występowania/ /podatność	**Objawy** **Brak wysypki** (cyfra wskazuje na kolejność występowania)	**Wysypka**
WIRUSOWE OPRYSZCZKOWE ZAPALENIE GARDŁA I MIGDAŁKÓW (HERPANGINA) (***angina herpetica***) **Okres występowania**: Najczęściej lato i jesień. **Podatność**: Największa u niemowląt i małych dzieci. Występuje sama lub towarzyszy innym chorobom.	**Objawy ogólne**: 1. Gorączka (37,8–41°C), ból gardła. Wystąpieniu gorączki może towarzyszyć atak drgawek. 1 lub 2. Bolesny obrzęk. **Czasami**: wymioty, utrata apetytu, biegunka, bóle podbrzusza, senność.	**Objawy skórne**: Wyraźne szarobiałe grudki na tylnej części języka lub gardła
WODOWSTRĘT patrz **Wścieklizna**		
WŚCIEKLIZNA (***rabies***) **Okres występowania**: Cały rok, częściej latem. **Podatność**: Każdy.	**Objawy ogólne**: 1. Miejscowy lub promieniujący ból, pieczenie, uczucie zimna, swędzenia, mrowienia w miejscu ugryzienia. 2. Niewysoka gorączka (38,3–38,9°C), letarg, ból głowy, utrata apetytu, nudności, ból gardła, mokry kaszel, drażliwość, wrażliwość na światło i dźwięk, rozszerzenie źrenic, przyspieszone tętno, płytki oddech, nadmierne ślinienie, łzawienie, pocenie się. 3. 2–10 dni później: wzmożona aktywność, rozdrażnienie, problemy z widzeniem, osłabienie mięśni twarzy, gorączka do 39,5°C.Często: wodowstręt, pieniste ślinienie się. 4. Ok. 3 dni później: niedowład.	
ZAKAŻENIE UKŁADU MOCZOWEGO patrz s. 368.		

Przyczyna/drogi zakażenia/ /czas wylęgania/czas trwania	Kiedy wezwać lekarza/ /postępowanie/dieta	Zapobieganie/nawroty/ /powikłania
Przyczyny: Wirus *coxsackie*. **Drogi zakażenia**: Usta-usta, kał-ręka-usta. **Czas wylęgania**: 3–6 dni **Czas trwania**: 4–7 dni, ale leczenie może trwać 2–3 tygodni.	**Wezwij lekarza** w celu potwierdzenia diagnozy. **Natychmiast** w przypadku drgawek lub innych objawów. **Leczenie**: Objawowe. **Dieta**: Miękkie pokarmy.	**Zapobieganie**: Żadne. **Nawroty**: Możliwe. **Powikłania**: Nie występują.
Przyczyny: Wirus wścieklizny. Droga zakażenia: Ukąszenie przez zarażone zwierzę, rzadziej przez lizanie przez zwierzę otwartej rany, zadrapań i otarć naskórka; prawdopodobnie przez bliski kontakt z zakażonym nietoperzem lub innym zwierzęciem. **Czas wylęgania**: 9 dni do 1 roku, średnio 2 miesiące. **Czas trwania**: Ok. 2 tygodni do wystąpienia paraliżu.	**Wezwij lekarza** po ugryzieniu dziecka przez zwierzę, co do którego nie masz pewności, czy było szczepione przeciw wściekliźnie. **Postępowanie**: Hospitalizacja, jeśli nie zostanie zahamowany rozwój choroby. **Dieta**: Bez zmian.	**Zapobieganie**: Szczepienie zwierząt domowych i osób z grupy wysokiego ryzyka, uczenie dzieci ostrożności wobec obcych zwierząt, wspólne wysiłki, by dać schronienie bezdomnym zwierzętom oraz zlikwidować wściekliznę wśród dzikich zwierząt. **Nawroty**: Nie występują. **Powikłania**: Nieleczona wścieklizna jest śmiertelna. Po wystąpieniu objawów i rozpoczęciu leczenia – wysoki wskaźnik śmiertelności.

Choroba/okres występowania/ /podatność	Objawy Brak wysypki (cyfra wskazuje na kolejność występowania)	Wysypka
ZAPALENIE MÓZGU (*encephalitis*) **Okres występowania**: W zależności od przyczyny. **Podatność**: W zależności od przyczyny.	**Objawy ogólne**: Gorączka, ospałość, ból głowy. **Czasami**: **Powikłania** neurologiczne, w późnej fazie śpiączka.	
ZAPALENIE NAGŁOŚNI (*epiglotitis*) **Okres występowania**: Zima. **Podatność**: Rzadkie u dzieci poniżej 2 roku życia.	**Objawy ogólne**: Świszczący kaszel, przytłumiony głos, świszczący oddech i trudności z połykaniem, ślinienie się. **Czasami**: Wystający język, zaciąganie międzyżebrzy, zasinienie paznokci i ust. Dziecko wygląda na chore, jest pobudzone, rozdrażnione, niespokojne, preferuje pionową pozycję ciała, pochyla się do przodu i oddycha przez otwarte usta. Badana nagłośnia jest silnie zaczerwieniona i obrzmiała.	
ZAPALENIE OPON MÓZGOWO-RDZENIOWYCH (*meningitis*) **Okres występowania**: Zależy od przyczyny, zima w przypadku Hib. **Podatność**: Zależy od przyczyny, dla Hib największa u niemowląt i małych dzieci, częściej występuje u chłopców, mieszkańców miast oraz dzieci uczęszczających do przedszkola.	**Objawy ogólne**: Gorączka, piskliwy płacz, ospałość, rozdrażnienie, utrata apetytu, wymioty, wypukłe ciemiączko. U starszych dzieci również: sztywność karku, światłowstręt, zaburzenia widzenia i inne objawy neurologiczne.	

Przyczyna/drogi zakażenia/ /czas wylęgania/czas trwania	Kiedy wezwać lekarza/ /postępowanie/dieta	Zapobieganie/nawroty/ /powikłania
Przyczyny: Bakterie lub wirusy (często jako powikłanie po innej chorobie). **Drogi zakażenia**: Zależą od przyczyny, niektóre wirusy roznoszone są przez owady. **Czas wylęgania**: Zależy od przyczyny. **Czas trwania**: Różny.	**Natychmiast wezwij lekarza lub udaj się do najbliższego Szpitalnego Oddziału Ratunkowego**, jeśli podejrzewasz zapalenie mózgu. **Postępowanie**: Konieczne leczenie szpitalne.	**Zapobieganie**: Szczepienia przeciw chorobom, które dają jako powikłanie zapalenie mózgu, np. odra. **Nawroty**: Mało prawdopodobne. **Powikłania**: Uszkodzenia neurologiczne, może być śmiertelne.
Przyczyny: Bakterie, najczęściej *Hemophilus influenzae* (Hib), czasami bakterie *Streptococcus* grupy A. **Drogi zakażenia**: Prawdopodobnie bezpośrednio lub drogą kropelkową. **Czas wylęgania**: Poniżej 10 dni. **Czas trwania**: 4–7 dni lub dłużej.	**Natychmiast wezwij lekarza lub udaj się do najbliższego Szpitalnego Oddziału Ratunkowego.** Podczas oczekiwania na pomoc trzymaj dziecko w pozycji pionowej, lekko pochylone do przodu, z otwartymi ustami i wystającym językiem. **Postępowanie**: Leczenie szpitalne, udrożnienie dróg oddechowych, antybiotyki.	**Zapobieganie**: Szczepienie przeciw Hib. **Nawroty**: Małe prawdopodobieństwo. **Powikłania**: Bez szybkiego udzielenia pomocy może być śmiertelne.
Przyczyny: Najczęściej bakterie, takie jak Hib, także wirusy, które wywołują chorobę o łagodniejszym przebiegu. **Droga zakażenia**: Zależy od przyczyny. **Czas wylęgania**: Zależy od drobnoustroju wywołującego chorobę, dla Hib – prawdopodobnie mniej niż 10 dni. **Czas trwania**: Różny.	**Natychmiast wezwij lekarza lub udaj się do najbliższego Szpitalnego Oddziału Ratunkowego.** **Postępowanie**: Leczenie objawowe w przypadku wirusowego zapalenia opon mózgowo-rdzeniowych, leczenie szpitalne w przypadku bakteryjnego zapalenia. **Dieta**: Dodatkowe napoje w przypadku gorączki.	**Zapobieganie**: Szczepienie przeciw Hib, ścisłe przestrzeganie zasad higieny w przedszkolach. **Nawroty**: Nie występują w przypadku Hib, jednorazowo przebyta choroba wytwarza odporność. **Powikłania**: Hib i inne formy bakteryjne mogą spowodować trwałe uszkodzenia układu nerwowego, mogą też być śmiertelne. Postaci wirusowe najczęściej nie powodują trwałych uszkodzeń.

Choroba/okres występowania/ /podatność	**Objawy** (cyfra wskazuje na kolejność występowania) **Brak wysypki**	**Wysypka**
ZAPALENIE OPON MÓZGOWYCH I MÓZGU (*meningoencephalitis*) **Objawy:** patrz ZAPALENIE OPON MÓZGOWYCH i ZAPALENIE MÓZGU.		
ZAPALENIE PŁUC (*pneumonia*) **Okres występowania**: Zależy od przyczyny. **Podatność**: Każdy, a w szczególności małe dzieci i osoby starsze oraz osoby cierpiące na przewlekłe choroby.	**Objawy ogólne**: Zwykle po przeziębieniu lub innej chorobie stan dziecka nagle się pogarsza w następujący sposób: podwyższona gorączka, mokry kaszel, szybki oddech, sinica, świszczący, urywany oddech i/lub trudności z oddychaniem, wzdęcia i bóle podbrzusza.	
ZAPALENIE SPOJÓWEK (*conjunctivitis*)	**Objawy ogólne**: W zależności od przyczyny mogą obejmować: przekrwione spojówki, łzawienie, wydzielinę, pieczenie, światłowstręt. Zwykle pojawia się w jednym oku i rozprzestrzenia na drugie.	
ZAPALENIE UCHA (*otitis media*) patrz s. 368.		

Przyczyna/drogi zakażenia/ /czas wylęgania/czas trwania	**Kiedy wezwać lekarza/ /postępowanie/dieta**	**Zapobieganie/nawroty/ /powikłania**
Przyczyny: Różne drobnoustroje, obejmujące: bakterie, mykoplazmę, grzyby, wirusy i pierwotniaki, a także czynniki drażniące (chemiczne i inne) lub ciało obce w drogach oddechowych. **Drogi zakażenia**: Zależą od przyczyny. **Czas wylęgania**: Zależy od przyczyny. **Czas trwania**: Zależy od przyczyny.	**Wezwij lekarza**, jeśli dziecko ma uporczywy mokry kaszel lub gdy lekko chore dziecko nagle czuje się gorzej lub wzrosła gorączka i więcej kaszle. Natychmiastowej interwencji medycznej wymaga dziecko, które ma trudności z oddychaniem, sinieje lub wygląda na bardzo chore. **Postępowanie**: Leczenie objawowe. Większość przypadków można wyleczyć w domu. W razie konieczności antybiotyki. **Dieta**: Odżywcza, napoje.	**Zapobieganie**: Szczepienie przeciw Hib, ochrona wrażliwych dzieci przed chorobą (patrz str. 332). **Nawroty**: Częste. **Powikłania**: Częstsze u dzieci z osłabioną odpornością.
Przyczyny: Różne, obejmują wirusy, bakterie, chlamydię, alergeny, pasożyty, grzyby, czynniki drażniące ze środowiska i podanie azotanu srebra po porodzie. **Drogi zakażenia**: Oko-ręka-oko, wspólne ręczniki, pościel. **Czas wylęgania**: Zazwyczaj krótki. **Czas trwania**: Różny, azotan srebra: 3–5 dni, wirus: 2 dni do 3 tygodni (może stać się przewlekłe), bakterie: ok. 2 tygodni, inne: aż do usunięcia alergenu, czynnika drażniącego.	**Wezwij lekarza**, by potwierdzić rozpoznanie, wezwij ponownie, jeśli stan pogarsza się lub nie polepsza. **Postępowanie**: Płukanie oczu, używanie osobnych ręczników i pościeli, w miarę możliwości usunięcie czynników drażniących, takich jak dym papierosowy, krople lub maść przepisana na opryszczkę lub zapalenie bakteryjne, lub na wirusowe zapalenie spojówek (by zapobiec wtórnej infekcji oraz złagodzić dyskomfort przy reakcji alergicznej).	**Zapobieganie**: Przestrzeganie zasad higieny, unikanie alergenów i innych czynników drażniących. **Nawroty**: Prawdopodobne, niektóre dzieci są bardziej podatne. **Powikłania**: Utrata wzroku (rzadko, z wyjątkiem zakażenia rzeżączkowego), przewlekłe zapalenie oka, uszkodzenia oka w wyniku powtarzających się zapaleń.

Choroba/okres występowania/ /podatność	Objawy Brak wysypki (cyfra wskazuje na kolejność występowania)	Wysypka
ZESPÓŁ REYE'A **Okres występowania**: Każdy. **Podatność**: Najczęściej dzieci, którym podczas choroby wirusowej (np. ospy wietrznej) podano aspirynę.	**Objawy ogólne**: 17 dni po chorobie wirusowej: uporczywe wymioty, letarg, szybko pogarszający się stan ogólny (rozdrażnienie, dezorientacja, pobudzenie), przyspieszone tętno i szybki oddech. Może przejść w śpiączkę.	

Przyczyna/drogi zakażenia/ /czas wylęgania/czas trwania	Kiedy wezwać lekarza/ /postępowanie/dieta	Zapobieganie/nawroty/ /powikłania
Przyczyny: Nieznane, lecz związane z takimi chorobami wirusowymi, jak ospa wietrzna i grypa oraz stosowania w ich leczeniu aspiryny. **Drogi zakażenia**: Nieznane. **Czas wylęgania**: Nieznany, prawdopodobnie kilka dni od wystąpienia zakażenia. **Czas trwania**: Różny.	**Natychmiast wezwij lekarza lub pogotowie**, jeśli podejrzewasz zespół Reye'a. **Postępowanie**: Konieczne leczenie szpitalne.	**Zapobieganie**: Do 12 roku życia nie podawaj aspiryny w przypadku chorób wirusowych, takich jak ospa wietrzna lub grypa. **Nawroty**: Nie występują. **Powikłania**: Mogą być śmiertelne. Brak trwałych problemów u osób, które przeżyły.

I. Szczepienia obowiązkowe – kalendarz szczepień

A. Szczepienia obowiązkowe dzieci i młodzieży według wieku

Wiek		Szczepienie przeciw	Uwagi
1 rok życia	w ciągu 24 godzin po urodzeniu	WIRUSOWEMU ZAPALENIU WĄTROBY typu B (WZW typu B) – (pierwsza dawka szczepienia podstawowego) – domięśniowo lub podskórnie (według wskazań producenta szczepionki) GRUŹLICY – śródskórnie szczepionką BCG	Szczepienie noworodków przeciw GRUŹLICY oraz przeciw WZW typu B powinno być wykonane jednocześnie lub w innym możliwym terminie przed wypisaniem dziecka z oddziału noworodkowego.
	2 miesiąc życia (7–8 tydzień)	WZW typu B (druga dawka szczepienia podstawowego) – domięśniowo lub podskórnie (według wskazań producenta szczepionki)	Drugą dawkę szczepionki przeciw WZW typu B należy podać w 7–8 tygodniu życia jednocześnie z pierwszą dawką szczepionki przeciw BŁONICY, TĘŻCOWI, KRZTUŚCOWI.
		BŁONICY, TĘŻCOWI, KRZTUŚCOWI (pierwsza dawka szczepienia podstawowego) – domięśniowo lub podskórnie (według wskazań producenta szczepionki)	Trzy dawki szczepienia podstawowego przeciw BŁONICY, TĘŻCOWI, KRZTUŚCOWI szczepionką błoniczo-tężcowo-krztuścową (DTP) są podawane w odstępach 6–8 tygodniowych. U dzieci z przeciwwskazaniami do szczepienia przeciw KRZTUŚCOWI szczepionką pełnokomórkową oraz u dzieci urodzonych przed ukończeniem 37 tygodnia ciąży lub urodzonych z masą urodzeniową poniżej 2500 g należy zastosować szczepionkę błoniczo-tężcowo-krztuścową z bezkomórkowym komponentem krztuśca (DTaP) – według wskazań producenta szczepionki. W przypadku orzeczenia przeciwwskazania do szczepienia przeciw KRZTUŚCOWI należy zastosować szczepionkę błoniczo-tężcową (DT) – według wskazań producenta szczepionki.

Wiek		Szczepienie przeciw	Uwagi
1 rok życia	2 miesiąc życia (7–8 tydzień)	Inwazyjnym zakażeniom HAEMOPHILUS INFLUENZAE typu b (pierwsza dawka szczepienia podstawowego) – domięśniowo lub podskórnie (według wskazań producenta szczepionki)	Trzy dawki szczepienia podstawowego przeciw inwazyjnemu zakażeniu HAEMOPHILUS INFLUENZAE typu b są podawane w odstępach 6–8 tygodniowych. Szczepionkę przeciw inwazyjnemu zakażeniu HAEMOPHILUS INFLUENZAE typu b można stosować jednocześnie z innymi szczepionkami, np. DTP, IPV, WZW typu B, ale w oddzielnych iniekcjach.
	3–4 miesiąc życia (po 6–8 tygodniach od poprzedniego szczepienia)	BŁONICY, TĘŻCOWI, KRZTUŚCOWI (druga dawka szczepienia podstawowego) – domięśniowo lub podskórnie (według wskazań producenta szczepionki)	U dzieci z przeciwwskazaniami do szczepienia przeciw KRZTUŚCOWI szczepionką pełnokomórkową oraz u dzieci urodzonych przed ukończeniem 37 tygodnia ciąży lub urodzonych z masą urodzeniową poniżej 2500 g należy zastosować szczepionkę błoniczo-tężcowo-krztuścową z bezkomórkowym komponentem krztuśca (DTaP) – według wskazań producenta szczepionki. W przypadku orzeczenia przeciwwskazania do szczepienia przeciw KRZTUŚCOWI należy zastosować szczepionkę błoniczo-tężcową (DT) – według wskazań producenta szczepionki.
		OSTRE NAGMINNE PORAŻENIE DZIECIĘCE (POLIOMYELITIS), zwane dalej „POLIOMYELITIS" – (pierwsza dawka szczepienia podstawowego) – domięśniowo lub podskórnie (według wskazań producenta szczepionki)	Szczepionką inaktywowaną IPV poliwalentną (1,2,3 typ wirusa) na przełomie 3 i 4 miesiąca życia jednocześnie z drugą dawką szczepienia podstawowego przeciw BŁONICY, TĘŻCOWI, KRZTUŚCOWI.
		Inwazyjnym zakażeniom HAEMOPHILUS INFLUENZAE typu b (druga dawka szczepienia podstawowego) – domięśniowo lub podskórnie (według wskazań producenta szczepionki)	Szczepionkę przeciw inwazyjnemu zakażeniu HAEMOPHILUS INFLUENZAE typu b można stosować jednocześnie z innymi szczepionkami, np. DTP, IPV, WZW typu B, ale w oddzielnych iniekcjach.

Wiek		Szczepienie przeciw	Uwagi
1 rok życia	5–6 miesiąc życia (po 6–8 tygodniach od poprzedniego szczepienia)	BŁONICY, TĘŻCOWI, KRZTUŚCOWI (trzecia dawka szczepienia podstawowego) – domięśniowo lub podskórnie (według wskazań producenta szczepionki)	U dzieci z przeciwwskazaniami do szczepienia przeciw KRZTUŚCOWI szczepionką pełnokomórkową oraz u dzieci urodzonych przed ukończeniem 37 tygodnia ciąży lub urodzonych z masą urodzeniową poniżej 2500 g należy zastosować szczepionkę błoniczo-tężcowo-krztuścową z bezkomórkowym komponentem krztuśca (DTaP) – według wskazań producenta szczepionki. W przypadku orzeczenia przeciwwskazania do szczepienia przeciw KRZTUŚCOWI należy zastosować szczepionkę błoniczo-tężcową (DT) – według wskazań producenta szczepionki.
		POLIOMYELITIS – (druga dawka szczepienia podstawowego) – domięśniowo lub podskórnie (według wskazań producenta szczepionki)	Szczepionką inaktywowaną IPV poliwalentną (1,2,3 typ wirusa) jednocześnie z trzecią dawką szczepienia podstawowego przeciw BŁONICY, TĘŻCOWI, KRZTUŚCOWI.
		Inwazyjnym zakażeniom HAEMOPHILUS INFLUENZAE typu b (trzecia dawka szczepienia podstawowego) – domięśniowo lub podskórnie (według wskazań producenta szczepionki)	Szczepionkę przeciw inwazyjnemu zakażeniu HAEMOPHILUS INFLUENZAE typu b można stosować jednocześnie z innymi szczepionkami, np. DTP, IPV, WZW typu B, ale w oddzielnych iniekcjach.
	7 miesiąc życia	WZW typu B (trzecia dawka szczepienia podstawowego) – domięśniowo lub podskórnie (według wskazań producenta szczepionki)	

Wiek		Szczepienie przeciw	Uwagi
2 rok życia	13–14 miesiąc życia	ODRZE, ŚWINCE, RÓŻYCZCE (szczepienie podstawowe) – domięśniowo lub podskórnie (według wskazań producenta szczepionki)	Szczepionką atenuowaną skojarzoną. Podawane w wywiadzie przebycie zachorowania na ODRĘ, ŚWINKĘ lub RÓŻYCZKĘ nie jest przeciwwskazaniem do szczepienia. Szczepionkę należy podać po upływie co najmniej 4 tygodni od wyzdrowienia.
		BŁONICY, TĘŻCOWI, KRZTUŚCOWI (czwarta dawka szczepienia podstawowego) – domięśniowo lub podskórnie (według wskazań producenta szczepionki)	U dzieci z przeciwwskazaniami do szczepienia przeciw KRZTUŚCOWI szczepionką pełnokomórkową oraz u dzieci urodzonych przed ukończeniem 37 tygodnia ciąży lub urodzonych z masą urodzeniową poniżej 2500 g należy zastosować szczepionkę błoniczo-tężcowo--krztuścową z bezkomórkowym komponentem krztuśca (DTaP) – według wskazań producenta szczepionki. W przypadku orzeczenia przeciwwskazania do szczepienia przeciw KRZTUŚCOWI należy zastosować szczepionkę błoniczo--tężcową (DT) – według wskazań producenta szczepionki.
		POLIOMYELITIS – (trzecia dawka szczepienia podstawowego) – domięśniowo lub podskórnie (według wskazań producenta szczepionki)	Szczepionką inaktywowaną IPV poliwalentną (1,2,3 typ wirusa) jednocześnie z czwartą dawką szczepienia podstawowego przeciw BŁONICY, TĘŻCOWI, KRZTUŚCOWI.
		Inwazyjnym zakażeniom HAEMOPHILUS INFLUENZAE typu b (czwarta dawka szczepienia podstawowego) – domięśniowo lub podskórnie (według wskazań producenta szczepionki)	Szczepionkę przeciw inwazyjnemu zakażeniu HAEMOPHILUS INFLUENZAE typu b można stosować jednocześnie z innymi szczepionkami, np. DTP, IPV, WZW typu B, ale w oddzielnych iniekcjach.

<table>
<tr><th colspan="2">Wiek</th><th>Szczepienie przeciw</th><th>Uwagi</th></tr>
<tr><td rowspan="2">Okres przed-szkolny</td><td rowspan="2">6 rok życia</td><td>BŁONICY, TĘŻCOWI, KRZTUŚCOWI (pierwsza dawka szczepienia przypominającego) – domięśniowo lub podskórnie (według wskazań producenta szczepionki)</td><td>Szczepionką przeciw BŁONICY, TĘŻCOWI, KRZTUŚCOWI zawierającą bezkomórkowy komponent krztuśca (DTaP).
Należy zachować odstęp pomiędzy dawkami przypominającymi szczepionki zgodnie ze wskazaniem producenta szczepionki, jednak nie krótszy niż 5 lat.</td></tr>
<tr><td>POLIOMYELITIS – (szczepienie przypominające) – doustnie (według wskazań producenta szczepionki) – domięśniowo lub podskórnie (według wskazań producenta szczepionki)</td><td>Od dnia 1 kwietnia 2016 roku należy szczepić wyłącznie szczepionką inaktywowaną IPV poliwalentną (1,2,3 typ wirusa).</td></tr>
<tr><td rowspan="2">Szkoła podsta-wowa i gim-nazjum</td><td>10 rok życia</td><td>ODRZE, ŚWINCE, RÓŻYCZCE (szczepienie przypominające) – domięśniowo lub podskórnie (według wskazań producenta szczepionki)</td><td>Szczepionką atenuowaną skojarzoną.
Podawane w wywiadzie przebycie zachorowania na ODRĘ, ŚWINKĘ lub RÓŻYCZKĘ nie jest przeciwwskazaniem do szczepienia, szczepienie można przeprowadzić po upływie co najmniej 4 tygodni od wyzdrowienia.</td></tr>
<tr><td>14 rok życia</td><td>BŁONICY, TĘŻCOWI, KRZTUŚCOWI (druga dawka szczepienia przypominającego) – domięśniowo lub podskórnie (według wskazań producenta szczepionki)</td><td>Szczepionką przeciw BŁONICY, TĘŻCOWI, KRZTUŚCOWI ze zmniejszoną zawartością komponentu krztuścowego zawierającą bezkomórkowy komponent krztuśca (dTap).
Należy zachować odstęp pomiędzy dawkami przypominającymi szczepionki zgodnie ze wskazaniem producenta szczepionki, jednak nie krótszy niż 5 lat.</td></tr>
<tr><td>Szkoła ponad-podsta-wowa</td><td>19 rok życia lub ostatni rok nauki w szkole</td><td>BŁONICY, TĘŻCOWI (trzecia dawka szcze-pienia przypominającego) – domięśniowo lub podskórnie (według wskazań producenta szczepionki)</td><td>Szczepionką przeciw BŁONICY i TĘŻCOWI (Td).
Należy zachować odstęp pomiędzy dawkami przypominającymi szczepionki zgodnie ze wskazaniem producenta szczepionki, jednak nie krótszy niż 5 lat.</td></tr>
</table>

Wariant szczepień z użyciem szczepionki wysoko skojarzonej DTaP-IPV-Hib

Wiek		Szczepienie przeciw	Uwagi
1 rok życia	2 miesiąc życia (7–8 tydzień)	WZW typu B (druga dawka szczepienia podstawowego) – domięśniowo lub podskórnie (według wskazań producenta szczepionki)	Drugą dawkę szczepionki przeciw WZW typu B należy podać w 7–8 tygodniu życia jednocześnie z pierwszą dawką szczepionki przeciw BŁONICY, TĘŻCOWI, KRZTUŚCOWI, POLIO i inwazyjnemu zakażeniu HAEMOPHILUS INFLUENZAE typu b.
		BŁONICY, TĘŻCOWI, KRZTUŚCOWI, POLIO i inwazyjnemu zakażeniu HAEMOPHILUS INFLUENZAE typu b (pierwsza dawka szczepienia podstawowego) – domięśniowo lub podskórnie (według wskazań producenta szczepionki)	Trzy dawki szczepienia podstawowego przeciw BŁONICY, TĘŻCOWI, KRZTUŚCOWI, POLIO i inwazyjnemu zakażeniu HAEMOPHILUS INFLUENZAE typu b – szczepionką skojarzoną (DTaP-IPV-Hib) – według wskazań producenta szczepionki. W przypadku orzeczenia przeciwwskazania do szczepienia przeciw KRZTUŚCOWI należy zastosować szczepionkę błoniczo-tężcową (DT) – według wskazań producenta szczepionki – jednocześnie ze szczepionkami przeciw POLIO (IPV) i inwazyjnemu zakażeniu HAEMOPHILUS INFLUENZAE typu b podanych w oddzielnych iniekcjach – według wskazań producenta szczepionki.
	3–4 miesiąc życia (po 6–8 tygodniach od poprzedniego szczepienia)	BŁONICY, TĘŻCOWI, KRZTUŚCOWI, POLIO i inwazyjnemu zakażeniu HAEMOPHILUS INFLUENZAE typu b (druga dawka szczepienia podstawowego) – domięśniowo lub podskórnie (według wskazań producenta szczepionki)	W przypadku orzeczenia przeciwwskazania do szczepienia przeciw KRZTUŚCOWI należy zastosować szczepionkę błoniczo-tężcową (DT) – według wskazań producenta szczepionki – jednocześnie ze szczepionkami przeciw POLIO (IPV) i inwazyjnemu zakażeniu HAEMOPHILUS INFLUENZAE typu b podanych w oddzielnych iniekcjach – według wskazań producenta szczepionki.
	5–6 miesiąc życia (po 6–8 tygodniach od poprzedniego szczepienia)	BŁONICY, TĘŻCOWI, KRZTUŚCOWI, POLIO i inwazyjnemu zakażeniu HAEMOPHILUS INFLUENZAE typu b (trzecia dawka szczepienia podstawowego) – domięśniowo lub podskórnie (według wskazań producenta szczepionki)	W przypadku orzeczenia przeciwwskazania do szczepienia przeciw KRZTUŚCOWI należy zastosować szczepionkę błoniczo-tężcową (DT) – według wskazań producenta szczepionki – jednocześnie ze szczepionkami przeciw POLIO (IPV) i inwazyjnemu zakażeniu HAEMOPHILUS INFLUENZAE typu b podanych w oddzielnych iniekcjach – według wskazań producenta szczepionki.

Wiek		Szczepienie przeciw	Uwagi
1 rok życia	7 miesiąc życia	WZW typu B (trzecia dawka szczepienia podstawowego) – domięśniowo lub podskórnie (według wskazań producenta szczepionki)	
2 rok życia	13–14 miesiąc życia	ODRZE, ŚWINCE, RÓŻYCZCE (szczepienie podstawowe) – domięśniowo lub podskórnie (według wskazań producenta szczepionki)	Szczepionką atenuowaną skojarzoną. Podawane w wywiadzie przebycie zachorowania na ODRĘ, ŚWINKĘ lub RÓŻYCZKĘ nie jest przeciwwskazaniem do szczepienia, należy ją podać po upływie co najmniej 4 tygodni od wyzdrowienia.
	16–18 miesiąc życia	BŁONICY, TĘŻCOWI, KRZTUŚCOWI, POLIO i inwazyjnemu zakażeniu HAEMOPHILUS INFLUENZAE typu b – domięśniowo lub podskórnie (czwarta dawka szczepienia podstawowego) – domięśniowo lub podskórnie (według wskazań producenta szczepionki)	W przypadku orzeczenia przeciwwskazania do szczepienia przeciw KRZTUŚCOWI należy zastosować szczepionkę błoniczo-tężcową (DT) – według wskazań producenta szczepionki – jednocześnie ze szczepionkami przeciw POLIO (IPV) i inwazyjnemu zakażeniu HAEMOPHILUS INFLUENZAE typu b podanych w oddzielnych iniekcjach – według wskazań producenta szczepionki.

B. Szczepienia obowiązkowe osób narażonych w sposób szczególny na zakażenie

Szczepienie przeciw	Osoby zobowiązane do poddania się szczepieniu	Uwagi
WIRUSOWEMU ZAPALENIU WĄTROBY typu B (WZW typu B) – domięśniowo lub podskórnie (według wskazań producenta szczepionki)	Obowiązek dotyczy: 1) uczniów szkół medycznych lub innych szkół prowadzących kształcenie na kierunkach medycznych, którzy nie byli szczepieni przeciw WZW typu B; 2) studentów uczelni medycznych lub innych uczelni, w których jest prowadzone kształcenie na kierunkach medycznych, którzy nie byli szczepieni przeciw WZW typu B; 3) osób wykonujących zawód medyczny narażonych na zakażenie, które nie były szczepione przeciw WZW typu B; 4) osób szczególnie narażonych na zakażenie w wyniku styczności z osobą zakażoną wirusem zapalenia wątroby typu B, które nie były szczepione przeciw WZW typu B; 5) osób zakażonych wirusem zapalenia wątroby typu C; 6) osób w fazie zaawansowanej choroby nerek z filtracją kłębuszkową poniżej 30 ml/min oraz osób dializowanych.	Szczepienia podstawowe według schematu wskazanego przez producenta szczepionki. Nie należy szczepić osób uprzednio zaszczepionych podstawowo przeciw WZW typu B. U osób zdrowych nie przewiduje się szczepień przypominających. W celu oceny odporności poszczepiennej u osób z grup ryzyka zakażenia WZW typu B zaleca się określenie poziomu przeciwciał anty HBs nie wcześniej niż po 4 tygodniach od podania ostatniej dawki szczepienia podstawowego (najlepiej między 4 i 6 tygodniem). U osób w fazie zaawansowanej choroby nerek z filtracją kłębuszkową poniżej 30 ml/min oraz u osób dializowanych dawki przypominające należy podawać według wskazań producenta szczepionki oraz zaleceń lekarza, jeśli stężenie przeciwciał anty HBs jest poniżej poziomu ochronnego (10 j.m./l). Zaleca się badanie poziomu przeciwciał co 6–12 miesięcy.
Inwazyjnym zakażeniom STREPTOCOCCUS PNEUMONIAE – domięśniowo lub podskórnie (według wskazań producenta szczepionki)	Obowiązek dotyczy: 1) dzieci od 2 miesiąca życia do ukończenia 5 roku życia: a) po urazie lub z wadą ośrodkowego układu nerwowego, przebiegającą z wyciekiem płynu mózgowo-rdzeniowego, b) zakażonych HIV, c) po przeszczepieniu szpiku, przed przeszczepieniem lub po przeszczepieniu narządów wewnętrznych lub przed wszczepieniem lub po wszczepieniu implantu ślimakowego; 2) dzieci od 2 miesiąca życia do ukończenia 5 roku życia chorujących na: a) przewlekłe choroby serca,	Liczba dawek i schemat szczepienia według wskazań producenta szczepionki. Przy wielodawkowym schemacie szczepień rozpoczęte szczepienie należy kontynuować tą samą szczepionką.

Szczepienie przeciw	**Osoby zobowiązane do poddania się szczepieniu**	**Uwagi**
	b) schorzenia immunologiczno- -hematologiczne, w tym małopłytkowość idiopatyczną, ostrą białaczkę, chłoniaki, sferocytozę wrodzoną, c) asplenię wrodzoną, dysfunkcję śledziony, po splenektomii lub po leczeniu immunosupresyjnym, d) przewlekłą niewydolność nerek i nawracający zespół nerczycowy, e) pierwotne zaburzenia odporności, f) choroby metaboliczne, w tym cukrzycę, g) przewlekłe choroby płuc, w tym astmę; 3) dzieci od 2 miesiąca życia do ukończenia 12 miesiąca życia urodzone przed ukończeniem 37 tygodnia ciąży lub urodzone z masą urodzeniową poniżej 2500 g.	
TĘŻCOWI – domięśniowo lub podskórnie (według wskazań producenta szczepionki)	Obowiązek dotyczy osób zranionych, narażonych na zakażenie TĘŻCEM.	Szczepionką monowalentną przeciw TĘŻCOWI (T) lub szczepionką skojarzoną przeciw BŁONICY i TĘŻCOWI (Td). Liczba dawek i schemat szczepienia według wskazań producenta szczepionki.
BŁONICY – domięśniowo lub podskórnie (według wskazań producenta szczepionki)	Obowiązek dotyczy osób narażonych na zakażenie wskutek styczności z chorymi na BŁONICĘ.	Szczepionką monowalentną przeciw BŁONICY (d lub D) lub szczepionką skojarzoną przeciw BŁONICY i TĘŻCOWI (Td). Liczba dawek i schemat szczepienia według wskazań producenta i zaleceń lekarza.

Szczepienie przeciw	Osoby zobowiązane do poddania się szczepieniu	Uwagi
OSPIE WIETRZNEJ – domięśniowo lub podskórnie (według wskazań producenta szczepionki)	Obowiązek dotyczy dzieci: 1) do ukończenia 12 roku życia: a) z upośledzeniem odporności o wysokim ryzyku ciężkiego przebiegu choroby, b) z ostrą białaczką limfoblastyczną w okresie remisji, c) zakażone HIV, d) przed leczeniem immunosupresyjnym lub chemioterapią; 2) do ukończenia 12 roku życia z otoczenia osób określonych w pkt. 1, które nie chorowały na OSPĘ WIETRZNĄ; 3) do ukończenia 12 roku życia, innych niż wymienione w pkt. 1 i 2, przebywających w: a) zakładach pielęgnacyjno-opiekuńczych, b) zakładach opiekuńczo-leczniczych, c) rodzinnych domach dziecka, d) domach dla matek z małoletnimi dziećmi i kobiet w ciąży, e) domach pomocy społecznej, f) placówkach opiekuńczo-wychowawczych, g) regionalnych placówkach opiekuńczo-terapeutycznych, h) interwencyjnych ośrodkach preadopcyjnych; 4) innych niż wymienione w pkt. 1–3, przebywających w żłobkach lub klubach dziecięcych.	Liczba dawek i schemat szczepienia według wskazań producenta szczepionki. Rekomendowany dwudawkowy schemat szczepienia.
WŚCIEKLIŹNIE – domięśniowo lub podskórnie (według wskazań producenta szczepionki)	Obowiązek dotyczy osób narażonych na zakażenie w wyniku styczności ze zwierzęciem chorym na WŚCIEKLIZNĘ lub podejrzanym o zakażenie wirusem WŚCIEKLIZNY.	Liczba dawek i schemat szczepienia według wskazań producenta szczepionki.

II. Szczepienia zalecane – niefinansowane ze środków znajdujących się w budżecie ministra właściwego do spraw zdrowia

Szczepienie przeciw	Szczególnie zalecane:	Uwagi
WZW typu A – domięśniowo lub podskórnie (według wskazań producenta szczepionki)	1. Osobom wyjeżdżającym do krajów o wysokiej i pośredniej endemiczności zachorowań na WZW typu A. 2. Osobom zatrudnionym przy produkcji i dystrybucji żywności, usuwaniu odpadów komunalnych i płynnych nieczystości oraz przy konserwacji urządzeń służących temu celowi. 3. Dzieciom w wieku przedszkolnym, szkolnym i młodzieży, które nie chorowały na WZW typu A.	Liczba dawek i schemat szczepienia według wskazań producenta szczepionki.
WZW typu B – domięśniowo lub podskórnie (według wskazań producenta szczepionki)	1. Osobom, które ze względu na tryb życia lub wykonywane zajęcia są narażone na zakażenia związane z uszkodzeniem ciągłości tkanek lub poprzez kontakt seksualny. 2. Przewlekle chorym o wysokim ryzyku zakażenia nieszczepionym w ramach szczepień obowiązkowych. 3. Przewlekle chorym o wysokim ryzyku zakażenia: z chorobami przebiegającymi z niedoborem odporności, w tym leczonych immunosupresyjnie, chorym z cukrzycą i niewydolnością nerek (patrz schemat szczepień: cz. I.B. PSO). 4. Chorym przygotowywanym do zabiegów operacyjnych. 5. Dzieciom i młodzieży, nieobjętym dotąd szczepieniami obowiązkowymi. 6. Osobom dorosłym, zwłaszcza w wieku starszym. 7. Osobom chorym na nowotwory układu krwiotwórczego.	Liczba dawek i schemat szczepienia według wskazań producenta szczepionki. Nie jest konieczne szczepienie przypominające osób zdrowych uprzednio zaszczepionych podstawowo, pomimo stężenia przeciwciał anty HBs poniżej poziomu ochronnego (10 j.m./l). Dawki przypominające u chorych z obniżoną odpornością należy podawać według wskazań producenta szczepionki oraz zaleceń lekarza.
ODRZE, ŚWINCE, RÓŻYCZCE – domięśniowo lub podskórnie (według wskazań producenta szczepionki)	1. Osobom nieszczepionym przeciw ODRZE, ŚWINCE, RÓŻYCZCE w ramach szczepień obowiązkowych należy podać dwie dawki szczepionki w odstępie co najmniej 4 tygodni. U osób wcześniej szczepionych przeciw ODRZE lub RÓŻYCZCE szczepionkami monowalentnymi szczepienie należy traktować jako przypominające.	Podawane w wywiadzie przebycie zachorowań na ODRĘ, ŚWINKĘ lub RÓŻYCZKĘ nie jest przeciwwskazaniem do szczepienia, jednak szczepionkę należy podać nie wcześniej niż po upływie 4 tygodni od wyzdrowienia. Nie szczepić na 4 tygodnie przed planowaną ciążą i w okresie ciąży.

Szczepienie przeciw	Szczególnie zalecane:	Uwagi
	2. Młodym kobietom, zwłaszcza pracującym w środowiskach dziecięcych (przedszkola, szkoły, szpitale, przychodnie) i młodym mężczyznom dla zapobiegania RÓŻYCZCE wrodzonej, szczególnie nieszczepionym w ramach szczepień obowiązkowych lub jeżeli od szczepienia podstawowego minęło więcej niż 10 lat.	
OSPIE WIETRZNEJ – domięśniowo lub podskórnie (według wskazań producenta szczepionki)	1. Osobom, które nie chorowały na OSPĘ WIETRZNĄ i nie zostały wcześniej zaszczepione w ramach szczepień obowiązkowych albo zalecanych. 2. Kobietom planującym zajście w ciążę, które nie chorowały wcześniej na OSPĘ WIETRZNĄ.	Liczba dawek i schemat szczepienia według wskazań producenta szczepionki.
GRYPIE – domięśniowo lub podskórnie (według wskazań producenta szczepionki)	**A. Ze wskazań klinicznych i indywidualnych:** 1) osobom po transplantacji narządów; 2) przewlekle chorym dzieciom (od ukończenia 6 miesiąca życia) i dorosłym, szczególnie chorującym na niewydolność układu oddechowego, astmę oskrzelową, przewlekłą obturacyjną chorobę płuc, niewydolność układu krążenia, chorobę wieńcową (zwłaszcza po przebytym zawale serca), niewydolność nerek, nawracający zespół nerczycowy, choroby wątroby, choroby metaboliczne, w tym cukrzycę, choroby neurologiczne i neurorozwojowe; 3) osobom w stanach obniżonej odporności (w tym pacjentom po przeszczepie tkanek) i chorym na nowotwory układu krwiotwórczego; 4) dzieciom z grup ryzyka od ukończenia 6 miesiąca życia do 18 roku życia, szczególnie zakażonym wirusem HIV, ze schorzeniami immunologiczno-hematologicznymi, w tym małopłytkowością idiopatyczną, ostrą białaczką, chłoniakiem, sferocytozą wrodzoną, asplenią wrodzoną, dysfunkcją śledziony, po splenektomii, z pierwotnymi niedoborami odporności, po leczeniu immunosupresyjnym, po przeszczepieniu szpiku, przed przeszczepieniem lub po przeszczepieniu narządów wewnętrznych, leczonych przewlekle salicylanami;	Liczba dawek i schemat szczepienia według wskazań producenta szczepionki. Szczepionki są ważne tylko jeden sezon epidemiczny ze względu na cosezonowe zmiany składu według zaleceń Światowej Organizacji Zdrowia.

Szczepienie przeciw	Szczególnie zalecane:	Uwagi
	5) dzieciom z wadami wrodzonymi serca zwłaszcza sinicznymi, z niewydolnością serca, z nadciśnieniem płucnym; 6) kobietom w ciąży lub planującym ciążę. **B. Ze wskazań epidemiologicznych – wszystkim osobom od ukończenia 6 miesiąca życia do stosowania zgodnie z Charakterystyką Produktu Leczniczego, w szczególności:** 1) zdrowym dzieciom w wieku od ukończenia 6 miesiąca życia do 18 roku życia (ze szczególnym uwzględnieniem dzieci w wieku od ukończenia 6 do 60 miesiąca życia); 2) osobom w wieku powyżej 55 lat; 3) osobom mającym bliski kontakt zawodowy lub rodzinny z dziećmi w wieku poniżej 6 miesiąca życia oraz z osobami w wieku podeszłym lub przewlekle chorymi (w ramach realizacji strategii kokonowej szczepień); 4) pracownikom ochrony zdrowia (personel medyczny, niezależnie od posiadanej specjalizacji, oraz personel administracyjny), szkół, handlu, transportu, funkcjonariuszom publicznym w szczególności: policja, wojsko, straż graniczna, straż pożarna; 5) pensjonariuszom domów spokojnej starości, domów pomocy społecznej oraz innych placówek zapewniających całodobową opiekę osobom niepełnosprawnym, przewlekle chorym lub osobom w podeszłym wieku, w szczególności przebywającym w zakładach opiekuńczo-leczniczych, placówkach pielęgnacyjno-opiekuńczych, podmiotach świadczących usługi z zakresu opieki paliatywnej, hospicyjnej, długoterminowej, rehabilitacji leczniczej, leczenia uzależnień, psychiatrycznej opieki zdrowotnej oraz lecznictwa uzdrowiskowego.	
ROTAWIRUSOM – doustnie (według wskazań producenta szczepionki)	1. Dzieciom od 6 tygodnia życia do 24 tygodnia życia.	Liczba dawek i schemat szczepienia według wskazań producenta szczepionki. Szczepionkę przeciw ROTAWIRUSOM można stosować jednocześnie z innymi szczepionkami.

Szczepienie przeciw	Szczególnie zalecane:	Uwagi
BŁONICY, TĘŻCOWI, KRZTUŚCOWI – domięśniowo lub podskórnie (według wskazań producenta szczepionki)	1. Dzieciom, które nie otrzymały dawki przypominającej szczepionki błoniczo-tężcowo-krztuścowej (DTaP) w 6 roku życia. 2. Młodzieży w wieku 14 i 19 lat zamiast dawki przypominającej szczepionki błoniczo-tężcowej (Td). 3. Wszystkim osobom dorosłym pojedynczą dawką przypominającą co 10 lat zamiast dawki przypominającej szczepionki błoniczo-tężcowej (Td). **Ze wskazań epidemiologicznych:** 1) personelowi medycznemu mającemu kontakt z noworodkami i niemowlętami; 2) osobom w podeszłym wieku, które ze względu na wykonywane zajęcia są narażone na zakażenie; 3) kobietom planującym ciążę lub w ciąży (po 28 tygodniu ciąży); 4) osobom z otoczenia noworodków i niemowląt do 12 miesiąca życia.	Liczba dawek i schemat szczepienia według wskazań producenta szczepionki. Szczepienie przeciw BŁONICY, TĘŻCOWI, KRZTUŚCOWI szczepionką błoniczo-tężcowo-krztuścową ze zmniejszoną zawartością komponentu krztuścowego (dTap lub dTap-IPV).
Inwazyjnym zakażeniom STREPTO-COCCUS PNEUMONIAE – domięśniowo lub podskórnie (według wskazań producenta szczepionki)	1. Dzieciom od 2 miesiąca życia do 5 roku życia oraz osobom dorosłym powyżej 50 roku życia. 2. Dzieciom i osobom dorosłym z przewlekłą chorobą serca, przewlekłą chorobą płuc, cukrzycą, wyciekiem płynu mózgowo-rdzeniowego, implantem ślimakowym, przewlekłą chorobą wątroby, w tym z marskością, osobom uzależnionym od alkoholu, palącym papierosy. 3. Dzieciom i osobom dorosłym z anatomiczną i czynnościową asplenią; sferocytozą i innymi hemoglobinopatiami, z wrodzoną i nabytą asplenią. 4. Dzieciom i osobom dorosłym z zaburzeniami odporności; wrodzonymi i nabytymi niedoborami odporności, zakażeniem HIV, przewlekłą chorobą nerek i zespołem nerczycowym, białaczką, chorobą Hodgkina, uogólnioną chorobą nowotworową związaną z leczeniem immunosupresyjnym, w tym przewlekłą steroidoterapią i radioterapią, szpiczakiem mnogim.	Liczba dawek i schemat szczepienia według zaleceń producenta szczepionki. Szczepienie rozpoczęte jednym preparatem należy kontynuować do zakończenia schematu szczepienia. 1. Szczepionki skoniugowane: 1) szczepionka 13- i 10-walentna – dzieciom od 2 miesiąca życia do 5 roku życia, które nie są objęte szczepieniami obowiązkowymi; 2) szczepionka 13-walentna – od 2 miesiąca życia. 1.2. Szczepionka polisacharydowa – od 2 roku życia.

Szczepienie przeciw	Szczególnie zalecane:	Uwagi
	Ze wskazań epidemiologicznych: Osobom mającym bliski kontakt zawodowy lub rodzinny z dziećmi w wieku poniżej 5 roku życia oraz z osobami w wieku podeszłym lub przewlekle chorymi (w ramach realizacji strategii kokonowej szczepień).	
Inwazyjnym zakażeniom NEISSERIA MENINGITIDIS – domięśniowo lub podskórnie (według wskazań producenta szczepionki)	1. Niemowlętom, powyżej 2 miesiąca życia. 2. Dzieciom i osobom dorosłym narażonym na ryzyko inwazyjnej choroby meningokokowej; z bliskim kontaktem z chorym lub materiałem zakaźnym (personel medyczny, pracownicy laboratorium), przebywającym w zbiorowiskach (przedszkola, żłobki, domy dziecka, domy studenckie, internaty, koszary), osobom z zachowaniem sprzyjającym zakażeniu (intymne kontakty z nosicielem lub osobą chorą, np. głęboki pocałunek), osobom podróżującym. 3. Dzieciom i osobom dorosłym z wrodzonymi niedoborami odporności, z anatomiczną i czynnościową asplenią, zakażonym wirusem HIV, z nowotworem złośliwym, chorobą reumatyczną, przewlekłą chorobą nerek i wątroby, leczonym ekulizumabem (napadowa nocna hemoglobinuria, atypowy zespół hemolityczno-mocznicowy), osobom leczonym immunosupresyjnie. 4. Dzieciom w wieku od 2 miesiąca życia z grup ryzyka zaburzeń odporności wymienionych w części I. A. PSO oraz szczególnie narażonym na zachorowanie nastolatkom i osobom powyżej 65 roku życia.	Liczba dawek i schemat szczepienia według wskazań producenta szczepionki. 1. Szczepionka skoniugowana monowalentna przeciwko serogrupie C – od ukończenia 2 miesiąca życia. 2. Szczepionka (rDNA), monowalentna złożona, adsorbowana, przeciwko serogrupie B – od ukończenia 2 miesiąca życia. 3. Szczepionka skoniugowana, czterowalentna przeciwko serogrupom A, C, W-135, Y – od 12 lub 24 miesiąca życia. 4. Szczepionka skoniugowana monowalentna i czterowalentna – od 2 miesiąca życia. 5. Szczepionka nieskoniugowana (polisacharydowa), przeciwko serogrupom A, C dzicciom powyżej 2 lat i dorosłym.
Inwazyjnym zakażeniom HAEMOPHILUS INFLUENZAE typu b – domięśniowo lub podskórnie (według wskazań producenta szczepionki)	1. Dzieciom do ukończenia 6 roku życia nieszczepionym w ramach szczepień obowiązkowych dla zapobiegania zapaleniom opon mózgowo-rdzeniowych, posocznicy, zapaleniom nagłośni. 2. Osobom z zaburzeniami odporności według indywidualnych wskazań.	Liczba dawek i schemat szczepienia według wskazań producenta szczepionki.

Szczepienie przeciw	Szczególnie zalecane:	Uwagi
KLESZCZOWEMU ZAPALENIU MÓZGU – domięśniowo lub podskórnie (według wskazań producenta szczepionki)	Osobom przebywającym na terenach o nasilonym występowaniu tej choroby, w szczególności: osobom zatrudnionym przy eksploatacji lasu, stacjonującemu wojsku, funkcjonariuszom straży pożarnej i granicznej, rolnikom, młodzieży odbywającej praktyki oraz turystom i uczestnikom obozów i kolonii.	Liczba dawek i schemat szczepienia według wskazań producenta szczepionki.
CHOLERZE – doustnie	Osobom wyjeżdżającym do rejonów zagrożonych wystąpieniem epidemii CHOLERY.	Liczba dawek i schemat szczepienia według wskazań producenta szczepionki.
DUROWI BRZUSZNEMU – domięśniowo lub podskórnie (według wskazań producenta szczepionki)	Osobom wyjeżdżającym do rejonów endemicznego występowania zachorowań na DUR BRZUSZNY oraz w zależności od sytuacji epidemiologicznej w regionie lub kraju.	Liczba dawek i schemat szczepienia według wskazań producenta szczepionki.
WŚCIEKLIŹNIE – domięśniowo lub podskórnie (według wskazań producenta szczepionki)	Osobom wyjeżdżającym do rejonów endemicznego występowania zachorowań na WŚCIEKLIZNĘ.	Liczba dawek i schemat szczepienia według wskazań producenta szczepionki.
OSTREMU NAGMINNEMU PORAŻENIU DZIECIĘCEMU (POLIOMYELITIS) – domięśniowo lub podskórnie (według wskazań producenta szczepionki)	1. Osobom wyjeżdżającym do rejonów endemicznego występowania zachorowań na OSTRE NAGMINNE PORAŻENIE DZIECIĘCE (POLIOMYELITIS). 2. Osobom powyżej 19 roku życia nieszczepionym przeciw OSTREMU NAGMINNEMU PORAŻENIU DZIECIĘCEMU (POLIOMYELITIS) w ramach szczepień obowiązkowych.	W zależności od sytuacji epidemiologicznej szczepionką: 1) inaktywowaną IPV poliwalentną (zawierającą 1,2,3 typ wirusa). Liczba dawek i schemat szczepienia według wskazań producenta szczepionki.
ŻÓŁTEJ GORĄCZCE – domięśniowo lub podskórnie (według wskazań producenta szczepionki)	Osobom wyjeżdżającym w obszar uznany przez Światową Organizację Zdrowia za zagrożony zakażeniem wirusem ŻÓŁTEJ GORĄCZKI, zgodnie z zaleceniami Międzynarodowych Przepisów Zdrowotnych.	Liczba dawek i schemat szczepienia według wskazań producenta szczepionki.

Szczepienie przeciw	Szczególnie zalecane:	Uwagi
LUDZKIEMU WIRUSOWI BRODAWCZAKA (HPV) – domięśniowo lub podskórnie (według wskazań producenta szczepionki)	Szczególnie osobom przed inicjacją seksualną.	Liczba dawek i schemat szczepienia według wskazań producenta szczepionki.
GRUŹLICY – śródskórnie szczepionką BCG	Osobom do ukończenia 15 roku życia nieszczepionym przeciw GRUŹLICY w ramach szczepień obowiązkowych.	

Indeks

B

W

Ź